时装 L'OFFICIEL

No.182 November 11/2007

www.dior.cn

敬请关注Dior中国官方网页中英文网页

装号2007[装]1079号

流行风Trend 潮汐Tide 热风Hot 竞赛Fashion 衣橱Wardrobe 饰界Accessories 摩登在线Modern 明星Star 男人锦Men 专辑Special 流行陈线Fashion View 美仑美奂Make Up 关注Focus 精英女性Women

国际巨星：莎莉·塞隆

邢窑研究

Xing kiln Research

张志忠　李恩玮　赵庆钢　主编

文物出版社

Cultural Relics Press

责任编辑：王　伟
　　　　　段书安
装帧设计：张希广
　　　　　赵庆钢
责任印制：王少华
拓　　片：马良臣（书名·宋璟碑）
篆　　刻：薛英杰（邢瓷文化）

图书在版编目（CIP）数据

邢窑研究／张志忠等主编．–北京：文物出版社，2007.8
ISBN 978-7-5010-2050-8

Ⅰ. 邢…　Ⅱ. 张…　Ⅲ. 瓷窑遗址–河北省–文集　Ⅳ.
K878.54-53

中国版本图书馆 CIP 数据核字（2007）第 004711 号

邢窑研究

编　　者：张志忠　李恩玮　赵庆钢
出版发行：文物出版社
地　　址：北京东直门内北小街 2 号楼
邮　　编：100007
经　　销：新华书店
制版印刷：北京画中画印刷有限公司
开　　本：889×1194 毫米　1/16
印　　张：46
版　　次：2007 年 8 月第 1 版第 1 次印刷
书　　号：ISBN 978-7-5010-2050-8
定　　价：260.00 元

序

　　邢窑是中国古代著名的以烧造白瓷为主的窑场。考古资料表明，其创烧于北朝晚期，兴盛于隋唐时期，衰落于唐末五代时期。唐代陆羽《茶经》卷中《皿之器》"盌"条记载：邢窑白瓷"类银"、"类雪"（宋·左圭：《百川学海》乙集）。至迟到中唐时期，邢窑烧造的白瓷碗已是"天下无贵贱通用之"了（唐·李肇：《唐国史补》卷下）。不仅如此，在唐代，邢窑白瓷还颇受皇室贵族的喜爱，成为宫廷用瓷。邢窑在中国陶瓷史上占有重要的地位。

　　邢窑衰落后，渐渐湮没无闻。其窑址，据文献记载是在今河北省内丘县。可是在长时间内，内丘县并没有发现邢窑遗址，致使研究工作徘徊不前。20世纪80年代初，先后在河北省临城县东部和内丘县县城及其附近找到了大面积的邢窑遗址，研究工作随之展开，进入了一个新阶段。

　　邢窑遗址的发现，大大促进了邢窑的研究工作。很快有关文物考古单位就对邢窑遗址做了详细调查和发掘，同时又陆续不断从墓葬、城址等考古遗迹出土的瓷器中辨别出邢窑产品，出土资料日益增多。与此同时，研究者们从考古学、文物学、工艺技术等不同角度对邢窑进行了研究与探讨，取得了一批批成果。

　　张志忠、李恩玮、赵庆钢三位先生从已公开发表的邢窑遗址调查简报、发掘报告、论文、相关研究文章和通讯报道中选出114篇，编辑成《邢窑研究》一书。书中所收录的文章，均经过精心挑选，较全面地反映了邢窑的研究成果和研究状况。

　　《邢窑研究》一书的价值显而易见。首先，可以使对邢窑感兴趣的研究者了解以往邢窑的考古工作和主要研究成果，通过该书可以看到邢窑的研究状况和研究的发展历程。其次，为邢窑研究者提供了方便。有关邢窑的各类文章，散刊在多种书刊之中，有些书刊在一般图书馆尤其是市、县级图书馆还没有，查阅费时费力，有了这本书，研究者就方便多了，可以节省四处奔波查找书刊的时间和精力了。

　　此外，《邢窑研究》一书的编排也比较合理，重点突出，查阅方便。

　　《邢窑研究》一书的出版，对邢窑的研究定会有推动作用。

权奎山

2006 年 10 月 28 日于北京

目　录

相关研究

通讯报道

邢窑研究历史回顾

杨文山

瓷器是我国古代的一项伟大发明，对世界人类物质文明做出了重大贡献。根据考古资料，我国远在公元前十六世纪的商朝便出现了"原始青瓷"，其后经过两周秦汉的发展，至公元二世纪的东汉已发展成为真正的"青瓷"。魏晋时期我国的青瓷生产得到了迅速进步，到公元六世纪的北朝后期又在青瓷的基础上成功的创烧了"白瓷"。

白瓷的发明在我国制瓷史上具有划时代的意义，理由是它不仅结束了我国长期"青瓷独尊"的局面，更重要的是为我国后世的花瓷生产尤其是彩瓷生产创造了条件。根据窑址遗存调查，邢窑是我国目前较为公认的生产白瓷最早的一处窑场，它始烧于北朝后期的北齐，经过隋朝的短期发展，至唐已达到了兴盛阶段，从而成为我国白瓷的生产中心。

唐代邢窑白瓷产品精美、产量巨大，其在国内的广泛通用和向国外的遥远传播，不论对我国还是对外国人们的物质生活，都产生过深远的影响。因此，从二十世纪起，中外学者便开始注意了对邢窑的研究，现就二十世纪二十至四十年代、五十至七十年代、八十至九十年代和本世纪初几个不同阶段的中外学者对邢窑的研究状况，回顾如下。

一 二十世纪二十至四十年代的研究

明清时代，我国的学术研究十分活跃，不论在自然科学还是在社会科学领域内，都取得了重大成果。在这种形势下，我国出现了一批博古和陶瓷著作，诸如明朝的曹昭著有《格古要论》，谷应泰著有《博物要览》，高濂著有《遵生八牋》等等；清朝的朱琰著有《陶说》，寂园叟著有《陶稚》，许之衡著有《饮流斋说瓷》等等。在这些著作中，只要提到唐代的越窑青瓷，就必然提到唐代的邢窑白瓷。不过多是引录陆羽《茶经》、段安节《乐府杂录》、李肇《国史补》中的一些原文，且又很少进行分析评论，比如清朱琰所著的《陶说》即是如此[①]。因此，严格说，明清时期的这些著作对邢窑白瓷的记述，与其说是研究，还不如说是文献照抄。

我国学者对邢窑的真正研究，应当说是从二十世纪二十年代之后开始的。此时我国出现了第一代古陶瓷专家，诸如吴仁敬、辛安潮、叶麟趾、陈万里、傅振伦等先生。这些专家都具有现代意识和科学观点，虽然他们也征引文献，但都注意进行分析，并提出自己的见解。同时他们还注意结合实物进行研究，探讨文献所记与实物特征的吻合。除此之外，值得特别称赞的是他们在研究中还注意了对邢窑窑址所在位置的查找。兹举数例如下：

（一）吴仁敬、辛安潮合著《中国陶瓷史》，1936 年商务印书馆出版。全书共计十三章，第一次比较系统地论述了我国历代的制瓷历史。关于唐代邢窑白瓷，著者这样写道：

"邢窑，邢州所烧，在今河北省邢台县，土质细润，色尚素，为世所珍重，甚者，且谓为在越瓷上。陆羽《茶经》云："世以邢州瓷处越器上，然邢瓷类银类雪，邢瓷白而茶丹，似不如越。陆羽不以邢瓷驾越瓷为然者，仅以品茶而言耳。其实邢窑虽不能驾越窑之上，亦相仲伯间也"[②]。

按陆羽《茶经》在评论越瓷邢瓷优劣时，是扬越抑邢的，甚至将邢瓷排斥在入品之外。陆羽的这种看法虽然是不公正的，但长期以来却一直成为评论越、邢诸窑的"圭臬"[③]。吴、辛二氏在《中国陶瓷史》中第一次批判了陆羽的这种观点，他们认为越瓷邢瓷各具特色，品位不相上下，陆羽所以崇青贬白，只能说是嗜茶好瓷者的一种偏见。吴、辛二氏这种新认识，对后来研究者的影响很大，比如范文澜先生在 1942 年编写《中国通史简编》时，便采纳了二氏的观点。

（二）傅振伦先生，早年毕业于北京大学文学院历史系，是著名学者文学院院长马衡的得意门生，故三十年代马衡调任故宫博物院副院长（实为院长）而胡适接任文学院院长时，傅氏即离教北大就职故宫。马衡指定傅氏主管古陶瓷，从此他便开始了古陶瓷研究。

众所周知，故宫藏有大量的历代名瓷。这些名瓷不论在国内陈列还是出国展览，都必须填写标签卡片，因此傅氏的早年研究，主要是根据文献记载与器物特点，为故宫藏瓷进行断代和归口鉴定。比如故宫藏有一件"短流鼓腹白瓷执壶"，因造型规整和釉色洁白，与唐皮日休《茶瓯诗》和陆羽《茶经》所记相合，傅氏便将它定成了"唐代邢窑白瓷"。

傅氏为邢台新河人，是研究地名学的专家，他根据李肇《国史补》所记"内丘白瓷瓯"，认为邢窑的窑址应在邢台的"内丘县"而不是"邢台县"。三十年代末由于他在内丘和临城交界找到了"磁窑沟"村名，因此他认为此处可能是邢窑的所在。虽然因交通不便和局势紧张未能亲临考察，但他的这种看法，无疑为后人调查邢窑走向提供了线索。

（三）陈万里先生，早年从事银行工作，研究古陶瓷是他的业余爱好。陈万里先生由于长期生活在浙江省，因此他的早年研究，专以浙江的青瓷为范围。1935 年著有《青瓷之调查及研究》，1946 年著有《瓷器与浙江》[④]。陈万里先生在这些著作中，为了论证越窑青瓷引用了唐代文献，无疑也就涉及到了与越窑青瓷对称的邢窑白瓷。

陈万里先生为调查越窑付出了艰辛劳动，因此人们应当承认陈氏是越窑遗址最早的发现者。虽然他远离北方无法对邢窑进行调查，但他一直十分关注这一名窑窑址的发现，因此新中国建立后他就职北京故宫不久，便根据傅氏指点对磁窑沟进行了调查。虽然在这里没有发现唐代的遗存，但这是第一次对邢窑的实地寻找，无疑为后人对邢窑的考察起了先驱作用。

外国学者对邢窑白瓷的研究，也是从二十世纪之初开始的。参与这种研究活动的学者，西方主要是巴哈格特、赫尔费勒德、沙列、林德伯格；东方主要是大西林五郎、久志卓真、上田恭辅、渡边素舟、小山富士夫等。这些学者的研究材料，主要是我国唐代传入外国的陶瓷实物，此外是近世外国人从我国盗买的器物，其中除馆藏外，也有私人收藏品。由于外国学者比我国学者接触的实物和文献更少，其与我国学者相比，对邢窑的研究更为粗浅。比如：

（一）赫尔费尔德（E·Herefeld）和沙列（F·Sarre），是法国学者，1911—1913 年和 1936—1939 年对今伊拉克境内的萨马腊遗址进行了两次大规模的发掘。按萨马腊（Samarra）位于巴格达北一百二十公里，曾是公元 836—883 年（相当于唐朝中期文宗开成元年至晚期僖宗中和三年）"撒拉逊帝国"的首都。发掘的重点是城内的宫廷废墟，出土了许多中国陶瓷残片，其中有青瓷、黄釉瓷、绿釉瓷和唐三彩，也有被学者们认为经过高火度烧造的"又硬又有玻璃质"的邢窑白瓷。1925 年沙列虽然发表了发掘报告⑤，提供了大量材料，但他本人对邢窑并没有什么深入研究。

（二）巴哈格特（Aly·Bahgat），是埃及学者，1912—1920 年对今埃及境内的福斯塔特遗址进行了发掘。按福斯塔特（Foustat）位于开罗南郊，是公元 642 年（相当于唐朝初期太宗贞观十六年）阿拉伯军队征服埃及时建立的，从此下至公元 905 年（相当于唐朝晚期哀帝天祐二年），一直是埃及伊斯兰帝国和埃及突伦王朝的政治、经济中心。此次发掘在遗址中出土的陶瓷残件多达七十万片，其中有"唐三彩"，有"越窑青瓷"，有"长沙窑瓷"，也有被学者们认为的"邢州白瓷"。巴哈格特在发掘后的第二年即 1921 年虽然也写了发掘报告⑥，提供了大量的研究材料，但他本人同样对邢窑白瓷也没有进行什么深入研究。

（三）林德伯格（Gustaf·Lindberg），是瑞典学者，四十年代，他根据瑞典收藏的宋代以前的白瓷与萨马腊出土的白瓷"相似"，认为这种白瓷"只有邢州"才能烧造。因此他认为瑞典这些藏品和萨马腊出土的瓷器，都应是九世纪中国唐代邢窑烧造的白瓷。虽然有人认为林德伯格的这种分析是一种"假想之说"，但在当时他能利用传世藏品与出土器物对邢窑白瓷进行对比研究，并大胆地提出这种"假想"，也是非常难能可贵的。

（四）大西林五郎、久志卓真、上田恭辅、渡边素舟、小山富士夫等，都是日本学者，二十至四十年代都有中国陶瓷专著。如大西林五郎 1917 年著有《支那陶磁全书》，全书共计四卷九编，其中第四编《唐时代》涉及到了邢窑；渡边素舟 1939 年著有《支那陶磁器史》，全书为十二章，其中第六章《唐代陶磁の时代的情势》也涉及到了邢窑⑦。

按大西林五郎、渡边素舟研究邢窑的材料，主要是收藏或出土的器物，有时他们也结合到了文献。其与西方学者相比显见深入，但与我国学者相比仍较粗浅。四十年代的前半期，日本学者对我国古陶瓷研究出现了高峰，这是因为他们利用日军侵华之机，更多地接触到了中国的陶瓷实物，同时有些学者在日军的护卫下还对我国一些著名窑址进行了考察，比如小山富士夫考察定窑即是如此。在此期间，日本学者对定窑的研究有所进步，但对邢窑的研究依然停留不前。

二　二十世纪五十至七十年代的研究

一九四九年中华人民共和国成立后，我国古陶瓷研究进入了一个新阶段。考古文博机构的设立和健全，对古窑址的调查和发掘和对出土器物的整理和报道，有力地推动了我国古陶瓷研究活动。因此在五十至七十年代的三十年间，我国许多历史名窑的研究，诸如越窑、长沙窑、巩县窑、耀州窑、定窑、汝窑、钧窑、磁州窑等等，都取得了重大成果，但对邢窑的研究却表现得十分沉默。至于外国对邢窑的研究，由于受到我国国内的影响，更是如此。

从五十年代开始，我国古陶瓷研究队伍不断壮大，在老一辈古陶瓷专家的带动下，第二代古陶瓷专家迅速成长。诸如冯先铭、叶喆民、宋伯胤、耿宝昌、安金槐、朱伯谦，以及居住在台北的袁宸先生等等，其中有些先生涉及到了邢窑研究。虽然因邢窑遗址尚未发现，未能取得突破性进展，但在多方搜集有关邢窑的文献记载方面，在根据文献记载结合出土器物进行对照研究方面，在实地考察邢窑窑址方面，与二十至四十年代相比却大有进步。举例如下：

（一）陈万里先生，在五十年代之后的研究范围，开始从南方青瓷扩大到了北方白瓷，其中重点是位于河北省境内的定窑和邢窑。为此他在1951年前后实地调查了定窑和邢窑的窑址。对定窑的调查地点根据叶麟趾先生所示定在了曲阳县城北的涧磁村，对邢窑的调查地点根据傅振伦先生的建议定在了内丘县与临城县交界的磁窑沟。陈万里先生对磁沟窑的调查，因未做发掘只从地面上拣到了一些元代的黑瓷片，没有发现唐代的遗存，不过他根据当地群众反映，认为大多瓷片沉在了河底之中，因此他认为：如果进行发掘"此地仍然是个有希望的地方"⑧。

1953年陈万里先生发表了《邢越二窑及定窑》一文⑨，基本总结了他对三窑的研究成果。他在谈到邢窑时，虽然仍以唐代文献为依据，但对邢窑的窑址所在问题，在他调查了磁窑沟之后提出了新看法。比如他认为："磁窑沟窑神庙虽有明代碑记，但未提及当地在唐代已烧造瓷器，地面的瓷器也不是唐代的。至于邢窑究竟在何处？还有待以后发现"。

（二）冯先铭先生，早年肄业于辅仁大学教育系，建国后入故宫博物院工作，从师陈万里专攻古陶瓷研究。1951年曾经跟从陈氏调查了定窑和邢窑，1957年又调查了河南的巩县窑。由于在定窑和巩县窑遗址中发现了唐代白瓷，于是他认为"这些新资料的发现，开阔了人们的眼界，由此得知唐代烧造白瓷，并非邢窑一处。"同时他又认为："有了这些新资料后，从故宫院藏唐代白瓷中可以分出巩县与曲阳两窑的产品，经过对比摸清了两窑白瓷的特点，从而逐渐缩小了唐代白瓷藏品未知数的比例，同时也初步划分出胎釉洁白如雪，不施加化妆土的是邢窑白瓷"⑩。

冯先铭先生对邢窑遗址的调查十分重视。1977年他在邯郸陶瓷总公司得知临城县境内发现了古窑址后，与叶喆民先生专程驱车到了临城县，对南程村和射兽村两处窑址进行了考察，但"只获得宋金时期仿定的瓷片败兴而返"⑪。途经邢台市住宿，第二天为邢台唐墓出土邢瓷之事，特意驱车到邢台五中访问了笔者（当时在邢台五中任教）。

根据冯先铭先生的提示，笔者为他们详细介绍了邢台市郊九座唐墓出土白瓷器物的情况，并说明在这些墓葬出土的细白瓷，"都具有造型规整、唇沿璧足、通体施釉、胎釉洁白和不施化妆土等特点"。当时笔者认为"由于这些白瓷器物与文献所记相合，且又是邢台当地唐墓中出土，故应视为邢窑白瓷"。在谈论中，笔者取出一件典型的细白瓷碗，请二位鉴定，并表示愿将此器作为邢窑故乡出土的实物标本捐给故宫。冯、叶二氏表示接受笔者的捐献，并表示同意笔者对邢窑白瓷鉴定的这些看法，但认为："如果确认无疑，还需要窑址取证。"

（三）笔者杨文山，早年毕业于校址在天津的河北师院历史专业，毕业后长期在邢台地市中学任教，1953年参与《邢台历史乡土教材》编写时接触邢窑。其后在业师李光璧先生指点下，开始致力于邢窑研究。主要活动是搜集有关邢窑的文献记载；摘抄报刊书籍中有关邢窑的文字；收藏当地墓葬中出土的有关瓷器。此外是利用身在邢台的方便条件，寻找邢窑的遗址。

从 1953—1977 的三十年间，笔者为查找邢窑曾在内丘、邢台、沙河境内进行过七次调查，其中对内丘县的城西进行了三次；对邢台县和沙河县的城西各进行了一次；对内丘、临城两县交界的西磁窑沟进行了两次。笔者认为值得一提的，是对西磁窑沟第二次调查时，在当地农民林生小老人的帮助下，对当时属于内丘的西磁窑沟村南和属于临城的村北进行了挖掘，发现了一些宋金的白瓷片，此与陈、冯二氏考察时仅仅发现的元代黑瓷片提前了一步。

1958 年京汉铁路增修复线时，笔者和邢台一中学生参加了路基的培土劳动，在邢台市北郊的三义庙村西发现了古墓群，出土了大量的白瓷器物。1959 年笔者写成了《唐代邢窑白瓷》一文[12]，1960 年后分别刊登在《滏阳日报》和《河北日报》副刊上。1979 年笔者调河北师大历史系任教，为邢窑研究，曾多次去故宫拜访冯先铭和叶喆民先生，在冯先生的启发下，写成了《唐代邢窑白瓷的初步探讨》一文，1980 年刊登在《河北师范大学学报》上[13]。为时不久《河北陶瓷》主编赵鸿声先生来信，认为该文在邢窑考察、邢瓷鉴定与工艺论证上"有新看法"，提出在《河北陶瓷》上重登，目的是"希望籍以打破邢窑研究中的沉默"[14]。

（四）刘龙启先生，早年毕业于河北威县师范学校，文物工作管理研究者，原为邢台地区文化局干部，后任邢台地区文管所所长，现为邢台市文管处处长。1976—1977 年曾参与组织领导了"邢台地区文物调查小组"，对全区十八个县市进行了文物普查。因邢窑誉名中外，无疑将调查邢窑的遗址列入了普查重点。但在实际普查过程中，除在内丘、临城交界处复查了早已发现的瓷窑沟宋金元窑址和在临城境内新发现了南程村、造纸厂、射兽村三处宋金窑址外，仍然没有找到唐代的遗存。因此"唐代邢州瓷窑的遗址究竟在什么地方？至今尚未搞清楚"[15]。

五十至七十年代外国学者对邢窑的研究，与二十至四十年代相比有所深入，主要表现在他们根据文献记载与出土器物进行对照研究上有所加强，在论证器物断代与器物归口研究上借鉴了我国学者的研究成果。在这些方面表现比较突出。西方学者主要是林德伯格和拉威尔夫人；东方学者主要是小山富士夫、三上次男、三杉隆敏、矢部良明。举例如下：

（一）林德伯格，如前所述是瑞典学者，四十年代开始注意了邢窑研究，就这一点说，他在西方学者中已处在了领先地位。五十年代初，他第一次专以邢窑为题撰写了两篇论文，一篇刊登在 1950 年第一期《东方美术》季刊上；另一篇刊登在 1953 年《瑞典斯德哥尔摩年报》上。这两篇论文的共同特点是以文献记载为依据，对收藏出土的唐代白瓷进行了对照研究，比如根据文献记载，他认为"邢窑白瓷是雪白的，敲打时能发出音乐的韵调，既然当时无论贫富都能使用这类瓷器，那么唐代（当指邢窑）生产这类白瓷的瓷窑一定是很多的"。根据收藏出土器物，他又认为"为了达到器表色白如雪，在胎上涂了一层化妆土，用以增加白度"[16]。

（二）拉威尔夫人（Mrs Lavill），是英籍华人学者，精通中文。六十年代她曾为《大维德中国艺术基金委员会藏品——定窑和有关白瓷图录》撰写了一篇《导言》，对与定窑有关的邢窑进行了论述。拉威尔的《导言》与林德伯格的论文有相同的特点，也是以文献为依据。比如她征引了陆羽《茶经》记载，认为"邢瓷类银类雪色白而茶色红，就这三点而论，邢不如越"。征引欧阳修等《新唐书》记载，认为"邢瓷既是地方贡品，制作必定是很好的"。征引李肇《国史补》记载，认为邢窑既然天下无贵贱都可通用，说明"邢窑的销路是很广的"[17]。

（三）小山富士夫、三上次男、三杉隆敏，都是日本学者，五十至七十年代，他们通过对东北非、西南亚、南亚、东南亚乃至欧洲和美洲的调查访问，对我国古陶瓷外销研究作出了重大贡献。比如小山富士夫、三上次男在 1964 年和 1966 年曾两次赴埃及，对福斯塔特遗址出土的古陶瓷残片进行了调查研究，在"堆积如山的六、七十万片的陶瓷中"，第一次查明了属于"中国陶瓷约达一万二千片"，其中有"越州窑瓷"，有"长沙窑瓷"，也有"唐代三彩"和"邢州白瓷"。另如 1967 年小山富士夫、三杉隆敏在访问法国巴黎时，在基美博物馆，看到了伊朗境内古遗址中出土的唐代中国古陶瓷残器残片，其中除"越州窑瓷"外，还有"邢州窑"烧造的多件细白瓷，诸如"菱花形白瓷碟"、"铁绘凸出蝶纹白瓷盒子"和"鱼浮雕长形白瓷杯"[18]。

（四）矢部良明，是日本学者。1975 年日本东京国立博物馆举办"日本出土的中国陶瓷特别展览"后，他和长谷部乐尔合著了《日本出土的中国陶瓷》一书，矢部良明撰写了《日本出土的唐宋时代的陶瓷》部分。文中提到日本出土的中国陶瓷遍及到了现在的东京、京都、奈良、福岛、大阪、福冈诸地，其中以奈良的平城京东三坊大路、药师寺西僧房与京都的右京区御室仁和寺圆堂遗址的出土内涵最为丰富。在出土的唐代陶瓷中，不仅有唐三彩和越窑青瓷，而且还有"中国白瓷"[19]。由于此时我国已发现定窑、巩县窑在唐代均产白瓷，使日本学者对这些"中国白瓷"的归口，感到难下定论，因此有些日本学者将这些白瓷笼统地称作"华北白瓷"。后来有些日本学者鉴于邢窑在唐代白瓷中富有盛名，又将"华北白瓷"笼统地称作"邢窑白瓷系"。

三 二十世纪八十至九十年代的研究

二十世纪八十至九十年代，我国学者对邢窑的研究取得了重大成就。比如：邢窑遗址在临城县的首先发现和在内丘的相继发现，解开了中外学者长期关注的"邢窑之谜"；窑址中出土了大量的实物标本，为邢窑多方面的分析论证提供了依据；随着邢瓷仿造活动的不断扩大，促使邢窑从一般性理论研究进入了高深的工艺科技研究。就上所列，举例如下：

（一）根据［唐］李肇《国史补》和元稹《饮致神曲酒三十韵》两处记载[20]，邢窑的窑址应在唐朝邢州的内丘县，即今河北省邢台市的内丘县。但在五十至七十年代的三十年间，虽然经过人们在内丘及其邻县境内进行了多次考察，却始终没有找到唐代的窑址。因此唐代邢窑的窑址在何处？便成了中外学者一直关注的难解疑谜。

1980 年 5 月，临城县二轻局成立了"邢瓷研制小组"，6 月 5 日通过师大领导聘请笔者杨文山为顾问。8 月 7 日至 11 日，笔者应邀赴临城进行考察，在县革委会副主任林玉山、二轻局局长路子英和"邢瓷研制小组"陈二印、张书泰、陈月恩等的陪同下，乘车对内丘与临城交界处和临城境内进行了逐村逐庄的调查。除复查了西瓷窑沟、南程村、造纸厂和射兽的宋金窑址外，又发现了解村的宋金窑址和澄底、岗头的五代窑址。尤其令人振奋的是在 8 月 10 日上午十一点，在岗头村北的泜北渠北岸第一次发现了晚唐的窑址，拣到了晚唐的粗白瓷唇沿璧底碗和鼓腹短流执壶的残器。11 月 4 日陈二印和陈月恩等继续北上，在祁村的东南、西北和西双井的西南又发现了三处盛唐中唐的窑址，在这里不仅拣到了粗白瓷，而且还拣到了洁白如雪的细白瓷。

1981 年 3 月 14 日，陈二印、陈月恩等在祁村东南窑址挖一个 1×2 米的探方，仅细白瓷器物就出土了十四种五十余件。4 月 25 日至 27 日，邢台地区科委受河北省科委的委托，会同中央工艺美术学院陶瓷系,在临城召开了"邢窑与邢瓷艺术鉴赏会",应邀参加的古陶瓷专家学者有傅振伦、冯先铭、李辉柄、王莉英、王舒冰、高庄、尚爱松、李纪贤、赵鸿声等,连同省、地、市、县的有关领导和科研人员以及新华社、中新社、《人民日报》、《光明日报》记者共计五十二人出席了集会。

与会者首先考察了窑址,然后举行座谈对出土器物进行了鉴定,在笔者简要介绍窑址的发现经过之后,专家学者大都进行了发言(叶喆民先生因事未到作了书面发言)。大家一致认为:岗头、祁村、西双井的唐代窑址应是"唐代邢窑"或说是"邢窑的一部分","至少也是邢窑的正统或亲支近派"[20]。会前新华社记者胡承清曾以《"邢窑之谜"初步揭晓》为题,向全国各大报纸转发了电讯稿;会后中新社记者陈则平又以《"邢窑之谜"的解开》为题,向海外各大报纸诸如香港的《大公报》、《文汇报》,日本的《新新日报》,美国的《纽约时报》,英国的《泰晤士报》等转发了传真"特稿",将我国这一重大考古发现广告中外。

集会期间,即1981年4月26日,根据农民赵庆国的报告,在临城县城南的山下村又发现了宋金窑址。一年之后,即1982年3月26日,根据赵庆国的报告,在临城西南靠近内丘边界的陈刘庄的"十字沟"又发现了古窑址群。经过反复调查得知:东沟和北沟南端是隋代的遗址,北沟北端有北朝的遗存;西沟南有宋金元的白瓷和黑瓷片;南沟北端东坡则发现了唐代的窑址。

(二)如前所述,根据文献记载邢窑窑址应在内丘,但窑址发现的地点不是内丘而是临城,难免使人们在"振奋"之余又感困惑。为此,河北省地质矿产局程在廉先生发表了《何处是邢窑?》一文[21],他根据《陶瓷地质学》的观点,对邢窑窑址的位置和寻找邢窑的走向提出了新看法。比如他认为:古代建窑烧瓷大凡就地取材,哪里有瓷土有燃料有水,哪里就具备了建窑烧瓷的条件。因此他认为:北起赞皇南经临城、内丘直至邢台"京广路西侧的广大范围内",属于相同地质结构和具有瓷土与煤共生的特点。故他预测:"随着考古发掘工作的深入",继临城之后将会在内丘和邢台境内"发现更多的古窑址"。事实证明,程氏的这一论断非常正确。

第一 1984年春,在内丘县文化局副局长孙剑华先生主持下,组织了以贾忠敏先生为首的"内丘文物组",开始在内丘境内五个乡方圆120平方公里的区域内进行了普查。大概到1985年秋,前后在瓷窑沟、南岭、北大丰、中丰洞、北双流、张家庄、西丘、南程村、宋村、冯唐、河村、武家庄、白家庄和城关等地,发现了二十八处古窑址。其中城关窑址最为密集,这里不仅有唐代窑址,而且还有北朝、隋朝、五代、宋金窑址,出土标本不仅有青瓷、黑釉瓷、褐釉瓷、粗白瓷、细白瓷、透影瓷和唐三彩,而且还有进贡的刻有"盈"字款的细白瓷。1985年12月初,河北省轻工厅和河北省硅酸盐学会组织了一次考察活动,专家学者一致认为:内丘发现邢窑遗址,证明文献所记不误;邢窑中心在内丘,已为窑址分布及其出土器物所证实。如果说临城窑址的发现"初步揭开了邢窑之谜";那么内丘窑址的发现可以说"正式揭开了邢窑的庐山真面目"。

第二 在内丘邢窑遗址发现的同时,即1984年秋,位于内丘县东邻的隆尧县境内的西里、双碑也发现了古代窑址遗存,隆尧县文管所所长李兰珂先生进行了首次考察。1990年笔者杨文山跟从大型系列片《中国陶瓷》河北摄制组编导郭根源先生进行了复查拍摄,这里虽因沟坡平为耕地未能发现窑体,但在耕田中到处都可以看到具有隋朝风格的青瓷残件和残片。据此我们认为:此处不象是人们生活留下的遗存,而象是隋代人们烧造瓷器留下的遗存。

第三 在内丘邢窑遗址发现后的第四年,即1988年10月,位于内丘县南邻的邢台县境内的西坚固村南也发现了古窑址，邢台市地名办主任翁振军先生进行了首次考察。1990 年笔者杨文山跟从大型系列片《中国陶瓷》河北摄制组编导郭根源先生进行了复查拍摄，此处窑址分布在大沙河的北岸，在这里发现了一座就坡挖成的馒头状窑体，在其周围的耕田地头上，到处可以看到具有北朝风格的青瓷残件和残片和"锯齿形垫圈"窑具。据此可以断定这是北朝的遗存。

第四 在内丘邢窑遗址发现后的十三年，即 1997 年 6 月，在邢台市区顺德路第一医院北侧建筑施工中也发现了古窑址，邢台市文管处副处长李思玮先生组织了试掘。在两个 4×4 米的探方中，出土了大量的青瓷、粗白瓷、褐釉瓷和黑釉瓷的残件残片，同时还出土了大量的"蘑菇状窑柱"和"三角形垫片"窑具。其中"三角形垫片"出土量之多足足装了十袋，证明此处当是一处产量可观的窑址。按此窑址出土的器物，多为深腹碗、长颈瓶等，从时代风格看，与临城县陈刘庄隋代窑址出土的器物和内丘县西关隋代窑址出土的器物相同，据此可知此处应为隋代遗存。

（三）邢窑遗址在临城县的首先发现，曾一度轰动中外，为公布窑址材料，笔者杨文山为"临城县邢瓷研制小组"撰写了《唐代邢窑遗址调查报告》[23]。与此同时及其之后，专家学者纷纷著文立说，一时间出现了所谓"邢窑热"。在诸多论文中影响较大者有：傅振伦的《说唐代邢窑》[24]，冯先铭的《谈邢窑有关诸问题》[25]，叶喆民的《邢窑刍议》和《再论邢窑》[26]，李辉柄的《唐代邢窑窑址考察与初步探讨》[27]，李纪贤的《妙音悦耳的瓷器》[28]，王舒冰的《邢州归来》[29]，周丽丽的《唐代邢窑和上海博物馆藏邢窑珍品》[30]，以及杨文山的《唐代邢窑遗址的发现和初步分析》和《隋代邢窑遗址的发现和初步分析》[31]。至于外国学者论文影响较大者，当是日本学者寺岛孝一等《唐代邢窑的发现和日本出土的白瓷》[32]，井恒春雄的《唐代邢窑之谜》[33]。

邢窑遗址在内丘县境内的发现，虽然没有像临城首先发现后反映的那样"火爆"，但由于内丘是文献所记邢窑所在，窑址规模远比临城为大，出土器物远比临城丰富。故除内丘县文管所发表的《河北省内丘县邢窑调查简报》外[34]，又有一些学者或研究者发表了一批论述文章，其影响较大者有：王舒冰的《振奋人心的消息——内丘邢窑问世》[35]，李知宴的《内丘邢窑的重大发现》[36]，叶喆民的《邢窑三议》[37]，贾永禄等《谈邢窑》[38]，杨文山的《关于邢窑的产地问题》[39]，王莉英的《关于白瓷的起源及产地》[40]，以及杨虎军的《北朝邢窑早期的青瓷生产和白瓷创烧》、赵鸿声等《五代邢窑白瓷生产的衰落表现和原因》、杨文山的《论宋金时期邢窑白瓷的持续生产》[41]等。

在邢窑遗址发现之前，人们只能根据文献记载和墓葬或古建遗址出土的器物进行所谓"对照研究"。由于这些记载和出土器物不能反映邢窑的全貌，因此这种研究所得出的结论难免不带片面性和主观性。但在邢窑遗址发现之后尤其是发掘之后[42]，由于在窑址中出土了大量的器物标本和窑具，发现了窑体、积灰和捣泥工具，为人们对邢窑进行全面客观的"综合研究"提供了可靠的依据。兹归纳上列诸家著文，就其研究成果举例如下：

第一 关于邢窑的生产历史问题，在邢窑遗址发现之前，一般学者认为邢窑的烧造时间很短，所谓"邢窑白瓷始于初唐，盛于盛唐、中唐，衰于晚唐五代，五代之后即消声匿迹"，在邢窑遗址发现之前似乎成了一种定论。但在邢窑遗址发现之后，由于在窑址中不仅发现了大量的唐代窑址而且还发现了大量的北朝、隋朝窑址和五代、宋金窑址，从而证明邢窑的烧造历史不是很短，而是源远流长的，所谓"邢窑仅在唐朝昙花一现"的说法，绝对不能成立。

第二 关于邢窑的窑址地点问题，在邢窑遗址发现之前，几乎所有学者根据文献所记都认为"邢窑窑址应在内丘"。但在临城首先发现窑址之后，有些学者开始对文献所记感到困惑，甚至有的学者怀疑文献所记有误。内丘窑址发现之后，无疑使这种谬误得到了纠正，但同时又出现了另一种极端的说法，那就是"只有内丘窑址才是邢窑"，周围的窑址"不是邢窑，也不能说是邢窑的一部分"。不过绝大多数专家学者，根据内丘及其邻县存在着大量的具有共同特点和彼此相连的窑址这一事实，认为邢窑和越窑一样，也应是一个"跨州连郡"的庞大窑区。如果内丘窑址是邢窑的中心，那么临城以及隆尧县、邢台县和邢台市区内的窑址，也应是邢窑的"有机组成部分"。

第三　关于邢窑的陶瓷种类问题，在邢窑遗址发现之前，一般学者根据唐朝的文献所记，只知道有一种"类银"、"类雪"的细白瓷，因此有些墓葬出土的、本属于邢窑的产品，因不见文献记载而被排斥在外，成为所谓"无法归口"的"未知数"。但在邢窑遗址发现之后，由于在窑址中除出土了细白瓷外，还出土了灰白瓷、粗白瓷、透影白瓷，甚至还有褐釉瓷、黑釉瓷、黄釉瓷、绿釉瓷和唐三彩，从而证明邢窑的陶瓷种类，不只是细白瓷一种而是多种多样。

第四　关于邢窑的装饰艺术问题，在邢窑遗址发现之前，有的学者根据所见文献记载和出土的器物，认为"邢窑白瓷造型单调素无花饰，仅能以白取胜"，甚至有的学者断言"邢窑白瓷只有使用价值而无观赏价值"。但在邢窑遗址发现之后，由于在窑址中出土了多种带有纹饰和花饰的细白瓷、透光白瓷、黄釉瓷和黑釉瓷标本。诸如访有水纹、棱纹、叶花纹的细白瓷皮囊壶，刻有卷叶纹的透光白瓷方形枕，印有花卉纹的细白瓷菱花形碟，印有铺首纹的细白瓷鼓腹瓶，印有蝴蝶纹的细白瓷圆形盒和印有花卉纹、人物纹的黄釉瓷双系扁壶，以及通过印贴、雕塑、刻划成形的各种动物人物俑。从而证明邢窑不是造型单调素无花饰，而是有多种多样的技法装饰。

（四）在邢窑遗址发现之后，河北省有些部门曾经三次成立过专门研究邢窑的机构，对邢窑器物进行研究仿制。这三次研究虽然规模有大有小时间有短有长，但研究方法和研究目的是相同的。即在专家学者对邢窑"综合研究"的基础上，采用现代科学手段对邢窑的工艺进行了深入研究，通过对邢瓷的仿制，为进一步恢复邢窑生产创造条件。兹就三次研究顺列如下：

第一　1980年5月，在临城县革委会副主任林玉山和二轻局局长路子英两先生的主持下，成立了"临城县邢瓷研制小组"。研究班子由陈二印、张云申、陈月恩、张书泰、张志忠等十二人组成。当时笔者杨文山被聘为研制小组的历史顾问，首先参加并指导了对邢窑遗址的调查，在临城境内发现了唐代窑址之后，又参加并指导了对邢瓷的研制。

邢瓷研制小组，根据笔者提供的《邢窑研制计划草案》，首先完成了四项研究准备：一是对窑址和墓葬出土的白瓷器物进行排比，确定唐代邢窑白瓷十一种典型器物为仿制品。二是通过对成都光电研究所和邯郸陶瓷研究所对邢窑白瓷胎釉化学成分的化验数据进行归纳，确定对仿制品胎釉配料所含化学成分的控制指标。三是通过对上列两所对邢窑白瓷物理性能的测定数据进行归纳，确定对仿制品烧成温度、硬度、白度和吸水率的基本要求。四是通过对各种窑具和窑体遗存进行反复观察，确定采用"筒状匣钵"和"漏斗状匣钵"为装烧窑具，采用"馒头窑"烧成"还原焰"。

在上述四项研究准备工作完成之后，研制小组借用贾村瓷厂一座废弃的窑洞为车间，开始了反复实验，经过半年试烧，终于烧成了仿制品十种约计四十余件。1981年4月在临城县召开了"邢窑研究与邢瓷艺术鉴赏会"，与会专家学者对这批仿制品进行了鉴定，除在成形工艺上提出改进意见外，对其造型风格和胎质釉色予以了充分肯定。同时对研制小组的研究工作又给了很高评价，认为此次邢瓷仿制在我国尚属首次，研制小组"在非常简陋的条件下进行开创性工作"令人赞佩。鉴赏会后，临城二轻局为小组的继续研究和实现批量生产计划进行了努力，但终因经费不足和缺乏技术力量被迫停止了活动，从此"临城县邢瓷研制小组"也即名存实亡。

第二 1983 年 10 月，在河北省轻工厅总工程师刘可栋先生主持下，成立了"河北省邢窑研究组"。研究班子由助理工程师、助理美术师和有仿制经验的人员王振山、张志忠、毕南海、陈胜一等十一人组成。笔者杨文山和河北轻工学院姚毅先生，先后被"特批特聘"为"邢窑研究员"兼副组长，参加领导和指导了研究组对邢窑的研究活动。

邢窑研究组，根据刘可栋先生拟定的《邢窑研究方案》㊷，在"交叉学科综合研究"理论指导下，对邢窑的考古、文物、工艺技术、工艺美术和陶瓷原料等诸多学科，进行了交叉同步研究。比如对临城、内丘古窑址进行了全面考察研究，运用考古方法对采集的器物标本进行了分期分类，从而为邢窑仿制提供了历史依据。对全国三十四个重要文博部门进行了访问调查研究，采用窑址出土器物与馆藏器物对比鉴定方法，摸清了诸多馆藏文物中的邢窑产品，从而为邢窑仿制扩大了工艺美术素材。对北京建材研究院、上海硅酸盐研究所等单位对邢瓷胎釉化学成分、显微结构的分析和物理性能的测定进行了归纳研究，从而为邢窑仿制提供了工艺技术根据。与"河北省陶瓷原料勘察研究组"合作，对邢窑的陶瓷原料进行了广泛的调查和定位钻探，在诸多的瓷土原料中，找到了唐代邢窑烧造细白瓷的优质瓷土，从而为邢窑仿制提供了原料保证。

邢窑研究组，在各个学科取得结论的基础上，经过 1984 年至 1986 年的集中研制和六次试烧，终于制出了十八种与唐代邢瓷形神相似的复制品。1987 年 1 月，在石家庄召开了"邢窑研究鉴定会"，与会专家学者对"河北省邢窑研究组"的研究成果㊸和仿制品进行了鉴定，一致认为"邢窑研究运用交叉学科综合研究的办法是成功的、有效的，在工艺技术研究的深度上取得了一定突破"；"邢窑仿制品的胎釉特点准确，基本上接近了唐代邢瓷的艺术水平"㊹。

在鉴定会后，"河北省邢窑研究组"的研究任务即告结束，但如何将科研成果转化为生产力？却始终没有着落。原来希望临城县建立一家"邢窑艺术瓷厂"，后又希望在临城航天瓷厂增设一个"邢瓷车间"，但由于种种原因，这些希望均未成功。

第三 1992 年 10 月，在邢台市政府副市长刘玉峰先生的主持下，以邢台市陶瓷厂"陶瓷科技研究所"为基础成立了"中国邢州窑研究所"，研究班子由高级工程师、工程师、化验师、美术师和技术工人蔡成铸、王振山、张风菊、王明武等十五人组成。笔者杨文山被聘为历史顾问兼副所长，参加领导和主持了研究活动。研究所经过两次工作会议，决定研究任务是"在前河北研究组对邢窑粗细白瓷研究的基础上，对邢窑的精细透光白瓷、唐三彩乃至青瓷和早期白瓷等进行补充研究，并根据仿古创新原则，及时将科研成果转化为生产力"㊺。

根据以上任务，研究所制定了《研究计划细则》，首先将"精细透光白瓷"列入了第一课题，并从三个方面进行了研究准备：一是通过古阿拉伯商人苏林曼（Suleiman）公元 851 年（相当于唐宣宗大中五年）《笔记》和唐朝诗人元稹《致饮神曲酒三十韵》对透光白瓷的描述，得知在中外文献中都有有关这种白瓷的记载。二是通过对临城、内丘文管所和省文研所的访问，看到了邢窑遗址出土的这种透光白瓷的残片或残件，从而证明这种白瓷实为邢窑所产。三是通过上海硅酸盐研究所对这种白瓷胎釉化学成分、显微结构的分析和物理性能的测试，弄清了这种白瓷所以透亮，是由于胎釉的含钾量比一般白瓷高出了四至五倍，从而为仿制这种白瓷找到了工艺根据。

研究所在完成研究准备之后，便全力投入了配料试验，经过七次试烧终于成功。根据"仿古创新原则"，研究所设计了一套仿唐酒具、两套仿唐茶具、两套仿唐餐具。其中仿唐酒具在移交邢台陶瓷厂大生产之前，首先由研究所的实验车间进行了小批量试产。

按仿唐酒具由一盘一壶十杯组成，盘作平底，杯作高足，壶作扁口龙柄，均印宝相花饰，胎釉洁白，晶莹透彻，造型规整，用赏兼备。1993 年作为"中国历史瑰宝"被河北省外事口选送"意大利国际友好城市博览会"参展，不久又被邢台市政府定为馈赠贵宾的"市礼品"。于是各界庆典集会纷纷前来订货，产品未及出厂上市，即已供不应求。但好景不长，由于陶瓷厂破产，厂址变卖。这样寄附于陶瓷厂的研究所，也就随着大势已去不复存在了。

第四 如上所述，从 1995 年"中国邢州窑研究所"结束后，再无专门机构对邢窑进行研究，但个人对邢窑的研究并未停止。相反，人们根据在此之前的文献搜集、窑址考察、器物整理与仿品研制成果，对邢窑进行了更有深度和更有广度的研究。比如 1997 年 10 月，中国古陶瓷研究会在河北省会石家庄召开了"中国古陶瓷研究会 1997 年会暨研究会"，中外学者和研究者百余人参加了研讨。此次年会的研究中心，是位于河北的邢窑、定窑、磁州窑、井陉窑。集会前出版了《中国古陶瓷研究会 1997 年年会论文集》，其中十篇论文涉及到邢窑。

在这十篇论文中，单独专以邢窑论述者，有王会民、张志忠的《邢窑调查试掘主要收获》；张志忠、王会民的《邢窑隋代透影白瓷》；杨文山的《邢窑"精细透光白瓷"初步研究》。兼以邢窑、越窑、定窑论述者，有叶喆民的《近卅年来邢、定二窑研究记略》；李久海、朱薇君的《论扬州出土的一批唐代邢、定窑白瓷》；毕南海的《邢、定二窑的关系及制品考》；吕成龙的《故宫博物院藏邢窑、定窑瓷器选介》；蔡乃武的《〈茶经·四之器〉质疑——兼论瓯窑、越窑、邢窑及相互关系》等[47]。

四　二十一世纪初（2001 至 2006）的研究

从二十世纪人们对邢窑研究的回顾，可知在邢窑遗址发现之前的二十至四十年代，对邢窑的研究是十分粗浅的，五十至七十年代的研究虽然有所进步，但仍没有突破文献与器物"对照研究"的局限。八十至九十年代由于邢窑遗址的发现，出土了大量的器物标本，从而使邢窑研究达到了高潮，不论在理论研究上和在工艺研究上，都取得了前所未有的成果。

现已跨入了二十一世纪之初，人们将来对邢窑如何研究？笔者认为：一定要比上世纪要好。理由是人们将在上世纪对邢窑研究的成果的基础上，一定要对在上世纪研究不深的课题、或者尚未研究的课题进行大力研究。关于这方面，我们在刚刚进入本世纪初的六年间，即 2001 至 2006 年，便已看到了它的这种良好的势头。兹就其表现，举例如下：

第一 2001 年夏天，在邢台市老城清风楼东南长街南头施工时，发现了多件"大盈"款的白瓷碗片，《牛城晚报》作了报道。按 1957 年西安大明宫出土"盈"字款白瓷后，人们对"盈"字的含义解释一直分歧很大，比如有的人认为"盈"字近"盌"即"碗"；有的人认为"盈"字是某一窑主的"字号"；有的人认为"盈"字是内丘邢窑"专为宫廷烧造贡瓷"的标志；还有的人认为"盈"字是唐朝宫内"百宝大盈库"的一种标记。

　　按"盈"字款白瓷的产地？在1957至1984年间也有分歧，不过由于内丘窑址不断出土了"盈"字款标本，故产地问题已得到了解决。但是"盈"字含义是什么？却长期争议不决。不过随着"大盈"款标本的发现，使"盈"为"大盈库"标记的解释有了有力证物，从而也使这个有争论的问题得到了解决。2006年支广正发表了《唐代邢窑贡瓷"盈"字款研究》一文，对"盈"字款贡瓷的出土、产地、入贡时间以及"盈"字的含义，进行了综述[48]。

　　第二　2002年10月30日至31日，由上海博物馆牵头，在上海市召开了"中国古代白瓷国际学术研讨会"，研究的中心议题是我国的历代白瓷。会议收到论文56篇，观摩了来自中国各地区及德国、英国、法国各单位收藏的器物和标本，会议对中国古代白瓷的某些领域进行了探讨。于2005年7月由上海博物馆编辑出版了《中国古代白瓷国际学术研讨会论文集》[49]，涉及到邢窑的论文有20多篇。比如有吕成龙《唐代邢窑"翰林"、"盈"字款白瓷罐刍议》，王会民、马冬青、张志忠《邢窑装饰初探》，胡志刚《对北京出土邢、定、龙泉务窑白瓷的几点认识》，穆青《青瓷、白瓷、黄釉瓷——试论河北北朝至隋代瓷器的发展演变》，王长启《唐代白瓷器在西安的发现》等。

　　这次会议由上博从2001年开始筹备，得到了国内外许多文物、考古机构的大力支持，他们展出了自己的重要收藏和出土文物，在研讨会期间举办了"中国古代白瓷展示会"和"白瓷标本展示会"，出现了许多精美作品和标本，为与会的国内外专家带来了学术研究上的便利，许多新的观点和认识就产生于在现场对大量实物的观摩和研究，使研讨会取得了十分圆满的成功。

　　第三　2003年，为配合河北省内丘县旧城改造建设步行街工程，河北省文物局委托省文物研究所会同当地文物部门，经过3—4月份的考古勘探，经上报国家文物局，于5—8月份对该工程所涉及的国保单位——邢窑遗址进行了重点考古发掘，取得了丰硕成果。[50]

　　此次发掘面积1224平方米，遗迹高度集中，四个发掘区中东北区、东南区的遗存最为丰富。灰坑是出土最多的遗迹，共清理175座；窑炉共发掘10座，深度分上下两层；隋唐时期的遗物十分丰富，其中有窑具，器物有陶、石、骨、瓷、三彩等类别。瓷器类有粗、细瓷两大类，细瓷以白色为主，器形有罐、碗、盘、盆、执壶、鹦鹉杯等，有印花、刻花、划花、贴花等装饰，有的有极强的透光性能。一些器物底部或盖上刻有"盈"、"官"、"翰林"字款，其中"官"字款在邢窑是首次发现。在东北区采集到一件三彩执壶残件，在邢窑遗址中也是首次发现。这次发掘是邢窑考古历史上发掘面积最大、出土遗迹遗物最丰富、收获最大的一次。

　　此次首次出土的晚唐时期的"官"字款当足以改变研究者对"官"字款产地的认识，出土的数量较多的"盈"字款器物残片足以证明内丘西关步行街一带应是"盈"字款产品的主要生产地，尤其是少量的彩绘艺术作品足以证明邢窑窑工不仅烧制誉满天下的白瓷器，而且也能生产素烧器、三彩、彩绘、玩具等其它器物。为此人民日报在2003年8月5日5版以《最早"官"字款瓷器出土》（新华社记者王文化）、河北日报2003年7月29日1版以《内丘发现邢窑窑群》（记者高志顺、实习生王旭波）为题进行了专题报道。

　　第四　笔者杨文山在上世纪，曾经前后参加过三次对邢瓷的仿制，在文献记载方面、出土器物方面、窑址标本方面和邢瓷胎釉的化验和物测方面，掌握了一些素材资料。上世纪八十年代末，笔者根据师大科研处的要求，曾将这些素材草成一书，拟名《邢窑综合研究》，因科研经费问题还未能出版。

　　在进入本世纪之后，笔者由于受到"出书热"的影响，在河北出版社前社长王亚民先生的鼓励下，对原著进行了修改。对原《邢窑窑址的疑谜与邢窑的粗浅研究》和《邢窑窑址的发现与邢窑的深入研究》两章进行了删繁就简；而对原《邢窑陶瓷种类与工艺研究》和《邢窑器物种类与时代风格研究》两章却进行了增补。

从1999年起，由于出书无望，笔者开始从著稿中抽出若干篇章，经过组合改成论文形式，投送期刊先行发表。截至目前为止，笔者已前后组稿六篇，即《二十世纪中外学者对邢窑的研究》、《关于邢窑的文献记载问题》、《邢窑唐三彩的工艺研究》、《邢窑类银白瓷的工艺研究》、《邢窑类雪白瓷的工艺研究》和《邢窑青瓷的工艺研究》。其中前三篇已在中国国家博物馆馆刊《中国历史文物》上发表。

第五　张志忠先生在上世纪曾前后参加了两次对邢瓷的仿制，又参加了三次对邢窑的试掘，故在文献、器物、标本和在邢瓷胎釉的化验和物测方面，掌握了大量第一手资料，在此基础上，从2006年初开始，他和赵庆钢先生合作编著了邢窑的第一部专著——《千年邢窑》。全书分为"综述"、"图版"、"附录"三部分。

张志忠先生与赵庆钢先生在合著《千年邢窑》的同时，又将上世纪和本世纪有关邢窑的论述文章搜集起来，与李恩玮先生合作，编辑成为《邢窑研究》文集。根据文章题材，将其分为"发掘报告"、"研究论文"、"相关研究"、"通讯报道"四部分，计114篇文章。《邢窑研究》文集与《千年邢窑》专著实为姊妹篇，同由文物出版社出版。两部书的出版，是我国近五十年来邢窑研究的一个成果，它的发行无疑对今后邢窑的研究产生积极的影响。

（作者：河北师范大学历史系副教授）

注　释

① 朱琰《陶说》卷二，《美术丛刊》上海树州国光社民国二十五年版。

② 吴仁敬、辛安潮《中国陶瓷史》第七章，商务印书馆1936年版。

③ 蔡乃武《茶经·四之器质疑》，《文物春秋》1997年增刊。

④ 陈万里《青瓷之调查及研究》，第一集1935年版；《瓷器与浙江》，中华书局1946年版。

⑤ Friedrich Sarry：Die Keramik von Samarra. Berlin, 1925。武素敏译：弗里德里彻·沙列《萨马腊发掘》，柏林1925年版。

⑥ Aly Bahgat Beyet Allbert Gabriel：Fouilles d'al Foustat. Paris, 1921。武素敏译：阿里·巴哈梢特、贝也特·阿尔贝特·力布里《福斯塔特发掘》，巴黎1921年版。

⑦ 大西林五郎《支那陶磁全书》，东京松山堂书店1917年版；渡边素舟《支那陶磁器史》东京成光馆书店1939年版。

⑧ 陈万里、冯先铭《故宫博物院十年来对古窑址的调查》，《故宫博物院院刊》1960年总2期。

⑨ 陈万里《邢越二窑及定窑》，《文物参考资料》1953年第9期。

⑩ 冯先铭《谈邢窑有关诸问题》，《故宫博物院院刊》1981年第4期。

⑪ 叶喆民《近三十年来邢定二窑研究记略》，《文物春秋》1997年增刊。

⑫ 杨文山《唐代邢窑白瓷》，分别载《滏阳日报》1960年3月16日副刊版和《河北日报》1961年5月5日副刊版。

⑬ 杨文山《唐代邢窑白瓷的初步探讨》，《河北师范大学学报》（社会科学版）1980年第4期。

⑭ 赵鸿声为刊登《唐代邢窑白瓷的初步探讨》所写的"编者按语"，《河北陶瓷》1980年第4期。

⑮ 邢台地区文化局编《邢台地区文物普查报告》，1977年印本。

⑯ 冯先铭《谈邢窑有关诸问题》引语，《故宫博物院院刊》1981年第4期。

⑰ 傅振伦译：拉威尔夫人《定窑和有关白瓷》，《河北陶瓷》1979 年增刊。

⑱ 庄景辉等译：三上次男《陶瓷之路》，中国古外销陶瓷研究会编印《中国古外销陶瓷研究资料》第二辑。

⑲ 王仁波等译：矢部良明《日本出土的唐宋时代的陶瓷》，中国古外销陶瓷研究会编印《中国古外销陶瓷研究资料》第三辑。

⑳ 李肇《国史补》记："内丘白瓷瓯，端溪紫石砚，天下无贵贱通用之"；元稹《饮致神曲酒三十韵》记："雕镌荆玉盏，烘透内丘瓶"。

㉑ 赵鸿声《专家座谈邢窑》，《河北陶瓷》1982 年第 1 期。

㉒ 程在廉《何处是邢窑?》，《河北陶瓷》1984 年第 1 期。

㉓ 河北省临城县邢瓷研制小组《唐代邢窑遗址调查报告》，《文物》1981 年第 9 期。

㉔ 傅振伦《说唐代邢窑》，《中国历史博物馆馆刊》1982 年总 4 期。

㉕ 冯先铭《谈邢窑有关诸问题》，《故宫博物院院刊》1981 年第 4 期。

㉖ 叶喆民《邢窑刍议》，《文物》1981 年第 9 期；《再论邢窑》，《中国陶瓷》1982 年第 7 期。

㉗ 李辉柄《唐代邢窑窑址考察与初步探讨》，《文物》1981 年第 9 期。

㉘ 李纪贤《妙音悦耳的瓷器》，《紫禁城》1981 年第 3 期。

㉙ 王舒冰《邢州归来》，《河北陶瓷》1981 年第 4 期。

㉚ 周丽丽《唐代邢窑和上海博物馆藏邢瓷珍品》，《上海博物馆集刊》1982 年总 2 期。

㉛ 杨文山《唐代邢窑遗址的发现和初步分析》，《河北学刊》1982 年第 3 期；《隋代邢窑遗址的发现和初步分析》，《文物》1984 年第 12 期。

㉜ 寺岛孝一等《唐代邢窑の発见と日本出土の白磁)，日本《古代文化》34 卷 11 期。

㉝ 井垣春雄《唐代邢窑の谜（上、下)》，《日本美术工艺》1982 年总 530 期。

㉞ 内丘县文物保管所《河北省内丘县邢窑调查简报》，《文物》1987 年第 9 期。

㉟ 王舒冰《振奋人心的消息——内丘邢窑问世》，《河北陶瓷》1987 年第 1 期。

㊱ 李知宴《内丘邢窑的重大发现》，《河北陶瓷》1987 年第 4 期。

㊲ 叶喆民《邢窑三议》，《河北陶瓷》1986 年第 4 期。

㊳ 贾永禄等《谈邢窑》，《河北陶瓷》1991 年第 2 期。

㊴ 杨文山《关于邢窑的产地问题》，《河北陶瓷》1992 年第 2 期。

㊵ 王莉英《关于白瓷的起源及产地》，《中国古陶瓷研究》（创刊号）紫禁城出版社 1987 年版。

㊶ 杨虎军《北朝邢窑早期的青瓷生产和白瓷创烧》、赵鸿声等《五代邢窑白瓷生产的衰落表现和原因》、杨文山《论宋金时期邢窑白瓷的持续生产》，均载《邢台历史经济论丛》中国人事出版社 1994 版。

㊷ 王会民、张志忠：《邢窑调查试掘主要收获》，《文物春秋》1997 年增刊号。

㊸ 刘可栋《论古陶瓷研究方案设计》，《河北陶瓷》1988 年第 2 期。

㊹ 河北省邢窑研究组原定三个研究课题为：《邢窑考古文物研究》、《邢窑工艺技术研究》和《邢窑工艺美术研究》，后分别发表于《河北陶瓷》1987 年第 2 期和 1988 年第 2 期时，题名略有变动。

㊺ 姚毅《邢窑研究综述》，《邢台历史经济论丛》中国人事出版社 1994 年版。

㊻ 杨文山《邢窑"精细透光白瓷"的初步研究》，《文物春秋》1997 年增刊。

㊼ 王会民、张志忠、杨文山、叶喆民、李久海、毕南海、吕成龙、蔡乃武等论文，均见《文物春秋》1997 年增刊。

㊽ 支广正《唐代邢窑贡瓷"盈"字款研究》，《文物春秋》2006 年第 5 期。

㊾ 上海博物馆《中国古代白瓷国际学术研讨会论文集》，上海书画出版社 2005 年 7 月出版。

㊿ 王会民、樊书海《邢窑遗址考古发掘有重要发现》，《中国文物报》2003 年 10 月 29 日第一版。

发 掘 报 告

合肥市发现明代瓷窖藏和唐代邢窑瓷*

合肥市文管处

一

1975 年 5 月，合肥市机械局在长江路西段，明清天王寺旧址内施工时，发现瓷器窖藏，当即报告了市文化馆，由文化馆派人进行清理。

窖藏在地下一米深处，紧靠石块墙基的拐角。瓷器重叠直放或侧放，上盖一铁器，因锈蚀过甚，又被掘碎，器形不明。瓷器保存完整的尚有二十八件。同时出土铜钱四百四十八枚，除两枚"万历通宝"外，均为"崇祯通宝"。大小分七式，最大的径 2.5 厘米，重 3.55 克；最小的径 1.3 厘米，重 0.53 克，显系明代末年铸造，大概是公元 1645 年清兵将到合肥时埋藏的。

这批瓷器，有杯、盘、碗、碟等，现分述如下：

青花杯　五件。分二式：I 式高 4.9、口径 8.8、底径 3.5 厘米；II 式高 4.5、口径 8.9、底径 4 厘米。侈口，圈足，斜直腹。胎很轻薄，壁厚不到 2 毫米，重仅 62.4 克。把它置于灯光下，周身透淡白色光亮，青花浮起，具有较高的工艺水平。青花仿中国水墨画，以写意为主。画面有人物，花卉、山石、园林，着色浓淡相间，景物疏密有致。底部单圈内均有"大明成化年制"楷书六字款。字体不一，有的滞笔藏锋，间隔较大；有的书写秀丽，排列整齐，显非一人手笔。成化瓷器，素负盛名。明《帝京景物略》中便有"成杯一双，值十万钱"之语，所以，仿者甚多，此杯亦属仿款。

白瓷碟　三件。大小相同，高 3、口径 9.4、底径 4.5 厘米。口沿和碟心各有青花纹一圈，碟心有楷书"博古斋"三字。制作精细，薄胎素面，晶莹雅致。《景德镇陶瓷史稿》记述明代瓷器款识中有"博古斋"，并认为它是"雅匠良工之自署"，是"景德镇董家坞民窑出品"。这些瓷碟为"博古斋"产品增添了实物资料。

---

* 《文物》1978 年第 8 期

青花碗 二件。高4.7、口径14.2、圈足径7厘米。侈口，外翻沿，斜直腹。施青白釉，底部露胎，有辐射状刷纹和螺旋纹，口沿内外各有青花纹两道。碗心双圈内有吉祥云一朵。外壁绘双凤展翅飞翔，凤四尾，颈部曲折若蜈蚣。凤前各有一"十"字形云块。这与嘉靖凤的绘法：颈部毛为一撮一撮状，凤前作"卍"形云块，有所变化。

白瓷盘 四件。高4.4、口径13、底径6厘米。釉色洁白光亮，无纹饰。底部露胎，料细白，有辐射状刷纹和螺旋纹。浅圈足，厚1.2厘米，近璧形底，系旋削而成，外高内低。辐射纹和璧形底，表现出晚明瓷器的一些特征。

青花瓷盘 十四件。高3.4、口径12.8、底径6.5厘米。口沿外翻，通身施青白釉。盘内纹饰分为三层：上层为水边远景：沙汀垂柳；中层空渺，若水天一色；下层即盘心，水藻繁茂，花叶纵横。绘法，先以浓色勾出莲、藻的边，然后填以较淡的颜色，落笔粗犷。外壁均有两处大致相对的点采。胎质尚好，虽厚也能透光。

综上所述，这批瓷器的制作方法和纹饰具有较多的晚明特色，可以认为它是崇祯时期的产品。再从"博古斋"的记载看，许多器物系景德镇民窑烧造。而瓷器的造型，都是小巧玲珑，又出土于天王寺旧址内，很可能是作为供器的。

二

1976年4月，合肥市文化馆在合肥机务段建设工地清理一座唐开成五年（840年）船形砖墓。墓长4.16、腰宽3.16米，顶塌陷。出土文物有：

白瓷壶 一件。高14、腹径11.5厘米。平底，短流，直颈，肩部有凹弦纹一道，圆直柄，有竹节纹。与流相对处有二系，为连接壶盖之用（失盖）。胎莹白，瓷化程度很高，有透光感。通身施白色护胎釉；玻璃质透明釉，则仅施于器物内外，底部未施。釉色明亮，胎釉结合紧密，埋藏千余年，毫无脱落。当时以白瓷著称的唯有邢窑。壶的造型与浙江宁波市遵义路出土唐代执錾壶大体相同。但宁波器施青黄色釉，流较长，假圈足，柄上有錾，产自越窑。

青瓷碗 三件。敞口，璧形足，高4.2、口径14.2、底径5.3厘米。釉色米黄，温润有光，近越窑器，与晶莹雪亮的白瓷壶相媲美，正如陆羽《茶经》所述的那样，"邢窑类银，越瓷类玉"。

石砚 一方。箕形。朴素无雕饰。长20、高3.5、宽11—15厘米，与米芾《砚史》所记"有如'凤'字，两足者"正相符合。唐代翰墨之风很炽，砚的产地也多。安微省内的"歙砚"，在唐开元年间即已闻名。唐玄宗曾专设官吏，主持"歙砚"生产。所产龙尾砚，最为名贵，时有"玉色纯苍理致精，锋芒都尽墨无声"的赞誉。此砚石质细腻，磨制光平，呈暗绿色，颇有"纯苍"之感。

陶罐 一件。口径10.5、腹径18、底径11、高25.5厘米。直颈、外翻唇。灰陶，肩部施黄褐色釉，有四个横系直立于肩的四周。

铜钱 四十三枚。"开元通宝"二十五枚，形制复杂，质量很差。"乾元重宝"十八枚，大小有四种。《新唐书·食货志》叙述天宝之后"江淮偏炉钱数十种，杂以铁锡，轻漫无复钱形"。唐肃宗元年铸"乾元重宝"，以一当十，于是"京师人人私铸"，"犯禁者愈众"。上述铜钱，证实了这一混乱情况。

墓志 一合。方形，边长52、厚6厘米。平砌在封门砖的中部。盖覆斗形，无字。志文二十五行，每行二十四字，书法摹北魏《刘玉墓志》。从左向右直读，尚不多见。字多剥蚀，姓名不辨。从"玩习群书，洞达其趣"，"攻于剑术"，"禀性好道，志在幽闲"，"亲朋荐用，皆辞而不从"等语，看出墓主人对于书法、剑术、神仙很感兴趣，大概是一位没有官衔的"隐士"。死于开成五年（840年）七月，同年十一月入葬。随葬的瓷壶、瓷碗、石砚应是他生前常用之物。

执笔者：程如峰

唐代邢窑遗址调查报告[*]

河北临城县邢瓷研制小组

　　唐朝陶瓷业中，北方邢州窑的白瓷与南方越州窑的青瓷，同时著称于世。但是，由于邢窑遗址始终未能发现，有关邢州白瓷的工艺特点究竟如何？一直是我国陶瓷史中的"不解之谜"。

　　为了研究和恢复邢州白瓷生产，1980 年 5 月，成立了"临城邢瓷研制小组"，先后对内丘、临城两县交界处和临城县境内的古瓷窑遗址进行了普查。在磁窑沟、山下、解村、南程村、射兽、澄底、岗头、祁村、双井等地发现了十七处古窑遗址（图一）。尤其令人振奋的是，8 月上旬我们在岗头村古窑址群中第一次发现了一座唐代的窑址，并在窑址附近发现了具有唐代风格的白瓷器物和窑具。11 月中旬，我们又在祁村和西双井一带发现了三处唐代窑址，搜集了大量瓷片、窑具，第一次拣到"类雪"的邢窑细白瓷片和器物。今年 3 月上旬，根据当地农民提供的线索，我们在祁村窑址处试挖了一个 1 米宽 2 米长的探方，在两米左右的地下，发现了古窑遗物堆积层，获得了大量的实物标本。今年 4 月下旬，邢台地区科委受省科委的委托，与中央工艺美术学院陶瓷系在临城县召开了"邢窑与邢瓷艺术鉴赏会"，肯定了窑址的断代。唐代"邢窑之谜"，得以正式揭晓。

一、窑址分布

　　在临城县境内先后发现唐代窑址四处，一处在岗头，两处在祁村，另一处在西双井。

图一　河北临城境内古窑遗址分布示意图

* 《文物》1981 年第 9 期

（一）岗头窑址

岗头村，位于临城西北三公里半，临（城）祁（村）公路由该村东口穿行，北经派北渠。在这里，路旁田间到处都可以看到具有五代时期风格的白瓷碎片。在紧靠渠坡的田埂上发现了一座唐代窑址遗迹。在窑体西面，我们又发现了一处柴灰、瓷片和窑具的堆积坑。在这里找到了许多唐代粗瓷玉璧底白碗残件、碎片和窑具。

（二）祁村窑址

祁村，位于临城西北七公里半，是临祁公路的终点，由岗头沿公路北行四公里即可到达。在这里发现两处规模较大的唐代窑址群，一处在村西北，一处在村东南。

村西北的窑址群，瓷片散布区域约有一平方公里。窑址集中在被当地人称之为"北沟子"的西坡和北坡。西坡的一座埋入地下的窑体，出土了大量的窑具。北坡的一个堆积坑，出土了一些瓷片和碗的残件。

村东南的窑址群，瓷片散布区域约有三平方公里。窑址集中在被当地人称之为"南沟子"的北坡田埂处，尤其是地方小铁路东侧地段。据当地农民反映：1973 年扩大耕地面积，曾在田埂下面发现了大量的瓷片，为了耕作方便，将这些瓷片全部填入沟底。根据这个线索，我们在田埂中部挖了一个 1 ×2 米的探方，在两米左右的深度，发现了约 60 厘米厚度的堆积层，出土了大量的粗细瓷器残件、碎片和窑具。

（三）西双井窑址

西双井，在祁村东北，距县城约九公里。在西双井与东双井之间，到处可以看到与祁村相同的白色或灰白色的碎瓷片。从村东口东行不远，在一道田埂的东端，我们发现了一座保存较好的窑体遗迹。虽然窑体上部不存，无法看到窑体的全貌，但从北面已经破开的断面，可以看出窑体是就坡挖成，右为火膛，呈馒头状；左为窑腔，呈椭圆状。在火膛中尚存有大量的柴木灰，窑腔中发现了平底碗器残片。

二、窑址中出土的白瓷器物

在所发现的唐代窑址中，出土的白瓷器物可分为粗瓷和细瓷两大类。

粗瓷类有碗、壶、坛和鸟食罐四种。

1、碗　计四式。

Ⅰ式，为矮平底小豌，出土均为残件。圆沿微敛，弧腹，矮平足。施化妆土，器内施满釉，有三个等角支钉痕迹，器外施半釉至上腹部。由于胎质粗糙，釉色多银灰，积釉处多呈青白或黄白。以一件为例，全高 4.1、口径 12.4、足高 0.6、足径 6.5 厘米，

Ⅱ式，为矮平底大碗，出土均为残件。器形、釉色、胎质同Ⅰ式。以一件为例，全高 5.3、口径 16.8、足高 0.9、足径 9.5 厘米。

Ⅲ式，为玉璧底小碗，出土均为残件。侈口，浅腹外撇，矮足宽圈，足心微凹如玉璧。胎质较粗，多发黄色或灰色。施化妆土，器内施满釉，器外施半釉至腹下部，釉色银白，浑厚缺光泽。以一件为例，全高4.1、口径15.5、足径5.8、足高0.5、足圈宽1.8、足心凹深0.1厘米。

Ⅳ式，为玉璧底大碗，均为残件。唇沿微侈，弧腹，矮圈足。圈宽如玉璧，胎质较粗，多为灰白色。施化妆土，器内施满釉，有三个支钉痕迹，器外施半釉至腹下部，釉色银白，积釉处呈玻璃状。以一件为例，全高8.1、口径18.5、足高0.8、足径7.7、足圈宽2.1厘米。

2、壶　出土均为执壶碎片，仅存壶底、口、流或鋬提。胎粗壁厚，施化妆土，器内不施釉，器外施半釉不至底，釉色银白，积釉处微呈青绿。从碎片看，器形均较大。壶流径1.3、流长3.2厘米。壶口径4.8、颈高5.6厘米。

3、坛　出土均为鼓腹小口坛碎片，胎质较粗，灰白色，釉色白而微青。

4、鸟食罐　出土均为残件。圆沿微侈，鼓腹，矮圈足，足心微凹。胎质较粗，釉色白中略呈青灰。以一件为例，全高4.5、口径4.6、足高0.4、足径3.1厘米。

细瓷类　有碗、壶、坛、盘、杯、盏托、盒、鸟食罐、骑马俑、马俑十种。

1、碗　计五式。

Ⅰ式，为玉璧底碗，出土均为残片。唇沿微侈，浅腹。矮圈足宽如玉璧。除圈底一圈露胎外，通体施釉，釉色洁白如雪，胎质细腻坚实。以一件为例，全高4.1、口径16.2、足高0.4、足径8.1，足圈宽2.1厘米。

Ⅱ式，为玉璧底海碗，出土均为残片。器形、釉色和胎质，与Ⅰ式相同，唯形体较大。以一件为例，足高2.7、足径10.5、足圈宽2.8厘米。依足径和口径为1∶2推算，海碗口径当在20厘米左右。

Ⅲ式，为玉环底碗，出土均为残件。圆口微收，深腹，矮圈足，足底宽如玉环。除圈底一圈露胎外，通体施釉，釉白而略呈银灰，胎质坚实。以一件为例，全高6.4、口径12.3、足高0.6、足径6.4、足圈宽1.1厘米。

Ⅳ式，为小圈底碗，出土均为残件。圆口内敛，浅腹，矮圈足，足圈不宽。除圈底一圈露胎外，通体白釉，厚处略呈青绿。胎质细腻坚实。以一件为例，全高4.1、口径12.9、足高0.5、足径5.1、足圈宽0.6厘米。

Ⅴ式，为四瓣口沿四瓣圈足碗。浅腹，矮圈足，有四凹角。除圈足一圈外，通体白釉，略呈银灰。胎质坚实细腻。以一件为例，全高4.4、口径16.7、足高0.7、足径6.8、足圈宽0.6厘米。

2、壶　计二式。

Ⅰ式，为执壶，出土均为残件或残片。圆沿撇口，短颈，短流，双条鋬提，鼓腹，平足，造型丰满规整。釉色洁白莹润，积釉处呈青绿，胎质坚实缜密。以一件为例，全高15.5、口径7.1、腹部最大直径12.2、足底径4.4厘米。

Ⅱ式，为扁壶（又称马蹄壶），出土为残件。壶腹扁圆，上小下大。腹部前后上端各划有两层三角形双勾纹饰，并杂有斜线或花叶。腹部侧面有模压凸起的弦纹三道，有如革囊缝合痕迹。器物上端有圆条鋬提，左有直径小流口。残高15.7，腹部正面最宽14.6、侧面最宽11、流颈长2.1、流口径2.5厘米。

3、坛　出土均为碎片。圆沿，矮颈，鼓腹，平底。造型丰满规整，釉色洁白，胎质坚实。以坛口残片度量，大者口径 8.2、小者口径 5.8 厘米。

4、盘　计二式。

Ⅰ式，为矮宽圈足盘，出土均为残件。圆口微侈，腹部平浅折腰，矮圈足。除圈底一圈外，通体白釉，胎质坚实。以一件为例，全高 3.4、盘口径 14.4、足高 0.6、足径 5.7 厘米。

Ⅱ式，为带盖高足盘，出土均为残件。圆钮，盖顶平，下折弧圆，盖沿成母口。盘口圆而微侈成子口，腹部折而略浅，盘底中心有柱状足。足底如扣杯，足心深凹。除足底最深凹处外，通体白釉，釉厚处呈细冰纹。胎质细腻坚实。以一件为例，全高 14.2、盘盖高 4.2、盘盖口径 13.1、盘高 3.5、盘口径 12.9、足高 6.5、足底径 7.4、足心深凹 0.9 厘米。

5、杯　计二式。

Ⅰ式，为四瓣口沿杯，出土均为残件。圆沿，微侈，深腹，矮圈足，足心微凹，足圈宽如玉环。除圈底一圈外，通体白釉，胎质细腻坚实。以一件为例，全高 7.8、口径 11.1、足高 0.6、足径 0.8、足圈宽 0.9、足心凹深 0.3 厘米。

Ⅱ式，为高足杯，出土为残件。圆沿微侈，深腹，腹外中部有两道凹弦纹，腹下部渐收成圆形，腹底部中心有柱状足，足底如扣杯形，足心深凹。除足底最深凹处外，通体白釉。胎质坚实。以一件为例，全高 12.4、口径 8.8、足高 5.8、足径 7.2、足心凹深 3.9 厘米。

6、盏托　计二式。

Ⅰ式，为五瓣口沿深腹盏托，出土均为残件。盘口平展，盘口与盘腹折腰处有一圈凸起的弦纹，腹部深直渐收成圆。矮圈足，足底如玉环状。除圈底一圈外，通体白釉，胎质坚实。以一件为例，全高 3.9、外口径 13.2、内腹口径 7.4、足高 0.5、足径 5.3、足圈宽 0.9 厘米。

Ⅱ式，为五瓣口沿浅腹式盏托，出土均为残件。器形、胎质、釉色与Ⅰ式相同，唯腹部较浅平。以一件为例，全高 2.1、外口径 12.5、内腹口径 6.8、足高 0.3、足径 4.9、足圈宽 0.7 厘米。

7、盒　出土均为残片。盒与盒盖均为圆形抹角，下扇盒有子口，上扇盒盖有母口，大小相同。除子母口外，盒与盒盖内外通体施釉。以一件为例，全高 7.4、直径 15.4、子母口各高 0.9 厘米。

8、鸟食罐　出土均为残件。圆沿，小口内敛，鼓腹，平底。除底部外通体白釉，胎质细腻。以一件为例，全高 0.4、口径 2.5 厘米。

9、骑马俑　出土为残件，仅存马身和人体下部。造型近于唐三彩。马身健壮，生动逼真。通体白釉。残高 4.5、残长 5.5 厘米。

10、马俑　出土为残件。形体较小，白釉略呈青黄，胎质细腻。残高 3.1、残长 4.6 厘米。

三、窑址中出土的窑具

在唐代窑址中发现的窑具，共有五种。

1、漏斗状匣钵　上部为平口直腹，有气孔，下部渐收成浅腹碗形，平底。胎质粗糙，多呈土黄或青灰色。规格大小不一，口径大者 31.5、中者 23.5、小者 16.5 厘米。

2、盘状匣钵　分浅、深两种，均呈盘状，平底。胎质粗糙，多呈土黄或青灰色。规格大小不一。以一件为例，口径 17.8 厘米。

3、筒状匣钵　当地人称作"碗笼"。平口，直腹，平底，底有气孔。胎质粗糙，多呈土黄色。规格大小不一，多破碎。以一件为例，高 41、径 28 厘米。

4、三角形垫片　正面平坦，呈三角形，背面有手捏的三个支钉。胎质粗糙，多呈土黄色。规格有两种，以对角计，大者 5.4、小者 4.5 厘米。

四、结语

（一）据李肇《国史补》，唐代邢窑窑址应在内丘。但是，我们除在内丘与临城交界的西瓷窑沟发现了一些宋、元的瓷片堆积外，内丘境内尚未找到窑址遗迹。不过，从内丘、临城交界的磁窑沟向北，中经临城境内的山下、解村、南程村、泜河北岸、射兽，澄底、岗头，直至祁村、西双井一线，长达二十公里的地带，却发观了十七处古窑址群，其中四处属于唐代的窑址。出土的白瓷器物尤其细瓷均具有典型的唐代风格，说明这些窑址是唐代邢窑的遗址，至少是唐代邢窑窑址的一部分。

（二）窑址出土的白瓷器物，较唐墓中发现的邢瓷种类丰富得多，不仅有习见的平底碗、玉璧底碗、执壶、圆坛、矮圈足盘、盏托，还有罕见的扁壶、高足盘、高足杯和四瓣口沿四瓣圈足碗，以及鸟食罐、骑马俑、马俑等。细瓷器物的工艺水平已达到了相当纯熟的程度。

（三）在窑址出土的白瓷器物中，我们发现了带有纹饰和花饰的器物，如四瓣口沿四瓣圈足碗和扁壶。有些纹饰是在造型过程中模压印成的，有些是在造型后用手堆捏或用竹片、木片、篾齿刻划而成的。

（四）从出土的窑具和窑具与器物的粘连关系分析，唐代邢窑的装烧方法有四种：（1）漏斗状匣钵咬口叠烧法；（2）浅盘状匣钵与深盘匣钵对口叠烧法；（3）三角形垫片叠烧法；（4）筒状匣钵笼罩叠烧法。细瓷碗和细瓷盘都是用前两种方法烧造的；细瓷坛、壶、盒等较大器物都是用第四种方法烧造的；粗瓷碗或盘都是用第三种方法烧造的。

执笔：杨文山　林玉山
摄影：新华社记者武清月

河北省内丘县邢窑调查简报*

内丘县文物保管所

邢窑在我国陶瓷发展史上占有十分重要的地位。据文献记载，唐代邢窑地处内丘。由于多年来内丘未发现瓷窑遗址，内丘境内究竟有无邢窑遗址存在，成为陶瓷研究者共同关心的一个大问题。就这一问题，内丘县文化馆文物组（现为县文物保管所）自1984年春始在内丘境内进行了调查。在五个乡方圆120平方公里的区域内，发现古窑遗址二十八处（图一），采集了大量的实物标本。有关专家经过研讨，一致肯定这次发现的是唐代著名白瓷产地邢窑遗址。现将调查情况报道如下。

一 窑址分布情况

窑址分布在李阳河、小马河沿岸及附近的台地上。特别是从内丘县城至北大丰长约4.5公里的狭长区域内。暴露出大量的瓷片和窑具，堆积层文化内涵较为丰富，基本上代表了内丘境内窑址的风格和特点。我们重点调查了这一地带。根据窑址的分布情况，这一地带可划分为西关和中丰洞两大窑区。

1. 西关窑区，面积约300万平方米，分为三部分。

第一部分在内丘县城西环城路。南北长约600米的公路两侧，有多处文化层堆积。1985年秋在路东侧一段长不足300米的地基槽里，发现灰坑和瓷片堆积近二十处，三彩堆积三处。文化层厚0.6—1.8米，出土大量瓷片和窑具。

第二部分在西关村南，有五处窑址。地面均已盖上房屋，院落里瓷片散布密集，文化层距地表0.4米。

第三部分在西关村西、北。李阳河的南北分支在西关村西汇合后向东北流去，窑址多在河东岸的二级台地上。在西关村北台地断坡上露出残窑一座，窑壁残高1.65米，系就坡挖成，上部砌有土坯。

2. 中丰洞窑区，位子内丘县城西北3公里。窑址分布在北双流至北大丰的李阳河两岸。除文化层堆积外，还发现红烧土和柴灰坑。据中丰洞村农民反映，在村北坡地曾发现窑址和残破瓷器。现有三

* 《文物》1987年第9期

处可能为窑炉遗址。

二 胎釉特征与烧造工艺

采集的标本主要器种有碗、盘、杯、瓶、罐，以及壶、钵、镟、盆、盒、盂、灯、砚、研磨器，动物瓷塑、佛龛等，还有三角支钉、圆形四齿支钉、支珠、垫圈、窑柱、楔形砖、陶范、桶式匣钵和盒式匣钵等窑具。质地有青瓷、粗白瓷、细白瓷、黄釉瓷、黑釉瓷、酱釉瓷、三彩釉陶等。

青瓷 可分两类。第一类，胎泥夹砂粗糙，有明显的黑点和气孔。有的胎体出现较多裂纹，最大的约为 1.5×0.2 厘米。胎厚重，呈深灰色。第二类，胎泥练制较细，器壁和底部的厚薄较为协调。胎呈灰白色。

釉为玻璃质，釉层多有开片。一般釉下施化妆土护胎，器外半釉或不至底。胎质较粗的器物施釉厚，流釉痕多，釉呈青绿色。胎质较细的器物釉层薄，呈青黄色。大的器物采用浇釉，小的器物采用蘸釉。由于釉的流动，大部分器物的釉色上浅下深。

粗白瓷 胎质分两类。其一，胎质粗糙，呈灰白色，器底较厚；其二，胎泥练制较细，

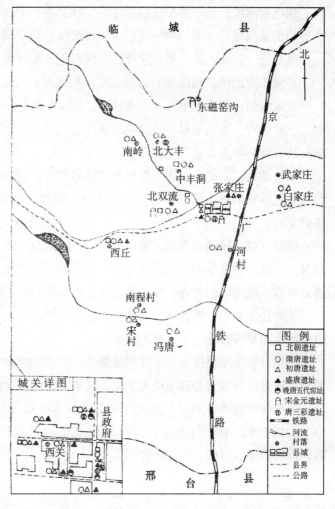

图一 内丘县古瓷窑址分布示意图

胎体致密，个别有小气孔，一般不见夹砂现象，胎白色泛黄。器型较规整，表面旋削痕不太明显。胎泥的练制与处理比青瓷器有明显进步。为了掩饰胎体白度不高的缺陷，均施化妆土护胎，因胎质不同，化妆土的厚度也不一致，但一般器外仅施到口沿或上半部。

釉质很细，透明度强，呈灰白或乳白色。部分器物釉层有冰裂开片。

细白瓷 是邢窑的精品。选用优质瓷土精制，胎质坚实细腻，胎色纯正洁白，极少数微闪黄。从采集的细白瓷标本看，没有发现变形的现象，击之声音清脆，胎体断面平滑而且带有光泽，很少有生烧现象。

釉质细腻，透明度很强。由于胎体白净，釉色更显得纯白光亮。也有少量器物釉色泛青，在放大镜下可见釉层中有微细的小棕眼。器物多施满釉，玉璧底心大部分施釉。

采集的细白瓷片，有的薄如蛋壳，胎厚仅 0.1—0.25 毫米，有的胎釉几乎不分，浑然一体，透光性能极佳。部分器物采用了印花、刻花等装饰手法。

黄釉瓷 胎质颜色与粗白瓷相同，胎体表面均施加化妆土。

釉色有两种。第一种釉质细腻光亮，釉层厚，有流釉痕。釉色呈淡黄或深黄色。胎体上未施化妆土的部位呈黄绿色。第二种釉质粗，颜色暗淡，部分器物上有窑变斑。

黑釉瓷　胎质夹砂，粗糙坚硬，呈深灰色。胎体表面整修光滑，变形的次品少见。

釉质较为细腻。釉层厚的乌黑光亮；薄的则呈黑褐色。

还采集到一些酱色釉标本，其造型，胎质、胎色与黑釉瓷相同，釉质粗，呈淡赭色，但很光亮。

三彩釉陶　胎质细腻，呈白色或淡红色。因三彩的釉烧温度低于素烧温度，不易再变形，因此采集到的带釉标本少，素烧残器多。

釉质莹润，流动性很强，釉层有极细的开片。器物按釉色可分三种：第一种施单色淡黄釉，第二种施单色深咖啡釉，第三种为赭黄、深绿、褐红、白等色釉，釉届凝厚，色调从淡到浓，融和绚丽，斑驳多彩。

成型方法有轮制和模制，兼用手制。一般器身用轮制，系、鋬提、足用手制或模制成型，粘贴在器身上。有的器物采用了分段成型的方法。邢窑器物成型规整，修坯细致，粗白瓷器外下部有刀削痕迹，口沿、底足切削整齐。细白瓷部分底足有均匀的同心圆旋削纹理，多数器物的旋削纹理被磨去。

从内丘窑堆积中均发现牛马骨骼及牙齿推测，当时配制釉料可能掺入少量动物骨灰。这点还需对白瓷标本胎釉进行化学分析才能证明。

装烧一般采用叠烧法，大件用单烧法。细白瓷多采用匣钵单件装烧，少数用桶式匣钵叠烧。因瓷器和匣钵粘连而报废的现象极为少见，证明工匠已能控制窑温，烧瓷工艺达到较高水平。

邢窑使用匣钵时间早，隋代已用桶式匣钵烧成了细白瓷。调查中发现，一些大口青瓷器（均涩口）如钵内底粘有细白瓷残片。这是否意味着以青瓷器代替匣钵，青、白瓷同时烧制，达到省工，省料，提高产量的目的，尚待研究。

三　器物造型与时代特征

邢窑盛于唐代是可以肯定的。至于始烧和衰落的时间，目前尚不见有关记载，这次调查中也没有发现可靠的纪年物可资说明。但是，对采集标本根据造型、胎质、釉色的特点进行分析，并和其它窑址及墓葬里出土的瓷器相对比，典型器物的时代特点还是比较明显的。我们把这些器物大致分为五期。

第一期器物（图二）

碗、杯　直口、敛口或直口微侈，弧腹或半球形腹多种，口沿处多有一周凹弦纹，圆饼足或饼足微外撇。

钵　直口微敛或敛口，唇沿内卷或外高里低呈斜坡状，均为小平底，深曲腹。

盘　腹深浅不同，有圈底和大平底两种。

罐　盘口，肩部饰四系，弧腹，小平底。

瓶　侈口平沿，细长颈，扁圆腹，高饼足外撇。

第一期器物制作工艺较为原始。以青瓷为主，白瓷较少。青瓷器物的胎体粗糙厚重，黑点和气孔多，这些都是北方早期青瓷的特点[①]。白瓷的胎质虽稍优于青瓷，但也需施加化妆土护胎，釉的白度较低。有些器物造型与北朝墓葬出土物相似，如Ⅰ式青瓷碗与河北景县北魏高湛墓出土的青瓷碗基本相同②。青瓷Ⅰ式瓶和景县封魔奴墓出土的青瓷瓶十分接近③。粗白瓷Ⅰ式杯，青瓷Ⅱ式杯与河北平山北齐崔昂墓出土的青瓷碗很相似④。这期器物的烧制年代大致在北朝。

第二期器物（图三）

碗、杯　直口微侈，深腹，圆饼足或足心稍旋挖呈浅圈足。

盘　均浅腹，多数盘内底有二周凹弦纹，下为喇叭状高足。

盆　一种方唇外折，深腹，圆饼足，另一种圆唇，浅腹。

壶　有短颈双系壶，喇叭口，短流，圆饼足外撇的执壶和腹部印有花卉人物的双系扁壶等。

罐　直口圆唇或敛口平唇，双系或三系，系稍高于口或与口平。

瓶　盘口溜肩或侈口长颈，弧腹、鼓腹或椭圆腹，圆饼足或饼足外撇。

第二期白瓷增多。罐一般颈较短，腹部圆鼓，系略高于口，下腹较瘦。瓶多盘口，长颈溜肩。青瓷和白瓷高足盘与安阳隋代窑址出土的高足盘相同⑤。粗白瓷Ⅰ式瓶与河北曲阳墓出土的盘口瓶基本一致⑥。青瓷Ⅱ式罐与安阳隋代窑出土的四系罐造型相似⑦。青瓷Ⅲ式、粗白瓷Ⅱ式、细白瓷Ⅰ式碗与安阳隋代窑出土的圆饼足深腹碗接近⑧。黄釉Ⅰ、Ⅱ式瓶与济南洪家楼出土隋代瓷瓶相同⑨。因此这一期器物的烧制时间应在隋代。

第三期器物（图四）

碗　尖唇或圆唇，深腹或浅腹，皆为敞口、圆饼足。

杯　有的口微侈，深腹，圆饼足；有的浅腹，腹部饰弦纹，下为实柄高足。

壶　圆唇，直口或直口微侈，短流，平底，双泥条鋬。

钵　圆唇或尖唇，弧腹，平底较大。

盆　圆唇外卷，鼓腹，圆饼足。

罐　圆唇侈口，短颈，圆饼足，有两个双泥条系。

盘　弧腹较深，高圈足外撇。

瓶　葫芦形口，短颈，弧腹，平底或圆饼底外撇，还有一种呈蒜头状。

砚　圆形多足辟雍砚。

可以与第三期器物相类比的资料较少。但从碗的造型看，由北朝、隋代的敛口或直口、深腹、底足较小而高，演变为直口或敞口、浅腹、圆饼足大，足径与口径的比一般为1∶2。白瓷产量大，质量

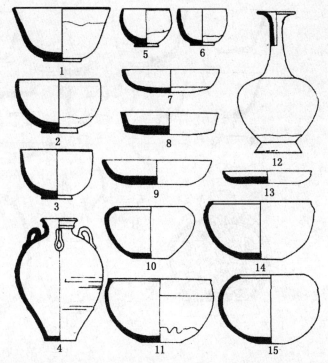

图二　第一期器物

1. 粗白瓷Ⅰ式碗　2、3. 青瓷Ⅰ、Ⅱ式碗　4. 青瓷Ⅰ式罐　5. 青瓷Ⅰ式杯　6. 青瓷Ⅱ式（粗白瓷Ⅰ式同）杯　7、8. 青瓷Ⅰ、Ⅱ式盘　9、13. 粗白瓷Ⅰ、Ⅱ式盘　10、11. 青瓷Ⅰ、Ⅱ式钵　12. 青瓷Ⅰ式瓶　14、15. 粗白瓷Ⅱ、Ⅰ式钵（10、11、14、15为1/9，4为1/15，余为1/8）

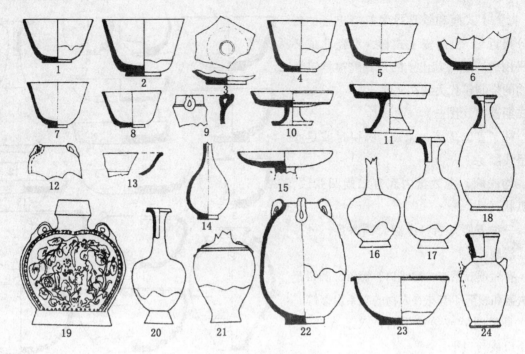

图三　第二期器物

1-3. 青瓷Ⅲ-Ⅴ式碗　4、5. 粗白瓷Ⅱ、Ⅲ式碗　6. 细白瓷Ⅰ式碗　7. 粗白瓷Ⅲ式杯　8. 青瓷Ⅲ式
（粗白瓷Ⅱ式同）杯　9. 粗白瓷罐　10、11. 青瓷Ⅳ、Ⅲ式（粗白瓷Ⅴ、Ⅳ式同）盘　12. 细白瓷Ⅰ式罐
13、23. 青瓷Ⅱ、Ⅰ式盆　14. 粗白瓷Ⅲ式瓶　15. 粗白瓷Ⅲ式盘　16. 粗白瓷Ⅱ式瓶　17、20. 黄釉Ⅱ、Ⅰ
式瓶　18. 粗白瓷Ⅰ式（青瓷Ⅰ式同）瓶　19. 黄釉Ⅰ式壶　21. 青瓷Ⅰ式壶　22. 青瓷Ⅱ式罐　24. 粗白瓷
Ⅰ式壶（16、17、18、20、22为1/9，余为1/6）

优于第二期，接近第四期，有较为明显的过渡性。少数细白瓷碗、杯外壁近底足处不施釉。细白瓷Ⅰ
式盆与山东泗水隋唐窑址出土的初唐Ⅲ式盆相似[⑩]。黄釉Ⅰ式碗与泗水窑址出土的初唐Ⅱ式碗基本相
同[⑪]。因此，这期器物的年代约相当于初唐。

第四期器物（图五）

碗　敞口或侈口，折腹，平足、玉璧足或圈足。

杯　侈口或口微侈，无柄或有C形柄，三鸟头足、圈足或实足柄高足。

研磨器　形状与碗相似，器内无釉，刻网状或鱼鳞状纹。

盂　口微外侈，直腹，平底。

罐　直口圆唇或侈口尖唇，平底或圆饼底，无系或有两个双泥条系。

鍑　圆唇，短颈，鼓腹，三足或三兽蹄形足。

钵　圆唇或尖唇外高里低呈斜坡状。浅腹。

盆　圆唇外折或外卷，深腹或浅腹。

盒　为圆形子母口盒，底、盖周圈有杀角。

盘　有圆饼底、平底或带圈足的印花盘和菱形印花盘等。

第四期品种丰富，主要为白瓷，黑、黄釉次之。从胎质、釉色方面看，制瓷工艺已达到相当高的

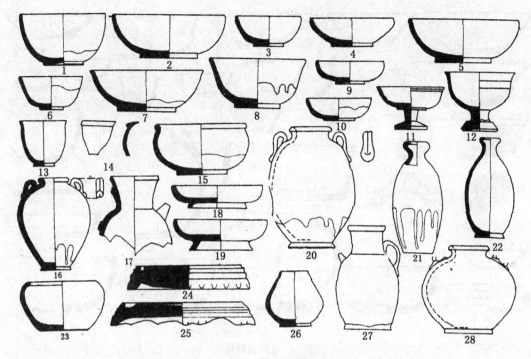

图四　第三期器物

1、6. 青瓷Ⅳ、Ⅶ式碗　2-4、9. 粗白瓷Ⅳ-Ⅶ式碗　5. 细白瓷Ⅱ式碗　7、8、10. 黄釉Ⅰ-Ⅲ式碗 11、12. 青瓷Ⅳ、Ⅲ式杯　13. 细白瓷Ⅱ式杯　14. 粗白瓷Ⅴ式钵　15. 青瓷Ⅲ式（黑釉同）盆　16、28. 青瓷 Ⅳ、Ⅴ式罐　17. 青瓷Ⅱ式壶　18. 细白壶Ⅰ式盘　19. 粗白瓷Ⅵ式盘　20. 青瓷Ⅲ式（黑釉同）罐　21. 青瓷 Ⅲ式（黄釉Ⅲ式、黑釉Ⅱ式同）瓶　22. 黑釉Ⅱ式瓶　23. 黄釉（粗白瓷Ⅳ式同）钵　24. 青瓷砚　25. 白瓷 砚　26. 青瓷Ⅳ式（黄釉Ⅳ式同）瓶　27. 粗白瓷Ⅱ式壶（22、23为1/9，余为1/6）

水平。其中粗、细白瓷折腹碗与山东淄博市磁村窑址第一期（中唐）中的折腹碗基本相似[12]。细白瓷 Ⅲ式碗与北京唐墓出土陶碗的形制很相似[13]。细白瓷Ⅳ式杯、三彩杯与扬州唐代中叶墓葬出土的三彩 杯造型完全一致[14]。玉璧足碗也是唐墓中常见的器物。因此，这期器物应是中唐产品。

第五期器物（图六）

碗　有的口沿作出小缺口花边，深腹或浅腹，均为圈足。

盏托　侈口，腹呈盘状，圈足。

杯　五出花口沿，曲腹，腹部有数周凸弦纹。

壶　颈较长，有孔无流，上腹较鼓，肩颈部饰泥条鋬。

钵　口微敛，浅腹，口沿下贴塑乳钉纹饰。

第五期除碗类外，其他器物采集不多。虽然胎质及釉色与第四期器物大致雷同，但造型上有所区 别。如碗的胎壁较薄，造型轻巧，口沿多做出小缺口花边，其中细白瓷四出碗与北京晚唐墓葬里出土 的白瓷四出碗完全一致[15]。其它式碗也是晚唐窑址和晚唐五代墓葬里所常见的。因此，我们认为这期 器物的烧制年代大致为晚唐到五代。

另外，还采集到多种形制的器盖、人形灯、"盈"字款细白瓷片和陶瓷塑、陶范（图七），以及三 彩釉陶（图八）等。

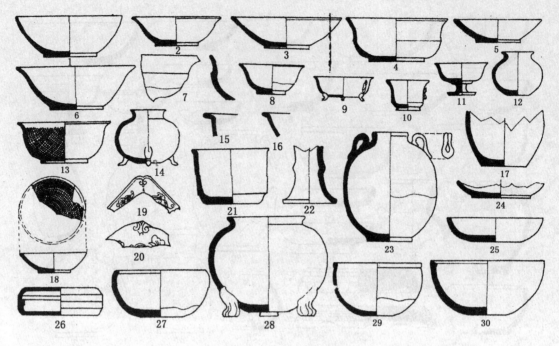

图五　第四期器物

1－4. 细白瓷Ⅲ－Ⅵ式碗　5－7. 粗白瓷Ⅷ、Ⅹ、Ⅺ式碗　8. 黑釉Ⅱ式碗　9－11. 细白瓷Ⅲ－Ⅴ式杯　12、17.
细白瓷Ⅲ、Ⅱ式罐　13、18. 细白瓷Ⅰ、Ⅱ式研磨器　14. 细白瓷镂　15、16. 细白瓷Ⅱ、Ⅲ式盆　19、20、24. 细白
瓷Ⅲ、Ⅳ、Ⅱ式盘　21. 细白瓷盂　22. 黑釉灯座　23. 黑釉Ⅱ式罐　25. 黑釉盘　26. 细白瓷盒　27. 粗白瓷Ⅵ式钵
28. 黑釉镂　29. 黑釉（细白瓷Ⅰ式同）盆　30. 黄釉Ⅱ式钵（21、30为1/9，余为1/6）

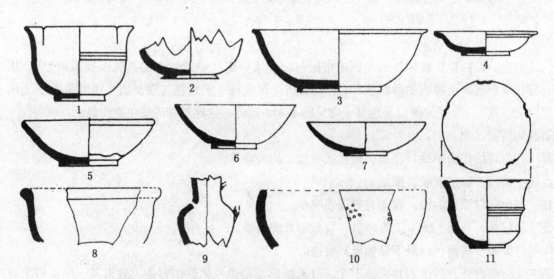

图六　第五期器物

1－3、8. 细白瓷Ⅻ、Ⅹ、Ⅸ、ⅩⅢ式碗　4. 细白瓷托　5－7. 粗白瓷ⅩⅡ－Ⅺ式碗
9. 粗白瓷Ⅲ式壶　10. 粗白瓷Ⅶ式钵　11. 细白瓷Ⅶ式杯（均为1/4）

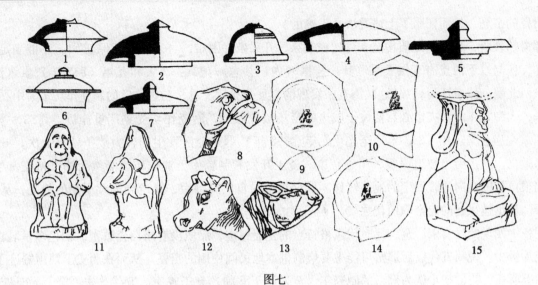

图七

1-7. 白瓷器盖 8、12、13. 白瓷动物

9、10、14. 细白瓷盈字款残片 11. 青瓷子母猴 15. 青瓷人形灯

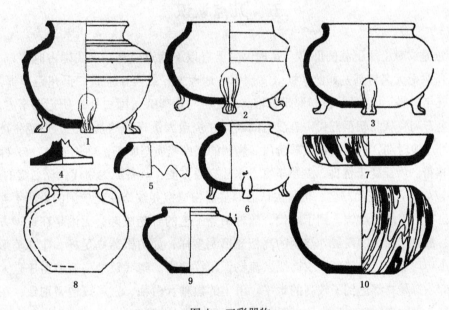

图八 三彩器物

1-3、6. Ⅰ—Ⅳ式镟 4. 器座 5、8、9. Ⅲ—Ⅰ式罐 7. 盆

10. 钵 (1-3为1/6, 5、8、9为1/8, 余为1/4)

四 烧造年代

自1971年在河南安阳北齐范粹墓发现白瓷以来，就有人提出我国北方白瓷的始烧时间应在北齐[⑯]，但当时的白瓷窑址未找到，缺乏确切的资料加以证实。这次调查中发现了目前我国已知古窑址中最早

烧制白瓷的窑场，从而证明了上述看法是正确的。

　　邢窑的衰落，除因"地质构造条件比较复杂，开采条件困难，可采矿量无保证"[⑦]，不能满足制瓷所需外，还与以下两点有直接关系。其一，据《内丘县志》记载："大和九年（835年）洪水泛滥，河龀城西北隅，城东迁焉。"从这次调查中发现的窑址分布情况看，初唐之后的制瓷作坊多集中在李阳河沿岸，大和九年的水灾也必然使位于城边的窑场被迫停烧，制瓷作坊受到严重挫折。其二，《新唐书》所载晚唐会昌三年（843年）至光化元年（898年）邢州地区发生的较大战争就有七次，五代时期战事频仍。大批劳力被迫服役，田地荒废。瓷土开发和制瓷手工业作坊也必然无法维持正常生产，工匠们很可能因此向比较安定的地区转移。邢窑在遭受自然灾害后，又遭到连续不断的战乱，从此一蹶不振，被迅速兴起的定窑取而代之。

　　调瓷中发现的具有宋、金、元时代风格特点的瓷器标本，胎质没有唐白瓷致密，釉色多呈乳白色，精细瓷片极少。说明五代以后邢窑可能主要烧制供本地民间使用的粗瓷，从而在历史上消声匿迹了。

　　综上所述，我们初步认为邢窑的制瓷年代至迟始于北朝，衰于晚唐、五代。宋、金、元时期的制瓷业与唐代邢窑渊源关系如何，五代后是否还生产高档白瓷，有待今后进一步的工作。

五　几点认识

　　1. 内丘窑址是文献上所记载的邢窑。其理由主要有以下两点。其一，我国古时窑口多以州命名，陆羽《茶经》所举七大名窑都是如此。据《新唐书·地理志》载内丘隶属"邢州距鹿郡"，注"武德四年隶赵州，五年来属"，以后一直归邢州管辖。内丘窑与唐李肇《国史补》所记邢窑方位正相吻合。其二，内丘窑生产陶瓷从北朝至五代一直没有间断，在烧造大量青瓷的基础上，白瓷生产经过北朝产生、隋代发展等过渡时期，进入唐代成熟阶段。烧制的细白瓷质坚胎细，釉色洁白，与文献中"类银、类雪"的称誉相符。内丘瓷土优良，柴草丰富，水陆交通方便，具备成为唐代白瓷名窑的条件。

　　2. 邢窑是以烧制素白瓷而闻名，但过去认为邢窑器物造型和纹饰变化单调的说法不够全面。邢瓷的早期产品就已有了简单的纹饰。到了唐代，随着制瓷工艺的日趋成熟，无论是在造型方面，还是在纹饰变化方面，都有了较大的发展。烧制的高档瓷形制多样，如仿银器高足杯、印花菱形盘、印花圈足盘等作品，小巧玲珑，轻盈俏丽，纹饰线条流畅，印纹清晰。隋代黄釉扁壶造型庄重大方，纹饰的布局和所表现的乐舞题材都达到了较高的水平。出土的黑釉、白釉、三彩镂造型别致，在其它窑口也不多见。人形灯、动物瓷塑造型生动、逼真，更是不可多得的模塑艺术品。这些作品大多不象是民间用品，可能为贡品或外销瓷。

　　3. 窑址出土的"盈"字款白瓷，为陕西大明宫遗址出土的"盈"字款白瓷碗和上海博物馆收藏的"盈"字款白瓷盒表明了生产窑口。

　　4. 根据调查资料推断，邢窑是以内丘城为中心发展起来的。在内丘县境内120平方公里的范围内，有多处窑址遗存。其中以内丘城至中丰洞一带的窑群分布面积大，烧造年代长，出土物也最丰富。这里细白瓷数量多，占全部白瓷产量的40%。而从外围窑址出土物来看，时代风格是隋至初唐时期的，中唐产品较少。至于瓷沟窑所出瓷片，属于宋代以后，多是民用粗瓷，细白瓷极少，产品已全无唐代邢瓷特征。这说明邢窑注重生产与销售相联系，将窑址逐步由边远地区移向交通方便、贸易繁荣的城镇，这也是邢窑成为唐代白瓷重要产地的原因之一。

本报告在编写过程中，得到冯先铭、李知宴先生的多方指导，在此谨表谢意。

调查：孙剑华　贾忠敏　姚卫国　李同信　刘三冰　贾永禄
执笔：贾忠敏　贾永禄
绘图：刘三冰　贾城会
摄影：张　羽　姚丽君

注　释

①③　李知宴：《三国两晋南北朝制瓷业的成就》，《文物》1979 年第 2 期。

②　河北省文管处：《河北景县北魏高氏墓发掘简报》，《文物》1979 年第 3 期。

④　河北省博物馆、文物管理处：《河北平山北齐崔昂墓调查报告》，《文物》1973 年第 11 期。

⑤⑦⑧　河南省博物馆、安阳地区文化局，《河南安阳隋代瓷窑址的试掘》，《文物》1977 年第 2 期。

⑥　薛增福；《河北曲阳发现隋代墓志及瓷器》，《文物》1984 年第 2 期。

⑨　宋百川：《济南市洪家楼出土的一批隋代瓷器》，《文物》1981 年第 4 期。

⑩⑪　宋百川、刘风君，《山东曲阜、泗水隋唐瓷窑址调查》，《考古》1985 年第 1 期。

⑫　山东淄博陶瓷编写组：《山东淄博市淄川区磁村古窑址试掘简报》，《文物》1978 年第 6 期。

⑬⑮　北京市文物工作队：《北京市发现的几座唐墓》，《考古》1980 年第 6 期。

⑭　扬州市博物馆：《扬州发观两座唐墓》，《文物》1973 年第 5 期。

⑯　李知宴：《谈范粹墓出土的瓷器》，《考古》1972 年第 5 期。

⑰　程在廉：《何处是邢窑》，《河北陶瓷》1984 年第 1 期。

河北易县北韩村唐墓[*]

河北省文物研究所

1975 年 1 月，在河北易县北韩村东北 200 米处的一队土场发现一座唐墓（编号为 M1）。现将清理情况简报如下。

此墓为长方形单室墓。墓室破坏严重，其结构和随葬器物的位置均不清楚。出土遗物有陶瓷器、石碾、铜钱和墓志。

陶罐 5 件。1 件（M1:1）大口，圆唇，鼓腹，平底，器身有隐约可见的绳纹。口径 31.2、腹径 50.8、高 41.8 厘米（图一：2）。其他 4 件均为小口，圆唇外卷，短颈，圆肩，鼓腹，平底。M1:3 口径 12.8、腹径 37.6、高 44.6 厘米（图一：5）。M1:5 口径 9.6、腹径 31.2、高 40 厘米（图一：4）。M1:2 器形瘦高，口径 12、腹径 33.6、高 49.6 厘米（图一：6）。M1:4 肩部有凹弦纹三周，上下两周弦纹外，均有一周压印纹。口径 7.6、腹径 22、高 25.4 厘米（图一：3）。

陶壶 1 件（M1:6）。颈、肩部之间有明显的接痕，两部分分别制坯，烧制时粘接在一起，但粘接不牢。敞口，束颈，圆肩，鼓腹，平底。肩部贴模制的龙首衔环铺首 3 个，铺首中间再贴模制的变形莲花图案 3 个。腹部贴中间为

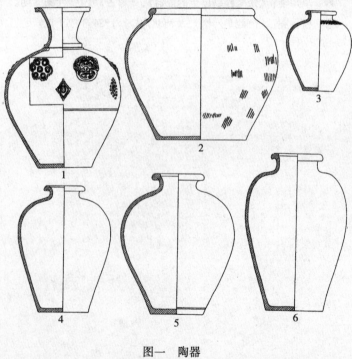

图一 陶器

1. 壶（M1:6） 2—6. 罐（M1:1、M1:4、M1:5、M1:3、M1:2）

（皆为 1/12）

* 《文物》1988 年第 4 期

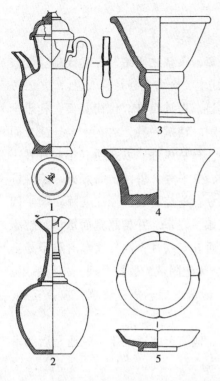

图二

1. 瓷注子（M1:14） 2. 瓷瓶（M1:7） 3.
瓷器座（M1:8） 4. 陶钵（M1:9） 5. 瓷
盘（M1:5）（2、4 为 1 12，余为 1/6）

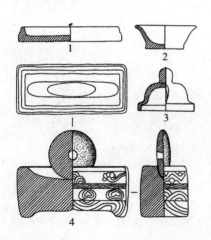

图三

1. 陶砚（M1:12） 2. 陶钵（M1:16） 3.
瓷器盖（M1:16） 4. 石碾（M1:17）（皆为
1/4）

变形莲花的菱形图案 6 个。口径 16.8、腹径 38、通高 50.8 厘米
（图一：1）。

陶钵 3 件。形制相同。喇叭口，平底。其中两件大小相同，
M1:9 口径 17.6、高 8.7 厘米（图二：4）。另一件（M1:10）口
径 6.4、高 2.5 厘米（图三：2）。

陶砚 2 件。均为圆形，敞口，圆沿。M1:12 口径 10.2、深
1、底径 11.2 厘米（图三：1）。M1:13 口径 9.4、深 1、底径
10.4 厘米。

瓷注子 1 件（M1:14）。口沿及盖均有残缺。敞口，圆肩，
注流弯曲稍长，鼓腹，圈足。底中央刻一"盈"字。通身施白
釉，有黄斑。口径 6、圈足径 6.4、残高 22.3 厘米（图二：1）。

瓷器盖 1 件（M1:16）。残缺，施白釉。盖径 5.6、高 4.5
厘米（图三：3）。

瓷盘 1 件（M:15）。四出莲花口，敞口，圆唇，折腹，圈
足。施白釉。口径 13.6、深 2、圈足径 6.4、通高 3.4 厘米（图
二：5）。

瓷瓶 1 件（M1:7）。颈、肩部之间有明显接痕，制法与陶
壶（M1:6）相同。口部捏成三瓣状，颈细长，鼓腹，平底。通
身施淡黄色釉，胎质粗糙，着釉厚薄不均。腹径 23.2、底径 12、
通高 43.6 厘米（图二：2）。

瓷器座 1 件，（M1:8）。形似圈足豆，圆唇，敞口，平底。
通身施淡黄色釉，胎质粗糙，着釉厚薄不均。口径 14.8、底径
10.4、高 16.6 厘米（图二：3）。

石碾 1 件（M1:17）。汉白玉质，长方形。四面用阴线镌雕
云纹、波浪纹等图案，碾盘面上用阴线雕出两个长方形方框，中
间为椭圆形碾槽。碾轮置于槽中，作圆形，中间有一圆孔。碾面
长 11.6、宽 4.6、高 5.3 厘米，碾轮直径 5.2、孔径 0.8 厘米
（图二：4；八）。

铜钱 8 枚。有隋五铢 1 枚（M1:18A），残，直径 2.2 厘米。
开元通宝 7 枚。背纹有作"凵"、"皿"和作"凵"者。

墓志 1 合（M1:19）。石质，盝顶，四边均向外微凸，略呈
正方形，边长约 45 厘米。志盖篆书"大唐故孙府君墓志铭"，盖
的四个坡面镌刻十二生肖名，海面三字。四个侧面均饰阴线镌刻
的云气纹。志石边长约 46.6 厘米，左右两侧面镌刻阴线卷云纹，
上下两侧面镌刻阴线弧线纹。志面的四周镌刻双井字形阴线，左
右两条阴线中，间填阴折线及三角纹，上下两条阴线中间填波浪纹。铭文 20 行，每行字数不等，共

432 字。墓志铭录文如下：

唐易县录事乐安郡故孙府君墓志铭并序

府君讳少矩，以讳为字，厥先乐安郡人也。承周文王少子之遐裔，康叔之胤绪，方立氏焉。金枝纂于昔时，玉叶分于后嗣。冠剑从上，其来久矣。远仕河朔，子孙居之，今为上谷易县人也。

祖讳希昂。挺生赵北，杰立燕南。宗王邵之休风，慕许巢之逸迹。考讳良涉。仁德坚贞，礼乐全器，高道不仕，逐世行藏。府君即其第二子也。孝行殊常，风神爽朗。辖抠一县，纠察十乡。谦恭而中外钦风，忠谨而远近瞻瞩。何期隙光难驻，日驭不停，不享灵椿，奄从风烛。以咸通五年六月廿一日遭疾，终于永智坊里之私第，享年五十有二。长兄少卿，弟少贞、少平等。想存亡而有异，羌雁群分。嗟荣殁兮不同，手足伤折。夫人扶风苏氏。威仪有则，定省无亏。蓬首居丧，号泣庭际。嗣子四人：长曰行殷，次曰行实，次曰行度，小曰行敏。有女一人，十五娘，在室。并禀趋庭而承训，想冰鲤而摧心，痛贯肾肠，疾延肤貌。竭力营葬事，备礼以送终。以咸通五年八月十八日哀奉府君子易县西南候台乡北韩村东北二百步，附于先茔，礼如周制。恐付移代远，无纪附从，故勒贞珉，用彰后嗣。其铭曰：厥有硕德，明哲间生。温恭秉义，遐迹钦名。天不慭遗，地奄瑰琼。茫茫衰草，寂寂玄冥。前视莱山，后眺燕城。千秋万古，石记为凭。

据墓志铭文所载，北韩村 1 号墓的墓主人为唐易县录事孙少矩。他卒于咸通五年。咸通是唐懿宗李漼的年号，咸通五年当公元 864 年。而知此墓属于唐代晚期。

唐代墓葬在河北发掘、清理的较少。易县北韩村唐代晚期墓葬的发现，为河北唐代墓葬的分期提供了一批可靠的实物资料。

执笔：石永士

河北临城七座唐墓[*]

李振奇　史云征　李兰珂

　　1976~1987 年，河北省临城县境内临城镇东街、郝庄、射兽村、中羊泉村相继发现 7 座唐代墓葬（图一），可惜均遭当地村民破坏。经调查，只知其中有砖室墓 3 座和土坑墓 4 座，均为 2 米多长，1 米多宽的小型墓葬；有两座墓有明确纪年。共收集到 7 座墓出土的文物 62 件，主要为邢窑白瓷器。除中羊泉村唐墓出土遗物由省文物研究所、隆尧县文保所征集收藏外，余均藏临城县文物保管所。这几座唐墓出土文物反映了临城地区唐代物质文化的风貌，尤其为邢窑的研究和邢瓷的断代提供了珍贵实物资料。现着重将出土遗物报道如下，并略作探讨。

图一　临城唐墓位置示意图

一　出土遗物

　　1. 刘府君墓（编号 85LDM1—1）为土坑墓。出土遗物有瓷器 9 件、墓志 1 合。

　　瓷器有碗、注子、盖罐、器盖、铁足提梁器、碗托，均为细白瓷。

　　碗　2 件。形制、尺寸相同。唇沿微侈，浅腹，玉璧形底。除圈足底一圈露胎外，通体施釉，釉色光润洁白而略微泛青。胎质坚实细腻。器口及器底制作工整精致。高 4.8、口径 l7 厘米（图二：1）。

　　注子　1 件。圆沿撇口，短颈，短流，双泥条鋬，鼓腹，平底微内凹。除底露胎外通体施釉，釉

* 《文物》1990 年 5 期

色白中泛黄，有细碎冰裂纹。胎质坚实缜密。造型丰满规整，器口及器底制作工整精细。底刻"张"字款。高10.5、口径5.3厘米（图二：2）。

盖罐　1件。圆沿，矮领，鼓腹，圈足。罐盖有圆纽，纽顶平，下折弧圆，盖沿成母口。此罐烧造温度不足，白釉脱落。高23.1、口径12厘米（图二：3）。

器盖　1件。圆纽内凹，下折弧圆。除盖口无釉外通体施釉，釉色白中闪青；胎质坚致。做工精细。通高3、口径13、纽径6厘米（图二：4）。

铁足提梁器　1件。卷沿微侈，深腹，口沿内侧对称置两个桥形纽（原连接铁提梁，已残）。口沿外下部安一道铁箍，箍下置三铁足（已残）。器内施满釉，釉色白中泛黄。器外露胎，胎质坚实。高4、口径11厘米。

碗托　3件，计2式。

Ⅰ式2件。形制、尺寸及釉色皆同。碗、托连为一体。碗圆沿微侈，矮圈足。托口沿捏制为四瓣花口式，平底。除底露胎外通体施釉，釉色白中泛黄，有细碎冰裂纹。胎质坚实致密。做工规整精细。足刻"张"字款。通高4.9、碗及托口径10.8、托底径4.8厘米（图二：6）。

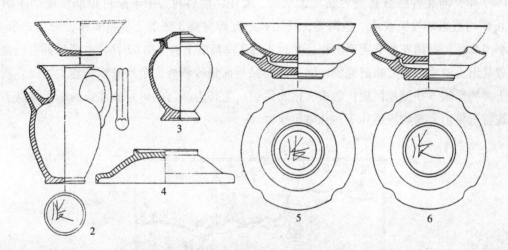

图二　85LDM1—1 出土白瓷器

1. 碗　2. 注子　3. 盖罐　4. 器盖　5. Ⅱ式碗托　6. Ⅰ式碗托（1为1/6，3为1/9，余均为1/3）

Ⅱ式1件。托足为圈足，无釉，足心刻"张"字款。余与Ⅰ式相同（图二：5）。

石墓志　青石质，方形，边长40.5厘米，通高23厘米。志盖为盝顶，阴刻篆文"大唐故刘府君墓志铭"3行9字。四刹阴线浅刻青龙、白虎、朱雀、玄武四神图案。志文行书18行，行25字。墓志书画粗劣，刻划极浅，难以墨拓或辨读，但尚可看清"大中丙子之岁护尊灵于县东北二里"等字，故确知此墓为唐大中十年（856年）墓葬。

2. 东街唐墓之一（编号85LDM1—2）亦为土坑墓。位于刘府君墓东北侧5米，应为同一家族墓。出土遗物仅存碗托和铜镜各1件。

碗托　1件。与刘府君墓出土Ⅰ式碗托造型、尺寸、釉色完全一致。足刻"张"字款 。

铜镜　1件，圆形瑞花镜。桥形纽，围绕纽置花卉六朵。器表呈银白色，现仍可照人。直径19.5、厚 0.5 厘米。

3. 赵天水夫妇墓（编号 87LHM1）亦为土坑墓。出土遗物包括鎏金铜带扣、带铐、铊尾、铜发钗、铜镜、铁剪、瓷器、陶器、墓志，共 25 件。

鎏金铜带扣 1 件。为椭圆形铜环和铜片铆制。长 9.7、宽 5.7、厚 0.8 厘米。

鎏金钢带铐 9 件。二铜片铆制，中有矩形孔。分 2 式。

I 式 5 件。形制、尺寸相同，一端为半圆形，另一端为方形。长 3.1、宽 3.8、厚 0.8 厘米。

II 式 4 件。形制，尺寸相同。方形。长 4、宽 4、厚 0.8 厘米。

鎏金铜铊尾 1 件。两铜片铆制。扁平，一端为半圆形，另一端呈方形，中空。长 8.5、宽 4、厚 0.8 厘米。

铜发钗 2 件。双股钗，长 8 厘米。

铜镜 1 件。菱花形鸳鸯双凤镜。纽呈海兽状，围绕纽有鹭鸶两对、飞凤一双，其间以花枝相隔。菱花瓣内相间分置四只飞鸟和四朵流云，镜面呈银白色，工艺精美。直径 20、厚 0.5 厘米。

铁剪 1 件。锻制，弹压式，交股，环曲柄，刃部断面呈楔形。通长 33.5、刃部长 6.5 厘米。

白瓷碗 2 件。形制、尺寸、釉色相同，圆沿，敞口，浅腹，圈足。施釉直至足心，轴色光润洁白略发青。胎质细腻。高 3.6，口径 12.5 厘米。

白瓷盂 1 件。卷沿，深腹，圈足。盂内施满釉，外施釉不到足，釉色偏黄。通高 7.4、口径 8.6、足径 5 厘米。

陶灶 1 件。泥质灰陶。残碎。

陶罐 4 件。泥质灰陶。均残。

砖质墓志 1 合。正方形，边长 36、通高 11 厘米。志盖为四阿式顶。志面墨写楷书 13 行，满行 20 字。字迹大部漫漶不辨。残存志文称："君姓赵，天水之名，赵州临城人"。"咸通十一年十一月（870 年）双双葬于郝家庄西先祖茔。"故知为夫妇合葬墓，并有确切纪年。

4. 射兽唐墓之一（编号 76LSM1）为砖室墓。出土物仅存白瓷塔式罐 1 件。罐盖顶丰满，有尖纽。罐圆唇，口微侈，短颈，丰肩，鼓腹下部渐收，坐于一莲叶托上。托下为底座，底座上部细长，下部外撇，呈喇叭状。胎质坚实细腻，釉色白中闪黄，光泽莹润。通高 58、盖高 11、口径 11.2 厘米（图三：1）

5. 射兽唐墓之二（编号 84LSM2）亦为砖室墓。出土遗物仅存白瓷碗 1 件。口微侈，深腹，平底内凹，芒口。除口和底部露胎外通体施釉，釉色光泽洁白。胎质细腻，做工精细。高 9、口径 21.5 厘米。（图三：2）

6. 东街唐墓之二（编号 85LDM2）为土坑墓。出土白瓷器 3 件。

盂 1 件。卷沿，口外侈，圈足。内施满釉，外施半釉，釉色白中发青灰。高 6.3、口径 9.4 厘米（图三：3）。

瓶 1 件。卷沿，短颈，鼓腹，平底，底心微凹。内施满釉，外施半釉，釉色青灰不甚光亮。高 8、口径 4、足径 4.8 厘米（图三：5）。

提梁罐 1 件。圆唇，口内敛，斜壁，深腹，最大腹径在底部，平底，口部置单泥条提梁系。器内施满釉，器外施釉不及底。釉色白中发青，光泽莹润，积釉处发青绿。高 4.5、口径 2.5 厘米（图三：4）。

7. 中羊泉唐墓（编号78LXM1）为砖室墓。出土遗物有瓷器、铜器、铜钱，现存20件。

瓷器13件，有碗、器盖、盘、壶、盂、盒，狮、象，均为细白瓷。

碗　3件，可分2式。

Ⅰ式2件。形制、尺寸、釉色相同。圆唇敞口，浅腹，圈足。釉色白中微黄，胎质坚实细腻。高3.9、口径10.2厘米（图四：1）。

Ⅱ式1件。圆唇，侈口，浅腹，矮圈足。釉色白中泛青，光泽莹润。胎质坚实。高4.6、口径18.6厘米（图四：2）。

器盖　2件。可分2式。

Ⅰ式1件。盖顶丰满，尖纽。釉色洁白，光亮润泽。胎质细腻。高4.1、盖径8.8厘米（图四：3）。

Ⅱ式1件。鹰首形，置竖插。内外通体施釉，釉色光泽莹润。高4.8、长11.4厘米（图四：4）。

三足盘　3件。造形、尺寸、釉色相同。圆沿外侈，浅腹。通体施釉，釉色光泽洁白。胎质坚实。高3、口径14.8厘米（图四：5）。

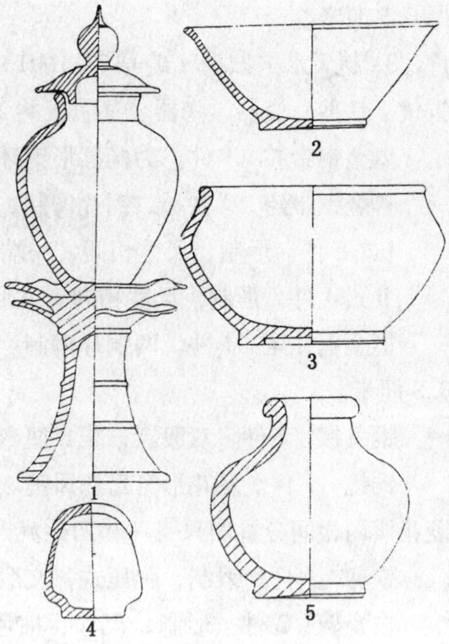

单柄壶　1件。近底处残损。卷沿，扁口，细长颈，溜肩。鼓腹，近底处内收，足部外撇。口下斜粘片状泥条柄。通体施釉，釉色洁白。胎质坚细。高38、口径6.8厘米（图四：6）

三足盂　1件。侈口，鼓腹，三足。釉色白中闪青。胎质坚实。高4.3、口径3厘米（图四：7）。

图三　76LSM1、84LSM2、
85LDM2 出土白瓷器

1. 塔式罐　2. 碗　3. 盂　4. 提梁罐
5. 瓶（1为1/9，2为1/6，余为1/3）

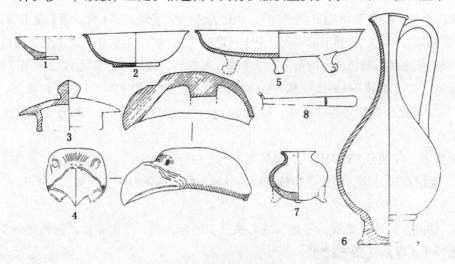

图四　78LXM1 出土器物

1. Ⅰ式碗　2. Ⅱ式碗　3. Ⅰ式器盖　4. Ⅱ式器盖　5. 三足盘　6. 单柄壶

7. 三足盂　8. 铜器柄（1～7均为白瓷器）（1、2、6、8为1/6，余均为1/3）

盒 1件。有盖，盖顶呈弧形。子母口，直腹，底呈弧形。通体施釉，釉色洁白，光泽莹润。胎质坚细。通高9、口径19厘米。

狮 2件成对。均蹲坐状，挺胸昂首，张口吐舌，项系带铃的绶带，下为覆斗状方座。1件项带有铃5颗，狮高12、座高4厘米。另1件项带有铃4颗，狮高14、座高4厘米。釉色白中泛青，光泽莹润。

象 1件。立姿，低首，卷鼻。前腿部内侧浮雕一牵象立俑，面部向外。下有长方形抹角饼状座。座中央镂空。釉色白中泛黄，有光泽。通高8、长10.5厘米。

铜器柄 1件。长15.4厘米（图四：8）。

铜镜 1件。瑞兽葡萄镜。圆形，厚重。兽纽，纽周有瑞兽四只，同向排列。瑞兽之间填充葡萄。外区周绕八鸟，间饰葡萄花枝。镜缘周饰49朵卷云纹。直径9.9、缘高1.2厘米。

"开元通宝"钱 4枚。宽廓。1枚背有甲痕。铜质纯净，文字清晰规整。径2.5、厚0.2厘米（图五）。

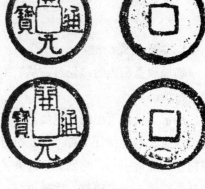

图五 铜钱拓片（原大）

二 墓葬年代

7座唐墓中，刘府君墓、赵天水夫妇墓有明确纪年，属晚唐时期。其余5座墓未发现纪年资料，但也有一定的推断依据。

东街唐墓之一（85LDM1—2）距刘府君墓仅5米，墓主应属同一家族。两墓出土碗托造型、底款均相同，应同出自一个窑口；底款之"张"字似表明为一人所刻，应为同期遗物。出土的瑞花镜为唐后期流行的一种镜式，故此墓也应属唐晚期墓。

射兽唐墓之一（76LSM1）出土白瓷塔式罐，具有唐前期同类器物特征[1]，与河北蔚县榆涧村唐墓出土釉陶塔形罐造型接近[2]。此墓应与蔚县榆涧村唐墓时代相同，为唐前期偏晚的墓葬，下限应不晚于盛唐。

射兽唐墓之二（84LSM2）出土白瓷碗的造型特征与内丘邢窑遗址出土遗物中的X式碗相同[3]。该窑址调查简报定X式碗为第四期遗物，相当于唐中期。此墓亦应为唐中期墓。

东街唐墓之二（85LDM2）出土白瓷盂特征与扬州湾头砖瓦厂出土白瓷盂相同[4]；提梁罐与耀州窑遗址出土的提梁罐相似[5]。它们应同属唐代晚期。

中羊泉唐墓（78LXM1）出土Ⅰ、Ⅱ式碗同内丘邢窑遗址出土粗白瓷XI式、细白瓷IX式碗相同[6]。该窑址调查简报定这两式碗为五期遗物，时代相当晚唐到五代。此墓年代也应属于这一时期。出土白瓷狮与河南巩县小黄冶村唐三彩窑址出土素烧蹲狮造型、风格接近[7]。

综上所述临城发现的7座墓葬，均为唐代墓葬。临城7座唐墓都是小墓，应是低级官吏或平民的坟墓，但出土较多精美的白瓷器，且出土遗物多有使用痕迹，可能为墓主人生前使用之物。当地临近烧造细瓷的窑场，因此当地官吏、窑主甚至窑工都有可能得到这类产品。

三　关于邢窑历史的几点认识

1. 关于白瓷产地

临城唐墓出土的白瓷器，从造型、胎釉特点来看，均与临城祁村唐代窑址出土标本相一致，应为祁村窑产品。

邢窑为唐代著名的白瓷烧造窑场。近年来，内丘[⑧]、临城[⑨]境内相继发现唐代瓷窑遗址 27 处。从烧造地点及器物特征来看，内丘窑址与文献记载的邢窑相吻合[⑩]。窑址调查表明，内丘城关窑场是邢窑白瓷的烧造中心。它创烧于北齐，发展于隋，鼎盛于唐。著名的"盈"字款器就是这里烧造的。器物制作精细，造型规整，胎质细腻，釉包沽白泛青，为邢窑的代表作。临城祁村窑白瓷的制瓷工艺和施釉方法同内丘邢窑相同，器物规整程度及釉色比内丘产品略为逊色，但仍优于北方其它窑口。可以认为，祁村窑是属于邢窑的一部分，至少是其近支[⑪]。

将临城唐墓出土的白瓷器物与窑址同类出土物进行比较，多有相同或相似之处。如刘府君墓出土玉璧足碗与临城祁村窑址出土细瓷 I 式碗[⑫]、内丘窑址第四期细瓷 IV 式碗[⑬]相同。其特征为唇沿、敞口、浅腹、底足矮浅，足外沿略高于内沿、足底心微凸；除足部外施釉，玉璧底中心亦施轴，釉质稳定而不下垂。这些特征正是邢窑的独特之处，为其他白瓷窑口所不及。又如注子、三足盂，碗托、盒等遗物，临城祁村窑址有相同器物标本出土。这说明临城唐墓出土白瓷与邢窑有相同的制作工艺和施釉方法，其产地应为邢窑系的祁村窑。

2. 关于瓷器底款的刻铭

临城刘府君墓和东街唐墓之一中出土 4 件碗托、1 件注子，底部均刻"张"字款，字迹应同出一人手笔。因墓主人姓刘，显然所刻"张"字应为窑主姓氏。此类遗物在窑址多有发现。祁村窑曾出土"楚"、"弘"、"王"字款器残片，其中"王"字款玉璧底细白瓷碗与"王"字款匣钵同出一地，当为姓氏。内丘曾发现"翰林"款瓷器[⑭]，当是官府定烧之器。又有"盈"字款，研究者或认为"盈"与"碗"同义，或认为"盈"是商标[⑮]。由于唐长安大明宫遗址出土"盈"字款瓷器。笔者认为这是宫廷某一机构定烧的标志。邢窑瓷器的刻铭对于探讨邢窑的生产及当时的社会经济状况无疑提供了重要的资料。产品上的姓氏铭文，表明窑场主对烧制的产品质量负责，以获得信誉，参与竞争，已具有商标性质[⑯]。

3. 关于瓷器烧造工艺及窑具

邢窑作为唐代名窑有其独特的制作工艺和窑具。这次临城唐墓出土的白瓷碗也显示了邢窑工艺的特点。白瓷碗的足心施釉，釉稳定而不下垂，没有定窑那种"流有泪痕"的施釉现象，表明是两种截然不同的制作工艺。邢窑拉坯成形时，先挖足，后施釉，再将足部釉磨去，留下足心之釉，故底足同心圆旋削纹理被磨去。定窑碗则先施釉，然后在磨平底足的同时再挖足，故底心无釉[⑰]。河南巩县窑的碗足心无釉，底足留有同心圆旋削纹理。除此之外，邢窑窑具隋代开创使用桶式匣钵，到唐代又出现漏斗状匣钵，创造了以器代钵的盘式、钵式、盆式组合使用的匣钵。邢窑开创了利用匣钵单件整烧白瓷的先河，从而消除了器物支钉痕，提高了产品质量，为烧制高档白瓷创造了条件。

临城 7 座唐墓出土遗物为邢瓷的断代提供了标准器，对于邢窑的研究无疑是有益的。

本文在写作过程中得到河北省文物研究所张守忠先生、张羽同志的帮助，特此致谢。

（作者单位：临城县城建局、柏乡县文保所、隆尧县文保所）

注　释

①　《西安郊区隋唐墓》，《中国田野考古报告集》考古学专刊丁种 18 号。

②　蔚县博物馆《河北蔚县榆涧唐墓》，《考古》1987 年第 9 期。

③⑥⑧⑬　内丘县文保所《河北省内丘县邢窑调查简报》，《文物》1987 年第 9 期。

④　蒋华《江苏扬州出土的唐代瓷器》《文物》1984 年第 3 期。

⑤　耀州窑博物馆《耀州窑遗址在基建中的新发现》，《考古与文物》1987 年第 5 期。

⑦　傅永魁《河南巩县大小黄冶村唐三彩窑址的调查简报》，《考古与文物》1984 年第 1 期。

⑨⑫　河北临城县邢瓷研制小组《唐代邢窑遗址调查报告》，《文物》1981 年第 9 期。

⑩　［唐］李肇《国史补》："内丘白瓷瓯，端溪紫石砚，天下无贵贱通用之"。［唐］陆羽《茶经》"邢瓷类银"、"邢瓷类雪"。［唐］皮日休《茶瓯》诗："邢客与越人，皆能造瓷器。圆似月魂坠，轻如云魄起。"

⑪　叶喆民《邢窑刍议》，《文物》1981 年第 9 期。

⑭　器藏内丘文保所。

⑮⑯　河北省邢窑研究组《邢窑造型装饰研究》，《河北陶瓷》1987 年第 2 期。

⑰　李辉柄《唐代邢窑窑址考察与初步探讨》，《文物》1981 年第 9 期。

河北省临城西磁窑沟发现隋唐墓[*]

樊书海　张志忠

西磁窑沟村，地处太行山脉的丘陵地带，坐落于京广路西，泜河以南，与内丘县的交界处。东北距临城县城约 30 余华里（图一）。1991 年 12 月，该村农民李建军等人因建房在该村西北面 50 米处取土时发现两座古墓，报告县文管所，文管所邀河北省文物研究所邢窑考古队一起对现场进行了调查。

二墓是在砂石岩层上凿出的小型单室券顶墓，无封土堆积。相互间隔 4.3 米，东西排列在一条直线上（东西分别编号为：M_1、M_2）。由于墓内葬物已被全部取出或翻乱，原葬情况已不得知，现结合群众提供的情况，将两墓介绍如下。

一、墓葬形制

M_1：墓口距地表高 32 厘米。平面呈椭长形。北部起券，券洞部分为墓室，余做墓道。券口处以自然石块和长方形砖封堵。券顶与墓底均做北高南低的斜坡状，高差 10 厘米，墓通长 380 厘米（其中墓室部分 230 厘米）、宽 65、深 75—85 厘米，方向 210.5°。

封门砖共三块，呈青灰色，体积为 30 × 25 × 6.7 厘米，其中一块上用黑墨写有两行铭文，铭文楷体，竖行排字。一行为"眭法真铭"四字，另一行可辨有五个字以上，由于字已模糊，不能读出。"眭法真"，当为该墓墓主之姓名。葬具已朽。单人仰身直肢葬，头南脚北。随葬品仅两件，东西并列摆放在头骨南侧。

M_2：距地表深 26 厘米露墓口，平面呈凸字形，南北通长 610、东西宽 105—225 厘米，墓向 210°（图二）。

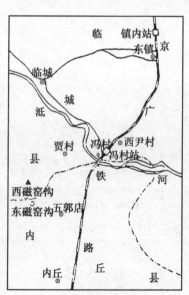

图一　西磁窑沟隋唐墓
位置示意图

* 《文物春秋》1994 年第 3 期

墓道位于墓室的南面中间，竖穴式。南壁呈斜坡形，底面由 南而北略下落，落差 4 厘米。口大底小，上口长 275、宽 100 厘米、底长 240、宽 95 厘米，深 190—194 厘米。北端用体积较大的自然石块封砌墓门。

墓室平面基本呈长方形，四角稍弧，直壁，稍内收，壁面不太整齐。上口长 335、宽 225 厘米，底长 823、宽 205 厘米，高 290 厘米以上。墓顶已被破坏，从残迹看为券形顶。墓底凸凹不平，较墓道底面低 48 厘米。

在墓室西壁的中部有一个拱形顶的壁龛。壁龛外口宽 130、里宽 120 厘米，进深 35 厘米，高 250 厘米。

棺木已朽烂，采集到已锈蚀的、断面为方形的铁棺钉 36 枚。钉尾横折。长者 9.3、短秆 6.1 厘米。单人仰身直肢葬，头南脚北。随葬物品大致摆放在墓室的南面和东面、西面的南部。其中墓志置放在墓室南端中间，正对墓道，镇墓兽和武士俑置放在墓口里侧的左右两边。

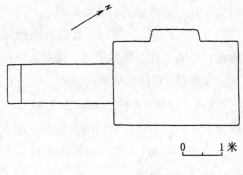

图二　M₂ 平面图

二、出土遗物

M₁：青瓷碗　1 件。略变形，腹部外壁粘连一片另一同类器的口沿残片。敞口唇稍扁，斜壁深腹，假圈足，足心微凹，足边削棱一周，内底有三岔支钉痕。青灰色胎，胎质坚硬。外挂半釉，下部有积釉现象。内施全釉，釉色乳青，釉面比较干燥，有褐色斑点。釉下施白色化妆土。口沿处釉已脱落。通高 8.7 厘米，口径 14.1 厘米。

青瓷罐　1 件。直口圆唇平肩，肩部粘有复式三系，系高于口。椭圆形腹，假圈足，外撇，随葬时已缺少一块。胎质坚硬，较粗糙，胎色灰白，有黑色斑点，由于焙烧过火，胎体表面因发泡形成许多凸点，外壁施半釉不到底，釉面光亮呈褐青色，有细碎的冰裂纹和蜡泪痕。通高 27.5 厘米，口径 7 厘米，最大腹径 19.5 厘米，底径 9.8 厘米。

M₂：出土随葬品除一方石质墓志外，全为细泥红陶器。器表皆施白衣，俑类衣外绘彩。由于出土时多被打碎，有的器物也被弃之不见，已无法弄清原组合情况，经整理共有人兽禽畜等俑和模型器、日用器计 21 件。

（一）陶俑 12 件

武士俑　1 件。顶盔挂甲。甲片用黑墨所画，束腰，尖头黑鞋。左臂微曲，握拳，右臂曲平，呈持物状，鼓肚凸胸，相貌魁梧。直立，双目微向下斜视，面带微笑，红唇黑须。通高 32.5 厘米。

侍女俑　2 件。头梳半翻高髻，肩披红色长巾，身穿曳地长通裙，裙下微露双足。袒露胸臂，双手相交拱于腹前。墨画眉，口涂红，阔眉小口，姿态安详娴静，面似若有所思。挺直站立，通高 19.4 厘米。

男侍俑　3 件。分Ⅱ型。

Ⅰ式　2 件。造型相同，大小有别。黑色幞头。身着翻领交襟短袄，一件为红色，一件为白色。束腰。下着长裤，足登尖靴。右手握拳置胸前，拳心有孔，孔的插物已失。左臂下垂微曲。墨描眉、须，口涂朱红。眉清目秀，姿态安然。一件高20.5厘米，另一件高18.8厘米。

Ⅱ式　1件。黑笼冠，着红色阔袖敞领长衫。束腰。长裤曳地，尖足微露。双手拱奉胸前。做执物状，手心有孔。墨描眉须，须呈八字形，口画朱红。直立，平视通高205厘米。

风帽俑　6件。分Ⅲ式。

Ⅰ式：女俑　4件。头戴白色风帽，身披红色过膝风衣，内着白色阔袖长袍，束腰，略弓肩。双手拱胸前。口涂朱红，双目微微闭合，面丰，逸逸，一副老态龙钟相。以一件为例。通高20.7厘米。

Ⅱ式：男俑　1件。衣着体态均与Ⅰ式相同，面部较Ⅰ式稍显清瘦，朱红涂唇，墨画眉、眼、胡须。高20.6厘米。

Ⅲ式：男俑　1件。头戴红色高顶风帽，身披粉红色过膝风衣，内着红色阔袖长衫，束腰，裤至足底，微露尖足。直立，双手握拳拱于胸前，拳中有孔。双目微睁，墨画八字胡须。体态健壮，通高19.3厘米。

（二）镇墓兽　2件。分Ⅱ式。

Ⅰ式：人面兽身，作蹲坐状。尾扁圆，贴臂竖起，面部温和。浓眉，黑须，红唇，头顶上有一尖曲长角，胸前饰红色彩条，通高26.6厘米。

Ⅱ式：狮首兽身，亦作蹲坐状。贴尾同Ⅰ式。双目圆睁，口紧闭，头有角，向后曲卷。口、鼻孔、眼角和尾部均用红彩点绘，胸前饰横条红彩。

（三）畜禽模型　共4件。

马　1件。四蹄踩在长方形踏板上，站立，曲颈，低头。短鬃，无尾，雕鬃头，黑鞍鞯，鞍上托一花毡。鬃以墨红色涂成。墨描双眼。通高25.6、长27厘米。

骆驼　1件。腿部残缺不能复原。昂首，双峰竖起，尾左摆，双峰及前大腿上均涂有褐红色彩。驼背上覆盖椭圆形布垫。颈、眉毛用黑彩描绘，眼角、口、鼻孔均点描朱红。通高30.3厘米，长29厘米。

羊（？）　1件。缺头。卧状，体肥，小尖尾，身上点墨，通长8.3、残高6.5厘米。

鸡1件。红色扁冠，翘尾，仰头站立。通高8.6、长8.7厘米。

（四）模型器及陶器

仓　1件。圆锥形顶，通高13.1厘米，最大直径9厘米。

器盖（？）　1件。盏形，残缺不能复原。

缸　1件。仅存一残片，敛口唇沿，圆肩弧腹，腹下内收。

（五）墓志

一合，青石质。志盖表面略剥沥，一角已残。边长41.5—41.7厘米，厚15厘米，做盝顶式，顶面分两行阳刻篆体"眭君墓志"四字。四刹阴刻变形莲花，四侧阴刻连环图案。

志石呈正方形，边长41.5—41.7厘米，厚7.5厘米，打磨光而不平，四周侧面阴刻缠枝花卉。铭文行阴刻有界格，共20行，满行19字，第8行加一字，为20，计363字，内容如下：

眭君墓志铭君讳厚字 赵郡高邑人也其先发源姬水建国汉东食邑眭城因菜命氏徽歔世载国史详焉自南而北义均梁俍改眭为眭列在记藉祖平州长史父濮杨府君并吾同誉古行为轨则酋文丽藻雄伯当时文集清新见行今世君含璋挺耀清识明於豁亂博通经史雕磊美於志学文章与春云比润音韶共秋月齐明孝敬淳

深仁羲敦睦弱冠释褐太子左卫府恭军事仍值典书坊文学若乃参政钧陈司文礼阁风流博望献纳重离笔锵锵洋遐迩游泳可谓鼓钟於宫声闻於外者也以父忧去职丧过於哀魂神分散攀号暮月奄至灭性昔高柴泣血名载礼经申生自缢镂文国史以今方古不谢丹青粤以隋开皇九年三月廿七日卒於济阴郡春秋廿四大唐贞观十七年岁次癸卯　月日葬内丘县五郭山勒石刊铭庶傅不朽其词曰　远叶垂阴姬源载深弘之与固忠烈相寻名高汉魏悬芳至今　弈叶光显家傅休则劳谦匪懈莅官清直鸿才璀璨流行郡国　大哉惟孝哀慕精诚身轻毁灭而殉斯名天长地久永播英声。

三、结　语

M₁ 中出土的青瓷碗与内丘邢窑遗址第二期遗物中的同类器相同[①]，该期遗物调查简报定为隋代。罐不仅有邢窑隋代同类器的造型特点，更与河南安阳隋墓中出土的四系罐相仿[②]，河南安阳隋墓为开皇九年（公元589年）的纪年墓，据此 M₁ 的年代应为隋代。M₂ 有明确纪年，属唐代初期。

在这两座墓中 M₁ 的随葬品不仅数量少，而且还都是残次品，墓主为一般平民。M₂ 墓主曾在隋代入仕为太子左卫府参军事，秩正九品，但死前已经去职，其葬规格与唐礼制度规定的八品下至庶民级别相同。因此墓主的身份虽然也是平民，但从仅存的部分随葬品来看，似仍仿照高于一般的平民的下级品官身份置葬。

M₂ 墓主于隋开皇九年（公元589年）死在济阴郡，到时隔54年后的唐贞观年间才葬于内丘五郭山，因此可知该墓为一迁葬墓。从墓志所记载的内容和其姓氏与 M₁ 墓主之姓相合分析，迁葬之地，则是他的家族茔域之所在。与 M₁ 似为平辈关系。

在河北地区的考古工作中，隋唐墓葬发现不多，唐初纪年墓则更少。临城西瓷窑沟 M₁M₂ 的发现充实了这方面的内容。尤其是 M₂ 中遗物的出土无疑为其他同类器的断代树立了标尺。

（作者单位：河北省文物研究所、临城县文物保管所）

注　释

① 内丘县文保所《河北内丘县邢窑调查简报》，《文物》1987年第9期。
② 安阳市文教局《河南安阳隋墓清理简报》，《考古》1973年第4期。

邢窑调查试掘主要收获*

王会民　张志忠

　　80 年代初、中期，河北省临城、内丘境内的邢窑遗址相继被发现并公诸于世，人们对邢窑的研究和认识也进入了一个崭新的阶段。在这样的形势下，河北省文物研究所组成邢窑考古队对两县的瓷窑遗址进行了较为系统的调查、铲探，并发现了一些新的邢窑遗址，经国家文物局批准，邢窑考古队于88 年到91 年分别对内丘城关和临城祁村两处遗址进行了试掘。现就调查和试掘的主要收获分述如下。

一、单纯的邢窑诸窑址

　　由于种种原因，留给今天人们的是一幅幅破烂不堪的邢窑画面。几年来，邢窑考古队艰难跋涉其中，以期获得有助于邢窑研究的新资料。调查、铲探、试掘表明，形窑大部分遗址地层堆积较薄，时代内涵单纯，也就是说其烧造延续时间多不久长。这是耐人寻味的一种现象。从历史记载我们知道，邢窑遗址以内丘为最著名，至迟到中唐，邢窑已名扬天下，其产品已达到天下无贵贱通用之。而内丘诸窑如中丰洞、北大丰、冯唐等和与内丘相邻的临城代家庄、陈刘庄等至迟到中唐后期多已停止了烧造，象内丘城关、西丘、南岭等窑址虽到晚唐仍有产品，但却产量很小。而如临城祁忖、岗头、双井等窑最早的也只是从中唐方加入了烧造瓷器的行列，到五代末也相继停止了生产。整体观之，随着时间的推移，邢窑窑址在地域上渐趋北移，数量上大幅度减少。形成了各窑址烧造时代单纯同时堆积也不丰富的客观事实。分析其中原因，我们认为可能有以下几点：

　　1、制瓷原料的采掘困难。据有关专家实地调查分析：内丘和临城一带的地质构造条件比较复杂，瓷土矿层被多组方向不同的断层切割成不大的小条、小块，即使瓷土质量很好，数量也是有限的，而且有的开采条件困难，可采矿量并无保证。当一处窑场周围可开采的瓷料采掘完后，受交通等条件的限制，一般情况下窑工们是不会长途跋涉并付出高昂代价去他处开采的。

　　2、据《内丘县志·城池》记载：大和九年（835 年）洪水泛滥，河齧西北隅。乃尔迁焉，今城之

* 《文物春秋》1997 年增刊

西垣即旧城东垣也"。县志所记年限正值中晚唐之交，洪水泛滥势必导致交通运输的困难，影响到内丘诸窑的生产，一些窑场也可能由此被毁。

3、中唐以前邢窑器物胎体厚重，加之生产废品较多，造成原材料的极大浪费。

4、中唐祁村、定窑等窑场的兴起和高档细白瓷的大量出现冲击了本就并不景气的邢窑窑业。

二、不同发展阶段上的邢窑

通过调查和试掘，给邢窑遗址的分期和断代带来了可能。在内丘城关遗址的几个点的试掘中，分别发现了隋代与唐代、唐代早期与中期的叠压地层关系，在祁村遗址上发现了晚唐与五代时期的地层关系。依据调查和试掘所获资料，目前我们把邢窑由创烧到衰落大致分为六期，各期主要特征如下：

第一期，以邢台县西坚固遗址为代表。在内丘城关和临城祁村遗址上也有类似的器物残片出土，大体年代约当北朝后期。采集标本的主要特征是器物种类单纯，皆青瓷器，胎体厚重，碗为深腹，高假圈足，厚釉，流釉、积釉、开片现象普遍。器物种类虽单纯，但制作都很规范。窑具只发现有三角支钉、齿形支具和零星的蘑菇形窑柱，尚处于较为原始的制瓷阶段（图一）。

第二期，以内丘城关为代表，陈刘庄、代家庄、冯唐、中丰洞、北大丰、西丘等遗址也包括含有本期遗物，大体年代约当隋代。该期遗物做工精细，种类较丰富，粗瓷占绝大多数，有青瓷、白瓷、黄釉瓷和一部分精细白瓷，黑釉器很少见。粗瓷器物一般胎体厚重，器形有碗、钵、盘、盆、瓶、杯、盂、砚、罐等，以碗和钵的数量为最多。碗类器物为深腹，假圈足较低矮。绝大多数器物在胎上施有白色化妆土，釉层仍较厚，流釉、积釉、开片现象也较常见。窑具主要是蘑菇形窑柱、

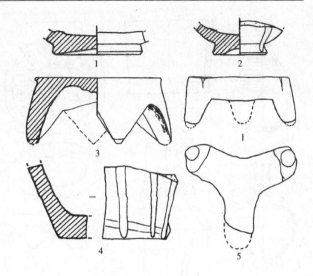

图一　第一期瓷器、窑具（西坚固遗址采集）

1. 青瓷盆　2. 五齿形支具　3. 青瓷罐　4. 青瓷碗

5. 三角支钉（2、5 为 1/2，余为 1/1）

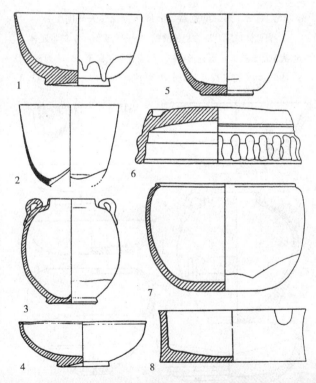

图二　第二期瓷器、窑具（内丘西关北出土）

1. 青瓷碗　2. 细白瓷碗　3. 青瓷罐　4. 无釉盆

5. 白瓷碗　6. 白瓷砚　7. 白瓷钵　8. 筒形匣钵

（4 为 1/10，6 为 1/6，8 为 1/8，余为 1/4）

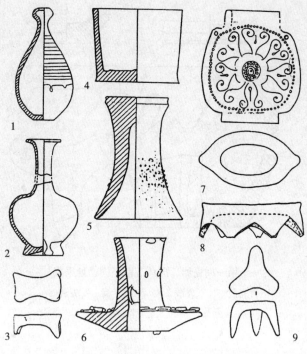

图三　第二期瓷器、窑具（内丘西关北出土）

1. 青瓷钵口瓶　2. 白瓷长颈瓶　3. 四角支钉　4. 筒形匣钵

5. 喇叭形窑柱　6. 蘑菇形窑柱　7. 青瓷印花扁壶　8. 多齿形支钉

9. 三角支钉（2、4 为 1/6，6 为 1/8，7 为 1/2，余为 1/4）

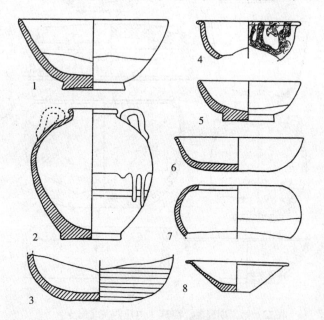

图四　第三期瓷器、窑具（内丘西关北出土）

1. 黄釉碗　2. 酱黄釉碗　3. 筒形匣钵　4. 三彩高足盘

5. 黄釉碗　6. 黄釉盘　7. 黑釉钵　8. 盘形匣钵

（2、8 为 1/8，7 为 1/6，余均 1/4）

喇叭形窑柱、筒形匣体和三角支钉几种，其中筒形匣钵的大量出现和使用构成了该期窑具的显著特点，也为本期精细白瓷的烧制成功提供了保证（图二、三）。

第三期，以内丘城关为代表，陈刘、代家庄、冯唐、中丰洞、北大丰、白家庄、西丘等也包含有该期产品，其年代约当唐代早期。该期瓷器仍以粗瓷为主，其中较多的出现了黄釉瓷和黑釉瓷，而青瓷和白瓷则较前明显减少。器胎仍较厚重。釉层较前期变薄，透明度降低，流釉、积釉、开片现象较前明显减少。在黄袖和白釉器物上均施有化妆土。该期器物种类主要有碗、盘、钵、盆、瓶、罐等，新出现了三彩器和模制的人俑、马俑等。碗类器物唇变厚，腹变浅，假圈足变大。窑具大多沿用前期的窑柱、支钉，支钉托面变大、钉变矮，并开始出现了浅盘形匣钵和薄壁盒式匣钵（图四、五）。

第四期，以祁村为代表，内丘城关、南岭、西丘、白家庄等窑址也包含有该期产品，时代约当中唐。该期遗物种类丰富，有细白瓷、粗白瓷、黑釉瓷、酱釉瓷、褐釉瓷、黄釉瓷和三彩器，其中以白瓷产量为最大。在前期基础上新出现了一些器型如执壶、粉盒、盏托、小盂、漏斗、研磨器和一些小瓷塑等。器物胎、釉皆较以前为薄，碗类器物腹变浅，多撇沿或小唇沿，足除假圈足外，细瓷中较多的出现了玉璧形底。执壶为短流双泥条系，鼓腹或深长腹，假圈足或足与腹界线不明显。窑具种类丰富。除前期广泛使用的窑柱、支钉、筒形匣钵外，大量使用了盘状、盒状、漏斗状匣钵。这种匣钵多体积小，重量轻，多依据器物形状而设计，具有占用空间小、任意组合、便于叠放的优点。同时增加了窑容量，提高了产品的成品率，也是本期细白瓷大量出现的前提条件（图六、七、八）。

第五期，以祁村为代表，岗头、双井、南岭等亦包含有该期产品，时代约当晚唐。本期器物

品种明显少于第四期，多为白瓷和黑瓷。白瓷
多泛黄，黄釉和青瓷已很少见到，细白瓷亦不
多见。瓷器制作已显粗糙。碗类器多玉璧形底、
浅腹、唇沿。执壶颈部加长，腹下部稍内收，
使腹与假圈足分界明显。窑具上又开始大量使
用筒形匣钵，同时盘状、盒状、漏斗状匣钵减
少。三角支钉钉变得更矮，托面多呈六边形或
近似圆形。蘑菇形窑柱柱变矮，柱盘变小加厚，
且多加上了印方格纹装饰（图九、十）。

第六期，以祁村为代表，岗头、澄底亦有
发现，时代约当五代。器物种类较多，新出现
了葫芦瓶、瓷枕等。瓷器中粗瓷为大宗，其中
粗白瓷为最多，白中泛黄或发灰，黑瓷已占有
较大比例。碗类器物多大唇沿，宽圈足，浅斜
腹。执壶为长颈，鼓腹。下腹内收，圈足底。
窑具以筒形匣钵为主，碗类器物基本上采用了
在匣钵内叠烧的方法。三角支钉仍是常见的窑
具．与上期变化不大（图十一、十二）。

三、举世瞩目的细白瓷

在历史上，邢窑以其白瓷而著名。调查试
掘表明，邢窑白瓷有过两次辉煌的成就时期，
即隋代和中唐时期。隋代细白瓷出于内丘西关
北，中唐细白瓷主要见于临城祁村，在内丘礼
堂一带也有发现。而且内丘城关和临城祁村这
两处窑址烧造延续时间相对较长，产品也较丰
富。从地层堆积上看，相对于大多数单纯的窑
址来说，这两处窑址堆积也较复杂，内丘城关
遗址至少包含了隋、唐代早期、中期或晚期的
遗存，祁村则至少包含了中唐、晚唐、五代时
期的产品。

但两个时期的细白瓷又极不相同。隋代高
级细瓷其光润程度、胎的薄度、透影性、瓷化
程度乃中唐细白瓷望尘莫及，创造了短暂的神话般的成就。特别是薄胎细瓷从器物的成型、配料到匣
钵的选用、入窑及窑温的控制等都绝非一般水平所能企及，从出土匣钵上粘连的已扭曲变形的薄胎细

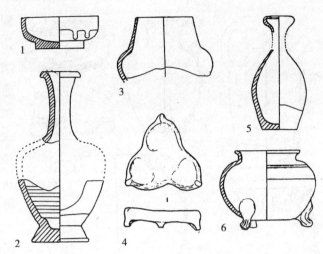

图五　第三期瓷器、窑具（内丘西关北出土）

1. 黄釉碗　2. 黑釉长颈瓶　3. 黄釉罐　4. 三角支钉

5. 黄釉钵口瓶　6. 三足无釉鍑（2 为 1/6，6 为 1/8，余均 1/4）

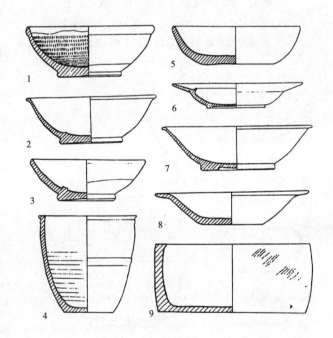

图六　第四期瓷器、窑具（祁村、内丘西关北出土）

1. 研磨器　2. 青瓷碗　3. 白瓷碗　4. 筒形匣钵　5. 黑
瓷盘　6. 白瓷盏托　7. 白瓷碗　8. 盘形匣钵　9. 筒形匣钵

（1、2、4 为 1/6，余均 1/4）

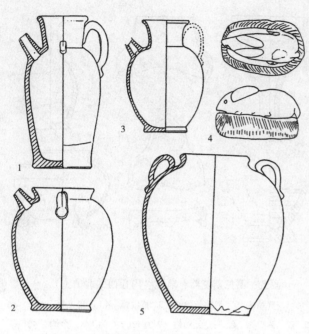

图七　第四期瓷器（祁村、内丘城关出土）

1. 干釉执壶　2. 干釉罐　3. 白瓷执壶　4. 酱釉器盖

5. 黑釉双系罐（4 为 1/2，5 为 1/8，余均 1/6）

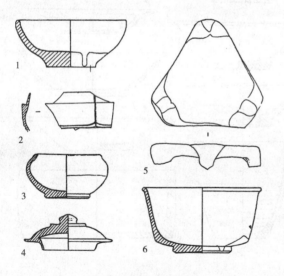

图八　第四期瓷器（祁村、内丘城关出土）

1. 黑釉碗　2. 白瓷盒　3. 白瓷体　4. 白瓷器盖

5. 三角支钉　6. 白瓷碗（皆为 1/4）

瓷片看，其烧成难度极高，可以说某一环节稍不留神即可能前功尽弃。正因为其成本高，加之其胎极薄，近乎观赏的造型，很不实用，亦远非普通老百姓所能拥有和使用，因而推测这种高级细瓷极有可能是为专门需要而开发的新特产品。史载隋炀帝奢侈腐化，不惜一切人力物力营建洛阳、开凿大运河、远征高丽等，而邢窑隋代高级细瓷从共存关系看亦应属隋代后期，因此不能排除这种高级细瓷与隋炀帝的暴政之间有着某种联系。

中唐细白瓷的大量出现是邢窑发展到一定阶段的产物，目前所知内丘城关、祁村、陈刘庄等窑址都有这种产品，其产量大大超过了隋代的细白瓷，其造型之优美，乃中唐同类器物造型中的精化，而其胎的厚薄、器物大小、釉的选择适合不同层次的人使用。

值得一提的是隋代高档细瓷如昙花一现，在其后邢窑几百年的烧造历史上，再也没有出现过这种细白瓷。而在两次白瓷烧制的鼎盛期中间，即唐代早期的窑址上，别说是高级细白瓷，就是中档白瓷亦不多见，这种现象与同时期所见烧制细瓷的匣钵类窑具不多正相吻合，亦与不见或少见传世、出土的同时期细白瓷相吻合。

四、覆烧技法的早期使用

至迟在隋代的窑具上，就已出现覆烧的实物标本。一般是在一柱筒形匣钵的顶上即匣钵盖上，扣放一个或若干个碗类器物，其最初目的可能是填充空间，增加窑容量。虽然因覆扣器口与匣钵盖的直接接触而粘连，结果很不理想，但纯净没有落灰的器物内壁却给了窑工们以启发，为以后覆烧的大量使用打下了基础。

隋代或更早阶段，除少量细白瓷是装在匣钵内烧成以外，面向社会的大宗产品必须在裸露的环境中叠装仰烧而成，造成不可弥补的缺陷。其一，因仰烧加之隋及以前产品釉层较厚而导致器内底大量积釉，使得支烧具与器物大量粘连而产品告废，同时较多的器物外壁亦因流釉至外底而粘连；其二，因仰烧不可避免地在器物内壁形成落灰与釉粘连一起的普遍现象，很不美观；其三，仰烧叠装头重脚轻，易发生倒柱或倾斜现象。

　　大量标本表明了在唐代早期的产品中，邢窑工匠已注意到这种现象，一方面采取了薄施釉的方法以减少积釉和粘连现象的发生，另一方面在釉料的配制选择上有关突破，不仅降低了釉的流动性，也使胎釉的膨胀与收缩渐趋同步，有效地避免了开片的产生。同时加大碗类内底面积，降低碗的高度，使碗壁斜度更大，收到了良好的效果。

　　但落灰现象仍不可避免。中唐以前因窑容量的限制和成本的要求，不可能达到所有产品都用匣钵装烧来保证产品的质量和美观，覆烧的采用应运而生。大量实物证明，至迟在中唐，邢窑已大量用覆烧方法烧制碗、盆等类器物。但中唐邢窑覆烧与定窑等所使用的传统意义上的覆烧不是一码事。定窑是以支圈作间隔装在匣钵内进行覆烧的，其器口因与支圈接触而刮去口部的釉形成芒口。而邢窑覆烧是采用三角支钉间隔叠烧而成的，最下面应是覆扣在窑柱的柱筒上，它一方面吸收了前人薄施釉、外壁施半釉的经验，另一方面继续改进器物造型，大量撇口碗即可能是这种装烧方法变化下的产物。撇口不仅是防止覆烧变形的主要手段，同时大量标本的现象表明，撇口的外壁凹槽内大部分积满了釉，有效地阻止了釉流至口沿现象的发生。

　　邢窑中唐覆烧产生的结果是消除了器内底积釉和落灰，但又不可避免地形成了器物外壁的落灰和部分口沿上的滴状积釉，而且仍未消除三角支钉叠烧留下的缺憾。

　　因而到了晚唐，随着大量各种匣钵的使用，邢窑瓷器已很少有裸烧的产品，避免了落灰。另一方面施釉更薄，仰烧时也少有积釉产生，加之在匣钵中覆烧，最下面器物的摆放已成问题，在新的技术运用之前，邢窑的覆烧在使用了一阶段后就停止了。但从中我们看到了一代名窑窑工的聪明才智和他们自强不息的开拓、进取精神，同

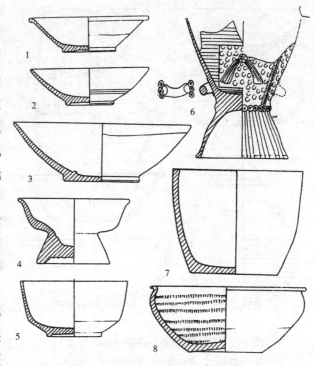

图九　第五期瓷器、窑具（祁村出土）

1～3. 白瓷碗　4. 青瓷高足盘　5. 白瓷盒　6. 白瓷穿带瓶

7. 筒形匣钵　8. 盆形匣钵（皆为1/4）

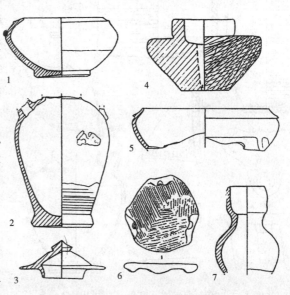

图十　第五期瓷器、窑具（祁村出土）

1. 酱釉钵　2. 白瓷执壶　3. 白瓷器盖　4. 蘑菇形窑柱

5. 白瓷钵　6. 三角支钉　7. 黑瓷杯口瓶（4为1/8，余均1/4）

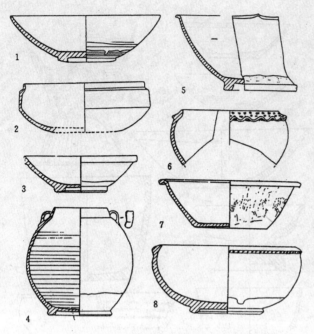

图十一　第六期瓷器、陶器（祁村出土）

1. 白瓷碗　2. 黑瓷盒　3. 白瓷碗　4. 黑瓷罐

5. 白瓷花口大碗　6. 白瓷钵　7. 灰陶盆　8. 黑瓷钵

（2、4、6 为 1/6，7 为 1/10，余均 1/4）

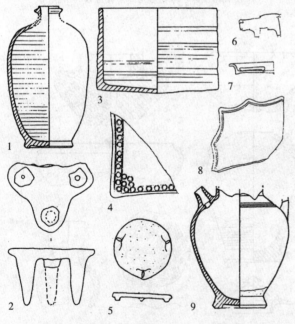

图十二　第六期瓷器、窑具（祁村出土）

1. 黑瓷瓶　2、5. 三角支钉　3. 筒形匣钵

4、8. 白瓷枕片　6. 铁红釉羊　7. 盘形窑具　9. 白瓷执壶

（1、3 为 1/8，7 为 1/12，余均 1/4）

时也为邢窑的分期断代提供了有力的佐证。

五、填补空白的邢窑窑炉

80 年代初期以前，邢窑诸窑址相继遭到了不同形式和程度的破坏，因此能否发现窑炉和窑炉的形状结构备受人们关注。在调查试掘中，为了寻找窑炉颇费心思，也为试掘选点花去了很多时间和人力，最终在祁村发掘出四座窑炉，从地层叠压和遗物年代推断，其中一座为五代窑炉，另三座为晚唐时期窑炉。窑炉虽皆残破，但仍能反映出邢窑后期窑炉的概貌。

窑炉平面近似马蹄形，整体由火膛、窑床和双烟囱组成，总的说应是大火膛、长方形窑床、大烟囱。但从出土的窑炉形状看，晚唐与五代又存在明显差异。其一，相对于晚唐窑炉来说，五代时期火膛面积小而深，而窑床面积相对要大得多。很显然，这是提高窑容量的一种改进手段；其二，五代窑炉的窑床前高后低，高差近 40 厘米，这不仅使得火焰与烟的流动更趋合理，也是为防止窑床因前后坯体受热不均而发生倒柱现象的一种改进。

（作者单位：河北省文物研究所、临城县文物保管所）

临城山下金代瓷窑遗址试掘简报[*]

河北省文物研究所　临城县文物保管所

　　临城山下瓷窑遗址是河北省重点文物保护单位，位于邢台市临城县治南 4.5 公里处，分布在山下村的东面和东北面。其中村东部分遗物散布面积约 1.8 万平方米，村东北部分遗物散布面积约 1 万平方米。两处遗物相同。

　　为了解该遗址的内含以及邢窑在唐、五代以后的发展情况，1992 年 8 月河北省文物研究所邢窑考古队在遗址区内进行了钻探，根据钻探情况选择在村东约 400 米处的东西向土路南侧作了探方试掘（图一）。试掘共开方两个，编号 T1（4×4，扩方 2×5 米）、T2（7×8，扩方 4×3 米），两探方东西相距 6 米，发掘面积共 94 平方米，清理出窑炉 2 座，灰坑 4 个，出土一批瓷器和窑具。现将试掘情况简报如下。

一、地层堆积

　　因 T2 只发掘了第一层下的窑炉，往下未进行，地层情况不明。以 T1 北壁为例说明如下（图二）。

　　第一层：耕土，厚 0.20 米。

　　第二层：灰褐土，厚 0.05～0.60 米，煤渣较多。出土有筒形匣钵、豆把形、盒形、圆形托座、锥形支钉、垫圈等窑具残件。瓷片以白瓷为多，器形有碗、盘、罐、盒、盆、器盖等，其中也有一些印花器残片。另有青、黑、酱等色瓷。此层系金代层，Y1 开口此层下。

　　第三层：黄褐土，厚 0.60 米，结构较紧密。包含物少且碎，皆青瓷、黄釉瓷碗类器残片，为唐代层。

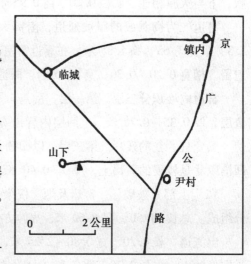

图一　山下窑址试掘位置示意图

* 《文物春秋》1999 年第 6 期

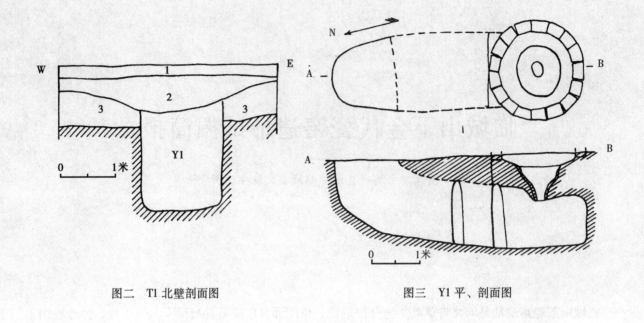

图二　T1 北壁剖面图　　　　　　　图三　Y1 平、剖面图

二　遗迹

1. 窑炉　共清理 2 座，分别出于 T1 和 T2 内。

Y1　大部分位于 T1 中部，只有出渣道一部分延伸出探方北壁，经扩方全部清理。整体由窑室、窑道组成，总长 5.3 米，残高 1.9 米，窑道方向约 20 度（图三）。

窑室　平面呈圆形，直径 2 米，残存最高处 0.28 米。窑壁周缘砌耐火砖，砖宽 0.25～0.28、长 0.25～0.30、厚 0.075 米。窑床平底，上有一薄层白灰，中部因有向下孔道而塌陷。孔道呈圆形漏斗状，下与火膛相通，底径 0.20、高 0.95 米。

窑道　为掏洞成的斜坡通道，南部大致成平底，可能是灶膛。北端为出口，平面呈圆角。通长 3.3、最宽 1.65、高 1.85 米。在靠近窑室部分东西两壁上各有两道对应的竖凹槽，似支撑洞顶用柱的遗留。槽宽 0.20～0.30、高 1.35 米，两道凹槽间距 0.65 米。

窑道内堆积分三层。第一层，乱土，厚约 0.70 米，含较多的煤渣、红烧土块、石块。第二层，煤渣层，厚 0.35～0.70 米。上两层内皆出有一些筒形匣钵、线轴状窑戗、锥形支钉等窑具和少量白瓷碗、黑瓷缸、瓮的残片。第三层，以凹槽为界分南北两部分，凹槽以南是黑灰土，厚 0.10～0.20 米，凹槽以北是较硬的黄褐土，厚 0～0.40 米。

Y2　上部亦被破坏，窑床及烟囱仅余烧土痕。平面呈马蹄形，由出渣道、火膛、窑床、烟囱四部分组成。总长 11.50、宽 6.60 米，火膛方向 114 度（图四）。

出渣道　长 4.20、宽 0.80～2.25 米，分两部分。东部为竖穴式，深 2.50 米，上面是一近似圆角长方形的土坑，长 2.70、宽 2.1、深 0.60 米，弧壁，平底，宽于出渣道。因此形成出渣道外口处的二层台，台宽 0.30～0.90 米。台东壁随形砌 6 件倒扣的筒形匣钵，另两壁砌不规则形石块。向西掏洞通火膛，洞顶高 1.10～1.60 米。洞室与火膛相接处有窑门，窑门两边用不规则石块砌起，上横置木板，

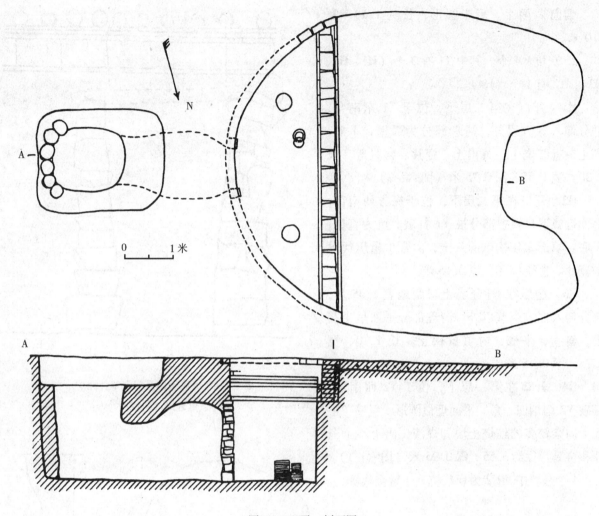

图四　Y2 平、剖面图

门宽 0.60～0.80 米，高 1.40 米（图五）。

　　火膛　平面呈半月形，长 1.75、宽 4.90 米，底低于窑床面 2.45 米。从膛底向上 1.50 米周壁外扩成一 0.30～0.40 米宽、高 0.95 米的二层台，台上砌砖与土坯。其中西壁内侧平铺叠砌 10 行砖至窑床面，外侧炉栅下为一层平坯、一层立坯，最下一层平砖。其余弧壁部分炉栅下为三层平坯、一层立坯，最下一层平砖。砖、坯皆素面，大小相同，长 30.5～31.5、宽 15～16、厚 5～6 厘米。其上搭置炉条，炉条用草泥固定，间隔约 6 厘米。弧壁部分现存炉条印痕 56 个。

　　火膛的底部保存有炉栅三柱，是由倒扣的筒形匣钵叠摞而成，其中北面的一柱残存匣钵 5 个，南面的两柱各残存匣钵两个，匣钵内底皆划有"石"或"石×"字样。这种炉栅原来就有多柱，柱高在 1.90 米左右，上面搭置炉条。出土的一根炉条，断面呈梯形，平底，两端较圆。长 24.50、中部宽 4.30、高 5.0 厘米，灰黄色粗砂胎，用耐火土做成。

　　火膛底部堆积为柴灰和煤渣依次数层间隔，证明以煤为燃料，而且烧几窑才出一次渣。

　　窑床　底面平坦，横长 6.60、宽 3.40 米。

烟囱　两个。呈半圆形，长约 1.50、宽 2.0 米。

2. 灰坑　4 个。其中 T1 有 3 个（H1、H2、H3），T2 有 1 个（H4）。

H1　开口在第二层下，位于 T1 东南角，部分伸入探方以外，清理部分为弧壁，平底。填土杂有红烧土、黄褐土、瓷片、窑具等。长 2.30、宽 1.05、深 0.75 米（图六：2）。

H2　开口在第二层下，位于探方西南部，平面近瓢形，瓢把部分被 Y1 打破。坑为直壁，平底。填土为较松软的灰土，内含少量唐代黄釉瓷片。直径 0.50、深 0.15 米。

H3　叠压在 H1 下，上口距地表 1.05 米，部分伸入探方东壁以外。清理部分平面呈半圆形，斜壁，平底，内填黄褐土。长 1.10、宽 1.75、深 0.45 米。

H4　开口在第一层下，位于 T2 西南部，打破 Y2 南烟囱一角。平面近似圆形，斜壁，平底。内杂较多的红烧土块和煤渣，出土不少瓷片和窑具。径约 3.55、深 0.95 米（图六：1）。

4 个灰坑中，H2 为唐代坑，余皆金代坑。

三、出土遗物

由于发掘面积较小，又是选择在窑炉的部位布方，地层比较简单，内含物较碎，标本较少。而两座窑炉尤其是火膛及 H4 中则较多地出土了窑具和瓷器，且完整的或接近完整的较多，其中能够反映山下窑址的产品和窑具状况的，现分别介绍如下。

1. 瓷器

瓷器中以白瓷为大宗，另有少量黑釉、酱釉瓷，釉下多施化妆土。白瓷器胎较薄，胎色多灰白，一些器胎因生烧而呈灰黄色。釉色多泛青灰。器物多正烧，碗盘类器物多芒口，部分有涩圈，也有一些花口和印花。

碗　出土较多。皆薄胎，圈足，分四型。

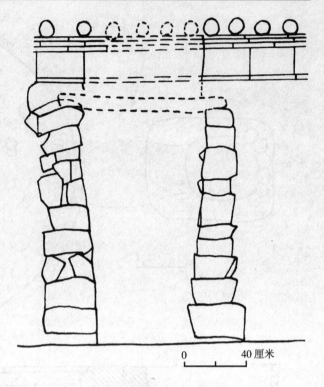

0　　　　40 厘米

图五　Y2 出渣道门及门上草拌泥炉
条位置局部内视图

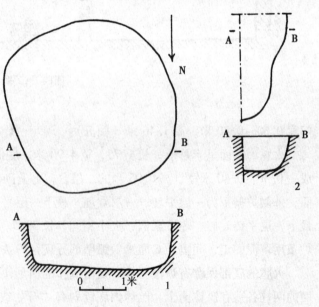

0　　　1 米

图六　H1、H4 平、剖面图（1. T2H4　2. T1H1）

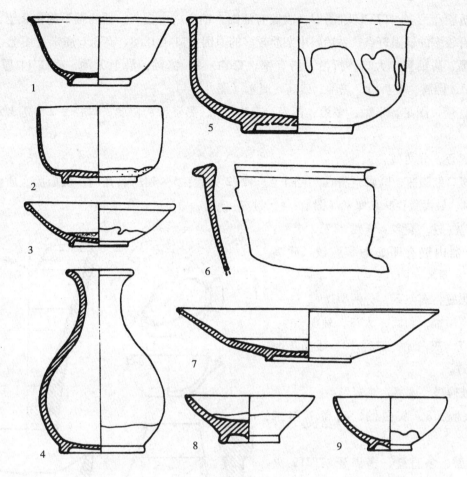

图七 瓷器

1. A 型碗（T2Y2 火膛：1）　2、5. D 型碗（T2Y2 火膛：3；T2H4：1）　3. B 型碗（T2Y2 火膛：2）

4. A 型瓶（T2Y2 火膛：5）　6. 盆（T1Y1：2）　7. 盘（T2Y2 火膛：4）　8. 碟（T1Y1：1）

9. C 型碗（T2H4：2）（6 为 1/4，余皆 1/3）

A 型：敞口撇沿碗，腹壁弧曲。T2Y2 火膛：1，芒口，胎色灰白，通体施白釉，釉层薄而光亮，未施化妆土，口径 10.8、高 4.6 厘米（图七：1）。

B 型：敞口唇沿碗，浅腹，壁较斜直。T2Y2 火膛：2，釉色灰白，外施半釉，内底有涩圈，口径 11、高 3 厘米（图七：3）。

C 型：敞口弧腹碗，圆唇，外施半釉。T2H4：2，釉色黑酱，口径 8.3、高 3.8 厘米（图七：9）。

D 型：直口深腹碗，腹壁弧曲。T2Y2 火膛：3，尖唇，芒口，白釉光而不润，釉下施化妆土，口径 9.2、高 5.2 厘米（图七：2）。T2H4：1，小折沿，白釉干而无光，口径 16、高 7.8 厘米（图七：5）。

印花碗　皆白瓷，一般内壁满饰花纹，花纹较浅。T2H4：13，至少为 7 件残片粘连，沿上一周云雷纹，其下为鸳鸯和荷叶、莲花纹。T2Y2 火膛：19，涩圈外一周云雷纹，其余饰莲花、荷叶纹。

盘　以折腰盘为多。T2Y2 火膛：4，内底有涩圈，釉色白中泛灰，器内釉下施化妆土，器外未施化妆土部位有较多的铁黑斑点，系胎料中杂质较多的原因。口径 18.8、高 3.6 厘米（图七：7）。

盆　多黑、酱釉瓷。大口，折沿，斜直壁。T1Y1：2，酱釉，沿上无釉，残高 11 厘米（图七：6）。T1Y1：3，圆唇，宽折沿，黑釉，残高 6 厘米（图九：4）

碟　斜直壁，圈足，半釉，多黑、酱瓷。T1Y1：1，黑瓷，灰白胎，口径 9.2、高 3.2 厘米（图七：8）。

瓶　多黑瓷，分两型。

A 型：侈口鼓腹瓶，圆唇，溜肩，大圈足。T2Y2 火膛：5，釉乌黑光润，灰白胎，质稍粗，口径 4.8、高 12.4、最大腹径 9.0 厘米（图七：4，封二：3）。

B 型：鸡腿瓶，不多，皆残。T2Y2 火膛：6，隐圈足，器内壁有明显的宽弦纹，残高 3.4、足径 4.8 厘米（图八：4）。

罐　皆黑瓷，有双系，分两型。

A 型：高领罐，圆唇，大口，扁泥条系。T2Y2 火膛：7，灰白胎，口径 10、残高 7 厘米（图九：6）。

B 型：鼓腹罐，圆唇，鸡冠形系。T2Y2 火膛：8，灰白胎，残高 7 厘米（图八：6）。

缸　厚唇，多直壁，多黑瓷。T2Y2 火膛：9，上壁有附加堆纹一周，粗灰胎，黑釉，口唇无釉，残高 15 厘米（图八：3）。T2Y2 火膛：10，灰白胎，黑釉，口唇无釉，残高 13.8 厘米（图八：2）。

釜　仅见，残。T2H4：4，敛口，斜壁，平底，残存有一耳，完整器可能有三耳，器小，应为明器。口径 6、高 3 厘米（图八：1）。

甑　1 件。T2H4：3，残存为圈足，足径 7.6 厘米（图八：5）。

器盖　所见有两种：一种为直口，弧顶。T2H4：8，灰白胎，酱釉，口径 13.2、高 2.2 厘米（图九：5）。一种为直口，折沿，弧顶。T2H4：7，白瓷，顶中心一圆纽，口径 7.2、高 2.3 厘米（图九：2）。

盘形器座　1 件。T2Y2 火膛：11，黑瓷，

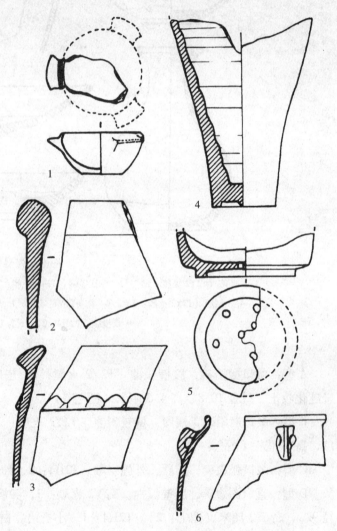

图八　瓷器

1. 斧（T2H4：4）　2、3. 缸（T2Y2 火膛：10、9）

4. B 型瓶（T2Y2 火膛：6）　5. 甑（T2H4：3）

6. B 型罐（T2Y2 火膛：8）（1、5、6 为 1/3，余为 1/4.5）

口底无釉。直口，圈足，外壁有凹弦纹三道，口径14、高6厘米（图十：4）。

印花模　出土不多，皆残。T2H4：5，胎色浅黄，上刻云雷纹，戳印纹、博衣赤足人物图案等（图九：3，封二：6）。T2H4：6，灰白胎，上刻弦纹、荷花等（图九：1）。

2. 窑具

山下窑址中出土的窑具数量多，品种也比较丰富，有筒形、漏斗形、盒形、碗形匣钵及圆形托具、垫圈、垫珠、窑戗等。

筒形匣钵　复原7件。上面多粘有耐火砂，外壁皆饰满弦纹，分两型。

A型：直筒型，6件。平底，口底大小基本相同，高低不同，内底皆刻有一"石"字。T2Y2 火膛：12，底中心

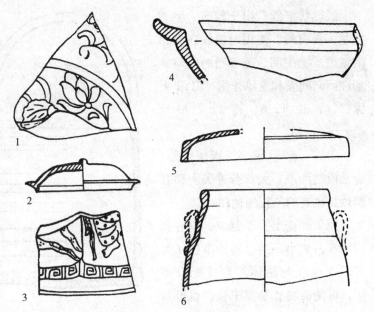

图九　瓷器、印花模
1、3. 印花模（T2H4：6、5）　　2、5. 器盖（T2H4：7、8）　4. 盆（T1Y1：3）
6. A型罐（T2Y2：火膛：7）（1、3为2/3，4为1/4.5，余为1/3）

微凸，口径34.8、高34.2厘米（图十：1）。T2Y2 火膛：14，近底处有对应的径约3厘米的圆孔两个，口径40.8、高27厘米（图十：3，封二：5）。

B型：口大底小型，1件。T2Y2 火膛：13，底上凸，中心有一不甚规则形圆孔，口径35.5、底径28.6、孔径约7.2、高19.8厘米（图十：2）。

漏斗形匣钵　数量较多，为烧制碗、盘类器物的窑具。厚胎，直口，折腹，上腹较短，下腹斜直内收，折腹处有一平台，无底。T2H4：9，胎色灰白，口径14.4、高4.4厘米（图十一：4）。

盒形匣钵　数量较多，为烧制碗、钵类器物的窑具。圆唇，敛口，有肩，腹下内收，无底。T2H4：11，灰白胎，口径20.4、高8.4厘米（图十一：5）。

碗形匣钵　复原1件，为烧制碗类器物的窑具。小平沿，弧壁，平底，底中心有一圆孔。T2H4：10，灰白胎，口径12.8、孔径2~2.8、高6.8厘米（图十一：7）。

圆形托具　出土较多，应是盆类等大件器物的底座或叠烧器的间隔物。圈足，上为一圆饼形托座，足不同，分两型。

A型：足断面兽蹄形，较多。T2Y2 火膛：16，胎较粗，托面中间稍凸，内底刻一"石"字。托面直径26.4、高36厘米（图十一：1）。T2Y2 火膛：15，圈足上粘连有锥形支钉一周，内底亦刻"石父"。直径26、高5厘米。

B型：足断面锥形，不多。T2Y2 火膛：17，足较高，托面变形下凹。托面直径33.6、高6厘米（图十一：3）。

垫圈　数量较多，直口，浅腹，平底，底有大圈孔。T2H4：12，灰白胎，口径14.4、孔径12.4~13、高2厘米（图十一：6）。

线轴状窑戗　出土较多，手工
捏制，灰白胎，使用时横放在倒扣
的缸类器物中间，随器胎的收缩或
膨涨而起间隔和支撑作用。T2Y2 火
膛：18，长 12.6、高 11.7 厘米
（图十一：2）。

垫珠　数量较多，皆圆锥形，
瓷土模制而成，大部分锥尖上粘有
黑釉，也有的与托座粘在一起。

泥条　瓷土手工制成，没有固
定形状，大小不等，有的单独作为
间隔支具或与匣钵等窑具配合使
用，可使器物和窑具平稳，也可封
死孔隙，防止产生火刺与烟熏落
灰。

四、小　结

通过对山下瓷窑址的调查试
掘，我们认为这是一处规模较大的
金代民用窑场。这次试掘虽然面积
小，出土遗迹、遗物并不丰富，但
也能基本反映了山下窑址的窑炉及产品状况。

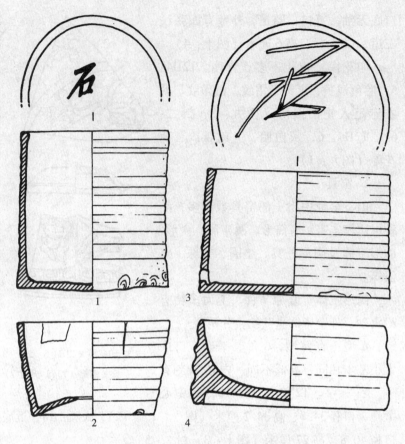

图十　窑具、瓷器

1、3. A 型筒形匣钵（T2Y2 火膛：12、14）　2. B 型筒形匣钵（T2Y2 火膛：13）
4. 盘形器座（T2Y2 火膛：11）（4 为 1/3，余为 1/9）

Y1 火膛为圆形，体积小，形状特殊，未见有过报道。但其位置位于山下金代瓷窑址的范围内，出
土时窑床上有一层白灰，距烧瓷窑炉 Y2 很近，因而推测当与烧瓷有关，或可能是烧制釉料的窑炉。
Y2 及其周围出土了较多的圆形托座、线轴状窑戗和一端被压扁一端呈锥状的支具，说明 Y2 有可能较
多地烧制过缸一类的器物。Y2 的大火膛、大窑床、大烟囱包括用匣钵柱搭建炉栅的做法都较常见，但
出渣道掏洞的形制少见。另外 Y2 内出土的筒形匣钵等窑具上多刻划有"石"字，证明这是"石"姓
人家拥有的窑场。

山下窑址位于隋唐邢窑的烧造区域内，其烧造方式、窑具的使用以及产品种类特征仍能看出其继
承和发展的痕迹，如馒头形双烟囱窑炉、筒形匣钵和漏斗形匣钵的使用、釉下化妆土的使用等。但另
一方面，窑炉的大型化、燃料煤的普遍使用、窑具的厚重和无底匣钵、垫圈以及大量圆形托座的使用，
还有器物芒口、涩圈的流行、釉色的变化、印花等装饰方法的较多出现等等，虽然是历史发展到一定
阶段的产物，但也反映出这一时期我国北方瓷器烧造方面的一致性。下层出土的青釉、黄釉瓷表明，
至少在唐朝这里已有人居住。

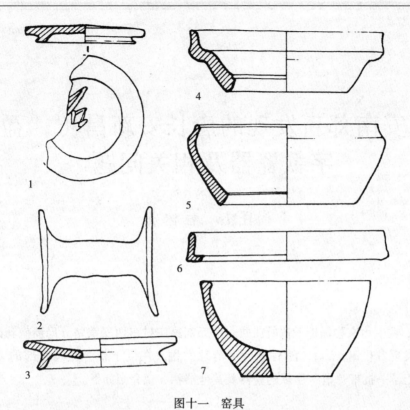

图十一　窑具

1. A 型托具（T2Y2 火膛：16）　　2. 线轴状窑戗（T2Y2 火膛：18）

3. B 型托具（T2Y2 火膛：17）　　4. 漏斗形匣钵（T2H4：9）

5. 盒形匣钵（T2H4：11）　6. 垫圈（T2H4：12）　7. 碗形匣钵（T2H4：10）

（1、3 为 1/9，2、5 为 1/4.5，余为 1/3）

发掘：刘来成　张志忠　樊书海　王会民

绘图：王会民　张志忠

执笔：王会民　樊书海

西安南郊新发现的唐长安新昌坊"盈"字款瓷器及相关问题*

尚民杰　程林泉

2002 年 3 月，西安市文物保护考古所在西安南郊刘家庄村东西安铁路分局新南花园征地范围内进行考古勘探时，发现古井 30 余口，随后进行了清理发掘。在位于新南花园西部的一口古井（编号2002XNJ1）内出土了一批带"盈"字款的瓷器及其他器物，现介绍如下。

一　出土器物

该井开口于 2 米深的现代垃圾层下，直径 1、深 7.8 米。其内填满杂土，井底有厚约 1 米的淤积层，器物即出土于淤积层内。

1. 白瓷执壶　5 件（套）。除 4 件盖完整外，其余均残缺，其中 1 件壶仅剩腹部，无法复原。壶为敞口，卷沿或圆唇，束颈，圆肩或溜肩，深腹略鼓，底足外侧边缘斜削一圈。肩一侧有柱状流，另一侧有双条扁平柄。颈下有弦纹一周。圆形足底阴刻"盈"字。胎壁较薄，口沿内壁至颈部及外壁通体白釉，釉不及底。整体施釉均匀，釉面细润，光泽感强，釉色白中泛青，胎色灰白，质地坚硬。盖为伞形，出沿，圆纽，子口，盖顶施白釉，沿下无釉。壶体及盖均为轮制。

2002XNJ1：1 卷沿，圆肩，盖沿下墨书"七□□"等。胎内有小细孔。通高 23.9；壶高 20.3、口径 9、腹径 12.6、底径 6.8、足高 0.8；盖高 4.7、径 10.2 厘米（图一：1）。

2002XNJ1：2 卷沿，圆肩，内壁施半釉，有垂釉现象，胎断面有少许细小针孔。通高 24.4；壶高21、口径 8.8、腹径 11.8、底径 6.8、足高 0.8；盖通高 4.5、径 9.8 厘米（图一：2），

2002XNJ1：3 圆唇，溜肩。通高 27、足高 1；盖通高 4.4、径 10.4 厘米（图一：3）。

2002XNJ1：4 圆唇，溜肩。釉色较其他壶稍显白。通高 25.2；壶高 21.4、口径 8.4、腹径 12.8、底径 7、足高 1；盖通高 5、径 9.9 厘米（图一：7）。

2002XNJ1：5 仅剩腹部残片及盖。盖通高 6、径 10.8 厘米（图一：4）。

* 《文物》2003 年第 12 期

2. 茶叶末釉执壶　仅出土两残片，一为流部，一为宽带形把手。外表施釉，现呈土黄色，胎质疏松（图一：5、6）。

3. 白瓷盘　5件。均残缺，可复原。除1件因底残缺过甚外，其余4件外壁底部均阴刻"盈"字。盘为五曲花口，口下有出筋，圆唇，浅斜腹，平底或底微内凹。外壁底有三足支垫痕。除1件外壁底无釉外，其余内外壁通体施白釉，釉面均匀、细润，光泽感强，胎质坚硬。

2002XNJ1：6 斜直腹，平底。外壁口下有压痕，胎色灰白，釉色白中泛青。"盈"字是在施釉后刻上去的。通高2.8、口径14.7、底径9.8厘米（图二：1）

2002XNJ1：7 斜直腹，平底。外壁口下刮痕，胎土灰白，釉色中泛青。"盈"字是在施釉后刻上去的。通高2.8、口径14.1、底径10厘米（图二：2）

2002XNJ1：8 斜直腹，平底内凹。胎灰白，釉色白中泛青灰，外壁底施轴不匀。"盈"字是在施满釉后刻上去的。通高2.1、口径14.1、底径8.6厘米（图二：3）

2002XNJ1：9 斜弧腹，平底。盘内壁施釉前勾画出轮花状纹饰，内壁底用每组双线条向外辐射，接近腹壁时呈"Y"状每组四条线向外辐射，其线条色白于周围釉色。胎体白色，质细，中有气孔，器外壁底为施完釉后再刮削露胎。因底残缺过甚，不知是否刻有"盈"字。通高2.5、口径14.8、底径10.5厘米（图二：4）

2002XNJ1：10 斜直腹，平底。外壁口下有压痕，胎土灰白，釉色白中泛青。"盈"字是在施釉前刻上去的。通高2.1、口径14、底径8.4厘米（图二：5）。

4. 白瓷碗　2件。仅剩口沿部分。敞口，圆唇，斜弧腹。内外壁均施釉，施釉均匀，釉色泛青灰，釉质细润，胎色灰白。

2002XNJ1：13 残高4.6厘米（图一：8）

2002XNJ1：15 胎中有小黑点。残高4.2厘米（图一：9）。

5. 青釉瓷碗　1件（2002XNJ1：14）。仅剩口沿部分。敞口，圆唇，斜弧腹。内外壁均施湖绿色青釉，釉色细润，玻璃质感强。胎土青灰，质坚硬，颗粒小，结构紧密。残高5.2厘米（图一：10）

6. 茶叶末釉盏　1件（2002XNJ1：19）。敞口，圆唇，浅斜腹，平底内凹。胎质略坚，器内壁施釉，外壁施半釉。釉呈土黄色，露胎处呈砖红色，通高3.3、口径13、底径6.6厘米（图一：11）

7. 白瓷器盖　1件（2002XNJ1：16）。仅剩口沿部分。圆形。内、外壁施白釉，釉厚处略泛湖绿色。釉质细润，光泽感强。胎土色白，质坚细。内壁口沿处刮削釉后露胎。直径24.6、残高2.7厘米（图二：6）

8. 白瓷粉盒　1件（2002XNJ1：11）。残留器身部分。子口，斜弧腹，假圈足。器内、外壁施白釉，釉不及底，釉色泛青灰，质细润，光泽感强。胎土色白，质坚细。通高2.7、口径7.1、底径4.8、足高0.5厘米（图二：8）

9. 三彩陶罐　1件（2002XNJ1：21）。残，仅剩器底部分。斜直腹，饼形足，底内凹。器外壁施赫红色釉至半腹，釉面的玻璃质感较强。泥质陶，胎质粗疏，呈土黄色，内夹杂小黑点。残高6.9、底径5、足高0.8厘米（图二：7）。

10. 黑瓷双耳罐　2件。均残。卷唇，直颈，圆肩，深斜腹，饼形足，底内凹。肩上有双耳。口沿内壁至颈部及外壁施黑釉，釉不及底，内壁有垂釉现象，釉色富有光泽，釉色有小针孔。胎土灰色，

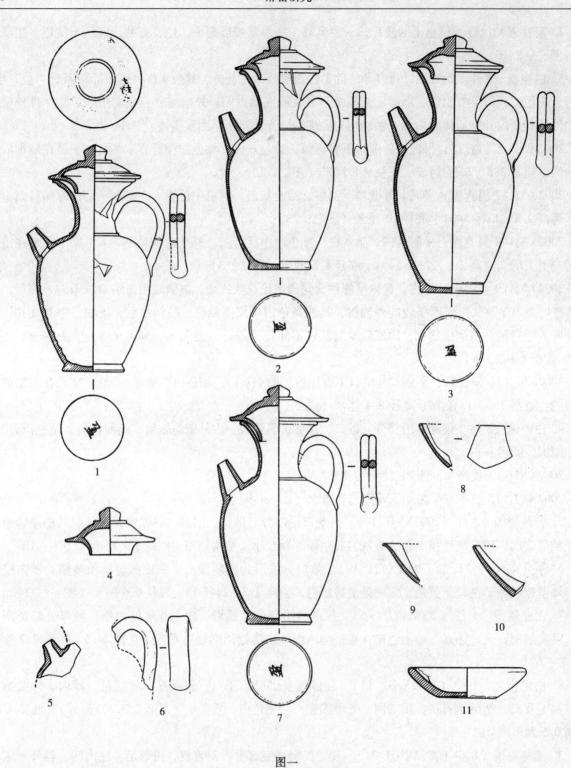

图一

1～3、7. 白瓷执壶（2002XNJ1：1、2002XNJ1：2、2002XNJ1：3、2002XNJ1：4）　4. 白瓷执壶盖（2002XNJ1：5）

5、6. 茶叶末釉执壶（2002XNJ1：20）　　8、9. 白瓷碗（2002XNJ1：13、2002XNJ1：15）　　10. 青釉瓷碗（2002XNJ1：14）

11. 茶叶末釉盏（2002XNJ1：19）（均为1/4）

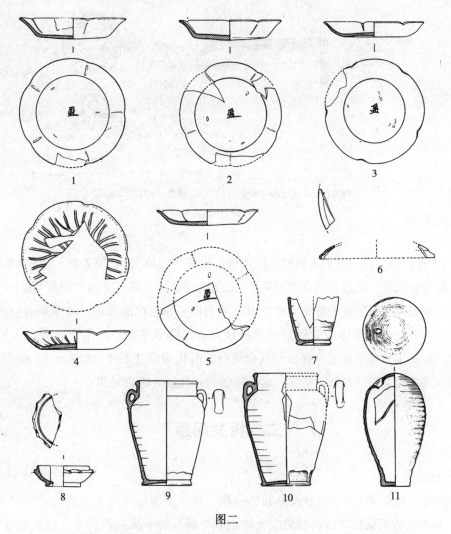

图二

1~5　白瓷盘（2002XNJ1：6、2002XNJ1：7、2002XNJ1：8、2002XNJ1：9、2002XNJ1：10）　6.
白瓷器盖（2002XNJ1：16）　7. 三彩陶罐（2002XNJ1：21）　8. 白瓷粉盒（2002XNJ1：11）
9、10. 黑瓷双耳罐（2002XNJ1：17、2002XNJ1：11）　11. 弧纹陶罐（2002XNJ1：22）（1~
5、7、8、11 为 1/2，6、9、10 为 1/3）

质坚，颗粒粗，结构紧密，胎内有许多小黑点。

2002XNJ1：17 直口，通高 21.2、口径 13、腹径 15.6、底径 10.5 厘米（图二：9）。

2002XNJ1：18 敛口。通高 22.8、口径 13.6、腹径 17、底径 10.4 厘米（图二：10）。

11. 弦纹陶罐　1 件（2002XNJ1：22）。残。顶部半球形，仅有一小孔，弧腹，平底。器顶、身部
饰弦纹。泥质灰陶，胎质疏松，器表呈灰褐色。通高 15.4、腹径 8.8、底径 4 厘米（图二：11）。

12. 陶莲花纹瓦当　3 件。其中 1 件带半筒瓦，另 2 件仅存瓦当。标本 2002XNJ1：23 身半圆筒形。
当面饰莲花纹，当身外壁素面，内壁饰布纹。通长 34、当面直径 12 厘米（图三：1）

13. 铜饰　1 件（2002XNJ1：12）。似门钉饰，圆饼形，上饰多枚乳丁纹，中有圆环形纽，下有 6
短柱形钉。通高 4、直径 6.4 厘米（图三：2）

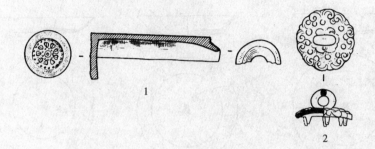

图三

1. 陶莲花纹瓦当（2002XNJ1：23）　　2. 铜饰（2002XNJ1：12）

（1 为 1/10，2 为 1/4）

14. 铜钱　1 枚。锈蚀严重，字迹模糊，但能辨认出"开元通宝"。径 2.5、穿径 0.6 厘米。

这次出土的白瓷执壶，其造型与青龙寺遗址①及河北易县的北韩村唐孙少矩墓②出土的"盈"字款白瓷执壶相比基本相同。区别在于青龙寺遗址出土的曲柄更靠近口沿部位，孙少矩墓出土的注流弯曲稍长，曲柄折屈，后二者的整体造型不如前者朴素大方，典型高贵。青龙寺遗址出土的白瓷执壶有"大中十三年"（859 年）墨书题款，孙少矩墓志铭所载时代为咸通五年（864 年）。结合 2002XNJ1 出土的其他器物以及唐代瓷器的形制、特征，这批瓷器的时代应为晚唐时期。

二　相关问题

1. 关于出土地点

这批瓷器的出土地点位于今西安铁路新村的南侧，其东南即是唐青龙寺遗址。参照《西安历史地图集》③可知，此处当为唐新昌坊的西北角。文献记载在新昌坊中除有青龙寺、崇真观等寺观建筑外，还有像苏颋、崔群、李益、钱起、杨于陵、窦易直、牛僧儒、白居易、李绅、温造等唐代重要人物的住宅④。由此可见，新昌坊虽然位于长安城内的东南部，但却十分重要。瓷器出土地点原为经平整过的农田，因新建住宅楼被征用，面积约 13000 平方米。在施工前的考古勘探中除发现 30 余口废井外，并未发现其他遗迹，这次是继 1992 年 5 月在唐青龙寺遗址范围内"盈"字款瓷器的第二次出土⑤。

2. 此次发现"盈"字款瓷器的特点

西安地区除唐青龙寺遗址范围内曾发现过白瓷执壶、白瓷碗和残破瓷器外，西安市考古所还藏有"盈"字款白瓷罐 1 件⑥，这件白瓷罐除有"盈"字款外，还刻有"翰林"2 字，为唐大明宫遗址范围内征集。另外，陕西历史博物馆亦藏有"盈"字款白瓷罐 1 件。经过对这次出土的瓷器标本的研究，可以看出它们具有以下几个特点：第一，此次发现的"盈"字款瓷器，均为白釉瓷，器形有执壶、五曲花口盘两大类。执壶的造型大体相同，但口部的造型略有差异。第二，经对出土瓷片的整理、复原，发现有 5 件执壶的个体及 5 件白瓷盖，这些盖当为执壶之盖；但从执壶的胎壁厚度和瓷盖的胎壁厚度来看，似乎两者又非配套产品，而是分别成批制作的，这种情况较为罕见。第三，此次发现的"盈"字款白瓷器，具有胎质白中泛灰、坚硬、细腻，釉面细润、光泽感强、釉色白中泛青的特点，较之以往发现的"盈"字款瓷器，具有更加精细、优美朴素大方的风格。第四，"盈"字均刻于器底部，从胎与釉之间的关系而论，"盈"字当在成胎后刻划，而后再施釉烧制，如五曲花口白瓷盘的白釉已将"盈"字覆盖。

基于以上特点，从执壶与瓷盘的形制看，与河北内丘老唐城窑扯出土者相同，而带"盈"字款的白瓷在该窑址中也多有出土，因此，我们认为它们是唐代邢窑的产品；"盈"字款瓷器当是邢窑专为唐大盈库特别烧制的供品。唐大盈库见于文献记载，此次"盈"字款瓷器在西安地区的发现，特别是在唐新昌坊内的再次出现，无疑具有重要意义。从文献记载来看，大盈库属由皇帝直接支取的"私库"，库中之物的取用，取决于皇帝本人的旨意，而且多以宦官主领其事，库中之物的出处，一是赏赐给嫔妃大臣，二是用于紧急国情下的支出，所以，大盈库又被称为"中藏"、"内藏"、"禁藏"、"内库"、"中库"等。这些"盈"字款瓷器的发现，无疑为大盈库的研究提供了十分重要的实物资料。

　　摄影：王　磊
　　绘图：寇小石

注　释

① 翟春玲、王长启《青龙寺遗址出土"盈"字款珍贵白瓷器》，《考古与文物》1997 年第 6 期。
② 河北省文物研究所《河北易县北韩村唐墓》，《文物》1988 年第 4 期。
③ 史念海主编《西安历史地图集》，西安地图出版社，1996 年。
④ 李健超《增订唐两京城坊考》，三秦出版社，1996 年。
⑤ 同①。
⑥ 王长启《西安市出土"翰林"、"盈"字款邢窑白瓷罐》，《文物》2002 年第 4 期。

河北邢台市唐墓的清理[*]

邢台市文物管理处

1995 年以来，邢台市文物管理处在配合基建过程中，于市区陆续发掘了一批唐墓（图一）。这些墓葬的发掘，为研究唐代的政治、经济、文化及邢台的历史，提供了一些实物资料，现将这批唐墓的发掘情况介绍如下。

一、桥东区北部唐墓

邢台市汽车改装总厂四分厂在邢市桥东区北部进行基建时，发现 3 座唐墓。墓葬位于东围城路北段与北外环路连接点北侧，南邻翟村，北靠长信村，编号为 95QDM1、M2、M3。

（一）95QDM1

该墓为南北向单室砖墓。方向 176 度。平面呈"甲"字形，由墓道、甬道和墓室三部分组成。墓道位于墓室之南稍偏东处，平面呈梯形，底距地表 1.5、宽 0.6～0.9 米，墓道因未作全部清理，故长度不详。墓道底部呈斜坡状，南高北低，坡度约 15 度。甬道为过洞式，长 1、宽 0.4、残高 1 米。其东西两壁，先平捕五层砖，再立砌一层砖，然后三顺一丁起券。顶部早年被破坏。甬道北接墓室南壁的中偏东处，南端有封门墙与墓道隔开。封门墙呈弧形，系单面绳纹砖砌筑而成，宽 0.6、残高 0.8、厚 0.16 米。

墓室平面略呈梯形，东西长 1.95、南北宽 1.45、残高 1 米。墓室四壁略向外弧，1 米以上起券，顶部早年已被破坏。

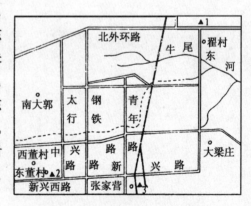

图一　邢台市唐墓分布示意图
1. 桥东区北部唐墓　2. 桥西区唐墓
3. 桥东区西南部唐墓

* 《考古》2004 年第 5 期

墓室营造方式同甬道，均用单面
绳纹砖砌筑。墓砖有青灰、褐红
两种胎色，一面拍印粗绳纹，砖
长 31、宽 16、厚 6 厘米。靠北
壁、西壁有用青灰砖铺作的曲尺
形棺床，床沿长 1.8、宽 0.78、
高 0.26 米，棺床上并排放置两具
人骨，死者头西脚东，北侧为女
性，仰身屈肢；南侧为男性，仰
身直肢。未发现棺椁痕迹。女性
头骨旁随葬铜镜、钗各 1 件，男
性右盆骨外侧斜置陶罐 1 件，墓
室西南角棺床上放置瓷瓶 1 件
（图二）。

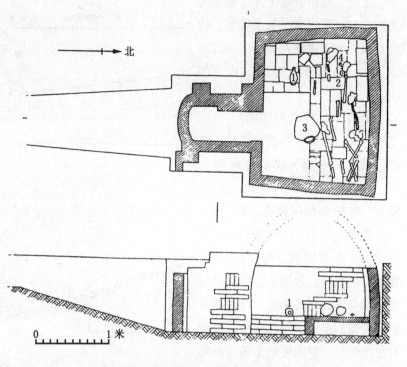

图二　95QDM1 平、剖面图

1. 瓷瓶　2. 铜镜　3. 陶罐　4. 铜钗

陶罐　1 件（95QDM1：3）。
泥质灰陶。侈口，圆唇，短颈，
圆肩，鼓腹，平底。肩部饰六圈
戳点纹。口径 17.4、底径 15.6、
高 34.2 埋米（图三，2）。

瓷瓶　1 件（95QDM1：1）。灰白粗瓷，胎厚薄不一。钵形口，尖圆唇，细颈，椭圆腹，假圈足。
通体施酱色釉，釉中泛青，有蜡泪痕。器物内壁施釉至细颈处，外壁施釉不到底，局部施釉不匀，有
裸露的白色化妆土。口径 5.3、高 23.3 厘米（图三，1）

铜镜　1 件（95QDM1：2）。圆形钮座，座外浮雕四只瑞兽。内外区以凸弦纹为界，外区饰草叶
纹，边缘饰栉齿纹；外沿突起较厚。直径 9.8 厘米。

铜钗　1 件（95QDM1：4）。锈蚀严重，已残、截面呈椭圆形。一端呈弧形，微外凸。残长 2.8 厘米。

（二）95QDM2

该墓为南北向单室砖墓。方向 185 度。由墓道、墓门和墓室
三部分组成。斜坡式墓道，南高北低，坡度约 15 度。墓道南窄
北宽，底距地表 1.25、宽 0.58 ~ 0.86 米，墓道末作全部清理，
长度不详。墓门略呈弧形，宽 1、残高 0.8 米，用残砖错缝平砂
封堵。

墓室平面似梭状，南北长 2.4、东西宽 0.6 ~ 1.1 米。室内
地面用单面绳纹灰陶砖东西平铺，东壁外弧，0.5 米以上逐层上
上收。顶部大部分已坍塌。墓砖长 31、宽 16、厚 6 厘米。墓室
底部是斜坡状，坡度 5 度，南高北低。近墓门处平铺两排灰陶

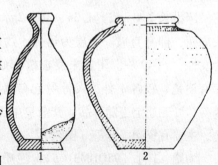

图三　95QDM1 出土遗物

1. 瓷瓶（95QDM1：1）　2. 陶罐（95QDM1：
2）（1. 3/20，2.1/10）

砖，上置黄褐釉瓷罐1件。墓室内无棺，有一具人骨，头南脚北，仰身直肢。死者腰部右侧有泥质红陶罐1件，右臂下置河蚌1片（图四）。

　　陶罐　1件（95QDM2：2）。泥质灰陶。侈口，圆唇，矮颈，弧肩，鼓腹，平底，肩部对称附双耳，底部不规整。口径13.2、底径9、高20厘米（图五，2）。

　　瓷罐　1件（95QDM2：1）。灰白胎，胎较厚重。侈口，圆唇，矮颈，圆鼓腹，假圈足。肩部附对称双泥条耳，一耳稍残。器内壁有明显的轮制痕迹。施黄褐釉，釉面有小冰裂纹，器内壁施全釉，局部施釉不匀；外壁施半釉，有积釉现象。口径4.8、底径5.7、高9.4厘米（图五，1）。

　　蚌片　1件（95QDM2：3）。系自然河虾制作而成，周边圆润。

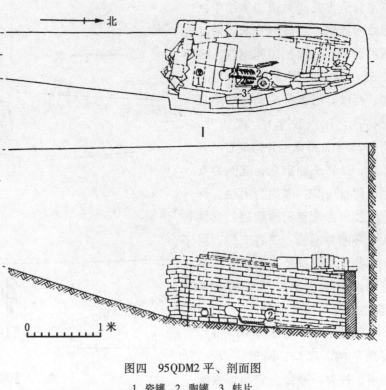

图四　95QDM2平、剖面图

1. 瓷罐　2. 陶罐　3. 蚌片

（三）95QDM3

南北向单室砖墓。墓向175度。平面呈"甲"字形，分墓道和墓室两部分。墓道为斜坡式，南高北低，坡度约15度，底部距地表1.2、长2.4、宽0.98~1.2米。

墓室平面近方形，东西长2.4~2.48、南北宽2.18米。顶部以及部分墓壁已被破坏，残留墓壁用双砖错缝平铺顺砌14层。棺床呈"冂"形，系单面绳纹砖砌成，约占墓室的三分之二，与四壁均相连。床沿长2.4、最宽1.34、高0.2米。墓砖长31、宽16、厚6厘米。棺床上放置相叠压的两具人骨，头向西，仰身直肢。上层为男性，约45岁；下层为女性，约40岁。附近末发现棺椁痕迹。女性颈部有铜镜、钗各1件，人骨附近有铜手镯、陶罐、瓷碗、开元通宝等随葬品，其余集中出自棺床西南角，主要有瓷罐、壶等（图六）。

　　陶罐　1件（95QDM3：5）。泥质红陶。侈口，圆唇，矮颈，鼓腹，平底。肩部原附对称双耳，耳已残。素面。口径13.6、底径10、高21.5厘米（图七，5）。

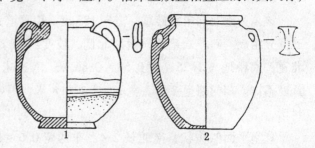

图五　95QDM2出土遗物

1. 瓷罐（95QDM2：1）　2. 陶罐（95QDM2：2）

（1.3/10，2.3/20）

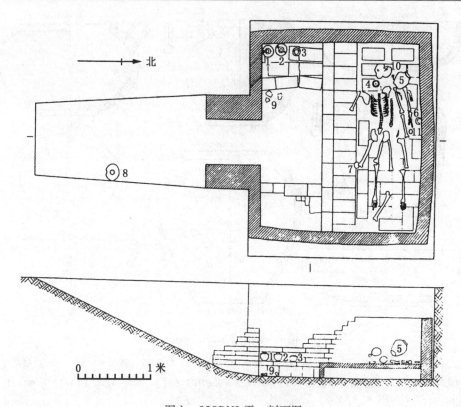

图六　95QDM3平、剖面图

1、2. 瓷罐　3. 瓷独流壶　4. 铜镜　5. 陶罐　6. 铜手镯

7、9. 瓷碗　8. 陶碗　10. 铜钗　11. 开元通宝

陶碗　1件（95QDM3：8）。泥质红陶。圆唇，口微敛，平沿，斜壁，平底。口径19、底径7.5、高8厘米（图七，8）。

瓷罐　2件。胎质较粗，色赭红。侈口，圆唇，矮颈，圆肩，球形腹或下腹微收，假圈足。肩部附对称双泥条耳，一耳已残。通体施青褐釉，釉褐中泛青，薄厚不一，有蜡泪痕。器物内壁施满釉，局部露胎，外壁施半釉不到底。95QM3：1，口径4.8、底径6.3、高11.1厘米（图七，4）。95QDM3：2，口径4.2、底径5：1、高8.9厘米（图七，2）。

瓷独流壶　1件（95QDM3：3），胎体黄白色，胎质较细腻、轻薄。敛口，扁圆唇，溜肩，柱形短流，扁圆腹，假圈足。器内壁施全釉，外壁施半釉，无釉处露出白衣。釉面有小冰裂纹，釉色正黄，晶莹透明。唇部有叠烧粘连痕迹。口径7、底径4.2、高7厘米（图七，6）。

瓷碗　2件。95QDM3：7，胎色洁白，胎质细腻、轻薄。尖唇，敞口，弧壁，矮圈足。内外通体施白色釉，有少量冰裂纹。口径11.2、圈足径5.9、高4厘米（图七，1）。95QDM3：9，胎色蓝灰，胎质较粗。口微侈，弧壁，下腹稍折，假圈足。通体施姜黄釉，釉黄中泛青、厚薄不一，有蜡泪痕。器内壁施满釉，有积釉现象，外壁施半袖。口径11.6、底径5.1、高4厘米（图七，3）。

铜镜　1件（95QDM3：4）。银白色。桥形钮，圆钮座。内外区以凸弦纹为界，边缘起较高突棱。直径8.7、厚0.8厘米。

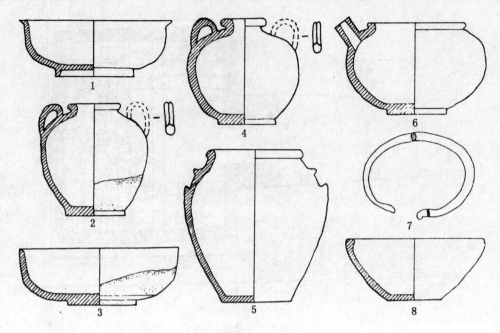

图七   95QDM3 出土遗物

1、3. 瓷碗（95QDM3:7、9）   2、4. 瓷罐（95QDM3:2、1）   5. 陶罐（95QDM3:5）   6. 瓷独流壶
（95QDM3:3）   7. 铜手镯（95QDM3:6）   8. 陶碗（95QDM3:8）（4.1/4，5、8. 约1/5，7. 约1/2，
余约1/3）

铜手镯   1件（95QDM3:6），锈蚀严重。较完整、椭圆形。直径2.3、厚0.15厘米（图七，7）。
开元通宝   1枚（95QDM3:11）。武德开元钱，钱文正面对读"开元通宝"，字迹端庄工整。素背，
直径2.4、厚0.15厘米。

二、桥东区西南部唐墓

京郑铁路变电所在邢台市桥东区西南部进行基建时，发现2座唐墓（编号为96QDM16、M32）。墓
葬位于车站南街西侧，北临市联运公司，西为张家营村。

（一）96QDM16

该墓为南北向上洞墓。方向180度。分墓道、甬道和墓室三部分。墓道近长方形，底距地表4.65、
长2、宽0.7～0.8米。墓道底部呈斜坡状，坡度5度。甬道呈过洞式，与墓室南壁中部相接，长1、
宽0.8～1、高1.3米。

墓室呈不规则六边形，南北长2.3、东西宽1～1.8米，起拱高1.3米。墓室底部用单面绳纹灰陶
砖平摆顺铺。砖长31、宽16、厚5厘米。因被盗扰，墓室内散见人头骨和肢骨、没有发现棺木痕迹。
随葬品多分布在头骨附近，有瓷俑、陶器盖、陶器座、墓志、开元通宝等（图八）。

陶盖罐   2件。大小、形制基本相同。96QDM16:6，泥质灰陶。宝珠式顶盖。子母口，圆唇，矮

颈，鼓腹，小平底。器表施红彩。口径 15.2、底径 10.5、通高 36 厘米（图九：1）。

　　陶器座　2 件。大小、形制基本相同。96QDM16：2，泥质灰陶，外施红彩。圆盘状口，中部呈圆球状，下承大喇叭口形高圈足，中空。沿外饰一周堆塑的波浪纹，圈足饰一周附加堆纹，其下对称分列三组镂空的双联圈孔。口径 16.8、圈足径 29、高 24 厘米（图九，2）

　　瓷俑　1 件（96QDM16：3）。细白胎。瓷俑为长眉细眼，八字胡，两手抚膝，对足而坐，作哀悼状。器表施青白釉不到底，高 4.2 厘米（图一〇）。

　　开元通宝　2 枚。出自墓室底部。均锈蚀严重，字迹漫漶 96QDM16：8，直径 2.3、厚 0.15 厘米。

　　墓志　1 合（96QDM16：4）灰陶。志盖为盝顶，方形，底面满饰粗绳纹。长 36、宽 36、厚 6 厘米。志为方形，长 36、宽 36、厚 5 厘米。墓志通高 11 厘米。志文墨书，字迹模糊，不能辨认。

（二）96QDM32

　　南北向土洞墓。方向 186 度。分墓道、墓门和墓室三部分。墓道平面呈梯形，底部距地表 6.7、长 2.2、宽 0.58～0.76 米。南部东西两壁各有一组脚窝，脚窝立面近三角形，底部南端有二级生土台阶，长 0.76、宽 0.18、高 0.38 米。墓门位于墓室南壁偏东处，长 0.7、宽 0.56～0.84、高 1.6 米，用单面绳纹灰陶砖呈犬牙交错状平铺砌垒封堵。砖长 33、宽 18、厚 6 厘米。墓门上方有明显的盗洞。

　　墓室平面近不规则长方，南北长 3.24～3.72、东西宽 1.6～2.4 米，起拱高 1.5 米。木棺置于墓室西北部，长 1.96、宽 0.68～0.9、残高 0.4～0.54 米。上盖板前后两端均用铁皮包裹，底板下用五根垫木加固。棺内有一具男性人骨和六段下肢骨，疑为迁葬。随葬品多分布于棺前，主要有铜鹤饰、帽钉、饰件和陶器座、盖罐等（图一一）。

　　陶盖罐　1 件（96QDM32：11）。泥质灰陶。宝珠顶式盖。侈口，圆唇，圆肩，鼓腹，平底。素面。口径 11、底径 9.5、通高 30.8 厘米（图一二，1）。

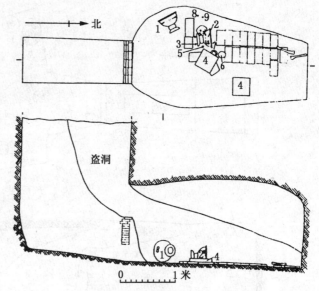

图八　96QDM16 平、剖面图
1、2. 陶器座　3. 瓷俑　4. 墓志　5. 陶器盖
6、7. 陶盖罐　8、9. 开元通宝

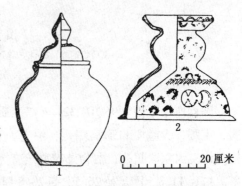

图九　96QDM16 出土陶器
1. 盖罐（96QDM16：6）　2. 器座（96QDM16：2）

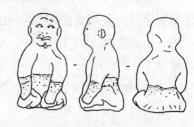

图一〇　96QDM16 出土瓷俑
（96QDM16：3, 3/5）

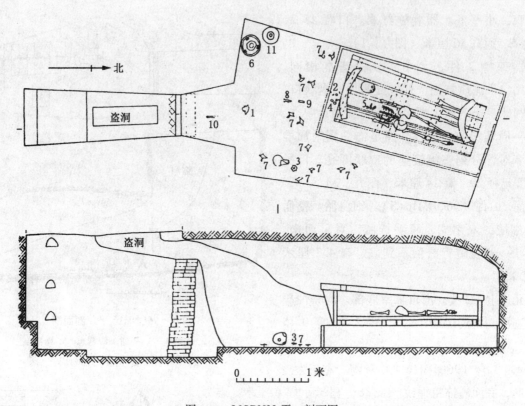

图一一　96QDM32 平、剖面图

1. 飞鸟状铜饰　2~4. 铜帽钉　5. 开元通玉　6. 陶器座　7. 铜鹤饰　8. 异形铜饰

9. 管状铜饰　10. 铜钗　11. 陶盖罐

陶器座　1件（96QDM32：6）泥质灰陶。口微侈，鼓腹，束腰，大喇叭口形高圈足，中空。沿外饰堆塑波浪纹，圈足饰三组双联圈孔；器物外壁原绘有黑色花卉图案，多脱落。口径11.8、圈足径26.5、高20.8厘米（图一二，2）。

铜鹤饰　14件，3件已残，大小、形制及制作工艺基本相同。尖喙，昂首引颈，双翅展开，作飞翔状。翅、尾部为鋬刻羽翎纹，眼睛周围饰细羽毛纹，腹部背面有柱状方钉。有的表面施蓝漆。96QDM32:7，头尾长6.8、两翅宽9.1、腹部厚0.5~0.6厘米（图一三，6）。96QDM32:14，头尾长6.5、两翅宽8.6厘米（图一五，7）。

铜帽钉　16枚，分三型。

A型：6枚。大小基本相同。六出梅花形，中间作圆形突起，背部中央有一柱状圆钉。96QDM32：3，帽径7.4厘米（图一三，9）。

B型：2枚。大小基本相同。五出梅花形，中间圆形突起上有一方形穿孔钮，背部有柱状方钉。96QDM32:2，帽径2.5厘米（图一三，1）。

C型：8枚。大小基本相同。五出梅花状，中部作圆形突起，背部有柱状方钉，有的钉已残。

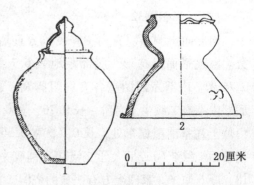

图一二　96QDM32 出土陶器

1. 盖罐（96QDM32:11）　2. 器座（96QDM32:6）

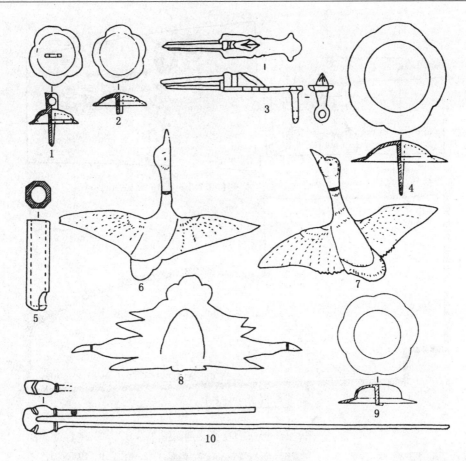

图一三　96QDM32 出土遗物

1. B 型铜帽钉（96QDM32:2）　　2、4. C 型铜帽钉（96QDM32:13、4）　　3. 异形铜饰（96QDM32:8）

5. 铜管状饰（96QDM32:9）　　6、7. 铜鹤饰（96QDM32:7、14）　　8. 飞鸟状铜饰（96QDM32:1）

9. A 型铜帽钉（96QDM32:3）　　10. 铜钗（96QDM32:10）（9.3/10，余 3/5）

96QDM32:13，帽钉下端残。帽径 2.5 厘米（图一三，2）。96QDM32:4，帽径 4.7 厘米（图一三，4）。

铜管状饰　1件（96QDM32:9）。管状，一端封闭，另一端开一小口。长 3.8、宽 1.2、内径 0.9
厘米（图一三，5）。

飞鸟状铜饰　1件（96QDM32:1）。飞鸟两翼展开，背部有柱状铜钉，钉已残，两翼长 10.5、宽
4.2 厘米（图一三，8）。

异形铜饰　1件（96QDM32:8）长 7.2 厘米（图一三，3）。

铜钗　1件（96QDM32:10）。钗尾一股已残。残长 19.6 厘米（图一三，10）。

开元通宝　1枚（96QDM32:5）武德开元，字迹端庄工整。最大径 2.4、厚 0.15 厘米。

三、桥西区唐墓

墓地位于邢台市桥西区西南部，南临新兴西路，东依太行路，西靠东董村和葛庄。在建设董村水
厂时共发现唐至清代墓葬 50 余座，其中唐墓 5 座，编号分别为 95QXM27、M33、M37、M42 和 M47。

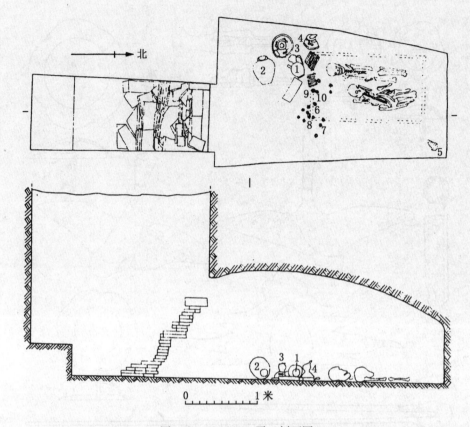

图一四　95QDM27 平、剖面图

1. 瓷执壶　2. 陶罐　3、4. 陶器座　5. 陶器盖　6、7. 铜帽钉　8. 铜锁　9、10. 铜铺首

（一）95QXM27

该墓为南北向土洞墓。方向 179 度，由墓道、墓门和墓室三部分组成。墓道平面近长方形，竖井状，底部距地表 46、长 2.45、宽 0.85～1 米。墓道南部东西两壁各有一组脚窝，脚窝立面近三角形。墓道底部有一生土台阶，长 0.9、宽 0.55、高 0.4 米。在填土中发现 1 件残铜镜。墓门呈圆拱形，与墓室南壁偏东处相接，高 1.3、宽 0.95 米，用单面绳纹灰陶砖平砖铺顺砌封堵，共 23 层，砖呈青灰色，长 32、宽 20、厚 4 厘米。

墓室平面近梯形，南北长 3.2、东西宽 1.4～1.98 米，起拱高 1.4 米。墓室北部偏西处有人骨两具，头向南，仰身直肢。其中一具人骨较乱，疑为二次葬。人骨下有板灰痕迹。由于墓室坍塌严重，棺椁形制不详。头骨前方散见铜帽钉、铺首和锁等遗物。其他随葬品多分布在棺前、靠近墓室西部附近，主要有瓷执壶和陶罐、器座等。墓室东北角还发现 1 件陶器盖（图一四）。

陶罐　1 件（95QXM27∶2）。泥质灰陶。侈口，圆唇，矮颈，溜肩，鼓腹，平底。外施彩绘，多脱落。口径 13.2、底径 11.8、高 30 厘米（图一五，2）。

陶器座　2 件。泥质灰陶。形制、大小相同。95QXM27∶3，口呈花边圆盘状，中部呈圆球形，下承大喇叭口高圈足，底边外卷，中空。圈足饰一周堆塑附加堆纹，其下对称分列四组镂空的双联圈孔。圆盘口径 18.4、圈足径 28、高 27.2 厘米（图一五，4）。

陶器盖　1件（95QXM27：5），泥质灰陶。上部为宝塔形钮，内空，下承圆形子母口。外施红彩。口径7.8、高16.5厘米（图一五，1）。

瓷执壶　1件（95QXM27：1）。灰白胎，着白色化妆土。葫芦形。小口，尖圆唇，细颈，溜肩，有一短流，颈肩间有环状鋬手，鼓腹，假圈足。内外通体施白釉，外壁施釉不到底，底足心有两周圆圈刻线。口径3、底径7.6、高20.1厘米（图一五，3）。

铜帽钉　15件。大小、形制基本相同。其中2件突起上有穿孔钮，1件出时与铜锁相连。95QXM27：6，六出梅花状，中间作圆形突起，其上有一穿孔，背面有柱状方钉。长3.2、帽径2.8厘米（图一六，4）。95QXM27：7，长2.1、帽径2.9厘米（图一六，5）。

铜铺首　2件。大小、形制基本相同。兽首衔环，环已残。95QXM27：9，兽首外缘有三个圆形孔，其中两孔内附带铁锈（图一六，3）。95QXM27：10，背面有柱状方钉。长4、宽3.6厘米（图一六，2）。

铜锁　1件（95QXM27：8）。出土时与1件铜帽钉穿在一起。锁长10.5、宽2.1厘米；锁柱被斜截成两段，直径0.2厘米。钥匙略呈匕首形，长4.8厘米（图一六，1）。

（二）95QXM33

南北向土洞墓。方向179度。由墓道、墓门及墓室三部分组成。墓道平面近长方形，底距地表3.8、长2、宽0.8~0.9米。墓门呈圆拱形，高1.4、宽0.8米，用单面绳纹灰陶砖平铺顺砌15层封门。砖长33、宽18、厚5厘米。

墓室平面略呈椭圆形，底距地表3.8、南北长2.6、东西宽0.6~1.4米。墓室偏西部有2具杂乱的人骨，头向南。人骨下及周围有木板灰痕迹，但木棺形制不详。随葬品为瓷罐铜帽钉各1件，置于棺前（图一七）。从遗迹现象分析，此墓应是一座二次迁葬墓。

瓷罐　1件（95QXM33：1）。胎质洁白、细腻。侈口，圆唇，短颈，圆肩，鼓腹，平底。通体施青白色釉，莹润光亮，一侧颜色较深。口径9.6、底径7.6、高20.9厘米（图一八，1）。

铜帽钉　1件（950QXM33：2）。六出梅花形，中部作圆形突起，背部中央有一柱状方钉。长1.9、

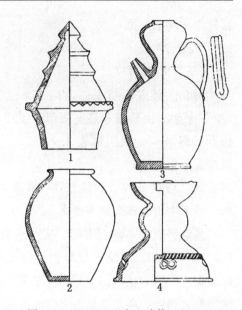

图一五　95QXM27 出土遗物

1. 陶器盖（95QXM27：5）　2. 陶罐（95QXM27：2）
3. 瓷执壶（95QXM27：1）　4. 陶器座（95QXM27：3）
（1.3.1/5，2.4.1/10）

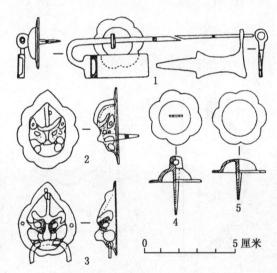

图一六　95QXM27 出土铜器

1. 锁（95QXM27：8）　2、3. 铺首（95QXM27：10、9）
4、5. 帽钉（95QXM27：6、7）

帽径2.9厘米（图一八，2）。

（三）95QXM37

南北向竖穴土坑墓。方向175度。平面呈
"甲"字形，由墓道和墓室两部分组成。墓道为
长方形斜坡式，底距地表2.9、长2、宽1米。
墓道底部除南端有一生土台阶外，大部分底面呈
斜坡状，坡度5度。台阶长1、宽0.4、高0.6
米。填土中出有碎陶片等遗物。

墓室平面基本呈正方形，底距地表3.1、长
2.7、宽2.7米。墓室上层填土中出土较多的碎
砖和陶片。棺床呈"冂"形，占墓室大部分，四
壁均与之相连，高0.2米。用砖砌棺床边，因被
盗扰，仅存棺床中部的五块平砖。砖呈青灰色，
一面模制粗绳纹，长31、宽16、厚5厘米。棺
床上无木棺、人骨和随葬品，仅在棺床前置三彩
钵1件（图一九）。

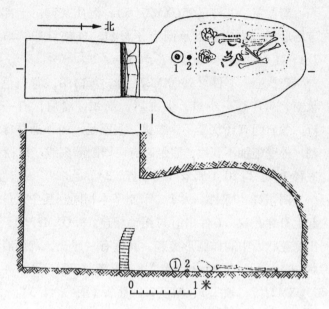

图一七　95QXM33 平、剖面图

1. 瓷罐　2. 铜帽钉

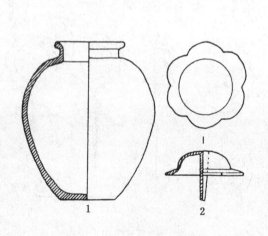

图一八　95QXM33 出土遗物

1. 瓷罐（95QXM33：1）　2. 铜帽钉（95QXM33：2）

（1.1/5，2.4/5）

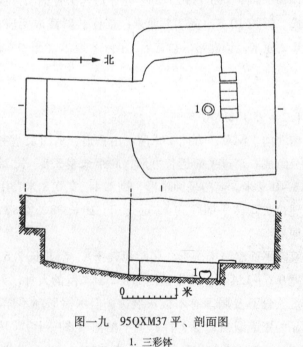

图一九　95QXM37 平、剖面图

1. 三彩钵

三彩钵　1件（95QXM37：1）。敛口，鼓腹，平底。器内壁无釉，外壁黄、绿、红釉相间，釉色晶
莹闪亮，釉层有细密的小开片，有垂釉现象，底部无釉。口径12.8、底径8、高12厘米（图二〇）。

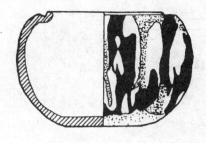

图二〇 95QXM37 出土三彩钵
（95QXM37：1，1/4）

（四）95QXM42

南北向土洞墓。方向179度。由墓道、墓门和墓室三部分组成。墓道为竖井式，平面近长方形，底距地表4.1、长2、宽0.5～0.7米。墓道南部东西两壁各有脚窝一组，脚窝立面近三角形。墓道底部与墓门交接处有一方形凹坑，长、宽均为0.6米，坑底距墓道底部0.1米。墓门呈圆拱形，宽0.8、高1.4米。没有发现封门砖。

墓室平面略呈梯形，南北长2.9、东西宽0.95～1.5米。靠西壁有人骨1具，头南足北，仰身直肢。人骨下有黑灰色棺板灰。从板灰范围测量，木棺长1.9、宽0.35～0.55米。死者口含两枚铜钱，左臂上放1件河蚌片，头部西侧有1件铜镜。其余随葬品多置于棺前，主要有陶罐、瓷执壶等。正对墓门处还有墓志1合（图二一）。

陶罐 3件。95QXM42：4，泥质灰陶。侈口，矮颈，圆肩，平底。口径9、底径6、高15.5厘米（图二二，1）。95QXM42：5，泥质灰陶。圆唇，侈口，溜肩，平底。口径9、底径7、高15厘米（图二二，4）。95QXM42：2，白陶胎，硬度较高，外壁施灰色陶衣。侈口，短颈，圆肩，下腹斜收，平底。口径10、底径6.8、高17厘米（图二二，2）。

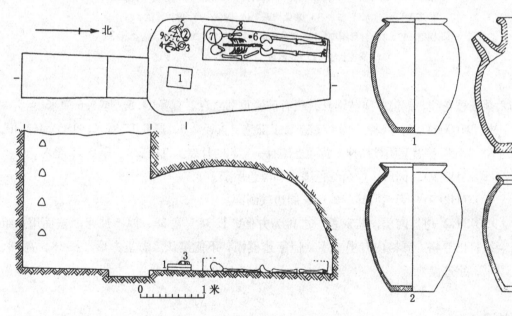

图二一 95QXM42 平、剖面图

1. 墓志 2、4、5. 陶罐 3. 瓷执壶 6. 铜钱
7. 铜镜 8. 蚌片 9. 漆器（10、11. 铜钱，出自墓主口中）

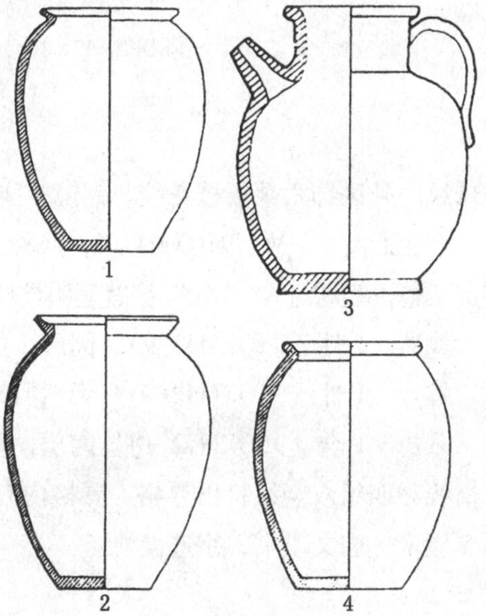

图二二 95QXM42 出土遗物

1、2、4. 陶罐（95QXM42：4、2、5）
3. 瓷执壶（95QXM42：3）（1、2、4. 约1/5，3.1/4）

瓷执壶 1件（95QXM42：3）。白胎。侈口，圆唇，束颈，溜肩，有一柱形短流，颈肩附双泥条单鋬手，圆腹，假圈足。内外通体施青白釉，釉面不匀。口径6.8、底径7.5、高14.5厘米（图二四，3）。

铜镜 1件（95QXM42：7）。银灰色。八出葵花形。桥形钮，圆钮座。座周围饰六朵花蕾，间一周

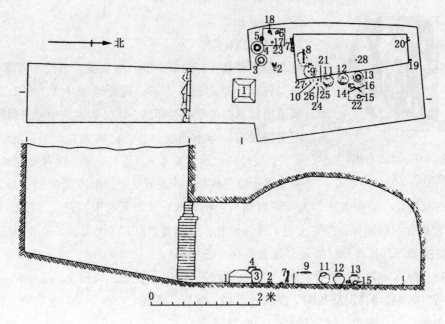

图二三　95QXM47 平、剖面图

1. 墓志　2. 猪肩胛骨　3. 瓷罐　4. 陶罐　5、6. 铜折页　7. 铁剪　8. 银钗　9. 铜镜
10、19、20、26. 铜帽钉　11～13. 彩绘陶罐　14. 骨钗　15. 绿釉水盂
16. 铜镊　17、27. 异形铜饰　18. 象鼻形铜饰　21、24、25. 铜铺首
22. 漆梳妆匣　23. 漆木箱　28. 石球

联珠纹，外区饰六朵折枝花纹。铜镜中间被锯开，疑有破镜重圆之意。直径 24.5、厚 0.6 厘米。

开元通宝　3 枚。95QXM42：6，武德开元，字迹端庄工整。直径 2.5、厚 0.15 厘米。95QXM42：10，字迹工整，笔划清秀。"元"字首笔明显加长，背面上侧有一突起的月痕。直径 2.4、厚 0.15 厘米。

漆器　1 件（95QXM42：9）。圆形，仅余红色漆皮和黑色胎灰。

蚌片　1 件（95QXM42：8）。天然河蚌。扇形，周边较圆润。

墓志　1 合（95QXM42：1）。陶质，蓝灰色。志盖为方形，长 38、宽 38、厚 5 厘米。盖面用七组双横线和四组双竖线打出界格。界格内有墨书字，但字迹模糊，不能辨认。志呈方形，长 38、宽 38、厚 5 厘米。志文墨书，字迹漫漶。

（五）95QXM47

南北向竖穴土洞墓。方向 175 度。由墓道、墓门、甬道和墓室四部分组成。墓道平面近长方形，底距地表 6.9、长 3、宽 0.95～1.05 米。墓壁规整平滑，墓道底部呈斜坡状，坡度 15 度。墓门呈圆拱形，宽 0.95、高 1.4 米，以单面绳纹灰陶砖呈犬牙交错状平铺封堵。砖长 32、宽 14、厚 6 厘米。甬道为过洞式，与墓室南壁中部相接，长 1.05、宽 0.95、高 1.4 米。墓门偏西处置墓志 1 合。

墓室平面呈梯形，南北长 2.9、东西宽 1.5～2 米。木棺置于墓室西部，已腐朽成灰。从残存板灰范围可知，木棺约长 2.2、宽 0.5～0.8 米。人骨腐朽较甚，仅余头部朽骨。随葬品多分布在棺前及棺东侧，主要有陶罐、瓷罐、漆器和铜饰件、镊、镜等。近甬道口还发现一块猪肩胛骨（图二三）。

陶罐 1件（95QXM47：4）。泥质灰陶。盘形口，方唇，短颈，圆肩，鼓腹，平底。口径20.7、底径13.4、高27.8厘米（图二四，1）。

彩绘罐 3件。大小、形制基本相同。泥质红陶。95QXM47：11，侈口，圆唇，矮颈，圆肩，鼓腹，平底。外壁用黑白两色绘作花卉图案。口径11.6、底径10.4、高16.6厘米（图二四，4）。

瓷罐 1件。（95QXM47：3）。侈口，圆唇，矮颈，腹近直，柿饼足。颈肩处附对称双耳，耳已残。内外通体施黑釉，外壁施釉不到底。口径10.5、底径12.5、高23.4厘米（图二四，3）。

绿釉水盂 1件（95QXM47：15）。小口，卷沿，矮颈，鼓腹，圜底，三兽蹄足。内外通体施翠绿色釉，局部施釉不匀，积釉处呈墨绿色，无釉处露出白衣。口径4.2、高4.8厘米（图二四，2）。

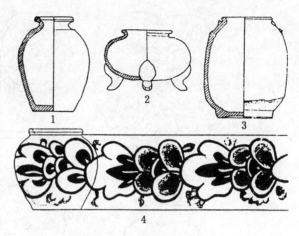

图二四 95QXM47 出土遗物

1. 陶罐（95QXM47：4） 2. 绿釉水盂（95QXM47：15）

3. 瓷罐（95QXM47：3） 4. 彩绘罐（95QXM47：11）

（1.1/16，2.1/3，3.约1/9，4.1/8）

银钗 1件（95QXM47：8）。银灰色，钗顶作岐头状。长25.2厘米（图二五，6）。

铜镊 1件（95QXM47：16）。镊首稍残，分为两叉，尾部扁宽，向内弯钩。残长10厘米（图二五，9）。

铜铺首 4件。兽首衔环，其中2件环缺。兽首两侧有穿孔或背面有柱状方钉，钉已残。95QXM47：24，长5.2、宽3.8厘米（图二五，2）。95QXM47：25，长4.1、3.1厘米（图二五，3）。

铜帽钉 20件，分二型。

A型：12件。六出梅花形，中间作圆形突起，背部有柱状方钉。95QXM47：19，帽径2.9、钉长1.6厘米（图二五，12）。

B型：8件。圆形，背部原有钉，钉均残。95QXM47：20，帽径2.7厘米（图二五，13）。

铜折页 5件，分二式。

Ⅰ式：4件，2件已残。大小及制作工艺基本相同。表面鎏金，已大部分脱落。蝴蝶形，中部转动轴为铁质，表面錾刻翎形纹。背部有六个柱状铆钉，个别在铆钉顶端连带有"心"形铆接片。95QXM47：5，通长5.5、宽3.8、厚0.2厘米（图二五，5）。

Ⅱ式：1件（95QXM47：6）。表面鎏金，已大部分脱落。折页两翼分别錾刻花草纹和双联菱形几何纹，背部有六个柱状圆铆钉，顶端有一"心"状铆合片。长5.2、宽4.6、厚0.2厘米（图二五，1）。

象鼻形铜饰 1件（95QXM47：18）。表面鎏金，錾刻鳞形纹。背部有两个柱状圆钉，钉头有铆。长4.5、宽2.6厘米（图二五，4）。

异形铜饰 2件。鎏金。95QXM47：17，梅花状，中间有穿钉。直径1.6、钉长1.6厘米（图二五，10）。95QXM47：27，小圆锤状，锤头有穿。长1.5厘米（图二五，11）。

铜镜 1件（95QXM47：9）。通体银灰色。八瓣葵花状。桥形钮，圆座。座周围饰八朵花蕾，间一周联珠纹，外区浮雕八朵折枝花。直径21.5厘米。

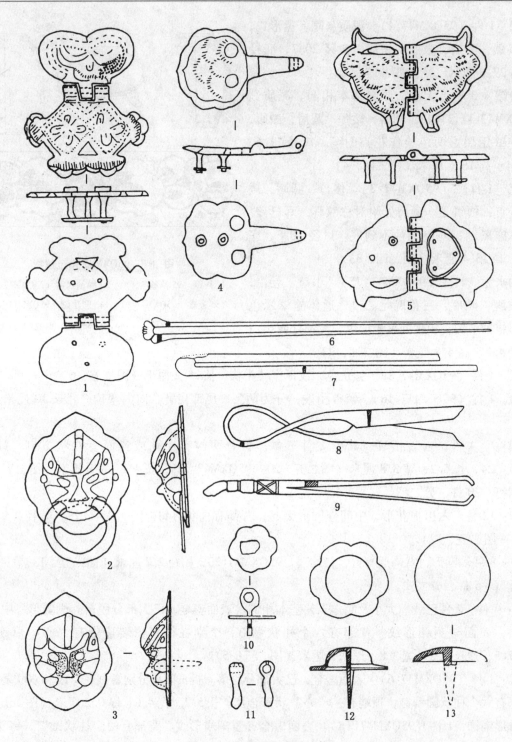

图二五　95QXM47 出土遗物

1. Ⅱ式铜折页（95QXM47：6）　　2、3. 铜铺首（95QXM47：24、25）　　4. 象鼻形铜饰（95QXM47：18）
5. Ⅰ式铜折页（95QXM47：5）　6. 银钗（95QXM47：8）　7. 骨钗（95QXM47：14）　8. 铁剪
（95QXM47：7）　9. 铜镊（95QXM47：16）　10、11. 异形铜饰（95QXM47：17、27）　12. A 型铜帽钉
（95QXM47：19）　13. B 型铜帽钉（95QXM47：20）（6、7. 约 1/3，余 3/4）

漆木匣　1件（95QXM47：23）。仅剩红色漆皮和黑色胎灰。墓中的铜折页和几件铜饰件即出自此匣体上。从漆迹范围测量，匣长48、宽28厘米。

漆梳妆匣　1件（95QXM47：22）。匣体腐朽，仅剩红色漆皮和黑色胎灰。墓内出土的铜镊、绿釉水盂、骨钗等应存放于此套匣中。从残存胎灰范围，可知漆匣约长28、宽20厘米。

铁剪　1件（95QXM47：7）。锈蚀严重。弹压式，环曲柄，交股回环，环呈扁圆形。全长36厘米（图二五，8）。

骨钗　1件（95QXM47：14）。残长21.8厘米（图二五，7）。

石球　1件（95QXM47：28）。扁圆形，表面光滑。

墓志　1合（95QXM47：1）。青石质。志盖为方形，盝顶，长41、宽41、高15厘米。盖顶中心阴刻篆书"唐故史夫人志"两行六字。字行距间及其左右两侧细线阴刻网格纹，上下两侧刻麻点纹。四刹单线浅刻牡丹花及莲花图案，刻工不甚精细。志石为方形，长41、宽41、高10厘米，墓志通高25厘米。周边单线浅刻网格纹，四侧刻双壸门图案。志文楷书，共20行，满行25字。首行题"唐会稽故康氏夫人墓志铭并序"。

四、结　语

桥东区北部发现的3座唐墓均属小型砖室墓，墓葬位置又相距不远，可能属于同一时代的家族墓地。从墓葬形制看，均是由单面绳纹灰陶砖砌筑的南北向单室砖墓；从出土器物观察，随葬品多为质地、釉色、造型相似的陶瓷器，并多为实用器。故这3座墓葬当属同一时代。

95QDM1和95QDM3的墓葬形制与郑州地区西陈庄唐墓[1]，及北京市丰台唐墓[2]十分近似，95QDM2的墓室结构则与陕西商州市的M3[3]相近。95QDM2和95QDM3所出瓷罐均与郑州地区大岗刘唐墓[4]所出瓷罐相近。3座墓葬所出陶罐均流行于唐代早期。所出瓷器也可在内丘、临城窑口所出器物中找到类似器物[5]，它们都为唐代早期的邢窑产品。因此，这3座墓葬的时代最早为唐代早期，不晚于唐代中期。

桥东区西南部发现的2座唐墓均为土洞墓，虽被盗扰，但仍出土了较多的随葬品。

96QDM16所出陶器座基本上类似于沧县前营村1号唐墓所出的塔形罐底座[6]，具有中唐时期器物的特点。墓中出土的2枚开元通宝，也可做为断代的依据。此墓应为中晚唐时期。

96QDM32的墓葬形制接近于桥西区95QXM47。墓中所出陶器座与96QDM16、95QXM27所出器座类似，但座较低，故其年代应早于这两座墓葬。此外，96QDM32还出土了1枚开元通宝。因此，该墓时代应为中晚唐时期。

桥西区唐墓中，除95QXM37外，余皆为唐代中原地区流行的土洞墓。95QXM47是有墓志的纪年墓，时代为唐文宗大和五年（公元831年）。其墓葬形制完整，随葬品较为丰富，可为晚唐时期墓葬的断代提供参考依据。

95QXM27与偃师杏园村YD1902号墓的墓葬形制十分接近[7]。墓中所出铜帽钉、铺首与95QXM47所出大体一致，铜锁与唐代初年李徽、阎婉墓[8]出土的铜锁类似。另外，墓中出土的塔式罐具有晚唐时期的特点。据此，95QXM27应为晚唐时期的墓葬。

95QXM33 出土的铜帽钉与 95QXM47 所出相同，白瓷罐最大径靠肩部，这种形制的罐流行于中唐时期。因此，此墓时代应与 95QXM47 年代一致。

95QXM37 为平面呈"甲"字形的土坑墓，虽被盗扰，但仍出土了 1 件具有明显盛唐时代特征的三彩钵。因此，该墓时代应不晚于中唐时期。

95QXM42 墓葬形制类似于 95QXM47，出土的白瓷执壶与郑州制药厂唐墓[⑨]所出瓷注子基本相同。陶罐同文安县西关唐墓[⑩]出土的黑陶罐类似。所出铜镜为花枝镜，同时墓中还出土了 3 枚开元通宝。据此判断，这座墓的时代应为中晚唐时期。

邢台为唐代邢窑所在地，因此，上述 10 座唐墓中所出瓷器大都具有邢窑瓷器的特点。桥东区北部唐墓中出土的几件瓷器除 1 件白釉瓷碗外，余皆造型笨拙，质地粗糙，釉色不匀，有蜡泪痕，为早期邢窑粗白瓷产品。而 95QDM3 出土的白釉瓷碗和桥西区唐墓出土的白瓷执壶、白釉瓷罐则属于邢窑细白瓷系列。它们造型规整，质地坚细洁白，釉色明亮光润，与史书上所记载的"邢瓷类银类雪"十分相符。这些瓷器的出土，使我们对唐代邢州制瓷生产工艺及其在唐代的历史、经济、文化中的地位有了进一步认识和了解。

这 10 座唐墓的发掘，对研究唐代制瓷工艺和瓷器的使用都是很有价值的。它们在一定程度上反映了河北一带的唐墓面貌，为研究邢台之唐代历史提供了可贵的实物资料。

附记：本文线图由李军、柴永红、柴洪亮绘制。

执笔者 石从枝 李军

注　释

① 郑州市文物工作队：《郑州地区发现的几座唐墓》，《文物》1995 年第 5 期。
② 北京市文物工作队：《北京市发现的几座唐墓》，《考古》1980 年第 6 期。
③ 王昌富、陈良和：《陕西商州市发现唐代墓葬群》，《考古》1996 年第 12 期。
④ 同①。
⑤ 内丘县文物保管所：《河北省内丘县邢窑调查简报》，《文物》1987 年第 9 期。
⑥ 沧州市文物保护管理所、沧县文化馆：《河北沧县前营村唐墓》，《考古》1991 年第 5 期。
⑦ 中国社会科学院考古研究所河南二队：《河南偃师市杏园村唐墓的发掘》，《考古》1996 年第 12 期。
⑧ 湖北省博物馆、郧县博物馆：《湖北郧县唐李徽、阎婉墓发掘简报》，《文物》1987 年第 8 期。
⑨ 同①。
⑩ 廊坊市文物管理所：《河北文安县西关唐墓清理简报》，《文物春秋》1997 年第 3 期。

邢窑遗址调查、试掘报告[*]

河北省文物研究所　内丘县文物保管所　临城县文物保管所

　　邢窑是我国古代著名的制瓷窑场，在陶瓷史上占有重要地位。长期以来，由于人为和自然的原因，邢窑的许多窑址遭到严重的破坏，造成了无法弥补的损失。为了保护和促进对邢窑的研究，经国家文物局批准，河北省文物研究所组成的考古队在内丘、临城两县文物普查的基础上[①]，于1987～1991年间对邢窑遗址进行了较为系统的调查，采集了大量实物标本，基本上摸清了邢窑遗址的分布范围和产品、种类的时代特征。在此基础上，考古队对其中的内丘城关和临城祁村两处遗址进行了5次试掘，获得了一批较为珍贵的实物资料。调查和试掘情况分别报告如下。

一　地理环境及窑址概况

　　邢窑遗址主要分布在内丘和临城两县境内的太行山东麓的山前丘陵、平原地带，大部分集中在京广铁路以西的李阳河、泜河两岸（图一）。这里地势西高东低，河流纵横，到处是冲沟堎垅。在这一带的竹壁、祁村、澄底、南程村、贾村、邵明、磁窑沟、永固等地蕴藏着大量的黏土、铝矾土、硬质耐火土和半软质粘土。在内丘、临城的西部山区还有石英、长石矿物广泛存在。这些充足的制瓷原料为邢窑的烧制奠定了基础。

　　这次调查北起临城祁村，南到内丘冯唐，在近30公里长、东西10公里宽的范围内，共调查不同时期的窑场遗址二十处。另外在其南的邢台市也发现瓷窑址一处（图二）。

图一　邢窑遗址分布示意图

---

* 《考古学集刊》第14集，文物出版社，2004年

各遗址概况分述如下。

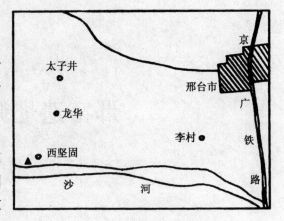

（一）西坚固遗址

西坚固遗址位于邢台市西坚固村西约 1.5 公里的沙河北岸台地上，东北距邢台县治约 30 公里。这里属太行山东麓的低山丘陵区，山多石灰岩石，常见大小溶洞，地表多沟壑，河岸附近有较多的开阔地带，土质多沙，不甚肥沃。遗址所在台地北高南低呈阶梯状，范围约东西长 200 米，南北宽 150 米。因其上大部分被金元时期的冶铁废渣所覆盖和扰乱，故未发现原始堆积，地表散见遗物亦不丰富。采集标本有青瓷碗、罐、盆以及窑具三角支钉、齿形垫具等（图三）。年代约当北朝时期。

图二　邢台西坚固遗址示意图

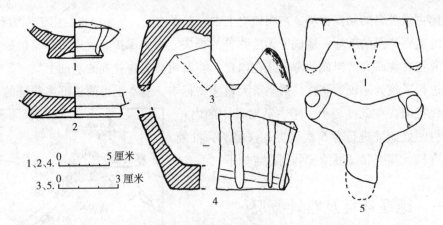

图三　邢台西坚固遗址采集瓷片、窑具
1. 青瓷碗　2. 青瓷盆　3. 齿形垫具　4. 青瓷罐　5. 三角支钉

（二）冯唐遗址

遗址位于内丘县治西南约 8 公里的冯唐村北约 400 米的小马河南岸台地上，土质沙性，地势平坦，遗物分布面积约 4.5 万平方米。在遗址的南端，因农民取土挖坑可见若干个灰坑，深约 1.30 米。灰坑周围散布有较多的红烧土、瓦片、瓷片和窑具。遗址整体被破坏严重，探查没有发现文化层，时代为隋、唐。

（三）白家庄遗址

遗址位于内丘县城东 2 公里的白家庄村东北 500 米处，面积约 4 万平方米。因砖厂取土形成的断崖上曾暴露过两座残窑体和不太丰富的文化堆积层，局部掘出过灰坑。窑址地面上散见有瓷片、瓦片和窑具残件。由于 20 世纪 70 年代较大规模的平整土地，窑址也遭受严重破坏。采集标本有碗、罐、瓶、钵、镟、马、俑头、三角支钉等。窑址时代为隋、唐。

（四）北光遗址

遗址位于内丘河渠乡北光村西南约300米的今李阳河河道内，残存约东西长80米，南北宽40米。窑址上散布有大量的陶板瓦、筒瓦、瓷片、窑具，断面上并可见多处含瓷片的灰坑和灰层堆积。时代为唐。

（五）张家庄遗址

遗址位于内丘县治东北1公里的张家庄村北300米，东临京广铁路。现遗址处建有城关镇砖厂，砖厂在取土时曾掘出过大量窑具和瓷片，文化层距地表深1~1.5米，层厚1.5~2米。现在窑址已被破坏殆尽。采集标本有碗、罐、盒、盘、盘形匣钵、盆形匣钵等。窑址时代为唐。

（六）内丘城关遗址

遗址位于李阳河东南岸，主要分布在城区的西部一带，南北长约1200米，东西宽700米。依今地理位置，大致可分为西关北、西关西、西环城路和南关西四部分。据了解，1985年在西环路一带曾在距地表0.4~0.7米深处挖掘出多座窑炉，直径约1米，高约1.5米以上。窑内堆积有大量的草木灰和瓷片、窑具。当时"在长不足三百米的地槽里发现灰坑和瓷片堆积近二十处，三彩堆积三处，文化层厚0.6~1.8米，出土大量的瓷片和窑具"[②]。其内涵之丰富可见一斑。但可惜的是，这处窑址已全部压在楼房之下。目前只有西关北窑区保存较好。

西关北窑区位于李阳河东南岸台地上，台地东西长200米，南北150米，高约1.50米。在东断崖上还能看到一座窑炉的残体和0.6~0.8米厚的堆积层。地表散布有较多的瓷片和窑具。瓷器有青瓷、白瓷和黑瓷，器类有碗、钵、盘、盆、罐、瓶等，其中引人注目的是采集到一些"白如霜雪，莹润如玉"，具有半透明性以及刻有"盈"字款的精细白瓷。窑具有三角支钉、齿形垫具、蘑菇形和喇叭形窑柱、垫圈、垫珠、筒形匣钵等。

依采集标本，内丘城关窑址的烧制时代为隋、唐，是目前发现的邢窑遗址中规模较大的一处。

（七）西丘遗址

西丘位于内丘县治西6公里的李阳河南岸，地势较高。遗址大部分被压在村庄下面，在公路两边断崖上可见断断续续的瓷片堆积层，厚0.30~0.80米。采集标本有碗、钵、盆、窑具等。窑址时代为隋、唐。

（八）中丰洞遗址

遗址位于内丘县治西北约2公里的中丰洞村北，李阳河北岸，地势较为平坦。自20世纪60年代至80年代中期，由于建房动土而逐步向北侵削，时常掘出残窑、窑具和瓷片。目前遗址南北仅宽20米，东西不足百米。在南断壁上尚可见一道由草木灰、红烧土、骨头、瓷片、窑具及黑土构成的堆积带，文化层厚约2米。这是一处以烧粗瓷为主的窑场，其中以青瓷为多，兼有少量黑瓷和白瓷。采集标本有碗、罐、盘、杯、瓶、盆、镟和窑具三角支钉、垫圈、蘑菇形窑柱等，其中在一窑柱上刻有

"吉利"二字（图四）。窑址的烧制时代为隋、唐。

（九）北大丰遗址

该遗址位于内丘县治西北约4公里的李阳河东岸。遗址原有两处：一处在村东北80米处，曾发现有残窑遗迹，现地表已很少能见到遗物了；另一处在村西北200米处，面积约7800平方米。以前平整土地时在耕土以下曾出土过很多青瓷、白瓷、三彩和窑具残片。采集标本有碗、罐、钵、盆、三角支钉等。调查中还征集到3件制作瓷坯的模具。据采集标本看，该窑址烧制时代为隋、唐。

（一〇）南岭遗址

南岭村位于内丘县治西北约6公里处，村北有南北相邻的两个台地，高约4米。遗址在两个台地上分别仅存一部分。在北台西北角，以前曾出土过青瓷碗和"开元通宝"铜钱，现断崖上还可见到厚约0.40米的堆积层和不少遗物，残存面积约50平方米。在南台的北面断崖上，暴露有堆积层，地表亦可拣到遗物。采集标本有碗、盆、钵、罐等。时代为唐、五代。

（一一）磁窑沟遗址

遗址位于内丘、临城两县交界处的东西磁窑沟之间，处丘陵地带，中间有百泉河穿过，面积6000余平方米，堆积厚度达4米以上，有灰坑和窑炉暴露。遗物多黑瓷粗器。时代为金、元。

（一二）代家庄遗址

遗址位于临城县治东南6公里的代家庄村东150米的阶梯状台地上，台地北高南低，其东部为派河，南北皆为冲沟。遗址东西、南北各长约250米。地表遗物有陶片、瓷片和窑柱，三角支钉等。时代为隋、唐。

（一三）陈刘庄遗址

遗址位于临城县治东南约5公里的陈刘庄村东，面积约1万平方米。在遗址中间有一条自西向东的古河道，当地俗称"东大沟"，在沟的两岸断崖上有多处堆积层暴露，其中北断崖文化层厚处达2.5米，有大量的陶片、瓦片、红烧土等，局部有瓷片、三角支钉和

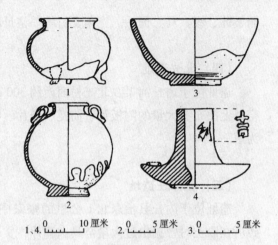

图四　中丰洞遗址采集瓷器、窑具
1. 黑瓷三足鍑　2. 青瓷双系罐　3. 酱瓷碗　4. 窑柱

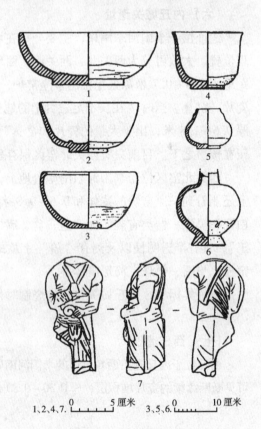

图五　陈刘庄遗址采集瓷器
1. 黄瓷碗　2. 白瓷碗　3. 青瓷钵　4. 青瓷杯
5. 黑瓷鸟食罐　6. 青瓷长颈瓶　7. 素胎俑

矸子土堆积。在南岸有一道长20米的硫碴堆积带，厚0.2~0.5米，夹杂有窑岔、匣钵和瓷片。采集标本有白瓷碗、黄瓷碗、三足镟、青瓷钵、杯、瓶、盘、罐，黑瓷鸟食罐以及素胎俑、窑柱、三角支钉、盘形匣钵等（图五）。窑址时代为隋、唐。

（一四）山下遗址

山下村位于临城县治东南4公里，遗址分布在村东和东北。村东部分遗物散布面积约1.8万平方米，文化层厚0.4~0.6米；村东北部分遗物散布面积约1万平方米，文化层厚0.4~0.8米。两处遗物相同，采集标本有白瓷印花花口碗、印花折腹盘、瓜棱杯及盒、瓶、刻花模等（图六）。时代为金。

（一五）解村遗址

位于临城县治东南3公里的解村西北，泜河南岸。共两处：一处距解村80米，约2000平方米，文化层厚0.2~0.6米；另一处距解村约1公里，西依钓盘山，文化层厚0.3~0.8米。两处内涵相同，时代为金。

（一六）南程村遗址

遗址位于临城县治西南1.5公里的南程村北，遗物分布范围约9万平方米，堆积层厚0.6~1.5米，局部暴露的由窑具和瓷片构成的堆积厚达2米。遗物以白瓷为大宗，兼有黑瓷、酱瓷、褐瓷几种，并有款识和题字作品。装饰方法为铁锈花、梅花点及阴刻图案等，窑具主要是匣钵。遗址时代为金。

（一七）射兽遗址

射兽位于临城县治西北1.5公里处。遗址分两部分：一部分在村北，一部分在村东南城关选矿厂一带。村北部分被破坏严重，堆积层厚0.30米，以烧制黑瓷为主；选矿厂一带约3万平方米，层厚1~2米，遗物以白瓷为主，兼有黑瓷和三彩。采集标本有碗、盘、盏、钵、瓶、鸡腿瓶、杯、炉、三彩人物俑、窑具等。时代为北宋晚期至金。

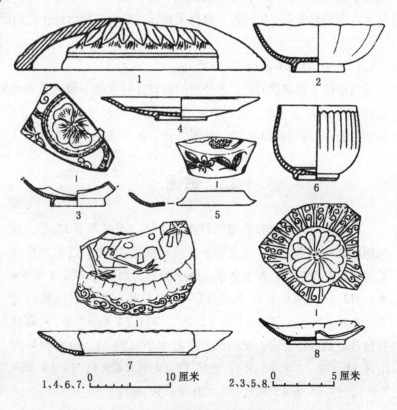

图六　山下遗址采集瓷器、模具

1. 刻花模具　2. 白瓷花口碗　3. 白瓷印花碗　4. 白瓷折腹盘　5. 白瓷印花盘
6. 白瓷瓜棱纹杯　7. 白瓷印花盘　8. 白瓷印花碗

（一八）澄底遗址

遗址位于临城县治西北 3 公里
处的澄底村东北侧，镇内至郝庄公路从中穿过，现已毁殆尽。据调查，在修公路时，曾挖出过一座窑炉，窑壁为耐火砖砌成。如今，在公路的南侧只残存一些已经扰乱的瓷片堆。时代约为五代。

（一九）岗头遗址

遗址位于临城县治西北 4 公里处的岗头村北侧，南临泜北渠，冯村至祁村公路从中穿过。地表遗物较多，散布面积约 6000 平方米。据老百姓讲，修公路时曾挖出过两座馒头形残窑。采集标本有碗、执壶、瓶、盒、窑具等。时代为晚唐、五代。

（二〇）祁村遗址

祁村位于临城县治西北 7.5 公里处，其西部是白云山，东面为一高岗。遗址主要分布在村东南，地表遗物散布面积约 6 万平方米。1981 年，工业部门为恢复邢瓷生产，曾在这里挖过 1 米×2 米的坑 1个，并清理了一座残窑，均出土了较多的粗细瓷器及窑具残件。现地表上瓷片、窑具俯拾即是，一些刻有字款和符号的残器、窑具也屡见不鲜。另外在村西和村北也能见到散布广泛的瓷片和窑具。经探，村北一带局部尚有窑炉残迹。根据采集标本看，祁村窑址年代为唐、五代。

（二一）西双井遗址

遗址位于临城县治西北 8 公里的西双井村东的一块三角形台地上，东邻南北流向的自然河沟。遗址残存约 1400 平方米，地表所见遗物不多。在台地东断崖上暴露有一座残窑炉，火膛中存有大量柴灰并杂有瓷片。采集标本有碗、执壶、盒、钵、盏托、窑具等。时代为唐。

二　试掘

共试掘内丘城关和临城祁村两处遗址，正向布方 15 个，发掘面积 300 余平方米，出土窑炉 4 座、灰坑 52 座。其中内丘城关遗址试掘点三处，布方 9 个，分别编号为西关北 T1（3 米×4米）、T2（4 米×6 米）；礼堂 T5～T8（4 米×2 米）；电影公司T9（4 米×2 米）、T10（3 米×2 米）、T11（1 米×3 米）。临城祁村遗址试掘点分南、北两区，布方 6 个（图 7），分别编号为南区 T1、T2（5 米×5 米）；北区 T3（4 米×4 米）、T4（4 米×5 米）、T5（5 米×5 米）、T6（10 米×10 米）。

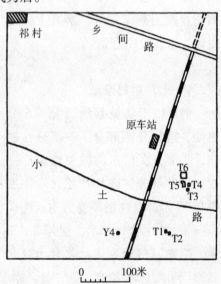

图七　祁村遗址试掘探方分布图

（一）地层堆积

各不相同，即使相邻探方其堆积亦不统一，其中以祁村北区地层较为复杂。现分别以内丘西关北 T2 东壁和祁村 T3 东壁为例介绍如下。

1. 西关北 T2 东壁剖面（图八）。

第 1 层：浅灰褐色耕土。厚 0.18～0.25 米。

第 2 层：黄色土，结构较紧密，杂有木炭屑、烧土粒和夯土块。厚 0.38～0.60 米。出土遗物有青瓷钵、碗、瓶、盘，黄瓷厚胎碗、粗白瓷碗和素烧无头俑、马残件等。灰坑 H4、H5 开口于此层下。

第 3 层：黄褐色冲积土，纯净、质松。厚 1～2.2 米。

另该探方的西部和北部为连成片的夯土，结构紧密，硬度很高。总厚 1.52 米，层厚 0.18 米。在 T1 中曾经出土过商代陶鬲口沿，分析这些夯土有可能是商代大型建筑基址的遗存。

第 3 层下为流沙层，可能是李阳河故道。

2. 祁村 T3 东壁剖面（图九）。

第 1 层：灰褐色耕土，松软发黏。厚 0.20～0.35 米。

第 2 层：黄褐色土，较湿软。厚 0.35～0.55 米。出有较多的粗、细白瓷残件及窑具。

第 3 层：褐黄色土，质较硬。厚 0.10～0.30 米。出土有大量的筒形匣钵、三角支钉和一些线轴状窑戗、匣钵盖、漏斗形匣钵、盒形匣钵及瓷碗、壶、盆、罐、钵、盂、瓶等器皿。

第 4 层：灰褐色土，含有红烧土块、木炭屑、草木灰等。厚 0.2～0.75 米。遗物较多，除与第 3 层相同的器形外，还出有葫芦瓶等，并出土了一枚锈蚀不清的"开元通宝"钱币。H14 开口于此层下。

第 5 层：红褐色土，较硬。厚 0～0.35 米，深 1.10～1.75 米。出土有粗、细白瓷和黑瓷，器形有碗、钵、盆、铃、壶、盒，窑具有漏斗形、筒形、盒形、杯形匣钵和垫柱、舟形垫砖、线轴状窑戗、三角支钉，并伴有陶片、瓦片等。第 5 层以下为生土。

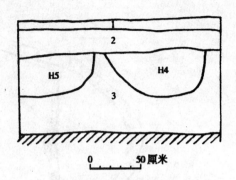

图八　西关北 T2 东壁剖面图
1. 浅灰褐色耕土　2. 黄色土
3. 黄褐色冲积土

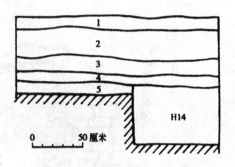

图九　祁村 T3 东壁剖面图
1. 灰褐色耕土　2. 黄褐色土　3. 褐黄色土
4. 灰褐色土　5. 红褐色土

（二）遗迹

只发现窑炉和灰坑两种遗迹，其中内丘城关遗址的遗迹较少，堆积简单；祁村遗址较为丰富。

1. 窑炉　出土于祁村遗址。其中北区发现三座，编号 Y1～Y3；南区发现一座，编号 Y4，分别介绍如下。

Y1　大部分位于 T5 的扩方部分中，叠压在第 3 层下，残存最上部距地表深约 1 米。火膛方向 3 度，南北长 6.3 米，东西宽 3.45 米（含墙）。周壁皆用 25 厘米×15 厘米×8 厘米的长方形耐火砖单砖平置叠砌而成（图一〇）。

火膛：平面近似三角形。内径东西、南北最长处分别为 2 米、1.05 米，深 2.26 米，平底。火膛从口部向下深约 1.50 米处的周壁系用耐火砖和废匣钵砌起，壁面抹约 2 厘米厚的耐火泥。在北壁上部有

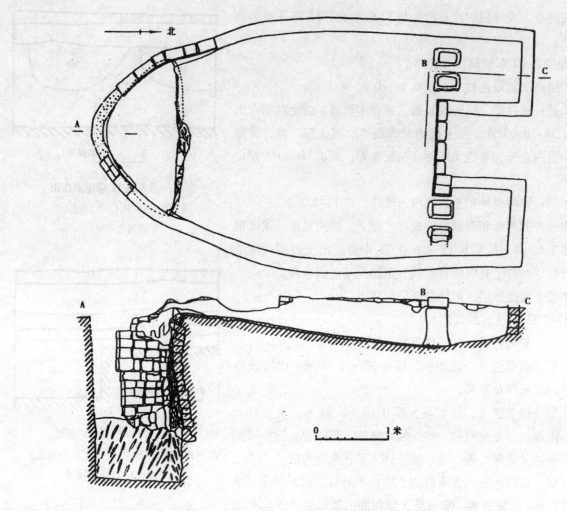

图一〇　Y1平面、剖面图

宽0.7~1米、深0.60米的一段曾做过修补。自深1.50米处向下至底系土壁，呈灰蓝色烧结面，掘坑时留下的镐痕清晰可见。火膛内堆积可分两层：上层从口部向下1.50米，填杂土和烧土块、窑壁砖等，含大量窑具、瓷片；下层由1.50米向下至底，草木灰与瓷土混合，愈向下愈纯净。该层只含少量酱瓷、黑瓷片。另在火膛正南部残存有东西宽0.80米以上、南北长1米以上、厚0.06米的灰褐色路土面，应是窑门部位的工作面。

窑床：近似梯形。南北长3.5米，东西宽2.20~3.05米，东、西两壁为弧形。窑床面前高后低，高差0.38米，呈灰蓝色烧结面。窑室残存最高处0.62米。窑床上堆积由上往下分四层：第一层厚50厘米，高出现存墙7厘米，为大量烧土块、窑壁砖、杂土混合，应是倒塌堆积；第二层为黄土，厚2~12厘米，类似澄浆泥，往北渐深；第三层为草木灰，厚5厘米；第四层是极薄的一层石灰。

烟囱：2个，东西并列，相距0.82米。烟囱平面近正方形，与窑床连接处各以单行耐火砖砌出两道立柱，立柱上再涂以2厘米厚的耐火泥，残高0.70米。烟囱底部凸凹不平。西烟囱南北0.82米，东西0.84~0.86米；东烟囱南北0.77米，东西0.85~0.90米。

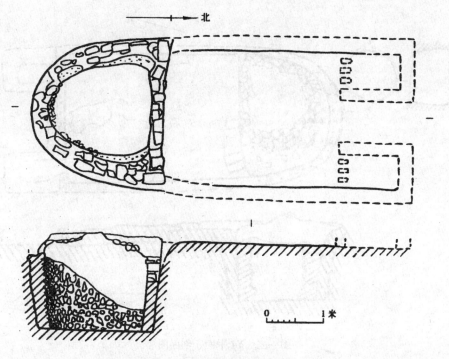

图一一　Y3 平面、剖面图

Y2　位于 T6 西部，叠压在第 7 层下。窑床距地表深 2.10 米左右。该窑炉被毁严重，除保留火膛外，其余仅存红烧土痕，但仍可看出原大致形状：方向正南北，火膛在南。残存南北通长 3.70 米，东西 1.50 米。

Y3　位于 T6 东部，与 Y2 东西并列，相距约 1 米，窑床面距地表高 2.10 米。除火膛尚存外，余被毁严重，仅存红烧土。南北通长 6.30 米，东西最宽处 2.80 米（图一一）。

火膛：平面近似半圆形，斜壁。平底。上口南北长 1.85 米，东西最宽处 1.80 米，底长 1.62 米，宽 1.60 米，深 1.66 米。底呈灰蓝色烧结状。壁由垫砖、垫柱、匣钵等砌成，厚 0.20～0.35 米，表面涂约 5 厘米厚的耐火泥。火膛内堆积分为两层：上层厚 1.25 米，为草木灰、红烧土混杂；下层厚约 0.40 米，主要填充物为窑具、窑砖残块，并夹杂有灰土。两层之间有约 0.10 米厚的耐火砂，很有可能是第二阶段使用时的火膛底部。上下两层出土遗物相同，有一些完整的碗、窑具，还有一些瓷塑和未经焙烧的器坯残件。

窑床：平面基本呈长方形。南北长 2.94 米，东西宽 2.10～2.36 米，墙宽 0.20 米，其中东壁被第 6 层下开口的灰坑 H37、H38 打破。

烟囱：2 个，东西并列，相距 1.20 米。每个平面为长方形。东烟囱内径南北 0.90 米，东西 0.54 米，与窑床连接处可辨有 3 道立柱，形成每个烟囱皆有四个排烟道。西烟囱被第 7 层下灰坑 H27 破坏。

Y4　位于祁村 T1 西南方约 80 米。1983 年由工业部门组成的邢窑研究组曾做过清理并回填，1991 年 5 月，由邢窑考古队再次进行了清理。

该窑位于耕土层下，方向 11 度，上部全毁，只存残基，分火膛、窑床、烟囱三部分。南北通长 5.85 米，东西最宽处 2.45 米（图一二）。

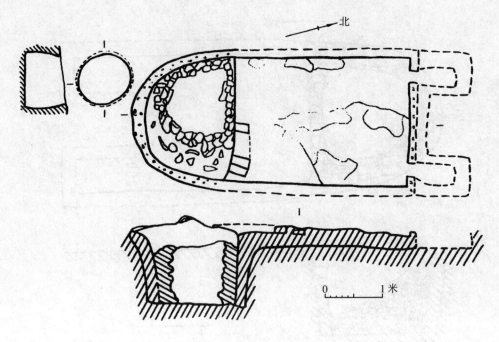

图一二　Y4平面、剖面图

　　火膛：平面呈半圆形。内壁南北最长处 1.55 米，东西宽 2.15 米，深 1.25 米。底部平坦，南北长 1.40 米，东西宽 2 米。火膛周壁抹有一层耐火泥，烧面呈灰蓝色。

　　在火膛内靠西部套砌有一个小火膛，平面形状与大火膛相同，它是利用残断的耐火砖、窑柱、匣钵及未经加工的小砖块砌成的。墙宽 0.12～0.23 米，残高 0.90 米。经解剖了解，该小火膛应是在大火膛使用了一段时间之后加筑的。据第一次参加发掘者讲，在两火膛中皆出土了一些漏斗形匣钵、三角支钉、窑柱等窑具和大唇沿壁形底碗、执壶残片等。

　　窑床：长方形。长 3 米，宽 2.05～2.15 米。床面已凸凹不平，靠近火膛部位单层平铺一排耐火砖，其他地方抹耐火泥。

　　烟囱：从痕迹看，两烟囱东西相距约 1 米，平面呈长方形。西烟囱南北 0.62 米，东西 0.38 米。东烟囱南北 0.58 米，东西 0.36 米。两烟囱分别有长 0.20 米的排烟道与窑床相连。

　　另外在该窑炉火膛西南 0.20 米处有一圆形、平底袋状坑。上口最大径 0.84 米，深 0.85 米，底径 0.95 米。该坑当与烧窑有关。

　　2. 灰坑　52 座。其中内丘城关 13 座，编号内 H1～H13；祁村 39 座，编号祁 H1～H39。灰坑大小悬殊，大的长径超过 4 米，小的径不足 1 米；形状不一，有椭圆形、圆形、方形或长方形、不规则形几种；用途不一，一部分是窑场上使用的窑穴，一部分则可能是经后期填平的低洼地等。选择举例如下。

　　内 H1　椭圆形，弧壁，平底。出于西关北 T1 中部，开口于第 2 层下，分别被第 2 层下开口的灰坑 H2、H7 打破。长径 3.26 米，宽径 1.72 米，最深处 1.15 米（图一三：1）。该灰坑内出土有较多的窑具、瓷器残件和陶片。窑具有大量筒形匣钵、蘑菇形窑柱、三角支钉及一些喇叭形窑柱、齿形垫具、垫珠等。瓷器以碗为最多，其次是钵、高足盘和杯、瓶、印花覆莲器座等，并出土了一些透影细白瓷碗、盘、杯等残片。

祁 H24　不规则形。位于祁村 T5 北中部，开口于第 7 层下，壁、底皆不甚规整。坑南壁约中部有两个扁圆形脚窝，北壁有一个脚窝。该坑长径 2.42 米，最宽径 2.20 米，深 1.40～1.70 米（图一三：2）。坑中出土遗物较多，有大量窑具和白瓷、黄瓷、黑瓷、酱瓷、青瓷残片及陶片，并出土了一枚"乾元重宝"钱币。

祁 H12　长方形，直壁，平底。位于 T3 中部，方向约 10 度。开口于第 4 层下，打破 H13 和第 5层。长 3.10 米，宽 0.60 米，深 1.00 米（图一三：3）。坑内遗物以粗白瓷为最多，其次是黑瓷和青瓷。窑具有漏斗形匣钵、盒形匣钵、垫砖、三角支钉、线轴状窑戗，另有陶瓦片等。

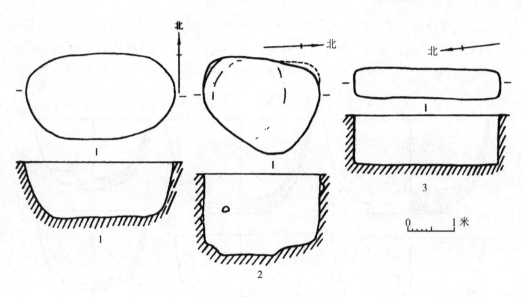

图一三　灰坑平面、剖面图
1. 内 H1　2. 祁 H24　3. 祁 H12

（三）分期

根据地层叠压和遗迹、遗物特征综合分析，我们把内丘城关和临城祁村两处窑址试掘的地层、遗迹、遗物从早到晚分为五期，详见表1。

表1　　　　　　　　　　　　　内丘城关和临城祁村窑址分期

第一期	内丘西关北 H1～H4、H6、H7
第二期	内丘西关北第 2 层、H5，礼堂第 3、4 层和 H8、H10、H11，电影公司第 2～4 层及 H12、H13
第三期	内丘礼堂第 2 层、H9，祁村 T1、T2 的第 2～4 层，T5 的第 8 层，祁村 H1～H11、H32、H33
第四期	祁村 Y2～Y4，T3、T4 的第 5 层，T5 的第 5～7 层以及祁村 H17～H20、H22～H25、H39
第五期	祁村 T3、T4 的第 2 层，T3～T5 的第 3、4 层，T6 的第 4～7 层以及 Y1，H12～H16、H21、H26～H31、H34～H38

（四）遗物

根据地层堆积、遗迹及遗物特征，对遗物分期介绍，同类遗物统一划分型式。

1. 第一期遗物　有瓷器、陶器、窑具和模具。

（1）瓷器　以青瓷、粗白瓷为主，次为精细白瓷，另有少量的黑瓷和黄瓷。粗瓷一般胎体厚重，胎色灰白或呈灰色，胎上施白色化妆土。釉的流动性较大，积釉、流釉、开片和口部干釉现象普遍，器外多施半釉或施釉不及底。敞口器物内底大都留有支钉痕。

碗　数量最多。只有一型。

A 型　敞口。可分为二亚型。

Aa 型　有足。可分为二式。

Ⅰ式：大都为尖唇，敞口较直，假圈足微外撇，足心内凹，足外削棱一圈。内 T2H6：1，青黄色釉，露胎处局部为红褐色。高 7.9 厘米，口径 14.5 厘米（图一四：1）。

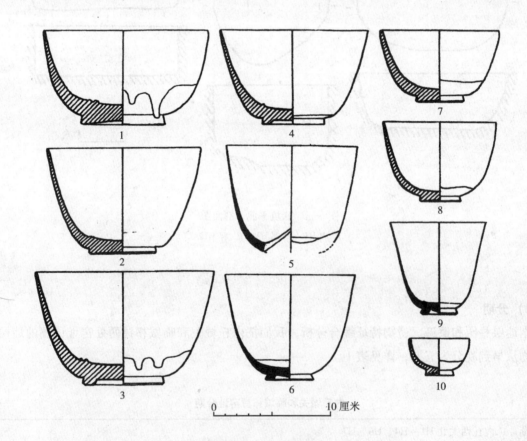

0　　　　　　　　　10厘米

图一四　第一期瓷器

1. Aa 型Ⅰ式碗（内 T2H6：1）　2. Aa 型Ⅱ式碗（内 T2H4：2）　3. Ab 型Ⅰ式碗（内 T2H4：3）

4. Ab 型Ⅰ式碗（内 T2H4：1）　5. Ab 型Ⅱ式碗（内 T1H1：17）　6. Ab 型Ⅱ式碗（内 T1H1：15）

7、8. Aa 型Ⅱ式碗（内 T2H6：2、内 T2H4：5）　9. A 型杯（内 T1H1：16）　10. 盅（内 T2H6：3）

　　Ⅱ式：尖唇，斜直壁，腹相对变深，胎体相对Ⅰ式稍薄，假圈足较Ⅰ式为小。T2H4：2，胎色灰黄，釉白中泛黄。高8.8厘米，口径13.5厘米（图一四：2）。内T2H6：2，黄色釉，釉面不甚光亮，露胎处呈红褐色。高6厘米，口径10厘米（图一四：7）。内T2H4：5，白釉泛黄，釉面光洁，有较多开片。高6.8厘米，口径9.8厘米（图一四：8）。

　　Ab型　矮圈足。发现不多，主要是精细白瓷，有少量粗白瓷、青瓷。可分为二式。

　　Ⅰ式：深腹，胎稍厚，为粗白瓷、青瓷。内T2H4：1，白瓷。高7.8厘米，口径12.5厘米（图一四：4）。内T2H4：3，青瓷，灰白色胎，施化妆土，腹外壁有粘烧痕。高9.4厘米，口径15.6厘米（图一四：3）。

　　Ⅱ式：深腹，薄胎透影细白瓷。内T1H1：15，胎质细腻洁白，瓷化程度很高，断面呈油脂光泽，对光有透影感，釉面不太光亮。高8.8厘米，口径11厘米，唇薄处仅0.07厘米（图一四：6）。内T1H1：17，底残，釉面光润。残高8厘米，口径10.2厘米，唇薄处不足0.1厘米（图一四：5）。

　　杯　出土有粗白瓷和精细白瓷。可分为三型。

　　A型　矮圈足。复原1件，为精细白瓷。内T1H1：16，敞口上部微外撇，尖唇，深腹，胎质细洁，瓷化程度很高，透影性强，釉面不亮，内底粘有泥条。高7.6厘米，口径8.1厘米，胎薄处厚不足0.1厘米（图一四：9）。

　　B型　鹦鹉形杯。复原1件，为细白瓷。内T2H6：9，鹦鹉作仰身状，头内勾，杯口由两翅合拢而成。颈部尚粘有仰烧用的三角支钉，底部亦有支钉留下的粘疤痕。鹦鹉眼点黑彩，身和翅似分别模印而成。细细的羽毛整齐清晰，颈周划有短线纹以象征羽毛，整体装饰效果极强。长14厘米，高10.5厘米。

　　C型　兽形杯。出土1件，残。内T2H4：23，白瓷，下部为兽形。眼点黑彩，两前爪抱于胸前。杯外壁模印卷云、联珠等装饰花纹。残高10厘米。

　　盅　出土很少。皆青瓷，敞口，弧壁，假圈足。内T2H6：3，青釉略泛黄，有细密开片。高3.1厘米，口径5.2厘米（图一四：10）。

　　钵　出土较多。只有一型。

　　A型　敛口，有肩，平底。青瓷占多数，其次为白瓷和黄瓷。器外施半釉，釉面多有细小的开片，施化妆土。器内多有垫珠粘连痕，系套装叠烧而成。依口敛程度和腹深浅不同，可分为三式。

　　Ⅰ式：浅腹，斜壁，上腹多有弦纹一道。内T2H4：4，黄瓷。高6.9厘米，口径18.2厘米（图一五：6）。

　　Ⅱ式：腹稍深，腹壁微弧，上腹多有弦纹一道。内T1H1：4，青瓷。形体较大。坯胎上分布有多个大小不等的气泡疙瘩，器内粘有垫珠。高16厘米，口径28厘米（图一五：7）。

　　Ⅲ式：深腹，腹壁呈弧形，形体相对较小。有青瓷和白瓷。内T2H4：12，白瓷。胎质较细，色灰黄。釉呈乳白色，光润细腻，釉面开片纹较小，局部有干釉现象。内底有三个垫珠粘连痕。高11.6厘米，口径15.6厘米（图一五：10）。内T2H4：13，青瓷。高12厘米，口径14.9厘米（图一五：9）。

　　盘　可分为三型。

　　A型　喇叭形高圈足。出土较多。只有一式。

　　Ⅰ式：口外撇，圆唇，浅盘，平底，足下部外翻。足不施釉。T1H1：7，黄绿色釉。高5.8厘米，口径 14.4 厘米（图一五：1）。

B 型　大圈足。出土不多。直口微敛，尖唇，弧壁。内 T1H1：5，胎色灰白，生烧，釉面无光。高 5 厘米，口沿 15.6 厘米（图一五：2）。

C 型　平底。出土不多。只有一式。

Ⅰ式：直口，尖唇，浅弧腹。内 T1H1：19，白釉泛青，内底有较大裂纹。高 3 厘米，口径 22.8 厘米（图一五：3）。

盆　出土较少。敞口，弧腹，假圈足外撇，足心内凹，足外削棱一圈，器内有支钉痕。口腹不同，可分为二式。

Ⅰ式：腹较深，沿面一周凹槽，外缘高于内缘。内 T2H4：15，形体较大，胎色灰白，生烧，干釉无光。高 11.5 厘米，口径 35 厘米（图一五：4）。

Ⅱ式：腹稍浅，沿面内缘高于外缘。内 T1H1：2，青瓷。内底积釉呈黑色。高 6 厘米，口径 22.2 厘米（图一五：5）。

瓶　出土较多。有青瓷、白瓷两种，均施半釉。可分为四型。

A 型　盘口，尖唇，细颈，上腹鼓圆，颈腹间置双泥条系，下腹细瘦，假圈足外撇。内 T1H2：6，胎质较粗，胎色灰黄，釉色白中泛灰，釉面有细小开片。高 9.2 厘米，口径 3.2 厘米（图一五：14）。

B 型　钵口。出土较多。只有一式。

Ⅰ式：细颈，垂腹，小平底。内 T2H4：7，青褐色釉，釉面光滑。高 12 厘米，口径 1 厘米（图一五：15）。

C 型　喇叭口，长颈。只有一式。

Ⅰ式：丰肩，鼓腹，假圈足，足心内凹。内 T2H4：6，灰胎，施白色化妆土，白釉，积釉、流釉现象严重，釉厚处有大开片纹。高 18.6 厘米，口径 6 厘米（图一五：16）。

D 型　圆唇外翻，小平底，形体较小。内 T2H4：14，黄绿色釉，釉面不平，有桔釉和剥釉现象，且有小冰裂纹。高 5.8 厘米，口径 2.4 厘米（图一五：17）。

罐　胎质较粗，胎色多为灰褐色。釉多为青色、黄色。可分为四型。

A 型　鼓腹。只有一式。

Ⅰ式：直口，圆唇，平肩。两个双泥条系高于或平于口部，假圈足微外撇，底心内凹，足外削棱一圈。内 T2H4：8，青绿釉，有明显开片纹。高 11.4 厘米，口径 5.2 厘米（图一五：11）。

B 型　卷沿，丰肩。内 T2H6：4，下腹残。釉色为豆青色。残高 6.6 厘米，口径 8.4 厘米（图一五：13）。

C 型　敛口。只有一式。

Ⅰ式：口内收，尖唇，鼓腹。内 T2H4：9，腹下残缺，釉干黄。残高 7 厘米，口径 5.4 厘米（图一五：12）。

D 型　鸟食罐。只有一式。

Ⅰ式：敛口，平肩，弧腹，平底。内 T2H6：5，露胎处呈红褐色，釉色米黄，釉面不太平滑。高 2.6 厘米，口径 2.2 厘米（图一五：8）。

扁壶　出土不多。直口，平肩，肩部置双孔，弧腹，腹及假圈足断面近椭圆形。腹两面分别模印

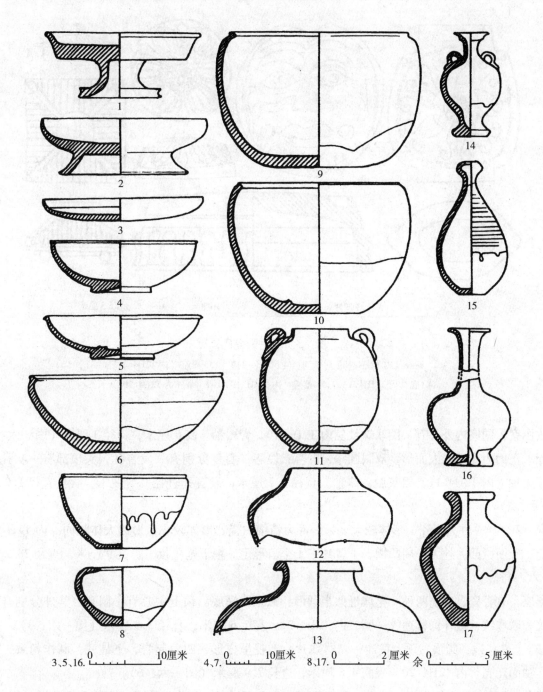

0　　　　10厘米　　　0　　　　10厘米　　　0　　2厘米　余0　　　5厘米
3、5、16.└──┴──┘　　4、7.└──┴──┘　　8、17.└──┘　　└──┴──┘

图一五　第一期瓷器

1. A 型 I 式盘（内 T1H1：7）　　2. B 型盘（内 T1H1：5）　　3. C 型 I 式盘（内 T1H1：19）　　4. I 式盆（内
T2H4：15）　　5. II 式盆（内 T1H1：2）　　6. A 型 I 式钵（内 T2H4：4）　　7. A 型 II 式钵（内 T1H1：4）　　8. D 型
I 式罐（内 T2H6：5）　　9. A 型 III 式钵（内 T2H4：13）　　10. A 型 III 式钵（内 T2H4：12）　　11. A 型 I 式罐
（内 T2H4：8）　　12. C 型 I 式罐（内 T2H4：9）　　13. B 型罐（内 T2H6：4）　　14. A 型瓶（内 T1H2：6）　　15. B
型 I 式瓶（内 T2H4：7）　　16. C 型 I 式瓶（内 T2H4：6）　　17. D 型瓶（内 T2H4：14）

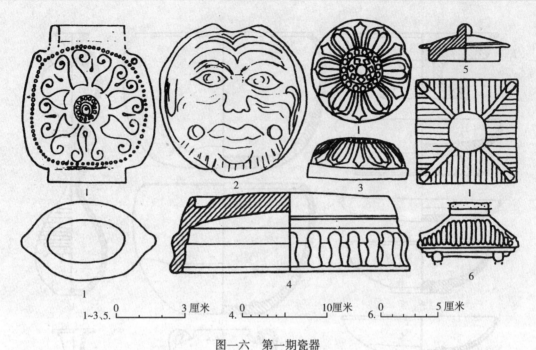

图一六　第一期瓷器

1. 扁壶（内 T2H4：10）　2. 埙（内 T2H4：11）　3. 器座（内 T2H4：21）

4. 砚（内 T1H1：21）　5. 器盖（内 T1H1：18）　6. 亭（内 T2H4：20）

卷云纹图案，图案内外各有一圈联珠纹。内 T2H4：10，青褐釉。高 6 厘米，口径 3 厘米（图一六：1）。

埙　正面为高浮雕人面形，双眼圆睁，隆鼻，厚唇，唇角分别有一发音孔，头顶部有一吹孔。背面光素无釉。内 T2H4：11，粗灰胎，酱釉。直径 5.7 厘米，发音孔直径 0.5 厘米，吹孔直径 1.2 厘米（图一六：2）。

砚　2 件。一件为粗瓷，形体较大。另一件为精细白瓷，形体较小，形制大体相同。内 T1H1：21，粗白瓷。砚面微凸，外为一周凹槽，下置约三十个兽形足。釉下施化妆土。高 9 厘米，直径 28.2 厘米（图一六：4）。

器座　有青瓷、白瓷两种。整体近似半圆形，弧顶，平底。顶上中心有一圆孔，其外分别有一周方块纹和联珠纹，最外饰覆莲纹一圈。内 T2H4：21，高 1.6 厘米，直径 3.9 厘米（图一六：3）。

亭　1 件。残，圆顶，顶上粘连一瓷器残片，上视呈方形，四角起脊，下柱残。制作精致，施白色釉，釉面光亮。内 T2H4：20，残高 4.6 厘米，边长 7.9 厘米（图一六：6）。

器盖　1 件，为精细白瓷。圆纽，顶壁斜直。内 T1H1：18，高 1.4 厘米，直径 3.5 厘米（图一六：5）。

（2）陶器　均为泥质灰陶，有罐、盆。

罐　复原 1 件。直口，圆唇，丰肩，平底。内 T2H6：7，肩上两侧分别有一小圆孔。通体饰绳纹，肩及上腹饰二道弦纹，上腹绳纹较规矩统一，下腹杂乱，部分绳纹被抹去。高 28.5 厘米，口径 15 厘米（图一七：2）。

盆　复原 2 件，形制相同。敞口，宽平折沿，斜壁，平底。外饰绳纹，内饰竖条纹、印纹。内

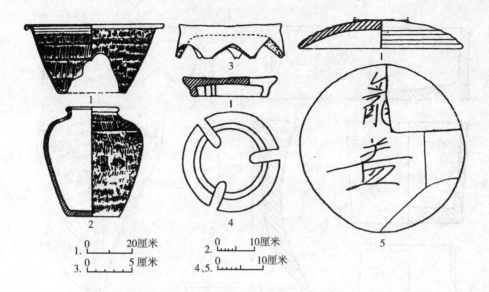

图一七　第一期陶器、窑具

1. 陶盆（内 T2H6∶8）　　2. 陶罐（内 T2H6∶7）　　3. 六齿垫具（内 T1H1∶11）
4. 盘形垫具（内 T1H1∶8）　　5. 匣钵盖（内 T1H1∶12）

T2H6∶8，高 30 厘米，口径 64 厘米（图一七∶1）。

（3）窑具　出土数量、种类较多。用料一般较粗，由于重复使用，窑具表面大都形成一层柴灰釉，釉与胎体结合不好，多已剥落。

窑柱　可分为二型。

A 型　倒蘑菇形。由柱和盘组成。只有一式。

Ⅰ式：柱较高，盘较薄。柱筒顶部和底部分别粘有泥条，柱筒里面还常粘有瓷器残片，盘面上亦粘有很多垫圈、垫饼、泥条及瓷器残片。内 T1H1∶13，高 20.2 厘米，柱筒直径 11.5 厘米，盘径 28 厘米（图一八∶5）。

B 型　喇叭形。平顶，柱上部外撇，下部呈喇叭形，空心，多粘有耐火砂。内 T2H4∶16，高 13.2 厘米（图一八∶4）。

筒形匣钵　为烧制细白瓷的专用窑具。均为直筒形，平底。质较细，胎色灰白，口部多涂有白色耐火土，以防止粘连。根据深浅和烧制器物的不同，可分为二型。

A 型　深筒。出土较多。为烧制碗、瓶类器物的窑具。只有一式。

Ⅰ式：形体较小，细筒，壁较薄。内 T2H4∶19，口微侈。高 11.8 厘米，口径 15.2 厘米（图一八∶2）。内 T2H4∶18，尖唇，唇面微凹。高 21.2 厘米，口径 16.2 厘米（图一八∶3）。

B 型　浅筒，壁较厚。为烧制盘、砚类器物的窑具。口沿部大都有泥条，内底多粘有细耐火砂。内 T1H1∶14，口部削有一半圆形的排气孔。高 11.6 厘米，口径 32.8 厘米（图一八∶1）。

匣钵盖　有两种。一种较常见，为圆饼形；一种少见，呈浅盘形，胎体粗糙厚重，圆唇，弧顶。内 T1H1∶12，弧顶表面布满柴灰釉斑，并粘连有碗类口沿。中心还粘有直径约 5 厘米的耐火砂，可能在其上面装有至少两件器物。盖内壁浅刻"笼盖"二字。直径 36 厘米（图一七∶5）。

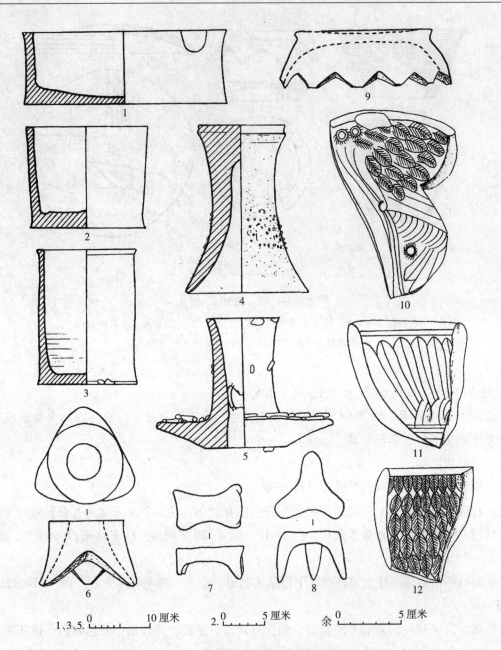

图一八　第一期窑具、模具

1. B 型筒形匣钵（内 T1H1：14）　2、3. A 型 I 式筒形匣钵（内 T2H4：19、内 T2H4：18）　4. B 型窑
柱（内 T2H4：16）　5. A 型 I 式窑柱（内 T1H1：13）　6. 三齿垫具（内 T1H1：10）　7. 四角支钉
（内 T2H6：6）　8. I 式三角支钉（内 T1H1：9）　9. 多齿垫具（内 T2H4：17）　10. 印花模具（内
T1H1：23）　11. 印花模具（内 T1H1：22）　12. 印花模具（内 T2H4：22）

　　齿形垫具　发现不多。灰胎较细，皆轮制。托面圆形，齿皆外撇。有三齿、六齿、多齿之分。内
T1H1：10，三齿垫具，体高而小，托面中心有一圆孔。高 5.2 厘米，直径 6 厘米（图一八：6）。内
T1H1：11，六齿垫具，上有柴灰釉斑，齿尖上粘有白色釉痕。高 3.6 厘米，托面直径 11.2 厘米（图一

七：3）。内 T2H4：17，多齿垫具，齿尖上粘有黑色釉痕。高 4.5 厘米，托面直径 11 厘米（图一八：9）。

盘形垫具　胎体厚重，色灰。平顶微凹，环形足，上有三个均等的"U"形口。该窑具可能是烧造大件器物或是承托筒形匣钵的底座。内 T1H1：8，高 4.2 厘米，直径 21.2 厘米（图一七：4）。

三角支钉　出土较多。皆手制，系烧制粗瓷碗类器的专用支垫。只有一式。

Ⅰ式：三叉形，托面较小，形体瘦高。内 T1H1：9，高 3.8 厘米（图一八：8）。

四角支钉　出土不多。手制，好像一只无头的小动物。该窑具应是支钉向上，专用以支烧底足带釉的器物。内 T2H6：6，高 2.5 厘米（图一八：7）。

（4）印花模具　3 件。均为白胎，阴模雕刻而成。内 T1H1：22，莲瓣纹。残高 10 厘米（图一八：11）。内 T2H4：22，叶脉纹。残高 9 厘米（图一八：12）。内 T1H1：23，叶脉纹、莲瓣纹。可能为鹦鹉杯的模具。残高 15 厘米（图一八：10）。

本期的 A 型盘、数量最多的碗、杯等和安阳隋墓③中出土的同类器相同，相同的高足盘在山西汾阳北关隋代梅渊墓④亦有出土，A 型Ⅰ式青瓷双系罐与太原隋斛律徹墓⑤的双系罐相似，A 型Ⅰ式、A 型Ⅱ式碗分别与河南偃师隋墓⑥出土的两件碗相同。另外本期的钵、B 型瓶、C 型瓶等也都是隋墓和隋代瓷窑址上常见的器形。因此，本期年代大致相当于隋代。

2. 第二期遗物　有瓷器、陶器和窑具。

（1）瓷器　均为粗瓷，一般较粗糙，胎色多呈深灰色。釉层变薄，流釉、积釉现象较前期明显减少。釉下多施有白色化妆土，而器内所施的化妆土大都不施到底，未施化妆土的部位与施化妆土部位釉色相差甚大。

碗　出土较多。假圈足相对变大，足上多无削棱。釉色有青、黄、白、黑几种。皆残。可分为三型。

A 型　敞口。只有一亚型。

Aa 型　有足。较多。可分为二式。

Ⅲ式：上口微撇，深腹，假圈足较矮直，足心微凹。内 T6H10：1，釉色黄绿，光泽度差。高 7 厘米，口径 11.4 厘米（图一九：1）。

Ⅳ式：圆唇，斜壁，假圈足外撇，足心微凹。多黄釉，内满釉，有三支钉痕，器外半釉。内 T6H9：1，高 7.7 厘米，口径 16.8 厘米（图一九：9）。内 T10H13：2，假圈足相对较高。黄釉，内表未施化妆土处呈黄绿色。高 4.4 厘米，口径 11.2 厘米（图一九：2）。

B 型　直口，浅腹，体小。数量较多。平沿，假圈足较大而高，外壁下腹旋削痕明显，做工较粗。釉下施白色化妆土，器内满釉，外半釉。内 T10②：6，灰胎，米黄色釉。沿上有浅凹槽一周，沿内缘微有凸棱。高 3.4 厘米，口径 8.8 厘米（图一九：3）。

C 型　平底，数量不多。底心微凹，器内满釉，外半釉。可分为二式。

Ⅰ式：直口微敛。内 T6H10：3，青绿色釉，内底有落渣和灰，凸凹不平。高 5.7 厘米，口径 11.6 厘米（图一九：4）。

Ⅱ式：敞口，斜腹，小平底。内 T7②：1，干釉。高 5.2 厘米，口径 11.8 厘米（图一九：5）。

盘　可分为二型。

A 型　喇叭形高圈足。只有一式。

Ⅱ式：平折沿，弧腹，腹较深。内 T10②：1，足残。胎呈深灰色，施白色化妆土，内外均挂黑色釉，釉面乌黑光润。残高 4.8 厘米，口径 13.6 厘米（图一九：6）。内 T10②：3，三彩。胎为浅粉红色，盘内无彩，外为红绿黄三色彩。残高 4 厘米，口径 12 厘米（图一九：7）。

C 型　平底。不多。只有一式。

Ⅱ式：敞口，圆唇，斜壁，腹较深，器外露胎处有旋削痕。内 T8H12：1，胎色灰，釉色青绿，内满釉，外施半釉，釉面有大的冰裂纹。高 3.8 厘米，口径 15.8 厘米（图一九：8）。

钵　粗胎，胎多呈红褐色。可分为二型。

A 型　敛口，有肩。只有一式。

Ⅳ式：口敛较甚，圆唇，肩明显，鼓腹。内 T10H13：3，施黄褐色釉。残高 8.8 厘米，口径 15 厘米（图一九：11）。

B 型　大口。内 T6H10：2，直口微内敛，沿上饰凹纹一周，弧腹，小平底。施米黄色釉，釉面干涩，略生烧。高 14.1 厘米，口径 28.2 厘米（图一九：12）。

盆　只有一式。

Ⅲ式：平折沿，圆唇，弧腹。形体较大，底皆残。胎色青黄或灰黄，釉色有白、黑酱几种，器内外均施半釉不及底。内 T10H13：8，酱釉，未施化妆土。残高 12 厘米，口径 37.5 厘米（图一九：10）。

罐　粗胎，釉下施化妆土。可分为二型。

A 型　鼓腹。只有一式。

Ⅱ式：圆唇，短颈，丰肩，肩上置两个双泥条系，假圈足足心微凹。内 T10H13：7，胎表面为红褐色。半釉，釉色酱黄，色调不均匀，釉面有小开片。高 28.6 厘米，口径 10.5 厘米（图一九：13）。

C 型　敛口。只有一式。

Ⅱ式：口内收，圆唇，领变高，鼓腹。内 T10H13：5，外施黄釉，釉面无光泽，生烧，腹下残。残高 6.6 厘米，口径 6 厘米（图一九：14）。

瓶　数量少。粗灰胎，半釉。可分为二型。

B 型　钵口。只有一式。

Ⅱ式：钵口部分变短矮，腹最大径上移，平底变大。内 T10H13：6，酱黄釉，釉色不匀。腹上有粘疤痕。残高约 12 厘米（图一九：17）。

C 型　喇叭口，长颈。只有一式。

Ⅱ式：翻沿，圆唇，宽肩，鼓腹，高实足外撇，厚胎厚釉。内 T10H13：4，胎表面呈铁红色，黑釉。高约 27 厘米，口径 7.2 厘米（图一九：16）。

三足锼　出土有三彩素坯和黑瓷两种，形制大致相同。内 T7③：1，素坯，灰白色。撇沿，圆唇，矮领，鼓腹，平底，三兽足。肩腹部饰弦纹三道。高 16.8 厘米，口径 14.4 厘米（图一九：15）。

莲花座　近似半圆形，弧顶，平底，中心一圆穿。表面有三排凸雕变形莲瓣，做工较粗。内 T10②：5，高 2.5 厘米，直径 4.3 厘米（图一九：18）。

残片　1 件。内 T2②：1，白瓷，镂孔（图一九：19）。

（2）陶器　皆残片。均为泥质灰陶，有盆、瓦当和俑等。

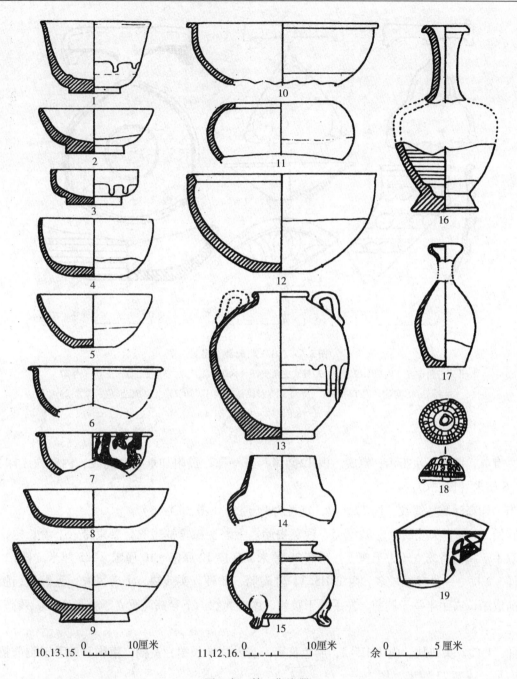

图一九　第二期瓷器

1. Aa 型Ⅲ式碗（内 T6H10：1）　　2. Aa 型Ⅳ式碗（内 T10H13：2）　　3. B 型碗（内 T10②：6）　　4. C 型Ⅰ式碗
（内 T6H10：3）　　5. C 型Ⅱ式碗（内 T7②：1）　　6. A 型Ⅱ式盘（内 T10②：1）　　7. A 型Ⅱ式盘（内 T10②：3）
8. C 型Ⅱ式盘（内 T8H12：1）　　9. Aa 型Ⅳ式碗（内 T6H9：1）　　10. Ⅲ式盆（内 T10H13：8）　　11. A 型Ⅳ式钵
（内 T10H13：3）　　12. B 型钵（内 T6H10：2）　　13. A 型Ⅱ式罐（内 T10H13：7）　　14. C 型Ⅱ式罐（内 T10H13：
5）　　15. 三足镤（内 T7③：1）　　16. C 型Ⅱ式瓶（内 T10H13：4）　　17. B 型Ⅱ式瓶（内 T10H13：6）　　18. 莲花
座（内 T10②：5）　　19. 残片（内 T2②：1）

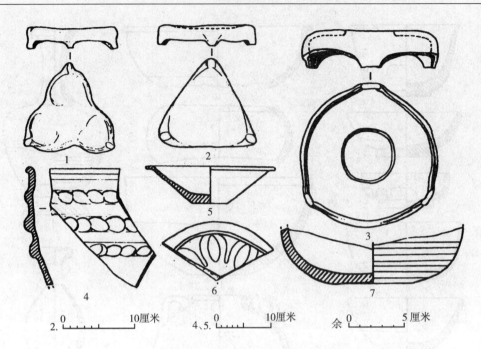

图二〇　第二期陶器、窑具

1. Ⅱ式三角支钉（内T8H12∶3）　2. Ⅲ式三角支钉（内T10②∶7）　3. 三足盘形支具（内T7
③∶1）　4. 陶盆（内T2②∶4）　5. Ⅰ式盘形匣钵（内T10②∶2）　6. 瓦当（内T2②∶2）
7. 筒形匣钵（内T10②∶4）

盆　直口，圆唇，小折沿，深腹。内T2②∶4，腹壁饰三道附加堆纹和绳纹，内壁饰压印方格纹。残高21.6厘米（图二〇∶4）。

瓦当　饰高浮雕莲瓣纹。内T2②∶2，直径约14厘米（图二〇∶6）。

文官俑　1件，头残缺。内T2②∶5，浅黄褐胎。上着交襟宽袖短衣，腰束带，下着长袍，足蹬云头鞋，双手于胸前持笏立于方形座上。残高29厘米，底座12厘米×10厘米×2.5厘米（图二一∶2）。

胡俑　2件。一件残缺较多。内T2H5∶3，红陶胎，质硬，头残缺。上着风衣，大翻领，腰后系粮袋于腹前成结，右手半举于胸前，左手置于腹侧，做持物状。下穿高筒靴立于方形座上。残高21.2厘米（图二一∶5）。

女俑　1件。头残缺。内T2H5∶2，胎色黄褐。身着拖地长裙，宽袖，束胸，双手于胸前持板，裙下微露右足。残高23厘米（图二一∶1）。

坐俑　1件。头残缺。内T2②∶6，胎色浅黄褐。上着披肩，腰系带，足蹬尖头靴，盘坐于六角形底座上，右手握圆形器座放于股上，左手紧握一鹿的左前腿。鹿为立耳，头侧向前，昂首卧于俑腹前。残高8.8厘米，座宽8厘米（图二一∶4）。

跪坐俑　1件。头残缺，臂残。内T2H5∶4，浅黄褐胎，质较硬。身着长衫，束腰，双膝跪于方形座上。残高12厘米。

女俑头　1件。内T2H5∶1，色灰白。梳高髻，面部较丰满。残高5.3厘米（图二一∶3）。

（3）窑具　出土不多，粗胎，以三角支钉最多。

筒形匣钵　皆残片。内 T10②:4，灰白胎，只存下部，腹壁与底相接处为弧形。直径16.5厘米（图二〇：7）。

盘形匣钵　复原1件。

Ⅰ式：平折沿，斜壁，腹较深，小平底。内 T10②:2，高6.6厘米，口径24厘米（图二〇：5）。

三角支钉　手工制成。可分为二式。

Ⅱ式：托面变大，三叉已不甚明显，钉变矮，大小不一。内 T8H12:3，高1.8厘米（图二〇：1）。

Ⅲ式：托面呈圆角三角形，钉矮。内 T10②:7，边长约13.6厘米，高3厘米（图二〇：2）。

三足盘形支具　1件。内 T7③:1，胎稍细，轮制。似一倒置的盘，中心有一圆孔，下削出三个平

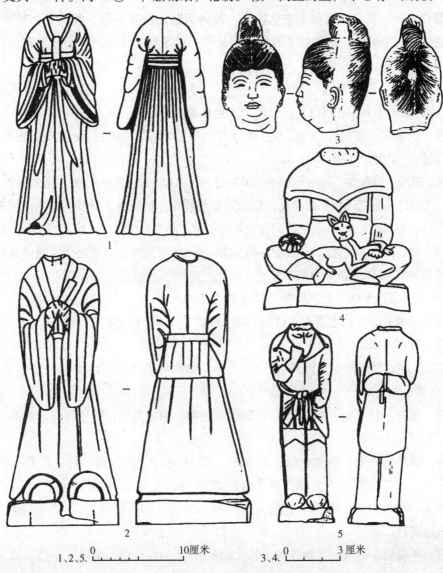

图二一　第二期陶俑

1. 女俑（内 T2H5:2）　2. 文官俑（内 T2②:5）　3. 女俑头（内 T2H5:1）

4. 坐俑（内 T2②:6）　5. 胡俑（内 T2H5:3）

足。高 3.4 厘米，最大直径 13 厘米（图二○：3）。

本期 A 型 Ⅱ 式罐与清河唐墓（公元 670 年）双系罐⑦基本相同。A 型 Ⅳ 式钵在山西长治唐范澄夫妇墓（公元 660 年）⑧、崔拏墓（公元 689 年）⑨等皆有出土。三彩 A 型 Ⅱ 式盘与河南偃师杏园村唐墓（公元 709 年）三彩豆相同。另外本期大宗的假圈足厚胎黄釉碗是唐早期墓和窑址中常见的产品，在邢台及邻近地区的唐早期墓中亦常见各类陶俑、胡俑的出土。因此本期约为唐早期，大致年代相当 7 世纪初至 8 世纪初。

3. 第三期遗物　有瓷器、陶器和窑具等。

（1）瓷器　有碗、盘、盆、钵、盒、罐等。

碗　有粗细瓷之分，粗瓷一般釉下施化妆土，器内满釉，器外半釉。假圈足，足外多削棱一周。底心微凹，内底多有三支钉痕。细瓷有璧形底和圈足底，底足均削棱一周。胎质细腻洁白，釉面光洁莹润，釉色白中微微泛青，可分为四型。

A 型　敞口。可分为二亚型。

Aa 型　有足。出土较多，有粗白瓷、青瓷、双色釉瓷。可分为三式。

Ⅴ 式：圆唇，浅弧腹，假圈足，内底多有支钉痕。祁 T2H9：2，釉色白中泛青，露胎处呈红褐色。高 4.4 厘米，口径 13.2 厘米（图二二：1）。

Ⅵ 式：圆唇，撇沿，浅弧腹，假圈足。祁 T2H10：5，器内和外壁上部为白釉，器外下部为黑釉，内底有支钉痕六个，可能是两次烧成留下的痕迹。口沿处积釉较重，釉面有小开片。高 6.8 厘米，口径 19.2 厘米（图二二：3）。祁 T2H8：1，青釉泛黄，釉面不太平滑。高 7.5 厘米，口径 22.2 厘米（图二二：2）。

Ⅶ 式：撇沿，浅弧腹，璧形底。多白瓷。祁 T2H9：4，胎质细腻，制作规整，通体施白釉，釉白中泛青。高 4.7 厘米，口径 16.8 厘米（图二二：4）。

Ab 型　矮圈足。复原 5 件，皆细白瓷。只有一式。

Ⅲ 式：圆唇，浅腹较斜，内底多有支钉痕。祁 T1H2：1，高 3.8 厘米，口径 12 厘米（图二二：5）。

C 型　平底。只有一式。

Ⅲ 式：1 件。平底近似假圈足。内 T6②：2，灰胎，釉面乌黑光亮，内满釉，外半釉。高 5 厘米，口径 12.7 厘米（图二二：6）。

D 型　直口，弧腹，璧形底。祁 T1H6：2，通体施白釉，釉面光润，釉色粉白。高 5.2 厘米，口径 12 厘米（图二二：7）。

E 型　折腹。圆唇微外卷，斜壁内折，假圈足。祁 T1H1：3，施白釉，釉色泛黄，积釉处呈青绿色，釉面有细开片。高 7 厘米，口径 13.2 厘米（图二二：8）。

盘　出土不多，均为粗瓷。可分为三型。

A 型　喇叭形高足。只有一式。

Ⅲ 式：圆唇，平折沿，斜壁，足跟外撇。祁 T2H9：6，胎呈粉红色，半釉，生烧。高 7 厘米，口径 12.8 厘米（图二二：10）。

C 型　平底。只有一式。

Ⅲ 式：圆唇，斜壁，厚胎。祁 T1H3：2，黑釉，器内满釉，器外施釉近底。高 4 厘米，口径 14.4 厘米（图二二：11）。

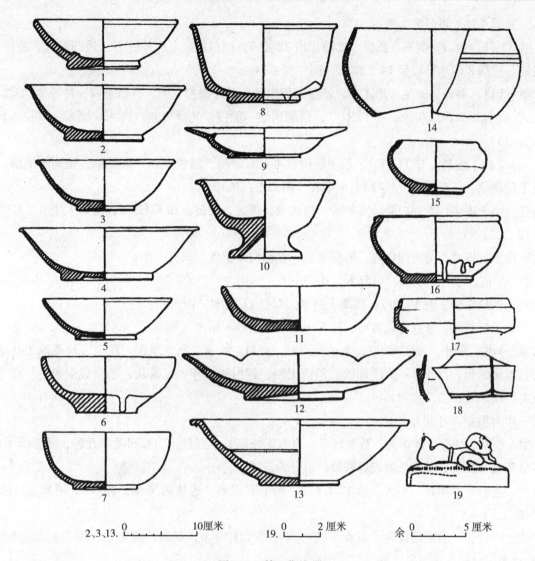

2、3、13. ⊢———————⊣ 10厘米   19. ⊢——⊣ 2厘米   余 ⊢——⊣ 5厘米

图二二　第三期瓷器

1. Aa 型 V 式碗（祁 T2H9：2）　2. Aa 型 Ⅵ式碗（祁 T2H8：1）　3. Aa 型 Ⅵ式碗（祁 T2H10：5）　4. Aa 型 Ⅶ式碗（祁 T2H9：4）　5. Ab 型 Ⅲ式碗（祁 T1H2：1）　6. C 型 Ⅲ式碗（内 T6②：2）　7. D 型碗（祁 T1H6：2）　8. E 型碗（祁 T1H1：3）　9. 盏托（祁 T1H3：3）　10. A 型 Ⅲ式盘（祁 T2H9：6）　11. C 型 Ⅲ式盘（祁 T1H3：2）　12. D 型盘（内 T6②：7）　13. Ⅳ式盆（祁 T2H10：7）　14. C 型钵（内 T2②：9）　15. D 型 Ⅰ式钵（祁 T1H1：1）　16. D 型 Ⅱ式钵（祁 T1H5：1）　17. A 型 Ⅰ式盒（内 T6②：1）　18. A 型 Ⅱ式盒（祁 T2H10：8）　19. 盒盖（祁 T2H9：1）

　　D 型　1 件。假圈足。四出口，尖唇，足心内凹，足底削棱一周。内 T6②：7，施黑色釉，釉面较光润，器内满釉，外半釉。高 4.2 厘米，口径 21.2 厘米（图二二：12）。

　　盆　复原 1 件。

　　Ⅳ式：平折沿，大敞口，假圈足。祁 T2H10：7，粗白瓷，器内满釉，外半釉，釉面局部开片，釉下施白色化妆土。器内壁有凸旋纹一道，内底有三支钉痕迹。高 9 厘米，口径 29.5 厘米（图二二：13）。

钵　复原4件。可分为二型。

C型　1件。敛口，尖唇，弧腹，薄胎。内T2②：9，细白瓷。上腹外壁有三道凹弦纹，通体施釉，腹下残缺。残高8厘米，口径14.2厘米（图二二：14）。

D型　3件。敛口，有足，形体小。弧腹，假圈足，足外削棱一周。口沿不同，可分为二式。

Ⅰ式：1件。口内缘尖锐。祁T1H1：1，白胎稍细，釉白，光泽度差。高4.6厘米，口径7.6厘米（图二二：15）。

Ⅱ式：2件。厚唇。祁T1H5：1，胎质粗糙，可见有砂粒，胎色发红，施黑釉，釉面不平滑，近口沿处有干釉现象。高6厘米，口径11.6厘米（图二二：16）。

盏托　出土不多，皆细白瓷。宽折沿，口内敛，折腹，圈足。祁T1H3：3，高2.7厘米，口径14.6厘米（图二二：9）。

盒　出土皆残片。均为细白瓷，胎质细腻，釉色白中泛青。只有一型。

A型　平底。子口，折腹。可分为二式。

Ⅰ式：子口较矮。内T6②：1，残高3厘米，口径11厘米（图二二：17）。

Ⅱ式：子口略高，盒身为花瓣形。祁T2H10：8，残高4厘米（图二二：18）。

盒盖　1件，较小。祁T2H9：1，盖呈椭圆形，直口，弧顶。顶上趴附一玩童，玩童双手扶地，束腰仰头，双脚翘起，其外有一圈压印纹。器内无釉，露白胎，外表有落灰，烟熏成灰黑色。高2.4厘米，长4.7厘米（图二二：19）。

罐　均为粗瓷。可分为二型。

A型　鼓腹，矮领，体形大，数量较多。有双泥条四系、三系、二系和无系几种，系皆低于沿面。胎色多呈灰或灰褐色，多施黑釉或青酱釉。可分为三式。

Ⅲ式：卷沿，厚圆唇，平底。祁T2H11：2，肩上有双系。通体施黑釉。高33.6厘米，口径15.2厘米（图二三：6）。

Ⅳ式：口微侈，假圈足极矮，足底削棱一周。祁T2H10：6，双系。施黑釉，釉面局部呈铁红色。高18.6厘米，口径9.6厘米（图二三：10）。

Ⅴ式：侈口，圆唇，假圈足极矮。肩置双系，一侧有小短流。祁T2H8：2，豆青色釉，不及底。口沿有芒，生烧，釉面无光。高19.5厘米，口径10.8厘米（图二三：8）。

D型　鸟食罐。只有一式。

Ⅱ式：敛口，丰肩，鼓腹，平底。祁T2④：2，白瓷。高2.4厘米，口径2厘米，最大腹径4.4厘米（图二三：7）。

执壶　出土较多。有细白瓷、粗白瓷、黄瓷。可分为三型。

A型　体瘦长。圆唇，高领，短流，双泥条柄，长形腹，底心微凹，足外有削棱一周，施化妆土。可分为二式。

Ⅰ式：口微侈，平底。祁T2H9：5，肩领部置两个双泥条小系，生烧，干釉，呈土黄色。高24厘米，口径8.4厘米（图二三：11）。祁T2H11：1，白釉光亮。高22.5厘米，口径7.8厘米（图二三：12）。

Ⅱ式：高直领，肩领间置两个双泥条系，腹略鼓呈卵形，假圈足低矮。内T6②：5，灰胎，白釉，釉面光亮，有细小开片。高25.5厘米，口径7.8厘米（图二三：14）。

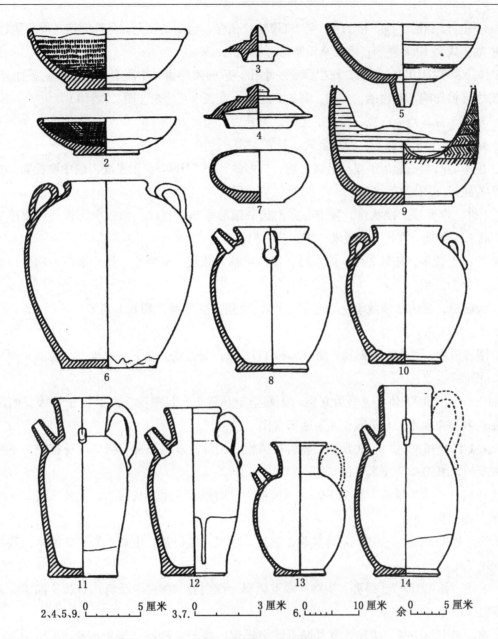

图二三　第三期瓷器

1. A 型研磨器（内 T6②:6）　2. B 型研磨器（祁 T1H1:2）　3. B 型器盖（祁 T2H11:3）　4. A 型 I
式器盖（祁 T2H9:3）　5. 漏斗（祁 T1H6:1）　6. A 型Ⅲ式罐（祁 T2H11:2）　7. D 型Ⅱ式罐（祁
T2④:2）　8. A 型 V 式罐（祁 T2H8:2）　9. C 型执壶（祁 T1H1:4）　10. A 型Ⅳ式罐（祁 T2H10:6）
11、12. A 型 I 式执壶（祁 T2H9:5、祁 T2H11:1）　13. B 型 I 式执壶（祁 T1H6:3）　14. A 型Ⅱ式
执壶（内 T6②:5）

B 型　1 件。鼓腹。

I 式：白瓷，薄胎。祁 T1H6:3，口上部外撇，假圈足低矮。釉色白中泛青。由于过烧，坯体出现
泡刺，致使釉面不光滑。高 18 厘米，口径 7.8 厘米（图二三:13）。

C 型　1 件。矮胖形，残。祁 T1H1：4，口残缺。弧腹，假圈足较大，足外削棱一周。腹饰人字纹、旋纹。黄色釉。残高 10.4 厘米，底径 9.2 厘米（图二三：9）。

铃　1 件。祁 T2H10：1，扁纽，纽根部穿一小孔，近椭圆形腹，中腹有三道弦纹。下面开一长口，内含珠，摇之叮铃作响。灰白胎，无釉。高 3.8 厘米，直径 3.4 厘米（图二六：4）。

器盖　复原 5 件。均为白瓷，盖沿下无釉。可分为二型。

A 型　4 件。平折沿，弧顶，纽较低矮。只有一式。

Ⅰ式：顶中心凸起一圆形平座。沿微上翘，口内敛。祁 T2H9：3，釉光润，白中微泛青。高 3.8 厘米，直径 9.8 厘米（图二三：4）。

B 型　1 件。伞形顶，锥状纽，顶中心亦凸起一圆形平座，直口。釉白中泛青，有细冰裂纹。祁 T2H11：3，高 1.6 厘米，直径 3.2 厘米（图二三：3）。

研磨器　出土较多，复原 2 件。内无釉，器外半釉。弧腹，假圈足，足外削棱一周。口沿和内壁纹饰不同，可分为二型。

A 型　大唇沿，器内布满戳印纹。内 T6②：6，粗瓷，施黑釉。高 8.1 厘米，口径 22.2 厘米（图二三：1）。

B 型　圈唇内卷，器内布满刻划方格纹。祁 T1H1：2，细白瓷，釉下施化妆土。高 3.4 厘米，口径 12.8 厘米（图二三：2）。

骑马俑　1 件。祁 T1H6：6，马为立姿，人端坐于马鞍上，足蹬靴，双手扶于马颈。胎质细腻洁白，粉白釉。残高 4 厘米，马身残长 4.3 厘米（图二四：2）。

武士俑　1 件。祁 T2④：1，头顶盔，盔后挂风帽。大耳，双眼怒视，张口。身披甲，下身残。灰白胎，白釉泛青。残高 2.7 厘米（图二四：1）。

狗　出土较多，多为细瓷。祁 T2H10：4，侧视，口微张，卷尾。灰白胎，无釉。高 3.8 厘米，身长 3.4 厘米（图二四：5）。

马　1 件。祁 T1H6：4，仰头，双耳竖起，腿残。粗瓷，胎泛黄，生烧。长 4.2 厘米，残高 3.7 厘米（图二四：7）。

鸽子　1 件。祁 T2H9：7，卧姿。尖嘴，眼点黑彩。细白瓷，釉白中泛青。身长 3 厘米，高 1.1 厘米（图二四：3）。

兔　1 件。祁 T2H10：2，尖吻，双耳贴身，小短尾，卧于一椭圆形座上。座上部压印条纹一周，下部戳印短线纹。粗胎，表面由于落灰形成酱色。通高 2.8 厘米，长 4.6 厘米（图二四：6）。

算珠　1 件。祁 T2H10：3，圆饼状，粗瓷。一面施酱色釉，一面无釉。直径 2.6 厘米（图二四：4）。

漏斗　1 件。祁 TIH6：1，圆唇，弧腹，腹饰五道弦纹。底有孔，下置一短流。粗白胎，施化妆土，白釉泛绿，釉面有冰裂纹。通高 7.3 厘米，流长 2.3 厘米，口径 14.2 厘米（图二三：5）。

"盈"字款残片　内 T6②：10，为执壶外底釉下刻款（图二五：1）。内 T7②：2，白瓷璧形底刻款（图二五：3）。内 T6②：8，细白瓷假圈足碗外底中心刻款，中心无釉（图二五：4）。内 T7②：1，细白瓷平底盘外底中心刻款（图二五：2）。

（2）陶器　均为泥质灰陶，复原 3 件。

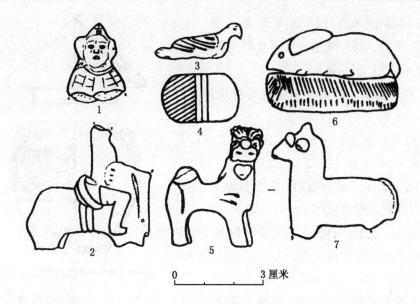

0　　　　　　　3厘米

图二四　第三期瓷器

1. 武士俑（祁 T2④：1）　2. 骑马俑（祁 T1H6：6）　3. 鸽子（祁 T2H9：7）　4. 算珠（祁 T2H10：3）　5. 狗（祁 T2H10：4）　6. 兔（祁 T2H10：2）　7. 马（祁 T1H6：4）

罐　卷圆唇，鼓腹，平底，肩置双系。祁 T2④：5，通体印绳纹，部分绳纹被抹掉。高23.2厘米，口径15.2厘米（图二六：2）。

盆　宽平折沿，方唇下垂，沿面内侧有一周凹槽，斜壁，平底。祁 T2H9：8，中腹残留有部分绳纹。高12厘米，口径37.5厘米（图二六：3）。

器盖　伞形顶，圆锥形纽，口稍内收。祁 T2④：3，胎较厚。高7.4厘米，直径12.8厘米（图二六：1）。

（3）窑具　本期各类窑具出土较多，其中以各种盆形、盘形匣钵最多。

筒形匣钵　出土不多，复原1件。

A型　深筒型，为烧制碗类的窑具。

Ⅱ式：口微内收，平底。祁 T2H11：4，色青灰。外壁残留少许绳纹。高7.7厘米，直径17.6厘米（图二七：1）。

杯形匣钵　复原4件。可分为二型。

A型　3件。大口，深腹，器稍大。只有一式。

Ⅰ式：尖唇，弧壁，小平底。内 T6②：3，内壁弦痕清晰。高15.4厘米，口径16.8厘米（图二七：5）。

B型　1件。直口，器小。祁 T2H10：9，矮假圈足。高6.1厘米，口径9.2厘米（图二七：6）。

盆形匣钵　出土较多。粗胎，胎色灰白，有的器表呈褐色，器壁一般较薄。多为直口，弧腹，平底。有的底部有圆形透气孔。内 T6②：4，尖

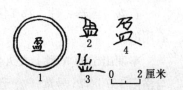

图二五　第三期瓷器"盈"字刻款摹本（内 T6②：10、T7②：1、T7②：2、T6②：8）

唇，底有孔。高 11.4 厘米，口径 19.8 厘米（图二七：8）。祁 T2H9：10，圆唇，器外壁施酱釉不及底。高 8.2 厘米，口径 15.3 厘米（图二七：4）。

盘形匣钵　出土较多，多为粗胎，也有少量细泥制作。只有一式。

II 式：宽平折沿，斜壁，平底，浅盘。祁 T2H8：3，高 3.4 厘米，口径 17.2 厘米（图二七：2）。

盒形匣钵　出土较多。多为粗胎，有少量细泥制作，大小不一，多与盘状匣钵配套使用。只有一式。

I 式：直口微敛，尖唇，折腹，最大腹径偏下，小平底内凹。祁 T2H9：9，外壁有柴灰釉，底心内凹。高 4.4 厘米，口径 17.4 厘米（图二七：3）。

盂形匣钵　1 件。宽折沿，鼓腹，平底。祁 T1②：1，形似唾盂，为专烧唾盂的匣钵。高 9.6 厘米，口径 19.8 厘米（图二七：9）。

三角支钉　出土较多。只有一式。

IV 式：弧角三角形，钉矮。祁 T1H3：1，粗胎，有较多的铁黑斑，里面有柴灰形成的釉斑。高 2.8 厘米（图二七：10）。

测温环　出土多件。泥条捏制而成，上为圆环，下有座可立住。祁 T1②：3，色土黄，满施釉，生烧。环直径 6 厘米（图二七：7）。

（4）其他　有骨锥、铜钱、石杵和石磨。

骨锥　1 件。兽骨制成。祁 T2④：6，上部有圆孔，尖残。残长 8.3 厘米（图二六：5）。

铜钱　2 枚。祁 T1H6：5，"开元通宝"，直径 2.4 厘米（图二八：1）。祁 T5H24：1，"乾元重宝"，直径 2.3 厘米（图二八：2）。

石杵　圆锥表，残。祁 T2H10：9，石灰岩质，有雕琢痕，未使用过。残高 16 厘米，最大直径 10 厘米。

石磨　圆形，残。祁 T4H18：1，红褐色砂石。周边有凸沿一圈，沿上有磨刀痕。应是损坏后当磨石用的。

本期出土的 A 型 I 式执壶与北京丰台史思明墓出土的执壶相近[⑩]，A 型 IV 式罐、A 型 VII 式碗分别与洛阳 162 区 76 号墓（公元 784 年）所出的双系罐、碗[⑪]类似，本期较多见的研磨器与河南伊川唐齐国太夫人墓中出土银授带碗交错的斜方格纹[⑫]（公元 824 年）有相同的纹饰风格。本期还出土了"开元通宝"、"乾元重宝"钱币各一枚，因此本期应为中唐时期，大致年代约当 7 世纪末至 9 世纪初。

4. 第四期遗物　有瓷器、陶器和窑具。

（1）瓷器　有碗、钵、执壶、罐、瓶、盒和盘等。

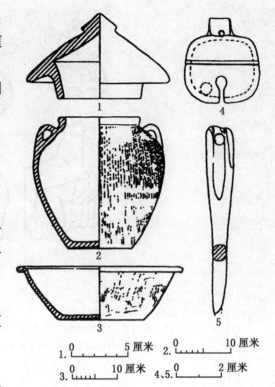

图二六　第三期陶器、瓷器、骨器

1. 陶器盖（祁 T2④：3）　2. 陶罐（祁 T2④：5）

3. 陶盆（祁 T2H9：8）　4. 瓷铃（祁 T2H10：1）

5. 骨锥（祁 T2④：6）

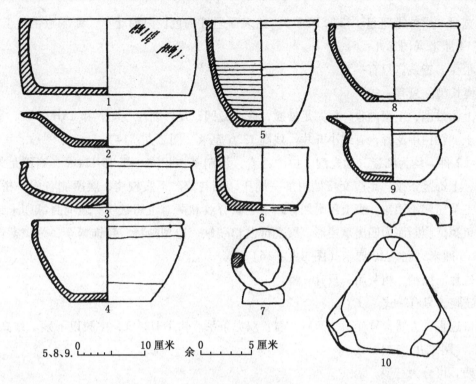

图二七　第三期窑具

1. A型Ⅱ式筒形匣钵（祁 T2H11∶4）　　2. Ⅱ式盘形匣钵（祁 T2H8∶3）　　3. Ⅰ式盒形匣钵（祁 T2H9∶9）　　4. 盆形匣钵（祁 T2H9∶10）　　5. A型Ⅰ式杯形匣钵（T6②∶3）　　6. B型杯形匣钵（祁 T2H10∶9）　　7. 测温环（祁 T1②∶3）　　8. 盆形匣钵（内 T6②∶4）　　9. 盂形匣钵（祁 T1②∶1）　　10. Ⅳ式三角支钉（祁 T1H3∶1）

碗　出土较多。多为白瓷，胎质一般较粗，胎色灰白，做工也较前期粗糙。可分为二型。

A型　敞口。可分为二亚型。

Aa型　有足。可分为三式。

Ⅷ式：唇沿，壁形底。祁 T6Y2∶5，灰白胎，白釉泛青灰。高3.8厘米，口径13.2厘米（图二九∶1）。

Ⅸ式：唇沿，宽圈足。祁 T6Y2∶4，灰白胎，釉白中泛青。高3.2厘米，口径11.7厘米（图二九∶2）。

Ⅹ式：尖唇，假圈足低矮。祁 T6Y2∶3，釉白中泛青或灰黄，釉面有细小开片，器内有支钉痕。高6.2厘米，口径19.6厘米（图二九∶3）。

Ab型　矮圈足。只有一式。

Ⅳ式：尖唇，腹壁斜直，出土少。祁 T6Y2∶2，腹外壁有三道弦纹。干釉，生烧。高4厘米，口径13厘米（图二九∶4）。

钵　均为粗瓷，假圈足。只有一型。

D型　敛口。可分为二式。

Ⅲ式：唇变宽，肩部明显。祁 T3⑤∶1，灰白胎，施酱黑色釉，壁有粘疤。高6.4厘米，口径8.2厘米（图二九∶5）。

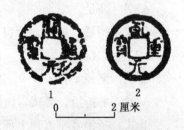

图二八　第三期钱币拓本

1. 开元通宝（祁 T1H6∶5）
2. 乾元重宝（祁 T5H24∶1）

Ⅳ式：宽唇，唇外缘翘起。祁 T5H24：3，胎表面呈红褐色。白釉泛青，釉下施化妆土。残高 4.4 厘米，口径 14 厘米（图二九：6）。

执壶　很少，皆残。只有一型。

A 型　瘦长型。只有一式。

Ⅳ式：上腹鼓圆，下腹内收，假圈足外撇，底心微凹，足外削棱一周。祁 T5H24：5，胎灰白，较粗，施化妆土。釉白中泛青，有细小开片。残高 13.6 厘米（图二九：14）。

穿带壶　2 件。均为细瓷，釉光润，白中泛青，形制基本相同。祁 T5H24：6，高圈足外撇，足断面呈六边形，上饰竖条纹。足腹交接处附加一周压印团花纹。下腹较瘦，腹两侧各附一桥形泥条系，系两侧各饰三朵压印小团花。腹上还附加有四条羽状脊纹和两对鱼翅状纹。腹周身戳印未封口的圆圈底纹，意为鱼鳞。腹断面为四出瓜棱形。腹上部及口残缺。造型独特，装饰繁杂，为该期器物中的精品。残高 14.6 厘米，底径 10 厘米（图二九：16）。

罐　皆残片。黑釉，粗灰胎。只有一型。

A 型　鼓腹。只有一式。

Ⅵ式：口近直，方唇，领变高，溜肩，肩置双泥条系。祁 TSH24：1，中腹以下残。残高 9.6 厘米，口径 10 厘米（图二九：11）。

瓶　皆残。可分为三型。

C 型　长颈。只有一式。

Ⅲ式：圆唇，宽沿下垂，器大胎厚。祁 T5H24：2，黑瓷，腹下残。残高 7.5 厘米，口径 15.9 厘米（图二九：13）。

E 型　葫芦形，钵口，尖唇，颈置双系。祁 T5⑤：1，黑瓷，下腹残。残高 10.8 厘米，口径 3.1 厘米（图二九：15）。

F 型　杯口，鼓腹。祁 T6Y2：1，灰胎，黑釉，下腹残。残高 9.2 厘米，口径 4 厘米（图二九：12）。

盒　皆细白瓷。只有一型。

B 型　圈足，子口，斜直壁，下腹折内收。祁 T5H24：4，口残。釉色光润，有烟熏斑，盖失，高 5.8 厘米，口径 12 厘米（图二九：7）。

盘　1 件。

A 型　高足。

Ⅳ式：圆唇，撇沿，折腹，内外底皆凹进足部。祁 T6Y2：6，粗瓷，灰白胎，青釉。高 7 厘米，口径 12.2 厘米（图二九：8）。

器盖　复原 1 件。

A 型　平折沿，弧顶，纽较低矮。

Ⅱ式：折沿宽平，顶上部圆形平座消失。祁 T5H24：7，釉色粉白晶莹。高 4 厘米，直径 9.2 厘米（图二九：10）。

（2）陶器　出土不多，皆残件。祁 T6Y2：7，双口罐，灰陶，薄胎，下腹残。残高 4.5 厘米（图二九：9）。

（3）窑具　有窑柱、漏斗形匣钵、盒形匣钵、杯形匣钵和窑戗等。

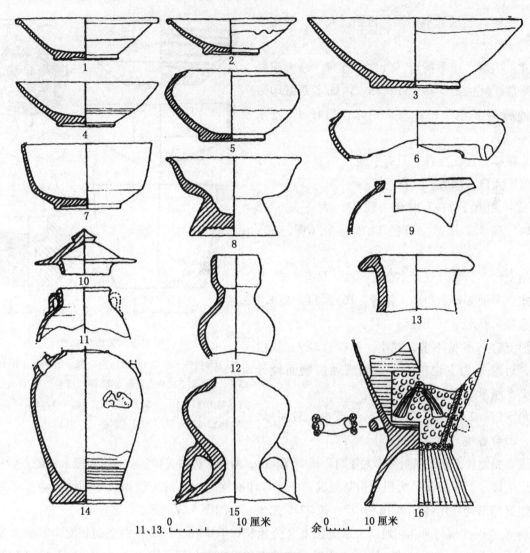

图二九　第四期瓷器、陶器

1. Aa 型Ⅶ式碗（祁 T6Y2：5）　　2. Aa 型Ⅸ式碗（祁 T6Y2：4）　　3. Aa 型Ⅹ式碗（祁 T6Y2：3）　　4. Ab 型Ⅳ式碗
（祁 T6Y2：2）　　5. D 型Ⅲ式钵（祁 T3⑤：1）　　6. D 型Ⅳ式钵（祁 T5H24：3）　　7. B 型盒（祁 T5H24：4）　　8. A
型Ⅳ式盘（祁 T6Y2：6）　　9. 陶罐（祁 T6Y2：7）　　10. A 型Ⅱ式器盖（祁 T5H24：7）　　11. A 型Ⅵ式罐（祁
T5H24：1）　　12. F 型瓶（祁 T6Y2：1）　　13. C 型Ⅲ式瓶（祁 T5H24：2）　　14. A 型Ⅳ式执壶（祁 T5H24：5）
15. E 型瓶（祁 TS⑤：1）　　16. 穿带壶（祁 T5H24：6）　　（未注明质料者为瓷器）

窑柱　不多。粗胎，较厚重。只有一型。

A 型　倒蘑菇形。只有一式。

Ⅱ式：短柱，空心，柱盘径小而厚重，柱盘背面拍印有菱形方格纹。祁 T6Y2：10，柱盘底刻一
"十"字形纹。高 15.2 厘米，直径 24.8 厘米（图三○：7）。

漏斗形匣钵　出土不多。均为直口，折腹，小平底。祁 T6Y2：13，口径 16.2 厘米，高 6.6 厘米
（图三○：2）。

盒形匣钵　形制基本相同，粗胎。大小、深浅不一。只有一式。

Ⅱ式：尖唇，小平折沿，敛口，有肩，最大腹径上移，平底，底内凹。祁 T6Y2：15，内饰多圈戳印短线纹，外施酱黑色半釉。高 7 厘米，口径 17 厘米（图三○：1）。

杯形匣钵　出土多件。只有一型。

A 型　大口，深腹。只有一式。

Ⅱ式：粗胎，口微内敛，弧壁，大平底。祁 T6Y2：14，高 1.2 厘米，口径 14.2 厘米（图三○：3）。

三角支钉　钉矮，底面多饰有绳纹。只有一式。

Ⅳ式：平面多作六边形，体薄。T6Y2：11，高 1.1 厘米，直径 7.6 厘米（图三○：4）。

锥形支钉　所见不多，器小。祁 T6Y2：9，灰白胎稍细，可能是为支烧粉盒一类的满釉器物而设计的。高 1.5 厘米（图三○：5）。

四角支钉　2 件。祁 T6Y3：1，胎黄白，较粗厚，四钉残，面有谷坑。高 2.8 厘米。

窑戗　线轴状，手工捏制，不太规则。祁 T6Y2：12，两头周边粘有釉痕。长 5.6 厘米（图三○：6）。

舟形垫砖　数量较多，为粗泥拍制而成，一部分印有网格纹。两头较扁，中间厚，略呈弓形，可能是支垫蘑菇形窑柱用砖。祁 T6Y3：20，长 42.2 厘米，中间厚 5.3 厘米。

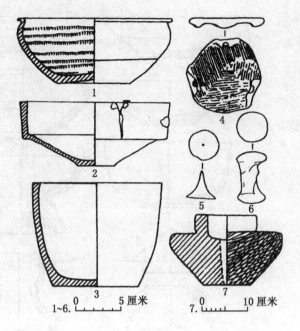

图三○　第四期窑具

1. Ⅱ式盒形匣钵（祁 T6Y2：15）　2. 漏斗形匣钵（祁 T6Y2：13）　3. A 型Ⅱ式杯形匣钵（祁 T6Y2：14）　4. Ⅳ式三角支钉（祁 T6Y2：11）　5. 锥形支钉（祁 T6Y2：9）　6. 窑戗（祁 T6Y2：12）　7. A 型Ⅱ式窑柱（祁 T6Y2：10）

本期 A 型Ⅸ式碗与河北临城赵天水夫妇墓（公元 870 年）[13]出土的 2 件白瓷碗相同。本期 A 型Ⅷ式碗与扶风法门寺地宫（公元 874 年）[14]出土的白瓷璧形底唇口碗相同，因而本期年代应为晚唐时期，大致年代约当公元 9 世纪初至 10 世纪初。

5. 第五期遗物　遗物有瓷器和窑具等。

（1）瓷器　有碗、钵、罐、盆、瓶、盒、高足盘和执壶等。

碗　出土最多。粗白瓷占绝对多数，灰白胎，胎质稍细，壁较薄。足较宽，也有少量璧形底和假圈足。器内多施满釉，外壁半釉，釉色多白中泛黄或发灰，有半数器物釉面有开片。白瓷釉下施化妆土。内底正对圈足多有转折成的凹槽一周。可分为三型。

A 型　敞口。可分为二亚型。

Aa 型　有足。皆白瓷，腹壁微弧，内有支钉痕，足外削棱明显一周。可分为五式。

Ⅺ式：圆唇沿，璧形底极矮。祁 T4③：2，高 7 厘米，口径 20 厘米（图三一：1）。

Ⅻ式：上口微内收，宽圈足。祁 T4H16：1，足跟内外削棱加重。高 5.4 厘米，口径 20.4 厘米（图三一：2）。

ⅩⅢ式：唇沿，圈足。祁 T5H21：8，高 6.9 厘米，口径 21.5 厘米（图三一：3）。

XIV 式：小折沿，弧壁，圈足。祁 T3③：1，四出口，白釉偏黄，不大光亮。高 7.6 厘米，口径 19.6 厘米（图三一：5）。祁 T3④：1，胎薄而黄，釉面有蜡状光泽。高 7.2 厘米，口径 22.5 厘米（图三一：4）。祁 T4③：1，小撇沿，内口沿饰一圈点彩，弧壁，白釉光润泛青，有小开片。残高 5 厘米，口径 15 厘米（图三一：6）。

XV 式：大唇沿，宽圈足，胎体较厚。祁 T3H14：1，高 2.8 厘米，口径 12.4 厘米（图三一：7）。

Ab 型　矮圈足。只有一式。

V 式：尖唇，浅腹。祁 T5H21：9，釉色白中发黄，不大光亮。高 3.5 厘米，口径 14 厘米（图三一：8）

C 型　平底。只有一式。

Ⅳ式：平底近似假圈足，浅腹。祁 T4H16：1，灰白胎，黑釉。高 4.4 厘米，口径 12.2 厘米（图三一：9）。

钵　圈足，弧腹，足外削棱一周。可分为二型。

D 型　敛口。可分为二式。

V 式：宽沿，外缘翘起成波浪形，唇面上饰褐色点彩两周。祁 T3H14：2，白瓷，釉面光亮，有少量的开片纹。残高 8.4 厘米，口径 15.6 厘米（图三一：13）。

Ⅵ式：宽沿，内沿尖锐，外缘饰一周戳印纹。祁 T5H21：5，黑瓷，器内粘连有三角垫片。高 7 厘米，口径 16 厘米（图三一：14）

E 型　侈口。出土较多。灰白或黄白胎，未施化妆土，器内满釉，外施釉不及足，内底有三支钉痕。可分为二式。

Ⅰ式：口微侈，弧腹，圈足，足跟内外皆削棱一周。祁 T5Y1：1，施酱红色釉，釉面光润。高 9.6 厘米，口径 17.6 厘米（图三一：15）。

Ⅱ式：侈口稍甚，腹略鼓。祁 T3④：3，胎灰白。高 5.8 厘米，口径 10.8 厘米（图三一：16）。祁 T5H21：4，青釉泛绿。高 10.2 厘米，口径 19.6 厘米（图三一：17）。

罐　2 件。可分为二型。

A 型　复原 1 件。鼓腹。

Ⅶ式：尖唇，口内敛，肩置双扁泥条系。球形腹，宽圈足。祁 T5H21：13，粗胎泛黄，黑釉不太润泽。通高 16.5 厘米，口径 8.7 厘米（图三二：9）。

D 型　鸟食罐　1 件。

Ⅲ式：敛口，大平底，制作粗糙。祁 T6⑦：12，施黑釉。高 3.2 厘米，口径 2.2 厘米（图三二：10）。

盒　复原 3 件。形制相同。只有一式。

V 式：卷沿，圆唇，斜直壁，浅腹，大平底。祁 T6H26：2，施里白外黑双色釉，白釉下施化妆土，外壁旋痕清晰。高 8.1 厘米，口径 39 厘米（图三二：12）。

瓶　皆残。品种丰富，有白瓷，黑瓷，均为粗瓷，灰白胎。可分为三型。

E 型　葫芦形，钵口，尖唇。颈置扁泥条双系，下腹稍瘦。祁 T5H21：3，胎黄，生烧，釉剥落严重，腹饰凸弦纹。残高 10 厘米，口径 2 厘米（图三二：5）。

G 型　1 件。盘口，方唇，颈较长。祁 T5H21：1，生烧，胎发黄。残高 7.8 厘米，口径 10.4 厘米

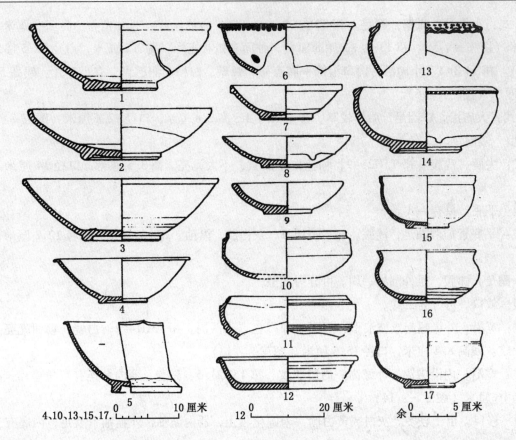

图三一　第五期瓷器

1. Aa 型XI式碗（祁 T4③：2）　　2. Aa 型XII式碗（祁 T4H16：1）　　3. Aa 型XIII式碗（祁 T5H21：8）　　4. Aa
型XV式碗（祁 T3④：1）　　5. Aa 型XIV式碗（祁 T3③：1）　　6. Aa 型XIV式碗（祁 T4③：1）　　7. Aa 型
XV式碗（祁 T3H14：1）　　8. Ab 型V式碗（祁 T5H21：9）　　9. C 型IV式碗（祁 T4H16：1）　　10. A 型III式
盒（祁 T3④：2）　　11. A 型IV式盒（祁 T6⑦：10）　　12. V式盆（祁 T6H26：2）　　13. D 型V式钵（祁
T3H14：2）　　14. D 型VI式钵（祁 T5H21：5）　　15. E 型 I 式钵（祁 T5Y1：1）　　16. E 型 II 式钵（祁 T3④
：3）　　17. E 型 II 式钵（祁 T5H21：4）

（图三二：8）。

　　H 型　小口。卵腹，重唇，小口短颈，矮圈足，足外削棱一周。祁 T5H21：2，通体施黑色釉，釉
面较平滑，腹有粘疤痕。高30厘米，口径4.4厘米（图三二：2）。

　　盒　底均残。只有一型。

　　A 型　平底，子口，上腹直壁，下腹内收成弧形。可分为二式。

　　III式：器稍大，口较直。祁 T3④：2，灰白胎，施黑色釉，釉面光润，釉层较厚，未施化妆土。高
约7.5厘米，直径21厘米（图三一：10）。

　　IV式：口内收，弧壁，下腹饰凹弦纹两道。祁 T6⑦：10。残高4.4厘米，直径15厘米（图三一：
11）。

　　高足盘　皆残件。只有一式。

　　V式：圆唇，宽平折沿，斜壁。祁 T6⑦：11，足残缺，粗胎色黄，施豆青色釉，内满釉外半釉。

残高 4.4 厘米，口径 11.6 厘米（图三二：7）。

执壶　皆为粗瓷残件，以白釉为多，一般釉色偏黄。可分为二型。

A 型　2 件。瘦长型，短流，鼓腹，双泥条柄。可分为二式。

Ⅴ式：1 件。高直口，扁泥条柄，假圈足外撇。祁 T5H21：10，柄残。胎质粗糙，胎局部表面呈红褐色。施釉至肩下，腹饰凹弦纹。通高 21.3 厘米，口径 6 厘米（图三二：1）。

Ⅵ式：1 件。丰肩，上腹鼓下腹内收，宽圈足外撇，足外削棱一周。祁 T3H12：1，颈、柄残。釉下施白色化妆土，白釉较光亮，肩饰凹弦纹三道。残高 12.6 厘米（图三二：4）。

B 型　1 件。鼓腹。只有一式。

Ⅱ式：双泥条系高出口沿，薄胎。祁 T3③：2，领以下残缺。白釉偏黄，施化妆土。口径 4.4 厘米（图三二：3）。

穿带壶　出土多片。祁 T5H21：6，口颈残，丰肩，上腹鼓，下腹内收，宽圈足外撇。肩及上腹分饰凹弦纹三道和一道，肩上置两桥形纽，下腹两侧亦各横置一泥条系。灰白色胎，施化妆土，周身施白釉，较光润。残高 19.5 厘米（图三二：6）。

瓷枕　出土皆残片，枕面形状有长方形，花边形之分。周边多有装饰，均为灰白胎．白瓷泛黄。祁 T6⑦：5，长方形枕，周边饰戳印圆圈纹。残长 9 厘米（图三二：11）。祁 T6⑦：7，花边形枕，周边饰二周凹线。残长 8 厘米（图三二：12）。

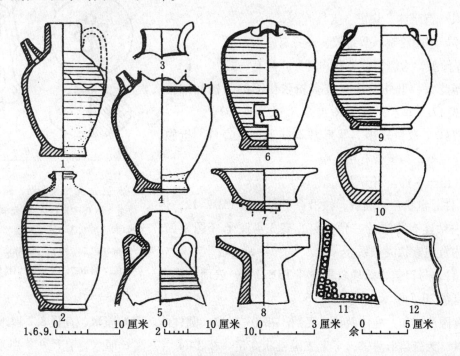

图三二　第五期瓷器

1. A 型Ⅴ式执壶（祁 T5H21：10）　2. H 型瓶（祁 T5H21：2）　3. B 型Ⅱ式执壶（祁 T3③：2）
4. A 型Ⅵ式执壶（祁 T3H12：1）　5. E 型瓶（祁 T5H21：3）　6. 穿带壶（祁 T5H21：6）
7. A 型Ⅴ式高足盘（祁 T6⑦：11）　8. C 型瓶（祁 T5H21：1）　9. A 型Ⅶ式罐（祁 T5H21：13）　10. D 型Ⅲ式罐（祁 T6⑦：12）　11、12. 瓷枕残片（祁 T6⑦：5、祁 T6⑦：7）

瓷塑　出土较多，有羊、狗、人物等，粗、细胎皆有。

俑　1件。祁T6H26：1，白瓷，头缺，坐姿，双手置于腹前，身后及两侧分别披有长辫。通体施釉，釉色灰白。残高4.5厘米（图三三：1）。

狗　祁T6⑦：1，直立，仰头，两眼圆睁，耳竖起，翘尾，上身施酱黑色釉，露胎，呈深褐色。高4.5厘米（图三三：5）。

羊　皆立姿，多为细白瓷。祁T4④：2，低头，垂耳，嘴微张。胎质粗糙含有砂粒，表面为铁红色，无釉，有落灰形成的褐色斑。身长9.3厘米（图三三：3）。祁T6⑦：3，绵羊，白釉泛青。鹦式嘴，眼点黑彩，垂耳，昂首，小短尾，腿残。身长3.5厘米（图三三：2）。祁T6⑦：2，山羊，白釉泛黄。尖嘴，口微张，有须，短粗角，双耳下垂，昂首，翘尾，眼角及尾点黑彩，肢残。身长3厘米（图三三：4）。

串珠　1件。祁T6⑦：4，白瓷。断面近椭圆形，中心有一圆孔，孔周饰六个印圆圈纹。直径3.8厘米，高2厘米（图三三：7）。

（2）窑具　有匣钵、垫饼、支具等。

筒形匣钵　粗胎轮制，数量较多。只有一型。

A型　深筒型，为烧制碗类器物窑具。只有一式。

Ⅲ式：器变大，里外壁均有较多轮弦留下的凸棱和凹槽。祁T4④：1，高17.5厘米，口径26厘米（图三四：6）。

漏斗形匣钵　数量较多。器形基本同上期，直口，折腹，胎较粗，制作规整，口壁皆有粘连痕。

匣钵盖　出土3件。可分为二型。

A型　2件。盘状盖，圆唇，撇沿，平底。祁T5H2：12，内施黑釉，盘内粘连有并排的三角支钉。高3.4厘米（图三四：1）。另一件内置绳索状泥条系。

B型　1件。母口盖，弧顶较平。祁T5H21：6，表面有褐色柴灰釉斑。直径20.7厘米（图三四：5）。

垫饼　有圆柱体和方柱体两种，无釉。祁T6⑦：13，圆柱体。高6厘米，直径8.2厘米。

三足支具　为三角形薄饼，下置三圆锥状高足。祁T4④：4，高6厘米，直径9.4厘米（图三四：2）。

三角支钉　出土较多。只有一式。

Ⅴ式：多数已成圆饼形，钉极矮。祁T4④：3，高0.8厘米，直径6.4厘米（图三四：3）。

窑钗　祁T6⑤：1，线釉状，两端周边均粘有黑釉。长3.5厘米（图三四：4）。

（3）其他　有铜佛像和蚌饰。

图三三　第五期瓷器、铜器和蚌饰

1. 瓷俑（祁T6H26：1）　　2. 瓷羊（祁T6⑦：3）
3. 瓷羊（祁T4④：2）　　4. 瓷羊（祁T6⑦：2）
5. 瓷狗（祁T6⑦：1）　　6. 蚌饰（祁T4④：2）
7. 瓷串珠（祁T6⑦：4）　　8. 铜佛像（祁T6④：1）

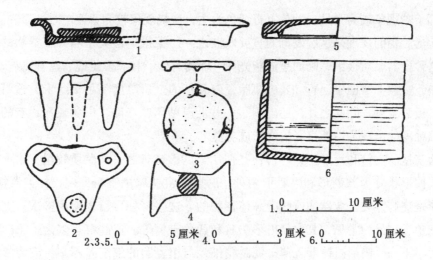

图三四 第五期窑具

1. A 型匣钵盖（祁 T5H2：12） 2. 三足支具（祁 T4④：4） 3. V 式三角支钉（祁 T4
④：3） 4. 线轴状窑戗（祁 T6⑤：1） 5. B 型匣钵盖（祁 T5H21：6） 6. A 型Ⅲ式
筒形匣钵（祁 T4④：1）

铜佛像 1 件。祁 T6④：1，桃形背光，立姿，头似有帽或发髻。右手下垂，左手半举，作持物状。脚下有尖隼，表面有绿锈斑。通高 7.8 厘米（图三三：8）。

蚌饰 1 件。祁 T6④：2，似为刻花印模局部（图三三：6）。

本期可资参照的纪年材料不多，但本期出土的宽圈足碗和碗口内收的做法应是一种过渡形式，原来的泥条系也开始变成扁泥条系，是宋金以后普遍使用的前奏。瓷枕上周边的双线及圆圈纹装饰是五代时期瓷枕上的常见内容，加之祁村遗址本期地层叠压在第四期晚唐层之上的地层关系，因而本期应为五代时期遗存。

三 结 语

（一）各期遗物特征

限于试掘面积和认识，只能对邢窑做粗略的分期和对每期有个轮廓的了解，综述如下。

第一期，出土遗物品种丰富，以粗瓷为主。有青瓷、白瓷、黄釉瓷和精细白瓷，黑瓷则较为少见。器物有碗、钵、盘、盆、瓶、杯、盅、高足盘、盂、多足砚、印花扁壶、鹦鹉杯、人面埙、莲花座等。以碗、钵为大宗，数量占一半以上。器物胎体除白瓷碗外一般较厚重。碗多深腹，假圈足，足较矮，口壁尖薄而下腹及底足厚重，底足均削棱一周。采用轮制法，做工非常精细，干净利落。钵口微敛，因系套烧，大小深浅不一。盆为小折沿，假圈足。罐为直口，平肩，肩置泥条双系，系高于口。鼓腹，下腹稍胖，发现的个体较小，以青釉器居多，白釉次之。瓶的种类较多，其中以钵口瓶最具特色。绝大多数器物其釉下施有起护胎作用的化妆土，化妆土一般为白色，颗粒较细。这期器物的釉具有明显的积釉、流釉的特征，大概是釉中钙的含量较高所致。积釉处呈半透明玻璃状，釉面大都有开片纹，较光亮，口沿部干釉现象较为常见。釉色以青绿色为主，生烧现象较为普遍。

　　精细白瓷和薄胎瓷的发现是这次发掘的重要收获之一。根据地层关系和共存器物的特征分析，确证隋代无疑。这种瓷器胎质极细，断面呈油脂光泽。器物有碗、杯、多足砚、盘等。碗、杯均为圈足，深腹。釉色甜白，少数器物白中泛青。其中薄胎瓷碗和杯的上口厚度不足1毫米，透明度很高已达到半脱胎的程度，极为罕见。除此之外，还出现了一些低温釉印花产品，白胎较薄，有的施绿彩，二次烧成。这种低温釉彩的出现为后期三彩的烧造成功奠定了基础。

　　窑具主要为窑柱、支钉和筒形匣钵。窑柱是使用最广的窑具之一，胎质较粗，耐火度高，大小有一定的规格，根据形状分为蘑菇形和喇叭形两种。蘑菇形窑柱属烧制粗瓷碗、杯类器物的专用窑具，喇叭形窑柱可能是烧制钵类套装器物或瓶类高体器物的。这些窑柱可重复使用多次。支钉是窑具中最多的一种，以三角支钉最为常见，其次是齿形垫具和四角支钉等。这些窑具多为手工捏制而成，一般只使用一次，大小不一。筒形匣钵壁较薄，泥料稍细，与粗瓷胎的细度差不多，应为使用同一原料制成。根据出土标本的粘连情况分析，这种窑具是专为烧制细白瓷而设计制作的。筒形匣钵的使用为烧制出洁白细腻的优质白瓷提供了有利的条件。

　　第二期，仍以粗瓷为主，其中黄瓷和黑瓷占有较大的比重，而白瓷和青瓷则数量较前期明显下降。黄瓷和白瓷器物的釉下均施有化妆土，一般于器内外均施一半。釉层、釉面流釉、积釉现象明显减少，釉的透明度降低，有乳浊感，说明釉的配方和施釉技术较前有所改进和提高。该期器物一个明显特征是制作精度不如前期，碗类器口唇部位的厚度增加，口及底足变大，腹变浅。胎体旋削痕明显而底足削棱的现象却非常少见，有的虽然削棱，但也极不规则。钵口部收敛较重，口径变小。罐的口部成圆唇，上腹丰满而下腹稍微瘦小，双系基本与口持平，假圈足。长颈瓶沿面上凸，外缘微下卷。盆为宽平折沿，腹稍深。由于烧成气氛的原因，该期器物胎断面多为深灰色，可能是胎中的铁成分增加所致。这一时期的白瓷已不见前期具有高透影性的器物，但亦有较为精细的例证。从总体上看，该期的品种不如上期丰富，质量也不佳，主要器物有碗、盘、盆、钵、瓶和罐等。三彩器的出现是该期的一个重要发现。邢窑三彩所见有黄、绿、红、棕、褐和白等色，釉色均匀，有细小开片。器形有钵、釜、罐和高足盘等。该期还出土了模制人物俑和动物，附近墓葬中也出土很多，可能是专为下葬制作的冥器。还出土了烧制熔块的坩埚及坩埚内的熔块残骸，说明了三彩此时已开始批量烧制。窑具除了沿用窑柱和三角支钉外，还出现了盘形匣钵，数量不多，应是专为细白瓷而设计的。三角支钉的数量仍较多，形状与前期相比支钉变矮，托面变大，大部分呈三角形。

　　第三期，器物最为丰富，种类多，规模大。有细白瓷、粗白瓷、黑釉瓷、酱釉瓷、黄釉瓷和三彩器。除了前期常见的碗、盘、杯、罐和盆外，本期发现了一些新器物如：执壶、粉盒、盏托和小瓷塑玩具如骑马俑、武士俑、马、羊、狗、兔、鸽子等小动物。另外还有生活用具如瓷漏斗、研磨器等。第三期的重要特点就是细白瓷的产量激增，质量较为稳定。根据窑址出土大量盒形匣钵和漏斗形匣钵的数量来看，细白瓷的产量在白瓷产品中可能位居首位，其次是粗白瓷，黑瓷也占有一定的比例。从器物种类看，碗类器仍占有绝对多数，饮茶用的执壶、杯、盏托和化妆用的粉盒之类产品也占有一定的比例。该期碗类的明显特征是，撇沿或小唇沿，腹较浅。粗瓷碗仍为假圈足，胎体粗厚。而细瓷碗多为璧形底或圈足底，胎壁较薄，胎质坚硬细腻，白度很高，无需施用化妆土，通体施釉，仅足底露胎。釉的质量明显提高，在残次品中很少见到有流釉现象的例证，釉色雪白无瑕，白中微微泛青，釉面莹润光洁。此期粗瓷器中的碗、盘类器物主要是采用覆烧方法进行叠烧的，避免了内壁的落灰。罐类多为粗瓷，圆唇，矮领，圆鼓腹，肩置复式双系、四系或无系，体态较丰满。执壶为短流，双泥条柄，平底或假圈足，足与腹分界多不明显。粉盒一般呈扁圆形，棱角分明，子母口，通体施釉，底下用三个小支钉支烧。钵多已变得小巧，敛口，宽唇沿。盆为宽平沿，假圈足。从总体上看，第三期器物凝重大方，注重造型的线条表现形式，而忽略了装饰的变化，其装饰手法仅见有简单的刻花和捏雕等形式，其数量也较为有限。第三期的窑具种类也最为丰富，除了前两期广泛使用的窑柱和三角支钉外，还大量使用了浅盘形、盒形、杯形、盆形、漏斗形和筒形匣钵。漏斗形和筒形匣钵一般壁稍厚，其他几种匣钵的壁均较薄，与粗瓷碗胎壁的厚度差不多，重量轻，体积小，多根据器物的形状而设计，具有占用空间少、叠放层位高、有的还可组合使用等特点，不仅可增加窑炉的容量而且还大大提高了产品的外观质量。这种窑具的大量使用在烧瓷技术上是一项重要的突破。

第三期为邢窑的鼎盛时期，跨越时间较长，地层堆积较厚，器形存在早晚的变化。由于此次发掘面积所限，未能进行更细的分段，有待于进一步的工作。

第四期器物主要出于祁村窑址的北侧，即 T3～T6 四个探方。从发掘的情况看，第四期器物的品种明显少于上期，多为白瓷和黑瓷。白瓷多白中泛黄，黄釉瓷和青瓷已很少见到，细白瓷的数量出土也很少。本期碗类器多唇口，浅腹，璧形底。执壶下腹内收，形成假圈足与腹部有明显界限。罐为圆唇，颈稍加长，双系略低于口沿，溜肩，腹较瘦长。钵皆假圈足，敛口，宽沿。本期出现了一种中白瓷，其烧造采用上期烧制细瓷用的漏斗形匣钵单件仰烧手法，白度不及上期的细白瓷，而略精于粗白瓷，大部分施有化妆土。分析造成这种现象的原因可能是优质高岭土已用枯竭。窑工们为了能维持生计，不得不对一些烧粗瓷用的原料进行淘练，加工成精细的胎泥，利用烧制细瓷的方法烧制出这种中白瓷，以满足社会的需要。该期还出土了两件带有刻花、戳印纹、捏雕等装饰手法的穿带壶，做工精细，装饰方法独特，系该期中的代表作品。第四期的窑具与上期相比变化不大，薄壁盆形、盘形匣钵仍然使用，但数量已明显减少，而漏斗形匣钵的数量大增。三角支钉的形状有所变化，钉变得更矮，平面多呈六边形或近似于圆形，基本上变成薄饼状。筒形匣钵又开始大量使用。

第五期器物亦出于祁村窑址的北侧，即祁村的 T3～T6 的上层。器物种类有所增加，除前期常见的碗、钵、盆、罐、瓶、执壶等器形外，还出现了侈口钵、瓷枕等器形。釉色以白瓷为主，黑瓷次之，青釉、黄釉瓷渐趋消失。碗多唇口，斜壁稍弧，多宽圈足，胎较薄，器内壁、底交接处有一明显的转折。碗类器多放在筒形匣钵内叠烧而成，这种烧法既可减少器物上落灰而影响产品的质量，又可增加窑容量，这也是烧成技术上的一大进步。盆变为圆唇，外缘微下垂，大平底，多内施白釉，外挂黑釉。执壶均下腹消瘦，大多为圈足。罐的变化较大，直口内收，扁泥条系，腹呈圆球形，圈足，施釉不及足。钵口变大，宽沿上多加有简单的压印纹或附加装饰。穿带壶由高圈足变为矮圈足。瓶的种类较多，多为黑瓷，有双系葫芦瓶、盘口瓶和小口卵腹瓶等。瓷枕枕面为方形或花边形。小的捏雕瓷塑也多变为粗瓷，有羊、狗等小动物，制作粗糙。窑具以筒形匣钵为主，三角支钉已变成圆形薄片。总的来看，第五期产品绝大多数为粗瓷，胎质稍细，壁较薄，胎色白度不佳，多偏黄或发灰，做工亦不精细，但仍有一定的烧造规模。从产品的质量看，失去了邢窑鼎盛时期的风采，全为普通民用产品。由此不难看出邢窑渐衰的一些迹象。

（二）相关问题的讨论

1. 邢窑烧造地域及时代。如果单从名称上去考察，邢窑就只能是邢州区域内各种窑的统称。但是如果抛开历史上人为的地理界限而从考古角度上去客观的看邢窑，邢窑应该是一个群体遗迹遗物特征的总称，而且，像任何事物一样，都有着自己发生、发展以至衰亡的过程。从调查试掘情况看，邢窑至少应该始烧于北朝，历经了隋、唐300多年的漫长过程，至五代走向衰亡，期间虽然有着不同的阶段性过程，但都可以在各个窑址上找到其相互继承和发展的密切关系。金代及以后的窑址一般不与五代以前的窑址共存，而且其遗物特征、装饰方法及装饰风格更多的与定窑相同，应属定窑系的产品。因此我们认为邢窑应该是北朝至五代制瓷窑场的称谓，其烧造区域应包括邢州及其邻近地区。

2. 细白瓷的发明是邢窑对人类的一大贡献。调查试掘表明，邢窑白瓷制造有过两次鼎盛期。第一次至少在隋代，邢窑窑工不仅发明了白瓷而且成功创烧出了薄胎透影白瓷。这种透影白瓷胎薄处不足1毫米，瓷化程度很高，有的肉眼已分不出胎釉，达到了半脱胎的程度。而直到明成化年间，景德镇窑才烧制出同类瓷器[15]，无疑邢窑透影白瓷开创了薄胎瓷器的新纪元，其高超的工艺技术成就是对中国陶瓷的一大贡献。同时，隋代这种透影白瓷碗、杯类器物皆使用了圈足，这也是圈足较早运用到瓷器上的例证，而粗瓷圈足器的普遍使用却是晚唐以后的事。

中唐是邢窑的全盛阶段，细白瓷产量大，种类多而且造型美观、实用，虽达不到隋代的薄胎透影，但也堪称瓷中精品。隋代透影白瓷是专供极少数人用的奢侈品，而中唐细白瓷可能是天下无贵贱通用之的产品。而在隋至中唐之间，亦即唐早期的遗物中，邢窑白瓷不仅精细品不多见，连中粗白瓷数量也很有限，这是一个耐人寻味的现象。

3. 覆烧的早期运用。从发掘所获标本看，邢窑在隋代已开始了覆烧的应用。发现的隋代覆烧皆是在一摞筒形匣钵的匣钵盖上直接倒扣一两件碗类器物，器物可大可小，可高可低，其目的主要是填充剩余的空间，有时可能是为覆盖上一个更小的瓶类器物而当作匣钵使用的。因其未做必要的处理，所以大多形成了覆扣器口与匣钵盖的粘连现象，但因其较为纯净的器物内壁自然给了窑工们以启发。至迟到中唐，从大量标本看，邢窑已使用覆烧方法烧制碗、盘类器物。与定窑使用支圈间隔装在匣钵内的覆烧不同。邢窑中唐覆烧是以三角支钉作间隔叠烧的，最下的支具可能是窑柱（图三五）。这样覆烧的特点是叠烧中心下移，可提高窑容量，避免了定窑的芒口而留下了内底的支烧痕，同时器物外壁也产生了不美观的落灰。到了晚唐邢窑这种装烧方法已不再使用。但中唐覆烧的使用给邢窑的分期断代提供了有力的证据，也开创了瓷器覆烧的先河。

4. 邢窑的字款、符号。调查试掘中发现了较多的字款和符号，这些字款和符号不仅出现在瓷器上，还散见于一些窑具上。就目前发现而言，隋代字款皆刻划在窑具上，可识有"吉利"、"徐"、"赵喜"、"笼盖"几种，这里有窑工姓氏如徐、赵喜，吉祥语"吉利"，而"笼盖"则是筒形匣钵盖的刻款，也是隋代人们已称匣钵为"笼"的真实写照，直至今日人们仍然称之为"碗笼"。唐代有字款符号的遗物，以祁村为主，可分两种：一种是刻在碗、罐类器物底部以窑主或订货人的姓氏为主的刻铭如"□弘"、

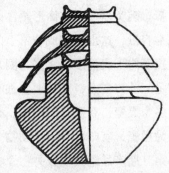

图三五　邢窑瓷器覆烧示意图

"季"、"士"、"田"、"张"、"王"、"□楚□"、"初"、"佐"、"口"、"德"、"交"、"杨乂"、"荣终"等；一种是在窑具主要是盘形匣钵或盖上很随便刻划上"十"、"丨"、"丨丨"、"丨丨丨"、"卅"、"×"、"井"等符号；另外在内丘城关窑址上发现了一定量的"盈"字款器物残片。这些字款符号的出土是邢窑窑工留给我们的宝贵财富，一方面它不仅反映出古代窑工们对其产品的良好期盼；另一方面，无论哪一种字款与符号的出现，我们都有理由认为它是一种起着标记作用的符号，而在每家每户都能拥有一座或数座制瓷作坊和窑炉时，显然是无需做太多标记去证明产品的归属的，因此较多字款符号的使用很可能说明了多家共用一窑，单做共烧的历史背景。而内丘城关窑址上单一"盈"字款的出土却说明了这个当时就依城傍河的有着辉煌历史的制瓷窑场很有可能是被某一机构控制或地主庄园所拥有的大型窑场。

　　附记：参加发掘工作的有刘来成、樊书海、贾永路、贾成会、张志忠、谢永新、王会民；文内线图由王会民、张志忠、樊书海、郝建文绘制，照片由王会民、樊书海拍摄。

注　释

① a. 河北临城邢瓷研制小组：《唐代邢窑遗址调查报告》，《文物》1981 年第 9 期。

　 b. 内丘县文物保管所：《河北省内丘县邢窑调查简报》，《文物》1987 年第 9 期。

② 内丘县文物保管所：《河北省内丘县邢窑调查简报》，《文物》1987 年第 9 期。

③ 中国社会科学院考古研究所安阳工作队：《安阳隋墓发掘报告》，《考古学报》1981 年第 3 期。

④ 山西省博物馆等：《山西汾阳北关隋梅渊墓清理简报》，《文物》1992 年第 10 期。

⑤ 山西省考古研究所等：《太原隋斛律徹墓清理简报》，《文物》1992 年第 10 期。

⑥ 偃师县文物管理委员会：《河南偃师县隋唐墓发掘简报》，《文物》1992 年第 10 期。

⑦ 辛明伟等：《河北清河丘家那唐墓》，《文物》1990 年第 7 期。

⑧ 长治市博物馆：《长治县宋家庄庸代范澄夫妇墓》，《文物》1989 年第 6 期。

⑨ 长治市博物馆：《山西长治市北郊唐崔拏墓》，《文物》1987 年第 8 期。

⑩ 北京市文物研究所：《北京丰台唐史思明墓》，《文物》1991 年第 9 期。

⑪ 河南省文化局文物工作队第二队：《洛阳 162 区 76 号唐墓清理简报》，《文物参考资料》1956 年第 5 期。

⑫ 洛阳市第二文物工作队：《伊川鸦岭唐齐国太夫人墓》，《文物》1995 年第 11 期。

⑬ 李振奇等：《河北临城七座唐墓》，《文物》1990 年第 5 期。

⑭ 陕西省法门寺考古队：《扶风法门寺塔唐代地宫发掘简报》，《文物》1988 年第 10 期。

⑮ 中国硅酸盐学会：《中国陶瓷史》，文物出版社，1982 年。

邢台市邢钢东生活区唐墓发掘简报*

李恩玮

2003 年 12 月，邢台市文物管理处在配合邢台钢铁公司东生活区七号楼建设工程中，发现 4 座唐墓。现将墓葬发掘情况简报如下：

一、地理位置

邢钢东生活区位于邢台市桥西区南部，西邻钢铁路，北邻建设东路。其七号楼施工区即位于东生活区中部偏南，墓葬则位于七号楼施工区内，坐北朝南，东西一字排列（图一），编号为 O3XGMl9、27、28、29（以下简称 M19、27、28、29）。

二、墓葬形制

墓葬 4 座，均为带竖井式墓道的土洞墓。竖井式墓道南宽北窄，平面呈梯形，底部南端有一级或二级生土台阶。墓道四壁较直。葬具均为单棺，葬式为仰身直肢。M27、29 盗扰严重，各出土彩绘陶塔式罐 1 套，两墓形制不再赘述。

M19　位于发掘区西北部，全长 5.20 米，距地表深 5 米，打破战国墓葬。墓向 175 度。该墓由墓道和土洞室两部分组成。墓道长 1.8 米，宽 0.84~0.78 米，深 4.2 米。底部南端有生土台阶一级，宽 0.18 米，高 0.9 米。墓道底部堆积的碎砖间有能粘对复原的瓷碗 1 件（M19：17）。墓门弧形顶，宽 0.78 米，高 1.24 米，用长方形砖棱角对外封堵。洞室拱顶，平面呈椭圆形，长 3.4 米，最宽处 2.2 米，最高处 1.4 米。墓

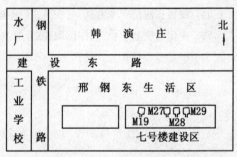

图一　墓葬位置示意图

*《文物春秋》2005 年第 2 期

底平铺长方形砖，南高北低。砖长 28 厘米，宽 14 厘米，厚 5 厘米。墓室中部偏西并排两棺，西棺一部分叠压在东棺上，均已朽。西棺长 1.6 米，宽 0.6 米，高不详。棺主人仰身直肢，骨架已朽，头前有铜簪 2 件，腰腹部上方 0.3 米处横躺陶罐 1 件，颈部、右手有开元通宝铜钱。东棺长 1.8 米，宽 0.6 米，高不详。内有仰身直肢成骨粉状骨架一具。腰间有铜带具及铜钱。两棺前随葬孔雀瑞兽葡萄镜 1 件、"盈"字款盏托 1 件、铁剪 1 件、器座 2 件、陶罐 1 件、葫芦形执壶 1 件、"盈"字款平底碗 1 件、白釉玉璧底碗 1 件（图二）。

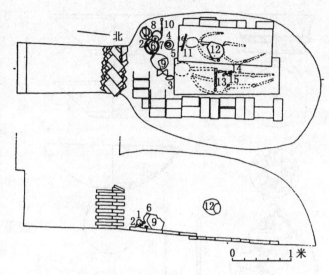

图二　M19 平、剖面图

1. 葫芦形执壶　2. 平底碗　3. 瓷碗　4. 盏托　5. 铜镜　6、8. 器座
7. 器盖　9、12. 陶罐　10. 铁剪　11、16. 铜簪　13. 带具
14. 铜钱　15. 贝壳

　　M28　位于发掘区中部偏北，西邻 M27，东邻 M29，全长 5.4 米，距地表深 4.6 米。墓向 177 度。该墓由墓道、甬道、土洞室三部分组成。墓道长 2.1 米，宽 0.6～0.8 米，深 3.1 米。墓道底部南端有台阶两级，第一级宽 0.36 米，高 0.40 米；第二级宽 0.3 米，高 0.6 米。甬道弧形顶，宽 0.62 米，高 1.3 米，进深 0.3 米。甬道南口用长方形砖封堵，封堵方法为棱角对外平砌 12 层，然后顺砖平砌 6 层，再棱角对外平砌。砖形制同 M19。洞室呈长椭圆形，拱形顶，长 3 米，宽 1.66 米，高 1.4 米。木棺已朽，长 1.64 米，宽 0.44 米。骨架腐朽严重，仅存部分头骨。棺内北端平置长方形砖 1 块，南端有铁剪 1 件、双鸾奔马云纹镜 1 件。棺前及棺下平铺长方形砖 5 块，墓室西南角随葬彩绘陶罐 2 件、白釉短流执壶 1 件、墨书砖志 1 合（图三）。

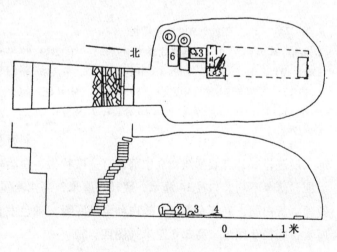

图三　M28 平、剖面图

1、2. 彩绘陶罐　3. 白釉短流执壶　4. 铜镜　5. 铁剪　6. 砖志

三、出土器物

1. 瓷器

　　白釉短流执壶　1 件（M28:3）。敞口，短颈，弧肩，鼓腹，实饼足微外撇，底缘微斜削一周，饼足与腹部交接处有旋削痕迹。一侧肩部有管状短流，另一侧颈腹部有双泥条曲柄。细白胎微灰，外挂青白釉至下腹部，肩部有冰裂纹，颈肩间釉厚

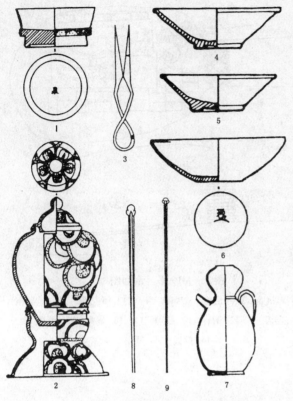

图四　M19 出土器物

1. 盏托（M19:4）　2. Ⅰ型陶塔式罐（M19:12）　3. 铁剪
（M19:10）　4、5. 瓷碗（M19:3，M19:17）　6. 平底碗
（M19:2）　7. 葫芦形执壶（M19:1）　8、9. 铜簪（M19:11，
M19:16）（1 为 1/8，2、3 为 1/10，4～6 为 1/4，7、9 为 1/7，
8 为 1/5）

处闪水绿色。口径 5.4 厘米，腹径 7.5 厘米，底径
4.2 厘米，通高 11.4 厘米（图五，2）。

葫芦形执壶 1 件（M19:1）。小口微侈，分上下
腹。上腹丰肩，鼓腹；下腹溜肩，弧腹。圈足微外
撇。上下腹交接处有凸弦纹一周，圈足与下腹交接
处旋削一周，足端有明显切割和加工痕迹。下腹肩
部一侧有管状短流，另一侧肩腹部有双泥条曲柄。
细白胎，外挂乳白釉至足底，局部釉薄处呈色较暗。
器形优雅大方，釉色润泽明亮。口径 3.6 厘米，上
腹最大径 6.8 厘米，下腹最大径 11.2 厘米，底径
7.2 厘米，器高 20 厘米（图四，7）。

盏托　1 件（M19:4）。托沿缺失，仅余托圈及
底部，残断处有明显锉磨加工痕迹。托圈圆唇微侈，
斜直腹，圈足微外撇。胎体坚硬细腻洁白，通体白
釉，釉面光洁莹亮，足墙底无白釉，有刮釉现象。
器底刻一"盈"字。口径 17.2 厘米，底径 13.6 厘
米，高 8 厘米（图四，1）。

平底碗　1 件（M19:2），圆唇，敞口微敛，
斜直腹，小平底。平底外圈斜削一周。胎白细腻，
器内外施白釉。底无釉，刻一"盈"字。口径 14.2
厘米，底径 5.2 厘米，高 4.7 厘米（图四，6）。

瓷碗　2 件。均圆唇，玉璧底。M19:3，敞口，
斜直腹，足与腹交接处旋削一周，足墙外缘有旋削
加工痕迹，底部有旋削线，在中部留有一锥状尖，
干涩，薄厚不均。口径 14 厘米，底径 6 厘米，高 4.4
厘米（图四，4）。M19:17，斜直腹，足墙外缘
斜削。灰白胎，局部有黑点，施白釉至足底缘，釉
色发青，底心有釉，器内外有开片现象。口径 12.8
厘米，底径 6 厘米，高 3.6 厘米（图四，5）。

白胎微泛红，胎质细腻，施白釉不到底，釉色发青、

2. 铜器

孔雀瑞兽葡萄镜　1 件（M19:5）。青铜质，银白色。圆形，伏兽钮，镜背中间由素面凸棱将纹饰
分为内外两区。内区枝蔓缠绕，叶脉舒展，果实累累，11 串葡萄环列于凸棱边缘，两只孔雀间以四瑞
兽，孔雀覆羽摇曳尾屏于背上。外区为不同姿态的禽鸟 8 只及蜻蜓、蜂蝶等。云纹缘。纹饰繁缛，刻
画工巧。直径 13.9 厘米，缘厚 1.1 厘米。

双鸾奔马云纹镜　1 件（M28:4）。青铜质，八出葵花形。圆钮，钮左右两侧各立一鸾鸟，两鸾鸟
曲颈相对，头上有花冠，振翅翘尾，一足着地，一足微曲。钮下有一曲颈向前，四肢腾空飞奔的骏马
（或称天马），颈上系一枝荷花瓣、镜边缘为两两相对的流云、折枝花及展翅飞翔的蜻蜓和蝴蝶。直径

18.3 厘米，缘厚 0.4 厘米。

铜簪　2 件。形制基本相同，双股。M19：11，长 22 厘米（图四，8）。M19：16，长 32 厘米（图四，9）。

铜钱　25 枚。其中开元通宝 23 枚，均隶书，制作规矩，直径 2.3～2.4 厘米。乾元重宝 2 枚。均隶书，制作规矩。直径 2.2～2.4 厘米。

3. 铁器

铁剪　2 件。形制相同，均为弹压式，环曲柄，交股回环，环呈扁圆形。M19：10，长 32.8 厘米（图五，3）。

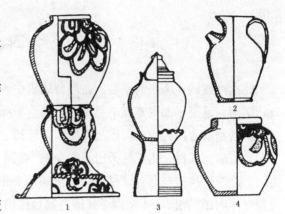

图五　M27—M29 出土器物

1. Ⅱ型陶塔式罐（M29：1）　2. 白釉短流执壶（M28：3）
3. Ⅲ型陶塔式罐（M27：1）　4. 陶罐（M28：1）（1、3 为
1/12，2 为 1/5，4 为 1/9）

4. 陶器

彩绘陶罐　2 件。均泥质红陶，形制相同。口微敛，圆唇，弧肩，鼓腹斜收，平底。器外施白衣，白衣外用黑彩绘覆莲一周，腹部绘牡丹花。M28：1，口径 12.4 厘米，底径 11.2 厘米，高 18.4 厘米（图五，4）。

塔式罐　4 件。依器座形制可分为三型。

Ⅰ型　2 件。泥质灰陶，形制大小均同。M19：12，由器盖、罐、器座三部分组成。器盖子口，宽沿，中部隆起，顶部有宝珠形钮，钮中空。罐口微侈，圆唇，弧肩，鼓腹，平底。器座圆唇，口微侈，束颈，颈部附加变形仰莲一周，溜肩，鼓腹，束腰，喇叭口底，底沿反卷，中腹部有双环形镂孔 4 个。通体施白衣，衣外绘花卉。器盖口径 6.4 厘米，高 19.2 厘米；罐口径 12 厘米，底径 10.4 厘米，高 24.4 厘米；器座口径 16 厘米，底径 24 厘米，高 18 厘米；通高 47.6 厘米（图四，2）。

Ⅱ型　1 件（M29：1）。泥质灰陶；缺盖。罐略显瘦高，鼓腹，小平底。器座侈口，圆唇，束颈，溜肩弧腹，束腰，喇叭口底，宽折沿。唇下附加变形仰莲纹，底腰部贴附加堆纹一周。器表通体施白衣，罐、器座肩部用黑彩绘覆莲，腹部绘牡丹花，喇叭门底部绘花草纹。罐口径 12 厘米，底径 11 厘米，高 30 厘米；器座口径 13.2 厘米，底径 30 厘米，高 28.8 厘米；通高 57 厘米（图五，1）。

Ⅲ型　1 件（M27：1）。泥质灰陶。器盖、器座烧制火候较高，呈色较深，陶罐火候较低，呈色稍浅。器盖子口，宽平沿，中部隆起，顶部有菌状钮，隆起部分有一圆孔及凹弦纹两周。罐体圆唇，溜肩，鼓腹，小平底。仰莲座侈口，变形莲花边口沿，束颈，喇叭状口。颈部、腹部、底部有凹弦纹数周。器盖口径 7 厘米，高 10 厘米；罐口径 10.8 厘米，底径 11 厘米，高 20.5 厘米；仰莲座口径 18 厘米，底径 17 厘米，高 21 厘米；通高 46 厘米（图五，3）。

5. 砖志

砖志　1 合（M29：6）。盖与志形制相同，均长方形，一面有绳纹，另一面磨光。志文墨书，字迹漫漶不清。均长 34 厘米，宽 17.5 厘米，厚 0.6 厘米。

四、结　语

　　此次清理的 4 座土洞室墓，在邢台属唐中晚期及北宋时期比较流行的一种墓葬形制。此类墓葬均坐北朝南，墓道平面南宽北窄呈梯形，洞室平面呈梯形或长椭圆形。唐代墓道较窄长，宋代墓道变短、变宽。器物组合以泥质红陶或灰陶罐、白瓷罐、白瓷执壶、白瓷碗、彩绘陶塔式罐为主。M19 出土的玉璧底瓷碗与祁村、内丘城关出土的瓷碗[①]类同，白釉短流执壶与西安南郊唐长安新昌坊出土的执壶[②]类同，葫芦形执壶与邢台董村水厂出土的葫芦形执壶[③]相同。M28 出土的彩绘陶罐与董村水厂出土的大和五年陶罐[④]相同，Ⅰ型陶塔式罐与邢台旅馆出土的 B 型陶塔式罐[⑤]器形及彩绘风格相同。塔式罐是受印度佛教影响的产物，而用陶制作佛教器皿是中国佛教的特点，此类器形在邢台一带多在唐中期至宋代的墓葬内出土，其中以唐晚期及五代最为盛行。

　　此 4 座墓葬出土瓷器的胎质、釉色均与邢窑址出土的瓷器相同，"盈"字款为内丘城关[⑥]一带窑址所特有，因此这批瓷器大多数应为内丘城关唐代邢窑的产品。吕成龙先生认为"盈"字款"始烧年代不早于开元，唐朝灭亡后即不复烧造"[⑦]。另陕西西安唐青龙寺曾出土墨书"大中十三年三月"的"盈"字款白釉执壶[⑧]。综上所述，这批墓葬时代大至当在唐代中晚期。

　　"盈"字款瓷器在邢台市区唐代墓葬内出土尚属首次。《旧唐书》、《新唐书》均记载"盈"字款白瓷器属于邢窑专门为"大盈库"烧造的贡品。大盈库是皇帝直接支取的"私库"，文献记载大盈库之物，主要用于紧急国情下的支出和赏赐给嫔妃大臣，"盈"字款平底碗在唐代也较为少见。这批唐代墓葬的发现和"盈"字款瓷器的出土，为邢台一带唐代丧葬制度以及邢白瓷的研究提供了非常珍贵的实物资料。

　　本文在整理断代过程中得到穆青、张志忠两位先生的指导，在此一并表示感谢。

参加发掘人员：李军　柴红亮　柴秋兰　柴新路

绘图：柴秋兰　柴新路

拓片：柴红亮

摄影：李　军

（作者单位：河北省邢台市文管处）

注　释

① 王会民、张志忠：《邢窑调查试掘主要收获》，《文物春秋》1997 年增刊。

② 尚民杰、程林泉：《西安南郊新发现的唐长安新昌坊"盈"字款瓷器及相关问题》，《文物》2003 年 12 期。

③④ 邢台市文物管理处：《河北邢台市唐墓的清理》，《考古》2004 年 5 期。

⑤ 李军：《邢台旅馆唐宋墓葬的发掘》，待刊。

⑥ 内丘县文物保管：《河北省内丘县邢窑调查简报》，《文物》1987 年 9 期。

⑦ 吕成龙：《唐代邢窑"翰林"、"盈"字款白瓷罐刍议》，"中国古代白瓷国际学术研讨会"论文稿，上海博物馆 2002 年。

⑧ 翟春玲、王长启：《青龙寺遗址出土"盈"字款珍贵瓷器》，《文物》1997 年 6 期。

唐代白瓷器在西安的发现*

王长启

西安是唐代京城，曾出土丰富多彩的唐代白瓷器。它们是重要的历史记录，是不衰的科技之花，闪耀着辉煌的艺术光芒。

唐代烧制瓷器有"南青北白"的格局，"北白"指在北方地区以烧白瓷为主。白瓷是在青瓷基础上发展起来的，它的出现标志着在中国烧制瓷器的科学技术史上的一次飞跃。例如西安西郊隋大业四年（608）李静训墓出土的白瓷器[①]，西安东郊郭家滩隋大业六年（610）姬威墓出土的白瓷罐[②]。这些白瓷器造型规整，制作精致，艺术性强，胎釉洁净纯白，烧制技术成熟。1990年西安市西郊热电厂基建发现的隋唐墓出土大批瓷器。其中有不少初唐时期的瓷器，典型的有白釉瓷扁壶，口径5.2×6.8厘米，底径6.2×12.8厘米，器腹宽21.2厘米、厚11厘米，高26厘米，椭圆形小敞口，细颈略长，扁腹微鼓，两肩侧各有鸡心型小钮，其中一钮已残，高椭圆形圈足，两宽腹面有对称的浅浮雕垂莲纹，通体施白釉，有细冰裂纹，胎土白色、坚硬。白瓷杯，8件，造型相同，敞口深腹，斜腹壁，饼形足，通体施白釉，胎白中闪灰，有白色化妆土，依大小分二型，大杯口径12厘米、高9.5厘米，小杯口径8.4厘米、高8.4厘米，出土于有明确纪年的初唐墓葬。从造型、胎釉看，与隋代白瓷器相似，又与以后的唐代白瓷相近，显然是向唐过渡时期的白瓷器。

在西安地区除了唐墓，在大明宫遗址、唐代西市遗址、唐代佛教寺院遗址，如西明寺、荐福寺、青龙寺、实际寺、空观寺等，以及达官贵族居住的遗址，特别是在南大街、北大街与西大街等拓宽基建过程中也发现了白瓷器及残片。从出土的器物与各地瓷窑发掘资料对照看，有河南白瓷、陕西黄堡白瓷以及河北邢窑、定窑等。从白瓷器看其特征、窑口以及他们之间的关系。

从考古资料得知，黄堡窑的白瓷器品种主要有碗、盘、缸、盂、执壶、灯、瓶等日常生活餐具、用具、玩具，多达三十余种。白釉瓷器在当时黄堡窑的烧造数量仅次于墨釉器，从其造型、胎、釉的特征看，证实西安市出土的部分白釉器为黄堡窑烧造。胎土以黄灰色为主，质粗疏有气孔；其次为青灰色，质坚密；还有白胎的，质较细腻，均施化妆土。釉色白中泛黄，有乳浊感，光亮度不强。其白

---

* 《中国古代白瓷国际学术研讨会论文集》，上海书画出版社，2005年

胎质细的瓷器，釉面光洁，但是数量较少，品种单一，以碗盘类居多。胎厚底大，有饼形足或璧形足。中晚唐以后器类渐多，造型丰富。到唐末又有变化，以碗为例，有的呈敞口浅弧形壁，胎壁厚重，饼形足或璧形足；有的为圆唇口，有深浅腹不同等。晚期器壁薄，腹较深，变瘦，底足变为圈足，明显比以前的小巧，从这个变化可以看出白瓷器烧造质量的不断提高。从西安市区出土的黄堡窑白瓷器与黄堡窑唐代窑址发掘资料看，此产品品种很多，现选几种出土常见的典型器作一介绍。

碗　敞口圆唇，浅斜腹，胎厚大，宽璧形足，内底留有三支烧痕。有的在内腹上有三条等距离的竖条凸线。还有敞口，翻卷凸唇，微弧斜腹，璧形足，做工较细，胎较薄；敞口，斜深腹壁，璧形足，碗体较大；葵瓣形敞口，深弧形腹，璧形足等。盘类较常见为口沿外敞，有的带唇，斜腹，有的为葵瓣形，均为大底。执壶，喇叭形口，细颈，丰肩，腹微鼓下收，假圈足，肩上有短注形流，相应的一侧有一弧形把手，上接口沿，下接肩部。罐，直口，短颈，鼓腹，瓜棱形，圈足。还有各种动物玩具。

河南省巩县窑，窑址位于县城南部的小黄冶、白冶乡和铁匠炉村等地，以烧白瓷为主，兼烧三彩器。创烧于唐初，盛唐时生产兴旺，中唐后开始衰落，主要器形有碗、盘、壶、缸、枕等。日常生活的饮食器中碗类很多，有11种类型。如敞口，浅斜腹，玉璧形足碗，胎厚重，内有三支烧痕。敞口，翻卷唇，浅斜腹，玉璧形足。撇口，圆唇，浅斜腹，口沿为花瓣状，内壁起四条凸竖棱，玉璧形足，还有窄圆足底。盘分两种。一种为直口，浅斜腹，底平；另一种口沿为四瓣花口，内壁对应有四棱，圈足底。执壶，敞口，缩颈，上腹鼓，下收，圈足，肩有短流，对应处有鋬。巩县白瓷胎分浅灰与土白两种，土白色的较少，颗粒一般较粗，多有灰黑色小点杂质，胎表施白色化妆土，釉较厚，细润，有玻璃光，开片少，细密。巩县窑是河南诸窑中最有成就的瓷窑，此外还有密县西关窑（又称密县窑）、登封曲河窑（又称登封窑）、鹤壁集窑、郏县窑、辉县窑，都曾烧过白瓷，在造型上又有很多相似处，故有人统称其为河南窑白瓷。在西安东郊韩森寨地区唐墓中曾出土内施白釉外施墨釉的碗，大小各异而造型相同。敞口，下腹弧形折，坦底，圈足，是一种釉较有特色的碗。河南窑场所烧白瓷器曾作为朝廷贡瓷，《大唐六典》卷三：河南道……厥贡绅、絁、文绫，丝葛，水葱、蔍心席，瓷石之器。在《元和郡县图志》卷五记载河南道给长安的贡品中有白瓷器等。

长安在当时特别是盛唐时期非常繁华，上自达官贵人，下至平民百姓，都使用瓷器。由于河南诸窑距长安较近，交通运输方便，加之开元年间巩县窑向宫廷进过贡品，因而在长安所使用的瓷器中，巩县等窑白瓷器也较为普遍，特别是为中下阶层所使用。以黄堡和巩县两县瓷器对照看，胎质相似，均属厚胎器，釉色白中闪乳黄。经考察，两窑遗址中用筒形匣钵及支垫所生产的碗盘很多器形相近，很明显互相间有一定的联系。从文献与考古资料看，巩县窑在初唐已烧白瓷，在开元时为宫廷烧贡瓷，并有自己的特点。而黄堡窑白瓷器在盛唐时期才创烧，要达到巩县窑白瓷的水平还要经过一段时间。显然黄堡窑学习了巩县窑的烧制技术，因此两窑瓷器在某些方面相似，但又有各自的特征。黄堡窑的白釉执壶，喇叭口，流短较直，丰肩下收，造型挺拔利落。晚唐的碗撇口，深斜腹，玉璧足较多。另外小件器多，小葫芦瓶、小梁罐、小净瓶等最具特色。由此看来，黄堡窑与巩县窑及其相近的窑相互影响、相互促进，生产大量的白瓷器既有唐代白瓷器的共性，也有自己的个性。

当年长安京城皇家贵族云集，遗留下来的高档瓷器也较丰富，现在收藏的白瓷器就是这一段历史的记录。例如邢窑白釉四系罐（2gcc2），初唐，高30厘米，最大腹径23厘米，西安市东郊纺织城枣园苏村初唐墓出土。直口，矮颈，鼓腹，收胫，假圈足外撇，肩有四系。施白釉，釉不到底，积釉处闪青微黄，白胎，坚硬。白釉螭柄注子（3gcc101），高11厘米，口径2.5厘米，足径2.5厘米，最大腹径5厘米，西安地区征集。敞口，短颈，广肩，鼓腹，腹下部斜收，小平底。肩部一侧有一短流，流座有一周凸棱。另一侧是一螭兽执柄，螭口大张衔住壶口，弯腰垂腿，两足开立蹬在壶肩之上，大尾。白瓷注子（8b525），高37厘米，腹径27厘米，1984年西安市东郊田王乡出土。小口，唇外卷，矮颈，丰肩，鼓腹，下收，平底。肩上有一短小流，施白釉，微闪青。此器体形高大，造型丰满，烧造规整，釉面光润，晶莹肥厚，胎质细腻，白润，坚硬。与白瓷注子同时出土的还有三彩武士俑等。白瓷马镫壶（2gc12），高20.5厘米，腹长径15厘米，腹短径14.2厘米，西安市东郊沙坡砖厂唐墓出土。壶体呈扁圆形，上有半圆形提梁，提梁一端有小圆口，假圈足，平底。马鞍形，刻凸起的菱花形纹，边饰连珠纹，中间布满六格，外绕椭圆形凸棱，仿针线缝纫状，两侧各饰仿绒线四瓣花饰。施白釉，微闪黄，胎白质细。白釉双龙柄壶（3gcb65），高31.5厘米，口径5厘米，足径8厘米，最大腹径14厘米，西安市东郊纺织城地区枣圆刘村出土。盘口，细长颈，鼓腹下收，底平。由肩部至壶口置两条对应的龙形柄，龙口含壶口，龙尾与上腹连接。通体施白釉，微闪青黄，光洁温润，釉不到底，露胎，胎白质细，有明显旋削痕。造型新奇，庄重饱满，优美浑厚。它吸收了外来文化的特点，既有波斯萨珊朝器物特征，又融合我国传统风格，是当时瓷器中具有代表性的作品。西安市南羌唐青龙寺遗址出土邢窑白釉"盈"字款瓷碗与执壶，同时出土的还有白釉瓷碗、墨釉瓷碗、橄榄形瓷罐、茶叶末釉执壶等[3]，还有巩县窑与耀州窑产品。它们出土于一个灰坑，均残破。从现场考察看，这个灰坑是当时废弃的井，内已填满垃圾。从这些瓷器碎片来看，是日常生活中使用的饮食餐具。由于使用不慎被打破而丢于灰坑内，均为同一时期。其中带"盈"字款白釉执壶上有"大中十三年（859）三月十日"等墨书题记，是断定埋藏时间的重要证据。"翰林"与"盈"字款白瓷罐，西安北郊唐代大明宫遗址出土[4]，高22.5厘米，口径10.5厘米，最大腹径20.5厘米，底径9.2厘米。圆唇，短颈、鼓腹，腹以下渐敛，平底，口、底大小相若。胎体坚实细腻，洁白。内外施透明釉，釉质莹润，积釉处闪水绿色。外底无釉，在中心偏左部位竖向刻划"翰林"二字，在中心偏右上方刻划"盈"字，字体规整，笔划清晰流畅。目前已发现的署"盈"字款邢窑白瓷以碗最多见，另有执壶、盒、罐等。考古工作者曾在河北内丘城关邢窑遗址中发现20多件刻"盈"字款的碗底标本[5]，1957年冯先铭先生在西安唐代大明宫遗址发现过邢窑"盈"字款碗残片[6]。1985年中国社会科学院考古研究所西安唐城工作队在西安发掘唐代西明寺遗址时，出土"盈"字款邢窑白瓷标本[7]。

唐代时期邢窑烧造白釉瓷器赫赫有名，产量大，并引起社会的关注，是当时烧造白釉瓷器的代表。正如唐代李肇《国史补》记："内丘白瓷瓯，端石砚，天下无贵贱通用之"。同时还记载唐开元至贞观年间的见闻，可知邢窑白瓷器作为地方特产向朝廷进贡，为皇室所使用。当时北方的邢窑白瓷器与南方的越窑青瓷器并驾齐驱，享有崇高的声誉。当时的文人墨客纷纷给予赞美，例如著名诗人皮日休作《茶瓯诗》，陆羽《茶经》评其特征"白如雪"，从而可以看出白瓷是邢窑器中的精品。"盈"字款白瓷应是大明宫内大盈库定烧的瓷器。大盈库属内库，《资治通鉴》卷二二八（宋白注文）："大盈库，内库也，以中人主之。"内库又称内藏、中藏、禁藏、中库、私库等，即指由宦官管理的皇室财政库藏，专为皇家贵族服务。它与国库机构不同，但有一定的联系，收入来源主要依靠国库支拨，成为国库系统中单一的专库。1977年11月西安市东郊新筑乡公社枣园村社员修水渠时，发现唐代窖藏中有一件乾符六年（879）银铤[8]，长27.5厘米，宽7厘米，厚0.9厘米，重1625克，正面錾刻四行字：

"内库使臣王翱，文思使臣王彦珪，文思副使臣刘可濡，乾符六年内库分别铸，重廿廿两。"银铤右侧还錾"匠臣武敬容"五字。铭文中的"内库分别铸"证明此为内库银铤。据《历代职官表》记，以宦官为文思院使，可知王彦珪、刘可濡为宦使，此正如文献所载。从《大唐六典》与《新唐书·百官志》看，内库的管理及组织机构有一定的制度与章法，唐代的皇帝极为重视，特别是到了唐玄宗开元时期对内库加强、扩建。"贡献宜归乎天子，以奉私求。玄宗悦之，新置是二库。"⑨这二库即大盈库和琼林库。两库设立有专使管理，如《仇士良神道碑》载："太和七年（833）转大盈库领染坊。"⑩《刘遵裕墓志》载："大中五年（851），曾任大盈库使。"唐代由于社会经济的发展，出现"开元盛世"，内库财务极大丰富、盈余，内库财物有绫罗绸缎、皇家衣物、医疗药品、宝珠金玉、字画书籍、各类食品、器物用品、储藏所需物品等，应有尽有。《仇士良神道碑》载：仇士良管理大盈库，"绫罗万段，锦绣千筐，每极珍华，曾无滥恶。又元黄朱紫，染彩文章，靡砂精鲜，悉中程度。"内库的服务对象主要是皇族，皇族指皇帝及其后妃、太子、公主等，为他们服务的宦官、奴仆及宫女所需的物品也靠内库提供。此外，还有官内的其他部门需要财物，如内侍省中的各部门等。加之，这些社会上层人物及随从的生活极其腐化，机构庞大，消费额是非常巨大的。内库的收入来源，主要由国库支拨。如《旧唐书·杨炎传》记载："凡财赋皆归左藏库，一用旧式每岁于数中量进三五十万入大盈。而度之先以其全数闻。"国库将"常贡"货物调拨部分给内库，《旧唐书·王鉷传》记有玄宗时王鉷在正税外的钱财，"岁进钱宝百亿万，便贮于内库，以恣主恩赐赉"。其次进奉，即税外的进奉入内库，特别是到天宝以后，不定数的地方进奉给了内库。《旧唐书·食货志》记："先是兴元克复京师后，府藏尽虚，诸道初有进奉，以资经费，复时有宣索。其后诸贼既平，朝廷无事，常额之外，进奉不息……皆竞为进奉，以固恩泽。"《册府元龟》记载奉进的官吏与数量也很多，例如太和元年（827）六月宰相裴度进贡金六十八铤。1975 年西安市西北工业大学基建工地出土的文件中有一件双鱼宝相莲瓣银盘⑪，底部錾刻铭文："朝义大夫、使持节都督、洪州诸军事守、洪州刺史……赐紫金鱼袋节李勉奉进。"李勉为肃宗、代宗、德宗三代重臣，也向皇帝进奉。西安市北郊唐大明宫遗址曾出土天宝十载（751）税山银铤，上刻杨国忠进奉内库。从文献记载与考古资料看，天宝年以后，每年进奉总值与国库拨经内库的钱数基本相等。这种向皇室内库的进奉年年不断，成为内库的主要收入项目。唐代，常贡是全国各州"随乡土特产"的法定贡赋，包括金石珠宝、珍奇异物、药品稀果及地方特产等。《通典》卷六"食货"载："天下诸郡，每年常贡……诸郡贡献，皆取当土所生。"这些常贡的物品部分通过国库支拨纳入内库。另外，各级官员给皇帝的额外进贡也直接纳入内库。进贡品主要是土特产，烧造瓷器的地区当然以本地瓷器特产作为贡品上交内库，即大盈库或琼林库。在西安北郊大明宫遗址曾发现玉璧底带"盈"字款的瓷碗⑫。陕西省博物馆、西安市文物保护考古所分别收藏一件带"盈"字款的白瓷罐，均出土于西安市北郊唐大明宫遗址。特别是西安市文物保护考古所收藏的带"盈"字款白釉罐，足底除了刻"盈"字，还刻有"翰林"二字，是邢窑为皇宫专烧的瓷罐。在开元二十六年编的《唐六典》"河北道贡……恒州春罗孔雀等，罗、定州两窠细绫，怀州牛膝……邢州瓷器"，是邢窑瓷器为皇宫进贡的明确记载。同时在《新唐书》、《旧唐书》中均记载唐玄宗、肃宗时称大盈库为"百宝大盈库"。瓷器上的"盈"字应与皇宫大明宫的大盈库有关。"翰林"二字则表明这件"盈"字款白瓷罐是大盈库供大明宫翰林院使用的。

　　带"盈"字款白瓷器为什么会在青龙寺遗址出土？青龙寺属佛教寺院，是唐长安城内传播佛教密宗的著名寺院。初建于隋，始称"灵感寺"，一度废毁，复立为观音寺，睿宗景云二年（711）改称青龙寺。唐代是我国封建社会发展的鼎盛时期，佛教作为唐代意识形态的一个重要组成部分，也相应地进入昌盛阶段，这与唐宫廷的支持分不开。唐代诸帝中除了武宗一度废佛外，都信仰佛教，主要是在政治上利用佛教。如唐高祖重视对佛教的整顿与利用，于公元 619 年在京师聚集高僧，立"十大德"，将全国佛教置于统一管理之下。还有唐代由贞观五年（631）起于法门寺七迎舍利，从而可以看出唐代帝王之崇佛与佛教在当时的地位。传承密教最著名的是高僧惠果（？－805），他曾住青龙寺，青龙寺是当时著名的密教寺院，惠果作为享有最高权威的传法师，在青龙寺立灌顶道场，广授僧徒，受到朝野尊崇，被尊为"密教瑜珈大师"，"三朝（代宗、德宗、顺宗）供奉大德"等。唐武宗会昌五年（845），灭佛废寺，青龙寺亦遭破坏。唐武帝灭佛虽给佛教以深重打击，但是武宗驾崩后，宣宗即恢复佛教。当时，还未改元，令增加佛寺，所度僧尼令祠部给牒，同时将武宗时积极毁佛的赵归真、刘元清、邓元超等人拘捕诛戮，使佛教又得到发展。青龙寺同样得到恢复，并于宣宗大中九年（855）改为本名。从这里可以看到唐代最高统治者与佛教寺院的关系。皇室把自己享用的贵重器物与日用品赐给佛教寺院是平常事，青龙寺遗址出土的"盈"字款白瓷器就是皇室贵族将大盈库的瓷器赐给青龙寺，以作日常用的瓷器。西明寺出土"盈"字款瓷器，同样显示了皇室对佛教的重视。还有在西安市西郊丰登路南口空军某部大院内，1999 年 10 月基建时发现一件白瓷残片，底部刻有"大盈"二字，从其胎、釉与刻字的字体看为唐代白瓷。该地区属唐代金胜寺遗址。金胜寺创建于隋开皇（581－600）时期，此处还有清朝陕西总督毕源树所立的《大清重修崇圣寺碑》，提到该寺在唐代称为金胜寺及该寺数千年的变迁经过等。这件瓷器应是皇帝将宫内瓷器赐给金胜寺的。同时瓷器上的"盈"、"大盈"均指的是大盈库的又一佐证。

关于"官"字款白瓷器，共计 33 件，分五式，1985 年西安市北郊火烧壁出土。造型与大小尺寸分别是：三尖瓣口盘，盘口为尖瓣花形，盘内花瓣之间凸起竖直线，三瓣尖顶距离相等，圈足，口径 11.7 厘米，高 2.9 厘米，足径 5.9 厘米。五尖瓣口盘，盘口为五尖瓣，荷花形，圈足，口径 13.5 厘米，高 3.4 厘米，足径 6.1 厘米。五宽瓣口盘，盘口为五瓣梅花形，圈足，口径 13.6 厘米，高 2.5 厘米，足径 6 厘米。五双脊瓣口盘，为海棠形，花瓣相连，每花瓣中间凹进成双脊，圈足，口径 14.4 厘米，高 3.4 厘米，足径 6.4 厘米。五宽瓣浅碗，造型相同，大小略异，花瓣较宽，浅腹，圈足，口径 16.6 厘米，高 15 厘米，足径 7 厘米。以上碗盘外底均有一"官"字，是在施釉后未烧前刻划的。瓷器胎薄质细，色白，坚硬致密，瓷化程度高。内外施满釉，釉质匀净，釉色白中闪青，光润晶莹，柔和细腻。圈足经过刀削，有的外壁有轮旋整修痕迹，近足处釉略厚，有流釉"泪痕"，圈足粘有砂粒。造型精美，制作规整，花瓣式的口沿与素白闪青的釉色结为一体，显得高雅素洁，表现了古代工匠极高妙的艺术造诣。关于西安北郊窖藏出土带"官"字款白釉瓷器等文物，可归为四类：陶罐和陶罐口上盖的方砖，罐内的青釉残瓷碗，白釉瓷碗盘，带"官"字款白釉瓷器。后三类都是陶罐内藏的瓷器。（1）陶罐是唐代器物，罐口上盖的方砖，从纹饰和陶质分析，是西安唐代遗址如大明宫遗址常见的方砖，无疑是唐代遗物。（2）罐内的青釉残瓷碗，虽然被打碎为残片，但尚能分辨整个器物的特征与造型，具有唐代江浙一代烧造的特点，"这些窑都烧一种敞口瘦底碗，这种碗的碗身都是斜直形，碗足都是玉璧形"。"这种碗口腹向外斜出，壁形底，制作工整，是中唐时出现的新品种，确切地说是唐代越窑器。"（3）罐内白釉瓷碗盘与早期定窑瓷器特点相同。特别是玉璧形碗底，可以说是唐代烧制。

敞口盘与折腹盘都是圈足，圈足较宽矮，从胎、釉的特点看，釉色白中闪青，外壁有明显的轮旋刀痕，施釉厚薄不匀，尤其外腹壁有流釉"泪痕"等，也就是唐代定窑瓷器。（4）近年来对以往出土的带"官"字和"新官"字款的瓷器的研究取得一定的成就，对这类器物有了新的认识。陈万里先生对辽代"驸马赠卫国公"墓葬出土的刻有"官"字款白瓷，以自己多年对定窑瓷器研究的丰富经验推断："辽国早期所用精美白瓷，可能是曲阳的定窑所烧造，我相信这一点假定能在定窑的废墟碎片堆里找到"官"字的碎片，就可证实了我的看法。"冯先铭先生"于定窑遗址调查中也采集有一件'官'字款铭文残片"。这说明定窑曾烧此种瓷器是无可非议的。西安市北郊出土的这类刻"官"字款的白瓷器，从胎质，白中泛青的釉色，仿当时金银器碗盘的器形，器外留有凹凸不平的痕迹，圈足内粘砂粒及器底内刻"官"字的字体特征看，再结合考古资料与文献，可知定窑在唐代开始烧造白釉青瓷，并且产品已达到成熟的地步。定窑创始于唐而终于元，历时长达六七百年，其发展可分为三个阶段：早期为晚唐至五代（780－960），中期为北宋至金哀宗天兴三年（960－1234），晚期为金哀宗天兴三年至元末（1234－1368）。定窑遗址在河北省曲阳县涧磁村东北 1.5 公里处，白瓷的釉色纯白或白中闪青是其主要特征之一。再从遗址和有纪年墓葬的出土品看，早期定窑瓷器制作精细，造型优美，胎色洁白细腻，瓷化程度好，器形有碗、盘、盏托、盒、瓶等，尤其是花瓣口的盘、碗制作得极为精湛，与唐代盛行的金银器碗、盘造型一样。特别是五双脊瓣口盘与定窑唐五代窑址（北镇）出土的刻"新官"款的五瓣口盘，可证明此批带"官"字款白瓷器为定窑早期作品。再参照晚唐钱宽墓出土带"官"字款白瓷碟与同时出土上述三类唐代器物，可以进一步证实该批带"官"字款白瓷器的时代为晚唐器物。该批带"官"字款瓷器出土地点为西安北郊火烧壁，原是唐长安城安定坊遗址。安定坊位于城西北郊，据《城坊两京考》载："东南隅千福寺，东章怀太子宅，咸亨四年舍宅立为寺……"还有"右神策军护中尉第五守进宅"。至于窖藏的这批"官"字款白瓷器，数量之多、质量之精，必然是有身份的官宦或巨富，因遇到"兵乱"或"遭不幸"而匆匆忙忙埋藏的。

　　1964 年于西安市城内建国路出土一带"官"字款花瓣形白瓷盘，口径 17.7 厘米，高 3.6 厘米，足径 9.2 厘米。花瓣形，浅腹，圈足，足内刻一"官"字。通体施白釉，制作规整，圈足底经刀削修整。同时出土的还有一件花瓣口白瓷碗，高 6.2 厘米，口径 17.5 厘米，底径 7.5 厘米。以后又在附近出土，也属定窑器，2 件金银碗、鸿雁蝴蝶纹鎏金银碗 1 件。碗内中心錾刻飞翔鸿雁一对，内腹还有折枝叶与蝴蝶。海棠形鹦鹉金花银碗 1 件。碗内中心錾刻飞翔的鹦鹉一对，内腹壁还有四朵团花[13]。从造型与纹饰看为唐代晚期，同时出土地点约在唐皇城东南的崇仁坊所住贵族与商业东市有关。加之带"官"字款白釉花瓣口盘的造型与当时金银器盘相似，"官"字字体也为唐体字，故此盘为唐末时期款。

　　带"官"字款定窑白瓷器，出土范围较广，从我国南方到北方都有发现。该批带"官"字款白瓷器中，有一件火烧壁出土的五瓣口碗，胎有明显的变形。这种变形器足以说明该批带"官"字款白瓷绝不能作为贡品进奉皇宫，也不可能是皇帝的赏赐器或由宫廷流入民间的。另外，从以往有墓志墓葬中所出土该类白瓷看，其主人的身份都是贵族，说明它带有一定的商品性质。有的学者认为应是"官窑"瓷，这种看法也有一定理由，就"官"字本意讲，是指朝廷及朝廷办事处、官府、官方、官职、官位、官吏、官员等。白瓷器上刻划的"官"字的涵义可能属于这个范畴。总之，该类瓷器选料精细、制作规整、造型精美、施釉细腻，是当时的珍品。这种早期定窑带"官"字款白瓷很可能是"以进上访，备赏赉也"，同时也供各阶层统治者与有钱的富户人家使用，"官"字是一种标记。

关于邢窑与定窑的关系，以两窑所烧瓷器进行对比极为类似[14]，邢窑与定窑的窑址分别位于河北省临城、内丘二县，与曲阳县涧磁村相距 160 公里，考古发掘资料可知，在窑炉、窑具、烧制技术等方面两窑基本相同。在西安地区出土与征集的白釉瓷器，特别是上述的精细白瓷器有很多相似特征，例如玉璧形底白瓷碗。区别也是明显的，胎质方面，邢窑少数坚硬细腻，瓷化程度好，多数有气孔和夹层，普遍瓷化差；而定窑器烧结好，瓷化程度高，质坚体硬，很少有气孔，少数胎色较深的略显粗松。釉质方面邢窑色泽稳定，多呈粉白或白中微泛青色，表面光滑莹润，施釉到底，足心多数满釉；而定窑瓷器釉面厚薄不均，有精有粗，呈色不同，精细的洁白、平整、光润、质粗的光泽较差。造型方面，邢窑简练、庄重大方，制作规整，还有模仿当时金银器造型的；而定窑则摹仿邢窑器，并有一类就是仿当时的金银器形。

总之，唐代北方烧造的白釉瓷器已达到了成熟阶段，精细的白瓷器烧造水平更高，可谓"白如雪、薄如纸、声如磬"。白釉瓷器的烧制成功是中国陶瓷史上的一次飞跃。它们有共同特征，例如执壶、多短流、鼓腹、丰满，碗有玉璧形底、圆底等，是这一时代的艺术风格，同时又由于地域不同而有明显的地域特征。

（作者单位：陕西省西安市文物保护考古研究所）

注　释

① 唐金裕《西安西郊隋李静训墓发掘简报》，《考古》1959 年第 9 期。

② 陕西省文物管理委员会《西安郭家滩姬威墓清理简报》，《文物》1959 年第 8 期。

③ 西安市文物保护考古所《青龙寺遗址出土"盈"字款珍贵白瓷罐》，《考古与文物》1977 年第 6 期。

④ 王长启《西安市出土"翰林"、"盈"字款邢窑白瓷罐》，《文物》2002 年第 4 期。

⑤ 冯先铭《近十年陶瓷考古主要收获与展望》，（台湾）《中华文物学会》1991 年刊。

⑥ 同⑤。

⑦ 中国社会科学院考古研究所西安唐城考古工作队《唐长安城西明寺发掘简报》，《考古》1990 年第 1 期。

⑧ 韩保全《西安市出土唐代李勉奉进银器》，《考古与文物》1984 年第 4 期。

⑨ 《陆宣公翰苑集》卷一四。

⑩ 《文苑英华》卷九二三。

⑪ 同⑧。

⑫ 冯先铭《谈邢窑有关诸问题》，《故宫博物院院刊》1981 年第 4 期。

⑬ 韩保全《西安市文管会收藏的几件唐代金银器》，《考古与文物》1982 年第 1 期，第 54 页。

⑭ 李辉柄《定窑的历史以及与邢窑的关系》，《故宫博物院院刊》1983 年第 3 期。

邢台宋墓出土"官"字款瓷碗[*]

李 军

2002 年 12 月，邢台市文物管理处在配合邢台市运输总公司住宅楼建设工程中，发现古墓葬一座，出土"官"字款白釉瓷碗及陶塔式罐各一件。现将墓葬情况介绍如下。

一、墓葬情况

邢台市运输总公司位于邢台市桥东区西部，西近火车站，北邻大通街，东近邢台旧城西门。墓葬发现于运输总公司南建设区（即考古发掘 I 区）东部偏南（图一），编号 02XYM1（简称 M1）。

该墓坐北朝南，为带有竖井式墓道的洞室墓，墓向 175 度（图二），由墓道、甬道、洞室三部分组成。墓道位于墓室南部，平面南宽北窄呈梯形，长 2.36 米，宽 1.08～1.28 米，深 2.56～2.72 米，底部南端稍高有缓坡。甬道拱形顶，长 0.94 米，宽 1.04 米，高 1.3 米。甬道南口用长方形单砖棱角对外平砌 11 层，然后顺砖错缝平砌 3 层，再立砖 1 层、平砌 3 层封堵。墓室拱形顶，平面南部稍宽，长 3.04 米，宽 1.16～1.18 米，高 1～1.3 米。墓底用长方形单砖平铺。墓室南部有一盗洞，扰及墓室，葬具、人架均无存，唯墓室西南角未被扰乱，出土白釉瓷碗 1 件、陶塔式罐 1 套（器座倒置），在墓底还出土"开元通宝"铜钱 1 枚。

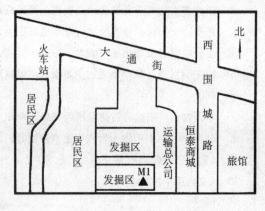

图一 墓葬位置示意图

二、出土器物

陶塔式罐 1 套（M1:1）。泥质灰陶，由器盖、陶罐、器座三部分组成。盖隆起，子口，宽折沿，

* 《文物春秋》2005 年第 5 期

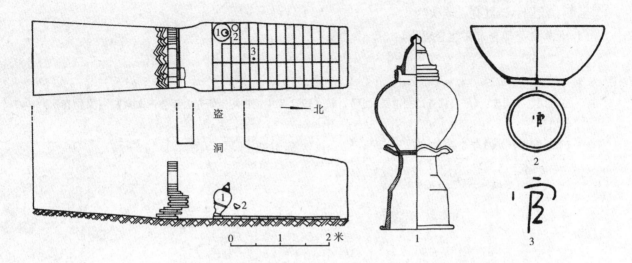

图二　M1 平、剖面图

1. 陶塔式罐　2. 白釉瓷碗　3. 铜钱

图三　出土器物

1. 陶塔式罐（M1:1）　2. 瓷碗（M1:2）　3. "官"
字款摹本　（1 为 1/12，2 为 1/4，3 为原大）

顶部有宝珠形捉手，中空，口径 7.2 厘米，高 12 厘米。陶罐圆唇，直口，溜肩，鼓腹，小平底，颈部有凸弦纹两周，口径 14.4 厘米，底径 8 厘米，高 26 厘米。器座重唇，撇口，莲花边口沿，束颈，颈部较长，喇叭口底，器表饰有彩绘，大部分脱落，高 25.6 厘米，底径 17.6 厘米。通高 60 厘米（图三，1）。

瓷碗　1 件（M1:2）。尖圆唇，敞口，深弧腹，矮圈足，细白胎，壁较薄，质洁白细腻。通体施白釉，釉色洁白，釉面莹润，釉层薄而均匀，足端无釉，底刻划一"官"字。口径 12.5 厘米，高 5.8 厘米，底径 5.2 厘米（图三，2、3；图四）。

铜钱　1 枚。隶体，为"开元通宝"对读，直径 2.4 厘米。

三、结语

塔式罐是受印度佛教影响的产物，在邢台一带屡有出土。从目前掌握的考古资料分析，此类器物在邢台一带出现的时间是唐代中期，流行于唐后期及北宋，以后少见。此次出土的塔式罐从器形分析，应属北宋早期器物，由此该墓葬年代也应为北宋初年。

细白瓷敞口圈足碗从唐末开始出现[1]，五代至北宋初较为流行。此类器物在邢窑和定窑遗址均有出土，但"官"字款以往在定窑多有发现，而邢窑不见。2003 年 7 月，邢窑址首次出土"官"字款细白瓷器物标本[2]，但未见图片资料。因此，此次出土的"官"字款瓷碗的窑口归属问题有待于对邢窑址的进一步发掘来证实。

墓葬出土带"官"字款瓷器在邢台一带尚属首次。该碗制作精湛，壁薄透光，釉白如雪，充分显示出宋初瓷器制造业的发展水平，同时也为研究宋代瓷器款识提供了新资料。

参加发掘人员：柴红亮、焦志勇、李军

摄影、绘图：柴红亮、柴秋兰

（作者单位：邢台市文物管理处）

注　释

① 王会民、张志忠：《邢窑调查试掘主要收获》，载《1997 年中国古陶瓷研究会年会论文集》，《文物春秋》1997 年增刊。

② 《邢台日报》2003 年 8 月第 1 版。

邢台旅馆唐、金墓葬*

李 军

  2002 年 8 月，邢台市文物管理处在配合邢台旅馆基建中清理发掘了一批汉至宋、金的墓葬。汉代墓葬共 32 座，其中 25 座被严重盗扰，仅 7 座小型竖穴土坑墓较完整，但出土遗物不多。唐、宋、金墓葬共 10 座，除 3 座被盗扰破坏外，其余墓葬形制较完整，出土随葬品亦较丰富，颇具地方特点。现将唐、金墓葬发掘情况介绍如下。

一、地理位置

  墓葬区位于邢台市桥西区中兴西大街北侧邢台旅馆，西邻市委家属院，东邻邢台市中级人民法院（图一）。

二、墓葬形制

  此次发掘唐代墓葬共 7 座，编号分别为 M4、M7、M12、M13、M27、M28、M33，均为坐北朝南的洞室墓，大部分墓葬排列间距不等，唯 M12、M13 相近并排。这批唐墓分单人葬和双人合葬两类。双人合葬墓 2 座（M12、M13），此类墓随葬器物较丰富，器物组合以瓷碗、陶盏、陶罐为主，间或增加瓷执壶、瓷盏托以及陶塔式罐等。单人墓 4 座（M4、M7、M27、M28），此类墓葬随葬器物较少，一般随葬 1～3 件，个别随葬 4 件，随葬品以瓷执壶为主，间或增加陶罐、瓷碗。此外，M33

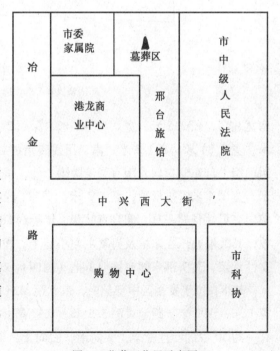

图一　墓葬区位置示意图

* 《文物春秋》2006 年第 6 期

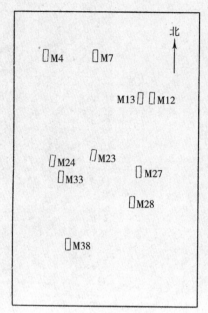

图二　唐、金墓葬分布示意图

被严重盗扰，仅出土瓷碗 1 件。金代墓葬 3 座，编号分别为 M23、M24、M38，均为竖穴土坑墓，排列也没有规律，其中 2 座盗扰严重，无遗物（图二）。现将唐墓中具有代表性的 M4、M12 和金代 M38 墓葬结构分别叙述如下：

M4　位于发掘区北部，东距 M7 为 9 米，南距 M24 为 14.5 米，墓向 170 度。由墓道和土洞室组成。墓道平面南宽北窄呈梯形，宽 0.84~0.8 米，长 1.6 米，墓道底部有呈南高北低的缓坡，深 2.1 米。墓门弧形顶，宽 0.8 米，高 0.9 米，用土坯封堵。墓室平面南宽北窄，宽 0.8~1.1 米，长 2.3 米，高 0.9 米。墓室内有一木棺痕迹，长 1.8 米，宽 0.5 米，高度不详。棺内有一约 45 岁的男性骨架，头向南，仰身直肢，口含铜钱 1 枚，腰间有铜带具 1 副。随葬品置于棺前，有黄釉瓷执壶、陶罐各 1 件，在头部下出土铜合页 1 件（图三）。

M12　位于发掘区中部偏东，西与 M13 并排，相距 2 米，墓向 185 度。由墓道、洞室、甬道三部分组成。墓道位于墓葬南部，平面

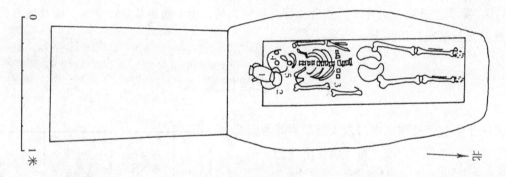

图三　M4 平面图
1. 瓷执壶　2. 陶罐　3. 铜带具　4. 铜合页　5. 铜钱

南宽北窄，长 2.5 米，宽 0.86~1 米，深 3.2~3.4 米，距地表深 4.6~4.8 米。甬道弧形顶，进深 0.7 米，宽 0.84 米，高 1.3 米，南口用残砖错缝封堵，封门墙高 0.5 米，底层平置砖志一合，盖东志西，封门墙上部东侧口向东南有彩绘陶罐 1 件，甬道内有陶罐 4 件、砖志 1 合。洞室底略呈长方形，长 2.4 米，宽 1.4 米，拱形顶，高 1.3 米。洞室内置两棺，已朽。东棺长 1.88 米，宽 1.45 米，高度不详，棺内有男性骨架一具，仰身直肢葬，年龄约 50 岁，其头前有瓷碗 1 件、陶罐 2 件、陶盏 3 件。西棺斜放，其北端叠压在东棺及男墓主左小腿上，棺长 1.74 米，宽 0.54 米，高 0.4 米，内有一仰身直肢的女性骨架，其头部东侧有铁剪 1 把（图四）。

M38　位于发掘区中部偏南，东北距 M28 为 7.8 米。长方形竖穴土坑墓，墓向 175 度，长 2.5 米，宽 1 米，深 2 米，距地表深 3.5 米。墓室有长方形木棺痕迹，长 1.86 米，宽 0.8 米，高度不详。棺内有一约 50 岁的女性骨架，头向南，面向上，仰身，两腿向外弯曲呈弓形。头部西侧有绿釉瓷枕 1 件（图五）。

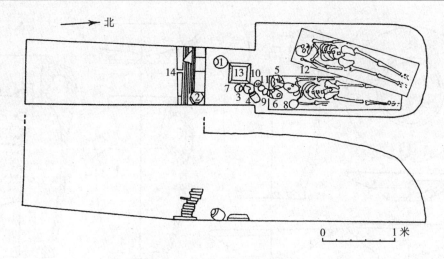

图四　M12 平、剖面图

1、3、4、6、7. 灰陶罐　2、5. 彩绘陶罐　8. 瓷碗　9~11. 陶盏

12. 铁剪　13、14. 砖志

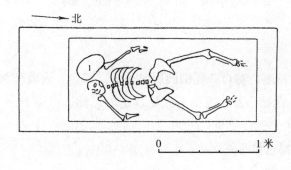

图五　M38 平面图

1. 绿釉瓷枕

三、出土遗物

（一）唐代

1、瓷器

瓷碗　4 件，分三型。

A 型　1 件。M33：1，侈口，方唇，腹微弧，假圈足，足底缘斜削一周，内底有三叉形支钉支烧痕迹。胎体厚重，器内满施白釉，外挂半釉，釉下施化妆土。下腹露胎处有水石红现象。口径 12.8 厘米；底径 6.5 厘米，高 4 厘米（图六，3）。

B 型　1 件。M13：16，敞口，斜直腹，玉璧底。细白胎，胎质坚硬。内外满施乳青色釉，底足无釉，釉色润泽明亮，器外局部施釉不到底，有积釉现象。口径 13.6 厘米，底径 6.4 厘米，高 3.2 厘米（图六，4）。

C 型　2 件。圆唇，弧腹，假圈足。粗白胎，胎体厚重。M12：8，器表施白色化妆土，外挂白釉，器内施满釉，外施半釉，有流釉现象，下腹部及底部有褐色斑点。口径 14.4 厘米，底径 7.3 厘米，高

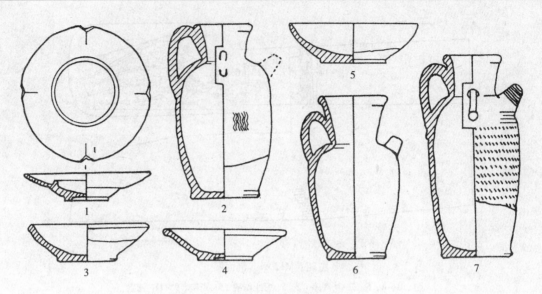

图六　出土瓷器

1. 盏托（M13：15）　2. B 型黄釉执壶（M7：3）　3. A 型瓷碗（M33：1）　4. B 型瓷碗（M13：16）

5. C 型瓷碗（M12：8）　6. 黑釉执壶（M13：14）　7. A 型黄釉执壶（M4：1）　（均为 1/4）

4.2 厘米（图六，5）。

盏托　1 件。M13：15，圆唇，葵口。托圈圆唇，微敛，圈足。内墙稍斜，底心微凸。细白胎，底足有粘沙现象。器内满施乳白釉，器外施釉至底足，足内无釉。口径 14.4 厘米，底径 4.8 厘米，高 2.8 厘米（图六，1）。

执壶　5 件。分黄色和黑色釉两种。

黄釉执壶　4 件，可分二型。

A 型　2 件。器形显瘦高，圆唇，口微侈，颈长近直，丰肩，直腹，下腹稍内收，底部微外撇，平底，底缘斜削一周。肩部前有管状短流，后有双泥条曲柄，颈肩之间左右两侧安双泥条提系。细白胎。器内外均挂半釉，釉下施化妆土。M4：1，施姜黄釉，釉色润泽明亮，局部露化妆土，釉面有细小冰裂纹，化妆土上有数周戳点纹，管状短流上饰数周凹弦纹。口径 6.4 厘米，底径 7.5 厘米，高 21.6 厘米（图六，7）。

B 型　2 件。器形显浑圆短胖，圆唇，口较 A 型更外侈，斜直颈，丰肩，弧腹，假圈足。足底外缘斜削一周，肩部安管状短流，颈肩之间安双泥条曲柄和双泥条提系。器内外施黄釉至下腹部，釉下施白色化妆土，粗白胎略含杂质。M7：3，已残。黄釉较深，上腹部有流釉现象、积釉处呈色较黑，釉下刻划席纹。下腹局部过火泛幻。口径 6.5 厘米，底径 6.8 厘米. 高 18.4 厘米（图六，2）。

黑釉执壶　1 件。M13：14，圆唇，近喇叭状口，长颈，鼓肩，弧腹，假圈足，足底外缘斜削一周。肩部安一管状短流，双泥条曲柄。粗胎，胎质泛红。器内施半釉，器外挂黑釉至下腹部，釉下施白色化妆土。口径 7.2 厘米，底径 6.4 厘米，高 17.2 厘米（图六，6）。

2、铜器

铜带具　2 副。M4：3，青铜质，正而鎏金，由带扣 2 件、方形铸 4 件、拱形铸 7 件组成；方形铸、拱形铸中下部均有一长方形孔；方形铸边长 3.5 厘米，孔长 1.8 厘米，宽 0.2 厘米；拱形铸长 3.6 厘米，宽3.4厘米，孔长1.4厘米，宽0.2厘米；带扣拱形，其中一件长6.6厘米，宽3.8厘米，另一件长5厘米，宽3.8厘米（图七，2）。M27:3，形制基本同M4:3，由带扣2件、方形铐4件、拱形铐4件、组成。背面为青铜质，正而为铁质，出土时铁质部分严重锈蚀。带扣2件，一件长7.6厘米，宽4厘米；另一件长6.4厘米，宽4厘米。拱形铐、方形铐中下部均有长方形孔，方形铐长4厘米，宽3.4埋米，孔长1.8厘米，宽0.2厘米；拱形铐长3.4厘米，宽2.6厘米，孔长1.5埋米，宽0.2厘米（图七，1）。

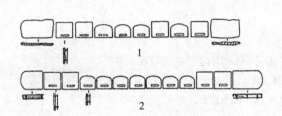

图七　出土铜带具

1. M27:3　2. M4:3　　（均为1/8）

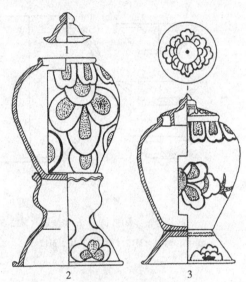

图八　出土陶罐

1. 器盖（M13:18）　2. B型塔式罐（M13:1）

3. A型塔式罐（M13:5）　　（均为1/8）

铜钱　6枚。开元通宝5枚，形制相同，钱文隶体，直径2.4厘米（图九，9）。乾元重土1枚，钱文隶休，直径2.4厘米（图九，10）。

3、陶器。

陶塔式罐　4套，分两型。

A型　2套。均泥质灰陶，形制大小基本相同，由盖、罐、座三部分组成。盖为子口宽沿，盖面微弧，顶端有圆钮，中空。罐为圆唇，丰肩，上鼓腹，下腹斜收，平底。座为覆盆状。器盖、器座表面绘花卉，罐肩部绘覆莲一周，腹部绘牡丹花，通体施白衣。M13:5，罐口径10.4厘米，底径10.8厘米；座底径17.6厘米，通高34.8厘米（图八，3）。

B型　2套。均泥质灰陶，由罐、器座组成，形制大小基本相同。罐圆唇，口微唇，丰肩，上鼓腹，下腹内收，平底。器座侈口，圆唇，束颈，鼓腹，束腰，喇叭口底。罐肩部绘覆莲瓣一周，腹部绘花卉，器座绘花卉大部分脱落。M13:1，罐口径12厘米，底径10.8厘米，高24.4厘米；器座口径13.4厘米，底径23厘米，高18.2厘米；通高42.5厘米（图八，2）。

器盖　1件。M13:18，泥质灰陶，宽折沿，盖面隆起，圆钮。器表彩绘脱落。口径10.4厘米，高6.8厘米（图八，1）。

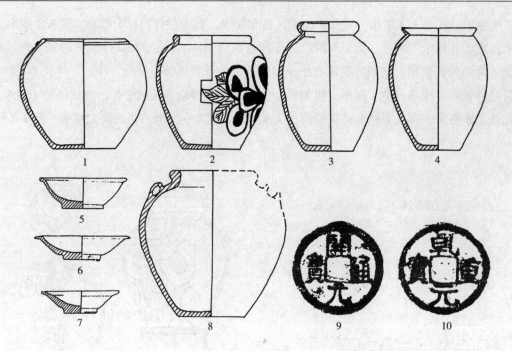

图九　出土器物

1. 夹砂罐（M12:1）　2. 彩绘罐（M12:5）　3. 卷沿罐（M12:6）　4. 折沿罐（M4:2）
5~7. 陶盏（M12:11，M12:10，M12:9）　8. 双耳罐（M7:1）　9、10. 铜钱（M4:5，M28:2）
（1~4、8 为 1/6，5~7 为 1/4，9、10 为原大）

盏　3 件。均为泥质灰陶，敞口，斜直腹，假圈足。M12:11，圆唇，内口有凹槽，口径 10 厘米，高 3.4 厘米（图九，5）。M12:10，尖圆唇，平折沿，口径 10.8 厘米，高 2.6 厘米（图九，6）。M12:9，方唇，斜折沿，口径 8.9 厘米，高 2.5 厘米（图九，7）。

卷沿罐　1 件。M12:6，泥质灰陶，圆唇反卷内敛，溜肩弧腹，下腹内收，平底。口径 8.4 厘米，底径 8 厘米，高 20.4 厘米（图九，3）。

折沿罐　3 件。均为泥质灰陶，斜折沿，尖圆唇，弧肩，上鼓腹，下腹内收，平底。M4:2，口径 11.2 厘米，底径 7.2 厘米，高 18.8 厘米（图九，4）。

彩绘罐　1 件。M12:5，泥质红陶，圆唇。丰肩，上鼓腹，下腹斜内收，平底。腹部彩绘牡丹花，大部分脱落。口径 12.2 厘米，底径 9.6 厘米，高 18 厘米（图九，2）。

双耳罐　2 件。均泥质红陶，圆唇，丰肩，上鼓腹，下腹内收，平底。肩部左右两侧对称饰提系，系残缺。M7:1，下腹部有一直径 0.4 厘米的圆孔，口径 13.6 厘米，底径 11.2 厘米，高 23.2 厘米（图九，8）。

夹砂罐　1 件。M12:1，敛口，鼓腹，平底。口径 13.2 厘米，底径 10 厘米，高 17.2 厘米（图九，1）。

4、砖志

砖志　2 合。均方形，志盖盝顶，素面。M12:13，盖、志无字，边长 30 厘米，厚均为 4 厘米。M12:14，盖面有墨迹，字迹不清。志文墨书，可辨字迹仅为"……四月三日……十二月……李白（自）居墓志铭"。

（二）金代

瓷枕　1件。M38:1，呈椭圆形，枕面左右两端微翘，中部稍凹，且前低后高。灰白胎，胎土有杂质。枕面、侧墙施绿釉，局部露胎。枕墙模印缠枝纹，前印一不十分清晰的"福"字；后墙有一仰头飞奔的雄鹿，背上驮一"福"字。枕面刻划缠枝牡丹纹，周围及花叶间用

图十　M38 出土瓷枕（1/8）

工具刻划箆划纹填实。枕面、侧墙、枕底接合处有明显接合线，底面中部有一长1厘米、宽0.3厘米的通气孔，枕面厚1.1～1.2厘米，底面厚1～1.4厘米；枕宽19.9厘米，长26.8厘米，高10.6～12.6厘米（图十）。

四、结语

唐代洞室墓没有土纪年器物，M12墓内出土的砖志文字漫漶多不可辨，但所出瓷器多数与邢窑址出土的瓷器器型类同。M4、M28的黄釉执壶，M13:15细白釉瓷盏托、M13:16细白瓷玉壁底碗等与临城祁村、内丘城关第四期的同类器物[①]相同，临城祁村、内丘城关第四期属于唐代中期。M28出土乾元重宝铜钱1枚。另外，M7出土的双耳罐与邯郸市中华大街电业局南院综合办公楼M201:1Ⅲ式双系罐[②]相同，邯郸M201的时代为武周初年或唐玄宗后期。因此，这批洞室墓的上限应在武周初年或唐玄宗后期，下限不晚于唐代中期。

M38出土的绿釉瓷枕，枕面划花，此工艺在磁县观台二期前段有类似风格，尤其流畅的花叶轮廓线与表现叶尖的方式极为相似；侧墙模制纹饰在观台二期后段有类似纹饰[③]，福、鹿以及缠枝纹与观台镇出土的金代瓷枕相同[④]。观台二期前段为1068～1100年，后段为1101～1148年，因此M38的时代上限为北宋末年；下限为金初或稍晚。

摄影、绘图：柴红亮、柴秋兰
（作者单位：邢台市文物管理处）

注　释

①　王会民、张志忠：《邢窑调查掘主要收获》，载《中国古陶瓷研究会1997年年会论文集》，《文物春秋》1997年增刊。

②　邯郸市文物保护研究所：《邯郸城区唐代墓群发掘简报》，《文物春秋》2004年6期。

③　秦大树：《白釉剔花装饰的产生、发展及相关问题》，《文物》2001年11期。

④　张子英：《磁州窑瓷枕》图版94，人民美术出版社，2000年。

研究论文

邢越二窑及定窑[*]

陈万里

一、邢、越二窑

　　李唐一代的工艺美术,是有它伟大的成就。即以陶瓷来说,由陶而进展到瓷,唐代不仅是一个过渡时期,也可以说是完成时期。邢、越二窑,就是这个时期里的产物。邢是白,越是青,北方之白与南方之青,就平分秋色似的代表着南北的两个系统的作品。我现在先说邢窑。

　　邢窑之见于记载的,《新唐书·地理志》里说:"河南府土贡埏埴盎缶,邢州巨鹿郡土贡磁器,越州会稽郡土贡瓷器。"而李肇《国史补》里,亦有:"凡货贿侈于用者,不可胜记,丝布为囊,毡氊为盖,革皮为带,内丘白瓷瓯,端溪紫砚,天下无贵贱通用之。"是《新唐书》里所说的邢越二窑,当时并贡于朝的;《国史补》,则证明了邢窑是在内丘的了。

　　同时李肇的《国史补》,是写些开元、贞元间(公元七一三—八〇四年)的见闻,来补国史之缺,这就说明邢瓷在开元、贞元间,已为天下无贵贱所通用的器物。自然,它的创作时代,定在开元之前,也可以说就是在初唐,而盛行的时期则中唐可以肯定了的。《俑庐日记》里,提到清光绪三十三年定州发见李基墓,墓中明器瓷坯坚固如石,油色如玻璃,色白而不滞,略如定器,而墓志年月,是咸亨六年四月(公元六七一年),那是初唐时期,其为邢瓷无疑。因为有唐一代文献里提到白瓷的,就是邢窑;而那时候还没有定瓷,又是可以肯定了的。

　　关后大中初(公元八四七—八五九年已在中唐之后),有一个郭道源的,善击瓯。文献里这样说:"用越瓯邢瓯十二,旋加减水,以笔筯击之,其音妙于方响"云云。到了唐肃宗上元(公元七六一—七六二年)的时候,陆羽在他所著的《茶经》里,把邢、越二窑所出的磁碗批评了一下,就是说:"磁碗,越州上,鼎州次,婺州次,寿州次,岳州洪州次。或者以邢州处越州上,殊为不然。邢磁类银,越磁类玉,邢不如越一也。邢磁类雪,越磁类冰,邢不如越二也。邢磁白而茶色丹,越磁青而茶

* 《文物参考资料》1953 年第 9 期

色绿，邢不如越三也。……越州磁、岳州磁皆青，青则益茶，茶作白红之色。邢州磁白，茶色红，寿州磁黄，茶色紫，洪州磁褐，茶色黑，悉不宜茶。"可见当时邢、越二窑已经并重，决不是天下无贵贱通用之内丘白瓷独步的时代。而且陆羽还抑邢扬越，对于人们所称赞的邢瓷，抱着不以为然的态度。懿宗咸通（公元八六一——八七三年）的时候，皮日休的诗里，也有"邢客与越人，皆能造瓷器……"之句，是邢与越，在晚唐的时候，依然是并重一时的两种瓷器，可是自此以后，就不再有人提及邢瓷，越瓷则徐寅、陆龟蒙辈，都有诗赞美它。而越瓷到了五代，更是独步一时。北方之邢，恐怕就在此时，黯淡下去。因此就会使人揣想到那时的邢窑工人，会在曲阳，另烧白瓷，开创了定瓷，或许有相当理由。不过邢瓷早为社会所通用，又何致一蹶不振到此地步。我个人认为内丘窑的白瓷，既为民间所好，自会延续下去。只是自晚唐以至五代及北宋初期，几成越瓷独霸的局面，所以邢瓷就没有什么记载；却不能说，就会黯淡到一点没有前途。近三十年来，（民九，即公元一九二〇年）巨鹿出土的物品中，很多光素的白瓷，有的说是定瓷，有的说是北方影青。其实定瓷是有的，不成问题。因为大观（巨鹿城在大观二年为大水所淹没）的时候，正是定瓷出品最优美的时期，而其他白瓷之并非定窑的制作，或是不近定瓷的作风，概以所谓北方影青目之，这是一种曲解，毫无根据的。此种物品的器形，并非一般的盘碗常品，颇多奇特的制作，如鸭座灯台等等。我以为或者就是五代以至北宋的邢瓷，这是很可能的。否则为什么有这种优秀的作品，不能明确指出它的烧窑所在呢？此后如能找到邢窑地点，或者可以能解答此问题。

二十余年前在印度勃拉名纳巴特废址里，发见中国瓷片四片。其中二片是邢瓷，一片是越瓷，一片是宋以后的作品，该城在七世纪时，最为繁荣，废灭于公元一〇二〇年（宋真宗时）。在印度这样一个僻远的地方，而有邢瓷碎片的发见，实一极可注意的事情。

此外，在唐的时代，平定、平阳、霍州，均烧白器。平定窑又俗称西窑，是否对于邢窑之在河北为东而言，亦是一个问题。

关于邢瓷的本质，可以一谈的，就是它的胎土色白细洁，而极坚硬。釉白颇润泽，有时微微闪黄，带一点乳白色。胎与釉之间，有一层下釉，就是俗称的护胎釉。它的制品，就现在所认为是邢瓷的，平底折边（就是边的外缘凸起一条边沿，是别的瓷器上所不曾见到的）。胎厚重，平底处有没釉的。短嘴的把壶，纯然的唐的作风。白釉很厚，有到底的，亦有不到底的。烧成火度，已达千度以上。观察器形全面，令人有一种浑厚凝重的感觉，这与后来的定瓷，大不相同。并且邢瓷的器物上，没有一点花纹，质朴素净，正是唐代邢瓷的优点所在。它的烧造地点，说在内丘，可是在内丘县境内，未能找到烧窑遗址。又说在临城，最近在内丘临城的邻接地带，有一处地名磁窑沟，发见烧窑遗址。可是在一块有明弘治七年及隆庆三年的窑神庙碑记里，未曾提到唐代。所得碎片，亦非白瓷，不能证明为邢窑所在的地方。因此邢窑遗址，究在何处，尚须等待以后的发见。

其次我再谈越窑

越器的发现，是在抗日战争的前二三年间。当时杭州及绍兴方面所发见的，多为晋的时期的作品，最后发见了三国孙吴时期的越器，为数亦属不少。下面谈谈关于唐代的越器。

唐代越器，见于唐代文人记载的甚多，为方便起见，列表如次：

姓名	提到越器的词句	大概时期
顾况	……越泥似玉之瓯……（茶赋）	肃宗至德进士公元约七五七年前后
陆羽	茶经提到越器已见前文	肃宗上元间公元约七六一年前后
孟郊	……越瓯荷叶空……	德宗贞元进士公元约七五五年前后
施肩吾	越碗初盛蜀茗新……	宪宗元和进士公元约八〇六年前后
许浑	……越瓯秋水澄……	文宗太和进士公元约八二七年前后
皮日休	……邢客与越人皆能造瓷器……	懿宗咸通间公元约八六一年前后
郑谷	……茶新换越瓯……	僖宗光启进士公元约八八六年前后
徐寅	有"贡余秘色茶盏"诗	昭宗乾亨进士至五代初公元约八九四年前后
韩偓	……越瓯犀液发茶香……	昭宗龙纪进士至五代初公元约八九四年前后
陆龟蒙	九秋风露越窑开夺得千峰翠色来……	昭宗光化间公元约八九九年前后

从这许多记载文字里，我们知道差不多自中唐以后的越器，更为人们所重视。根据《开元天宝遗事》（王仁裕著）里说："内库有青瓷酒杯，纹如乱丝，其薄如纸，以酒注之，温温然有气相次如沸汤，名自煖杯。"以及徐寅的《贡余秘色茶汤》诗中："陶成先得贡吾君……"之句，又明确地知道青瓷之在宫中应用的，已在唐玄宗的开元天宝时候（公元七一二—七五六年），而到了徐寅那时候，已是晚唐的最后期。此种青瓷以及秘色茶盏，除了越窑以外，还有哪一种窑烧青色的物品呢？所以我说在这一段时期，宫中用此越器，民间又这样地重视，那么越窑之在当时，岂是所谓天下无贵贱通用之的邢瓷所能与之抗衡？不过在千载以下，要知道越器是怎样一种制作，真是有"李唐越器人间无"之叹！而自宋至清代的著作中，都找不到有什么人收藏着越器，或是看到过越器的记载。及至最近二十年来，发现了余姚的上林湖窑以后，于是对于五代钱氏所烧造贡宋的瓷器，能够知道了它的真面目。只是李唐一代的越器，是怎样的一种制作，还不能肯定下来。最后经过几次出土物品，才证实了唐代的越窑。

（1）第一个发见，是有唐长庆三年（公元八二三年）年号的一块墓志铭，那是一九三四年在浙江慈谿县鹤鸣场出土的。当时出土的情形不明了，所以墓中有无其他物品，那就不得而知了。这块墓志铭，先到了杭州，随后到了上海，卖给姓毛的，后来又听说转到一个广东商人的手里。原件全面作淡橄榄色青釉，略带灰色而有气泡，系半磁胎性质。铭文在釉下，刻阴文，首行是："唐故彭城钱府君姚夫人慕志并序"，文中的姚夫人，长庆二年死的，三年八月葬于上林东皋山之岗，这是一件有年代的青磁墓志，亦可以说是证实唐代越窑的第一个发见。不过这块瓷版很粗劣，决不能代表唐代越窑的制作。

（2）随之而来的第二个发见，是在一九三六年绍兴古城发现了一个唐户部侍郎北海王府君夫人的墓。有一块墓志砖，砖上有唐元和五年（公元八一〇年）年号。自墓中出土的瓷器有好几件。青釉极光亮润泽，壶及小水池的制作都是很精美，这才是唐代越瓷的标准物品。我在当时曾经写过一篇文章，中间有这么几句话："……就此仅有的实物来研究当时造瓷的进展，就技巧上说，确乎已经到了成熟的时期。"（见《瓷器与浙江》书中《唐代越器专集》引言）因此这个发现，对于究竟唐代的越器是怎样的，有了一个明确的答案。

（3）王墓中所见越器，并无花纹，后又在市场上见到碎片一块，有"会昌七年（公元八四七年）改为大中元年三月十四日清明故记之耳"三行文字，是在釉里的，有划花，后来这块碎片，到了上海估客手里，竟复原了。同时我在杭州得到了一个小碗，碗心划花，跟碎片的划花，完全是一个作风，可以确定是同一时期的制作。所划花纹，虽极简单，可是开辟了以后五代越器上繁复花纹的途径。这就是为什么我有"吾们看到了永康太康圹里的实物，同时看看五代时候精美的作品，就晓得在这时期中形成了一架桥梁的过渡产物，那就是现在元和圹里所见到的物品。"（见《唐代越器专集》引言）这样的说法了。

由于以上的发见，可以确实知道唐代越器的究竟。而此种瓷器之在国外发见它的碎片，就现在所知道的，有以下几处。

（1）埃及京城开罗南郊福司脱特，是一个荒废了的都城，在公元九世纪的时候，非常繁盛，到十三世纪初叶，成为废墟。三十年前有好些人在这废墟上发掘得到碎瓷片很多，并且写了好些报告，其中就有越器的碎片，为数也不少。此种越器之到埃及，正是该城繁盛的时期，也就是公元九世纪，正当晚唐的时候，当时越器是经由阿剌伯人波斯人的关系，到达埃及的。

（2）波斯沙麻　遗迹于一九一○年及一九一三年间，经过了两次发掘，发现了越窑的碎片。该地于公元八三八年（唐文宗开成三年），建筑成一都市，仅仅五十年，就于公元八八三年（唐僖宗中和二年）时成为废墟。越器就在那个时候，到了波斯各地方，因为那时候波斯湾是我国与波斯贸易上重越器就大量地经由我国南部出口，到了波斯。由于以上两处发现了越器的碎片，说明了唐代已与埃及波斯间的往来，是一个极重要的资料。

（3）印度勃拉名纳巴特遗址，发见青瓷碎片，亦经证明是越器。

以上所谈的邢、越二窑，在完成中国瓷器的制作方面，有它重要的地位，何况由于邢、越二窑的发展，才能开辟了宋代瓷器一个灿烂的局面，这一点，更是值得我们的注意。此外，在唐代的鼎州、婺州、岳州、寿州、洪州各地，所烧造的物品，是怎样的器形与色釉，除了往年在长沙所出土的，似可确定为岳州窑外，其他地方所烧造的，此刻还不能确切地指明，这又需要等待以后窑址的发见了。

至于唐以前的越器，上面已经说过，从三国的孙吴以至西晋，出土的实物极多，尤其是冢墓中的明器，如：粮食坛，上面附有凸雕的亭台人物禽兽；五壶尊，是在尊的肩部上面附着四个小壶，连着尊的口是五个，所以名为五壶尊；洗的种类颇多；此外天鸡壶，多孔双耳罐，耳杯，兽盘，猪栏，蛤蟆水丞等等，种类真是繁多极了。窑址之经人发现的，在萧山有九严窑，而我在萧山方面发现的有王家娄窑，在绍兴的有庙前窑，古窑庵前窑多处，因在越州区域以内，是以普通均称越窑。

唐以后的越窑，一般是专指余姚的上林湖窑。自五代以至北宋初期，由于钱氏的割据东南，大量烧造进贡的物品（详见《十国春秋》、《宋会要》、《宋史》、《吴越备史补遗》、《宋两朝供奉录》、《机宪小牍》诸书，以及我著的《瓷器与浙江》），因之越器的制作，比之唐代的，有着显著的进步。同时开始了极繁复的图案花纹，这是唐代所没有的。

因此在那时候的越器，是有着极高度的艺术。这就是为什么越器之在今日有它极崇高地位的原故。及至吴越钱氏于太平兴国三年举地降宋以后，在文献方面还能知道兴国七年，尚有所谓殿前承旨监越州瓷窑赵仁济的记事（周密的《志雅堂杂抄》），而《宋会要·食货》第六诸郡进贡条下也有"熙宁元年十二月，尚书户部上诸道贡物，……越州……秘色瓷器五十事"的一段记载。不过在这近百年间，太平兴国元年（公元九七六年）——熙宁元年（公元一〇六八年）的越器是怎样的一种制作，并无实物可以证明。大约此后的上林湖窑，渐次走上了下坡路。所以《六研斋笔记》里，说到南宋时余姚秘色瓷，粗朴而耐久，这是很值得注意的。另外，《余姚县志》里说："上林湖烧秘色磁器颇佳，宋时置官监窑焉，寻废。今各邑亦俱有民窑，然所烧大率沙罐瓦尊之类，不出境，亦粗拙，不为佳器。"是上林湖窑最后的结果仅能烧些粗拙的东西，而十余年前我去调查时，并此粗器亦已不再烧造，只见砖瓦窑几处而已。

二、定窑

定窑向来说在定州，但是究在定州何处，没人能回答的，只是近人叶麟趾有以下一段记载：

"定州窑在今河北曲阳县。定州窑地址，考诸文献所载，皆指为今之河北省定县。然经实地调查，则绝无窑址可寻。当地之大白村，虽属近似，亦无确实之证明。或谓自唐以来，所谓定州，非只限于今之保定与正定之间者，其地域较为广大，即保定、正定、平定等处，亦皆包括在内，总名曰定州，故凡由此等地方所出窑器，均称为定窑云。是说未免过于广义者，因平定之窑，俗称西窑，其器与所谓定器比较，显有不同之点。且保定、正定，亦皆无相当之窑址也。曩者闻说曲阳产磁，偶于当地之剪子村发现古窑遗迹，并拾得白磁破片，绝类定器，据土人云，昔之定窑，即在此处。又附近之仰泉村，亦为定器出产地，然已无窑迹矣，此说诚有相信之价值。且旁考地理上之关系，则曲阳距定县四十里，唐名恒阳，原属定州，盖所称定州，乃指其大地名而言，非专指今之定县。即如唐之邢州窑，在距今邢台县约五十里之内丘县，饶州窑在距今鄱阳县即昔之饶州府约一百八十里之浮梁县，是其最明显之比例也。现今曲阳县尚有制陶者，器虽粗糙，然确属定窑之本派。或谓定窑废灭于元末，盖因当时已无优良之品，固无关于此后曲阳之制作也"。这是一个极重要的发现。同时检查《曲阳县志》，亦有以下的记载：

卷一下舆地条说"……涧磁村：县北四十五里，东至北镇里二里，西至韩家村五里，南至灰岭村十里，北至树沟村十里。……"

卷六山川古迹考"……涧磁岭，采访册在县北六十里。按岭在龙泉镇之北，西去灵山镇十里，上多煤井，下为涧磁村，宋以上磁窑，今废。"

"……龙泉镇，今俗称南北镇，镇旧有镇使副瓷窑税使等官。"

卷十、十一土宜物产考第六条"……土性：山岭——县境三面皆山，土石相间，多不能种禾麦，尚宜树木。灵山一带，惟出煤矿，龙泉镇则宜瓷器，亦有出滑石者。"

"……土产：黄瓷盆瓮之属，出恒水左右。白瓷龙泉镇出，昔人所谓定瓷是也。亦有设色诸式，宋以前瓷窑尚多，后以兵燹废。宜讲求旧法，参以新式，以复其利。"

是《曲阳县志》里明明说有瓷窑，而且说及定瓷，并旧有瓷窑税使等官，这是极重要的记载。抗战期间，曲阳沦于敌区，当时日人小山富士夫曾经去过，并采取碎片极多。我于一九五一年间去该县调查，目的是要采集些碎片，并确定它是否定窑遗址。

　　由定县先到曲阳，再由曲阳去北乡灵山镇，往东是涧磁村，往西是东西燕山村。现在分别就调查所得述之如次：

　　一、涧磁村　　即叶麟趾记载的剪子村，也就是县志所称的涧子里、涧子村。从灵山镇往东，经过王家村、岗北村，计七里。该村地势西南有一小溪流，南面是大溪（即恒水），旱季时，都是干枯无水。大溪南是灰岭，北是马头山。东去北镇二里，过大溪后，就是南镇，南北镇合起来就是志书上的龙泉镇。

　　（1）村直北，跨过几处高地，是一个很大的土丘，高约八九米，径约三十米，完全是碎片同工具所堆成的。土丘之东，又一土丘，较小一点。由此往东，有一东西方向的地沟，两边尽是碎片。在此地区，假定它是第一区窑址。碎片中划花的特多，素地的较少。胎骨洁白细腻，色釉润泽、匀净，是定窑标准的作品。碎片中得到一块瓷枕的侧面，这是很重要的，因为由此可以知道定窑的瓷枕是怎样的一回事了。

　　（2）村东约一里半路，快到北镇了，田间有巨碑二，及白石狮子一对，即是法兴寺的故址。寺毁于当时日敌的三光政策之下，已无一间房屋留存。附近有云龙碎片极多，去年还出过整器十件，都是划龙的，其中有一件，盘底有"尚食局"三字。

　　（3）村西约半里地，在山溪北面的高原上，碎片又是成丘的堆积着。此处除划花外，印花的不少，是为第二区窑址，不过较之第一区范围略小。

　　二、东西燕山村　　两村相连，离灵山镇西八里，叶麟趾所未曾提及的，或即叶所称仰泉村之误。村西有一条溪河，村北凤凰山，西北高峰是鸡冠岩山。远望东西燕山村，是在山坡上。碎片散在两燕山村之北，两燕山之间，及西燕山村之西，发见有印花、划花及素地的三种，纯系习见之定窑作风。在当地人家，见有印花云龙盘残片。村西地区，白釉不到底的粗瓷碎片不少，可见此处所烧造的，有粗细两种不同的作品。另有玻璃块随处都可拾得，有黑色的、有暗蓝色、暗绿色的，想亦系当年烧造过的东西。

　　西村之南，有近代式民窑一处，成立在"七七事变"以前，抗战期间，机器被敌寇搬走了，窑场房屋全毁。胜利后恢复，烧造坩埚，极耐用，惜以技师他去，因而停顿。瓷土用本地北山所产，釉石在三十里外的山里，用煤亦取之本地，烧瓷的一切条件俱极优越，如能开发，颇有前途。

　　就涧磁及东西燕山两处比较来说，当然窑场区域，以涧磁为广，在西燕山就差得远了。作品方面，东西燕山优秀的也有，可是比较粗一点的都在东西燕山。工具中，独多圆圈式的，大小不一，这是定窑伏烧用的工具，到处都是，可见当年生产能力之高。

　　此外在灵山镇之东，约三里左右岗北村，现有窑二十余座，大都烧缸，也有几处烧黑釉粗瓷的。《大明会典》里（第十一册第一九四卷工部十四）关于陶器部分，宣德年间题准光禄寺每年所需酒缸瓶坛，分派河南布政司方面，除钧磁二州外，"真定府曲阳县酒缸一一七只，十瓶坛四、二七四个，七瓶坛六、一〇〇个，五瓶坛六、二四〇个，酒瓶一〇、三四一个，每年烧造解寺应用"。又嘉靖三十二年题准："曲阳县缸瓶共一七、七六五件，该银一九九两八钱八分，外增脚价银一八五两九钱九分三，总该银一、一四〇两六银五分八，通行解部。召商代买，如遇缺乏，止行磁州真定烧造，免派钧州。……"此为曲阳在明代宣德年间，只烧缸窑之证。而明代曲阳的缸窑是在灵山附近，大致也是不会错的。

　　就瓷窑所发现的遗品说，可以确定此处为定窑遗址，毫无疑问，因为定器有它的特征，如刻划花纹的图案，如釉上所表显的泪痕，以及细腻洁白的瓷胎等等，都是很容易与其他仿定的瓷器区别的。

　　至于定窑的创始，是否在李唐时候，实在是一个不易解决的问题。可是在《曲阳县志》卷十一记载着，五子山院和尚舍利塔记碑，说碑石在五子山（县志里说，五子山在涧磁岭西北，下有五子山院）法兴院之西数十步，额篆题大周五子山禅山院长老和尚舍利塔，而在立碑人的姓名中，有"□□使押衙银青光禄大夫检校太子宾客兼殿中侍御史充龙泉镇使钤辖瓷窑商税务使冯翔"的题名，而碑石是建立于大周显德四年二月。那么，在五代后周的时候，曲阳龙泉镇已确有瓷窑，而且规模已是相当的大，出品又是相当地多的了，所以有瓷窑商税务使，在龙泉镇以监收税银，这就可以证明龙泉镇在五代的时期中，已经烧造所谓定窑的瓷器，同时还可以证实一点，就是五代时期中的定器，已经大量地生产了，那么定器的技术，在那时候必定发展到了相当成熟的阶段。因此曲阳龙泉镇的瓷器，在唐时已经烧造，又是可以确信的事实。而唐代所烧造的遗片，假定能够发掘遗址，必能充分证实这一点。

　　定瓷到了北宋，已为宫廷中所应用，《宋会要》里是这样记载的："磁器库在建隆坊，掌受明越饶州、定州、青州白磁器及漆器以给用。……宋太宗淳化六年七月，诏拣出纳磁器库诸州磁器缺宝。"是在天成元年（后唐明宗时，公元九二七年）乡贡进士马灵重修五子山院碑面的右侧，有一个"贩瓷器客赵仙重修马灵碑记。"碑文行书，文云："愚尝谓此山乃境中绝胜之所也。然有记事之碑，经其雨雪，字体亏残，愚虽不达，恻然悯之，于是请匠以重镌之，庶后观者得以（缺），时宋宣和二年（宋徽宗时，公元——二一年）庚子八月十五日中山府贩磁器客赵仙重修记。"下题"院主僧智弁岳阳杨刊。"就这个史实可以知道当时的定瓷是有着广大市场的。而《格古要论》里，也提到"宋宣和政和间窑最好。"……可见当时出品，最为优秀，同时在这样大量生产之下，定会发生粗制滥造的弊病，因此可以说明东西燕山村所发现的遗片，为什么会远逊于涧磁村遗片的理由了。

　　同时并因定器有芒，（疑是覆烧的毛边）宫中改用汝瓷。不久有靖康之变，北方瓷场受到极大波动，烧定瓷的优秀工人，南迁到景德镇，遂烧所谓影青的青白瓷，这是有一脉相承的事实，可以证明的。其次景德镇居民的祖先，颇多是曲阳籍贯，也是一个很可以注意的事情。而北方的定瓷，就在这样情况之下，衰落下来。不过定瓷的存续时间有多么长，此时还未易肯定下来。

　　就定瓷的制作说，所谓划花、刻花是模仿着越器的。因为唐至五代的越器，在国内有着极大的声誉，定瓷之受到它的影响，可以想像而知。不过印花的方法，却是定窑的独创，即在越器中亦未曾见到此种制作。而定器的来源，或者是由制作邢瓷的工人，转而在曲阳方面，开一新局面，亦有此种揣测，这是值得注意的事。至于定窑所制作的器具，以盘碗为最多，瓶壶为最少。瓷胎洁白，色釉微带黄而润泽异常。印花的图案，编排配置，极为整齐。大盘的盘心用莲花鲤鱼为图案的较多，四围多以牡丹、萱草、飞凤为图案。划花的花纹，自由放纵，跟印花的大不相同。刻花的刚劲有力，要以刻莲花瓣的算是典型。瓷枕极少见。故宫藏有一件，以孩儿侧卧的姿态作为枕面的长方枕，雕刻最精，是定瓷中极为少见的。定瓷中还有如苏东坡诗中所赞美的"定州花瓷琢红玉"的红定。周辉的《清波杂志》、蒋祈的《陶记略》都有记载。究竟是怎样一种作品，至今还是疑问。墨定在项子京《历代名瓷图谱》中，曾经说到，仅见一种，就是一件墨定凫尊，在明代已成为稀有的珍品了。惟近来出土的黑釉碎片，真如漆黑，胎质器形，都是定的作风，是否就是黑定，亦属疑问。紫定，项谱中有五件，说明釉色是"烂紫晶澈，如熟葡萄，璀璨可爱。"又说："沟色紫若茄苞，晶莹润澈"云云。是紫定色釉的紫，如葡萄，又如紫茄，决不是普通一般人所指的紫定了。《格古要论》中说到定器，亦以紫定色紫，黑定黑如漆，价高于白定云云。此外，定瓷中还有画金花的。南宋末周密的《志雅堂杂抄》中说："金花定碗，用大蒜汁调金描画，然后再入窑烧，永不复脱。"徐兢《高丽图经》中，亦有"金花鸟盏，翡色小瓯，银炉汤鼎，皆穷效中国制度"的说法，是墨定上有金花之证。而东坡诗中所谓："定州花瓷琢红玉"又是说明红定上是有金花的。抗战前，据闻出土过几件金花的定碗，可惜都流落到海外去了。

南渡后，各处仿烧定窑的不少，见之记载的，如昌南（景德镇）仿定，亦名粉定。元时彭窑仿定器，土脉细白，与定相似，称为新定。象山窑（浙江象山县）所烧的似定器，磁州白釉器，无泪痕，亦有划花、印花及素瓷诸种，价高于定。萧窑（江苏徐州萧县白土镇）烧白釉器，胎质颇薄。宿州专仿定器，釉色酷似北定。临川窑（江西临川）胎薄，白釉微带黄色。南丰窑（江西南丰县）胎虽厚，白磁跟临川相近。德化窑（福建德化）称为白建。耀窑（陕西耀县）白似牛乳，似粉汁，似熟米，薄胎，有暗花，白釉极厚。有开片，胎比定厚，色白比之定瓷稍黄，因有暗花及开片，所以跟定瓷有区别。饶州窑体薄，釉润，色白，但是不及定器。此外，吉州、泗州、宣州各窑，均是仿造定器的。究竟怎样可以区别各处所烧造的仿定瓷器，必须在各地找得窑址后，才能解决这些问题。

唐代邢窑白瓷的初步探讨*

杨文山

　　唐代是我国封建社会经济文化的繁荣时代，手工业生产已空前发展，北方邢州烧造的白瓷和南方越州烧造的青瓷，可以相互媲美，同时著称于世，这些都是有文献记载的。但是，由于邢窑遗址尚未发现，无法获得可靠的实物标本，所以，邢州白瓷的胎质、釉色、造型、烧法等工艺技术的具体情况究竟如何？至今仍是一个不解之谜。本文，根据邢台市郊区店墓中出土的白瓷器物，就关于唐代邢窑白瓷的鉴定问题、原料与窑址问题、生产技术与工艺特点问题，试做一般性探讨。

（一）关于唐代邢窑白瓷的鉴定问题

　　建国以来，随着我国社会主义基本建设工程施工，和有计划的对各地古代瓷窑遗址进行发掘调查，已获得了大量的瓷器实物，这对于有系统的研究我国瓷器的发展，提供了丰富的资料，因此，就瓷史研究的成果而论是巨大的。但是，对于唐代邢窑白瓷的研究，却一直没有明显的突破，实际上仍是一个空白点。尽管瓷史研究者在论著中，只要讲到唐代瓷器也都提到邢瓷，但都是引些文献记载，一略而过，不仅空洞无物，且有许多揣测之说。比如，一般瓷史研究者，对我国各地唐墓中出土的白瓷，只要它具有"胎质坚致、釉色白净"（可能还有对造型和纹样的考据——编者）的特点，便以为它和文献记载相符，而将它定为"邢瓷"[①]。其实，用这种简单的方法来鉴定邢瓷是不合适的，因为我们知道，唐代生产白瓷的地方，并非邢州一处，就我们现在已经知道的，诸如广东的广州；四川的大邑；河北的曲阳；河南的汤阴、巩县、辉县、密县、郏县、登封；陕西的铜川，安徽的肖县；江西的景德镇等地，在唐时都是生产白瓷的。既然如此，那怎么能说全国各地唐墓中出土的白瓷都是邢瓷呢？因此，笔者对于将广州地区唐墓中出土的白瓷定为"邢瓷"，并由此得出"邢州白瓷唐时已经远销珠江流域"的结论[②]，存有质疑，原因是这些白瓷出现在广州，它究竟是"邢州白瓷"？还是"广州白瓷"？应当认真分析研究，不应轻下结论。至于在国外古遗址中出土的白瓷，比如在印度勃拉·米纳巴遗址

中出土的白瓷等③，是不是全是邢瓷？我认为不应只信外国学者的考古报告，而应经我们自己对实物进行鉴定研究之后再下结论。这里，我并不是说唐代邢窑烧造的白瓷不会遍及全国，也不是说邢窑白瓷没有出销国外的可能，而只是说，类似这样的结论，只是一种揣测之说，是没有经过认真的鉴定的。

另外，在过去一个很长时间内，瓷史研究者，往往将曲阳窑早期烧造的白瓷误认为邢瓷，虽然已有人经过研究肯定了曲阳白瓷属于定瓷，但此类误认影响至今并未完全消除④，我认为，主要的原因是因为我们没有弄清定瓷、邢瓷各自的工艺特点，而被两者共同具有的时代风格所迷误。

由此看来，在瓷史研究工作中，不论是将我国各地唐墓中出土的白瓷、或者将国外相当于我国唐代遗址中出土的白瓷泛定为"邢瓷"，或者将唐代晚期曲阳窑烧造的白瓷误定为"邢瓷"，都是不够慎重的，因为这样，除使鉴定研究了邢瓷的工作陷入混乱，从而使之真假难分之外，不会有任何其它好处。所以，我认为对于唐代邢瓷的鉴定，应取慎重态度，这就是，我们必须遵照毛主席的指示，要"重调查研究"，要抱"实事求是"的科学态度，要注意"占有材料"，"加以科学的分析"，不能想当然。

我认为鉴定和研究邢瓷的办法，就目前来说有两个：一个是对唐代邢窑遗址积极地进行调查发掘，从邢窑遗址中取得可靠的实物标本；另一个办法是在目前尚未发现邢窑遗址的情况下，应将邢台地区唐墓中出土的白瓷器物，作为鉴定邢瓷比较可靠的实物根据，理由是邢台地区唐时系邢州属地，在邢州境内唐墓中出土的白瓷器物，虽然不像窑址中出土的器物标本那样可靠无疑，但起码要比其它地区唐墓中出土的实物可靠些，因为唐代邢台地区的人们使用的瓷器，会是比较多的取之本地，尤其是普通劳动人民，更不会舍近求远。所以，邢台地区唐墓中出土的白瓷器物，应作为当前鉴定和研究唐代邢窑白瓷的一种比较可靠的实物标本。

从建国到现在，在邢台地区发现出土白瓷的唐墓是很多的。仅笔者本人亲自参加发现的出土白瓷的唐墓，在邢台市郊区就有三处十一座之多；1958年6月，笔者和邢台市一中师生参加修筑京广路复线劳动中，在邢台市西北郊区三义庙村西取土时，发现了古墓群，其中唐墓八座，出土白瓷碗八件，铜镜一面，"开元通宝"铜钱二十七枚；1960年4月，和邢台市一中师生参加烧砖劳动中，在邢台市西郊孔村村东取土时，又发现唐墓两座，出土白瓷碗两件，"开元通宝"铜钱四枚；1974年10月间，和邢台市五中师生参加战备施工中，在邢台市西南郊区后炉子村北掘土时，又发现唐墓一座，出土白瓷碗一件，"开元通宝"铜钱一枚。

以上三处十一座唐墓，共出土白瓷碗十一件，铜镜一面，"开元通宝"铜钱三十二枚，在这些墓葬中，虽然没有出现墓志款文记载，无法断定绝对年代，但都有不同数量的"开元通宝"伴出，而且所有白瓷器形，又都具有唐代瓷器的时代风格，所以，这些白瓷是唐代的遗物，应是无疑的。

在墓葬中，除一墓出土铜镜一面，白瓷碗一件和铜钱十六枚外，其它十墓都是只出土白瓷碗一件和一两枚铜钱，这就足以说明，这些墓葬死者，皆属一般平民而无富有者，因此使用外地瓷器殉葬的可能性就小了。

依照李知宴同志的研究⑤，在邢台市郊区唐墓中出土的这些白瓷碗，很像是唐朝中期代宗大历年代以后的I式碗，器物大小尽管略有差异，但在造型上均属一式，尤其是三义庙墓葬中出土的八件白瓷碗，和后炉子墓葬中出土的一件白瓷碗，不论在器物作风上，还是在规格大小上，似乎如出一范。以其中一件为例：器形浅展，口沿外侈，唇边圆滑，腹壁外撇而微曲，碗足平坦，圈足宽矮，足心微凹，全高4.1、口径14.4、足高0.4、足径7.3厘米。除足底一圈露胎外，器物内外和足心均通体施釉，器物造型规整，大方美观，胎质细腻而釉色洁白。

（二）关于唐代邢窑白瓷的原料与窑址问题

一般说，古窑址，多设在制瓷原料的产地附近。因此，我认为，考察和研究邢瓷的原料产地，对于寻找邢窑遗址具有一定的意义，一方面我们可以通过对制瓷原料和唐代邢瓷胎质的化学分析比较，去判断邢窑所在的方位；另一方面，我们也有可能在调查原料产地的过程中直接发现邢窑的遗址。

制瓷的主要原料，是制做瓷胎的瓷土。

据笔者所知，邢台地区的瓷土产地，主要是在沙河、邢台、内丘、临城四县西部的太行山区，其藏量之巨大，令人惊异，在山坡、谷壁的带有波纹的水成岩的岩层中，到处都可以找到这种矿床的分布。据地质学研究，太行山在"古元代"，原是一片浩瀚的大海，在距今大约二亿七千万年的"古生代二叠纪"时，方因造山运动而上升成山，构成太行山脉的主要岩石地质是水成岩[⑥]。

邢台地区的瓷土是十分微细纯净的。唐代邢窑生产的白瓷，便是使用的这种优质的原料。但是，由于邢台地区瓷土产地分布较广，具体到使用的是哪个地方的瓷土？我认为，我们可以通过化学分析来研究。现将有关科研单位对邢台地区南、中、北三个主要地方的瓷土和对唐代邢瓷胎质的化验报告[⑦]，加以综合比较，列表如下：

分析项目 材料名称	SiO_2 （二氧化矽）	Al_2O_3 （三氧化二铝）	Fe_2O_3 （三氧化二铁）	TiO_2 （二氧化钛）	CaO （氧化钙）	MgO （氧化镁）	K_2O （氧化钾）	Na_2O （氧化钠）	烧失量
南部沙河县章村瓷土	41.88	40.92	0.36	0.48	0.66	1.37	5.95	2.85 ……	4.94
中部邢台县东窑瓷土	69.02	12.06	6.60 ……	0.76	1.33	0.63	0.073	0.040	6.73
北部内丘县磁沟瓷土	49.98	30.31	0.84	1.04	0.59	0.19	0.02	0.078	12.36
唐代邢瓷素胎（去釉皮）	62.22 ……	29.33	1.22	1.05	0.85	0.069	0.15	0.043	1.10

从上表所列各地瓷土和唐代邢瓷胎质的化学成分比例可知，南部沙河章村瓷土在 Na_2O 上所占的比例很大，与邢瓷胎质成分距远；而中部邢台东窑瓷土含 Fe_2O_3 的成分太高，色重，作为白瓷亦为邢瓷所不能取。但内丘磁沟的瓷土，却与邢瓷胎质比较相近，因此，我认为唐代邢瓷生产，很可能就是使用的内丘瓷沟的原料。

我们知道，瓷器胎质的化学成分，尽管经过焙烧或发生某些变异，但就其基本要素来说，烧前之胎坯与烧后之素胎不会出现过大的区别。因此，我认为我们通过对唐代邢瓷胎质和邢台各地瓷土的化学分析比较，对弄清唐代邢瓷使用的是何地的原料，从而判断唐代邢窑遗址之所在，应当承认是一种科学根据。

寻找唐代邢窑遗址，除上述途径之外，我认为，我们应当对邢台地区民间有关瓷窑的流传材料予以注意。在邢台地区民间流传中，古时的瓷窑地点是很多的，其中以沙河的赵窑、高窑（章村北），邢台的东窑、西窑和内丘的瓷沟，最为盛传。从实地考察中得知，上述五地均有瓷窑遗存，但哪一处是唐代邢窑的所在？目前尚无法断定，不过根据笔者1961年春和1974年夏两次调查访问之后所得的印象，内邢窑的遗址，很可能就在内丘磁窑沟村，其理由有四：

第一、有可靠性的文献记载：我们知道，一种产品的取名，不一定是产品的实际产地。正如定瓷的实际产地不在定州治城而在定州辖属的曲阳一样，邢瓷的实际产地不一定在邢州治城，而可能在邢州辖属的内丘。《新唐书·地理志》中有："邢州……土贡丝布、瓷器，刀、文石。""县入：龙冈、沙河、南和、巨鹿、平乡、任、尧山、内丘。"[⑧]这是有关邢州瓷器和内丘隶属邢州的记载。唐人李肇在《国史补》中写道："内丘白瓷瓯，天下无贵贱通用之。"[⑨]其所谓"内丘白瓷瓯。"实际就是指的"邢州白瓷瓯"，李肇在这里书"内丘"而不书"邢州"，当是对邢州白瓷实际产地的具体记载。这一记载对于考察邢窑的地址是十分重要，因此，应当引起瓷史研究者的注意。

第二、有方便水运条件：瓷沟的全名叫瓷窑沟，分东西两村，位于太行山东麓，地处丘陵与平原之交，古时西瓷窑村南之"百泉河"，和村北之"千泉河"，由西而东环村流过，至村东汇成宽约二十米、沟深约十多米之"大泉河"。据当地民间流传：大泉河水深流急，经年不断，下通船舶，可至商业集市北张镇。古时瓷沟的水运交通如此方便，正是瓷窑建造的适宜之地[⑩]。

第三、有丰富的制瓷原料：西磁窑沟村南约有高出该村二十米左右的一块丘陵地带，其南北宽约二里许，东西长约五里。藏有白色瓷土。现在如登上岗坡，从到处坑洼不平的地势中残存的瓷土矿床残迹观察，可知此处古时瓷土的藏量是相当丰富的，现在看来虽然近似采尽，但仍有人在古老坑角洼边中深挖寻找。此处瓷土既然藏量如此之多并已多为取用，这就使我们不能不考虑：这可能是由于唐代邢瓷在此建窑生产的结果。

第四、有宋代的窑址和瓷片：西瓷窑沟周围的窑址很多，但多属明清时代遗存。1974年夏笔者二次赴瓷沟访问时，在张阔老人和二队队长的引导下，在二队的打麦场西头找到一座宋窑，虽因扩建麦场将窑身切乱，无法看到窑体的全貌，但窑身的上端腹部和走烟洞口尚存，并在腹部下处采到了大小不同的白瓷小碗的残片，经过复原，这些白瓷小碗，和邢台地区各地宋墓出土的大量的白瓷小碗十分近似，同时在胎质上和釉色上又保留着唐代邢瓷的特点，这就使我们可以把它的生产历史上溯到唐代[⑪]。

总之，内丘县磁窑沟，是唐代邢窑所在的一个重要线索，其具体地点，当在西磁窑沟村南的"南土龙"。据当地群众说：南土龙原高出地面三米左右，山由而东横贯于南沟阳坡，土龙的土质系带有粗砂的红土，当地人们将它称作"立土"，据说这种立土具有不怕火烧不怕水冲的性能，所以古时窑址多就坡挖成，此坡目前因历代取土，断断续续，已不成系，但坡基尚存，如果我们在此处进行认真地勘察，那么发现唐代窑址是有可能的。

（三）唐代邢窑白瓷的生产技术与工艺特点问题

我想根据邢台唐墓出土的白瓷器物试作如下分析：

第一、瓷泥洗练和胎质问题：

从邢台唐墓出土的白瓷碗的露胎表面上观察，可以看到它的组织是十分细腻的。如果敲断器物的腹壁从剖面上来观察它的内部，也可以看到它的组织是十分严密的，无论敲断多少碎片，都没有发现其内部组织因有粗粒或杂质而造成的砂眼、松散和缝裂现象。从这一点可以说明，唐代邢瓷生产的第一道工序，即将瓷土洗炼成瓷泥这道工序，是十分受重视的。洗炼瓷泥采用如何方法，虽无文献记载，但它将与后世的一般洗炼方法类同，那就是"取瓷土等物之粉末，捣泥水中，取其未沉之细粉，澄之而后用"。因为除了用这种"捣泥"洗炼方法，要想取得不带任何粗粒的而又极为细净的瓷泥，是绝对办不到的。

从前所列邢台各地瓷土和唐代邢瓷胎质的化学成分可知，邢瓷胎质在 SiO_2 上比内丘瓷沟的瓷土为高，这是由于邢瓷在捣泥过程中为了提高胎质的硬度和白度在瓷土中增添了长石的缘故。根据已知数据推算，当时在瓷土中由于增添的长石，使瓷泥 SiO_2 含量增长了百分之二十左右。

用维氏硬度计在邢瓷器露胎部位上测其硬度，其最大值仅为536度或537度，这就说明唐代邢瓷胎质的硬度比同时代的一般瓷器胎质硬度还是较低的，实际上是烧结程度低的关系。但是在色泽上，其纯净洁白的程度，却为同时代的一般瓷器胎色所无法相比。

第二、胎坯造型问题：

唐代邢瓷的器物，目前只发现一种碗器。从碗器的造型上观察，它是用一种转速很快的轮旋制的，并采用了碗范模具。

从唐代遗留下来的许多金属器物的工艺水平上鉴定，证实当时我国的劳动人民在生产工具上已经创造了一种"手摇足踏"的机械。这种机械，由于动力借助手摇脚踏，便加强了旋转的速度，因此这就使产品的规范质量大大提高。这里，我们从邢台唐墓中出土的白瓷碗器的整个器形的规范水平上考察，可以完全肯定唐代邢瓷的胎坯就是用这种手摇脚踏的轮机制成的。

唐代邢瓷碗器的内腹壁，异常平整光滑，有十分明显的模压效果；而其外腹壁，尤其是碗口和碗足部分，却有丝缕隐约可见的微细的旋迹。这就十分清楚地告知我们，唐代邢瓷器的胎坯造型，在轮制过程中其内腹是采用一种类似模具的碗范压成的；而其外腹连底足底和足心，则是用辊、板、铲、刀等造型工具旋制的。其碗范面目，当如图示：

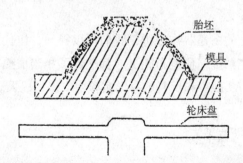

胎坯

模具

轮床盘

总之，唐代邢瓷在胎坯造型技术水平上已达到了相当高度，其规范质量亦已达到了十分完美的程度，碗器的整个体态是严整的，碗口十分圆滑，腹壁十分平净，而其足底之光平、足缘之规则和足心之周正，真可说是如同环璧，无怪乎民俗把它称之为了"玉璧底"。唐代诗人皮日休在《茶瓯诗》中写道："邢人与越人，皆能造瓷器，圆似月魂堕，轻如云魄起……"。[12]皮日休生活在晚唐，无疑亲眼见过或亲手用过邢州的瓷碗，他用"月魂"的规圆来赞美邢瓷碗器胎坯造型的周正，应是诗人对实物的写真，不应看作是夸张之词。

第三、施釉、釉质和釉色问题：

从邢台唐墓中出土的碗器的胎质和釉面之间的结构关系上观察，唐代邢瓷的碗器胎坯是蘸釉。器物系通体施釉，仅有足底一周露胎，这当是在蘸釉后又将足底的釉层在一种粗质的麻布上擦去的。邢瓷的釉面薄而均匀，敲开器物从断面上度测釉皮的厚度，一般部位均在 0.2 毫米左右，就是在碗器内腹底部积釉最厚的部位，釉的厚度也超不过 0.3 毫米。

据有经验的釉工师傅观察：唐代邢瓷的釉药肯定是经过人工配制的，配制方法可能是用瓷土加上大约百分之三十左右的长石，经粉碎之后研磨成的。

用维氏硬度计在釉面上凿测，其最大为 546 度，与胎质的硬度相比，只高 9 度左右，这就是说明邢瓷釉药玻璃质不算精强，因此邢瓷碗器有一定程度的即是微小的吸水量，而不是无吸水量。正因如此，邢瓷釉面的抗污能力较差，易于沾染，所以陆羽饮茶的标准评比茶具时，说"邢不如越"是有权据的[13]。由于玻化低，唐代邢瓷的釉色虽然洁白，但光泽度并不很大，不论用正光或者反光观察，它给人的光感印象，是绵柔浑厚，而不是清翠透澈，所以陆羽用"如银"、"如雪"的白度形容邢瓷釉色，也是十分恰当的。

第四、素烧和釉烧问题：

从邢台唐墓出土碗器足底露胎的胎面上观察，可以清楚地看到：足底胎面的施刀锋迹完好，虽然蘸釉后经过擦拭，但无胎泥釉药混拌的痕迹；而胎身和釉面之间的结构，虽然融合紧密，但其层次十分分明。因此，我们可以肯定，唐代邢瓷碗器是先经素烧然后施釉再经釉烧的。

素烧所需要的温度，一般是 1000℃左右。这是由胎质的化学成分的综合熔点决定的。具体到唐代邢瓷素烧需要多高的温度，尚没有测得数据。

唐代邢瓷烧成，不论素烧和釉烧，在技术上都是成熟的，因此唐代邢瓷碗器的烧成火度是适宜的，它既没有因欠火而造成夹生现象，也没有因过火而造成的变形现象。器物扣之发音清脆。唐人段安节在《乐府杂录》中记载：郭道源取邢碗"十二只，施加减水于其中，以箸击之，其音妙于方响"，经笔者依记验证，其说可信。

综上所述，从邢台唐墓出土的白瓷器物分析，我们可以得知，唐代邢窑白瓷的生产技术，不论从瓷泥洗练上、胎坯造型上、素烧釉烧和釉色布施上，都达到了相当成熟的水平。这种水平的形成，是经过唐代劳动人民在长期的生产实践中和反复的科学实验中取得的成果。

（作者单位：河北师范大学历史系）

注　释

① 李知宴《唐代瓷器概况与唐瓷的分期》，《文物》1972 年四月号。
② 傅振伦《有关唐朝经济文化发展的文物参考资料》，《历史教学》1953 年四期。
③ 陈万里《中国青瓷史略》，1957 年上海人民出版社版，第 12 页。
④ 1964 年 7 月，笔者因公赴津，途经首都，在故宫东宫看了陶瓷陈列，在唐代部分中，有三件白瓷碗标有

"邢州白瓷"字样。其实这三件白瓷碗，不是邢瓷，应是定瓷。据管理陈列的同志说，这是瓷史专家陈万里先生鉴定的。

⑤ 见注①李文附表。

⑥ 此说曾托刘德惠同志提请河北省煤田地质公司驻邢有关科技人员审示，回答是："此说可信，有地质材料可证"。

⑦ 唐代邢瓷胎质、东窑瓷土、磁沟瓷土，系成都305信箱化验，章村瓷土，系邯郸陶瓷研究所化验。

⑧ 中华书局本，卷三十九第1013页。

⑨ 《津逮秘书》本，卷下，第18页。

⑩ 今百泉河、千泉河故道上，尚存两座深基拱桥，并有重修碑记，从碑文中，可知瓷沟之水运情况。

⑪ 笔者另有《宋代邢窑白瓷生产的发展及其终结》一文，试就邢台地区三十四座宋墓出土的大量的白瓷器物和瓷沟宋窑出土的白瓷残片，说明宋时邢窑白瓷生产的存在和发展；就邢台地区七座元墓出土的白里黑表的二十一件瓷碗，结合瓷沟这种碗器残片，以说明邢窑白瓷生产的终结。

⑫ 《全唐诗》中华书局本，第二十二卷。

⑬ 《百川学海》本，第四十四册。

谈邢窑有关诸问题[*]

冯先铭

　　唐代，经济高涨，文化艺术发展，陶瓷生产也处于繁荣阶段，以州命名的瓷窑开始涌现。当时，烧制青瓷、白瓷在隋代的基础上更加成熟，斑驳灿烂的三彩陶器与雕塑也达到了登峰造极的程度。此外，供应人们日常需要的各种釉下彩绘瓷、黑瓷、黄瓷、花瓷等，品种繁多，制做精巧，大大地丰富了唐代的陶瓷领域。

　　以往对唐代瓷器生产的评语有"南青北白"之说，南方以产青瓷为主，北方则主要生产白瓷。建国以来，在江南地区发现的唐代瓷窑遗址，绝大多数是青瓷窑，如浙江余姚、上虞、东阳、临海、金华、温州、丽水，江苏宜兴，江西临川、丰城，湖南长沙、湘阴，福建将乐，广东三水、高明、新会、潮州，四川成都、邛崃、新津等窑，分布于七省二十个县市。仅湖南长沙窑兼烧少量白釉绿彩品种，而白的色调与北方产品截然不同，呈灰白色。白瓷窑在长江以南至今尚未发现。北方唐代白瓷窑已发现十多处，河北有临城、曲阳，河南有巩县、鹤壁、密县、登封、荥阳，山西有平定、浑源、交城，陕西有铜川，安徽有萧县，分布于五省十二县市，青瓷仅在陕西铜川窑有少量发现。从上述情况看，"南青北白"之说基本上符合唐代陶瓷生产发展的历史特点。

　　邢窑是唐代白瓷著名产地，据《唐书》记载，邢窑白瓷与越州青瓷都作为地方名产向宫廷进贡，河南巩县白瓷于唐开元时期也列为贡品。这三个瓷窑的贡瓷残片在陕西西安唐大明宫遗址里都出土过，证实《唐书》记载可信。越窑窑址于二十世纪三十年代早已发现，五十年代以后对越窑进行过多次调查与小规模发掘，出土了大量的遗物，有助于对越窑的专题研究。巩县窑窑址发现后，也提供了它的烧瓷历史、产品品种以及贡瓷等方面的情况。邢窑遗址经文物考古部门近三十年的探寻，一九八〇年终于在河北临城发现了祁村遗址，初步揭示了邢窑白瓷生产的真相，开始解开了邢窑之谜。由于窑址地面变化较大，瓷片遗物经过人为破坏，地面遗物较少，典型的邢窑白瓷更少，这对于全面系统地了解邢窑白瓷生产的全貌来说，不能不令人深感遗憾。笔者曾三次走访邢窑故址，爰将看到与想到的一些问题撰写成文，以窑址出土的邢窑瓷片为依据，结合各地出土的唐代白瓷及有关邢窑文献记载，对

* 《故宫博物院院刊》1981 年第 4 期

邢窑作一次综合性的探讨。希望对于了解邢窑的过去、恢复邢窑生产、使一代名窑重放异彩，能够起到一些微薄的作用。

一、邢窑白瓷研究回顾

对邢窑白瓷的研究始于本世纪五十年代初期，在此以前没有见到专门谈论邢窑白瓷的文章。瑞典的古斯塔夫·林柏格（Gustaf Lindberg）发表了两篇谈邢窑的文章，一篇发表在《东方美术》季刊1950年春季号，一篇发表在1953年瑞典斯德哥尔摩年报，前一篇是探讨邢窑白瓷问题的一次尝试，后一篇则是作者把自己和Carl Kempe收藏的唐代白瓷经过一番观察了解之后，做了一些描述和归纳。故宫博物院陈万里于一九五三年发表了一篇题为《邢越二窑及定窑》的文章，刊于同年《文物参考资料》第九期。三篇文章的共同点是，谈邢窑白瓷都以唐代文献为依据。林伯格认为，邢窑白瓷是雪白的，敲打时能发出音乐的韵调，既然当时无论贫富都使用这类瓷器，那么唐代生产这类白瓷的瓷窑一定很多，为了达到器表色白如雪，在胎上涂一层化妆土，用以增加白度。陈万里的文章提出，临城磁窑沟窑神庙虽有明代碑记，但未提及当地于唐代已烧造瓷器，地面的瓷器也不是唐代的，至于邢窑究竟在何处，还有待以后发现。

建国后，文物考古事业在全国各地蓬勃发展，陶瓷领域也开展了古瓷窑遗址的调查与发掘，从而改变了单纯凭藉文献进行考古的做法。文物考古工作者以窑址和墓葬出土的大量第一性资料为依据，结合文献进行综合的科学研究。邢窑遗址调查也列入了议事日程。

建国初期，故宫博物院首先派人调查了河北省重点古窑址。继调查河北临城磁窑沟后，又调查了河北曲阳定窑遗址，发现唐代已在这里烧白瓷。六十年代以后，在河南又发现巩县等窑，在唐代都烧过白瓷。新资料的发现，开阔了人们的眼界，由此得知唐代烧白瓷并非邢窑一处。有了这批新资料后，从故宫院藏唐代白瓷中分出了巩县与曲阳两窑产品，经过对比，摸清了两窑白瓷特点，逐渐缩小了唐代白瓷藏品未知数的比例；也初步划分出胎釉洁白如雪，不施加化妆土的是邢窑白瓷。祁村窑址发现后，进一步证明这类不施加化妆土的确属邢窑白瓷。

近两年来，临城县第二轻工业局着力于古窑遗址的普查。一九八〇年八月，临城县二轻局林玉山、陈二印会同河北师范大学杨文山同志先后发现窑址七处，于岗头遗址第一次发现了唐代白瓷窑址，从而为继续寻找典型邢窑白瓷遗址树立了信心。同年十月，临城县二轻局的同志在祁村找到了生产典型邢窑白瓷的遗址，终于揭开了邢窑之谜，邢窑生产大白于天下的日子为期不远了。笔者当然为此十分高兴，因而一再走访邢窑故址。

二、邢窑烧瓷概况

一般人因受陆羽《茶经》所描述的影响，对邢窑瓷器的概念是"其白如雪"。而就岗头、祁村、双井三处邢窑遗址出土瓷片看，陆羽描写的仅仅是邢窑瓷器中的主要部分，并不代表邢窑产品的全貌。三处遗址的瓷片，釉色有白、黑和褐黄三种，白瓷又有粗细之分，数量以粗者为多，细者只占少数。

细白瓷仅在祁村发现，有碗、托子、皮囊壶、注子和罐。碗有多种形式，故宫博物院藏品最多的为浅形敞口碗，碗身呈四十五度角斜出，口缘外部凸起一周，底坦平，底中心凹入，施釉，形如玉璧。玉璧底碗均为一件匣钵装一件碗。此外，有敛口碗，分深浅两种，圈足较玉璧形底为窄，也有平底者，有碗口八出者，口缘为八瓣形，里外为凸起凹入四直线，圈足呈四瓣海棠形。托子为盘形，托口微高出盘面，矮圈足。皮囊壶出土一件，上部扁形，中间有提梁，流口残失，壶下部饱满，平底，左右两侧有线纹凸起，形如皮囊壶缝合痕，壶前后两面有划花三角形纹饰，残高约 16 厘米。注子出土一件，喇叭形口，球形腹，平底，一面有短流，一面有曲柄，高 15.5 厘米。罐出土一件，圆唇口，颈极短，丰肩，肩以下残缺。上述细瓷胎釉均极洁白，说它"其白如雪"，是并不过分的。

粗白瓷亦以各式碗为多，此外有注子、枕等器。粗碗均敷化妆土，大碗多为平底，小碗多为玉璧形底，外部施釉不到底，用叠烧法，碗与碗之间垫以三角形支具，碗心多残留有支具烧痕，大碗底多有白色三角形支具痕，支具以外为火红色。枕片出土两件，均为小长方形，一件饰以双行篦点纹，一件饰以褐色斑点。注子器身稍高而瘦，平底。

黑釉有平底浅碗、唇口小罐及花口钵、双系罐等器，胎体及釉均较厚。

褐黄釉为敞口大碗，出土数量不多，釉厚处呈黑色。

值得注意的是祁村烧瓷，这里既烧典型邢窑白瓷，又烧粗瓷。细白瓷属高档商品，专供皇戚贵胄与上层人士使用，这从出土邢窑白瓷情况可以证实；粗瓷是供城市工商业者与市民使用，这种瓷器经济实用。

邢窑瓷器是以色白见长的，历来不见邢窑瓷器有任何附加装饰。祁村遗址发现后，看到邢窑白瓷生产有模印、划花和点彩等多种装饰技法，从而使人们对邢窑白瓷有更多的了解。

三、国内外出土的邢窑白瓷

作为一代著名的瓷窑，其产品流通范围一般说来都比较广泛，邢窑也不例外。建国以来，唐墓及遗址出土邢窑白瓷的有广东、福建、河北和陕西四个省。一九五三年广州姚潭墓（姚潭葬于唐大中十二年）出土了两件邢窑碗，一件为敞口玉璧底，一件为敛口圈足。通过这两件碗可以了解九世纪中叶邢窑白瓷的烧制水平。一九五四年北京举办《五省出土文物展览》时曾将其展出过。河北省邢台地区唐墓出土邢窑碗十几件，图版八的碗是其中的一件。出土邢窑瓷较多的是陕西地区，五十年代出土文物中有刻"翰林"二字的白瓷罐，字铭均刻于罐底，笔者见过三件。刻有"翰林"二字的白瓷罐似为翰林院定烧器。西安唐大明宫遗址出土有刻一"盈"字的，字铭刻于玉璧形底心之内，底心施釉，与祁村遗址出土的同形碗特征完全相同。此外，河北、河南、陕西等省唐墓出土的小雕塑，有胖娃、羊、狗、狮等形象，雕工精巧，胎白，釉微呈水绿色，眼及突出部位点以褐彩。这类小雕塑出土数量很多，祁村遗址虽尚未发现，但有较大可能是祁村产品。因祁村遗址出土有骑马人小型雕塑二件，证明祁村烧过小件雕塑，并有于枕上点褐彩斑点的，证明祁村也有点彩装饰。因此，邢窑烧点彩小雕塑的可能性是存在的，但有待于今后证实。

国外出土唐邢窑白瓷的有伊拉克、埃及、巴基斯坦、日本和伊朗。早在一九一〇年德国学者赫茨菲尔德（Herzfeld）和萨雷（Sarre）对伊拉克底格里斯河畔的萨马拉（Samarra）遗址进行了发掘，出土文物中有我国唐宋陶瓷，唐代有三彩、绿釉、黄釉陶器和邢窑白瓷，萨马拉由此闻名于世。埃及开罗南部的福斯塔特（Fostat）遗址于一九一二年进行了首次发掘，福斯塔特为公元六四二年阿拉伯征服埃及后所建，法蒂玛王朝时为随第二次十字军东侵的基督教军所陷而成为废墟。遗址出土我国陶瓷片有一万余片，共中有邢窑白瓷碗。巴基斯坦的布拉米纳巴（Brahminabad）位于印度河上游，七至十一世纪为商业中心，一〇二〇年毁于地震。早在十九世纪在布拉米纳巴已发现我国唐宋瓷器，本世纪二十年代又续有发现，出土的唐代瓷器有越窑青瓷和邢窑白瓷。日本与我国一衣带水，唐代日中两国交往频繁，我国陶瓷对日本很有影响。日本本土及北九州古遗址中出土有唐代越窑青瓷、邢窑白瓷、长沙窑青釉褐釉贴花、釉下彩绘及唐三彩陶器。本土出土的邢州白瓷有精粗两种，精者胎釉洁白如雪，京都市西寺迹出土的玉璧底碗，底心凹入有釉，是典型的邢窑产品；粗者胎施化妆土，底心凹入不施釉，奈良市药师寺西僧房迹出土的也属粗瓷。伊朗席拉夫（Siraf）遗址为古代波斯湾繁荣的港口之一。一九六五年以来，英国伊朗考古研究所对席拉夫进行了多次调查，发现大量的我国瓷片，其中属于唐代的有邢窑白瓷和越窑青瓷，还有完整的邢窑四瓣花口碗，是非常难能可贵的。

四、邢窑与邻近地区瓷窑的相互关系

唐代北方瓷器生产既以白瓷为主，邢窑又是北方著名瓷窑之一，所产白瓷对邻近地区必然有较大影响。目前已经判明情况的有河北曲阳窑，曲阳地距临城较近，是宋代著名白瓷"定窑"的所在地。经过多次调查与小规模试掘，曲阳窑出土白瓷有唐代碗片，证明唐代已在这里烧制白瓷，敞式唇口、玉璧底碗，造型与临城邢窑基本相同，器胎均敷化妆土，接近邢窑粗器作法，但修坯比较规整，玉璧底的底心都不施釉。从烧瓷时间说，八世纪中期邢窑制瓷技艺已达到较高水平，因而受到人们喜爱。邢窑遗址出土各式平底碗较多，这种碗是早期的一种形式，它流行的具体时间约在八世纪初或者更早一些；曲阳窑遗址也有平底碗出土，多为浅形厚胎，碗里外均施化妆土，碗里施白釉，外施褐黄釉，胎含杂质较多而呈灰色。对比两窑情况得出的概念是：邢窑白瓷不仅质量比曲阳好，而且烧白瓷时间比曲阳窑早，当邢窑匠师已熟练地掌握成型技术和烧制各种造型时，曲阳窑尚处于烧里白外黄的粗碗阶段。九世纪以后，曲阳窑生产有所发展，白瓷质量有了明显提高，白瓷造型逐渐增多，制作技巧有很大提高，产量也随之增长。十世纪以后，邢窑逐渐衰微，曲阳窑渐次取而代之，以至官府派官收瓷器税，可见产量已达到相当的数字。受邢窑影响的还有山西平定窑。平定、临城与曲阳相距很近，河北、山西两省虽有太行山相隔，但有阳关大道可以入晋，邢窑制瓷技巧得以畅通无阻地传入山西，对平定窑有所影响。关于平定窑，明清两代文献均有记载，但窑址迟至近几年才被发现。平定窑创烧于唐代，瓷土原料较纯，胎釉虽不及临城祁村洁白，但较其它地区唐代白瓷质量略胜一筹；所烧器皿以碗为大宗，有玉璧底碗，外口凸出小唇，底心无釉，底修坯规矩，与邢窑比较接近。

邢窑烧瓷曾停顿一个时期，烧瓷地点历代也有变迁。目前临城已发现七处窑址，除岗头、祁村、双井三处唐代遗址外，其余南程村、泒北、解村、澄底等均属金元时期遗址，宋代遗址尚未发现。

金元时期遗址出土的瓷器，很大一部分具有曲阳宋定窑作风，尤以南程村遗址最明显。众所周知，宋代盛行覆烧方法，此法创始于河北曲阳定窑，聪颖的定窑制瓷匠师们为了提高瓷器产量，放弃了唐代以来使用的单件匣钵烧法，代之以覆烧支圈窑具，覆烧支圈的高度只占单件匣钵的五分之一，也就是说改用覆烧支圈后，在同样窑炉之内，使用同样燃料，烧同样的时间，而产量可以增加四至五倍。

这是覆烧方法得以在定窑长期采用，并且为各地瓷窑所效仿的主要原因。南程村遗址遍地散布的都是覆烧支圈，可见当地受定窑影响。解村遗址还发现了印花白瓷，从其装饰特征可明显看出是取法于定窑。图九印花白瓷为解村出土，纹饰有洞石花卉、缠枝花卉、鸳鸯花卉、水波游鱼、竹枝鹭鸶、婴戏、鱼穿花等题材，纹饰布局具有定窑风格。解村出土的印花白瓷均为盘碗，纹饰均在器物里部。但有一点与定窑不同，即定窑印花白瓷均为覆烧，口部都无釉；解村既有覆烧（图九上右），也有采用刮釉叠烧方法，碗心一圈无釉。定窑烧制素白釉无纹者用这种方法。至于解村印花白瓷的具体烧制时间在金代，这从刮釉叠烧以及印花的六格、八格布局方法可以确定。这两种方法为北方瓷窑所广泛采用，也包括定窑在内。

　　祁村和南程村的遗物表明，唐代邢窑给曲阳窑以影响，五代以后曲阳窑逐渐取代邢窑，宋以后曲阳定窑又反过来给邢窑以影响。两个瓷窑之间存在着互为影响的关系。瓷窑之间的这种关系目前还发现不多，这是值得注意的。

五、唐代文献对邢窑的评价

　　邢窑白瓷见于唐代文献记载的有四处，按照成书先后次序排列是：陆羽《茶经》（761—762 年）、元稹《长庆集》（821—824 年）、李肇《国史补》（824 年以后）和段安节《乐府杂录》（894 年）。被后人经常引用或据以作为研究参考的是《茶经》和《国史补》二书。

　　《茶经》在论及饮茶用碗时说："碗越州上，鼎州次，婺州次，岳州次，寿州、洪州次。或者以邢州处越州上，殊为不然，若邢瓷类银，越瓷类玉，邢不如越一也；若邢瓷类雪，则越瓷类冰，邢不如越二也；邢瓷白而茶色丹，越瓷青而茶色绿，邢不如越三也"。陆羽精于饮茶，他对唐代青瓷评价较多，并列举了当时六个青瓷名窑，把越窑评为第一位。对越窑评价高的不仅只陆羽一人，唐代文人与诗家对越窑碗也赞扬备至，至今遗留有不少诗句。唐代也有人认为邢窑白瓷碗比越窑青瓷碗好，而陆羽提出三条理由加以反驳，指出邢瓷不如越瓷。首先他用比喻法加以对比，即如果说邢瓷喻为与银相类，则越瓷与玉器相类。在唐代玉器远较银器贵重，陆羽从这个角度认为邢不如越；其次，陆羽认为如果说邢瓷像雪那样白，越瓷则像冰一样凝重剔透，从色与质两方面来看，邢都不如越；最后陆羽以茶色作标准，认为邢瓷白而茶色红，越瓷青则茶色绿，邢瓷也不如越瓷。陆羽对饮茶精通三昧，有茶博士之称，他从适于饮茶的角度出发，认为青瓷比白瓷更为合适，因此褒越而贬邢。《国史补》一书记唐开元至长庆年间事物，以补正史之不足。书中记有："凡货贿之物，侈于用者不可胜记。丝布为衣，麻布为囊，毡帽为盖，草皮为带，内丘白瓷瓯，端溪紫石砚，天下无贵贱通用之"。这段文字中所列举的是风行全国的时兴商品。李肇所说的"天下无贵贱通用之"一语比较笼统，就所列六种物品说，虽风行全国，但并非不分贵贱都能通用。帝王、皇戚和上层官僚，与没有社会地位的劳动阶层相比，两者地位悬殊，生活水平与物质享受也有天地之别。丝布衣、邢窑碗和端溪紫石砚属高档商品，一般劳动人民是难以企求的，而麻布囊与草皮带又不为贵族阶层所使用。因此需要作具体分析。临城祁村邢窑遗址发现后，有助于理解李肇此语。祁村生产的胎釉洁白的细白瓷，是高档产品，据文献记载，这类瓷器多贡之于朝廷。其遗物发现于唐代宫殿遗址以及上层官僚墓穴中，足证邢窑白瓷是专为统治阶层烧制的。祁村、双井、岗头等窑生产的粗白瓷（与细白瓷相对而言），数量比细白瓷多，胎体不白，用白色化妆土弥补原料上的缺陷。粗白瓷的使用对象也不是劳动人民，而是供下层官吏、城市工商业者及平民所使用，在唐代白瓷中属于中档商品。"天下"二字，也可以作广义的解释，不仅包括国内，也包括国外，如伊拉克、埃及、巴基斯坦、日本和伊朗等国家都出土有邢窑白瓷，而伊拉克萨马拉发现的邢窑白瓷，是在宫殿遗址内出土的，因之"天下无贵贱通用之"的"贵"，也包括外国的君主和贵族在内，这样理解才比较确切。

（作者单位：故宫博物院）

唐 代 邢 窑*

傅振伦

　　谈我国陶瓷史者，一般以为宋朝有五大名窑，即定、汝、官、哥、钧，而以定窑居首。定窑的前身是唐代邢窑。唐人陆羽（733—804 年）《茶经》论当时烧造茶碗地区有七：邢州、越州、鼎州、婺州、岳州、寿州、洪州，而以邢窑、越窑最佳。虽然邢窑釉色类银、类雪，瓷白而茶色丹，作为茶具而次于越，但两者质量之美，不相上下，所以诗人皮日休《茶瓯诗》说："邢客与越人，皆能造兹器。园似月魂堕，轻如云魄起。枣花势旋眼，苹沫香沾齿。"（《全唐诗》卷六一一）段安节《乐府杂录》也说："大中初，有调音律官大兴县丞郭道源善击瓯，用越窑、邢窑一十有二，以箸击之，其音韵妙于方响。"李肇《（唐）国史补》说："（邢州）内丘白瓷瓯、端溪砚，天下无贵贱通用之"，可见邢窑之器大量制造，有粗有精，粗者为人民所用，精者则为官僚地主所需，精美者作为贡品（见《唐六典注》和《新唐书·地理志》邢州钜鹿郡下）。

　　解放后，西京大明宫出土盈字款白瓷，韩森寨乾封二年（667 年）段伯阳墓出堆花高足白瓷钵，羊头镇总章元年（668 年）李爽墓出龙柄凤口四系白壶，刘家渠工地出白瓷狮、莲足高灯、长颈瓶，三门峡出大中四年（850 年）邢窑碗，远至广州的大中十二年（858 年）姚潭墓，也出邢窑盏两件。甚至国外埃及、巴基斯坦、斯里兰卡、印尼等地也出土了邢州白瓷。它的特点是釉白，胎细，色银，时久则作牙白色。碗则底厚，壁形。

　　我国在文物普查工作或基本建设工程中，发现了古代造瓷窑址甚多，唯有中外驰名的唐代名窑之一的邢窑，始终没有探寻到它的窑址。友人河北师范大学杨文山同志从事历史教学，在邢台内丘一带勘查卅余年，也未有结果。1980 年 8 月他和临城轻工部门同志，居然在岗头村、派北渠附近发现晚唐邢窑窑址和残瓷、窑具；11 月 2 日在祁村、双井村发现盛唐的窑址，发现了大批窑具和白瓷片的堆积层，不仅有粗瓷，还有精瓷，和大明宫出土残器以及文献记载无一不合。不仅有一般碗、罐、坛、盏、玩具，还有划花、印花纹饰的马镫壶，它可能是外销契丹的用品。这一重要发现，值得庆幸，值得宣扬。

　　（作者：中国历史博物馆研究员）

* 《史学月刊》1981 年第 4 期

唐代邢窑窑址考察与初步探讨[*]

李辉柄

邢窑是唐代著名的瓷窑之一，在中国陶瓷发展史上占有十分重要的地位。过去，由于它的窑址未被发现而长期得不到解决，对于它的庐山真面目也一直没能搞清楚。

1980年8月，邢窑窑址被发现，获得了邢窑的实物标本。1981年4月25日，笔者应邀赴邢窑窑址考察并参加了有关邢窑的学术讨论会。会上一致认为邢窑窑址的发现，解决了中国陶瓷史上的一个重大问题。

一、邢窑在中国陶瓷发展史中的地位

我国陶瓷远在唐代就已销往海外，对世界一些国家产生了影响。

唐代瓷器，出现了以浙江越窑为代表的青瓷和以河北邢窑为代表的白瓷两大系统。因之瓷器研究者就以"南青"、"北白"而概之。建国以来的考古资料证明，青瓷、白瓷，南北皆有，所谓"南青"、"北白"，指的是代表当时青瓷发展成就的是南方的越窑青瓷，代表白瓷发展成就的是邢窑白瓷。从陶瓷发展上看，青瓷为早，白瓷是在青瓷的基础上发展起来的。邢窑瓷器质地坚硬，制作精致，洁白如雪，是其它白瓷窑所无法比拟的，时代也较其它瓷窑为早。唐代陆羽《茶经》说："邢磁类银，越磁类玉"，"邢磁类雪，越磁类冰"。邢磁类银、类雪与越磁类玉、类冰，应当是陆羽对邢越二窑的高度评价。

隋代白瓷，突破了传统青瓷的格调，为白瓷的发展打下了良好的基础。邢窑白瓷较之隋代又前进了一大步，改变了以青瓷为主导的发展方向，迅速地发展起来。在邢窑白瓷的影响下，北方又出现了另一个烧白瓷的定窑。以邢窑为代表的白瓷与越窑青瓷从此并驾齐驱。唐代瓷器生产的成就，与邢窑的出现有着直接的关系。

---

* 《文物》1981年第9期

二、邢窑窑址未发现前的情况

邢窑在文献中虽有较详细的记载，但长期以来由于邢窑窑址未被发现，就在一部分学者中或多或少地产生了一些疑问。坚信邢窑窑址存在的学者，尽管把一些白瓷定为邢窑，但因根据不足而缺乏说服力。在邢窑窑址未发现以前，学术界对邢窑的不同看法，主要有以下三种：

第一，对邢窑持怀疑态度。建国以来，考古事业迅速发展，新发现的古代瓷窑数以百计，大大充实了我国陶瓷史的内容。唐代瓷窑如陆羽《茶经》所提及的越州窑、鼎州窑、婺州窑、岳州窑、寿州窑和洪州窑等六大青瓷窑，除鼎州窑外，皆有发现。邢州窑遗址长期未被发现，引起了人们对邢窑是否存在，文献记载是否可靠，产生了疑问。

第二，以为邢窑的存在无可置疑，窑址迟早将会发现。其理由：一为文献有征；二为唐代的白瓷窑如河南的巩县窑、密县西关窑、登封曲河窑、山西的浑源窑以及河北的定窑等都已发现，有的还进行了发掘。它们烧制的白瓷，大都白中闪黄，真正够得上"邢窑"白瓷的器物则未发现。而建国以来，陕西、河南、河北等省的唐墓里出土了大量的白瓷，其中有一部分精致优质的白瓷，不同于上述地区所出的白瓷，很可能就是邢窑的制品。

第三，对邢窑持慎重态度。在邢窑窑址未发现以前，既不肯定邢窑，也不否定邢窑。

三、对邢窑窑址考察后的意见

根据李肇《国史补》中"内丘白瓷瓯，端溪紫石砚，天下无贵贱通用之"的记载，一般认为邢窑窑址在内丘。但多年以来内丘境内并未发现任何窑址遗迹。而近年在临城、内丘交界的磁窑沟和临城县境内的程村、解村、澄底、岗头等地则发现窑址多处。在岗头窑址群中还发现唐代的遗物。岗头以北的祁村和双井村一带又发现了中唐和初唐时期的窑址，尤以祁村窑烧制的白瓷具有典型邢窑白瓷的特征。这样看来，邢窑窑址既不在邢台，又不在内丘，而是在与内丘交界的临城县。现通过考察，作以下探讨。

第一，陆羽《茶经》于邢磁有"类银"、"类雪"的评语。《茶经》成书于唐肃宗年间（761—762年），祁村窑址的时代上限经调查为唐代初期，与文献记载相符，说明祁村窑至少在公元761年以前就已建窑烧造白瓷了。

第二，祁村窑烧制精致的白瓷的同时，还大量烧制粗瓷。白瓷造型规整，胎质坚硬，釉色洁白，与《茶经》"邢磁类雪"相吻合。过去窑址未发现，一般将制作精致、釉色洁白的器物暂定为"邢窑"。常见的多为玉璧形底的碗和小短流的壶以及丰肩平底罐等。这在研究者中间似已视为"邢窑"的基本特征，因之往往把一些早期定窑的制品也误定为邢窑。祁村窑烧制器物主要有碗、盘、壶、罐、盏托等，工艺上一丝不苟。如玉璧形底碗，多为浅式，敞口，口沿往往凸起一道边沿，底足矮浅，底足外沿略高于内沿，底内心微凸。碗壁内外一般不见有旋纹。除底足部外施满釉，玉璧中心施釉，釉稳定不下垂，没有定窑那种"泪痕"的流釉现象，这些都为其它白瓷窑所不及。唐代定窑白瓷虽也比较精细，然而与邢窑制品相比，还是有区别的。定窑玉璧形底碗，底足外沿与内沿平坦，玉璧中心不施釉，这是由于唐代定窑在作法上与邢窑不同；邢窑拉坯成形时，先挖足，后施釉，再将足部釉磨掉，留下底足中心的釉。定窑则先施釉，然后在磨平底足的同时挖足，因而底中心无釉。定窑质坚而不甚白，釉色微黄，制作也不如邢窑精致。河南其它瓷窑的玉璧形底碗，胎质不如邢、定二窑，制作粗糙，胎体厚重，以唇口者居多。釉色闪黄，往往有细小开片，底足无釉。祁村窑器物如此精致是与烧窑技术之高分不开的。尽管未发现窑炉，不了解它的结构，但它的窑具比较先进而多样；除了一般所见到的漏斗状匣钵、桶式匣钵以外，还有一种盒式匣钵。这种匣钵有盖有底，坯体置其中，然后放在漏斗状匣钵之上，它是烧造高档白瓷专用的一种匣钵。这种匣钵不见于其它唐代的白瓷窑中。使用漏斗状匣钵在祁村窑也是比较早的。祁村窑在烧窑技术上要求严格，废品较少。出土的高档白瓷残片尤为少见。

第三，窑以地名。陆羽《茶经》里提到的越州窑、鼎州窑、婺州窑、岳州窑、寿州窑和洪州窑都是如此，邢州窑亦然。祁村窑的地址在唐代不属于邢州的内丘，而是属于赵州的临城。由于李肇《国史补》有"内丘白瓷瓯"的记载，所以一般认为邢窑窑址应在内丘。然而内丘到目前为止并没有发现任何窑迹。内丘在唐武德四年属赵州，次年改隶邢州；临城在唐则一直属赵州管辖。内丘与临城的交界处的地理区划，时分时合，窑址正处于这一地带。从内丘、临城交界的瓷窑沟往北，中经解村、南程村、泜河北岸、澄底、岗头直到祁村、双井村，长达十二公里，发现了古窑遗址十二处，其中岗头、祁村、双井为唐代瓷窑区。鉴于此种地理情况，这应当是唐代邢窑窑址所在地无疑。另外，唐代以州名窑当是泛指，正如邢窑不在邢台而在内丘（内丘、临城交界地带），定窑不在定县而在曲阳。将来如果在内丘发现了窑址，也不能否定祁村窑之为邢窑，就像定县如果发现窑址，也不能否定曲阳窑是定窑一样。

第四，建国以来在大量唐墓里出土了不少白瓷，尤其是陕西、河南、河北出土的白瓷更多。这些白瓷的窑址在哪里，一直是大家特别关心的问题。其中有些白瓷可能属于邻近瓷窑的产品。一部分精致的白瓷，如邢台唐墓出土的白瓷碗、河南安阳薛家庄唐墓出土的白瓷碗和盏托等[1]，与祁村窑烧制的器物在造型、釉色以及玉璧形底中心施釉等方面具有共同特征。特别是盏托制作精工，在其它唐代白瓷窑中还未发现，可见它们是邢窑制品无疑。过去一般把它们定为"邢窑"是有一定道理的。

第五，唐代的邢窑白瓷与越窑青瓷，在当时就已远销海外。在埃及著名的福斯塔特、印度勃拉名纳巴特等古代遗址中，都有邢窑白瓷的发现。日本的平城京和平安京及其周围地区出土唐代的白瓷中也有邢窑的制品[2]。如京都市下京区七条唐桥西寺遗址出土的白瓷碗就与祁村邢窑窑址出土物相同。可见邢窑白瓷真如李肇《国史补》所说"天下无贵贱通用之"了。

根据实地考察以及上述分析，可以证明祁村窑就是文献所记载的邢窑。

四、对邢窑烧瓷历史的分析

在邢窑窑址未发现以前，对唐墓中出土的白瓷，研究者根据文献记载来鉴定它们的窑口。现在邢窑窑址已经发现，对于邢窑的历史，结合文献加以印证也是非常必要的。陆羽《茶经》除了邢窑白瓷以外，还记载了当时著名的越州窑、鼎州窑、婺州窑、寿州窑和洪州窑六大青瓷窑。除鼎州窑尚未发现外，其余五窑都已发现，有的还进行了发掘。从考古资料上看，这些青瓷窑历史悠久，延续的时间也长。越州窑、婺州窑、洪州窑从晋、南朝时期开始，延续到唐代。寿州窑与岳州窑至少也滥觞于隋代以前。这些瓷窑的产品到唐代已享盛名，普遍被用作茶具，因而陆羽才把它们写入《茶经》。

　　邢窑在《茶经》里出现是值得注意的一个问题，这是否意味着邢窑在时代上能与这些青瓷窑相比，或者也如上述那些青瓷窑，至少在隋代以前就开始烧制白瓷？建国以来在北方发掘的隋墓，如西安西郊隋大业四年李静训墓③、西安郭家滩隋墓④，都出土有白瓷。这些隋代白瓷与邢窑有没有关系？这是值得探讨的重要问题。从现在已发现的唐代烧白瓷的窑如河南巩县窑、密县窑、登封窑以及河北曲阳窑看，都没有发现隋代白瓷，相反地在巩县窑址中却发现了隋代的青瓷⑤。邢窑白瓷质量优于其它瓷窑，在时代上也较其它瓷窑为早，因此才被收入《茶经》。至于隋代墓中出土的白瓷是哪个窑的产品，是否即唐代邢窑白瓷的前身，也就是说邢窑在隋代是否已经开始烧制白瓷，这一问题还有待今后的发掘工作来证实。

　　经过调查证明，在邢窑分布的内丘、临城交界的磁窑沟和临城境内的其它地区，除了岗头、祁村、双井村发现了唐代的窑址外，其余均为金代以后或元代的窑址，烧制的器物与唐代邢窑并无渊源关系。这似乎说明祁村邢窑白瓷在唐代以后就衰落了，继之而起的曲阳定窑在唐代晚期受邢窑的影响开始烧制白瓷并很快发展起来。北宋时期定窑大量烧制带有印花装饰的白瓷，成为当时北方最有名的瓷窑。祁村邢窑停烧以后，中间相隔了一段时间，又受到定窑的影响，烧制印花瓷器。这就形成了内丘、临城交界地区瓷窑发展的基本状况。祁村邢窑遗址的发现是中国陶瓷史上一项重大收获。至于内丘境内是否如文献记载的有窑址的存在，邢窑白瓷的创烧年代，以及它衰落原因等问题，还有待于进一步探讨。

　　（作者单位：故宫博物院）

注　　释

①　河南文化局文物工作队：《河南安阳薛家庄殷代遗址、墓葬和唐墓发掘简报》，《考古通讯》1958 年第 8 期。
②　长谷部乐尔：《日本出土的中国古陶瓷特别展览》，东京国立博物馆，1975 年。
③　唐金裕：《西安西郊隋李静训墓发掘简报》，《考古》1959 年第 9 期。
④　陕西省文管会：《西安郭家滩隋墓清理简报》，《文物参考资料》1957 年第 8 期。
⑤　冯先铭：《河南巩县古窑址调查记要》，《文物》1959 年第 3 期。

邢 窑 刍 议[*]

叶喆民

　　"邢窑"是我国陶瓷史上驰名古今、蜚声中外的一处窑场，也是扑朔迷离、悬而未决的一个疑团。尽管早在唐人李肇、陆羽、皮日休等的诗文里都曾提到过它的烧造地点和器物特征[①]，然而多年来人们只是根据文献到河北内丘去寻访过，犹如捕风捉影、探海寻针，始终未能找见其窑址。五年前河北邯郸陶瓷公司曾派人去它的邻县——临城南程村一带找到过大批白瓷残片及窑具，并送来故宫博物院鉴定其年代。当时我们认为虽属宋代之物，但很有可能会发现更早的唐代白瓷，因而于 77 年春曾到该地进行调查。由于顺路去河南、山西考察古窑时间紧迫，只在南程村与射兽村一带找见不少白釉、黑釉及青釉和附有印花、划花、绘花装饰的宋金元时期的瓷片，却未发现唐代瓷片。

　　1980 年夏，河北临城二轻局陈二印、张书太等同志为恢复邢瓷的制作来京相访，询及当年调查情况并征求意见，乃建议组织人力作一次普查以便仿制时有所依据。为此他们会同县局领导及文化馆、河北师大等有关同志沿泜河北渠两岸调查了七处窑址，找到了具有唐代特征的粗白瓷片，取得了令人可喜的成果。同年秋，笔者与傅振伦先生及王舒冰、杨文山二位同志应邀去临城、内丘古窑址进行复查，在地区领导、群众和同志们的通力合作下，又获得了新的线索及大批资料。除在泜河北岸附近的岗头澄底一带发现具有唐代"玉璧底"特征的白瓷残片之外，还见到个别平底足的白釉残器，以及具有金代"鸡腿瓶"特点的黑釉残器。尤其是在我们归来不久，"邢瓷研制小组"的林玉山、陈二印、陈月恩等同志们又不辞辛劳，继续普查，终于在更北方的祁村，双井一带发现了质地精白、具有初唐特征的一件白瓷壶残器，短流、圆肩、丰腹、平底，胎釉细白莹润，堪当陆羽所谓"邢窑类雪"的美誉而无逊色。这些都为探讨邢窑的烧造地点、时间及其产品的工作创造了十分有利的条件。现就两次所见所闻略抒管见，以供邢瓷研究的参考。

　　（一）对于邢窑白瓷，过去人们多将它与越窑青瓷相提并论。除陆羽《茶经》外，如皮日休《茶瓯》诗中有"邢客与越人，皆能造瓷器。圆似月魂堕，轻如云魄起"的赞语早已脍炙人口。加以国外文献中提到埃及福斯塔特（Fostat）和伊拉克萨麻拉（Samarra）等地发现的唐代白瓷残片也多认为是

* 《文物》1981 年第 9 期，《河北陶瓷》1982 年第 1 期

邢窑制品[②]，所以一般很少考虑它的上限究竟早到何时。而今在临城祁村、双井一带发现的平底白瓷壶和短流青瓷壶残片，说明其上限至少是唐初，并且它的烧造历史有可能上溯到隋代。这不仅符合多年来我们调查唐宋古窑所见的一般规律，而且有传世的遗物可以参照。例如故宫博物院陈列的隋代白瓷碗、罐，以及历史博物馆陈列的隋李静训墓出土的大量白瓷器，其中著名的白釉天鸡壶，在胎釉方面的精细洁白程度几乎与祁村出土的白瓷壶质量非常近似。而隋代白瓷迄今犹未找见窑址，是否可与今天的初步发现联系一起来考虑？就是说至少有一部分隋代白瓷将可能因此而找到归宿，这是值得深入调查研究的一个问题。

（二）过去由于邢窑窑址未曾发现，人们对于传世或出自邢台地区唐墓中比较精致的白瓷，多根据《茶经》所谓"类银"，"类雪"的说法而假定为"邢窑"瓷器。其中有的在今天看来，同临城窑址出土的唐代白瓷残片果然有着相似的特征。而祁村出土的瓷片其胎质坚细洁白，釉光晶莹润泽的程度几乎可以比之近代白瓷而无逊色。特别是无论平底或玉璧形底的作品均未见有白土化妆的迹象，并且在玉璧形圈足心内施加白釉。这一作法特点与唐代曲阳窑（定窑前身）完全一致，也说明当时对于瓷土的淘练和釉料的调配，以及制作技术都已相当精工。而在岗头附近所出玉璧形底的白瓷胎质灰粗，釉光浑浊，有的显然施加了化妆土，且在圈足周围露胎无釉，制作远较祁村白瓷粗陋。至于澄底村所出晚唐五代白瓷有的只在器里施加一层白土化妆釉色洁白，而器外则薄施亮釉露出胎体本色有如银灰。三者对比可以看出邢窑并非一概使用化妆土，而是因其时代早晚、烧制地点乃至瓷土质量，工艺精粗之不同而有着明显的区别。从而进一步体会到"雪"白与"银"灰的形容确有其色调上的区分，可以说比喻得非常真切。

但是，以前一般中外文献在谈到瓷器上最初使用化妆土的方法时往往指为邢窑白瓷。今日通过两次调查标本看来这一说法至少不够全面。尤其近些年来在一些隋代青瓷中也曾见有使用化妆土的现象，因而对于瓷器施加化妆土的历史及其主要用途，这一问题恐怕仍值得商榷。前几年科研单位曾对隋代白瓷与我们 1977 年在山西浑源所获唐代白瓷作过鉴定，得知前者白度为 60.5 度，而后者为 61.8 度。今日所得临城祁村白瓷之精从外观上远远胜过这两种白瓷，如能再作一番测试，将不仅有助于了解邢窑白瓷的质量，而且有利于区别窑口和全面认识唐代制瓷工艺水平。此外，该地还出土有唐代青瓷残片，尽管数量不多，但也是说明邢窑烧制品种与白瓷发展历史的重要物证。

唐代白瓷除邢窑首屈一指，誉满四方外，南北地方尚有不少名窑。仅就个人足迹所至和文献所知，如河北曲阳，河南密县、巩县，山西浑源，江西婺源和四川大邑的白瓷以及广州的白瓷等。例如唐代大诗人杜甫就在他的《又于韦处乞大邑瓷碗》诗中写到："大邑烧瓷轻且坚，叩如哀玉锦城传。君家白碗胜霜雪，急送茅斋也可怜。"唐人李勣奉敕修撰的《本草》内也有所谓"白瓷屑，平无毒，广州良，余皆不如"的说法。虽然这些也是千古之谜，还有待考古证实，但杜诗内已然明确提出了瓷轻且坚、白胜霜雪和叩如哀玉的具体特征。联系前面所引皮日休诗中形容的圆，轻有如月魂、云魄，陆羽文内比喻的洁白类似银、雪，再对照今日祁村出土的白瓷壶、碗，不难看出当时的白瓷质量果然是相当高的。又如清人兰浦在《景德镇陶录》里面还曾提到过，唐初武德年间（公元 618—626 年）镇民陶玉、霍仲初已能烧制"土惟白壤"、"体稍薄"、"色素润"、"佳者莹缜如玉"、"称为假玉器"的白瓷。虽然至今不曾见到实物因而有人否定其存在，但从质量上看，祁村出土的白瓷，无论在胎釉的白度和坯体的薄度乃至瓷化程度方面均堪可比拟，信非过誉，此外，唐人段安节所写的《乐府杂录》里面曾讲述唐大中年间（公元 847—859 年）有个名叫郭道源的乐师"用越瓯，邢瓯十二，旋加减水，以箸击之，其声妙于方响"。（"方响"本是一种钢制打击乐器，其声清浊随质之厚薄而不同）这一记载说明邢瓷胎体如不能充分烧结就不可能发出像金属那样清脆动听的声音。按我国文物界至今仍保留着一种用指叩敲以鉴别陶瓷的传统方法，一般认为声音清脆嘹亮的就已瓷化。而在西方则习惯于使用迎光透视的鉴别方法。这些都是合乎科学道理的，因为它们表明坯胎中未能融熔的部分之间，充满玻璃相与否？纯净度和均匀程度如何？而我国古瓷的很大特征就是玻璃相较多。可惜祁村出土的白瓷尚无完整器物可供试验，但从其胎体的坚致与细薄程度来看，这段记载似非无稽之谈。只是国外文献中曾有古代阿拉伯队商苏林曼（Su Leinman）在公元 851 年（唐大中五年，与郭道源击瓯的故事恰好同时）所写的笔记说："中国人持有白色粘土制作的碗，它象玻璃一样美丽，可以看见里面所盛的液体"③对照祁村出土的白瓷看来，还不具备这样的透影性能而已。

（三）关于临城的地理沿革，据《地名大辞典》（商务印书馆版）解释说："春秋晋临邑，汉房子县地，隋移置房子县于此，唐改名临城"。按《新唐书》卷州九"地理三"的记载，则将临城列入"赵州赵郡"，并且加注说；"本房子，天宝元年更名，天祐二年更曰房子。"而同书"邢州距鹿郡"项下则只有内丘而无临城。如此说来，则临城发现的古窑址在文献上似乎与"邢窑"不是一处。然而，在前项注内却指出说内丘"武德四年隶赵州，五年来属"。后来的记载中多混为一谈。如宋司马光在《资治通鉴》里曾指出"唐邢、赵二州皆汉距鹿郡地"。而《金史》卷二"地理志"也标明"河北西路，县六十一、……内丘（属邢州）……临城（属沃州）……"。可见二地过去在同一大行政区内时合时分。若从当前实际情况观察，则传为邢窑遗址的磁窑沟而今已半部划入临城境内。类似这种区划的变迁在历史地理上亦不乏其例。以河北名窑而论，如举世闻名的"磁州窑"产地磁县，在最近几十年间就曾时而划入河南时而划归河北；号称"五大名窑"的"定窑"，却不在定县而在曲阳。既然"河北三大古窑"中已有两处如此饱经沧桑，而其余的一个"邢窑"又何独不然呢？根据上述一些文献和事例照目前掌握的实物资料看来，我认为临城的几处唐代窑址就是所谓"邢窑"的一部分，至少也是邢窑的正统或亲支近派，这一点是可以肯定的了。

值得注意的是，通过两次实地调查，初步发现一些有趣的现象和线索，即在出土的瓷片时代风格上愈往北愈早。例如前面所举初唐平底白瓷壶和短流青瓷壶等残片只在祁村、双井一带有所发现。而岗头出土者多是玉璧形底的中、晚唐作品，澄底所见最早的白瓷不过是晚唐、五代之物。至于射兽、南程二村以及东、西磁窑沟所出瓷片则是宋、元以后之物。最近又在山下村发现了宋代的印花白瓷，而未见有唐代产品。另一迹象是，在岗头与南程两地调查中都发现有金代常见的"鸡腿瓶"残片。这类黑釉器物在以前两度去定窑调查时也发现不少，联系《金史》上面关于"真定府土产有瓷器"的记载，说明它们到金王朝统治时期并未断绝烧造。这对于金代陶瓷史的研究工作同样是不可忽视的实物资料。

此行据南程村老年人告知说，南程村当年原名"大碗窑"，相传本地制瓷工人曾迁移去观台④。而1977 年去该村调查时还听说距离县城西北约四十里的"官都"曾发现过窑址，但以此行怱偬仍未能去那里作一番实地考查未免遗憾。另外，在西磁窑沟北坡一带堆积瓷片及窑具甚多，附近有俗称"尧舜庙"遗址，庙已无存。据说有一石碑已断作桥基，过去每烧窑时即在此祭神。按北方不少唐宋古瓷窑曾有"窑神庙"之设，如陕西耀州窑，河南当阳峪窑、鹤壁集窑、禹县扒村窑、宜阳二里庙窑，以及山西榆次窑等。神名"柏林"、"百灵"或"伯灵",碑亦名"德应侯碑"。估计此地所谓"尧舜"或是"窑神"发音叶韵之误?可惜已无碑记可考。又于农民家中曾见白地黑花题诗瓷枕残片,近似北宋磁州窑作风而不加化妆土,胎质缜密,釉色白中泛青而黑中发褐,别具一格。据说出自地下两丈的土层内。虽是吉光片羽,偶然打井所得,而且也可能出自宋墓,然而联系前面所闻,对当地有可能发现较早的窑址更提供了一点线索。是否内丘邢窑由于地貌的变迁已被埋没也未可知?

　　类似上述一些现象和传闻恐怕对于廓清"邢窑"的主要地点与烧瓷历史也是值得重视的。当然,仅凭眼前的一点表面迹象或道听途说还不足以说明其来龙去脉,最后定论有待于将来正式的考古发掘再作进一步的探讨。

　　(四)在两次调查临城古窑址过程中所见到的瓷器残片多是碗、盘、壶、罐、盆、钵、枕之类的日用器皿,而最近在祁村所获残片中尚有小瓷马及骑马俑(儿童玩具)各一件。这些现象同其它许多唐宋民间窑产品之粗细兼备、高低并存是一致的,由此也可见邢窑象李肇《国史补》中所说那样"天下无贵贱通用之"的话是令人信服的。而且它自唐以来一直未断烧造,只是烧制地点和品种历代有所不同。一方面固然是由于其本身具有得天独厚的资源与优良传统的技术,另一方面也是和它那面对人民生活的生产方向分不开的。因此它能在划时代的白瓷中名列前茅,流芳千古。只是比起当时与之齐名的"越窑"来,除了二者在釉色上各有千秋外,无论在造型的多样或纹饰的变化方面均显得美中不足。尤其到晚唐五代时期竟被越窑"秘色"瓷⑤独占鳌头、割据一方,形成所谓"陶成先得贡吾君"⑥的局面。同时在一部分越窑青瓷中还出现有镂孔、釉下彩和所谓"金扣越器"的贴金、镶金装饰技法。相对而言,邢窑却不似从前那样为人重视了。至于后来居上的宋代"定窑"、"磁州窑",更以其精湛的印花、刻花、剔花、绘花等多种技法取胜,尤其是剔划花的方法使化妆土的利用在磁州窑型的装饰上出现一个崭新的阶段,同时在造型方面更加丰富多样,实用美观。虽然这些都与当时的社会风尚、时代背景亦不无关系,然而据目前所见传世的邢窑系唐代作品多是光素无纹、式样单调,宋以后所制愈加粗率,相形之下未免稍有逊色。至于最近祁村窑址堆积层中出土的唐代呈"蒙古马鞍皮囊壶状"的"刻划纹饰扁壶"与"四分花瓣口沿""足分四等份有凹角"的"四分花瓣碗"(以上所引壶、碗均见注7),由于此次未得亲见,只能根据一般瓷史的常识来判断。我觉得与其用相近而不同类的器物作旁证,不如参考更多的瓷器特征来论证比较可靠。例如五代流行的葵瓣碗、瓜棱壶与辽(契丹族)特有之皮囊壶、马镫壶等造型,纹饰,固然不能排除其上限更早的可能性,然而在缺乏正式窑址发掘的大量物证前提下,若用来肯定唐代邢窑之品种丰富,或借以证明定窑之受其影响,恐怕为时尚早,还需要作进一步的研究。更何况这些残片中也有时代稍晚的"圈底碗",而且据称都是出自已被农耕翻乱的堆积层中?又如最近在解村附近的"山下"窑址出土的宋代印花白瓷片,以及前面所引南程村一带出土的印、划花白瓷和白地绘黑花瓷片,倘与当时的定窑,磁州窑产品相比,在论在胎釉或纹饰方面都有一定的差距。尽管如此,并不等于否定它在唐代陶瓷史上的荣誉和地位。反之,如果把一切成绩都说成是它的功劳,则恐怕未必符合实际。因此,我认为邢窑发展到后来与同时其它名窑相比,显然有些固步自封、缺乏改进甚至一蹶不振(例如在东西磁窑沟窑址所出元代以后残片,极少精细的白瓷而多是黑釉粗制的缸、盆之类)。这一点或许也是它之所以昙花一现而终于默默无闻的一个原因。

　　在总结历史经验的同时,却见南至磁窑沟以北四十里范围内,至今蕴藏有大量的瓷土、石英、长石和煤炭。面对如此取之不尽，用之不竭的制瓷大好资源，倘能就地取材，充分利用这些优越条件，在光荣传统的基础上取长补短，推陈出新，深信古树新花，必将重放异彩，为我国陶瓷史谱写出更加光辉的篇章，因而寄予无限希望。

以上几点肤浅的认识肯定十分片面，但亲见这千年古窑的重现，兴奋之余不禁欣然命笔，并赋诗一首聊寄远怀。遗误之处尚望同志和专家们予以正之。

为"邢瓷研制小组"所取得的重要成绩和邢瓷鉴赏会的举行表示衷心的祝贺：

邢瓷自古有佳评，类雪类银实可称。漫道内丘存故址，焉知窑迹在临城。千年迷雾化春雪，一载普查成大功。喜看前程都似锦，创新超古是高峰。

1981 年 5 月

（作者：中央工艺美术学院教授）

注　释

① 见唐李肇《国史补》"凡货贿之物，侈于用者，不可胜记。麻布为囊，毡帽为盖，革皮为带，内丘白瓷瓯，端溪紫石砚，天下无贵贱通用之。"
唐陆羽《茶经》"邢瓷类银""邢瓷类雪"。
唐皮日休《茶瓯》诗"邢客与越人，皆能造瓷器。圆似月魂堕，轻如云魄起。枣花似旋眼，苹沫香粘齿。松下时一看，支公亦如此。"
② 见日本《陶说》103 号：内藤匡书"分り也すいの烧物科学"《Ting Yao and "related White Wares by Hin—Cheung Lovell, 1946》。
③ 同注②。
④ 河北邯郸所属，观台为宋磁州窑主要产地。
⑤ 见宋叶寘《垣斋笔衡》"秘色唐世已有，非始于钱氏，大抵至钱氏始以专供进耳。"
清兰浦《景德镇陶录》及朱琰《陶说》中也说"越州烧进，为供奉之物，臣庶不得用，故云秘色。"
⑥ 见唐徐寅《贡余秘色茶盏》诗"捩色融青瑞色新，陶成先得贡吾君。巧剜明月染春水，轻旋薄冰盛绿云。古镜破苔当席上，嫩荷涵露别江。中山竹叶醅初发，多病那堪中十分？"
⑦ 见会议文件《唐代邢窑遗址的发现和初步分析》及《临城县境内唐代邢窑遗址调查补充报告》。

唐代邢窑和上海博物馆藏邢瓷珍品[*]

周丽丽

邢窑是唐代北方著名的窑场，以烧造精美的白瓷而驰名中外。1980 年 8 月至 11 月河北省临城县二轻局为研究和恢复邢州白瓷生产的需要，对该省的内丘、临城两县交界处和临城县境内的古瓷窑址进行了普查，先后在临城的岗头村、祁村、双井一带发现了四处唐代窑址，并在祁村、双井的窑址里找到了"类银"、"类雪"的邢窑细白瓷片。1981 年 6 月上海博物馆派笔者和范冬青同志前往临城，在临城二轻局及县领导林玉山、张运申等同志的陪同下，对唐代邢窑窑址进行了重点调查，现将调查后对邢窑白瓷烧造概况的了解和文献记载中有关邢瓷盛烧年代的探讨，以及上海博物馆所藏邢窑瓷器作一介绍，以供邢瓷研究的参考。

一　唐代邢窑白瓷的烧造概况

从河北临城岗头村、祁村、双井唐代窑址出土的瓷片标本来看，唐代邢窑的产品主要有白釉、黑釉、褐黄釉和白釉褐彩四种，其中能够代表邢窑烧制水平的是白瓷。白瓷又可分精细的、一般的和粗糙的三类，精细的产品只占少数，一般和粗糙的产品占多数。

精细的白瓷即是文献记载中"类雪"、"类银"的瓷器，这类白瓷主要出土于祁村，双井也有少量发现。釉色晶莹洁白，胎质细腻纯净，制作极为规整，一般都采用单件匣钵烧造。用手指扣敲时，便能发出清脆悦耳的声音，与段安节《乐府杂录》中关于郭道源用邢瓯击乐的记载相吻合。上海硅酸盐研究所曾对邢窑细白瓷胎釉成分的含量进行了科学的测定（见下表）。

成分	SiO_2	Al_2O_3	TiO_2	K_2O	Na_2O	CaO	MgO	Fe_2O_3	FeO	MnO	烧失
胎	62.93	32.31	0.52	1.33	0.60	1.07	0.71	0.65			0.13
釉	68.51	17.68	0.30	1.26	0.82	7.50	2.44	0.64	0.15	0.10	

* 《上海博物馆论文集》，上海古籍出版社，1982 年总第 2 期

　　从测定的资料所知，胎釉的含铁量（Fe_2O_3）分别为 0.65% 和 0.64%，胎釉的含铝量（Al_2O_3）则分别为 32.31% 和 17.68%。这样低的含铁量显然是生产"类银"、"类雪"白瓷的先决条件，而这样高的含铝量烧制后要达到瓷化的程度，就必定需要相应的高温度，这说明邢窑白瓷的淘洗和釉料的调配，以及制作和烧制的技术都达到了相当精工的程度。

　　细白瓷的种类相当丰富，目前在窑址中采集的虽然多为残件碎片，但大多能辨出它的原来形状，所见主要有碗、注子、罐、罐盖、皮囊壶、高足杯、盒等日用器皿和骑马俑、马等小型雕塑。

　　碗是其中数量最多、样式变化最丰富的器物，常见的有浅腹敞口玉璧形底碗，深、浅腹玉环形底碗和圈足碗。其中以浅腹唇口玉璧形底碗为多，碗底心内凹部分都施釉，露胎玉璧处大多经过精细的加工，极其光滑。有的还在其上刻划"王"或"玉"字，"玉"字很可能是"王"的草体。在碗底露胎处刻划"王"字，一般应该是姓氏，但此姓氏究竟是代表生产这些瓷器的坊主，还是订烧这批瓷器的买主以及其它，则尚待研究。除"王"字外，目前还未发现其它姓氏的碎片。圈足碗有圆形和海棠形二式，圆形圈足碗又有敛口、花口、敞口等多种形式；海棠形圈足碗的器形比较特殊，虽然是残片，但从碗壁上凸起凹入的四直线划分的大小格来看，其器形与圈足一样，必然呈海棠式。海棠式碗是唐代流行的碗式，河北曲阳窑和浙江越窑都有制作，但圈足亦呈海棠式的则较为罕见。

　　在窑址中采集的注子碎片能基本复原的只有一件，喇叭形口，椭圆形腹，平底，一面有短流，一面有曲柄，柄宽有凹楞，内外施釉。

　　罐圆唇、短颈、丰肩，肩以下残缺。

　　窑址中采集的罐盖共二式，虽都有钮，但盖的形状不同，一为子口折沿盖，另一式则为斜直形圆唇盖。

　　皮囊壶是邢窑细白瓷中制作极为精致的器物，上扁下圆鼓，中间附提梁，左右两侧有线纹凸起，形如皮囊壶的缝合痕，壶身前后两面刻划半圆形团花和三角形图案纹，虽是残片，但洁白细腻的胎质，晶莹透彻的釉色，足以代表唐代邢窑的制瓷造诣。其器形比同时期流行的彩色釉陶皮囊壶更为精美。

　　此外，盒、高足杯、骑马俑等细白瓷的制作也是唐代其它瓷窑窑口所不能比拟的。

　　一般白瓷的胎质比细白瓷略粗，胎壁较厚，呈灰白色泽。器物施釉均匀，釉色微微闪黄，有施半截釉的，也有施釉到底足的，大多上化妆土，制作比较规整，一般都采用筒状匣钵笼罩迭烧法烧造。

　　器型有盘、罐、三足炉等。碗的式样与细白瓷相似，但质粗而厚重。浅腹唇口玉璧形底的碗较多，玉璧形内底心均不施釉，碗内留有三支钉痕，这类产品的制作工艺与唐代巩县窑十分相似，巩县的白釉基本上都上化妆土，釉色微微闪青，支钉的块痕比邢窑更大。

　　粗白瓷的胎一般都比较粗松，呈黄或灰白色泽，其中亦有少量淘洗较细的胎，但其质量比一般白瓷终差一筹。器物均敷化妆土，施半截釉，器型多为平底小碗。部分淘洗较细的粗白瓷碗的内釉都较均匀，外釉则大多深浅不匀，而大部分粗胎白瓷碗的内外釉都不均匀，积釉处呈青白或黄白色。碗内施满釉，内底有三个支钉痕，碗外施釉不到底，底足露胎处呈赭褐色泽，上面有灰白色三角形支具痕。这是由于不用匣钵，直接放在窑内迭烧，使碗底露胎处的含铁量在烧成最后阶段与微量的氧结合，经二次氧化后产生了赭褐色泽，而被三角形支具遮住的部分却未被充分氧化，呈现原来的灰白色泽。

二　从唐代的文献记录探讨邢窑白瓷的盛烧年代

对于邢窑白瓷的始烧年代，目前由于未对窑址进行发掘，又缺少有确切年代可考的邢窑瓷器和文献记录因此尚难断论，但对于邢窑瓷器的盛烧年代，则可从文献的记录中得到证实。

唐代文献中提到邢州瓷器的共有二处，直接提到邢窑的有五处，据《新唐书》卷三十九，志第二十九"地理三"中关于临城、内丘地理沿革的记载：临城属"赵州赵郡"，注："本房子，天宝元年更名，天祐二年更曰房子"。内丘则隶"邢州巨鹿郡"，注："武德四年隶赵州，五年来属"，可知内丘、临城二地过去曾在同一大行政区内，因此凡关于邢州瓷器，特别是邢州内丘瓷器的记载，就不能排斥邢窑瓷器的可能性。从这一前提出发，唐代文献中关于邢窑的记载有七处，其内容按照时间的先后顺序如下：

1.《新唐书》卷三十九，志第二十九"地理三"："邢州巨鹿郡，上。本襄国郡，天宝元年更名。土贡：丝布、磁器、刀、文石。"

2.《大唐六典》卷三（公元 756 年之前）：河北道贡"邢州瓷器。"

3. 陆羽《茶经》（公元 761－762 年）："……若邢瓷类银，越瓷类玉；若邢瓷类雪，则越瓷类冰；邢瓷白而茶色丹，越瓷青而茶色绿……"

4. 元稹《长庆集》卷十三（公元 821－824 年），"饮致用神曲酒三十韵"："七月调神曲，三春酿绿醅，雕镂荆玉盏，烘透内丘瓶。"

5. 李肇《唐国史补》（公元 824 年以后）："内丘白磁瓯，端溪紫石砚，天下无贵贱通用之。"

6. 皮日休《茶中杂咏·茶瓯诗》（公元 883 年之前）："邢客与越人，皆能造瓷器。圆似月魂堕，轻如云魄起。"

7. 段安节《乐府杂录》（约公元 894 年）："武宗朝，郭道源……善击瓯，率以邢瓯、赵瓯共十二只，施加减水于其中，以筋击之，其音妙于方响也。"

从上面七段文献记载中，可以看出除《新唐书·地理志》对于邢州贡瓷没有确切时间记载外，其余六处都有一个相对可考的时代。由此可以得出以下几个结论。

1. 邢州瓷器最早见于文献记载的是成书于天宝年间的《大唐六典》（公元 742－756 年），而明确指明邢窑白瓷的则是上元元年至二年（见陆羽《茶经》），时值公元 761－762 年，但自公元 894 年后（见段安节《乐府杂录》），文献上就再不见邢窑的记载了，这说明邢窑盛烧闻名的时间应该在天宝至乾宁年间（公元 742－894 年），即盛唐晚期至中晚唐。

2. 邢窑白瓷和越窑青瓷是唐代上层士大夫阶级同时并重的瓷器，当时评价已如上述。根据唐至德年间顾况《茶赋》和上元元年至二年陆羽《茶经》及贞元年间孟郊诗中对于越窑瓷器的记载和评价，以及唐代有确切纪年墓葬中出土的越窑瓷器来看，唐代越窑的盛烧年代是在中、晚唐，与邢窑的盛烧年代大致相同，因此唐代陶瓷史上"南青北白"的局面也应该在这一时期。

3. 邢窑白瓷在公元 824 年前后，已是"天下无贵贱通用之"的瓷器了（见李肇《唐国史补》），但事实上，在当时的社会里，邢窑细白瓷器都为朝廷和上层贵族所占用，一般白瓷又为下层官吏，城市工商业者及平民所用，而广大劳动人民所用的只能是粗白瓷，这就是所谓"天下无贵贱通用之"的真实情况，但要达到这一局面，必定要有大量的产品，这就证明了公元824年前后这一阶段，是邢窑瓷器烧制的高峰阶段。

三　上海博物馆所藏邢窑瓷器

唐代邢窑窑址的发现，为鉴定出土和传世的邢窑瓷器提供了极为重要的实物依据，上海博物馆馆藏的邢窑细白瓷器，无论在胎质、釉色，还是器物造型诸方面都与邢窑窑址中采集的残片相同，现介绍四件如下：

1. 碗：高3.4、口径15、底径7厘米。碗身略呈四十五度角斜出，口沿外部凸起一周，底坦平，底中心凹入，施釉，形如玉璧，俗称玉璧形底碗。

玉璧形底碗是唐代极为流行的碗式之一。但在玉璧形碗底中心凹入部分施釉的窑口，就目前所知，主要有浙江省的越窑、山西省的浑源窑、河北省的曲阳窑和邢窑，这些窑在碗底中心施釉的品种也各不相同，越窑是青釉，浑源窑是黑釉，曲阳窑和邢窑是白釉，并且仅局限于精细的白瓷产品，两窑相比之下，曲阳白瓷碗的釉色微微闪青，玉璧形底足的露胎处也不像邢窑那样经过精细的加工。

此碗胎釉洁白如雪，制作极为规整，与邢窑窑址中采集的标本完全一致。

2. "盈"字盒：通高7、口径15.7厘米。盒呈扁圆形，上、下高度相等，上、下器型也完全相同。盖沿、胫部都有斜角，内外满釉，仅子口与子口接触处无釉。底刻"盈"字，上留三个小支钉痕。

陕西西安唐大明宫遗址里也出土了带"盈"字的邢窑白瓷，字刻在施了釉的玉璧形底碗的内底心，与此盒在施釉的底部刻"盈"字的风格完全一致。

3. 盒：通高2.6、口径3.02、底径1.6厘米。盒身和盒盖上下高度相等，盖沿和胫部有斜角，小平底，内外施釉，仅子口内外和底部无釉，底部露胎处光滑细腻，显然是经过了精细的加工。盒子的造型小巧玲珑，与双井遗址出土的盒子残片在胎质、釉色及器型上完全相同。

4. 油盒：通高5.6、底径4厘米。器身高于器盖，口内敛。盖沿和胫部有斜角，小平底，制作极为规整。内外施釉，仅子口与底部无釉，胎釉洁白如雪，露胎处光滑细腻。器型与唐代湖南长沙铜官窑出土的盖面上书褐彩"油合"两字的盒子大致相同，这类盒子是唐代南北窑场较为流行的器物，其中以邢窑油盒的制作最为规整。

（作者单位：上海博物馆）

唐代邢窑遗址的发现和初步分析[*]

杨文山

邢窑是我国白瓷生产的发祥地，在我国陶瓷史中占有重要的地位。因此，邢窑遗址的发现，不仅解开了为中外学者一直关注的所谓"邢窑之谜"，填补了我国陶瓷史上的一页空白。而且通过对邢窑及其所产白瓷器物的分析研究，对恢复邢窑生产，从而促进我国陶瓷工业的发展，也具有不可忽视的意义。

一、文献中记载的邢窑白瓷和国内外出土的邢窑白瓷

唐代是我国封建经济文化的昌盛时期，手工业生产获得了空前发展。在陶瓷业中，北方邢州（今河北省邢台地区）所烧造的白瓷，与南方越州（今浙江省绍兴地区）所烧造的青瓷，相互媲美，同时著称于世，这是有历史文献记载的。比如：

> 陆羽《茶经》："碗，越州上，……或者以邢州处越州上。……邢瓷类银，越瓷类玉。……若邢瓷类雪，则越瓷类冰。"[①]
>
> 皮日休《茶瓯诗》："邢客与越人，皆能造瓷器。圆似月魂坠，轻如云魄起。"[②]
>
> 段安节《乐府杂录》记有：唐大中初有调音律官郭道源者，"善击瓯，率以邢瓯、越瓯共十二只，旋加减水于其中，以箸击之，其音妙于方响。"[③]
>
> 李肇《国史补》："凡货赂之物，侈于用者，不可胜记。……内丘白瓷瓯，端溪紫石砚，天下无贵贱通用之。"[④]
>
> 欧阳修《新唐书·地理志》："邢州，……土贡丝布、瓷器、刀、文石。"[⑤]

从上列文献记载可知。唐代邢窑生产的白瓷，在质量上是十分精美的。釉色洁白如雪，造型规范

---

* 《河北学刊》1982 年第 3 期

如月，器壁轻薄如云，胎质坚实，焙烧适度，扣之音脆而妙如方响，反映了邢窑白瓷制造工艺水平已经达到了十分成熟的程度，同时在数量上也是十分可观的，不仅因其货美成为宫廷贡物，而且也因其价廉畅销各地成为天下所通用。

唐代邢窑白瓷，作为传世品，目前尚未见到，但作为出土物，在全国各地唐代遗址中却发现的不少。比如在河北的邢台、内丘、临城、高邑等唐墓中，发现了邢窑烧造的白瓷玉璧底碗、短流执壶和小口坛多件；在河南的安阳、陕西的西安、广东的广州唐墓中，也发现了邢窑烧造的白瓷玉璧底碗和盘口盏托多件。从这些出土物的分布来看，邢窑白瓷的行销地区是很宽广的，不仅遍及北方，而且也远及于南方的珠江流域。

邢窑白瓷和越窑青瓷一样，在行销全国的同时，通过陆路或海路也远销于国外各地。比如就目前国外文献中已经见到的，在日本的京都、印度的勃拉·米纳巴（Brob minabad）、伊朗的席拉夫（Siraf）、伊拉克的萨麻拉（Samarra）、埃及的福斯塔特（Fostat）等古遗址中，都出土了具有我国唐代风格的白瓷器物或白瓷片。其中尤其值得注意的，是日本京都出现的那种"玉璧底白瓷碗"[6]和伊朗席拉夫发现的那种"瓣口白瓷碗"[7]，可以说与我们在邢窑遗址中所掘出的那种"玉璧底碗"和那种"瓣口瓣足碗"是绝无二致的。

唐代邢窑白瓷，在国内的广泛使用和向国外的传播，不论对我国后世的瓷业生产或对国外的生活、艺术，都产生了深远的影响，因此，多年来，不论我国的瓷史专家（如陈万里等），还是外国研究中国瓷史的专家（如瑞典的古斯塔夫·林伯格 Gustaf Lindberg、日本的小山富士夫等），都十分重视对邢窑白瓷的探讨[8]。但是，由于邢窑遗址始终未能发现，无法获得可靠的实物标本，因此邢窑白瓷的造型、胎质、釉色、烧结等生产技术及其工艺特点究竟如何？一直无法得到令人信服的解释。

二、唐代邢窑遗址的发现和遗址中出土的白瓷器物

根据历史教学的需要，从 1952 年起到 1972 年，对邢台地区所辖靠近太行山的沙河、邢台、内丘三县境内，曾进行过七次实地考察。在考察过程中，虽然在沙河的高窑、赵窑，邢台的东窑、西窑和内丘与临城两县交界的西瓷窑沟，先后发现了六处分别属于明、元、金、宋四个时代的窑址，但唐代的窑址仍然没有发现。1980 年八月间，笔者应临城县二轻局的邀请，会同"邢瓷研制小组"的林玉山、陈二印、张书泰、陈月恩等同志，对内丘、临城境内的古窑址进行了逐村逐庄的普查。结果除在内丘、临城两县交界的西瓷窑沟查清了两处窑址外，又在临城境内的解村、南程村、泜河北岸发现了五处分别属于元、金、宋三个时代的窑址，在射兽、澄底、岗头发现了三处分别属于宋、五代两个时代的窑址。令人振奋的，是八月十日的上午我们在位于临城西北七华里的岗头村北的泜北渠北岸，第一次发现了一处唐代的窑址，不仅拣到了具有唐代典型风格的"玉璧底粗瓷碗"残件，而且还拣到了唐代装烧瓷器普遍使用的窑具——漏斗状匣钵。其后，由林玉山、陈二印等同志继续北上进行调查，至十一月四日，又在位于临城西北十五华里的祁村东南、西北和西双井村东，发现了三处完全属于唐代的窑址群。从地面上，拣到了大量的属于唐代风格的粗瓷片，同时也拣到了洁白如雪的细瓷片。至此，为中外学者一直关注的所谓"邢窑之谜"，终于揭晓了。

在上述三处窑址地面上，我们拣到的主要是粗瓷片，细瓷片的数量很少。为了进一步查清窑址产

品的种类，1981 年 3 月 14 日，我们根据当地农民平整土地时所发现的瓷片堆积线索，在祁村东南窑址地方铁路东侧靠近南沟子的北坡，试挖了一个 1×2 米的探方。结果在一米五左右的地下，发现了大约有六十公分厚的未曾遭受扰乱的瓷片和窑具堆积层。出土了大量白瓷器物，其中粗瓷有：平底碗、玉璧底碗、短流执壶、小口㼽、宽圈足盘、鸟食罐等，共计六种十四式；细瓷有：玉璧底碗、玉环底碗、瓣口瓣足碗、宽圈足盘、高足盘、宽圈足杯、高足杯、短流执壶、堆纹刻花扁壶、盘口盏托、圆形盒、鸟食罐、鸟水罐、马俑、骑马俑等，共计十五种二十一式。出土的窑具，有三角形垫片、筒状匣钵、漏斗状匣钵、盒状匣钵等，共计四种十三式。此外，我们在这个探方中，还发现了一件十分珍贵的刻花使用的象牙刻刀，并发现了一枚唐时通行的货币"开元铜宝"铜钱。

三、对有关邢窑、邢瓷若干问题的初步分析

根据唐代邢窑遗址的分布及其出土的实物标本，我认为．我们可以对以下六个有关邢窑、邢瓷问题，进行如下的初步分析：

关于邢窑的窑址问题

唐代邢窑的遗址究竟在什么地方？一直是中外学者关注的问题。李肇在《国史补》中有"内丘白瓷瓯"的记载，因此，一般研究瓷史的学者都认为邢窑的遗址应当在内丘。但是，经过我个人多次去内丘实地考察和近来与临城同志一起对邢窑遗址的普查，在内丘境内的西部地区，即从南与邢台交界的东青村起，经西庞、马河、西丘、大丰，直到北与临城交界的瓷窑沟止三十华里的地带中，除在西瓷沟村南、村北发现了一些宋、金、元时代的瓷片外。其它地方找不到窑址的痕迹。但是，从内丘、临城交界的瓷窑沟向北伸展，经临城境内的解村、山下、南程村、泜河北岸、射兽、澄底、岗头，直到祁村、双井一线长达二十五华里的地带中，却发现了十五处古窑址区，而属于唐代的四处遗址区，其分布之广和规模之大，也是十分可观的。这就足以说明，上述这个地带无疑是唐代邢窑窑址的所在。

关于邢瓷的品种和造型工艺问题

一般瓷史研究者，根据我国唐代墓葬出土的白瓷器物多为玉璧底碗和短流执壶，便认为唐代邢瓷造型单调，因此以为邢窑的产品种类不会太多。但从我们在窑址中所发现的器物来看，并非如此，而是相当丰富。比如，我们在一个不足 1×2 米的小小探方中，仅细瓷一类，便挖出了各种不同造型的器物就有十五种之多。其中不仅有唐墓中常见的玉璧底碗、短流执壶、盘口盏托和小口㼽；而且还有十分罕见的瓣口瓣足碗、堆纹刻花扁壶、高足杯和高足盘。

根据上述器物造型工艺特征分析，我们可以得知：所有碗器、盘器、杯器，都是采用内腹模压和外体轮旋方法成形的；所有壶器、㼽器，都是采用轮旋拉坯、附之以捏堆方法成形的。这些器物，尤其细瓷器物的造型，均十分规整、大方、丰满、美观，从工艺角度上看，可以说明唐代邢窑工匠的造型技术已经达到了相当纯熟的程度。因此，皮日休在形容邢瓷的规整时，说它"圆似月魂坠"是可信的，至于说它"轻如云魄起"，则应是以邢瓷中较为轻薄的细瓷器物与人们一般日常使用的厚壁笨重的器物相比而言的。

关于邢瓷的纹饰和花饰问题

一般瓷史研究者，认为唐代邢瓷除了造型单调以外，还素无花饰，而仅以白取胜，因此以为邢窑生产的器物只有使用价值而无欣赏价值。但是，从我们在窑址中所发现的器物来看，也并非如此，而是有纹饰也有花饰。比如在前面我们所提到的那件"瓣口瓣足碗"和那件"堆纹刻花扁壶"便是有力的物证。从纹饰花饰的艺术手段上观察，我们可以断定：碗的四个瓣口、腹内腹外隔壁相对的四条凸纹和四条凹纹、圈足上的四个凹角，都是采用模具压印的方法制成的（图一）。扁壶提鋬前的矮流周围一圈泥条和提鋬后翘起的鸦嘴形短尾以及围绕在腹部前后两侧的三条凸起的泥纹，都是用堆贴捏合的方法制成的；而腹部左右两面的三道三角形纹饰和密布在三道纹饰之中的斜线纹饰、交线纹饰以及环绕在三道纹饰之外的叶状纹饰、花状纹饰，则都是用扁形刻刀或梳篦齿形刻刀刻划而成的（图二）。

我们知道，宋代定瓷是继唐代邢瓷之后兴起的，利用扁形刻刀和梳篦齿形刻刀在器物上刻划纹饰和花饰，是定瓷装饰艺术中的一个十分突出的特点。可是这种艺术特点在唐代邢瓷中出现了，这就不得不引起我们思考：广泛运用于宋代定瓷中的这种刻划技艺的渊源，是不是首先萌芽于唐代邢瓷而为宋代定瓷所发扬广大？

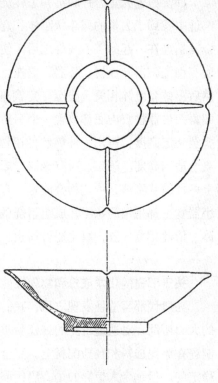

图一　瓣口瓣足碗

关于邢瓷胎质和釉色问题

唐代邢瓷的釉色，陆羽在《茶经》中有明确的记载，那就是"类雪"、"类银"。所谓"类雪"，无疑是"色泽光柔洁白"；所谓"类银"，无疑是"色白而略发青灰"。在唐代邢窑遗址中，我们所发现的所有釉色洁白"类雪"的器物都是细瓷。这些器物胎坯原料都是经过严格选择的，瓷泥经过了精心的洗练，因此胎质细腻，色调白净。不施化妆土，在平滑光亮的胎面上施加一层均匀透明的釉药，经过适度的焙烧，便可使瓷面呈现出洁白如雪的光泽。而我们在唐代邢窑遗址中，所发现的所有釉色"类银"的器物都是粗瓷。这些器物所使用的胎坯原料选择不严，瓷泥的洗练也不精细，故胎质较粗，胎面也不光滑，胎色较杂，多呈银灰色，施釉前多施加一层粉色化妆土，然后施釉。尽管所施釉药与细瓷无别，但由于胎面底色过重，胎地粗糙，吃釉不均，故在焙烧之后瓷面上呈现出的釉色为银白色。即使施加的化妆土很厚从而使胎面增

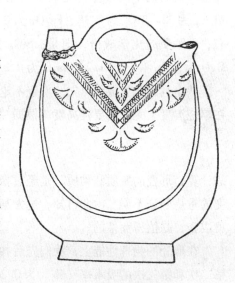

图二　堆纹刻花扁壶

白，也和细瓷所呈现出的洁白如雪的色调断然有别。

关于邢瓷的装窑方法和烧结问题

邢窑白瓷究竟怎样装窑和怎样烧结？在邢窑遗址和窑具发现之前也是一个不解之谜。现在我们从窑址中找到了大量的漏斗状匣钵、盒状匣钵、筒状匣钵和三角形垫片。尤其在我们发现了这些窑具和瓷器粘连在一起的一些残件之后，使我们十分清楚的得知，唐代邢瓷的装窑烧结共有四种方法：第一、所有细瓷碗器、盘器、杯器、盏托，都是用漏斗状匣钵或盒状匣钵装烧的，即一件匣钵装置一件瓷器，然后匣钵套匣钵相叠，叠至一定高度为止。第二、所有粗瓷碗器、盘器，都是用三角形垫片垫烧的，即每一件器物腹内底部放置一个三角形捏有三个支钉的垫片，依此一件器物一个三角形垫片的叠放，叠至一定高度，再用一件筒状的匣钵把它笼罩住，然后再在上面一器一片的垫放，再笼罩筒状匣钵，直至适当高度。第三、所有壶器、钵器等较大器物，都是用筒状匣钵单件罩烧的，即一件器物，笼罩上一件筒状匣钵，依此相叠放置，直至适当的高度。第四、所有马俑、骑马俑、鸟食罐、鸟饮罐等较小器物，都是用筒状匣钵成组罩烧的，即若干件器物排成一组（多为梅花状）然后罩上一件筒状匣钵，依此相叠放置，直至适可而止。当然筒状匣钵的高低宽窄，是根据器物大小高矮而制的。

关于邢瓷的化学成份和物理性能问题

在唐代邢窑遗址发现之后，我们通过邯郸陶瓷研究所、成都光学仪器研究所和上海硅酸盐研究所的大力协助，对遗址出土的细瓷胎质和釉质的化学成份，先后进行了七次化学分析。我们知道，古人制瓷在胎泥选料和釉药配料上，完全凭借于经验，因此胎泥的化学成份和釉药的化学成份是难以把握稳定的。但是令人惊异的是，唐代邢窑制瓷工匠却基本上掌握了这种技术，比如我们提供的品样是各种不同器物或不同个体，但获得的化验数据却几乎一样。如胎质的化学成份，都保持：SiO_2 为 66、Al_2O_3 为 32、TiO_2 为 0.38、Fe_2O_3 为 0.48、CaO 为 0.78、MgO 为 0.9、K_2O 为 0.79、Na_2O 为 0.59 左右；而釉质的化学成份，则是：SiO_2 为 68、Al_2O_3 为 17、TiO_2 为 0.3、Fe_2O_3 为 0.46、CaO 为 7.5、MgO 为 2.4、K_2O 为 1.2、Na_2O 为 0.8、MnO 为 0.1、FeO 为 0.15。

从上列的化学成份可知，邢瓷不论胎质和釉质，在 SiO_2 和 Al_2O_3 上所占的比重都是相当高的，这在焙烧温度上无疑需要强高度。根据"熔融温度经验公式"，即：

$$T_{始} = \frac{360 + R_2O_3 - R_2O}{0.228} \times 0.85$$

的计算，邢瓷的胎质和釉质，是经过摄氏 1380 度以上的高温烧成的，这个数据业经对邢瓷瓷片 1400 度的重烧验证不误。由此可知，过去某些瓷史研究者，根据一般古瓷烧成温度，断说邢瓷在 1200 度即可成瓷，是值得商榷的。

在邢瓷的物理性能上，我们先后共进行了四次测定，主要数据：第一次的硬度（kg/mm^2）为 612；第二次和第三次的吸水率（%）为 0.24；第四次的白度（%）为 78；重烧验证的温度（℃）为 1380。依此测定的结果看，邢瓷的物理性能，与现代世界制瓷业最先进的所谓"硬质瓷"的烧成物理要求十分接近[⑧]。

按我国当前陶瓷界对于"硬质瓷烧成于何地？"存在着不同看法。有些人认为："硬质瓷"烧成于欧美，是我国制瓷技术传入外国后由外国人研制而成的。但也有人认为：我国是瓷器发明的国家，有着悠久的制瓷历史，"硬质瓷"的烧制，理应起自我国，然苦无物证，而邢瓷的物测结果，无疑为这一立论提供了有力的根据。

（作者单位：河北师范大学历史系）

注　　释

① 见《百川学海》本，第四十四册。

② 见《全唐诗)，第二十二册《茶中杂录》。

③ 见《乐府杂录》，卷三《乐器》。

④ 见《津逮秘书)，卷下第 18 页。

⑤ 见中华书局本，卷三十九第 1013 页。

⑥ 见长谷部乐尔：《日本出土的中国古陶瓷特别展览》，东京国立博物馆，1975 年本附图。

⑦ 见三上次男：《陶瓷之道》，岩波新书，1970 年本附图。

⑧ 见冯先铭：《谈邢窑有关诸问题》，《故宫博物院院刊》1981 年第 4 期。

⑨ 按现代"硬质瓷"的烧成物理指标，一般定为，温度为 1358℃ 以上；白度为 78 以上；硬度为 650 以上；吸水率不得超过 0.3。

说唐代邢窑 *

傅振伦

一　邢窑的发现

　　唐人李肇撰《国史补》记述开元、长庆间（713—821 年）历史故实说："（邢州）内丘白瓷瓯、端溪紫石砚，天下无贵贱通用之。"这是可信的记载。解放前，有些博物馆和古玩店都收集了不少的璧底卷唇的邢窑白瓷盏、盌等品。罗振玉《俑庐日札》载：（清）光绪三十二年（1906 年），定州发见唐人李基墓。据墓志言，李基官至越州都督府长史，封敦煌县公，葬于咸亨元年（670 年）四月。墓中明器，瓷坯坚固如石，油色莹如玻璃，色白而不滞，略如定器。这些文献和实物大概就是邢窑白瓷。新中国成立后，各地也出土了不少邢窑瓷器。1957 年在唐西京长安大明宫遗址发现了宫廷所用的邢窑白瓷残片中有翰林学士所用的邢窑白瓷罐。此外，1956 年西安韩森寨发现乾封二年（667 年）段伯阳墓，羊头镇发现总章元年（668 年）李爽墓，1956、1957 年陕县刘家渠唐墓发现白瓷灯台、狮、盖盂，1957、1958 年三门峡唐墓也发现了一批白瓷器，虽未判明其产地，但 1955 年西安王家坟唐人墓出土的盏口折腰白瓯和 1956 年刘家渠唐大中四年（850 年）白盌，专家们都肯定是邢窑白瓷。1959 年邢台西郊三义庙村西发现战国至明清的丛葬处，其中八座唐墓里都各有白盌一件。次年在西郊孔村发现的两座唐墓，西南郊后楼子村发现的一座唐墓，各有白盌一件和执壶二件。其后临城射兽村发现的唐墓，也有壶、盌，壶小口，高柄，大腹盌壁底，卷唇，这确是邢窑瓷器无疑了。邢瓷不仅发现在北方，在华南广州北郊发现的大中十二年（858 年）广州都督府长史姚湜长女姚潭墓，其中也埋有邢瓷盌二件。这说明邢窑白瓷畅销全国，确是事实。考古家还证明了自唐代以来邢州白瓷由丝绸之路和海路通销到印度布拉明那德（今属巴基斯坦），锡兰（今斯里兰卡），阿拉伯国家撒麻拉，拉及斯以及埃及伐斯特，受到海外人士的欢迎。

　　唐代邢窑白瓷虽然流传很多，但窑址究竟在哪里，却一直是个谜，虽经考古家数十年的探寻，但

* 《中国历史博物馆馆刊》1982 年第 4 期

迄未有发现。现在河北师范大学任教的杨文山同志，从1952年起就在沙河、邢台、内丘、临城等县进行多次勘查。他认为沙河的赵窑、高窑，邢台东川口的东窑、西窑、小窑，内丘、临城交界的东西瓷窑沟以及临城南程村、解村等窑址，都不是唐代遗址。1980年8月临城轻工业局邢瓷研制小组邀请他进行勘查，在泜河北岸、岗头、澄底等村发现了唐代邢窑窑址。11月又在双井村、祁村续有发现，得到窑具、残器很多。同时，山下村农民赵庆国同志也在该村附近和钓盘山下及解村发现窑址并有残瓷堆积。按临城与内丘为邻，这些窑址即邢窑所在，大概是无疑的了。

二　中国白瓷的历史

中国瓷器起源于商周原始青瓷，随着制造技术的不断改进，到了汉代发展成为真正瓷器；北齐以后又发明了白瓷，应该说这在陶瓷史上是一次跃进。及至唐代，瓷器形成了北白南青两大系统。以白为主的邢窑系统，有较久的历史。

《文选》载晋人潘岳《笙赋》说："披黄苞以授甘，倾缥瓷以酌醽酿。"缥本是绿色，《说文解字》以为是帛青白色。但《文选注》引晋人吕忱《字林》说："瓷，白瓶长颈"。可见晋人所见瓷器釉色是白中泛青，这是我国发明白瓷之始。北魏有关中、洛中二窑，相传即以制作白瓷为主。《古今瓷器源流考》说："尝见宛平袁珏先（励準）先生藏一土定小盉，花纹中有造此姓名为郭彦。按郭彦系北周时人，是定窑烧瓷尚在唐前。"解放后出土的白瓷，安阳北齐范粹墓有泛青白瓷盉，已为时人所称道。河北邢台地区文化局张星道同志说："1976年，邢台文物调查小组在临城县东镇公社西镇大队西北二百米处，发现北齐武平五年（574年）墓志铭三方，是北齐持节都督赵州护军事卫大将军赵州刺史大鸿胪卿始平子李祖牧墓和夫人李氏墓及其子李颖墓。墓中还发现金银器、陶马、驼及白瓷高足杯等物，惜遗物散佚，或遭破坏。"解放后出土白瓷的还有安阳隋开皇十五年（595年）张盛墓，有邢台地区隋大业二年（606年）砖墓（出白瓷双螭执壶），有西安玉祥门外隋大业四年（608年）李静训墓及郭家滩隋大业六年（610年）姬威墓。这都说明在隋代不仅能烧造泛赭闪青的瓷器，更能剔除原料中铁的氧化物而把它控制在一定比例之内，制成色调稳定的洁白瓷器。在这一基础上，唐代白瓷制造技术更加提高，胎质纯净，釉色洁白，造型新颖可喜。唐显庆中，新修《本草》，玉石部说白瓷屑，平，无毒，广州良，余者不如。可见广州白瓷也很好。诗人皮日休（？—880年）《茶中杂咏·茶瓯诗》说："邢客与越人，皆能造瓷器，圆似月魂堕，轻如云魄起。"证明唐代邢、越名窑制作精细，互相媲美。杜甫（712—770年）《于韦处乞大邑瓷盌诗》也描写了大邑白瓷的轻坚清响，可见唐代白瓷制作，确已达到很高的水平。

邢窑的历史世人多认为从唐代开始。我以为这个地区造瓷的原始，可以上溯到北朝。今河北磁县北贾壁村有北齐青瓷窑址，上述北方出土的白瓷，也可能出自贾壁窑。邢窑白瓷的烧造是源远流长的。

三　邢窑窑址发现的瓷器

临城县唐代窑址分布在城西北去城五里的澄底村，八里的岗头村，十七里的祁村，十八里的双井村和城南的解村以及山下村。证以窑制及所出残器，祁村、双井村是初唐及盛唐窑址所在。澄底村者较早（还有黑瓷及青瓷残片）及岗头者或以为晚唐物。解村为盛唐窑址所在（有花饰及素器），山下村为晚唐或五代窑址所在（有印文孩儿、芍药、花鸟等）。早期者，盌底作玉璧状，卷口唇。《茶经》说"越瓯口唇不卷，底卷而浅，受半斤已下。"卷口与否是邢越的主要区别。时代较晚的邢窑盌，足圈愈形显然。白瓷品种，盌之外有执壶、盘、碟、盏、盏托、坛、玩具等。以解放后各地出土的邢瓷相印证，就这些窑器的胎质、造型、釉色、制作而论，确是唐代邢瓷。这些瓷器有粗瓷，有精品。普通白盏，朴素无花饰，胎骨上施有白净细腻的护胎釉，即可弥补胎骨疏松的缺陷，且可映出瓷洁白而莹润的感觉。仰烧，釉下流如泪痕，下部露胎，底有旋削之痕。即《国史补》所指为"天下无贵贱通用"的白瓷瓯。祁村出土者，澄泥为范，细白如粉，形式多样，釉薄而润，多有花饰，这是精细的白瓷。《唐六典》李吉甫注，说邢州贡瓷器，《新唐书·地理志》也说邢州钜鹿郡土贡丝布、刀文石和磁器，即指这些精品而言。窑具中的盒状匣钵是用于烧造细瓷盘、碗的，桶状匣钵则用于三角垫片叠烧的瓷碗和执壶、壜、罐、高足杯盘、马镫壶等大件精细琢器。这种精品还可作为乐器。唐人段安节《乐府杂录》说："武宗朝，郭道源为凤翔府大兴县丞，充太常寺调音律官，善击瓯，率以越瓯、邢瓯共十二只，旋加减水于其中，以筯击之，其音韵妙于方响也。"时人论瓷或以为邢窑居越窑之上。而陆羽《733—804 年》《茶经》说："邢瓷类银，越瓷类玉；邢瓷类雪，越瓷类冰；邢瓷白而茶色丹，越瓷青而茶色绿。"又以为邢不如越。他站在品茶立场而扬越贬邢，实则两个名窑各有特色，并著称于世。

世人以为宋代有五大名窑，而以定窑居首。大家都知道定窑的前身则是唐代的邢窑。南程村居民传说千百年来，南程村造瓷工人有迁移到磁州观台锁就业者，可见唐代邢窑造瓷工艺不仅北传定州曲阳，还南传磁州，说明邢窑在我国陶瓷史上是有其一定的地位。今后如能继续普查临城及内丘古代窑址，探索搜寻，有可能在有北齐造象的南程村和东磁窑沟窑神庙一带，发现更多的唐代邢窑，为研究邢窑瓷器工艺提供更加丰富的资料。

（作者：中国历史博物馆研究员）

再 论 邢 窑[*]

叶喆民

　　1980 年轰动中外古陶瓷学界的邢窑址的发现，到现在虽已过去两年，但是各方面关于它的研究仍然在深入。尤其在窑址和原料的进一步探索，以及工艺美术和科学研究等方面都取得了新的成果。本人对于邢窑的发现经过与论述，已有专文发表在《文物》1981 年 9 期上面，兹不赘述。限于篇幅仅就 1977～1980 年两次调查所获标本主要的研究心得补充两点：

（一）邢窑白瓷的工艺及成分特点

　　根据目前所见的实物看来，邢窑出土的瓷器造型多是碗、盘、壶、罐、盆、钵之类的日用器皿，以及小儿用的瓷塑玩具如骑马俑、小罐之类。这种现象同多年所见其它唐、宋民间窑产品是一致的。

　　唐代邢窑白瓷的装饰，多朴素无纹而且以白胜银、雪的纯洁色调和朴实大方的典雅作风见称于世。现经河北省邯郸陶瓷公司研究所初步测定，它的白度大约在 70 度以上，较比山西浑源出土的唐代白瓷（61.8 度）高出 10 度左右。邢窑白瓷的成分据该所分析结果来看，其中所含 Al_2O_3 约在 32.89—34.79% 之间，而 SiO_2 则在 59.91—62.66% 之间。其 Fe_2O_3 含量为 0.48～0.62%，TiO_2 含量为 0.38%。如与其同时代的名窑——巩县窑相比，则在 Al_2O_3（巩县窑为 37%）及 Fe_2O_3、TiO_2（巩县窑为 1% 以下或左右）方面显然是邢窑偏低。这些都决定了邢窑白瓷在胎釉的烧结与白净程度上尤胜一筹。（见下表）

邢瓷胎化学成分表　　　　　　　　（邯郸陶瓷研究所化验）

瓷片编号	SiO_2	Al_2O_3	TiO_2	Fe_2O_3	CaO	MgO	KaO	Na_2O	总量
81－554	62.66	32.89	0.38	0.48	0.78	0.90	0.79	0.59	99.47
81－A495	59.91	34.79	0.38	0.62	0.66	1.01	0.69	1.02	99.08

---

[*]《中国陶瓷》1982 年第 7 期

唐代邢窑白瓷的烧制窑具，主要是用漏斗式匣钵与筒式匣钵。垫饼呈三角形，每端有一乳头状支钉。从废弃的窑具与器物粘连情况证知，细瓷白碗是装在漏斗式匣钵内正烧而成。粗瓷碗则用垫饼叠烧，放入筒形匣钵内。这种方法不但与唐代定窑（曲阳窑）白瓷相同，而且在圈足心内部施釉的作法也完全一样。

至于宋、金、元以后则同其它地方窑的工艺相似。例如宋代出现的"覆烧法"，金代开始的"砂圈叠烧法"都曾在邢窑后代（如南程村、射兽村，山下村、及磁窑沟等窑）的白瓷、黑瓷中使用。

据考古发掘结果证明，隋唐时期（公元581～907年）北方窑属于或近似"半倒焰式"的"馒头型窑"。这种窑的烧成温度一般可达1300℃，能烧还原气氛，并且容易控制升降温的速度，便于保温。例如河北曲阳（定窑）的晚唐窑的结构，窑床平面长2.2米，宽2.6米，近乎正方形，而且前高后低呈10坡度，火膛竟达1.6米深，烟囱也很宽大。用柴作燃料，烧成温度相当高[①]。虽然临城邢窑窑址已无窑炉可考，但在其附近曾发现柴灰与窑具并存。而且在澄底村仍保存一处窑炉遗迹大体同曲阳定窑的尺寸相近。它的烧成温度根据对出土邢瓷的初步测试约在1300±20℃左右。

在匣钵的使用方面除上述的邢、定二窑外，如当时的河南鹤壁集窑[②]、巩县窑，浙江鄞县的青瓷窑[③]，以及浙江东阳的象塘窑[④]等均已从唐代开始采用了匣钵烧成。今年在巩县窑调查中曾见其早期匣钵亦为筒形，一般内装5件，使用三足垫饼支烧。对照临城邢窑出土窑具看来如出一辙。

正是由于邢窑具备了上述优越的烧制瓷器的条件，所以才能在划时代的白瓷中名列前矛，流芳千古。

关于邢窑白瓷对化妆土的应用，从两次调查所获的标本对比来看，岗头窑，澄底窑一带所出玉璧形底的白瓷，胎质灰粗、釉光混浊，有的施加化妆土，因其厚薄有无而薄施亮釉，恰似陆羽所谓"类银"的灰白色。而祁村、双井一带所出的细白瓷则未见有用白土化妆的迹象，全凭精工细作，且胎色洁白、釉质莹润，堪称"类雪"，甚至比之近代白瓷而无逊色。以上四处对比可以看出，唐代邢窑白瓷并非一概使用化妆土，而是因其时间先后、烧制地点、瓷土质量、乃至工艺精粗之不同而互异的。宋代以后则开始衰退，不仅制作逐渐粗率，并且多为模仿定窑、磁州窑的作品，而质量却大为逊色。难怪它默默无闻，为人遗忘了。

（二）邢窑窑址及其历史上下限问题

我在《邢窑刍议》一文中曾提到邢窑的上限有可能上溯到隋代（公元581～618年），以及内丘、临城交界的东、西磁窑沟仍有可能发现邢窑古窑址的问题。由于最近又在东磁窑沟邻近的贾村一带发现了时间较早的青瓷和白瓷片，经初步判断可以提早到隋代。联系所见东磁窑沟晚期窑具及残片之多，以及"窑神"（或由于发音相近而讹传为"尧舜"）庙的遗址，乃至当年烧窑祭神的习惯，看来文献与传说中的磁窑沟未必不是当年驰名中外的邢窑主体。尤其是磁窑沟以北数十里范围内大量制瓷原料的蕴藏，以及最近当地优质的高铝瓷土的新发现，不仅证明过去邢瓷都是就地取材，更为今后邢瓷的研究提供了非常有利的条件。

至于它的上下限问题，我认为自隋、唐（公元581～907年）直至今天基本上未断烧造。可以说只有时代和地点、品种与质量、规模及声誉的不同，而不能说在"邢瓷"的地理概念或历史兴衰上毫无联系。这是由于客观上具备了如此得天独厚的原料资源，加以主观上当地人民的生活需要所使然。例如祁村、双井一带所出既有初唐的平底白瓷壶，也有短流的青瓷壶残片。泜北的岗头村也出土有平底足及玉璧形底的中、晚唐作品。澄底村所出多是晚唐、五代之物。而射兽、南程、山下三处窑址，以及东、西磁窑沟所出瓷片多为宋、金以后之物。特别是在岗头与南程窑址都有金代常见的"鸡腿瓶"残片，而晚清时期仍有贾村"临城窑"的文献记载⑤，而今又在临城瓷厂的基础上恢复了"邢瓷"的研制工作，并已取得了相当成果。这些都具体说明邢窑的烧瓷历史一脉相承、连绵不绝。正如河北省其它两大名窑——"定窑"、"磁州窑"基本上未断烧造，至今仍沿用其历史名称的情况一般。既不能因政治区划的地理所属而否认其本身的存在，也不应因不同的历史阶段烧制不同品种而改变其固有窑名。只能说在过去的漫长历史中是以唐代最为兴盛，后来则逐渐衰落而已。

值得重视的是，河南巩县夹津口出土的两件具有透影性的白瓷杯它们的出现不仅使我们对隋唐白瓷光辉成就的认识提高一步，而且也为理解中外文献的真实性提供了雄辩的历史见证。例如《陶录》中所谓"莹缜如玉"、"称为假玉器"的唐武德年间（公元618—626年）的"陶窑"（名工"陶玉"所作）、"霍窑"（名工"霍仲初'所作）；国外文献中记载的古代阿拉伯队商苏林曼（Suleinman）在公元851年（唐大中五年）所写的笔记说"中国人持有白色粘土制作的碗，它象玻璃一样美丽，可以看见里面所盛的液体"⑥。这些说法在今日看来，并非凿空之谈，而是言之有物了。然而，它们的真正产地究竟在何处？邢窑唐代制品中有无如此上乘的作品？更为号称唐代白瓷典型的邢窑研究提出了新的课题。

（作者：中央工艺美术学院教授）

注　释

① 见《考古》1965年8期，河北文物工作队：《河北曲县涧磁村定窑遗址调查与试掘》。
② 见《文物》1964年8期，河南文物工作队：《河南省鹤壁集古代窑址发掘简报》。
③ 见《考古》1964年4期，浙江省文管会：《浙江鄞县古瓷窑址调查纪要》。
④ 见《考古》1966年4期，朱伯谦：《浙江东阳象塘窑址调查记》。
⑤ 见叶麟趾《古今中外陶磁汇编》23页"清朝窑器"。
⑥ 见《Ting yao and related White Wares by Hin—Cheung Lovell, 1964》及《陶说》103号，内藤匡：《分りやすい烧物の利学》。

隋代邢窑遗址的发现和初步分析[*]

杨文山

　　继唐代邢窑遗址发现之后，1982 年春我们在河北临城县境内又发现了一处隋代的古窑址群。在这处古窑址群中，我们查明了多座窑位，采集了一批青瓷、白瓷器物标本和几种窑具。现将窑址的分布、出土的器物和初步分析意见综述如下。

一、窑址分布

　　此处窑址，分布在临城第一陶瓷厂至陈刘庄之间。这里是一条已经淤废的古河道，当地没有固定的名称，贾村人把它叫做"西大沟"，陈刘庄人把它叫做"东大沟"。沟东西走向，目前沟漕宽约 30 至 50 米，深约 2 至 4 米，除沟中一条人行便道外，两侧均已平为耕地。在东西长约 1000 米，南北宽约 250 米的地带中，到处都可以看到零散的青釉、青黄釉、黑紫釉瓷片和白釉瓷片（图一）。根据调查，窑址主要分布在大沟的南北两坡，均为就坡挖成。目前坡面已经暴露的窑址遗迹有二十三座，其中值得注意的有两座。一座在南坡的中部，可以看到窑膛的背壁和窑膛的底部，以及圆形支柱窑窑膛底部烧粘的遗物、三角形垫片和青釉瓷片等。在此窑址西面 3 米左右发现一处蓄存瓷土原料的地窖。另一座在北坡中部，窑膛上部虽然不存，但窑膛下部保留完好。清土丈量得知膛径为 1.7 米，壁厚为 9 至 15 厘米。窑坐西朝东，东有火口并有草木灰迹，附近散布三角形垫片和青黄釉瓷片。

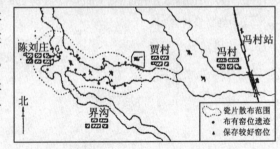

图一　临城县陈刘庄隋代窑址示意图

* 《文物》1984 年第 12 期

二、窑址出土的器物

　　在上述隋窑遗址，我们采集到多种器物的残片、残件，其中较完整的三十四件，初步可分为两类。

　　第一类为粗胎瓷。胎质粗，壁厚，胎色多为浅灰或土红。器物计有碗、杯、钵盆、盆、瓶、罐、壶、动物俑八种。

　　碗　分四式。

　　Ⅰ式：圆唇，直口微侈，深腹，圆饼状足底心微凹。施化妆土。碗内施满釉，碗外施釉不至足，釉色多为灰白和青黄。器物规格大小不同，以一件灰白釉碗为例，全高7.3、口径16.7、足高0.9、足径7.7厘米（图二：1；三）。此种器形，与河南安阳隋窑遗址出土的Ⅲ式深腹圆饼状足碗基本相同①。

　　Ⅱ式：圆唇，直口，深腹，圆饼状足底心微凹。施化妆土。施釉情况和釉色与Ⅰ式碗相同。器物规格大小不同，以一件灰白釉碗为例，全高9.1、口径13.6、足高0.6、足径5.4厘米（图二：2）。此种器形，与河南安阳隋窑遗址出土的Ⅳ式深腹圆饼状足碗十分相近②。

　　Ⅲ式：圆唇敛口，鼓腹，圆饼状足底心微凹。施化妆土。碗内施满釉，碗外施釉不至足，釉色多为灰白、青黄或酱色。规格大小不同，以一件灰白釉碗为例，全高7.4、口径12.2、足高0.6、足径6.3厘米（图二：3）此种器形，与河南安阳隋窑遗址出土的Ⅰ式敛口鼓腹圆饼状足碗非常相似③。

　　Ⅳ式：圆唇侈口，深腹，平底微凹。施化妆土。碗内施满釉，碗外施釉不至底，釉色多为灰白和青黄。规格大小不同，以一件青黄釉碗为例，全高5.8、口径11.9、底径4.6厘米（图二：4）。此种器物，在本窑址中仅发现两件，在它地隋窑和隋墓中尚未见。

　　杯　可分二式。

　　Ⅰ式：形制与粗胎Ⅱ式碗完全相同，唯规格较小。以一件灰白釉杯（残）为例，全高7.2、口径8.4、足高0.5、足径4.1厘米（图二：5）。

　　Ⅱ式：形制与粗胎Ⅲ式碗完全相同，唯规格较小。以一件青黄釉杯（残）为例，全高4.6、口径8.2、足高0.4、足径4.6厘米（图二：6）。

　　钵盆　当地人称作"钵盂子"，可分二式。

　　Ⅰ式：圆唇，敛口，鼓腹，腹下部收为平底。施化妆土。盆内与盆外施釉多不至心、底，釉色多为灰白和青黄。规格大小不同，以一件灰白釉钵盆为例，全高11.2、腹径14.8、底径8.8厘米（图二：7）。此种器形，与河南安阳隋墓出土的钵十分相近④。

　　Ⅱ式：形制与Ⅰ式同，唯为双唇。规格大小不同，以一件青黄釉钵盆（残）为例，全高13.4、腹径22.2、底径8.8厘米（图二：8）。

　　盘　可分二式。

　　Ⅰ式：为浅平盘。沿微侈，大平底，底心微凹。施化妆土。盘内施满釉，盘外施釉不至底，釉色多为灰白和青黄。规格大小不同，以一件灰白釉浅平盘为例，全高3.5、口径16.7、底径13.6厘米（图二：9）。此种器形，与陕西西安白鹿原隋墓出土的Ⅱ式盘十分相似⑤。

　　Ⅱ式：为高圈足盘。沿微侈，平底下接喇叭状高圈足。施化妆土。盘内外与圈足上半部均施釉，釉色多为灰白或青黄。规格大小不同，以一件青黄釉高足盘（残）为例，全高9.2、盘口径14.8、盘沿高3.6、圈足高5.6、圈足底径8.8厘米（图二：10）。此种器形，与河南安阳隋卜仁墓出土的 I 式高足盘十分相似⑥。

　　瓶　可分二式。

　　I 式：无完整器。综合各器残部，可知此式瓶为盘口，长颈，鼓腹，圆饼状足底心微凹。施化妆土。盘口及长颈内施釉，腹部施釉不至足，釉色多为灰白和青黄。规格大小不同，以一件青黄釉瓶（残）为例，残高17.2、残颈径3.5、足高1、足径5.7厘米（图二：11）。此种器形，与河南安阳隋窑遗址出土的刻花素烧瓶⑦和山东济南隋墓出土的盘口短颈瓶非常相似⑧。

　　II 式：圆唇，矮颈，鼓腹，圆饼状足底心微凹。施化妆土。沿口与矮内颈施釉，腹部施釉不至足，釉色多为灰白和青黄。规格大小不同，以一件青黄釉瓶（残）为例，全高10.2、口径4.6、足高0.5、足径4.8厘米（图二：12）。

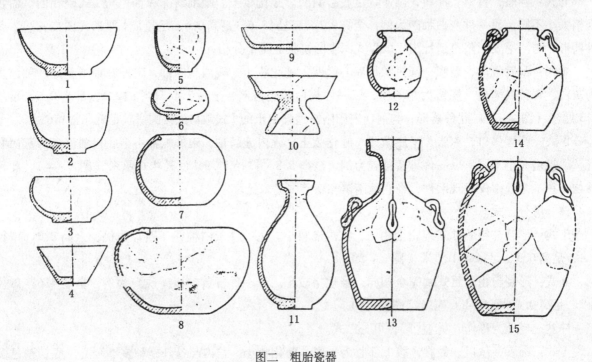

图二　粗胎瓷器

1—4. I—Ⅳ式碗　5、6. I、II 式杯　7、8. I、II 式钵盆　9、10. I、II 式盘

11、12. I、II 式瓶　13. 壶　14、15. I、II 式罂（皆为1/4）

　　罐　可分二式。

　　I 式：圆唇，矮颈，鼓腹呈椭圆形，平底心微凹，腹肩粘有两个对称的双泥条弧形系。施化妆土，沿口与颈内施釉，腹部施釉不至足，釉色多为灰白和青黄。规格大小不同，以一件青黄釉罐（残）为例，全高16.2、口径4.7、底径8.6厘米（图二：14）。此种器形，与山东济南隋墓出土的四系罐十分相似⑨。

　　II 式：与 I 式罐的形制基本相同，唯腹肩部四系。以一件青黄釉罐（残）为例，全高24、口径

9.2、底径 11.3 厘米（图二：15）。

壶　口呈盘状，沿微侈，长颈，宽肩，腹壁斜直，平底微凹，肩部粘有四个对称的双泥条弧形系。施化妆土。规格大小不同，以一件青黄釉壶（残）为例，全高 26.6、盘口径 8.8、底径 11.2 厘米（图二：13）。此种器形，与山东济南阳墓出土的此口四系壶，非常相似⑩。

动物俑　发现不同个体的残足六件；因残缺过甚，形制不详。

第二类为细胎瓷。胎质较细，胎壁轻薄，胎色均为浅灰。器物计有碗、杯、盘三种。

碗　可分二式。

Ⅰ式：形制与粗胎Ⅱ式碗基本相同，唯腹部较深，釉色较洁白而略发水青，施化妆土。规格大小不同，以一件白釉碗为例，全高 10.2、口径 12.4、足高 0.6、足径 5.4 厘米（图三：3）。

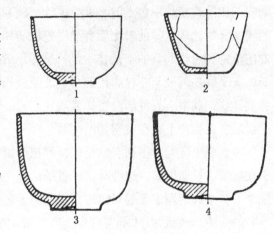

图三　细胎瓷器
1、2. Ⅰ、Ⅱ式杯　3、4. Ⅰ、Ⅱ式碗（皆为1/4）

Ⅱ式：形制与细胎Ⅰ式碗同，唯腹部较浅，腹壁更为轻薄，釉色更为洁白，施化妆土。规格大小不同，以一件白釉碗为例，全高 8.8、口径 12.2、足高 0.6、足径 5.2 厘米（图三：4）。

杯　可分二式。

Ⅰ式：形制与粗胎Ⅱ式碗类似，唯规格较小，腹壁较薄，釉色较白略发水青，施化妆土。以一件白釉杯为例，全高 7.2、口径 9.9、足高 0.4、足径 4.3 厘米（图三：1）。

Ⅱ式：形制与粗胎Ⅳ式碗相同，唯规格较小，腹壁很薄，釉色洁白，施化妆土。以一件白釉杯为例，全高 6.1、口径 8.9、底径 4.2 厘米（图三：2）。

盘　平底，形制与粗胎Ⅰ式盘相同，唯胎质很细，釉色洁白略发银灰，施化妆土。以一件白釉盘（残）为例，全高 3.1、盘口径 14.8、盘底径 11.6 厘米。

三、结语

一般瓷史研究者，常用"南青北白"一语来概括我国青瓷、白瓷两大系统的地区分布。这一说法，尽管现在已经有人提出了异议⑪，不过就青瓷的主流在南方、白瓷的主流在比方这一点来说，还是可以成立的。1971 年在河南安阳洪河屯的北齐武平六年范粹墓中发现白瓷⑫，于是有些瓷史研究者认为北方早期白瓷的生产时间应在北齐，但北齐白瓷的窑址至今还没有找到。临城陈刘庄的这处隋代窑址，就目前说是我国发现的时代最早的烧造白瓷的瓷窑遗址。各种白瓷器物的出土与窑膛、窑具的遗存，无疑对研究我国白瓷生产尤其是北方白瓷生产的历史，提供了重要的新资料。

陈刘庄窑属于邢窑窑系。主要理由有以下三点：（1）陈刘庄位于临城县的最南部，它与旧时曾归内丘县管辖的界沟村仅有一沟之隔，两村相距不过 1 公里。由此可知，陈刘庄窑址古时地处内丘界边，这与李肇《国史补》所记邢窑的方位是基本相符的。（2）陈刘庄隋代窑址中出土的器物与祁村、西双井唐代邢窑遗址中所出土的器物，虽然在时代风格上存在区别，但在工艺上却有许多相同的特点。比如陈刘庄隋代窑址中出土的 I 式圆饼状足碗和 II 式高足盘，与祁村、西双井唐代初期邢窑遗址中出土的同类器物比较，除前者比后者显得较粗糙和器壁略厚外，在其它方面几乎没有什么差别。这说明陈刘庄隋窑和唐代邢窑的工艺技术是一脉相承的。（3）在陈刘庄窑址群发现后不久，我们在窑群南部的断坡上又发现两处与祁村唐代邢窑遗址完全相同的堆积层，在此处采集到与祁村邢窑遗址完全相同的典型器物，其中有五件细白瓷执壶残片和十一件细白瓷玉璧底碗残片。由此可以看出，陈刘庄隋窑和唐代邢窑在生产上存在着密切的关系。

　　一般瓷史研究者根据文献记载，都把邢窑白瓷的始业断在唐朝，甚至有的把"真正白瓷"的生产断在盛唐。长期以来，这种看法一直被认为是确论，没有引起什么怀疑。但在 1980 年唐代邢窑遗址发现之后，李辉炳同志通过对出土白瓷器物工艺水平的研究，在"邢窑邢瓷鉴定会议"上第一次提出了不同的看法。他认为："邢窑白瓷生产的始业时间不应断在唐朝，而应断在唐朝以前的隋朝。"不过当时还没有考古材料来证实这种看法。现在，由于隋代邢窑遗址的发现，这一看法已被证明是正确的。

　　1983 年 5 月，李知宴同志在陈刘庄考察时，根据出土器物造型演变，进一步提出："陈刘庄古窑址的始业时间不应仅仅在隋代考虑，而应再向前提，比如隋朝以前的北周时代。"我们认为这种看法是值得重视的。我们曾在窑址区采集到一些粘有单泥条方形系的青黄瓷片和灰白瓷片，这种在罐、壶或瓶肩部粘单泥条方形系的作法，在南朝、北朝甚至两晋都是很流行的。因此，陈刘庄古窑的时代上限，有可能向前提到隋代以前的北朝。当然，这一推断还需要今后通过正式发掘来检验。

　　从陈刘庄古窑址采集的器物标本看，隋代邢窑生产的器物都是民间的日常用具，它和河北磁县贾壁村隋窑一样，主要产品是碗和钵盆，其次是杯、罐和壶[13]。这些器物的造型风格简朴素雅，实用性强。比如一般器物形体较大，腹较深，容量就扩大；器壁较厚，不易破碎；耳系粗壮，提用不易断坏，釉面布局合理，施釉省工省料等。成形方法基本上都是轮制拉坯辅之以旋削、粘接、粘附。比如碗、杯、钵盆、平底盘等器物，都是用轮制拉坯方法一次成形，半干时再对器物外表旋削修理，此可由器物里部留下的明显旋拉手迹和外部留下的明显旋削刀迹证知。再如盘口壶、高足盘等器物，都是用轮制拉坯方法分段成形，然后再将各段粘接起来，半干时也同样对器物外表旋削修理，此可由器物里部留下的旋拉手迹、粘接痕迹和器物外部留下的旋削刀迹证知。再如二系罐、四系罐和四系壶等，用轮制拉坯一次成形或分段成形粘接起来，在半干时旋削修理之后，又在器物肩部粘附上弧形系。弧形系是用泥条合为双股捏成的，接头朝上压粘在器物的肩部上面。系体粗壮，粘结牢固，与器物本身的重量相应。

　　陈刘庄窑址中所出土的器物，虽然由于胎泥捣洗粗细有别可分为"粗胎"和"细胎"，但胎泥原料是完全相同的，即都是就地取材，使用的是陈刘庄瓷土，此可由窑址中所发现的剩余瓷土与陈刘庄附近地下的瓷土相同证知。陈刘庄附近瓷土，我们曾进行过两次化验，编号为"陈 HN1"和"陈 HN2"；陈刘庄窑址窑藏瓷土，我们也进行过一次化验，编号为"陈 HN3"。化验结果见本页附表

　　从表中数据可知，陈刘庄窑所用瓷土的化学成分，SiO_2 的含量平均为 59% 左右，Al_2O_3 的含量平均为 34% 以上，Fe_2O_3 的含量平均为 0.9% 以上。这就十分清楚，陈刘庄窑址器物采用的是低硅高铝原料，同时含铁量也不算少。因此陈刘庄窑址出土器物，是经过高温焙烧成瓷的，一般器物胎壁都很坚硬，而胎色也多呈浅灰或青灰。

　　陈刘庄窑址器物的釉色，大体可分为三类，即白釉、青釉和黑釉。这三类釉料的化学成分我们没有进行化验，不过经有经验的釉工鉴定得知，白釉属于石灰釉，青釉和黑釉则都属于铁质釉。石灰釉是人工配制釉，一般说只要把优良的瓷土经过精细的捣洗之后再加上适量的石灰即可制成。而铁质釉则是一种自然釉，这种釉在临城境内的蓄藏量是很大的，至今仍在被人采用[14]。在烧结过程中，白釉的呈色是比较稳定的，不论熔融温度高低，一般都可以呈现出白色或灰白色。但铁质釉的青釉和黑釉的呈色并不稳定，它依照烧造气氛呈现出不同的色调，如青、青黄、黄、黑、酱紫或紫红等色。施釉方法基本上是蘸釉，而对某些器物如碗、杯、钵盆的器内也辅之以荡釉。但不论蘸釉或荡釉，在施釉之前都在器物上先蘸或荡一层或厚或薄的化妆土，一般说粗胎多施厚化妆土，细胎多施薄化妆土。

　　陈刘庄窑址没有经过发掘，因此窑体的具体结构不详。不过从断坡上已暴露的窑。体残迹可知，窑膛断面呈馒头状，窑底呈阶台式。阶台似为多层，前低后高，上置支柱，所有需要焙烧的器物都是装放在这些支柱的上面，此可由支柱下端粘连窑底遗物和支柱上端粘连有器物残片证知。

　　根据遗留的窑具与各种器物在烧造中的关系，可知陈刘庄窑的各种器物都是正烧的。装窑方法大体可为三种，即叠装、套装和单件装。如碗、杯、平底盘都是叠装，先将一件器物正放在支柱之上，然后在器物腹心放上一个捏有三个支钉的三叉形垫片，再在垫片上放上另一件器物，如此一器一片叠装，直至适可而止。此可由器物腹内留有三个钉痕和某些器物足底留有垫片印迹证知。各种大小规格的钵盆都是套装，先将一件最大的钵盆放在支柱之上，然后在盆内摆放若干圆形垫珠，再在垫珠上放上另一件比第一件略小的钵盆，如此一件钵盆一层垫珠，直至套满为止。此可由钵盆腹内留下的垫珠痕迹（图一〇：左）和某些钵盆底部留下的垫珠痕迹证知。再如罐、瓶、壶、高足盘都是单件装，就是支柱上只放上一件器物，因此这些器物的口沿或腹内没有留下任何垫迹而足底大多留有放置的痕迹。在陈刘庄窑址中，我们没有发现类似匣钵的窑具。不过从白釉器物尤其细胎白釉器的釉面几乎一尘不染来看，这些器物在装烧中应是有防尘装置的。

化学成分 % 瓷土样品	SiO_2	Al_2O_3	Fe_2O_3	TiO_2	CaO	MgO	K_2O	Na_2O
陈 HN1	59.01	34.47	0.90	1.87	0.81	0.35	0.85	0.36
陈 HN2	58.75	34.63	0.98	1.85	0.83	0.36	0.83	0.37
陈 HN3	58.87	34.52	0.91	1.81	0.87	0.35	0.85	0.40

　　陈刘庄出土器物目前尚未作重烧试验，因而烧成温度只是推测。从胎料的化学成分是基本相同的，参照双井、祁村器物经重烧而得的烧成温度达1380℃，陈刘庄器物的烧成温度也应在1300℃以上。

　　陈刘庄大部分器物烧成温度很高胎色呈浅灰或灰白，胎质坚实而釉色莹润。但也有相当部分器物的烧成温度不很高，胎色呈土黄色，胎地松软易碎而色暗淡无光。从这些方面可以说明，陈刘庄窑址出土的器物，在焙烧温度控制上还不够稳定。

（作者单位：河北师范大学历史系）

注　释

①②③⑦⑪　河南省博物馆、安阳地区文化局：《河南安阳隋代瓷窑址的试掘》，《文物》1977 年第 2 期。

④　考古研究所安阳发掘队：《安阳隋张盛墓发掘记》，《考古》1959 年第 10 期。

⑤⑥　智雁：《隋代瓷器的发展》，《文物》1977 年第 2 期。

⑧⑨⑩　宋百川：《济南市洪家楼出土的一批隋代瓷器》，《文物》1981 年第 4 期。

⑫　河南省博物馆：《河南安阳北齐范粹墓发掘简报》，《文物》1972 年第 10 期。

⑬　冯先铭：《河北磁县贾壁村隋青瓷窑址初探》，《考古》1959 年第 10 期。

⑭　如位于陈刘庄西南、瓷窑沟东北有一座高出地面约 50 米的小山丘，当地俗称"釉子山"，整个山丘从上至下都是黑釉或青釉原料，目前附近各粗瓷厂仍在采用。

邢窑三议*

叶喆民

关于邢窑窑址所在，自从 80 年在河北临城发现唐代白瓷而盛传中外以来，似乎已经暂时形成定论不再引起人们的注意了。然而事物毕竟是在发展的，开始有祁村窑精细的唐代白瓷问世，继而有贾村窑少量的隋代白瓷出现，而今又有内丘隋唐白瓷的大量存在，相继为邢窑研究工作的步步深入提出了新的课题。

回忆六年前根据临城出土白瓷的吉光片羽，我在《邢窑刍议》①与《再论邢窑》②两文中都曾提到"其上限可能上溯到隋代"。并且推断说"有可能照文献所说，内丘磁窑沟仍是唐代邢窑的主要遗址"③"是否内丘邢窑的古窑址由于地貌的变迁已被埋没也未可知"④。但是此后始终未能抽身再赴内丘做第二次窑址调查。现仅就最近重去当地考察和参观的所见所闻，以及四次去临城窑址的重新认识略抒拙见，求教于博雅方家。

一、内丘窑与临城窑在烧制品种和工艺上的异同

从目前内丘出土的器物和残片看来，所烧陶瓷品种有青釉、白釉、黑釉、黄釉、三彩釉及青灰釉等。其中如唐三彩与青灰釉两个品种，在临城窑出土器物中尚未见到。只以白釉而论，盘碗造型丰富多样，有直口、撇口、唇口、葵瓣口、菱花口之分，且有高足盘、弦纹碗、唇口瓶、撇口瓶以及花钮盖罐等。在胎釉、花纹方面，总的感觉是内丘制品无论青瓷、白瓷及三彩釉光均较为润泽，胎质也多细腻。特别是隋代白瓷数量既多，质量又好，有的堪称"类银"、"类雪"，实不亚于临城祁村窑唐代白瓷的水平，而且坯体坚硬细致，一般平底露胎部分较之临城同期制品更为洁白精致。在内丘文化馆内曾见两件唐代白瓷罐残器，胎釉莹白无与伦比，光润如玉，皎洁似雪，即使与现代骨灰瓷相较也毫无逊色。其中有几件唐代透影白瓷盏底残片，迎光透视手影清晰可辨，不禁联想到前几年在河南巩县夹津口出土的两件唐代透影白瓷杯（照片参见注②图版一），很可能就是内丘邢窑的产品，而这些在

* 《河北陶瓷》1986 年第 4 期

临城邢窑窑址所出众多残片中却从未见过。关于这一问题也曾在《邢窑刍议》中提到"祁村出土的白瓷看来还不具备这样的透影性能",并且引用古代阿拉伯队商苏林曼(Suleinman)在公元851年(唐大中五年)所写的笔记说"中国人持有白色粘土制作的碗,它象玻璃一样美丽,可以看到里面所盛的液体",而今看来文献与实物如出一辙,从中曾使我体会到古人笔记未必都是无稽之谈,既不可因囿于所见而轻易怀疑,"更为号称唐代白瓷典型的邢窑研究提出了新的课题"。所谓"尝一脔而知全鼎",虽然内丘窑址所出透性白瓷残片不多,但已初步解答了我的问题。由此,也可见邢窑白瓷技艺之精名不虚传,难怪其"天下无贵贱通用之"而独步一时了。

此外,在内丘窑址所出器物中还见到带有划花纹的唐白瓷菱花盘残片,在装饰技法上与临城祁村窑所出划花白瓷壶难分轩轾。饶有趣味的是,带有"盈"字款的唐玉环底白瓷碗盘残片,在内丘西关(老唐城遗址)附近一带多有出土。此种白瓷精细异常,过去传世品曾被古董行家们看作是定窑之物,而在临城邢窑及曲阳定窑窑址内则一无所见。(据闻有人曾在临城窑址拾得带有"张"字款者但未亲见)

仔细观察两窑所出白瓷底足特征,其相同处是多在足墙外边斜削一圈,呈所谓"削棱足"。这种削菱的作法早在内丘窑址所出隋代青瓷底部已经出现。而临城所出无论精粗实底或玉璧底足同样如此,几乎很少例外。(惟有内丘透影白瓷盏玉环底足是在里墙向内斜削一圈,足向外微撇,似属不同)因此不妨看作是两地邢窑白瓷在造型的削足技法上所具有的一种特征,同时也是它们一脉相承的具体明证。

在窑具的使用方面,两地所出细白瓷使用的匣钵也是大同小异。只是内丘所用匣钵呈直口,而临城匣钵则略呈浅唇口且多挂有青色粗灰釉。在支烧工具方面,内丘窑所用三角形垫饼及花形(三角、四角、五角)支钉等数种,样式变化较临城窑多。这与该窑所出瓷器品类较多也是分不开的。

至于内丘邢窑窑址所出陶器——唐三彩釉光滑润、胎质缜密,而且绿色有如嫩柳新荷、淡雅宜人。所见印模花纹精美、层次繁密;素烧人俑、马俑形象逼真。然而未见有蓝色釉彩,只有绿、黄、赭三色,这一点与巩县窑址所出者有所不同。尤其是唐三彩在河北省古窑址中尚属罕见,它的出现填补了河北唐代陶瓷的一块空白。既可看出邢窑品种之丰富多彩,也可证知唐代人民生活对三彩陶器需要量之大和流行面之广。除了当时曾贡白瓷的河南巩县窑已有三彩窑址闻名于世外,最近在陕西耀州窑址又发现有唐三彩陶片。而这几处窑场同样是以烧造唐白瓷见长,这一点是否意味着它们之间的某种必然的联系,因而在国外(如埃及、伊拉克、日本、朝鲜等)古遗址出土的唐三彩器物中,是否也有邢窑产品的存在?对于这些耐人寻味的问题恐怕还值得再作进一步的探讨。

二、从历史沿革与地理条件上看内丘窑和临城窑的关系

内丘原名"中丘",别名"内丘"。早在西周时期即为邢国属地,春秋时期属卫国后又纳入晋国领域。战国时韩、魏、赵"三家分晋"后成为赵国疆土。秦灭六国统一天下后建立郡县,内丘为信都县地,属于钜鹿郡,直至汉初方正式建县。据《十三州志》记载"《山海经》谓西北有蓬山,丘在其间,故曰中丘。属常山郡管辖。西晋时曾一度升为中丘郡。东晋十六国时期后赵曾在中丘郡内增设赵安县。到北朝时又将赵安县并入柏人县内,直至北魏太和十九年(公元四九五年)始恢复中丘县之设。[5]隋开

皇元年（公元五八一年）因避隋文帝之父杨忠的名讳而改称内丘县，清雍正四年（公元一七二六年）又避孔子（丘）的名讳而改'丘'字为'邱'，故至今亦称内丘"。⑥

从史料和遗址来看，唐代内丘县城曾经向东迁移。据文献记载说"唐文宗九年（公元八三五年）河干西北隅，乃东迁焉。今城西北垣即旧城东垣也。"目前内丘县城西关一带尚保存古城墙一段，长约35米，当是唐城东垣。而前面谈到的"盈"字划款精细白瓷正是在这一带发现最多。由此可见当时典型的上等白瓷窑或是分布在县城附近地方。根据当地文化馆数年来考察的结果，在内丘境内南起七里河北岸，北至磁窑沟，西迄杨庄以东，东到白家庄一带，约十八公里范围内已发现十七处窑址（城关、史村、洞上、白家庄、四里屯、西丘、南双流、北双流、新城、永固、中冯、南大丰、北大丰、南岭、北岭、五郭、磁窑洞）。而临城亦在二十公里的地带已发现有十七处古窑址群。⑦两地相较其规模不相上下，可以等量齐观、相提并论。

内丘地处太行山麓，有罗河、李阳河横贯其间，矿藏丰富不亚于临城。特别是与制瓷业密切相关的煤、柴、石英、云母、长石等无不具备。至今该县长石仍供外销，在二十里见方地区内遍布瓷上，自古以来即为盛产名瓷之地。（此种地质结构同临城十分相近，参见注①）

虽然据《新唐书》卷三十五"地理三"云："临城隶属赵州赵郡"，内丘则"隶属邢州巨鹿郡"，但在注中则有"武德四年隶赵州，五年来属"的记录，可见在当时两县即在同一大行政内时合时分。而且后来在宋司马光《资治通鉴》内曾指出"唐邢、赵二州皆汉巨鹿郡地"而《金史》内也有过同属一路的记载。至今仍传说与内丘毗邻的临城南部村庄如贾村、⑧西磁窑沟等，在历史上均曾属于内丘。目前贾村人仍然喜欢到内丘赶集买卖物品，说明他们仍保留着历史上的传统习惯。再看两县地图内均有北程村、南程村、冯村等地名，并且恰好都有着古代生产瓷器的窑址，看来这不仅是村名的偶合，似应看作是古代窑工聚集、迁徙和技术交流的遗迹，乃至两地人的血缘关系。尤其是西、东磁窑沟历代相传早在唐时即为烧瓷胜地，有的村落半属临城，半属内丘。连同贾村一带所出瓷器在品种、造型、胎釉的特征上与内丘产品非常相似，从而可知两县陶瓷同属邢窑体系，只是何处应为主体？孰先孰后？谁高谁低？这些问题恐仍有待于今后再作进一步的发掘工作，方能得出较为公允的答案。个人初步的看法是：无论由文献记载或窑址出土实物来说，都以内丘邢窑白瓷历史较早。而且从微观上看隋唐时期制品，其胎釉皎洁、造型丰美，少数还具有透影性，可以说尤胜临城一筹，似应视为唐代邢窑的典型产地。至于临城邢窑白瓷则是邢窑的一部分，至少也是邢窑的正统或亲支近派"⑨。这一点仍是无可置疑的。

三、对于临城窑烧制品种及其历史情况的几点补充

通过四次到临城窑址考察的收获看来，除所烧唐代白瓷为其正宗外，尚有隋唐时期的青瓷、唐宋金元时期的黑瓷、印花白瓷、白地绘黑花以及钧釉瓷器。从宏观上看它的时限较长、品种亦多。这一点则非内丘窑所能望其项背。

此次又在祁村窑址寻得唐代黑釉壶短流一个、金代叠烧之黑釉碗底一个。在南程村窑地址寻得金代白地黑花大碗半个，内书"色期白雪"（或有希望获得传统"邢瓷类雪"的美誉之意）。联系第一次在该村所得白地绘黑花瓷片，以及在西磁窑沟地下7米深处出土的白地黑花题诗枕残片⑩益可证知当时

当地确曾受到磁州窑技法的影响。同样地在南程村、解村、山下村窑址一带所得大量的宋金白瓷，除了印花之外，四次所见所得竟无一片是刻划花白瓷，而且胎釉粗灰，早已失掉了"类雪"、"类银"的特色，则又是后来学习定窑技法和每况愈下的明证。在贾村窑址除过去曾发现有隋唐青瓷、白瓷和元代钧釉残片外，此次又在下村窑址寻得钧釉残片，说明临城窑到了元代还曾受到钧窑的影响。这种情况同磁州窑系的许多窑址亦有钧釉残片出土的事实，都可谓是大势所趋、不足为奇了。

此外，在祁村窑址曾先后两次寻得晚清时期白瓷碗残片，底心有矾红图章款因磨损而隐约难以辨识。虽未经化验其胎釉成分一时尚难肯定即是当地产物，然而在叶麟趾《古今中外陶瓷汇编》一书"清代窑址"中曾经提到"临城窑"。而且至今临城贾村有烧造粗瓷的窑厂，究竟文献与实物、历史与现实两者如何联系，还需要再作进一步的探讨。不过，如果结合河北省其它两大名窑——定窑与磁州窑的兴衰起伏和连绵不断的历史，以及当地用之不竭的大好资源想来则对于临城"邢窑"的上下限乃至它的历名称应如何判断？恐怕仍是值得商榷的一个问题。

耐人寻味的是，在内丘邢窑虽有大量隋代青瓷、白瓷的发现，却未见后来有模定窑、磁州窑、钧窑的典型制品（只有出土的宋、金时期流行的一般器物，数量亦有限）。若与临城邢窑相比，说明它的烧造历史虽早而且精品较多，然而其时限则较短，似乎只是昙花一现。由于固步自封或其他原因而很少学习其附近名窑的新技法，以致后来一蹶不振。加以丘陵地带窑址往往被流土埋没而不易发现，或许是它之所以默默无闻而长期难以寻觅的另一个原因。

总之，今日内丘邢窑窑址的新发现，又为过去临城邢窑窑址的研究弥补了美中不足之处。并且再次证明了当时文献的可信，和它流芳千古的美誉确实当之无愧。在令人欣庆之余不胜盼望能早日进行正式的发掘，庶使有些问题得以澄清。倘能充分利用当地得天独厚的资源，重新振兴往日独占鳌头的令名，方不辜负久享盛誉的历史传统，则鉴往知来、推陈出新，不禁为邢瓷的恢复和发展寄予莫大的希望。

（作者：中央工艺美术学院教授）

注　释

① ③ ④ ⑨ ⑩　《文物》1981 年 9 期 49 - 52 页及《河北陶瓷》1982 年 1 期。

② ③ ⑤　《中国陶瓷》1982 年 7 期（增刊"古陶瓷研究专辑"）78 - 80 页。

⑥　河北省内丘县地名办公室《内丘县地名志》。

⑦　《文物》1981 年 9 期，河北临城邢瓷研制小组《唐代邢窑遗址调查报告》第 43 页。

⑧　《金史》卷二"地理志"："河北西路，县六十一……内丘（属邢州）……临城（属沃州）……"

邢窑工艺技术研究*

河北省邢窑研究组

前　言

　　邢窑位于太行山东麓，分布在内丘县冯唐、宋村以北，临城县祁村、双井村以南，内丘县西邱以东，隆尧县双碑以西的狭长地带内，面积约三百余平方公里。自北朝（公元 550～577 年）后期起，这里就已开始烧造青瓷。随着制瓷技术的不断提高，到隋末唐初，这里成功地烧制出胎质坚细、釉色洁白的精美白瓷。

　　唐朝的强盛，为邢窑的发展提供了良好条件。她在继承前代制瓷技术的基础上，历经改革和创新，遂发展成为唐代著名的制瓷窑场。到唐开元（713～742 年）时，邢窑与越窑并驾齐驱，一青一白争相媲美。据史书记载，在公元 756 年以前邢州瓷器就已作为贡品大量运往京师。到中唐后期邢窑产品已远销海外。正如李肇在唐《国史补》,中所记："天下无贵贱通用之"。此时邢窑制品无论在产量和质量上均已达到顶峰。自晚唐以后，由于朝政腐败，优质原料枯竭等原因，邢窑细白瓷开始逐渐衰退。北宋时期，邢窑在世间已默默无闻。金元时期在邢窑的部分故址虽又一度恢复陶瓷的烧造，但终因质量不佳已无邢瓷的神韵和风采。

　　邢瓷窑场自北朝末期开始，到金元之际，烧造时间长达六百年之久。她的主要技术成就是创烧成功精细白瓷，结束了自商周以来青瓷一统天下的局面，在我国陶瓷史上 形成了南青北白互相争奇斗艳的两大体系。邢窑白瓷的烧制成功，标志着我国古代陶瓷已发展到一个新的高度。

　　邢窑也烧青釉、黑釉和三彩釉器。制品种类繁多，器型多样。堪称上品的细白瓷，制做精良，胎质坚实洁白，釉色莹润，白中微泛青色。造型庄重大方，雄浑典雅。唐代诗人皮日休曾赋诗赞曰："圆似月魂堕，轻如云魄起"。说明了邢瓷的规整，使人产生赏心悦目的美感。唐人段安节在其《乐府杂

---

* 《河北陶瓷》1987 年第 2 期

录》（约公元 894 年）中记："郭道元善击瓯，率以邢瓯、越瓯共十二只，施加减水于其中，以箸击之，其音妙于方响也"。这进一步说明邢窑制品瓷化良好，胎质坚致，能发出清脆悦耳的声音。

邢窑在青瓷生产的基础上，因地制宜的革新和创造，逐步形成了自己的独特风格。在其自身发展的同时，其制瓷技术也不断向外传播，对于定窑、磁州窑以及山西平定等窑都产生了不同程度的影响。

早在五十年代初，就有人对邢窑开始了研究。之后，还曾有人做过一些研究工作。因当时邢窑遗址尚未发现，对邢窑的研究始终没有突破性的进展。一九八零年十一月中旬，临城县邢瓷研制小组会同一些专家学者，相继在临城县的岗头、祁村、双井一带发现了具有邢窑典型风格标本，捡到了"类银"、"类雪"的邢瓷残器，揭开了邢窑的千古之谜，引起了国内外古陶瓷学界的轰动。从此，对邢窑的研究开始走向一个崭新阶段。不少专家学者纷纷发表研究论文，从邢窑的兴衰、历史渊源、分布范围、器型特点以及与其它窑口的关系等方面进行考证和探讨，取得了一批可喜的研究成果。为对这一宝贵文化遗产进行深入系统的研究，一九八三年河北省科委把邢窑研究列为重点科研项目，由河北省轻工厅主持在临城县成立了河北省邢窑研究组，邀请考古、陶瓷工艺、陶瓷美术等多方面的专业人员，制定统一研究方案，·分专题进行研究，本项工作是对邢窑工艺技术的研究。

研究的重点是邢窑细白瓷。为探讨邢窑细白瓷的发展过程，对唐朝前后时期的陶瓷生产情况也作了初步考察。研究的内容包括邢窑附近的地质矿产、成形、烧成方法，以及窑炉、窑具等。对标本进行了化学组成分析，物理、光学性能测定，显微结构观察。采用了 X——射线衍射，偏光显微术、电子显微术等科学手段。研究的目的，旨在对邢窑所取得的制瓷技术成就进行科学总结，更好地继承和发扬这一宝贵文化遗产。根据研究的结果，模拟唐代生产方法仿制出了一批与古瓷相似的仿制品。研究工作基本达到了预期的目的，现将研究结果分述于后。

一、邢窑的地质概况及制瓷原料

（一）邢窑的地质概况 *

据近年考古、文物普查及矿产普查得知，在太行山东麓的邢台县、内丘县、临城县东部和隆尧县西部所构成的区域内，已发现历代古窑群五十多处，面积约三百平方公里。唐代著名的邢窑则位于这个区域的西部。

上述区域在地貌上处于山前丘陵地带和山前倾斜平原的河旁阶地上。整个区域西高东低，地面标高在海拔 50 米到 150 米之间，位于泜河流域之内。泜河系自北而南可分沘河、泜河、李阳河、马河四支，而古窑址则在泜河系支流旁侧分布较为集中。

该区域在地质构造上正处于内丘隆起的东侧，内丘—临城石炭二叠纪含煤拗陷的西缘。附近出露地层有：

太古界赞皇群变质杂岩系，这是内丘隆起的核心。包括各种片麻岩、片岩、石英岩、变质砂砾岩、大理岩和白云石大理岩，局部受强烈的混合岩化，并有伟晶岩脉和石英脉穿插；

---

* 工作中得到河北省地质矿产局程在廉工程师从古陶瓷地质学角度的支持。

中元古界常州村组紫红色石英砂岩只零星分布于该区域的西缘；

下古生界寒武系和奥陶系石灰岩则分布在竹壁西北、白云山、南程村西、西邵明、磁窑沟、胡家山一带，延绵二十五公里，是本区开采石灰石的主要对象；

上古生界的地层由上而下可分中石炭系本溪组、上石炭系太原组、下二叠系山西组和下石盒子组。本溪组仅在白家窑、竹壁、祁村、南程村、澄底、火石岗（陈刘庄西山）、西邵明、西瓷窑沟、永固等处有出露。组成的岩石有铁质粘土、铝矾土、硬质耐火土，半软质粘土（白矸土）、碳质粘土（紫木节）碳质泥岩及中细粒沙岩等，含不稳定的薄煤层及极不稳定的石灰岩；太原组则由灰色或灰黑色泥岩及粉砂岩为主，中间夹有灰白色薄层或中层的砂岩，并夹有数层石灰岩和 7—11 层的煤层，是本区的主要含煤地层，但地表很少出露，山西组地层反在祁村、岗头村附近有出露，由灰白色中细粒砂岩、黑色粉砂岩、泥岩及煤层组成，本组下部有 2 号煤层（大煤），是开采煤的主要对象，而中部夹有"紫砂石"与"紫木节"的混合型瓷土矿层，质虽优良，但很不稳定，组和石千峰则为陆相沉积的泥岩、粉砂岩、砂岩及砂砾岩地层，广泛出露于该区域的东部。

本区域沉积地层大部分向东南缓倾斜，但断层较多，属拱形隆起边缘断裂区。由邢台至元氏的弧形大断层纵贯本区的东部，而竹壁、祁村、南程村、磁窑沟、胡家山、永固、西邱直至西庞一线的巨大弧形正断层则通过本区西部，可作为该区域的西部边界，使太古界变质岩与奥陶系的石灰岩相碰接，其垂直断距达千米以上。在上述两大断层之间，派生有三组方向（南北—北北东向、北北西向和北东向三组）小断层的密集分布，互相平行且互相切割，把整个含煤地层切割成许多菱形或三角形的小断块，也构成了各煤矿井田的自然边界。由于本区断裂构造复杂，致使赋存在石炭二叠纪含煤地层中的瓷土矿层受切割而支离破碎，其连续性受严重破坏，单个矿块的储量一般只有数万吨，也增加了开采上的困难。

（二）邢窑的制瓷原料

据河北省陶瓷原料的研究报告及我们研究组从矿体取样进行制瓷实验的结果，试就邢窑制瓷重点原料的种类、分布和特性等略作归纳如下：

1. 制瓷原料的种类和分布

白矸土：灰白色，块状，属半软质高岭石—水云母粘土岩。位于本溪组的下部，其底板为铝矾土或硬质耐火土，顶板一般为紫木节粘土。埋藏深度一般为 5—20 米。分布广泛，北起赞皇的白家窑、南北焦村，经临城县的牟村、辛庄、竹壁、祁村、石固、岗头、水南寺、南程村、澄底、陈刘庄西山、磁窑沟，直至内丘县的邵明、永固、西布。其中白家窑、辛庄、陈刘庄西山、邵明、永固等地埋藏较浅，可采量较大，推断为历代邢窑制瓷的主要原料。

紫木节粘土：浅紫色或土黄色，多呈层状，偶有块状。含有较多的有机质与碳化物。质软，颗粒细，塑性强，常见于薄煤层的风化带上。有两个层位，一是上述白矸土的顶板，厚不足 0.5 米，分布于白家窑、焦村、竹壁、辛庄、陈刘庄、邵明等地，埋藏较浅，储量有限，二是位于山西组的中下部，与红砂石共生。

红砂石：紫红色，团块状或层状，有黑色和白色砂斑粒。质软，塑性中等，分布在祁村一带。它赋存于山西组中下部，呈团块状或薄层状与紫木节混杂共生，单矿极少。从其化学组成推断，可能是制邢窑细白瓷的主要原料之一。

釉土：绿色或灰绿色，呈团块状或粉末状，夹杂有钙质结核，质较软，溶于水后粘性大，可单矿成釉。分布于磁窑沟、水南寺、祁村、竹壁等地的地表。

除上述制瓷原料以外，在神头、石城、鸡亮、郝庄一带还蕴藏着数量可观的石英、长石、白云石等矿物。

2. 制瓷原料的鉴定

①原料的化学组成

从各矿体曾采集了多种矿样进行制瓷试验，选择成瓷性能较好的矿样做了化学组成分析，结果列于表一。

②矿相鉴定

河北省陶瓷原料研究组，曾对祁村红砂石进行了专题研究，并撰写了《临城县祁村高岭土矿可行性研究报告》，电镜观察表明，红砂石以片状六角形高岭石为主，有少数针状或棒状的埃洛石存在。通过差热和 X—射线衍射测定，确定高岭石为多水高岭石，

③工艺性能实验

表一　　　　　　　　　　　　　　　　　　**原料的化学组成**

原料名称	产　地	氧 化 物 含 量/（%）								
		SiO2	Al$_2$O$_3$	TiO$_2$	Fe$_2$O$_3$	CaO	MgO	K$_2$O	Na$_2$O	烧失
白矸土①	赞皇白家窑	57.75	29.10	0.71	0.36	0.23	0.27	0.55	0.23	10.64
白矸土②	临城县竹壁	56.76	29.89	0.27	0.34	1.01	0.97	—	—	10.38
紫木节	临城石固	44.31	36.97	0.99	0.61	0.50	0.12	—	—	15.27
灰砂石	临城祁村	72.54	24.18	0.51	0.74	0.11	0.52	0.60	0.29	已烧
灰矸土	临城陈刘庄	59.01	34.47	1.87	0.90	0.81	0.35	0.85	0.36	
红砂石	临城祁村	48.52	36.04	0.29	0.28	0.22	0.16	0.29	0.14	13.98
熟砂石	临城祁村	54.64	38.76	0.64	0.44	0.11	0.20	—	—	4.88
釉　土	临城水南寺	53.76	18.30	0.46	1.26	3.59	6.13	4.65	0.08	10.80
白云石	临城鸡亮	4.98	0.94	0.08	1.51	28.71	19.35			43.58
大理石	临城牟村	0.23	0.15	—	0.03	55.90	—			43.66
黄垩	临城祁村	0.05	3.49	0.16	1.28	47.00	0.08	0.48	0.12	36.72
方解石	临城山下村	0.31	0.15		0.04	55.07	—			43.36
长石①	邢台	67.03	17.09	0.01	0.15	0.28	—	11.03	2.40	0.24
长石②	内丘神头	64.44	18.54	0.01	0.13	0.67	0.80	11.00	2.60	0.14
石英	邢台	98.04	0.10	0.01	0.07	0.18	—			0.12
滑石	临城鸡亮	41.58	19.98	0.05	0.66	0.37	25.45	0.15	0.05	5.10

邯郸陶瓷研究所测试。

对红砂石进行工艺性能实验，得出如下结论：

①可塑指数 11，可塑指标 3.1，粘土成形性能良好；

②干燥收缩率 6.47%，坯体成形后干燥时不易开裂；

③含铁量低，在 0.6% 以下，可制高级细白瓷；

④根据计算耐火度为 1761℃，烧结温度为 1394℃，烧成性能良好。其它矿物未能进行全面鉴定。

通过对邢窑地质概况及制瓷原料的考察可以看出，邢窑自北朝至元代的六百多年间，之所以能连续大量的烧造各种陶瓷，其根本原因在于这个区域内蕴藏着大量的制胎、制釉、制耐火材料的原料，为历代邢窑陶瓷生产奠定了牢固的物质基础，能适应就地取材，自成体系的古代生产方式。但是，还可看到，制造精细白瓷的优质粘土原料，蕴藏量却极为稀少，加之地层严重断裂分割，致使优质粘土产状零乱，层位不定，为细白瓷的长期生产造成了困难。这也可能是唐代邢窑细白瓷生产了一段时间名声大振以后，很快又销声匿迹的一个原因。

二、标本的科学鉴定及结果

（一）标本的来源及外貌观察

本研究工作的重点是唐代邢窑细白瓷，为探究邢窑制瓷工艺发生、发展的演变过程，在选择标本时，也将唐代前后时期的标本列入研究对象，以资比较。

表二 外 貌 观 察

编号	名 称	出土地点	器物特征	胎的特征	釉的特征
NSQ	青瓷碗	内丘北关	底部残片，平底，底心微凹，足高微外敞，底足抹角一周，下腹鼓圆，内满釉，有支烧钉痕，外施半釉，有泪痕	胎质粗糙，露胎处呈灰黄色，断面青灰色，厚 0.5—1.2cm	釉色青绿，釉面光滑，器内积釉较厚，气孔多，小开片
NSB—1	粗白瓷碗	内丘北关	底部残片、平底高足，足外敞，足心微凹，足底削棱一周，足腹转折处鼓圆，壁直斜，胎施化妆土，有三餐钉痕，胎外上半截施釉	胎表呈灰白色，质较细，胎厚 0.3—1cm	釉色粉白，釉面光亮，透明，有细小开片
NSIS—2	细白瓷碗	内丘北关	底部残器，平底，足心微凹，足高外敞，去棱一周，下腹圆鼓，壁斜直，施乳白釉，器内满釉，器外施釉不到足，制做精细，规整	胎质洁白细腻，半透明性强，断面呈油脂光泽，类似乳白玻璃胎厚 0.3—0.8cm	釉色乳白，釉面晶莹光润具蜡质感，釉厚 0.02—0.03cm
LSQ	青瓷碗	临城陈刘庄	碗残片，平底高直足，腹鼓圆，胎施化妆土，器内满釉、有支烧钉痕，外施半截釉，有褐色泪痕	胎呈青灰色，断面较粗糙，胎厚 0.4-0.9cm	釉色土黄，釉厚处呈黄褐色，釉面光亮，器内釉多开裂

续表

编号	名　称	出土地点	器物特征	胎的特征	釉的特征
LSB	粗白瓷碗	临城陈刘庄	碗残片，平底，足微外敞，斜直壁直口，口沿干釉，施化妆土，器内满釉，有支烧钉痕，外施釉不足	胎呈青灰色，断面粗糙，胎厚0.3-1cm	釉色灰白，釉面滑光明亮积釉处呈青绿色，有小纹片
NTB	细白瓷粉盒	内丘北关	残片，平底通体施乳白釉，底有支烧钉痕，盒座为子口有芒，座与盖高度相等，上下对称，整体呈盒状，盖顶鼓起	胎质细腻坚致，呈粉白色，厚0.4—0.7cm	釉面平滑，光泽柔润，粉白色积釉处有大量气泡呈青绿色
LTB—1	细白瓷圈足碗	临城陈刘庄	残片，圈足较矮，底足削棱一周，器壁呈弧形，直圆口，外壁有旋纹，通体施白釉	胎质洁白细腻，断面有少量气孔，厚0.3—0.6cm	釉面洁白，釉色晶莹柔润，器内外满釉
LTB—2	细白瓷碗	临城祁村	腹部残片，肢呈弧形，内壁有轮旋痕	胎质坚实细腻，洁白，微泛灰色。厚0.5-0.7cm	釉色平滑光润，釉面白中微泛青色厚0.2—0.3cm
LTD—3	细白瓷碗	临城祁村	口部残片，圆沿侈口，腹壁略呈鼓圆形。	胎质细腻洁白，瓷化良好，厚0.2—0.3cm	釉色光润釉色银白，微泛灰色，有少量气泡厚0.01—0.02cm
LTB—4	细白瓷玉璧足碗	临城双井	底足形如玉璧，底有芒，底足削棱一周，残壁呈斜直形	胎质坚细洁白，微生烧，断面有少量气孔，厚0.4—0.6cm	釉面晶莹清澈，釉色白中泛青，釉层见有大量气泡
LTB—5	细白瓷碗	临城祁村	残片，玉璧底，底足削棱一周，直口、圆沿、微侈，壁呈斜直微鼓	胎质坚实洁白，微生烧，有少量气孔，厚0.3-0.4cm	釉面晶莹，釉色白中泛青，积釉处碧绿色，釉中有气泡
LTB—6	细白瓷碗	临城祁村	口部残片，壁微呈弧形，直圆口微内敛	胎质坚硬致密洁白，微生烧，厚0.3—0.4mm	釉面润泽，光亮，釉色灰暗釉中有大气泡
LTB—7	细白瓷碗	临城双井	口部残片，直口小唇沿，壁斜微鼓	胎质坚实，银白，微生烧，厚0.3-0.4cm	釉面柔润，光亮度差，釉色细白，釉中有气泡
LTB—8	细白瓷执壶	临城祁村	肩至颈部残片，鼓肩与颈交接处有凸线一周，颈较陡直，器壁内有轮旋痕	胎质坚细，肩厚腹薄，瓷化较好，厚0.3-0.5cm	釉面光润，平滑，洁白如雪积釉微闪青，厚0.02—0.03cm
LTB—9	细白瓷碗	临城祁村	底部残片，浅直腹，矮圈足形如玉环底足削棱一周，釉开裂，聚釉	胎质坚细洁白，瓷化完全，厚0.35—0.4cm	釉晶莹透明，釉色白中泛青，积釉处呈淡绿色，有气泡
LTB—10	细白瓷碗	临城祁村	口部残片，壁斜直，直口圆唇沿，口微侈，局部有开片	胎质细洁，断面呈油脂光泽，瓷化完全，厚0.3cm	釉面润泽，色白微显青，釉中有小气泡，厚0.03cm
LTB—11	细白瓷小碗	临城祁村	底部残片，矮圈足，直圆口，鼓腹通体施透明釉，足腹转折处有凹线一周	胎质坚细粉白色，瓷化良好，厚0.35cm	釉面光滑柔润，粉白色釉中有大气泡，厚0.04-0.05cm
LTB—12	细白瓷碗	临城祁村	口部残片，直口，壁鼓圆，局部有开片	胎质坚细，色洁白，微生烧，厚0.3cm	釉面较光润，釉色白中微泛青

续表

编号	名 称	出土地点	器物特征	胎的特征	釉的特征
LTB—13	细白瓷碗	临城祁村	底部残片,玉璧底,腹壁斜直,略呈弧形	胎质坚细,色粉白,厚0.5cm	釉面晶莹,半透明,粉白色,釉层有少量小气孔
LTB—14	细白瓷碗	临城祁村	腹部残片,斜直腹小唇沿微移,制做精致	胎质坚实,断面玻璃光泽	釉面光润,色雪白,气孔较少,厚0.03cm
LTB—15	细白瓷碗	临城祁村	底部残片,玉璧底	胎质坚实,瓷化程度低,厚0.4—0.5cm	釉面光亮,釉色青绿,厚0.03—0.04cm
LWB—1	粗白瓷碗	临城澄底	底部残片,宽圈足,底足削棱,呈坡形壁较直,直圆口有唇沿施化妆土,器内满釉有支烧痕,外壁施半釉有泪痕。	胎质较粗,胎断面呈青灰色,厚0.3–0.6cm	釉色青灰,积釉处呈绿色,釉面光润

表三 胎的化学组成

编 号	氧 化 物 含 量/(%)											分子式
	SiO_2	Al_2O_3	Fe_2O_3	TiO_2	CaO	MgO	K_2O	Na_2O	MnO	P_2O_5	总 量	
* NSQ	67.50	26.70	1.50	1.10	0.41	0.47	1.90	0.28	0.01	0.09	99.96	0.165:1:4.196
* LSQ	66.50	26.60	2.85	0.87	0.39	0.66	1.80	0.32	0.03	0.11	100.08	0.173:1:4.003
* NSB—1	68.20	25.90	1.70	1.00	0.37	0.55	1.90	0.31	0.01	0.09	100.03	0.178:1:4.328
* NSD—2	65.80	26.80	0.34	0.21	0.37	0.23	5.20	1.00	0.01	0.06	100.02	0.321:1:4.134
* LSB	59.40	21.50	0.58	0.50	13.30	2.20	1.50	0.61	0.06	0.31	100.11	1.497:1:4.628
* NTB	68.20	27.00	0.57	0.34	0.78	1.50	0.91	0.91	0.02	0.07	100.10	0.287:1:4.219
* LTB—1	69.90	25.10	0.57	0.24	0.90	1.60	0.91	0.88	0.01	0.07	100.18	0.324:1:4.664
* * LTB—2	65.40	29.89	0.13	0.61	0.13	0.71	1.06	0.81	1.58		100.32	0.225:1:3.365
* * LTB—3	61.37	35.02	0.17	0.57	0.38	0.54	0.85	0.54	1.01		100.45	0.149:1:2.931
* * LTB—4	62.15	33.51	0.46	0.44	0.15	0.74	0.91	0.58	1.13		100.07	0.180:1:3.092
* * LTB—5	61.55	34.09	0.28	0.17	0.31	0.71	0.37	0.61	1.35		99.94	0.190:1:3.051
* * LTB—6	62.25	32.88	0.15	0.22	0.60	1.08	1.07	0.42	1.05		99.72	0.208:1:3.108
* * LTB—7	60.43	35.08	0.32	0.18	0.14	1.01	0.61	1.40	0.25		100.02	0.150:1:2.922
* * LTB—8	60.95	34.58	0.10	0.67	0.48	0.77	0.80	1.50	0.24		99.64	0.143:1:2.965
* * LTB—9	60.30	33.81	0.27	0.13	0.63	0.64	0.75	0.78	0.91		98.64	0.159:1:3.129
* * LTB—10	60.20	30.70	0.51	0.58	0.26	0.61	1.05	0.80	1.65		100.36	0.332:1:3.487
* * LTB—11	62.48	31.72	0.15	0.84	0.30	0.88	1.08	1.53	0.54		99.52	0.213:1:3.294
* * LTB—12	62.27	32.84	0.25	0.14	0.56	0.98	1.03	0.46	0.84		99.37	0.192:1:3.216
* * LTB—13	67.04	38.70	0.12	0.61	0.17	0.83	1.21	0.33	1.20		100.21	0.237:1:3.906
* * LTB—14	62.69	31.52	0.47		0.39	0.39	1.09	0.95	0.88		99.38	0.186:1:3.395

续表

编号	氧化物含量/（%）											分子式
	SiO₂	Al₂O₃	Fe₂O₃	TiO₂	CaO	MgO	K₂O	Na₂O	MnO	P₂O₅	总量	
＊＊LTB—15	59.91	34.79	0.62		0.38	0.66	1.01	0.69	1.02		99.08	0.173:1:2.904
＊LWB	63.06	25.00	1.30	0.66	4.30	3.30	1.90	0.41	0.04	0.15	100.12	0.743:1:4.178
红砂石	60.87	37.31	0.32	0.57	0.23	0.18	0.33	0.16	—	—	99.97	0.049:1:2.765

＊上海硅酸盐研究所测定

＊＊建筑材料科学研究院测定

表四   **釉的化学组成**

编号	氧化物含量/（%）											Fe₂O₃与FeO 的存在状态		总量	分子式
	SiO₂	Al₂O₃	Fe₂O₃	TiO₂	CaO	MgO	K₂O	Na₂O	P₂O₅	Bao	MnO	Fe₂O₃	FeO		
＊NSQ	51.10	17.00	2.20	1.00	20.60	0.90	1.00	4.30	1.10		0.20			99.50	1:0.327:1.914
＊LSQ	55.60	13.70	3.50	1.50	21.20	1.00	1.70	0.90	0.50		0.40			100.00	1:0.286:2.015
＊NSB—1	60.40	14.20	0.50	0.20	20.10	1.40	1.10	1.10	0.80		0.20			100.00	1:0.318:2.311
＊NSB—2	71.00	16.00	0.40	0.20	2.70	0.70	6.40	1.40	0.30		0.04			100.04	1:1.018:7.276
＊LSB	55.60	13.70	3.50	1.50	21.2	1.00	1.70	0.90	0.50		0.40			100.01	1:0.374:2.439
＊NTB	65.20	19.70	0.80	0.20	8.9	1.60	0.60	2.00	0.90		0.20			100.10	1:0.754:4.258
＊LTB—1	69.30	20.60	0.50	0.40	4.90	1.20	0.30	2.30	0.50		0.06			100.06	1:1.217:6.988
＊＊LTB—2	69.47	16.81	0.92	0.13	5.99	2.98	0.72	2.08	0.42	0.02		0.03	0.73	99.60	1:1.311:6.661
＊＊LTB—3	64.20	22.18	1.68	0.06	5.76	2.15	0.81	2.05	0.50	0.03		微量	1.16	99.42	1:0.708:4.978
＊＊LTB—5	66.80	17.49	1.06	0.11	7.16	2.88	0.82	2.05	0.46	0.03		微量	1.35	98.86	1:1.048:5.169
＊＊LTB—6	67.82	16.08	0.79	0.08	5.25	2.23	0.77	2.09	0.64	0.04		0.16	0.95	95.79	1:0.687:4.474
＊＊LTB—7	66.48	16.57	0.87	0.13	10.26	2.54	2.00	0.82	0.82	0.04		微量	1.19	100.53	1:0.806:5.770
＊＊LTB—8	67.75	19.03	1.15	0.16	6.68	2.15	1.55	0.66	0.60	0.04		0.07	1.24	99.97	1:0.555:3.801
＊＊LTB—9	66.68	16.05	0.84	0.11	9.14	2.91	1.50	1.89	0.81	0.04		0.41	0.73	99.97	1:0.900:5.386
＊＊LTB—10	71.09	15.58	1.13	0.10	7.05	3.16	0.51	2.00	0.58	0.03		微量	1.29	101.23	1:0.525:3.702
＊＊LTB—11	66.34	16.18	1.17	0.13	9.58	3.09	1.51	1.22	0.66	0.13		—	—	100.01	1:0.545:3.795
＊＊LTB—12	66.05	22.31	1.12	0.11	5.58	2.14	0.78	2.31	0.45	0.04		微量	1.24	100.89	1:1.048:5.273
＊＊LTB—13	69.26	17.43	1.23	0.12	6.72	2.08	0.50	1.52	0.70	0.04		微量	0.97	100.89	1:0.718:4.853
＊LWB	66.30	21.90	1.10	1.10	4.80	1.40	2.40	0.60	0.40		0.06			100.06	1:1.280:6.661

＊上海硅酸盐研究所测定；使用的仪器是 X—射线荧光光谱议。型号 PhiliPSPW1404。含量 1—0% 相对误差 <10%，含量 <1% 相对误差 <20%。

＊＊建筑材料科学研究院测定。

表五　　　　　　　　　　　　　　　　　胎釉的物理性能

编　号	体积密度（g/cm³）	开口气孔率/(%)	吸水率(%)	享达白度	釉的熔融温度(℃)	胎中铁的存在状态		还原比值	釉中铁的存在状态		还原比值	烧成气氛	烧成温度
						Fe²⁺	Fe³⁺		Fe²⁺	Fe³⁺			
LTB—2	2.27	7.69	3.52		1350	0.61	0.13	4.70	0.73	0.03	24.33	浓还原	(1320± 20℃)
LTB—3	2.32	5.73	2.47		1390	0.57	0.17	3.35	1.16	痕量		浓还原	
LTB—4	2.27	7.40	3.25	57.21	1300	0.44	0.46	0.96	—	—			
LTB—5	2.33	2.79	1.20			0.17	0.28	0.61	1.35	痕量		浓还原	
LTB—6	2.31	9.59	4.16	58.77		0.22	0.15	1.47	0.95	0.16	5.43	浓还原	
LTB—7	2.29	9.30	4.06	56.19		0.18	0.32	0.56	1.19	痕量		浓还原	
LTB—8	2.27	8.38	3.70			0.67	0.10	6.7	1.24	0.07	17.7	浓还原	
LTB—9	2.27	7.69	3.52			0.13	0.27	0.48	0.73	0.41	1.78	中性焰	
LTB—10	2.25	8.17	3.63			0.58	0.51	1.14	1.29	痕量		浓还原	
LTB—11	2.35	0.79	0.33	49.42	1.90	0.84	0.15	5.60	—	—		浓还原	
LTB—12	2.21	11.07	5.00		1310	0.14	0.25	0.56	1.24	痕量		还原焰	
lTB—13	2.23	7.60	3.41		1380	0.61	0.12	5.08	0.97	痕量		浓还焰	

注：1. 体积密度、开口气孔率、吸水率、釉的熔融温度、胎釉中铁的存在状态由国家建委建筑材料科学研究院测试；2. 享达白度由轻工部玻璃搪瓷工业科学研究所测试；3. 烧成温度由上海硅酸盐研究所测试；4. 还原比值与烧成气氛由计算而得。

所选标本共 23 个，分属隋、唐、五代三个时期。隋代五个，其中青瓷两个、白瓷三个。唐代细白瓷 17 个，五代粗白瓷 1 个。临城隋代青瓷的代号为 LSQ，白瓷为 LSB。唐代白瓷为 LTB，五代白瓷代号为 LWB。内丘隋代白瓷与唐代白瓷的代号分别为 NSB 与 NTB。所有标本的断代均请古瓷专家冯先铭、李辉柄鉴定确认。详见表二。

标本的选择除注意器型、釉色的特征外，还注意了胎质和瓷化程度。大部分邢瓷具有微生烧的特点，也可能因标本都是古窑遗址中残器残片的原因。

隋代青瓷和粗白瓷是邢窑细白瓷的始祖，选了能代表一般水平的标本与细白瓷以资比较。五代是邢窑的衰落时期，选了这个时期一片粗白瓷作为代表。在内丘县北关邢窑遗址上见到了一种与众不同的邢瓷品种，胎质洁白，半透明性强，釉色乳白，光润晶莹，类似乳白玻璃。开始误认为它是现代瓷的残片，未引起注意。后来见到多达十几片时，才引起注意。例如 NSB－2 标本，是碗的残器，平底足，足心内凹，高足外撇去棱一周，壁斜直，下腹鼓圆。形制与邢窑细白瓷不同，反而与隋器酷似。对它的时代有两种看法：据器型和制做方法断为隋代；从瓷质定为唐。我们同意前种看法。隋代能够制出如此精美的瓷器，简直使人难以置信，然而它确实是邢瓷的一个品种又是不容置疑的。目前尚未见到古文献对它的记载，更未见类似的传世作品，在未取得大量证据之前，我们只做了胎釉的化学组成分析。

（二）标本的测试

胎的化学组成分析结果列于表三。为寻找胎料与制瓷原料间的关系，将优质粘土红砂石的化学组成也绘于图中，如图一所示。

表四是邢瓷标本釉的化学组成及实验式。邢瓷釉化学组成点分布图，如图二所示。

表五是邢瓷标本物理性能测定数据。由于部分标本的尺寸和形状不能满足试样规格的要求，故未能进行全部测定，其中烧成气氛一项是根据周仁、张福康等的研究结果[⑩]通过计算而确定的。还原比值在 2—3 时为中性焰，在此数值以上为强还原焰。

表六和图三分别是部分标本分光反射率测定数据和分光反射率曲线。

对部分标本在偏光镜下进行了观察，分辨不清的部分又用电镜进行了重点观察。从中选了两个有代表性标本（LTB－5 为瓷化良好的标本、LTB－6 为瓷化程度差的标本），将结果分两组列出。图四是上述标本镜下观察照片。

对典型标本用 X—射线衍射仪进行了物相鉴定。

三、鉴定结果分析和讨论

（一）邢瓷胎釉化学组成特点

1. 胎的组成特点

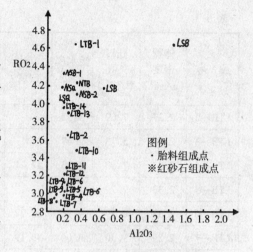

图一　邢瓷胎化学组成分布图

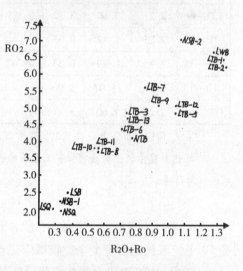

图二　邢瓷釉化学组成分布图

由表三胎的化学组成可见，唐代邢窑细白瓷 Al_2O_3 含量普遍较高，一般在33%左右，LTB－7 高达35.08%。临城与内丘窑场相比，又以临城窑场的 Al_2O_3 含量最高，内丘窑场仅 27.00%。与其前后时期相比，又以唐代最高，隋与五代时期的青瓷和白瓷 Al_2O_3 含量在 25—27% 之间。邢瓷胎料化学组成，体现了我国北方陶瓷 Al_2O_3 高 SiO_2 低的特点。胎料 Al_2O_3 含量大幅度的增加，标志着瓷器烧成温度的显著提高，是工艺技术提高的明显标志。

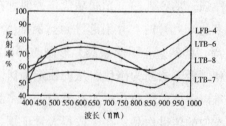

图三　分光反射率曲线

表六　　　　　　　　　　　　　分　光　反　射　率（R%）

R(%)＼λ(nm)／试样编号	400	450	500	550	600	650	700	750	800	850	900	950	1000	
LTB—4	61.90	64.20	74.0	76.3	78.2	76.5	75.1	73.1	70.2	69.1	71.2	77.1	83.00	
LTB—6	58.0	63.2	64.3	64.2	65.7	67.1	64.6	62.1	59.2	57.1	59.1	66.3	76.3	
LTB—7	52.6	65.7	71.0	73.9	75.1	73.9	71.3	67.1	61.6	57.2	53.7	52.4	52.1	
LTB—8	52.7	54.7	56.1	56.7	57.3	54.9	52.9	50.2	48.1	46.4	49.0	55.1	63.0	

1. 以黑玻璃（NG1）做标准，物镜5X，所测结果为平均反射率值；

2. 由轻工业部玻璃搪瓷工业科学研究所测试。

由图一可见，胎料化学组成点的分布具有明显的规律性。临城唐代细白瓷的组成点大部分集中在图的左下角，内丘青瓷和白瓷的组成点，都分布在图的左上角。优质粘土红砂石的组成点落在临城细白瓷组成区域的左下方，由此推断临城细白瓷胎料可能是以红砂石为主料的。而内丘所产的青瓷和白瓷采用的则是另一种原料，这种原料比红砂石的 Al_2O_3 含量低得多。

2. 釉的组成特点

由表四可见，隋代青瓷釉和白瓷釉的 CaO 含量（NSB—2 除外）均在 20% 以上，唐代细白瓷釉 CaO 含量普遍降低，在 5—10% 之间，而唐代细白瓷釉 MgO 含量都普遍提高，隋代为 1% 左右，唐代在 2—3% 之间，约增加 2%。由此可见隋代是以 CaO 为主熔剂的石灰釉，而唐代瓷釉的主熔剂显然是 CaO 和 MgO，当属 CaO—MBO—Al_2O_3— SiO_2 系统，可称"含氧化镁石灰釉"。从 LWB 标本釉的化学组成可见，五代时期的瓷釉继承了唐代釉的传统。石灰釉高温粘度低，易造成流釉缺陷，透明性强对胎的遮盖性差，膨胀系数大易产生釉裂。而含氧化镁的石灰釉较石灰釉的高温粘度大，易使釉面光滑平整，它还微具乳浊性，对胎有遮盖性，衬托得瓷胎更加洁白。膨胀系数也较小，与胎接近，可少产生裂釉现象。从而说明，唐代邢窑白瓷采用含氧化镁的石灰釉是工艺技术的一个创新。

由表四可见，唐代邢窑细白瓷釉中普遍含 P_2O_5，约在 0.4—0.8% 之间。查德化、景德镇早期白瓷釉均未见 P_2O_5[①]，定窑白瓷釉中只在个别样品中含有很少的 P_2O_5[③]，由此看来，邢窑细白瓷含 P_2O_5 是其又一特点。查邢窑附近陶瓷原料的化学组成，含 P_2O_5 均为微量。瓷釉中如此之多的 P_2O_5 推测不出是原料带入的，还是有意加入的。那么，用什么物质引入 P_2O_5？根据郭演仪等人的研究，引入的途径可能有两个，一是柴灰，二是兽骨。我们认为以兽骨引入的可能性大，若用柴灰其用量必须很大才能满足化学组成的要求，这样会给釉浆制备以及施釉带来很大困难。釉中为什么引入 P_2O_5？专家认为[⑬⑭]，P_2O_5 对釉的液相分离起着特殊作用，分散液滴能引起光的散射，使釉发生乳浊。邢窑细白瓷釉有些呈粉白色，P_2O_5 能使釉产生乳浊作用，可能是造成瓷釉呈现粉白的原因之一。关于邢窑细白瓷釉呈现粉白的原因，后面还要详细讨论。

从邢窑瓷釉组成点分布图图二可见，依时代不同，其组成点的分布也有一定规律。隋代青瓷釉和白瓷（NSB—2 除外）釉的组成点都在图的右下方，唐代细白瓷釉的组成点散落在图的中部，五代瓷釉的组成点则在图的左上方。按照隋、唐、五代的顺序，组成点从图的左下方向右上方呈直线变化，而 RO_2 与

Al_2O_3 的比值几乎呈一条直线。从而说明，邢窑的工匠已在有意或无意地摸索出一条配釉规律。

（二）邢窑细白瓷显微结构特征

在分析邢窑细白瓷微观特征之前，先对它的宏观特征作简要说明。从表五邢窑细白瓷胎釉物理性能来看，12 个标本的吸水率，大部分在 2—5% 之间，只有个别标本如 LTB—5 与 LTB—11 的数值，接近现代瓷器的标准，吸水率分别为 1.2% 和 0.33%。据此说明，邢窑细白瓷绝大部分都处于微生烧状态，显微结构观察的结果也充分得到证明。现以微生烧的 LTB—6 和烧结良好的 LTB—5 号标本，说明其微观特征。图四照片④是 LTB—6 胎的内部，由图可见，石英颗粒边缘仅发生微熔，颗粒形状明晰可见，粘土熔融的残骸依稀可辨，不见长石熔融区，而为数众多、大小不一的气孔则分布其间，一幅欠烧的典型风貌。照片③是 LTB—6 胎釉交界处，只见胎釉明显分界，不见中间层。照片①是 LTB—6 另一处的胎釉中间层，可见粗大的钙长石针晶从胎伸入釉中，形成明显的中间层。照片①、③说明，LTB—6 胎釉中间层是不连续的，大部分中间层形成良好，局部形成不良。从 X—射线衍射图可知，瓷胎中的结晶绝大部分为莫来石。照片⑧、⑩为 LTB—6 电镜放大 4000 倍的图像，由此可见胎中的莫来石以短柱状或短条状存在，说明莫来石结晶形成不良。照片⑤、⑥、⑦分别是 LTB—5 胎内、中间层和莫来石形成区的照片，与 LTB—6 相比坯内石英颗粒熔蚀较重，气孔数量和尺寸变小，坯釉中间层形成良好、莫来石晶体更加发育。

由显微结构所见，邢瓷胎大部分处于生烧，半透明性很差，与现代瓷器相比有明显差异。从显微观察还可看出，邢瓷胎料没有单独加入长石矿物，视域中未见明显的长石熔融区。由此推断胎的配料可能是以熔剂含量较多的某种优质粘土（如红砂石）为主料，加入少量洁白细砂配制而成。

（三）邢窑白瓷釉白中泛青的成因

邢窑白瓷釉的色调，猛然看它呈粉白色，仔细端详又白中微泛青色，犹如在白雪之上冻了一层薄冰，这层圣洁的外衣，引人入胜，耐人寻味。

邢窑细白瓷釉呈现粉白或白中微泛青色的原因是什么？从釉料化学组成和釉层结构两方面试作探讨。邢瓷釉的含铁量较高，都在 1% 左右，系在还原气氛中烧成，从表五可见，釉中的铁绝大部分都以亚铁（FeO）状态存在。FeO 在高温下可与 SiO_2 作用生成蓝色的 $FeSiO_3$，或以蓝黑色的铁尖晶石 $FeO \cdot Fe_2O_3$ 状态存在，都可将釉染成蓝色。由于这些铁的化合物总含量不高，且又以高分散状态存在，因而釉色白中微泛青色。由图三釉的反射率曲线可见，四个试样在蓝色光区都有最大的反射率，也说明釉中的铁大部分以亚铁状态存在。

然而，瓷釉呈现粉白的成因则比较复杂。前文已提到，釉料化学组成中含有较多的 P_2O_5，它能促使发生釉液分相，分相液滴对光有散射作用，使釉产生乳浊。从显微照片③可见，釉中密布着黑色斑点，可能是微小气泡或未熔颗粒（对釉中的黑色斑点未作分辨研究）。无论是何物，总之都是釉的不均匀体，必然对入射光产生散射作用，从而降低釉的透明度。照片⑨是釉的一个典型气泡，在气泡中及其周围布满了大小晶体，对入射光也会产生强烈漫反射。总之，釉色粉白的成因可能是釉中的分相液滴、未熔矿物颗粒、气泡和气泡内外的晶体对入射光漫反射的综合效应。

（四）邢窑的制瓷技术

邢窑的制瓷工艺技术，不见文献记载。在窑址上能见到的遗物只有陶瓷残片，装窑用具、烧窑的柴灰和两座残窑，除此以外，再无物证。因而描述邢瓷制造的详细过程是困难的，只能根据已得实物资料，大体描述其技术程度。

1. 制瓷原料及原料加工

从胎料化学组成分布图可见，临城邢窑细白瓷胎料可能是用红砂石为主料的。红砂石是软质粘土，收缩小，塑性中等，能适应古代原料加工的条件。从显微照片④和⑤看出，胎料中没有加入长石矿物，熔剂成分是由粘土带入的。原料可能经过淘洗，但从照片⑤看出，似乎未经淘洗或未仔细淘洗，照片下方大块的石英，若经淘洗是不应存在的。内丘细白瓷胎料使用的可能不是红砂石，而是比红砂石 Al_2O_3 含量低的软质粘土。邢窑细白瓷釉料使用的是富含 CaO、MgO 的釉土，并引入草木灰或骨粉。

2. 泥料制备、成形和施釉

从显微照片可见，邢窑细白瓷泥料的制备还不够精细，坯中存有不少大气泡，在瓷坯断面上也经常见到明显的夹层，这现象说明泥料陈腐期短或捏练不足。

邢窑制品器型以回转体为主，可见其主要成形方法是轮制。从器物旋纹来看，其旋削工艺技术是很娴熟的，产品足、腹、肩、口的加工都有固定程式，精工细作，一丝不苟。

邢窑制品无论是平式器皿或立式器皿，都是内外施釉，可见其施釉方法是浸釉或荡釉。

3. 邢瓷的烧成

燃料：在遗址曾多次发现邢瓷与窑具跟柴灰堆积在一起，未发现烧煤的灰渣。由此可见邢瓷是用柴烧成的。曾力图探究柴灰是由何种植物燃烧而成，遗憾的是这项工作始终未能如愿。

火焰气氛：据表五还原比值推断，邢瓷是在较浓的还原气氛中烧成的。至于还原烧成的过程如何，则无法推断。

烧成温度：经我们请上海硅酸盐研究所测定得知，邢瓷原烧成温度约在 1320 ± 20℃。

烧成技术：从邢瓷传世作品和窑场遗物来看，釉色基本一致，极少有烟熏、泛黄的产品。产品瓷化程度基本近似，大都处在微生烧状态，所见极少过烧、欠烧现象。从而说明邢窑已熟练地掌握了还原烧成的技术，并对烧成的止火温度已能严格控制。由于产品 Al_2O_3 含量高要求在 1300℃ 以上烧成，说明邢窑已经掌握了高温烧成的技术，这是制瓷技术的巨大进步。

4. 邢窑的窑炉和窑具

（1）窑炉

迄今为上，在遗址上已发现两座残窑。一座在临城县双井村，另一座在祁村东南小铁路旁。

双井村残窑未经清理，无法知其详情。但从裸露的情况看，应为馒头窑。窑坐南朝北，依坡挖成，窑墙用耐火泥砌筑，高约 1.8 米，估计容积 4—5 立方米。

祁村残窑于 83 年 12 月发现，并进行了清理，窑基平面呈长条形，南北向布置，火口在南，燃烧室略呈半圆形，窑室呈长方形，后壁有两个长方形烟道。全长（含窑墙）6.23 米，宽 2 米，灰坑深（从窑床平面起）1.37 米。窑床用耐火砖铺成，上抹一层 2—4 厘米的耐火泥，窑墙用耐火泥筑成。残基以上无存，已无法考察其全貌。图五是祁村残窑示意图。

在清理过程，从燃烧室出土了一些漏斗状匣钵、三角形垫片和窑柱等窑具，还出土了具有晚唐风格的大唇沿玉璧底碗和执壶等残器，此窑当属晚唐。从形制上看，与晚唐时期定窑的窑炉⑪极为相似。

从平面图可见，该窑燃烧室很大，几乎是窑室面积的二分之一。燃烧室面积大，燃烧空间必大，从而可达到较高温度。从窑炉各部结构的相互比例来看，即大燃烧室，小窑室，双烟囱是唐代至宋代高温的窑炉结构上的特点，以柴为燃料，挥发分多，火烟长，燃烧速度快，其升温速度也必然很快。唐代邢窑工匠是在充分掌握了窑炉各部结构的功能、火焰在窑炉中燃烧的规律后，才设计出了这种长条形的窑炉。

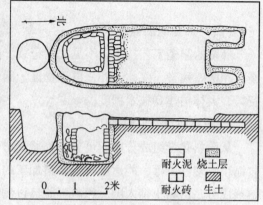

图五　祁村东南 2 号晚唐窑址平、剖面图

值的注意的是：由示意图可见，在燃烧室内还有一个小燃烧室。这个小燃烧室不会在始建窑炉时就有，肯定是后加的。为什么要后加一个小燃烧室？我们认为，窑炉始建 时是为烧细白瓷而设计的，到唐末五代时又改烧粗白瓷和青釉瓷。其烧成温度没有细白瓷那么高，燃烧室面积也就不需要原来那么大，因而将原燃烧室缩小。从伴随出土的窑具和产品判断，该窑属晚唐，但从燃烧室变迁的情况来看，该窑很可能是在唐盛时期建造的，更明确地说它就是烧邢窑细白瓷的窑炉。

（2）窑具

邢窑细白瓷器内无支烧痕，是用匣钵单件仰烧的。使用的匣钵大体有漏斗状、筒状和盒状组合式三种，图六是邢窑匣钵使用方法的复原图。漏斗状匣钵在唐代遗址上见到的最多，其形状和大小由产品而定，装圆形敞口器皿。一匣一坯，匣钵可以罗放，钵柱可以码成一定高度。筒状匣钵在遗址上的数量比漏斗状少。它厚重尺寸大，装大件立式器皿，一匣可装多件坯体，匣钵间可以罗放，钵柱可以码成一定高度。盒状组合式匣钵壁薄，深腹者如钵，浅腹者如盘，壁外多施釉。使用时将盘状物倒放在钵上，钵内盛装坯体；或在钵上先正放一个盘状物，再在其上倒放一个矮壁钵组成盒状。组合式匣钵既可装深腹，也可装浅腹广口制品。因这种匣钵壁薄，承重力差，不宜多组罗放，装窑时放在钵柱的顶部。初见这种匣钵时误认为它是一种器物，后见到因过烧变形，匣钵与产品粘连在一起的实物才确认是匣钵的一种。遗址上这种匣钵并不少见，一是因其易变形遗弃的多，再就是它本身就是一个盛贮器，可做盆、盘使用，生产的数量可能不少，不足之处是器内无釉。

从上述匣钵说明，邢窑在创烧成功细白瓷的同时，还创造了多种功能的匣钵，这些匣钵有以下几个共同的优点：①一匣一坯或一匣多坯，彻底消除了产品上的支烧痕，提高了产品质量；②匣体之间可以罗放，提高了产量；③盒状组合式匣钵，既是窑具又是器具，扩大了匣钵的使用功能；④设计巧妙，使用方便，筒状和漏斗状匣钵的型制，至今还被广泛用于陶瓷生产。

应当指出的是："从现有的考古资料来看，隋代湖南湘阴窑是我国最早使用匣钵的一个窑场。但令人费解的是，浙江境内的同期窑场为什么不见这类窑具呢？⑫"不少研究者对此提出质疑，湘阴窑在隋代烧造的是胎壁厚重，施半截釉的青釉器⑬，即使它使用了匣钵也绝不能与邢窑的匣钵相比。匣钵是提高产品烧成质量，充分利用窑室空间的一种极为重要的工具。它的出现是陶瓷工艺史上的大事，又

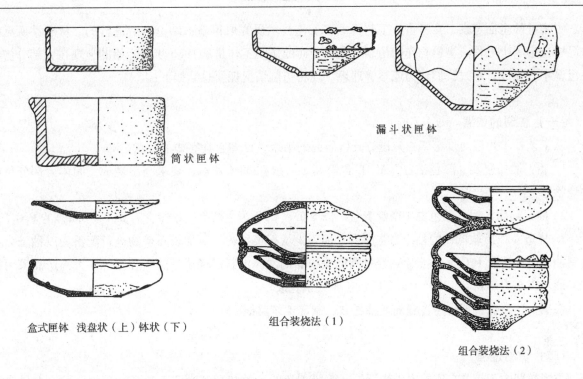

漏斗状匣钵

筒状匣钵

盒式匣钵 浅盘状（上）钵状（下）

组合装烧法（1）

组合装烧法（2）

图六 邢窑匣钵复原图

是商品生产高度发达的最明确的标志。邢窑的匣钵与邢窑细白瓷一样，都是我国陶瓷发展史上重要的里程碑。

（五）关于隋代高透明度瓷器问题

前文，在测试标本的选择中曾已说明，NSB—2 标本从外形特征上，经专家鉴定暂定为隋代器物。胎釉化学组成测试的结果也支持了这一判断。NSB—2 胎料化学组成点，在胎料组成点分布图图一的左上方，与隋代青釉瓷和白瓷的组成点密集在一起。釉的组成点，在釉料组成点分布图图二的右上方，和唐代细白瓷的组成点分布在一起。这些迹象表明，NSB—2 标本从形貌与组成上都与隋代吻合。若果真产于隋代，这将是我国陶瓷史上又一重大发现。因为这类瓷器半透明性强，具有乳白玻璃的质感，与现代高级细白瓷的胎质、釉色相比毫无逊色。符合现代标准的白色古代瓷器，目前公认的是五代时期景德镇胜梅亭窑场的产品[19]，此类瓷器若确证它产于隋代，可将我国制成符合现代细白瓷标准的古代细白瓷的时间，至少推前了三百多年。对于这类瓷器的深入研究，具有很高的学术价值。

四、邢窑细白瓷的仿制

邢窑细白瓷的仿制工作，是从 1980 年秋在临城县一瓷厂开始的，当时是为 1981 年 4 月召开的"邢窑与邢瓷艺术鉴赏会"准备样品。当时的仿制品与邢窑细白瓷的差距很大，但那毕竟是邢瓷仿制的一个开端。

邢窑细白瓷的正式仿制，是在河北省邢窑研究组成立以后，在完成了邢窑细白瓷传世作品全国调查、古窑址的全面考察，在考古、工艺美术、工艺技术研究取得基本结论以后进行的。从考察所见的作品中选定了十七件典型器物作为仿制对象。全面的仿制工作是从 1986 年春开始的，现在大部分仿制品已基本上完成，不过我们认为还不够理想，现将仿制情况扼要总结如下：

（一）仿制的依据

从工艺技术角度对邢窑细白瓷进行分析研究的结果，已知它具有如下特点：

1. 胎：胎质坚实，颜色洁白，Al_2O_3 含量高，一般在 33% 左右，要求高温烧成，胎体大部分呈微生烧状态。

2. 釉：釉面光润，釉色白中微泛青色。以 CaO、MgO 为主熔剂，釉中含有 0.4 ~ 0.8% 的 P_2O_5。

3. 烧造：以质软低铁的粘土为主原料，加入少量石英细粉，不加长石矿物进行配料。以釉土为主料制釉，引入适量 P_2O_5。粘土原料经过淘洗或稍加淘洗。泥料需经适当陈腐和捏练。大部产品采用拉坯成形。以柴为燃料在 1320° ±20℃用强还原气氛烧成。

根据上述特点，拟定仿古瓷的坯釉配方、制定工艺路线。

（二）仿制过程

仿制初期的工作是在实验室中进行的，按照古瓷的胎釉特征和制瓷工艺进行模拟实验。在摸清古瓷制造工艺的基本规律以后，再进行扩大实验。在 8 立方米倒焰煤烧圆窑中进行了六次试烧，现将仿制过程说明于后：

1. 原料选择和坯釉配方

根据古瓷胎釉化学组成和显微结构特征，结合当地地质矿的特点，按照古代制瓷方法可能使用的原料，对当地原料进行了广泛调查和试烧，对其中 16 种成瓷性能好的原料进行了化学组成分析，在此基础上确定红砂石和白矸土为胎的主料，釉土为釉的主料。先后试验了 56 个胎料配方，34 个釉料配方，从中筛选出比较理想的三个胎料，两个釉料配方。仿古瓷胎、釉料配方列于表七。

邢窑细白瓷的成形方法以拉坯为主。实验室试验阶段采用的是注浆与机轮成形法，扩大实验时除由研究组成员试拉之外，并从景德镇古窑瓷厂请来一位拉坯老技师。XP—49 是以红砂石为主的坯料，它屈服值大，可塑性强，干燥收缩小，适用于拉坯成形。XP—52 是注浆坯料，仍以红砂石为主，加入了较多的熟料，以提高泥浆的流动性和渗透性。XP—53 是适用于机轮成形的坯料配方，它以白矸土为主料，用部分釉土调节其成形性能，满足了机轮成形的要求。三种坯料的化学组成都在古瓷化学组成范围以内。

选定釉土为釉的主料，用少量其它矿物来调节熔剂，用骨灰引入 P_2O_5。XY—24 和 XY—25 号配方，釉色乳白，釉厚处微泛青色，釉面光润，与古瓷釉近似。

2. 古瓷仿制的工艺过程

为达仿制目标要求，结合我们研究组设备的实际情况，在工艺方法上我们采用了仿古和现代两种方法，下面着重将仿古方法作以说明。

（1）坯料制备

红砂石、白矸土等软质料，将大块打碎，投入水缸中浸泡，然后充分搅拌，静置 10 分钟后取出上

表七　　　　　　　　　　　仿 古 瓷 胎、釉 配 方

原料名称 \ 名称编号	胎配料量%			釉配料量%	
	XF—1 XP—49	XF—2 XP—52	XF—3 XP—53	XF—1 XP—24	XF—2 XP—25
红砂石	53	55		18	2
白矸土			70		
紫木节	7				
熟砂石	24	26	7		
釉　土	10	10	23	45	75
白　垩					3
石　英		10		28	19
白云石					
大理石				8	
骨　灰				1	1

部泥浆，置于多孔筒状容器中脱水，弃掉缸底的残渣。待筒状容器中的泥浆含水量达25%左右时取出，放在水泥地面上用塑料布盖严，陈腐五至七天。

石英、粘土熟料等硬质原料，在人推石碾上轧碎，全部通过200目筛待用。

陈腐后的泥料与硬质粉料按配方混合，然后反复捏练二至三次用塑料布封严置于阴凉处，以防水分蒸发，待拉坯成形用。

（2）釉料制备

将釉土仔细捡选后淘洗。将石灰石、大理石、白云石等硬质料加工成细粉，使其全部通过200目筛。然后按配方与淘洗后的釉土混合，制成适当比重的釉浆，待用。

（3）拉坯成形和施釉

将陈腐后的泥料用手工反复捏练，控制含水量在22—24%，将泥料团成圆柱状泥段，放在手动辘轳车上拉成毛坯。毛坯放在木板上凉晒，待有一定强度时割掉把子，并进行整形。当坯休刚发白时进行利坯。用浸釉或荡釉法施釉，釉浆比重控制在1.4—1.5，随后再把底足上的釉刮掉。

（4）烧成

坯体放入匣钵中，在3米³倒焰圆窑中用煤烧成。升温速度、烧成温度以及气氛制度如图七所示。点火至止火的全部烧成时间36小时，1310~1320℃保温两小时，止火温度为1320℃。开始还原温度1100℃，结束还原温度

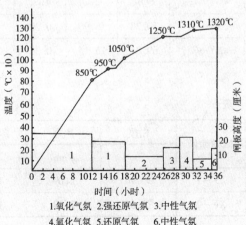

1.氧化气氛　2.强还原气氛　3.中性气氛
4.氧化气氛　5.还原气氛　6.中性气氛

图七

1220℃，在此期间保持强还原气氛，继续升温时控制中性气氛，到1310℃再控制中等程度的还原气氛至住火。1000℃以下用热电偶测温，1000℃以上用光学高温计测温。止火温度用光学高温计结合从窑中取出的瓷片相互印证的方法确定。烧成气氛靠闸板的开度控制，对气体成分未进行测定。

（三）仿制品的鉴定

样品测试委托河北地质矿产测试中心进行的，其结果分列于后：

1. 仿制品的化学组成

仿制品胎、釉的化学组成列于表八与表九。

2. 仿制品的物理性能

仿制品物理性能测试结果列于表十

3. 胎釉显微结构观察列于图八。X——射线衍射分析结果。（图略）

4. 对仿制品测试结果的分析

表八　　　　　　　　　　　　　　　　　　　仿制品胎的化学组成

试样编号	氧化物含量%									
	SiO_2	Al_2O_3	TiO_2	Fe_2O_3	CaO	MgO	K_2O	Na_2O	P_2O_5	总　量
XF—1	58.89	32.98	0.49	0.50	3.65	0.65	1.54	0.60	0.25	100.00
XF—2	61.35	32.15	0.52	0.51	2.16	0.75	1.34	0.39	0.37	99.48
XF—3	58.77	31.96	0.58	0.51	2.81	0.77	1.65	0.56	0.14	99.18

表九　　　　　　　　　　　　　　　　　　　仿制品釉的化学组成

试样编号	氧化物含量%									
	SOi_2	Al_2O_3	TiO_2	Fe_2O_3	CaO	MgO	K_2O	Na_2O	P_2O_5	总　量
XY—1	70.38	15.90	0.22	0.66	8.86	0.93	2.09	0.53	0.43	100.00
XY—2	69.81	16.15	0.35	0.62	8.43	1.57	1.66	0.50	0.48	99.51

表十　　　　　　　　　　　　　　　　　　　仿制品物理性能

试样编号	白度	比重	真气孔度	吸水率	硬度*	反射率**	透过率***
	%	g/cm³	%	%	kg/mm²	%	%
XF—1	80.90	2.09	19.31	5.47	76.9	10.69	9.80
XF—2	78.60	2.29	11.24	0.19	74.6	42.65	41.85

*仪器　苏联 ПМТ—3 硬度计。

**仪器　西德 MPV—COMpact 显微光度计。条件：干物镜，光波长54G，测时避开孔隙，取平均值。

＊＊＊仪器　条件同上　瓷片厚 0.03mm，测点不加选择，取平均值。

　　从表八可见，仿制品胎的 Al_2O_3 含量都在 32% 左右，在邢窑细白瓷组成范围以内，其它成分与古瓷接近。从表九可见，釉中 CaO、MgO 含量较高，含一定数量的 P_2O_5，所有成份都在古瓷釉的化学组成范围以内。仿制品胎、釉化学组成基本上与古瓷相似。

　　从表十可见，XF—1 号样品的吸水率为 5.4%，胎的瓷化程度不佳，处于生烧状态。从 XF—2 样品的反射率可见，在蓝色光区（波长为 546）的反射率较强，测定值为 42.65%，比古瓷数值偏低，但在视觉上两者是很相似的。因为反射率的测定古瓷与仿制品使用的不是同一种仪器，故两者数值有偏差。

　　由图八，仿制品显微结构照片 1、2 和 4、5 可见，胎中的石英颗粒棱角明显，边缘熔蚀程度很差。粘土已熔，视域中不见明显的液相区域，这些形貌特征与古瓷都很相似。从 X—射线衍射图谱可知，绝大部分都是莫来石的特征峰，只有少量的方石英和 β—石英。说明胎中的结晶相绝大部分都是莫来石，这也与古瓷相同。从照片 3、6 可见，釉中存在多种不均匀相，有未熔矿物颗料，结晶明显的晶体和大小不等的气泡，尤其在照片 6 中见有众多的黑色斑点，这些形貌特征也都和古瓷釉类似。总之，胎釉的显微结构也基本上与古瓷相似。

五、结论

　　1. 邢窑从北齐到隋末发生了由青瓷发展到白瓷，由粗白瓷到细白瓷的变化。隋末至唐代中期是邢窑细白瓷生产的兴旺时期。

　　2. 邢窑细白瓷胎含 Al_2O_3 量高，一般在 33% 左右，胎质坚实，颜色洁白，多数呈微生烧状态。

　　3. 邢窑细白瓷釉以 CaO、MgO 为主熔剂，属"含氧化镁石灰釉"，釉色乳白微泛青色。

　　4. 由显微观察所见，邢窑细白瓷胎料可能以红砂石或白矸土为主料，以少量石英粉调节塑性，没有单独加入长石矿物。

　　5. 以柴为燃料，在强还原气氛中于 1320 ± 20℃ 烧成。针对细白瓷的烧成，精心设计了多种型式的匣钵，这些匣钵钵为当时提高产品质量和数量起了重要作用，匣钵设计的原则在唐以后历代陶瓷的生产，乃至今天的陶瓷生产中一直被采用。

　　6. 仿制品基本上与古邢窑细白瓷的形貌、化学及岩相组成等达到相似的程度。但与宫廷贡品相比，在胎的白度、釉色器物的神态，尤其是器物加工精度等方面还有差距。

执笔　张志忠　姚　毅
注：此项研究工作是在河北省轻工业厅技术顾问、高级工程师刘可栋的指导下进行的。

参考文献

　①　邯郸市陶瓷公司原料科《祁村高岭土地质资料》内刊稿。

　②　程在廉：《何处是邢窑》，《河北陶瓷》1981 年。

③　河北省定窑研究组：《定窑工艺研究报告》，1984 年。

④　冯先铭：《邢窑有关诸问题》，《故宫博物院院刊》1984 年。

⑤　李国桢：《耀州青瓷的研究》《中国古陶瓷论文集》，中国硅酸盐学会主编。

⑥　临城县邢瓷研制小组：《河北省临城县邢窑遗址调查报告》，未刊稿。

⑦　杨文山：《河北邢窑工艺的初步探讨》，《河北陶瓷》1981 年。

⑧　李辉柄：《唐代邢窑遗址的考察与初步探讨》，《文物》1981 年 9 期。

⑨　叶喆民：《邢窑刍议》，《文物》1981 年 9 期。

⑩　周仁、张福康等：《龙泉历代青瓷烧制工艺的科学总结》，《考古学报》1973 年第 1 期。

⑪　周仁、李家治：《中国历代名窑陶瓷工艺的初步科学总结》，《考古学报》1960 年第 1 期。

⑫　郭演仪等：《中国历代南北方青瓷的研究》，《中国古陶瓷论文集》，中国硅酸盐学会编。

⑬　陈显求等：《若干瓷釉的液相不相混溶结构》，《瓷器杂志》1980 年第 4 期。

⑭　刘凯民：《钧窑釉的研究》，1978 年全国古陶瓷会议论文。

⑮　《中国古代陶瓷科学技术第二届国际讨论会》论文摘要，中国学术出版社，1985 年。

⑯　刘可栋：《试论我国古代的馒头窑》，《中国古陶瓷论文集》。

⑰　陶籍人：《近二十年中国瓷器史研究收获述评》，《中国陶瓷》1982 年第 7 期。

⑱、⑲　中国硅酸盐学会编：《中国陶瓷史》，文物出版社，1982 年。

邢窑造型装饰研究*

河北省邢窑研究组

一、前言

　　邢窑是我国唐代著名的白瓷窑场之一。它源于北朝，经过隋代的发展，到唐代已能生产大量胎质坚细、釉色荧润的白瓷和彩釉制品。不仅能满足当时人民生活的需要，还将其精品供宫廷御用和对外出口，使之成为"天下无贵贱通用之"的生活用品。唐代末期邢窑逐渐衰落，到宋代被定窑所替代。金元时期，原邢窑部分区域内又恢复了相当规模的烧造。所产器物多受定窑、磁州窑的影响，采用了刻花、印花、剔花、铁锈花等装饰方法，具有一定特点，但其质地、外观已无唐代邢窑的风采，于元代渐废。

　　河北省邢窑研究组美术组自一九八三年十一月十七日正式开展工作以来，历经三年多时间，进行了外出考察，窑址踏察，资料整理，遗物绘制，器物仿制等项工作，基本完成预期任务，现将邢窑造型装饰研究结果报告于后。

二、邢窑器物的遗存及流传

　　1. 国内馆藏及出土情况

　　近年来，随着我国文物事业的发展，各地文博部门收藏邢窑珍贵器物的数量日渐增多，现存邢窑器物有下列单位：

　　故宫博物院：白瓷玉璧底碗、白瓷花口碗、白瓷瓶、白瓷注子等；

　　上海博物馆：白瓷玉璧底碗、白瓷油盒、白瓷"盈"字款粉盒、白瓷穿带瓶等；

　　河北省博物馆：白瓷罐、白瓷高足杯、白瓷穿带双鱼壶、白瓷狮子、白瓷象等；

　　陕西省博物馆：白瓷盖罐等；

* 《河北陶瓷》1987 年第 2 期

扬州博物馆：白瓷盂、白瓷玉璧底碗等；

西安园林文物局：白瓷注子等；

洛阳文管会：白瓷坛、白瓷托子、白瓷玉璧底碗、白瓷盒；

唐大明宫遗址："盈"字款玉璧底碗残片、划花粉盒盖、托子残片等。

另外，在河北邢台三义庙、高邑县等唐墓中，出土有邢窑白瓷玉璧底碗、短流注子和小口坛多件。在河南安阳和广州唐墓中，也出土了邢窑白瓷玉璧底碗。河北省公安厅破获的宁晋县文物走私案收缴的赃物中，有四十余件邢窑的白瓷器物。隆尧县文管所收购邢窑白瓷三足盘、白瓷单柄壶各一件。

2. 国外出土情况

近年来，许多国家都出土了邢窑器物和残片。我们在文献上见到的有：日本的京都、巴基斯坦的勃拉米纳巴、伊朗的席拉夫、伊拉克的萨麻拉、埃及的福斯塔特都出土了典型邢窑风格的白瓷器物或残片。特别是日本京都市出土的玉璧底碗、伊朗出土的四瓣花口碗，都是邢窑典型的精美产品。

3. 邢窑器物的传播

为了解邢瓷的流传范围，我们曾赴京、晋、冀、鲁、豫、湘、陕、浙、苏、沪、粤、赣、宁等十三个省市考察。目睹了京、陕、豫、湘、苏、浙等七省市收藏的邢瓷。邢窑的流传从南到北、从东到西，分布在大半个中国。经过一千多年漫长的岁月，还有这许多邢瓷可供观赏，足见当时邢窑产量之大。西安和洛阳都曾是唐王朝的都城，我们在这两地见到了多件完整的邢瓷珍品和残器。可见宫廷对邢瓷的需求和喜爱。商业港口城市扬州、镇江邢窑白瓷的出土，是邢窑白瓷远销世界的有力证明。

从目前国外出土的邢瓷来看，说明唐代邢瓷是随着贸易船队东渡日本、沿着丝绸之路运到南亚和阿拉伯各国。这对我国同世界各国文化艺术的往来，起了巨大作用。

三、邢窑器物的种类和器型演变

1. 邢窑器物的种类

邢窑烧造历史悠久，规模宏大，烧制了大量精美的陶瓷制品。它自元代断烧以后，已在历史长河中淹没了近八百年之久。目前在邢窑遗址上所能见到的白瓷器物所剩无几。尽管如此。经我们在窑址上考察和在外地调查所见，邢窑烧造的器物种类是繁多的。大致可做如下分类：

从用途分：有实用器、陈设器、明器、贡品；

从胎釉分：有青瓷器、白瓷器、三彩釉器、花釉器；

从烧造方法分：有支烧、正烧、叠烧、覆烧；

从器型种类分：有盘、碗、杯、罐、盒、瓶、注、炉以及动物、人物等瓷塑。

2. 邢窑器物造型的演变

陶瓷器物的造型含有实用和审美两大功能。器型的变化是随着当时工艺技术水平的发展、姐妹艺术的影响，社会对陶瓷制品的实用和审美要求以及贸易的发展而进行的。这个演变是个漫长的过程，但在不同时期却有明显的特征。我们将邢窑区域内的陶瓷遗物按照朝代进行了归纳分析，现将各代的器物特征及其演变过程，按顺序做一描述。

（1）邢窑前期的器物特征：

邢窑起源于何时？据近代文物工作者就邢窑遗址出土器物考证，不应晚于北齐①。北齐时期的陶瓷器物，胎体厚重、胎质粗松、胎色灰黄、无化妆土，釉色灰绿。器物种类较少，有碗、罐、扁壶等。如图 1 所示。器型特征质朴、凝重、粗犷。

隋统一中国以后，结束了近四百年的战乱局面，从而为各种手工业的发展创造了有利条件。邢窑前期的隋代窑场就是在这种历史条件下发展起来的。从目前已发现的隋代窑址来看，其烧造规模之大、器物之多、瓷质之精、品类之丰富都是空前的。它为唐代邢窑的繁荣昌盛奠定了牢固的基础。

隋代除大量烧造青瓷以外，开始用化妆土装饰青灰色的胎体，烧造青白色瓷器。而后更进一步用白色粘土制胎，烧造粗白瓷。隋代陶瓷的重大变化，是发展了白瓷的生产，工艺技术水平显著提高，胎料制备精细。旋削工整，装烧讲究。器物的品类显著增多，有多种形制的碗、杯、盘、瓶、罐、钵等，如图 2 所示。器型的变化为立式器皿显著增多，造型特征是挺拔、豪放。

（2）唐代邢窑的器物特征：

唐王朝建立以后，社会生产力得以恢复和发展，经济、文化、贸易空前繁荣，各种手工业蓬勃兴旺。邢窑至此已有近百年的制瓷基础，又逢天时地利，遂成为一代名窑。唐代邢窑的制瓷中心在内邱县城关，后逐步发展到内邱县的西邱、冯唐；临城县的陈刘庄、祁村、双井、岗头等地，在从南到北的狭长地带里形成了近 30 公里的窑场。

唐代邢窑在隋代烧造白瓷的基础上，更进一步精选胎釉原料，烧制了大量精美白瓷。制瓷工艺精益求精，如旋坯技法规范化，其特征为后人的鉴别提供了明显的依据。在装烧方法上更趋科学合理，采用正烧法消除了器物内的支烧痕，严格控制火候，产品瓷化而不过烧，保证了造型的神韵。器物种类比隋代显著增多，有大量是生活用品，也有不少陈设品。所有产品既强调了它的实用功能，同时也注重了它的审美作用，如图 3 所示。邢窑器物的主要艺术特征是，体态丰盈，庄重大方，赏用结合。

（3）邢窑后期的器物特征

唐帝国经过近三个世纪的发展由盛而衰，到五代时期全国统一的局面遭到崩溃，乱世开始。目前发现的五代窑址在临城县岗头，澄底一带。就窑址遗物来看，这个时期烧造的器物胎质粗松，胎色多灰黄或青灰，釉色多灰白，釉下多施化妆土，制做工艺粗糙，与唐代邢窑产品相差甚远，已无邢窑白瓷的神采。如图 4 所示。究其衰败原因，战乱是一方面，邢窑连续三百余年的烧造，优质胎、釉原材料枯竭，可能是另一重要原因。

北宋时期，邢瓷窑场上是否还有陶瓷烧造，尚有争议，因目前仍未发现确切的窑址。宋代是我国陶瓷蓬勃发展的时期，五大名窑各具特色，全国各地的民窑风涌而起。地处邢窑以北的定窑，凭借当地原料、燃料、水源的优势，在继承邢窑制瓷技艺的基础上，又在器型、装饰、烧造方法上进行了改革和创新，成为当时五大名窑之一。地处邢窑以南的磁州窑，依靠当地优越的物质条件，开创了花瓷的一代新风，成为全国民窑之首。目前邢瓷宋窑场还未发现，但可以肯定，至此已远不能与相邻的两大窑场相匹敌。

金元时期，我国北方又遭战乱。定窑、磁州窑窑工南迁，两大窑场陶瓷烧造数量锐减。为了满足社会的需求，临城县南程村、山下村、解村、射兽村等地邢瓷窑场又相继恢复了陶瓷的生产。在制瓷

---

① 在内丘县城北关老校场出土的青瓷碗、印花扁壶等器物，经冯先铭、李辉柄等古陶瓷专家鉴定不应晚于北齐。

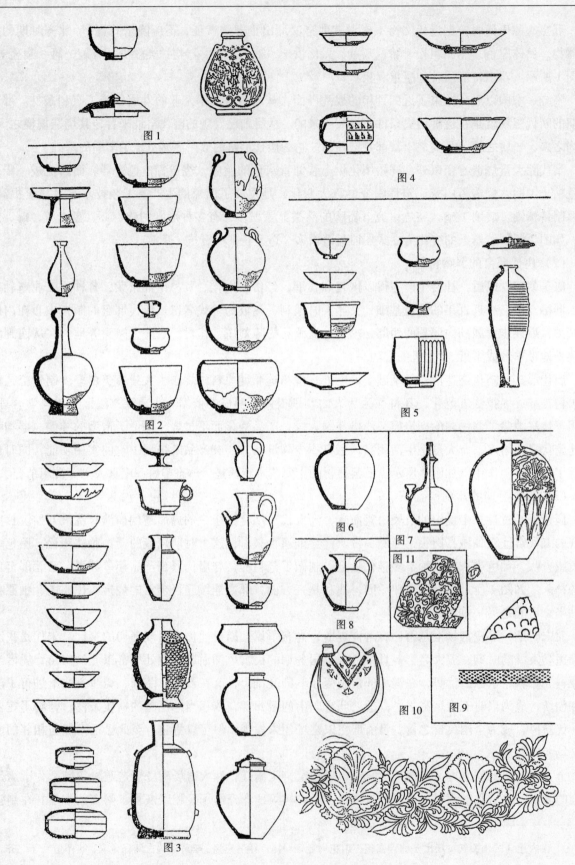

图 1

图 4

图 2

图 5

图 6

图 7

图 11

图 8

图 10　图 9

图 3

技艺和装饰方法上借鉴了定窑的手法，但制品的精细程度逊于定窑，完全失去了唐代邢窑的风貌。金元器物如图5所示。自元以后，邢瓷烧造，已停八百多年。

四、邢窑器物造型的艺术风格

陶瓷器物是有容积的型体，它的实用功能与审美功能是互为依存的。器型是循着人们对器物的实用与审美要求而发展与变化的，古人和今人对邢窑器物的酷爱，正是由于它赏用结合达到了高度完美的程度。下面就其艺术风格试作剖析。

1. 庄重大方形态美

邢窑器物具有庄重大方，雍容华贵的形态美。这是唐朝社会安定、繁荣昌盛的反映。艺术是对社会风貌的高度概括，陶瓷艺术也不例外。唐代艺术以庄重、博大为其特征，就连当时的女性都以宽衣博带，体态丰盈为美。邢窑器物形成凝重大方的艺术风格是历史的必然。

邢窑器物庄重大方的气质，体现在口、颈、肩、腹等部份。口部在器物上端，距人的视觉最近，对器物的气质起着画龙点睛的作用，是一件陶瓷制品的灵魂所在。邢窑所产瓶、罐、坛、注子等器物，多是圆唇沿。如西安的白瓷盖罐、洛阳的白瓷坛，临城出土的白瓷注子等都是。我们认为圆唇沿固然有加固口部的作用，可以改善制坯和烧成过程中的变形，重要的是在使用时更为方便，从审美上更显得洗炼凝重。

器物的颈部，其长短粗细足能反映出它的整个精神面貌。我们并不一概喜欢短颈，邢窑器物颈短并不给人以缩脖端肩之感，由于它颈短衬托得整个器物更加浑厚、丰满。

肩：邢窑器物多是丰肩，丰肩与短颈、圆唇口和鼓腹的配合使得整个器物显得自然流畅，体态丰盈。

腹：它在器物的中部，对整个形体起着重要作用，邢窑器物的腹大多偏上，即高度的二分之一以上。这样的形体看上去好象一个体魄健壮的彪形大汉，更象一位魁伟的将军。

邢窑制品正是具备了圆唇口、短颈、丰肩和鼓腹这些特点，才构成了庄重大方的体态。这些长短曲线、直线的巧妙结合，使得邢窑器物具有了雍容华贵美。

2. 实用与欣赏的结合

陶瓷器皿既是实用品，又是艺术品。古代所流行的器皿，都经过工匠的精心设计。唐代邢窑的工匠，将玉石雕刻、金银器的造型艺术应用在陶瓷上，在实用和艺术的结合上加以卓越的创造，制出了大量千古称誉的佳品。人们纷纷将其作为金银器的替代品，或收藏于密室，或进贡于宫廷，或作为明器为死者陪葬，或输出国外成为珍宝。这些用途见于古文献记载或唐墓发掘报告。

玉璧底碗就是一个赏用结合的代表作，它流传很广，传世较多。它白如霜雪，碗底形如玉璧。唐代盛兴斗茶之风，陆羽从品茶的角度虽有"邢不如越"的论断，与此同时，也道出"邢州处越州上"的社会评价，却是无可辩驳的事实。

在临城县祁村曾出土花口瓣足碗、花口杯等陶瓷器物。内丘县城关也曾出土菱形印花白瓷碟。这些都是仿金银器形制的制品。它们既是盛装食物的实用品，又能满足使用者的审美要求，这些都是邢瓷赏用结合的有力证明。

3. 胎质与釉色的质地美

　　邢瓷胎质洁白细腻，釉色莹润泛青，衬托在形体丰满、凝重朴实的器物上更增添了它的神采。邢窑器物饱满的躯体有一种充盈展扩的气势，瓷釉白中微闪青所显现的一种宁静安定的冷色调，恰好与雄浑的形体互为补充，相得益彰。从而使邢窑器物既丰满安定，又华贵典雅。

　　4. 邢器整体的韵律美

　　一件好的陶瓷器物，不但要具备良好的实用性，更要有优美的外观形态给人以视觉上美的享受。这样造型的设计制作就必须运用一些美的自然法则和技法来达到这一目的。陶瓷制品是商品，若想使产品有竞争力，唤起用户的购买欲，就必须使其具备实用、美观、价格合理等因素。

　　纵观唐代邢窑器物，它们给人的外观感觉是良好的，具有一种雍容大度感，整体形态表现出音乐般的韵律美，以洛阳出土的白瓷坛为例，这是一件体积较大的制品，它的造型既有唐代器物的丰满浑厚感，又有其独特的韵律美。该坛为唇沿直口，口沿的下方是一条较硬的线角转折。颈部是一小段直线，略外撇，颈部与肩部稍有转折，从肩部开始外鼓，然后犹如瀑布直泻而下，近底处渐向内收，气势略缓，但仍不是直线。整体线条有行有止、有抑有扬，或一气呵成激流直泻，或蜿蜒转折疏缓有序，赋予冰冷的线条以生命。整个型体既有直线又有弧线，但以弧线为主。尤其是口沿下部那条转折线角，起到了相当重要的作用。它犹如一幅油画中的高光，交响乐中的高音符，是点睛之笔。它丝毫没有破坏以弧线为主的整体感，反而给完美的型体增添了生气。这样该坛的整体感与韵律美就充分表现出来了。如图6所示。

　　5. 邢器的对比变化美

　　邢器除具有整体美以外，还采用对比的手法表达美的意图。如白瓷净瓶（又称军持），是宗教仪式所使用的器物，有铜的，也有瓷制的。邢窑这种净瓶就是对比变化的代表。它的主体是一个圆球状的瓶身，向上是一个细细的颈，它与瓶体形成了体量的对比。再向上是一个盘状的转折，它起到了与瓶体相呼应的作用。最顶端是瓶口，它更细，是整体最细的部份。为了加强变化，在瓶口上端凸起两道弦纹。圆形瓶体的下端是外撇的圈足，它起净瓶安放时的稳定作用。在瓶体的一旁，粘有一个小盂状的流，直径只有瓶体的五分之一。因为它小，置于瓶体的一侧，既增加了器物形体的变化，活跃了气氛，又不致破坏整体的稳定性，如图7所示。

　　邢瓷器物的这种对比变化，做到了恰到好处。这样的例子还有很多，例如刻花梅瓶，那小巧的瓶口和庞大的瓶身，形成了休量差异的对比。小口既衬托了瓶身的饱满和力量，又显示了其本身收缩与凝聚力的所在。它们联成一体，有静有动，相映成趣。毫不牵强，缺一不可。

　　6. 邢器的比例谐调美

　　邢窑工匠将大小不同的体积和线段，巧妙姐合，塑造了大量的制品，构成了器物的整体谐调美。

　　例如白瓷注子，它是由注体、注嘴和注柄三部分构成。其左右两边并不对称，但基本的均衡之势并未破坏，整体上仍是谐调的。再看线段的变化处理。注子口部呈喇叭状，使上部线段具有内聚力。中部是近似圆形的球体，外轮廓线充满扩张力，底部是一小段直线，呈扁平的长方体，是整体的收缩与结束。这三段不同性格，不同长度线形的组合，便成了注子主体的外轮廓。依理而论，体量相差悬殊，性格各异的线条组合在一起，怎么会产生有束有发，有张有弛的美感呢？这正是邢器艺术的妙处。我们认为."这些不同形体和线形的组合，正是其功能效用的体现。敞口便于往内倾注液体，束颈可以防止洒泼，鼓腹可多盛装，扁平底足可便于安放。注嘴可用于倾倒。注柄可便于端持。各个部件缺一不可，多一不必，邢器功能之完备，各形体组合变化之巧妙，衔接之紧密，达到了无可挑剔的程度"。如图 8 所示。

唐代邢窑器物造型是在不断完善其实用功能和审美意识中，逐渐发展而定型的。每一件制品的形制都经历了不断改革，不断完善的过程。其间既融汇了时代的风尚，也渗透了社会大众的意愿，更倾注了陶瓷工匠的追求。这些体现，为后人留下了千古绝唱的艺术史诗。

邢窑在其几百年的烧造实践中，逐步形成了产品所独有的艺术风格。其造型古朴大方，线条饱满酣畅，制作规整精细，釉色银白恬静，给人以既雍容饱满又凝重大方的美感。

五、邢窑的装饰方法及艺术特色

以往，人们多认为邢器是光素无纹饰的。我们对邢窑遗址详细调查证明，这种认识是不大全面的。

邢窑所处的时代，正是唐朝鼎盛时期，各种艺术异常繁盛。各类手工艺品，如漆器、金银器、织锦与绘画，无不是花团锦簇，枝繁叶茂，生机盎然。依陶瓷而论，早在新石器时代，就有了彩陶，商周时期已有了印纹陶，汉代更有了镂空与捏塑的综合装饰技法，两晋时戳印和铺首已广泛流行。唐代盛世对陶瓷产品只崇尚光素无纹是不可思议的。根据目前我们从邢窑遗址采集的实物资料来看，邢瓷器物不但有装饰且手法众多。现按时代顺序分列于后。

1. 邢窑前期器物的胎体装饰

早在北朝时期，在内丘县城西关、南关等窑场烧造的器物上，就已出现了装饰的萌芽。这时很少有明显的纹饰，大部份器物主要是做一些胎体本身的加工，如弦纹、乳钉、系等。只发现双系扁壶有纹样装饰，这是受外来文化影响的结果。

早期罐类器物，多粘有双泥条二系或四系，主要是实用功能的需要，同时也起到了装饰作用。其效果是左右对称，在肩部占据一部份虚空间，打破了整个罐体的呆板局面，达到了活跃气氛的效果。

2. 唐代邢窑的戳印、刻划花、印花和彩釉装饰

戳印：在一些邢瓷器物上有戳印纹样。我们在祁村，双井唐代窑址上，见有排列整齐的半圆形、菱形戳印纹样的盏托、瓷瓶、马蹬壶等残片。戳印工艺方法简单，效果清雅。一般菱形戳印纹样的边缘，都用单线边框限定，以增加效果。如图 9 所示。

刻划花：邢窑白瓷中已有刻划花装饰方法出现，虽数量不多，但足以说明其技术水平及特点。在祁村出土的马蹬壶前后两面的上部，就有用扁形刻刀或针状刻刀刻划而成的三角状图案及花叶状纹饰。其刀法飘逸娴熟，纹饰结构疏密有致，栩栩如生。在临城县岗头村晚唐遗址上，我们曾见到一件刻划花梅瓶残器。在其肩部刻有二十八瓣旋纹，接下去刻有六瓣花式纹样。在其上腹部用单线划有四组连续的牡丹纹样，花头繁茂，枝叶填密，缠绕而成。瓶的下部刻有上下两层莲瓣纹，共三十二瓣。整个瓶体装饰层次分明，错落有序，虚实兼备。是迄今为止在邢窑遗址中发现的整体装饰器物的代表作。如图 10 所示。

印花：唐代邢窑已有模印成形方法。我们曾见到过在内丘邢窑遗址出土的一个菱形印花白瓷碟，系陶范压印成形。其胎质洁白，釉色光亮，器壁很薄。器内部有凸起的图案纹饰，非常精细。在临城县祁村也曾出土有用压印方法成形的花口瓣足碗。

釉彩：在内丘、临城邢窑遗址所见，当时邢窑不仅生产白瓷，也生产黑釉、褐釉和三彩釉器。已知的烧造黑釉器的窑址有内丘县西关、西邱；临城县邱村等地。烧造三彩釉的窑址有内丘县北市场等地。

内丘县城关出土唐三彩器物及素坯多件，主要有杯、盘、罐、镀等多种器物。有一种敞口环柄杯，着白釉的显得恬静安详，着三彩釉的显得活泼富丽；同一造型不同装饰，效果迥异。诚然，邢窑是以其精湛的白瓷制品闻名于世，但这些鲜为人知的色釉彩瓷更加扩充了邢窑这个宏大家族。

3. 金元时期的刻划花、印花、铁锈花、剔花、三彩釉、梅花点装饰

在临城县山下村，解村、南程村等金元时期的窑址上，可以找到不少刻花，印花的残片。主要纹饰有：凤衔花、水波游鱼、石榴纹、婴戏、牡丹纹、竹枝鹭鸶、缠枝花卉、龙纹等。其中印花装饰中有六格、八格的布局方法。这些印花器物内多有砂圈，对器内纹饰的完整统一及制品的依用很有影响。如图11所示。

在临城县陈刘庄及山下村的金元遗址中，曾发现有铁锈花、剔花的杯子，碗及瓶类残片。在射兽村金代遗址上多次发现有梅花点装饰的碗器残片。还发现有网纹乳钉点褐彩装饰的白瓷小罐。这些装饰方法与同期其它窑口极为相似。

在临城县造纸厂南坡，发现有金代烧造三彩器的遗址。出土残器多是双耳三足炉、三彩刻花盘等。既有成品残片又有素坯。双耳炉残片的腹部多粘有凸起的模印龙纹。三彩盘中刻有奔放的花卉，罩上黄绿釉彩烧成后，其色彩斑斓，绚丽如锦。

4. 邢窑的铭文

在邢窑烧造的器物和匣钵上，有大量铭文，现分列于下。

邢窑器物上的铭文：

五十年代在陕西地区出土的文物中，有底刻"翰林"二字的邢窑白瓷罐。这是贡品的标记。

见得最多的是底心刻有"盈"字的器物。如西安大明宫出土的"盈"字碗，上海博物馆藏品"盈"字白瓷粉盒。近年内丘县文管所在内丘城关遗址中收集到十数片刻有"盈"字的碗、注子、罐底。人们对"盈"字的解释不一。陕西的研究者认为"盈"字与碗同意，内丘的研究者认为是作坊的商标。我们认为后者可信。

在临城县祁村邢窑遗址中，我们发现有多片带"王"字的碗底残片，我们认为这是姓氏。除此之外在临城县各遗址上还发现有"张""素""九""季""重""许""楚""弘"等底款。这些底款有的是姓氏，有的是名字或年号的一部份。

邢窑匣钵上的铭文：

在临城县祁村唐代邢窑遗址中，曾出土一盒状匣钵盖，上刻一"王"字，同"王"字款瓷片同出一地，看来这是作坊主姓氏无疑了。在射兽村的金代遗址中，曾见一桶状匣钵，器底刻有"苏家"二字，这可能是窑主姓氏。

总结上述，已发现的邢窑铭文共有两类：一类是记录产品的用途：如"翰林"注明是宫廷用品。"张""重"等是定货主姓氏。二是作坊主姓氏，注明是谁的产品或窑具。这些铭文对我们进一步分析考证邢窑当时的社会状况，经济关系，产品流通去向都是十分重要的。例如，众多的姓氏和标记是否可以表明一些小作坊主单做共烧的关系。小作坊主可以单独制坯，但不一定有足够的资金建窑，只能几家共用一窑或小作坊主在大作坊主的窑中搭烧，为防产品混杂，在器底记上姓名。或者为了产品竞

争，在器底刻上作坊主姓氏，以争得顾客。还有个别类似年款的铭文如"弘"字，该片失落另一半，似应是"弘道"年号。这些都是有待研究的问题。随着邢窑研究的进一步深入，更多有价值的铭文还会不断发现，彻底揭开邢窑之谜的日子不会太远了。

六、结束语

任何事物都有一个发生、发展、消亡的过程，邢窑也不例外。经过北朝、隋代的奠基，唐代邢窑繁衍兴盛了二百余年。终因唐末战争频起，原料枯竭，定窑、磁州窑兴起而逐渐衰落了。虽然金元各代又在其原址附近恢复了烧造，但已无往日规模和神采。其工艺方法和器物品种与唐代邢窑已无渊源关系了。

邢窑虽已成为历史，但它给我们留下了大批宝贵的文化财富，大量未知的邢窑器物还埋在地下，有待我们去发掘和研究。就目前的工作来看，对邢窑的认识和研究还远远不够。这不是我们一代人的事，可能需要几代人的共同努力才能完成。

努力吧，千古名窑重放异彩的日子已经为期不远了，我们将无愧于祖先，无愧于世界人民的期待。

本文经河北化工学院姚毅老师修改，经省轻工厅刘可栋高级工程师审定，在此表示感谢。

执笔：毕南海

参考文献

1　《内丘县文物志》。

2　《临城县文物志》。

3　卢建国：《论唐代制瓷业的大发展》《文博》1985.2。

4　李知宴：《中国古陶瓷概述》《中国陶瓷》画册、文物出版社。

5　邓白：《略谈我国古代陶瓷的装饰艺术》《中国古陶瓷论文集》。

6　周丽丽：《唐代邢窑和上海博物馆藏瓷珍品》《上海博物馆论文集》。

7　《邢窑与邢瓷艺术鉴赏会》纪要［未刊稿］。

8　王舒冰：《邢州归来——古陶瓷考察实录之一》《河北陶瓷》1984。

9　杨文山：《隋代邢窑遗址的发现和初步分析》《文物》1984.12。

10　沈起炜：《隋唐史话》中国青年出版社。

11　冯先铭《近年来陶瓷考古的新成果·邢窑与定窑》《近年发现的窑址出土中国陶瓷展》出光美术馆。

12　薛增福：《河北曲阳发现隋代墓志铭及瓷器》《文物》1986.2。

13　河北临城邢瓷研制小组《唐代邢窑遗址调查报告》《文物》1981.9。

14　蒋华：《江苏扬州出土文物的唐代陶瓷》《文物》1984.3。

15　冯先铭：《谈邢窑有关诸问题》《故宫博物院院刊》1981.4。

16　轻工部陶瓷工业科学研究所《中国的瓷器》轻工出版社。

17　杨文山：《唐代邢窑遗址的发现和初步分析》。

18　水既生《就山西古窑址遗物谈唐代北方的制瓷工艺》《河比陶瓷》1981.4。

内丘邢窑的重大发现[*]

李知宴

一 内丘瓷窑的发现为邢窑研究打开新局面

邢窑在我国封建社会陶瓷发展中占有重要地位，不但开始生产的时间早，而且以其精湛的技艺推动着整个北方瓷器工艺的发展。在唐代有所谓"南青北白"的局面。这是以越窑为代表的南方青瓷和以邢窑为代表的北方白瓷并驾齐驱。越窑在解放前就发现窑址，许多问题讨论相当深入，而邢窑由于窑址没有发现，研究工作遇到到许多困难，不能深入进行。

1980 年河北临城发现隋唐时期的白瓷窑址，还有时代更早的青瓷窑址。其中有的精细白瓷水平很高，符合唐人歌颂、评价的邢瓷标准，引起广泛的讨论[①]。比较一致的认识是，这就是唐代盛名的邢窑窑址所在地，有人甚至提出邢窑就在临城，不在内丘，文献记载有误。但是在讨论中也有一些问题尚未解决。例如，临城瓷窑分散，大多数窑址工艺水平不高。就从水平最早的祁村窑址采集的瓷片标本初步统计，精细白瓷只占 20%，大多数是青瓷、粗白瓷和其他品种，为唐人歌颂的精细白瓷数量太小，不可能产生很大的社会影响。临城在内丘的北边，根据地质勘察和考古调查，这一带只有内丘产优质瓷土，唐代以来都在内丘取土，直到今天都是这样。临城没有内丘条件优越，那么唐代为什么不在内丘建窑而在临城建窑？再有，既然邢窑不在内丘而在临城，李肇在《国史补》上为什么不说"临城白瓷瓯"而说内丘呢？临城在隋唐一直属于赵州，内丘只在唐高祖武德初年属赵州，以后一直属邢州，整个唐朝二百多年的时间里赵州、邢州所辖范围一直没有多大变化，内丘和临城地界清楚稳定，唐朝文人不至于弄错。临城和内丘都与隆尧为邻，隆尧就是隆平和尧山，隆平是唐高祖李渊的祖宗坟地（开元八代宣简公并七代祖懿王陵）所在地，坟地就在县南的王尹村北。邢、赵二州官员要在每年春秋二季率领百官前往祭谒，在地理上，政治意义如此重要，在唐代的邢、赵二州是不许混淆不清

* 《河北陶瓷》1987 年第 4 期

的[②]。李肇在《国史补》中明确指出邢窑在内丘，他的《国史补》十分严肃，他在《自序》中说："予自开元在长庆，撰国史补虑 史氏或阙则补之。"他是在很认真也记录社会观实，以补国史。他不敢也不可能把邢、赵二州搞错。其他文献也明确指出在内丘。既然文献不可能写错，那么窑址就不可能不在内丘，既然窑址不可能不在内丘，那么临城所发现的窑址就可能不是邢窑的中心窑场。因为唐代以州命名的瓷窑，一般都包括一个相当大的地理范围，相同的产品可能超过州界。临城瓷窑可能属于邢窑的一个组成部分。大家一直在等待内丘能发现唐代白瓷窑址。

1984年内丘县开展文物大普查，在京广铁路两侧，小马河、李阳河两岸，即县城周围，冯村、永安、五部等乡120平方公里的范围里发现了二十八处古窑址。特别在内丘县周围发现密集的窑群，其中包括过去在唐大明宫遗址发现的刻有"盈"字款和用笔书写"翰林"，西安唐墓出土底部刻写"翰林"那样的精细白瓷，而且细白瓷生产的比 例，比临城任何一个窑址都大，这里出土的白瓷质地细密，与陆羽在《茶经》描写的"如银似雪"、"邢瓷白"完全相符。产品品种之丰富，数量之大，也与李肇在《国史补》中评价的"天下无贵贱通用之"相符。1985年我们到内丘调查之后，将临城和内丘窑址标在地图上，发现内丘窑址和临城窑址连成一片，是一个巨大的瓷窑生产区，作坊相邻而建。内丘的窑址范围大，密集，细白瓷的比例高，还生产粗白瓷、三彩釉陶、青瓷、黑瓷、黄釉瓷和芝麻酱釉瓷。很明显内丘是这个陶瓷生产区的中心，原料也在内丘，得天独厚。交通发达，商业繁盛，根据临城陈刘庄千佛寺碑记载的内容，内丘是临城与内丘一带商品集散中心。所以文献记载邢窑在内丘是完全正确的，而临城的瓷窑群则是邢窑的有机组成部分。

这次发现对邢瓷的研究意义十分重大，为邢瓷的研究打开了一个新局面，从考古学上寻找邢窑的任务算实现了。

二 自然条件和窑址布局的特点

根据窑址调查了解到内丘有发展瓷器生产优越的自然条件。内丘县在河北省南部偏西。窑址在滏阳河上游的小马河、寺阳河、泜河、泜北渠一带。地处太行山麓，是丘陵和平原交汇之地。南起内丘县城，北至临城的竹壁水库，南北25公里，东西宽约5公里的范围，蕴藏着丰富的瓷土。许多煤层把瓷土层分割成若干小条小块。有优质瓷土，也有质量一般的瓷土。在内丘县城附近优质瓷土埋藏较浅，易于开采[④]。临城和内丘自古以来就在这里取土，滏阳河及其支流水源丰富，保证了制瓷用水。内丘地处丘陵，林木茂盛，柴草砍之不尽。就地取材是我国陶瓷作坊建立的一个原则，上述条件形成陶瓷发展的良好基础。

唐代的内丘，李肇在《国史补》中说："凡货贿之物，侈于用者，不可胜纪。"交通四通八达，这里的货物贩运到很远的地方。可以想见，内丘、临城的瓷器汇集于市，地方官挑选优秀之作上贡，皇室也派人来征购，商人贩运到各地销售。从活跃的商业交通线来看，陆路往北联通曲阳、保定、通县、涿县、北京等地，往南联通邢台、邯郸、安阳、洛阳、西安，联通丝绸之路。邢瓷可以运往西域。水陆交通也很方便，小船将邢瓷运往滏阳河，经子牙河进入天津，往北由北运河进入长江，直接运到镇江、扬州，或经南方水系、陆路交通可运往广州、明州等海港城市输出海外。生产和销售的畅通，推动着生产的发展。

邢窑生产有一个发生、发展、兴盛和衰落的过程，窑址的分布，从临城来说早期青瓷、白瓷窑址主要分布在城南的陈刘庄、贾村。兴盛时期的青瓷、白瓷、黑瓷窑址有陈刘庄、贾村、澄底、岗头、祁村、西双井、东双井等。晚期窑址在北程村、南程村、解村、山下、西磁窑沟等。窑址布局表明，当时作坊的建立离城较远，也比较分散，没有发现集中的窑群，就是最兴盛的盛唐时期，细白瓷的比例也极小。

内丘的窑址群有三大部分。第一部分在城的西边、北边和东边，生产早期的青瓷和白瓷。第二部分在城的周围，尤其西关、南关地区瓷窑集中，在范围不大的地区就发现窑址十四处之多。生产粗白瓷、细白瓷、黑瓷、黄釉瓷和乳浊窑变釉瓷、酱釉瓷、三彩釉陶等。第三部分，比较边远部和与临城交界的东磁窑沟等。瓷窑的布局和临城相似，早期比较分散，离城比较远，盛唐时期，也就是邢窑最兴盛的时期，瓷窑集中在城周附近。密集，规模也比较大，带"盈"字款的白瓷主要在这一带几处窑址里有发现。离城（即市场）近，离优质瓷土近。作坊的建没，经过精心选址，原料、市场、运输等因素都考虑到了。时代偏晚的窑址，多在内丘和临城交界的磁窑沟，品种单调，就地销售。

三 对时代的判断看清了邢瓷发展的过程

邢瓷生产时间很长，品种也很丰富，有青瓷、青黄釉瓷、黄釉瓷、黑瓷、酱釉瓷、乳光窑变釉瓷、粗白瓷、细白瓷、三彩釉陶、覆烧瓷器、划花瓷器、印花瓷器、白釉黑花瓷器等。

青瓷、青黄釉瓷和黄釉瓷器，产量大，都是青灰胎，坚硬厚重。施青釉，器物里壁满施，外壁只在上腹或口沿部分施釉。釉质凝厚，玻璃质强。有的青黄釉瓷在胎体上施一层白色化妆土，釉层青绿深沉而泛黄，同一件器物上，不施化妆土的釉色深青或灰青色。黄釉瓷器，釉色一致，呈黄色或淡黄色，釉质较细。这三类制品工艺接近，呈色物质主要是铁的氧化物。深青色或灰青色是还原焰烧成，不衬化妆土的青黄釉和黄釉是由氧化焰烧成。北方的馒头窑容易烧成氧化焰，所以一般青釉都有点泛黄。器物主要有碗、盘、罐、壶、钵等生活用具。这些制品的胎釉特征和厚重、坚硬的质感方面，与河北景县封氏墓群，河南濮阳李云墓出土的青瓷接近。在河北邺城相当于北齐时期遗址采集到的青瓷碗片，与它完全一样。碗类的造型与河间邢氏墓，安阳范粹墓，太原娄睿墓出土的青瓷相类似。窑址中的青瓷钵，特点是敛口、圆唇、底部很小，接近环底，与娄睿墓出土的釉陶钵相近。青瓷盘，口沿较尖，胎体略外斜，平底，与洛阳王湾北朝地层中出土的陶盘一样。这些窑址一般埋藏都比较深，种类少。在河北临城及内丘露出的窑炉残体观察，体积小，有的直径只有 2 米，结构简单，窑具也没有发现匣钵。用土坯砖砌窑的墙壁。没有发现匣钵，器物底部只用泥条卷成一个圈来垫烧。这些都是早的特征。邢窑初创时期定在北朝后期比较合适。河北、河南、山东等地一些北朝晚期的瓷窑，产品没有邢窑质量好。

还有青瓷注壶、直筒腹碗、四耳罐、盘口细颈瓶等属于隋代，而胎体厚重的执壶，则是初唐的产品。邢窑里发现有口呈梯形的扁壶，双系，腹周为联珠纹，中间二人着胡服。在莲蓬形台上跳舞，这是初唐之作。故宫珍藏的青釉龙柄凤头壶很可能是邢窑初唐时期的产品[⑤]。

黄袖瓷器，胎体厚重，用宽肥的三叉支钉支烧，与寿州窑的黄釉瓷风格一样，应该是初唐的产品，到盛唐时期变化不大，胎做得薄一些，只是器物品种减少。

　　黑瓷，多数产品较粗，形体大而厚重。部分黑瓷釉层凝厚，莹润光亮，在内丘西关窑群中发现的黑瓷三足镟，是盛唐时期的产品。在临城的射兽、南程村一带发现的黑瓷鸡腿坛是金元时代的产品。

　　酱釉瓷，包括质量相当好的，釉色呈芝麻酱颜色的作品系唐代作品。

　　乳浊窑变釉瓷，在内丘的河村遗址有发现，底釉是黑釉或褐黄釉。与河南鲁山、郏县、禹县的花瓷一样，在底釉上出现花斑，这是一种二液分相釉，与宋代的钧瓷釉工艺密切，河南考古工作者称为"唐钧"。

　　白瓷，邢窑白瓷产量大，在社会上流传很广，它的白瓷驰名整个社会，而其他品种不为人们所知。一个是由于白瓷产量大，一个是技艺水平高。有粗白瓷、细白瓷、覆烧白瓷、划花白瓷和白釉黑花瓷。

　　粗白瓷，有杯、碗、壶、罐、钵等。有一种碗，口沿略外撇，圆唇，腹体宽而浅，胎色白中发灰，有的不施化妆土，有的里壁全施化妆土，外壁只在口沿部分施化妆土。白釉，有的制品白色一致，有的白釉不均匀，下腹壁及底足不上釉。这些特点和河南安阳武平六年范粹墓出土的白瓷一样，还有双耳罐都应该是北朝的产品，根据魏晋南北朝瓷器发展的情况来看，北朝完全具备了生产白瓷的条件，古代文献记载的白瓷还会更早一些。《笙赋》注引吕忱《字林》："瓷，白瓶长颈"，"颈"就是"躬"字，《玉篇》"躬""身也"。吕忱是西晋时人[⑥]。如果文献记载确实的话，西晋时已经有了白瓷长颈瓶了，所以北朝发现白瓷毫不奇怪。

　　内丘的北双流和临城贾村等窑址出土一批白瓷，有深腹杯和深腹碗，深腹杯的口微侈，口沿尖薄，中腹至底器壁逐渐加厚，底部很小，圆饼状足，足的边棱略为外侈，有的底部稍宽一些。白胎，施化妆土，白釉玻璃质强，下腹近底处露胎，具有隋代白瓷的特征。河南安阳张盛墓，西安李静训墓，姬威墓的白瓷基本上与它一致。邢台隋大业四年墓出土的白瓷双龙柄盘口尊，天津市文管会收藏的双龙柄双身尊都是隋代邢窑的产品。在内丘窑址里发现的白瓷双耳扁瓶，耳是忍冬叶形，腹部粗大的联珠纹有北朝的特征，范粹墓出土的黄釉扁瓶就是这样，联珠围成杏仁形装饰圈，则像隋李静训墓出土的白瓷扁壶一样，腹部的缠枝花卉则是唐代的式样。这件作品定在唐朝初期比较合适。

　　在内丘窑址出土一件白瓷素坯的佛龛，名为善事泥，根据佛的形象、发型、佛、弟子、力士和狮子、童子等组合，这件作品定在初唐比较合适。在粗白瓷中，碗类的形体比较宽，器壁弧度不大，圆饼足又宽又矮，足径超过口的二分之一，胎厚，施化妆土，釉色银灰，积釉处泛青或泛黄，还有敛口钵一类厚胎作品，与西安地区初唐墓出土的的白瓷一样。还有白瓷砚台与总章元年（公元668年）李爽墓出土的瓷砚一样。直口平底白瓷盘，也与李爽墓出土的白瓷盘一样。

　　在粗白瓷中，那种形体较矮，侈口，腹体较斜，弧度不大，玉璧形足的碗，盏、合子以及腹体饱满圆鼓的罐都是盛唐时期的产品，在各地盛唐墓中出土较多，在陕西西安唐大明宫遗址、西市遗址均有出土。在内丘窑址中发现的白瓷折腰碗与陕西乾县神龙二年永泰公主墓出土的三彩折腰碗一样。

　　细白瓷，有碗、盏、瓶、罐、盆、盒、凤头壶等。

　　1978年河北临城东镇公社农民取土时挖出一批白瓷。有白瓷凤首，可能是凤头壶的盖，两件三足盘，二件玉璧形碗，一件白瓷三足镟，一件罐盖，一件翻沿圆唇深腹碗，动物形象有狮、大象。大象身披毛毯，前面有一个驯象的人物。这批作品是邢窑的细白瓷，同时出土的还有一件海兽葡萄镜，镜体小，直径9.5，厚1厘米。边厚，唇尖，花纹严谨，中圈是一组联珠纹。海兽葡萄镜在我国流行于唐高宗、武则天至唐玄宗的天宝时期。临城发现的海兽葡萄镜是较早的一种，应是初唐至盛唐之间的产物。河南陕县刘家渠唐墓出土的邢窑白瓷长颈瓶是盛唐之物。

邢窑中的刻"盈"字款，"翰林"款，或书写"翰林"字样的作品是邢窑的精细产品，主要用于向宫廷上贡。西安地区唐开元二十四年墓里出土一件白瓷罐，底部刻"翰林"字样，说明它们是盛唐之物。临城窑址出土的细白瓷皮囊壶，在西安地区盛唐墓里有出土，英国维多利亚博物馆收藏一件白瓷褐彩皮囊壶，也是盛唐之物。西安何家村出土一件银质鎏金舞马衔杯皮囊壶，造型与邢窑的皮囊壶一样，是盛唐时期之物。白瓷中仿金杯的高足杯、环耳杯，其时代也应是盛唐之作。荷叶口、菱花口、葵口的碗、盏类作品是晚唐时期的产品。

细白瓷中，有一类碗、盏、盏托、盒、瓶、执壶等作品，胎体较薄，腹体加深，颈部加长，圈足加高，以及一些精巧的小动物形象，根据西安和河南三门峡地区唐墓出土的瓷器相比较，应该是晚唐至五代时期的作品。

内丘窑址中的三彩釉陶都是盛唐时期的产品。

在内丘和临城交界的磁窑沟，临城的南程村，东、西双井村生产的粗白瓷，覆烧瓷器，白釉黑花瓷器都是宋金元时代之作。

四 邢瓷的分期研究有了可靠的依据

内丘邢窑资料极其丰富，可以看出邢瓷的发展有明显的阶段性，能够按照考古学的方法进行分期。北朝至初唐是第一期，盛唐是第二期，晚唐五代是第三期，宋金元是第四期。

第一期，北朝、隋、初唐是邢窑的创立时期，也是我国北方瓷系形成和初步发展的时期，窑址作坊分散，建作坊主要注重瓷土原料和水源，以生产方便为主。生产的瓷器有青瓷、青黄釉瓷、黄釉瓷。北朝发明白瓷，工艺不够成熟，但比青瓷质量高，产量小。到隋朝白瓷发展较快。但整个来看，第一期瓷器的特点是质地粗厚坚致，原料没有良好加工，气孔率大。辘轳成形，轮旋纹理不匀，稳定性不佳，胎色为灰色，深浅不一，有的青瓷也加化妆土，火焰气氛控制不稳定，有的瓷器露胎部分呈褐红色，没有任何装饰，靠化妆土来增加釉色的美观。釉面流釉，滚釉现象常见。白瓷也粗，白度不高，釉色白中泛黄或泛灰，玻璃质强，工艺上比青瓷考究一些。生活用具种类不多，但烧出了佛龛（即善事泥）及佛的形象。

流通情况，邢瓷的发现主要在河北、河南、陕西一些达官显贵的大墓中。其他地区、沿海港口城市没有发现。

第二期，即盛唐时期，邢瓷迅速发展，在内丘城周形成中心窑场，作坊密集，生产兴旺，上述各类瓷器和三彩釉陶品种均能生产。工艺精细，社会影响广泛，向宫廷进贡，也输了到海外许多国家和地区。这个时期的白瓷分为粗白瓷和细白瓷。所谓粗白瓷是与该窑精细白瓷相比而言的。但与全国各地唐代白瓷相比，水平还是高得多。细白瓷原料经过仔细加工，成形稳定性能良好，规格精巧，一件作品从中心轴线向四周测量，没有任何厚薄不匀和歪扭变形的现象。这个时期的邢瓷可以和越窑比肩抗衡。唐朝著名诗人皮日休在《茶中杂咏·茶瓯》诗把它与越窑一起来歌颂，称颂它们"圆似月魂堕，轻如云魄起"[①]。用辘轳成形，修坯精细，胎面看不到任何轮旋纹理，白釉直接施在胎体上，不施化妆土，全凭工匠的精工细作，获得洁白的效果。釉质细腻，釉光莹润，色白如雪。陆羽在《茶经》

中评价"邢瓷类雪"。根据化学分析，与景德镇、德化白釉相比，釉中 MgO 含量较高，CaO 较低，属 MgO—CaO—Al$_2$O$_3$—SiO$_2$ 系统，称"镁—灰"釉，用还原火焰烧成[⑧]。这种瓷器原料特性是，火候要求高，但细白瓷没有烧到家，所以吸水率较高，各类生活用具如碗、盘、盏、杯、碟、瓶、壶、罐、烛台等产品数量很大，种类多，凤头壶、皮囊壶等白瓷作品别具一格。

邢瓷到这个时候成熟了，技艺精湛，作工细腻。邢瓷不讲究色彩和花纹装饰，但在器物的造型结构，线条处理很富匠心，把庄重典雅的造型美，陶瓷胎釉的质感美发挥到最高水平，表现出大唐盛世宏伟气魄的时代精神，在我们中华民族的工艺史上放射出一片光彩。一些精巧的葵口碗、菱花口碗也是在这个时期出现的，碗类器物比较矮，碗壁弧度不大，胎略厚，足径一般是口径的二分之一，高度一般只有口径的四分之一，底足外墙壁略高于内墙或相当，足心挖得很浅。只有通高的十分之一。许多作品足心刻"盈"字款，"翰林"款，或墨书"翰林"字样。

施釉也改为里外壁，足心满施，只在足沿露胎。

瓷器的品种也齐全，能满足各个阶层的需要，正如李肇在《国史补》中所说："内丘白瓷瓯，端溪紫石砚，天下无贵贱通用之。"正是反映这种实际情况。《新唐书·地理志》："邢州巨鹿郡……土贡……磁器。"确实也向宫廷进贡。带"盈""翰林"款，或书写"翰林"字样的瓷器在大明宫遗址里出现就是证明。这个时期邢窑白瓷还作为重要商品向国内、国际市场销售。除长安、洛阳等政治经济城市大量发现以外，通往河西走廊的甘肃，丝路重要地段的新疆地区均有发现。其他山西、河北、北京等地经常发现。南方的重要港口城市如宁波、扬州、广州等地也有发现。故宫博物院收藏一件花口瓶，釉下刻"丁大刚作瓶大好"一行字，该瓶的窑口尚需考虑，但可以说明唐代白瓷生产商品性增强，既能满足统治者上层的需要，也能满足市民有钱之家选用，或销售到海外。

第三期，白瓷继续得到发展，包括生活用具，陈设艺术品和人物、动物等艺术形象。细白瓷数量相对增加，工艺也提高，胎体变薄，作品更精巧，葵口、荷口、菱花口作品主要在这个时期流行，器物底部宽平。圈足高而窄，称为玉环底。烧窑工艺更加提高，过去生烧的现象消失，敲击起来有清脆的金属声，晚唐人段安节撰写的《乐府杂录》《方响》条中记载："武宗朝，郭道源为凤翔府大兴县丞，充太常寺调音律官，善击瓯，率以越瓯、邢瓯共十二只，施加减水于其中，以箸击之，其音妙于方响。"河北一些小型唐墓中也发现邢瓷殉葬，而且是质量很高的细白瓷[⑨]。说明民间人家也能买到以前只有宫廷才能使用的东西。

与整个唐朝社会艺术与工艺发展趋势相比，邢瓷只追求质感美和质量的提高，新品种增加不多，也不追求色彩和装饰花纹。

邢瓷发展第三期的时间是晚唐至五代。

第四期，宋金元时期，细白瓷已经不生产，粗白瓷的质量也明显下降，工艺落后，模仿定窑、磁州窑生产一些民间用瓷，但工艺水平远远落后于定窑和磁州窑。作坊零落，成为一般民间生产粗瓷的场所，失去了唐代邢窑白瓷的艺术光辉。

关于邢窑细白瓷中的带"盈"字款的作品，近来发现越来越多。过去作过种种推测，都不够准确。在唐代各地官吏常将一些地方名产或精细高级工艺品向皇帝进贡，中央或地方官吏均有这些都是按规定进贡的额外进献。这些贡品都被纳入皇宫中的"琼林"或"大盈"二库，专门供皇帝私人使用，任何人不得使用，邢瓷中精细白瓷自然也是进献而受到皇帝欣赏之物，故此，在社会上享有盛名，精巧玲珑的瑰宝自然也就是能讨得皇帝喜欢的献纳物了，窑址发现的带"盈"字款的细白瓷可能就是专门纳入"大盈"库中的贡品。邢窑白瓷在各地大官僚墓葬中出土很多，但带"盈"字款的作品没有见到，唯独在大明宫有发现，恐怕就是这个道理。

（作者：中国历史博物馆研究员）

注　释

①　河北临城邢瓷研制小组：《唐代邢窑遗址调查报告》，李辉柄：《唐代邢窑址考察与初步探讨》，叶喆民：《邢窑刍议》，均见《文物》1981 年 9 期。

②　程在廉：《何处是邢窑》，《河北陶瓷》1984 年 1 期。

③　见江苏广陵古籍刻印社：《笔记小说大观》第三十册一页。

④　同②。

⑤　见《故宫博物馆瓷选集》。

⑥　转引自唐兰：《长沙马王堆汉轪侯妻辛追墓出土随葬遣策考释》，《文史》第十辑。

⑦　《全唐诗》卷二十三，皮日休五。

⑧　盛厚兴：《唐代邢窑白瓷的研究》，《中国古代陶瓷科学技术第二届国际讨论会论文提要》15 页。

⑨　石家庄地区文物研究所：《河北晋县唐墓》，《考古》1985 年 2 期。

邢窑"盈"字以及定窑"易定"考*

陆明华

　　上海博物馆藏有唐代邢窑"盈"字白釉瓷盖盒和五代定窑"易定"款白釉瓷碗各一件，字铭全刻于器底，均已发表。但是，关于"盈"字及"易定"字款的含义是什么，由于缺乏足够的证据，因而无法得出正确的结论。最近，笔者通过对在这两种款识的研究，发现它们还是有据可查的，现结合有关材料，把自己的一些管见在此文提出，权充一考。

　　邢窑是唐代盛极一时的北方制瓷名窑，"内丘白瓷瓯"誉驰海内外，极为时人所推崇。但至今流传于世的邢窑瓷器却不多，而且署款者极为稀少，已发表的邢瓷产地之一的河北临城窑址，带款的仅发现少量刻有"王"字一类的残片，此类字款可能是工匠或定烧者的姓氏款。值得注意的是，近年来在河北内丘城关地区窑址出土了十多件带有"盈"字款的白瓷残器①，这一新发现既证实了邢窑的烧造中心确实在河北内丘，与李肇《国史补》所记完全吻合，而且还进一步证实在唐代邢窑中，刻有"盈"字的作品有较多的批量生产。这一发现更促使我们去思考这些问题：这种"盈"字款器究竟为谁而烧？"盈"字的含义到底是什么？为什么在很少烧造有款瓷器的邢窑会制作成批的"盈"字款器？

　　实际上，有的问题早已自然解决。早在五十年代，陕西西安地区就已出土了一些带有字款的邢窑瓷器，其中有几件是底刻"翰林"字款的白釉瓷罐（这种作品基本上可推知是翰林院的定烧器），还有"盈"字白釉碗，字铭刻于玉璧形底心内②。这种"盈"字款器，与上海博物馆藏邢窑白釉盒、内丘城关出土残片底款的内容是完全相同的。特别值得重视的是，西安发现的玉璧底"盈"字碗出土于唐代的大明宫遗址，这对于深入了解"盈"字作品的来龙去脉是一个至关重要的线索。首先，它们都被确证为唐代邢窑烧造；其次，这几种器物均在底部刻一"盈"字，在所发现的瓷器中，只有邢窑瓷器上有刻"盈"字款铭。由此可以推知，刻有"盈"字款的邢窑瓷器都是宫廷内用品，而且烧造这一类制品的窑址都在内丘同一地区。至于上海、西安的两类字款器，应当属同时期入贡之品，只不过前者系早年从宫中（或遗址内）流出，而后者久湮于废墟中，到本世纪五十年代才得见天日。由此可知，内丘窑址中新发现的"盈"字残器，是当时未烧造成功而报废的制品，其制作目的、用途与上述

* 《上海博物馆集刊——建馆三十五周年特辑》，上海古籍出版社，1987年总第4期

"盈"字器是一样的。

　　由于大明宫遗址曾出土过邢窑"盈"字碗，因而有必要对大明宫的历史作一简略回顾。按大明宫又名东内，与太极宫（西内）、兴庆宫（南内）合称"三大内"，同为唐代帝王寓居和听政的重要宫殿。大明宫始建于唐太宗贞观八年（634 年），名永安宫，九年正月改名大明宫，未建成而止。其地在"禁苑之东南，西接宫城之东北隅，龙朔二年，高宗以大内卑湿，乃与此置宫"③。次年四月，高宗李治由太极宫迁入大明宫居住听政，从高宗以后诸皇帝也常居于此料理政事④。

　　可以想见，从龙朔三年（663 年）至唐末（907 年），历时近二百五十年，宫廷内各类艺术品和生活用品极多，遗存的物品如果没有绝对纪年铭文和相对可考的款识或明显的朝代特征，根本不可能断定其为唐代哪一时期之物。因此，大多数出土器物无法查考其地层关系，不言而喻，"盈"字碗入宫的较确切时期也无从得知。但联系唐代邢窑白瓷入贡朝廷的文献记载和此碗在宫中的出土，可以肯定这种内府定烧的"盈"字器的烧造日期不会离文献记载的日期太遥远。

　　约成书于开元二十六年的《大唐六典》卷三记载：

　　"河北道贡……恒州春罗孔雀等罗、定州两窠细绫、怀州牛膝、洛博魏等州平绸、邢州瓷器"。

　　《新唐书》卷卅九也有类似记述：

　　"邢州巨鹿郡，上、本襄国郡，天宝元年更名，土贡：丝布、瓷器、刀、文石……"

　　根据上述列举史料以及其它有关文献、考古材料共同引证，唐中期至中晚期（更确切地说，开元、天宝及以后一段时期）是邢窑瓷器入贡最多的时期，因而我们基本可以推知，有"盈"字的碗、盒等类瓷器的入贡时期在开元、天宝或此后不久。

　　那么，邢窑瓷器上的"盈"字究竟作何种解释？它与这一时期的哪一类内容相联系？此又是一个令人迷惘的问题。因为"盈"字在史料中可解释之处实在太多，如《说文》谓："盈，满器也，从皿夃。"《礼记·礼运》："三五而盈。"孔颖达疏：盈谓月光圆满。"盈"还可作"溢出"解释，《易·坎》："水流而不盈"。"盈"还可作"怒"、"长"解释，并与"嬴"字相通。在器用方面，古人动以"盈尺"、"盈寸"来形容盘、碗一类器皿之大小，但这也只是一种泛指而已，如"盈"字盖盒，长不及尺、短不过数寸，以此刻一"盈"字于器底毫无实际意义。从唐代地名上去查找，可考者有盈川县二，一在今四川筠连县境，一在今浙江衢县南，无法与"盈"字器物相联系。反之，在可能与邢瓷有关的区域内却不见"盈"字出现，如河北道邢州地区一带、唐长安城内、宫殿、建筑物上均未发现。宋吕大防《长安城图》、程大昌《雍录六典大明宫图及阁本大明宫图》、元李好问《长安志图》、明《永乐大典阁本》及以后绘制的长安城、宫地图三十多幅，亦均未见一"盈"字出现于其间。

　　既然不见于产地、古城宫殿建筑名，是否可考虑从人物名号方面去探究"盈"字之义？因为这种可能性还是存在的，从"盈"字碗出土与宫殿遗址这一点看，此字离不开皇家的某一事物或任务的称谓。那么，"盈"字是不是宫中某一大人物名字中的一个字？经查，唐代各朝君主无一以此字为名号者（当然，常识告诉我们，避讳在古代是十分重要的事，因此瓷器上不可能刻写帝王名号）。有唐一代皇子皇孙亦皆无以"盈"字为名号者，嫔妃后宫中也难以考察。

　　然而，《新唐书》卷八十三有这样一段记载：

　　"玉真公主字持盈，始对崇昌县主，俄进号上清玄都大洞三景师，天宝三载，上言悦：先帝许妾舍家，今仍叨主第，贪租赋。诚愿去公主号，罢邑司，归之王府。玄宗不许。又言，妾，高宗之孙，睿宗之女，陛下之女弟，于天下不为贱，何必名系主号，资汤沐，然后为贵？请入数百家之产，延十年之命。帝知至意，乃许之。麑宝应时"⑤。

在公主表字中有"盈"字并见诸唐史的目前仅发现持盈一人。玉真公主系唐玄宗之妹，在景云年间就已出家为道⑥，卒于宝应年间，而这时期恰是邢窑瓷器烧造的高峰时期，似可得出结论：邢窑瓷器上的"盈"字即玉真公主持盈之"盈"。

但是，另一涉及"盈"字之史料不能不引起我们的注意：

"开元中，有御史宇文融献策，括籍外剩田，邑役伪滥，及逃户许归首，免五年征赋……。时又杨崇礼为太府卿，清严善勾剥，分寸锱铢，躬亲不厌……，又王鉷进计，奋身自为户口邑役使，征剥财富，每岁进钱百亿，宝货称是，云非正额租庸，使入百宝大盈库，以供人主宴私赏赐之用"⑦。

《新唐书·食货志》也两次提到玄宗、肃宗时有"一百宝大盈库"，其一内容与《旧唐书》载内容大致相同，其二曰：

"故事，天下财赋归左藏，而太府以时上其数，尚书比部覆其出入，是时京师豪将假取不能禁，第五琦为度支监铁使，请皆归大盈库，供天子给赐，主以中官，自是天下之财为人君私藏，有司不得存其多少。"

上述几段史料均涉及到一"盈"字，前书为玉真公主持盈之"盈"，后者为"百宝大盈库"之盈，无独有偶，两者均与帝王之家有关，前者为公主表字，后者为内府库名，且时代均在开元、天宝期间前后。因而，把邢窑瓷器上"盈"字的研究范围缩小到此两者之间似较恰当。再进一步分析，邢窑"盈"字器为百宝大盈库定烧的可能性比玉真公主定烧的可能性要大得多。因为，作为公主，不可能轻易把自己的名号或字刻于瓷器上，即使定烧，也应镌刻其封号一类款，而大明宫是天子听政所在，玉真公主不可能在此居住。再从时间上排列，她可能在景云以前就已出家，而那时，很少有邢窑入贡，作为公主，一旦出家就不会有如此优厚待遇。况且，"盈"字款器在当时肯定是名贵制器，又有批量生产，因而决不会是公主定烧。而百宝大盈库之与邢窑盈字器的关系之所以具有较大的可靠性，其理由是："盈"字款器的制作、进贡时期定为唐代中期或中晚期，百宝大盈库也是唐代中期至中晚期的内府仓库。在邢窑瓷器上，目前仅见"翰林"及"盈"字款器，既有翰林院定烧之"翰林"款器，"盈"字款也必然是一种宫廷定烧器，而且有供天子宴私、赏赐专用的百宝大盈库之"盈"字与其相合，足见瓷器上刻划"盈"字不是偶然的，它既不是公主定烧款名，也不是简单的吉言款识。还有，从"宴私"之原意解释，也可得出相似的结论，宴是以酒食飨宾客之意，宴私者，谓宴乐而尽其私恩也。皇帝宴私之资财贮于百宝大盈库，而"盈"字瓷器也可能是宴私之用具。因而言其为是库定烧应无悖谬之理。况且，盈字盒制作精巧，是同类产品中的佼佼者，因而完全有理由认为邢窑"盈"字瓷器是以百宝大盈库之"盈"字作为标记、供天子享用的定烧器。

观百宝大盈库之名，似一硕大府库，但除了新旧唐书等史料有载外，吕大防及以后编绘的长安城、宫址地图中无一标注。在这些图中记载到的有左藏库、右藏库、司宝库、甲库、武库等，其中左藏库可能是开元、天宝前后相当一段时间内规模最大的财政国库。当时"天下财赋归左藏"，后来，由于"京师豪将假取不能禁"，肃宗朝度支监铁使第五琦奏请将左藏库的财赋移至大盈库，自是"天下之财为人君私藏，有司不得存其多少。"由此可见，当时的大盈库已成了国内最大、储存财富最丰盈、由皇帝一人所用度、支配的"库内之库"。此库在德宗统治时期还可能具有这种作用。明程楷《明断编》

曰：

"德宗猜忌刻薄，自任强明，耻屈正论，而其受其冈号欲祥瑞，出宫女下罪治俱可称，然作琼林、大盈税，间架宫贸市，此则其可耻矣"⑧。

明赵志皋《乞振朝纲疏》亦谓：

"自古英明才智之主，夫岂鲜哉，一徇于利则智昏于得，恣多取之念，肆无厌之求，凡可以瘠民而肥己者无不为之，此唐德宗琼林、大盈之积可鉴也"⑨。

琼林亦系内库名，唐德宗建以藏贡物，白居易《重赋诗》："进入琼林库，岁久化为压"。此库与大盈库齐名，说明其性质相似，贮藏规模均很可观，而且很有可能在专藏贡物的琼林库未建以前，大盈库也藏贡物，而河北道贡的"盈"字邢窑器，基本可以肯定为藏于此的贡品。

至于大盈库建于何年、毁于何时均无考，但已知大明宫等建筑的废弃主要是火焚，883年，长安城中"宫、庙、寺、署焚荡殆尽"⑩。896年的一次兵变也导致"宫室廛间，鞠为灰烬"⑪，两次兵燹，对宫室的毁坏已十分严重，加上901年的第三次火焚和904年的大规模拆毁使长安的唐代建筑几乎濒于毁灭⑫，百宝大盈库也可能在这几次浩劫中销声匿迹。

定窑为宋代五大名窑之一。传世品中宋代定瓷有款器较多，刻有"奉华"、"凤华"、"慈福"、"聚秀"、"德寿"、"尚食局"、"尚药局"、"五王府"、"禁苑"以及"官"、"新官"等，多为宋代内府款铭。但在五代定瓷中，除了官、新官款（从晚唐、五代起连续出现一百多年）外，目前仅见"会稽"、"易定"之款名。会稽款盘藏于英国大维德基金会，此碗基本肯定为吴越王钱氏定烧，但"易定"款器不知其详。

易定碗传世仅二件，均为白釉，碗的形制、大小、胎体厚薄都大致一样，早年出土于同一墓中⑬。后来，一件藏于故宫博物院，一件流于沪上收藏家黄兆熙手中，六十年代初，黄把它捐赠给上海博物馆。经研究确证，这一对碗烧造于五代后期。

何谓"易定"？目前尚无人完全说得清楚。为便于对定窑瓷上的这一项特殊款识的深入研究，笔者先将"易"字与定字分开来叙述。"易"字，在现代文字中很少使用，甚至在好多工具书中也没有收进。因而，以前曾出现过把此"易"字读"易"字的情况，似乎是"易"字多写了一画。从地名上查找，在河北中部偏西确有一易州，而易州在唐、五代时也是一个大地名，因而读作"易定"亦未尝不可。但"易定"之义如何解释？到底是易州定烧还是别的什么，此又无法说清了。实际上，"易"即是"易"字，不是"易"字，解释为易州定烧是无法说通的，它本来就是一个正确的"易"字。《汉书·地理志》："交趾郡曲易县"。唐颜师古注云："易古阳字"⑭。因而可知易字即阳字的古写法。清段玉裁引《公羊桓十六年传》注："山北为阴……自汉以后此为黔字，阴文作㑒，夫造化㑒易之气，本不可象，故黔与阴、易与阳，皆假云曰山㫄，以见其意而已"⑮。进一步明确"易"为"阳"无疑，由此而知定窑碗底之"易定"应为易定之意。

至于"定"字，其义十分明确，如果定窑器底仅书一"定"字，其义就更毋需解释了，但由于前面有一"易"字，则需进行研究，现"易"字已解释清楚，"易"即为"阳"字，因而"易定"就是"阳定"。"阳定"，按照地名联系并从现今陶瓷考古的角度推论，并进一步根据此碗的窑属、产地来理解，"易定"似是曲阳、定州之意。制作者在这种碗底刻划"易定"二字的目的显然是标明自己是产于定州之曲阳。

但是，按照传统习惯，在地名上排列的顺序应当先是州，而后才是县。因而，如果把"易定"二字解释为当地州县的话，应当是"定"、"易"，但这对碗的字款是上下排列，因而只能读作"易定"，把它说成是曲阳定州之简称，在次序上有颠倒，这就使前面的分析有可能成为一种穿凿附会。然而，这并不能否认前面的"易"字不是曲阳之"阳"，重要的是，"定"字应从更具体的方面去认识，

有两条宋代史料给予我们启示。

周密《志雅堂杂钞》：

"金花定碗用大蒜汁调金描画。"

《吴越备史》：

"太平兴国五年……九月十一日，王进朝谢于崇德殿，覆上金装定器两千事……"

从上述史料中的"金花定碗"、"金装定器"来分析，宋代称定碗、定器已很普遍，而且在"定碗"、"定器"前有"金花"、"金装"之类装饰名称，因而，在稍早些时候出现"曲阳定碗"、"曲阳定器"这种与之相类的名称是完全可能的，由此可进一步推论，"易定"应是"曲阳定碗"或定瓷、定器一类名词的简称。

按曲阳是古地名，古时候叫曲阳的地方很多，如汉代在江苏、在安徽凤台、东晋在湖北汉阳、南朝宋在河南偃城、后魏在安徽六安，均有曲阳之名。"易定"碗产于河北曲阳，所署款无疑是当地之曲阳。这一曲阳最早是古邑名，战国时属赵地，在今河北曲阳西沙河之东，因在太行山曲之南得名，秦汉在左近一带置曲阳县，汉改上曲阳县，北齐又改曲阳，隋称石邑，后改恒阳，唐覆改曲阳，五代、宋、金亦沿用此名，属定州所辖⑯。作为定州的辖地曲阳烧造的瓷器上署"易定"字款实际上是十分正常的事，正如一般瓷窑在所制器物上刻写自己所在地之名一样。如前面提到定窑瓷器上有"会稽"二字，会稽（即今绍兴）在古代很有名，因而不须考证即知会稽肯定指地名，从而也肯定是吴越王定烧，而"易定"是采用一种简略的写法，看似生疏实际并不生疏，只是观者未经研究难以领悟或不敢肯定而已。"会稽"碗由于是吴越定烧，其款显然也根据定烧者的要求刻写，但"易定"碗系曲阳本地所烧，因而其刻写要求显然根据当地习惯，以"易"字冠之于前表示地名，并以"定"字作为器名，其意义实际上相等于曲阳、定州，但确切的名称应当是曲阳定碗、定器、定瓷一类。

"易定"碗既知为曲阳定器或定瓷之意，那么它们是为谁而烧的呢？此款是不是定窑窑工信手刻就的呢？从碗的精致程度看，非平民所定烧，此款也不是窑工随便刻写的。这种碗，同五代定窑中"官"、"新官"、"会稽"款器一样（其制作甚至超过许多"官"字款器），属定窑中的上乘之作，因而它们显然也是一种官瓷。五代时，后梁、后唐、后晋、后周先后统治定州⑰，曲阳显然也在其辖下。从定窑瓷器的发展历史看，五代后期为定瓷的成熟时期，而这类碗也已肯定为五代后期产品，因而它们很可能是后周时所烧。

《曲阳县志》著录有后周显德四年五子山院和尚舍利塔碑记，立碑人中有"使押衙银青光禄大夫检校太子宾客殿中使御史充龙泉镇使钤辖瓷窑商税务使冯翱"之内容。按显德四年为957年，属五代末叶，但此时后周政权尚存，当政者为周世宗柴荣，柴荣卒于显德六年（959年），次年（960年）才发生陈桥兵变，开始长达三百多年的赵宋王朝统治。此"龙泉镇使钤辖瓷窑商税务使冯翱"是后周派遣的官员，其所署"银青光禄大夫"之衔即"光禄大夫之加银印青绶者，唐宋为从三品文阶官"⑱。仅此一衔即可知冯翱身居要职。后周派这样的官员充任"瓷窑商税务使"，反映了后周对定窑瓷业的重

视，也反映了当时窑业之兴盛。另外，从冯翱的官衔看，他似乎还负有"督陶"之使命，在当时，虽然没有类似景德镇明清两代御厂，但冯翱之流的坐镇，显然具有督陶官的作用。当时，许多有官款以及不署官款的精美瓷器，可能就是在这些官员的监督下制作的。"易定"碗作为五代后期之产物，其下限自然不会晚于显德末年，很可能是这一阶段烧造，而定州系后周版图中的一个州，在碗底署以产地名似应包含着下属向上呈送之含意，因而这种款器可能也是当时入贡后周朝廷的贡瓷。这种款与北宋定器上的"奉华"、"聚秀"、"慈福"、"德寿"等显然是有区别的。区别在于，后者是按宋廷要求定烧的宫殿名款器，而前者则地按地方的规定烧造，然后入贡朝廷的。

（作者：上海博物馆研究员）

注　释

① 程在廉：《邢窑中心在内丘》（《河北陶瓷》1986年第一期）。

② 冯先铭：《谈邢窑有关诸问题》（《故宫博物院院刊》1981年第四期）。

③ 《大唐六典》卷七。

④ 马德志：《唐长安大明宫》（科学出版社出版）；《唐大明宫发掘简报》（《考古》1959年第六期）。

⑤ 《新唐书》卷八十三。

⑥ 《唐大诏令集》卷一百八集有景云二年（710年）《停修金圈玉真二观》诏，其中有"金仙玉真公主出家"等语，宋敏求《长安志》谓开元年间有玉真女官观，当为玉真公主出家所在。

⑦ 《旧唐书·食货志》。

⑧ 《今献汇言》第一册（景明刻本）。

⑨ 《明臣奏议》卷三十二（丛书集成初编本）。

⑩ 《旧唐书·经籍志》卷四十六。

⑪ 《旧唐书·昭宗本纪》。

⑫ 详见马得志：《唐长安大明宫》。

⑬ 《中国陶瓷》、《定窑》文字稿（冯先铭撰）。

⑭ 《康熙字典》。

⑮ 《说文解字注》。

⑯⑰ 谭其骧主编：《中国历史地图集》第二至五册。

⑱ 清黄本骥：《历代职官表》。

邢窑遗址发现的经过及其分布*

河北邢窑研究组

邢窑是我国北方白瓷生产的发祥地。在我国陶瓷史上占有重要地位。因此，考察邢窑遗址从而查明邢窑白瓷生产的工艺技术和工艺美术成就，不仅是我国陶瓷史研究中的重要课题，同时也是仿制邢窑和进一步恢复邢窑白瓷生产的先决条件。故此，我们在 1980 年至 1986 年间，对邢窑遗址进行了多次分析与考察。

"邢窑"之名，始见于唐代文献。目前我们查到的唐代文献记载共有六处，即《大唐六典》（成书于玄宗天宝十五前，即公元 756 年之前）、《茶经》（成书于肃宗乾元三年至代宗广德二年间，即公元 760 年至 764 年间）、《国史补》（成书于穆宗长庆四年之后，即公元 824 年之后）、《茶瓯》诗（成诗于僖宗中和三年之前，即公元 883 年之前）和《乐府杂录》（成书于昭宗乾宁元年左右，即公元 894 年左右）。在这些文献中，不仅提到了邢窑白瓷造型规整、釉色洁白、烧成适度、产量甚大、远销中外和进贡宫廷，而且还提到了产地在唐朝河北道邢州的内丘县。

解放前与建国后，我国不少瓷史研究者在内丘境内对邢窑遗址曾进行过多次查找，但除"七七事变"前在城北与临城交界的西磁窑沟发现了一处金元窑址、1975 年在临城境内的南程村和射兽发现了两处宋金窑址外，始终未发现唐代窑址。因此"唐代邢窑在何处？"遂成为我国陶瓷史中的"不解之谜"。不过，从 1980 年到 1982 年以后，邢窑之谜陆续被解开，唐代及其它不同时代的窑址不断发现。现将邢窑遗址发现的过程分述如下：

一 1980 年至 1982 年间，首先在临城境内发现邢窑遗址

1980 年 8 月 7 日到 11 日，河北师大历史系杨文山同志，应临城县的邀请，在县委及二轻局领导同志陪同下，会同临城县邢瓷研制小组的同志，对内丘与临城交界处和临城境内的古窑址进行了一次普查。除复查了西磁窑沟、南程村、射兽三处古窑址外，在临城境内的解村、泜河北岸、澄底、岗头又

发现了四处新的古窑址。其中尤其是 8 月 10 日在岗头古窑址泜北渠北岸的桥东处，第一次拣到了具有晚唐时代风格的玉璧底足、大唇沿的粗白瓷碗残片和唐朝普遍采用的漏斗状匣钵窑具。之后，继续北上踏查，在 11 月 4 日又在祁村和西双井发现了两处唐代古窑址，并拣到了具有中唐风格的玉璧底足、浅腹、小唇沿细白瓷碗片，同时又拣到了具有初唐风格的平底足、浅腹、圆沿的粗白瓷碗残片。1981 年 3 月 14 日，我们在祁村东南已经暴露的堆积处，找到细白瓷器物六种十四式之多。1981 年 4 月 25 日至 27 日，邢台地区科委受河北省科委的委托，同中央工艺美术学院陶瓷系在临城召开了"邢窑与邢瓷艺术鉴赏会"应邀参加的古陶史专家和研究者有傅振伦、冯先铭、李辉柄、王莉英、王舒冰、高庄、尚爱松、李继贤、杨文山等二十七人。与会同志通过对邢窑遗址的复查和对出土器物的鉴定，大家一致认为祁村、西双井等古窑址应属唐代邢窑的遗址，"至少是唐代邢窑窑址的一部分。"[①]至此，为中外学者一直关注的所谓"邢窑之谜"得以"初步揭晓。"[②]

在"鉴赏会"期间，即 4 月 26 日，与会同志对山下村的金代窑址进行了考察。1982 年 3 月 24 日，我们又对陈刘庄新发现的隋唐窑址进行了考察。至此，对临城境内邢窑遗址的考察工作，便告一段落。

二　1984 年至 1986 年间，陆续在内丘境内发现邢窑遗址

1984 年 9 月间，河北省地质矿产开发管理处工程师程在廉同志，在内丘境内考察大理石矿藏的过程中，首先在内丘县城北和城西北发现散布有古瓷片。其后内丘县文化部门和邢台地区文化部门前后派人对内丘境内的古窑址进行了普查。根据程在廉同志多次考察所记，在内丘境内目前已经发现的古窑址约有二十多处，计城关有南关西南、西关南、西关西、西关北、北关西和县委礼堂六处；城西有双流洞、北双流、南双流、四里屯、西丘五处；城东有蔡家沟、白家庄两处；城北有史村、后李阳、王家沟、翟家庄、中丰洞、南中丰、北大丰、南大丰、东北岭九处；城南有冯村、冯唐两处。此外，在隆尧境内还有双碑和西里村两处。

在内丘境内陆续发现邢窑址之后，河北省邢窑研究组进行了访问和实地踏查，获得了一些资料，从而基本了解到内丘境内的窑址概况。至此，对内丘境内邢窑遗址的访问调查，也即告一段落。

从而不难看出邢窑窑址的分布区域是十分广的。大体北起临城城北的祁村、南达内丘城南的冯唐；西起临城城西的南程村和内丘城西的西丘、东达临城东南的陈刘庄和内丘城东的白家庄乃至隆尧境内的双碑，在南北纵长大约七十华里、东西横宽大约十至三十华里的地带中，到处都可以找到不同时代的邢窑遗存。

三　邢窑遗址出土的器物及其断代

从 1980 到 1986 年间，我们获得了一批有关邢窑遗址出土的器物的原始资料。我们就器物的窑口、品种及其断代，依照编年排比如下：

（一）北齐的窑址和出土器物

扁沿、直口微敛、深腹、小平底足碗或杯；方沿、直口短颈、鼓腹有系或无系罐；以及大盘口、

长颈或短颈、有系或无系壶，都是南北朝时代墓葬中所常见的出土器物。我们在临城的陈刘庄和内丘的南关、西关西、西关北以及中丰洞、南丰洞等古窑址中，已或多或少的发现了上述这类器物的实物标本。如杨文山同志在考察陈刘庄窑址的过程中，曾经拣到了直口微敛深腹平底足碗和大盘口、鼓腹壶的残件或残片；程在廉同志在内丘南关窑址中也拣到了与这两种器物相同的残件或残片；毕南海同志在内丘西关北窑址中拣到了与此碗器相同的残件；张志忠同志在内丘的中丰洞等窑址中又拣到了方沿、直口、短颈、鼓腹罐器的残片。依照上述这些器物风格，我们将上列诸窑址，初步定为北朝晚期北齐时代的窑址。

（二）隋代的窑址和出土器物

在隋代墓葬出土的器物中，常见有：扁沿、直口或直口微撇、深腹、平底足碗或杯；高足或矮足盘；钵形盆；圆沿或扁沿、卷口短颈、鼓腹、耳形泥条系罐；小盘口或小钵形口长颈、无耳无系壶等。我们在临城境内的陈刘庄和内丘境内的南关、西关南、西关西、西关北、北关西、双流洞、北双流、南双流、四里屯、西丘、白家庄、蔡家沟、中丰洞、南丰洞、王家沟、北大丰、南大丰、冯村、冯唐，以及隆尧境内的双碑、西里等古窑址中，也都或多或少的见到了这类器物的残件或残片。因而我们将上列诸窑址定为隋代的窑址。

在上列窑址中，拣到器物品种最多的窑址是临城的陈刘庄和内丘的北关西、西关北、冯唐村。有各种不同规格的直口、深腹、平底足碗或杯、高足或矮足盘、钵形盆、卷口鼓腹耳形系罐、小盘口长颈无耳无系壶和小钵口长颈无耳无系壶。特别是在内丘北关西的蜂窝煤厂南墙古窑址处，我们拣到了"盘口龙柄壶"的盘口残片和腹肩残片。这两片残片，不论从釉色、胎质上，还是从造型、规格上，与邢台市曹演庄村西大业六年隋墓中所出土的"盘口双龙柄壶"的盘口和腹肩的釉色、胎质、造型和规格，可以说是几无二致。

（三）唐代的窑址和出土器物

根据唐朝的经济形式，我们将唐朝历史划为三个阶段。"初唐"大体相当于高祖、太宗、高宗时代，即公元 618 年至 684 年，这个时代的基本经济形势是属于恢复或初步发展阶段；"中唐"大体相当于武则天至懿宗时代，即公元 684 年至 874 年，这个时代的基本经济形势是进入了昌盛或持续发展阶段；"晚唐"大体相当于僖宗、昭宗、哀帝之时，即公元 874 年至 907 年，这个时代基本经济趋于衰落。

制瓷业是手工业中的一个部门，是经济中的组成部分。因此作为唐朝北方重要制瓷中心的邢窑，在不同的经济发展时期，出现了以下不同的生产状况：

1. 初唐阶段：

在邢台地区的初唐墓葬中，出土的主要器物是粗白瓷和灰白瓷，同时也有近似青瓷的杂色瓷。比如出土有粗白瓷扁沿或圆、撇口弧腹、平底足大小碗，有青杂瓷短颈、短流、长身鼓腹、双泥条系执壶。这类器物，首先在临城的西双井、祁村和陈刘庄古窑址中发现了残件和残片；其后在内丘的南关、西关西、西关北、北关西、西丘、双流洞、南大丰、北大丰等古窑址中也同样发现了残件或残片。依此可以说，上列这些窑址应是初唐邢窑遗址。

2. 中唐阶段：

在"中唐"的墓葬中或遗址中，出土的白瓷器物多为细白瓷，诸如小唇沿、撇口、浅腹、玉璧形底碗；圆沿、弧腹、玉环形底碗；瓣口、深腹、玉环形底杯；瓣口、盘状、玉环形底托；圆沿、短颈、鼓腹罐；短颈、短流、鼓腹双泥条系执壶，矮圆形子母口粉盒等等。上列这些器物，在临城的西双井、祁村、陈刘庄和内丘的南关、西关西、北关西、县委礼堂北、西丘、双流洞、北大丰、中丰洞、后李阳等古窑址中，都发现了残件和残片。依此可以说，上列这些窑址，应是"中唐"时代的邢窑遗址，亦即邢窑兴盛时代的产地所在。

在上述"中唐"邢窑遗址，值得特别提出的是临城的祁村和内丘的县委礼堂北与北关西这三处窑址。因为就目前所发现的器物来说，不论在质量上、数量上和品种上，这三处窑址比其它窑址都好和多。比如在祁村窑址中（按主要是在祁村东南地方铁路东侧），仅细白瓷一类，便出土了碗、杯、盘、托、壶、坛、盒、枕、骑马俑和鸟食罐等十种十八式。在内丘北关西窑址中（主要是在蜂窝煤厂内西南墙根），也出土了与祁村窑址相同的器物。在县委礼堂北窑址中出土的类似器物也不少，其中尤其是出土了与西安唐代大明宫遗址中所出土的那种带"盈"字款的玉璧底足碗完全相同的玉璧底足碗。此外还出土了唐三彩器物多种。

3. 晚唐阶段：

在邢台地区晚唐墓葬中出土的白瓷器物，多为介于粗白瓷与细白瓷之间的一种粗细白瓷，釉色多呈洁白色；或者虽白色而略发土黄。器物种类多为大唇沿、撇口、浅腹玉璧底足碗和长颈、短流、鼓腹双泥条系执壶。以上这两种器物，在临城的岗头窑址中（按主要是在岗头村北泒北渠北岸），我们曾拣到了残件和残片。其后，在内丘南关西窑址中（在该村村西南东坡处），也拣到了类似的残片。依此可以说，上列两处窑址应是晚唐邢窑遗址。

（四）五代的窑址和出土器物

在邢台地区五代墓葬中出土的白瓷物，主要是唇沿、弧腹、矮圈足碗；唇沿或圆沿矮圈足盘；和喇叭口、长颈瓶。瓷色与胎色白净而略发土黄，或者略发蛋青，和晚唐时代的粗白瓷基本上是一类工艺水平。这类器物在临城岗头的窑址中（按主要是该村村北泒北渠南岸）和澄底的窑址中（主要是该村村东北临祁公路），以及在内丘南关的窑址中（主要指该村村西南东坡）均出土了残件和残片。依此，我们认为上列三处古窑址，为五代的邢窑遗存。

（五）宋金的窑址和出土器物

在邢台地区宋、金墓葬中出土的白瓷器物，主要有芒口、弧腹圈足碗；喇叭口、长颈长流鼓腹壶；扁口、弧腹圈足、腹内带有沙圈的碗；浅腹、圈足腹外带有折腰的盘等等器物。这些器物的釉色和胎色都很白净，但略发土黄或者蛋青，基本上和五代时的粗白瓷工艺水平相近。这类器物在临城的射兽、泒河北岸、南程村、山下古窑址中，以及内丘的西磁窑沟、南关、四里屯、西丘等古窑址中，均发现了上记的器物的残件和残片。其中比较集中的，是临城的南程村和泒河北岸。依此可以说：上列窑址应是宋、金两代的邢窑遗址。

（六）元代的窑址和出土器物

在临城的岗头村东北、陈刘庄村东南，以及内丘的西磁窑沟村南和村北等窑址中，我们曾拣到了一批黑釉器物，其中包括腹内带有沙圈的弧腹圈足黑釉碗；直口圆沿、鼓腹四系黑釉罐；平口圆沿、撇腹平底黑釉盆等。这些器物在邢台地区的元代墓葬中常有出土，其釉色、胎色和造型工艺与窑址中出土的器物完全相同。依此可知，上列窑址应属元代。不过生产的都是黑釉，由此可知邢窑到元代似已停止了白瓷生产。

总之可作如下判断：邢窑白瓷始于北齐；隋逐渐成熟；中唐达到了全盛；晚唐五代渐衰；宋金两代有再兴之势；元朝邢窑白瓷生产终结。其中粗白瓷生产史最长，产量最大，细白瓷生产史最短，产量也少。

　　执笔　杨文山

注　释

① 《唐代邢窑遗址调查报告》，《文物》1981 年第 9 期。
② 《邢窑之谜初步揭晓》河北日报 1980 年 11 月 20 日。
③ 1976 年 10 月邢台市曹演庄隋代大业六年墓葬出土有隋代灰白瓷碗二件，双龙柄壶一件，笔者进行了清理。

邢窑装烧方法的研究[*]

毕南海　张志忠

邢窑在我国陶瓷历史上占有重要的地位，在数百年的烧造历程中，逐渐形成了一条独有的制瓷技艺和烧造方法，成为载誉青史的一代名瓷。

为了全面了解和探讨邢窑的装烧方法，我们曾在窑址采集了相当数量有代表性的实物标本，基本上弄清了其窑具的种类和使用方法。下面就以年代为序逐一分述：

一　遗址出土的窑具

1. 窑柱座、窑柱：据调查，在内丘县城西北关、南关，中丰洞村、北双流村及临城县陈刘庄等邢窑遗址中，出土有一种盘形窑柱座及窑柱。从外观来看，它们都是用手工拉坯成形的，器外均留有明显的手纹痕迹。内丘城关及周围地区窑址出土的窑柱座底盘直径平均为 32.5mm，高度约为 19.5mm。临城县陈刘庄窑址出土的窑柱座尺寸与内丘相差无几，只是盘形平面厚重一些。此类窑具在隋代遗址中出土最为丰富。

这些窑柱座有的直接架烧坯体，有的在盘形座中心再粘一节窑柱，而后再架烧坯体。内丘出土的窑柱座平面上留有泥条粘烧的痕迹，是安放坯体焙烧后留下的。而临城陈刘庄出土的窑柱座上则很少发现这种现象。

2. 三角垫片：在内丘及临城早期的窑址中，出土有大量的的三角垫片。由于使用年代不同，垫片的形状也不一样。相比之下，较早的是内丘北关窑址出土的三角垫片，它们形体消瘦，胎体厚重，支钉较高。这种垫片是由手工捏制而成的，上面多留有指纹。当时烧制青、白瓷盘碗类器物就是采用了这种三角垫片进行支垫的。

在内丘县北关及西关，临城县陈刘庄隋代窑址出土的三角垫片比前期的形体肥胖了一些，也薄了许多。它们是窑工们将粗制耐火泥用手捏成三角形泥饼，又在角上捏出尖角而成的。此时隋代的碗类

* 《河北陶瓷》1989 年第 2 期

器物胎体较北齐时已薄了许多，所以已没有必要继续使用那么厚重的三角垫片了。

在内丘、临城两县唐代遗址中，也残留着大量的三角垫片，这都是在烧制粗白瓷时所使用的。它们夹杂在盒状匣钵和各种残碎瓷片之中。在临城县岗头等地五代窑址中也时有三角垫片及圆形薄饼式垫片出土。这类窑具作用大，流传广，使用时间长，从北齐一直延续使用三百年之久。

3. 环形支垫：这种环形支垫是在内丘县北齐烧造青瓷窑址中发现的，它们也是用手工拉坯成形，而后用刀削出四个尖足，便于安放在碗器内。这种支垫加工较为复杂，还不如三角垫片轻便，在后期窑址中就不见其踪影了。

4. 窑戗：在隋代和唐代窑址中，可以看到一种楔形窑戗，它们一般长约150mm，宽约60mm。据实物分析认为：这种窑具是为配合窑柱烧瓷，辅助桶状匣钵、漏斗状匣钵而制作的。它在匣钵之间起挤牢稳定的作用，可重复作用。常见这种窑戗的残器周身均布满落渣与柴灰釉斑。见图6

在祁村东南晚唐窑址中，还发现有一种形如现代机制线轴状的窑戗。大小各异，长度从40mm到80mm不等。都是用耐火粘土手工捏制而成，表面粗糙无釉。从出土的情况看来，此种窑戗是配合漏斗状匣钵而制造使用的。

5. 泥条：在北齐、隋代、唐代遗址中，都发现了泥条，只是质地有所不同，早期泥条质地较细，后期泥条质地较粗，与匣钵所使用的原料相同，泥条是配合环形支垫及三角垫片使用的，在桶状匣钵及漏斗状匣钵间也垫有泥条。因泥条是一次性使用，未烧前可塑性较好，将其放在两个装入坯体的匣钵间压牢，可使其平稳牢固，也可堵死孔隙，防止产生火刺与烟熏。

6. 桶状匣钵：唐代及五代金、元遗址中，桶状匣钵甚多。它们为圆形，直腹，平底内凹，边壁多有气孔，系用粗质耐火泥手工拉坯成形。尺寸大小不等，唐代所使用的桶状匣钵直径从250mm到350mm都有，金元时期的桶状匣钵直径稍大些，有380mm。桶状匣钵实用性强，既能装盘碗类宽浅器物，又能装瓶罐类等高体器物。它的形体简单，制做方便，又可重复使用，所以不但在邢窑本地使用，还流传到其它窑场，逐年延续。至今我国陶瓷业仍以这种匣钵为主要烧瓷窑具。

7. 漏斗状匣钵：漏斗状匣钵最早出现于唐代邢窑，它的上部为平口，直沿，有气孔，下部渐收为浅腹，内底微凹，胎质粗糙，外部多有柴灰粘附后而形成的釉斑。这种匣钵主要用来装烧碗器，有一钵一件的，也有一钵数件的。特别是晚唐时，优质原料已趋枯竭，当时烧造的卷边唇沿小碗多是用此种匣钵盛装。它的优点是节约空间，可重复使用，缺点是钵体太厚，传热慢，浪费燃料。

8. 盒状匣钵：唐代邢窑出产的细白瓷盘、碗类器物，主要是在这种盒状匣钵中烧成的，这一点可以从粘有器物残片的匣钵上得到证实。这种匣钵的数量较多，主要由盘状与钵状两种器件组成。据我们研究分析，这种盒状匣钵为邢窑所独创，还未见于其它窑口。它的优点是器壁薄，导热快，节约燃料。二是灵活性强，可任意组合使用。从窑址的残件看，其外表落满柴灰所致的釉斑，由此看来，这种盒状匣钵是重复使用的。

这种匣钵的做工非常工细，它们也是用手工拉坯成形，而后再经刀旋削而成。盘状钵盖边口薄，浅平腹，平底。尺寸大小不等。以一件为例，直径约为178mm。钵状体分为高矮两种，高的烧杯类器物，高度为60mm左右，矮的烧盘碗类器物，高度为40mm左右。这种钵体为敛口，鼓腹，内无釉，底心微下凹。有的器内印有众多的平行凹痕，可能是在钵坯旋削以后用一种带有印痕的工具拍打所形成的，其目的是为了增加钵底的致密度，防止开裂。

从窑址出土的粘连残器分析，这种匣钵的缺点是，盘状钵盖易在高温中变形下塌，粘连下面钵内的器物而形成废品。

9. 杯状匣钵：平沿，壁斜直，深腹，平底。钵体内外均有拉坯痕。胎质较粗，色浅灰黄。从出土粘连瓷片分析，此种钵是专烧细白瓷壶、瓶之类的器物。它只见于祁村、双井唐代邢窑遗址中。高度一般为150mm，200mm，口径多为150mm左右。

10. 覆烧环状、盘状支圈：在临城县山村、南程村、解村等地窑址考察，发现大量覆烧窑具。这些众多的大小不等的环状、盘状支圈，都是金代陶工们仿效北宋定窑同类覆烧窑具而制成的。这些窑具的制作与使用，有效地扩大了窑容量，有力地减少了变形。从南程村、泜河北岸等地的残碎瓷片、窑具堆积来看，当时制瓷业烧造的规模是很宏大的。

这类支圈的尺寸大小不等，均按器物坯体尺寸所需支圈规格而定。但就其品种而言。当地使用支圈装烧的器物远比定窑要少，已发现的器物残片种类，尚没有不同于定窑的。

多种不同类别的支圈都是经手工拉坯成形的，其质地粗糙，表面布满火刺，色泽虽不算深，但足以证明其是裸烧，这一点与北宋定窑截然不同。这些支圈均为一次性使用，随着器物烧成后而弃置。

11. 垫珠：在邢窑后期金代窑址中，有一种垫珠窑具，它由模具按压成形，其质地为粗质耐火泥。这是为了大件盆、盂类器物的垫装烧成而制作的。邢窑前期隋代窑址也有类似的窑具山土，但是形状不如金代垫珠规范漂亮。

二 邢窑的装烧方法

1. 早期的窑柱、三角垫片架烧法：

唐代邢窑前身，即北齐及隋代内丘城关与周围窑场，已有青瓷及白瓷烧造。据分析窑址遗留的窑具及其制品残片粘连物得知，当时的装烧方法为窑柱及三角垫片架烧。如图所示：在平整过的窑炕上稳置好盘状窑柱座，在其顶端粘上泥条，安上一节窑柱。在第一节窑柱上也放一圈泥条，再放一节窑柱座，视窑内高度放二到三层。上面的盘状窑柱较下边的要薄些、轻便些，这样可以减轻对下面的压力。而后将器物坯体下方粘土上泥条稳置在窑柱座上面，一般安放四到五组，每组下面一个为青瓷坯，内放一枚三角垫片，上面放青瓷坯或白瓷坯不等，逐件叠置四个左右。顶上一个盘状窑柱座亦同样处理，最上面的柱顶视窑内高度情况放壶坯和瓶坯不等。整个窑柱及器物均置于明火中一次烧成。

隋代陶工们所采用的这种窑柱座支钉架烧法，是一项了不起的发明，它既可以保证大部份坯件在较高的窑火中焙烧成瓷，又可起到承负器坯的骨架作用。上面一层的伞状平盘又可以保护下面窑柱座上的坯件不受污损，窑柱的高矮可视器物坯体厚度及尺寸而定。三角垫片在坯体间起支撑的作用，待器物烧成后，经过轻轻敲击便可取下垫片。三角垫片在器内的粘接面积不大，而且其质地松脆，很容易取下。但窑址也见到了许多因支钉粘得过牢，敲击不下而损坏了器物的残件，这是由于隋代用釉流动性较大，在高温过烧情况下自然流淌凝聚于器内，以致垫片不易取下所致。从窑址出土的外青内白残片粘连物分析，这也是隋代陶工们保护白瓷器少受柴灰污损的有效方法。白瓷坯外面有青瓷坯的保护，能减少窑内火焰的直接冲击，保障白瓷器物的成品率。

这种器物内心有三个钉痕，有碍使用与美观。由于窑柱比较细，上面装满成摞的坯件，它的稳定性很难控制，不能将座盘叠置过多，窑内空间难以充分利用。虽然目前在窑址遗迹中尚未发现完整的隋代窑炉，但仅从这种装烧窑具来分析推断，窑内装载高度不会超过1200mm，仅能装三层而已。

隋代中晚期继续采用此种方法烧制盘碗类器物。瓶、罐、壶等琢器则都是单件装烧，在窑柱座上及窑柱顶端放上坯件，加火焙烧。窑柱内心留有泥条残迹的座盘，表明其中曾装烧过坯件，这也许是匣钵的雏形。尚未发现有单独盛装器坯进行烧成的匣钵式窑具。

在内丘城关周围地区，临城县陈刘庄村内外等地，隋代烧瓷遗迹中的窑具与残器堆积随处可见，有的地方达数米厚，足见当年瓷业烧造窑火之盛，产量之巨。

2. 漏斗状匣钵装烧法：

在唐代遗址上留有大量漏斗状匣钵。这种窑具是邢窑所独创的，它主要用来装烧细白瓷，也装烧粗白瓷。因窑址所见粗白瓷（指唐中期前）很少有内底无支钉的器物，而所见的粘连物，也大多是细白瓷片。此种漏斗状匣钵不易变形，故很少粘连物。但由于使用数次后，便会破碎，所以在祁村、双井等地随处可见，也可证明其用量之大，使用期之长。

漏斗状匣钵的装置形式是：在一件漏斗状匣钵里铺上少量石英砂，而后放入一件或二件碗器坯体，再放一件漏斗状匣钵，其内再放一件或二件坯体，两钵间用泥条压紧，逐渐咬口叠置，到适当高度为止。

到晚唐时，邢窑已不再生产细白瓷碗。这种漏斗状匣钵便装烧当时所产的卷边唇沿宽圈足小碗。这种碗器的胎质比盛唐时要粗，也灰一些。釉面光亮色泽青白，外观不如玉璧底细白瓷碗精美。

漏斗状匣钵正烧的优点是：因坯件放在钵内，可有效地保护其釉面不受火刺与落脏的污损，而且受热均匀，有效地保障了坯件的成瓷率。与隋代器物相比，由于内心没有三角垫片支钉痕，内外光洁如新。虽然其底足无釉，但修做工细，打磨平滑，线角转折明了，仍显得精美异常。因为匣钵是比照坯体尺寸制作的，所以闲余的空量很少。这样钵与钵之间的距离缩小了，便可以相应地增加窑容量，使烧瓷成本相对下降。其缺点是匣体太厚，耗能太多，有一多半燃料都用在重复焙烧匣钵上了。所以这种漏斗状匣钵渐被后来出现的盒式薄体匣钵所取代。但并没有被完全取代，它们除了并存过一段时间外，漏斗状匣钵在以后的烧瓷史上又几度出现，并影响和流传到各兄弟窑场。

3. 盘状，钵状、漏斗状匣钵组合装烧法：

盒状组合式匣钵也是邢窑独创的一种窑具，主要用来盛装细白瓷盘碗器物。它由盘状与钵状两种器件组合而成，有多种组合形式。

①二钵一盖式：下面放一钵状匣钵，里面安放一浅式细白瓷碗坯，钵上安放一正放的盘式钵盖，盖上再放一碗坯，而后再扣上一钵，即二钵一盖式组合法。这是邢窑装烧玉璧底、玉环底碗器时所采用的主要方法。

②二钵组合式：将一钵正放于下，里面放入一件较高的器物坯体，然后再扣上一钵即可。

③一钵一盖式：下面正放一钵，里面装一件较高的白瓷杯坯，上面反扣一件钵盖。按此法逐渐叠置而成。

④一盖一钵式：先将钵盖正放于下，里面装入一浅式碗坯，上面置一倒扣的钵体即成。在祁村东南窑址中，曾见到有浅盘状匣钵与漏斗状匣钵组合装烧的粘连物。从出土的匣钵残片中亦可见到大量

的粘在一起口径相同的匣钵。由于浅盘状，钵状匣钵器壁较薄，不易叠置过高。而把这种薄壁匣钵放置在漏斗状匣钵上，下部安稳了，就不容易发生倒柱现象，同时又可以在同一柱上装上不同类型的器物坯体。

这种盒式匣钵一般内外均不施釉，但也有因多次使用后柴灰落在上面形成釉斑而粘连的现象。这种盒状组合匣钵系手工拉坯成形，制作工艺比较复杂，有部份成品被人们作为盛装食品的器物而使用。后来邢窑不再烧造细白瓷，也就没有必要费时费料来制做这种匣钵了。据分析，这种匣钵在唐代大约延续了百余年，到唐代末期渐被漏斗匣钵，桶状匣钵所代替。

4. 桶状匣钵正烧法：

邢窑在唐代初期就开始使用桶状匣钵，它主要用来盛装瓶、罐、执壶等高体器坯，通常视坯体大小来决定一钵装入数件或一件。匣钵的口径和高度没有一定的规范，通常按所烧器物的体积而定。因至今尚未发现邢器有太大的制品，可以认为邢器烧制细白瓷器物的能力也仅限于一些中小型日常生活用品及贡品、宗教用品。

这种桶状匣钵的装置形式是：在窑炕上放一件桶状匣钵，里面铺上石英砂或垫饼，在上面放好所烧器物的坯休。用湿泥条盘绕在匣钵的口沿，然后上面再放一件桶状匣钵，装入适量的坯体，这样逐件叠置，到适当高度即可。湿泥条起稳定窑柱和防止火刺的作用，用过的匣钵，经过捡选还可重复使用。如果装烧的坯体尺寸较高，可将上面一桶状匣钵倒扣过来，便可解决。见图21

五代时期的砂圈叠烧，金元时期的单件正烧，砂圈叠烧也多采用桶状匣钵，只是尺寸较唐时有所变化，既有中小型的，也有效大型的，这从同时代窑址出土的标本残片中可以证实。

5. 金元时期的支圈覆烧，砂圈叠烧，垫珠支烧法：

①支圈覆烧法：在临城县山下村，解村，南程村等金代窑场遗址内，出土有大量覆烧支圈。这是邢窑后期借鉴了北宋定窑覆烧方法烧瓷的有效例证。它们的装置形式与定窑不甚相同：在窑炕上铺上石英砂，稳置好支圈座，然后扣装上器物坯体，在支圈座上叠置一环状支圈，上面再扣装一件器坯，这样逐一置放。此种装置方法与定窑不同的是，在支圈外部不再罩上桶状匣钵，而直接由质地较粗的支圈本身来承负压力，保护坯体不受污损。这种方法既装烧刻花、印花盘碗类器物，也装烧光素无纹饰的各类盘碗器，是当地金代烧瓷的主要方法之一。

②砂圈叠烧法：在金代窑址中，还可以看到许多刻花、印花盘碗类器物内心有刮去一圈釉层，露出胎体的现象，这在陶瓷业俗称为砂圈。这是由于覆烧法制作支圈费时费料，而当时当地制瓷原料已十分短缺，所以邢窑工匠们便以砂圈叠烧法替代之。这种方法的装置顺序是：将制好的器物坯体施釉后，刮去内心一圈，而后逐件叠放，装入桶状匣钵内，入窑焙烧即可。从某些残片特征分析，有一些坯体的釉子是陶工用笔抹上去的，中间的砂圈是有意空出来的，因为这些残片的未施釉的露胎部分印纹清晰，而器内中心有釉的边缘并不规整。从当时的社会条件和人们的生活水平来看，这种方式装烧的器物虽然有碍使用与美观，但产量还是非常大的。

③垫珠支烧法：金元时期烧造瓷盆等大件产品，采用的是垫珠支烧法，人们将拓印好的粗质垫珠放在大件器物坯体内，（一般放三到五枚）垫珠上再放置一件小一些的同类器物，然后逐一垫装成套，置于匣钵中焙烧。器物烧好以后，除掉粘附在器表的垫珠后即可使用。

三　结论

①北齐，隋代邢窑前期窑场，主要采用窑柱、三角垫片结合明火架烧器物，这在当时是一种先进的装烧方法。尚未发现有匣钵式的窑具。

②置于窑柱座上最底部的青瓷杯，起到了保护里面白瓷杯的作用，使得隋代在柴烧裸装的条件下烧出了非常洁白的瓷器来。

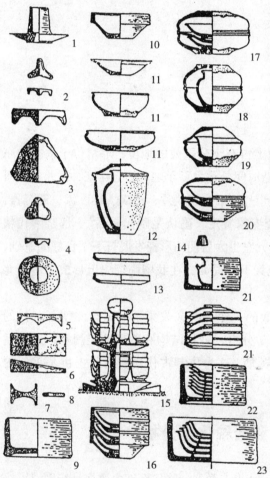

③唐代邢窑首创了漏斗状匣钵，独创了盒式匣钵，这是一项重大的工艺成就。漏斗状匣钵与盒式钵的交替组合使用，为唐代烧造大量精细白瓷制品起到重要的保障作用。

④唐代邢窑所大量采用的盒式匣钵组合之间，并没有泥条粘附。这是由于钵体规整度好，结合紧密，很少孔隙，故没有泥条。

⑤邢窑桶状匣钵的使用方法较为灵活，唐代初期主要用于单件或多件器物正烧，五代、金元时期用于砂圈叠烧。唐代使用的桶状匣钵形体较小，五代、金元时期已有较大的匣钵出现。

⑥金代所使用的覆烧法比较独特，与定窑有所不同。在支圈外部不再套装匣钵，而将支圈直接作隔火工具裸烧，一次性使用。

邢窑的窑具及其装烧方法，是在实践中创造和演变出来的。千百年来，这许多独特的工艺手段，为邢窑烧造精美绝伦的著名瓷器制品，起到了重要作用。这也像它许多别的制瓷技艺、手段一样，在我国制瓷史上，写下了重要的一页。

（作者单位：河北省唐山市陶瓷研究所、临城县文物保管所）

邢窑隋唐细白瓷研究*

陈尧成　　张福康　　张志忠　　毕南海

　　邢窑是我国古代著名的窑场之一，在中国陶瓷发展史上占有十分重要的地位，邢窑位于太行山东麓，自北朝（公元550－577年）后期起至金、元代，烧造时间长达六百年之久，近年来，河北省文研所邢窑工作队在内丘县西关北发掘两个探方中，出土了数十片精细白瓷残片，有碗、杯、盂、砚等器，按出土地层分析，确属隋代遗物，这类细白瓷已经古陶瓷专家鉴定，确认是隋代制品①。邢窑隋代精细白瓷的烧制成功，是我国白瓷的发展史上的一个里程碑，它也为后期的彩瓷发展打下了良好的基础，到了唐代邢窑白瓷获得较大的发展，从而结束了青瓷一统天下的局面，在我国陶瓷史上形成了南青北白互相争艳的两大体系。

　　为了对邢窑细白瓷的生产工艺和发展过程有一个全面的了解，本文收集了邢窑自北朝至五代的青瓷和白瓷样品共14件，匣钵2件，并对它们进行了化学分析、岩相结构和物理性能测定，通过系统的分析研究，发现了邢窑隋唐细白瓷制作工艺的发展规律，这为仿制古代白瓷珍品提供了重要的科学依据。

一　样品来源、外貌观察和胎釉化学分析

　　样品的年代、外貌、出土地点和残片外形列示于表1，从表1看到，隋代精细白瓷样品特别引人注目，它们的胎质致密洁白，断口有玻璃光泽，对光有透明感，像这样的白瓷，在我国还没发现过。样品的胎、釉化学组成列示于表2、3。

---

*《上海古陶瓷科学技术国际讨论会论文集》，1989年

表 1 邢窑样品的外貌

编号	年代、来源和品名	外貌观察	形状示意图
YNl	内丘北关北齐青瓷片	胎淡黄色，质粗，吸红；釉青带淡黄光，亮度略差，密布细纹片，外侧釉不施到底。	
YN2	内丘北关隋青釉粗瓷碗片	胎浅灰色，气孔多，吸红；釉青绿色、透明，有细纹片，外侧釉不施到底。	
YN3	临城陈刘庄隋青瓷碗片	胎土黄色，质粗，吸红；釉土黄色，透明，有细纹片，外侧釉不施到底。	
YN4	临城陈刘庄隋粗白瓷片	胎灰色，质粗，吸红；釉透明，积釉处呈浅绿色，外侧釉不施到底；有化妆土。	
YN5	内丘北关隋粗白瓷碗片	胎灰白，质粗，吸红；釉透明，有细纹片，外侧釉不施到底，露出化妆土层。	
YN6	内丘北关隋细白瓷碗片	胎洁白，细腻，断口有玻璃光泽，对光有透明感；釉白泛青，滋润光亮，无开片，外侧釉不施到底；无化妆土。	
YN7	内丘北关隋细白瓷片	胎洁白，细腻，断口有玻璃光泽；釉白中泛青，光亮，有开片。底足不施釉；无化妆土。	
YN8	临城陈刘庄唐细白瓷片	胎洁白，烧结。釉透明光亮，无开片，器内外满釉。	
YN9	内丘北关唐细白瓷片	胎洁白，烧结。釉乳白光亮，无开片，内壁器口处不施釉。	
YN10	唐细白瓷片	胎白带黄，烧结，吸红。釉白中带黄，外釉经土蚀，足无釉，足底中心有釉。	
YN11	唐细白瓷片	胎洁白，烧结，略吸红，釉光亮，透明感强，积釉处呈淡绿色。	
YN12	唐细白瓷片	胎洁白，烧结，略吸红，里釉透明，光滑平整，外釉粘甚多砂。	
YN13	临城澄底五代粗白瓷碗片	胎土黄色，质粗，吸红，釉青灰色，光亮，无纹片，外侧釉不施到底，有化妆土层。	
YN14	临城澄底五代粗白瓷碗片	胎灰色，烧结，吸红，釉白中带灰，表面光泽好，无纹片，外侧釉不施到底，足、足底无釉。	

表2 邢窑瓷胎的化学组成

编号	时代和品名	氧化物含量（重量%）											分子数（Al_2O_3 分子数为1）			
		SiO_2	Al_2O_3	Fe_2O_3	TiO_2	CaO	MgO	K_2O	Na_2O	MnO	P_2O_5	总量	RO	R_2O	SiO_2	RxOy
YN1	北齐青瓷残片	65.83	26.62	1.61	1.02	1.66	0.61	1.79	0.30	0.01	0.06	99.51	0.172	0.092	4.199	0.088
YN2	隋代青釉粗瓷片	67.5	26.7	1.50	1.10	0.41	0.47	1.90	0.28	0.01	0.09	99.96	0.073	0.095	4.286	0.092
YN3	隋代青釉粗瓷片	66.5	26.6	2.80	0.87	0.39	0.66	1.80	0.32	0.03	0.11	100.08	0.088	0.092	4.241	0.115
YN4	隋代粗白瓷片	66.01	27.29	1.80	1.06	0.74	0.51	1.176		0.01	0.07	99.25	0.097	0.071	4.101	0.092
YN5	隋代粗白瓷片	68.2	25.9	1.70	1.00	0.37	0.55	1.90	0.31	0.01	0.09	100.03	0.079	0.098	4.469	0.098
YN6	隋代细白瓷片	65.80	26.8	0.34	0.21	0.37	0.23	5.20	1.00	0.01	0.06	100.02	0.049	0.270	4.163	0.019
YN7	隋代细白瓷片	62.90	26.91	0.44	0.17	0.49	0.27	7.25	1.62	0.003	0.01	100.06	0.061	0.390	3.966	0.019
YN8	唐代细白瓷片	69.9	25.1	0.57	0.24	0.90	1.60	0.91	0.88	0.01	0.07	100.18	0.228	0.098	4.728	0.028
YN9	唐代细白瓷片	68.0	27.0	0.57	0.34	0.78	1.50	0.91	0.91	0.02	0.07	100.10	0.192	0.094	4.272	0.03
YN11	唐代细白瓷片	62.89	32.37	0.47	0.41	0.66	0.81	1.16	0.94	0.02	0.03	99.76	0.101	0.085	3.303	0.025
YN13	五代青釉粗瓷片	63.0	25.0	1.30	0.66	4.30	3.30	1.90	0.41	0.04	0.15	100.06	0.649	0.110	4.278	0.073

表3 邢窑瓷釉的化学组成

编号	釉厚（mm）	氧化物含量（重量%）											分子数（Al_2O_3 分子数为1）			
		SiO_2	Al_2O_3	Fe_2O_3	TiO_2	CaO	MgO	K_2O	Na_2O	MnO	P_2O_5	总量	RO	R_2O	SiO_2	RxOy
YN1	0.4	56.3	14.8	1.8	0.7	17.5	1.3	2.2	3.2	0.1	1.70	99.6	2.372	0.517	6.462	0.228
YN2	0.28	57.11	15.37	1.81	0.47	16.80	1.97	1.64	3.61	0.09	0.94	99.81	2.311	0.497	6.291	0.166
YN3	0.18	61.26	12.41	4.14	0.68	16.20	2.06	1.92	0.71	0.16	0.38	99.92	2.787	0.254	8.352	0.328
YN4	0.25	63.02	13.46	0.79	0.18	16.58	3.38	1.26	0.39	0.08	0.72	99.86	2.879	0.144	7.947	0.098
YN5	0.16	64.17	14.18	0.71	0.13	14.61	2.86	1.64	0.84	0.06	0.63	99.83	2.388	0.223	7.683	0.086
YN6	0.10	71.0	16.9	0.40	0.20	2.70	0.70	6.40	1.40	0.04	0.30	100.04	0.392	0.584	7.120	0.054
YN7	0.33	69.40	13.3	0.60	<0.05	8.4	1.3	4.7	1.4	0.1	0.30	99.5	1.40	0.562	8.885	0.054
YN8	0.23	69.51	19.50	0.53	0.14	5.38	2.37	0.92	1.30	0.05	0.41	100.11	0.812	0.162	6.058	0.047
YN9	0.18	67.46	19.50	1.00	0.13	6.80	2.92	0.61	1.50	0.06	0.52	100.51	1.010	0.157	5.880	0.668
YN10		69.28		0.62		5.32	2.03	0.59	1.58							
YN11		67.15	18.22	1.03		5.99	2.26	0.57	2.36			97.58	0.921	0.249	6.311	0.034
YN12		60.55	18.72	0.78		9.94	2.78	2.21	1.51			96.40	1.337	0.255	5.478	0.027
YN13	0.17	67.14	20.40	1.52	0.53	4.26	3.40	2.55	0.37	0.03	0.24	100.44	0.80	0.165	5.585	0.095

二　样品的岩相观察

选择十一件样品断面磨成超薄片，在显微镜下进行岩相观察，样品的显微结构特征列示于表4，从表4中明显可以看出，样品的显微结构基本分为两大类：一类是粗瓷，即粗白瓷和粗青瓷器，它们的显微结构基本一致，其胎中，石英棱角尖，有少量莫来石针晶，气孔多，氧化铁残留多；釉中几乎都无残留物相，气泡也很少，因此釉都较透明；部分青瓷（YN3）和全部粗白瓷样品在胎釉间有化妆土层，化妆土中颗粒细，石英少，氧化铁残留少；在胎、釉或化妆土与釉之间有较多的钙长石晶体生成。另一类是细白瓷，它们的显微结构也基本接近，其胎中石英棱角圆，有融蚀边，氧化铁残留很少，有莫来石针晶，其中隋代细白瓷（YN6、YN7）胎中有大量玻璃相和较多的长石残骸，细白瓷釉中残留物和气泡极少，故釉较透明，釉下都无化妆土，胎釉间有少量小晶体层。

表4   邢窑样品显微结构观察

编号	岩相观察
YN1 YN2 YN3	胎：石英棱角尖、少量莫来石针晶，氧化铁残留多，釉：透明，残留物和气泡极少，YN1 釉中有较多钙长石晶体，胎釉间有很多钙长石晶体，YN3 有化妆土：颗粒细，氧化铁残留少，石英细而少、厚约 $200\mu m$
YN4 YN5	胎：颗粒粗、气孔多、石英棱角尖，少量莫来石针晶，氧化铁残留多，釉下有化妆土：颗粒细、石英和氧化铁残留少、厚约 $220\mu m$，釉：透明，几乎无残留物和气泡，釉与化妆土间有较多钙长石晶体。
YN6 YN7	胎：石英少，棱角圆有融蚀边，大量长石残骸，莫来石针晶和玻璃相多，釉透明，无气泡，少量石英残骸，胎釉间有少量小晶体。
YN8 YN9	胎：颗粒细，石英棱角圆有融蚀边，少量莫来石针晶和长石残骸，釉透明，几乎无残留物，气泡极少，胎釉间有少量小晶体
YN13 YN14	胎：石英棱角圆有融蚀边，莫来石针晶发育，釉透明，几乎无残留物，气泡少，釉下有化妆土：颗粒细，石英比氧化铁残留少，有莫来石针晶，厚约 $220—350\mu m$，釉与化妆土有钙长石晶体

三　样品物理性能测定

为了鉴定样品的烧成质量，用高温膨胀仪测定了样品的烧成温度，同时还测定了它们的气孔率、吸水率和体积密度，部分唐代细白瓷还测定了亨达白度，其测试结果一并列示于表5中。

表5 样品的物理性能

编号	烧成温度（±20℃）	烧成情况	气孔率（%）	吸水率（%）	体积密度（g/cm）	假比重（g/cm）	白度（%） 胎	白度（%） 带釉
YNI		生烧	5.66	2.51	2.25	2.39		
YN2	1280	生烧	4.07	1.64	2.28	2.38		
YN3	1230	略生烧	3.72	1.61	2.31	2.40		
YN4		生烧	9.37	3.98	2.35	2.37		
YN6		正烧	1.32	0.56	2.35	2.38		
YN7		正烧	1.37	0.60	2.30	2.33		
YN9		生烧	7.41	3.34	2.22	2.39		
YN10	1360	生烧	11.54	5.20	2.22	2.51	61.0	54.72
YN11		略生烧	2.48	1.06	2.34	2.40	63.58	59.64
YN12	1360	略生烧	3.26	1.43	2.28	2.36	68.15	60.64
YN13		略生烧	3.31	1.45	2.29	2.37		
YN14		生烧	4.62	2.05	2.26	2.3		

四 讨 论

4.1 为了了解从北齐至五代邢窑样品的胎、釉组分分布规律，将表2和3中氧化硅分子数对熔剂氧化物 RO + R₂O 之和绘成分布图，示于图1。从图1明显可以看出：瓷胎的 SiO_2 分子数（3.3—4.29）比较接近，其组分点基本垂直上下分布，差异只是熔剂氧化物含量有高低，一般来说隋代粗青瓷和粗白瓷的组分点偏下，即熔剂氧化物含量较低，而隋唐细白瓷的熔剂氧化物含量较高。其中特别值得一提的是隋代两只断面有玻璃光泽的精细白瓷样品（YN6 和 YN7）胎中 K_2O 含量特别高（5.2—7.25%），这在北方古代白瓷的国内外科学研究文献中[2-7]还未见到有先例报道。在唐代细白瓷胎中，一般分为两种类型，一类样品（YN8，YN9）胎中氧化铝含量小于30%，其组分点与隋代精细白瓷接近，另一类样品（YN11）胎的氧化铝含量较高在33%左右，这一类样品在文献[3,4,6]中有过报道。从表2还看到隋唐细白瓷胎中 Fe_2O_3（0.34 ~ 0.57%）和 TiO_2（0.17 ~ 0.41%）含量都很低，这是隋唐细白瓷胎质洁白的主要原因。

从釉的组分分布也明显发现，隋代粗瓷样品（YNI—YN5）的组分点处于图1的最上方，说明釉中熔剂量最高，特别是 CaO 量（14.61 ~ 17.5%）较高，属钙质釉。对于隋唐细白瓷釉的组分也分成两类，一类样品（YN7，YN12）熔剂氧化物含量居中，CaO 量在 8 ~ 10%，$K_2O + Na_2O$ 量在 3.6 ~ 6.1%。另一类样品熔剂氧化物含量最低，CaO 量为 2.7 ~ 6.8%，$K_2O + Na_2O$ 量为 2.2 ~ 7.8。说明隋唐细白瓷釉料中加石灰的量明显低于隋代粗瓷釉，特别是隋代精细白瓷釉中含有很高的 K_2O（4.7 ~ 6.4%），这种高钾瓷釉在北方瓷釉中也未见到过。

4.2 为了探讨样品胎釉所使用的原料，本文分析了祁村三种粘土，同时引入文献发表的部分河北制瓷原料，原料化学组成和氧化物分子数列示于表 6 中。为了与样品比较，把原料的组成也标在图 1 中，从而发现隋代粗青瓷和粗白瓷样品（YN2～YN5）胎的组分与贾壁复矿软质粘土和峰峰大青土比较接近，这说明当时曾使用过这类软质或半软质粘土，很可能在内丘和临城境内也有这类粘土，对于隋代精细白瓷（YN6，YN7）胎中含量很高的 K_2O，除钾长石外，北方没见有含高钾的胎泥原料，同时在显微镜中观察到胎中有大量长石残骸，这表明在制胎原料中曾加入过钾长石，为了探讨其可能配方，本文选择赞皇白家窑白坩土和内丘神头长石为原料，采用 6∶4 配比，进行组分计算，计算出的 M11 化学组成和氧化物分子数列示于表 6，并标在图 1 中，发现 M11 的组分点基本与 YN6 重合，而且各个氧化物的含量也接近（见表 2.6），从而进一步证实，YN6 和 YN7 胎料中加入钾长石在技术上是可行的。瓷胎内加入多量钾长石是瓷胎致密透光的主要原因。而唐代细白瓷胎中 K_2O 含量急剧下降，瓷质透明感也大为下降，说明已不再采用钾长石，至于隋代高透的白瓷所使用的长石配方在唐代未能得到继承，其原因还有待于今后进一步的研究。

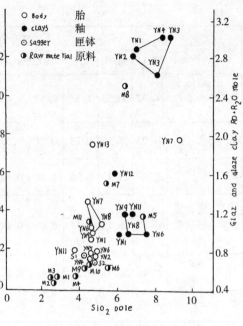

图 1　邢窑瓷器胎釉组成分布

表 6		匣钵与原料的化学组成													
编号	品名产地	氧化物含量（重量%）											分子数（Al_2O_3=1）		
		SiO_2	Al_2O_3	Fe_2O_3	TiO_2	CaO	MgO	K_2O	Na_2O	MnO	P_2O_3	总量	RO	R_2O	SiO_2	RxOy
S—1	匣钵	65.52	29.45	1.34		0.66	0.58	1.87	0.22	0.01		99.65	0.090	0.083	3.772	0.028
S—4	匣钵	68.56	27.39	1.10		0.50	0.47	1.58	0.18	0.01		99.79	0.078	0.075	4.257	0.026
M_1	祁村一号土	56.60	39.63	0.58	2.07	0.21	0.28	1.06	0.09	<0.01	0.31	100.83	0.028	0.031	2.434	0.083
M_2	祁村二号土	56.05	42.02	0.16	2.05	0/18	0.16	0.20	0.16	<0.01	0.16	101.14	0.017	0.012	2.265	0.068
M_3	祁村三号土（木节土）	52.78	44.34	0.67	0.66	0.36	0.26	0.75	0.07	<0.01	0.23	100.12	0.028	0.021	2.02	0.032
$M_4^{[1]}$	赞皇白家窑白矸土	64.62	32.56	0.40	0.79	0.26	0.30	0.62	0.26			99.81	0.038	0.028	3.370	0.041
$M_5^{[9]}$	峰峰水冶白釉土	70.60	17.1	0.52	0.18	4.34	0.83	0.83	5.51			99.91	0.583	0.583	6.994	0.074
$M_6^{[8]}$	祁村灰砂石	72.54	24.18	0.74	0.51	0.11	0.52	0.60	0.29			99.49	0.063	0.046	5.093	0.046

续表

编号	品名产地	氧化物含量（重量%）											分子数（Al_2O_3 = 1）			
		SiO_2	Al_2O_3	Fe_2O_3	TiO_2	CaO	MgO	K_2O	Na_2O	MnO	P_2O_3	总量	RO	R_2O	SiO_2	$RxOy$
$M_7^{[8]}$	临城水南寺釉土	60.32	20.53	1.41	0.52	4.03	6.88	5.22	0.09			99.00	1.209	0.279	4.995	0.075
$M_8^{[8]}$	内丘神头长石	64.23	18.57	0.13	0.01	0.67	0.80	11.02	2.60			98.03	0.176	0.874	5.874	0.005
$M_9^{[9]}$	峰峰大青土	66.59	29.42	0.96	1.48	0.57	0.15	0.76	0.46			100.39	0.048	0.052	3.834	0.076
$M_{10}^{[9]}$	贾壁复矿软质粘土	65.81	26.75	1.41	2.83	0.44	0.26	0.71	1.04			99.25	0.050	0.095	4.179	0.168
M_{11}	60M_4 40M_8	64.46	26.97	0.29	0.48	0.43	0.50	4.78	1.20			99.11	0.075	0.264	4.049	0.030

　　从图 1 还看到 YN6，YN8，YN9，YN11 四种细白瓷样品釉的组分与峰峰水冶白釉土很接近，YN12 细白瓷釉的组分与临城水南寺釉土接近，说明这一类釉土曾在隋唐细白瓷釉中使用过。由于隋代细白瓷釉中含高 K_2O，可能在釉中也引进过钾长石。同时还看到隋代粗瓷釉的氧化硅分子数与 M5 釉土接近，而氧化钙含量差得较多，这很可能釉料是用釉土加适量石灰配制而成。

　　4.3 本文还分析了两个邢窑匣钵的化学组成（见表6），把匣钵的组成也标在图1中，发现匣钵组成与隋代粗瓷胎的组分重合，说明这两个匣钵可能是用粗瓷胎泥制成。

　　4.4 从显微观察发现，粗白瓷釉下都有化妆土，化妆土的显微结构特征是颗粒细，石英和氧化铁残留比胎少，从而使样品外观细白。邢窑隋唐及五代样品釉中残留物和气泡都很少，釉很透明，这是邢窑瓷釉的重要特征，这也是造成白瓷釉色莹润的主要原因。

　　4.5 从表5测试数据发现，隋代样品的烧成温度约在1230—1280℃左右，而唐代样品的烧成温度在1360℃左右，说明唐代窑炉改进，烧成温度提高。两只隋代精细白瓷杯的烧成质量最好，胎的吸水率最低（0.6%左右）。唐代细白瓷胎的白度较高（61-68%）。

五　结　论

　　5.1 首次发现邢窑隋代精细白瓷胎含有很高的 K_2O（5.2—7.25%），通过显微观察和当地原料分析并经过配料计算，证实在样品的胎料中加入了多量钾长石，这在中国古代陶瓷业中是极为罕见的，在北方古窑场中，迄今为止，这样的例子还是第一次看到，该样品烧成质量 好，气孔率低，胎致密洁白，对光有透明感，其釉中 K_2O 含量也很高（4.7—6.4%），可能在 釉料中也加入过钾长石。

　　5.2 样品胎釉组成呈规律性分布，它们的胎、釉 SiO_2 分子数分别都比较接近，但熔剂氧化物的差别明显。对于隋代粗青瓷和粗白瓷样品，其胎的熔剂氧化物含量最低（$RO + R_2O$：0.17—0.18），而釉的熔剂氧化物含量最高（$RO + R_2O$：2.6—3.0），主要是氧化钙含量最高（14.6-17.5%）。而对于隋代细白瓷样品，其胎的组成分成两类，一部分样品因 Al_2O_3 含量在33%左右，故 SiO_2 分子数和熔剂氧化物分子都偏低，但另一部分样品熔剂氧化物分子数（$RO + R_2O$：0.28—0.45）比粗瓷高得多。其釉的组分也分成两类，一部分样品熔剂氧化物分子数居中（$RO + R_2O_1$.59—1.96），另一部分样品熔剂氧化物分子数最低（$RO + R_2O_0$.97—1.17）。

5.3 粗白瓷样品釉下都有一层化妆土，化妆土颗粒较细，石英和氧化铁残留较少，致使样品外观细白，邢窑隋唐及五代样品釉中残留物和气泡很少，釉很透明，这是邢窑瓷釉的重要特征。

5.4 隋代样品的烧成温度在1230—1280℃左右，而唐代样品的烧成温度在1360℃左右，唐代窑炉的改进是当时邢窑瓷质普遍提高的主要原因之一。

参考文献

① 王莉英：中国古陶瓷研究，创刊号。1987；44：19

② 李家治等：中国古代陶瓷科学技术成就，上海科学技术出版社，1985：175

③ 中国硅酸盐学会：中国陶瓷史，文物出版社，1982：181

④ Shanghai Institute of Ccramics , Acadcmia Sinica , Scientific Technological Insinghts On Ancient chinese Pottery and Porcelain, SciencePress, Beijing, 1986：269

⑤ 中国硅酸盐学会：中国古陶瓷论文集，北京，文物出版社，1982：289

⑥ 中国科学院上海硅酸盐研究所：中国古陶瓷研究，北京，科学出版社，1987：294 9

⑦ 中国硅酸盐学会：中国古代陶瓷科学技术第二届国际讨论会论文摘要，北京，中国学术出版社，1985：15

⑧ 河北省邢窑研究组：河北陶瓷，1987，2

⑨ 陈尧成、郭演仪、刘立忠：景德镇陶瓷学院学报，1988：91

记一组邢窑茶具及同出的瓷人像*

孙　机　刘家琳

　　中国历史博物馆藏有一组传 50 年代在河北唐县出土的白釉瓷茶具，包括风炉、茶鍑、茶臼、茶瓶、渣斗，另外还有一件瓷人像。这组茶具有的相当小，将茶鍑置于风炉之上，通高不过 15.6 厘米，茶瓶的高度亦仅为 9.8 厘米。但茶臼口径 12.2 厘米，渣斗高 9.5 厘米，则与小型的实用器尺寸相接近。从整组看，制作时似是将大件器物缩小以与小型器物约略取齐。所以它们虽非实用器，但也不是明器，而是一套供玩赏的模型；这组器物造型浑厚。其中除瓷人像施黑彩外，皆为一色白釉，胎土很细，胎和釉的白度都相当高，唯釉汁凝存处微泛青色，而腹下及底部则一般不施釉。从工艺上看它们具有邢窑白瓷的特征。其中酌茶臼与河北内丘邢窑遗址出土的"研磨器"相似；渣斗则与武汉黄寨五代墓出土者相似[①]。因此初步判断它们是五代邢窑产品。

　　这组茶具中风炉、茶鍑与茶瓶共存，是一个具有时代特点的现象。因为茶鍑和茶瓶代表煎茶和点茶两种不同的方法。我国于汉魏六朝时，饮茶在西蜀和江南已渐成风气，但直到 8 世纪中叶陆羽的《茶经》问世之前，饮茶方式仍比较粗放，亦未见专文记述。唐人皮日休在《茶中杂咏》的序里说："季疵（陆羽字）以前称茗饮者，必浑以烹之，与夫瀹蔬而啜者无异也。"陆羽提倡饮末茶，当然与"瀹蔬"即煮菜汤不同，但《茶经》所主张的煎茶法仍然是将茶末放进铁锅（《茶经》称为鍑）里煮，因此风炉和茶鍑仍是必备的器具。《茶经》说风炉"或锻铁为之，或运泥为之"。其基本形制是"如古鼎形"，"三足之间设三窗"。此外，上面还有陆羽自己设计的"三卦"、"古文书"等装饰图案。形制大体相距的三足风炉被长期沿用，直到明代，朱权在《茶谱》中仍说："茶炉与炼丹神鼎同制。"唐县出的这件瓷风炉为圜底圆筒形，三蹄足；腹部一侧辟双圆套整形风穴，即《茶经》所谓；"通飙漏烬"之窗；另一侧辟四条长方形通气孔，则与《茶经》之炉的另外两个窗相当。瓷茶鍑为敛口双耳、鼓腹平底的锅形，正可与风炉配套。在宋以前的各类形象材料中，从未看剁过成套的风炉和茶鍑；唐县出的这一套，为已知最早的实物资料。虽然自今日观之，茶入鍑煎煮，势必夺香减韵：但在唐代后期，此法却曾风行一时，唐诗中对之亦不乏描述。如"松花飘鼎泛，兰气入瓯轻"（李德裕《忆茗芽》）；

---

* 《文物》1990 年第 4 期

"铫煎黄蕊色，椀转麹尘花"（元稹《一至七言诗》）；"红炉爨霜枝，越儿斟井华。滩声起鱼眼，满鼎漂清霞"（李群玉《龙山人惠石廪茶》）等句均可为例。不过晚唐时又兴起了一种在茶瓶中煮水，下茶末于碗，然后持瓶向碗注沸水冲茶之法，这种方法叫"点茶"。到了宋代，点茶逐渐取代煎茶成为最流行的饮茶方式。这时的茶书如蔡襄《茶录》、徽宗《大观茶论》等，谈论的都是点茶法。点茶所用的茶具中，茶瓶是极重要的一件。

　　茶瓶又名汤瓶，因为是用它烧或盛开水即汤，不在里面放茶；《茶经》中未记此器，煎茶而饮无须用它。可是在讲点茶法的唐代，苏廙于《十六汤品》中，却亟口强调汤瓶的形制与点茶的关系[②]。《茶录》也说："汤瓶，瓶要小者易候汤，又点茶注汤有准。黄金为上，人间以银、铁或瓷、石为之。"其实茶瓶这个名称在唐代也已经通行。唐人韩琬《御史台记》说，御史台的"兵察"厅，"掌院中茶，茶必市蜀之佳者"，而御史本人喜茶，"躬亲监启"，所以被人将兵察二字颠倒谐音，戏"谓之御史茶瓶"[③]。可见此名称为世所习知。唐县出的这件茶瓶，口微侈，直颈，鼓腹，短流，曲柄，造型与西安唐太和三年（829年）王明哲墓所出底部墨书"老寻家茶社瓶"者相近[④]。不过唐代茶瓶与酒注的造型颇不易区分，单看一件器物而无其他旁证则难遽断。如长沙铜官窑出土的这类器物，有的上面题"酒温香浓"、"浮花泛蚁"、"自入新峰（丰）市，唯闻旧酒香"，则应为酒注。但也有的题"题诗安瓶，将与买人看"；由于唐代的酒注绝不称"瓶"，因而该器就是茶瓶了。唐县这一件与茶具同出，故亦可定为茶瓶。这里同时发现茶鍑和茶瓶，显示出当时正处在煎茶与点茶交替的时期，因为茶鍑至宋代已渐少用。宋人罗大经《鹤林玉露》卷3记载"近世瀹茶，鲜以鼎鍑"，而是"用瓶煮水"，将茶具的这种变化说得很清楚。唐县这件茶瓶的流很短。在唐代，无论茶瓶或酒注，起初流都很短，直到唐末，流才开始加长，如江苏丹徒丁卯桥唐墓出土长流的此型银器，浙江临安光化三年（900年）钱宽墓出土长流的此型白瓷器[⑤]。丁卯桥的银器和钱宽墓所出薄胎白瓷均为我国南方的产品。所以从唐县茶瓶的短流上可以看出，当时北方窑口的此类器物造型的演变较南方略迟一步。

　　唐县出土的茶臼为浅盘状，器内壁无釉，划分四等分，错刻斜线，线间戳剔鳞纹。这种茶具常被称为研磨器或擂钵，其实自唐迄元，它多是研茶末用的茶臼。唐人柳宗元诗"山童隔竹敲茶臼"[⑥]，已提到此物。宋人朱翌《猗觉寮杂记》卷上说："唐末有碾、磨，止用臼，多是煎茶。"他的说法不全面，因唐代虽未见茶磨，茶碾却早就有了；但他指出茶臼之用先于碾、磨，则符合实际情况。茶臼沿用的时间很长。宁波市唐代遗址及长沙烈士公园五代灰坑中均有茶碾与茶臼同出[⑦]。明人朱权《臞仙神隐》，中也将茶磨、茶碾与茶臼并列。该书并提到"将好茶研细"。佚名《多能鄙事》中也说到将"上等红茶研细"。研茶所用之具即臼。清人章铨《吴兴旧闻补》谓："造茶之法：摘芽择其精者水漂，团揉入竹圈中，就火烘之成饼。临烹点则入臼研末，泼以蟹眼沸汤。"其书虽晚，却把茶臼的用途说得很清楚。此外，古人常将茶、酒对举。如唐人白居易诗之"酒嫩倾金液，茶新碾玉尘"，"午茶能散睡，卯酒善销愁"，"驱愁知酒力，破睡见茶功"；宋人冯时行诗之"酒缸开半熟，茶饼索新煎"；宋人文同诗之"少睡始知茶效力；大寒须遣酒争豪"等句[⑧]，均说明茶和酒常连类而及。因之在有些金、元墓室的壁画中，两壁各画进酒图与进茶图；前一图中画出各种酒具，后一图中则画出各种茶具。山西文水北峪口元墓和内蒙古赤峰元宝山元墓壁画之进茶图中更有人手持茶臼（图一）[⑨]，可为研茶用臼之实证。

　　唐县这组茶具中还有一件渣斗，此物亦称唾盂，可用以盛茶滓。上面说过，壁画中曾出现过持茶白的侍者，同样，石刻线画中也出现过捧渣斗的侍者，如在扬州出土的宋代邵夫人王氏像侧所见⑩。故渣斗亦可厕于茶具之间。此物在汉代已经出现⑪，为一小型的大口罐。东晋南朝时出现盘口；盛唐时器颈变细；晚唐时在金银器中共船口扩大成浅盘状⑫。五代肘的瓷制品亦仿此型，但器口多呈漏斗。唐县的这一件正是如此。

图一　内蒙古赤峰元宝山元墓壁画
进茶图中的持茶白者

最后，应当讨论一下同出的瓷人像。此像上身着交领衣，下身着裳，戴高冠，双手展卷，盘腿趺坐，仪态端庄。其装束姿容不类常人，但也并不是佛教或道教造像。在文献记载中屡次提到唐宋时有一种瓷制的茶神小像。按陆羽主要活动于 8 世纪中期。《茶经》所记风炉铭文中有"圣庸灭胡明年铸"一语，所谓"灭胡"或指史朝义败死的宝应二年（762 年）；果如是，则《茶经》成书当在 764 年以后。但只经过半个多世纪，李肇在《唐国史补》（约成书于 825 年前后）中便说江南某郡一刺史检查仓库时见到"一室署云'茶库'，诸著毕具。复有一神，问曰：'何？'曰：'陆鸿渐也。'"可见这时陆羽已被神化。该书又说："巩县陶者多为瓷偶人，号陆鸿渐。买数十茶器，得一鸿渐。"由于陆羽著《茶经》，厥功甚伟，嗜茶者对他非常景仰，这从宋人梅尧臣诗"自从陆羽生人间，人间相学事春茶"的提法中也可以看出来。所以瓷制的茶神像一出，随即久行不衰。唐人赵磷《因话录》（9 世纪中期成书）商部下说；"太子陆文学鸿渐名羽，……性嗜茶，始创煎茶法。至今鬻茶之家，陶为其像，置于炀器之间，云宜茶足利。"北宋时，《新唐书·陆羽传》中说："羽嗜茶，著经三篇。……时鬻茶者至陶羽形置炀突问，祀为茶神。"欧阳修《集古录跋录》（1063 年）卷 8 也说："言茶者必本陆鸿渐，盖为茶著书，自其始也。至今俚俗卖茶肆中，尝置一瓷偶人于灶侧，云此号陆鸿渐。"欧阳修所记是当时的实际情况，表明这种瓷像北宋时仍常见。后来南宋人费衮在《梁谿漫志》中还提到此事，但文句多与《唐国史补》相同，恐系撮钞旧闻；这时是否依然制造这种瓷像，就难以判断了。不过即使将其下限定在北宋，这种瓷像的制造也前后经历了近 3 个世纪，数量一定不会少。《唐国史补》又说："市人沽著不利，辄灌注之。""市人"对之日夕亲炙，司空见惯，有时甚至作出逾礼的行动，可见当时未曾将这种瓷像置于高龛，也不见得件件都精雕细琢，绝大部分也很少有镌刻铭记的可能。因此，认别它只能依靠旁证。唐县这件瓷像既与风炉、茶鍑等"炀器"同出，故可推测为茶神陆羽像，手中所捧书卷，可能代表《茶经》。虽然它不是写实的人像，而仅仅是神化了的象征，但从茶史文物的角度上说，也已弥足珍视了。

摄影：孙克让

注　释

① 内丘县文物保管所《河北省内丘县邢窑调查报告》，《文物》1987 年第 9 期。湖北省文物管理委员会《湖北地区古墓葬的主要特点》，《考古》1959 年第 11 期。

② 此文为苏廙《仙芽传》一书中的一篇，原书已佚，这一部分收入《清异录》卷 4。

③ 据《山堂肆考》避 1 引。《因话录》亦载此牢。

④ 《文物》1972 年第 3 期 36 页。唯此处将出土"老导家茶社瓶"之墓误记为元和三年（808 年），应正。

⑤ 《唐代金银器》（文物出版社，1985 年）图 203。《浙江文物》（浙江人民出版社，1987 年）图 99。

⑥ 《全唐诗》6 函 1 册。

⑦ 林士民《宁波出土的唐宋医药用具》，《文物》1982 年第 8 期。该文将碾和臼都指为医药用具，不尽确。湖南省博物馆《长沙烈土公园发现五代灰坑》，《考古》1965 年第 9 期。

⑧ 白诗见《白氏文集》卷 16、55、58。冯诗见《缙云文集》卷 2。文诗见《丹渊集》卷 7。

⑨ 文水元墓见《考古》1961 年第 3 期。赤峰元墓见《文物》1983 年第 4 期。

⑩ 《文物参考资料》1958 年第 4 期 43 页。

⑪ 汉代称此种器物为"唾器"，安徽阜阳双古堆西汉汝阴侯墓曾出，见《文物》1978 年第 8 期。

⑫ 东晋盘口渣斗见《考古通讯》1958 年第 4 期，图版 10：10；《考古学报》1959 年第 3 期 106 页后图版 4：3. 盛唐细颈渣斗见《考古学报》1956 年第 3 期 76 页后图版 6：4. 晚唐浅盘状器口的渣斗见《唐代金银器》图 255。

谈 邢 窑[*]

贾永禄 贾忠敏 李振奇

一 引 言

唐代经济昌盛，文化繁荣，百工技艺均有高度成就。制瓷业亦不例外，由于当时金银器、漆器使用的逐渐衰退和铜器的禁制，以及斗茶之风的日益盛行，促进了制瓷业的发展。瓷器的产量迅速增加，其制作工艺达到了相当高的水平。这一时期，名窑辈出。南方出现了以浙江越窑为代表的青瓷系统，其产品"类玉"、"类冰"。北方则出现了以河北邢窑为代表的白瓷系统，生产的瓷器"类银"、"类雪"。自此形成了我国唐代瓷器生产"南青北白"的发展局面。

陆羽《茶经》云"邢州瓷白茶色红"记载了邢窑烧造的白釉瓷。皮日休《茶中杂咏·茶瓯诗》曰"邢客与越人，皆能造瓷器。圆似月魂坠，轻如云魄起。"说明了邢瓷的器物特征。《大唐六典》载"河北道贡邢州瓷器"，李肇《国史补》记"内丘白瓷瓯，天下无贵贱通用之"，指出了邢州瓷的销售情况和烧造地点。尽管诸多文献中对邢窑有较详细的记载，并对邢瓷的特征、釉色及窑场所在地多有论及，由于长期以来未能找到其窑址，邢窑的面貌和内涵却无从得知，遂成为陶瓷界的"不解之谜"。1980年河北临城发现了唐代瓷窑遗址四处[①]，出土了一些细白瓷标本，得以对北方邢瓷产品初见端倪。1984年在内丘境内发现古瓷窑遗址28处，除唐代邢窑遗址外，尚发现了烧制具有北朝、隋代瓷器特点的白瓷窑址[②]，至此邢窑之谜得以解开。

关于邢窑的一些问题，有的在古陶瓷研究界尚有不同的认识，有的还没充分展开讨论。本文根据邢窑调查资料，结合文献记载，对邢窑几个问题作一粗浅探讨，旨在抛砖引玉，敬请方家给予批评指正。

---

* 《河北陶瓷》1991年第2期

二、邢窑名称及产地

邢窑之名的含义，笔者认为有广义和狭义之别。顾名思义，"邢"是邢州之简称，凡地处邢州范围之内的窑场，均应属于邢窑的范畴。受邢窑影响，其产品和邢瓷基本类似的制瓷业作坊，亦可称之谓邢窑系或其分支，这是广义的解释。至于狭义的说法，是专指代表白瓷发展成就，烧制大量贡品而被载入文献的邢窑窑场。本文所论及的"邢窑"是就狭义而言。

邢瓷之研究，首先要解决的就是邢窑在何处这一问题。这一问题不解决，也就无从谈起研究邢瓷了。

1980年在临城县治西北5公里的祁村一带发现唐代白瓷窑址后，曾在考古、古陶瓷界引起震动。诸多专家、学者对祁村窑址进行了考察，因为从地表存物的无论细瓷和粗瓷所具有的特征来看，它们和唐墓出土物以及存世的唐代白瓷比较对照，就其胎质、造型和釉色均极为相似③。部分学者认为祁村窑就是邢窑的一部分，至少也是邢窑的正统或亲支近派。并对窑址的地理位置也做了考证和推测，认为临城和内丘交界处的地理区划，时合时分，而窑址正处于这一地带。古时以州命名当是泛指，这样看来，邢窑窑址既不在邢台也不在内丘，而是在与内丘交界的临城县④。然而这一说法在当时并未被学术界所普遍接受。其主要争论焦点在于唐代李肇《国史补》中记载的邢窑在古称邢州的内丘县，而临城不属于邢州的范围之内，真正的邢窑应当到内丘去找⑤。但当时内丘境内的窑址尚未发现，坚信邢窑在内丘的说法因根据不足而缺乏说服力。

1984年，内丘邢窑遗址发现之后，证实了邢窑在内丘之说的正确性。但祁村窑是否邢窑，目前尚缺乏明确的结论。现在我们不妨把内丘窑和祁村窑所出器物做一对比分析，再将两县的地理沿革详加推敲，问题就会逐渐明朗了。

内丘唐代窑场集中在县城及其周围。从诸窑址出土白瓷标本来看，唐代细白瓷的产量约占白瓷产量的40%⑥，并出土了典型的邢瓷贡品"盈"字款、"翰林"款标本。细白瓷作品其造型规整，制作精细，品种极为丰富。其胎质细腻，釉色洁白微闪蓝。扭曲变形的次品，上釉不匀和有积釉的作品极少见。表明该窑在制坯、修坯工序上要求极为严格，已经能够适当地控制窑膛中温度，有较高的制瓷技术⑦。祁村窑址出土的瓷片标本中"类银"、"类雪"的细白瓷数量不及内丘，仅占白瓷产量的20%⑧。其它多为胎质粗糙，釉色发灰发黄的粗白瓷。造型也不及内丘的产品规整，修坯工序也略次。细白瓷如碗的底部有不少作品留有刀削痕迹，玉璧底足心往往留下乳突，不甚光滑。不同程度的施釉不匀和积釉现象也不少见，积釉处呈草绿色。釉色与内丘窑亦有不同，内丘窑产品多白中闪蓝，色调偏冷；祁村窑器物多为白色。积釉是由于施釉不均匀或烧成温度控制不佳所致，而釉色的差异说明两地的配釉方法有所不同，这尚需以后化验对比才能证实。但这里应该指出的是，从内丘窑址堆积中均有大量牛、马骨骼及牙齿推测，当时配制釉料时很可能掺入了动物骨灰。而祁村窑目前尚未发现有兽骨遗存的现象。总之，内丘、祁村窑场可能由于瓷土的来源与提纯，瓷釉的配制乃至烧成温度的高低以及其它诸多原因，形成了两窑产品之差异。

关于内丘和临城的地理沿革，内丘在隋以前称中丘县，因隋室讳"忠"，隋开皇初改称内丘县。县治所自北魏由现西丘村迁徙今治，历今未改。历史上除隋开皇三年至大业二年和唐武德四年曾隶属赵州外，一直归邢州管辖。临城自隋至唐初曾为房子县，其治所在今县治西南五公里的南台村南隅，唐玄宗天宝元年始改房子为临城并迁今治⑨。唐代临城属赵州，历史上从未属邢州。

由此可见，内丘和临城在同一大行政区内时合时分仅见于隋代和唐初。唐代两县的边界虽不能详细断定，但从唐前期临城县治在今县治西南五公里这一点来看，今临城之地似无属内丘的可能。而位于县治以北的祁村一带的窑址所在地则更非赵州莫属了。古代我国习惯以州命窑，正如磁州窑所在的磁县在磁州的辖区内，定窑所在的曲阳也在定州的范围之中，邢窑所在地当然要在邢州区域内，而决不会设置于赵州之域的临城县。显而易见，祁村窑恰恰缺乏当时被称之谓邢窑的最基本的条件了。《国史补》一书是唐人李肇做左司郎中时所著，成书于824年之后。书中所载是唐开元至长庆百余年间之事。李肇对于当时烧制贡品的邢窑地点应该说是清楚的，误记的可能性不大。况且内丘窑的地理位置与文献记载相互印证又十分吻合，说明邢窑产地在当时邢州的内丘这一点是无可置疑的。

综上所述，邢窑的真正烧造地点在内丘。严格地说，将祁村窑称之谓邢窑的说法还有待做进一步探讨的必要。从另一方面讲，由于祁村窑和邢窑相距甚近，制瓷生产必受邢窑影响，产品的造型和邢瓷也基本相似，属于邢窑系也是理所当然的。但这和称之为邢窑尚有所不同，正如安阳天禧镇窑、汤阴鹤壁窑属于磁州窑系而不能称之谓磁州窑一样。

三　邢窑白瓷的产生与发展

"邢窑"在中国陶瓷发展史上占有十分重要的地位。过去，由于它的真正烧造窑址未被发现，其发生和发展过程一直没有能搞清楚。1984年内丘邢窑遗址被发现，并获得众多的实物标本，"邢窑之谜"才得以真正揭晓。

考古资料证明，青瓷的发展是在南方，北方青瓷的出现要比南方晚得多，但白瓷的发展却早于南方。邢窑是我国白瓷发展的代表窑，烧制白瓷的历史比其它白瓷窑要早。因此，究其邢窑白瓷的出现与发展，无疑对研究我国白瓷的起源与发展都具有重要意义。

一般来讲，每处窑场的兴衰都历经创始、发展、鼎盛、衰落四个阶段。就目前掌握的资料来看，邢窑白瓷创始于北朝，历经隋代、唐初的发展，达到了唐代的鼎盛阶段，唐末五代走向衰败。

（一）创始时期

公元439年，魏太武帝统一了中国北方，确立了南北分立的局面，社会状况由大动荡过渡到安定时期。之后，孝文帝实行了均田制，允许手工业者可以自己经营生产⑩。这一政策的实行，促进了农业和手工业的发展。制瓷业亦不例外，这点在北方同时期墓葬里瓷器出土量的迅速增多亦可得到证实。

白瓷是在烧制青瓷的基础上发展而来的，这种由青瓷到白瓷的转变需要有一个发展过程。为什么我国白瓷首先出现于北方而不在南方这一问题，近年来学术界多有探讨。有人认为，白色表示悲哀，形成一种禁忌心理，这种心理不利于白瓷的早日出现⑪。也有人认为，一是青瓷在南方的发展具有悠久的历史和优良的传统，因而在社会上产生了极大的影响，人们的生活习惯和传统风俗在相当长的时期中是不易改变的。北方和南方不同，白瓷在北方出现以前，人们还没有形成使用青瓷的习惯，所以，白瓷易于使人接受。二是烧造技术与工艺上的原因⑫。笔者认为后一种说法比较可信。邢窑的早期青瓷产品，胎质虽不及南方青瓷致密，但就釉色而言却各有千秋。南方青瓷的釉色青绿发翠，有的略带暗黄，有半木光。邢窑青瓷和南方不同，釉色分青绿和青黄两种，玻璃质较强。由于釉的玻璃质感强，一般器物的釉色随着胎色的变化而变化。胎质粗糙，胎色灰褐的器物呈青绿色。胎质较细，胎色黄白的作品则呈青黄色。这类釉色已基本接近早期白瓷的色调了。由于胎质及胎色的变化，白胎瓷既卫生，又给人以明快、舒服之感。邢窑窑工在青釉瓷的基础上，减少了铁的含量，创造了白瓷釉，白瓷也就应运而生了。早期白瓷的胎体多呈灰白色，为了改变胎体的颜色，增强瓷器的白度，邢瓷匠师在施釉的部位，增施化妆土工艺。这些作品之所以能成为白瓷，很大程度上是利用釉的玻璃质感强这一特点用化妆土来衬白的。这些北朝的白瓷，在邢窑白瓷发展序列中，尚处于创始时期。虽然这些白瓷的白度还不够，与隋唐时期的白瓷相比有明显的原始性，但已是名副其实的白瓷了。自此，打破了商周以来青瓷一统天下的局面，开创了白瓷生产的先河，为唐代邢窑和北方白瓷的生产奠定了基础，对唐代白瓷的发展产生了深远的影响。

（二）发展时期

如果说北朝白瓷尚处于早期的创始阶段，那么到隋代无论产品的产量和质量都较前有了长足的进展。内丘西关窑址调查表明，隋代已烧制出数量相当可观的白瓷了，与青瓷的产量相比可平分秋色。此时，白瓷中大部分器物还需施用化妆土。胎质较北朝细腻坚实，釉色稳定，玻璃质感增强。釉色洁白的作品也成为此时的成功之作。更尤甚者，在窑址采集到四件细白瓷杯残片，杯壁极薄，仅厚1—1.5毫米，胎釉浑然一体，洁白如雪，光润晶莹，瓷化程度极强，与现代白瓷相比亦毫无逊色之处。隋代能够烧制如此精美之器，如果不是在窑址上发现，又有粘连在窑具上的残片做证，实在令人难以置信。过去人们根据文献记载将邢瓷的进贡时间定为唐代，而今发现的隋代高档白瓷数量极少，可能是为皇室所做的特制器皿。如果这一推测成立的话，邢瓷进贡的时间就可能提早到隋代。

隋代高档细白瓷的发现，无疑是邢窑调查的重大收获。遗憾的是在具有北朝和初唐风格的瓷器标本中，尚没有发现具有此种特点的作品，也没有找到和它有渊源关系的同类。这类瓷器是否还有其它式样的产品，到唐代是否还有烧造，有待于以后经过对窑址的正式发掘，资料的不断完备来证实这些问题。总之，隋代细白瓷的出现标志着邢窑的制瓷技术日臻成熟并已达到了相当高的水平。

（三）鼎盛时期

唐代结束了隋末以来的战乱局面，为唐王朝的经济繁荣创造了条件。邢窑经隋、唐初的发展，积多年烧造之经验，邢窑匠师已能很好地掌握制瓷原料的特性，进一步精选制瓷原料，成形、装饰、烧成工艺精益求精，创出了自己独具特色的产品——邢窑白瓷。窑址调查表明，唐代邢窑以烧制白瓷为主导。初唐之后白瓷使用化妆土的现象已基本消失了。细白瓷胎体致密洁白，釉色光润无瑕。从唐初之前的器外施半釉，底足露胎，改变为内外施满釉，底足心亦施釉。品种造型丰富多彩，趋于多样化，餐具、茶具、酒具、文具、盥洗具、储藏具、灯具、药用具、玩具、佛教用品及明器，无所不有。这直接反映了邢瓷已渗入人们生活的各个方面，其产品制作精工，一丝不苟，都当之无愧地为邢窑的代表作品。

中唐，正值邢窑的鼎盛期，这时期部分作品已出现了款识。就目前所见到的有"盈"字款20余件，"翰林"款一件。"盈"字款多见于碗、壶、盒等底足，"翰林"款仅见于罐类器的底部。字款均阴刻在器外底部的足心，分施釉前刻划与施釉后刻划两种。亦出现子口有釉、无釉两种现象。字体多为较胖的行楷字体。新发现的邢窑底款，以往不见于文献记载，为后人所不知。它的出土解决了西安、上海等地出土、馆藏"盈"字款、"翰林"款的窑口问题，并意味着邢瓷产品被宫廷和上层社会人物的使用和所受到的青睐。

（四）衰败时期

唐末，政治腐败，藩镇割据，战事频繁。据《新唐书》所载，在会昌三年至光化元年邢州发生较大的战争七次，严重阻碍了生产力的发展。五代结束了唐王朝的统治，全国统一的局面遭到崩溃，战乱纷起使大批劳力被迫服役，手工业者流离失所，无家可归。这时期邢窑开始衰败，细白瓷少见，多烧制一些粗白瓷，且胎体粗松，胎色灰黄或灰青。有的器物亦出现釉下施化妆土的现象，制作工艺较前期粗糙，与邢窑细白瓷相比要逊色得多。从此，邢窑一蹶不振，无法与迅速崛起的定窑相竞争，而被其取代。

四　器形特点与装饰

邢窑始烧于北朝。这时期的制瓷技术尚未成熟，产品的种类较少，主要有碗、杯、盘、罐、瓶、钵等器皿。其造型特点是简朴、粗犷、古拙。一般器物的胎体厚重，如常见的深腹碗和杯，可分直口、敛口两式，腹较深，腹壁的外轮廓几乎由直线向下接近底部时内收，口沿处胎薄，下部厚实；平足较小。这样做的优点是增大容量，烧制时不易损坏。此种器形和南方同时期碗的造型基本相同，可能是受其影响所致。内丘西关窑址曾出土一件青瓷罐，盘口、肩部饰双泥条四系，上腹圆鼓，下腹稍瘦，器身高达50厘米，显得粗犷而有气魄，体现出邢窑早期器物的独特风格。

隋代邢瓷造型的显著变化，是器形的增多，由北朝的单一化趋于多样化了。隋邢瓷的造型特点总的来说是立式器皿增多，作品具有秀气，挺拔、豪放之感，多数器底足较高并微向外撇。碗、杯由直口或敛口演变为直口微侈，腹壁斜而直呈喇叭状，平足微凹，也有的做浅圈足。胎体的厚薄比例安排的比较协调，趋向于轻快，摆脱了厚重古朴的形式。罐一般无颈或短颈，系略高于口或与口平齐。瓶则多做盘口、流肩。瓶、罐的腹部由最大腹径在上部渐渐阔大呈近椭圆形，显得修长而不失稳重。高足盘是隋瓷中最为典型的一种器物，南北各地的窑场都大量烧造，它的基本特征是浅盘式，下面以空心的喇叭状高足来支承。邢瓷高足盘，最常见的有平底、侈口、或口沿外翻，圈底，弧腹、尖唇沿等式样。

可能是由于隋末唐初的战乱，使社会经济受到破坏的原因，初唐时期白瓷的产量和质量虽都优于隋代，精美的细白瓷作品却不多见，在造型上也无所建树。一般器物的形体较大，由隋代的秀长、挺拔向浑圆饱满过渡。

初唐之后，唐王朝的经济得到了恢复和发展。受其它工艺品的影响和人们审美观的提高，形制新颖，造形优美的邢瓷制品也就应运而生了。碗类器物由深腹演变为浅腹式，直腹变为曲腹或弧腹。口与底径的比例多为1:2。器形在统一中又有变化，如碗有多种形制，主要为敞口、敛口、折腰、花口四种。口沿可分圆唇、尖唇、圆唇外翻三种。足又分平足、圈足、玉璧足、玉环足四种。杯的形制也别具一格，有的做浅腹式，下饰鸟头形三足，增加了器物的神韵。另有仿银器的深腹圈足杯、高足杯，其造型灵巧而雅致，为邢窑工匠将金银器造型艺术用于陶瓷上的卓越创造。罐、镍、钵腹部鼓圆，罐多饰双系，镍均有三兽蹄足，其作品具有体态丰盈、浑厚、庄重、大方之感。

中唐的邢瓷在造形方面主要表现在器壁薄而均匀，器物的外轮廓多采用弧度较大，线条注意曲直变化的手法，使其具有很高的艺术魅力，达到了美观与实用相结合的效果，这是唐代邢瓷最典型的造型风格。

在装饰方面，北朝时期不论是青瓷还是白瓷，都注重于实用为主，多为素面，纹饰很少。仅见凸凹弦纹和莲花纹。弦纹一般用以装饰器物的口沿或腹部。莲花纹则是在碗或杯的腹部刻划上较为简单的几朵莲花相向排列一周，这些莲花纹饰的线条看起来还不够流畅，表现出邢窑在北朝瓷器装饰艺术上的原始性，还没有形成自己的艺术风格。但已表明盛行于魏晋南北朝时期的佛教艺术题材的莲花图案已装饰到瓷器上来。

目前，由于窑址还未进行正式发掘，没有充分的考古资料来揭示它的真面目。但就所采集的标本来看，邢窑在隋代已掌握并使用了刻花、印花、贴花等装饰技法，还出现了艺术性较高的雕塑品。

刻花　使用尖状或扁状工具，刻划出各种柔细的线纹图案。

印花　使用模具压印图案。可分为两种，一是用模具在未干的胎体上压印。二是把胎泥塞进带有图案的两片模具中挤压成形后，再沾上配好的泥浆扣在一起粘接成器。

贴花　将手制或模制的饰件用泥浆粘贴在器物的外壁上，以达到装饰的效果。

雕塑　先用练制好的胎泥堆塑成形，然后用刀雕琢。此种技法仅用于人物或动物俑上。

刻花一般刻以弦纹、莲花或六至八瓣的花瓣组成的花朵，用以装饰瓷器的内外腹部和盘的内底。

印花和贴花均用来装饰器物的外部。如在隋代的黄釉扁壶上，肩部饰有对称的鸳鸯二系，工匠们巧妙地将眼睛做成圆孔用以做为绳穿。腹周围饰联珠纹，中间花叶丛中二人相对脚踏莲瓣之上，一人作吹乐状，一人作乐舞状。隋代扁壶无论在造型上还是在装饰图案上，都达到较高的艺术境界，体现了隋代邢窑匠师的工艺及艺术水平，为隋代陶瓷造型中的上乘之作。在一件白瓷标本上，采用了印花和贴花并用的手法。因标本残缺不知为何种器形，据观察似为六棱或八棱器。器外和每个侧面相应用联珠纹组成一长方形，长方形内印有花卉，在侧面的结合处采用了贴花装饰技法，因瓷片太残，贴花的图案内容不得而知，仅可看到附件为先粘贴在器面上，然后才入窑烧造。

雕塑制品人形灯和子母猴形象逼真，肌肉发达隆起，显示出雕琢技法娴熟，亦可称为上乘佳品。除此之外，尚发现飞禽类作品，饰孔雀羽毛纹饰，断头缺尾。此件作品不是实用器皿，当为装饰品。隋代设计新颖、造型优美的艺术瓷的出现，标志着邢瓷装饰艺术的进步和发展。

唐代邢窑仍演用刻花、印花、贴花、雕塑等技法来装饰瓷器。和前所不同的是纹饰的线条比较流畅，图案的结构比较严谨，艺术手法更臻成熟，时代特点也较为明显。海棠形银盘是晚唐出现的新器形，主要形式之一有单线的花叶组成[13]。邢瓷中仿银制品海棠形白瓷印花盘残片同丹德丁卯桥出土的银盘形制基本相同[14]，盘缘上的缠枝花纹。纤细规整，其纹饰与英国不列颠博物馆收藏的海棠形银盘边缘纹饰亦相似[15]。说明邢窑的仿银器制品，不但在造型上维妙维肖，而且在装饰方面的纹饰特点上也具相同的时代特征。莲花纹是邢瓷自北朝至唐所一直沿用的纹饰，从早期刻划简单的小朵莲花，到唐代制作精致的仰莲、覆莲纹佛像座的出现，一则表明了邢瓷装饰从简到繁的演变规律，二和这一时期大兴佛教也有着密切的关系。

在采集的众多瓷片标本中，发现有几片带有点彩的瓷片，点彩处釉层很厚，与无彩处相比明显突出。彩斑下出现了细碎的冰裂纹。观其瓷片，赭色的彩斑在洁白的器皿上显得清晰、悦目，给人以美的享受。目前，已知我国最早的使用釉下彩绘技法的是唐代长沙窑⑯。如果说釉下彩绘是长沙窑有历史意义的首创，则邢窑这种釉中点彩的技法也是一种创举。这种产品虽然现在发现的还太少，不能窥其全貌，相信随着邢窑的正式发掘和考古工作的不断深入，对揭示釉中点彩这一技法的真面目将会有莫大的帮助。

唐代邢瓷的装饰成就，最突出的是烧制绚丽的三彩器。这是继河南巩县和陕西黄堡唐三彩窑址之后，我国发现的第三处烧制三彩的窑口。诚然，邢窑是以精湛的白瓷闻名于世，但三彩器的发现无疑为邢窑家族又添了新的品种。邢窑的三彩器，是在胎体上施加白色化妆土先行素烧，然后再施釉进行二次烧成。釉色可分为三种，前两种都是单色釉，呈黄和浅棕色。第三种是黄、绿、红、白、蓝等多种色素交错并用，色调从淡到浓，融合绚丽，工匠们以巧妙的施釉方法，加之烧制时釉的流淌，更显得活泼富丽，斑斑多彩。邢窑三彩同河南巩县三彩相比，其特点不同。主要表现在巩县三彩釉质具有乳浊感，而邢窑三彩不及巩县三彩华丽，但釉的质感很强。

邢窑发现之前，人们往往认为邢窑光素无饰，这种偏见是因考古资料缺少所致。从现已掌握资料来看，邢窑产品不但有装饰，而且手法众多。邢瓷尚素为主这一点是可以肯定的，但它精湛的装饰技艺不能因此而被埋没。邢瓷的装饰艺术，同邢窑白瓷一样，在中国陶瓷发展史上也应占有重要的地位。定窑是继邢窑之后兴起的宋代名窑。定窑的早期产品受邢窑之影响，造型风格和邢窑相似，装饰技法也在一定程度上仿效邢窑。

五　窑具及装烧技法

邢窑的窑具有窑柱、垫圈、支珠、支钉、匣钵等。窑具的尺寸大小不同，均为瓷土制成，其中以三角支钉最多。

窑柱　可分为两种。一种呈倒置蘑菇状，空心柄。另一种为圆柱束腰状，上下均为平面。

支钉　分三角支钉和四齿支钉两种。三角支钉一面为平底，一面为尖状三乳突，乳突为手捏制，有的留下手指纹。四齿支钉，为空心柄状，柄呈圆形，一面有锯齿形四齿，一面有掏孔或做成平面。支珠和支钉同属支具，呈三棱锥形。

匣钵　有直壁平底的筒状匣钵，直壁底斜收的漏斗状匣钵，敞口圈底的盘状匣钵和敛口平底的钵（盆）状匣钵四种。

窑具是研究装烧方法的重要依据。从采集的窑具可知，邢窑各时期及不同的瓷类，烧造工艺也不尽相同。

根据窑具与产品的粘连情况来看，邢窑早期白瓷还不见匣钵的使用，器底部留下的支钉痕迹说明是采用叠烧法烧成。装烧时，先将窑柱排放在窑台上，以淘洗后的瓷土废料（呈砂状）垫其下部使之固定。束腰圆柱式窑柱用以支承腹径较大的器物。蘑菇状窑柱用以支承碗、杯等腹径较小的器物。窑柱的平台上放上随手用胎泥捏制的圆形垫圈，其上放置产品，以起稳定作用。产品之内放置支钉，使器与器之间留有间隔，依次摞放。由于坯胎摞放承受压力较大，容易变形，故这一时期烧制的器物底部都较厚重。窑柱的高度，一般仅可摞放5—7件产品。观其窑柱的粘连物可知，第一个窑柱上产品摞满后，在柄之上放置泥条圈，再摞放另一个窑柱，以增加高度，直至适可而止。这种装烧方法的优点是，窑柱可使产品升高，便于充分利用窑膛内的空间和温度，能够使产品最大限度的受热。其缺点是除最上面的一件产品外，器内均留下支钉痕迹，显得美中不足。

隋代，邢窑开始使用保护坯胎不受火刺的匣钵。其匣钵多为筒式，质地粗壁较厚。一般白瓷碗、杯类产品仍用叠烧法烧造，单件烧的很少。以往，对于隋代是否使用匣钵尚有争议。就目前资料所知，湖南湘阴窑为我国隋代使用匣钵的唯一窑场[17]。对此，曾有人提出异议[18]。邢窑匣钵的发现，得到证实。

唐代的匣钵除继续使用筒状匣钵外，又增添了新品种。匣钵均系拉坯成形，尺寸大小视所装器物的大小而定。筒状匣钵多装立式器皿，也有极少数的摞放坯胎。装烧时先将坯胎放入钵内，钵口置泥条圈后，再放相同规格的匣钵，摞放到适宜的高度而止。为防止火刺的侵入，最上件匣钵用盘式钵盖封口。漏斗状匣钵为一件一器单烧，装烧时将碗放入钵内，上面再置匣钵，依次摞放，码到一定的高度为止。这类匣钵一般均施黑釉或酱色釉，口沿和器外底部无釉，可能是为避免摞放时粘连的缘故。壁较其它形式的匣钵厚，内底放置支钉后装入产品。此种匣钵是否既做为匣钵烧制细白瓷，又可做为一种器皿使用，达到一举两得之目的。总之，匣钵的使用，是烧造工艺上的一大进步。特别是单件装烧的技法，使邢窑白瓷彻底消除了火刺和支钉痕。邢窑匣钵的出现与邢窑白瓷一样，在中国陶瓷史上占有重要的地位。

调查发现多处残窑炉底部，仅见到大量的柴灰，并无发现烧煤的迹象。说明邢窑烧瓷的燃料是柴而不是煤。邢瓷是在还原气氛中烧成，釉色白中泛青，具有冷色之美感，这也是烧柴一个佐证。我国用煤的历史可以上溯到汉代，邢窑所处的北朝至晚唐五代时期，煤的使用更是不断扩大。地质矿产资料表明，邢窑区域内的地表和沟谷中，有下二叠系山西组煤系地层的普遍出露，易于开采。邢窑舍煤而取柴的原因可能是太行山区古时柴草丰富，有着得天独厚的条件。另一方面，邢窑在用柴烧瓷的基础上，烧窑技术有了一个传统的模式，窑工熟练地掌握了还原烧成技术，对窑膛的温度已能严格地进行控制。煤的火焰较柴要短，温度难以掌握，从柴烧窑到用煤烧窑在窑炉的结构上和烧成阶段的技术上均要有一系列的变化，这需要用相当长的时间来完成。邢窑的窑工在没有掌握烧煤技术时，就不可能避长而扬短了。

六　邢窑之归属

在邢窑调查时，不断发现带有款识的器物标本，其中多见的是"盈"字款，其次为"翰林"款。目前，"盈"字和"翰林"款瓷器尚不多见。陕西曾出土三件"翰林"款白瓷罐，这种作品根据底部刻款的内容，基本上可推知是翰林院的定烧之物。"盈"字款瓷器除陕西大明宫遗址出土玉璧底中心刻"盈"字的白瓷碗外，上海博物馆亦收藏有一件传世品"盈"字款粉盒[19]。1975年河北省易县北韩村唐墓中出土一件"盈"字款执壶[20]。其它的尚未见报道。近年来，围绕"盈"字款瓷器问题。有人进行了多方探讨。由于研究"盈"字款瓷器提供了一条至关重要的线索。大明宫是唐高宗李治以后诸皇帝料理政事之所，在这里出现"盈"字款瓷器可资说明此类作品应是宫廷用器。关于"盈"字的含义，最近据陆明华先生考证"盈"字款作品取唐代内府库"百宝大盈库"之"盈"字来作为标记，以供天子享用的定烧器[21]。这种判断基本上令人信服。如果这种推论是正确的，那么摆在我们面前的一个新问题：就是唐代烧制供品的窑口不只限于邢窑，其它如越窑、巩县等窑的贡品瓷器却怎么不以"盈"为标记？这种现象是否对窑场所属有关联？随着考古资料的不断充实，对于"官"、"新官"字款瓷器和官窑问题的研究也相继展开，并取得了一定的进展。将我国官窑的出现时间从宋代提早到了五代时期。冯永谦先生就曾明确的指出"唐代瓷器有了长足进展，产品质量不断提高，使用普遍，形成官私通用局面。我认为到了晚唐官窑就应兴起"[22]。现在我们根据邢窑产品和与之相似的祁村窑出土物以及内丘、临城两地的唐墓中瓷器出土情况试作分析，或对于认识上述问题会略有益处。

位于内丘的各处窑址中，曾发现过"盈"字款瓷器标本。临城境内的窑址也有带款识白的瓷器出土，诸如"王""楚""弘""张"等这些多为姓氏刻铭。如果说"翰林"、"盈"字款瓷器是皇室的定烧器，那么这众多的姓氏刻铭，绝不会也是贡品。它的含义，或为单做共烧，以避免产品混杂，或为产品竞争而刻划窑主的姓氏，带有商标的性质。邢窑则没有发现姓氏刻铭。古时"盈"与"瀛"通用，虽然亦有"盈"姓，但内丘城众多的窑场为一家所有，或均出自"盈"姓工匠之手，似乎都不大可能。唯有"盈"字款瓷器是为宫廷烧造的贡品这种说法令人信服。从这一点上看，邢窑和祁村窑产品销路的来龙去脉就有点眉目了。

临城目前发现八座唐墓，除一座初唐墓葬中无细白瓷外，其余七座平民或低级官吏的小墓中出土文物62件，其中30件瓷器均为祁村窑的细白瓷[23]。比内丘唐墓出土的细白瓷数量要大得多。可以说，但凡临城发现唐墓就有细白瓷。而内丘这一现象实不多见，在发现众多的唐墓中，随葬细白瓷的仅有两座墓。如新城大和九年间的墓葬，出土陶俑、瓷器达70余件。按《大唐六典》所载的墓葬等级制度，应为五品官职之葬式，仅葬2件细白瓷高足杯和10余件黄釉及黑釉瓷。唐代，内丘、临城均生产细白瓷，相比之下，内丘的窑址数量及产量要比临城大得多，为什么墓葬出土情况却异乎寻常？是否可作如下推测，临城祁村窑系民窑，又处偏僻之地，烧瓷不受官府控制，产品销售自由，上层社会人物及当地人极容易得到它。而邢窑的细白瓷销售由官府控制，或专为宫廷而做，或远销海外和供上层社会使用，当地人难以得到，只能使用质量较次的粗白瓷和其它类瓷器。

至今内丘还流传着这样一个故事：很早以前，内丘烧造的瓷器很有名声，当时的皇帝传下了旨意，让为他烧造一个白瓷龙床，因为龙床的尺寸太大不好烧造，窑工们费了九牛二虎之力也没烧成，只好如实上奏，皇帝一怒之下就随口说出："烧不成就散伙"。皇帝的话就是金口玉言，不能更改，所以窑场也就散伙了[24]。虽然民间传说不足以证明邢窑就是"官窑"，但是既有流传，也就有一定的来历。根据这一传说来看，邢窑与当时官府是有一定关系的。

综上所述，笔者认为邢窑在中唐以后已是一处官私通用的窑场，也就是说很可能就是早期所谓的"官窑"了。

七 余 论

以往，瓷史研究者认为，北方白瓷出现于隋代。1971年在河南安阳洪河屯的北齐武平六年（575年）范粹墓中首次发现了北朝的白瓷[25]。这批白瓷，无论胎釉的白度，烧成的硬度和吸水率，都无法和隋代的白瓷相比，显然尚处于创始阶段。尽管如此，它已是名副其实的白瓷了。这一发现，将我国白瓷的生产年代又上推了一个历史时期。于是有人提出北方早期白瓷的生产应在北齐。邢窑北朝烧造白瓷窑址的发现，证实了这种看法。

窑址调查表明，邢窑早期白瓷的生产比青瓷稍晚，它是在青瓷烧造的基础上发展起来的。由青瓷到白瓷，是邢窑窑工经过长期实践的新成果，无疑是一种伟大的创举。它的发明是后来各种彩绘瓷器的基础，没有白瓷就不会有青花、釉里红、五彩、斗彩、粉彩等各种美丽的彩瓷[26]。它的出现，为我国陶瓷史开创了新的篇章，促进了陶瓷的繁荣和发展。在世界科技史上亦占有重要的地位。

邢窑白瓷自北朝的创始，历隋代唐初的发展，到李唐一代已成为北方烧造白瓷的著名窑场，制做工艺精益求精，胎釉原料精心选制，装烧方法上日趋合理，采用单件正烧，制做了大量无与伦比的精美细白瓷。若以邢、越两窑相比，邢窑白瓷代表了当时白瓷的最高水平，越窑青瓷代表了当时青瓷的最高水平，这点就连抑白尚青的陆羽在道出"邢不如越"的同时，也道出"或邢州处越州上"的社会评价这个无可辩驳的事实。

总之，邢窑的鼎盛，改变了青瓷主导方向，使北方的白瓷生产获得了迅速发展，为后期定窑的崛起打下了基础。

一九八九年九月

（作者单位：河北省内丘县文保所、临城县城建局）

注 释

① 河北临城邢瓷研制小组：《唐代邢窑遗址调查报告》，《文物》1981 年第 9 期。

②⑥⑦ 内丘县文物保管所：《河北内丘邢窑遗址调查简报》，《文物》1987 年第 9 期。

③ 王舒冰：《大家都来关心邢窑》，《河北陶瓷》1984 年第 8 期。

④ 李辉柄：《唐代邢窑遗址考察与初步探讨》，《文物》1981 年第 9 期。

⑤ 程再廉：《何处是邢窑》，《河北陶瓷》1984 年第 1 期。

⑧ 李知宴：《内丘邢窑的重大发现》，《河北陶瓷》1987 年四期。

⑨ 李吉甫：《元和郡县图志》。

⑩ 《魏书》卷七上《高祖纪》。

⑪⑫ 李辉柄：《略谈早期白瓷》，《考古与文物》1988 年第 1 期。

⑬⑭⑮ 卢兆荫：《试论唐代的金花银盘》，文物出版社，《中国考古学研究》。

⑯⑳ 中国硅酸盐学会：《中国陶瓷史》。

⑰ 周世荣：《从湘阴古窑址的发掘看岳州窑的发展变化》，《文物》1978 年第 1 期。

⑱ 河北省邢窑研究组：《邢窑工艺技术研究》，《河北陶瓷》1987 年第 2 期。

⑲㉑ 陆明华：《邢窑"盈"字及定窑"易定"考》，《上海博物馆集刊》第 4 期。

⑳ 河北省文物研究所：《河北易县北韩村唐墓》，《文物》1987 年第 4 期。

㉒ 冯永谦《"官"和"新官"宇款瓷器矿研究》，文物出版社，《中国古代窑址调查发掘报告集》。

㉓ 李振奇：《河北临城七座唐墓》，《文物》1990 年第 5 期。

㉔ 内丘县文化馆：《内丘民间故事选》。

㉕ 河南省博物馆：《河南安阳北齐范粹墓发掘简报》，《文物》1972 年第 1 期。

邢窑的沉浮[*]

杨文山　赵鸿声

古邢窑白瓷是我国早期白瓷最优秀的代表。邢窑在灿烂的中华陶瓷史上占有重要席位，影响着后世和世界。但是自晚唐五代，邢窑衰落了，这是历史事实。关于邢窑衰落的原因，在陶瓷界较之对于邢窑的产生和发展来说，研究尚少。现结合各家见地，略作管窥。

一　五代时期的邢窑

在讨论邢窑的许多文章中，提到了邢窑衰落的时间。大体上都说其衰落于晚唐五代或唐末五代。五代时期即公元 907 至 960 年。在 1981～1986 年对邢窑遗址的考察中，发现了属于五代的窑址有 6 处。其中临城、内丘各有 3 处。

位于临城的三处，一在岗头村西北的泜北渠南岸，二在澄底村东北的临祁公路南侧，三在射兽村东南的临祁公路北侧。在这地带还有唐代窑址两处，宋金窑址 7 处。

位于内丘境内的三处五代窑址，集中在城关。具体位置：其一在旧城西南角城外，即今县委礼堂南的猪市南面高坡处。此窑址与坡北的宋金遗址及隋唐遗址共存。其二在西关村南公路北，即今矿沙收购站一带。北窑址与北朝、隋、唐时期遗址共存。三在西关村东北西围城路西，即今蜂窝煤厂一带。此窑址与北朝、隋、唐时期窑址共存。在这地区，发现北朝窑址五处，隋代窑址六处，唐代窑址九处，宋金窑址一处。

临城和内丘五代窑址出土器物有碗、盘、钵、瓶、罐、盆 6 种。胎色多为浅灰色和土白色，洁白如雪者极少见，多施白色化妆土。一般说坯料较粗，断面可以看到颗粒。釉色决定于胎色，施白化妆土者釉面呈白色，但多数微发鱼肚白或微发象牙黄。不施白化妆土者，釉面多呈银灰或土黄。一般说釉质较细，釉面光亮。器内施满釉，器外施半釉，或施釉不至近底部。

邢窑衰落的表现如下：

* 《河北陶瓷》1993 年第 1 期

（一）五代窑址发现的数量和遗存，远不如唐代窑址发现的数量多和遗存分布的规模，也不如隋代乃至北朝的遗存。说明五代邢窑白瓷生产是萎缩了。

（二）五代出土白瓷的造型和数量也远不如以往。

（三）五代出土粗白瓷器物胎质不纯，多呈灰白或土白，表面粗糙，几乎都施化妆土。

（四）五代出土器物造型工艺粗、胎壁厚，足部粗糙，完全失去唐时那种"圆如月魂堕，轻如云魄起"的风采。

二　邢窑衰落的原因

关于邢窑的衰落，概括起来有以下几方面原因：战乱破坏，原料枯竭，技术渐趋落后等。

（一）战乱破坏

唐朝末年至代前期，由于藩镇割据，政局混乱，争战频繁，仅邢州一带60多年之中就发生战祸28起。《资治通鉴》对此有所记载，时间如下：

1. 唐僖宗中和三年（883年）九月。邢、洛、磁州之人半为俘馘，野无稼穑。[1]

2. 僖宗光启元年（885年）八月。兵屯邢州。[2]

3. 光启二年（886年）十月。李克修攻邢州。[3]

4. 昭宗龙纪元年（889年）五月。李克用攻邢州。[4]

5. 大顺元年（890年）正月。李克用急攻邢州。[5]

6. 大顺二年（891年）十月。克用大掠而还，军于邢州。[6]

7. 景福二年（893年）二月。李克用引兵围邢州……引还邢州。[7]

8. 同年七月。王镕遣兵救邢州……请兵二十万助攻邢州。[8]

9. 同年九月。李克用自引兵攻邢州。[9]

10. 乾宁元年（894年）三月。邢州城中食尽，克用兵势浸弱。[10]

11. 光化元年（898年）五月。葛从周攻邢州。[11]

12. 同年九月。李克用遣将复邢、洛、磁三州，葛从周出战大破。[12]

13. 光化三年（900年）四月、五月。李克用遣将攻邢。[13]

14. 同年七月。李克用将兵五万攻邢，败汴兵于内丘。[14]

15. 同年九月。朱全忠移兵下临城。[15]

16. 昭宣帝天祐三年（906年）四月。李克用三千骑攻邢州。[16]

17. 后梁太祖乾化元年（911年）正月。朱全忠兵败邢州，僵尸蔽野，斩首二万级。李嗣源追至邢州。[17]

18. 同年正月。李存璋攻邢州，以大军继之。朱全忠遣将兵千人夜入邢州。[18]

19. 同年五月。朱全忠命杨师厚兵屯邢州。[19]

20. 均王乾化三年（913年）五月。杨师厚、刘守奇将汴、邢、洛……之兵十万大掠赵境。[20]

21. 乾化四年（914年）七月。李克用南寇邢州，杨师厚引兵救邢。[21]

22. 贞明二年（916 年）六月。李克用攻邢州，杨温降。[22]

23. 同年八月。晋王李克用攻邢州，以李存审镇邢州。[23]

24. 后唐明宗天成元年（926 年）二月。赵太据邢州。李绍真克邢州，擒赵太。[24]

25. 后晋齐王开运元年（944 年）十二月。契丹复大举入寇邢、洛、磁州，杀掠殆尽。[25]

26. 开运三年（946 年）四月。契丹勒兵压境。[26]

27. 后汉高祖天福十二年（947 年）闰七月。[27]契丹麻答，贪猾残忍，民间有珍货、美妇女，必夺取之。麻答遣其将杨安等纵兵大掠邢、洛之境。

28. 后汉隐帝乾祐三年（950 年）十一月。契丹主将数万骑入寇，攻内丘，死伤甚众，五日后入城屠之。[28]

《资治通鉴》记载的这 28 次有关的战祸，使得这个地区野无稼穑，生灵涂炭，大批劳力被迫服役，或流离失所，无家可归，严重地阻碍了生产力的发展。其中受害最严重的是内丘。内丘为邢窑白瓷产地中心，目前发现的主要窑场集中在内丘城关及其附近。无疑这些战祸影响了邢窑生产，成为邢窑衰落最重要的人的因素，也是邢窑衰落的最重要的社会原因。

（二）原料的枯竭

据地质专家程在廉以其古陶瓷地质学的观点研究考察认为，隋代贾壁窑，唐代邢窑、宋代定窑和磁州窑能在长时间内取得如此辉煌发展，从自然条件来说，主要原因是它们都位于太行山东麓各煤田的边缘部，有可供烧造瓷器的高岭石粘土矿存在。矿产资源条件就成为陶瓷手工业赖以生存和发展的载体。

唐邢窑主要粘土原料是当地的中石炭系顶部的大青土和下二叠系山西组中下部 1 号煤和 2 号煤的煤夹石（高岭石——水云母粘土岩）。内丘和临城一带的地质构造条件比较复杂，地层严重断裂分割，瓷土矿层层位不定，被多组方向不同的断层切割成不大的小条和小块。即使瓷土的质量很好，但产状零乱，数量有限，有的呈鸡窝状，有的开采条件困难，加上开采不善，可采矿量和质量均无保证，为细白瓷长期生产造成原料供应上的困难。当质量好的瓷土找不到或采不出来的时候，就只好利用当地质量较差的瓷土，如用含铁量较高的粘土岩来代替。在制坯后，施一层白色化妆土，再上釉，制出比较粗陋的瓷器，以供民需。[29]正如高庄教授过去说过的，这种"白瓷"是假的。因此，邢窑的盛衰与瓷土的采掘和供应情况是密切相关的。从自然条件的劣化，导致唐代邢窑细白瓷生产了一段时间名声大振之后，又很快消声匿迹了。从这种客观条件看来，邢窑的厄运这又不是当时人力所能逆转的。

例如五代后周的郭威与柴荣两个帝王时期，国泰民安。特别是关于柴世宗，还有过柴窑的传说。他在位 5 年（公元 954～959 年）。"雨过天青云破处，者（这）般颜色作将来"这就是他烩炙人口的名言。他和郭威都是邢州人，这句话是反映他不爱邢窑白瓷而爱好青瓷呢？还是在唐时就有道"邢州处越州上"的邢窑白瓷此时已黯然失色，就连皇上也对制作白瓷失去了信心呢？这无疑又给邢窑的衰落在自然条件的重要原因增加了一个值得研究的旁证。

（三）技术渐趋落后

我国东汉有了青瓷，北齐有了白瓷。邢窑白瓷的脱颖而出，达到"邢处越上"的社会呼声，是很了不起的古代科学技术成就。邢窑的成就包括工艺制作，烧成技术，以及造型与纹饰。邢窑在唐朝一直未断烧造，只是烧制地点和品种历代有所不同。叶喆民先生认为，邢窑固步自封，很少学习其它名窑技法，没能在高起点上进一步改进。目前所见传世唐代邢窑作品是光素无纹、式样单调，它比起当时与之齐名的越窑来，除了二者在釉色上各有千秋外，无论在造型的多样或纹饰的变化方面均显得美中不足。尤其到晚唐五代时期，越窑"秘色"瓷已独占鳌头，形成了所谓"陶成先得贡吾君"独领风骚的局面。㉚李知宴先生认为，与整个唐朝社会艺术与工艺发展趋势相比，邢瓷只追求质感美和质量的提高，而新品种却增加不多，也不注重追求色彩和装饰花纹，这也是邢窑走向衰落的一个原因。㉛我们认为以上分析是有道理的。邢窑正是在种种主客观条件影响下缺乏设计观念的更新，才导致昙花一现而终于默默无闻。

（四）其它原因

历史记载的其它因素，对于邢窑的衰落，从一定时期来说，也会造成某种程度的影响。比如朝廷的苛政，官府的敲榨，洪水等自然灾害的冲击，这都是对生产力的破坏，至少带来不利影响。例如内丘境内的李阳河、小马河，其上游处于太行山地，受雨面积很大，故每逢雨季，尤其是山洪爆发之时，发生洪水泛滥已是古今常事。根据《内丘县志》有关明清时期水灾记载，大约平均15年左右就要发生一次洪水。洪水无疑给内丘人民的生命财产带来了灾难。但水灾是有季节性的，只要水灾一过，人们便可以重建家园，恢复生产。

民间传说还有皇帝命窑工烧制瓷龙床的事。由于大件难成，皇帝生气了："烧不成龙床就散伙"。因为"金口玉言"，应了皇帝的话，邢窑停止了烧造。这当然是民间故事，不过却也真实地反映了社会上层建筑对经济基础产生的制约。

三 邢窑展望

邢窑在河北，邢窑是先人的骄傲。

邢窑沉睡千年重见天日，这是当代陶瓷界作出的贡献。研究邢窑在于继承民族光辉遗产，弘扬民族文化。恢复邢窑的工作，人们曾做出不少努力，并有了今天可喜的研究成果。展望邢窑的前景，有以下一些认识：

（一）历史上邢窑的发展靠政治昌明，社会稳定，安居才能乐业。邢窑衰落的社会因素是连年战乱，民不聊生。而我们今天，改革开放以经济建设为中心的大好形势，有各方面的关怀支持，具备科研生产的实力，正是具备了恢复和发展邢窑的社会条件。

（二）邢窑衰落客观的自然因素是优质粘土矿产资源的匮乏。这个矛盾在今日社会的科技水平和从全国范围来说是不难解决的。就地取材固然是一优势条件，但优质粘土供应全国的现象早已是现代陶瓷工业的现实。

日本几年前已成功地做出仿宋曜变天目，也很想得到南宋官窑及定窑研究的技术资料。台湾正在仿制故宫历代藏瓷。既然他们都能在各自的条件下做出预想中的作品，我们有什么理由在自己这块土地上却弄不出自己原来生产过的东西呢？原料的科学开采和利用比古代条件是大不一样了。有困难，也应该有信心。

（三）仿创结合。对历史上邢窑的固步自封，应引以为鉴。我们要搞仿创结合，要更新设计观念。实际上，邢窑也不全是光素制品。邢窑在隋代已掌握并使用了刻花、印花、贴花等装饰技法，还出现了艺术性较高的雕塑作品。唐代邢窑曾沿用并发展这些技法影响了定窑。可惜的是它的艺术特色没能得到充分发挥。宋金以后，衰落的邢窑又受定窑与磁州窑影响，有了划花白瓷和白地绘黑花瓷，但毕竟是较粗的瓷了。梅健鹰先生认为，恢复邢窑不能以只求光素无纹饰为满足，这话是很有道理的。

我们的结论是：邢窑有希望，邢窑今后的千里之行，始于我们的足下。

（作者单位：河北师范大学、唐山陶研所）

注　释

①至⑳　《资治通鉴》卷二五五至卷二六八，见中华书局标点本第 18 册第 8299—8772 页。

㉑至㉕　《资治通鉴》卷二六九至卷二八四，见中华书局标点本第 19 册第 8784—9280 页。

㉖至㉘　《资治通鉴》卷二八五至卷二八九，见中华书局标点本第 20 册第 9305—9444 页。

㉙　程在廉《何得是邢窑》，见《河北陶瓷》1984 年第 1 期。

㉚　叶喆民《邢窑刍议》，见《河北陶瓷》1982 年第 1 期。

㉛　李知宴《邢窑的发现》，见《河北陶瓷》1987 年第 4 期。

邢窑研究综述*

姚 毅

邢窑是我国唐代的名窑，以产精细白瓷驰名中外，在中国陶瓷发展史上占有显赫的地位。邢窑的工艺技术和文化艺术成就是一份宝贵的文化遗产。邢窑遗址自 1980 年后被陆续发现，从此兴起了一股研究邢窑的热潮，文物考古、陶瓷科学技术、陶瓷工艺美术乃至地质矿产专家都加入了研究行列。不同的研究者，从邢窑的兴衰、历史渊源、器型特征，胎釉特点、技术艺术成就、地质条件等方面发表研究论文多达几十篇，作者有幸参加了工艺技术的研究，同时注意阅读了各学科研究的成果，据此进行综合归纳，对邢窑作一梗概介绍。

一　古文献对邢窑的记载及邢瓷的遗存

邢窑之名始见于唐代文献。《大唐六典》（成书于公元 756 年之前）记载邢窑器曾以贡品向唐王朝宫廷进贡。唐人陆羽在《茶经》（成书于公元 760 — 764 年）中写到："邢瓷类银，越瓷类玉""邢瓷类雪，越瓷类冰"。这段记述说明，邢窑产的是如雪似银的白瓷，并与同时代的越窑青瓷平分秋色，争相媲美。唐人李肇在《国史补》（成书于 824 年之后）中记："内丘白瓷瓯，端溪紫石砚，天下无贵贱通用之。"这段记述说明邢窑白瓷的产地在内丘，无论贫富贵贱都在使用，可见邢瓷产量之大，行销之远。唐代诗人皮日休在《茶瓯》诗（成诗于公元 861－873 年）中记："邢客与越人，皆能造瓷器，圆似月魂堕，轻如云魄起"。赞颂邢窑瓷器典雅秀丽，端庄规整，体态轻盈。说明它不仅有良好的使用价值，而且还有很高的观赏价值，给人以赏心悦目的美的享受。唐人段安节在《乐府杂录》（成书于公元 894 年左右）中记："乐师郭道源用越瓯、邢瓯十二，旋加减水，以筯击之，其音妙于方响"。这段记叙说明，邢窑瓷器还可当乐器使用，敲击时能发出清脆悦耳的音响。

在上述记述中，基本勾画出了邢窑的全貌。邢窑在内丘，产的是白瓷；造型规整、体态轻盈、瓷化良好；产量巨大，行销遥远，不仅供广大平民使用，而且还向宫廷进贡。

---

* 《邢台历史经济论丛》，中国人事出版社，1994 年

　　唐代邢窑，在继承前人制瓷技艺的基础上，博采众家之长，不断革新和创造，将玉石雕刻、金银器的造型艺术应用在陶瓷上，制出了大量千古称誉的佳品。人们纷纷将其作为玉石或金银器的替代品，或收藏于密室，或进贡于宫廷，或作为明器为死者陪葬，或作珍宝输出国外。因此，尽管邢窑瓷器烧造年代至今已有千年之久，仍有大量传世佳品供人欣赏。据邢窑研究组实地考察所见，至今仍在北京故宫博物院、上海博物馆、河北省博物馆、陕西省博物馆、扬州博物馆、西安园林文物局、洛阳文管会，以及安阳、内丘、临城、高邑、隆尧等县的文管部门，都藏有大量精美的邢窑瓷器．计有白瓷玉璧底碗、白瓷花口碗、白瓷瓶、白瓷注子，白瓷"盈"字款盒、白瓷曲带瓶、白瓷罐、白瓷坛、白瓷高足杯，白瓷狮子、白瓷象等。这些传世佳品，还在闪耀着昔日邢窑的风采。

　　西安和洛阳都曾是唐王朝的都城，在那里经常有邢窑瓷器和残片出土，足见宫廷对邢窑瓷器的需求和喜爱。唐代著名的商品出口城市扬州和镇江也不断有邢窑白瓷出土，这是邢窑白瓷从海上销往世界的有力证据。近年来，许多国家都出土了邢窑瓷器和残片，在文献上报导的有：日本的京都，巴基斯坦的勃拉·米纳巴（Bra·minabad）埃及的福斯塔特（Fostot），伊拉克的萨麻拉（Samarra），特别是日本京都出土的玉璧底碗，伊朗出土的四瓣花口碗都是邢窑的精品。邢窑瓷器作为商品，随着贸易船队东渡日本、朝鲜，沿着丝绸之路运往南亚和阿拉伯各国，对我国同国外贸易和文化艺术往来起了重要作用。

二　难解的邢窑之谜

　　古文献清楚地记载着邢窑产白瓷，产地在内丘。然而，由于邢窑停烧已达千年，昔日的窑场风貌早已荡然无存，现在地面上已难看到邢窑的遗迹，不做很深入的考察邢窑遗址是难于找到的。在1980年以前几位古陶瓷专家曾到内丘踏察，早在五十年代古陶瓷专家陈万里就到内丘踏察，几经寻觅未见其踪迹。1976年，古陶瓷专家冯先铭、叶喆民两次到内丘、临城两县境内踏察邢窑遗址，也都失望而归。河北师大历史系杨文山先生，从五十年代起，就注意寻找邢窑的踪迹，勤奋探索三十年，始终未能如愿。这个誉满国内，名扬国外的邢窑到底在哪里？长期以来成了扑朔迷离，悬而未决的不解之谜。

　　临城县二轻局，怀着要让千古名窑重放异彩的雄心壮志，要在本县恢复邢窑。1980年春成立了邢窑研究小组。同年夏，邢窑研究小组又邀请河北师大杨文山先生为顾问，对内丘、临城交界处和临城县境内的古窑址进行广泛深入考察，八月十日在临城县岗头第一次发现晚唐风格的玉璧底白瓷碗残片，取得了可喜的收获。同年秋，邢台地区科委邀请中国历史博物馆研究员傅振伦先生，中央工艺美术学院叶喆民、王舒冰老师以及河北师大杨文山老师，对临城、内丘境内古窑址再次进行深入考察。11月4日继临城岗头发现了具有唐代典型特征的玉璧底细白瓷碗残片之后，又在祁村发现细白壶残片。至此，缠绕在邢窑上的面纱初被揭开，开始显露其庐山真面目。1981年4月，邢台地区科委受河北省科委的委托，邀请国内外知名的古陶瓷专家对发现的实物在临城县召开了《邢窑与邢瓷艺术鉴赏会》。到会的专家有：中国历史博物馆傅振伦，北京故宫博物院冯先铭、李辉柄、王丽英，中国艺术研究院李继贤，中央工艺美术学院王舒冰等。与会专家对遗物的认识形成两种意见：一种认为临城的古窑址就是邢窑，理由是尽管临城在唐代不属于邢州，因祁村窑址与内丘交界，《国史补》所记当是大体而言，与定窑不在定州，而在定州临近的曲阳一样。另一派专家则认为，临城的古窑址，只是邢瓷窑场的一部分，是邢窑的正统和亲支近派。发现了邢窑的消息一传开，轰动了国内外。

《邢窑及邢瓷艺术鉴赏会》后，河北省地质矿产局程在廉高级工程师发表了《何处是邢窑》的论文，他从地质学的角度出发，预言李肇所记邢窑在内丘是对的，只是不能说仅在内丘。此后曾得到一些专家的赞同，同时也引起了内丘县文管部门的重视。内丘县文管组（现为文管所）自 1984 年春开始，对境内的古窑址加紧进行普查，注意基建施工时地下埋藏情况，向当地群众讲解邢瓷的特征，发动群众提供邢窑的线索，在短短一年的时间内，在 120 平方公里的区域内，共发现古窑址二十八处，从窑址上采集了大量实物标本，从遗物判断唐代邢窑集中在县城西关和中丰洞一带。1985 年 12 月，邢台地区科委邀请冯先铭、李知宴、李辉柄等古陶瓷专家，对内丘邢窑遗址进行考察，对采集的标本进行鉴定。专家们一致认为，唐人李肇在《国史补》中的记载，邢窑在内丘是准确无误的，并肯定了内丘是邢窑的制瓷中心。专家们兴奋地谈到，上海博物馆收藏的白瓷"盈"字盒，唐大明宫遗址出土的"盈"字底款白瓷碗残片，因找不到窑口，一直不敢下结论，这次在内丘遗址的标本中，有"盈"字底款的残片多达十几片，邢窑终于找到了。旷日已久的邢窑之谜，终于大白于天下。

三　研究邢窑的过程

邢窑是我国白瓷的发祥地。邢窑的制瓷成就是一份极其珍贵的文化、技术遗产。探究邢窑的制瓷奥秘，既可为我国古代达到的科技水平做出科学的评价，也可为继承这份宝贵的文化遗产提供科学的依据。邢窑研究既有重要的科学价值，又有重要的现实意义。

首先研究邢窑的是临城县邢窑小组，从 1980 年起他们就在非常简陋的条件下进行了开创性的工作。由于这个小组力量薄弱，开展工作困难较大，受到了社会各界的关注。河北省科委对这项研究非常重视，1981 年将邢窑研究列入河北省科技发展规划. 1983 年省科委决定由河北省轻工厅组织研究，成立《河北省邢窑研究组》1984 年邢窑研究又列入轻工业部科研课题。邢窑研究项目由河北省轻工厅技术顾问刘可栋高级工程师负责总体设计，又聘请轻工部高级工程师李国桢为顾问。从此，邢窑研究才纳入正常轨道，开始全面研究工作。

高级工程师刘可栋，根据他指导定窑研究的经验，运用交叉科学的理论，对邢窑研究进行总体设计。将文物考古、陶瓷科学技术、陶瓷工艺美术的研究同时进行，既各自独立研究，又将研究成果共同使用，以达相互促进、相得益彰的目的。按照总体方案的要求，在省内组织了一个由各学科专业人员组成的研究组，分考古、工艺、美术三组分别进行研究。

考古组的任务是：对内丘、临城县境内及临近区域内的古窑进行全面考察，采集典型的古瓷及窑具，运用考古标本学的方法进行分类，按照型物特点进行分期，分析邢窑发生、发展及衰落的过程，总结每个时期的制瓷特点。将每个时期最具特色标本挑选出来，为测试和仿制提供科学依据。

陶瓷美术组的任务是：对全国各大博物馆进行深入考察，搞清邢窑瓷器的遗存状况。然后将传世作品与窑址遗物进行对比，对邢窑各时期的典型器物深入的进行剖析，总结器物造型的线型结构，气质神韵，胎质釉色的变化规律，为邢瓷仿制提供艺术保证。

工艺组的任务是：根据考古和美术研究的结果，确定测试标本。与北京建材院、上海硅酸盐研究所，清华大学等单位合作，利用电子显微镜、X 射线衍射仪等仪器设备，测定标本的物理性能、胎釉化学组成 X 显微结构特征。对测得的数据运用统计学原理和方法，探索邢瓷制造的内在规律，从而揭示邢瓷烧造的奥秘。从实物标本出发，仔细推敲邢瓷制造使用的原料，胎釉配方，成形、烧成方法，把邢瓷仿制建立在坚实可靠的基础上。

陶瓷原料是制瓷的基础，在古代生产的条件下原料只能取自本地，如雪似银的邢窑白瓷是用什么原料制造的呢？对此，地质矿产专家做出了明确的回答。邢窑所处的区域在地质上属拱形隆起断裂区，有的垂直断距达千米以上。在大断层之间密集分布着许多小断块，致使赋存瓷土的石炭二叠纪地层被切割的支离破碎，瓷土层的连续性受到严重破坏，有的含瓷土的矿块深埋地下，有的则裸露在地壳表面，处于地层表面的瓷土为制造邢瓷提供了优质原料。根据瓷土原料分布规律，84 年秋，河北省陶瓷原料勘察研究组，曾在临城县祁村一带打钻七孔，挖井两眼，探明在二十八至三十二米之间瓷土原料有相当储量，最优质的瓷土为红沙石。这些工作为邢窑的研究和邢瓷的仿制奠定了物质基础。

邢窑研究工作历时六年，集中研究是 1984 年至 1986 年。经过各学科专家的共同努力，基本搞清了邢窑的范围，历史沿革过程，制瓷的奥秘和艺术特征，对这一历史名窑得出了明晰的认识。在综合研究取得结论的基础上，从一百二十八种器物中，筛选出十八种代表性器物做为仿制对象，经过六次试烧，制出了一批与邢瓷质似、神似的仿制品。1987 年元月在省会石家庄邀请国内知名专家，对邢窑研究成果及仿制品进行了鉴定，专家们认为："邢瓷仿制品胎釉特点准确，基本接近唐代邢瓷的艺术水刊。邢窑研究运用交叉科学方法是成功、有效的。对古邢窑遗址划出了一个比较清晰的轮廓，在工艺技术研究的深度上取得了一定突破"。专家们对邢窑研究的结果给予了较高的评价。

四 邢窑的范围及发展过程

邢窑有狭义和广义之分。狭义的邢窑专指生产精细白瓷的唐代邢窑，广义的邢窑包容了邢窑白瓷发生、发展及衰落的全过程，及其所产的各种产品，对邢窑的研究是以广义邢窑为对象的。

通过河北省邢窑研究组自 1980 年至 1986 年的反复考察，以及内丘县文管所的进一步调查，纵观邢窑白瓷发生，发展及衰落的全过程，对邢窑的边界大体可以这样描绘：北起临城县城北的祁村，南达内丘县城南的冯唐，西起临城县城西的南程村和内丘县城的西丘，东达临城县东南的陈刘庄和内丘县城东的白家庄及至隆尧县的双碑。在南北长约三十五公里，东西宽约五至十五公里，面积约 350 平方公里的区域内，到处都可找到不同时期的邢窑遗存。在内丘县西关附近遗存的邢窑精细白瓷，品种最多，数量最大，质量最精，这里是唐代精细白瓷的制瓷中心。

邢窑除生产白瓷以外，还生产青釉、黑釉和三彩釉器。白瓷由青瓷进化而来，白瓷经历了由粗到精，由兴到衰的过程。邢窑白瓷从发生、发展到衰落大体经历了四个时期。

1. 萌发期

北朝至隋朝时间是邢窑的萌发期，以生产各类青瓷为主。早期的青瓷胎体厚重，胎质粗糙，胎色青灰，器内满釉，器外施半截釉，流釉、裂釉严重，釉色背绿或黑绿，产品用罗烧法烧制，器内有粗大的支烧痕。随着人们使用审美要求的提高，这种产品已不能满足需要，在此期间做了两步重大改进；第一步，在青灰色胎体上涂上一层白色化妆土（也称护胎釉），再在其表面施透明釉，以此改变釉的色调。青灰色胎体由于白色化妆土的遮盖，产品的外观呈现黄白色，这是由青瓷向白瓷过渡的开始。第二步，改进胎料，选用白色粘土制胎，烧制粗白瓷。这两步重大改进，完成了由青瓷向白瓷的过渡。不过这时的白瓷尚处于原始阶段，然而它却为精细白瓷的制造奠定了基础。

2. 过渡期

隋至唐初这一时期精细白瓷处于过渡期，以生产粗白瓷为主。在原始白瓷的基础上，更加注意了胎釉原料的选择，注重提高产品的白度，同时更加强化了产品的使用功能和观赏意识。器物造型逐渐变的灵巧、实用，胎体和釉层逐渐由厚变薄，由器外施半截釉改为通体施釉，流釉、裂釉现象逐渐减少。在装烧技术上做了重大改进，改叠烧为单烧，克服了产品上的支烧痕，捉高了质量，扩大了产量，为精细白瓷的生产积累了丰富经验。

3. 成熟期

唐朝的初、中期是我国古代兴旺发达的最好时期之一，政治稳定，经济繁荣、科技发达，文化艺术蓬勃发展，为陶瓷的技术进步创造了良好条件。此时的邢窑在继承前人制瓷经验的基础上，采取了一系列重大革新、创造措施，把陶瓷制造技术提高到一个崭新的高度。唐代邢窑精细白瓷，胎质坚实，胎色洁白。釉面光滑，平整光润，釉色粉白且微泛青色，具有赏心悦目，耐人寻味的美感。在产品器型设计上，既重视了它的实用功能、又突出了它的观赏价值。在加工制做上精益求精，选料精细，加工严格、旋削严谨，装烧考究，器物规整，施釉均匀。对每件制品的加工都充分体现了一个"严"字。例如，对碗的制做，对碗底都旋削成"玉璧"形，将尖锐棱角旋去，足的中央留下一个施釉的圆，对任何一个细微处的加工都极其精细。邢窑精细白瓷的创烧成功，有赖于两项重大技术措施的采用。第一，改进胎釉料配方，对坯料选用优质高岭土，减少染色杂质的含量；以提高瓷胎白度；对釉料显著减少钙的含量，增加碱性氧化物的比例，从而克服了釉层易于流动的不足，又提高了釉的白度。第二，改进装烧技术。精细白瓷的胎釉原料需要在很高温度下才能形成良好的瓷器，为此创造了能烧高温的窑炉及烧成技术；精细白瓷的外观质量要求很高，既要求产品瓷化良好，釉面光洁，又要求产品烧后器型规整。为此创造了适合烧各种产品的匣钵。匣钵的使用既提了产品质量，又扩大了产量。唐代邢窑对胎釉料配方和装烧技术的改进，是对陶瓷生产技术的杰出创造，正是由于这些先进生产技术的采用，邢窑才烧制出众多千古称誉的佳品。

4. 衰落期

晚唐至五代时期，由于社会动荡，优质原料枯竭等原因，邢窑釉的制瓷技术逐渐衰退，此时生产的多是粗白瓷。瓷器胎质粗糙，颜色灰白，釉面不光，呈黄白色，多有流釉、裂釉现象. 产品器型种类减少，加工制做粗劣，失去了盛唐时期典雅、端庄的风采。

宋代是我国陶瓷普遍发展的时期，地处其南的磁州窑和地处其北的定窑蓬勃兴起，然而，邢窑因不思进取而落伍了，宋金时期，在邢窑故地虽有相当规模的陶瓷烧造，但制瓷技术多受定窑，磁州窑影响，烧造印花白瓷，黑釉器和三彩器等，产品风格与唐代邢窑已无渊源关系，一代名窑从此消声匿迹了。

五 邢窑制品的艺术特点

邢窑在几百年的烧造实践中，逐步形成了造型古朴大方，线条饱满流畅的艺术风格。唐代邢窑器物造型是在不断完善其实用功能和审美意识中，逐步发展而定型的。每一件制品的型制都经历了反复改革，不断完善的过程。其间既融汇了时代风尚，也渗透了社会大众的意愿，更倾注了陶瓷工匠的追求，为后人留下千古绝唱的艺术史诗。邢窑工匠将玉石雕刻、金银器的造型艺术应用在陶瓷器物上，在实用与艺术的结合上加以卓越的刨造，制出了大量千古称誉的佳品。古人和今人对邢窑器物的酷爱，是因它具有如下艺术特色。

1. 庄重大方形态美

邢窑器物具有庄重大方，雍容华贵的形态美。这是对唐王朝社会安定，繁荣昌盛的社会风貌的反映. 艺术是对社会风貌的高度概括，陶瓷艺术也不例外。唐代艺术以庄重、博大为其特征，就连当时的女性也都以宽衣宽带，体态丰盈为美。邢窑器物形成庄重大方的艺术风格是历史的必然。

邢窑器物庄重大方的气质，体现在瓶、罐、坛等器物的口、颈，肩、腹等部位。如图一所示。

邢窑器物的口多为圆唇沿。圆唇沿固然有改善制坯和烧成过程中变形加固口部的作用。但从审美角度来看，使器物更显的洗炼、凝重。

邢窑器物多为短颈。短颈并不给人以缩脖端肩之感，它组合在罐、坛等产品上，衬托的整个器物更加敦厚、丰满。

邢窑器物多是丰肩。丰肩与短颈，圆唇沿与鼓腹的配合，使整个器物显得自然流畅，体态丰盈。

邢窑器物多为鼓腹。鼓腹位于器物高度的二分之一以上，这样的形体看上去好像一个体魄健壮的彪形大汉，更像一位魁武的将军。

邢窑烧制的瓶、罐、坛等制品，正是具备了圆唇沿、短颈、丰肩，鼓腹这些特点，才构成了庄重大方、雍容华贵美。

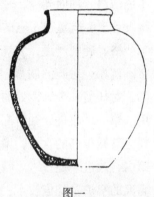

图一

2. 实用与欣赏结合美

陶瓷器物是有容积的形体，它的实用功能和审美功能是互为依存的。器型是循着人们对器物的实用与审美要求而发展变化的。古人和今人对邢窑器物的酷爱，正是由于它赏用结合达到了高度完美的程度。

玉璧底碗就是一个赏用结合的代表作，它流传很广，传世较多。这种碗的底足形如玉璧，放置时不易倾倒，增加了使用时的稳定性。观赏时犹如一个圆环状的玉璧镶嵌在碗的底部，给人以美的联想。再如内丘出土的瓣口白瓷碗，碗口如四瓣的花朵，这是仿金银器型制的制品。它既是装食物的器具，又可做为陈设品，满足使用者审美的情趣。这些作品仅是邢窑器物赏用结合的典型，通观邢窑器物无不渗透着美的意识。

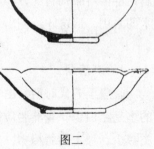

图二

3. 邢器整体的韵律美

陶瓷制品是商品，若想使产品有竞争力，唤起用户的购买欲，必需使其具备实用、美观、价格合理等因素。这佯，造型的设计就必须运用美的自然法则和技法来达到这一目的，使器型的整体具有韵律的美感。

纵观唐代邢窑器物，其基本特征都具有雍容大度感，同时又具有音乐般的韵律美。以洛阳出土的白瓷坛为例，如图一所示。这是一件体积较大的制品，它的造型既具有唐代器物共有的丰满深厚感，又有其独特的韵律美。该坛为唇沿直口，口沿的下方是一条较硬的线角转折。颈部是一段直线，略外撇。颈部与肩部交接处稍有转折；自肩部开始外鼓，然后犹如瀑布直泻而下，近底处渐向内收，气势略缓，但仍不是直线。整体线条有行、有止、有抑、有扬，或一气呵成激流直泻，或蜿蜒转折疏缓有序，犹如一曲委婉动听的轻音乐。整体形态既有直线又有弧线，但以弧线为主，尤其是口沿下部那条转折线角，起到相当重要的作用。它宛如一幅油画中的高光，交响乐中的高音符，是点眼之笔，它丝毫没有破坏以弧线为主的整体美，反而给完美的形体美增加了生气。邢器整体的韵律美，在诸多邢窑器物中都可表现出来。

4. 邢器的比例谐调美

邢窑工匠将大小不同的体和线段巧妙组合，塑造了大量制品，构成了比例谐调的美丽型体。

例如用于盛酒的白瓷注子，它是由注体、注嘴和注柄三部分构成，其左右两边并不对称，但基本的均衡之势并未破坏，整体上仍是协调的。再看线段的变化处理，注子口部呈喇叭状，使上部线段具有内聚力；中部是近似圆形的球体，外轮廓线充满扩张力；底部是小段直线，呈扁平的长方体，是整体的收缩与结束。这三段不同性格，不同长度的线型组合，构成了注子主体的外轮廓。依理而论，体量相差悬殊，性格各异的线条组合在一起，怎么会产生有束有发，有张有驰的美感呢？这正是邢器艺术的妙处。这些不同形体和线形的巧妙组合，正是其功能效用的体现。敞口便于往内倾注液体，束颈可以防止泼洒，鼓腹可多盛装，扁平底足便于安放，注嘴可用于倾倒，注柄可便于端持。各部件缺一不可，多一不必，注子功能之完善，形体组合变化之巧妙，衔接之紧密，达到了无可挑剔的程度。

图三

邢器的造型艺术，是随着当时工艺技术水平的提高，姐妹艺术的影响，社会对陶瓷制品实用和审美需求以及贸易的发展进行的。她准确地概括了当时社会的精神风貌，满足了人们物质和精神的需求，在艺术水平上达到了当代的高峰。其艺术成就和创新精神是我国文化艺术宝库中一份极其珍贵的瑰宝。

六　邢窑制瓷技术成就

邢窑在继承前人制瓷技术的基础上，历经改革和创新，在工艺技术上取得了辉煌的成就，把我国陶瓷工艺技术水平提到一个崭新的高度，创造了我国陶瓷工艺史上的四个之最。

1. 最早制成白瓷

陶与瓷的区别，在于胎体的烧结程度。陶是未完全的烧结体，胎体含有不同数量的气孔。瓷是密实的完全烧结体，胎体的气孔率接近于零。陶产生于原始社会的后期，瓷萌发于商朝。商朝时的胎体与瓷已较接近，但制作粗糙，胎釉呈青灰色，学术界称之为原始青瓷。原始青瓷经过漫长的发展历程，直到汉代才制成符合瓷器定义的瓷。这时的瓷仍是胎釉呈青灰色的青瓷。根据近年考古研究确认，符合瓷的定义的青瓷，产生于东汉的三国时期，浙江省上虞县小仙坛，这是我国目前已知最早的青瓷。青瓷发展到唐代，已形成规模宏大的越窑瓷场，"九秋风露越窑开，夺得千峰翠色来"，就是对越窑青瓷生产的写照。宋代是我国陶瓷大发展时期，已形成官、哥、汝、定、钧五大名窑，除定窑生产白瓷外，其它各窑生产的都是青色釉的瓷器。在此之前青瓷一直占据着统治地位，直至金元之后由于景德镇窑的兴起，白瓷才在我国占据主导地位。青瓷远比白瓷出现得早，青瓷的发展经历了漫长的过程。

为什么白瓷迟到唐代才制成呢？主要是受制瓷技术水平制约的结果，因为制造白瓷的技术难度远大于青瓷。制造白瓷的原料必须是染色杂质（铁、钛的氧化物）含量很少的白色粘土矿物。白色粘土矿物在地壳表而存在的数量很少，对它的使用需要一个反复探索，反复试验的过程；另外，白色粘土矿物含 Al_2O_3 量高，需要高温烧结才能成瓷，这就要求必须有能适应高温烧成的窑炉、窑具和高温烧成技术，只有同时具备了这些条件，白瓷的生产才能实现。唐代邢窑适逢唐朝太平盛世，为陶瓷工艺的发展提供了优越条件。唐代邢窑的工匠，在继承前人制瓷经验的基础上，博采众家之长，通过不断探索和革新创造，逐步掌握了白瓷生产的工艺技术条件，成功地烧制出瓷质洁白细腻，釉面光滑莹润，如银似雪的精细白瓷。邢窑白瓷的创烧成功，结束了自商周以来青瓷一统天下的局面，与同期的越窑形成一南一北，一青一白，互相争奇斗艳的两大体系。邢窑是白瓷的先驱，她开创了白瓷生产的道路。她是我国白瓷之父，是世界白瓷之祖。瓷器是中国的伟大发明，这是无可辨驳的事实。公元七世纪中国的瓷器传到阿拉伯和欧洲的一些国家，他们视若珍宝，认为中国瓷器是用鸡蛋壳或玛瑙末制作的，欧洲的一些国家直到公元十七世纪才学会中国瓷器的制造方法。我国白瓷生产技术领先世界一千年，白瓷这项伟大发明，是邢州先人的骄傲，是中国人民的骄傲。

2. 邢窑白瓷烧成温度最高

邢窑白瓷在唐代陶瓷中，烧成温度是最高的。经中国科学院上海硅酸盐研究所测试，瓷体烧成温度一般在 $1320 \pm 20℃$，个别标本高达 $1360℃$。邢窑白瓷比越窑青瓷的烧成温度高约 $80℃$，比同时期的巩县窑白瓷高约 $40℃$。这样的烧成温度，即使在现代日用陶瓷烧成温度中也是较高的。

瓷器烧成温度的提高，是陶瓷生产技术水平提高的明显标志。将陶瓷烧成温度提高 $100℃$，需要解决一系列的关键技术问题。首先是窑炉的结构，必须能保证高温的形成。这要对窑炉的传热、火焰流动方式，窑体保温方法进行重大改进，才能使高温顺利形成，再是必须提高筑窑材料的耐火度，以适应高温烧成的要求。提高筑窑材料的耐火度，必须提高耐火氧化物 Al_2O_3 的含量，同时减少易熔氧化物 R_2Q，RO 的含量，实际上是对原料的选择提出了更加苛刻的要求。对耐火材料的选择和使用，必须经过大量探索和实验才能实现；再是要解决窑体保温，以减少热散失，确保高温的形成。烧成温度越高，通过窑体向外散失的热量越多，从而加大了升温和保温的难度；再就是需要解决烧成技术问题。

邢窑白瓷是以柴为燃料，用还原焰在1300℃以上的高温下烧成的，对瓷器的烧成过程必须解决升温速度，还原时机和程度，最高烧成温度的控制，产品冷却方式等一系列关键技术问题。在当时的科技水平条件下，对这些技术难题，不可能靠仪器设备作为辅助手段，完全靠窑工的聪明才智，在不断探索，反复实验的过程中逐渐掌握的，其中的难度是可想而知的。古代邢窑先民们，凭着他们的聪明智慧，在反复探索，不断创新的实践中，对烧高温的窑炉结构、筑窑材料、烧窑操作技术等一系列重大技术难题逐一得到解决，形成了一整套高温烧成技术。唐代邢窑的高温烧成技术，在我国陶瓷工艺技术史上创造了辉煌的业绩，为我国陶瓷事业的发展留下了一份极其珍贵的文化遗产，对推动陶瓷技术的进步作出了突出的贡献。

3. 邢窑白瓷釉中最早使用了 MgO 与 P_2O_5

陶瓷釉是附在胎体表面上的一层玻璃质外衣，它既可使胎体不受污染便于清洗，光滑的表面又可使瓷器增加美观。胎和釉是在同一温度下形成的，当胎体完全烧结时，釉正好处于全熔状态。这是胎釉的一种理想匹配状态，如果胎釉配合稍有不当将会出现流釉，裂釉现象。邢窑白瓷胎釉的配合是恰到好处的，也就是说对胎这件外衣的选择是非常得体的。邢窑白瓷釉光滑，平整、莹润，猛然看它呈粉白色，仔细端详又白中微泛青色，犹如在白雪之上冻了一层薄冰，这层圣洁的外衣，引人入胜，耐人寻味。

那末，邢窑白瓷釉有何奥秘？其奥秘在于，在传统的石灰釉中引入了一定数量的MgO。早期青瓷釉普遍使用的是石灰釉，CaO含量高达20%。石灰釉具有下列不足，高温粘度小，熔融时易流动，常出现流釉缺陷；石灰釉透明性强，对胎的遮盖能力差；再是膨胀系数大，易产生裂釉。这就是早期青瓷普遍出现流釉、裂釉缺陷的本质原因。邢窑的先民们，针对石灰釉的缺陷采取了一系列改进措施，突出的是把MgO引入釉中，使釉的性能发生了显著变化。隋代以前陶瓷中釉内不含MgO，从隋开始，釉中开始引入MgO，引入量在1%左右，唐代邢窑MgO的引入量高达2%—3%之间。MgO引入石灰釉中，可使釉的高温黏度变大，减少流釉缺陷，便于釉面光滑平整；含MgO的石灰釉是微具乳浊性，对胎体有一定的遮盖能力、衬托的瓷胎更加洁白；含MgO的石灰釉膨胀系数小，与胎趋近，从而避免了裂釉缺陷的产生。唐代邢窑把MgO适量的引入釉中，使邢瓷的釉面质量发生了革命性变化。

邢窑白瓷釉中，含有0.4%~8.0%的P_2O_5，是其另一突出特点。邢窑以前的陶瓷釉中均不含P_2O_5邢窑以后的各白瓷窑场，如定窑、德化窑、景德镇窑也不含P_2O_5，白瓷釉中引入大量P_2O_5是邢窑的一个特有现象。那末，邢窑白瓷釉中的P_2O_5是如何引入的？为什么要引入P_2O_5？关于P_2O_5，是由柴灰还是兽骨引入的，学术界目前尚无定论，可暂且不论。关于P_2O_5。的引入目的看来邢窑的先民们是很明确的，即增加瓷釉的白度，使釉面呈现粉白色的艺术效果。这是因为，P_2O_5对釉的液相分离起着特殊的作用，分散的液滴能引起入射光的散射，使釉发生乳浊作用，从而增加釉的白度，这就是釉呈粉白色的成因。用现代科学在近期才被揭示的科学道理，邢窑的先民们早在千年之前就在生产实践中应用了。尽管当时只停留在感性认识阶段，但对P_2O_5引入的科学价值是不容低估的。它为陶瓷釉的调配，增加釉的艺术效果开辟了一条崭新的道路。

邢窑白瓷釉中引入MgO与P_2O_5，使瓷器釉面质量陡然提高，是对陶瓷工艺技术的又一创举。

4. 邢窑最早使用了匣钵

匣钵是承烧制品的工具，它不仅可提高产品的质量，而且能扩大窑炉的容量，只有通过它才能大幅度提高产品的质量和数量，它的出现是陶瓷生产技术的又一重大突破。

邢窑根据提高产品质量和数量的迫切需要，率先使用了匣钵，内盛装坯体，再将相同尺寸的盘状物扣放在它的上面，组成盒状。组合式匣钵既可装深腹，也可装浅腹广口制品。因这种匣钵壁薄，承重力差，不宜多组罗放，装烧时多放在钵柱的顶部。

邢窑创造的匣钵，对推动陶瓷生产技术的发展具有重大而深远的意义。其一，用匣钵承烧制品，可以一匣一坯或一匣多坯，避免了产品的罗放，彻底消除了产品上的支烧痕，提高了产品的质量。其二，匣钵之间可以罗放，可码成一定高度的匣钵柱，有效地利用了窑室空间。共三，一窑一次可以烧出很多产品，大幅度提高了产量，减少了能量消耗。继邢窑之后、陶瓷生产技术经过一千多年的不断完善，已发生了巨大变化，但邢窑创造的筒状、漏斗状匣钵的型制，特别是匣钵使用功能的设计思想，至今还被陶瓷生产广泛采用。邢窑先民的辉煌创造不得不使后人折服和赞叹。

匣钵是提高产品烧成质量，充分利用窑室空间的一种极为重要的工具。它的出现是陶瓷生产技术史上的大事，又是商品经济高度发达的明显标志。邢窑的匣钵与邢窑白瓷一样，都是我国陶瓷发展史上重要的里程碑。

七　学习邢窑的精神，继承邢窑的传统

邢窑是我国盛唐时期的名窑，是祖国文化、工艺史上一份珍贵的文化遗产。她有许多优秀的作品和成功的经验，值得我们继承和发扬。同时，也有失败的教训，值得我们记取。

首先，学习邢窑博采众长，不断进取的精神。邢窑能在唐朝产生那样大的社会影响，达到"天下无贵贱通用之"的地步，主要是她能博采众家之长，在坚持不断创新中形成了自己的独特的艺术风格，在工艺技术上取得了辉煌的成就。在北朝创业时期，器物造型的品种很少，但到隋和初唐时期，品种就迅速增加，她不但把古代优秀的陶器和南方浙江青瓷的优秀造型学习过来，还注意把当时取得很高艺术成就的金银器、玉石雕刻的装饰艺术学习过来，吸收其有益的成份融汇到自己的作品中去，因而形成了邢瓷产品极其丰富，造型和装饰艺术博大清新的艺术特色，在制瓷技术方面，在北朝时只能生产粗糙的青瓷，经过隋到唐初的不断创新完成了由青瓷向白瓷的过渡，制成了粗白瓷．在此基础上通过不断完善、革新和创造，到盛唐时期制成了精细白瓷，把白瓷的制做水平提高到了一个崭新的高度，为白瓷的生产开辟了一条崭新的道路。

本来唐朝邢窑白瓷已具备了美化的极好条件，但晚唐以后没有采取新的工艺措施，仍然满足白瓷素净之美的高雅情趣。停步不前，不思进取。而受她影响发展起来的定窑，则采用刻花、划花、印花、镶金边、上金彩等手段，创出了多种陶瓷新品种，经过五代，直到北宋的发展，定窑在艺术上取得了巨大成就，把邢窑远远抛在后面，最后使邢窑成为历史的陈迹，这个教训我们今天是应该记取的。

第二，学习邢窑严格的态度。唐代邢窑工艺上最突出之点就是严格认真，从造型设计，到每个工艺过程都极其认真，在我们见到的唐代邢窑白瓷中，即使用现代用瓷的标准来衡量，也是无可挑剔的。

小到一个棱角的旋削，底足处的施釉，大到整个器物的结构，花纹的布局都丝丝入扣，绝不马虎。我们研究邢窑的目的不仅是为了总结她取得了哪些技术和艺术成就，重要的是学习她的精神，继承她的传统，为我们今天的社会主义建设服务，使这一宝贵的文化遗产得以发扬光大。学习和继承邢窑的精神不能盲目模仿，要学习她的精髓，她的精髓就是"严格"二字。

古代邢窑的先民们，凭着博采众长，不断进取的精神，以及严格的作风，在陶瓷技术和陶瓷艺术上取得了辉煌灿烂的成就，为我们树立了光辉的典范. 相信当代邢窑的子孙们绝不会愧对祖先，一定会使邢窑的宝贵遗产得以发扬光大，取得更加辉煌的业绩，愿祖国陶瓷百花园中的这朵奇葩，开的更艳！

（作者：河北轻化工学院教务处处长、高级工程师）

参考文献

① 河北省邢窑研究组《邢窑工艺技术研究》，《河北陶瓷》1987 年第 2 期。

② 河北省邢窑研究组《邢窑造型艺术研究》，《河北陶瓷）1987 年第 2 期。

③ 河北省邢窑研究组《邢窑遗址发现的经过及其分布》，《河北陶瓷》1988 年 2 期，邢窑研究鉴定会材料。

④ 冯先铭《谈邢窑有关诸问题》，《故宫博物院院刊》1981 年第 4 期。

⑤ 程在廉《何处是邢窑》，《河北陶瓷》1984 年第 2 期。

⑥ 河北省定窑研究组《定窑工艺研究报告》，定窑研究鉴定会材料。

⑦ 李国桢《耀州青瓷的研究》，《中国古陶瓷论文集》中国硅酸盐学会主编。

⑧ 杨文山《唐代邢窑白瓷的初步探讨》，《河北陶瓷》1981 年第 3 期。

⑨ 李辉柄《唐代邢窑遗址的考察与初步探讨》，《文物》1981 年第 9 期。

⑩ 叶喆民《邢窑刍议》，《文物》1981 年第 9 期。

⑪ 周仁，张福康等《龙泉历代青瓷烧制工艺的科学总结》，《考古学报》1973 年第 1 期。

⑫ 周仁、李家治《中国历代名窑陶瓷工艺的科学总结》，《考古学报》1960 年第 1 期。

⑬ 郭演仪等《中国历代南北方青瓷的研究》，《中国古陶瓷论文集》中国硅酸学会主编。

⑭ 陈显求等《若干瓷釉的液相不相混溶结构》，《瓷器》1980 年第 4 期。

⑮ 刘凯民《钧窑釉的研究》1978 年全国古陶瓷会议论文。

⑯ 《中国古陶瓷科学技术第二届国际讨论会》有关邢窑的论文摘要，中国学术出版社 1985 年。

⑰ 刘可栋《试论我国古代的馒头窑》，《中国古陶瓷论文集》中国硅酸盐学会主编。

⑱ 陶籍人《近二十年中国陶瓷史研究收获述评》，《中国陶瓷》1982 年第 7 期。

⑲ 中国硅酸盐学会主编《中国陶瓷史》，文物出版社 1982 年。

⑳ 周丽丽《唐代邢窑和上海博物馆藏瓷珍品》、《上海博物馆论文集》。

㉑ 王舒冰《邢州归来——古陶瓷考察实录之一》，《河北陶瓷》1984 年第 2 期。

㉒ 李辉柄《定窑的历史以及与邢窑的关系》，《故宫博物馆院刊》1981 年第 3 期。

㉓ 李辉柄《唐代邢窑考察与初步探诗》，《文物》1981 年第 9 期。

北朝邢窑早期的青瓷生产和白瓷创烧[*]

杨虎军

1987 年 8 月，笔者伴随河北师大杨文山先生，对邢窑遗址中的北朝窑址进行了追踪普查，直接和间接地获得了一批资料。现就北朝邢窑早期的青瓷生产和白瓷创烧问题，试作如下初步探讨。

一 北朝墓葬出土的青瓷和白瓷

南北朝（420－589 年）是我国继西晋短暂统一之后出现的南北分裂局面。在此期间，南方的制瓷业得到了迅速发展，生产中心集中在江浙一带，产品瓷类基本上是青瓷。北方在经过了北魏孝文帝改革之后.社会经济开始恢复，在南方制瓷工艺技术的影响下，也出现了青瓷生产。其后经过了东魏、北齐的发展，不仅使青瓷生产赶上了南方，而且还在青瓷生产的基础上成功的创烧了白瓷。

南朝的制瓷遗址在建国前后已多有发现，但北朝制瓷业遗址在何处？在很长一段时间内却不大清楚。不过建国之后，随着基本建设的兴工，在北方发现了一些北朝墓葬，出土了不少北朝的青瓷和白瓷，这无疑为我们认识北朝的瓷业生产提供了一些实物资料。现就北朝东半部，即今河北、山东、河南三省境内所发现的主要北朝墓葬出土器物，简列如下：

（一）河北境内北朝墓葬出土器物

1. 1957 年河北景县前村发现了北朝封氏墓群，出土了一批北魏，东魏和北齐的青瓷器物，其中主要有"青瓷莲花尊"、"青瓷实足碗"、"青瓷平底盘"等。[①]

2. 1958 年河北邢台市三义庙村发现了北朝墓葬群，其中北魏正始三年（505 年）墓一座，出土器物有"青瓷盘口四系壶"、"青黄釉敛口平底钵"、"褐釉敛口实足碗"、"灰白釉长颈实足瓶"、"青瓷敛口实足碗"和"青瓷平底盘"。东魏墓两座，出土主要器物有"青瓷直口实足碗"、"青瓷高足盘"、"青瓷敛口平底钵"。北齐天宝二年（551 年）墓一座，出土器物有"青瓷直口实足碗"、"粗白瓷直口

---

* 《邢台历史经济论丛》，中国人事出版社，1994 年

实足碗"和"粗白瓷敛口平底钵"。[②]

3. 1978年河北吴桥县发现了四座北朝墓。其中北魏墓一座，出土器物主要有"青釉敛口实足碗"。东魏墓一座，出土器物主要有"青瓷敞口实足碗"。北齐墓两座，出土器物主要有"青瓷直口实足碗"和"青瓷敞口实足碗"。[③]

4. 1973年河北景县野林庄村发现了东魏天平四年（537年）和武定五年（547年）高氏墓，出土了一批青瓷器物，其中主要器物有"青瓷敛口实足碗"、"青瓷兽柄四耳瓶"、"青瓷直口四系罐"、"黄釉敞口鼓腹罐"和"酱釉实足碗"等。[④]

5. 1974年河北磁县东陈村发现了东魏尧赵氏墓，出土了一批青瓷器物，其中主要器物有"青瓷细颈瓶"、"酱褐釉瓷壶"、"酱褐釉四系罐"等。[⑤]

6. 1975年河北磁县东槐树村发现了北齐高润墓，出土了一批青瓷器物，其中主要器物有"青瓷深腹实足碗"、"青黄釉圆唇鼓腹罐"、"绿釉直沿二耳扁壶"、"青黄釉鸡首壶"、"青瓷烛台"等。[⑥]

7. 1976年河北赞皇县南邢郭村发现了东魏李希宗墓，出土了一批青瓷器物，主要器物有"青瓷敛口直腹实足碗"等。[⑦]

8. 1977年河北黄骅县西才汇村发现了北齐常文贵墓，出土了一件"青瓷直口深腹实足碗"。[⑧]

9. 1971年河北平山县三汲村发现了北齐天统元年（565年）崔昂墓，出土了一批青瓷器物，其中主要器物有"青瓷四系罐"、"青瓷实足碗"、"青瓷盘口壶"和"青瓷唾盂"等。[⑨]

10. 1975年河北磁县东陈村发现了北齐尧峻墓，出土了一批青瓷器物，其中主要器物有"青瓷高足盘"、"青瓷盘口三耳壶"、"青瓷卷沿鼓腹罐"等。

（二）山东、河南境内北朝墓葬出土器物

1. 1982年山东淄博市和庄发现了北朝墓，出土了一批青瓷器物，其中主要器物有"青釉莲花尊"、"背瓷深腹实足碗"、"青釉莲花瓣碗"等。[⑪]

2. 1983年山东淄博市临淄区窝托村发现了北朝崔氏墓，出土了一批青瓷器物，其中主要器物有"青瓷狮形水盂"、"青瓷浅盘口深腹壶"、"青瓷敞口深腹实足碗"、"青紫釉尖唇直腹实足碗"、"青瓷圆唇浅腹实足碗"、"平唇口微敛浅腹直壁褐釉平底盘"、"青瓷高足盘"、"青黄釉尖唇深腹实足杯"和"青瓷尖唇深腹实足杯"等。[⑫]

3. 1984年山东济南市马家庄发现了北齐墓葬，出土了一些青瓷器物，主要器物有"无釉小口细颈圈足壶"和"黄釉薄唇深腹实足碗"等。[⑬]

4. 1958年河南濮阳发现了北齐武平七年（576年）李云墓，出土了一些青瓷和黄釉瓷器物，其中主要器物有"黄釉绿彩四耳罐"和"青瓷划花六系罐"等。[⑭]

5. 1971年河南安阳县洪河屯发现了一座北齐武平六年（575年）范粹墓，出土器物除"青瓷小碗"和"青瓷小盅"外，主要器物还有"黄釉扁壶"、"白釉长颈瓶"、"白釉三系罐"、"白釉四系罐"和"白釉绿彩长颈瓶"、"白釉绿彩三系罐"等。[⑮]

从上列三省境内北朝墓葬均有不同数量的青瓷和白瓷出土这一实事，不仅可以说明北朝时期的北方青瓷生产已经得到了普遍发展，而且还可以说明北朝时期的北方白瓷生产远远领先了南方。但这些青瓷和白瓷产自何地？学术界长期来没有明确的论证。不过近年来，在河南、山东、河北境内发现了

一些北朝窑址，并在窑址中出土了不少器物标本，无疑这对上列墓葬中出土的青瓷和白瓷的归口研究，提供了鉴定依据。

二　北朝窑址出土的青瓷和白瓷

根据调查材料，就目前说，可以肯定为北朝窑址者，已有三处，其中山东境内有一处，河北境内有两处。河南境内目前虽然尚未发现，但不能排除安阳和巩县两处隋代窑址，有进一步发现北朝窑址遗存的可能。

山东省境内的这处窑址，具体地点在今淄博市淄川区城东约十公里的寨里。寨里窑出土的瓷类是青瓷，一般胎骨较薄，胎色多为灰白色，釉道多呈青褐或青黄色。器形主要有"直口深腹实足碗"、"浅腹高足盘"、"长颈鼓腹瓶"，以及弧形或桥形"四系缸"等。同时还有一种带有堆贴装饰的"莲花尊"。[16]

依上，我们可以大体判断，在山东省淄博和庄北朝墓、窝托村北朝墓与济南马家庄北齐墓中出土的青瓷器物，当有寨里窑的产品。至于河北景县北朝封氏墓中出土的"莲花尊"是不是也是寨里窑所烧？根据寨里窑烧造的"青瓷器制作还不成熟，釉面厚薄不匀"，"和封氏墓出土的青瓷尚有较大差距"，[17]可以肯定不可能是寨里窑的产品。那么它究竟是何处所产？有人在当时河北境内尚未发现北朝窑址的情况下，"推知北方青瓷尚有其它窑场。"[18]至于"推知"的这个"窑场"在"北方"的何地？当时是不得而知的，不过近年由于发现了北朝时期的邢窑早期窑址，可知当时"推知"的这个"北方"窑场，应在河北的临城和内丘境内。

河北境内发现的两处北朝窑址之一，是磁县贾壁窑。这处窑址的发现时间，远在1959年，冯先铭先生考察时将其上限定为"隋代"，显然有误，[19]理由是在磁县东陈村东魏和北齐墓中，出土了与贾壁窑址相同的器物。[20]由此可知，贾壁窑虽然在隋代已有生产，但是其上限起码应当定在北朝晚期的东魏和北齐时代。贾壁窑出土器物主要是"青瓷直口实足碗"、"青瓷长颈瓶"、"青瓷敞口鼓腹罐"、"青瓷盘口鸡首壶"、"酱釉长颈瓶"、"酱釉四系罐"等。依此，我们可以判断，在磁县东陈村东魏墓、北齐墓和东槐村北齐墓中出土的大部分青瓷和酱釉瓷，应是贾壁窑烧造的产品。但"Ⅱ式碗均有护胎釉，既不是贾壁窑制品，也不是安阳窑制品。"理由是在贾壁窑的调查和安阳窑的试掘中，"都未发现"这种"施护胎釉"[21]。那么这种施加"护胎釉"的青瓷碗到底是何处所产。如果根据邢窑最先"开始采用护胎釉"这一实事来推断，它可能就是北朝邢窑早期窑场烧造的青瓷产品。

河北境内发现的两处北朝窑址的另一处，是邢窑的早期窑址，它是1982年至1985年在调查唐代邢窑窑址的过程中发现的。截止目前为止，可以肯定属于北朝时代的窑场，可以说共有七处，其中在临城境内有三处，在内丘境内有四处：

（一）临城境内的三处窑场

1. 第一处发现在临城的陈刘庄村东北，具体位置在一家农民的猪圈北面断坡处，在这里出土了"青瓷深腹实足碗"、"青黄釉敛口钵"，"青瓷平底盘"和"青瓷盘口四系壶"的残片或残件。其中"青瓷深腹实足碗"，与河北景县北魏高氏墓出土的"青瓷深腹实足碗"极为相似；而"青瓷盘口四系壶"和"青黄釉敛口钵"则与邢台市三义庙北魏墓葬中出土的"青瓷盘口四系壶"和"青瓷敛口钵"几乎无别。依此，我们应当将这处窑场定为北朝前期北魏时的窑场。

2. 第二处发现在临城贾村村西，具体位置在临城第二瓷厂的西墙内外的沟坡处。在这里出土了"青瓷深腹实足碗""青瓷敛口钵"、"青瓷高足盘"、"青瓷盘口壶""青瓷长颈瓶"等器物的残片或残件。其中，"青瓷深腹实足琬"，与河北赞皇东魏李希宗墓中出土的"青瓷深腹碗"极为相同；"青瓷长颈瓶"，与河北磁县东陈村东魏墓中出土的"酱褐釉细颈瓶"也很相同。依此，我们可以将此处遗址断为东魏时期的窑址。

3. 第三处发现在陈刘庄村东附近，具体位置虽被新建房屋所压，但从农户的基土中发现了许多器物残片。主要有"青瓷深腹实足碗"、"粗白瓷深腹实足碗"、"青瓷敛口盆"、"粗白瓷敛口钵"和"粗白瓷平底盘"。其中，"粗白瓷深腹碗"与河北磁县北齐高润墓中出土的Ⅰ式"青瓷深腹碗"的造型很相似，而"粗白瓷敛口钵"，与邢台市三义庙北齐墓中出土的"粗白瓷敛口钵"极为相似（对照图九）。依此，我们可以将这处窑址断为北齐时代的窑址。②

（二）内丘境内的四处窑场

1. 第一处在内丘西关西，具体位置在内丘西关西的石英粉厂的西墙外，这里出土了具有北齐风格的"青瓷深腹实足碗"、"青瓷敞口无足平底碗"、"粗白瓷深腹实足杯"等器物。其中"粗白瓷深腹实足碗"和"青瓷敞口无足平底碗"，与临城陈刘庄村东附近北齐窑址出土的"粗白瓷深腹实足碗"和"青瓷敞口无足平底碗"完全相同。依此，这处窑场应断为北齐时代的窑场。

2. 第二处在内丘西关北，具体位置在西关村北"蜂窝煤厂"的西南墙内外. 在这里除出土了隋唐时代的器物外，还出土了"青瓷敛口实足碗"、"青瓷长颈瓶"、"青瓷盘口壶"、"青瓷敞口无足平底碗"等器物的残件或残片。其中"青瓷敛口实足碗"与景县北魏墓出土的"青瓷敛口实足碗"很相似；"青瓷长颈瓶"与磁县东魏墓出土的"青瓷长颈瓶"很相似；"青瓷敞口无足平底碗"，与临城陈刘庄村东北齐窑址一带出土的"青瓷敞口无足平底碗"可说完全一样。依此，我们可以把此处遗址断为北魏、东魏和北齐时期的窑址。

3. 第三处在内丘中丰洞，具体位置在中丰洞村的村北和村西北，尤其是靠近李阳河北支的东岸。在这里除出土了隋唐时代的青瓷，白瓷器物外，还出土了"青瓷敛口实足碗"、"青瓷长颈瓶"、"粗白瓷深腹实足碗"、"青瓷敛口钵"、"粗白瓷敛口盆"、"青瓷浅腹平底盘"、"粗白瓷浅腹平底盘"及"青瓷盘口四系壶"等器物的残片或残件。其中"青瓷深腹实足碗"与景县北魏高氏墓出土的"青瓷深腹实足碗"极为相同；"青瓷长颈瓶"与磁县东陈村东魏墓中出土的"青瓷长颈瓶"极为相似；而"粗白瓷深腹实足碗与平山北齐崔昂墓中出土的"粗白瓷碗"也完全一致。据此，我们也应当将此遗址断为北魏、东魏和北齐时的窑址。

4. 第四处在内丘的双流村，具体位置在双流村北和村东北，尤其是靠近李阳河北支的西岸。在这里除出土了隋唐器物外，还出土了"青瓷敛口实足碗"、"青瓷半球形腹实足碗"、"粗白瓷深腹实足碗"和"青瓷盘口四系壶"等器物的残片或残件。其中，"青瓷深腹实足碗"与景县北魏高氏墓中出土的"青瓷碗"极为相似；"青瓷半球形腹实足碗"与赞皇东魏李希宗墓中出土的"青瓷半球形腹实足碗"极为相同；而"粗白瓷半球形腹实足碗"与平山县崔昂墓中出土的"粗白瓷碗"完全一致。依此，我们也应当将此遗址断为北魏、东魏和北齐时期的窑址。

三　北朝邢窑早期的青瓷生产

"青瓷"是我国瓷器生产的开先瓷类，从它的起源到成熟有一个漫长的过程，大略说来它经历了三个发展阶段，即商周时的"原始青瓷"阶段，秦汉时的"早期青瓷"阶段和东汉时的"成熟青瓷"阶段。

一般学者认为，魏晋以前我国的"青瓷"产地在南方，到南北朝时由于南方的制瓷技术传入了北方，北方才开始有了青瓷生产。但具体谈到北方何地首先开始青瓷生产？由于长期缺少有力的论据，学者们往往是避而不谈或一略而过。

根据目前北方已发现的三处北朝窑址，我认为首先开始青瓷生产的窑口应是位于今河北境内的临城窑和内丘窑，也即唐代邢窑产地的前身。理由是在这些窑址出土的标本中，不仅有北朝后期（即东魏北齐）的器物，而且还有北朝前期（即北魏）的器物。下面就这些器物的造型特点和胎釉呈色等问题，试作探讨。

（一）青瓷器物的造型和时代风格

根据目前已发现的器物标本，可知邢窑早期的青瓷器物造型，共有六类二十二式：

1. 碗类，可分五式：Ⅰ式为扁圆沿，直口微敛，深腹鼓圆如半扁球，实足平底。Ⅱ式为扁圆沿，直口微敛，深腹鼓圆如半球，实足平底。Ⅲ式为扁圆沿，直口微敞，深腹下部鼓圆，实足平底。Ⅳ式为扁圆沿，敞口，深腹斜鼓，实足平底。Ⅴ式为扁圆沿，敞口，深腹斜直，无足大平底。按Ⅰ式Ⅱ式为北魏墓中常见器。Ⅲ式Ⅳ式为东魏、北齐墓中常见器。Ⅴ式在东魏、北齐墓中虽尚未见到，但常有此式杯盏小器出土。依此可知，Ⅴ式碗造型，实为东魏、北齐碗杯类中的一种。墓中常见有Ⅵ式碗，但邢窑北朝窑址中尚未发现，有者多为低实足，人们常将此器列为隋器，其实依墓出土，北朝应有之。

2. 杯类，可分五式：Ⅰ式与Ⅰ式碗的造型相同，唯规格较小。Ⅱ式与Ⅱ式碗的造型相同，也唯规格较小。Ⅲ式与Ⅲ式碗相同，但与墓中出土的Ⅲ式杯的腹部要深。Ⅳ式与墓中出土的Ⅵ式碗相近，但足部却较矮。或以为此器应为隋代器，但因它与高体盘口壶同地出土，可知此器在北朝后期已有之。Ⅴ式杯不见于窑址出土，但北齐墓中却出土了这式杯器，再加上窑址已出土了这式碗，可知Ⅴ式杯也应是北朝后期的一种造型器物。

3. 盘类，可分五式：Ⅰ式为扁沿，敞口斜直，浅腹，无足平底。Ⅱ式为扁沿，敞口鼓圆，浅腹，无足平底。Ⅲ式为扁沿，敞口鼓圆，浅腹，无足大平底。Ⅳ式为扁沿，敞口鼓圆，特浅腹，无足大平底。Ⅴ式为扁沿，敞口斜坡，浅腹，底部有喇叭状高足。按北朝前期平底盘的腹部多见斜直，底部多见小平面，此可由北魏墓出土的平底盘为据。北朝后期平底盘的腹多见鼓圆，底部多见大平面，此亦可由北齐墓出土的平底盘为据。高足盘根据北齐墓中已有出土，可知北朝后期此式盘器也有之。但隋代开始增多，唯足高逐渐演矮。

4. 钵类，可分三式：Ⅰ式为内斜坡沿，敛口，故腹矮圆，平底，底部与口部比例相等。Ⅱ式为内斜坡沿，敛口，鼓腹矮圆，下部渐收，小平底。Ⅲ式近似Ⅰ式，唯底部与口部的比例为小。Ⅰ式钵在北魏墓中已有出土。Ⅱ式Ⅲ式钵在北朝后期墓中尚未查到出土物，不过在南朝齐梁墓出土器中找到了与Ⅲ式钵相同的器物，依此可知北朝后期应当有这式钵。

5，壶类，以盘口壶说，可分三式：Ⅰ式为大盘口，短颈，圆肩，鼓腹低矮，下部渐收，无足平底，肩部饰有桥形耳。Ⅱ式为中盘口，短颈，弧肩，鼓腹修长，下部渐收，无足平底，肩部饰有泥条耳。Ⅲ式为小盘口，短颈，弧肩，鼓腹修长，下部渐收，无足小平底，肩部饰有泥条耳。按Ⅰ式壶为"鼓腹低矮"，保留着明显的两晋风格。有人或以为此为晋器。其实这种器形与"鼓腹修长"的Ⅱ式和Ⅲ式一样，并存风行于南北朝的前期时代。比如南京市东山红光南朝前期墓出土的"Ⅵ式盘口壶"[23]便是有力的证据。我们在北朝后期的墓葬中，一时尚未找到与Ⅱ式Ⅲ式盘口壶造型完全相同的器物，不过我们在北齐墓中找到了与其大体相近的"Ⅳ式盘口壶"。

6. 瓶类，目前只出土了一式，即平沿，敞口呈喇叭状，细长颈，鼓腹扁圆，下部渐收，实足平底。这类器物，因见于北魏墓中出土，我们可以将其断为北朝前期的器物。至于北朝后期有无这类器物？虽在窑址中尚未发现与东魏、北齐墓葬中出土的相同器物，但隋时出土这类很多，东魏、北齐是应当有的。

综上所列诸器，可知临城和内丘北朝邢窑早期的窑址中，出土的器类和器式还不算很多。不过仅就上列六类二十二式看，我们可以说北朝邢窑早期的制瓷业已经有了相当发展。如果从其造型工艺水平看，由于绝大部份器物的成形规整，器壁厚薄均匀，我们还可以说北朝邢窑早期的制瓷技术已经相当成熟了。

（二）青瓷器物的胎、釉和化妆土

北朝邢窑早期青瓷的胎、釉用料，没有进行过化学检验，因此，它们所含有的化学成份不得详知. 不过我们根据出土的标本，就其胎色、釉色和化妆土色，可以试作如下分析：

1. 从出土的青瓷标本看，胎的呈色多种多样，比如有"浅灰色"、"深灰色"的，也有"土黄色"和"土褐色"的。其所以出现这种现象，都是和胎料中所含 Fe_2O_3 的不同和焙烧气氛的不同有关系。一般说，如果胎料所含的 Fe_2O_3 为 1. 5%至2. 5%左右，并用正常的"还原焰"焙烧，那么，胎色的呈色便为"浅灰色"、"灰色"或"深灰色"；但是，如果"还原焰"烧的不好，或者烧成了"氧化焰"，那么，胎色的呈色便成了"灰黄色"、"土黄色"或"土褐色"。在邢窑早期青瓷标本中，胎色既然大部份是"浅灰色"和"深灰色"，只有少量是"灰黄色"和"土黄色"，这说明胎料中 Fe_2O_3 的含量当在2. 0%左右，焙烧气氛基本上也是"还原焰"。

2，邢窑早期青瓷釉色的呈色也是多种多样的，呈色规律和胎是基本相同的。一般说，如果釉料中所含的 Fe_2O_3 的比例为3.0%左右，并能用正常的"还原焰"焙烧，那么，釉色的呈色便可以烧成"青色"、"青绿色"或"青黄色"；但如果釉料中所含 Fe_2O_3 的含量高过5.0%，或用"氧化焰"焙烧，那么釉色的呈色便会变成"褐黄色"和"酱褐色"。当然，在釉料中的 TiO_2 和 MnO_2，也是两种较强的着色剂。如果它们的含量低，釉色呈色便可能为"青中带黄"或"灰黄带绿"；但如果它们的含量过低或过高，那么釉色的呈色，则又有可能变为"褐色"甚至"黑色"。按邢窑早期青瓷器标本中，绝大部份标本的釉色是"青绿色"和"青黄色"，少量标本的釉色是"褐黄釉"，而"酱褐色"最少。依此，可知邢窑早期青瓷釉的用料，除正常含有适量的 Fe_2O_3 外，还含有一定数量的 TiO_2 和 MnO_2。

3．在邢窑早期青瓷标本中，大约占一半以上的胎使用了化妆土。化妆土多为白色、灰色、土黄色和土褐色。碗类、杯类、盘类和钵盆类器物，多是器内施满化妆土，器外上半部施化妆土，或施化妆土不至底。化妆土上面均施一层釉，但由于釉色不同，映出的色调也有别。比如在"灰色化妆土"上施加"青色釉"，釉面映出的色调是"正青色"；施加"青黄釉"，釉面映出的色调是"绿青色"。但在"土黄色化妆土"上施加"青黄釉"，釉面映出的色调是"黄色"。在"土褐色化妆土"上施加"青色釉"，釉面映出的色调是"青黄色"；施加"青黄釉"，釉面映出的色调是"褐黄色"。

四　北朝邢窑早期的白瓷创烧

所谓"白瓷"，理应是胎色和釉色皆"白"，能不能达到这种水平，关键是能不能严格控制胎料"瓷土"和釉料"釉药"中 Fe_2O_3 的含量。原因是如果在"瓷土"中超过 1.0% 的含量，将会影响"白瓷"胎色和釉色的正常呈色。除此之外，"瓷土"和"釉药"中所含的 TiO_2 和 MnO_2，也是两种较强的着色剂。如果两者的平均含量超过了 0.5%，也会干扰"白瓷"胎色和釉色的正常呈色。[24]

中国古代"白瓷"，和中国古代"青瓷"一样，也有一个漫长的发展过程。大略来说，它经历了"灰白瓷"、"白衣白瓷"、"粗白瓷"和"细白瓷"四个阶段。现就北朝邢窑早期白瓷所涉及到的前三个阶段，试作如下初步探讨。

（一）关于"灰白瓷"问题

根据考古资料，中国的"灰白瓷"最早发现，是广西贵县东汉墓中出土的一件"瓷色灰白"的"高足碗"，之后又在湖南省长沙市东汉墓中发现了一件相同的"灰白瓷高足碗"。根据有关资料记载：贵县出土的"高足碗"的胎色是"灰白"的，但是，其釉色却"已经接近白瓷"；而长沙出土的"高足碗"的胎色是"白色"的，但是釉色却是"灰色"的。因此，有人将后一种瓷器叫"早期白瓷的灰釉器"[25]。其实这两种瓷器都是"灰白瓷"，所不同者，只不过前者是在"灰白胎"上施加了"白釉"；而后者则是在"白胎"上施加"灰釉"。

三国两晋时期，"灰白瓷"的出现已不是"偶然现象"。由于这种瓷色器物增多，开始在人们生活中产生影响，并在文献出现了记载。比如《文选》中载有晋人潘岳的《笙赋》，记有"倾缥瓷以酌醽醁"一语。《说文》解释说："缥，帛青白也。"[26]由此可知，《笙赋》中的所谓"缥瓷"，实际上就是指的"灰白瓷"。

北朝前期也即北魏时期，随着北方青瓷生产的发展，无疑也出现了"灰白瓷"，此可由临城北魏窑址中出土的多件灰白瓷器物（如"灰白瓷碗"和"灰白瓷钵"）的残片或残件以为据。这些"灰白瓷"，都是"灰白胎"和半透明"白釉"的结合物。至于"白胎"和"灰釉"的结合物，截至到目前为止，在窑址中尚未发现。

（二）关于"白衣白瓷"问题

"白衣白瓷"是在"灰白瓷."的生产过程中创烧的。这种白瓷与"灰白瓷"的唯一区别，是在"灰白胎"或"灰胎"上增施了一层"白色化妆土"，然后再在"化妆土"上面盖上一层半透明的

"白色釉"，经过焙烧之后便成了和"白瓷"相同的"白釉瓷"。不过这种"白釉瓷"并不是"真白瓷"，而是一种披着"白色外衣"的"假白瓷"，如果需要正其名，应当把它叫作"白衣白瓷"。

"白衣白瓷"，在临城陈刘庄和内丘西关北的东魏、北齐窑址中都出土了不少器物，其中有碗、有杯，也有钵。这些器物本是"灰胎"或"灰白胎"，但是由于在胎上面施上了一层厚厚的"白色化妆土"，然后再在上面加上了一层白釉，故釉面不但显得很光滑，而且釉色也显得很白净。但是如果白釉盖在了不加化妆土的露胎处，不论"灰胎"还是"灰白胎"，釉色绝对不是"白"．而是变成了"青"或"灰青"了。

（三）关于"粗白瓷"问题

"粗白瓷"是一种胎、釉皆白的瓷器，就其实质讲，这是一种"真正的白瓷"，只是由于其作工较粗，而只能把它称作"粗白瓷"。

北朝后期邢窑早期窑址中出土的"粗白瓷"，就工艺上说有两种：一种是施有"化妆土"的"粗白瓷"；另一种是不施"化妆土"的"粗白瓷"。施有"化妆土"的"粗白瓷"的胎料、釉料作工较粗，但胎色和釉色都是白色的。不施"化妆土"的"粗白瓷"的胎料、釉料作工较细，胎色和釉色当然也都是白色的。

北朝后期邢窑早期窑址出土了"胎釉皆白"的"粗白瓷"，共计四类五式。依出土青瓷白瓷的大排比，我们可以将碗定为Ⅳ式碗；杯定为Ⅲ式杯；盘定为Ⅲ式盘、Ⅳ式盘；钵定为Ⅲ式钵。

按北朝五朝的享年都不很长，而东魏和北齐的更替时间更短，再加上器物的时代风格具有相继性，因此，北朝后期邢窑早期窑址中出土的这些"粗白瓷"，很难进行具体断代。不过我们可以根据北齐墓中最早出土"粗白瓷"这一事实，大体将这些器物定在北齐时代，是不会有什么大的失误的。

"粗白瓷"的创烧成功，标志着中国"白瓷"的正式诞生，在中国陶瓷史上具有重大的意义和深远的影响。因为它的烧成，不仅打破了"青瓷"在中国陶瓷生产中的"独尊"，地位，促使了唐代"青瓷"和"白瓷"两大瓷系的竞相争荣局面的形成；更重要的是通过"白瓷"生产，为中国古代制瓷工业的发展拓宽了道路，为后世的"青花瓷"、"釉里红"、"五彩瓷"和"粉彩瓷"的创烧，提供了不可缺少的先决条件。

（作者：河北省石家庄市裕东小学史地教师）

注　　释

① 法季《河北景县封氏墓群调查记》，见《考古通讯》1957 年第 3 期。

② 杨文山《河北邢台市郊发现北朝墓葬群》，见为《文物》"文博简讯"所撰写的未刊稿。

③ 沧州地区文化馆《河北省吴桥四座北朝墓葬》，见《文物》1984 年第 9 期。

④ 河北文管处《河北省景县北魏（按根据出土内容当系东魏），高氏墓发掘简报》，见《文物》1979 年第 3 期。

⑤ 磁县文化馆《河北磁县东陈村东魏墓》，见《考古》1977 年第 6 期。

⑥ 磁县文化馆《河北磁县北齐高润墓》，见《考古》1979 年第 3 期。

⑦ 石家庄地区文化局《河北赞皇东魏李希宗墓》，见《考古》1977 年第 6 期。

⑧ 沧州地区文化局《黄骅县北齐常文贵墓清理简报》，见《文物》1984 年第 9 期。

⑨ 河北省博物馆等《河北平山北齐崔昂墓调查报告》，见《文物》1973 年第 11 期。

⑩ 磁县文化馆《河北磁县东陈村北齐尧峻墓》，见《文物》1984 年第 4 期。

⑪ 淄博市博物馆等《淄博和庄北朝墓葬出土青瓷莲花尊》见《文物》1984 年第 12 期。

⑫ 淄博市博物馆《临淄北朝崔氏墓地第二次清理简报》，见《考古》1985 年第 3 期。

⑬ 济南市博物馆《济南市马家庄北齐墓》，见《文物》1985 年第 10 期。

⑭ 周到《河南濮阳北齐李云墓出土的瓷器和墓志》，见《考古》1964 年第 9 期。

⑮ 河南省博物馆《河南安阳县北齐范粹墓发掘简报》，见（《文物》1972 年第 1 期；另安阳县文教卫生站《河南安阳县发现一座北齐墓》，见《考古》1972 年第 1 期。

⑯ 山东省博物馆等《淄博寨里青瓷窑址调查简报》未刊稿，见中国硅酸盐学会编《中国陶瓷史》引。

⑰⑱ 中国硅酸盐学会编《中国陶瓷》，见文物出版社 1978 年版第 163 页。

⑲ 冯先铭《河北磁县贾壁村隋青瓷窑址初探》，见《考古》1959 年第 10 期。

⑳㉑ 见注⑤⑥⑩。

㉒ 杨文山先生就临城陈刘庄窑址，曾撰《隋代邢窑遗址的发现和初步分析》（见《文物》1984 年第 12 期），在器物断代上有误，即将某些本属于北朝器物，误断成为隋代器物。

㉓ 魏正瑾等《南京出土六朝青瓷分期探讨》，见《考古》1983 年第 4 期。

㉔ 叶宏明《三国两晋南北朝时期的陶瓷工艺成就》，见《河北陶瓷》1984 年第 3 期。

㉕ 安金槐《对于我国瓷器起源问题的初步探讨》，见《中国古代陶瓷论文集》，文物出版社 1982 年版第 107 页。

㉖ 《说文解字》卷十三上《系部》，见中华书面局本第 273 页。

㉗ 内丘县文管所《河北省内丘县邢窑调查简报》将粗白瓷碗定为"Ⅰ式碗"；粗白瓷杯定为"Ⅰ式杯"；粗白瓷盘定为"Ⅰ式盘"、"Ⅱ式盘"；粗白瓷钵定为"Ⅰ式钵"和"Ⅱ式钵"。见《文物》1987 年第 9 期附图二 1、6、9、13、14、15。

隋唐邢窑白瓷化学组成及工艺研究*

张志刚　李家治

邢窑是我国最早的著名白瓷产地之一，通过对临城、内丘窑址所发掘的隋、唐白瓷的化学组成、显微结构、烧成温度和制造工艺的研究，指出了邢窑白瓷与其他南、北窑址的白瓷的异同，为恢复邢窑烧造提供有关的科学数据。

一　前　　言

邢窑始于隋、唐而衰于元，是我国最早的著名白瓷产地之一。它的出现虽较青瓷为晚，但却改变了青瓷一统天下的局面，而与唐代越窑齐名。素有"惟邢窑类银如雪，越窑青翠如玉"的美誉，形成了南青北白互相争艳的两大体系。对我国陶瓷的发展产生了巨大深远的影响。

"内丘白瓷瓯天下无贵贱通用之"，说明邢窑白瓷质量之高，产量之多和流通之广，但长期以来考古界却一直没有发现烧造邢窑白瓷的窑址。直至1980年至1982年，邢窑窑址首先在临城境内发现，1984年至1986年邢窑窑址又陆续在内丘境内发现，并发掘了一批唐代风格玉璧、平底细白瓷等残品。这一发现不仅对中外学者关注的邢窑窑址之谜得以全部揭晓，而且也为许多不知产地的传世精细白瓷找到了归宿，同时也为研究这一历史名瓷的物理化学基础和工艺提供可贵的实物标本。

为了准备"全国邢台历史经济学术研讨会"的召开，河北师大杨文山先生为我们提供了唐朝各时期的内丘白瓷标本十一件，结合过去李家治、张志刚[2]以及陈尧成、张福康[3]等[4]曾研究过的临城、内丘邢窑白瓷数据（包括隋朝邢窑白瓷），对其化学组成，显微结构及工艺基础，进行了深入的讨论和研究，以期能较全面地总结邢窑名瓷的科学技术，并为恢复邢瓷烧造提供有关的科学数据。

---

* 《邢台历史经济论丛》，中国人事出版社，1994年

二　胎、釉的化学组成

　　这次所收集邢窑唐代各时期白瓷标本，分别为碗、瓶、钵、罐、研磨器、盆、执壶、粉盒等器形，其年代、外貌、出土地点和器物残片特征见表一，我们选择了其中代表性标本，初唐（NTB—1、NTB—2）、盛唐（NTB—3、NTB—8）、晚唐（NTB—9、NTB—11）各二片，采用了传统化学分析和电感耦合等离子发射光谱法进行胎、釉化学组成分析，其结果列于表二、表三。将其计算成 Seger 胎式和釉式，并将其组成点和其他地区的白瓷胎、釉式[①][③]的组成点标在图一、图二，以供分析比较。

（一）邢窑白瓷瓷胎在化学组成上特点：

　　（1）邢窑瓷胎的高 Al_2O_3 和低 SiO_2 特点。邢窑胎中 Al_2O_3 含量在 25%～35% 之间，SiO_2 在 60%～69% 之间，与定窑、巩县瓷胎的组成相似，故在图一中分布于高 Al_2O_3 低 SiO_2 区域中，而南方景德镇、德化瓷胎的化学组成分布于高 SiO_2 低 Al_2O_3，区域范围内（见图一），同时我们从图一中可见，随着时代的进展，景德镇瓷胎中 Al_2O_3 含量亦逐渐增加，以改进瓷器的质量，[⑥] 到明、清后瓷胎的组成已逐渐向高 Al_2O_3 区域靠近，说明在瓷器配方中已逐渐增加高岭土的用量，而这在邢窑白瓷配方中，早在隋、唐时期即已实现了。

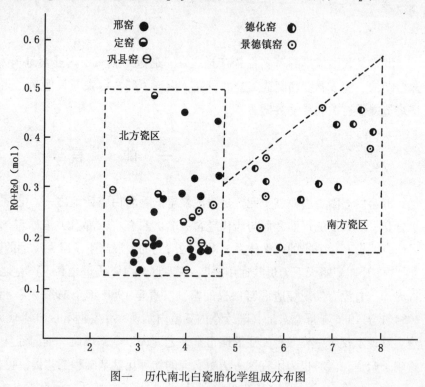

图一　历代南北白瓷胎化学组成分布图

　　表四中祁村粘土原料中含 Al_2O_3 在 40～44% 之间，高于瓷胎中含量，匣钵的化学组成除了 Fe_2O_3、K_2O 偏高外，其化学组成均与胎的化学组成相似，因此，邢窑白瓷胎配方可能不是采用单一粘土，而是采用二种以上原料配合而成。这说明了当时窑工们为了改善胎的白度和适应窑炉温度而改进配方工艺。

　　（2）R_2O（K_2O+Na_2O）含量波动大。胎中 R_2O 含量最高达 8.9%（YN-7），最低为 0.43%（NTB-2）。巩县唐朝白瓷中 R_2O 含量高达 7.35%，景德镇的宋、明、清瓷胎中 R_2O 含量不超过 5%，德化白瓷中 R_2O 含量在 3-7% 之间，而定窑白瓷的 R_2O 在 1-2%，因此，邢窑白瓷胎中 R_2O 高到 8.9%，低到 0.5%，这种 R_2O 变化幅度大和含量高是历代其他白瓷中罕见的。

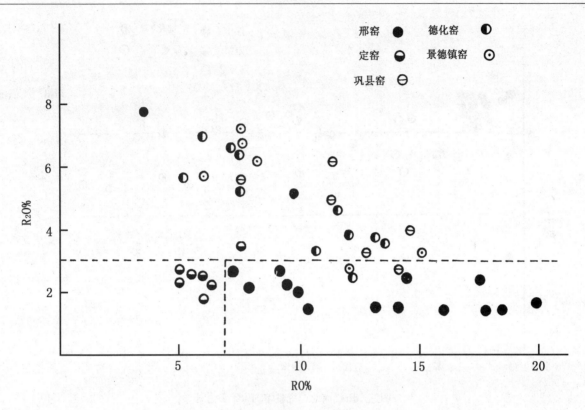

图二　历代南北白瓷釉 R_2O 与 RO% 分布图

邢窑隋代两只白瓷（YN6、YN7）由于 R_2O 含量高，其中 K_2O 含量分别为 5.20、7.25%。胎的断面肉眼可见玻璃质光泽，烧结很好，吸水率分别为 0.56、0.60%。从显微镜下观察到胎中含有长石残骸，结合表 4 所列的原料化学组成，又没有发现含高钾的瓷土原料，这两个隋代白瓷的配方中已加入一定量的钾长石。

（3）瓷胎中 Fe_2O_3 和 TiO_2 含量比较低，除了粗白瓷（YN4、YN5、HN4）Fe_2O_3 含量超过 1% 外，其余邢窑细白瓷 Fe_2O_3 含量在 0.4% ~ 0.8%，与唐代巩县白瓷相近，比历代景德镇胎中 Fe_2O_3 含量都要低。TiO_2 含量（除 YN4、YN5 外）在 0.2% - 0.8% 之间，比巩县瓷胎中 TiO_2 低，与历代定窑白瓷相近，因此，邢窑瓷胎中的低 Fe_2O_3 和 TiO_2 含量，再加上窑炉气氛，使得胎色"泛白"，或"白里泛灰"形成了邢窑白瓷有"类雪""类银"的特色。

（二）邢窑白瓷瓷釉的化学组成特点

（1）邢窑白瓷釉中助熔剂的多变性。隋代有富 CaO 釉，也有富 K_2O 釉，唐代瓷釉全都是富 CaO 釉，富 CaO 釉中，CaO 含量在 5% ~ 17% 之间波动，富 K_2O 釉中 K_2O 含量分别为 6.4%、4.7%，而 CaO 含量分别为 2.7%、8.4%。

邢窑瓷釉中 RO 含量与巩县窑、景德镇窑、德化窑相近，而高于定窑白瓷。邢窑瓷釉中 R_2O 含量除了 YN6、YN7 外，都比巩县窑、景德镇窑、德化窑白瓷釉低，相近于定窑白瓷釉，因此以 RO 对 R_2O 作图（图二）可以大致看出它们之间的关系。

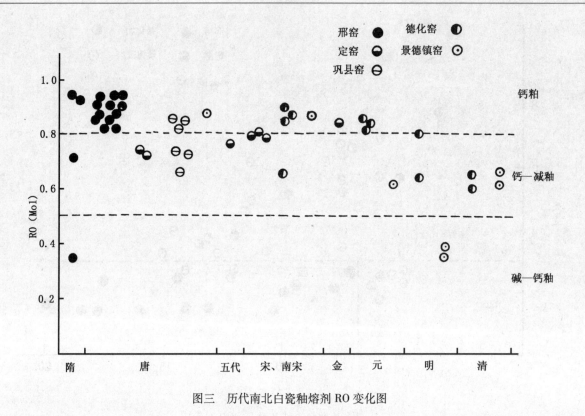

图三　历代南北白瓷釉熔剂 RO 变化图

　　按文献[6]提出观点对瓷釉分类：即釉式中 0. 8 < RO < 1. 0 为钙釉，0. 5 < RO < 0. 8 为钙—碱釉，0. 2 < RO < 0. 5 为碱—钙釉，根据该标准绘制了图三。从图中可见邢窑白瓷在隋代已出现了钙—碱釉和碱—钙釉配方，这是目前发现最早钙—碱釉和碱—钙釉的典例，可惜到了唐代邢窑白瓷全部是为钙釉。巩县窑在唐朝也有个别钙—碱釉的瓷釉，碱—钙釉在景德镇直至"一代绝品"明永乐白瓷釉才出现，因而北方要较南方早山现 800 余年。

　　（2）应用 Bayeo 准则多类逐步判别分析方法可得到同一地区，不同朝代外观十分相似，而化学组成不同的瓷器的判别函数，可用以区分不同朝代的瓷器，参照文献[7]，经过计算，获得邢窑瓷釉判别函数为：

　　$F (Al_2O_3、K_2O、Na_2O) = Al_2O_3 - (0.732K_2O + 1.104Na_2O)$

　　其中 Al_2O_3、K_2O、Na_2O 分别表示它们的重量百分数，从判别函数的表达式中可以看出 $F (Al_2O_3$、K_2O、$Na_2O)$ 函数值与瓷釉的 Al_2O_3 含量正相关，与 K_2O、Na_2O 的含量负相关。因此用 $0.732K_2O + 1.104Na_2O$ 对 Al_2O_3 作图（图四）。从图中可见：

　　所有隋代邢窑瓷釉均位于 $F (Al_2O_3、K_2O、Na_2O) < 13.6$ 区域内。

　　所有唐代邢窑瓷釉均位于 $F (Al_2O_3、K_2O、Na_2O) > 13.6$ 区域内。这表明隋代瓷釉中含有较低的 Al_2O_3，和较高的 K_2O 和 Na_2O，并说明邢窑瓷釉配方中可能采用富 K_2O、Na_2O 的长石作为原料。

三　烧制工艺及物理性能

　　烧制工艺对瓷器的外观质量和物理性能有很大影响，因此，测试了部分邢窑白瓷的烧成温度和部

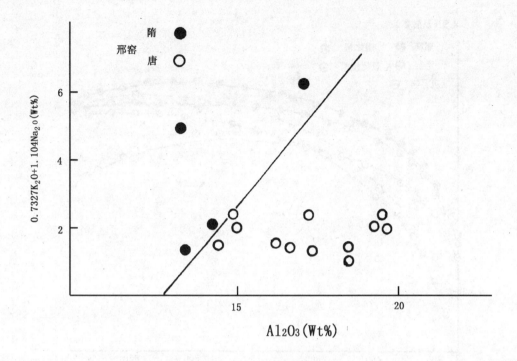

图四　隋、唐邢窑白瓷釉的化学组成分布图

分物理性能，其结果均列在表五中，在表中还列入巩县窑和定窑白瓷的相关数据以资比较。

从表五可看到邢窑烧成温度一般在 1350℃ 左右，部分标本可能属于生烧，所以烧成温度要低得多，其中低者约为 1200℃ 左右或更低。但从总体来看，当时窑炉能烧到这样高的温度（最高温度为 1370℃），这说明了窑炉结构和烧制工艺都已达到相当高的水平，它比同时代的南方越窑青瓷提高许多。而且也是目前我们测试过中国南北历代瓷器的烧成温度最高的一个标本。从瓷胎的气孔率及吸水率来看，有的很高，除了有的属生烧外，也有可能由于原料处理不够精细，造成在胎体中的还留有一定量大小的气孔。这种情况与巩县白瓷有相似之处。根据《乐府杂录》所说"用越瓯、邢瓯十二，施加减水，以箸击之，其声妙于方响"，这说明邢窑白瓷烧结程度相当之高，否则不可能发出清脆的声响。

根据南北方白瓷所测得的胎、釉享达白度结果来看：邢窑白瓷最高为 69.00%，巩县白瓷釉次之为 59.25%，景德镇永乐白瓷釉又次之为 57.94%，定窑白瓷釉最低为 57.29%。胎的享达白度，巩县白瓷为最高 76.48%，其次是邢窑白瓷为 74.08%，最差为定窑白瓷为 69.75%。

为了进一步证实上面结果，又测定了南北白瓷釉和胎在可见的部分的分光反射率，从图五可见，邢窑瓷釉在可见区域反射率最高，其次是德化、巩县白瓷，最差为定窑和景德镇永乐白瓷。我们曾对邢窑、巩县白瓷釉测定了更长波长区域反射率，比较结果：邢窑白瓷釉在可见波段内反射率比巩县白瓷釉高，并 600nm 处有一峰高，在 700—1000nm 波长区域其反射串比巩县白瓷釉低（见图六）。这就决定了邢窑白瓷有白里泛青的色着，而巩县白瓷有白里泛黄，这点说明了邢窑的烧成气氛可能较巩县窑的烧成气氛偏重还原，而使釉中铁离子还还为低价状态，从而形成邢窑白瓷类银如雪的高质量外观。瓷胎在可见部分的分光反射率与测得享达白度规律也相一致，即邢窑胎的反射率比巩县白瓷胎低（见图七）。

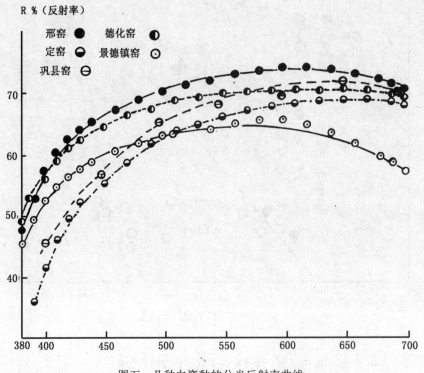

图五　几种白瓷釉的分光反射率曲线

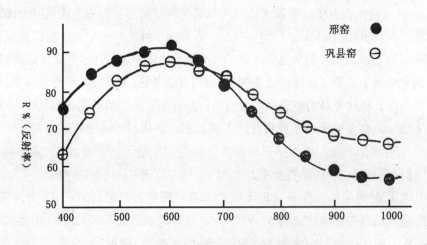

图六　邢窑和巩县窑白瓷釉的分光反射率

四　胎、釉的显微结构

　　邢窑白瓷从外观上可分为粗白瓷和细白瓷。在实体显微镜下进行观察，现这二类白瓷显微结构特征有明显区别，粗白瓷在胎和釉之间有约为 0.2~0.4mm 一层颗粒较细、石英少、氧化铁残留也较少的化妆土，显然是为了改善含 Fe_2O_3，较高（1.8%~2.6%）的瓷胎的白度。而细白瓷胎中含 Fe_2O_3，

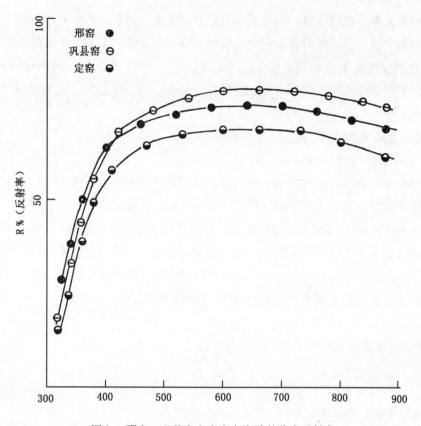

图七　邢窑、巩县窑和定窑白瓷胎的分光反射率

较低，就没有施上这一层化妆土。所以邢窑白瓷并非都使用化妆土。

除了化妆土外，釉与胎或化妆土分界处还有明显的反应层，靠近釉一面有许多长短不一的斜长石晶体自胎（或化妆土）向釉生长，但釉内则未能观察到有斜长石晶体的析出，这种情况和景德镇历代白瓷则迥然不同。这层钙长石反应层起着入射光的散射作用，而使本来是透明的釉产生一种乳浊效应，而使邢窑白瓷在外观上具有一种柔和感觉。

邢瓷胎内含有一定量的玻璃相，有时可找到蠕虫状的高岭颗粒，莫来石晶体发育良好，石英含量比较少，并有融蚀迹。有时也可见到少量方石英。有的还能观察到长石残骸。

釉透明光亮，偶而见到极少量细小未焙融残留石英和小气泡。

代表性显微照片见图八。

五　结　论

1. 邢窑胎属高铝、低硅质瓷，从显微结构中可见到蠕虫状高岭残骸，这是北方诸窑共同特点。隋代邢窑白瓷胎中含有很高的 K_2O（K_2O 含量在 5% ~ 7%），因而在其显微结构中可找到钾长石残骸，说明在瓷胎配方中引入钾长石。除了唐代巩县白瓷胎有类似情况（K_2O 含量在 5% ~ 7%）外，其他南北方早期瓷胎中没有发现这样胎的组成。

隋代时期，邢窑瓷釉已出现了碱一钙和钙一碱釉，而在南方要在 800 年后才出现这种高质量的釉。到了唐代又都是钙釉，这一情况我们目前还无法解释。但不管是哪一类釉，都属透明玻璃釉。

2. 邢窑白瓷烧成温度最高达 1370℃ 左右，这充分说明了当时窑炉结构，耐火材料和匣钵等多方面有了改进和提高。同时由于原料中含 Fe_2O_3 比较低，又在还原气氛中烧成，遂使隋唐时期邢窑白瓷获得类银如雪之赞誉。

3. 邢窑白瓷并非一概都使用化妆土，一般粗白瓷胎中含铁量较高（Fe_2O_3，含量在 1.7% ~ 2.5%），为避免对瓷器外观白度的影响，采用了在胎上施上一层化妆土。细白瓷胎中含铁量较低（Fe_2O_3 含量在 0.5% ~ 0.8%），就没有施上化妆土，这说明当时对所用原料的加工工艺已达到相当高的水平。从显微镜下观察，化妆土原料颗粒较细，石英和氧化铁残留较少。

4. 通过测定釉面的享达白度和可见部分分光反射率，进一步证实了邢窑白瓷的白度高于德化、巩县、定窑和景德镇白瓷。可见古人美誉邢窑白瓷精细莹润，具有类雪的白色是有科学根据的。

5. 根据 Seger 胎式，绘制的南北方白瓷组成分布图可初步用来区分南北方白瓷。利用 Beyes 多类逐步分析方法所得邢窑白瓷釉的判别数，可区分隋代和唐代的邢窑白瓷。

（作者均为中国科学院上海硅酸盐研究所研究员）

参考文献

① 李家治、张志刚等《中国古陶瓷研究》，北京，科学出版社 1987，P136。

② 陈尧成、张福康等《景德镇陶瓷学院学报》11（1）45。1990。

③ 叶喆民《中国古陶瓷研究》，北京，科学出版社 1987，P294。

④ 李家治、陈显求等《中国古代陶瓷科学技术成就》，上海科学技术出版社，1985 年，P175。

⑤ 李家治、陈士萍《景德镇陶瓷学院学报》，12（1）27，1991。

⑥ 周仁、李家治《硅酸盐》，2，49，1960。

⑦ 罗宏杰，博士学位论文，中国科学院上海硅酸盐研究所 1991。

表一　　　　　　　　　　　　　　　　唐代邢窑内丘窑场白瓷标本

编号	标本名称	出土地点	器物特征	胎釉特征	胎厚（mm）	釉厚（mm）
NTB－1	初唐粗白瓷碗，底部和腹部残片。	内丘县西关村西，今大理石厂东面沿岸河南岸。	圆沿，鼓浅腹，厚壁，实圈足，平底。	胎：灰白色，断面有许多小的开口气孔。釉：内施白釉略带青，外施白釉至于下腹。胎、釉之间施一层白色化妆土。	6.5~8.5	0.15~0.25
NTB－2	初唐粗白瓷碗，底部和下腹部残片。	内丘县西关村西，今大石厂东面沿河南岸	圆沿，敛口，短颈，弧腹平底无足。	胎：色白，断面有大小不等开口气孔。釉：内施白釉，外施釉不至底，釉色略带蛋青，底部积釉处呈浅绿色。胎、釉之间施一层白色化妆土。	4.5~11	0.15
NTB－3	盛唐细白瓷碗，底部和下腹部残片	内丘县西关村东北，今蜂窑煤厂墙内。	唇沿，侈口，鼓浅腹薄壁，宽圈足，足底似玉璧形。	胎：银灰白，断面有小的开口气孔。釉：内施白釉，外除足底外均施白釉，釉质晶莹细腻，是银白色，局部釉处有细纹裂。	5.5	0.25
NTB－4	盛唐细白瓷碗，上腹部和口部残片	内丘县西关村东北，今蜂窑煤厂南墙内。	唇沿，侈口，鼓浅腹薄壁，器物较大，宽圈足，底如玉璧形。	胎：银灰色，断面开口气孔较少。釉：内施满釉，外除足底处均施，釉质细腻晶莹，釉色呈银白灰。	4.6	
NTB－5	盛唐细白瓷碗，底部残片。	内丘县旧城西南城角，今县委礼堂西。	小唇沿侈，浅腹薄壁，宽圈足，足底宽如玉璧形。	胎：洁白如雪，细腻，断面有许多开口气孔。釉：除足底一圈露胎外，内外通体施釉。釉质晶莹，釉色洁白如雪。	6.8	
NTB－6	盛唐细白瓷碗，上腹部和腹部残片。	内丘县旧城西南城角，今县委礼堂西。	小唇沿，浅腹，薄壁，宽圈足，足底宽如玉璧形。	胎：洁白，细腻。釉：除足底一圈露外，通体内外施釉，釉质细腻晶莹，色洁白。	4.3	
NTB－7	盛唐细白瓷钵，口部腹部残片。	内丘县西关村东北，今蜂窝厂南墙内。	尖唇，敛口，鼓腹薄壁，平底无足。	胎：银白，断面有开口气孔。釉：除口部底部处，内外通体施釉，釉质细腻，釉色呈银白。	4	
NTB－8	盛唐细白瓷罐，腹部残片。	内丘县西关村东北，今蜂窝厂南墙内。	圈沿，侈口，短颈，鼓腹，平底无足	胎：洁白招雪，胎质细腻，断面可见小的开口气孔。釉：除底部外，内外通体施釉质，细腻光亮，色洁白。	5.4	0.40
NTB－9	晚唐细白瓷研磨器，底部和下腹部残片。	内丘县西关村东北，今蜂窝厂南墙内。	其形如碗，圆沿侈口腹内刻有网状深纹，薄壁宽圈足，足底宽如玉环形。	胎：质细腻，洁白，断面有开口气孔。釉：通体内部和足底一圈不施釉，釉色白，但有细小黑星杂质。	4.0	0.15
NTB－10	晚唐细白瓷盆，口部上腹残片。	内丘县委礼堂西，今自由市场西墙外。	扁口，宽沿，外沿里圻，外沿边，用小圆棍压成锯齿状，鼓腹，平底无足。	胎：色洁白如雪，细腻。釉：除底部外，内外通体施釉，釉质细腻晶莹，色洁白如雪。	5.2	
NTB－11	晚唐细白瓷执壶，底部下腹部残片。	内丘县旧城西南角南，今猪市北面。	喇叭口，长颈，短流单泥条把，上部鼓腹下部斜腹修长，实圈足平底。	胎：色呈灰白，断面有小气孔。釉：内不施釉，但口部和颈内部施釉，外施釉，不至足，釉色呈青灰色，细腻。	5.2	0.15

表二   邢窑白瓷胎的化学组成

编号	年代与来源	氧 化 物 含 量 %										分子式 (Al₂O₃ 分子数为 1)
		SiO_2	Al_2O_3	Fe_2O_3	TiO_2	CaO	MgO	K_2O	Na_2O	MnO	P_2O_5	
NTB－1	初唐 内丘县	67.54	24.63	0.88	0.54	2.89	1.60	0.52	0.54	0.02	0.10	$RO0.377$ $R_2O0.059$ $SiO_24.656R_xO_y0.055$
NTB－2	初唐 内丘县	64.54	31.25	0.58	0.39	0.93	1.07	0.22	0.21	0.01	0.03	$RO0.014$ $R_2O0.019$ $SiO_23.50R_xO_y0.029$
NTB－3	盛唐 内丘县	63.30	30.52	0.86	0.68	2.00	0.78	0.85	1.18	0.02	0.10	$RO0.184$ $R_2O0.093$ $SiO_23.521R_xO_y0.049$
NTB－8	盛唐 内丘县	62.32	31.72	0.76	0.42	1.90	0.90	1.36	0.46	0.04	0.07	$RO0.0181$ $R_2O0.070$ $SiO_23.336R_xO_y0.036$
NTB－9	晚唐 内丘县	66.41	28.72	0.56	0.33	1.31	1.72	0.41	0.70	0.02	0.05	$RO0.235$ $R_2O0.056$ $SiO_23.926R_xO_y0.029$
NTB－11	晚唐 内丘县	62.79	32.00	0.94	0.78	1.35	0.66	1.28	0.25	0.04	0.07	$RO0.129$ $R_2O0.056$ $SiO_23.331R_xO_y0.053$
HN－1[1]	唐临城	67.64	28.52	0.75	0.39	0.61	0.74	0.75	0.20		0.05	$RO0.104$ $R_2O0.046$ $SiO_24.10R_xO_y0.036$
HN－2[1]	唐临城	59.98	35.12	0.68	0.69	0.99	0.44	1.52	0.48	0.04	0.11	$RO0.080$ $R_2O0.075$ $SiO_22.90R_xO_y0.037$
HN－3[1]	唐临城	60.44	34.50	0.65	0.59	0.69	0.64	1.28	0.24	0.04	0.09	$RO0.079$ $R_2O0.053$ $SiO_23.00R_xO_y0.032$
HN－4[1]	唐临城	64.24	28.61	2.59	0.87	0.61	0.63	1.84	0.18	0.01		$RO0.095$ $R_2O0.080$ $SiO_23.813R_xO_y0.097$
HN－5[1]	唐临城	62.85	32.36	0.61	0.57	1.11	0.71	1.32	0.62		0.05	$RO0.116$ $R_2O0.076$ $SiO_23.30R_xO_y0.034$
YN4[2]	隋代临城 陈刘庄	66.01	27.29	1.80	1.06	0.74	0.51	1.76		0.01	0.07	$RO0.097$ $R_2O0.071$ $SiO_24.101R_xO_y0.092$
YN5[2]	隋代内丘 北关	68.20	25.90	1.70	1.00	0.37	0.55	1.90	0.31	0.01	0.09	$RO0.079$ $R_2O0.098$ $SiO_24.469R_xO_y0.098$
YN6[2]	隋代内丘 县北关	65.80	26.80	0.34	0.21	0.37	0.23	5.20	1.00	0.01	0.06	$RO0.049$ $R_2O0.270$ $SiO_24.163R_xO_y0.019$
YN7[2]	隋代内丘 北关	62.90	26.91	0.44	0.17	0.49	0.27	7.25	1.62	0.003	0.01	$RO0.061$ $R_2O0.390$ $SiO_23.966R_xO_y0.019$
YN8[2]	唐临城陈 刘庄	69.90	25.10	0.57	0.24	0.90	1.60	0.91	0.88	0.01	0.07	$RO0.228$ $R_2O0.098$ $SiO_24.728R_xO_y0.028$
YN9[2]	唐内丘 北关	68.0	27.0	0.57	0.34	0.78	1.50	0.91	0.91	0.02	0.07	$RO0.0192$ $R_2O0.094$ $SiO_24.272R_xO_y0.03$
YN11[2]	唐	62.89	32.37	0.47	0.41	0.66	0.81	1.16	0.94	0.02	0.03	$RO0.101$ $R_2O0.085$ $SiO_23.303R_xO_y0.025$
81－554[3]	唐	62.66	32.89	0.48	0.38	0.78	0.90	0.79	0.59			$RO0.102$ $R_2O0.055$ $SiO_23.235R_xO_y0.024$
81A495[3]	唐	59.91	34.79	0.62	0.38	0.66	1.01	0.69	1.02			$RO0.107$ $R_2O0.069$ $SiO_22.924R_xO_y0.0128$

表三   邢窑瓷釉的化学组成

编号	年代与来源	氧 化 物 含 量 %										分 子 式
		SiO_2	Al_2O_3	Fe_2O_3	TiO_2	CaO	MgO	K_2O	Na_2O	MnO	P_2O_5	
NTB-1	初唐内丘县	66.85	14.39	0.83	0.10	12.44	3.65	0.70	0.78	0.05	0.79	$\frac{RO0.094}{R_2O0.06}Al_2O_30.425SiO_23.350R_xO_y0.039$
NTB-2	初唐内丘县	60.32	17.18	0.98	0.13	14.20	4.29	0.99	0.54	0.16	2.18	$\frac{RO0.95}{R_2O0.05}Al_2O_20.445SiO_22.650R_xO_y0.067$
NTB-3	盛唐内丘县	67.61	14.79	0.87	0.07	11.60	2.76	1.08	1.51	0.08	0.62	$\frac{RO0.885}{R_2O0.115}Al_2O_30.466SiO_23.617R_xO_y0.038$
NTB-8	盛唐内丘县	72.93	14.96	0.49	0.04	6.71	2.72	1.53	0.80	0.86	0.33	$\frac{RO0.865}{R_2O0.135}Al_2O_30.678SiO_25.611R_xO_y0.031$
NTB-9	晚唐内丘县	67.92	16.11	0.81	0.08	8.88	3.85	0.45	1.18	0.09	1.11	$\frac{RO0.914}{R_2O0.086}Al_2O_30.569SiO_24.072R_xO_y0.055$
NTB-11	晚唐内丘县	69.44	19.42	1.30	0.07	5.01	2.10	2.22	0.65	0.07	0.28	$\frac{RO0.806}{R_2O0.194}Al_2O_21.085SiO_26.585R_xO_y0.072$
HN-1	唐临城	68.26	18.40	0.77		7.91	2.48	1.08	0.45			$\frac{RO0.914}{R_2O0.086}Al_2O_30.811SiO_25.135R_xO_y0.023$
HN-2	唐临城	68.31	18.21	0.88	0.11	6.97	2.17	2.03	0.79	0.12		$\frac{RO0.830}{R_2O0.170}Al_2O_30.828SiO_25.30R_xO_y0.033$
HN-3	唐临城	65.09	16.55	0.52	0.07	11.34	2.75	0.96	0.60	0.09		$\frac{RO0.934}{R_2O0.066}Al_2O_30.555SiO_23.72R_xO_y0.013$
HN-4	唐临城	60.00	18.53	0.55	0.15	15.55	1.96	1.14	0.37	0.06		$\frac{RO0.948}{R_2O0.052}Al_2O_30.526SiO_22.89R_xO_y0.015$
YN4	隋代临城陈刘庄	63.02	13.46	0.79	0.18	16.58	3.38	1.26	0.39	0.08	0.72	$\frac{RO0.940}{R_2O0.060}Al_2O_30.392SiO_23.113R_xO_y0.040$
YN-5	隋代内丘北关	64.17	14.18	0.71	0.13	14.61	2.86	1.64	0.84	0.06	0.63	$\frac{RO0.957}{R_2O0.043}Al_2O_30.392SiO_23.012R_xO_y1.031$
YN-1	隋代内丘北关	71.0	16.9	0.40	0.20	2.70	0.70	6.40	1.40	0.04	0.30	$\frac{RO0.355}{R_2O0.645}Al_2O_31.181SiO_28.425R_xO_y0.055$
YN-7	隋代内丘北关	69.40	13.3	0.60	<0.05	8.4	1.30	4.7	1.40	0.1	0.30	$\frac{RO0.715}{R_2O0.285}Al_2O_30.512SiO_24.537R_xO_y0.03$
YN-8	唐临城陈刘庄	69.51	19.50	0.53	0.14	5.38	2.37	0.92	1.30	0.05	0.41	$\frac{RO0.839}{R_2O0.161}Al_2O_31.032SiO_26.247R_xO_y0.048$
YN9	唐内丘北关	67.46	19.51	1.00	0.13	6.80	2.92	0.61	1.50	0.06	0.52	$\frac{RO0.863}{R_2O0.137}Al_2O_30.854SiO_25.016R_xO_y0.056$

表四   匣钵与原料的化学组分

编号	品名产地	氧 化 物 含 量 %										分 子 式 ($Al_2O_3=1$)
		SiO_2	Al_2O_3	Fe_2O_3	TiO_2	CaO	MgO	K_2O	Na_2O	MnO	P_2O_5	
S-1	匣钵	65.52	29.45	1.34		0.66	0.58	1.87	0.22	0.01		$\frac{RO0.090}{R_2O0.83}SiO_23.772R_xO_y0.028$

续表

编号	品名产地	氧 化 物 信 号 %										分子式 （Al₂O₃ = 1）
		SiO₂	Al₂O₃	Fe₂O₃	TiO2	CaO	MgO	K₂O	Na₂O	MnO	P₂O₅	
S–4	匣钵	68.56	27.39	1.10		0.50	0.47	1.58	0.18	0.01		RO0.078 R₂O0.075 SiO₂4.257RₓOᵧ0.026
M₁	祁村一号土	56.60	39.63	0.58	2.07	0.21	0.28	1.06	0.09	<0.01	0.31	RO0.028 R₂O0.031 SiO₂2.434RₓOᵧ0.083
M₂	祁标二号土	56.05	42.02	0.16	2.05	0.18	0.16	0.20	0.16	<0.01	0.16	RO0.017 R₂O0.012 SiO₂2.265RₓOᵧ0.068
M₃	祁标三号土 （木节土）	52.78	44.34	0.67	0.66	0.36	0.26	0.75	0.07	<0.01	0.23	RO0.028 R₂O0.021 SiO₂2.02RₓOᵧ0.032
M₆	祁标灰 砂石	72.54	24.18	0.74	0.51	0.11	0.52	0.60	0.29			RO0.063 R₂O0.046 Sio₂5.093RₓOᵧ0.046
M₈	内丘神 头长石	64.23	18.57	0.17	0.01	0.67	0.80	11.20	2.60			RO0.176 R₂O0.874 SiO₂5.874RₓOᵧ0.005
M₇	临城水南 寺釉土	60.32	20.53	1.41	0.52	4.03	6.88	5.22	0.09			RO1.209 R₂O0.279 SiO₂4.995RₓOᵧ0.075

表五　　　　　　　　　　　　　　　烧成温度与其它物理性能

编　号	烧成温度 （±20℃）	气孔率 （%）	吸水率 （%）	体积密度 （g/cm₃）	享达白度	
					胎	釉
NTB–1	1150	15.85	8.26	1.92		
NTB–2	1230	11.76	5.35	2.20		
NTB–3	>1310	3.01	1.34	2.25		
NTB–8		1.63	0.73	2.22		
NTB–9	1210	9.77	4.48	2.18		
NTB–11	>1310	2.79	1.22	2.29		
HN–1	1370	17.78	8.40			
HN–2		0.49	0.21			
HN–3		10.52	4.77			
YN–10	1360	11.54	5.20	2.22		
YN–12	1360	3.26	1.43	2.28		
NTB–5					74.08	69.00
HN–5	1340	0.81	0.35		73.37	66.28
HG5（巩县）	1340	6.20	2.74		76.48	59.25
定窑	1300		1.45		69.75	57.29
MY1（景德 镇）永乐						57.94

论宋金时期邢窑白瓷的持续生产[*]

杨文山

在邢窑遗址发现之后，人们对邢窑白瓷的创烧、发展和兴盛，都进行了比较深入的研究，但对邢窑白瓷的衰落，尤其是衰落以后的状况，却缺乏应有的探讨。本文根据文献记载、墓葬出土器物和窑址遗存，就宋金时期邢窑白瓷的持续生产，试作如下论述。

一 从文献记载论宋金邢窑白瓷的持续生产

不论在邢窑遗址发现之前，还是在邢窑遗址发现之后，人们在评论邢窑白瓷时，总喜欢多方征引唐朝或有关唐时的文献记载，而对唐朝以后的文献记载，却几乎无人问津。所以出现这种现象，我认为可能与某些专家对邢窑白瓷的衰落和衰落以后的传统看法有关。比如有的专家认为："邢窑衰落于晚唐五代，五代之后即消声匿迹，因此也就不再见于文献记载。"我认为：说邢窑衰落于五代是对的，也是符合事实的，但如果说"五代之后即消声匿迹"，甚至断言"不再见于文献记载，是站不住脚的。理由是邢窑在五代之后的北宋时代，是见于文献记载的，而且就目前可以查到者，至少已有三处之多，比如：

第一处见于《太平寰宇记》，其文记云：

"邢州，原领县九，今八：龙冈、沙河、南和、巨鹿、任县、平乡、尧山、内丘。土产：白瓷器、丝布、绵、解玉砂。"[①]

按《太平寰宇记》，为北宋乐史所撰，成书于北宋初期太宗太平兴国年间（公元977—979年），原书共计二百卷，分别记载了太平兴国年间的政区、山川、风俗、姓氏、土产等事。统检全书，凡记"土产瓷器"者，共有四处，即河南府、越州、定州、邢州。由此可知，继五代之后的北宋初期，邢窑白瓷并没有因为五代的衰落而"消声"，相反它和河南府的巩县窑、江南的越州窑和河北的定州窑一样，在当时因享有同等声誉而被宋人如实的列入了史册。

第二处见于《元丰九域志》，其文记云：

---

* 《邢台历史经济论丛》，中国人事出版社，1994年

"邢州巨鹿郡安国军节度，治龙冈。辖县五：龙冈、沙河、巨鹿、内丘、南和。土贡：绢一十匹、瓷器一十事。解玉砂一百斤。"②

按《元丰九域志》，为北宋王存等修，成书于北宋中期神宗元丰三年（公元 1080 年），颁行于元丰八年（公元 1085 年），全书共计十卷，分别记载了元丰年间（公元 1078—1085 年）的北宋政区、地里、户口、山川、土贡等事。统检全书，凡记"土贡瓷器"者，全国也只有四处，即河南府、耀州、越州和邢州。由此可知，邢窑白瓷到了北宋中期，不仅仍在持续生产，而且还由于产品质优又被皇家列入了贡物，从而证明北宋中期的邢窑，与当时生产贡瓷的河南府巩县窑、陕西的耀州窑和江南的越州窑一样，也是生产贡瓷的名窑。

第三处见于《宋史》，其文记云：

"信德府，次府，巨鹿郡，后唐安国军节度。本邢州，宣和元年升为府。崇宁户五万三千六百一十三，口九万五千五百五十二。贡：绢、白磁盏、解玉砂。县八：邢台、沙河、任、尧山；平乡、内丘、南和、巨鹿。"③

按《宋史》，为元初脱脱等修，成书于至正五年（公元 1345 年），全书共计四百九十六卷，所载《地理志》为四十三卷，分别记载了北宋晚期徽宗崇宁年间（公元 1102—1106 年）的户口、政区、贡品等事。通查全书，北宋崇宁年间全国的贡瓷之地，已由中期的四处减为三处，即河南府、耀州和邢州。由此可知，邢窑白瓷到了北宋晚期，和在北宋中期一样，不仅仍在持续生产，而且在越窑停贡的情况下，还在继续进贡。

综合上引三处文献记载，我们不难得出这样的结论：即邢窑白瓷在整个北宋时期一直是持续生产的，而且到了北宋中期和晚期还被列为进贡之物。如果按着北宋"诏令入贡"之物只要不"诏令停贡"即为"常贡"的惯例，那末我们还可以说邢窑白瓷在北宋时期进贡的时间是很长的。如果我们从神宗元丰元年（公元 1078 年）进贡开始算起，到钦宗靖康元年（公元 1127 年）战乱为止，那末邢窑白瓷的进贡时间，大体可以说将近五十来年，约占整个北宋一百六十七年中的三分之一略弱。

在北宋灭亡以后的金朝统治时期，邢窑白瓷的生产状况如何？我们在金代和有关金时的文献中，尚未找到记载。不过这并不能说明邢窑白瓷在金代"已不存在"，相反根据金代的窑址遗存和金代墓葬出土的器物，还可以说明金时的邢窑白瓷生产规模却比北宋为大，从而证明金代邢窑白瓷和北宋邢窑白瓷相比，不仅仍在持续生产而且还有一些发展。

二　从墓葬出土器物论宋金邢窑白瓷的持续生产

五十至八十年代，邢台地市在基本建设施工中不断发现宋金墓葬，出土了大量的白瓷器物。这些器物除一部分因具有明显的磁州窑或定窑特点，可以肯定属于磁州窑或定窑产品者外，还有一大部分既不属于磁州窑又不属于定窑的产品。这些产品到底为何地烧造？在邢窑疑谜解开之前谁也说不清楚，虽然早在六十年代初，笔者根据这些器物的造型、胎质和釉色，曾将这些器物断为宋金时期的邢窑白瓷，但并未能得到有关专家的认可。相反，有的专家认为："邢窑在五代之后已不见踪迹，宋墓中不可能再有什么邢窑的东西。"因为这是权威专家的看法，于是人们对这些器物的归口问题，便开始避而不谈了。

　　五十至七十年代，邢台地市的文管部门尚不健全，因此各地出土的宋金白瓷，除少量由文化馆收藏外，大部分流散在学校或私人手中，仅就笔者所见，就有如下六起：

　　第一，1955 年 11 月，南宫西关农民在拉土平地中，在西关西坡发现了两座宋代墓葬。当时笔者正在南宫一中任教，闻讯与周春雨老师赶赴现场，但去后两墓均已挖乱，出土器物全部被农民拿走。经过追踪访问，始知墓葬中出土了大量的宋初铜钱，并有不少五代后期的铜钱伴出。这说明这两座墓葬均为北宋初期的墓葬。关于出土的白瓷，我们只见到了八件，其中有碗四件、杯两件、壶一件和罐一件。值得提出的是：壶的造型是一种"喇叭口长颈长流"，与唐时的"撇口短颈短流"大不相同。后来听说有些器物被南宫县文化馆征集去了。

　　第二，1958 年 9 月至 10 月，邢台一中师生在参加京汉铁路复线的义务劳动中，在邢台西北郊区三义庙村西起土时发现了古墓群。根据出土器物的时代风格和伴出的铜钱，可以断定其中的九座墓葬属于北宋、四座墓葬属于金代。出土白瓷共为四十一件，其中属于北宋者为二十七件，器物品种有碗、盘、碟、杯、壶和瓶；属于金代者为十四件，器物品种也有碗、盘、杯和壶。值得提出的是：在北宋墓葬出土的白瓷碗中，有一种"圆沿弧腹矮圈足碗"，与五代邢窑中常见的"唇沿弧腹宽圈足碗"十分相近，这说明宋代邢窑与五代邢窑在工艺风格上有着渊源关系。在金代墓葬出土的白瓷盘中，有不少带有"六瓣口沿"的盘，和宋代窑址中常见的"五瓣口沿"盘十分相近，这又说明金代邢窑和宋代邢窑在工艺风格上也有着渊源关系。当时笔者正在一中任教，曾亲自整理过这些器物，并与高翔、彭忠英老师在一中阅览室举办过展览。展后全部器物收存在一中科学馆。

　　第三，1960 年 5 月至 6 月，邢台市砖厂工人在邢台西郊曹演庄村北脱坯起土中，发现了宋金时代的古墓葬群。当时笔者仍在邢台一中任教，闻讯后经常前去现场观看。据笔者所记，属于宋金墓葬者，至少要有三十四座，其中多为北宋者，少为金代者。出土白瓷除流散在个人手中外，我曾看到厂方收存的三十余件，主要器物有碗、盘、杯、碟、瓶、壶和罐。之后，河北省文管处唐云明先生曾前来进行了一次抢救性清理，就其中的二十五座宋墓出土材料撰成了《河北邢台清理的宋墓》一文，第二年发表在《考古》杂志上。出土的部分器物，由省文管处收藏去了。

　　第四，1975 年春 3 月至 5 月，邢台地区水利部门在动员下县民工兴修"百泉蓄水工程"的施工中，发现了古象化石和古墓群。当时笔者已调邢台五中任教，得讯后与本校岳鸿慈医生同往邢台南郊施工现场观看。去后古象化石尚封在土中，但古墓出土器物均被指挥部收入仓库。后来笔者有幸入库观看，得知出土白瓷共计十七件，属于宋代的白瓷为十一件，计碗三件、小盏两件、盘两件、瓶一件、壶一件和罐两件；属于金代的白瓷为六件，计碗四件、盘一件和壶一件。值得提出的是：宋墓出土的两件白瓷盏，都是细白瓷，做工很精，因此笔者曾认为这种器物，会许就是文献中所记载的那种进贡的"白瓷盏"。百泉工地出土的这些文物，曾在指挥部大棚中进行过公开展览。1977 年古陶瓷专家冯先铭、叶喆民二先生来邢访问我时，我曾陪同他们前去参观，并就这些宋金白瓷器物的断代和产地归口问题，同冯先铭先生进行过交谈。展后这些器物由邢台地区文管所收存，今藏隆尧文管所。

　　第五，1976 年夏 4 月，邢台地区有关部门动员民工在临城县境内兴建地方铁路的施工中，在冯村村北发现了三座宋墓和两座金墓。当时笔者正在冯村参加支农，闻讯与五中王振奇老师赶赴现场。其时五墓早已全部挖毁，出土器物多为个人拿走。之后我们来到指挥部，只见到了十三枚宋币、八枚金币和九件白瓷器物。白瓷中属于宋代者为四件，其中有碗两件、盘一件、杯一件；属于金代者为五件，其中有盘一件,碗四件。值得提出的是:在两座金墓中,有一座金墓出土了一块墨书有"大定三年"的墓砖,其出土的四件白瓷碗,均在腹底沙圈处墨书有"霍驴尾"三个字。笔者认为:"霍驴尾"应是该墓的墓主,四件白瓷碗当是墓主生前的使用之物。

第六,1983 年春 3 月,邢台市在南郊修建铁路地道桥的施工中,发现了两座宋代墓葬和一座金代墓葬,出土了一批白瓷器物。这些器物除流散在私人手中者外,邢台市文管所征集了九件,其中属于末代者有两件碗、两件盂、一件盘;属于金代者有两件碗、一件盘和一件罐。这些器物曾出展于清风楼中,前文管所所长贾书敏先生,就这些器物的断代和归口问题,曾和我进行过共同讨论。

上列六起宋金墓葬出土的白瓷器物,只不过是邢台地市所发现的众多宋金墓葬中的一小部分。但仅就这样一小部分进行统计,属于宋代的白瓷就有八十五件之多,属于金代的白瓷也有二十九件。这些白瓷器物的归口问题,虽然长期被视为"未知数",但从它的造型、胎质和釉色的特点上看,它绝对不是磁州窑和定窑的东西,更不是河南巩县窑和山西介休窑的东西,相反却具有邢窑白瓷的特点。在这种情况下,我们把它定为宋金时期邢窑的产品,不能说毫无道理。

从八十年代初开始,各县相继建立了文物保管所,有些出土文物逐渐被征集收藏起来。1992 年七月至十月,笔者跟随大型电视系列片《中国陶瓷》河北摄制组,前后访问了邢台市、隆尧县、内丘县和临城县四个县市文管部门,又亲眼看到了一批过去未曾看到过的宋金墓葬出土的白瓷器物。比如在隆尧县文管所看到了隆尧城西金墓出土的"粗白瓷'王'字款沙圈碗";在邢台市文管处看到了邢台市郊区北宋墓出土的"粗白瓷鼓腹罐";在内丘县文管所看到了内丘城东宋墓出土的"细白瓷圆形圈足粉盒",在临城县文管所看到了临城南金墓出土的"粗白瓷印花双鱼纹盘"和城内邮电局宋墓出土的"细白瓷花口碗",以及城内东街宋墓出土的"白底黑刻鱼纹枕"。

以上这些器物,均系八十年代后期出土。由于此时邢窑遗址已经发现,因此这些器物的产地大都找到了它的归口。比如临城南金墓出土的"粗白瓷印花双鱼纹盘",在山下村东的金代窑址中已找到了相同的残片;内丘城东宋墓出土的"细白瓷圆形圈足粉盒",在内丘旧城外西南角的猪市附近的宋金窑址中也找到相同的残片。不仅如此,八十年代以前的宋金墓葬出土的白瓷器物,由于邢窑宋金窑址的发现,也再不是什么"未知数"了,而是大多找到了它们的归口,在八十多件宋器和二十多件金器中,绝大部分都可以在窑址中找到它的遗存。因此,这就证明这些既不属于磁州窑、又不属于定窑的产品,都是宋金时期邢窑的产品.从而也就证明所谓:"在五代之后"邢窑"已不见踪迹"的说法,是绝对不能成立的。

三　从窑址遗存论宋金邢窑白瓷的持续生产

在长期邢窑遗址的考察过程中,不仅前后发现了唐代、隋代、五代和北朝的窑址,而且也找到了多处宋金乃至元代的窑址。就目前可以肯定的宋金窑址,共有十处之多,其中分布在内丘境内的窑址有三处,分布在临城境内的窑址有七处。现将这些窑址地点及其遗存简列如下:

第一处分布在内丘城关,具体位置在旧城西南角外,即原猪市和猪市的西南一带。八十年代考察时,这里虽然已经夷为平地,无法找到具体的窑炉所在,但地面上却普遍散有宋金时代的白瓷残片。主要器物:碗有宋墓常见的"扁沿弧矮圈足碗"、"五瓣口沿弧腹矮圈足碗"和"扁沿斜腹矮足碗";

盘有宋墓常见的"扁沿浅腹矮圈足盘"和"五瓣口沿浅腹矮圈足盘"。在金代方面，碗有金墓常见的"扁沿弧腹尖圈足碗"和"六瓣口沿折腰尖圈足碗"。盘有金墓常见的"扁沿浅腹尖圈足盘"和"六瓣口沿折腰尖圈足盘"。此处，还发现了一些宋墓中常见的"扁沿深腹条纹矮圈足杯"和"喇叭口长颈长流单柄执壶"；金墓中常见的外腹部带有褐色点彩的"扁沿短颈鼓腹尖圈足盂"。此外，还发现了一些正烧使用的"漏斗状匣钵"和覆烧使用的"圆形支圈"。

第二处分布在内丘城西北的北双流，具体位置在北双流村的村南和村东南。在这里虽然也没有找到窑炉遗迹，但地面上尤其坡边处普遍散布着宋金时代的白瓷残片。器物造型基本上和城外猪市一带窑址遗存相同，所不同者，这里又发现了宋墓常见的"敛口凸沿鼓腹矮圈足钵"和金墓常见的带的有"母口"的"平沿长颈长流单柄执壶"。此外在这里同样也发现了正烧使用的"漏斗状匣钵"和覆烧使用的"圆形支圈"等窑具。

第三处分布在内丘城北与临城交界的西磁窑沟，具体位置在西瓷窑沟的村东北、村东和村南。这处窑址在五十年代初，古陶瓷专家陈万里和冯先铭先生曾经进行考察，但所发现的瓷片均为元代的黑瓷遗物。八十年代初笔者与临城同志对此重新进行考察，并在元代的黑釉瓷片堆积层上进行了深沟发掘，结果发现了金代的粗白瓷残片和残件。主要器物是金墓中常见的四种：第一种是"扁沿深腹尖圈足碗"和"扁沿浅腹尖圈足碗"。第二种是"扁沿浅腹尖圈足盘"，其中有的这类器物腹内或腹外，还带有褐黑色的点彩。第三种是"扁沿短颈鼓腹尖圈足盂"，其中有的器物腹外，也带有褐黑色的点彩。第四种是比较大型的粗白瓷盆，造型特点是"平沿斜腹平底"，这种器物在这里的金代窑址中多为"里白外黑"，而"里外全白"的不多见。这里值得提出的是：褐色或褐黑色点彩的数量这里比任何一处窑址都多，比如器物中有碗、有盘也有盂。点彩花样多为数量不等的梅花点或菊花瓣点。

第四处分布在临城城南与内丘北境靠近的陈刘庄，具体位置在陈刘庄的村东南附近。这里虽然早已变成了道路或耕地，找不到任何窑炉遗迹，但地边处和道坡旁，到处都可以看到宋金时代的白瓷残片，器物品种与内丘的猪市附近相似，不过出土更多的是宋金时代的碗器。

第五处分布在临城城南山下，具体位置在山下村东的旧沟和村东北与村东南的旧沟旁中。这三处窑址均有宋金时代的遗存，器物种类大体与内丘相同。不过应当特别提出的是：山下村东的这处窑址遗存比较丰富。在八十年代初的考察中，我们曾发现了一座比较完好窑炉底部；并在附近找到了各种窑具，包括正烧使用的"漏斗状匣钵"、"筒状匣钵"和覆烧使用的"圆形支圈"，以及叠烧偶尔使用的"垫饼"或"垫圈"。除此之外，更值得提出的是：这里出土的器物上多带有装饰花纹，除一般带有瓣沿的杯碗外，带有印花的碗和印花的盘很多。花饰取材多种多样，从格局上讲，有整体花饰纹，包括"牡丹缠枝纹"、"菊花缠枝纹"和"荷花缠枝纹"、"云飞凤舞纹"等。也有六等分格子花饰纹或八等分格子花饰纹。分别包括"芦雁纹"、"鱼藻纹"、"菊花纹"、"荷花纹"、"梅花纹"、"婴戏纹"和"鸳鸯纹"等。这些印花技艺无疑是受到了定窑的影响。

第六处分布在临城城南的南程村，具体地点在南程村的村西北附近。这里窑址面积很大，遗存十分丰富，堆积成山。可以和定窑"十三堆"中的中等堆积不相上下。堆积物主要是覆烧使用过的"圆形支圈"，此外也有一些正烧使用的"漏斗状匣钵"和"筒状匣钵"。器物品种残片多乱杂在堆积层中，可以肯定的标本除包括内丘窑址发现者外，还有宋墓常见的"圆形子母口矮圈足粉盒"、"喇叭口长颈长流单柄壶"，大多是金代覆烧的各种盘器和碗器。除此之外，在这里还发现了多处比较完好的窑炉遗存，地点分布在堆积山的东北部和北部地坡处。

第七处分布在临城城南的解村，具体位置是解村的村西南、村西口和村西北的沟子里。这里因为都被夷平为耕地，地面遗存很少。主要器物品种，从残片中可以看到有碗、盘、壶和杯。发现的窑具有"漏斗状匣钵"，同时也有"圆形支圈"。

第八处分布在临城城西的泜河北岸，具体地点是临城县造纸厂南墙的内外。这里的堆积可以和南程村的堆积相比，器物遗存和窑具遗存也基本上和南程村一样。

第九处分布在临城城西北的射兽，具体地点是射兽的村北，即今"临祁公路"的北面。这处遗存的散布很大，但地面上的遗物却很少。器物种类也不多，除了碗外只有盘。这些器物均具有宋代风格，金代的东西还没有发现。按此处窑址基本上是五代窑址，主要器物遗存是五代时期的"唇沿浅腹宽圈足碗"。

第十处分布在临城城西北的澄底，具体地点在澄底村东北"临祁公路"的南面。这处遗址基本上也是五代遗址。不过也发现了宋代的东西。比如在这里发现了"圆沿弧腹矮圈足碗"，和宋初墓葬出土的碗形差不多，但与五代时期碗形相比，"唇沿"已变成了"圆沿"，而"宽圈足"也变成了较窄的"矮圈足"。

上列十处宋金窑址，说明宋金时期邢窑的白瓷仍在生产。由此可知，这不仅有文献记载可查和有墓中出土器物可证，更重要的是又找到了它的具体烧造地点。因此我认为，我们在这些材料面前，应当放弃以前的不准确的论断，承认宋金时期邢窑白瓷仍在持续生产这个事实。

但令人遗憾的是，有些专家仍然坚持以往的成见，坚持"邢窑在五代衰落之后不复存在"的看法，认为在内丘、临城境内发现的大量宋金窑址中，"只有金代的窑址，而没有宋代的窑址。"理由是："这些窑址已经发现了覆烧法是在北宋邢窑停烧之后，至金因受定窑的影响而出现的新窑"。因此他们认为，"这些窑址和邢窑没有什么直接的渊源关系。"

由于这些看法出于专家之口，尤其是权威专家之口，它的影响是很大的。因此有些文物工作者往往根据这种看法来发表自己的意见，虽然他们掌握了许多原始材料，但不敢承认北宋时期有邢窑白瓷生产的存在。其实我认为，这个问题是无需争辩的，因为只要我们敢于面对实际，敢于根据新材料修正错误，大家就不难求得共识。但是，如果有人非要坚持过去的错误成说，非要硬说："邢台地市宋墓出土的白瓷的归口是一个未知数而将它视为邢窑产品不可靠"；或者非要硬说："内丘、临城五代以后的窑址都是金代的而将它列有宋代的窑址也不可靠"。那么，我们不禁要问：有关宋代邢州白瓷生产和有关宋代邢州白瓷进贡的文献可靠不可靠？换句话说：《太平寰宇记》、《元丰九域志》和《宋史》的记载可信不可信？如果说不可信，就应当提出论证来。如果说可信，那么为什么不敢承认宋代有邢窑白瓷的生产呢？

（作者：河北师范大学历史系副教授）

注　释

① 《太平寰宇记》卷五十九《河北道八·邢州》，见《四库全书》上海古籍出版社影印本第 469 册第 491 页。

② 《元丰九域志》卷二《河北路·邢州》，见中华书局标点本上册第 80—81 页。

③ 《宋史》卷三十八《地理一·邢州》见中华书局标点本第七册第 2127 页。

关于邢窑白瓷的外销问题*

杨静荣

　　瓷器是中国的伟大发明之一，商代出现原始瓷以后，至东汉末年发明真正的瓷器，主要品种是青瓷和黑瓷。自东汉末年至魏晋时期，瓷器烧造中心在南方，是时北方尚无瓷器生产。北方生产瓷器是在北朝开始的，其品种主要是青瓷和白瓷，青瓷水平不亚于南方，白瓷则属初创阶段。到唐代瓷器生产遍布中国南北，南北方形成两大窑系，南青北白，相互竞争。南方越窑青瓷，北方邢窑白瓷，均是当时的名牌产品，以工艺规整，制作精良，领导着全国瓷器生产的潮流。

　　中国瓷器外销始于唐代，自唐以降的宋、元、明、清，瓷器源源不断地销往世界各地，随着贸易往来，中外文化交流的历史轨迹，便深深地烙印在土和火组成的艺术品中了。作为历史名窑之一的邢窑瓷器，也曾以美好使者的身份，完成了中外文化交流的历史使命。

　　谈到邢窑白瓷的外销，首先要声明一点，因为邢窑至今未作正式发掘，其产品的详细特征有待深入研究，而临近的定窑和河南巩县窑在唐代也生产白瓷，三个窑的白瓷容易弄混，国外出土的唐代白瓷又往往是三个窑混在一起，所以我们只能在此笼统的把它们列在一起。

　　根据目前已知的文献资料，国外出土唐代白瓷的，有如下一些国家和地区。

　　1. 日本：目前日本出土唐代白瓷的地方有京都、奈良、福冈、熊谷等十余处。伴随唐代白瓷出土的多是唐代越窑产品，如 1969 年从"奈良市平城京东三坊大路东侧沟，和越州窑青瓷一起，三片白瓷碗片伴随出土，其后，从各地遗迹中，和越州窑青瓷一起出土了这种白瓷。一九七〇年从京都市下京区七条唐桥西寺遗址出土达三十五片之多的白瓷，也是和十一片越州青瓷一起出土。"[①] "由于龟井明德氏的努力，以西日本为中心，从大约 20 处遗址中捡出这类白瓷。特别是 1975 年，从天禄四年（973 年）烧毁的奈良药师寺西僧房遗址中出土白瓷碗，虽然残破成二半，但可以复原为完整的器形，包含着决定其下限的资料，是重大的发现。一九七六年，在宫城县多贺城市的多贺城五万畸遗址中也有发现。"[②]

　　日本的考古发现说明，早在公元 973 年以前，唐代白瓷即已输入日本。其白瓷窑口在日本学术界

---

　　*《邢台历史经济论丛》，中国人事出版社，1994 年

有定窑、邢窑系、景德镇等说法。究竟属于哪个窑口，尚有待国内考古工作者的进一步努力。

2. 埃及：埃及的福斯塔特（Foseoe）遗址曾出土大批中国的陶瓷残片。福斯塔特遗址位于开罗的南部。公元641年，穆罕默德的继承人，第二任哈里发欧默尔派大将阿姆鲁攻埃及，642年攻陷开罗，由于亚历山大里亚主教的斡旋，埃及向阿拉伯人投降。阿姆鲁攻陷开罗后，在离其不远的地方兴建了福斯塔特城。福斯塔特意为"帐幕"，带有军营的意思，可见建城之初的性质。此后福斯塔特城不断发展，随伊斯兰帝国在埃及的巩固，这里成为地中海和北非的政治经济中心。1168年为抵抗第二次十字军的侵略而实行焦土政策，该城被焚毁。

在1912年，1964年和1966年考古工作者几次在这里发掘，出土陶瓷碎片五、六十万片，涉及唐代的有越窑青瓷、唐三彩和邢窑、定窑白瓷以及长沙窑瓷器。③

3. 阿曼：位于阿拉伯半岛东南部的阿曼苏丹国，是古代东西方海上交通的要道。80年代初，考古工作者发掘了位于阿曼首都，马斯喀特西北的苏哈尔古城遗址，出土了大批中国瓷片和残件，其中唐代的遗物有越窑青瓷、长沙窑釉下彩瓷、邢窑和定窑白瓷。④

4. 印尼：印度尼西亚发现的唐代陶瓷品种有越窑青瓷、长沙窑釉下彩瓷及邢窑和定窑白瓷，其中出土白瓷的地点是"中爪哇帝岩（Dieng）高地的八世纪首都和东三宝拢，巴厘（Semarang，Bali）与南西里伯斯（Co—lede）。"⑤

5. 伊朗：内沙布尔位于伊朗的东北部，这里曾是塔里尔和苏法尔朝的王都，美国首都博物馆曾三次发掘此遗址，出土中国唐代陶瓷有越窑青瓷钵残件、长沙窑壶钵残片和邢窑白瓷壶。⑥

6. 伊拉克：阿比尔塔是阿拔斯王朝都市遗址，该城毁于十世纪初。日本学者曾在此发现了唐代越窑青瓷和邢窑及定窑白瓷。⑦

7. 巴基斯坦："布拉·米纳巴（Brn，minabad）在印度河上游，七至十一世纪为商业中心，1020年（宋真宗天禧四年）毁于地震。发掘出土地震以前的遗物中有唐越窑青瓷、邢窑系白瓷、宋代青瓷。"⑧

以上7个国家和地区均出土有唐代白瓷，从其地理位置上讲，中国陶瓷当是从海路输送过去的。在出土的唐代白瓷中，其窑口是一个有待深入研究的问题。正如前文声明所讲，巩县窑、定窑、邢窑三个窑口产品极易搞混，李辉柄先生根据窑址调查资料，提出了定窑与邢窑的五点区别，⑨为辨别其窑口提供了线索。三上次男先生生前即口头表示过，他看了该文之后，过去定为邢窑的产品似应改为定窑。但是我们仍然看到许多确实属于邢窑的产品在古代港口遗址中出土。如扬州就出土了许多邢窑产品，其造型有碗、壶、托盘、盒、盏等，以碗、壶居多。⑩与其一起出土的唐代白瓷尚有巩县窑和定窑的产品。这些事实说明，邢窑产品确实远销海外。

综上所述，可得出几点结论：

1. 邢窑白瓷曾于唐代晚期开始销往海外，其外销路线是沿着海上的通道，远达日本，南亚、中亚、西亚、非洲各国。

2. 与邢窑同期外销的陶瓷主要是越窑青瓷、长沙窑釉下彩瓷和定窑、巩县窑白瓷。

3. 邢窑随着自身的衰落，至宋代外销中断，而被崛起的定窑代替。至于定窑是如何在商品竞争中后来居上，最终取代了邢窑的原因，则是可以深入研究的另一课题。

总之，邢窑白瓷以规整的造型、一丝不苟的质量，不但称雄于唐代瓷坛，而且将其融会于文化之中，沟通了中国和外国的友好交往，在历史上写下了光辉的一页。

（作者：故宫博物院助理研究员）

注　释

①② 日·矢部良明《日本出土的唐宋时代的陶瓷》，《中国古外销陶瓷研究资料》第三辑。

③⑥ 日·三上次男《陶瓷之路》，译文分别有文物出版社和天津人民出版社版及《中国古外销陶瓷研究资料》
版。

⑤ 苏莱曼《东南亚出土的中国外销陶瓷》，《中国古外销陶瓷研究资料》第一辑。

④ 李辉柄《中国——阿曼友谊的历史见证》，《外国史知识》1983 年 10 期。

⑦ 冯先铭《元以前我国瓷器行销亚洲的考察》，《文物》1981 年 6 期。

⑧ 李辉柄《定窑的历史以及与邢窑的关系》，《故宫博物院院刊》1983 年 3 期。

⑨ 周林《从扬州出土的陶瓷资料看唐代的贸易陶瓷》，《中国古代陶瓷的外销》1987 年福建晋江年会论文集。

青龙寺遗址出土"盈"字款珍贵白瓷器[*]

翟春玲　王长启

为了进一步发展中日两国人民之间的友谊及文化交流，1992 年两国有关部门在青龙寺遗址上修建仿唐建筑。同年 5 月处理地基时，在距地表约 1.2 米左右的唐代文化层中，发现了一个长约 9.1、宽约 4.5、深约 2—2.5 米的不规则形状的唐代灰坑。经过清理坑内堆积，发现其文化内涵相当丰富，出土了大量唐中晚期的瓷片（其中有极其珍贵的"盈"字款的白瓷器残片）、陶片，还有少量的建筑物构件、残砖、瓦块等。经过整理、复原研究，现报告如下。

一　出土器物

（一）瓷器

出土的大量瓷片中，以白色、黑色的为最多，茶叶末色、青绿色次之，灰色甚少。实用器中，可分为食具、水器、饮具等类。食具有碗、盘等，数量较大。水器有罐、瓶等，为当时寺院僧俗日常生活之用，有些可能用于洒扫、灌顶、剃度等宗教活动。经修复，共复原出 29 件器物。

1. 橄榄形青绿瓷罐　1 件。通体高 25 厘米，小盘口外侈，口径 8.8 厘米，短颈、大平底，底径 11.2 厘米。腹以上至肩有五道凹弦纹，罐的最大径在腹部。器外青绿色釉不及底，胎灰白色，部分有火烧红色。属河南一带窑烧制的产品（图一，2）。92XQH28。

2. 白瓷钵　1 件。通体高 8 厘米，敛口、圆唇，口径 10.8 厘米，圈足，足径 6、足高 0.6 厘米，深腹。内外施釉，外壁釉不及底。胎发灰，有白色化妆土。瓷质细腻较坚硬，造型美观大方。属唐代中晚期河南巩县窑烧制（图一，7）。92XQH32。

3. 白瓷执壶　1 件。通体高 20.1 厘米，喇叭口，圆唇外翻，口径 6.6 厘米，长颈、圆肩，颈肩相接处有二道弦纹，圆柱形短流，与流相对处有双条形曲柄，底径 6.9 厘米，假圈足。胎白，通体施白釉，质细腻，底部中央阴刻"盈"字，另外还有墨书"大中十三年三月十三日王八送来令毁政叙"18

* 《考古与文物》1997 年第 6 期

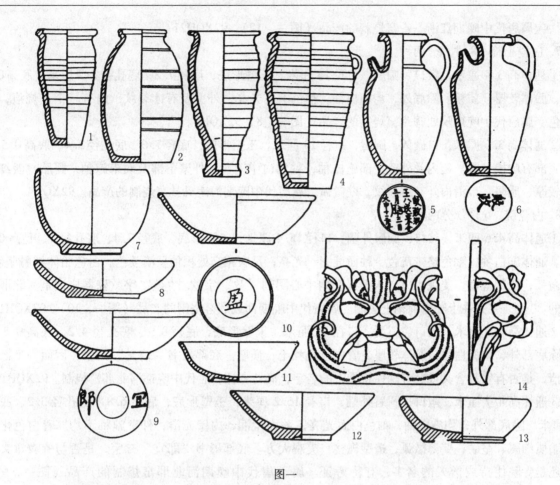

图一

1. 红陶罐　2. 青绿瓷罐　3. 灰陶罐　4. 红陶单耳罐　5. 白瓷执壶　6. 茶叶末釉执壶　7. 白瓷钵　8. 罐
州白瓷小碗　9. 邢窑白瓷碗　10. "盈"字款白瓷碗　11. 巩县白瓷小碗　12. 青绿釉小碗　13. 巩县白瓷
碗　14. 兽面陶板　　（1、2、4、6、11 为 1/7，3、5 为 4/21，7、8、9、10、12、13 为 2/7）

个字。"大中"是唐宣宗李忱的年号，"王八"应为人名，"毅政"似为居住青龙寺的住持或僧人，
"叙"似为收，这句话意思即：唐宣宗大中十三年（公元 859 年）三月十三日，主人让王八送给青龙
寺白瓷执壶等物，令毅政收。此造型美观大方，应属于唐代中期偏晚时河邢窑烧制的产品（图一，
5）。92XQ27。

　　4. 茶叶末釉执壶　1 件。通体高 26.7 厘米，喇叭口，圆唇外翻，口径 8.8 厘米，假圈足，底稍向
内凹，底径 10.5 厘米，双条形曲柄，与柄相对处置圆柱形短流。口沿内侧及壶外壁施茶叶末色釉不及
底。胎土白色，较粗，壁薄而坚硬，造型美观。底部墨书"毅政"二字。从其造型特点看，应属于唐
代中期（代宗）以后陕西耀州窑烧制的产品（图一，6）。92XQH26。

　　5. 黑瓷小碗　4 件。均内施黑釉，口沿及外部露胎，胎灰白色。侈口、圆唇、平底，壁厚微弧，
质粗，釉色不甚光亮。这种小碗在实际生活中可能作为灯具使用，应属于唐代中晚期陕西耀州窑烧制
的产品。通体高 3.3～4、口径 10～10.6、底径 5.2～5.6 厘米。92XQH13。

　　6. 青绿釉瓷小碗　2 件。通体高 4.5 厘米，敞口、圆唇，口径 14.2 厘米。玉璧形底，底径 5.6、
底高 0.6、底孔径 2.3 厘米。腹壁斜直，除底部外，均施青绿色釉。玉璧底外围一周有七个支烧痕，胎

灰色。应属唐代中晚期江浙一带窑烧制的产品（图一，12）。92XQH21。

7. 白瓷小碗　8件。分两种。

①通体高3.4厘米，敞口、圆唇，口径14厘米，玉璧形底，底径7.2、底孔径3.7厘米、底高0.4厘米。胎体较厚、质粗。除底外，均施白釉，釉色不甚光亮，外上壁有冰裂纹，内有三个点烧痕，胎土白色。属唐代中晚期陕西耀州窑烧制的产品（图一，8）92XQH1。

②通体高3.6厘米，口微敛，圆唇，口径13厘米，玉璧形底，底径7.6、底孔径3.4、底高0.5厘米，底部有削棱一圈。碗内及外壁上部施白釉，釉色白中闪黄，外壁下部及底未施釉，露胎，淡红色胎体较厚、质坚。口沿内外有冰裂纹，壁微弧。属唐代中晚期河南巩县窑烧制的产品。92XQH4。

8. 白瓷碗　6件。分两种。

①通体高4.6厘米，侈口，圆唇外翻，口径15.4厘米，玉璧形底，底径7.4、底孔径4、足高0.6厘米。通体施白釉，釉色略带灰色，釉面莹润、光亮，足腹相交处积釉呈淡兰色。白色胎体细腻坚硬，壁薄微弧，造型规整，美观大方。玉璧底孔内中心阴刻"盈"字款。"盈"字款瓷器应该是河北邢窑生产的。"盈"字是在上釉以前刻上去的。属唐代中晚期河北邢窑烧制的产品（图一，10）。92XQH19。

②通体高4.8厘米，敛口、刀唇，口径15厘米，玉璧形底，底径8.9、底孔径4.2、底高0.5厘米。除底部外，均施白釉，胎体较厚，着白色化妆土，质坚。底部墨书"信义"二字，后面一字已模糊不清，是否有宗教含义或是寺院住持僧人的名字，尚待考证。唐代中晚期河北邢窑烧制。92XQH19。

③通体高4.7厘米，敞口，圆唇外翻，口径16.2厘米，玉璧形底，底径6.8、底孔径3.2、底高0.3厘米。除底部外，均施白釉，釉色白而光亮，釉面莹润，内壁光滑，外壁施釉不均。着白色化妆土，胎质细腻、坚硬，壁薄微弧，造型规整，美观大方。底部墨书"郎宜"二字，是否与佛教意义有关，还是寺院住持或僧人的名字，有待考证。属于唐代中晚期河北邢窑烧制的产品（图一，9）。92XQH18。

④通体高4.2厘米，口微敛，圆唇，口径13厘米，假圈足，平底略向内凹，底径7.8、底高0.5厘米。内壁及外壁上部施釉白中闪黄，有流釉的泪痕。外壁腹部未施釉，着白色化妆土，腹部以及足部露胎。施釉部分有冰裂纹，釉面莹润，釉色光亮。足边有削棱一圈。红色胎体较厚，坚硬，底部有明显轮磨的痕迹。造型浑厚，端庄凝重。属唐代中期河南巩县窑烧制的产品（图一，13）。92XQH10。

9. 白瓷大碗　3件。通体高7.5厘米，敞口、圆唇，口径23.4厘米，圈足外撇，足径11.6、足高0.7厘米。除足底外，均施白釉，釉色白中闪黄，不甚光亮。着白色化妆土。壁厚微弧，白色胎体，质细腻坚硬。属唐代晚期河南巩县窑烧制的产品（图一，11）。92XQH24。

10. 灰色花瓣口碗　1件。通体高4.8厘米，敞口，刀唇，口径15厘米，玉璧形底，底径7.2、底孔径3.6、底高0.4厘米。除碗底外，均施釉，施釉处有冰裂纹，未施釉处呈深灰色。底部有明显轮磨的痕迹。碗壁呈五个花瓣形，每两个花瓣之间在内壁呈一条凸起的棱，在口沿部呈缺口状。灰色胎体，着白色化妆土，质细腻坚硬，壁薄微弧。造型规整，美观大方。属唐代中晚期河南一带窑烧制的产品。92XQH20。

（二）陶器

青龙寺遗址出土的陶片，绝大部分是泥质红陶片和泥质灰陶片，夹砂红陶片和夹砂灰陶片次之，三彩陶片甚少。从器形分析，大部分为日常生活用具，可能也有一部分属于佛教用具。

日常生活器中，可分为食具、水器等。食具有碗、盘等，为当时居住寺院的僧侣日常生活之用，数量较大。水器有罐、盆、瓮、瓶等，为当时寺院汲水、运水、储水之用。

出土的陶片数量较多，但绝大部分已不能复原，经过再三努力，仅复原出3件器物。

1. 泥质红陶罐1件，通体高21.5厘米，盘口，宽沿平唇稍向内敛，口径12.4厘米，小平底，底径5.8厘米。罐的最大径在肩部，腹部以上至肩部有弦纹十道。陶质细腻，壁薄，造型优美，制作精细（图一，1）。92XQH29。

2. 泥质灰陶罐1件，通体高20.5厘米，侈口，平唇，宽沿，口径9.8厘米，小平底，底径5厘米，通体饰螺旋纹。罐的最大径在肩部，由肩向下缩小，至底部时向外扩出。陶质细腻，罐壁较厚（图一，3）。92QXH30。

3. 泥质红陶单耳罐1件，通体高29厘米，盘口，宽沿，平唇稍向内敛，口径16.7厘米，平底，底中心稍向内凹，底径9.8厘米，罐的最大径在肩部。肩部有扁带形小耳一个，耳背上有一凹槽。下腹以上至颈部，饰有螺旋纹（图一，4）。92XQH31。

（三）建筑构件

1. 砖，有长方砖和方砖二类，均无完整者。

①长方砖，均为青灰色，烧制火候很高，质地较细且坚硬，正面为粗绳纹，背面有手印纹。一般长34.5、宽15.7、厚6.5厘米。

②方砖，正面多饰有莲花纹，四周有一圈连珠纹，也有素面方砖，均为青灰色。一般边长31.5、厚5厘米。

2. 瓦，数量不多，无完整者。分为板瓦和筒瓦二类。

①板瓦，表面青灰色，素面，凹面印有布纹，平面略呈梯形。从瓦头的形状看，还有一种瓦的大端呈双唇，数量不多，即《营造法式》中所谓的"华头重唇"瓦，是用于檐头的。

②筒瓦，表面青灰色或黑色，青灰色筒瓦表面未经打磨，凹面印有布纹，黑色筒瓦打磨光平。

3. 瓦当，数量不多，未见完整者。按其纹饰，可分为莲花纹瓦当和兽面纹瓦当两种。

①莲花纹瓦当，当面纹饰主要以莲花纹为主，边轮内有一圈联珠纹。莲花纹呈两瓣一组的双瓣形，双瓣粗短，凸起较高，排列较密，近似椭圆形，属晚唐时期的遗物。一般直径为14.5厘米。

②兽面纹瓦当，当面纹饰主要以兽面纹为主。兽面呈高浮雕状，边轮内有一圈联珠纹，纹饰似为狮面纹，狮面及须毛均清楚可见，属中晚唐时期的遗物。一般直径为14厘米。

3. 兽面建筑材料，共发现三块，经复原为2件。兽面是唐代佛教寺庙建筑物上特有的装饰，它可能置于寺庙殿堂屋脊的两端或被装饰于殿堂四角的角梁头上，被称作浮雕陶版（见杨鸿勋先生《唐长安青龙寺真言密宗殿堂（遗址四）复原研究》一文）。在日本奈良时期的寺庙遗址中也出土过，被称作"鬼头瓦"，其兽面形象采用高浮雕与透雕相结合的手法，雕成凸凹狰狞的兽面，大概与佛教故事中的天王、夜叉类有关。

①兽面浮雕陶板，灰色，高22、宽20.2厘米，双目圆睁下视，方鼻，鼻高8.5厘米，两颗獠牙外露部分长3.9厘米，面目狰狞可怕（图一，14）。92XQH33。

②兽面浮雕陶板,灰色,眼部以上已残缺,残高19、宽18.5厘米。舌形鼻上翘,鼻高10厘米,獠牙外露,外露部分已残缺,面目狰狞可怕。92XQH34。

二　结　语

(一) 青龙寺遗址位于今西安市东南郊铁炉庙村以北的乐游原上,即唐代长安城延兴门内新昌坊之东南隅。它始建于隋文帝开皇三年(公元583年)。据《法朗传》记载:"文帝移都,多据城中陵园,墓徙葬郊野而置此寺,故名灵感寺。"唐初一度被废弃。宋《高僧传》记载,龙朔二年(公元662年),城阳公主病笃,因姑苏僧法朗诵《观音经》,公主病愈,因复立为寺,改称观音寺。至景云二年(公元711年)改名为青龙寺。会昌五年(公元845年)武宗灭佛时,寺院再度被废,收为皇家内苑。翌年五月,宣帝准奏予以恢复,改名护国寺,但不久就恢复了青龙寺原名。北宋时青龙寺仍然存在,《宋史·扶桑略记》记载,日僧奝然来华时,日本政府还牒青龙寺,请其将护。元祐元年(公元1086年)张礼在《游城南记》中还有关于青龙寺的记载,可见其废毁当在元祐元年之后。

青龙寺也是唐代长安城中的名寺之一,为佛教密宗的主道场,以教学和发扬密宗而得名。自天宝以后至中唐,达到极盛时期,其影响远远超出了唐朝国域之外。来此求法的除国内各地的僧侣外,还有日本、新罗、爪哇等国的僧侣。尤其是日本佛教史上著名的"入唐八家",其中的六家到长安后,曾先后在青龙寺受法。惠果阿阇梨主持青龙寺,历经代宗、德宗、顺宗三朝,被誉为三朝国师。惠果圆寂后,其弟子义操主持青龙寺,又历经顺宗、宪宗、穆宗三朝,被誉为三朝灌顶国师。裴庭裕《东观奏记》记载:"上(宣帝)至孝,动遵元和故事,以宪宗曾幸青龙寺,命复道开便门至青龙寺佛宫。"

(二) 在出土的大量瓷片中,以茶具残片引人注目,主要有注茶的执壶,盛茶的茶碗等。唐代寺院饮茶甚盛,在日本僧人圆仁的《入唐求法巡礼行记》中有许多记载。佛教传入中国以后,中国丛林制度中就有了以茶礼佛的规定。在密教的曼陀罗坛场中有供养茶汤活动,在其它寺院活动中,茶汤也有它的重要的作用。近年的考古发现中,如扶风法门寺地宫、西安西明寺遗址、实际寺遗址中都出土过一定数量的茶具,有些还极为精美。青龙寺遗址出土的茶具多数比较普通,当为一般佛事活动及一般僧俗日常生活所用。

(三) 出土的瓷器有邢窑、巩县窑、耀州窑等的产品,这些窑根据文献记载与考古发掘,对其内涵已有了进一步的认识。唐代制瓷业有了长足的发展,北方最著名的是白瓷,邢窑是具有代表性的窑口。唐李肇《国史补》记载:"内丘白瓷瓯,端溪紫石砚,天下无贵贱通用之。"河北内丘白瓷指的就是邢窑瓷,可见邢窑生产规模之大。在陆羽的《茶经》中评价各地的瓷器时,也提到邢窑白瓷,以越窑青瓷与邢窑白瓷相提并论。皮日休在《茶瓯诗》中也把邢窑再三称赞。考古发掘证实了邢窑在河北省内丘县祁村,此窑烧造的瓷器瓷化程度好,胎洁白度很高,釉的白度也高,釉厚处闪青色,品种主要有白瓷壶、碗、小瓷塑玩具等。还曾为皇宫烧造过贡品。《新唐书》卷廿九记载:"邢州巨鹿郡,本襄国郡,天宝元年更名,土贡丝布、磁器……"又如《大唐六典》卷三载:"河北道贡……邢州瓷器。"这些资料证实,当时的邢窑瓷器为上等品,运往长安城,供皇家使用。

巩县窑也是在唐代发展起来的白瓷窑,始于初唐,盛唐时期生产比较兴旺,到天宝以后逐渐衰落。

生产品种以碗、盘为主，还有壶、瓶、罐等。在《国史补》、《新唐书》和《元和郡县图志》等文献中均记载有当时河南地区烧制白瓷的盛况。同时也给皇宫烧造贡品。

　　黄堡窑创烧于唐代，以白瓷、黑瓷为主，兼烧少量的青瓷，品种有碗、盘、盒、灯、盆、壶、罐、鼓等多种，以后各代继续烧造。黄堡窑也称耀州窑，距城都长安较近，长安城内的日用瓷器，多数为耀州窑的产品。这一点在考古发掘中已得到证实。

　　唐代瓷器造型有共同的时代特证。其一，品种多，社会各阶层在日常生活中均使用瓷器。特别是上层社会，包括皇家贵族。当然，他们使用的瓷器是高档品。其二，造型浑圆饱满，精巧而有气魄。各类器物有其本身演变特征。上述的执壶，敞口、短颈、短流，与流对应的一边安着曲柄，平底，应属于唐代以后时期。碗有玉璧形底与圈足，应属于唐代中期与晚期。另外从大型陶盆、陶罐的残片，以及兽面建筑物构件的造型特征等方面分析，这批出土器物应属于唐代中晚期的遗物，其时代上限可能在中唐末、晚唐初，下限至唐末。

　　（四）关于"盈"字款的瓷器，前几年已有出土，如河北内丘城关地区窑址出土十多件带有"盈"字款的白瓷残器；西安北郊大明宫遗址。出土"盈"字款白瓷碗。从这些出土带"盈"字款的瓷器的胎、釉、造型及制作工艺等方面看，结合文献记载，带"盈"字款的瓷器应属于河北邢窑瓷器无疑。

　　关于邢窑白瓷器的"盈"字，陆明华先生在《邢窑"盈"字及定窑"易"字考》一文中已经阐明。邢窑的白瓷，史料记载曾进贡唐代宫廷，供皇家使用，其中包括带"盈"字款的白瓷器。瓷器上的"盈"字，应与皇宫大明宫内的"大盈库"有关。大盈库在《新唐书》、《旧唐书》中均有记载，并在玄宗、肃宗时称为"百宝大盈库"。在当时，大盈库是皇宫内最大的、储存财富最多的宝库。大盈库的东西只能由皇帝一人支配、使用。邢窑烧制的带"盈"字款的瓷器就是专为皇宫内大盈库烧制的贡器。

　　综上所述，青龙寺出土的这批白瓷器，特别是带"款"字的白瓷器，很可能是皇帝赠送给青龙寺的一批原大盈库储存的器物。

绘图：王志宏　　摄影：翟春玲
（作者单位：陕西省西安市文物保护考古研究所）

近卅年来邢定二窑研究记略[*]

叶喆民

一 考察窑址的新收获与再认识

1. 邢窑窑址的发现及其烧制的品种

邢窑是我国陶瓷史上名烁古今、蜚声中外的重要窑场，也是多年悬而未决的一个疑难问题。对于它，尽管唐人李肇《国史补》中即已明确指出在内丘[①]，但是长期未能发现。五十年代初先师陈万里先生曾去河北内丘磁窑沟一带寻觅，虽未找见而发其嚆矢，并有专文发表[②]。七十年代著者也曾到河北临城南程村、射兽村作过初步考察，因时间所限未能继续向北再行勘探，只获得宋金时期仿定的瓷片败兴而返。1980 年春河北临城轻工局为恢复"邢瓷"的制作，派人来家访问有关窑址调查的经过和方法，终于在彼此通力合作下在北河一带发现了唐代白瓷残片。特别是祁村、双井附近所出精品堪当"类雪"、"类银"的美誉，一时轰动中外，并有不少文章陆续发表。多认为此处即是唐代邢窑的主要产地，甚至因此否定李肇的说法。当时著者却在《邢窑刍议》与《再论邢窑》[③]两篇论文内提出"其上很有可能早到隋代"，"如文献所说，内丘磁窑沟恐仍是邢窑的主要遗址。是否内丘邢窑的古窑址，由于地貌的变迁，已被埋没也未可知。"等不同的见解。果然到 1984 年，河北内丘文化馆又在前人研究的基础上多方调查，先后于老唐城和磁窑沟附近发现了 17 处隋唐窑址，证实了《国史补》所谓"内丘白瓷瓯"的记载，既有大量的隋代白瓷、青瓷，又有精美多样的唐代白瓷与唐三彩陶器，甚且还有一些透影的白瓷残器。[④]无论从历史文献来看，或从陶瓷品种和烧制水平来说，内丘邢窑的发现不仅是继临城之后的又一里程碑，并且正是它的主体所在之地。

从目前出土的内丘窑器及残片来看，所烧品种有青瓷、白瓷、黑、黄、赭、青灰釉和三彩釉等。其中唐三彩与青灰釉两个品种在临城窑内尚未见过。尤其白瓷胎釉细腻，造型丰美，较之临城制品更

* 《文物春秋》1997 年增刊

胜一筹。至于两县所出唐代刻划花白瓷虽然不多，但制作精致（如划花壶、盘筹），造型、花纹似仿唐代金银器，可见当时技巧和风尚之一斑。

内丘文化馆藏有两件唐代白瓷残罐，胎釉莹白无与伦比，可称光润如玉、皎洁似雪。另有几片透影白瓷，迎光透视手影清晰可辨，更为号称唐代白瓷之冠的"邢瓷"研究提供了新的物证。证实了早在公元851年（唐大中五年）阿拉伯队商苏林曼（Suleinman）笔记和清人蓝浦《匋录》关于唐初"陶窑"、"霍窑"记载的真实性及可能性，同时也为1982年巩县夹津口窖藏出土的唐代透影白瓷杯找到归宿，而更重要的是具体说明我国烧成透影性的白瓷，比已知的影青瓷又提早了数百年。这是值得我们自豪的⑤。

此外，带有"盈"字款的唐代白瓷碗底残片在内丘老唐城窑址多有出土。过去这类器物偶有所见，因不明其出处而有人误以为是定窑制品，但在曲阳和临城窑址内一无所获。这一发现为陕西长安大明宫遗址所出"盈"字款器物与上海博物馆所藏"盈"字款白瓷盒的窑口找到了确切的地点。

另一可喜的发现，是大量唐三彩陶器的出土。所见人俑、马俑、碗、罐残器及印模甚多，形态逼真、花纹精美。尤其是胎质缜密，釉光莹润，绿色有如嫩柳新荷，格外显得淡雅宜人。只是未见蓝彩，仅有绿、黄、赭三色，更未看到黑彩、金彩之物。这一点与河南巩县所出唐三彩略有不同。它在邢窑的出现，既填补了河北唐代陶瓷史的一段空白，也可证知邢窑品种的丰富多彩，以及当时人民生活中对三彩陶器的广泛需要情况。从而对于国内外遗址所出唐三彩器物的研究，是否也应考虑到邢窑产品？似乎还值得再作进一步的探讨。

2. 邢窑白瓷的造型、装饰与烧制工艺

综观内丘、临城两地出土的邢窑瓷器和残片，多是壶、碗、盘、罐、盆、钵之类的日用器皿，以及小型雕塑如骑马俑、鸟食罐等。而以内丘白瓷造型尤为富于变化。所见如"碗"，有直口深腹碗、撇口折腰碗，"杯"有唇口硕腹把杯、花口敛腹把杯，"盘"有大小高足或梯形足之分，以及花钮丰肩盖罐和盘口幡腹唾盂等。其中以高足白瓷盘与花钮盖罐较为别致。这些器形与历来所见其它唐宋窑址产品大同小异，而且精粗俱备、良莠不齐，因其品质优劣、价格高低的不同，足以想见李肇所谓"天下无贵贱通用之"的评语是恰如其分的。

关于邢瓷的装饰多朴素无纹，只有个别划花之物。虽然比起同时享名于世的越窑青瓷之多有纹饰来说，似乎略有逊色，但是自其时代风尚与烧制技术而言，青瓷出现较早而白瓷的烧成条件显然要求更高。隋代成熟的白瓷始见于邢窑，而唐代邢瓷又以白胜霜雪的洁净色调和朴素大方的典雅作风见长，体现了人们重视清白无瑕、朴素无华的高尚情操。

过去中外文献谈及白瓷使用化妆土者，一般多认为是从邢窑开始。实际上根据著者四次赴窑址考察对比的结果并不尽然。例如临城岗头、澄底一带所出玉璧形底足的中、晚唐白瓷，因其胎质粗灰多施加化妆土，因土之有、无、厚、薄而使釉呈现闪黄、闪灰的白色，有的恰似所谓"类银"的银白色。至于祁村、双井一带所出白瓷精品，则因胎质细白，未见有化妆现象。其白度较诸近代白瓷而无逊色，堪称"类雪"。故此进一步体会陆羽《茶经》将邢瓷比拟为雪与银的用词十分真切，令人心服。

十年前北京科研部门曾对故宫博物院传世的隋代白瓷，与著者自山西浑源县古磁窑村窑址所得唐代白瓷作过检测，得知前者为60.5℃，后者为61.8℃。以后又请邯郸陶瓷研究所对临城所出白瓷作过测试，肯定不低于70℃。最近上海硅酸盐研究所也对邢瓷作了成分化验，其中铁（Fe_2O_3）和钛

（TiO$_2$）的总含量约为1%，含量之低仅次于明清时期以莹白如玉著称的德化白瓷，比同时期的定窑及巩县窑白瓷均低。并确认其白度已超过70°C，约相当于清初时期的白瓷水平，可见其技术成就不同于一般了[⑥]。可惜当时缺乏内丘所出精品与透明白瓷标本，而无法测知其白度和成分，相信其技术成就尚不止如此。

在烧制工艺方面，由于迄今未对邢窑遗址进行正式发掘，故未能见其窑址结构和更多的遗物。仅就地而所有大量白瓷来观察，多在玉璧形底足外墙边缘斜削一圈，即所谓的"削棱足"。而此种作法早在隋代青瓷、白瓷的平实底足部已经出现，唐代白瓷几乎很少例外（只有"盈"字款底足例外）。而透影白瓷底足则是在底内墙向外斜削一圈，以致圈足外撇，似属不同作法。此等细微而明显的区别，是否因品类之不同或厂家之同？尚有待将来正式发掘后再作大量器物的排比和研讨。

地面所见两县使用的匣钵也是大同小异。内丘窑匣钵呈直口，而临城窑所用则为浅唇口而略有弧度，有的还在匣钵外部挂些青色粗灰釉，双井所出有的在钵底划一"×"形标志，与其某些白瓷精品底足所划记号相符。

两窑所用支烧工具，内丘出土有三角形垫饼及花形（呈三角、四角、五角）支钉等数种，而临城所出则只见三角垫饼或支钉，且未有四、五角者。这些同当地所烧陶瓷品种的多寡是一致的。另有简形匣钵，用来叠装数件较粗碗盘或大型器物，因此器内多留存三点支烧痕迹，器外挂釉均不到底足。而精制者则单件装入小型匣钵，碗盘内并无支烧痕迹，而且外部挂釉直到足墙和底心，也说明其精工细作的程度和优劣有别的作法。

3. 定窑窑址和墓葬出土的新品种及其新工艺

定窑号称"五大名窑"之一，唐宋以来传世器物颇为可观，精品也不在少数。然而多以白釉、黑釉、赭釉（所谓"白定"、"黑定"、"紫定"）为主，窑址一向渺不可寻。自1934年先父叶麟趾教授《古今中外陶瓷汇编》问世，指出窑址在河北曲阳之后，中外考古人士相继前往探访。在大家共同协力下陆续不断发现一些新品种，如绿釉、白地剔绘黄花、豆青地剔白花、褐釉划花、黑地白花，以及白地绘黑釉花等残片。最近又在窑址发掘出里外印花白瓷残片及美人卧式枕，精巧异常，使人一新耳目。又如十数年前在黑龙江奈曼旗地方辽大康元年萧德温墓内，曾发现一件："紫定"碗，釉色近似紫葡萄，莹澈夺目，艳丽异常，与普通所称"紫定"者迥乎不同。正如项子京《历代名瓷图谱》所谓"烂紫晶澈如熟葡萄"或"紫若茄苞"，堪称绝品。这些新奇品种不仅弥补了我们认识上的缺欠，而且具体说明定窑产品的丰富多样、名不虚传。

关于"紫定"与"红定"的概念，在文物界一向混淆不清，一般多是指赭色釉（俗称"酱釉"）的定瓷而言。但若仔细玩味，紫与红色是有所不同的。看到上述这件"紫定"碗后尤其发人深思。由此想起苏东坡在咏定瓷诗中有一名句"潞公煎茶学西蜀，定州花瓷琢红玉"[⑦]，历来为人们引用不辍，多用以形容"红定"或"紫定"瓷器之美。然而在明人高濂《燕闲清赏笺》内却刻成"定州花瓷琢如玉"，[⑧]易"红"为"如"，虽是一字之差，意义却有不同。附带提及，聊备参酌。

过去人们对于定窑的烧制工艺多注意其早期"正烧"与后期"覆烧"的特点，很少了解其间尚有一个"挂烧"的阶段。现经窑址调查表明，挂口正烧也是它的一种烧成方法。此类器皿在国内外不乏其例，故宫也有藏品可为明证。因此对陆游《老学庵笔记》中所说"定器有芒"的理解，除指的大量"覆烧"定瓷外，似应包括这类口边外一圈无釉的"挂烧"制品。

数年前有人在涧磁村窑址附近发现一件完整的印模，内刻隶书"泰和丙寅岁，辛丑月，二十四日画张记"，外刻荷花；菊花、海棠、牡丹等六面花纹。它的出现不但反映了当时流行的装饰，可以作为断代决疑的重要依据，同时也是否定某些所谓"金人入侵而停烧"等无稽之谈的历史见证。

至于刻有"官"、"新官"、"尚食局"、"尚衣局"、"五王府"等底款的残器在窑址也有出土，与传世品相吻合，进一步说明某些产品的属性。而近些年国外发现的"定州公用"印字定瓷盘，以及上海博物馆所藏"长寿酒"书矾红字定瓷杯等，均说明在大量刻字器物外，尚有印字、写字之物，更是定窑中罕见之物。

4. 定窑窑炉结构与原料的分析

1961 年河北省文物工作队开始对定窑窑址试掘时，曾发现一处五代残窑[⑨]。1982 年又在北镇村发现两座五代残窑。两者对比，其结构尺寸大体相同。后者残体全长 1.90 米、宽 2.15 米、深 1.40 米。平面呈马蹄形，半径约 1 米、上面有一方孔，孔高 0.33、宽 0.50 米。窑炉中，后部皆不存"。[⑩]此种窑炉同宋代的馒头窑相比，在结构上并无很大差别。根据山东淄博、陕西铜川、四川重庆等地发掘的宋窑结构中已有炉栅的情况看来，定窑宋代窑炉也可能同样如此构造。

在 1961 年的发掘报告中还记载有曲阳晚唐定窑残址结构，窑床平面长 2.2、宽 2.6 米，近于方形，而且前高后低呈 10℃坡度。燃烧室甚深，竟达 1.6 米。烟囱也很宽大，烧柴，估计烧成温度颇高。联想着者当年考察邢窑澄底村五代窑址时，只见残壁而不见窑形。据此推断当不例外。

定窑所用燃料，据上述发掘报告说"距地表 1.90 米始现块状木炭、灰层，厚度 0.1 米"。联系宋初始见普遍使用煤烧窑的情况，可知五代以前仍用木炭。然而并非绝对如此。例如：据当地人告知，"此地唐代时就产煤，燃料以煤为主"。由于煤点烧较慢而热值高，因此灰坑既大且深，可以加强自然通风助烧，提高窑温，使瓷烧结良好。用氧化焰烧成，温度可达 1100℃ 以上。另据《曲阳县志》（顺治三年本）卷六"山川古迹考"记载："西去灵山十里（现曲阳灵山镇，今日所用瓷土仍多取自此处），上多煤井、下为涧磁村，宋以上有窑，今废"。但又说"灵山窑厂采柴人一百六十二名，其银肆百捌拾柒两。雨无脚价。"由此可见古代定窑既有烧煤者也有烧柴者，这种情况证诸其它名窑如钧窑、汝窑等亦然。而且历来如此，至今仍不例外，故难一概而论。

关于定窑白瓷的化学组成，据有关方面测试结果，主要特征是：

a 历代定窑白瓷胎的铝（Al_2O_3）含量都非常高。而硅（SiO_2）含量较低，其含量居于唐邢窑与巩县窑白瓷之间。（邢瓷胎含硅 59.98%—67.64%，定瓷含 59.79%—59.82%，巩瓷含 52.75%—53.14%）

b 唐至北宋的白瓷胎均表现出钛（TiO_2），高铁（Fe_2O_3）低的规律。但北宋晚期以后铁含量增高，因而质量下降。而唐代白瓷是在还原气氛下烧成。

c 历代定窑白瓷钙（CaO）含量在 5% 左右，镁（MgO）、钾（K_2O）含量在 2% 左右，属白云石质釉。因此在胎中铝含量很高而膨胀系数偏大的情况下也很少龟裂，并且历来很少变化"。

上述科学分析的数据，结合实物和鉴定经验看来亦颇为一致。例如：窑址瓷片及窑具堆积如高丘者 13 处，面积之大为南北窑址所罕见。虽瓷片山积且历千年而坚固如昔，釉面光润极少开片。又因唐宋烧成气氛不同而形成五代前白中闪青，北宋后白中闪黄的特征，迄今仍作为文物界鉴别定瓷时代先后的重要依据。这一点也是不谋而合的。

5. 定窑造型艺术的变化万千和花纹装饰的丰富多彩

早年传世的定窑瓷器，多为盘、碗、罐、盒、壶、枕、瓶之类。通过窑址调查和发掘得知，这些器物唐时已有，到五代时器形逐渐变化。仅以"碗"一项而言，在同一地层内即有八种样式之多。到了宋代更增加一些象生器物，如海螺、泅龟、人物及动物雕塑等。而且造型愈加精巧多样，例如："瓶"有梅瓶、净瓶（又名"军持"）、长颈瓶、葫芦瓶、卷口瓶、灯笼瓶等，"枕"有长方形枕、椭圆形枕、如意形枕、银锭形枕、梅花形枕、桃形枕、孩儿枕、美人枕、狮子枕、镂空枕等，"碗"有直口碗、唇口碗、敛口碗、撇口碗、花口碗、折腰碗、斗笠碗、浅式碗、平底碗、大海碗等。可称是洋洋大观，变化空前。金、元时期仍有一些精美碗、盘之类，但为时不久，产量渐少。如瓶类则多为白釉牛腿式瓶，或黑釉鸡腿式瓶等辽、金特有的造型而已。

仅以著者四次考察定窑及平时所见，除上述器形外，较为特殊的其它造型尚有：柳斗杯、莲形罐、鹦鹉壶、柿形盒、鱼篓尊、二系盖壶、五足香薰、桃式八杯壶，以及龙首水注、人骑凤水注、佛像、老人、香炉、灯台、匜、豆等不胜枚举。在装烧工艺上，"覆烧法"的出现使盘、碗一类圆器克服了变形的缺点，因而生产出大批规格相同、工艺高超的制品。例如：有的平底大盘口边仅厚1.5毫米，另一云龙纹大海碗，口径达260毫米而厚度仅有2毫米，可称技术精湛、出类拔萃之作。同时已有镶口工艺问世，以金、银、铜包镶口边，既美观大方又解决了"定器有芒"的缺点。而此种包镶技术天衣无缝，不见接口，即使在今日亦非一般技工所能胜任。可惜十年前问及当地工厂，据称已经失传。但不知最近是否已能制作？由此可见当年手工精绝之一斑。

定窑的装饰以刻花、划花、印花为代表，不仅风靡当时而且影响后世，至今犹称典范。有的运用单线、双线或多线的刻划方法，挥划自如、简练生动，表现出各种生物的自然形态；有的则使用轮制印花的技巧。清晰规整、虚实相间，别有一种庄重大方的意趣。如常见的缠枝菊花、缠枝莲花、水波游鱼、龙翔庆云、凤穿牡丹、婴儿玩花、犀牛望月、狮子滚绣球等纹饰，既能写实且富于幻想，使严谨的构图异常华缛而无繁琐之感。例如定州市博物馆所藏的一件："镂空瓷枕"，枕面印罂儿卷草纹，枕座四周为浮雕婴戏花纹，其余空间透雕，格外显得玲珑剔透、栩栩如生。

使用金彩也是一种定窑名品，在传世器物中偶有所见，华丽异常。宋人周密在《志雅堂杂钞》及《癸辛杂识》中曾有"金花定碗用大蒜汁调金描画，然后再入窑烧，永不复脱"的记载。但是有人作过试验并未成功，可能当时尚有秘法未曾传留下来。此外，在明人许次纾《茶疏》一文内记载说："茶瓯，古取定窑兔毛花者，亦斗碾茶之用宜耳"。结合窑址所得黑瓷残片看来，偶然在局部出现一些"兔毫"或"油滴"现象，尚未见有密布全身的完整器物。而在旧小说里还会看到有所谓"定窑窑变金丝罐"[12]的记述，联系黄山谷咏"建盏"诗中"兔褐金丝宝碗"的语句[13]，想必是指的同样之物。这些品种和技法虽非定窑装饰的主流，然而也是值得在全面探讨定窑时认真参考的。

二　邢、定二窑与磁州窑的比较研究

1. 邢、定、磁三窑白瓷的异同及其工艺的联系。

如前所述，邢窑白瓷流芳百世。其中尤以内丘所出大量隋、唐白瓷（包括透影白瓷）成就空前而昙花一现。临城制品则历史悠长且种类繁多，除青瓷、白瓷外，尚有宋（金）元时期的印花白瓷、白地黑花，以及黑釉、黄釉和个别钧釉器物，甚至在窑址附近还出土有少量晚清制品，并且见于文献记载[14]。

定窑白瓷在唐代制品中虽稍逊邢窑一筹，难免受其影响，但是发展到宋代后来居上，以刻、印花白瓷驰誉古今。对于邢窑（如临城射兽、山下、南程等窑）同期产品在技法上也有所反馈。

与邢、定二窑毗邻并存的河北另一名窑——磁州窑异军突起，受邢窑化妆土白瓷的启发而有所创新，在增加白度的作用之外进一步加工，以其白地绘黑花、白地剔划花等娴熟技巧独步当世，并且转而影响于宋金时期邢、定二窑的装饰方法。由此可知这鼎足三分的河北三大窑系，既有其独自发展的历史进程，也有着互相依存的横向关系。可以说随同时代演变、窑业兴衰而彼此模仿，各有主流也有分支，千余年来此伏彼起，基本上均未断烧造瓷器。尤其是三窑在地理位置和地质结构上十分接近，北自曲阳、内丘、临城，南至磁县、安阳、修武一带的太行山东麓地区，所用瓷土基本相同[15]。加以工艺技法与窑炉结构又如此相近，因而在传世品和出土器物中难免容易混淆不清。根据个人多年观察与对比的认识，其主要特征约有以下数端。

a. 以邢窑白瓷为例，隋代碗多是直口、深腹、平底、小足，胎质较粗而施半截釉，加有化妆土。白釉微泛灰青或灰黄色（内丘出土残器中有纯白而胎质较细者），釉质薄而透明度高，且有细小开片，有的还在口边或腹部垂釉处出现青绿色的聚釉。而定窑则迄今未发现隋代之物，其唐代白瓷中的精细制品虽堪与邢窑媲美，然若仔细对比仍有区别。例如：此种底足的细微不同，对比当时北方其它白瓷，如河南巩县、密县窑同类器皿来看，也大体可以一目了然。而且后两窑白瓷多挂半釉，即使满釉也很少挂到足墙者，更不会见有底心挂釉之物，大多属厚胎薄釉而有细小的龟裂片纹。至于定窑细白瓷虽然亦无龟裂的缺点，但如细看其釉层较薄，且不均匀而有粗涩之感。与邢窑精品相比显然莹润不足，聚釉现象比较严重。此种聚釉出现到宋代定瓷上面则形成所谓"泪痕"的特征。

	直径	足宽	凹心	足高
邢窑细白瓷玉璧底	72	15×2	42	内：4 外：6
定窑细白瓷玉璧底	70	16×2	38	内：2 外：4

（单位：毫米）

前面曾提到邢窑隋唐青瓷、白瓷底部无论平实足或玉璧底外缘多斜削一圈，即所谓"削棱足"。此种作法在定窑中、晚唐及五代粗白瓷内虽亦出现，但多是镟削草率、凹凸不平，且挂釉不到底足，底心露胎，釉泛清白，与同期的邢窑粗白瓷大致相似。

b. 北宋以后邢、定两窑白瓷内外多施满釉，窄圈足。邢窑仍以光素无纹为主，定窑则以刻、划、印花纹饰取胜。前者胎质粗灰仍需薄施化妆土，釉色泛灰黄，有的则施半釉，外部不加化妆土而呈青灰色。后者胎质细白，不需施加化妆土，而以"芒口""泪痕"为其特征。

c. 金代邢、定两窑印花白瓷纹饰多有相近之瓶，但胎质、釉色截然不同。大抵是邢窑胎质粗灰，釉色晦暗，且多细小开片，花纹也较简单、模糊，只见有印花一种技法，较之定窑制品显然大有逊色。

至于宋金以后邢、定两窑的黑釉、绛釉瓷器，在胎釉方面同样如此泾渭分明，比较容易区分。仅有少数精致器物单凭釉质、釉色和造型不免陷入困惑之境，惟有从其胎质、胎色上加以辨别。

d. 著者先后在临城南程村村窑址和西磁窑沟地下七米深处，以及贾村窑址附近，都曾发现有类似磁州窑作风的"白地黑花"碗、罐与题诗枕残片。另在贾村还找见有"金加彩"与"元钧"残片，在祁村窑址也拾过"珍珠地印花"残片，无沦胎质、釉色、花纹均与磁州窑制品有所区别。尽管为数不多，然属吉光片羽颇堪重视，尚待日后正式发掘邢窑时再作一番考察。

c. 十年前在定窑涧磁村窑址曾找到过"豆青地剔白花"，以及"白地剔黄花"、"黑地白花"、"褐釉划花"等残片，别具一格。而在磁州窑系各窑址内，则除"黑地白花"外，其余三种从未见过。在定窑燕川村窑址还拾有"题诗句白地黑花"及"黑地白花"残片，后者酷似磁州窑与修武当阳峪窑制品，而胎质、釉色略有不同。尤其是定县文化馆所藏当地出土的一批瓷枕中，多有与窑址残片相符之物，而在中外出版的图录内有些则被混为一谈，需作进一步的商榷。

f. 先父叶麟趾教授于六十年前发现曲阳涧磁村定窑遗址时，曾得到过透影白瓷一片，十袭珍藏，至今尚在著者手中保存。最近著者第四次考察定窑窑址时，又寻得一片五代葵瓣口透影白瓷。两相印证，可知定窑制瓷工艺和历史地位即使在唐代亦不下于邢窑。尤其是延续至宋、金时期尚能见有如此精细的白瓷制品，而邢窑白瓷则日趋没落，每况愈下。无论从质量或数量来看，应该说定窑白瓷不仅足以媲美于前，而且后来居上，稳操左券了。

2. 邢、定、磁三窑的现代仿古瓷器

号称"河北三大名窑"的邢窑、定窑、磁州窑，在我国陶瓷发展史上成就卓著，各有千秋。特别是化妆土与覆烧法的应用和推广，乃至绘、印、剔、刻等技巧的提高，对于当时及后世的影响极为深远。例如河南、山东、山西、辽宁、内蒙、陕西、安徽、江西、广东、广西等地多有类似制品，限于篇幅不能一一缕述。仅就此三窑而言，虽然有些产品随同时代风尚和经济形势而一度停烧或趋于衰退，但总的说来，它们基本上是一脉相传、沿袭未断，在世界陶瓷史上各自写下了光辉的一页。尤其近卅年来对于它们的考古和研究工作突飞猛进、与日俱新。同时在研制与恢复其古瓷名品方面，也取得了一定的成绩和进展。例如河北邯郸陶瓷公司早在五十年代初期，即已试制出白地绘黑花、剔划花、铁锈花以及白地绘划黑花等仿宋磁州窑作品，成绩卓然。曲阳定窑瓷厂也在八十年代初期，试制成刻花、划花、印花白瓷等仿宋定窑名品，并曾举办展销，在"广州交易会"上风靡一时。临城邢窑瓷厂也于十年前试制成少量的仿唐代白瓷器，釉色纯正，颇能神似。

此外，在古陶瓷科学技术方而，由于现代测试设备的先进和知识的普及，许多学者对此三窑窑址所出残片从胎釉成分到烧成条件，多已作了一系列的分析和试验，积累了大量的数据及资料，无疑日后将会有助于三窑前途的发展。然而有些试制古瓷工作因缺乏足够的考古知识或艺术修养，以致在造型、釉色、装饰方面尚有一定差距。例如：仿制唐代邢窑白瓷却获得类似宋代定窑白瓷的釉色与清代瓷器的造型；仿制宋代定窑白瓷而在刻、划花技巧上失于拘谨，缺乏熟练、豪放的自然情趣等等。

总之，从宏观的角度看来，无论是当时或后世仿品，凡属墨守成规、刻意求工之作，往往难以企及或超过其所仿原作的水平。这一历史发展的规律证诸今日事例，或者综观历代工艺、美术作品，几乎很少例外。而前人所讲"取法乎上，仅得其中。取法乎中，仅得其下"的学习道理，对于今后仿制工作来说，似乎也是值得三复斯言、深刻思考的。

以上所谈限于所知，贻误之处尚望海内外专家、学者不吝指正。

庚午金秋谨识于叶氏上陶室

（本文转摘自香港《文物考古论丛》——"敏求精舍三十周年纪念论文集"）

（作者单位：中央工艺美术学院）

注释

① 原文是："凡货贿之物，侈于用者不可胜记。丝布为履。麻布为囊，毡帽为盖，革皮为带。内丘白瓷瓯，端溪紫石砚，天下无贵贱通用之。"（原书三卷，又名《唐国史补》，见《四库全书》子部"小说家类"，又见《说郛》七十五）。

② 陈万里：《调查平原、河北二省古代窑址报告》，见《文物参考资料》1952 年 1 期；陈万里：《邢越二窑及定窑》，见《文物参考资料》1953 年 9 期。

③ 叶喆民：《邢窑刍议》，见《文物》1981 年 9 期；又见到《河北陶瓷》1982 年 1 期；叶喆民：《再论邢窑》，见《中国陶瓷》1982 年 7 期"古陶瓷研究专辑"；又见上海硅酸盐研究所编：《中国陶瓷研究》，1987 年。

④ 叶喆民：《唐代北方白瓷与邢窑》，见日本贸易陶瓷研究会：《贸易陶磁研究》第 7 期（1987 年）

⑤ 叶喆民《中国陶瓷史纲要》，北京，中国轻工业出版社，1989 年 88、305 页，图版 75。

⑥ 郭演仪等：《中国南北方历代白瓷》，见《中国古代陶瓷科学技术成就》，上海科学技术出版社，1985 年。

⑦ 苏轼：《试院煎茶诗》，见《宋代五十六家诗集》"东坡诗集"一卷。

⑧ 高濂：《燕闲清赏笺》，见《美术丛书》三集第十辑。

⑨ 河北省文化局文物工作队：《河北省曲阳县涧磁村定窑遗址调查与试掘》，见《考古》1965 年 8 期。

⑩ 河北省定窑研究组工艺组：《定窑工艺技术的研究与仿制》，1983 年。

⑪ 李国桢、郭演仪：《历代定窑白瓷的研究》，见《巩县古陶瓷会议资料》，1982 年。

⑫ 文学古籍刊行社编印《古今小说》第三十六卷"宋四公大闹禁魂张"，原文是"……他那卖酸馅架儿上一个大金丝罐，是定州中山府窑变了烧出来的。他惜似气命。……"

⑬ 黄庭坚：《山谷诗钞》，见《宋诗钞》初集。

⑭ 叶麟趾：《古今中外陶磁汇编》，1934 年，第七章节第三节"清朝窑器、临城窑"，原文是"临城窑，在今河北省临城县贾村、胎釉粗劣，有黄白色及黑褐色者。"

⑮ 叶喆民：《论当阳峪窑与磁州窑系》，见《中国陶瓷》1982 年 1 - 2 期：程在廉：《磁州窑地质基础》，1985 年印本。

⑯ 同⑮叶喆民论文所附图版。

邢窑"精细透光白瓷"的初步研究*

杨文山

1991 年邢台市成立了"中国邢州窑研究所",任务是：在前"河北省邢窑研究组"对邢窑粗、细白瓷研究的基础上，对邢窑的"精细透光白瓷"、"唐三彩"乃至"早期白瓷"和"早期青瓷"进行补充研究，[①]并根据"仿古创新"原则，及时将研究成果转化为生产力。现将该所对"精细透光白瓷"的初步研究，[②]简报如下。

一 关于"精细透光白瓷"的文献记载

邢窑是我国烧造白瓷最早的窑口之一，就目前窑址遗存可证，邢窑白瓷始烧于北朝后期，其后经过隋朝的发展，至唐已达到鼎盛阶段。邢窑白瓷从瓷质上说，共有三个瓷种，即"粗白瓷"、"细白瓷"和"精细透光白瓷"[③]。关于这三种白瓷的特点，在历史文献中都能找到记载，比如"粗白瓷"和"细白瓷"，在唐朝陆羽《茶经》中就有比较明确的描述：

"碗，越州上，……或以邢州处越州上。若邢瓷类银，越瓷类玉，……若邢瓷类雪，则越瓷类冰。……邢瓷白而茶色丹，越瓷青而茶色绿。"[④]

按陆羽所谓"邢瓷类雪"，实指邢窑白瓷中的粗、细两种白瓷，这两种白瓷的胎料和釉料相同，所含 Fe_2O_3 多在 0.8% 以下，故在还原气氛烧成中，呈色均为"洁白如雪"，所不同的是前者做工较粗，而后者做工较细。陆羽所谓"邢瓷类银"，也实指邢窑白瓷中的粗、细两种白瓷，这两种白瓷的胎料和釉料也是一样，所含 Fe_2O_3 多在 0.8% 以上，故在还原气氛烧成中，呈色多为"白中发灰"或"类似银白"，所不同的，也是前者做工较粗而后者做工较细。

关于"粗细透光白瓷"，以往中外学者在研究邢窑白瓷的过程中未曾论及，直到 1982 年老友叶喆民先生（中央工艺美术学院陶瓷美术系教授）根据国外文献记载。才第一次提醒人们注意这种白瓷的存在。

按"精细透光白瓷"，是邢窑白瓷小中的一种珍奇产品。由于它胎料和釉料中含有较高的 K_2O，因

* 《文物春秋》1997 年增刊

此胎质和釉质不仅细腻洁白，而且还具有玲珑透彻的特点。关于这一点，在我国历史文献中是可以找到记载的。比如唐朝诗人元稹在《饮致用神曲酒三十韵》诗文中，就有这样的描述：

"七月调神曲，三春酿醁醽，雕镌荆玉盏，烘透内丘瓶。"⑤

按"醁醽"音录灵，是一种带有绿色的酒。"镌"音捐，是雕刻之意。"烘"是烘烧，"透"是透彻，"烘透"连文，意在说明邢窑中心内丘烧造的这种白瓷酒瓶，质地坚实而带透亮。根据以上解释，上引诗文大体含义应是：

"七月做好神仙，来年春三月酿造带绿色的酒，用雕刻花纹的刑楚玉杯饮酒，用烘烧透亮的邢窑瓷瓶盛酒。"

关于邢窑白瓷中有这种"精细透光白瓷"，不仅在我国的文献中有记载，而且在外国的文献中也有记载。比如古阿拉伯人苏林曼在其《日记》中，就有这样的记述：

"中国人用白瓷土烧造的白瓷，从外面能够看到里面的液体。"⑥

按苏林曼，是古阿拉伯商人，《日记》写于公元851年，相当于我国唐朝宣宗的大中二年。苏林曼在记述这种透光的白瓷时，虽然没有明记它是邢窑产品，但就我国当时的白瓷工艺水平而论，应是"非邢莫属"。因此，叶喆民先生坚信苏林曼所记的唐朝"中国人"所烧的这种"白瓷"，就是"邢窑白瓷"。⑦

二　关于"精细透光白瓷"的实物标本

在邢窑遗址发现之前，人们对邢窑的认识是肤浅的。比如关于邢窑白瓷的瓷种问题，人们根据文献记载，只认为有一种"类银"、"类雪"的"细白瓷"，除此之外是否还有其它瓷种？却不得而知。但到1981年邢窑遗址在临城境内发现后，由于在岗头、祁村、西双井窑址中，既出土有"类银"、"类雪"的"细白瓷"，又出土有"类银"、"类雪"的"粗白瓷"，于是人们才开始意识到：邢窑白瓷的瓷种"不是一种而是两种"。到1982年叶喆民先生提出在"细白瓷"和"粗白瓷"之外还有一种透光的白瓷之后，使人们又感到：邢窑白瓷的瓷种"或许不是两种而是三种"。

如前所述，根据国内外文献记载，在邢窑白瓷中是应当有这种透光白瓷的，但这种白瓷到底是个什么样子？谁也没有见过。直到1984年邢窑遗址在内丘境内发现后，由于不断出土了这种白瓷的残件和残片，人们才开始看到了这种白瓷的实物。

"精细透光白瓷"，从品质说可以分为两个不尽相同的品类：第一个品类我们把它叫作"甲类精细透光白瓷"，它的特点是胎质细腻而柔润，釉皮极薄与胎壁混为一体，分不出哪是釉子哪是胎骨，给人的直接观感是如同"脂油白蜡"。这类白瓷虽然器壁较厚，但遮光而视，不论液体或物体，均能透影可见。第二个品类我们把它叫作"乙类精细透光白瓷"，它的特点是胎质细腻而坚硬，给人的直接观感是：釉皮较厚者如同"乳色玻璃"；釉皮较薄者如同"磨砂玻璃"。这类白瓷虽然釉皮厚薄有别，但遮光而视，不论液体或物体，亦均能透影可见。现将这两类透光白瓷的出土标本，述如下：

（一）"甲类精细透光白瓷"，在邢窑遗址中前后发现了五件，其中一件是"深腹实足杯"一件是"刻花方形枕"；另三件是"深腹圈足碗"。

1、"深腹实足杯"，是前"河北省邢窑研究组"成员张志忠先生等人发现的，发现地点在内丘西关北的隋唐窑址中。出土时此器口部和上腹部残缺，但下腹部和足部保存完好。此器原存研究组，后存临城文管所，因交上海硅酸盐研究所化验，曾锯去四分之一，化验编号为YN7。

按深腹实足杯器，在邢窑隋代窑址中出土标本不少，其中有"粗白瓷"也有"细白瓷"，共同造型特点是：口沿扁圆，腹部直深足作圆饼形，足底平而中间略凹。根据相同杯器复原，这件精细透光白瓷杯的整体器形，当如图一：1。

2、"刻花方形枕"，是内丘文管所所长贾忠敏先生等人发现的，发现地点同上。出土时此器大部残失，只留有枕面残片，其中一片刻有纹饰。此器残片现存内丘文管所。

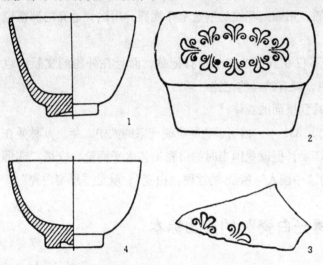

图二　甲类精细透光白瓷
1. 深腹实足杯（隋）　2. 刻花方形枕（唐）
3. 刻花方形枕残片（临摹）　4. 深腹圈足碗（隋）

按刻花方形枕器，在唐朝墓葬中时有出土[8]，它的共同造型特点是：器体呈长方形，枕面枕身四角收圆，枕面中小部刻有或印有简单纹饰，枕面两头略高，枕底略小于枕面。根据同类方枕复原，这件透光白瓷方枕的整体器形，当如图一：2。

3、"深腹圈足碗"，也是内丘文管所所长贾忠敏先生等人发现的，出土地点同上。此器以足底计当为三件，出土时均成残片，其中一件下腹和足部保存完好。此器现存内丘文管所。

按深腹圈足碗器，在邢窑隋代窑址中出土很多，其中有"粗白瓷"，也有"细白瓷"，它的共同造型特点是：口部圆沿微敛，腹部腹斜深略有弧度，足部作宽圈形内外略有杀边。根据同类器物复原，这件透光白瓷碗的整体器形，当如图一：4。

（二）"乙类精细透光白瓷"，在邢窑遗址前后共发现了10多件，其中一件是"深腹实足碗"；一件是"鼓腹贴花壶"；另10件左右是"深腹圈足大杯"。

1、"深腹实足碗"，是前"河北省邢窑研究组"成员在考察内丘邢窑遗址时发现的，出土地点同上。出土时此器残甚，只保留了少许足部和腹部。此器原存研究组，后交上海硅酸盐研究所化验，化验编号为YN6。

按深腹实足碗器，在邢窑初唐窑址中出土的标本不少，其中有"粗白瓷"，也有"细白瓷"。它的共同造型特点是：口部圆沿微敛，腹部斜深而略行弧度，足部呈圆饼形，足底平

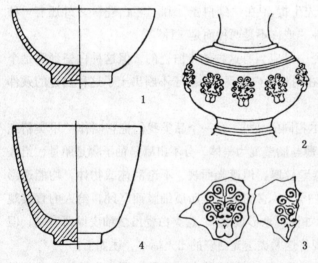

图三　乙类精细透光白瓷
1. 深腹实足碗（唐）　2. 鼓腹贴花壶（隋）
3. 鼓腹贴花壶残片（临摹）　4. 深腹圈足大杯（隋）

而中心略凹。根据相同器物复原，这件精细透光白瓷碗的整体器形，当如图二：1。

2、"鼓腹贴花壶",是前"河比省邢窑研究组"成员张志忠先生发现的,发现地点同上。此器出土时已严重残失,张志忠先生只收取了四块残片,其中两块为壶壁,两块为铺首。此器四块残片均存临城文管所。

按贴有铺首的器物,在隋唐墓中时有出土。此件铺首成形是印模压印,然后贴在器物腹部,给人的观感如同浮雕。铺首造型呈正圆形,兽面为卷毛、凸眉、大眼、宽鼻、张口,但不含环。与河南安阳隋代张盛墓出土"白瓷贴花盖壶"所贴铺首和陕西西安王家坟唐墓出土"唐三彩四足柜"所贴铺首十分相似[9]。根据腹部残片和铺首残片弧度进行局部复原,这件透光白瓷壶的腹部器形,当如图二:2。

3、"深腹圈足大杯",是河北省文研所在发掘内丘邢窑遗址时发现的,发现地点同上。此器出土时已成残件残片,以不同个体足底清点当成9件。这些残件残片均存河北省文研所。

按深腹圈足杯器,在邢窑隋代遗址中和隋代墓葬中出土不少,它的共同造型特点是:口沿扁圆,腹部深直,足部作宽圈形,圈足中,间凹凸。根据省文研所王会民先生修复的两件大杯,此杯的整体器形,当如图二:4。

三 关于"精细透光白瓷"的工艺特点

关于甲乙两类"精细透光白瓷"的工艺特点,李家治、张志刚、陈尧成(上海硅酸研究所研究员)、张福康(上海博物馆研究员)四位先生,在研究邢窑粗、细白瓷的过程中有所涉[10],现结合我们七次配料试烧的结果,就这两类透光白瓷的胎、釉化学组成、微观结构和物理性能三个方面,试作如下分析。

(一)关于:"精细透光白瓷"胎、釉的化学组成,李家治、张志刚等四位先生根据前"河北省邢窑研究组"提交的甲乙两类透光白瓷标本(甲类编号为 YN7、乙类编号为 YN6),采用传统化学分析和电感耦合等离子发射光谱法进行了研究,为我们正确认识这两类透光白瓷的胎质和釉质提供了科学依据。

第一、根据表一所列:甲类 YN7 和乙类 YN6 胎中所含 Al_2O_3 分别为 26.91% 和 26.80%,所含 SiO_2 分别为 62.90% 和 65.80%(见表一)。依此可知,这两类透光白瓷的胎质,均具有高 Al_2O_3 低 SiO_2 的特点。因此反映在《历代南北白瓷胎化学组成分布图》中,均处于高 Al_2O_3 低 SiO_2 区域(见图三)。由于邢窑粘土原料中所含 Al_2O_3 多在 40% ~ 44% 之间(见表三),大大高于这两类透光白瓷胎中的含量,因此这两类透光白瓷的胎泥配方,很可能不是采用单一粘土,而是采用了两种以上原料配合而成。

第二、根据表一所列:甲类 YN7 和乙类 YN6 胎中所含 R_2O($K_2O + Na_2O$)分别为 8.87% 和 6.20%,其中 K_2O 含量分别为 7.25% 和 5.20%(见表一)。依此可知,这两类透光白瓷的胎质。又具有高 K_2O 的特点。由于在邢窑胎料中没有发现含有如此高 K_2O 的瓷土(见表三),因此这两类透光白瓷的胎泥配方中,很可能加入了钾长石。

第三、根据表一所列:甲类 YN7 和乙类 YN6 的胎中所含 Fe_2O_3 分别为 0.44% 和 0.34%(见表一),依此可知,这两类透光白瓷的胎质,还具有低 Fe_2O_3 特点。由于这两类透光白瓷胎中所含 Fe_2O_3 比一般细白瓷胎中所含 Fe_2O_3(多为 0.57% ~ 0.88% 之间)为低,因此这两类透光白瓷的胎色,无疑应比一般细白瓷的胎色更白。

第四、根据表二所列:甲类 YN7 和乙类 YN6 的釉中所含 K_2O 分别为 4.70% 和 6.40%(见表二),依此可知,这两类透光白瓷的釉质,也具有高 K_2O 的特点。由于这两类透光白瓷釉的 K_2O 含量大大超

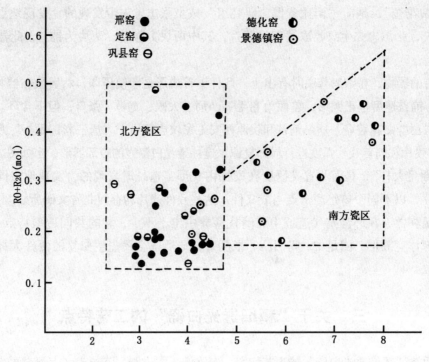

图三　历代南北 SiO_2（mol）白瓷胎化学组成分布图

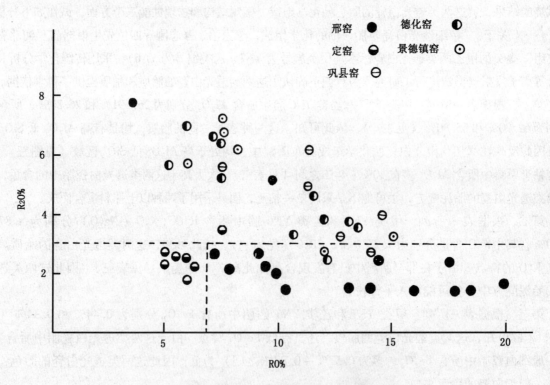

图四　历代南北白瓷釉熔剂 RO 变化图

过了一般细白瓷釉含 K_2O（为 $1.50\% \sim 0.40\%$ 的浮动范围）量，因此这两类透光白瓷釉的配方中，同样也可能加入了钾长石。

第五、周仁等著有《硅酸盐》一书，将我国古代制瓷釉质分为三类，凡釉式中 $0.8 < RO < 1.0$ 者为"钙釉"；$0.5 < RO < 0.8$ 者为"钙—碱釉"；$0.2 < RO < 0.5$ 者为"喊—钙釉"。从《历代南北白瓷釉熔剂 RO 变化图》中看，甲类 YN7 和乙类 YN6 的釉式组成点，分别处于 RO（M0l）的"碱—钙釉"区内（$0.2 \sim 0.5$）和"钙—碱釉"区内（$0.5 \sim 0.8$）（见图四）。由此可知，这两类透光白瓷的釉质分别属于"富钾釉"（YN7）和亚"富钾釉"（YN6）。

第六、按"富钾釉"，以往学者在对我国古釉的研究中，都认为是明朝景德镇窑发明的，时间大约在明朝前期的成化年间（公元 $1465 \sim 1487$ 年），距今大约有 500 多年。但从隋唐邢窑"精细透光白瓷"所用釉质为"富钾釉"发现之后，无疑这种看法应当修正。也就是说：中国古瓷"富钾釉"的首先发明之地，不是"景德镇窑"而是"邢窑"；发明的时间，不是距今 500 多年而是距今 1300 多年。

（二）关于"精细透光白瓷"胎釉的显微结构，四位先生只对乙类 YN6 胎进行了分析，并拍下了显微照片，这无疑对我们准确认识这种透光白瓷胎的显微结构，提供了可靠的依据。

第一、通过显微观察，这种透光白瓷胎中，"有一定量的玻璃相，有时可找到蠕虫状的高岭颗粒，莫来石晶体发育良好，石英含量较少，并有融蚀迹。"

第二、通过显微观察，这种透光白瓷胎中。含有多量长石残骸。结合这两类透光白瓷胎中所含 K_2O 高达 $5.2\% \sim 7.2\%$，而当地又没有发现含有高钾的瓷土原料，因此可以肯定在这种透光白瓷胎料中，确实加入了一定数量的钾长石。

（三）关于"精细透光白瓷"的物理性能，除吸水率外，四位先生没有进行系统测试。因此我们只能根据他们对一般"细白瓷"物理性：能测试所得数据（见表四），结合我们七次配料试烧所得数据进行比较研究。

第一、邢窑一般"细白瓷"的烧成温度是 1350℃ 左右，最高的为 1370℃，最低的为 1210℃（稍见夹生）。由于"精细透光白瓷"胎釉中所含助熔剂的比重较大，因此烧成温度不可能达到细白瓷的最高温度，但比最低温度要高。经过我们七次配料试烧，得知这种透光白瓷的最佳烧成温度是 1230℃ $\sim$ 1250℃ 之间，如果低于下限就会夹生，如果高于上限就会变形。由此可知，这种透光白瓷的烧成范围是很狭小的。

第二、邢窑一般"细白瓷"的吸水率是 1.4% 左右，最低的为 0.24%，最高的为 8.4%（稍见夹生）。由于"精细透光白瓷"胎釉中所含 R_2O 很高，且烧结很好，因此根据四位先生测试所得，甲类 YN7 的吸水率为 0.60%，乙类 YN6 的吸水率为 0.56%。

第三、邢窑一般"细白瓷"的白度，胎为亨达 74 度左右，釉为亨达 65 度左右。由于"精细透光白瓷"胎釉所含 Fe_2O_3，比一般"细白瓷"为低，理应比一般"细白瓷"的白度更白。但实际给人的观感却并非如此，原因是这种透光白瓷的光泽不是"雪白"而是"乳白"。

第四、根据前"河北省邢窑研究组"的测试，邢窑一般"细白瓷"的硬度是维氏 $597 \sim 613$。由于"精细透光白瓷"胎釉所含 K_2O 很高，无疑这种透光白瓷的硬度比一般"细白瓷"的硬度为低。根据我们对这种透光白瓷配料试烧两件变形器片测试，其硬度分别为维氏 $545 \sim 558$。据此，这种透光白瓷，就硬度上说应属于一种"软质瓷"。

表一　邢窑白瓷胎的化学组成

编号	年代产地及样品名称	氧化物含量%										分子式 (Al_2O_3,分子数为1)
		SiO_2	Al_2O_3	Fe_2O_3	TiO_2	CaO	MgO	K_2O	Na_2O	MnO	P_2O_3	
YN4[2]	隋代临城陈刘庄粗白瓷	66.01	27.29	1.80	1.06	0.74	0.51	1.76		0.01	0.07	$RO0.097\ SiO_24.101R_xO_y0.092$ $R_2O0.071$
HN-4[1]	初唐临城祁村粗白瓷	64.24	28.61	2.59	0.87	0.61	0.63	1.84	0.18	0.01		$RO0.095\ SiO_23.81R_xO_y0.097$ $R_2O0.080$
YN-8[2]	初唐临城陈刘庄细白瓷	69.90	25.10	0.57	0.24	0.90	1.60	0.91	0.88	0.01	0.07	$RO0.228\ SiO_24.728R_xO_y0.028$ $R_2O0.098$
HN-2[1]	盛唐临城祁村细白瓷	59.98	35.12	0.68	0.69	0.99	0.44	1.52	0.48	0.04	0.11	$RO0.080\ SiO_22.90R_xO_y0.037$ $R_2O0.075$
HN-3[1]	盛唐临城祁村细白瓷	60.44	34.50	0.65	0.59	0.69	0.64	1.28	0.24	0.04	0.09	$RO0.079\ SiO_23.00R_xO_y0.032$ $R_2O0.053$
YN-5[2]	隋代内丘西关粗白瓷	68.20	25.90	1.70	1.00	0.37	0.55	1.90	0.31	0.01	0.09	$RO0.079\ SiO_24.469R_xO_y0.098$ $R_2O0.098$
YN-6[2]	初唐内丘西关精白瓷	65.80	26.80	0.34	0.21	0.37	0.23	5.20	1.00	0.01	0.06	$RO0.049\ SiO_24.270R_xO_y0.019$ $R_2O0.270$
YN-7[2]	隋代内丘西关精白瓷	62.90	26.91	0.44	0.17	0.49	0.27	7.25	1.62	0.003	0.01	$RO0.061\ SiO_23.966R_xO_y0.019$ $R_2O0.390$
NTB-1	初唐内丘西关细白瓷	67.54	24.63	0.88	0.54	2.89	1.60	0.52	0.54	0.02	0.10	$RO0.377\ SiO_24.656R_xO_y0.055$ $R_2O0.059$
NTB-2	初唐内丘西关细白瓷	64.34	31.25	0.58	0.39	0.93	1.07	0.22	0.21	0.01	0.03	$RO0.140\ SiO_23.50R_xO_y0.025$ $R_2O0.019$
NTB-3	盛唐内丘西关细白瓷	63.30	30.52	0.86	0.68	2.00	0.78	0.85	1.18	0.02	0.10	$RO0.184\ SiO_23.521R_xO_y0.025$ $R_2O0.093$
NTB-8	盛唐内丘西关细白瓷	62.32	31.72	0.76	0.42	1.90	0.09	1.36	0.46	0.04	0.07	$RO0.0181\ SiO_23.336R_xO_y0.036$ $R_2O0.070$
NTB-9	晚唐内丘西关细白瓷	66.41	28.72	0.56	0.33	1.31	1.72	0.41	0.70	0.02	0.05	$RO0.235\ SiO_23.926R_xO_y0.036$ $R_2O0.056$
NTB-11	晚唐内丘西关细白瓷	62.79	32.00	0.94	0.78	1.35	0.66	1.28	0.25	0.04	0.07	$RO0.129\ SiO_23.331R_xO_y0.052$ $R_2O0.056$

均为上海硅酸盐研究所测定。

表二　邢窑白瓷釉的化学组成

编号	年代产地及样品名称	氧化物含量%										分子式（Al_2O_3，分子数为1）
		SiO_2	Al_2O_3	Fe_2O_3	TiO_2	CaO	MgO	K_2O	Na_2O	MnO	P_2O_5	
YN4	隋代临城陈刘庄粗白瓷	63.02	13.46	0.79	0.18	16.58	3.38	1.26	0.39	0.08	0.72	$RO\,0.940\,Al_2O_3\,0.392SiO_2\,3.113R_xO_y\,0.040$ $R_2O\,0.060$
HN–4	初唐临城祁村粗白瓷	60.00	18.53	0.55	0.15	15.55	1.96	1.14	0.37	0.06		$RO\,0.948\,Al_2O_3\,0.526SiO_2\,2.89R_xO_y\,0.015$ $R_2O\,0.052$
YN8	初唐临城陈刘庄细白瓷	69.51	19.50	0.53	0.14	5.38	2.37	0.92	1.30	0.05	0.41	$RO\,0.839\,Al_2O_3\,1.032SiO_2\,6.247R_xO_y\,0.048$ $R_2O\,0.161$
HN–2	盛唐临城祁村细白瓷	68.31	18.21	0.88	0.11	6.97	2.17	2.03	0.79	0.12		$RO\,0.380\,Al_2O_3\,0.828SiO_2\,5.30R_xO_y\,0.033$ $R_2O\,0.170$
HN–3	盛唐临城祁村细白瓷	65.09	16.55	0.52	0.07	11.34	2.75	0.96	0.60	0.09	0.63	$RO\,0.934\,Al_2O_3\,0.555SiO_2\,3.72R_xO_y\,0.013$ $R_2O\,0.066$
HN5	隋代内丘西关粗白瓷	64.17	14.18	0.71	0.13	14.61	2.86	1.64	0.84	0.06		$RO\,0.957\,Al_2O_3\,0.392SiO_2\,3.012R_xO_y\,0.031$ $R_2O\,0.043$
HN6	隋代内丘西关粗白瓷	71.0	16.9	0.40	0.20	2.70	0.70	6.40	1.40	0.04	0.30	$RO\,0.355\,Al_2O_3\,1.181SiO_2\,8.425R_xO_y\,0.055$ $R_2O\,0.645$
YN–7	隋代内丘西关粗白瓷	69.40	13.3	0.60	<0.05	8.4	1.30	4.70	1.40	0.1	0.30	$RO\,0.715\,Al_2O_3\,0.512SiO_2\,4.537R_xO_y\,0.03$ $R_2O\,0.285$
NTB–1	初唐内丘西关细白瓷	66.85	14.39	0.83	0.01	12.44	3.65	0.70	0.78	0.05	0.79	$RO\,0.94\,Al_2O_3\,0.425SiO_2\,3.350R_xO_y\,0.039$ $R_2O\,0.06$
NTB–2	初唐内丘西关细白瓷	60.32	17.18	0.98	0.13	14.20	4.29	0.99	0.54	0.16	2.18	$RO\,0.95\,Al_2O_3\,0.445SiO_2\,2.650R_xO_y\,0.067$ $R_2O\,0.05$
NTB–3	盛唐内丘西关细白瓷	67.61	14.79	0.87	0.07	11.60	2.76	1.08	1.51	0.08	0.62	$RO\,0.885\,Al_2O_3\,0.466SiO_2\,3.617R_xO_y\,0.038$ $R_2O\,0.115$
NTB–8	盛唐内丘西关细白瓷	72.93	14.96	0.49	0.04	6.71	2.72	1.53	0.80	0.86	0.33	$RO\,0.865\,Al_2O_3\,0.678SiO_2\,5.611R_xO_y\,0.031$ $R_2O\,0.135$
NTB–9	晚唐内丘西关细白瓷	67.92	16.11	0.81	0.08	8.88	3.85	0.45	1.18	0.09	1.11	$RO\,0.914\,Al_2O_3\,0.569SiO_2\,4.072R_xO_y\,0.055$ $R_2O\,0.086$
NTB–11	晚唐内丘西关细白瓷	69.44	19.42	1.30	0.77	5.01	2.10	2.22	0.65	0.07	0.28	$RO\,0.806\,Al_2O_3\,1.085SiO_2\,6.585R_xO_y\,0.072$ $R_2O\,0.194$

均为上海硅酸盐研究所所测定。

表三　　邢窑白瓷原料化学分析

编号	品名产地	氧人经物含量%										分子式（Al_2O_3，分子数为1）
		SiO_2	Al_2O_3	Fe_2O_3	TiO_2	CaO	MgO	K_2O	Na_2O	MnO	P_2O_5	
M_1	临城祁村一号土	56.60	39.63	0.58	2.07	0.21	0.28	1.06	0.09	<0.01	0.31	$R00.028\ SiO_2.434R_xO_y0.083$ $R_2O0.031$
M_2	临城祁村二号土	56.05	42.02	0.16	2.05	0.18	0.16	0.20	0.16	<0.01	0.16	$R00.017\ SiO_2.565R_xO_y0.068$ $R_2O0.012$
M_3	临城祁村三号土（木节土）	52.78	44.34	0.67	0.66	0.36	0.26	0.75	0.07	<0.01	0.23	$R00.028\ SiO_2.02R_xO_y0.032$ $R_2O0.021$
M_6	临城祁村灰砂石	72.54	24.18	0.74	0.51	0.11	0.52	0.60	0.29			$R00.063\ SiO_5.093R_xO_y0.046$ $R_2O0.046$
M_7	临城水南寺粘土	60.32	20.53	1.41	0.52	4.03	6.88	5.22	0.09			$RO1.209\ SiO_4.995R_xO_y0.075$ $R_2O0.279$
△	内邱西部明粘土	45.37	31.47	2.27	1.40	1.10	0.58	1.16	0.18		0.38	
○	内邱瓷窑沟粘土	49.98	30.31	0.84	1.04	0.59	0.19	0.02	0.07			
★	内邱神头长石	64.14	18.54	0.13	0.01	0.67	0.80	11.00	2.60			
★	内邱神头石英	98.79	0.39	0.16	-	0.56	0.80	0.05	0.20			

△为河北省地矿局岩矿测试中心测试；○为成都光电技术研究所测定；★为有关矿山地质勘查资料，其他为上海硅酸盐研究所所测定。

表四　　　　　　　　　　　邢窑白瓷烧成温度与其它物理性质

编号	品名与产地	烧成温度 （±20℃）	气孔率 （%）	吸水率 （%）	体积密度 （g/cm³）	亨达白度		硬度 （xy/mm²）	备注
						胎	釉		
HN-1	盛唐临城祁村细白瓷	1370	17.78	8.40					
HN-5	盛唐临城陈刘庄细白瓷	1340	0.81	0.35		73.37	66.28		
YN-12	盛唐临城陈刘庄细白瓷	1360	3.26	1.43	2.28				
△-1	盛唐昨城祁村细白瓷	1350		4.31			65.0	613	
△-2	盛唐临城祁村细白瓷			0.24		78.0	64.5	597	
NTB-2	初唐内丘西关细白瓷	1230	11.76	5.35	2.20				
NTB-3	盛唐内丘西关细白瓷	>1310	3.01	1.34	2.25				
NTB-5	盛唐内丘西关细白瓷					74.08	69.00		
NTB-11	晚唐内丘西关细白瓷	>1310	2.79	1.22	2.29				

△为前河北省邢窑研究组测定，其它为上海硅酸盐研究所测定。

四　小　结

综合以上研究分析，我们认为可以得出以下结论：

第一、从出土是标本的胎色和釉色上看，这种透光白瓷有两个品类：一为如同"脂油白蜡"；一为如同"乳色玻璃"或"磨砂玻璃"。

第二、从出土标本的数量上看，这种透光白瓷，绝对不是"窑工无意中烧成的"，而是有意烧造的，并掌握了配料技术，形成了小批量生产。

第三、从出土标本器形大小上看，这种透光白瓷，绝对不能说"只能生产小件不能生产大件"。实际上有小件也有大件，比如刻花方形瓷枕和深腹圈足大杯，就是大件。

第四、从出土标本胎质和釉质上看，这种透光白瓷，胎属于"高 K_2O 高 Na_2O 胎"，釉属于"富钾釉"或亚"富钾釉"。

第五、从出土标本硬度性能上看，这种透光白瓷属于"软质瓷"，虽然晶莹透彻、洁白美观，但抗污抗磨性较差。

（作者：河北师范大学历史系副教授）

注　释

① 1980 年临城县二轻局成立了"邢瓷研制小组"，笔者被聘为历史顾问，参加和辅导了对邢窑遗址的考察，1981 年邢窑遗址在临城境内发现后，又参加和辅导了对邢瓷的仿古试烧。1984 年河北省轻工厅在镇内成立了"河北省邢窑研究组"，笔者被聘为研究员兼副组长，参加了领导研究活动。1991 年邢台市成立了"中国邢州窑研究所"笔者被聘为考古顾问兼副所长，又参加了领导研究活动。

② "精细透光白瓷"研究课题，由笔者主持，参加研究活动者还有：研究所常务副所长、高级工程师蔡成铸；工艺技术科科长、工程师王振山；化验室主任、工程师张凤菊。

③ 这种白瓷发现后，尚无统一名称。姚毅先生（河北轻化工学院高级工程师）将其称作"透明白瓷"；程在廉先生（河北省地质矿产局高级工程师）将其称作"透光白瓷"；李家治、张志刚二位先生将其称作"精细白瓷"。为综合采纳各家之说，我们将其定名为"精细透光白瓷"。

④ 见《左氏百用学海》本，第六册《茶经》卷中《四之器》第四至第五页。

⑤ 见《四部丛刊》本，第一二册《长庆集》十二·第五页。

⑥ 见日人所译日文，载日本《陶记》24。

⑦ 见叶喆民：《再论邢窑》，载《中国古陶瓷研究》，文物出版社1988年版。

⑧ 见华石编《中国陶瓷》文物出版社1985年版图136和图179。

⑨ 见华石编《中国陶瓷》，文物出版社于1985年版图124和图147。

⑩ 见李家治、张志刚：《隋唐邢窑化学组成及工艺研究》，载扬文山、翁振军主编《邢台历史经济论丛》，中国人事出版社1994版。

邢窑隋代透影白瓷[*]

张志忠　王会民

　　邢窑位于河北省临城、内丘一带，因首创了精致细腻的白色瓷器而著称于世。邢窑白瓷似雪类银，胎质坚细洁白，造型凝重大方，雅而不俗，千百年来倍受人们的喜爱和赞赏。邢窑遗址是本世纪八十年代初才在临城县祁村、双井一带发现的。1983 年以来，又相继在内丘县城关和临城县陈刘庄、邢台县的西坚固一带找到窑址，发现了北朝至唐代窑址 20 余处。从此，邢窑之谜才得以正式揭晓。为了搞清邢窑的兴衰及其工艺特点，我们于 1988 年至 1991 年间对内丘城关和临城祁村两处规模较大的遗址进行了试掘，而在内丘西关窑址中发掘出土的一批具有透影性能、胎体厚度仅 0.7 毫米的细白瓷器物引起了我们的特别注意。这种具有透影性能的半脱胎白瓷目前见于报道的仅河南巩县夹津口墓葬中出土两件白瓷杯[①]一例。从照片上看，与邢窑同类器物完全一样，无疑这种瓷器在邢窑遗址的批量出土为研究我国精细白瓷的起源，探讨邢窑的工艺技术成就将起到重要的作用。本来试就邢窑隋代这种透影白瓷的相关问题谈几点粗浅认识，不妥之处，敬请专家学者提出宝贵意见。

一　透影白瓷的出土及其断代

　　1988 年，我们在内丘西关北遗址的东北侧布方两个，编号分别为内 T1 和内 T2，发掘面积 36 平方米。其地层堆积很简单，第②层为唐代早期文化层，该层下共发现隋代灰坑 6 座，其中在四个灰坑中出土有透影细白瓷片，据统计仅这种白瓷片就出土了 200 多片，可辨认的器型有碗、杯、盘、多足砚、盂、器盖等。根据出土器物的胎体厚度可分厚薄两种。薄的一种主要为碗和杯，均为尖唇，深腹，宽圈足，口部微向外撇，做工极为精致，胎厚仅 0.7—1 毫米，能达到光照见影的程度。这是目前见到时代最早的"薄胎"器。这种薄胎器物的底部稍厚，釉面的光亮度除两件标本稍差外，其余大部分瓷片较光润。厚胎器物有碗、盘、砚、盂、器盖等，其胎质精细甜白，断面呈乳脂状光泽，类似于所谓的"猪油白"。对光有透影感，釉面光洁莹润。碗杯类器物满釉，器外均施釉不及足，制做极其精致。从

　　* 《文物春秋》1997 年增刊

灰坑中共存器物看，都是典型的隋代器物，如高足盘、假圈足深腹碗、双系直口罐、敛口钵、长颈瓶、钵口瓶等，由此可以断定这种具有透影性能的白瓷及薄胎器物确为隋代产品无疑。这类瓷器以前有人也曾在西关北窑址上捡到过，但由于其质量太高，使人不敢相认，曾有人将其误认为是唐代之物[②]，也有人根据其器物特征认定为隋代产品[③]。通过这次发掘，证实了这种具有透影性能的精细白瓷和薄胎细瓷器物为隋代烧造的推断是正确的。

二　工艺技术特点

　　为了搞清邢窑高透影精细白瓷的内在结构特征，曾请上海硅酸盐研究所将两片透影白瓷碎片进行了化学分析，并将其断面磨成薄片，在显微镜下进行了岩相观察（表一）。

　　从表一中邢窑透影白瓷残片胎的化学组成可以看出，其 K_2O 含量相当高，在 5.2 ~ 7.25 之间，而釉的 K_2O 含量也达 4.7% ~ 6.4%，都远远高于其它同时期的瓷器含量。这在我国北方地区历代白瓷当中，K_2O 含量如此之高者甚为罕见。查目前已发表的有关北方地区古陶瓷原料的文献，未见到 K_2O 含量如此之高的粘土原料。根据岩相观察结果发现，瓷胎中残存有部分长石残骸，而在所发掘的探方中出土了一些长石碎块，从外观上看与内丘神头、临城王家辉的钾长石矿基本一致，其化学组成与这一带的长石矿较接近（见表二），故此推断，这种透影白瓷的胎釉中均引入了一定量的钾长石。另外，在显微镜下还发现其釉中有少量的石英残骸，在探方中也出土了石英碎块，分析其釉中可能掺入了石英矿物。

　　石英、长石属于瘠性原料，含铁量较低，是我国北方地区制瓷的主要原料之一，而在古代何时应用，古陶瓷研究文献中提到的不多。关于石英的应用，一般认为在宋代[④]，即依据南宋人周辉《清波杂志》中所记"汝窑宫中禁烧，内有玛瑙为釉，……"而玛瑙为石英晶体，成份与石英相同，但产量很少，以此来做为制瓷原料，可能是某些名窑为了显示其瓷器的名贵而引入釉中的。估计用量不会太大。而长石在古代的应用时间目前尚没有较为确切的说法。长石是现在陶瓷生产的主要熔剂性原料，一般称之为助熔剂，在成瓷过程中熔融（1300℃）形成乳白色粘稠玻璃体，这种玻璃体在高温下可以溶解一部分高岭土分解物和石英颗粒，降低烧成温度，减少燃料消耗。此外，由于高温下的长石熔体具有较大的粘度，可起到高温胶结作用，防止高温变形。而冷却后长石熔体以透明玻璃休状态存在于瓷体中，构成瓷下玻璃态物质，增加透明度，提高光泽与透光度。根据化学组成测算，邢窑这种透影白瓷瓷坯中长石的配比量高达 40% 以上[⑤]。由于长石、石英的硬度较高，不易粉碎，而在窑址出土的长石一部分是经过煅烧的，[⑥]这足以说明邢窑的工匠已经掌握了降低瘠性原料硬度的方法，即通过预先煅烧而使其变得易于粉碎。这无疑也是先民们的伟大创造之一。

　　根据历年来陶瓷工作者研究表明，我国古代陶瓷基本上分为南北两大系统。由于地质作用，北方和南方的陶瓷原料有所不同，从而使南北陶瓷产品风格各异。一般北方多采用一种或两种较纯的沉积粘土制胎，而南方则习惯用一种瓷石或者在瓷石中掺入一定的高岭土制成胎，属绢云母质瓷[⑦]。而在有关文献中[⑧⑨]，均未提到我国历代陶瓷中有引用石英、长石等瘠性原料的例证，这种采用石英——长石、粘土三元系统原料配制而成的古代陶瓷产品的发现，为研究我国长石质瓷的出现时期提供了重要的实物资料。

表一　邢窑隋代透影白瓷及景德镇白瓷胎和瓷胎釉化学组成

类	编号	名称	时代	氧化物含量%										总量	分子式
				SiO_3	Al_2O_3	Fe_2O_3	TiO_2	CaO	MgO	K_2O	Na_2O	MnO	P_2O_5		
胎	XY–1	邢白瓷	隋	65.8	26.8	0.34	0.21	0.37	0.23	5.20	1.00	0.01	0.06	100.02	$0.338RO \cdot R_2O_3 \cdot 4.163RO_2$
	XY–2	邢瓷足	隋	69.9	26.91	0.44	0.17	0.49	0.27	7.25	1.62	0.003	0.01	100.06	$0.476RO \cdot R_2O_3 \cdot 3.966RO_2$
	T2–1③	景德镇白瓷	五代	77.48	16.93	0.77	微量	0.80	0.51	2.63	0.35	0.14		99.61	$0.366RO \cdot R_2O_3 \cdot 7.540RO_2$
	C17④	景德镇瓷盘	清	65.09	26.72	1.06	0.13	1.62	0.13	3.11	2.57	0.07		100.50	$0.398RO \cdot R_2O_3 \cdot 4.047RO_2$
釉	XY–1			71.0	16.9	0.40	0.20	2.70	0.70	6.40	1.40	0.04	0.30	100.04	$0.981RO \cdot R_2O_3 \cdot 7.120RO_2$
	XY–2			69.40	13.3	0.60	<0.05	8.40	1.30	4.70	1.40	0.1	0.30	99.5	$2.016RO \cdot R_2O_3 \cdot 8.885RO_2$
	T2–1			68.77	15.47	0.73	0.04	10.92	1.16	2.60	0.24	0.23		100.16	$ROR_2O \cdot 0604R_2O_3 \cdot 4.421RO_2$
	C17			67.02	15.66	1.22	无	7.11	1.06	4.11	2.14	无	0.16	99.40	$ROR_2O \cdot 0698R_2O_3 \cdot 4.897RO_2$

表一中还列出了景德镇地区的白瓷胎釉组成。从表中可以看出邢窑两个透影细白瓷片的胎釉组成比较接近于清初景德镇白瓷的组成。据有关专家研究表明[10][11][12]，清初景德镇瓷胎的化学成份用经验式表示为 0.265—0.398RO、R2O2，4.027—4.301RO2，欧洲硬质瓷胎的限度为 0.2—0.3RO、R2O3，4.2—4.8RO2，清初景德镇瓷胎成份已属于硬质瓷范围。而邢窑透影白瓷 XN—1 胎的经验式为 0.338RO、R2O3，4.163RO2，与欧洲硬质瓷的限度范围也较近。这说明，远在隋代，邢窑的窑工就已烧制出符合现代硬质细瓷标准的白瓷，这一发现填补了我国陶瓷史上的一页空白。

根据瓷片与窑具粘连情况分析，邢窑隋代透影白瓷系与粗白瓷和青瓷同炉烧造，均采用桶状匣钵笼罩。匣钵的大小根据器物而定，一般直径为 13—28 厘米，高度为 4—20 厘米。由于这种瓷胎的烧成范围较窄，在装窑时可能选择火度较高且较为稳定的中上部火位。根据测试结果，隋代粗瓷的烧成温度在 1260—1280℃，故此推断这种透影白瓷的烧成温度也应在 1280℃左右，烧成气氛接近于还原焰，燃料为柴，系一次烧成。

邢窑透影白瓷造型主要为碗和杯，约占出土数量的 95%以上，做工精细，大部分为回转体系采用拉坯的方法成型。根据其胎的特征分析，其制坯工艺较为复杂，薄胎器物需经反复多次精修，才能达到半脱胎的要求。施釉方法多为浸釉，或荡釉。薄胎瓷的釉层比厚胎瓷要薄许多，用肉眼观其断面几乎分不出有无釉层存在。分析釉层较薄的原因主要是因为坯体太薄，如果施釉较厚，坯体可能难以承受。

透影白瓷的装饰较为简单，目前发现的除有立体雕刻外，还有贴花装饰。多足砚与隋代常见的兽足砚型制相同，但形体较小，做工极为精细，晶莹剔透，根据其形体分析，这种砚似乎没有多大的使用价值，估计是奢侈的观赏品。其它杯盏类器物没有发现附加装饰，但造型极其讲究，一丝不苟。碗和杯仍然保留着隋代以前的器外施半釉时代特征。

三　邢窑透影白瓷烧制成功的原因

我国古代陶瓷的发展很不平衡，南方江浙一带在汉代以前就开始大量烧制青瓷，而北方地区在时隔了近五个世纪后的北朝晚期才开始学烧青瓷。然而就在北方青瓷开始烧制后的几十年当中就已发明了白瓷，并且又很快烧制成功了与现代瓷器相比毫不逊色的透影白瓷和半脱胎瓷器。这种细瓷从原料配制成型到烧成都很复杂，特别是薄胎瓷，最薄处不足 1 毫米，各个环节的制做难度更高，可以说窑工在制坯时稍微喘口气就可能前功尽弃。那么，为什么邢窑窑工在不长的时间里首先创制出了如此高级的细瓷，笔者认为主要有以下几个方面的因素。

首先，优质的制瓷原料是细白瓷产生的最基本条件。我国北方地区富产高岭土，而且还有丰富的石英和长石等制瓷原料（见表二）。这些原料含铁量较低，煅烧后具有较高的白度，一般埋藏较浅，易于开采。因而远在龙山文化时期以至商代晚期，河南、河北、山东一带的先民就已经能烧制用高岭土做成的白色陶器[13]。虽然这种白陶没有直接转烧成白瓷，但由此可知，人们对高岭土能够烧制出细致白净器物的认识由来已久。

其次，制瓷技术的普遍提高是这种精细白瓷产生的必要条件。魏晋南北朝时期，虽然战争较多，但由于国界不定，时分时合，南北方民族交流增多，南方的制瓷技术也传入了北方。北方的手工业者在学会了烧制青瓷的同时，逐渐地发现了制做白瓷的原料，而发明了白瓷。由于北方民族生活在雪的海洋里，对白色可能有一种特殊的崇尚心理，这种尚白心理也有力地促进了白瓷的产生。故此，白瓷出现以后便很快被北方地区的人们所接受，并开始大量使用。

在透影白瓷烧制之前，邢窑的工匠就掌握了烧制普通白瓷的知识，大规模地烧制白瓷。从窑址调查情况看，隋代邢窑烧制白瓷的窑场很多，除内丘城关窑场外，还有北大丰、中丰洞和临城陈刘庄等，规模很大，其产量几乎赶上了青瓷。因此可以说，邢窑有着雄厚的白瓷基础。而且如前所述，他们已掌握了配制细白瓷所需的各种原料及性能，懂得了使用白色化妆土来掩盖胎料较粗糙的不足，成型技术也相当熟练，烧成技术已日臻完善，烧成温度已高达1280℃，这些都说明了邢窑工匠的制瓷技术已达到了一定的高度。

另一个重要因素是筒状匣钵的发明为透影白瓷的烧成提供了重要保证。统计结果表明，在36平方米的探方中就出土了200多件筒状匣钵，这些匣钵质量很好，胎骨坚硬，胎料细于其它同时期的窑具。这种匣钵系专门烧制细白瓷的，一钵一器，可重复使用多次。这种隋代筒状匣钵的大量出土在我国北方地区尚属首次，是透影白瓷烧制成功的前提条件。

表二   邢窑附近制瓷原料的化学组成

原料名称	产地	外观特征	氧化物含量%									
			SiO_2	Al_2O_3	Ti_2	Fe_2O_3	CaO	MgO	k_2O	Na_2O	烧失	总量
石英	邢台	乳白色、块状	98.04	0.10	0.01	0.07	0.18	–	–	–	0.12	98.52
长石	内丘神头	浅粉红色、斜方形	64.23	18.57	0.01	0.13	0.67	0.80	11.02	2.60	–	98.03
红沙石	临城祁村	紫红色、沙块状	53.14	32.57	0.50	0.28	0.22	0.16	0.29	0.14	13.98	101.28
白矸土	临城竹壁	灰白色、块状	57.75	29.10	0.71	0.36	0.23	0.27	0.55	0.23	10.64	99.84
釉土	临城水南寺	灰绿色、土块状	60.32	20.53	0.52	1.41	4.03	6.88	5.22	0.09	–	99
煅烧长石碎块	西关北探方中出土	白色、斜方形	66.21	17.92	–	0.15	1.03	–	14.30	1.12	–	100.73

另外，也不排除政治环境对这种白瓷产生的影响。隋朝的统一，结束了魏晋以来战乱和割据的局面，生产力得到了解放，各种手工业和科学技术得到了飞速发展，客观上为邢窑生产的大发展提供了政治保证。隋朝后期，隋炀帝奢侈腐化，不惜代价动用大量民力开凿大运河，营建东都洛阳，建造大型豪华船只，还到处派人从各地征集奇材异石运往洛阳等，同时一些地方官吏更是搜刮民财，趋炎附势。邢窑透影细白瓷的产生应与这种社会氛围有着某种联系。而这种高级白瓷成本必然很高，普通老百姓根本不适合使用，而且也享用不起，因此，透影白瓷很有可能是专为皇上烧制的贡品。

四　小　结

《中国陶瓷史》中写到："薄胎瓷开始于明永乐时期，但永乐的薄胎只是半脱胎，到成化时，其薄的程度达到了几乎脱胎的地步。"邢窑隋代薄胎器的厚度不足 1 毫米，已达到了半脱胎的地步。这一发现将我国薄胎细白瓷的创烧时间提前了近十个世纪。

　　唐代早期，经过隋末的战争和隋炀帝的残暴统治，国力下降，百废待兴。当权者汲取了隋朝灭亡的惨痛教训，故而采取了较为开明和宽松的政策，使农民得到了一定的土地。这时的邢窑窑工也无需花费大的代价去烧制这种奢侈的瓷器了，这种高级白瓷的烧造技术也可能因此失传。但不可否认，它必定为中唐时期邢窑白瓷的大发展奠定了良好的基础。

　　（作者单位：临城县文物保管所、河北省文物研究所）

引用文献：

① 杨文宪、张祥生《古代部分陶窑炉初探》，《中国古陶瓷研究》，科学出版社 1987.12.329 页。

② 叶喆民《三议邢窑》，《河北陶瓷》86.4 期

③ 王莉英《关于白瓷的起源及产地》，《中国古陶瓷研究》创刊号 45 页。

④ 李国桢、郭演仪《中国名瓷工艺基础》，上海科学技术出版社 15 页。

⑤ 陈尧成等《邢窑隋唐细白瓷研究》，89 年上海古陶瓷科学技术国际讨论会论文集。

⑥ 程在廉《古陶瓷地质学初探》，邢窑研究鉴定会资料未刊稿。

⑦ 同④。

⑧ 周仁、李家治《中国历代名窑陶瓷工艺的初步科学总结》，《中国古瓷研究论文集》，轻工业出版社 123 页。

⑨ 同④。

⑩ 同⑧。

⑪ 同④。

⑫ 周仁、佟明达《十年来的中国科学——陶瓷》，《中国古陶瓷论文集》，轻工业出版社 106 页。

⑬ 同④23 页。

⑭ 《中国陶瓷史》，文物出版社 73 页。

桂林出土的唐代邢、定窑白瓷及相关问题探析*

李 华　王小芬　王玉玲

一　出土地点概况

近十年来，随着桂林市旧城改造步伐加快，城市考古已上升为日常工作的首位。笔者在工作之余，长期致力于对各基建工地挖土方所揭露的文化层观察和资料收集，发现桂林自建城以来，各时期都有一些外地陶瓷传入，而来自北方的白瓷则以唐代邢窑和定窑为最多。由于唐代邢、定二窑白瓷的造型、胎质、釉色及烧造工艺十分相似，笔者曾请教过不少研究北方窑的同行，都没能将这二窑的产品绝对区分清楚，故在此只好将它们统称为邢、定白瓷，作综合研究。通过对唐城内外 180 个工地进行观察，发现邢、定白瓷的基建工地共 20 个。在唐代桂州城内的有：正阳路的市建设银行、市就业培训中心，依仁路的百花剧场、总商会，中山中路的八桂大厦、桂林酒家等 6 处工地；属寺庙遗址的有：西山的苏军烈士墓（唐、西庆林寺）、文明路的市人民医院东北角宿舍楼、原留医部楼、原洗衣房及民主路的原市广播站、民主路小学教工宿舍楼（均属唐、开元寺），三多路古城门边的公安局宿舍等 7 处工地；其余分别在唐城南郭的民族路西门菜市旁、环湖南路的市委大院、西城路的桂北建筑公司、白果巷的市土地局、区建设工程勘察公司桂林办事处、中山南路的市中国旅行社等 7 处唐代居民和市贸集中地。出土白瓷残片 180 余块。由于大多工地采用机械挖土，施工又多在夜间进行，所发现邢、定白瓷的工地及收集到的残瓷资料远不如实际存在的多。

二　邢、定白瓷的特征及伴存品种

桂林各基建工地出土的邢、定白瓷残器、片，少则一、二块、多则数十块。碗占了绝大多数，仅

---

* 《文物春秋》1997 年增刊

见盘三个、罐、盒、钵各一个。它们的共同特征是胎色洁白、质坚致细腻、釉均匀清亮，聚釉有泛青、泛黄两种，不施化妆土。碗分4式：I式碗唇口，唇宽窄不等，大多唇口中空，可见是口沿卷折而成。浅斜弧腹，璧足和环足兼有。II式碗敞口，圆口沿，弧腹、窄环足。III式碗敞口、口沿微撇，五瓣花口，内壁出筋，腹较斜直，内心较平，厚圈足。IV式撇口折沿，五瓣花口，弧腹，厚圈足微撇。盘撇口折沿，四瓣或五瓣花口，斜弧腹，厚圈足微撇。罐仅见部分下腹，内壁有指压旋胎痕，内外满釉，器形不明。盒有子口，内外满釉，缺底部及盖。钵敛口内平折沿，外沿凸边压成波浪形花边，鼓腹，内外满釉，下部不明。碗盘内心都没有支烧痕。外釉大多至足根，故施釉后需将足底粘上的釉刮除，以免与匣钵粘连，足底多见不规整的刮削痕。部分外釉不及底的则足底不必刮削，故保留有挖足时的旋削痕。

上述白瓷多出土于唐代遗址中的灰坑、水井及火烧房屋后的建筑垃圾层中，伴存的还有各种陶瓷残器片。与长沙窑青釉、彩绘瓷共存的工地共17个，其中既有长沙窑又有越窑青瓷的工地共4个。与来自西亚的波斯陶罐残片共存的工地共3个，其中既有长沙窑、越窑，又有波斯陶的工地有2个。这些碗盘也大多是璧足和环足。长沙窑器不但有青、褐、黑、乳浊白釉和绿釉，很多碗、盘、壶、罐、钵、枕上都有贴塑和褐绿彩绘。这些小群落的组成为我们研究这些灰坑的时代提供了可信的参考资料。

三 几个相关问题探析

1、出土白瓷的窑属 从邢、定二窑的调查资料得知：邢窑初唐开始发展，盛唐以后一直享有盛名，晚唐质渐差。定窑在晚唐以前一直与邢窑产品的烧造工艺相同，实属邢窑系的一支，故邢定难分。以后质愈佳，逐步形成了定窑的特色，到五代、北宋已取代了邢窑的盛名，使人只知定而不知邢。从邢、定二窑的发展史对照桂林出土的这些唐代白瓷，早期碗除璧足较宽之外，碗壁和底心也多厚重，聚釉多泛青或黄，属邢窑的可能性较大。璧足较窄及与环足、厚圈足碗盘伴同出土的，则碗壁及底心较薄。这类器物的釉色更白，有些呈牙白色，器外壁釉中常见流釉（俗称泪痕），已出现了宋代定瓷上的早期工艺特征。据此推测，这其中相当一部分应属定窑产品。

2、出土白瓷的时代 从陶瓷考古资料得知，碗的璧足出现于唐代中期。此时的越窑、长沙窑、寿州窑等青瓷系及邢窑、定窑、巩县窑等白瓷系的碗中都出现了这种挖足特征。随着时间推移，璧足越挖越窄，晚唐多演变成环形足。其中一些大碗盘及较精致的产品足挖得更窄，已成了厚圈足。但是，并不是环足的出现就意味着璧足消失了，也不是圈足的出现就取代了环足。它们是相继出现并有一个相互共存的阶段。笔者在长沙窑址考察时就注意到，同层次的残器中，大碗大盘已挖成窄环足或厚圈足了，较小的斜直腹斗笠碗却仍是璧足。在桂林一些唐代灰坑中，这种情况也不断得到印证。一些属单件出土或数量少的白瓷唇口璧形足碗，伴存的长沙窑青瓷碗也都是璧足。批量出土的则有多种式样并夹杂璧足、环足和圈足。伴存的越窑青瓷碗也是大者呈环足，斗笠碗呈璧足。长沙窑的碗盘足则是三种兼有。如果前种灰坑属中唐，后种则应该是晚唐。在陕西扶风法门寺地宫出土的瓷器中，也见有邢窑白瓷唇口璧足碗和越窑青瓷五瓣花口圈足盘共存。这批器物入藏地宫的时间是唐乾符元年，距唐结束仅有33年。可见璧足碗从中唐至晚唐并未间断，圈足碗盘也不是如习惯认为五代始有，而是晚唐已出现。

3、传入原因　在桂林唐代遗址中，邢、定白瓷虽多于越窑青瓷，但所占比例还是极微的。尽管李肇在《国史补》中说："内丘白瓷瓯、端溪紫石砚，天下无贵贱通用之"。但它们还是受地域所限，销售范围不可能遍及全国。加上当时南方青瓷窑场不在少数，产品已足够当地生活需求，故没有必要去北方长途贩运瓷器。桂林这些白瓷多出土于衙署、寺庙及市贸聚散地遗址中，又都是单件装烧成的细瓷，没有火候欠缺的次品及粗瓷，伴同出土的还有当时著名的越窑青瓷碗，它们应是北人南来时随身携带的自用瓷（不排除礼品性质）。唐代的桂林是岭南道仅有的两个中都督府之一（广州、桂州），也是中原通往岭南水路要道的第一大站。中央派往岭南各州县任职的官员、南来北往的客商及游方僧侣都常在桂林停留。天宝年间，鉴真和尚第五次东渡失败后，从雷州半岛登岸溯江北上，还在桂林开元寺中休整了近一年，并为地方官员及赴考举子受戒。由此推断，桂林唐代遗址中出土的这些白瓷是来桂的官、商、僧携来自用，损坏后所丢弃的，也有些人将携来的这些名窑瓷器舍给寺院，故开元寺遗址范围内发现邢、定白瓷的工地数量及出土瓷片的总数最多。

4、传入时间　在桂林出土的邢、定白瓷碗中，还没有发现比璧足更早的时代特征，可见是在邢窑白瓷出名之后，才有人不远万里带到南疆。长沙窑的釉、彩装饰中唐始有，晚唐最多，从扬州唐城考古资料中得知波斯陶器多出土于晚唐文化层中。由于五代十国的战乱和地方割据，完全改变了由中央委派地方官及官员轮换制度。"愿作太子犬，不做离乱人"是当时百姓饱受战争劫难和离乱之苦的真实写照和深刻体会。在这种社会环境中，南北商旅也是不可能的，因此，桂林五代时期的文化层中再也见不到北方陶瓷。由此可以认为：邢、定白瓷从中唐始有传入桂林，晚唐更多。一百多年来，它在桂林人的生活用瓷中曾占有一席之地，但对桂林地方窑业却没有产生任何影响，五代时又悄然退出了。

（作者单位：桂林市文物商店）

唐、五代邢、定窑白瓷在长沙的发现及
其对湖南制瓷的影响[*]

李建毛

　　解放以来，长沙地区的唐、五代墓中出土了大量白瓷器，在长沙烈士公园的五代灰坑中也发现不少白瓷。这些白瓷的发现，引起了陶瓷学界的普遍关注，"近三十年来，今江苏、浙江、湖南、广东、福建省境发现的墓都有白瓷出土，尤以湖南为多"[①]。高至喜先生根据自己多年的田野发掘和潜心研究，于 1984 年发表了《长沙出土唐五代白瓷器的研究》[②]一文，对长沙出土的白瓷进行了统计、分型分式，并就其年代、产地及"官"字款白瓷等问题进行了考证，许多观点现在看来仍非常中肯。本文就邢、定窑产品在长沙的发现以及对湖南制瓷业的影响作粗浅探讨，求教于方家学仁。

　　据高先生统计，"过去认为属于长沙地区唐墓出土的白瓷器已经见于报道的约有 24 件，其实可定为唐代产品约只有 14 件，其余应分属于五代或北宋，加上没有发表的大概共有 60 余件"。以碗、盒、碟等器物最为常见。而五代"已发表的只有碗、盒、唾盂、罐等 28 件，加上原定为唐墓而实为五代出土的 6 件共计 34 件，出土总数约为 110 余件"。由上可以看见湖南五代白瓷数量大有增加。近年来为配合城市基建，长沙清理了大批古墓，又出土了不少唐、五代白瓷，尤以中南工大校园晚唐墓出土为多。

　　关于这些白瓷的产地，高先生认为没有邢窑产品。笔者认为有小部分当为邢窑白瓷，如文中 I 式厚胎大圈足碗，"壁作弧形，圈足大而矮，作玉璧状，足心很浅。仅上半部施釉，下部及圈足露胎。"II 式唇口碗，"胎较薄，敞口，器壁斜直，口沿处凸起似口唇，圈足作玉璧状。"这些应为邢窑产品，唇口玉璧圈足碗是邢窑常见的器形。邢窑碗玉璧底中心通常有釉，但也有无釉的现象。"玉璧底中心施釉者为高级瓷，不施釉者为一般用品"[③]。以釉色看，这些碗有的偏黄，与"类银"、"类雪"的邢窑似乎不符。笔者细察发现部分釉色偏黄者乃因埋藏多年土蚀所致，所以常有碗里因土蚀釉色泛黄，碗外却釉色洁白的现象。承蒙湖南省考古研究所张一兵先生相告，中南工业大学晚唐墓中出土了数件邢窑和定窑白瓷。此外，长沙窑窑址中也发现了邢窑白瓷残片。

　　湖南其它地区也发现邢窑白瓷，1978 年在益阳县赫山庙"岳州长史"墓（葬于唐宝应二年）出土的一件白瓷[④]，是湖南发现最早的邢窑制品。此碗高 4、口径 15、足径 8.2、圈玉边 2.3 厘米，胎体厚

* 《文物春秋》1997 年增刊

实，玉璧形圈足，口沿处向外凸起，除底部露胎外，通体施白釉，釉色晶亮，白釉下有一层乳白色护胎粉，稍带浅黄色。报告认为这是南方白瓷窑产品。其实此碗的造型、施釉手法、釉色都与邢窑窑址出土粗Ⅳ式玉璧底大碗[⑤]相同。

对于邢窑产品的流入湖南地区，并不足奇，唐李肇《国史补》："内丘白瓷瓯，端溪紫石砚，天下无贵贱通用之"。既然是畅销海内外的产品，湖南地区也自然在其销售范围之内。"安史之乱"使北方长期卷入战火，邢窑所在地先是沦为安禄山、史思明叛军的后方基地，安史之乱平息后，"河朔三镇"是割据势力最强的地区，为患最烈。当地及中原居民为避战祸，大量南迁。而中唐以后湖南一直较为安定，自然成为北方居民的避难之所，据《旧唐书·地理书》载："桌至德后，中原多故，襄、邓百姓及两京衣冠尽投江、湘故，荆南井邑，十倍其初"。在举家南迁的衣冠之族中，所携之物应包括作为日常用品的瓷器，自然也有深受北方居民喜爱且质量上乘的邢窑白瓷。同时中晚唐湖南商业繁荣，出现许多商业都会、墟市，兼营南北之货，邢窑白瓷源源不断输入湖南。

邢窑白瓷对长沙窑的影响也是显而易见的。安史之乱是唐由盛转衰的分水岭，这时期长沙窑的制瓷风格也有重大变化。在此之前，长沙窑受岳州窑影响，只生产青瓷，从胎釉、造型特征都可看出它与长沙窑的传承关系。在此之后，长沙窑逐渐脱离岳州窑的圭臬，受南北制瓷风格的交汇影响，出现釉下褐绿彩绘瓷、黄釉瓷、绿釉瓷、白瓷。变化之因可能由于当时南迁的大量人口中夹杂有唐三彩、邢等窑陶瓷工匠。这些工匠在南方定居后，或改从它业，或依附于当地窑场重操旧业。长沙窑白瓷的出现或许与南迁的邢窑工匠有关。1983年湖南省博物馆对长沙窑遗址进行科学发掘时，在窑址中发现了邢窑白瓷残片，这是长沙窑受邢窑影响的直接证据。

长沙窑白瓷种类有碗、碟、杯、瓶、枕、壶等。釉作乳浊式或呈浅灰色，状如凝脂，润泽而不甚光亮，或有碎纹，不如"类银"、"类雪"的邢窑瓷洁白。胎多为灰白色，断面含有细砂，不如邢窑细腻致密。这种差别一是说明两地原料的不同，二是说明长沙窑白瓷生产技术不如邢窑。受邢窑影响，长沙窑也往往在胎上施一层化妆土，以增加釉面的洁白度。造型上，长沙窑白瓷与邢窑造型多相同或接近，如碗为玉璧形圈足，卷沿，或施半釉，或施满釉，部分底中心有釉。受这种造型影响，长沙窑的青瓷碗足也由圆饼形变为玉璧形。这类情况在长沙窑瓷中比较常见，如窑址中出土的绿釉瓷背壶，是典型的北方牧民风格的器物造型，壶小口，两侧内凹，每侧上下有两个桥形系，以牢绳系带，便于提携外出旅行。我们可在邢窑制品中找到完全相同的造型，只有釉色不同而已。双鱼形穿带壶在长沙窑瓷中较为常见，邢窑也有，河北井陉便出土一件造型相似的五代邢窑白釉瓷壶。此外，在两窑制品中还可找到造型相同、大小相仿的海棠杯。

长沙唐五代、宋初出土的定窑白瓷比邢窑多。1978年长沙市文物工作队在国防科技大学校园内发掘的晚唐墓中出土了四件白瓷碟，薄胎，或作莲花形，或作荷叶形。其中一件圈足，内刻划一"官"字款[⑥]，其风格与浙江临安钱宽夫妇墓所出"官"字款白瓷碟相同，从施釉方法、圈足修理手法及"官"字的刻划均可看出属定窑产品。另1952年在长沙龙洞坡清理的827号唐墓中出土的一件白瓷壶，高21厘米，喇叭口，细颈，丰肩，深腹，假圈足，肩附管状短流，柄上附一圆头带状装饰条，胎白坚细，是定窑精品。造型完全相同的制品，1965年在河北省曲阳县许城出土一件，且高度相等。1955年长杨墓77出土的白瓷唾盂，也是定窑上乘之作。此盂敞口，上折唇，束腰，鼓腹，圈足露胎，釉色白中泛青，制作精细。1964年在长下墓17:2出土的三角形白瓷碟、在赤峰大富辅辽墓中出土四件风格相同的白瓷碟，且底刻"官"字，应为定窑产品。此外 1956 年长在墓 18 出土的白瓷壶，1964 年长下扬墓 7 出土的罐等制作精细，釉色泛青，从胎、釉及底足处理看应为定窑产品。

长沙发现五代定窑产品比唐朝要多，这与马殷积极与中原通商有关。他采纳谋士高郁的建议，在京师、襄、唐、郢、复等地区置邸客售茶，获利几十倍，同时实行"听民摘山"、"听民售荣北客"的政策，大量向中原倾销茶叶，换回当地特产。刘仁恭控制河北诸州时，就曾"禁南方茶，自撷山为茶，号山曰大恩，以邀利"[7]。可见南方茶叶已占领了河北市场，换回的当地特产中必有定窑白瓷。此外，马楚政权每年向中原进贡茶叶数万斤，中原朝廷则给马楚政权一定的赏赐，定窑产品物优质美，许多是为中原朝廷"官"府生产的，自然也在赏赐之列。

但长沙也出土许多似定窑实非定窑的白瓷，这类瓷器胎薄如纸，装饰以印花为主，多为莲花、双蜜蜂、蝴蝶等，但釉色偏黄，胎质疏松，火候较低，没有完全烧结，胎、釉结合较差，时有剥釉现象。所以陈万里、冯先铭、高至喜等先生认为其胎质成份和特征与湖南窑瓷胎质吻合，故极有可能是湖南产品。笔者认为它应是仿定窑的湖南白瓷，它与长沙窑后期产品存在某种关系。如这类白瓷中常见的高圈足方形粉盒，器身和盖作圆或方形，下方喇叭形高圈足，盖上往往饰有莲花、圆点、菱形和线条等。粉盒，特别是高圈足方形粉盒盛行于南方，长沙窑瓷中非常普遍。湖南省博物馆和长沙市博物馆都收藏不少，且白瓷中的高圈足盒与长沙窑第三期中的 LA117 号盒的造型一致，白瓷中的圆形盒与长沙窑的 II 型盒相近。长沙地区出土白瓷粉盒外底无釉，有的刻有"官"字，56 长砚墓 5：5、59 长北墓 1、64 长下扬墓 17 出土的高圈足圆形盒底都刻有"张"款，且风格相同，似出自一人之手。窑中除有"官"等款外，未见"张"字款者。另外有的粉盒白釉中饰有绿彩，这也是在定窑中未有的。但长沙窑瓷中白釉绿彩较为常见，有白釉绿彩执壶、白釉绿彩瓷碟、白釉绿彩瓷枕等，绿彩以铜为着色剂，没有任何规则图案，只是随笔任意划成，故有飘逸之感，长沙地区出土白瓷上的绿彩也是如此。同时长沙窑青釉褐彩贴花瓷壶上也有"张"字徽号，与白瓷"张"字书写风格相近。此外，长沙出土的一些白瓷碗、碟与长沙窑同类产品也很相似，尤其是器物的底部，如圈足及接近圈足处露胎，有"釉泪"现象，足心稍外凸，圈足向两侧斜削。

以上说明在晚唐、五代时期，长沙窑或长沙附近某处受定窑影响生产白瓷，只是窑址尚未找到。"我们长江以南地区迄七十年代末尚未发现唐代烧白瓷的窑址，但也不能就此断定南方的诸窑场不曾烧过白瓷"[8]。

（作者单位：湖南省博物馆）

注　释

① 中国硅酸盐学会《中国陶瓷史》，第 202 至 203 页，文物出版社 1982 年。
② 《文物》1984 年 1 期，以下引文中未注明来源者均引自此文。
③ 同①第 204 页。
④ 益阳县文化馆《湖南益阳县赫山庙唐墓》，《考古》1981 年 4 期。
⑤ 河北临城邢瓷研制小组《唐代邢窑遗址调查报告》，《文物》1981 年 9 期。
⑥ 长沙市文物工作队《长沙唐墓出土带"官"字款白瓷器》，《湖南考古辑刊》第 2 辑。
⑦ 《新唐书》卷 212《刘仁恭传》。
⑧ 同①第 202 页。

论扬州出土的一批唐代邢定窑白瓷[*]

李久海　朱薇君

　　唐代扬州是我国东南沿海一座最繁华的商业都市和著名的对外贸易港口。近年来随着旧城大规模的拆迁改造和城市考古工作的不断展开，使沉睡于地下千年之久的唐代文化堆积，终于被揭示出来，先后发掘出土了一批重要遗迹和遗物，尤其是，各类窑口的陶瓷器大量发现，而引起了人们的极大关注。

　　历史上扬州地处江淮，枕淮水，面长江，临大海，地理自然条件优越，有丰富的物产资源。自隋炀帝开凿大运河以来，这里便成为我国重要的南北水陆交通枢纽和最大的商品集散地，从而促进了唐代扬州政治、经济、文化、交通的空前繁盛。据《资治通鉴》等史书记载，唐代"扬州富庶甲天下"，时称"扬一益二"。交通便利，各地的富商大贾纷纷集聚扬州，其中还有相当一部分为波斯的胡商，他们有的长期居住扬州，经营各类金银首饰、珠宝玉器，丝绸和陶瓷制品等，有的则专门从事内外商口的转运。著名的海上丝绸之路，有很多商品是由扬州而远销世界各地，对增进各国人民之间的友好贸易交往，起到了十分重要的推动作用。

　　从目前城址考古中所揭示的唐代文化堆积分布情况看，凡地下唐代文化堆积和陶瓷器出土丰富的地域，似乎都没有离开唐代城内官司河沿岸和商业繁华的"十里长街"周围。由此而说明，扬州唐代陶瓷器的大量发现，其中除部分为当时人们在日常生活中所用遗物堆积外，更多的则是商品瓷，在经销或转运过程中损坏的遗物堆积。如在市区汶河（唐代官河）路东西两侧的基建施工中，发现地下各类陶瓷片堆积如山，犹如窑址周围的废品堆积场。同时，也发现有的地方各类窑口的瓷器都非常丰富，有的地力则较单纯，为某一窑口的产品。比如说，在汶河北路的西端兰天大厦工地，在面积南北长约100、东西宽约70米的范围中，东西出土的瓷片堆积截然不同。东部为较纯净的长沙窑产品，西部则为单一的洪州窑产品，不但数量多，而且器物保存相比较完整，有的只是口沿略有残缺。像这样堆积丰富、面积较大而又不同的窑口分布堆积，决不可能是人们在日常生活中的废弃堆积物，而应为商品经销或转运的堆积场。唐代扬州是我国一个重要的商品集散地和对外贸易港口，其陶瓷制品的外销，开始逐渐成为我国外销市场上一项畅销商品。特别到了唐代中期以后，随着陶瓷工艺技术的普遍提高，

* 《文物春秋》1997 年增刊

以及长沙窑的迅速崛起和釉下彩的出现，突破了过去青瓷中单一色彩，丰富了陶瓷工艺装饰艺术，对开拓内外市场，起到了积堆的推动作用。这时期的长沙窑产品和巩县窑三彩器，在外销瓷中独占鳌头，形成了风靡当时国际市场的抢手货，尤其是东南亚和西亚各国。而这些外销商品，大多数是通过扬州而转运出口，故而在扬州城址中留下了极其丰富的唐代陶瓷堆积。扬州出土的唐代陶瓷器，无论从器形种类，还是从窑口的类别上来区分，均为国内其他地方所罕见，种类齐全，造型精美。器形丰富多彩，由大型器：壶、罐、盆、钵，到小型器：水盂、盒、瓷塑玩具等。青瓷、酱釉瓷、白瓷、彩瓷、青花瓷、绞胎瓷、三彩器、波斯陶等等，无所不有，犹如一座地下陶瓷博物馆。主要窑口有越窑、宜兴窑、寿州窑、洪州窑、长沙窑、巩县窑、邢窑和定窑等。扬州出土的唐五代白瓷主要为北方三大窑口的巩县窑、定窑和邢窑。本文就近年来在城址考古发掘中，出土的一批邢窑和定窑白瓷，作一论述，供各位代表、学者参考。

　　这批邢窑和定窑白瓷，主要器形有壶、罐、钵、瓶、盒、杯、盂、碗、盘、盏、托，其中以碗、盘、盏为最多见。白釉、白胎，修胎规整，器形匀称，多薄胎。胎质纯净洁白，胎骨细腻，瓷化程度极高，施釉均匀，釉面光滑莹润，气泡极少，一般无开片，光洁度好，多为邢定窑产品中之上品。现按窑口择其重点分别介绍如下：

　　邢窑：

　　执壶：敞口，圆唇，直颈，溜肩，鼓腹内收，假圈足，足心微凹，短圆流，双股扁圆把首，近似鸡首状。白胎，胎质细腻、洁白而致密；白釉，外釉基本到底，内口颈部施釉，釉面均匀光亮，无开片，积釉处微泛水绿色，口径8、底径8.4、高21厘米（图一：1）。

　　瓶：敞口，厚圆唇，直颈、溜肩，鼓腹内收，卧足，胎釉同上，口径8.5、底径9、高26.2厘米（图一：2）。

　　钵：可分三式，其主要区别在口沿部分。

　　1式，敛口，圆唇，宽沿外撇，鼓腹，圈足，足圈底刮削明显，呈斜棱形。白胎，胎形规整，胎壁较薄，胎质洁白细腻，致密而坚实。施釉均匀，釉面洁白光亮，无开片，内施满釉，外釉不及底。口径14、底径8.7、高8.5厘米（图一：3）。Ⅱ式，敛口，圆唇，宽边沿下有一道波浪形纹饰，其它均同上。口径11.5、底径6、高5.7厘米（图一：4）。Ⅲ式，直口微敛，唇口较薄，弧腹，其它同上，口径11、底径5.2、高6.9厘米（图一：5）。

　　花口盘：圆唇，斜直壁折腹，大平底，圈足，器形规整、沉稳。腹部五条出筋与口沿缺口相连。白胎，胎质细腻坚实，内外满釉，足底无釉，釉面莹润洁白，积釉处微泛水绿色，光洁度好，无开片。口径20.2、底径7.8、高4厘米（图一：6）。

　　盏托：斜口，折腹，圈足，花口四缺与腹部出筋相对应。白胎，胎质细腻而致密，瓷化程度较高，釉面光润，积釉处微泛水绿色，

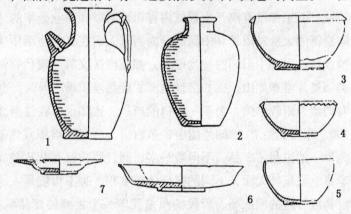

图一　扬州出土的邢窑白瓷

1.执壶　2.瓶　3.Ⅰ式钵　4.Ⅱ式钵　5.Ⅲ式钵

6.花口盘　7.盏托（均1/6）

无开片。口径14.5、底径5.8、高2.3厘米（图一：7）。

定窑：

粉盒底：子母口，尖唇，直腹折收，饼足。白釉、白胎，胎质细腻致密，釉面均匀光亮，子口部无釉。口径6.4、底径3.8、高4厘米（图二：1）。

长椭圆形杯：花口，斜腹，腹部有二条对称的弧形出筋，圈足，白釉白胎，胎质细腻致密，釉面光润微泛青灰，通体施釉，足端无釉。整个造型仿漆耳杯形，口径长16.4、宽9.4、底径长6.9、宽4、高4.8厘米（图二：2）。

委角方盘：敞口，斜直腹折收，圈足，盘边近方形，四角内凹与腹部山筋相连，内壁底模印花纹。白釉、白胎，胎壁较薄，胎质洁白细腻而致密，通体施釉，足端无釉，釉面均匀光亮微泛灰青。口沿对应边径12.4、底对应边径6.3、高2.6厘米（图二：3）。

浅腹盘：可分四式。Ⅰ式，斜直口，圆唇，折腹内收，圈足，足端内外刮削呈棱形，白釉、白胎，胎质较细腻致密，内施满釉，外釉到底，足底无釉，釉面不太均匀，釉层较厚，有裂纹。口径31、底径10.5、高6厘米（图二：4）。

Ⅱ式，敞口，折腹，底部较平，圈足，足端有刮削痕，口沿五缺呈花口与腹部出筋相连。白釉、白胎，胎质细腻致密而坚实，内外满釉，足端无釉，釉面光润，积釉处略泛绿。口径20.2、底径8、高4.2厘米（图二：4）。

Ⅲ式，敞口外侈，圆唇，斜折腹，圈足，其它同上，口径15.4、底径6.1、高3.8厘米（图二：4）。

Ⅳ式，敞口略外卷，斜腹内收成平底，圈足，口沿五缺呈花口，腹部无出盘，器形规整，白釉，白胎，胎质细腻洁白，釉而微泛青，口径14、底径7.9、高2.9厘米（图二：4）。

深腹盘：可分三式。

Ⅰ式，花口，圆唇，斜腹微弧，圈足，白釉，白胎，胎壁较薄，胎质细腻洁白而坚实，瓷化程度极高，内施满釉，外釉到底，底足无釉，釉面莹润，无开片，造型规整美观。口径15.8、底径6.1、高3.8厘米（图三：5）。

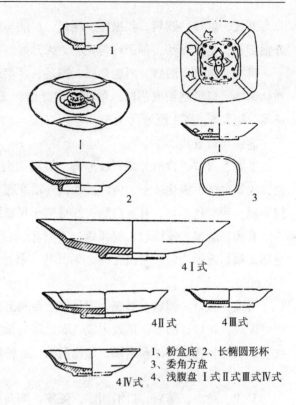

1、粉盒底　2、长椭圆形杯
3、委角方盘
4、浅腹盘　Ⅰ式Ⅱ式Ⅲ式Ⅳ式

图二　扬州出土的定窑白瓷（1）（1/6）

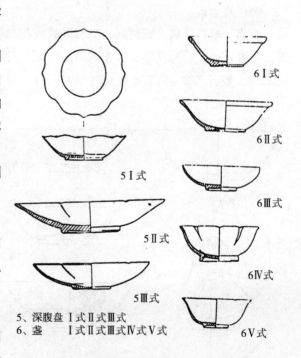

5、深腹盘　Ⅰ式Ⅱ式Ⅲ式
6、盏　　　Ⅰ式Ⅱ式Ⅲ式Ⅳ式Ⅴ式

图三　扬州出土的定窑（2）（1/6）

Ⅱ式，敞口，圆唇，斜撇腹，圈足，口缺与腹部山筋相连，白釉，灰白胎，胎质致密，内施满釉，外釉到底，足底无釉，釉面均匀光亮，无开片。口径24.5、底径9.6、高5厘米（图三：5）。

Ⅲ式，敞口，圆唇，斜腹微弧，圈足，足端近倒梯形，白釉，白胎，胎质细腻而坚实，胎壁较薄，通休满釉，口沿刮釉成芒口，釉面均匀光洁，无开片，花口与腹部出筋相连，内底有刻划纹，口径18.5、底径6、高4厘米（图三：5）。

盏：共分五式。

Ⅰ式，敞口，口沿外翻折成厚唇，唇沿剖面尚有孔眼，斜腹，玉壁底。白釉，灰白胎，胎质较疏松，火候欠佳，施化妆土，内施满釉，外釉到底，足部无釉，釉面有花斑。这类器形，往往多出现火候不到，胎变色不匀，有灰白胎、红褐胎和灰黑胎。口径12.6、底径5.2、高4.5厘米（图三：6）。

Ⅱ式，敞口，厚圆唇，斜弧腹，玉壁底。白釉，白胎，胎质细腻而洁白，胎壁较薄，内外施釉，足部无釉，施釉均匀，釉面光亮，无开片，器形修胎规整。口径14.5、底径6.4、高.4.7厘米（图三：6）。

Ⅲ式，直口，圆唇，弧腹，圈足，胎釉同上。口径12.4底径4.8、高4厘米（图三：6）。

Ⅳ式，花口，圆唇，弧腹内收，圈足略外撇，口沿六缺与腹部出筋相连。白釉，白胎，胎较细腻致密，胎壁较薄，通体施满釉，足端刮釉，施釉均匀，釉面光洁，无开片。口径12.6、底径6.4、高5.4厘米（图三：6）。

Ⅴ式，敞口，薄唇，口沿四缺，弧腹，圈足，白釉，白胎，胎壁薄而致密，通体满釉，口沿刮釉成芒口，釉面均匀光亮。口径11.2、底径4.1、高4.6厘米（图三：6）。

碗：共七式。

Ⅰ式，敞口外侈，满圆唇，口沿五缺成花口，深弧腹，圈足。白釉，白胎，胎质洁白、细腻而坚实，胎壁较薄，胎形规整。内施满釉，外釉不到底，釉面光洁发亮，无开片，积釉处微泛青绿色。口径21.4、底径7.8、高7.8厘米（图四：7）。

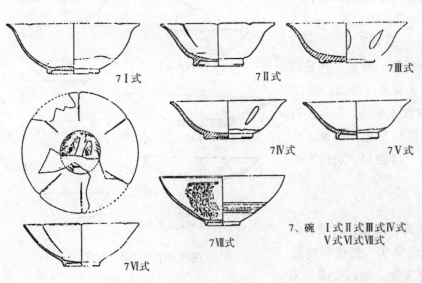

7Ⅰ式   7Ⅱ式   7Ⅲ式

7Ⅳ式   7Ⅴ式

7Ⅵ式   7Ⅶ式   7、碗 Ⅰ式Ⅱ式Ⅲ式Ⅳ式 Ⅴ式Ⅵ式Ⅶ式

图四　扬州出土的定窑白瓷（3）（1/6）

Ⅱ式，敞口，圆唇，深弧腹，圈足，足端内外刮削成近棱形，花口六缺与腹部出筋相连。白釉白胎，胎质洁白、细腻而致密。内外满釉，足底无釉，釉面莹润光泽，无开片。口径18.6、底径8.3、高6.6厘米（图四：7）。

Ⅲ式，敞口，圆唇，深弧腹.腹部呈六条直棱瓜楞状，圈足，足圈较矮。白釉，白胎，胎较细腻，洁白，内外满釉，足部无釉，施釉均匀，釉面光润，无开片。口径19.7、底径8.8、高6.1厘米（图四：7）。

Ⅳ式，敞口，圆唇，深弧腹，圈足，足圈较宽，腹部四条直棱呈瓜楞状。白釉，白胎，胎质细腻致密，内满釉，外釉不及底，釉面均匀光亮，无开片。口径19、底径8.5、高6厘米（图四：7）。

Ⅴ式，敞口，圆唇，深斜腹，圈足，足圈较高。白釉，白胎，胎质细腻致密，内满釉，外釉不及底，釉面均匀光润，无开片。口径17.3、底径6.6、高6厘米（图四：7）。

Ⅵ式，敞口，圆唇，深弧腹，圈足，花口六缺与腹部出筋相连。白釉，白胎，胎壁较薄而细腻。通体施釉，口沿刮釉成芒口，釉面均匀微泛牙黄色，内底为刻划鱼纹。口径19、底径6、高6.6厘米（图四：7）。

Ⅶ式，敞口，圆唇，深弧腹，圈足，足端近倒梯形。白釉，白胎，胎壁较薄，胎质洁白细腻。通体施釉，口沿刮釉成芒口，釉面光洁发亮，外腹下有暗弦纹，内模印花纹。口径20.6、底径5.6、高7.8厘米（图四：7）。

综上所述，扬州出土的这批邢定窑白瓷，二者相比，总的来说，主要区别在造型、胎质、釉色几个方面。邢窑器造型匀称，美观、舒适感较强，修胎讲究，器形规整，一般不见有较明显的轮旋痕，即使器底露胎处，都很光滑工整。器胎一般较薄，胎质洁白细腻、纯净而致密，瓷化程度极高，敲击声清脆，器底往往出现有修削成斜棱状痕。釉层较薄，均匀而莹润，釉面光滑洁白，确有洁白如雪之美，很少出现积釉和流釉现象，积釉处微泛水绿色。而定窑器与相比略次之，器型修胎相对草率，器物腹下往往出现较明显的轮旋痕迹，器底不如邢窑那么光滑工整。胎壁一般相对较厚，胎色洁白不够纯净，出现灰白和黄白胎，有的火候欠佳，出现灰黑和红褐夹心胎，一般都施化妆土。釉层较厚，玻璃感较强，有积釉和流釉现象，釉面有的白中泛灰或泛黄，整个釉色呈象牙黄，积釉处微呈青绿色。

描图：张兆维

（作者单位：扬州唐城考古队、苏州碑刻博物馆）

邢定二窑的关系及制品考[*]

毕南海

一　邢定二窑的历史沿革

邢窑与定窑是河北省境内两座著名的古代陶瓷窑场。它们的艺术成就在我国陶瓷史上占有重要位置，是两颗璀璨夺目的艺术明珠。

邢窑位于河北省内丘县城关及临城县陈刘庄、祁村一带，始自北朝，经过隋代的发展，到唐代成为我国北方著名的白瓷窑场之一。它出产的白瓷胎质坚细，釉色莹润，不仅能满足当时人民生活的需要，还将其精品供宫廷御用和对外出口，使之成为"天下无贵贱通用之"的生活用品。

定窑位于河北省曲阳县涧磁村和东西燕川一带，自晚唐已有烧造，经五代时期发展，到北宋年间已达到很高的水平。其所产白瓷瓷质细腻、釉色甜白，造型挺拔秀美，印花、刻花、划花装饰精美绝伦，开创了胎体装饰制品大量生产的先河，成为北宋五大名窑之一。

二　邢定二窑主要制品特征分析

我们在邢窑遗址考察时，发现内丘县城北关地表散落有北齐时的器物残片，主要是器盖、深腹碗及扁壶残片等。其胎体厚重，釉色灰绿，造型质朴大方粗犷豪放。（图一）

邢窑隋代窑场极其发达，范围较大，绵延数十里。器物品种丰富，主要有多种形制的碗，高足盘、蒜头瓶及四系罐、钵等。特别是出现了用化妆土装饰胎体烧造的青白瓷和用淘洗的精细黏土烧造的玻化细白瓷，都是创造性的惊世之举。隋代的器物造型饱满，旋削工整。已出现匣钵装烧工艺，使制品完好率大为增加。（图二）

---

[*]《文物春秋》1997 年增刊

唐代邢窑在隋代烧造的基础上，更进一步精选胎釉原料，烧制了许许多多的精美白瓷。其制瓷工艺精益求精，所产器物种类比隋代显著增多，盘碗类造型更加精致，并已出现了带压印图案的花口器，杯类出现了高足杯及把杯，出现了带柄的执壶及刻有纹饰的器物。形态丰盈饱满，庄重大方，有一种富丽华贵感。与当时的越窑青瓷形成了"南青北白"的对垒之势。（图三）

五代乱世，邢窑窑场遭到破坏，只是维持少量烧造。其制品质地粗灰、釉下施化妆土，半釉，釉色泛黄。造型多是盘、碗等生活用器，已远不能和唐代邢窑出产器物相比。（图四）

金元时期，我国北方战乱频繁，定窑、磁州窑均南迁。为满足本地对陶瓷制品的需求，邢窑原址附近又恢复了少量生产。但器物的外观及品质已远不如唐代，在装饰上出现了有定器风格的印花、刻花及铁锈花图案等。自元以后，邢窑停烧达八百年之久。（图五）

定窑烧造始自唐代。据窑址出土器物分析，定窑初期所产多是一些盘碗类器物。它们胎质粗灰、笨重，平足厚底，施半釉。瓶类、注类器物多为翻口，短颈、丰肩、半釉、平底。器身饱满，稳重大方，给人以朴实无华的美感。在少量器物上已有印纹及釉彩出现。（图六）

五代时期，定窑制品的胎质逐渐变细，盘碗类器物胎体渐薄，已有花口器及划花纹饰出现。瓶类的颈开始变得修长。这一时期是定窑从始创到顶峰的过渡阶段。（图七）

北宋是定窑的全盛时期，伴随着划花、刻花、印花装饰的发展与成熟，定窑所产器物品种逐渐增多。盘碗类造型精巧别致，圈足制作精细工整，用线挺直，柔中有刚。斗笠碗、花口盘、折腰碗是当时的代表作。执壶类器物多为敞口鼓腹，泥片柄，龙形壶嘴，通体刻花。小口壶上面还有扣盖。瓶器造型种类颇多，有净瓶、长颈瓶、梅瓶等多种式样。其通体修长，周身刻有牡丹、游龙或蕉叶纹。另外，当时的定窑还出产有许多精美的瓷枕，如狮形枕、孩儿枕、婴戏枕等。并有式样各异的熏炉、盖罐、海螺、人形壶、抬轿俑等。（图八）

北宋末年，几经战乱，定窑所在地落入北方女真人之手，史称金代。在百余年内定窑维持了相当规模的生产，主要是延袭宋时印花等方法制坯，只是胎质略显粗黄，瓶类造型与同期磁州窑式样相近。亦有不少卧女枕及骑鸡俑等多种人形器物。

三 邢窑二窑相互关系及影响

邢窑烧造早于定窑。在定窑开始烧造前数百年，邢窑就已开始大规模生产各种式样的瓷器制品了。它们之间是一种承前启后的接力式关系。是邢窑历经北朝、隋代、唐代等数代始创，并奠定了其北方白瓷的统领地位。而在曲阳县涧磁村一带出土的定窑早期器物则属于晚唐。这就证明定窑是继承了邢窑的制瓷工艺，在邢窑原有的基础上逐步发展起来并形成了自己独有的艺术风格。从造型上来分析，邢窑出产一种唇口玉璧底碗，其作工精细，式样秀美。而定窑早期也生产大量的玉璧底碗，由于当时的工艺技术尚不熟练，器型远不如邢窑碗器规范，只是造型风格与邢器相似。这可以证明邢窑由于多年连续烧造，原料枯竭后，陶瓷生产地逐步转向原料燃料条件都非常好的曲阳县涧磁村一带；那些邢窑的制瓷技术也随着一部分工人的迁移而传到了定窑。

我们还可以从邢定二窑的几种不同点来加强对它们的了解和认识。

从燃料结构来讲，唐代邢窑以柴为燃料，烧还原气氛，器物釉色白中泛青。而宋代定窑则以煤为

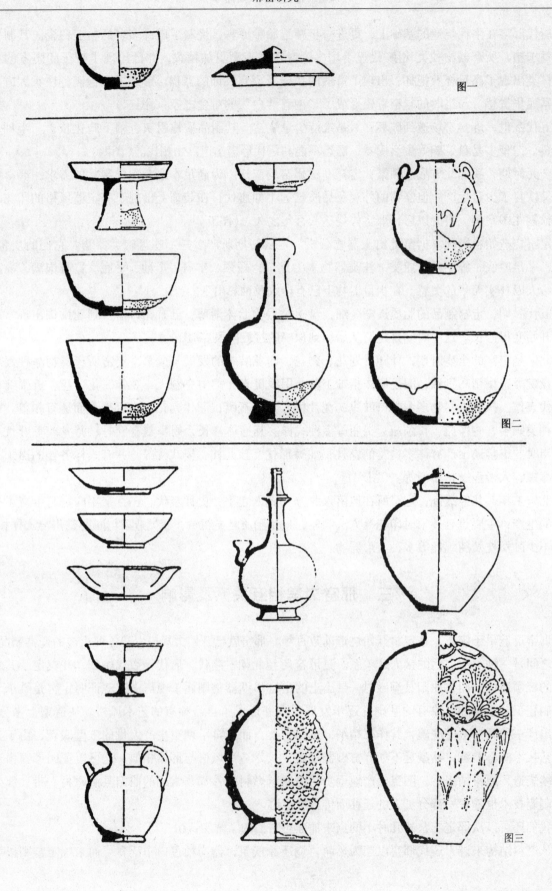

图一

图二

图三

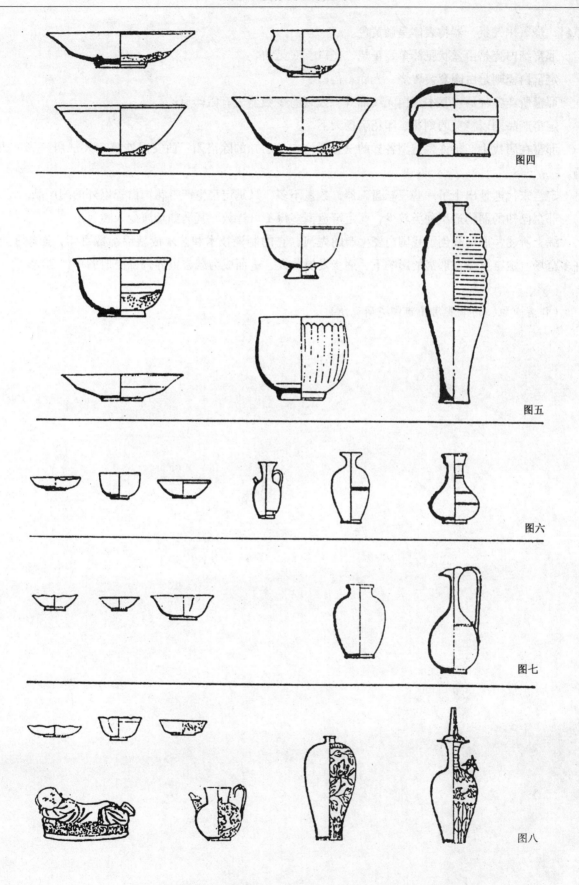

图四

图五

图六

图七

图八

原料，烧氧化气氛，器物表体呈微黄色。

　　邢窑细白瓷是由盒状匣钵单装正烧，光口、底无釉。

　　定窑白瓷则是由圈套装覆烧，光底、芒口。

　　邢窑所产各种器物基本素白无纹饰（只发现有少数器表有戳印痕迹）。

　　定窑产品则以精美的刻花、印花名扬天下。

　　邢窑在唐代生产了许多造型各异的三彩器物，是已知的除洛阳、西安以外第三大"唐三彩"古窑场。

　　定窑宋代遗址出土了一些三彩盘碗器，数量不多，只是定窑生产带花饰白瓷以外的副产品。

　　邢窑已知的器物造型种类较少，而定窑造型多得不可计数，其浩如烟海令人瞠目。

　　综上所述，邢窑开创了我国白瓷生产的先河，它的制瓷技术和艺术成就绵绵数百年，影响了全国许多窑场。定窑就是在邢窑的影响下，逐步发展壮大，进而成为载誉世界陶瓷史册的一代名窑。

（作者单位：河北省唐山市陶瓷研究所）

邢窑问题新议*

王会民　樊书海　张志忠

　　"邢窑"是我国古代著名的窑场，在发达的中国瓷器史上曾经闪耀过灿烂的光芒，一直被陶瓷界广泛关注。80 年代初，邢窑遗址首先发现于临城境内[①]，1984 年又陆续在内丘县发现多处邢窑遗址[②]，方证实了文献所记载的邢窑在内丘的可靠性。瓷器研究专家纷纷撰写文章，对邢窑有关诸问题展开了多方位的讨论，取得了可喜进展，使人们对邢窑一些问题的认识正渐趋一致。但由于资料缺乏和片面的历史记载等原因，加之今日所见之邢窑遗址历遭劫难，面目全非，因而人们的研究认识颇受局限。自 1987 年以来，在邢台地区文物普查的基础上，我们对邢窑遗址进行了较全面的凋查，并对内丘城关、临城祁村等窑址进行了小规模的试掘，取得了一些新的收获。仅就以下几个问题谈谈我们的看法，不妥之处，敬请专家指教。

一　邢窑名称及烧造地域

　　邢人与瓷，最早见于唐代文人记载，从中唐至晚唐，多处史料中可以见到，如：陆羽《茶经》："碗，越州上……，或者以邢州处越州上。……邢瓷类银，越瓷类玉。……若邢瓷类雪，则越瓷类冰。"[③]皮日休《茶瓯诗》："邢客与越人，皆能造瓷器。圆似月魂坠，轻如云魄起。"[④]李肇《国史补》："内丘白瓷瓯，端溪紫石砚，天下无贵贱通用之。"[⑤]邢窑之名，即是现代人依历史文献而得来的。仅从其狭义而言，邢窑即专指唐代邢州瓷窑。很显然，邢窑即非始烧于初唐，亦非停烧于晚唐不符合任何事物都有其发生、发展和灭亡的客观规律，而邢州之名亦不只存在于唐。因而狭义的邢窑只能使我们对邢窑的认识和研究走向片面和极端。那么广义的邢窑呢？我们认为邢窑和其他窑址一样，有着自己独特的内涵：它不仅仅是一个有一定地域和发展过程的瓷窑遗址群，而且还应是一个总体文化特征的概括。

　　关于邢窑的烧造地域问题，以前曾有过多种说法：80 年代初首先发现于临城县，故说邢窑遗址当

---

* 《河北省考古文集》，东方出版社，1998 年

在临城境内；当然此说已成为历史。1984 年于内丘县发现邢窑遗址，故认为邢窑确与文献记载相符；内丘、临城、隆尧县境内的隋至金元时期的瓷窑遗址皆属邢窑。从 1987 年以来，循着前人的足迹，我们多次踏查于内丘、临城、隆尧和邢台县境，并取得了一些收获。在内丘、临城县境内调查，证实了邢窑遗址近二十处；在隆尧县的双碑一带未发现瓷窑遗址，而在邢台县的西坚固一带发现了一处早期的青瓷窑址。我们认为，到目前为止，在北起临城祁村，南至邢台西坚固的太行山东麓，在内丘、临城、邢台三县发现的五代以前的瓷窑遗址都应属邢窑遗址。其一，邢台县西坚固青瓷窑址所处的地理范围唐时属邢州。理应是邢窑的一部分。一种传统看法认为邢窑是专指唐代白瓷而言的，其实不然，因为邢窑不仅仅是白瓷，首先是其初创时期和其他窑址一样，一开始是不能直接烧制出白瓷的，其次即是顶峰时的隋唐窑址内，其白瓷的比例亦不占绝对比重，往往还是青瓷和其他瓷类的总数为多。其三，在窑址群中，邢窑的地理位置有其独特的地方，它是利用了太行山东麓丘陵、平原地带的瓷土资源而发展起来的，整个窑址群呈南北基本连续的长条形分布。临城在唐时虽不属邢州，但地域与内丘紧邻，其窑址正位于这一长条形窑群的北段。而且，其主流隋唐时期的产品无论从种类特征以至装烧等方面都与内丘同时期窑址产品相同，因而当属邢窑群中的一部分。我们不应以历史上人为所造成的邢州与赵州的地理界线去割断这一完整的窑址群。其四，从调查和试掘所获得标本看，内丘城关一带至少在隋代已经烧造出大量的白瓷器物，而且其细白瓷的胎釉及烧造均已达到相当高的水平。目前所知，河北境内诸如内丘、隆尧、沙河、平山、正定等县内墓葬中出土的隋代白瓷和青瓷器物，大部分当属内丘城关一带窑场产品。很显然，在中唐之前，内丘特别是城关一带窑场早已是名闻一方了，况且当时窑场即在县城附近，优越的地理位置和高档产品的烧造使它的名气远远大于其他窑场，因而至中唐以后的文献上人们习称"邢人与瓷"或"内丘白瓷"就是很自然的了。而同时在其附近的临城县境内的代家庄、陈刘庄一带亦炉火正旺，并且在用同样的方法烧造着同样的产品，它本应与内丘诸窑是连成一片的，只是因为名气、影响低于内丘窑，使得历史记载中只提内丘而忽视了临城窑。

二　邢窑的烧造年代

关于邢窑的始烧年代，由于缺乏足够的资料，至今仍难以定论。目前，大多数人认为邢窑至少始烧于北齐，主要依据是内丘城关一带窑场上所见的某些器物残片具有至少不晚于北齐的特征[6]。调查和试掘证明，内丘城关以西关窑场为最早，为隋代窑场遗址，而且有的器物残片确实具有更早一些的特征。但试掘中也许由于面积所限，除发现隋代的堆积层和大量的隋代各类器物、窑具外，未见有更早些的堆积，而隋代堆积层中的有些器物却正与人们认识的不晚于北齐的器物相同。而调查中新发现的西坚固瓷窑遗址却显示了比邢窑其他窑址更早些的特征。西坚固瓷窑遗址位于邢台县龙华乡西坚固村西北约 1.5 公里的大沙河北岸台地上，东距邢台县治约 30 公里，属太行山东麓的低山丘陵区。台地今呈北高南低的阶梯状，从地表遗物分布范围看，该遗址残存约东西长 200 米，南北 150 米。因该遗址上被大量金元时期的冶铁废碴覆盖，遗址也因此被破坏惨重，致使我们不能窥其全貌，只地表尚能拣到少量遗物能够证明该窑址的原始性。首先是所见器物极其单一，多为青瓷碗类。碗呈直口，弧腹，假圈足较高，灰胎，胎体厚重。流釉、积釉、开片现象普遍，釉层因厚薄不均而呈青绿色。再者是窑具单调，只见有三角支钉、齿形垫具和喇叭形窑柱三种，其中前两种窑具钉高而胎体厚重，这一方面是为了适应器物厚重叠烧的需要，另一方面也缩减了装烧容量，造成了多方面的浪费。所有这些都显示出比隋代器物和窑具更原始的一面。从其碗类器物的造型、胎釉和烧造特征看，都具有河北乃至北方地区北朝时期墓中同类器物的特征，其年代当不晚于北朝后期。

邢窑的烧造下限，通过调查我们认为其年代当在五代时期。因为从共存关系看，五代时期窑址或单独或与隋唐窑址共存。如临城的祁村、岗头等。而凡有五代以后遗存的窑址（主要指金、元时期）皆单独存在，并不与隋、唐和五代时遗物共存，如临城的山下，解村窑址等。从器物烧造和特征看，五代时期的大宗产品仍采用仰烧、叠烧的工艺，以烧造白瓷、青瓷器为主，同时烧制其他杂色瓷，器物上很少有装饰，典型器物的造型特征和中晚唐时的几近一致。所有这些都显示出与隋唐时期的一切有着一脉相承、密不可分的关系。而金元时期的产品则大多是采用覆烧而烧制出的，遗址上很少能见到青瓷类的产品，且各种印花、刻花、划花、点彩等装饰很丰富，显然器物的总体特征焕然一新，已经完全脱离了五代以前产品的烧造、形态、装饰特征。

三 "盈"字款析

邢瓷中有一些刻有"盈"字款的碗、壶、盒等器物，见于报导的有：上海博物馆收藏一件传世粉盒，[7]陕西大明宫遗址中出土一件玉璧底碗[8]，唐长安西明寺遗址出土一件玉璧底碗[9]，河北易县北韩村唐墓出土一件执壶[10]。另外在邢窑遗址上出土过数件残片（未发表）。这种产品胎质细洁，釉色光润无暇，造型规整，堪称邢瓷中的上品。由于内丘城关窑址上"盈"字款器的出土，从而为这类器物找到了生产窑口，目前已基本确认它的烧制时间是在唐代中晚期。但是"盈"字本身是什么意思，却一直颇有争论，有人认为是宫廷某一机构定烧的标志[11]；有人认为是唐代百宝大盈库定烧，取"盈"字做为标记，以供天子享用的定烧器[12]；也有人认为可能是姓，与"嬴"相通。对此，我们借助古文献做一些粗浅的分析，并提出自己的看法。

在古文献中，关于百宝大盈库的记载见于《旧唐书》和《新唐书》中。《旧唐书·食货志》说：又王铢进计，奋身自为户口邑役使，征剥财富，每岁进钱百亿，宝货称是，云非正额租庸，使入百宝大盈库，以供人主宴私和赏赐之用。《新唐书·食货志》载：故事，天下财富归左藏，而太府以时上其数，尚书比部覆其出土入，是时京师豪将假取不能禁，第五琦为度支盐铁使，请皆归大盈库，供天子给赐，主以中官，自是天下之财为人君私藏，有司不得存其多少。从这两段记载中可以看出百宝大盈库与一般的仓库没有什么两样，虽然由天子所直接掌管，其性质却没有改变，并非是定烧瓷器的宫廷机构。

1984年，河北省邢窑研究组对西安大明宫遗址进行一次考察，考察报告说：该遗址中出土有大批唐代瓷片，其中有很多是邢窑产品，一件玉璧底上刻有"盈"字。大明宫是唐高宗李治之后诸皇帝的理政之所，毫无疑问这里出土的瓷器应该都是贡瓷，如果将"盈"字款器做为天子享用品的话，那一定要较其他瓷器胜过一筹，而且也当批量出现，但事实上这种器物与未刻"盈"字的同类器物并无丝毫差别，且数量极少，这就是说这种款识并不是天子使用的标志。

在大明宫中与邢瓷同时进贡的还有越窑和瓯县窑的产品，却从无有过"盈"字款发现。我们可以想象，假若真正有过百宝大盈库定烧，取"盈"字为记，供天子使用这种情况的话，那么其他的贡瓷上也应该出现相同的款识，而不会只邢瓷独有。一般说来，定烧什么东西，往往都是比较特殊之物，而今见"盈"字款器物不仅宫廷拥有，而且民间也在使用。这说明"盈"字款器物和其他细瓷一样是邢窑窑场上的正常产品。民间尚能得到，宫廷何需定烧。

综上所述，我们认为百宝大盈库不存在定烧瓷器的问题。由于"盈"字款只出现于内丘城关一带窑场上，因此"盈"字之义亦当在烧造地解释了。内丘窑场，至迟在隋代已名扬四方，直至中唐，其产品一直深受世人所喜爱，因而行销国内外，达到了天下无贵贱通用之的地步。但中唐以后，在其周围的西双井、陈刘庄、祁村等窑相继发展起来，其细瓷产品与内丘窑如出一模，难分彼此。它们的发展有力地动摇了内丘窑称雄邢窑的地位，大大地冲击了内丘窑的销售市场，从而出现了一种危机。为了保住自己的地位，不得不采用一定的手段与其他窑一争高下。而迎合世人的心理，利用久有的盛名以达到这种目的，在制作精美的细瓷上刻上标记，以之向社会展示，这种带款的器物才是内丘窑的产品。因此我们认为这种"盈"字款即起一种标记符号的作用，取"盈"为标记则因为盈字有圆满之意，寄托一种吉祥和祝福。另外从调查知，在试掘中了解到，在内丘城关一带的几处窑址上都见到了"盈"字款的器物残片。这个现象表明，"盈"字款器非单家独有，也难以让人相信是几家姓"赢"的在不同窑口上的共同作品，亦不可能是"大盈库"或某个单位分别在几个窑口上定烧的产品。我们分析正是由于激烈的竞争，各窑场产品难分彼此，为了提高整体的竞争力和每个窑主的利益，内丘城关一带利用自身所处的有利位置和名气，或自发或由某机构统一管理窑场，并在高级细瓷上刻上相同的标记。因而我们今日才能在几处地方见到相同的"盈"字款细瓷残片，和祁村等窑址上的姓氏标记一样，毋需在每件器物上都写上"盈"字就可以达到宣传和竞争的目的了。

"盈"字款器物的烧造取得了一定的收获，并随大量的器物远销四方，但这并未阻止窑场日趋衰落的命运。调查表明，内丘城关窑场大致停烧于中晚唐，亦即"盈"字款出现后不久，整个窑场都基本停止了烧造。而此时的祁村、岗头等窑场却正炉火兴旺，在竞争中后来居上。

四　邢窑的主要成就

邢窑在制瓷工艺上有着鲜明的特征，不仅在其发展过程中取得了辉煌的成就，而且对邻近的定窑和磁州窑也都产生了重要影响。其工艺成就主要表现在以下几个方面。

（1）内丘西关北精细白瓷的发现表明，远在隋代，我国就已烧制出了完全符合现代细瓷标准的高档白瓷，成为我国陶瓷发展史上的一个重要里程碑。根据考古资料和近年来的邢窑遗址进行的发掘情况证明，邢窑精细白瓷在隋代已有一定批量的生产，这种白瓷制做精美，胎质坚实，细洁如玉，断面有玻璃光泽。有的胎厚不足 1.5 毫米，其透影性能非常好，像这样具有高透影性能的白瓷目前在我国隋唐时期其他窑口中还没有发现，只是到了元化，福建德化窑生产的"猪油白"才具备了这种瓷器的特点。关于薄胎细瓷的起源，《中国陶瓷史》认为："薄胎瓷器制做开始于明永乐时期，但永乐的薄胎只是半脱胎，到成化时……其薄的程度达到了几乎脱胎的地步。"据此，我们认为，邢窑出土的薄胎细瓷已达到了半脱胎的程度，当是我国最早烧制薄胎细瓷的窑口。1969 年，河南巩县夹津口曾出土过具有透影性能的薄胎白瓷杯[⑬]，从照片上看与邢窑白瓷杯基本一致，有可能就是邢窑的产品。巩县邻近洛阳，洛阳在隋初称东都，隋大业二年（606 年）隋炀帝下令将都城由长安迁至洛阳，洛阳遂成为当时全国的政治经济中心。在这里出土的薄胎细瓷杯很可能就是邢窑的贡品。

（2）为了搞清邢窑隋代透影细白瓷的内在结构，河北省邢窑研究组曾请上海硅酸盐研究所对这种产品进行了科学测试[14]，测试结果表明，其胎中含有较多的 K_2O，其含量在 5.2%—7.25% 之间。在隋唐时期其他烧造白瓷的窑址中，还未见报导有这类产品出土。结果还表明，其釉中也含有与胎体差不多的 K_2O 成分（4.7—6.4）。由此推断其胎釉中引入了 40% 左右的钾长石[15]。近年我们曾在西关北隋代遗址中发掘出了一些石英、长石碎块，这些原料与透影白瓷均出在同一地层中，进一步证实了这种推断的正确性，说明隋代邢窑工匠已认识到了长石矿物的性质和在陶瓷配方中所起的作用，而在配料时有意识掺合进去，这是我国最早使用长石作为制瓷原料的典型例子。

长石是一种硬质原料，陶瓷界称之为瘠性原料，其硬度为 6—6.5。由于硬度较大，不易粉碎。钾长石的主要成分为 SiO_2、Al_2O_3 和 K_2O，铁含量较低，在坯釉中起助熔作用。因而引入一定量的长石，可以提高瓷坯的瓷化程度，降低温度和吸水率。以往一些外国瓷史研究者认为，中国古代瓷器大都采用粘土或瓷土等单一的原料制成，长石质瓷是从外国学来的。我国古陶瓷研究者[16]根据南宋人周辉在《清波杂志》中提到"汝窑，宫中禁烧。内有玛瑙为釉……"的记载推断石英类原料的使用要早于南宋。看来这并非无稽之谈。邢窑隋代白瓷中掺用长石的发现证明了长石质瓷是由中国人在公元 618 年前的隋朝发明的，比外国生产的长石质瓷器要早十多个世纪。

（3）邢窑唐三彩的发现，成为继河南巩县、密县、登封和陕西铜川之后我国已发现的又一处烧制唐三彩的窑址。邢窑三彩器有钵、鍑、罐、盘、碗等，注重实用、美观，而巩县、铜川等窑场却以生产各种用以陪葬的明器为主。邢窑三彩的釉色有单色和复色之分，呈黄、绿、蓝、红、棕、褐等色，其釉色较均匀，玻璃质感强，有开片纹。而胎中一般含铁量高，泥粒较粗，素烧后的胎多呈黄褐或者发红。邢窑工匠为了弥补这一缺陷，往往在坯胎上施一层白色化妆土后再行素烧，再施以不同色调的低温铅釉，烧出了色彩艳丽、五彩缤纷的三彩艺术珍品。邢窑三彩器出土最多的是内丘礼堂北一带，在北大丰和临城祁村、射兽窑口上也有零星发现，其烧造时间一直延续到宋金之际。

值得一提的是在内丘礼堂北出土了两件"金星釉"（又名砂金釉）陶片，该器为敛口小盂，胎质较细，胎色黄褐，器表施一层薄的玻璃质釉，釉色为淡棕色，釉面晶莹光滑，釉中分布有极小的金星晶体，在阳光照耀下，金星闪烁，光彩夺目。以前在廊坊市唐墓中曾出土过一件三彩鍑[17]，这件鍑的颈部也施有一层金星釉，虽然其结晶体不如内丘出土的稠密，但这足以说明邢窑金星釉产品的发现并非偶然，而是低温彩釉的一个品种，为研究结晶釉的起源提供了重要的实物资料。

（4）匣钵是烧制高质量瓷器的重要工具之一，没有匣钵，就烧不出细致洁净的白瓷器，也可以说就没有邢窑。调查和试掘表明，至迟在隋代，邢窑已大量使用匣钵，这是我国最早使用匣钵的窑场之一。隋代，邢窑的匣钵多为筒状，规格视器物形状而有高矮大小之分，最大的直径超过 30 厘米，可烧碗 3—5 件，最小的约 12 厘米左右，一个匣钵只装一件器物，隋代的高透影细瓷就是在这种匣钵中烧成的。至唐代，匣钵种类增多，独创了盒式薄壁匣钵，这种匣钵主要用于烧制各种细瓷器皿，其特点是：器壁较薄，与同时的粗瓷厚度差不多；重量轻，节省燃料；由于有一定的规格，可以随意组合使用，可三钵二器，也可二钵一器，也可以和漏斗状匣钵配套使用。另外，漏斗状匣钵也是唐代邢窑盛行的窑具之一。这种匣钵与今天陶瓷厂用的匣钵毫无两样，其特点是采用一钵一器，提高了窑容量，并有效地防止了坯体变形，提高了产品质量，亦可重复多次使用，大大降低了成本。

（5）窑炉的不断改进是邢窑发展的前提。到目前为止，我们所能了解到的邢窑窑炉皆为馒头式窑。在内丘西关北隋代窑址上可见到一座窑炉残体，直径不到两米，高约1.5米，因未经发掘清理，整体面貌不清。1991年我们在对临城县祁村遗址的试掘中，清理出几座中晚唐和一座五代时期的窑炉残基，从而得以对其结构有了大致的了解。

中晚唐时期的窑炉总体特征是双烟囱，大燃烧室，燃烧室呈半圆形。窑床和烟囱都是长方形。窑炉规格大小不同，大的通长6米左右，宽2.2米以上，小的宽1.5米左右，窑床平坦。燃烧室面积一般占窑床长度的3/5，深度悬殊，深的达1.8米，浅的只有0.90米左右。

五代时期的窑炉从总体上仍保留有唐代窑炉的风格，但已有不少变化。这时的窑炉，平面呈马蹄形。发掘出的这座面积较大，通长6.3米，最宽处3.3米。火膛在南，呈半月形，深达2.26米，长度仅占总长度的1/6。窑室东西两壁呈外弧形，窑床北高南低。长方形双烟囱设在窑室后墙的东西两端，烟囱的咽喉部位各置两个砖柱，由中晚唐时期的1个进烟口分隔成3个，这种作法进一步提高了烟道的抽力。

由于所清理各窑皆为残基，上部情况已不详知，但从其平面结构看，当属半倒焰式馒头窑，这种窑式靠夹墙竖烟道产生的抽力来控制一定的空气进窑。

邢窑的唐代窑炉汲取了两汉以来在窑室后墙上设置两个烟囱的做法，使窑室内温度保持均匀。这种窑中的产品是在还原焰中烧成的。经上海硅酸盐研究所测定其产品烧成温度一般在1300℃左右，有些细白瓷的烧成温度可达到1380℃。为了防止窑床底部因火候较低而达不到所需温度，一般在窑床上垫有许多窑柱，使底部有火焰流通，缩小了上下温差。这时的窑炉，虽然设计比较合理，但也有一定的弱点，主要表现在平坦的窑床上，容易使摆放在上面的器坯受热而出现前倾现象，尤其是靠近燃烧室的部分，因受热较早，若是升温过快，容易引起倒柱而导致辍烧。

五代时期的窑工们显然已经注意到了这种窑炉结构上的缺点，在尽量缩小窑内前后温差的同时，将平坦的窑床改进成前高后低的窑床，这样上面摆放的坯体重心后移，坯体由前往后发生收缩时不易出现前倾甚至倒柱现象，无疑这是邢窑窑炉发展的一大进步。

（作者单位：河北省文研所、临城县文保所）

注　释

① 杨文山：《唐代邢窑遗址调查简报》，《文物》1981年9期。

②⑥ 贾忠敏、贾永禄：《河北省内丘县邢窑调查简报》，《文物》1987年9期。

③ 1986年北京市中国书店印刷民国16年陶氏涉园刻本，《百川学海》本，第四十四册，《茶经》。

④ 《全唐诗》第二十二册，《茶中杂录》。

⑤ 《津逮秘书》卷下18页。

⑦ 周丽丽：《唐代邢窑和上海博物馆藏邢窑珍品》，《上海博物馆集刊》，1982年建国三十年特辑。

⑧ 毕南海：《西北、华北、华东五省市隋唐白瓷考察纪实》，《河北陶瓷》1987年2期。

⑨ 安家瑶：《唐长安西明寺遗址发掘简报》，《考古》1990年1期。

⑩ 河北省文物研究所：《河北易县北韩村唐墓》，《文物》1987年4期。

⑪ 李振奇等：《河北临城七座唐墓》，《文物》1990年5期。

⑫ 陆明华：《邢窑"盈"字及定窑"易定"考》，《上海博物馆集刊》，1987年9期。

⑬ 杨文宽、张祥生：《古代部分陶瓷窑炉初探》，《中国古陶瓷研究》，科学出版社，1987年。

⑭ 河北省邢窑研究组：《邢窑工艺技术研究》，《河北陶瓷》1987年2期。

⑮ 陈尧成、张福康、张志忠、毕南海：《邢窑隋唐细白瓷研究》，《89古代陶瓷科学技术国际讨论会论文集》，英文版，221页。

⑯ 李国桢、郭演仪：《中国名瓷工艺基础》，上海科学技术出版社，15页。

⑰ 该三彩器已残，现流入民间。

关于邢窑的文献记载问题[*]

杨文山

唐朝是我国封建经济的繁荣时代，手工业生产得到了空前发展，烧造瓷器的窑场遍布各地，其中最著名的窑场是南方的越窑和北方的邢窑。越窑烧造的青瓷与邢窑烧造的白瓷，可以平分秋色相互媲美，同时著称于世，被后人誉为"南青北白"，这在我国唐代的文献中是有记载的。从唐末开始至于五代，邢窑白瓷生产出现了衰落现象，但至北宋复有再兴之势，虽然不能与唐时的兴盛状况相比，却仍为我国北方烧造白瓷，乃至烧造贡瓷的名窑之一，这在我国宋代的文献中也是有记载的。

一 唐代有关邢窑的文献记载

邢窑的烧造历史悠久，但始于何时不见记载。不过由于唐朝是邢窑烧造的昌盛阶段，再加上邢窑白瓷进贡皇室，以及文人墨客将饮酒品茶使用邢瓷视为"雅趣"因此，有关邢窑的文献记载不仅始见于唐，而且有价值的文献记载也大多集中在了唐朝。

根据唐朝的政治经济形势，我们可以将唐朝划分为四个阶段：（1）高祖、太宗、高宗时期，即公元 618 至 683 年的六十五年间，可以称作"初唐"阶段；（2）武则天、中宗、玄宗时期，即公元 684 至 756 年的七十二年间，可以称作"盛唐"阶段；（3）肃宗、代宗、德宗、宪宗、穆宗、文宗、武宗时期，即公元 757 至 846 年的八十九年间，可以称作"中唐"阶段；（4）宣宗、懿宗、僖宗、昭宗、哀帝时期，即公元 847 至 907 年的六十年间，可以称作"晚唐"阶段。如果这种划分可以成立[1]，那么下列八处文献记载的大体时间，分别出现在"盛唐"的后半期；"中唐"的全期和"晚唐"的前半期。比如：

第一处见于《新唐书·地理志》

"邢州钜鹿郡，上。本襄国郡，天宝元年更名。土贡：丝布、磁器、刀、文石。户七万一百八十九，口三十八万二千七百九十八。县八：龙冈、沙河、南和、钜鹿、平乡、任、尧山、内丘。"[2]

* 《中国历史博物馆刊》2000 年第 2 期

按《新唐书》，为［宋］欧阳修等撰，全书共计二百二十五卷，其中《地理志》为七卷，分别记载了唐朝的政区、人口和土贡。据《地理志》前言所示：凡举诸事均在"唐之盛时开元、天宝之际"③。由此可知，《地理志》所记邢州贡瓷的大体时间在"开元、天宝"两个年间。但具体在哪个年间？所记没有明确。不过根据《元和郡县图志》明记"开元"年间，邢州只贡"丝布"和"文石狮子"，不贡"磁器"④，可知邢州白瓷入贡的时间不在"开元"年间，而在"天宝"年间。按"天宝"为唐玄宗年号，历十五年，"天宝"元年至十五年，即公元742至756年。依此，邢窑白瓷入贡之始，当在公元742至756年之间，时处"盛唐"的后半期。

第二处见于《唐六典·尚书户部》：

"河北道，古幽、冀二州之境，今……凡二十有五州焉。……厥贡：罗、绫、平䌷、丝布、丝䌷、凤翮、苇蒲、墨。……（注）邢州（贡）瓷器。"⑤

按《唐六典》，又称《大唐六典》，全书共计三十卷，是唐人所记唐朝典章制度的文献资料。旧题"御撰"，实为官纂，自开元十年（公元722年）始编至二十年（公元732年）奏上，其后又由李林甫等人加注。按李林甫《旧唐书》有传⑥，生年失记，死年为唐玄宗"天宝十一年"，即公元752年。依此可知，注语所记邢窑白瓷的入贡时间，当在公元752年李林甫去世之前的"天宝"年间，时处也为"盛唐"的后半期。

第三处见于《茶经·四之器》：

"盌，越州上，鼎州次，婺州次，岳州次，寿州、洪州次。或以邢州处越州上，殊为不然。若邢瓷类银，越瓷类玉，邢不如越，一也；若邢瓷类雪，则越瓷类冰，邢不如越，二也；邢瓷白而茶色丹，越瓷青而茶色绿，邢不如越，三也。"⑦

按《茶经》，为［唐］陆羽品茶之作，全书共计三卷，成书于何时？因无确记多有异说。不过根据《新唐书·陆羽传》所记：陆羽在"上元初，更隐苕溪，自称桑苎翁，阖门著书"⑧与《全唐文·陆文学自传》所记：陆羽将所著《茶经》三卷"贮于褐布囊"的时间在"上元辛丑岁"⑨。可知《茶经》的成书时间，最迟应在"上元辛丑"。按"上元"为唐肃宗年号，"上元辛丑"为"上元二年"，即公元761年。依此，《茶经》的成书时间，当在公元761年以前，时处"中唐"的前半期。

第四处见于《元氏长庆集·饮致神曲酒三十韵》：

"七月调神曲，三春酿醁醽，雕镌荆玉盏，烘透内丘瓶。"

按《元氏长庆集》，又简称《长庆集》，计六十卷，补遗六卷，是唐朝诗人元稹的文诗集子。据《旧唐书·元稹传》记：元稹于长庆年间，"尝为《长庆宫辞》数十百篇，京师竟相传唱"⑪。按"长庆"为唐穆宗年号，历时四年，即公元821至824年。依此，《饮致神曲酒三十韵》的成诗时间，当在公元821年以后，时处"中唐"的后半期。

第五处见于《国史补·货贿通用物》：

"凡货贿之物，侈于用者不可胜纪。丝布为衣，麻布为囊，毡帽为盖，革皮为带，内丘白瓷瓯，端溪紫石砚，天下无贵贱通用之。"⑫

按《国史补》，又称《唐国史补》，［唐］李肇撰，全书三卷三百零八节，所记为"开元"至"长庆"年间杂事。按"开元"为唐玄宗年号，"长庆"为唐穆宗年号，"开元"初元年至"长庆"末四年，即公元713年至824年。依此可知，《国史补》所记"内丘白瓷瓯"的时间，最迟应在唐穆宗

"长庆"四年，即公元824年以前，时处也为"中唐"的后半期。

第六处见于《乐府杂录·方响》：

"武宗朝郭道源，后为凤翔府天兴县丞，充太常寺调音律官，善击瓯，率以邢瓯、越瓯共十二只，旋加减水于其中，以筋击之，其音妙于方响也。"⑬

按《乐府杂录》，为［唐］段安节撰，全书一卷五章。旧本首列《乐部》，次列《歌舞》、《乐器》、《乐曲》，末附《五音二十八调图》。《乐府杂录》何时成书？文献不见记载。不过根据所记郭道源居官，"武宗朝"，可知《乐府杂录》所提到的击"邢瓯"之事，应在唐武宗在位的"会昌"年间。按"会昌"历时六年，"会昌"元年至六年，即公元841至846年．依此，郭道源用"邢瓯"击乐之时，当在公元841至846年间，时处也为"中唐"的后半期。

第七处见于《全唐诗·茶中杂咏·茶瓯诗》：

"邢客与越人，皆能造磁器。圆似月魂堕，轻如云魄起。枣花势旋眼，萍味香沾齿。松下时一看，支公亦如此。"⑭

按《茶瓯诗》，为唐朝诗人皮日休所作，具体作于何时不见记载。不过有的学者认为此诗当作于"咸通年间"。按"咸通"为唐懿宗年号，历时十五年，"咸通"元年至十五年，即公元860至874年。依此可知，皮日休在《茶瓯诗》中所提到的"邢客与越人，皆能造磁器"的时间，当在公元860至874年间，时处"晚唐"的前半期。

第八处见于《全唐诗·夏日青龙寺寻僧》：

"得官殊未喜，失计是忘愁。不是无心速，焉能有自由。凉风盈夏扇，蜀茗半邢瓯。笑向权门客，应难见道流。"⑮

按《夏日青龙寺寻僧》，为唐朝诗人薛能所作，具体作于何时？也没有明确记载。不过根据《全唐诗·薛能诗》所附《薛能传》记有："（李）福徙西蜀，（薛能）奏以自副，咸通中摄嘉州刺史"，可知薛能居蜀品茗之时在"咸通"年间。按"咸通"为唐懿宗年号，历时十五年，从元年至十五年，即公元860至874年。依此可知，薛能在《夏日青龙寺寻僧》中提到用"邢瓯"品茶之时，当在公元860至874年间，时处也为"晚唐"的前半期。

上列八处文献记载，均属记实材料，从多方面反映了唐代邢窑白瓷的生产状况。比如文献中提到邢窑的窑址在内丘；邢窑白瓷器物的造型规整如月轻薄如云；釉色洁白如雪或灰白如银；烧结程度良好，胎质坚硬以筋击打能发出清脆的金属声；产量巨大可以通销全国；产品精美得已入贡皇室等等。

二　宋代有关邢窑的文献记载

唐朝末年，由于政治腐败和连年战争，社会经济遭到了严重破坏，在这种形势下，邢窑白瓷生产开始从兴旺转为衰落。五代时期，社会政治经济形势依然如故，因此邢窑白瓷生产的衰落局面未能改善。北宋的基本统一，结束了五代时期的分割混战局面，为社会经济的发展创造了条件，邢窑白瓷生产得到了一定程度的恢复。关于这方面，我们可以在宋代常见的文献中找到以下三处记载。比如：

第一处见于《太平寰宇记·河北道》：

"邢州，原领县九，今八：龙冈、沙河、南和、巨鹿、任县、平乡、尧山、内丘。土产：白瓷器、丝布、绵、解玉砂。"⑯

按《太平寰宇记》，为北宋乐史所撰，成书于北宋初期太宗太平兴国年间（公元977至984年）。原书共计二百卷，分别记载了太平兴国年间的政区、山川、风俗、姓氏、土产等事。统检全书，凡记"土产瓷器"者，全国共有四处，即河南府、越州、定州、邢州。由此可知，继五代后的北宋初期，邢窑白瓷并没有因五代时的衰落而"销声匿迹"，相反它和河南府的巩县窑、江南的越州窑和河北的定州窑一样，正当时因享有同等声誉，而被宋人如实地列入了史册。

第二处见于《元丰九域志·河北路》：

"邢州，巨鹿郡安国军节度，治龙冈。辖县五：龙冈、沙河、巨鹿、内丘、南和。土贡：绢一十四、瓷器一十事、解玉砂一百斤。"⑰

按《元丰九域志》，为北宋王存等修，成书于北宋中期神宗元丰三年，即公元1080年，颁行于元丰八年，即公元1085年。全书共计十卷，分别记载了元丰年间（公元1078至1085年）的北宋政区、地理、户口、山川、土贡等事。统检全书，凡记"土贡瓷器"者，全国也只有四处，即河南府、耀州、越州和邢州。由此可知，邢窑白瓷到了北宋中期，不仅仍在持续生产，而且还由于产品质优，又被皇家列入了贡物，从而证明北宋中期的邢窑，与当时生产贡瓷的河南府巩县窑，陕西的耀州窑和江南的越州窑一样，也是生产贡瓷的名窑。

第三处见于《宋史·地理志》：

"信德府，次府，巨鹿郡，后唐安国军节度。本邢州，宣和元年升为府。崇宁户五万三千六百一十三，口九万五千五百五十二。贡：绢、白磁盏、解玉砂。县八：邢台、沙河、任、尧山、平乡、内丘、南和、巨鹿"。⑱

按《宋史》，为元初脱脱等修，成书于至正五年，即公元1345年。全书共计四百九十六卷，所载《地理志》为四十三卷，分别记载了北宋晚期徽宗崇宁年间（公元1102至1106年）的户口、政区、贡品等事。通查全书，北宋崇宁年间全国的贡瓷之地，已由中期的四处减为三处，即河南府、耀州和邢州。由此可知，邢窑白瓷到了北宋晚期，和在北宋中期一样，不仅仍在持续生产，而且在越窑停贡的情况下，还再继续进贡。

综合上列三处文献记载，我们不难得出这样的结论：即邢窑白瓷在整个北宋时期一直是持续生产的，而且到了北宋中期和晚期，还被皇家列为进贡之物。如果根据北宋"诏令入贡"之物只要不"诏令停贡"即为"常贡"的惯例⑲，那么我们还可以说，邢窑白瓷在北宋时期进贡的时间是很长的。如果以神宗元丰元年（公元1078年）进贡开始算起，到钦宗靖康元年（公元1127年）战乱为止，邢窑白瓷的进贡时间大体说将近五十来年，约占整个北宋一百六十七年中的三分之一略弱。

三　引用文献记载存在的问题

上列唐代八处、宋代三处有关邢窑的文献记载，其数量虽说不多，然而在内容上却涉及到了邢窑的诸多方面。因此，不论考古文物界还是古陶瓷界，都把这些文献记载视为论证邢窑白瓷的重要材料。但有些研究者由于在引用这些文献时不够严谨，或由于坚持权威专家的固有成说，故在引用这些文献记载的过程中尚存在着不少问题。兹就其中常见的一些问题列举如下：

第一，引用文献不注意核对引文的原始出处。

保证引文的确切无误，是引用文献从而进行分析研究的起码要求。为此，引文最好取自原著尤其是善本原著，如果取自转引转抄则应对引文的原始出处进行核对，否则就会依此得出不确切甚至是错误的结论。比如有的研究者为论证邢窑白瓷的胎质坚硬，击打时能发出金属声，引用了《太平御览》中的一段话："唐大中初，有调音律官大兴县丞郭道源，善击瓯，用越瓯、邢瓯共一十二，旋加减水，以筋击之，其音妙于方响"[⑳]。引用者对这段话的原始出处未作核对，仅看到文中有"大中初"，便错误的认为郭道源击打邢瓯的时间在"唐代的大中年间"。

按上举《太平御览》这段话，系转抄自〔唐〕段安节的《乐府杂录》。《乐府杂录》中的原文是："武宗朝郭道源，后为凤翔府天兴县丞"，《太平御览》在转抄时不但将"天兴县丞"错抄成"大兴县丞"；而且也将"武宗朝"错成了"大中初"。按"大中"是唐宣宗的年号，不是唐武宗的年号，由此可知，《太平御览》把武宗年间郭道源击打邢瓯的事，错成了宣宗年间的事。

此外，还有一点值得指出的，就是《文献通考》在转抄《乐府杂录》这段文字时也抄错了，而且错的更离谱。比如它不仅错成了"大中初"，而还进一步错成了"武宗大中初"[㉑]。按武宗在位仅六年，只有一个年号叫"会昌"，《文献通考》的编辑者在"大中"年号前面，莫名其妙的又加上了一个"武宗"皇帝，真可谓是"错上加错"。

第二，引用文献不注意考查引文的所处时间。

把握引文的所处时间，是引用文献从而进行分析研究的先决条件，否则也会依此得出不准确甚至是错误的结论。比如有些研究者为论证邢窑白瓷的进贡问题，节引了《唐六典》中的一段话："河北道……厥贡……邢州瓷器。"引用者对这段话的所处时间未作考证，仅根据《唐六典》成书于"开元十年至二十年"（公元 722 至 732 年），便错误的认为邢窑白瓷的始贡时间在"唐代的开元年间"。

上举引文中的"邢州瓷器"，不是《唐六典》中的原文，而是后来李林甫等人的加注，加注的时间在"天宝年间"。据此邢窑白瓷的始贡时间，应是"天宝年间"；而不是"开元年间"。关于这一点，我们还可以举出另一条有力的证据，那就是前面提到的《元和郡县图志》。按《元和郡县图志》为〔唐〕李吉甫撰，全书四十二卷，详细记载了"开元"和"元和"两个年间的各地"贡赋"。其中所记邢州的"贡赋"是："开元贡：文石狮子、丝布；赋：绵、绢"[㉒]。由此可证，邢州在"开元年间"只贡"文石狮子"和"丝布"，不贡瓷器。

第三，引用文献得出的结论与坚持固有成说的结论相矛盾。

关于邢窑的烧造历史，在古陶瓷界曾有一种说法，即："邢窑白瓷始烧于初唐、盛于盛唐中唐、衰于晚唐"。由于这种说法出自权威专家之口，因此在 50 至 70 年代邢窑遗址发现之前，基本上成了一种"固有成说"。80 年代初邢窑遗址在临城、内丘等地相继发现之后，人们开始根据历代窑址的断代分期，虽然将"邢窑白瓷的始烧"提到了隋朝或北朝，然而"邢窑白瓷衰于晚唐"的说法却至今没有改变。但在事实上，"邢窑白瓷衰于晚唐"的说法是错误的，起码是不准确的。

按晚唐尤其是晚唐前期，邢窑白瓷生产尚处于发展阶段。关于这方面，我们不仅能在晚唐的邢窑遗址[㉓]和晚唐的墓葬中找到物证[㉔]，而且在晚唐的文献中也有明确记载。但由于有些研究者在引用这些文献时，不顾这些物证和文献的存在，却仍坚持权威专家"邢窑衰于晚唐"的成说，因此，这就使他们根据文献分析得出的结论，与其根据固有成说的结论发生了矛盾。比如有的研究者，一方面引用晚唐的文献，如皮日休的《茶瓯诗》和薛能的《夏日青龙寺寻僧》，极力论证晚唐邢窑白瓷的工艺成就和通用状况；但另一方面却又根据权威专家的固有成说，仍然坚持"晚唐之时，邢窑的白瓷生产已经衰落"。

第四，引用文献不能面对事实大胆地修正固有错误。

关于邢窑白瓷衰落以后的结果如何？在古陶瓷界也有一种说法，那就是"邢窑白瓷衰于晚唐五代，五代之后即销声匿迹。"或云"邢窑白瓷至宋停止了烧造，五代之后即被新兴的定窑所取代。"因为这种说法也是出自权威专家之口，故在邢窑遗址发现之前也是一种固有成说。但在邢窑遗址发现的过程中，由于在临城、内丘境内发现了大量的宋金窑址，尤其是与晚唐五代窑址共存的宋代窑址；再加上邢台地市宋代墓葬中出土了大量的，既不属于磁州窑又不属于定窑的白瓷器物，使人们看到了宋代邢窑白瓷的存在。但权威专家断言："宋代无邢窑"，认为：所有宋金窑址"均属金代的仿定窑址，与邢窑没有渊源关系。"至于邢台地市宋墓中出土的，既不是磁州窑又不是定窑的白瓷，则被称作："目前尚难归口的未知数"。

笔者认为"宋代无邢窑"的说法是错误的，为坚持此说的种种辩解也是站不住脚的。理由有三：一是邢台地市宋墓中出土的，既不是磁州窑又不是定窑的白瓷，在内丘、临城宋代的窑址中已发现了诸多器物标本，证明这种所谓"尚难归口"的白瓷，实际上就是宋代邢州烧造的白瓷。二是在金代窑址中确实发现了仿定窑的东西（同时也发现了仿磁州窑的东西）；但在宋代窑址中，尤其在与晚唐、五代窑址共存的窑址中所发现的白瓷，却保存着邢窑白瓷工艺的明显特征，证明其技术风格与晚唐、五代邢窑的风格是一脉相承的。三是在宋代的文献中有清清楚楚的记载，它不仅记载了宋代邢州烧造白瓷，而且还记载了宋代邢州白瓷的长期进贡。

权威专家"宋代无邢窑"的立论，虽然没有真凭实据，但在考古文物界和古陶瓷界的影响是很大的。比如在古陶瓷界有关邢窑的论著中，有的完全遵从权威专家的固有成说，论定宋代无邢窑；有的则只谈唐不谈宋，对宋代有无邢窑采取迴避态度。在考古文物界有关邢窑的调查发掘报告中，由于窑址的分期断代不得不提到宋代窑址，但其与邢窑有无渊源关系？有的只提出"有待于今后进一步调查"；有的则对此不加可否。

以上这些研究者，虽然在"宋代有无邢窑"问题上所持态度不尽相同，但表现在引用文献记载上却完全一样，那就是：对唐代文献记载的徵引不厌其烦，而对宋代的文献记载则迴避不用。在邢窑研究的长期过程中，为什么会出现这种现象？笔者认为：主要原因当是这些研究者，在为邢窑白瓷生产状况判定不同阶段时，较为过多地顾及了权威专家的固有结论，而不能面对事实，大胆地修正权威专家的这些错误。

（作者：河北师范大学历史系副教授）

注　释

① 笔者曾请教过唐史专家，故友胡如雷先生，胡先生表示："此种分期，也算一说"。
② 《新唐书》卷三十九《地理三》，中华书局标点本，第四册，第一〇一三至一〇一四页。

③　《新唐书》卷三十七《地理一》，中华书局标点本，第四册，第九六〇页。

④㉒　《元和郡县图志》卷十五《河东道四》，中华书局标点本，上册，第四二五至四二六页。

⑤　《大唐六典》卷三《尚书户部》，日本池学园事业部影印本，第五六至五七页。

⑥　《旧唐书》卷一〇六《李林甫传》，中华书局标点本，第十册，第三二三九至三二四〇页。

⑦　《茶经》卷中《四之器》，《左氏百川学海》本，第六册《茶经》，第四至五页。

⑧　《新唐书》卷一三六《隐逸传》，中华书局标点本，第十八册，第五六一一页。

⑨　《全唐文》卷四三三《陆文学自传》，中华书局精装本，第五册，第四四二〇至四四二一页。

⑩　《元氏长庆集》卷十三《饮致神曲酒三十韵》，中华书局《四部丛刊》本，第一二二（一三）第五页。

⑪　《旧唐书》卷一六六《元稹传》，中华书局标点本，第十三册，第四三三三页。

⑫　《国史补》卷下《货贿通用物》，上海古籍出版社《四库全书》影印本，第一〇三五册第四四七页。

⑬　《乐府杂录》五《方响》，中华书局《丛书集成》本，第一六五九册，第三三页。

⑭　《全唐诗》九函九册《皮日休诗》，上海古籍出版社影印本，下编，第一四八页。

⑮　《全唐诗》九函二册《薛能诗》，上海古籍出版社影印本，下编，第一四三五页。

⑯　《太平寰宇记》卷五十九《河北道八》，上海古籍出版社《四库全书》影印本，第四六九册，第四九一页。

⑰　《元丰九域志》卷二《河北路》，中华书局标点本，上册，第八〇至八一页。

⑱　《宋史》卷三十八《地理一》中华书局标点本，第七册，第二一二七页。

⑲　［清］徐松辑《宋会要辑稿》第一四六册《食货》，中华书局影印精装本，第六册，第五七〇八页。

⑳　《太平御览》卷五八四《乐部》，光绪上海积山书局石印本，第二十册，第六页。

㉑　《文献通考》卷一三五《乐考八》，浙江古籍出版社影印本，第一册，第一二二页。

㉓　内丘县文物保管所：《河北省内丘县邢窑调查简报》，《文物》，1987 年第 9 期。王会民、张志忠：《邢窑调查试掘主要收获》，《文物春秋》，1997 年增刊号。

㉔　河北省文物研究所：《河北易县北韩村唐墓》，《文物》，1988 年第 4 期。李振奇等：《河北临城七座唐墓》，《文物》，1990 年第 5 期。

西安市出土"翰林"、"盈"字款邢窑白瓷罐*

王长启

近年来，古都西安出土了很多唐代白釉瓷器，其中有不少属质量精美的邢窑白瓷，为深入研究唐代邢窑提供了珍贵的实物资料。特别是唐代大明宫遗址出土的一件邢窑白瓷罐，外底同时刻有"翰林"和"盈"字款，是目前仅见的一件署有双款的唐代邢窑白瓷，弥足珍贵。

罐高22.5、口径10.5、最大腹径20.5、底径9.2厘米。圆唇，短颈，鼓腹，腹以下渐敛，平底，口、底大小相若。胎体坚实细腻，洁白如雪。内外施透明釉，釉质莹润，积釉处闪水绿色。外底无釉，在中心偏左部位以尖状工具竖向刻划"翰林"二字，在中心偏右上方，以尖状工具刻划"盈"字，字体规整，笔划清晰流畅。

邢窑白瓷体现了唐代白瓷生产的最高水平，当时曾作为地方特产向朝廷进贡。其署"盈"字款者，一般认为与皇宫内的"大盈库"有关。大盈库是宫廷仓储机构，在《新唐书》、《旧唐书》中均有记载，玄宗、肃宗时称之为"百宝大盈库"。大盈库是皇宫内最大的储存金银财宝的库房，此库内的财物只能由皇帝支配、使用。目前已发现的署"盈"字款邢窑白瓷以碗最为多见，另有执壶、盒、罐等。考古工作者曾在河北内丘城关邢窑遗址中发现20多件刻"盈"字款的碗底标本"[1]。1957年冯先铭先生在西安唐代大明宫遗址发现过邢窑"盈"字款碗残片[2]。1985年中国社会科学院考古研究所西安唐城工作队在西安发掘唐代名刹西明寺遗址时，出土"盈"字款邢窑白瓷碗标本[3]。1992年在西安另一处唐代名刹青龙寺遗址曾出土"盈"字款邢窑白釉碗和执壶残器[4]。上海博物馆收藏有一件刻"盈"字款的邢窑白釉盒[5]。至于在邢窑白釉罐上刻"盈"字款，目前尚属首次发现。

迄今所见署"翰林"款的邢窑白瓷皆为罐，而且这些罐的造型和大小基本相同。上世纪50年代，西安、洛阳唐墓中出土过3件，外底皆有阴刻的"翰林"二字[6]。1987年春，河北省内丘县集上寨村砖窑工地出土5件唐代白瓷，其中一件白瓷罐的外底阴刻"翰林"二字[7]。虽然在邢窑遗址尚未发现署"翰林"款的标本，但人们早就根据胎釉特征推断署"翰林"款的白瓷罐为唐代邢窑产品。既然"盈"字款白瓷为唐代邢窑所产已被窑址出土物证明，那么这件同时署"翰林"和"盈"字款的白瓷

* 《文物》2002年第4期

罐足以证明以往人们推断"翰林"款白瓷罐为邢窑所产是正确的。至于"翰林"二字的涵义，应与唐代宫廷机构翰林院有关。唐初置翰林院，为内廷供奉之所，当时是以艺能技术见著召于翰林院供职，并非特为文学侍从而设。至玄宗时，置翰林侍诏供奉，与集贤院学士分掌制诏，其职始重。玄宗又别置学士院，并兼翰林之称，遂称为翰林学士，侍直禁廷，专司制诰，甚至参议机密。其后，翰林学士之职渐为显赫，历代相沿，变成了文学儒臣官职。关于翰林院遗址的确切位置，经考证位于唐大明宫右银台门以北的西城内，1983 年 10 月和 1984 年 7 月中国社会科学院考古研究所西安唐城工作队对翰林院遗址进行了发掘，其建制与规模已基本搞清。

这件唐代邢窑白釉罐同时署有"翰林"、"盈"字双款，其涵义可能是表明此罐属大盈库为翰林院订烧的专用器。同时也说明署"翰林"款和"盈"字款的邢窑白瓷的烧造年代基本相同。此罐对于研究唐代邢窑的生产制度，具有非常重要的价值。

本文写作过程中得到故宫博物院李辉柄、吕成龙先生的帮助，谨表谢意。

摄影：李辉柄
拓片：张 俊
（作者单位：陕西省西安市文物保护考古研究所）

注 释

① 冯先铭《近十年陶瓷考古主要收获与展望》，（台湾）《中华文物学会》1991 年刊。
② 同①。
③ 中国社会科学院考古研究所西安唐城工作队《唐长安西明寺遗址发掘简报》，《考古》1990 年第 1 期。
④ 西安市文物保护考古研究所翟春玲、王长启《青龙寺遗址出土"盈"字款珍贵白瓷器》，《考古与文物》1997 年第 6 期。
⑤ 周丽丽《唐代邢窑和上海博物馆藏邢瓷珍品》，《上海博物馆集刊》1982 年总 2 期，建馆三十五周年特辑。
⑥ 冯先铭《隋、唐、宋时期的中国陶瓷》，《中国美术全集》陶瓷（中），上海人民美术出版社，1988 年。
⑦ 贾永禄《河北内丘出土"翰林"款白瓷》，《考古》1991 年第 5 期。

"翰林"、"盈"字款白瓷研究[*]

吕成龙

1997 年 11 月，笔者随故宫博物院研究员、古陶瓷专家李辉柄先生考察陕西、河南古窑址，其间访问了陕西省西安市文物保护考古研究所，得以观赏到西安地区出土的一批唐代白瓷。其中一件唐代大明宫遗址出土的署"翰林"、"盈"字双款的邢窑白釉罐给笔者留下了深刻的印象，这是目前所见唯一的一件刻划双款的唐代邢窑白瓷，造型饱满，釉色雪白。最近拜读了王长启先生撰写的介绍此件白釉罐的大作[①]，颇感意犹未尽。为此，笔者在广泛查阅资料的基础上，拟在本文中对唐代邢窑"翰林"、"盈"字款白瓷的有关问题作进一步的分析探讨，不妥之处，敬祈各位专家、学者不吝赐正。

一　传世或出土的"翰林"、"盈"字款白瓷

邢窑是我国唐代著名的白瓷窑，邢窑白瓷堪称唐代白瓷的代表。唐代李肇撰写的《唐国史补》一书记载了唐开元至长庆年间的事情，以补正史之不足。书中曰："凡货贿之物，侈于用者不可胜记。丝布为衣，麻布为囊，毡帽为盖，革皮为带，内丘白瓷瓯，端溪紫石砚，天下无贵贱，通用之。"唐人段安节所撰《乐府杂录》曰："武宗朝，郭道源后为凤翔府天兴县丞，充太常寺调音律官，善击瓯，率以邢瓯、越瓯共十二只，旋加减水于其中，以箸击之，其音妙于方响也。咸通中，有吴缤洞晓音律，亦为鼓吹署丞，充调音律官，善于击瓯。击瓯，盖出于击缶。"唐懿宗咸通（860—874 年）年间，皮日休作《茶瓯》诗曰："邢客与越人，皆能造瓷器。圆似月魂堕，轻如云魄起。枣花势旋眼，苹沫香沾齿。松下时一看，支工亦如此。"（《全唐诗》卷六一一）由此可知，邢窑遗址当位于河北省内丘县境内，因内丘县在唐代曾隶属邢州管辖[②]，故有"邢窑"、"邢瓯"之称。然而，在 1984 年以前，文物工作者虽多次赴内丘县寻访窑址，却一无所获。1980 年 8 月，文物工作者在与内丘县交界的临城县发现了唐代白瓷窑址多处[③]，因临城祁村窑烧造的白瓷颇具文献所描述的邢瓷特征，故当时便将祁村窑

* 《故宫博物院院刊》2002 年第 5 期

称为"邢窑"。从 1984 年开始，内丘县文物保管所经过三年的调查，在内丘县下属的五个乡、方圆120 平方公里的区域内发现古窑址 28 处，并采集到大量标本。调查证明，内丘县城关一带的白瓷窑址最为集中，所产白瓷的质量也最精。由此，解开了邢窑遗址之谜[④]。

从传世品、古遗址或古墓葬出土物看，唐代邢窑瓷器带铭文的并不多见，除故宫博物院藏白釉皮囊式壶之外底刻划"徐六师记"[⑤]陶工款外，最为多见的是刻划"盈"字及"翰林"款者。河北省内丘县城关邢窑遗址发现的外底刻划"盈"字款的白瓷碗标本达 20 余件[⑥]。陕西西安市唐大明宫遗址曾出土"盈"字款白釉碗标本[⑦]。1985 年，陕西省西安市唐西明寺遗址曾出土"盈"字款白釉碗标本[⑧]。1975 年 1 月，河北省易县发现一座唐墓，墓主人为唐易县录事孙少矩，卒于咸通五年（864 年），可知此墓属于唐代晚期，墓中出土了一件白瓷执壶，外底中心刻划"盈"字[⑨]。1992 年，内蒙古赤峰市阿鲁科尔沁旗辽代耶律羽之墓出土了一件"盈"字款白釉大碗，墓主为辽东丹国左相，卒于辽会同四年（941 年），葬于会同五年[⑩]。1992 年，陕西省西安市唐青龙寺遗址出土"盈"字款白釉注子及"盈"字款白釉碗各一件[⑪]。前两年，笔者在北京一位古陶瓷爱好者家中看到一"盈"字款白釉玉璧底碗残片，该标本系 1990 年北京宣武区牛街北口基建工地出土，此地点似为唐幽州官署遗址。上海博物馆藏品中有一件"盈"字款白釉盒[⑫]。1957 年，冯先铭先生在陕西博物馆见到两件白瓷罐，其胎釉洁白无疵，外底无釉，直刻"翰林"二字；另外，在西安市发掘工地的医疗站内，看到桌上摆放的一件唐代白瓷罐，造型、胎釉与前两件完全一样，外底也直刻"翰林"二字[⑬]。1987 年春，河北省内丘县集上寨村砖窑工地出土 5 件唐代邢窑白瓷罐，其中一件外底刻划"翰林"二字[⑭]。而上述唐大明宫遗址出土的署"翰林"、"盈"字双款的白瓷罐为目前所仅见。唐代邢窑白瓷的产量很大，器物造型有碗、盘、杯、盂、罐、镟、盆、盒、瓶、盏托、皮囊壶等。迄今为止，所见署"翰林"款或"翰林"、"盈"双款者，只有罐；署"盈"字款者，有碗、盒、罐、注子等。

二　关于"翰林"、"盈"字的涵义

关于"盈"字的涵义，上海博物馆的陆明华先生曾作过详细的考证[⑮]，"盈"字当与唐代皇宫大明宫内的"大盈库"有关，署"盈"字款的白瓷应为唐代邢窑专供长安大明宫内大盈库的贡品。在古代文献中可以检索出邢窑为朝廷烧造贡瓷的记载。如：

开元二十三年（735 年）张九龄等撰、开元二十七年李林甫等注的《唐六典》卷三曰："……河北道古幽、冀二州之境，今怀卫、相、洺、邢、赵、恒、定、易、幽、莫、瀛、深、冀、贝、魏、博、德、沧、棣、妫、澶、营、平、安、东，凡二十有五州……厥贡罗绫、平绸、丝布、丝绸、凤翮苇席、墨（恒州贡春罗、孔雀等罗，定州两窠绸绫，怀州子漆，洺、博、魏等州平绸，邢州瓷器）。"

宋代欧阳修、宋祁撰《新唐书》卷三九载："邢州钜鹿郡，本襄国郡，天宝元年更名。土贡：丝布、磁器、刀、文石。户七万一百八十九，口三十八万二千七百九十八，县八……内丘（武德四年隶赵州，五年来属。有铁）。"

上述贡瓷中应包括署"盈"字款的白瓷。

"大盈库"又称"百宝大盈库"，在《旧唐书》和《新唐书》中均有记载。如：

后晋刘昫等撰《旧唐书》。卷四八载："开元中，……又王鉷进计，奋身自为户口色役使，征剥财货，每岁进钱百亿，宝货称是。云非正额租庸，便入百宝大盈库，以供人主宴私赏赐之用。"

《新唐书》卷五一载："是时（开元二十六年），海内富实，……天子骄于佚乐而用不知节，大抵用物之数，常过其所入。于是钱谷之臣，始事朘刻。太府卿杨崇礼句剥分铢，有欠折渍损者，州县督送，历年不止。……王鉷为户口色役使，岁进钱百亿万缗，非租庸正额者，积百宝大盈库，以供天子燕私。及安禄山反，司空杨国忠以为正库物不可以给士，遣侍御史崔众至太原纳钱度僧尼道士。旬日得百万缗而已。自两京陷没，民物耗弊，天下萧然。"

又曰："故事，天下财赋归左藏，而太府以时上其数，尚书比部覆其出入。是时，京师豪将假取不能禁，第五琦为度支盐铁使，请皆归大盈库，供天子给赐，主以中官。自是天下之财为人君私藏，有司不得程其多少。"

该书卷五五载曰："大历元年，敛天下青田钱，得钱四百九十万缗输入大盈库，封太府左、右藏，镝而不发者累岁。"

由上述记载可知，大盈库是唐开元（713—741 年）以来储存财物最多的宝库，储存珍宝奇货及赋税所入盈余。库内财物供皇帝燕私或赏赐百官之用。另据有关记载可知，广德二年（764 年）因京城豪将取用国库中财币无节，国家无法控制，于是将赋税入大盈库。自此，天下公赋成为帝王私财，有司不能确知每年入库数额。库由宦官约 300 人保管。兴元元年（784 年）又设琼林大盈库于行宫，贮各地纳贡及外国贡物，陆贽力谏，始撤除，把财物分赐平安史之乱之功臣。署"盈"字款的白瓷器当属专为"大盈库"烧造的贡品。

至于"翰林"款，当与"翰林院"有关。"而翰林院者，待诏之所也"[16]。自唐初以来，就常有一些名儒学士被召入宫禁中讲论文义、参预政务，不过当时他们尚无名号。高宗乾封（666—668 年）以后，凡以文词召入禁中待诏者，"常于北门候进止"，时号"北门学士"。玄宗开元（713—741 年）初年，设置翰林院，用张九龄、张说、陆坚等人掌管四方表疏批答、应和文章，称"翰林待诏"。其后，又以中书省事物繁多，文书多雍滞，遂选用一些文人与集贤院学士分掌制诏书敕，号"翰林供奉"。开元二十六年（738 年）又改"翰林供奉为学士，别置学士院，专掌内命"[17]。"至德已后，天下用兵，军国多务，深谋密诏，皆从中出"[18]。于是，翰林学士的权任加重，礼遇益亲，直至被称为"内相"。如德宗（780—805 年）时，陆贽为翰林学士，"虽有宰臣，而谋猷参决，多出于贽，故当时目为内相"[19]。宪宗时，又于学士中择年深德重者一人为"翰林学士承旨"，以"独承密令"。"贞元已后，为学士承旨者，多至宰相焉"[20]。学士承旨实为预备宰相，地位更高。

中国社会科学院考古研究所西安唐城工作队对唐长安大明宫遗址的发掘证明，翰林院的具体位置是在大明宫右银台门以北的西城内，对其建制与规模已基本搞清。上述署"翰林"款的白瓷罐当为专供翰林院使用的贡器。而署"盈"、"翰林"双款的白瓷罐，无非表明此种白瓷器是为大盈库烧造的专供皇帝赐赏翰林学士的用品。

三 "盈"、"翰林"款白瓷的产地和年代

由上述可知，河北道贡邢州瓷器、"大盈库"开始大肆聚敛财物的时间均在开元（713—741 年）年间，因此，"盈"、"翰林"款白瓷的烧造年代应不早于开元。其他有纪年佐证的"盈"字款白瓷器

也能够成为这一推断的依据，如陕西省西安市唐青龙寺遗址出土的白釉注子的外底除刻划"盈"字外，尚有墨书"大中十三年三月十三日王八送来令自反政收"（图版八）；河北省易县北韩村唐墓出土有"盈"字款白釉注子，墓主为易县录事孙少矩，卒于咸通五年（864年）；内蒙古赤峰市阿鲁科尔沁旗辽耶律羽之墓出土有"盈"字款白釉大碗，墓主耶律羽之卒于辽会同四年（941年），葬于会同五年。在此需要说明的是，辽会同四年即五代中期后晋高祖石敬瑭天福六年。后唐清泰三年（936年），石敬瑭为了实现其皇帝梦，决定发动叛乱，他采纳桑维翰提出的向辽太宗耶律德光上表求援的建议，向耶律德光承诺，若帮他灭了后唐，即向其称臣称子，并割让燕云十六州。于是，耶律德光出兵南下，在晋阳城下大败后唐军队。接着耶律德光册立石敬瑭做"大晋皇帝"。之后，石敬瑭起兵南下攻占洛阳，后唐灭亡，契丹人大掠而归。这是辽代大军首次真正南侵中原，做了儿皇帝的石敬瑭于公元938年正式向契丹献上燕云十六州。石敬瑭在位7年，自始至终对契丹贵族低头服小。他同契丹通信，每次都用"表"，表示君臣有别；称太宗为"父皇帝"，自称为臣、为"儿皇帝"。契丹使臣到京，他总是拜见接诏。每年除照原约贡献金帛以外，逢时逢节，或有婚丧喜庆，都另外赠送珍贵的礼物。而且太宗以外，太后、皇子、将相大臣，都有财物可获。因此，笔者认为，耶律羽之墓出土的"盈"字款白釉大碗非辽窑所产，当来自中原地区，系由石敬瑭献与契丹。这件大碗的造型与晚唐越窑青釉碗相似，所以，其烧造年代亦应为晚唐而不是五代。

关于"盈"、"翰林"款白瓷的产地，在此需略加说明。前面提到，早在20世纪50年代，西安地区就出土有署"盈"或"翰林"款的白瓷器，但直到内丘邢窑遗址发现以前，人们还不能确定其具体产地。内丘邢窑遗址发现"盈"字款白瓷标本后，专家、学者们通过比较胎釉、烧造工艺及款字特征等，确认"盈"字款白瓷皆为内丘邢窑产品。而且对内丘县境内的众多窑址的调查结果表明，"盈"字款白瓷标本皆出土于城关一带窑址，他处一无所获，因而，进一步确定了烧造"盈"字款白瓷窑的具体位置。至于"翰林"款白瓷的产地，虽然迄今为止尚未在窑址中发现"翰林"款的白瓷标本，但上述大明宫遗址出土的署"盈"、"翰林"双款的白瓷罐足以证明署"翰林"款的白瓷器亦为内丘城关窑产品。笔者深信，俟将来对内丘城关窑址进行正式发掘时，定会有"翰林"款白瓷标本出土。

耶律羽之墓的发掘者在发掘简报中认为该墓出土的"盈"字款白釉大碗是五代定窑所产，笔者认为此种看法是缺乏依据的，因为此件大碗不但胎釉、烧造工艺特征等与定窑白瓷有别，而且在定窑遗址亦从未发现"盈"字款白瓷标本。这里需要指出的是，辽代贵族墓中常有精细瓷器出土，但人们经常不能准确判明其产地，最典型的例子是辽墓所出"官"字款白瓷常被说成是辽窑所产，其实为定窑产品。笔者认为辽墓出土的精细瓷器多为晚唐至北宋初定窑、耀州窑、越窑、邢窑、景德镇窑产品，而伴随这些精细瓷器出土的辽代内蒙古赤峰缸瓦窑、林东上京窑、辽宁辽阳江官屯窑、北京龙泉务窑的瓷器，无论是在制作工艺还是胎釉质量方面，总体说来都略逊一筹。

综上所述，"翰林"、"盈"字款白瓷是唐代邢窑专门为宫廷烧造的贡品，其年代当在开元以后，随着唐朝的灭亡而不复烧造，其烧造地点在今河北省内丘县城关一带。由于这类白瓷常被皇帝用来赏赐大臣，所以今后还会在唐代重要遗址或贵族墓葬中被发现。唐代邢窑"翰林"、"盈"字款白瓷是研究邢窑生产性质及唐代社会政治、经济的重要实物资料，故应予以足够的重视。

（作者单位：故宫博物院）

注　释

① 王长启：《西安市出土"翰林"、"盈"字款邢窑白瓷罐》，《文物》2002年第4期。

② 后晋刘昫等撰《旧唐书》卷三九曰："邢州，隋襄国郡。武德元年改为邢州总管府，管邢、温、和、封、蓬、东龙六州。邢州领龙冈、尧山、内丘三县。四年，平窦建德，罢总管府。割内丘属赵州，仍省和、温、封三州，以其所领南和、沙河、平乡三县来属。又立任县。五年，割赵州之内丘、柏仁来属。天宝元年，改为钜鹿郡。乾元元年复为邢州。"

③⑥ 河北临城邢瓷研制小组：《唐代邢窑遗址调查报告》，《文物》1981年第9期。

④ 内丘县文物保管所：《河北省内丘县邢窑调查简报》，《文物》1987年第9期。

⑤ 吕成龙：《故宫藏唐代刻陶工款白瓷两例》，《紫禁城》1996年第4期。

⑦ 冯先铭：《谈邢窑有关诸问题》，《故宫博物院院刊》1981年第4期。

⑧ 中国社会科学院考古研究所唐城工作队：《唐长安西明寺遗址发掘简报》，《考古》1990年第1期。

⑨ 河北省文物研究所：《河北易县北韩村唐墓》，《文物》1988年第4期。

⑩ 内蒙古文物考古研究所等：《辽耶律羽之墓发掘简报》，《文物》1996年第1期。

⑪ 翟春玲、王长启：《青龙寺遗址出土"盈"字款珍贵白瓷器》，《考古与文物》1997年第6期。

⑫ 周丽丽：《唐代邢窑和上海博物馆藏邢瓷珍品》，《上海博物馆集刊——建馆三十周年特辑》（总第2期），上海古籍出版社，1982年。

⑬ 冯先铭：《近十年陶瓷考古主要收获与展望》，台湾《中华文物学会》1991年刊。

⑭ 贾永禄：《河北内丘出土"翰林"款白瓷》，《考古》1991年第5期。

⑮ 陆明华：《邢窑"盈"字及定窑"易定"考》，《上海博物馆集刊——建馆三十五周年特辑》（总第4期），上海古籍出版社，1987年。

⑯ 宋欧阳修、宋祁撰：《新唐书》卷三九，志第二十九，地理三。

⑰ 宋欧阳修、宋祁撰：《新唐书》卷四六，志第三十六，百官一。

⑱⑳ 后晋刘昫等撰：《旧唐书》卷四三，志第二十三，职官二。

⑲ 后晋刘昫等撰：《旧唐书》卷一三九，列传第八十九，陆贽。

邢窑瓷器鉴识*

何伯阳　张慧红

位于河北临城县与内丘县接壤地带的邢窑是我国古代北方著名窑场，唐代曾以烧制白瓷而闻名于世，尤其是所烧细白瓷代表了隋唐两代白瓷的最高水平，并为宋代大放异彩的彩瓷的出现铺平了道路。

邢窑白瓷创烧于北齐

邢窑创烧于北朝，当时是以烧制青瓷为主，白瓷较少。但北齐白瓷突破了东汉以来青瓷的一统天下，其意义是划时代的。北齐双系罐，直口，圆腹，饼形足。高13.4厘米，上口和底径均为6.3厘米。罐的肩部和腹部有两道弦纹，器内施满釉。外壁为半釉，施釉采用荡釉法。胎呈黄白色，饼形足微微外撇，足跟处有一刀削痕（典型的邢窑特征）。胎料经过淘练，没有上化妆土。烧制温度较高，釉层薄而滋润光亮，呈乳白色微微有点泛青。有些釉厚的地方，尤其是弦纹的刻槽内呈青色，可见它与青瓷的渊源关系。

为何把此罐定为北齐白瓷呢？一是从器物的造型上看，北齐产品的腹部为球形，而且不施化妆土；隋代的产品腹部为椭圆形，腹中部常凸起弦纹一道，分器身为二等分（隋代已能生产出上有化妆土的标准白瓷，而不是早期白瓷）。二是双系低于瓷罐的口沿，隋代双系均高于瓷器的口沿。三是邢窑的产品足跟部有一圈刀削痕，此为典型的邢窑特征，并一直延续到唐至五代。四是北齐饼形足比较厚高些，而隋代的饼形足则较薄矮些。总之，从造型、胎质、釉色和工艺等方面看，此罐当为北齐邢窑白瓷产品。作为早期白瓷产品，其釉色呈乳浊的青白色，釉中含有许多小灰点，还没有完全解除氧化铁的呈色干扰。

隋代邢窑细白瓷登峰造极

隋代是邢窑发展成熟的重要时期，少量的透影细白瓷工艺已达到了登峰造极的程度。邢窑白瓷从

* 《收藏》2003 年第 3 期

瓷质上说，共有 3 个瓷种，即粗白瓷、细白瓷和透影细白瓷。前两个瓷种在各大博物馆均能看到实物，而透影细白瓷则很少见到，是一种高档的精细产品。1982 年叶喆民教授根据国内外文献记载，率先提醒人们注意这种白瓷的存在。古阿拉伯人苏米曼在其《日记》中记述："中国人用白瓷土烧制的白瓷，从外面能够看到里面的液体。"《日记》写于公元 851 年，苏莱曼在记述这种透影白瓷时，虽然没有明确记载它是邢窑产品，但就我国当时的白瓷工艺水平而言，非邢窑莫属。后来河北内丘邢窑窑址出土的实物残器和瓷片证实了苏莱曼《日记》中的记载。透影细白瓷油脂般的光润、蛋壳般的厚度（上薄下厚，最薄处约 1 毫米）、透影性和瓷化程度，奠定了隋代邢窑白瓷的历史地位。

邢窑透影细白瓷，不论胎体薄厚，遮光而视，均能看见后面的手影，这与瓷土的材料有关。内丘出土的透影白瓷有隋代的深腹实足杯和鼓腹贴花壶、多足砚，以上几件均为残器。不足 1 毫米厚度的薄胎深腹实足杯已达到了半脱胎的地步。这一发现将我国薄胎细白瓷的创烧时间从明永乐时期的半脱胎白瓷提前了近 10 个世纪。

现介绍一件民间收藏的细白瓷高足杯。此杯口径 10 厘米，足径 4.4 厘米，高 7.7 厘米。壁厚约 0.15 厘米，迎光照射后，隔着器物能清楚地看见后面物体的影子。胎体洁白细腻，轻轻叩之可发出清脆的金属声，烧制温度在 1200℃ 以上。釉色为纯白色，与传说中的邢窑白瓷"类雪"相一致。高足杯内外上满釉，足端无釉，做工精细。支烧，杯内有 5 个芝麻大小的支钉。如此细薄的高足杯没有丝毫的变形，是胎、釉、贴塑和造型俱佳的精品，体现了隋代邢窑精湛的工艺水平。

隋代邢窑中，粗瓷占大多数，胎体一般较厚重，胎质较粗，但在化妆土的覆盖下，仍能体现出精美的细瓷品质。隋代白釉长颈瓶，高 17 厘米。瓶口外翻呈平折沿，深腹呈椭圆形，最大腹径在中下部，给人以稳重感。低矮的饼形足微微外侈，在底内墙向外斜削一圈，足心内凹，底足外根部有一刀削痕。在浅灰胎上施白色化妆土，起到补充胎体不平和增加白釉白度的作用。瓶外部施多半截釉，釉质光洁透明，有玻璃般的质感和细密均匀的小开片（俗称玻璃釉）。烧制温度较高，约在 1300℃ 左右，在匣钵中装烧。该长颈瓶清素典雅，端庄周正，修胎精细，是隋代邢窑白瓷的代表作。

名扬四海的唐代邢窑白瓷

根据《唐书》记载，邢窑白瓷与越州青瓷都作为地方名产向宫廷进贡。早在 20 世纪 50 年代，陕西西安的唐大明宫遗址就出土过一批邢窑白瓷，其中有 1 件底部刻有"翰林"字样的白瓷罐和几件刻有"盈"字款的白釉瓷碗。底部刻有"翰林"款的白釉罐应为唐代翰林院的定烧器。前几年在内丘邢窑遗址曾出土过 1 件带"翰林"款的白釉罐，胎土洁白细致，釉质光亮如新。采用匣钵烧制，肩部带有明显窑粘。显而易见，此罐是当时的残次品，不能作为贡品，故留在了当地使用。

1984 年春，在内丘县城西的西关村和中丰洞村窑址采集到带"盈"字铭文的细白瓷残器和瓷片，从器物造型、款字风格等来看，与西安唐大明宫遗址出土的"盈"字款瓷如出一辙。带"盈"字款的瓷器，应为唐代宫中大盈库的定烧器，专供皇帝宴饮赏赐之用，故可以说邢窑是我国古代最早的官窑之一。本人收藏了一件带"盈"字铭文的细白瓷盏。盏浅腹，饼型足。底径 7 厘米，盏高 5 厘米。胎质细腻，胎色洁白，釉质细润。器内外上满釉，足端无釉，足跟处有一刀削槽，轻轻叩之发清脆的金属声。烧制温度当在 1200℃ 以上，瓷化程度好。盏的腹部有窑粘，盏口部有轻微变形，"盈"字的刻画比较生硬。烧制年代为唐早期。

　　"盈"字铭文的几种不同的刻画和器物圈足的差异，可能说明邢窑在唐早期至五代一直为宫中烧制官窑瓷器。比如以茶盏来说，有饼足底、微侈直口的浅腹盏（唐早期），有玉璧底、唇口浅腹盏（唐中期），有带圈足"盈"字铭文的瓷片（唐晚期至五代）。从实物中看，早期"盈"字款白瓷产品，"盈"字刻画比较呆板；后期产品的烧制水平更加完美，"盈"字的刻画也更加潇洒自如。"盈"字铭文瓷器均为细白瓷，器内外上满釉，胎质细致洁白，釉光滋润明亮。上海博物馆珍藏的带"盈"字铭文的白瓷粉盒是邢窑细白瓷的代表作。

　　邢窑还烧三彩器，最有代表性的是河北省博物馆珍藏的一对兔形三彩枕（1972年河北新安唐墓出土）。其胎质坚密，色泽雅致，蓝、褐色沉静幽深，与以往所见的唐三彩在胎质和色泽上有明显不同。它们产于哪个窑口，长期以来一直是个谜。80年代邢窑遗址出土了类似的三彩陶片后，其方被初步确认为邢窑产品。最近我在邢台私人收藏家手中，发现了与此三彩枕造型完全一样的邢窑白瓷兔形枕，大小也基本上一致。这进一步证明了兔形三彩枕是邢窑生产的。

　　邢窑白瓷，多朴素无纹，主要以洁白、细腻、滋润、类银类雪的色调及朴素大方的造型见长。仅有少量白瓷有印花、画花和贴塑等装饰，纹饰相当精美。现介绍一件私人收藏的白瓷杯。此椭圆式花口海棠杯长14.7厘米，宽11.2厘米，高4.0厘米，杯壁厚不足0.2厘米。胎质细腻，釉色较白，呈微微的水青色。盏杯把手为贴塑于杯子侧面的泥条，泥条上有很细密的刻画菱形纹装饰。杯内底印有菱形花纹，菱形花纹中印有水波纹，在菱形花纹的水波纹中心，模印一单鱼。为唐代中期产品。

邢窑与定窑的关系及比较

　　定窑创烧于唐代中期，在唐晚期已能烧制精美的细白瓷，尤其是底部刻有"官"和"新官"字款的细白瓷，胎质坚硬致密，釉色润泽，积釉处白中闪青（定窑的泪痕特征），与唐代中期邢窑细白瓷极为相似，器型风格明显受邢窑的影响。我收藏了一件底部刻有"官"字款的唐定窑细白瓷粉盒。此盒直径6.3厘米，高3.0厘米，盒里外满釉，圈足内刻有"官"字款，明显受到邢窑粉盒风格的影响。定窑"官"字款粉盒，在邢窑白瓷的基础上，推陈出新，出现了刻画花工艺，开创了北方白瓷刻画花工艺的先河。

　　在五代时期，定窑也生产出透影细白瓷菱花口盘。此盘胎质细密，胎体厚约0.2厘米，盘径为15厘米。盘里外及圈足内均满釉，足端无釉。足内刻有"官"字款铭文。釉光细润明亮，白度与邢窑"类雪"细白瓷一致。迎光透视，可清楚地看到后面物体的影子。通过邢、定两窑菱花口盘的比较可以看出，邢窑和定窑是一种接力关系。定窑产品从唐代晚期开始，青出于蓝而胜于蓝，最终成为我国宋代"五大官窑"之一。

　　（作者：河北省邯郸市）

唐代邢窑白瓷装饰工艺的初步探讨*

国 英

"邢窑白瓷造型单调，素无花饰"，甚至认为，"邢窑白瓷仅以白取胜，因此只有使用价值而无欣赏价值"。但是 1980 年~1985 年间，在河北临城县境内和内丘县境内先后发现了多处邢窑遗址（唐代），在出土的大量白瓷器物中却发现了不少带有装饰的器物，包括刻线装饰、印压装饰、点彩装饰等。因此，需要对于唐代邢窑白瓷装饰工艺重新进行研究。本文根据已经公开发表的资料和河北师大历史系杨文山先生所提供的新资料，就唐代邢窑白瓷装饰工艺问题发表一点初步见解。

一 关于邢窑白瓷的刻划装饰工艺

刻划又称线刻，顾名思义就是在器物上用不同的刀刻划出不同的纹饰。即在湿坯上划出各种凹线纹饰。由于被压划部位密度增大，划痕就显得光滑。刻划装饰的适应性很强，它可以为不同的器形进行装饰，既可以在器物的表面进行装饰，也可以在器物的内壁进行装饰。在遗址中发现了带有刻划装饰的器物多种，其中比较典型的是"堆纹刻花扁壶"和"刻划器盖"。

1. "堆纹刻花扁壶"（图一）

器形全高 21.7cm，腹部正面最宽 11cm，流颈长 2.1cm，流口直径 2.5cm。壶底呈圆足，向上渐收呈扁圆形，上小下大，腹部前启上半端各堆凸起 U 形泥条纹一道，其中刻有三层三角形双勾纹几何图案，并间刻斜纹及花朵纹、叶纹，器物顶端有提梁。

从器物刻划装饰来看，刻划的线、纹饰都是使用扁形刻刀或梳篦形刻刀刻划而成的。以它的刻划装饰，我们可以看出它的线条流畅，筋骨挺拔，富有韵律感。窑工在刻划时是以情带力，胸有成竹的，从起刀到放刀一气呵成，线条深浅得当，轮廓线向外由深到浅，成斜坡状，花朵纹饰的线刻，用刀如用笔，就好像写意画一样，寥寥几刀，虽然笔墨不多，但构图满而不塞，虚实有致，它与腹部前后上半端各凸起的 U 形泥条相呼应，产生了虚实对比的装饰效果。单从纹饰来看，我们可以看出，它是用

* 《邢台学院学报》2003 年第 4 期

一块带有花饰的方巾塔在壶体上，再加上层透明釉料，器形显得更加幽静秀丽明快雅致。

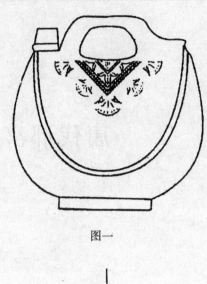

图一

2. "刻划器盖"（图二）

器形全高 3.1cm，直径 14.5cm，器物斗笠形，顶端有抓纽，刻有网状纹。

此器形的浅刻装饰大胆、泼辣，线条雄健，给人一种粗犷、自然的感觉，线刻从抓纽到底部的网状线，从宽到窄，从精到细，形成了一种自然的渐变。使用时，人们的视线就会自然的注意到抓纽，由于抓纽部位比较细，易破碎，人们在使用时，就会产生一种不安全的感觉，但是通过装饰粗的线，大的点与大的面后，就会与下面的体积调合，也增加了人的心理上的安全感。在处理手法上，采用长线与点、短线的结合使用，形成了点线面的装饰效果。

刻划装饰是唐代制瓷业中一种比较流行的装饰技法，这种技法已为越窑、岳州窑、躍洲窑的青瓷生产广为应用。但是它应用于白瓷，即始于邢窑。我们知道定窑是继邢窑之后而兴起的名窑之一，其刻划装饰所以能闻名中外，无疑是它继承了邢窑的刻划装饰的精华，并加以发扬光大，从而形成自己独特的艺术风格。

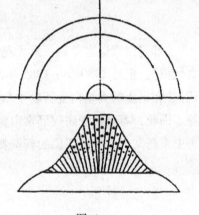

图二

二　关于邢窑白瓷的印花装饰工艺

压印是一种利用刻划陶范对湿度适宜的坯料进行压印的装饰技法，这种技法使坯体显示出与刻划陶范相应的凸起或凹入的纹饰。压印装饰的生产效率比刻划装饰生产效率为高，艺术装饰效果较好。由于纹饰规整、转折圆浑，压印使产品显得更加精湛，文雅大方。这类产品器物在邢窑遗址中发现了多种，其中比较典型的是："瓣口瓣足压印花碗"和"瓣口印花盏托"。

1. "瓣口瓣足压印花碗"（图三）

器物全高 4.4cm，口径 16.7cm，足径 6.8cm，器形印有四个凹进的瓣口，腹部内外各印有四道凹进或凸起的直线纹，足底也印有四个凹进的瓣口，通过外腹压的四条凹进直线纹与器物四个凹进的瓣口相接。

"瓣口瓣足压印花碗"整个器形圆浑、精细，碗的转折既圆浑又有变化。它与压印的纹饰浑然一体，碗口在装饰上采用了花口，荷花植物形象，四个凹进斩瓣口与腹部内外四道凹进直线纹相连，就好像一朵含苞怒放的花朵，又好像一片即将展开的荷叶，器足的四个凹进瓣口与口沿的四个瓣口在形式上既成为一种对比，又增加了它的空间感，上下四瓣口打破了器形呆板，使器形有了变化。

2. "瓣口印花盏托"（图四）

器物全高 4.5cm，外口径 15.1cm，内口径 8.2cm，足径 5.3cm。盏托外口沿平展如盘状，口沿印有五个瓣口，每口又印有一道凸起的印纹，进幅到内口处有印有凸起的一圈印纹接连，犹如五瓣梅花

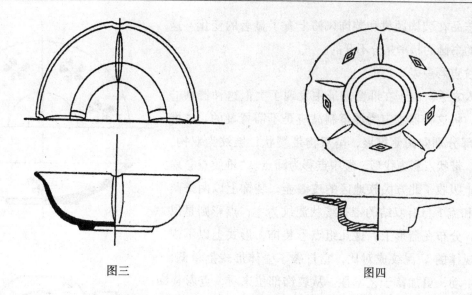

图三　　　　　　　　　　　　　图四

状，每个瓣中间还印有一个双构棱形图案，棱形中戳有数量不定的珍珠点。

邢窑白瓷的印花装饰在技法上已经日渐成熟，此器形的印花装饰就是很好的例子。唐代由于国富民强，宗教也日渐昌盛，在绘画、工艺品中也反映了出来，此盏托就有很浓的宗教色彩。以它上俯视角度来看，它是吸收了唐代澡井图案，在装饰手法是采用散点装饰的手法，五条凸起的印纹，把整个圆形分割成五个单元。为了填补空白，在五个单元里又采用了五个棱形图案，形成了点、线、面的有机结合，而四条凸起直线在整个器形中起着点缀的作用。它使器形更加完整，而棱形图案的出现，全器形既完整又富有变化，起了画龙点睛的作用，从整体来看器形，它虽然简练、概括，但是也体现了唐代工艺品的富丽堂皇的风格。

邢窑压印器物，绝大部分是直线纹、曲线纹和几何纹。从纹式取材上看，比较简朴，但是陶范刻划精致规整，所以印压效果良好。这种压印装饰技法与刻划装饰技法同样给予定瓷重大影响，在北宋定瓷中有不少简单朴素的压印器物，如瓣口碗、瓣口碟等，无疑是继承了邢窑的压印技法。鉴于定瓷压印取才广泛，普及动物、植物、人物、自然风景等。这些无不是邢窑压印技术的继续。

三　唐代邢窑白瓷的点彩装饰工艺

点彩装饰是以同形状的点或不同形状的点所组成的装饰。这种装饰随心所欲，极其自然，它既自然、悦目，又富于装饰趣味。几千年前的彩陶，就有点彩花饰，但是在白瓷的烧造成功后，才使得点彩装饰发展起来，1981年，邢窑遗址出土的陶瓷残片中，首次发现了邢窑的点彩装饰器物，器物有碗、壶等。如：

1. "点彩碗"残件（图五）

器件全高4.7cm，口径15.5cm，足径7.1cm，唇沿、玉璧底、敞口浅腹，外胶点有五个深褐色梅花点。

这五个梅花点，用笔随意、自然，装饰的部位很得当，所用笔是采用国画里最常见的苔点。唐代的工艺品多为盛唐风格，但是在白瓷上，用深褐色的点装饰，也别具一格，它古朴、典雅、生动，这与隋代的工艺品在装饰题材和装饰风格上有了显著的变化。这与吸收外来的书画的精华是分不开的。

　　2."堆纹点彩扁壶"（图六）

　　现藏英人之手。由于在邢窑遗址中发现了类似这种器物的残件，因此，将这种器物定为邢窑制品应是不需置疑的。"堆纹"从壶脊部分别向两侧堆展，呈双构带缨状，堆纹为双构，其中间点彩，带状点彩为线形，缨中点彩为圆点。"堆纹点彩扁壶"在造型上吸收了北方民族地区的皮镶壶，装饰上以两条凸起 U 形泥纹和流下打有双结的带有缨状泥纹为主，点彩则是以散点的形式，分布在器形上。这几组点彩装饰，形式上以不规律的点，同规律的 U 泥纹成对比，它打破了壶体形式上单调，使器形更加生动，更加富于艺术性。从装饰部位来看，点彩装饰在器形的上部，这就使器形在虚实、空间上有了对比，深褐色的点与白瓷也产生了强烈的对比，给人一种用两条缨带缠着壶子的感觉。

　　邢窑白瓷的点彩装饰在艺术风格上古朴、典雅和强烈的黑白对比而独具一格。它对后来的陶瓷装饰，尤其是宋代磁州窑产生了深远的影响，并为磁州窑铁锈花的出现作了准备。磁州窑的铁锈花工艺在吸收邢窑点彩装饰工艺的基础上，发展成了北方一大名窑。总之，唐代邢窑的装饰工艺艺术创造了美的艺术形象，给人一种美的艺术享受。刻划、压印、点彩装饰分别与它们那鲜明的特色成为高度艺术的装饰工艺。刻划、压印装饰方式别致，采用很浅的浮雕形式，再加土葵白的邢瓷瓷质和透明白釉，使装饰纹饰透明、精细，呈现出主体感很强的艺术效果与浓厚的民族艺术风格。浅刻、压印技法，呈现出高水平的装饰效果。这是陶瓷装饰技术上的一大进步，它对于我国的陶瓷装饰技术的发展起了承前启后的作用。点彩装饰的出现，丰富了邢瓷的陶瓷装饰，它那古朴、典雅、生动、活泼和强烈的黑白对比的装饰效果，使得邢瓷装饰在风格上更加丰富多彩。磁州窑所表现的熟练画工技巧，就有邢窑系瓷工的功绩在内。它是邢窑点彩装饰艺术的发展，是随着阶级、社会的审美观而产生的。邢窑白瓷之所以著称于世，是与它的装饰完全分不开的。

　　（作者单位：河北省邢台学院美术系）

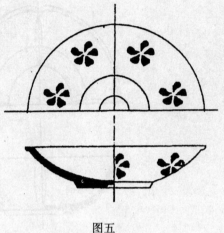

图五

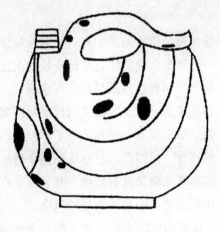

图六

六至十世纪河北地区的瓷器断代
及邢窑瓷器的分期研究[*]

王光尧

本文所说的河北地区，包括河南省的北部和河北省的中南部，约即历史上唐代河北道的大部分。在5世纪末到7世纪初期，该地区曾是北中国的经济中心和手工业最发达的地区，表现在瓷器烧造业上，这里不仅烧制出中国最早的白瓷器，也是传承北魏以来的低温彩釉瓷器的基地，其技术与工匠在6世纪末7世纪初还影响到洛阳地区[①]。同时，从安阳窑开始，千余年间该地区相继涌现出了邢窑、定窑和后来的磁州窑等一大批名窑。本文试图搜集建国以来考古发现的纪年墓葬出土的、能肯定是该地区诸窑场生产的瓷器，并对这些材料进行类型学研究，从而得出该地区10世纪以前的瓷业生产分期。进而以此为坐标对该地区内的诸窑场的生产历史进行分期研究。

一　缘起与思考

陶瓷考古作为现代考古学的主要内容之一，其目的是想利用现代考古学的理论与方法，来研究陶瓷窑址所包含的全部信息。以便在充分把握窑址出土瓷器、窑炉建制等内容呈现的规律性特征的基础上，来了解窑场的生产历史、背景，及其在当时社会经济中的地位。

众所周知，选定并根据标准器进行器物断代是考古学研究的通行方法。而将此方法引进到古陶瓷等器物的断代研究中，则以宿白先生所倡建的以类型学研究结果为标准的研究方法最早也最科学[②]。这种方法是选取研究对象的同类器，尤其是纪年明确的材料进行类型学的排比，从而得出这类器物自身的发展、演进规律和分期标准，并以此为据来确定自己的研究对象在这个发展线路上可能存在的年代。如此，在陶瓷考古研究中，我们选取断代的标准自然也应当是建立在类型学研究基础上的结果，而不应该仅仅是考古材料中那些时代明确，特别是有纪年的单个材料自身。但后者却是长期以来瓷窑窑址的考古发掘研究中所遵循的法则，其弊端是忽视了对这些有明确纪年瓷器自身进行系统的类型学研究，即忽视了对有明确纪年瓷器自身发展规律的把握。这样被选为参照物的瓷器本身只能代表一个

* 《故宫学刊》，紫禁城出版社，2004年总第一辑

特定的时间点而并不能代表所有同类器的流行与使用时间，参照它得出的分期与断代自然也就有以偏概全之嫌。在这种方法下，即便所选取有明确纪年瓷器的数量再庞大，也只能是更多点的累计而永远不是一条可代表规律的线条。若再考虑到有明确纪年瓷器自身的时代，往往是靠墓葬的年代来确定，按考古学的准则，墓葬年代和随葬品生产年代并不等同，出自墓葬的材料能肯定的只是其生产年代不晚于该墓葬的下葬时间，而其真正的生产时间并不能由墓葬本身求得。所以，墓葬等单位出土的瓷器自身也有进行类型学研究的必要，只有这样才能把握纪年墓出土瓷器自身所寓存的演进、发展规律。

为了所得规律及分期的准确，做纪年材料的类型学研究时选取的基础材料必须可靠，这就要求我们能认知考古所得纪年瓷器中有哪些材料是出自我们研究的窑口，或者是属于这个窑口所在的分区内的其他窑口的产品。这除了对单个窑址所产瓷器有充分的认识，又要能在大的范围内把握同时期的窑业生产分区特征。实际上是把考古学理论中的区系概念引进到陶瓷考古研究中，即在区系研究的基础上进行类型学研究。

在具体的研究方法上，首先以陶瓷考古分区为基础，建立起以窑址所在地区生产的纪年材料的分期，并以此为坐标来核对我们要进行分期断代的资料。其次，是对待窑址出土的瓷器，那些经考古发掘的瓷器，自然是先依层位关系进行分型分式的类型学的研究；接下去是用我们已得到的分区内的断代标准来和窑址出土瓷器表现出的类型学结果对比，并得出结论。但当从窑址获取的瓷器是调查所得而不是考古发掘材料时，由于没有可靠的地层和共存关系，其自身是无法进行类型学研究的。要想通过这样的材料给窑址的生产历史进行断代，只能拿这些单个的材料与窑址所在地区内已知的纪年瓷器的类型学研究的结果进行对比，从而得知窑址调查所得瓷器中有哪些和纪年材料中的某些型式相同。这样对比的结果，基本能确定窑址调查所得瓷器的分期和断代，从而也能确定该窑口的生产时代。

参照已往的研究成果可知，自南北朝至唐、五代，我国瓷业生产的区域划分情况大致为：南方和北方瓷器的差异显而易见，二者是自然的两个大区[③]。而在北方的黄河中下游地区，排比自北朝而晚唐五代的材料又不难发现，其瓷业面貌又分为山东地区、河北南部与河南北部地区、河南中西部地区三个相对独立的亚区[④]。邢窑的地理位置所在正处于这种分法的河南北部与河北南部地区。

为了验证我们所说的陶瓷窑址考古分期、断代方法的可行与否，也为了给以调查材料为主的邢窑作分期研究，特选取河南北部和河北南部地区和邢窑作为我们的研究对象。本文选取材料的标准是：窑址出土瓷器是内丘、临城各处邢窑窑址所见内容；纪年瓷器则是历年考古发掘所得的有明确纪年的，据釉、胎、造型等要素能肯定为河北南部与河南北部地区诸古窑的产品。

二　河北地区诸窑场所产纪年瓷器的类型学研究

基于多年的研究成果，邢窑生产的时代下限仅至五代[⑤]，所以本文对有明确纪年瓷器的取舍在时间上也只能局限在五代以前，并且是基本可定为河北南部与河南北部地区诸古窑址生产的器物，这里面当然存在有一定的主观性。准此条件，综合历来考古发掘材料，所见器物有碗、钵、盂、杯、耳杯、高足杯、盘、三足盘、子母盏盘、盏托、唾盂、瓶、双系瓶、净瓶、四系罐、三系罐、双系罐、罐、提梁罐、六耳罐、八系罐、塔式罐、尊、盘口壶、扁壶、注壶、龙柄鸡首壶、单柄壶、盒、奁、三足炉、博山炉、缸、灯、烛台、器盖、器座、砚、仓、枕、案、凭几、俑及各种动物俑、镇墓兽、棋盘、棋子、碾、磨、碓、靴、履、盔、铺首衔环、刹及殿宇模型、车轮、水桶、葫芦形器、柜、椅、凳、兽座等六十余种。这些有明确纪年瓷器虽出自一些并无联系的单位，但考虑到达些瓷器均出自某一窑口或是具有共同特征的同一地区的诸古窑，而这些瓷窑自身的生产当存在有前后的连贯性，所以在这些有明确纪年瓷器中间也就存在着它们的逻辑发展规律。在类型学研究时，我们一般遵从由早发展到晚的原则，但对于一些个例，因要考虑这类器物整体呈现出的逻辑性规律，也可能出现与绝对纪年的时序和逻辑发展序列相反的情况。兹选取其中时代特征明显、演变规律比较清楚的典型器物 18 种，分型排比如下。

1. 碗　分四型。

A 型：敛口或直口，假圈足。分三式。

Ⅰ式：腹微弧，部分假圈足足心内凹。有酱黄釉、黄绿釉和青釉三种，青釉呈色不一，外壁施半釉。标本：东魏高长命墓出土[6]。青釉。假圈足平底（图一，1）。

Ⅱ式：碗腹壁弧度变小、上腹壁较直。部分假圈足足心内凹。有青釉、酱釉，青釉呈色不一，外壁施半釉。标本：北齐范粹墓出土[7]。口微内敛，足跟外撇，足心内凹。釉色泛白，胎质较纯，轮旋规整，底足相接处有一条明显的轮旋纹。口径 7.5 厘米（图一，2）。

Ⅲ式：腹壁外斜，直口微敞。均青釉，外壁施半釉。标本：隋卜仁墓出土[8]。胎质细匀，内含黑色砂粒。由模制而成（图一，3）。

B 型：圆唇，侈口。分三式。

Ⅰ式：卷沿较宽。均青釉。标本：隋张盛墓出土[9]。高 4.4 厘米（图二，1）。

Ⅱ式：卷沿，上腹深直，圈足或假圈足。有青釉、褐釉两种。标本：唐王仁波墓出土[10]。灰黄胎较坚实，假圈足足心内凹，足底露胎，碗心残留三枚支钉痕迹（图二，2）。

Ⅲ式：沿微折，浅弧腹，矮圈足。白釉泛青。标本：中羊泉唐墓出土[11]。胎质坚实，釉色光泽莹润。高 4.6、口径 18.6 厘米（图二，3）。

C 型：方唇，敞口，斜壁，平底。均绿釉，下腹壁及底露胎。标本：隋张盛墓出土[12]（图二，4）。

D 型：敞口。分 Da、Db 两个亚型。

Da 型：弧腹。分四式。

Ⅰ式：腹较深，假圈足。酱釉。标本：唐张枚墓出土[13]。下腹及足露胎，碗内有三支钉痕。高 7.5、口径 15 厘米（图二，5）。

Ⅱ式：腹比Ⅰ式变浅，圈足或窄玉璧形圈足。白釉或白釉泛青。标本：唐赵天水夫妇墓出土[14]。釉色光润洁白微发青，胎质细腻。高 3.6、口径 12.5 厘米（图二，6）。

Ⅲ式：腹变深，上腹壁近口沿处略见直，圈足。均白釉。标本：后唐王审知夫妇墓出土[15]。葵口，内外壁满釉，釉白中泛黄，足底露乳白色胎，胎质细腻。高 8.9、口径 21.1、底径 8.1 厘米（图二，7）。

Ⅳ式：深腹，弧壁微斜直，圈足。白釉。标本：后梁高继蟾墓出土[16]。葵口，芒口覆烧。足底阴刻"新官"款。高 9、口径 16.4 厘米（图二，8）。

Db 型：碗壁相对斜直。分三式。

Ⅰ式：圆唇，厚壁，宽玉璧足。标本：邓俊墓出土[17]。白胎，白釉，釉色晶亮，釉下有护胎釉。

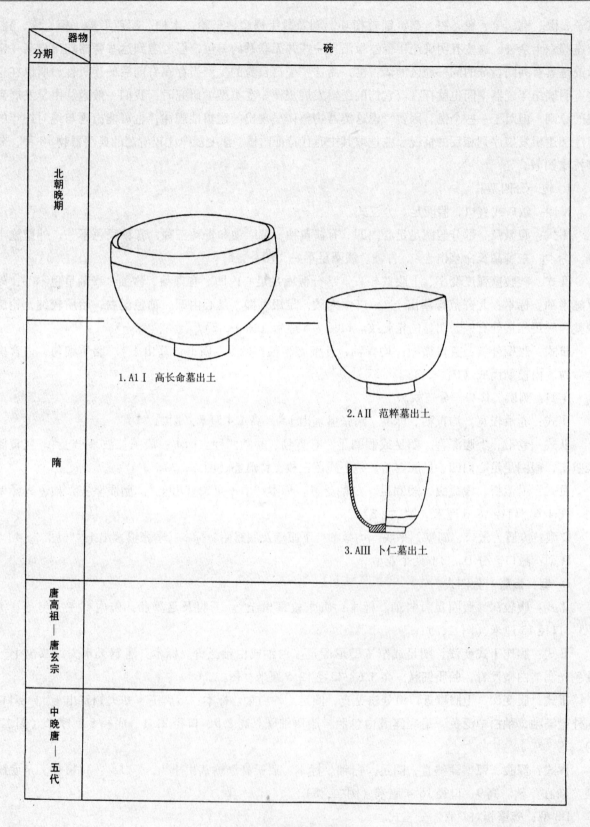

器物 分期	碗
北朝晚期	1.A1Ⅰ 高长命墓出土 2.AⅡ 范粹墓出土
隋	3.AⅢ 卜仁墓出土
唐高祖— 唐玄宗	
中晚唐— 五代	

图一　纪年瓷器分期图

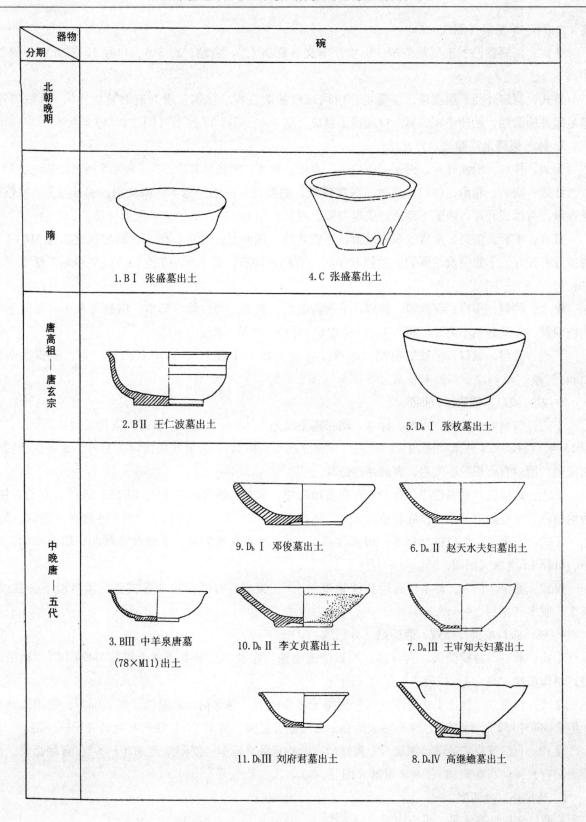

器物 分期	碗
北朝晚期	
隋	1.BⅠ 张盛墓出土 　　4.C 张盛墓出土
唐高祖—唐玄宗	2.BⅡ 王仁波墓出土 　　5.DₐⅠ 张枚墓出土
中晚唐—五代	9.D♭Ⅰ 邓俊墓出土 　 6.DₐⅡ 赵天水夫妇墓出土 3.BⅢ 中羊泉唐墓 (78×M11)出土 10.D♭Ⅱ 李文贞墓出土 7.DₐⅢ 王审知夫妇墓出土 11.D♭Ⅲ 刘府君墓出土 8.DₐⅣ 高继蟾墓出土

图二　纪年瓷器分期图

高 4、口径 15 厘米（图二，9）。

Ⅱ式：圆唇微凸，玉璧足变窄。标本：李文贞墓出土[18]。白釉，高 3.6、口径 12.7 厘米（图二，10）。

Ⅲ式：圆唇外凸，腹变深，玉璧足。白釉或白釉微泛青。标本：唐刘府君墓出土[19]。白釉闪青，除足底外施满釉，胎质坚实细腻，口底精工制成。高 4.8，口径 17 厘米（图二，11）。

2. 钵　假圈足或圈足。分五式。

Ⅰ式：侈口，沿斜外折，束颈，浅鼓腹。青釉。标本：隋张盛墓出土[20]。高 4.5 厘米（图三，1）。

Ⅱ式：圆唇，卷沿，侈口，束颈，深腹弧鼓，假圈足。白釉。标本：隋史射勿墓出土[21]。釉色微泛青绿，有冰裂开片，内壁下部及足底露白胎。高 9.6、口径 14、底径 9.4 厘米（图三，2）。

Ⅲ式：平唇，敛口，窄肩，深腹微弧，下腹内收，假圈足。青釉。标本：涧磁村晚唐墓 M2∶1[22]。釉淡青有开片，下腹壁及足露胎，胎粗灰厚重，有白色胎衣。高 9.6、口径 14.7、底径 8.7 厘米（图三，3）。

Ⅳ式：圆唇，侈口，深鼓腹，斜肩，下腹斜内收，圈足。均白釉。标本：唐赵天水夫妇墓出土[23]。釉色偏黄，外壁施釉不到足。高 7.4、口径 8.6、足径 5 厘米（图三，4）。

Ⅴ式：尖唇，敛口，平底。白釉。标本：后梁王处直墓出土[24]。口部有凸棱一道，底露胎阴刻"新官"款。高 11.5、口径 12、底径 6 厘米（图三，5）。

3. 盂　敛口，鼓腹。分四式。

Ⅰ式：口微敛，圜底。青釉。标本：隋张盛墓出土[25]。高 4.4 厘米。腹部饰菱形花纹。高 7.9、口径 13.4、腹径 14.7 厘米（图四，1）。另，定县北魏石函标本 90 为琉璃质盂可为参考，天青色透明玻璃质釉，胎内有密积的小气泡，表面浮有银片。

Ⅱ式：扁圆腹，平底近圜。有白釉和青黄釉两种。标本：隋吕武墓出土（M586∶5）[26]。有盖，釉、胎均白色，釉厚处有开片，器底和盖底无釉。通高 4.2、口径 2.4、腹径 5.1、底径 4 厘米（图四，2）。

Ⅲ式：小平底。均白釉。标本：唐张枚墓出土[27]。釉层有冰裂痕，下腹及底露胎，胎质坚硬。高 16、口径 15 厘米（图四，3）。

Ⅳ式：圈足。白釉。标本：后梁高继蟾墓出土[28]。尖唇，有弧圆纽斗笠式盖。盂口沿下饰弦纹。高 5.5 厘米（图四，4）。

4. 杯　敛口或进口微敞，假圈足。分三式。

Ⅰ式：敛口，腹壁微弧。均青釉，外腹壁施半釉。标本：安阳隋开皇十年墓 M404∶8[29]。釉微泛黄，制作粗糙。高 6.4、口径 7.9 厘米（图三，6）。

Ⅱ式：口微敛，腹比Ⅰ式变深，部分假圈足足心内凹。均青釉，外壁施半釉。标本：安阳隋开皇十年墓 M404∶12[30]。假圈足，淡青釉微泛白，釉层晶莹滋润。高 6.7、口径 7.6 厘米（图三，7）。

Ⅲ式：直口或直口微敞，深腹，上腹壁较直。均青釉。标本：安阳隋墓 M201∶5[31]。青釉泛白，晶莹滋润有光泽。高 6.8、口径 8.9 厘米（图三，8）。

5. 高足杯　分两型。

A 型：侈口，高实足，足心内凹。分三式。

Ⅰ式：口沿平外折，弧圆腹，下承高足，高足下部外撇，足跟垂下折。均青釉。标本：北齐李君

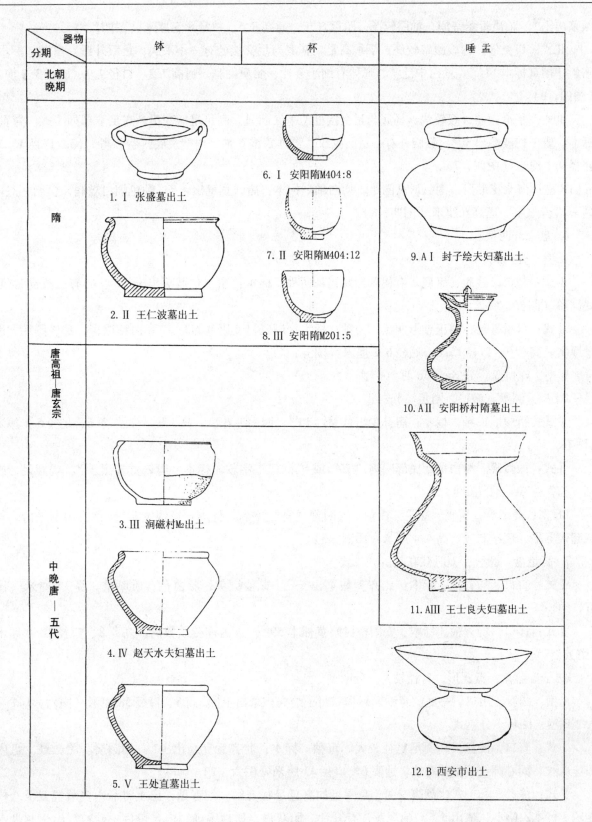

器物 分期	钵	杯	唾 盂
北朝 晚期			
隋	1.Ⅰ 张盛墓出土 2.Ⅱ 王仁波墓出土	6.Ⅰ 安阳隋M404:8 7.Ⅱ 安阳隋M404:12 8.Ⅲ 安阳隋M201:5	9.AⅠ 封子绘夫妇墓出土 10.AⅡ 安阳桥村隋墓出土
唐高祖 — 唐玄宗			11.AⅢ 王士良夫妇墓出土
中晚唐 — 五代	3.Ⅲ 涧磁村M₂出土 4.Ⅳ 赵天水夫妇墓出土 5.Ⅴ 王处直墓出土		12.B 西安市出土

图三　纪年瓷器分期图

颖墓出土㉜。釉质青翠莹润，釉层较厚，胎色青灰。通高8.5、口径8.5厘米（图四，5）。

Ⅱ式：口微侈，深腹腹壁较斜，下承高足，杯底与足交接处有一小平底，足跟外撇。白釉。标本：隋斛律彻墓标本177㉝。釉白中泛黄，通体有细小开片，胎质细腻。通高7.2、口径7.7、底径3.8厘米（图四，6）。

Ⅲ式：平沿微卷，腹较浅，杯底与足交接处的平底凸显，高足足柄变粗，高足下部如Ⅰ式。青釉。标本：唐王仁波墓出土㉞。弧腹外有一道凸弦纹，器外壁饰青釉，内壁及底露胎。高11.3、口径15.5、底径9.1厘米（图四，7）。

B型：海棠花形口，喇叭形高圈足。均白釉。标本：唐钱宽墓出土㉟。釉色细白滋润，模制，底阴刻一"官"字。通高6厘米（图四，8）。

6. 盘　分两型。

A型：分二式。

Ⅰ式：敞口，浅腹，平底。有褐釉和酱褐釉两种。标本：唐王仁波墓出土㊱。盘心有三枚支钉痕，底露胎（图五，1）。

Ⅱ式：口沿外卷，窄玉璧形圈足。白釉。标本：涧磁村晚唐墓M3∶2㊲。白釉透青，足底露胎，胎骨厚实。高3.6、口径15.6、底径6.2厘米（图五，2）。

B型：花口盘。分Ba、Bb两个亚型。

Ba型：圆盘，敞口，圈足。分二式。

Ⅰ式：折腹。白釉。标本：唐孙少矩墓M1∶15㊳。四出莲花口。高3.4、口径13.6、足径6.4厘米（图五，3）。

Ⅱ式：微弧腹。均白釉，底部阴刻"官"或"新官"字款。标本：唐钱宽墓出土㊴。矮圈足，底刻"官"字款（图五，4）。

Bb型：菱形盘，折腹，圈足。白釉，底阴刻"官"字款。标本：唐钱宽墓出土㊵。内壁平滑，外壁起伏不平，模压制成。高4.4厘米（图五，5）。

7. 高足盘　圆唇，喇叭状高足。分二式。

Ⅰ式：直口。均青釉。标本：北齐尧峻墓出土㊶。青釉泛黄，胎白色，质厚重。高13厘米（图五，6）。

Ⅱ式：侈口，均青釉。标本：安阳桥村隋墓标本59㊷。盘内饰弦纹数周。高8.8、口径10.6厘米（图五，7）。

8. 子母盏盘　盘圆形，口径较大。分两型。

A型：圆唇，敞口，平底。青釉。标本：封子绘夫妇墓出土㊸。高5、口径58厘米（图六，1）。

B型：圈足。分三式。

Ⅰ式：直口，浅盘，高圈足足径较大。青釉。标本：北齐元良墓出土㊹。尖圆唇。胎微红。盘内饰连珠纹、同心圆纹及宝相花纹。通高6、口径43厘米（图六，2）。

Ⅱ式：侈口，和Ⅰ式比盘腹变深、高圈足加高且足径变细。均青釉，出土时盘内多承置五至八枚盏碗。标本：隋卜仁墓出土㊺。釉淡黄，有开片。胎灰白，质地不纯，内含黑色小砂粒。出土时盘内有七枚碗。盘通高13.4、口径28、圈足高8、底径14.5厘米（图六，3）。

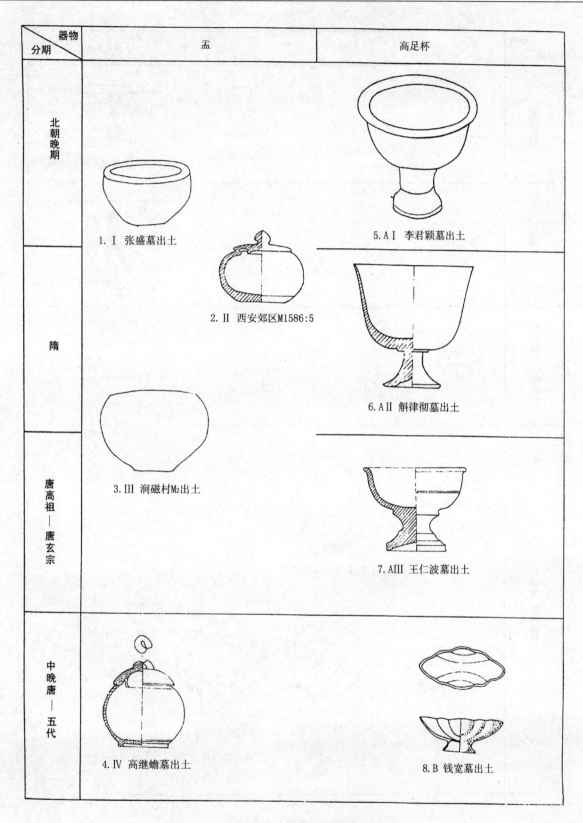

图四　纪年瓷器分期图

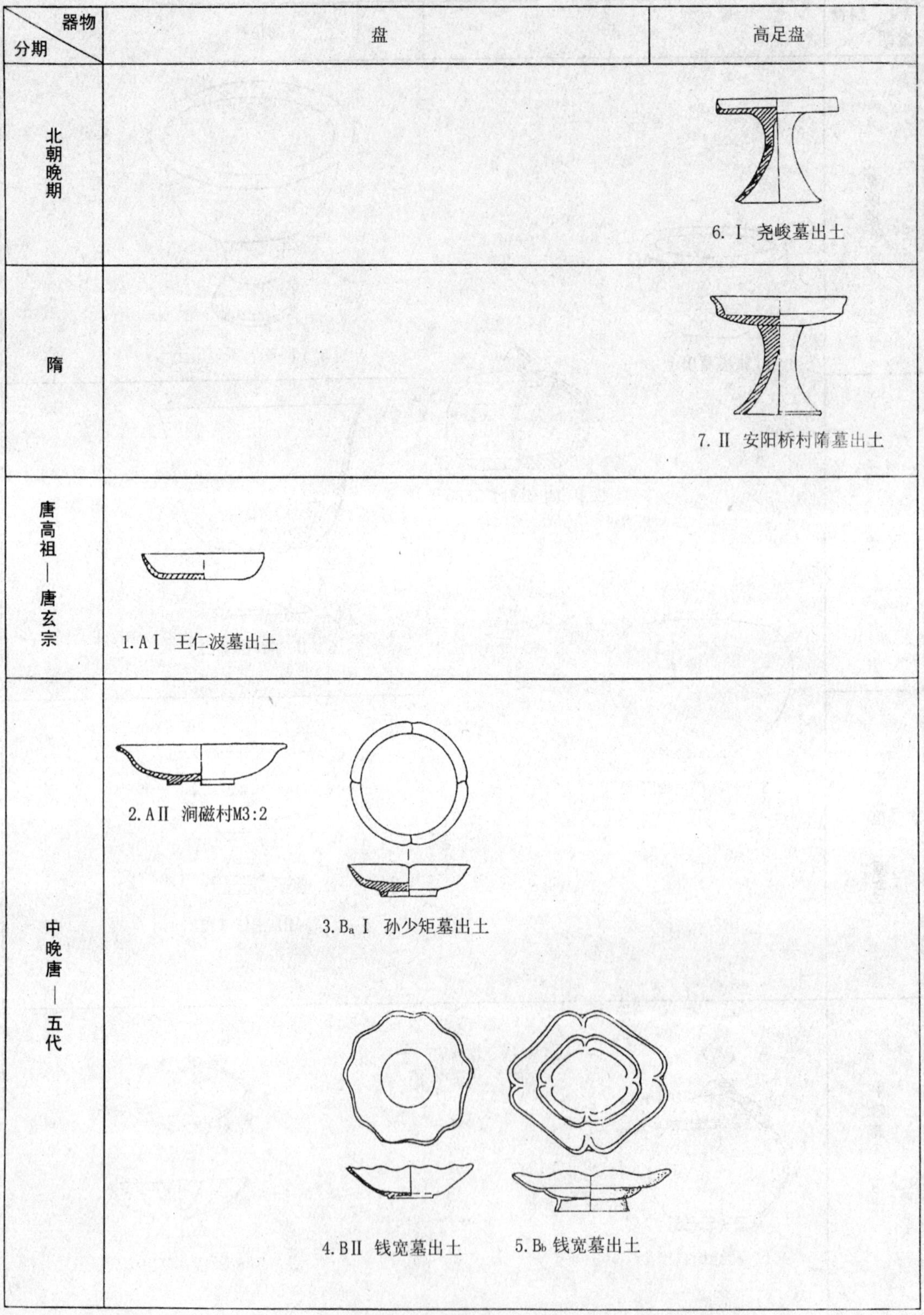

器物　　分期	盘		高足盘
北朝晚期			 6.Ⅰ 尧峻墓出土
隋			 7.Ⅱ 安阳桥村隋墓出土
唐高祖—唐玄宗	1.AⅠ 王仁波墓出土		
中晚唐—五代	2.AⅡ 涧磁村M3:2	3.B$_a$Ⅰ 孙少矩墓出土 4.BⅡ 钱宽墓出土　5.B$_b$ 钱宽墓出土	

图五　纪年瓷器分期图

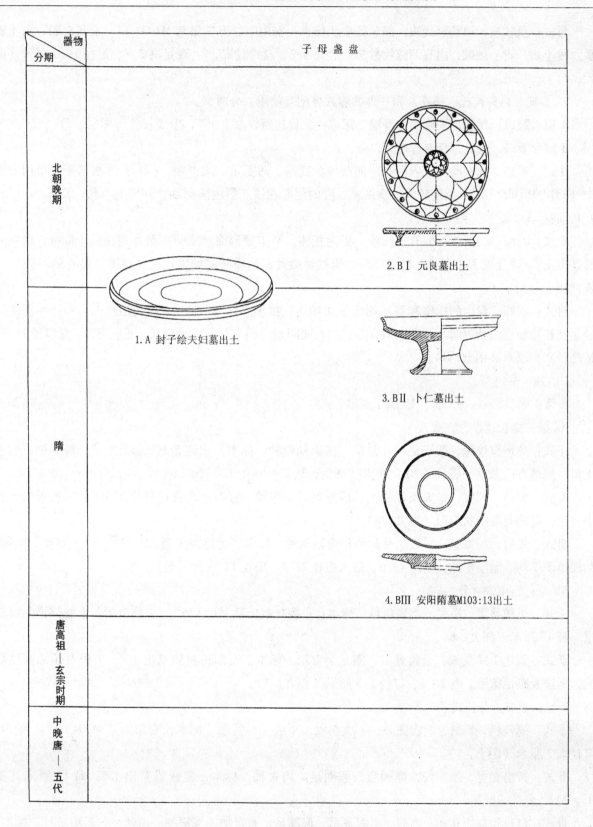

图六　纪年瓷器分期图

Ⅲ式：盘较浅，以凸唇代腹，圈足低矮。标本：安阳隋仁寿三年墓 M103：13。素灰白胎。出土时承六枚小碗。盘心微鼓，内有凹弦纹数道。通高 4.2、盘口径 33.5、圈足高 2.8、足径 15.6 厘米（图六，4）。

9. 盏托　也称碗托、杯托。和一件盏碗或杯配套使用。分两型。

A 型：敞口，浅腹，平底。均青釉。标本：北魏封魔奴墓出土⁴⁶。胎浅灰色（图七，1）。

B 型：敞口，圈足，盘内有托座。分二式。

Ⅰ式：敞口，弧腹略深，内底有一周凸棱为托座，假圈足。均青釉。标本：北魏洛阳大市遗址出土（85BDT8H②：1）⁴⁷。胎壁较薄，质细腻，腹内刻莲花纹。器内满面釉，外壁施半釉。高 4.9、口径 9.3、底径 3.2 厘米（图七，2）。

Ⅱ式：花瓣口，折腹，内有矮凸棱一周为托座，窄玉璧形圈足或假圈足。均白釉。标本：唐刘府君墓出土⁴⁸。出土时和碗配套。釉微泛黄，有细冰裂片。胎质坚实细密。足底露胎，足心刻"张"字款（图七，3）。

Ⅲ式：浅腹，盘内的托座和圈足均比Ⅰ式增高。白釉。标本：唐水邱氏墓出土⁴⁹。和一件卷曲形云龙把杯相配套。釉色润泽。沿边均有金银扣。底阴刻"新官"款。通高 4、托座高 2、盘口径 16.7、足底径 9.9 厘米（图七，4）。

10. 瓶　分三型。

A 型：喇叭形口。分 Aa、Ab 两个亚型。

Aa 型：细长颈。分三式。

Ⅰ式：卵形腹较深，假圈足。有青釉、酱褐釉两种。标本：东魏尧赵氏墓出土⁵⁰。酱褐釉。胎色土黄。肩部有凸弦纹一周。高 20.2 厘米（图九，3）。

Ⅱ式：鼓肩，圆腹，最大腹径靠上，假圈足。均青釉。标本：北齐范粹墓出土⁵¹。釉色翠绿，有小开片，足部有凝脂状滴泪（图九，4）。

Ⅲ式：弧肩，圆弧腹，平底。有黄釉和白釉两种。标本：唐孙少矩墓 M1：7⁵²。口三瓣形。黄釉，釉层厚薄不均。胎质粗糙。通高 43.6、最大腹径 23.2、底径 12 厘米（图九，5）。

Ab 型：粗束颈。分二式。

Ⅰ式：橄榄状腹，平底。均酱褐釉。标本：东魏尧赵氏墓 M1：126⁵³。土黄色胎。上腹部饰划纹二道。高 17 厘米（图九，6）。

Ⅱ式：颈比Ⅰ式变细，上腹弧鼓，圈足。青釉。标本：安阳桥村隋墓出土⁵⁴。上腹及颈饰弦纹数周，下腹及圈足露胎。高 15.7、口径 5.5 厘米（图九，7）。

B 型：盘口。分三式。

Ⅰ式：颈较粗，斜肩，上腹圆鼓，下腹斜收，平底。均黄釉。标本：安阳隋墓 M304：2⁵⁵。高 19、口径 8.7 厘米（图十，1）。

Ⅱ式：折沿变宽，颈变细，椭圆腹，假圈足。均青釉。标本：隋张盛墓出土⁵⁶。高 12 厘米（图十，2）。

Ⅲ式：盘口和颈如Ⅱ式，溜肩，弧腹下垂，假圈足。有青釉、棕褐釉、白釉、三彩釉四种。标本：安阳隋墓 M306：8⁵⁷。青釉，有光泽。高 15.8、口径 5.4 厘米（图十，3）。

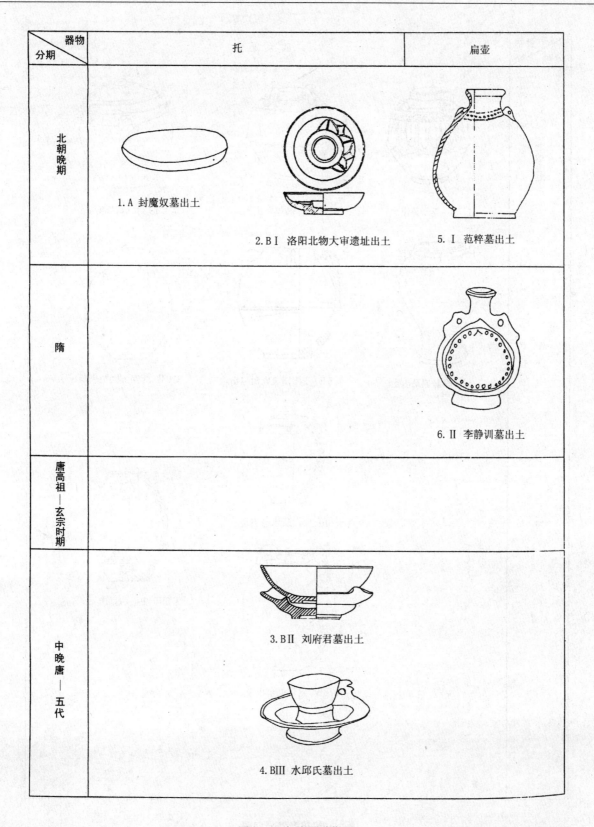

图七　纪年瓷器分期图

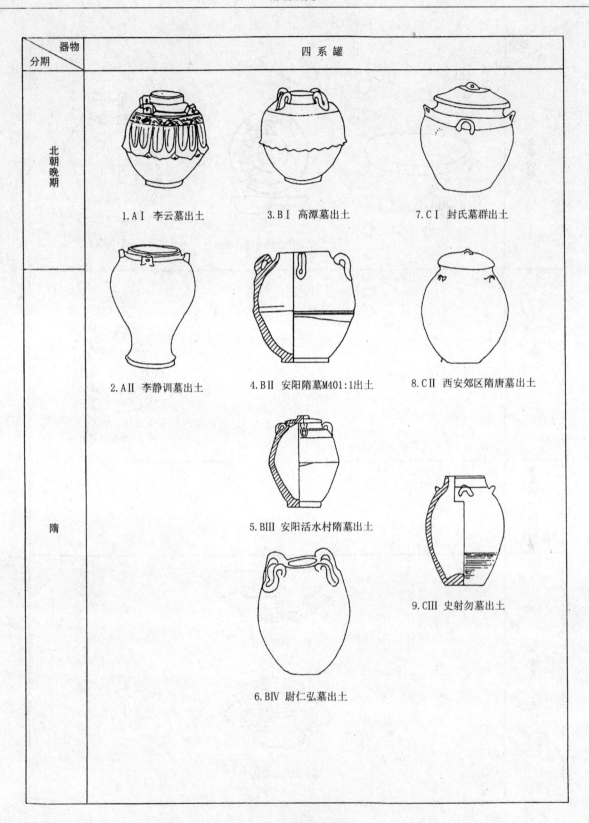

図八 纪年瓷器分期图

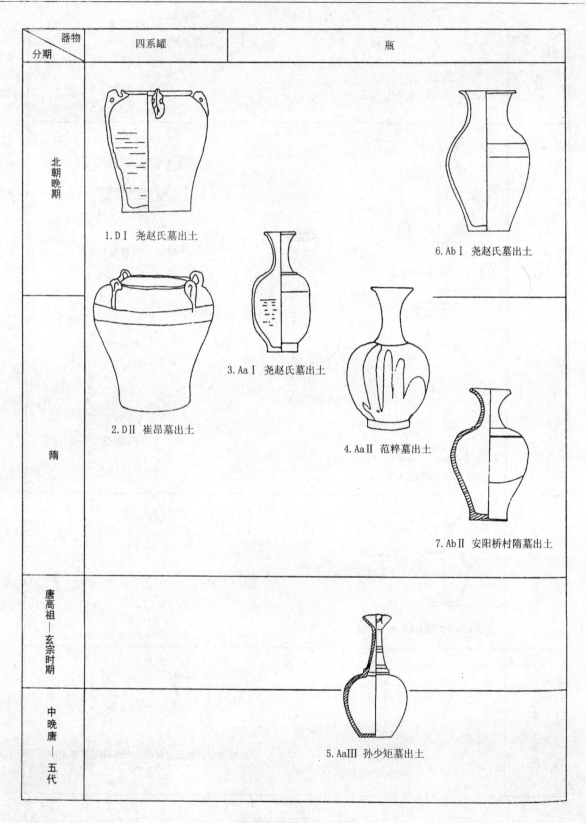

器物 分期	四系罐	瓶
北朝晚期		
隋		
唐高祖—玄宗时期		
中晚唐—五代		

1.DⅠ 尧赵氏墓出土

2.DⅡ 崔昂墓出土

3.AaⅠ 尧赵氏墓出土

4.AaⅡ 范粹墓出土

5.AaⅢ 孙少矩墓出土

6.AbⅠ 尧赵氏墓出土

7.AbⅡ 安阳桥村隋墓出土

图九　纪年瓷器分期图

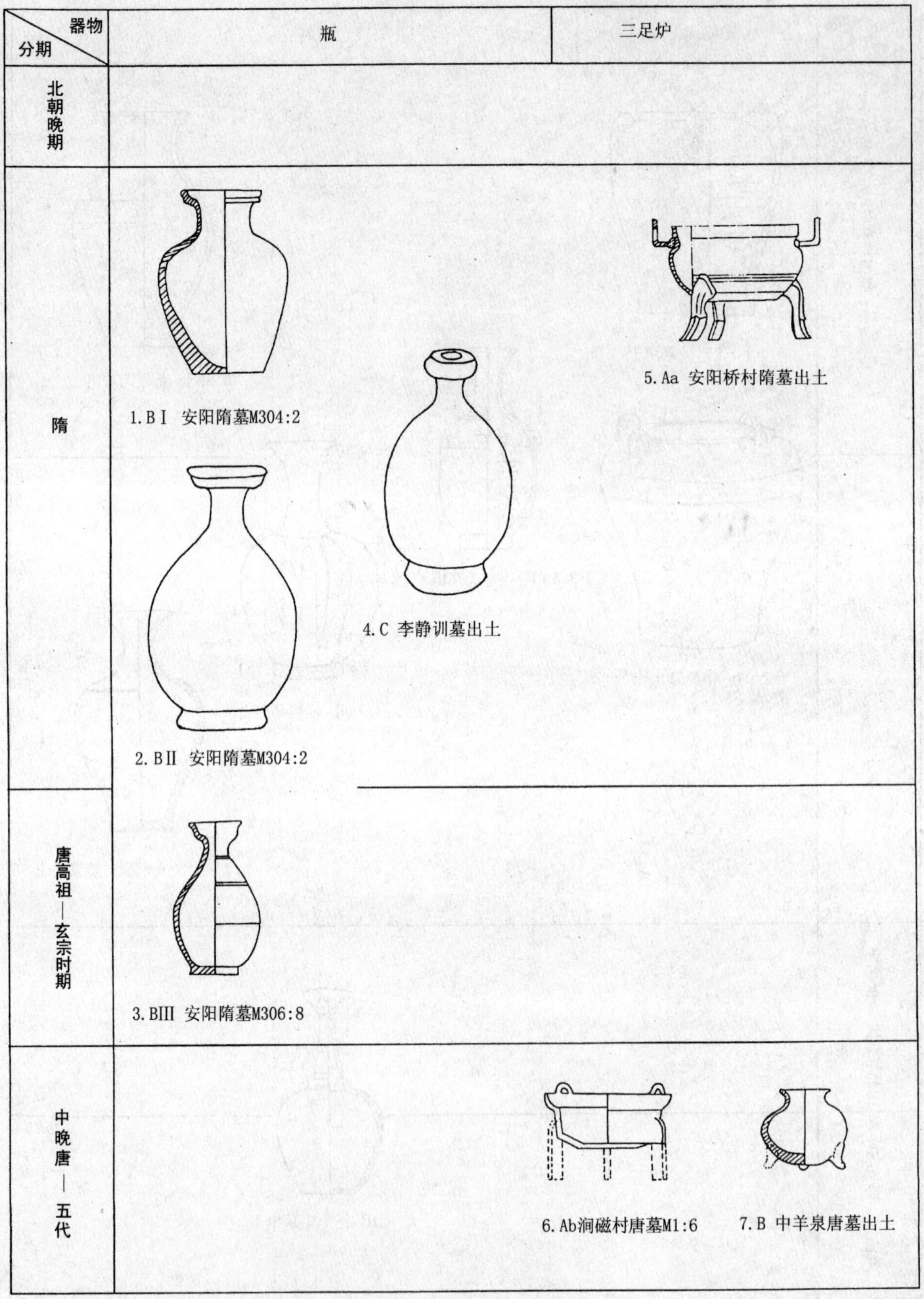

器物 分期	瓶	三足炉
北朝晚期		
隋	1.BⅠ 安阳隋墓M304:2 2.BⅡ 安阳隋墓M304:2 4.C 李静训墓出土	5.Aa 安阳桥村隋墓出土
唐高祖—玄宗时期	3.BⅢ 安阳隋墓M306:8	
中晚唐—五代		6.Ab涧磁村唐墓M1:6　　7.B 中羊泉唐墓出土

图十　纪年瓷器分期图

C 型：杯形口，细颈，假圈足。均白釉。标本：隋李静训墓标本 152⑱。釉层有开片，底露白胎。高 6.4、口径 1.5、最大腹径 3.6、底径 3.2 厘米（图十，4）。

11. 四系罐　分四型。

A 型：方形系。分二式。

Ⅰ式：直口微敛，口径相对较小，球圆腹，假圈足，上腹部雕塑覆莲瓣。均黄绿釉。标本：北齐李云墓出土⑲。下腹露白胎，肩至腹部饰六条绿彩。肩部刻弦纹及忍冬纹图案，腹部莲瓣宽肥、莲瓣尖微卷。高 24、口径 8.7、底径 9.3 厘米（图八，1）。

Ⅱ式：扁方形系。上腹圆鼓，下腹弧内收，足跟外撇，平底。青釉。标本：隋李静训墓标本 136⑳。釉色青灰有开片，不及底，口沿下及口内均有酱色釉一周。肩、腹部饰弦纹，其间印圆、方相间的图案。高 18.4、口径 8.5、最大腹径 14、底径 8 厘米（图八，2）。

B 型：双泥条弧形系。圆唇，直口，矮颈，假圈足。分四式。

Ⅰ式：系最上端高于罐口，球圆腹，腹中部有一周凸起的莲瓣饰或弦纹。均青釉。标本：隋高潭墓出土㉑。腹部塑饰凸莲瓣纹。高 22 厘米（图八，3）。

Ⅱ式：系的上端一般和罐口平，腹弧圆鼓，腹中部饰凸弦纹。罐高和罐的最大腹径相差不大。均青釉。标本：安阳隋墓 M401：1㉒。高 18.8、最大腹径 18.4 厘米（图八，4）。

Ⅲ式：微弧腹较Ⅱ式颀长，腹中部饰凸弦纹一周。罐高大于罐的最大腹径。均青釉。标本：隋韩邕墓 HSM1：7㉓。带覆碟式盖。釉色豆青多黑斑点，釉面有开片。盖高 2.6、盖径 8.3、罐高 17、最大腹径 16.3、底径 8.1 厘米（图八，5）。

Ⅳ式：椭圆腹。青釉。标本：隋尉仁弘墓出土㉔。釉色翠青，有开片和垂釉现象。下腹及足露胎，胎质粗硬，胎色发黄敷白色化妆土。高 19.7、口径 7.4、底径 9 厘米（图八，6）。

C 型：桥形横系。圆唇，直口，矮颈，平底。分三式。

Ⅰ式：上腹鼓圆，最大腹径靠上。青釉。标本：景县封氏墓群出土㉕。带有桥形纽平顶凹面盖。高 12.2、口径 7.6 厘米（图八，7）。

Ⅱ式：圆弧腹，最大腹径居中。青釉。标本：西安郊区隋墓 M520：23㉖。有桥形纽弧面盖。通高 22.2、最大腹径 19.7、盖径 11.9 厘米（图八，8）。

Ⅲ式：和Ⅱ式比腹的弧度减小，整体更颀长。均青釉。标本：隋史射勿墓出土㉗。平底内凹。釉色豆青，下腹及底露红色胎。高 18.5、口径 7.4、最大腹径 14.2、底径 7 厘米（图八，9）。

D 型：鼻形系。分二式。

Ⅰ式：上腹微弧鼓，腹壁近斜直。均酱褐釉。标本：东魏尧赵氏墓 M1：125㉘。高 14.8 厘米（图九，1）。

Ⅱ式：上腹鼓圆，下腹弧收。黑褐釉。标本：北齐崔昂墓出土㉙。满釉，釉层莹亮润泽。砖红色胎。上腹刻凹弦纹两道。高 14、口径 9.4 厘米（图九，2）。

12. 双系罐　分两型。

A 型：双系附置于肩部近颈处。直口，圆唇。分三式。

Ⅰ式：颈较矮，球圆腹，假圈足。黄釉。标本：河南南乐出土㉚。双泥条弧形系。黄釉有乳白色斑点，下接一红彩。下腹及底露夹砂胎。高 11.5、最大腹径 11.3 厘米（图十一，1）。

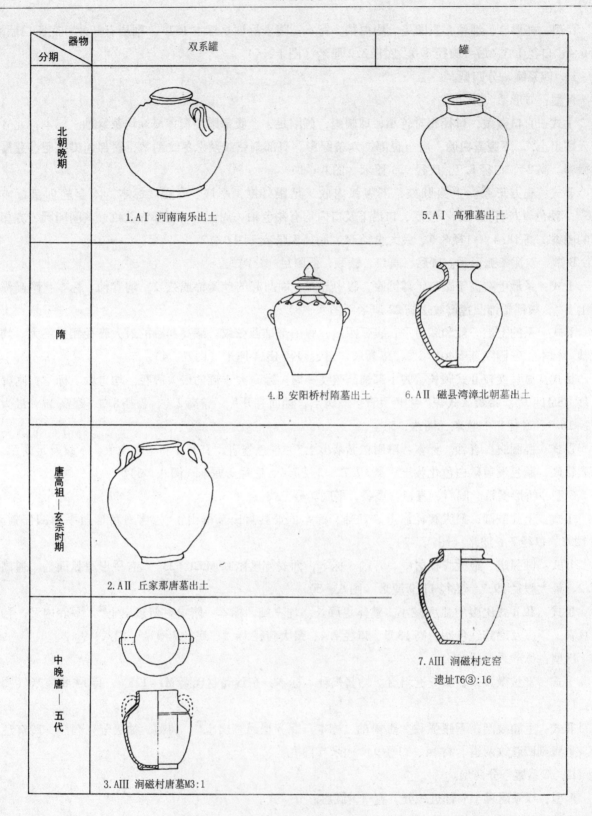

器物 分期	双系罐		罐
北朝晚期	1.AⅠ 河南南乐出土		5.AⅠ 高雅墓出土
隋		4.B 安阳桥村隋墓出土	6.AⅡ 磁县湾漳北朝墓出土
唐高祖—玄宗时期	2.AⅡ 丘家那唐墓出土		7.AⅢ 涧磁村定窑 遗址T6③:16
中晚唐—五代	3.AⅢ 涧磁村唐墓M3:1		

图十一　纪年瓷器分期图

Ⅱ式：短颈，弧圆腹，假圈足。黄釉。标本：清河丘家那唐咸亨元年墓 M1：16[71]。内外壁均施半釉，有垂釉现象。高29、口径11.5厘米（图十一，2）。

Ⅲ式：弧肩，深弧腹，颈比Ⅱ式加高，圈足。白釉。标本：涧磁村唐墓 M3：1[72]。釉面滋润泛青。瓜棱腹，肩饰弦纹。底露胎，胎灰白细腻。高12、口径8、最大腹径10.8、底径12厘米（图十一，3）。

B型：双竖耳对称附置罐腹中部。直口，平底。青釉。标本：安阳桥村隋墓标本21[73]。有菌状纽斗笠形盖。圆唇外卷，弧肩，上腹鼓圆，下腹斜收。高13.4、口径3.5厘米（图十一，4）。

13. 罐　分两型。

A型：矮直颈，鼓腹，平底。分三式。

Ⅰ式：折沿，直口，上腹圆鼓。有黄釉、酱釉两种。标本：东魏高雅墓出土[74]。酱釉较深，釉色晶洁莹润。高22.5厘米（图十一，5）。

Ⅱ式：圆唇卷沿，敞口，上腹弧鼓。有青釉、白釉两种。标本：磁县湾漳北朝大墓标本1343[75]。青釉有细小开片。平底微凹，外底有三个支钉烧痕。高19厘米（图十一，6）。

Ⅲ式：凸圆唇，直口，腹弧度较Ⅱ式又有所减小。有青釉、白釉、紫褐釉三种。标本：涧磁村定窑遗址 T6③：16[76]。除底部露胎外满施紫褐釉，肩部釉色紫绿，多泪痕。肩部有凹槽一周。高41、口径20、底径22厘米（图十一，7）。

B型：圆唇，敞口，假圈足或圈足。分三式。

Ⅰ式：短颈，扁圆腹。均褐釉。标本：唐王仁波墓出土[77]。假圈足足心内凹。下腹及底露胎。高10.3、口径8、最大腹径12.8、底径7厘米（图十二，1）。

Ⅱ式：圆唇外卷，颈变高，斜肩，上腹圆鼓。青灰釉。标本：临城东街唐墓85LDM2出土[78]。外壁施半釉。假圈足足心内凹。高8、口径4、足径4.8厘米（图十二，2）。

Ⅲ式：椭圆腹比Ⅱ式顾长，圈足变高。白釉。标本：唐刘府君墓出土[79]。有圆饼纽斗笠式盖。圈足为玉璧形，足跟外撇。高23.1、口径12厘米（图十二，3）。

14. 唾盂　分两型。

A型：盘口，假圈足。分三式。

Ⅰ式：盘口较浅，颈较短，弧肩，扁圆腹。均青釉。标本：封子绘夫妇墓出土[80]。口、颈皆残。胎浅灰。高9.5厘米（图三，9）。

Ⅱ式：唇微外侈，颈较长且中部内弧，溜肩，鼓圆腹。均青釉。标本：安阳桥村隋墓标本108[81]。配有尖圆纽盘形盖。盖及腹部以上施淡青色釉。通高12.9、口径6.5、腹径10厘米（图三，10）。

Ⅲ式：盘口外侈，束颈，斜肩，扁圆腹下垂。有青釉和绿釉两种。标本：王士良夫妇墓出土[82]。绿釉呈黄色，腹下至足部施紫色釉。假圈足微内凹。高10.4、口径10、底径5.1厘米（图三，11）。

B型：敞口，扁圆腹，圈足。均白釉。标本：西安市出土。敞口较深，口壁斜直。玉璧形足。釉色纯白莹润，胎质洁白细密。高15.5厘米（图三，12）。

15. 注壶　前腹置流，后有把手。分两型。

A型：有颈，把手附置于颈和后腹部。分三式。

Ⅰ式：圆唇平折，直颈较短，椭圆腹，矮实足，流短直且位置靠近颈部，把手成兽形。白釉。标

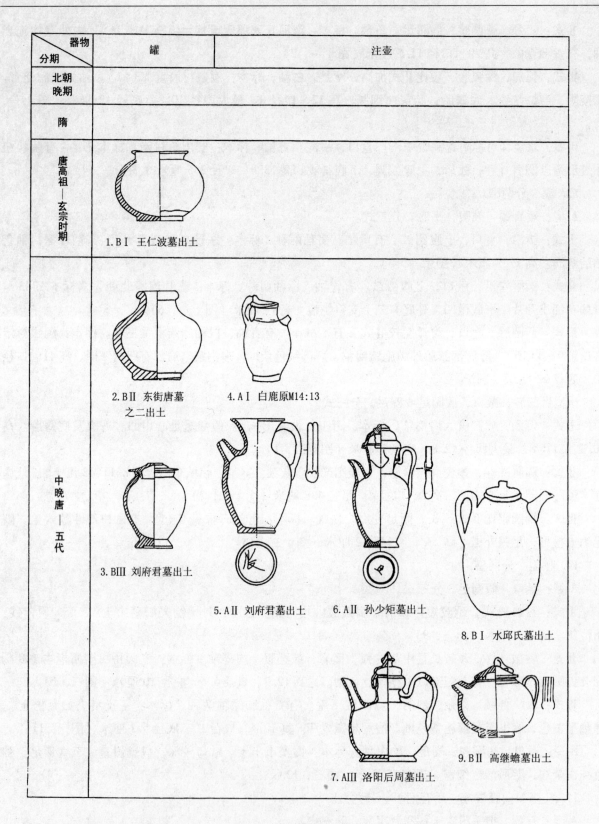

器物 分期	罐	注壶
北朝 晚期		
隋		
唐高祖—玄宗时期	1.BⅠ 王仁波墓出土	
中晚唐—五代	2.BⅡ 东街唐墓之二出土 3.BⅢ 刘府君墓出土	4.AⅠ 白鹿原M14:13 5.AⅡ 刘府君墓出土　6.AⅡ 孙少矩墓出土 8.BⅠ 水邱氏墓出土 9.BⅡ 高继蟾墓出土 7.AⅢ 洛阳后周墓出土

图十二　纪年瓷器分期图

本：西安白鹿原 M14：13[83]。胎质细白，釉微泛青。高10.6、口径3.5、最大腹径5.9、足径3.7厘米（图十二，4）。

Ⅱ式：敞口，椭圆腹，流变长且有的已弯曲，假圈足或圈足。均白釉。标本：唐刘府君墓出土[84]。双泥条弧形把手，假圈足足心内凹。除底露胎外通体施釉，釉白中泛黄有细碎开片，胎坚实缜密。底刻"张"字款。高10.5、口径5.3厘米（图十二，5）。另孙少矩墓也出土标本一件 M1：14[85]。有盖，流弯曲，把手呈宽曲带形，矮圈足，足跟外撇。底部刻"盈"字款。残高22.3、口径6、足径6.4厘米（图十二，6）。

Ⅲ式：长颈直口，弧肩，鼓腹，圈足，足跟外撇，流长而弯曲，把手曲弧置于颈腹之间。青灰釉。标本：洛阳后周墓 C8M972 出土[86]。有覆盂形盖。灰白胎较细。通高18.2、最大腹径14、足径10厘米（图十二，7）。

B型：短流微曲，宽扁形把手。分二式。

Ⅰ式：圆唇口微侈，溜肩，瓜棱腹微下垂，平底。白釉。标本：唐水邱氏墓出土[87]。有盖，流为八棱形，底部阴刻"官"字款。流与盖顶均镶有刻花贴金银扣，把手上存留有包金银环一周（图十二，8）。

Ⅱ式：圆唇敛口，圆肩，球腹，矮圈足。均白釉。标本：后梁高继蟾墓出土[88]。配有斗笠形盖。通高5厘米（图十二，9）。

16. 扁壶　圆唇敞口，短颈，肩部对置两耳，形体扁圆，假圈足。分二式。

Ⅰ式：扁腹弧圆，最大腹径靠下。均黄釉。标本：北齐范粹墓出土[89]。模制。肩部饰连珠纹一周，壶身两面各刻划五人一组的胡人乐舞场面。高20厘米（图七，5）。

Ⅱ式：弧圆腹，最大腹径居中。有绿釉和白釉两种。标本：隋李静训墓出土[90]。绿釉，土黄胎。高12.5厘米（图七，6）。

17. 三足炉　分两型。

A型：双耳。分两个亚型。

Aa型：侈口，双方折耳附置颈部，束颈，鼓腹平底，蹄形足。所见均青釉。标本：安阳桥村隋墓标本76[91]。下腹饰三道凸弦纹。内底部有两个支烧痕。高10.1、口径11.7厘米（图十，5）。

Ab型：侈口，折沿，双耳立于沿部，深直腹，平底，三足扁直。白釉。标本：涧磁村唐墓 M1：6[92]。釉面润泽闪青，外底及足露胎，胎细白。通高7、口径12厘米（图十，6）。

B型：圆唇侈口，束颈，鼓圆腹，三兽足已趋简化。白釉。标本：临城中羊泉唐墓出土[93]。釉色微闪青，胎质坚实。高4.3、口径3厘米（图十，7）。

18. 器盖　分四型。

A型：碟形盖，碟内有圆珠状纽。分二式。

Ⅰ式：碟沿平折，腹相对较深。青釉。标本：安阳桥村隋墓标本108[94]（图十三，1）。

Ⅱ式：和Ⅰ式比碟腹变浅，碟沿或平折或为直沿。均青釉。标本：隋梅渊墓出土[95]（图十三，2）。

B型：覆碟形盖。分 Ba、Bb 两个亚型。

Ba型：盖面斜直，内插式子口。分二式。

Ⅰ式：平纽细高，盖沿下勾。均青釉。标本：安阳隋墓 M404：1[96]。高3、最大径6.8厘米（图十

器物＼分期	器　盖
北朝晚期	
隋	  1.AⅠ　安阳桥村隋墓出土 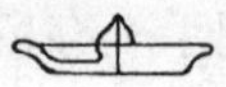 3.BaⅠ　安阳隋墓M404:1 2.AⅡ　梅渊墓出土
唐高祖—玄宗时期	
中晚唐—五代	4.BaⅡ　刘府君墓出土　　　　5.Bb　刘府君墓出土

图十三　纪年瓷器分期图

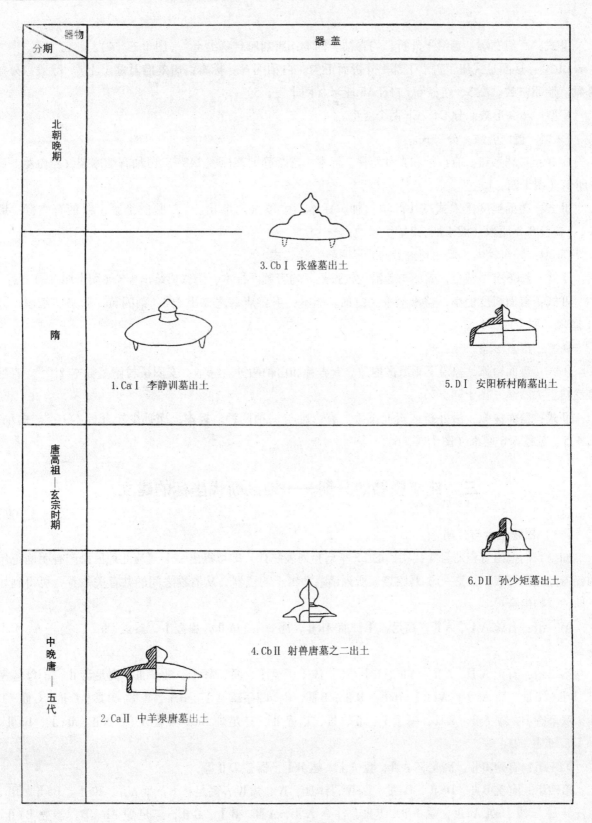

图十四　纪年瓷器分期图

三，3）。

Ⅱ式：平纽宽矮，盖沿平外折。均青釉。标本：唐刘府君墓出土[97]（图十三，4）。

Bb 型：矮圈足式纽，盖沿下部平外折而下勾。白釉闪青。标本：唐刘府君墓出土[98]。除盖口外施满釉。胎质坚致。高 3、纽径 6、口径 13 厘米（图十三，5）。

C 型：斗笠形盖。分 Ca、Cb 两个亚型。

Ca 型：盖面弧鼓。分二式。

Ⅰ式：宝珠形纽。有白釉和青釉两种。标本：隋李静训墓标本 148[99]。白釉有细冰裂纹，白胎。高 2 厘米（图十四，1）。

Ⅱ式：盖面弧度比Ⅰ式变小。均白釉。标本：中羊泉唐墓出土[100]。胎质细腻，白釉有光泽。高 4.1、盖径 8.8 厘米（图十四，2）。

Cb 型：圆纽较尖，弧面与盖沿的分界明显。分二式。

Ⅰ式：纽下有平圆台，盖面与盖沿均较弧鼓。均青釉。标本：隋张盛墓出土[101]（图十四，3）。

Ⅱ式：盖面弧度变小，盖沿窄平。白釉。标本：射兽唐墓之二出土[102]。釉闪黄，胎坚实细腻。高 11 厘米（图十四，4）。

D 型：覆盆形盖。分二式。

Ⅰ式：盖面微弧，盖沿下垂或微内敛。有青釉和白釉两种。标本：安阳桥村隋墓标本 110[103]。青釉微泛白，尖圆纽（图十四，5）。

Ⅱ式：盖面深弧，沿外折或折而下垂。有白釉与褐釉两种。标本：唐孙少矩墓标本 16[104]。白釉。高 4.5、盖径 5.6 厘米（图十四，6）。

三　纪年瓷器的分期——地区断代坐标的建立

（一）器物组合与分期

如果我们把出有瓷器且年代明确的 75 座墓葬列表统计，即可得出一个《河北地区所产有明确纪年的瓷器分组统计表》（表一），观察该表所列诸墓葬出土的瓷器，从器物之间的共存关系看，可得到如下四种器物组合：

第一组：有碗 AⅠ、AⅡ，高足盘Ⅰ，瓶 AaⅡ，罐 AⅠ、AⅡ，扁壶Ⅰ，器盖 CbⅠ，盏托 A、BⅠ等；

第二组：有碗 AⅠ、AⅡ、AⅢ、BⅠ、C，钵Ⅰ，盂Ⅰ、Ⅲ，杯Ⅰ、Ⅱ、Ⅲ，高足盘Ⅱ，子母盏盘 A、BⅡ、BⅢ，瓶 AaⅠ、AaⅡ、AbⅡ、BⅡ、BⅢ、C，四系罐 AⅠ、BⅠ、BⅡ、BⅢ、CⅡ、CⅢ、D Ⅱ，双系罐 B，罐 AⅡ、AⅢ，唾盂Ⅰ、Ⅱ、Ⅲ，扁壶Ⅱ，三足炉 Aa，器盖 AⅠ、AⅡ、BaⅠ、BaⅡ、CaⅠ、CbⅠ、DⅠ等；

第三组：有碗 BⅡ，高足杯 AⅢ，盘 AⅠ，罐 BⅠ，器盖 DⅡ等；

第四组：有碗 BⅢ、DaⅡ、DaⅢ、DaⅣ，钵Ⅲ、Ⅳ，盂Ⅳ，高足杯 B，盘 AⅡ、BaⅠ、BaⅡ、Bb，盏托 BⅠ、BⅡ，瓶 AaⅢ，罐 BⅡ、BⅢ，注壶 AⅡ、AⅢ、BⅠ、BⅡ，三足炉 Ab、B，器盖 BaⅡ、Bb、CaⅡ、CbⅡ、DⅡ等。

表一　河北地区所产有明确纪年的瓷器分组统计表

分组	序号	名称	公元纪年	碗	钵	盂	高足杯	杯	盘	高足盘	子母盏盘	托	瓶	四系罐	双系罐	罐	唾盂	注壶	扁壶	三足炉	器盖	材料来源及其他
一期	1	邢伟墓	515														AI					《古》59.4
一期	2	封魔奴墓	521	AI								A										《古》57.3
一期	3	洛阳北魏大市遗址诸单位	北魏	AI、AII、AIII、BI	II	I		I II III				A、BI										《古》91.12
一期	4	高雅墓	537	AII												AI						《文》79.3
一期	5	尧赵民墓	547	AI									AaI、AbI	DI								《古》77.6
一期	6	高长命墓	548	AI																		《文》79.3
一期	7	元良墓	553								BI											《古》97.3
一期	8	湾漳北朝墓	约560													AII						《古》90.7
一期	9	尧峻墓	567–571				AI									AII						《文》84.4
一期	10	李君颖墓	574							I												《文》91.8
一期	11	范粹墓	575	AII									AaII			AII			I			《文》72.1
一期	12	李云墓	576																			《古》64.9
一期	13	李希宗墓	576	AII										AI								《古》77.6
一期	14	高润墓	576	AI、AII												AI、AII			I		CbI	《古》79.3
一期	15	吴桥北朝墓		AI、AII																		《古》84.9
一期	16	南乐北朝墓				II									AI							《文》88.5
二期	17	高谭墓	582	AII							A			BI								《文》79.3
二期	18	封子绘夫妇墓	565–588								BII		BIII				AI					《古》57.3
二期	19	韩裔墓	587	AI										BIII							BaI	《中》86.3
二期	20	崔昂墓	566–588	AI										AI、DII			AII					《文》73.11
二期	21	宋循墓	589								BII			BIII								《古》73.4

续表

分组	序号	名称	公元纪年	碗	钵	盂	高足杯	杯	盘	高足盘	子母盏盘	托	瓶	四系罐	双系罐	罐	唾盂	注壶	扁壶	三足炉	器盖	材料来源及其他
二期	22	安阳隋墓 M404	590	AⅡ				Ⅰ,Ⅱ														《学》81.3
	23	西安郊区	592			Ⅱ																《西安》
	24	张盛墓	595	BⅠ、C	Ⅰ	Ⅰ							BⅡ			AⅡ				Aa	AⅡ、CⅠ、BⅠ	《古》59.10
	25	梅渊墓	595	AⅠ							BⅡ					AⅢ	AⅢ				AⅡ	《文》92.10
	26	郑平墓	596											BⅢ								《古》56.6
	27	斛律徹墓	597				AⅡ				BⅡ			BⅢ								《文》92.10
	28	卜仁墓	603	AⅢ						Ⅱ	BⅢ			BⅢ								《文》58.8
	29	安阳隋墓 M103	603	AⅡ										BⅢ								《学》81.3
	30	李静训墓	608										C	AⅡ、BⅡ					Ⅱ		CaⅠ	《唐长安》
	31	史射勿墓	610		Ⅱ									CⅢ								《文》92.10
	32	田德元墓	611											BⅡ		AⅡ						《文》57.8
	33	尉仁弘墓	612											BⅣ								《文》84.2
	34	封氏墓群												BⅠ、CⅠ								《古》57.3
	35	安阳桥村隋墓		AⅠ、AⅡ、BⅠ						Ⅱ			AaⅠ、AbⅡ	BⅡ	B	AⅢ	AⅡ			Aa	AⅠ、DⅠ	《古》92.1
	36	安阳隋墓 M401		AⅠ				Ⅰ						BⅢ							BaⅠ	《学》81.3
	37	梅元庄隋墓		AⅡ				Ⅱ Ⅲ			BⅡ			BⅢ								《古》92.1
	38	安阳隋墓 M106												BⅢ							BaⅠ	《学》81.3
	39	安阳隋墓 M109		AⅠ										BⅢ								《学》81.3
	40	安阳隋墓 M201		AⅢ				Ⅲ			BⅡ			BⅢ								《学》81.3

续表

分组	序号	名称	公元纪年	碗	钵	盂	高足杯	杯	盘	高足盘	子母盏盘	托	瓶	四系罐	双系罐	罐	唾盂	注壶	扁壶	三足炉	器盖	材料来源及其他
二期	41	宇阳隋墓 M303																				BaⅡ	《学》81.3
	42	安阳隋墓 M306		AⅢ				I、Ⅲ						BⅢ	BⅡ、BⅢ								《学》81.3
	43	西安郊区 M576				Ⅲ							AaⅡ、BⅡ										《西安》
	44	安阳隋墓 M304											BⅠ										《学》81.3
	45	西安郊区 M520												CⅡ、CⅢ									《西安》
三期	46	张士贵墓	657										BⅢ										《古》78.3
	47	张枚墓	664	DaⅠ		Ⅲ																	《文丛》6
	48	清河丘家那崦墓	670												AⅡ								《文》90.7
	49	牛满弘墓	672				AⅢ		AⅠ				AaⅢ										《文丛》1
	50	独孤思贞墓	697	BⅡ												AⅢ							《甫长安》
	51	李贞墓	718	BⅡ																			《文》77.10
	52	王仁波墓	738	BⅡ			AⅢ									BⅠ					DⅡ		《中》88.2
四期	53	邓俊墓	763	DbⅠ								BⅠ											《古》81.4
	54	李文贞墓	819	DbⅡ					BaⅠ														《古文》81.12
	55	刘府君墓	856	DaⅡ、DbⅢ					BaⅡ、Bb							BⅢ		AⅡ			BaⅡ、Bb	《文》90.5
	56	姚潭墓	858	DaⅡ									AaⅢ										《文》56.5
	57	孙少矩墓	864				B											AⅡ			DⅡ	《文》88.4
	58	赵天水墓	870	DaⅡ	Ⅳ																		《文》90.5
	59	钱宽墓	900	DbⅢ			B		BaⅡ			BⅡ						AⅡ					《文》79.12
	60	水邱氏墓	901*	DbⅢ														BⅠ、BⅡ					《浙》81.*卒年
	61	涧磁村唐墓 M1		DaⅡ、DbⅡ																Ab		《古》65.10

续表

分组	序号	出土单位 名称	公元纪年	碗	钵	盂	高足杯	杯	盘	高足盘	子母盏盘	托	瓶	四系罐	双系罐	罐	唾盂	注壶	扁壶	三足炉	器盖	材料来源及其他
	62	洞磁村唐墓M2			III																	《古》65.10
	63	洞磁村唐墓M3							A II						A III							《古》65.10
	64	中羊泉唐墓78LXM1		B III，Da II																B	Ca II	《文》90.5
	65	薛家庄唐墓M5		Db III								B I										《古》58.8
	66	射兽唐墓之一		Db III																	Cb II	《文》90.5
	67	射兽唐墓之二 85LDM2			IV											B II						《文》90.5
四期	68	白鹿原 M14																A I				《学》56.5
	69	高缄爝墓	909	Da IV		IV												A II*，B II				《文》90.5* 铝质
	70	王处直墓	923	Da III	III																	《文》96.9
	71	王审知夫妇墓	932	Da III	V																	《文》91.5
	72	耶律羽之墓	941	Da IV、Db III	III				A II									A II*				《文》96.1* 铁质
	73	洛阳后周墓		Da III								B I						A III			D II	《文》95.8
	74	洞磁村唐墓M4		Da IV																Ab		《古》65.10
	75	洞磁村唐墓M5		Db III					A II													《古》65.10

说明：①北魏洛阳城大市遗址出的材料虽都属北魏时代,但由于出自不同的单位,故仅备列于此,而不作器物的共存关系统计。②《文》是《文物参考资料》、《文物》的简写,《古》是《考古通讯》、《考古》的简写,《学》是《考古学报》的简写,《丛》是《文物资料丛刊》的简写,《中》是《中原文物》的简写,《浙》是《浙江省文物考古所学刊》的简写,《西安》是《西安郊区隋唐墓》(科学出版社,1966年)的简写,《唐长安》是《唐长安城郊隋唐墓》(文物出版社,1980年)的简写,《考文》是《考古与文物》的简写。

就器物的组合看，第一组器物类别相对较少。第二组器物的类别增多，除延续了第一组的碗 A I、A II，瓶 Aa I、Aa II，器盖 Cb I 等内容外，新出现的器类有钵、盂、杯、子母盏盘、唾盂、四系罐等，同时，在第一期已有的器类中型、式都有所增加，碗 A III、B I、C，高足盘 II，瓶 Ab II、B II、B III、C，罐 A II、A III，扁壶 II，器盖 A I、A II、Ba I、Ba II、Ca I、D I 等都是这方面的例子。这种器类的增多和新的器物型、式的出现，尤其是式的发展，无疑可视为器物发展演进过程中的阶段性变化特征。

第三组的器物和第二组相比，首先器类的大量减少是一大特征，第二组常见的器物基本不见；其次是在仅有的几种器类中，碗 B II，高足杯 A III，器盖 D II 是对上一组器物的延续，盘 A I，罐 B I 则是新出现的内容，足见它们和第二组器物的阶段性差异之大了。

第四组器物的类别也较多，但主要以型、式的增加为主，代表碗 B III、Da II、Da III、Da IV，钵 III、IV，盂 IV，盘 A II、Ba I、Ba II、Bb，盏托 B II，瓶 Aa III，罐 B II、B III，注壶 A II、A III、B I、B II，三足炉 Ab、B，器盖 Bb、Ca II、Cb II、D II 等。同时，在第一、二组器物中出现的盏托 B I，器盖 Ba II 等在该组又开始流行。

通过研究这四种组合内器物的增减与型式的演变，即可发现这是一个比较清楚的分为四个阶段的发展序列，或可代表该时段内该地区瓷业生产的四个发展时期。也就是说通过对纪年瓷器的类型学研究，我们可以把河南北部和河北南部 10 世纪以前的瓷器生产分为以前述四个器物组合为代表的四个发展期，并可以得出各期的特征如下：

第一期，器类相对较少，有碗、盂、杯、高足杯、双系罐、瓶、四系罐、盘、高足盘、器盖等。碗、杯多微弧腹敛口，高足器的足柄相对较粗，器物以假圈足和平底为特征。胎多粗灰厚重，气孔与杂质较多。釉色以青釉为主，也兼烧黄釉、黑釉、灰白釉等；青釉呈色不稳，有豆青、青黄、青绿诸色。器物一般施半釉，少数加饰化妆土，胎釉结合不好，釉层多细开片。碗杯的口沿下刻一周凹弦纹是习见的装饰，另见有连珠纹、缠枝花草纹、人物纹及动物纹样。以白釉加绿彩为特征的低温彩釉技术，也是此时该地瓷器生产的特征之一。

第二期，器物类别较多、型式变化较大，主要有碗、钵、盂、高足杯、杯、高足盘、盘、四系罐、双系罐、瓶、扁壶、器盖等。碗、杯趋向直口或直口微侈，新出现有侈口、敞口的碗杯，碗杯的足以假圈足为主，但足心内凹则成为时代特征。高足器的足柄变细，盂口由内折转而微敛，四系罐罐腹下垂。仍以青釉为主，白釉与灰白釉所占比例增加，另外烧造黄釉、黑釉等品种；青釉可见有青黄、豆青、青绿诸色。大多数器物施半釉，釉层多见细小开片。器物装饰以弦纹为主。

第三期可见有碗、钵、盂、杯、耳杯、盘、高足杯、双系罐、瓶、三足炉、砚、器盖等，习见于前两期的四系罐、高足盘、扁壶等到此期已不再流行。常见器物在造型上也有较大变化，各式敞口碗多见，碗足有假圈足、假圈足心内凹、圈足诸种。白釉占据主流，大量烧造精细的白瓷器是该期最大的特征之一，同时还烧造灰白釉、青釉、黄釉、黑釉、三彩釉等。除精细白瓷的胎洁白细腻，器壁内外施满釉，釉层白润，胎釉结合较牢外，大多数器物外壁的釉不及底。

第四期：器类较少，有碗、盂、盘、盏托、杯、罐、双系罐、注壶、盒、三足炉、器盖、茶臼等。碗杯盘以圈足或宽圈足为主，流行侈口与敞口的碗杯，部分碗做成卷沿式凸沿。碗、杯、盘、盏托类器做成花口及在器物内壁刻印花纹是该期的新因素，而执壶、盏托为新见器类。

（二）各期时代的推定

由于我们选取的瓷器都是出自年代较为清楚的墓葬，所以我们只要把出土各组合器物的诸墓葬做分期统计，就基本可得每一组合器物的大致流行年代。

第一组器物出土于前表所列墓葬（1）～（16）中，最早的纪年是北魏延昌四年（515 年）邢伟墓，最晚的纪年是北齐武平七年（576 年）高润的墓葬。如此，第一期的时间约当北魏晚期、止于隋的统一，即 6 世纪初叶至 581 年。北朝晚期是魏晋以来边地少数民族的内迁与北方民族大融合的完成时期，这一过程的实现虽以"五胡乱华"为代价，但客观上也给汉民族的传统文化注入了新的内容，隋唐盛世正赖此肇造。随着中西交通[⑩]的发展、来自中亚的部族进入朝廷[⑩]和大量西域及外国人在洛阳的定居[⑩]，又直接把域外文化因素带进了原本崇佛的北朝。该期瓷器上所见的佛教题材的塑像、纹样，胡人乐舞图案，缠枝花纹与连珠纹样，浅浮雕装饰手法与高足杯的造型和安阳窑的低温彩釉生产技术等，无疑当源于西方[⑩]。

第二组器物出土于前表所列墓葬（17）～（45）中，纪年最早的是隋开皇二年（582 年）高潭墓，最晚的是隋大业八年（612 年）尉仁弘墓，再加上单位（33）～（44）等没有纪年隋墓，第二期相当于隋，即 581～618 年，应该说是可信的。隋的统一为社会发展提供了可能，河北地区的瓷器生产也有了空前的发展。对北朝传统器类的继承是取法北朝旧制的表现；佛教题材纹样趋向减化与少见，表象上是周武法难及隋之宗教政策的结果[⑩]，其实质则是始自北朝的佛教华化运动的进一步深入。佛教华化的本身就是北方民族融合与各少数民族汉化的内容之一，这正是该期瓷器生产中外来文化因素明显减少的内在原因。

第三组器物出土于前表所列墓葬（46）～（52）中，最早的纪年是唐显庆二年（657 年）张士贵墓，最晚的是唐开元二十六年（738 年）王仁波墓。恰当唐高宗至玄宗诸帝在位的唐朝全盛时期，即公元 650～755 年。第二期流行的绝大多数器物到该期虽已不再流行，或是型式上有了变化，但两期之间仍存在有一定的连贯性，这标志着唐初高祖、太宗二帝在位的 30 余年瓷业生产并没有也不可能停断。就隋唐的政治制度论，唐对隋的继承肯定不会比唐高宗朝对高祖、太宗两朝典章制度继承的多，同时隋末的大动乱对前代制度的冲击也不应低估，如此，我们有理由把唐初的 30 余年往后归并。也就是说第三期始自唐高祖而止于玄宗，绝对纪年当公元 618～755 年。唐帝国的建立结束了隋末的大乱，由于帝国统治者继续着北朝以来兼容并包的开放性政策，并推行租庸调制及以庸代役的办法，极大地推动着社会经济和手工业生产的发展，再赖有发达的水陆交通[⑩]，国内、国际贸易遂极盛一时。窑址所见材料表明，精细白瓷的生产已占有相当大的比例。就这种精细白瓷的质量看，总括当时整个中国的白瓷产品无出其右者。邢窑白瓷誉满天下、产品畅销国内外[⑪]，其精细者还被选为贡品[⑫]。子母盏盘、高足盘与四系罐等器类的消逝，是桌椅的使用所带来器物组合革命的内容。至于北朝以来习见的佛教题材纹样的不再流行，既是佛教彻底华化导致外来因素的消亡，也是生产力的发展使人们摆脱宗教束缚的表现。

第四组器物出土于前表所列墓葬（52）～（75）中，最早的纪年是唐宝应二年（763 年）邓俊墓，最晚的纪年是契丹会同五年（942 年，当后晋天福七年）的耶律羽之墓。另单位（73）虽无绝对纪年，但作为后周时期的墓葬其相对纪年则可肯定。则第四期正当安史之乱以后的中晚唐及五代，即公元756～960年。中晚唐与五代瓷器的一致，和五代政权前后都出自晚唐割据势力、并皆因袭唐之制度的史实相符。安史之乱、藩镇割据及中央消灭藩镇的努力，河北多罹兵燹[⑩]，包括瓷业生产在内的封建经济必遭重创。元和以后中央与藩镇之间表面上相安无事，这虽为邢窑瓷业的恢复提供了可能，但与之相去不远的定窑借义武节度使归顺朝廷且远离战区的优势，已取代了邢窑在该地区旧有的龙头窑场地位，突出表现为生产了带有"官"、"新宫"款的细白瓷器[⑪]。

四 邢窑址所见瓷器与纪年材料的对比与分期

有关内丘、临城诸邢窑窑址的调查材料先后发表了《唐代邢窑遗址调查报告》[⑬]、《隋代邢窑遗址的发现和初步分析》[⑭]、《河北省内丘县邢窑调查简报》[⑮]三篇调查报告。综观历来调查所得材料，可辨器形的器物有四系罐、双系罐、罐、瓶、碗、盘、高足盘、三足盘、杯、高足杯、耳杯、盏托、壶、扁壶、注壶、盂、钵、盒、器盖、三足炉、茶臼、砚、灯及各式俑、瓷塑等，共数十种。如前面所说，由于没有地层关系，在调查材料中我们既无法确定器物的共存情况，也无法进行类型学研究，从中更无法得出分期，所以我们只好把这些零散的材料归类整理后（对这几批材料的归类、整理研究过程，将另文刊出），拿它们去和前面研究纪年瓷器时所得的型式结论一一对比，以便确定这些材料可能出现和流行的时代，并在综合各单项材料后给邢窑作分期研究。

和前面我们通过研究该地区生产的纪年瓷器的类、型逐一对比，就会发现，在邢窑遗址的调查材料中存在有前文我们排定的纪年瓷器中的如下各式器物。

碗：AⅠ、AⅡ、AⅢ、BⅠ、BⅡ、BⅢ、C、DaⅡ、DbⅢ，钵：Ⅱ，盂：Ⅱ、Ⅲ，高足杯：AⅠ、AⅢ，杯：Ⅰ、Ⅱ，盘：AⅠ、Bb，高足盘：Ⅱ，四系罐：BⅣ，双系罐：AⅡ，瓶：AaⅠ、AaⅡ、BⅠ、BⅢ、C，注壶：AⅠ、AⅡ，扁壶：Ⅱ，三足炉B，器盖：CaⅠ、DⅡ。

以纪年瓷器所表现的分期规律为据来对应窑址可见瓷器，则知窑址调查所得瓷器分期情况略如下表（表二）：

表二　　　　　　　　　　　纪年瓷器和邢窑窑址调查材料分期对照表

	第一期	第二期	第三期	第四期
纪年瓷器	碗 AⅠ、AⅡ，高足盘Ⅰ，瓶 AaⅡ、罐 AⅠ、AⅡ，扁壶Ⅰ，器盖 CbⅠ，盏托 A、BⅠ	碗 AⅠ、AⅡ、AⅢ、BⅠ、C，钵Ⅰ，盂Ⅰ、Ⅲ，杯Ⅰ、Ⅱ、Ⅲ，高足盘Ⅱ，子母盏盘 A、BⅡ、BⅢ，瓶 AaⅠ、AaⅡ、AbⅡ、BⅡ、BⅢ、C，四系罐 AⅠ、BⅠ、BⅡ、BⅢ、CⅡ、CⅢ、DⅡ，双系罐B，罐 AⅡ、AⅢ，唾盂Ⅰ、Ⅱ、Ⅲ，扁壶Ⅱ，三足炉 Aa，器盖 AⅠ、AⅡ、BaⅠ、BaⅡ、CaⅠ、CbⅠ、DⅠ	碗 BⅡ，高足杯 AⅢ，盘 AⅠ，罐 BⅠ，器盖 DⅡ	碗 BⅢ、DaⅡ、DaⅢ、DaⅣ，钵Ⅲ、Ⅳ，盂Ⅳ，高足杯 B，盘 AⅡ、BaⅠ、BaⅡ、Bb，盏托 BⅠ、BⅡ，瓶 AaⅢ，罐 BⅡ、BⅢ，注壶 AⅡ、AⅢ、BⅠ、BⅡ、三足炉 Ab、B，器盖 BaⅡ、Bb、CaⅡ、CbⅡ、DⅡ

续表

	第一期	第二期	第三期	第四期
邢窑窑址调查材料	碗 AⅠ、AⅡ，瓶 AaⅡ	碗 AⅠ、AⅡ、AⅢ、BⅠ、C，杯Ⅰ、Ⅱ，盂Ⅲ，高足盘Ⅱ，瓶 AaⅠ、AaⅡ、BⅢ、C，扁壶Ⅱ，器盖 CaⅠ	碗 BⅡ，高足杯 AⅢ，盘 AⅠ，器盖 DⅡ	碗 BⅢ、DaⅡ、DaⅢ，盘 Bb，注壶 AⅡ，三足炉 B，器盖 DⅡ
窑址调查材料占纪年瓷器数量的%	30	34.88	80	25

通过对比不难发现，在第一期，窑址调查材料碗 AⅠ、AⅡ，瓶 AaⅡ等器物存在，在数量上只占纪年瓷器总数的30%，器类较少，同时这三种器物到第二期也依旧存在并流行，所以，单就这三种器物，是很难说北朝晚期邢窑就已经开始生产。

到第二期时，邢窑已生产出碗 AⅠ、AⅡ、AⅢ、BⅠ、C，杯Ⅰ、Ⅱ，盂Ⅲ，高足盘Ⅱ，瓶 AaⅠ、AaⅡ、BⅢ、C，扁壶Ⅱ，器盖 CaⅠ等内容，除碗 AⅠ、AⅡ，瓶 AaⅡ三种器物外，其余部是该期新出现的品种和型式，应该说邢窑在此期的大发展也恰逢该期河北地区瓷器发展的高潮，标志着邢窑瓷业生产盛时的开始。但，此期邢窑产品的器类虽多，和纪年瓷器所表现的该地区的瓷业生产总的器类数量相比，仍只占34.88%。另窑址调查所得瓷器中不见安阳窑生产的北朝、隋代非常习用的子母盏盘及 BⅠ到 BⅢ式四系罐，均说明此时的邢窑尚未在河南北部与河北南部地区取得主导窑场地位，也就是说安阳附近的诸窑仍然是这一时期这一地区的中心窑场所在。

第三期是窑址调查所得材料和纪年瓷器相同成份最多的时候，纪年瓷器组合中的碗 BⅡ，高足杯 AⅢ，盘 AⅠ，罐 BⅠ，器盖 DⅡ五种器类，只有罐 BⅠ不见于邢窑窑址的调查材料中，单从典型器物和器物组合看，邢窑所产瓷器已占到80%，足见该期内邢窑在河北地区对市场的垄断和它所处的制瓷业的中心地位了。

第四期，邢窑窑址可见材料有纪年瓷器中的碗 BⅢ、DaⅡ、DaⅢ，盘 Bb，注壶 AⅡ，三足炉 B，器盖 DⅡ等七种，和第二期15种器物类别相比竟少了50%略强，可见此时的邢窑实已处在衰败时期；又从器类数量上看，邢窑窑址调查所得内容也只占纪年瓷器类型总数的25%，远远比不上前一期的80%，显然已失去了对市场的垄断地位。从窑址所得瓷器看，此时邢窑的生产者虽曾刻意学习定窑的刻花、印花等先进技术，但这已不能挽救失去龙头地位给邢窑瓷业带来的沉重打击，邢窑从此走上了衰落之路。

据此，在大范畴内我们可以据邢窑的生产历史分为三大期，北朝末至隋，是邢窑瓷器的始烧和发展期，唐高祖至玄宗时是邢窑生产的高峰与鼎盛时期，中晚唐至五代是邢窑的衰落期。这种结论当然只是内丘、临城两地诸邢窑址材料所表现的共有特征。但如果我们再把调查内丘、临城两地诸窑址所得瓷器和纪年瓷器在型式上分别作细化排比，不仅能得出每一窑口的具体生产时代，更重要的是可以通过同一个坐标衡量出各窑口的始烧、鼎盛的时间差异，不过这已不是本文研讨的范畴，我们将另文讨论。

附记：最后要特别说明的是，本文试图把考古学基本理论中的类型学与区系概念全面引进到陶瓷考古中，并作为瓷窑址分期断代研究的一种尝试。笔者深知这个尝试过程中肯定存在有诸多不足乃至错误，所以真诚地渴望大家能就此提出更多的批评性建议。

本文所采用材料基本上是王霞收集的，对窑址出土瓷器断代方法的思考更是我们在收集材料时遇到困惑并就此共同探讨所得，这篇文章可以说是我们二人的共同劳动成果。

此外，本课题的立项得到张忠培先生、耿宝昌先生的大力支持。写作过程中，张忠培先生更是在研究方法、文章结构乃至类型学研究等诸多方面都给予具体的指导，特此致谢。

（作者单位：故宫博物院古器物部）

注　释

① 王光尧：《关于青花起源的思考》，《故宫博物院院刊》2003 年第 5 期。

② 宿白：《白沙宋墓》，文物出版社，1957 年。

③ 中国硅酸盐学会编：《中国陶瓷史》第四章、第五章，文物出版社，1997 年；李智宴：《三国、两晋、南北朝制瓷业的成就》，《文物》1979 年第 2 期。

④ 王霞：《黄河下游地区北朝隋唐瓷器初步研究》，北京大学考古学系 1997 年硕士研究生学位论文。

⑤ 李智宴：《论邢窑瓷器的发展与分期》，《香港中文大学中国文化研究学报》第 17 卷，1986 年；冯先铭：《谈邢窑有关诸问题》，《故宫博物院院刊》1981 年第 4 期；李辉柄：《唐代邢窑窑址考察与初步探讨》，《文物》1981 年第 9 期；叶喆民：《邢窑刍议》，《文物》1981 年第 9 期；叶喆民：《再论邢窑》，《中国陶瓷》1983 年第 7 期。

⑥ 河北省文管处：《河北景县北魏高氏墓发掘简报》，《文物》1979 年第 3 期。

⑦ 河南省博物馆：《河南安阳北齐范粹墓发掘简报》，《文物》1972 年第 1 期。

⑧ 宋伯胤：《卜仁墓中的隋代青瓷器》，《文物参考资料》1958 年第 8 期。

⑨ 考古研究所安阳发掘队：《安阳隋张盛墓发掘记》，《考古》1959 年第 10 期。

⑩ 王文强等：《鹤壁市发现一座唐代墓葬》，《中原文物》1988 年第 2 期。

⑪ 李振奇等：《河北临城七座唐墓》，《文物》1990 年第 5 期。

⑫ 考古研究所安阳发掘队：《安阳隋张盛墓发掘记》，《考古》1959 年第 10 期。

⑬ 新乡市博物馆：《新乡市唐墓简报》，《文物资料丛刊》第 6 期，1982 年。

⑭ 李振奇等：《河北临城七座唐墓》，《文物》1990 年 5 期。

⑮ 福建省博物馆等：《唐末五代闽王王审知夫妇墓清理简报》，《文物》1991 年第 5 期。

⑯ 洛阳市文物工作队：《洛阳后梁高继蟾墓发掘简报》，《文物》1995 年第 8 期。

⑰ 益阳县文化馆：《湖南益阳县赫山庙唐墓》，《考古》1981 年第 4 期。

⑱ 陕西省考古研究所陈国英：《西安市东郊三座唐墓清理记》，《考古与文物》1981 年第 2 期。

⑲ 李振奇等：《河北临城七座唐墓》，《文物》1990 年第 5 期。

⑳ 考古研究所安阳发掘队：《安阳隋张盛墓发掘记》，《考古》1959 年第 10 期。

㉑ 宁夏考古研究所等：《宁夏固原隋史射勿墓发掘简报》，《文物》1992 年第 10 期。

㉒ 河北省文化局文物工作队：《河北曲阳涧磁村发掘的唐宋墓》，《考古》1965 年第 10 期。

㉓ 李振奇等：《河北临城七座唐墓》，《文物》1990 年第 5 期。

㉔ 河北省文物研究所等：《河北曲阳五代壁画墓发掘简报》，《文物》1996 年第 9 期。

㉕ 考古研究所安阳发掘队:《安阳隋张盛墓发掘记》,《考古》1959 年第 10 期。

㉖ 中国科学院考古研究所编著:《西安郊区隋唐墓》,科学出版社,1966 年。

㉗ 新乡市博物馆:《新乡市唐墓简报》,《文物资料丛刊》第 6 期,1982 年。

㉘ 洛阳市文物工作队:《洛阳后梁高继蟾墓发掘简报》,《文物》1995 年第 8 期。

㉙ 中国社会科学院考古研究所安阳工作队:《安阳隋墓发掘报告》,《考古学报》1981 年第 3 期。

㉚ 中国社会科学院考古研究所安阳工作队:《安阳隋墓发掘报告》,《考古学报》1981 年第 3 期。

㉛ 中国社会科学院考古研究所安阳工作队:《安阳隋墓发掘报告》,《考古学报》1981 年第 3 期。

㉜ 李建丽等:《临城李氏墓志考》,《文物》1991 年第 8 期。

㉝ 山西省考古研究所等:《太原斛律徹墓清理简报》,《文物》1992 年第 10 期。

㉞ 王文强等:《鹤壁市发现一座唐代墓葬》,《中原文物》1988 年第 2 期。

㉟ 浙江省博物馆等:《浙江临安晚唐钱宽墓出土天文图及"官"字款白瓷》,《文物》1979 年第 12 期。

㊱ 王文强等:《鹤壁市发现一座唐代墓葬》,《中原文物》1988 年第 2 期。

㊲ 河北省文化局文物工作队:《河北曲阳涧磁村发掘的唐宋墓》,《考古》1965 年第 10 期。

㊳ 河北省文物研究所:《河北易县北韩村唐墓》,《文物》1988 年第 4 期。

㊴ 浙江省博物馆等:《浙江临安晚唐钱宽墓出土天文图及"官"字款白瓷》,《文物》1979 年第 12 期。

㊵ 浙江省博物馆等:《浙江临安晚唐钱宽墓出土天文图及"官"字款白瓷》,《文物》1979 年第 12 期。

㊶ 磁县文化馆:《河北磁县东陈村北齐尧峻墓》,《文物》1984 年 4 期。

㊷ 安阳市文物工作队:《河南安阳市两座隋墓发掘报告》,《考古》1992 年第 1 期。

㊸ 张季:《河北景县封氏墓群调查记》,《考古》1957 年第 3 期。

㊹ 磁县文物保管所:《河北磁县北齐元良墓》,《考古》1997 年第 3 期。

㊺ 宋伯胤:《卜仁墓中的隋代青瓷器》,《文物参考资料》1958 年第 8 期。

㊻ 张季:《河北景县封氏墓群调查记》,《考古》1957 年第 3 期。

㊼ 中国社会科学院考古研究所洛阳汉魏城队:《北魏洛阳城内出土的瓷器与釉陶器》,《考古》1991 年第 12 期。

㊽ 李振奇等:《河北临城七座唐墓》,《文物》1990 年第 5 期。

㊾ 浙江省文物考古所等:《临安县唐水邱氏墓发掘简报》,《浙江省文物考古所学刊》,文物出版社,1981 年。

㊿ 磁县文化馆:《河北磁县东陈村东魏墓》,《考古》1977 年第 6 期。

○51 河南省博物馆:《河南安阳北齐范粹墓发掘简报》,《文物》1972 年第 1 期。

○52 河北省文物研究所:《河北易县北韩村唐墓》,《文物》1988 年第 4 期。

○53 磁县文化馆:《河北磁县东陈村东魏墓》,《考古》1977 年第 6 期。

○54 安阳市文物工作队:《河南安阳市两座隋墓发掘报告》,《考古》1992 年第 1 期。

○55 中国社会科学院考古研究所安阳工作队:《安阳隋墓发掘报告》,《考古学报》1981 年第 3 期。

○56 考古研究所安阳发掘队:《安阳隋张盛墓发掘记》,《考古》1959 年第 10 期。

○57 中国社会科学院考古研究所安阳工作队:《安阳隋墓发掘报告》,《考古学报》1981 年第 3 期。

○58 中国社会科学院考古研究所编著:《唐长安城郊隋唐墓》,文物出版社,1980 年。

○59 周到:《河南濮阳北齐李云墓出土的瓷器和墓志》,《考古》1964 年第 9 期。

○60 中国社会科学院考古研究所编著:《唐长安城郊隋唐墓》,文物出版社,1980 年。

○61 河北省文管处:《河北景县北魏高氏墓发掘简报》,《文物》1979 年第 3 期。

○62 中国社会科学院考古研究所安阳工作队:《安阳隋墓发掘报告》,《考古学报》1981 年第 3 期。

○63 安阳市博物馆:《安阳活水村隋墓清理简报》,《中原文物》1986 年第 3 期。

○64 薛增福：《河北曲阳发现隋仕墓志及瓷器》，《文物》1984 年第 2 期。

○65 张季：《河北景县封氏墓群调查记》，《考古》1957 年第 3 期。

○66 中国科学院考古研究所编著：《西安郊区隋唐墓》，科学出版社，1966 年。

○67 宁夏考古研究所等：《宁夏固原隋史射勿墓发掘简报》，《文物》1992 年第 10 期。

○68 磁县文化馆：《河北磁县东陈村东魏墓》，《考古》1977 年第 6 期。

○69 河北省博物馆等：《河北平山北齐崔昂墓调查报告》，《文物》1973 年第 11 期。

○70 史国强等：《河南南乐出土北朝文物》，《文物》1988 年第 5 期。

○71 辛明伟等：《河北清河丘家那唐墓》，《文物》1990 年第 7 期。

○72 河北省文化局文物工作队：《河北曲阳涧磁村发掘的唐宋墓》，《考古》1965 年第 10 期。

○73 安阳市文物工作队：《河南安阳市两座隋墓发掘报告》，《考古》1992 年第 1 期。

○74 河北省文管处：《河北景县北魏高氏墓发掘简报》，《文物》1979 年第 3 期。

○75 中国社会科学院考古研究所邺城工作队：《河北磁县湾漳北朝墓》，《考古》1990 年第 7 期。

○76 河北省文化局文物工作队：《河北曲阳县涧磁村定窑遗址调查与试掘》，《考古》1965 年第 8 期。

○77 王文强等：《鹤壁市发现一座唐代墓葬》，《中原文物》1988 年第 2 期。

○78 李振奇等：《河北临城七座唐墓》，《文物》1990 年第 5 期。

○79 李振奇等：《河北临城七座唐墓》，《文物》1990 年第 5 期。

○80 张季：《河北景县封氏墓群调查记》，《考古》1957 年第 3 期。

○81 安阳市文物工作队：《河南安阳市两座隋墓发掘报告》，《考古》1992 年第 1 期。

○82 负安志编著：《中国北周珍贵文物》，陕西人民美术出版社，1992 年。

○83 俞伟超：《西安白鹿原墓葬发掘报告》，《考古学报》1956 年第 3 期。

○84 李振奇等：《河北临城七座唐墓》，《文物》1990 年第 5 期。

○85 河北省文物研究所：《河北易县北韩村唐墓》，《文物》1988 年第 4 期。

○86 洛阳市文物工作队：《洛阳发现一座后周墓》，《文物》1995 年第 8 期。

○87 浙江省文物考古所等：《临安县唐水邱氏墓发掘简报》，《浙江省文物考古所学刊》，文物出版社，1981 年。

○88 洛阳市文物工作队：《洛阳后梁高继蟾墓发掘简报》，《文物》1995 年第 8 期。

○89 河南省博物馆：《河南安阳北齐范粹墓发掘简报》，《文物》1972 年第 1 期。

○90 中国社会科学院考古研究所编著：《唐长安城郊隋唐墓》，文物出版社，1980 年。

○91 安阳市文物工作队：《河南安阳市两座隋墓发掘报告》，《考古》1992 年第 1 期。

○92 河北省文化局文物工作队：《河北曲阳涧磁村发掘的唐宋墓》，《考古》1965 年第 10 期。

○93 李振奇等：《河北临城七座唐墓》，《文物》1990 年第 5 期。

○94 安阳市文物工作队：《河南安阳市两座隋墓发掘报告》，《考古》1992 年第 1 期。

○95 考古研究所安阳发掘队：《安阳隋张盛墓发掘记》，《考古》1959 年第 10 期。

○96 中国社会科学院考古研究所安阳工作队：《安阳隋墓发掘报告》，《考古学报》1981 年第 3 期。

○97 李振奇等：《河北临城七座唐墓》，《文物》1990 年第 5 期。

○98 李振奇等：《河北临城七座唐墓》，《文物》1990 年第 5 期。

○99 中国社会科学院考古研究所编著：《唐长安城郊隋唐墓》，文物出版社，1980 年。

○100 李振奇等：《河北临城七座唐墓》，《文物》1990 年第 5 期。

○101 考古研究所安阳发掘队：《安阳隋张盛墓发掘记》，《考古》1959 年第 10 期。

○102 李振奇等：《河北临城七座唐墓》，《文物》1990 年第 5 期。

⑩ 安阳市文物工作队：《河南安阳市两座隋墓发掘报告》，《考古》1992 年第 1 期。

⑩ 河北省文物研究所：《河北易县北韩村唐墓》，《文物》1988 年第 4 期。

⑩ 《魏书》卷一〇一《西域传》，《北史》卷九七《西域传》，国家文物局教育处：《佛教石窟寺考古概要》页293 ~ 294，文物出版社，1993 年。

⑩ 施安昌：《北魏苟景墓志及纹饰考》，《故宫博物院院刊》1998 年第 2 期。

⑩ 魏杨炫之：《洛阳伽蓝记》（周祖谟校）卷三"龙华寺"条："自葱岭以西，至于大秦，百国千城莫不款附，商胡贩客日奔塞下，所谓尽天地之区已。乐中国土风因而宅者，不可胜数。是以附化之民，万有余家。"中华书局，1963 年。

⑩ 王光尧：《关于青花起源的思考》，《故宫博物院院刊》2003 年第 5 期。

⑩ 国家文物局教育处：《佛教石窟寺考古概要》页 354 ~ 337，363 ~ 364，文物出版社，1993 年。

⑩ 水路交通，《旧唐书》卷六七《李勣传》载："宋、郑两郡，地管御河，商旅往还，船乘不绝"；卷九四《崔融传》云"天下诸津，舟航所聚，旁通巴、汉，前指闽、越，七泽十薮、三江五湖，控引河洛，兼包淮海。弘舸巨舰，千轴万艘，交贸往还，昧旦永日"。而《通典》卷七《历代盛衰户口》载当时驿路"东至宋、汴，西至歧州……南诣荆襄，北至大原、范阳，西至蜀川、凉府，皆有店肆，以供商旅。"

⑪ 唐李肇《（唐）国史补》（文渊阁四库全书本）卷下"凡货贿之物，多于用者不可胜记。丝布为履，麻布为囊，毡帽为盖，革皮为带，内丘白瓷瓯，端溪紫石砚，天下无贵贱通用之"。中国硅酸盐学会《中国陶瓷史》页 224 ~ 225，文物出版社，1997 年。

⑫ 《新唐书》卷三九《地理志（三）》："邢州钜鹿郡，上……土贡：丝布，磁器、刀、文石。"

⑬ 《新唐书》卷二二五上《逆臣传（上）》"安禄山传"。《资治通鉴》卷二一七、卷二四七。

⑭ 宿白：《定州工艺与静志、净众两塔地宫文物》，《文物》1997 年第 10 期；王光尧：《关于越窑瓷器所见"官样"铭的思考——兼论"官""新官"款的含义》，《浙江省文物考古研究所学刊》，杭州出版社，2002 年。

⑮ 河北临城邢瓷研制小组：《唐代邢窑遗址调查报告》，《文物》1981 年第 9 期。

⑯ 杨文山：《隋代邢窑遗址的发现和初步分忻》，《文物》1984 年第 12 期。

⑰ 内丘县文物保管所：《河北省内丘县邢窑调查简报》，《文物》1987 年第 9 期。

邢窑唐三彩工艺研究[*]

杨文山

唐三彩是我国唐朝烧造的一种低温彩釉陶器的俗称，由于它造型奇异，釉色绚丽，深受国内外人们的赞赏。河南、陕西境内都有大量唐三彩器物出土，在河南巩县黄冶和陕西铜川黄堡镇还发现了烧造唐三彩的两处窑址。1985 年，几乎与陕西铜川黄堡发现唐三彩同时，在河北内丘境内的邢窑遗址中也发现了唐三彩，1991 年，中国邢州窑研究所将唐三彩的研究列入了计划，现将初步研究成果综述如下[①]。

一 邢窑遗址发现的唐三彩标本

根据内丘县文管所所长贾书敏先生介绍：1984 年内丘县文化馆组织了文物组，对内丘境内的邢窑遗址进行普查，前后发现了丰洞和西关两大窑区，共计遗址 28 处，其中西关窑区最为密集。大概到 1985 年秋，在西关窑区的西环路南端东侧的县委礼堂后身发现了多处堆积坑，其中两个堆积坑中发现了唐三彩的残器残片。与此同时，在西环路中段西侧的蜂窝煤厂一带和丰洞窑区的北大丰窑址堆积坑中也发现了唐三彩的残器残片。这些唐三彩的残器残片基本上都是素烧，带有彩釉的釉烧极为稀少[②]。

除此之外，河北省地质矿产局高级工程师程在廉先生考察邢窑时，在西关窑区县委礼堂和北大丰一带也捡到了唐三彩的素烧残片。河北省文研所副研究员王会民先生等在调查试掘邢窑遗址时，在西关窑区蜂窝煤厂一带也捡到了唐三彩釉烧残器[③]。1990 年夏，笔者因参与《中国陶瓷》大型系列片的拍摄，曾三次随河北摄制组编导郭根源先生前赴内丘考察遗址，在西关窑区蜂窝煤厂一带和西关窑区西南公路北侧的树林旁也捡到了唐三彩素烧和釉烧的残片。

由于《中国陶瓷》系列片的拍摄需要，笔者有幸曾两次进入内丘县文管所的文物库，除粗略翻检了堆在筐篓中的唐三彩素烧的残器残片外，又较详细地翻检了收藏在柜箱中的唐三彩釉烧的残器残片。根据这些和程在廉、王会民先生及笔者所捡到的残器残片，可知在邢窑遗址中发现的唐三彩实物标本有三类：一类为器体较大的用具，二类为器体较小的玩具，三类为专供殉葬的冥器。

---

[*] 《中国历史文物》2004 年第 1 期

在第一类器体较大的用具中，笔者见到的标本有 6 种，即碗、杯、盘、钵、罐、镜。兹就此 6 种标本的不同形制式样，分列如下：

1. 三彩实足碗。见有二式：Ⅰ式为扁沿撇口弧腹实足碗（图一：1）；Ⅱ式为圆沿撇口弧腹实足碗（图一：2）。

2. 三彩环把杯。只见一式，即扁沿撇口深腹环把杯。

3. 三彩平底盘。只见一式，即扁沿浅腹平底盘（图一：3）。

4. 三彩敛口钵。只见一式，即尖沿敛口鼓腹平底钵（图一：4）。

5. 三彩平底罐。见有三式：Ⅰ式为平沿直口鼓腹平底罐（图一：5），Ⅱ式为扁沿直口鼓腹平底罐（图一：6），Ⅲ式为圆沿直口鼓腹双耳平底罐（图一：7）。

6. 三彩三足镜。见有三式：Ⅰ式为扁沿撇口高颈鼓腹三足镜，形制为：扁沿微侈撇口，颈部较高，丰肩鼓腹圆平底，肩部饰有三道凸弦纹，腹部饰有一道凸弦纹，下腹粘有三个兽蹄足（图一：8）。Ⅱ式为圆沿撇口短颈鼓腹三足镜，形制为：圆沿微侈撇口，颈部较短，丰肩鼓腹圆平底，下腹粘有三个兽蹄足（图一：9）。Ⅲ式为平沿直口短颈鼓腹三足镜，形制为：平沿直口，短颈，丰肩鼓腹圆平底，腹部饰有两道凹弦纹，下腹粘有三个兽蹄足（图一：10）。

在第二类器体较小的玩具中，笔者只见小碗、小罐、小钵、小埙、小动物 5 种。兹就此 5 种标本的不同形制式样，分列如下：

1. 三彩小碗。只见一式，即圆沿弧腹实足平底碗（图一：11）。

2. 三彩小罐。见有二式：Ⅰ式为圆沿直口溜肩鼓腹平底罐（图一：12），Ⅱ式为扁沿直口溜肩鼓腹四耳罐（图一：13）。

3. 三彩小钵。见有二式：Ⅰ式为扁沿敛口鼓腹平底钵（图一：14），Ⅱ式为圆沿敛口鼓腹平底钵（图一：15）。

4. 三彩小埙，只见一种，即老人头埙。

5. 三彩小动物，见有两种：一为小狗（图一：16），二为小牛。

在第三类专供殉葬使用的冥器类中，笔者只见有侍女俑、镇墓兽、塔式罐三种残片：侍女俑只见侍女的头部残片，镇墓兽只见镇墓兽的器座残片（图一：17），塔式罐只见器座和器盖残片（图一：18、19）。

二　邢台墓葬出土的唐三彩器物

1951 至 1979 年的 27 年间，笔者在邢台地市工作。1953 年接触邢窑研究，开始注意对邢台墓葬出土白瓷的搜集，因当时邢台尚无文管部门，故笔者便成了邢台墓葬出土陶瓷的主要搜集者。仅 1957 至 1960 年，经笔者查看或清理的墓葬就有 30 余座，搜集历代陶瓷 200 余件。1960 年春与一中教师高翔等，将这些陶瓷在邢台一中阅览室进行了展览，结束后绝大部分陶瓷存入了邢台一中科学馆。文革期间科学馆遭砸，这些陶瓷即全部被毁，只有少量陶瓷幸免于难。

在邢台墓葬出土的陶瓷器物中，唐三彩常见出土，由于当时邢窑遗址尚未发现，笔者根据文献记载只知邢窑烧造白瓷而不知其烧造唐三彩，故对这些出土的唐三彩器物不大重视，除将其完整的器物保

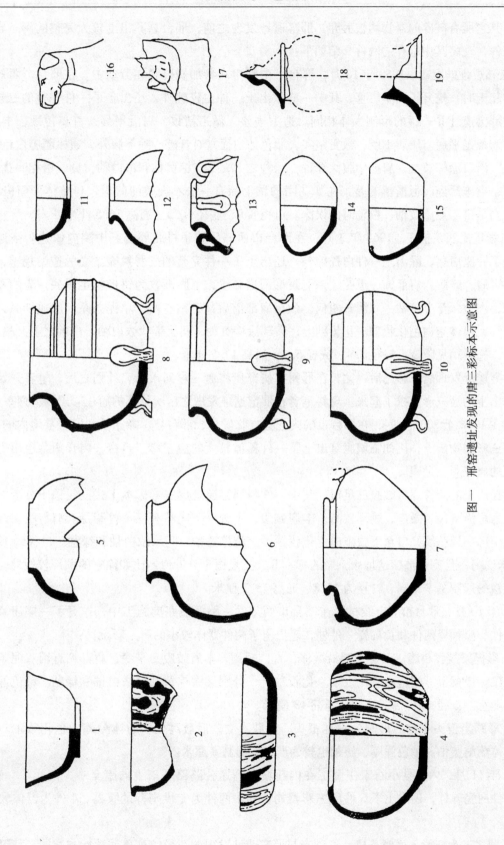

图一 邢窑遗址发现的唐三彩标本示意图

留之外，其它所有破碎的器物均被丢弃。邢窑遗址发现之前，邢台墓葬出土较为完整的唐三彩器物约计十二三件，现将其中幸存的两件介绍如下：

1. 三彩短颈鼓腹罐。1958 年 10 月，邢台一中师生在参加烧砖脱坯劳动中，在邢台市西郊孔村村南柴棚沟起土时，挖开了两座唐墓，其中一墓除出土一件白瓷碗外，还出土了一件完整的三彩罐。罐的形制与邢窑遗址Ⅱ式罐的形制大体相同。造型规整，做工精致，扁沿平侈，直口短颈，丰肩鼓腹，下腹渐收为似足平底。胎质细腻，致密坚实，胎色洁白而富石膏感，除下腹外，通体蘸施白色化妆釉。化妆釉上，沿口涂棕黄釉，肩至中腹涂绿釉，绿釉之上，又点棕黄釉和浓白釉，黄、白相间犹如花团，釉色浑厚，点施严谨。但遗憾的是，在如花团的釉上涂有一块不规整的蓝彩，与整体彩面极不协调，这种现象当是窑工点施黄釉、白釉时的误涂。口径 8.9、底径 10.3、通高 16.5 厘米。

2. 三彩短流四系执壶。1965 年 3 月，在邢台市西郊后炉子村北邢台五中院内修建防空地下教室时，挖开了一座唐墓，除出土一件白瓷碗外，还出土了一件完整的三彩执壶。壶的造型规整，圆沿平侈，短颈丰肩，鼓腹，肩部饰一道弦纹，上腹饰两道弦纹，下腹渐收为饼形实足平底。壶的左边肩部粘一短流，右边颈至上腹粘一双泥条曲柄，颈至肩部前后又各粘有两个单泥条系。胎质细腻，胎色白而略带土红，通体施白色化妆釉。化妆釉上，大部涂棕黄釉，间涂带状浓白釉，白釉之上又稍点绿釉。釉色浑厚，施釉稍见随意。口径 5.4、底径 5.1、通高 12.5 厘米。

在邢窑遗址发现唐三彩之后，尤其在邢州窑研究所将唐三彩列入研究计划之后，笔者开始对邢台地市墓葬出土的唐三彩重视了起来。现将笔者在邢窑遗址发现之后所见到的唐三彩器物，列举如下：

大约在 1986 至 2001 年间，在邢台市的内丘县、临城县、邢台县、隆尧县和宁晋县境内的唐墓中，均见有唐三彩器物出土，比如临城唐墓出土了一件器体较大的唐三彩三足镂，内丘唐墓也出土了两件器体较大的唐三彩三足镂。

按内丘出土的两件三彩鼓腹三足镂，其中一件与邢窑遗址唐三彩标本Ⅰ式三足镂十分近似，比如它的形制为扁沿微侈，撇口，颈部较高，丰肩鼓腹，平圆底下腹粘有三个兽蹄足。肩与腹间饰有两道弦纹，腹中饰一道弦纹，口至下腹施白色化妆釉，上施棕黄釉，间涂浓白釉和绿釉。口径约 12、通高约 15 厘米。另一件则与邢窑遗址唐三彩的标本Ⅱ式三足镂十分近似，比如除它的颈部较短外，其它与Ⅰ式三足镂的形制基本相同，口径为 15.8、通高 13.7 厘米。

1989 年 10 月，邢台市五金线材厂在邢台市西郊八一路西段路南施工中，挖开了一座唐墓，除出土白瓷三件、黑釉瓷两件和黄釉瓷一件外，还出土了两件器体较小的唐三彩玩具：

1. 三彩提梁鼓腹小罐。其形为圆沿微侈，直口短颈，丰肩鼓腹，平底，肩部粘有用双泥条拧成的麻花状提梁。提梁至下腹施白色化妆釉。化妆釉上，分别又涂棕黄釉、浓白釉和绿釉。釉色浑厚，但施釉稍见随意。口径 4.0、梁高 5.0、通高 13 厘米。

2. 蓝彩蹲坐歪头小狗。形制为垂耳歪头，前肢直立，后肢蹲坐。通体蘸施白色化妆釉。化妆釉上，又通体蘸施蓝釉。釉色浑厚，施釉也较为严谨。通高 8 厘米。

1992 年 11 月，内丘县小石家庄民工在内丘城东高速公路路基培土的施工中，挖开了一座唐墓，除出土一件白瓷碗外，还出土了 6 件唐三彩器物，其中两件为专供殉葬的冥器，4 件为器体较小的玩具。

1. 冥器之一为三彩人面镇墓兽。形制当与邢窑遗址发现的三彩镇墓兽残片标本类同。其形为人面兽身，眉头紧锁，怒目圆睁，高鼻宽嘴，尖顶直角，大耳上翘，面目狰狞；两肩生翅，左右展开，前肢直立，后肢蹲踞在器座之上；座体较高呈马蹄形，前方后圆，上平下空，底部外撇。胎质细腻，白净坚实，除器座外，通体施白色化妆釉。化妆釉上，躯体与四肢涂浓白釉、棕黄釉和绿釉，两翅涂浓白釉，羽毛涂绿釉，右脸至肩涂蓝釉。釉色浑厚，施釉严谨。兽高16.2、座高4.4、通高20.6厘米。

2. 冥器之二为三彩站立侍女俑。形制当与邢窑遗址发现的三彩侍女俑残片标本类同。其形为头梳鬟髻，鬓发梳在头部左右下垂，髻发盘在头部中间前垂；弯眉眯眼，颊颏丰满，面带笑容；身躯直立，双臂曲肘，双手置于胸前，站立在马蹄形板座之上。上身穿对襟窄袖短衣，外罩半肩，右披长巾；下身穿竖条纹曳地长裙，上腰束带，足穿云头鞋。胎质细腻，白净坚实，头颈、膝下和板座外，均施白色化妆釉。化妆釉上，短衣与半肩涂浓白釉、棕黄釉和绿釉，长巾涂浓白釉和蓝釉、绿釉，腰带涂浓白釉，长裙涂棕黄釉至半膝。釉色浑厚，施釉严谨。身高23.4、座高0.8、通高24.2厘米。

3. 玩具之一为三彩弧腹实足小碗。形制当与邢窑遗址发现的三彩小碗标本相同。其形为圆沿外卷，口部微侈，腹部较深而有弧度，下腹渐收为饼形实足平底，底心微凹。胎质细腻，白净坚实，器外上腹施白色化妆釉，器内荡白色化妆釉。化妆釉上，涂条块状浓白釉、棕黄釉和绿釉。釉色较为淡浅，但施釉严谨。口径5.9、足径2.9、通高3.4厘米。

4. 玩具之二为三彩鼓腹平底小罐。形制当与邢窑遗址发现的Ⅰ式扁沿鼓腹平底罐标本相同。其形为扁沿平侈，直口短颈，丰肩鼓腹，下腹渐收外撇为饼形实足平底，底心微凹。胎质细腻，白净坚实，除下腹和足部外，口肩至上腹施白色化妆釉。化妆釉上施棕黄釉，其上又点涂圆块状浓白釉和绿釉。釉色浑厚，施釉严谨。口径2.7、足径2.4、通高4.6厘米。

5. 玩具之三为三彩鼓腹四系小罐。形制当与邢窑遗址发现的Ⅱ式圆沿直口溜肩鼓腹四耳罐标本相同。其形为圆沿直口，短颈，溜肩鼓腹，下腹渐收外撇似足平底，底心微凹而中凸起，肩部粘有四个双泥条小耳。胎质细腻，白净坚实，除足部外，通体施白色化妆釉。化妆釉上施棕黄釉，棕黄釉上又涂条块状浓白釉和绿釉。釉色浑厚，施釉严谨。口径1.4、底径1.7、通高3.6厘米。

6. 玩具之四为三彩敛口圆底小钵。形制当与邢窑遗址发现的Ⅰ式扁沿敛口鼓腹平底钵的标本相似。其形为扁沿敛口，丰肩鼓腹，下腹渐收为圆平底。胎质细腻，白净坚实，除底部外，通体施白色化妆釉。化妆釉上施蓝釉，其上又点施浓白釉，浓白釉之上又稍点棕黄釉。釉色浑厚，施釉也较为严谨。口径2.7、通高6.8厘米。

三　关于邢窑唐三彩的工艺问题

唐三彩的工艺，当分为工艺技术和工艺美术，归综起来，大体包括：胎的化学成分，胎料的选定，胎坯的制作，器物的成形，成形后的素烧；釉的化学成分，釉料的选定，釉药的配制，施釉的方法，施釉后的釉烧。根据以上要求，我们对邢窑唐三彩的工艺进行了初步研究，并参照诸家对河南、陕西唐三彩工艺的研究成果，就邢窑唐三彩工艺与河南、陕西唐三彩工艺的同异进行了比较。

第一、邢窑唐三彩胎的化学成分与胎料的选定。按胎含 Fe_2O_3 量的多少对胎的呈色至关重要。根据我们试烧，一般说，如果胎含 Fe_2O_3 为0.8%以下，在氧化焰气氛烧成中，胎的呈色为白色；如果胎含 Fe_2O_3 为0.8%以上，在氧化焰气氛烧成中，胎的呈色为白带土黄色；如果超过1.5%以上，则胎的呈色为白带土红色。

从表一所列可知，邢窑唐三彩胎含 Fe_2O_3 为 0.49% 或 1.89%，此与邢窑遗址唐三彩素胎标本中的胎色多为白色，同时也有白带土黄色或白带土红色相合。又知，河南唐三彩胎含 Fe_2O_3 为 0.73% 或 1.17%，陕西唐三彩胎含 Fe_2O_3 为 0.61% 或 1.15%，此与邢窑唐三彩胎 Fe_2O_3 的含量基本相同，故河南、陕西唐三彩胎的呈色与邢窑唐三彩胎的呈色大体一样，即胎色中有白色同时也有白带土黄色或白带土红色。

表一　　　　　　　　　　　　　　邢窑、河南、陕西唐三彩胎的化学成分

样品产地名称	化学组成（%）										材料来源
	SiO_2	Al_2O_3	Fe_2O_3	TiO_2	CaO	MgO	K_2O	Na_2O	MnO	P_2O_5	
邢窑出土三足镟素胎	59.95	27.06	1.89	0.88	1.33	1.79	1.85	0.29	0.03	0.09	由程在廉取样交河北省地矿局岩矿测试中心化验④
邢窑出土三足镟素胎FeO	59.95	27.06	0.60	0.88	1.33	1.79	1.85	0.29	0.03	0.09	
邢窑出土敛口钵素胎	59.89	28.13	1.19	0.79	1.41	1.81	1.78	0.27	0.04		由笔者取样交中国邢州窑研究所化验室化验⑤
邢窑出土实足碗素胎	59.92	28.07	0.49	0.77	1.38	1.82	1.83	0.28	0.04		
河南巩县出土三彩胎	66.93	26.59	0.73	1.24	0.19	0.37	2.15	0.41	<0.01		李知宴、张福康《论唐三彩的制作工艺》表一⑥
河南巩县出土三彩胎	64.52	27.15	1.17	1.45	0.89	0.39	2.09	0.44	<0.01		
陕西墓葬出土三彩胎	67.52	26.56	0.61	1.39	0.22	0.40	2.01	0.34			前同上表；后见李国桢等《唐三彩的研究》表一⑦
陕西墓葬出土三彩胎	65.90	27.85	1.15	1.21	1.48	0.55	1.32	0.51			

从表一还可知，邢窑唐三彩素胎在 CaO 和 MgO 的含量上，远远高于河南、陕西唐三彩素胎的含量，高出幅度大体为一至二倍。按 CaO 和 MgO 在氧化焰气氛烧成中呈白色，故邢窑唐三彩低铁白胎的白度，要比河南、陕西唐三彩白胎的白度为大。我们在邢窑遗址唐三彩的标本中，可以看到一种洁白如雪的白胎，它的白度与邢窑细白瓷白胎的白度几乎无别，但由于它的烧结温度尚未达到磁化，因此邢窑唐三彩白胎的硬度较低，给人的直接观感如同石膏。

按前临城县邢瓷研制小组和前河北省邢窑研究组在对邢窑粗细白瓷的研究过程中，对邢台的瓷土资源进行了调查，取样 20 余种。这些瓷土的化学成分，前后经过了中国科学院成都光电技术研究所、北京建筑材料科学研究院、中国科学院上海硅酸盐研究所、邯郸陶瓷研究所和河北省地质矿产局岩矿测试中心等单位的化验。无疑，这对我们寻找和选定邢窑唐三彩的胎料，提供了科学依据。

表二　　　　　　　　　　　　　　邢台各类高岭石粘土的化学成分

样品产地名称	化学组成（%）										材料来源
	SiO_2	Al_2O_3	Fe_2O_3	TiO_2	CaO	MgO	K_2O	Na_2O	P_2O_3	灼减	
临城澄底村硬质粘土（耐火土）		42.32	1.51		0.36					14.45	同④表一

续表

样品产地名称	化学组成（%）										材料来源
	SiO_2	Al_2O_3	Fe_2O_3	TiO_2	CaO	MgO	K_2O	Na_2O	P_2O_3	灼减	
临城南程村硬质粘土（耐火土）		43.37	1.56		0.53					14.17	同上
沙河北掌村硬质粘土（高铝土）		71.31	2.83	0.60						14.11	同上
临城西牟村硬质粘土（高铝土）	11.00	67.00	7.50	1.00	0.13	0.21				14.11	同上
内丘西邵明半软粘土（白坩子）	57.14	26.89	1.14	1.20	0.64	0.52	1.44	0.08	0.11	10.38	同上表二
内丘瓷窑沟半软粘土（白坩子）	58.18	27.02	0.48	0.84	1.09	0.86	1.62	0.17	0.14	10.16	成都光电研究所⑧
临城陈刘庄半软粘土（灰坩子）	59.01	34.47	0.90	1.87	0.81	0.35	0.85	0.36		0.12	邯郸陶瓷研究所⑨
临城竹壁村半软粘土（白坩土）	56.76	29.89	0.34	0.27	1.01	0.97	–	–		10.38	同⑨表三
内丘西邵明软质粘土（紫木节）	45.37	31.47	2.27	1.40	1.10	0.58	1.16	0.18	0.32	15.82	同④表三
临城陈刘庄软质粘土（紫木节）	44.21	35.84	2.05	0.73	0.78	0.29	0.39	0.10	0.32	15.29	同上
临城祁村软质粘土（红砂石）	48.52	36.04	0.28	0.39	0.22	0.16	0.29	0.14		13.98	同⑨表三
临城祁村软质粘土（红砂石）	54.63	38.76	0.44	0.64	0.11	0.20	–	–		4.88	同上

从表二所列可知，邢台的主要瓷土有三类，即硬质高岭石黏土、半软质高岭石黏土和软质高岭石黏土。按硬质高岭石黏土包括耐火土和高铝土，由于它 Al_2O_3 的含量过高，故为邢窑唐三彩制胎所不取。软质高岭石黏土包括红砂石和紫木节，它的化学成分虽与邢窑唐三彩胎的化学成分类似，但这两种瓷土在内丘的产出极少，故一般只能作为配料。半软质高岭石黏土包括白坩子土和灰坩子土，这两种坩子土的产出巨大且化学成分又与邢窑唐三彩胎的化学成分相近。据此，我们认定白坩子土和灰坩子土应是邢窑唐三彩制胎的主要原料。

第二、邢窑唐三彩胎坯的制作与器物的成形。坩子土在邢台瓷土资源中的储量十分丰富，南起邢台中经内丘北至临城，到处都有这种瓷土的分布，其中内丘西邵明一带白坩子土的储存最为集中，探明储量达250万吨⑩。在西邵明一带白坩子土的顶板，往往有薄层紫木节的伴生，故开采白坩子土之时常常并出。由此可知，在邢窑唐三彩主要胎料白坩子土中易于杂入紫木节。按内丘境内已知白坩子土含 Al_2O_3 一般为25或27%左右，紫木节含 Al_2O_3 一般为30或35%左右。而从表一所列邢窑唐三彩素胎含 Al_2O_3 为27或28%左右，可知邢窑唐三彩素胎 Al_2O_3 的含量介于白坩子土与紫木节之间，从而可证在邢窑唐三彩素胎主要原料白坩子土中，确实配进了紫木节成分。

白坩子土的主要成分为高岭石，有时也含有少量水云母，含 Al_2O_3 量一般为25–30%左右，含 Fe_2O_3 量一般为1%左右，其"耐火度在1580℃以上"⑪，石土的形状呈页岩，结构不硬，加工成泥后的可塑性为中等。而紫木节的主要成分高岭石和水云母，有时也含有少量石英、长石等，石土的形状似土块，且结构松软，加工成泥则可塑性较强。据此可知，邢窑唐三彩胎料制坯时，勿需上碾粉碎，只要在胎料中加水进行捣凿即可成浆，经滤入池拌搅、漂浮、倒池、沉淀、陈腐、脱水即可成泥，再经反复揉和、摔打即成胎坯用泥。

按邢窑唐三彩器物的成形方法，以轮制拉坯和模压粘合为主，以捏塑粘附为辅。大凡圆形器物诸如碗、盘、壶、瓶、钵、盒、罐、镂等，均采用轮制拉坯成形，待半干之后经修坯（或再加粘附）器物的成形才算完成。从器物的造型规整、旋纹光平来看，可知邢窑唐三彩在拉坯和修坯技术上十分娴熟。大凡俑类器物诸如侍女俑、镇墓兽、动物俑等，均采用模压粘合成形，待半干之后经修整（或再加粘附）成形才算完成。从器物的压印清晰、粘合严密来看，可知邢窑唐三彩在模压粘合工艺上做到了精益求精。

按捏塑粘附基本上是器物轮制拉坯和模压粘合成形的一种辅助方法，比如壶的曲柄、短流，罐的泥条耳系，镂的兽蹄足，侍女俑的翘尖云头鞋，镇墓兽的头顶独角和竖起的双耳、双翅等等，必须采用捏塑粘附的方法来完成。从器物的捏塑附件与模压主体的吻合与粘附的十分严密来看，可知邢窑唐三彩在捏塑粘附工艺上做到了精工细作，一丝不苟。

第三、邢窑唐三彩釉的化学成分与釉料的选定。唐三彩中的"三彩"是何含义？研究者有不同的解释。比如有的研究者认为"三"为奇数上累不尽，故以为"三彩"泛指多彩；有的研究者认为"三彩"应指黄、绿、蓝三彩；有的研究者则认为"三彩"应指白、绿、黄三彩。笔者认为"三彩"可做广义与狭义两种解释，广义可以笼统地解释为"多彩"，其中包括白彩、黄彩、绿彩、蓝彩及其各彩的混合彩；狭义则应以呈色剂的本色为据，具体解释应是指铁黄、铜绿和钴蓝。

表三　　　　　　　　　　　邢窑、河南、陕西唐三彩釉的化学成分

样品产地名称	化学组成（%）											材料来源
	SiO_2	Al_2O_3	Fe_2O_3	CaO	MgO	K_2O	Na_2O	MnO	P_2O_5	CuO	CoO	PbO	
邢窑出土棕黄釉残片	39.83	8.68	4.46	1.40	1.21	0.38	0.32					47.40	同⑤
河南巩县出土黄釉	28.65	8.05	4.09	1.65	0.42	0.72	0.45		0.32			54.59	同⑥表一
陕西墓葬出土黄釉	30.54	6.93	4.87	1.20	2.10	0.20	微量					50.54	同⑦表二
邢窑出土绿釉残片	36.73	6.61	0.46	1.43	0.27	0.78	0.33		0.26	4.88		43.53	同④
河南巩县出土绿釉	30.66	6.56	0.56	0.88	0.25	0.79	0.36		0.29	3.81		49.77	同⑦表一
陕西墓葬出土绿釉		6.71		1.28	0.38	0.81	0.28		0.06	5.24		59.51	同上
邢窑出土蓝釉残片	39.83		2.16	1.40	0.61	0.38	0.32				1.23	41.64	同⑤
河南巩县出土蓝釉	34.40		1.07	2.28	0.54	0.30	0.10				1.22	42.11	同⑥表一
陕西墓葬出土蓝釉			0.99	0.79	0.43	0.88	0.22	0.03		0.38	1.03	45.00	同⑦表二
邢窑出土白釉残片	39.83	8.68	0.66	2.03	1.21	0.38	0.32					48.23	同⑤
河南巩县出土白釉													缺
陕西墓葬出土白釉	31.98	5.83	2.10	2.20	1.38	0.20	0.10					52.66	同⑦表二

关于邢窑唐三彩釉的化学成分，从表三所列可知，它的棕黄釉含 Fe_2O_3 为 4.46%，绿釉含 CuO 为 4.88%，此比河南唐三彩上列的含量为高，但比陕西唐三彩上列的含量为低。它的蓝釉含 CoO 为 1.23%，此与河南唐三彩和陕西唐三彩的含量基本接近，但所含 Fe_2O_3 为 2.16%，却高出了河南、陕西唐三彩的含量，故邢窑唐三彩蓝釉中的浓釉多呈黑蓝色，而淡釉多呈灰蓝色。此外还有一点值得注

意的是，邢窑唐三彩三釉中的 PbO 含量比河南、陕西唐三彩的含量都低，故邢窑唐三彩的釉色光泽，远不如河南、陕西唐三彩的釉色那样绚丽夺目。

根据河北省地质矿产局和邢台市矿物局的有关资料，得知邢台市辖属的沙河、邢台、内丘、临城的西部，储有丰富的铁矿、铜矿和钴矿。从表四所列可知，沙河的綦村、小屯桥一带储有"接触交代型铁矿"；邢台的西河口、内丘的杏树台、临城的彔富南台一带储存有"沉积变质型铁矿"。两者探明的储量为 34336 万吨，保有储量为 32115 万吨。沙河的三王村、内丘的桃园和杏峪一带储存有铜矿，探明储量为 3.88 万吨，保有储量为 3.50 万吨。内丘的杏树台、沙河的西郝庄和中关村一带储存有钴矿，探明储量为 1.51 万吨，保有储量为 1.47 万吨，这一储量占到了河北全省储量的 42.84%。

邢台铁矿、铜矿、钴矿的丰富储藏，为邢窑唐三彩的黄釉、绿釉和蓝釉的原料提供了保证。根据笔者采访和向程在廉先生请教，得知作为邢窑唐三彩的黄釉原料应是选自内丘杏树台的沉积变质型铁矿石，绿釉原料应选自内丘桃园和杏峪的铜矿石，而蓝釉原料则应是选自内丘杏树台的钴矿石。

第四、邢窑唐三彩釉药的配制与施釉的方法。釉药是一种施于陶瓷胎面上的浆状混合物，化学成分因其呈色的不同而不同。邢窑唐三彩的釉药共有 4 种，这就是我们看到的棕黄釉、绿釉、蓝釉和白釉。

对唐代邢窑白釉的配制，前河北省邢窑研究组进行了深入研究，得知唐代一般白釉的含 CaO 量为 2 - 8%，含 MgO 量为 1 - 2%，含 Al_2O_3 量为 21 - 25%，含 SiO_2 量为 50 - 60%，故这种白釉应属于 CaO - MgO - Al_2O_3 - SiO_2 系统，可称作"含氧化镁石灰釉"。从表三所列可知，邢窑唐三彩白釉的含 CaO 量为 2.03%，含 MgO 量为 1.21%，含 Al_2O_3 量为 8.68%，含 SiO_2 量为 39.83%，据此，邢窑唐三彩的白釉，也应属于这一系统。至于邢窑唐三彩白釉中的含 CaO 量、含 MgO 量、含 Al_2O_3 量、含 SiO_2 量的比例，与唐代一般白釉的含量相比为低，这是因为在邢窑唐三彩白釉中加入了高达 48.23% 的 PbO。据此，邢窑的这种白釉，无疑属于低温白釉。按这种低温白釉共有三种用项：一是被用作彩釉的添加剂，二是加水淡化被用作素胎的化妆釉，也即人们所说的化妆土，三是用为与彩釉地位相同的浓白釉。

表四　　　　　　　　　邢台铁矿、铜矿、钴矿的分布及其储量

矿称类型	主要分布区域	探明储量	保有储量	占河北省储量比例	材料来源
接触交代型铁矿	沙河綦村、小屯桥、王窑等	34336 万吨	32115 万吨	5.12%	杨中强等《论邢台的铁矿资源与历史冶炼》[12]，《邢台市志·自然资源》[13]
沉积变质型铁矿	邢台路罗；内丘杏树台等				
铜矿	内丘桃园、杏峪，沙河三王村等	3.88 万吨	3.50 万吨	3.97%	同[13]
钴矿	内丘杏树台，沙河西郝庄等	1.51 万吨	1.47 万吨	42.84%	同上

从表三所列可知，邢窑唐三彩棕黄釉 Fe_2O_3 的含量为 4.46%，PbO 的含量为 47.40%。据此可知，邢窑的这种棕黄釉应属于氧化铁低温釉，釉料可能来自内丘杏树台的沉积变质型铁矿，也可能来自内

丘东瓷窑沟村北的釉子山。釉子山是一座高出地面的山丘，可以用作棕黄釉、褐釉和黑釉的矿石夹散在岩石之间，在这里到处可以看到历代采釉的坑沟，至今附近贾村瓷厂的釉料仍在此山采取。根据笔者对贾村瓷厂的访问，得知这里的咖啡色矿石可以研成棕黄釉的釉粉，如果把它配入低温白釉即可成为氧化铁低温釉。从表三所列可知，河南、陕西唐三彩这种釉 Fe_2O_3 的含量与邢窑唐三彩大体相当，但 PbO 的含量却远比邢窑唐三彩要高（即 47.40%：54.59%：50.54%），因此邢窑唐三彩棕黄釉的光泽，远不如河南、陕西唐三彩棕黄釉的光泽明快。

从表三所列可知，邢窑唐三彩绿釉 CuO 的含量为 4.88%，PbO 的含量为 43.53%，据此可知邢窑的这种绿釉应属于氧化铜低温釉。釉料可能来自内丘桃园或杏峪的铜矿。程在廉先生在桃园和杏峪考察时曾发现了唐宋时期的古矿井，可以证明内丘铜矿的利用时间很早。铜矿石中的铜多成氧化物而存在，其成分可生盐基性碳酸铜又可生盐基性醋酸铜，这种氧化铜矿石呈绿色或青绿色，研磨成粉可以用为绿色染料，配入低温白釉即可成为氧化铜低温釉。从表三所列可知河南、陕西唐三彩这种釉 CuO 的含量有低有高，但 PbO 的含量却比邢窑唐三彩要高（即 43.53%：49.77%：59.51%）。因此，邢窑唐三彩的绿釉光泽，也远不如河南、陕西唐三彩的绿釉光泽明亮。

从表三所列还可知，邢窑唐三彩蓝釉 CoO 的含量为 1.23%，PbO 的含量为 41.64%，据此可知，邢窑的这种蓝釉应属于氧化钴低温釉。釉料可能来自内丘杏树台的钴矿石。在杏树台的地表上可以看到风化的钴矿土，邢窑唐三彩蓝釉的釉料当采自钴矿土下面的钴矿石，通过研磨成粉即成钴蓝染料，经干烧成为熟料之后，配入低温白釉即可成为钴蓝釉。按邢窑唐三彩蓝釉的 CoO 含量仅为 1.23%，远不如棕黄釉 Fe_2O_3 含量和绿釉 CuO 含量的比例为高。根据蔡成铸先生的研究，所以出现这种现象，是因为钴蓝的呈色能量很强，据试烧实验："用针尖点钴粉于白瓷的釉面之上，入窑烧结后可以烧出豆大的蓝斑"。从表三可知，河南、陕西唐三彩这种釉含 CoO 量大体与邢窑唐三彩相当；但 PbO 的含量却比邢窑唐三彩要高（即 41.64%：42.11%：45.00%）。因此邢窑唐三彩蓝釉的光泽，也不如河南、陕西唐三彩蓝釉的光泽好。

根据对邢窑遗址出土唐三彩标本和邢台墓葬出土唐三彩器物的观察，可知邢窑唐三彩带釉器物的胎面上都施有白色化妆土。由于这种白色化妆土是由低温白釉加水淡化而制成的，釉质实际上是一种加水淡化了的低温白釉，故它的光泽比较明亮，与邢窑一般粗白瓷的白色化妆土的光泽干涩不同。故笔者称其为"白色化妆釉"。

根据对邢窑遗址唐三彩标本和邢台墓葬唐三彩器物的观察，可知邢窑唐三彩的施釉方法有三种，即蘸釉、涂釉和点釉。蘸釉是将器物倒置过来在釉药中浸蘸，比如蓝彩歪头小狗就是使用了这种方法施的釉。涂釉是用笔刷在釉药中浸蘸然后在器物上涂抹，比如三彩短流四系执壶就是使用了这种方法施的釉。点釉是用笔刷在釉药中浸蘸然后在器物上勾点，比如三彩短颈鼓腹罐就是使用了这种方法施的釉。在邢窑唐三彩器物中，常见蘸釉、涂釉、点釉三法并用，比如三彩站立侍女俑就是使用了这三种方法施的釉。

第五、邢窑唐三彩器物的素烧与釉烧。邢窑唐三彩器物为两次烧成，第一次为"素烧"，第二次为"釉烧"。所谓"素烧"是指器物成型凉干后不施化妆釉也不施彩釉即入窑烧结；所谓"釉烧"是指器物经素烧后施化妆釉和施彩釉之后，再置窑复烧。

由于素烧器物无釉在烧结中不会粘连，故装窑方法为叠装。又由于素烧无釉在烧结中不怕烟熏，故装窑时不用匣钵。我们用电炉子对邢窑遗址唐三彩烧结良好的素烧残片进行了还原试烧，得知烧结良好的素胎的烧成温度为1180℃以上，有的甚至达到1190℃而接近于瓷化。按河南、陕西唐三彩素胎的烧成温度平均为1150℃左右[14]。由此可知邢窑唐三彩素胎比河南、陕西唐三彩素胎的烧成温度为高。为何出现这种现象？笔者认为这可能与邢窑唐三彩素胎的主要原料为白坩子土有关。按白坩子土的耐火度为1580℃，采用白坩子土烧造的白瓷温度可以达到1350℃左右。邢窑唐三彩的素烧可能受到了这些影响，故此它的熔融温度除夹生者外一般都高。

按 Fe_2O_3 在氧化焰气氛中烧成呈黄色或红色，在还原焰气氛中烧成则呈灰青色，由于我们在邢窑遗址唐三彩素胎中只见到土黄色或土红色而未见到灰青色，故可断定：邢窑唐三彩素胎的烧成气氛是氧化焰。

由于釉烧器物有釉在烧结中易于粘连，故装窑方法为单件装烧。又由于釉烧有釉在烧结中害怕熏染，故在装烧时使用了匣钵。我们用电炉子，对邢窑遗址唐三彩烧结良好的釉烧残片也进行了还原试烧，得知烧结良好的釉烧温度为1000℃左右。按河南、陕西唐三彩的釉烧温度均为990℃左右，据此可知邢窑唐三彩的釉烧温度也比河南、陕西唐三彩要高。所以出现这种现象，可能与邢窑唐三彩釉含PbO过低有关。按邢窑唐三彩釉含 PbO 为40%左右，最高也超不过48.23%，而河南、陕西唐三彩釉含 PbO 为50%左右，最高则达到了58.51%。PbO 的氧化甚速，熔点低于327.6℃，邢窑唐三彩釉含 PbO 既低，其釉烧的烧成温度势必要高。

四 小 结

根据以上对邢窑遗址唐三彩标本和邢台墓葬唐三彩器物的分析以及对其工艺的初步研究，可以得出如下结论：

第一、从邢窑遗址唐三彩标本发现时与瓷器标本共存，可知邢窑在烧造瓷器之时兼烧了唐三彩。从以往巩县窑、铜川窑乃至近来定窑、介休窑、井陉窑等唐三彩标本出土时的共同现象，可证唐代制瓷业由于受到当时社会使用唐三彩殉葬习俗的影响，根据当地冥器供求需要，大凡能够烧造瓷器的窑场，均可同时兼烧唐三彩。

第二、从邢窑唐三彩胎的化学成分测试，可知其主要胎料是坩子土。由于坩子土的耐火度很高，再加上受邢窑白瓷烧成温度普遍较高的影响，故邢窑唐三彩素胎除夹生者外，一般要比河南、陕西唐三彩素胎的烧成温度为高。正因如此，邢窑唐三彩素胎比河南、陕西唐三彩素胎的致密度要好。

第三、按唐代邢窑白瓷尤其是细白瓷的成形工艺，主要特点是精益求精，大到器物的整体造型结构，态势韵律，小到器物的唇沿口边，足墙底角，无不作工精细、一丝不苟。从邢窑三彩器物的成形规整、压印清晰、粘合紧密来看，一方面可以说明成形工艺的娴熟；另一方面也可说明邢窑工匠在唐三彩的成形中，发挥了固有的认真精神。

第四、从邢窑唐三彩釉的化学成分测试，可知邢窑唐三彩釉远比河南、陕西唐三彩釉的含铅量为低。因此邢窑唐三彩彩釉的流动性和交叉性较差，一般说，彩釉烧后的动态多见浸润而少见混杂，相互渗透关系比较显然。但在釉彩的光泽上，邢窑唐三彩却远不如河南、陕西唐三彩的釉色那样绚丽夺目。

第五、从邢台储有丰富的铁矿、铜矿、钴矿，可证邢窑唐三彩的黄釉、绿釉、蓝釉原料是就地取材。按日本某些学者认为：中国唐三彩早期器物只有黄釉和绿釉，其后所以有了蓝釉是通过丝绸之路从西方传来的。从邢窑唐三彩蓝釉的配制及其使用来看，我们认为这种说法似属臆测。至于中国某些学者认为邢窑唐三彩只有黄釉、绿釉而无蓝釉，根据邢窑唐三彩器物上蓝釉存在的实际，我们认为这种说法也嫌武断。

（作者：河北师范大学历史系副教授）

注　释

① 1991 年邢台市组建了中国邢州窑研究所，笔者被聘为历史顾问兼副所长。研究项目均由笔者主持，同时参加研究者还有常务副所长高级工程师蔡成铸、工艺技术科长工程师王振山、化验室主任工程师张凤菊等。

② 贾书敏先生曾应笔者所请对邢窑唐三彩的发现进行了介绍。此外，内丘县文物保管所《河北省内丘县邢窑调查简报》也有报道，见《文物》1987 年第 9 期。

③ 王会民、张志忠：《邢窑调查试掘主要收获》，《文物春秋》1997 年增刊。

④⑩⑪　河北省地质矿产局化验，见程庄廉《论邢台的瓷土资源与历史利用》表 8，载《邢台历史经济论丛》，中国人事出版社，1994 年，第 83 页。表 2 见第 76 页、表 3 见第 77 页。

⑤ 1991 年 10 月至 1992 年 5 月，我们首先对邢窑精细透光白瓷进行了研究。为下一步对邢窑唐三彩的研究做好准备，笔者开始搜集标本和化验分析；蔡成铸先生因对现代唐三彩的烧制有经验，亦开始对唐三彩的彩釉尤其是钴蓝彩釉进行了配制和试烧。

⑥ 李知宴、张福康：《论唐三彩的制作工艺》，表 1，载《中国古陶瓷研究》，科学出版社，1997 年，第 70 页。

⑦ 李国桢、陈乃鸿、邱凤娟、曾凤琴：《唐三彩的研究》，表 1、2，载《中国古陶瓷研究》，科学出版社，1997 年，第 79 页。

⑧ 1979 年笔者在内丘瓷窑沟考察时，从村南瓷土坑地取样，后交中国科学院成都光电技术研究所玻陶研究室研究员刘苏欣化验。

⑨ 邯郸陶瓷研究所化验，见程在廉《论邢台的瓷土资源与历史利用》表 2。

⑫ 杨中强、程在廉：《论邢台的铁矿资源与历史冶炼》，载《邢台历史经济论丛》。

⑬ 邢台市志编纂工作委员会：《邢台市志》第二章《自然资源》，评审印稿上卷，第 173 页。

⑭ 同注⑥⑦。

邢窑装饰初探[*]

王会民　马冬青　张志忠

一　前　言

像陶器、铜器、玉器、金银器一样，当瓷器的烧造走出了它的原始阶段，古代制瓷工匠们倾其才华、尽其所能，将瓷器王国装扮得绚丽多彩。瓷器装饰可分两类：一类是用胎和釉或者化妆土和釉的结合，制造出釉的深浅及色彩明暗的装饰；一类是用不同的装饰技法，达到改变器物外观和造型的装饰。也有人将瓷器装饰分为釉装饰、化妆土装饰、加彩装饰和坯体装饰[1]。本文只涉及加彩装饰和坯体装饰。坯体装饰又可分为胎形装饰工具装饰[2]和工具装饰。胎形装饰是指利用器物本来的形状进行的装饰，如雕塑、贴塑、捏塑、旋纹、模印等。工具装饰是指利用各种工具进行的装饰，如刻、划、画、剔、戳印、镂空、削边、按压等。当然，实际上这两种装饰经常是交叉使用、密不可分的。

邢窑瓷器固然以其洁白、莹润、素雅为世人所称道，更以其隋代透影白瓷的发现而著名，但"光素无纹"、"邢瓷尚素"并不是其全部。正如同时期我国北方大部分窑场瓷器一样，光素是一定时期内瓷器装饰的主旋律，但并不占主体的胎形装饰和工具装饰，同样是古人留给我们的宝贵财富。本文拟依据考古发掘资料和部分馆藏品，对邢窑的这种装饰进行初步研究，不妥之处敬请专家批评指正。

二　邢瓷装饰种类

对邢窑从创烧到衰落的所处历史时期，大致有两种意见：一种是从北朝末到五代[3]，一种是从北朝末到金元之际[4]。本文采用前一种意见，原因很简单，五代以后的邢窑瓷器及装饰应归入定窑系。

---

* 《中国古代白瓷国际学术研讨会论文集》，上海书画出版社，2005 年

　　就目前所见，邢窑装饰种类较多，计有旋纹、模印、压印、戳印、按压、雕塑、贴塑、捏塑、刻划、镂空、削边、三彩、点彩等。兹分述如下：

　　旋纹。有凸旋纹和凹旋纹两种。本来旋纹是轮制时器物胎体表面留下的痕迹，但这里是指窑工刻意制作的装饰用旋纹。这些旋纹主要使用于钵、盆、罐、执壶等器物上，其中又以凹旋纹较多且具特点。饰于器物口部或腹部的旋纹主要用于装饰，而饰旋纹于器物肩部，还有定位系、耳、把手的功用。

　　模印。花纹种类大致有莲花、圆圈、连珠、蕉叶、叶脉、花朵、人物、动物羽毛等。主要用于装饰扁壶、执壶、动物造型的器物、人面形埙、莲花座等。模印也有两种方法，一种是将瓷泥填塞进带有图案的模具中，另一种是直接使用模具在未干的瓷泥上印制。对于较简单的器物如莲花座，模印可直接一次成型。大部分器物如人俑，则要分前后两片分别制成后再进行粘接。而一些较复杂的器物如鹦鹉杯，则分多片模印后再粘接而成。

　　戳印。用于模具的制作和枕面、瓶颈等器物的表面装饰，其纹饰主要有圆圈、蕉叶、莲花等。另外一些压印的条纹等，亦可归入戳印之列。

　　按压。是用手或其他工具在器物的口沿部位，由里或向外压迫胎体使之变形的装饰技法，这种方法简单、实用。

　　刻划。根据需要用尖状工具或刀具在模具或器物上刻划出深浅不同，长短、宽窄不一的各种线条，组成完整的图案。刻划的使用比较广泛，比如印花模的图案，大多先雕刻、刻划成内模，再翻印成印花模。人俑衣褶和毛鬓等细部也多经刻划、加工而成。窑具或器物上的字款、符号，应该说也是刻划而成的。

　　雕塑。分两种：一种是大致模印后再进行细部雕塑或刻划，如人俑等；一种是较小型器物或器物局部，直接用手捏塑而成，如小瓷塑狗、马、羊等。早期人俑制作程序大致是：头身分做，每部分分前后两片分别模印后取出。其中身体部分下部留着空隙，插入一木棒，使未干的胎泥固定其上，再进行细部的加工，之后再粘上头和座等。

　　贴塑。分两种：一种是将模印成型后的花朵或器物附件粘贴于模具或器物上，如铺首和莲瓣纹装饰；一种是将器物附件用手捏成型后再粘贴于器物的相应部位，如罐耳、柄、把手等。

　　镂空。就是用刀一类的工具把器物胎体上的花纹图案部分雕空，顾亦称透雕。其程序使先于未干的胎体上画或划上花纹图案，再根据需要进行透雕。

　　削边。主要用于碗、盘类器物，即在胎体未干之前用刀将器物口部削去部分边沿，使之成为花口，以增强器物的美感。

　　点彩。邢窑的点彩装饰并不多见，主要用于扁壶、少数器物口沿如钵和动物造型的眼睛、嘴部的装饰。邢窑点彩早期为釉上彩，大致到晚唐五代时期发展为釉下彩。

　　三彩。主要装饰钵、盘和罐类器物。三彩颜色主要是褐、绿、黄，也有红白色。其特点是在器胎上先施一层化妆土进行素烧，再上彩入窑烧成。另外邢窑也烧制绿、黄、褐等单色彩器物。

三　邢窑装饰分期及其特点

　　依据邢窑遗址考古发掘出土器物和器物装饰的特点，大致可将邢窑装饰分为四期：第一期为北朝至初唐，第二期为盛唐，第三期为中唐，第四期为晚唐至五代。各期特点分别总结如下。

第一期：北朝至初唐，下限约到 7 世纪中期。本期是邢窑的创烧和早期阶段，但是却发现了目前为止我国最早的透影白瓷，而且产量已经相当可观，足证其制瓷工艺已达到了相当的水平。同时，其装饰工艺也值得一书，首先是装饰技法使用较多，主要有旋纹、贴塑、模印、戳印、刻划、点彩和单色彩等；再者是装饰涉及的器物种类较为广泛，反映出一片繁荣景象。

旋纹以凹旋纹装饰为多，主要用来装饰钵、盒、罐类器。旋纹装饰虽然简单，但效果比较理想。邢窑窑工利用青瓷釉光亮透明而且釉厚时颜色加深的特点，在器物外表饰一周或几圈细细的凹旋纹，使得凹旋纹处积釉后明显于器物表面，效果简洁明快。模印使用较多，模具纹样的制作主要使用了戳印和刻划的方法，其纹饰主要有蕉叶纹、莲花纹、连珠纹、圆圈纹、水波纹、动物羽毛等。模印器具数量较多，如人俑、人面形埙、鹦鹉杯、砚台足、莲花座等。人俑等饰专为死人制作的随葬品，所见多为头、身分做，头和身分别经过简单的分片模制成形后进行粘贴和雕塑，同时进行毛发、衣褶等的刻划。总体上看，模印题材丰富，图案主题明确，生动有趣，线条亦较为流畅。贴塑的使用也较多，除了壶、罐等器物上附件的贴塑外，少量精细白瓷上还贴塑有铺首等。戳印装饰只见于模具纹饰的制作。刻划的使用不多，除了模具纹饰的制作和少量窑具上文字的刻划外，器物上的刻划只见于精细白瓷。点彩也使用不多，主要用于装饰动物眼睛，如前述的鹦鹉杯等。未发现单色彩实物，但发现了一些薄胎的素烧器物残片。同时还在窑具三角支钉上发现有粘连的绿彩，可证这一时期邢窑已经烧制绿彩器物。其绿彩同样具有透明度高、流动性强的特点，釉薄处色彩淡绿、明快，釉厚时色浓而呈暗绿色。

总而言之，本期的装饰方法以模印和旋纹为主，而刻划和戳印也都主要用于制作模具。其装饰多是随器物的形态而装饰，即胎形装饰，总体上显得朴实自然。但也出现了少量花纹繁缛的印花器物，如扁壶，以及多种装饰手法并用于一器的器物，如执壶等。这些是为迎合世人需要而互相模仿的产物。

第二期：盛唐时期，大致从 7 世纪中叶至 8 世纪中叶。在第一期的基础上，产生了削边、镂空、雕塑和三彩装饰技法。削边的使用不多，只见一种模式，边削得较小而深，削后再对削边处稍作加工修整，使之与器物边沿协调，不显生硬。镂空和三彩只在本期发现，镂空瓷片仅有一见，系在器外壁上先划出花纹图案并由外向里镂空，去掉不需要的部分而成。三彩应是在第一期单色的基础上发展而来，它的发现也使邢窑成为较早烧制三彩的窑址之一。模印的使用较多，但使用范围较小，除了莲花座，就只见陶制的人俑和动物模型等明器，而且出现了头、身一体的分片模印人俑，反映出模印技术水平的提高。旋纹装饰的运用在初唐以后，随着釉料配法的变化，釉的透明度降低，流动性减弱，旋纹与釉色简洁而明快的装饰效果已不如从前。虽然本期邢窑装饰技法仍然以胎形装饰为主，但三彩以及刻划、削边、镂空等用工具刻意装饰、美化器物的方法较多运用，使得邢窑装饰已经开始脱离了最初的胎形装饰阶段，逐渐走向了一个崭新的时期。

第三期：中唐时期，大至从 8 世纪中叶到 9 世纪上半叶。随着邢窑的发展，各类产品的极大丰富，出现了一些新的器形，如漏斗、研磨器以及小型瓷塑等，因而本期邢窑装饰也向更多的器物扩展使用，装饰特点也较为鲜明。执壶等器物的大量生产，使得胎形装饰中捏塑、贴塑的使用较多，如手制把手、流、系等大量运用了捏塑和贴塑的装饰手法。模印的使用仍然不多。瓷塑的小人、狗、马、兔、羊、鸽子等皆用手捏制而成，制作过程中同时使用了细部的刻划和眼部的点彩等。刻划的使用较多，如研磨器内壁的交叉刻划等，但这种刻划仍然是为器物本身的需要而进行的。器底上较多的姓氏字款和窑具上的刻划符号等为本期所独有，这种字款和符号虽是用工具刻意刻划而成，但没有装饰意味，仅仅是一种记号而已。旋纹应用较为广泛，不仅用于常见器物的腹部，而且扩展到漏斗、执壶的流等，以及凹旋纹大多变宽。但因此时邢窑已形成以白瓷为主的局面，釉的透明度更低，旋纹的装饰效果远不如昔。另外还出现了一些特有的装饰，如黄釉执壶上的压印席纹等。

第四期：晚唐至五代，大至从9世纪中叶至10世纪中叶。邢窑装饰技法的使用较多，有模印、压印、按压、雕塑、捏塑、贴塑、旋纹、点彩、削边、刻划等。装饰器物亦较为齐全，涉及碗、盘、罐、执壶、钵、穿带壶、双鱼瓶、小瓷塑等。虽然本期所有的装饰同样不占主导地位，但与以前相比，几乎所有的装饰技法都有或多或少的使用。本期特有的一些装饰方法，如在小钵等一些器物口唇部位压印花边，或花边泥条贴塑于口部再上点彩的装饰，此时的点彩已由原来的釉上彩发展成釉下彩。双鱼瓶圈足断面呈六边形，足上浅划竖条纹，象征鱼尾。足与身分制而成，接缝处贴有一周印制的小花。瓶身贴塑有压印的竖向泥条以象征鱼脊，有刻划线的泥条以象征鱼翅，而且周身戳印有未封口的圆圈纹以象征鱼鳞。这种双鱼瓶集多种装饰于一身，若是一件完整器，堪称是装饰华丽的精品。第二期出现的削边在此时大多削得较浅，有的只稍稍压低一点，或用工具在器物口沿上向里按压成为花口，比原来省时省力，亦不失美观。

四　邢窑装饰背景浅析

任何事物的发生与发展都与当时的政治、经济、文化和思想意识密切相关，同样，邢窑各阶段的产品及其装饰也都直接或间接反映出相关时期的政治、经济、文化和审美趋向。虽然各时期的邢窑装饰都有自己的特点，但总体上与同时期北方系瓷器装饰一样，仍以胎形装饰为主。

中国南方青瓷的发展历史悠久，有着长期积累的经验。魏晋南北朝时期的社会动荡、人口迁徙促进了民族融合，同时也促进了南方青瓷向北方的扩散和传播。从考古资料看，河南、河北、山东等地发现的早期瓷窑都是北朝末期至隋代创烧的，其早期产品的器形、釉色、烧造方法等都与南方同时期产品接近，而且各窑场上使用的所有的装饰技法也都是南方瓷器传统的装饰技法，只是在发展过程中经过实践、相互的影响和补充，逐渐拥有了一些自己的特点而已。

入唐以后，社会经济渐趋繁荣，直至盛唐时期，加彩装饰成为一种时尚。邢窑也迎合人们的需求，开始生产三彩器，同时镂空、削边、刻划等工具装饰渐多。另外，社会上沿袭了魏晋以来厚葬和大量用仿生的明器随葬的传统，由社会上层逐渐蔓延、风行于民间、官家难以禁止[⑤]。厚葬的风行给瓷窑包括邢窑带来的结果是，模制和雕塑或再经刻划加工的明器人俑及动物形成了批量生产。

安史之乱后至9世纪上半叶是唐朝经济的恢复阶段，各窑场更加注重生产那些与人民生活息息相关的日用品。李唐一代特别是到中唐时期饮茶、斗茶之风盛行，为迎合时代的需要，各窑场竞相生产与茶有关的产品，如执壶、研磨器、盏托、碗、杯等，特别是执壶和研磨器的大量生产，使得贴塑、捏塑和刻划装饰有了较多的使用。再者，中唐时期国家屡禁民间铜器的制造和销售，也间接地促进了瓷器的生产。《新唐书·食货志》载："大历七年（772），禁天下铸铜器。"又"宪宗以钱少复禁用铜矿"。《旧唐书·食货志》亦载有："贞元九年（793）正月，张滂奏：诸州府公私诸色铸造铜器杂物等。伏以国家钱少，损失多门。兴贩之徒，潜将销铸，钱一千为铜六斤，造写器物，则斤直六百余。有利既厚，销铸虽多，江淮之间，钱实减耗。伏请准从前敕文，除铸镜外，一切禁断。"相比之下，瓷器价廉物美，铜器的禁止铸造以及此时国际上对中国瓷器需求的不断增长，使得瓷器的需求量大增，全国境内的制瓷窑场也顺应时代的需要而不断地诞生和发展，唐代瓷业呈现出一片繁荣的景象。同时，激烈的竞争不可避免，瓷器上较多的刻划字款和符号的出现应是这种竞争的反映。

晚唐五代阶段，可能由于竞争和瓷器的大量生产使得优质原材料进一步匮乏，邢窑诸多窑场一个个走向衰落，而瓷器生产也表现出两极分化的趋势，一方面生产大量中低档少有装饰的产品供广大的普通百姓使用，另一方面也迎合社会潮流，生产、仿制少量精美的和有华丽装饰的瓷器，以显示其高超的制作工艺。只是表面的繁荣无法阻挡历史发展的规律，因为此时的定窑、井陉窑等正如日中天。

另外，南北朝至唐代的几百年间，继续沿袭魏晋以来的思想意识传统，佛教盛行。与佛教有关的寺庙、塔、石窟、雕像以及金铜佛等甚为流行，并影响、渗透到社会各个阶层各个行业。特别是其造像中的雕塑、模印以及线条的刻划等技法，都对瓷窑等行业的装饰方法产生了较大的影响。还有佛教故事以及莲花、忍冬、连珠等题材的纹饰，也被广泛地运用到瓷器装饰之中。

五 结 语

瓷器源于人们的生活实践，并在生活实践中不断革新、创造。同样，瓷器装饰的丰富多彩，再现了人们丰富多彩的生活。邢窑工匠用他们独具匠心的手法，配合器物的形态，高低适中、疏密有致加以装扮，或写实、或模仿、或夸张、或创造性地描绘一切事物，使之成为一种取材于生活而高于生活的瓷器装饰艺术。

邢窑装饰由最初阶段的光素无纹发展到胎形装饰，再到工具装饰的逐渐增多，表现在每一个时期，两者都是并存和发展的。在邢窑的早期阶段，窑工们已能熟练掌握多种装饰技法，并生产出融多种装饰于一体的器物。盛唐时期，装饰手法更加丰富，特别是唐三彩的烧制成功，使之成为早期能够生产三彩器的窑址之一。当然，有关邢窑唐三彩的问题，其窑址经考古发掘所见器物或残片不多，面貌不很清楚，所以河北省境内唐墓中发现的三彩器物也至多被发掘者怀疑为邢窑产品而已。因此这个问题尚有待于今后进一步的考古发掘和研究。中唐阶段，邢窑白瓷大量生产，成为"天下无贵贱通用之"的产品，此时工具装饰的器物虽出现较多，但其装饰效果有限。晚唐五代阶段，胎形装饰继续使用，一些器物上多种装饰手法并用，更加突出了器物的装饰效果。这种现象不仅说明了人们对美的事物的不断追求，同时也是社会竞争使得各窑之间互相影响、互相学习的结果。

（作者单位：河北省文研所、临城县文保所）

注　释

① 周淑兰等《中国古代陶瓷艺术精选》，中州古籍出版社1992年版。

② 定窑研究组美术组《定窑的装饰技法与造型艺术》,《河北陶瓷》1984 年第 2 期,第 1 – 14 页。

③ 王会民等《邢窑问题新议》,《河北考古文集》第一集,东方出版社 1998 年。贾永路等《谈邢窑》,《河北陶瓷》1991 年第 2 期。

④ 河北省邢窑研究组《邢窑造型装饰研究》,《河北陶瓷》1987 年第 2 期。

⑤ 《旧唐书·舆服志》:"太极元年……近者王公百官,竞为厚葬,偶人偶马,雕饰如生,徒以眩耀路人,本不因心致礼。更相扇慕,破产倾资,风俗流行,遂下兼士庶。若无禁制,奢侈日增。"中华书局本,第 1958 页。

唐代邢窑"翰林"、"盈"字款白瓷罐刍议*

吕成龙

1997 年 11 月，故宫博物院研究员、古陶瓷专家李辉柄先生曾率笔者赴陕西、河南两省考察铜川耀州窑、禹县扒村窑、下白峪窑、刘庄窑、鲁山段店窑及宝丰清凉寺窑等古窑址，并借此机会访问了陕西省西安市文物保护考古研究所及扶风县法门寺博物馆，得以观赏西安地区出土的一批唐代白瓷和青瓷。特别是现收藏于西安市文物保护考古研究所的一件署"翰林"、"盈"字双款的白釉罐，造型雍容典雅，釉色洁白如雪，给笔者留下了深刻印象。最近拜读了西安市文物保护考古研究所王长启先生撰写的介绍此件白釉罐的大作①，颇感意犹未尽。为此，笔者拟结合多年来古陶瓷研究的心得，对这件白釉罐作进一步的介绍。不妥之处，敬祈专家们指正。

此白釉罐高 22.5 厘米，口径 10.5 厘米，底径 9.2 厘米。唇口，短颈，圆肩，鼓腹，肩以下渐敛，平底。内外施透明釉，外底无釉。胎体坚细洁白，釉面光洁莹亮，积釉处闪水绿色。在外底中心稍偏左处，有竖向刻划的"翰林"二字，在外底中心稍偏右上方有刻划的"盈"字。款字系在器物成形后、烧成前刻划于外底，字迹清晰，笔画遒劲，当由具备一定文化修养的陶工所刻划。

"翰林"、"盈"字款白瓷不见于 20 世纪 80 年代以前的文献记载。对其产地的判定得益于新中国成立以来对古窑址的调查与发掘。1980 年 8 月，文物工作者在与河北省内丘县交界的临城县发现了唐代白瓷窑址多处，因临城县祁村窑烧造的白瓷颇具文献所描述的邢瓷"类银"、"类雪"的特征，故当时便将祁村称为"邢窑"②。从 1984 年开始，河北省内丘县文物保管所经过历时三年的调查，在内丘县下属的 5 个乡、方圆 120 平方公里的区域内发现古窑址 28 处，并采集到大量标本。调查证明，内丘县城关一带的白瓷窑址最为集中，所产白瓷的质量也最精，由此揭开了邢窑遗址之谜③。特别是在内丘城关窑址发现 20 多件刻划"盈"字款的白瓷标本，为传世及各地出土的"盈"字款之产地找到了归宿。虽然在内丘城关窑址尚未发现"翰林"款白瓷标本，但上述唐长安大明宫遗址出土的署"翰林"、"盈"字双款的白瓷罐足以证明"翰林"款白瓷亦为内丘城关窑产品。由于在内丘城关窑址以外的其他唐代白瓷窑址均未发现过"盈"字款白瓷标本，所以，那种认为

---

* 《中国古代白瓷国际学术研讨会论文集》，上海书画出版社，2005 年

"盈"字款白瓷是河北曲阳定窑产品的观点是缺乏依据的④。现将传世及出土"翰林"、"盈"字款白瓷列表说明（表一）。

关于"盈"字的涵义，上海博物馆的陆明华先生曾做过详细的考证⑤，"盈"字当与唐代宫廷所设储存珍宝奇货的"百宝大盈库"（简称"大盈库"）有关，在五代后晋刘昫等撰《旧唐书》及宋代欧阳修、宋祁撰《新唐书》中均有记载。

《旧唐书》（卷四十八、志第二十八、食货上）载："开元中，有御史宇文融献策，括籍外剩田、色役伪滥，及逃户许归首，免五年征赋。每丁量税一千五百钱，置摄御史，分路检括隐审。得户八十余万，田亦称是，得钱数百万贯。玄宗以为能，数年间拔为御史中丞、户部侍郎。融又书策开河北王莽河，溉田数千顷，以营稻田。事未果而融败。时又杨崇礼为太府卿，清严善勾剥，分寸锱铢，躬亲不厌。转轮纳欠，折估溃损，必令征送。天下州县征财帛，四时不止。及崒病致仕，以其子慎矜为御史，专知太府出纳，其弟慎名又专知京仓，结以苛刻害人，承主恩而征责。又有韦坚，规宇文融、杨慎矜之迹，乃请于江淮转运租米，取州县义仓粟，转市轻货，差富户押船，若迟留损坏，皆征船户。关中漕渠，凿广运潭以挽山东之粟，岁四百万石。帝以为能，又至贵盛。又王鉷进计，奋身自为户口色役使，征剥财货，每岁进钱百亿，宝货称是。云非正额租庸，便入百宝大盈库，以供人主宴私赏赐之用。"

表一 传世及出土唐代邢窑"翰林"、"盈"字款白瓷

出土或收藏地点	相对年代	器物造型	款识内容	参考文献
河北内丘城关邢窑遗址		20余件白釉碗标本	盈	内丘县文物保管所《河北省内丘县邢窑调查简报》，《文物》1987年第9期。冯先铭《近十年陶瓷考古主要收获与展望》，台湾《中华文物学会》1991年刊。
陕西西安唐大明宫遗址		白釉碗标本	盈	冯先铭《谈邢窑有关诸问题》，《故宫博物院院刊》1981年第4期。
陕西西安唐西明寺遗址	西明寺建成于公元658年	白釉碗标本	盈	中国社会科学院考古研究所唐城工作队《唐长安西明寺遗址发掘简报》，《考古》1990年第1期。
陕西西安唐青龙寺遗址	大中十三年（859）	白釉注子、碗	盈	西安市文物保护考古研究所翟春玲、王长启《青龙寺遗址出土"盈"字款珍贵白瓷器》，《考古与文物》1997年第6期。
河北易县北韩村唐墓	墓主唐易县录事孙少矩卒于咸通五年（864），葬于咸通六年	白釉注子	盈	河北省文物研究所《河北易县北韩村唐墓》，《文物》1988年第4期。

续表

出土或收藏地点	相对年代	器物造型	款识内容	参考文献
内蒙古赤峰市阿鲁科尔沁旗辽耶律羽之墓	墓主卒于辽会同四年（941），葬于会同五年（942）	白釉注子	盈	内蒙古文物考古研究所等《辽耶律羽之墓发掘简报》，《文物》1996 年第 1 期。
上海博物馆		白釉盒	盈	周丽丽《唐代邢窑和上海博物馆藏邢瓷珍品》，《上海博物馆集刊——建馆三十周年特辑》，上海古籍出版社 1982 年版。
河北内丘集上寨村		白釉盒	翰林	贾永禄《河北内丘出土的"翰林"款白瓷》，《考古》1991 年第 5 期。
陕西西安唐大明宫遗址		白釉盒	翰林、盈	王长启《西安市出土的"翰林"、"盈"字款邢窑白瓷罐》，《文物》2002 年第 4 期。

《新唐书》（卷五十一、志第四十一、食货一）载："是时（开元二十六年），海内富实，米斗之价钱十三，青、齐间斗才三钱，绢一匹钱二百。道路列肆，具酒食以待行人，店有驿驴，行千里不持尺兵。天下岁入之物，租钱二百余万缗，粟千九百八十余万斛，庸、调绢七百四十万匹，绵百八十余万屯，布千三十五万余端。天子骄于佚乐而用不知节，大抵用物之数，常过其所入。于是钱穀之臣，始事朘刻。太府卿杨崇礼句剥分铢，有欠折渍损者，州县督送，历年不止。其子慎矜专知太府，次子慎名知京仓，亦以苛刻结主恩。王鉷为户口色役使，岁进钱百亿万缗，非租庸正额者，积百宝大盈库，以供天子燕私。及安禄山反，司空杨国忠以为正库物不可以给士，遣侍御史崔众至太原纳钱度僧尼道士，旬日得百万缗而已。自两京陷没，民物耗弊，天下萧然。"

《新唐书》（卷五十一、志第四十一、食货一）又曰："故事，天下财赋归左藏，而太府以时上其数，尚书比部覆其出入。是时，京师豪将假取不能禁，第五琦为度支盐铁使，请皆归大盈库，供天子给赐，主以中宫。自是天下之财为人君私藏，有司不得程其多少。"

《新唐书》（卷五十五、志第四十五、食货五）还曰："大历元年，敛天下青苗钱，得钱四百九十万缗，输大盈库，封太府左、右藏，镵而不发者累岁。"

由上述记载可知，大盈库是唐开元（713 – 741）以来储存财物最多的宝库，属于皇帝的私库，储存珍宝奇货及赋税所入盈余，供皇帝燕私或赏赐百官用。所以，署"盈"字款的白瓷器当属邢窑专门为大盈库烧造的贡品。

至于"翰林"款，当与翰林院有关，而"翰林院者，待诏之所也"[⑥]。这一为艺能见长之士而特设的官署，始设于玄宗开元初年。实际上，自唐初以来，就常有一些名儒学士被召入宫禁中讲论文义，参预政务，不过当时他们尚未有封号。高宗乾封（666 – 668）以后，凡以文词召入禁宫待诏者，"常与北门候进止"，时号"北门学士"。玄宗即位后，用张九龄、张说、陆坚等人掌管四方表疏批答，应和文章，称"翰林待诏"。其后又以中书省事务繁多，文书多雍滞，就选用一些文人与集贤院学士分掌制诏书敕，号"翰林供奉"。开元二十六年（738）又改翰林供奉为学士，别置学士院，专掌内命⑦。"至德以后，天下用兵，军国多务，深谋密诏，皆从中出。"⑧于是翰林学士的权任加重，礼遇益亲，直至被称为"内相"。因此，翰林学士实际上是皇帝的私人秘书，虽无正式官职，却为皇帝的心腹或亲信。署"翰林"款的白瓷，当属专供翰林院使用的供器。而署"翰林"、"盈"字双款的白瓷罐，无非是表明此种白瓷器是为大盈库特制的供皇帝赏赐给翰林学士的专用品。

关于"翰林"、"盈"字款白瓷的烧造年代，由上述记载可知，大盈库大肆聚敛财物及翰林院始设时间在开元年间。另外，在开元二十三年（735）张九龄等撰、开元二十七年（739）李林甫等注的《唐六典》中有河北道贡邢洲瓷器的记载。因此，这种白瓷的烧造年代应不早于开元，唐朝灭亡后即不复烧造。其他有年纪佐证的"盈"字款白瓷亦可作为这一推断的依据。如陕西省西安市唐青龙寺遗址出土的白釉注子的外底除了刻划"盈"字，尚有墨书"大中十三年三月十三日王八送来令　政收"，大中十三年即公元859年。河北省易县北韩村唐墓出土有"盈"字款白釉注子，墓主为易县录事孙少矩，卒于咸通五年（864）。至于内蒙古赤峰市阿鲁科尔沁旗辽耶律羽之墓出土的"盈"字款白釉大碗，虽然墓主的入葬时间（辽会同五年，即公元942年）相当于五代中期，但此件大碗仍为晚唐邢窑产品，当由后晋儿皇帝石敬瑭献于契丹。

（作者单位：故宫博物院）

注　释

① 王长启《西安出土"翰林"、"盈"字款邢窑白瓷罐》，《文物》2002年第4期，第83—84页。
② 河北临城邢窑研制小组《唐代邢窑遗址调查报告》，《文物》1981年第9期，第37—43页。
③ 内丘县文物保管所《河北省内丘县邢窑调查简报》，《文物》1987年第9期，第1—10页。
④ 内蒙古文物考古研究所等《辽耶律羽之墓发掘简报》，《文物》1996年第1期，第4—32页。
⑤ 陆明华《邢窑"盈"字及定窑"易定"考》，《上海博物馆集刊》第四期，上海古籍出版社1987年版，第257—282页。
⑥ 《新唐书·百官一》。
⑦ 同⑥。
⑧ 《旧唐书·职官二》。

对北京出土邢、定、龙泉务窑
白瓷的几点认识[*]

胡志刚

城市是瓷器的重要消费地区。城市遗址出土陶瓷标本是古人遗弃的残器或残片，随着历史的演进，旧城被层层掩埋于地下，被遗弃的残瓷标本也层层迭加。如没有大的工程干扰，地层就不会被破坏。因此，城市各时代遗址曾出土陶瓷标本的年代还是比较可靠的。

北京城有 3000 多年建城史，800 多年建都史，自隋代至金代，古城址相对比较稳定。隋唐时期，北京是朝廷经略东北的战略要地，是雄踞北方的军事重镇。唐代"安史之乱"时，安禄山起兵幽州（今北京），一直打到洛阳和长安，几乎将唐王朝颠覆。辽金时期，北京为北方少数民族入主中原的桥头堡，由军事重镇转向了政治中心。北京是辽代的陪都，金代的中都，由隋代至金代，一直是各民族通商贸易的中心。基于北京特殊的政治和历史背景，历史上北京城对瓷器的消耗量是相当大的，运到这里的瓷器也颇具代表性。从地理位置上看，北京距河北内丘邢窑遗址 300 多公里，距河北曲阳定窑遗址 200 多公里，而龙泉务窑则在北京西郊门头沟区的龙泉务村，这些瓷窑所产瓷器可以很便利地运到北京。

北京古城遗址发现的白瓷标本以邢、定、龙泉务窑为最多，多出土于南城的宣武区，时代由唐早期至金代。下面，笔者对近年在北京宣武区所采集及所见这一地区出土上述三窑白瓷标本谈一点自己的认识，不妥之处敬请专家学者赐正。

一 邢窑白瓷标本

1. 唐早期细白瓷杯标本

此标本为杯的下半部残片，圆饼足，残存有一半多。杯外施半截釉，内施满釉。修坯讲究，无明显旋坯痕迹。足与腹壁交待清晰。饼形足稍内凹，足棱斜削。胎质细腻，白中略泛灰。釉层透明，釉厚处开细碎片纹。做工精细，可谓一丝不苟。此标本与邢窑遗址发现的隋代透光白瓷杯[①]的造型及底足处理方法相类似。唐早期内丘制瓷业已达到较高水平，其卓越的技术为后来的邢窑的进一步发展奠

---

[*]《中国古代白瓷国际学术研讨会论文集》，上海书画出版社，2005 年

定了坚实的基础。

2. 唐代早期白釉四足炉标本

炉呈筒形，平底，底下承四兽足，现只残留两足。炉身与四足相应处均有泥条出筋，出筋上刻有绳纹。胎质细白坚致，胎中玻璃相较多，断口微泛玻璃光泽。内施满釉，外壁施釉不到底，釉色白中泛青。做工精细，施釉匀净。此炉应为唐代早期邢窑细白瓷，与隋代内丘邢窑细白瓷在工艺上有明显的继承关系[②]，如出一辙。

3. "盈"字款白釉碗标本、白釉印花碗标本

"盈"字款白釉碗为玉璧底，胎质洁白细腻，碗内、外施白釉，外底足内亦满釉，且很均匀。底中心刻一"盈"字，字虽残缺，但仍可辨认。胎中玻璃相较多，断口微泛玻璃光泽。釉色白中稍泛灰。足棱斜削，足与腹壁交待清晰。玉璧底平整，稍内凹。"盈"字字体规整，笔划清晰。此标本与内丘邢窑遗址出土"盈"字款白瓷标本相比，显得更为精良。笔者曾几度去内丘文物管理所，承蒙该所贾忠敏先生惠示窑址出土标本，而所见窑址出土"盈"字款标本除工艺稍差外，其"盈"字刻画也较草率。

北京在唐代名曰"幽州"，安禄山镇守此地，掌兵权。"盈"字款白釉瓷是唐代白釉瓷中的精品，是专门为皇宫生产的贡品，进入皇宫后由御库"大盈库"收藏[③]。"盈"乃大盈库订烧器的标志。大盈库为皇帝的私库，"盈"字款白瓷专供皇帝燕私或赏赐大臣所用。"盈"字款白釉瓷标本在古幽州遗址被发现意味着什么？当我们了解了安禄山与唐皇室之关系后，不难得出这样的结论：此种"盈"字款的白瓷碗当是盛唐时玄宗对安禄山的赏赐品。

白釉印花碗残片是邢窑白瓷中比较少见的精品。此件唇口碗残片，胎质洁白细腻，釉面光亮，釉色白中略微泛青。碗外无纹饰，碗内模印缠枝花卉纹，花卉枝叶疏朗。印纹较深，图案异常清晰。从胎釉和工艺特征分析，此碗当为盛唐时河北内丘邢窑产品。虽然内丘邢窑遗址也曾发现过唐代印花白瓷标本[④]，然而在传世品中几乎不见，这说明唐代邢窑印花白瓷的产量极少，而且这种精美的印花白瓷很可能是贡品，非一般平民百姓所能使用。

4. 白釉印花碗标本

此标本底足完整，应是碗的残片。胎釉洁白，釉有开片，釉色白中微泛黄。外部施釉，无纹饰。碗内模印缠枝花卉纹，花叶繁密。图案不很清晰，且印花工艺与上述唐代邢窑白瓷有区别。从烧造工艺及胎釉特征分析，此印花碗当为唐末至五代邢窑产品。

5. 透光白瓷标本

自从在内丘邢窑遗址发现隋代透光白瓷标本以来，引起了人们研究的兴趣。幽州古城遗址也出土有唐代邢窑透光白瓷标本。其一为白釉碗残片，迎光可透见手指，工艺精良。另一片为白釉碗的口边，釉如凝脂，迎光也可透见手指，亦应为唐代作品，唐代内丘邢窑仍能烧造透光白瓷。

综上所述，邢窑白瓷以工艺先进、做工精细著称，代表了唐代白瓷的烧造水平。

二　定窑白瓷标本

北京南城宣武区出土定窑白瓷标本，以宋、金时为多，唐、五代次之。唐、五代定窑烧瓷虽有一

定水平，但逊于邢窑，工艺上不如邢窑精细，釉带乳浊感，而且釉有垂流现象。到了宋代，邢窑因原料枯竭等原因停止生产，定窑却异军突起，其作品代表了当时白瓷烧造水平。

1. "尚食局"款白釉印花碗标本

"尚食局"款白瓷当时为宋代定窑为宫廷烧造的贡品，在北京城址发现不足为怪，应是金人从汴京掠夺来的皇室用品。这件印花白瓷碗残器，口沿无釉，系覆烧而成，外壁无纹饰，内壁模印花纹，外底刻画的"尚食局"款，"食字已残，局字已失"，但仍可看出其书法风格与河北曲阳定窑遗址出土白瓷标本的"尚食局"款风格完全一致。

2. 定窑刻画花白瓷标本

迄今，所见北京城址出土定窑刻画花白瓷标本较少，约占出土宋、金定窑白瓷标本的十分之二三，这可能与刻划花在工艺上有一定的难度有关，非一般匠师所能操作。

宋代定窑白瓷上的刻划花纹饰一般都较精致，富有灵动感。釉呈白色或白中闪黄色，纹饰于釉下隐约可见。然而，到了金代，其刻划花白瓷明显失去了宋代所具有的风采，胎釉也白中显灰暗。

3. 定窑印花白瓷标本

印花白瓷是定窑匠师的登峰造极之作，是定瓷艺术的集中体现。它是集图案设计、雕模、曲面翻印于一体的综合艺术，使精美的图案凸现在胎体上，然后施透明釉烧制而成。从标本看，北宋定窑白瓷上的印画图案精雅，但数量很小；金代定窑白瓷上盛行印花装饰，质量却明显下降。金代中晚期定窑白瓷上的印花图案虽然清晰，但胎体粗糙，釉面不甚洁净，纹饰亦不甚雅观，尽失往日风采。

4. 定窑白瓷的"芒口"、"镶口"问题

定窑白瓷的"芒口"见于用覆烧工艺烧成的盘、碗、洗等器物，覆烧是为提高产量以满足大量的市场需求面采用的装烧方法。传统说法是，"芒口"是口沿无釉形成的毛涩口边，"芒口"对使用者造成了不便，市场也会大受影响。但在北京发现众多的宋、金定窑"芒口"瓷片，就说明"芒口"并不影响使用，且深受市场欢迎，说明"芒口"不扎嘴。可见"镶口"与"芒口"无关。难道镶一道金属边用起来更舒适？显然不是。

"镶口"早见于越窑青瓷，此为正烧，并无"芒口"，不"芒"的建窑黑瓷也有镶口者。由此可见，"镶口"与"芒口"并无关系，应是古代的一种时尚，是对瓷器的美化，也是保护器口免受磕碰的措施。笔者在北京也发现几块不"芒"而"镶口"的瓷片（如钧瓷片），可清楚地看到"镶口"时留下的痕迹。

因此，笔者认为"镶口"是对商品的深加工，是人们为了提高瓷器身价而采用的一种装饰，是人们迷恋金银器心态的一种反映，是金银工艺与陶瓷工艺的完美结合，反映了当时社会的审美情趣。它与"芒口"无关。"镶口"与"芒口"同时出现在一个器物上，仅仅是历史的巧合。

5. 北宋"弃定用汝"问题

南宋叶寘《坦斋笔衡》载："本朝以定州白瓷有芒不堪用，遂命汝州造青瓷器，故河北唐、邓、耀州悉有之，汝窑为魁……政和间，京师自置窑烧造，名曰'宫窑。'"文中"本朝"常指宋朝，"定州白瓷有芒不堪用"系指因"有芒"而"不好用"。笔者认为，定瓷中覆烧的盘、碗有"芒"是真，但"不堪用"是假，北京辽、金遗址中发现的众多定窑"芒口"白瓷标本就是有力的证明，应是"堪用"的。那文献为何说朝廷认为"不堪用"？故宫博物院吕成龙先生在论及"芒口"与"弃定用汝"

关系时，也说因"芒口"而"弃定"的"理由不充足"⑤。皇帝至高无上，一道旨令即可定窑烧无"芒"白瓷，何必绕弯子。因此，叶氏的说法当是迎合皇帝喜好青瓷的一种说辞而已，其目的是为了褒青瓷而贬定窑白瓷。

陆游《老学庵笔记》曰："故都是定器不入禁中，唯有汝器，以定器有芒也。"陆游记故都朝廷之事，与叶寘之说法相比有过之而无不及，片言只语，更不足为评。

至于宋徽宗喜好青瓷，尤其汝瓷，是可以肯定的，这可能是文人笔记中记载北宋朝廷"弃定用汝"之始。有学者以天青色适合于理学审美情趣和徽宗迷恋道教且道教斋醮中"青词"（或"绿章"）用青藤纸的论述⑥，从思想和文化方面阐述"用汝"的冥想。"有天道，有人道。无为而尊者，天道也；有为而累者，人道也。"⑦

综上所述，可以得到这样的认识：定瓷"有芒"也"堪用"，徽宗偏好青瓷是可以肯定的，但并不弃"定"，而是定器照用，又好汝瓷。

三 龙泉务窑白瓷标本

龙泉务窑址在北京西郊门头沟区龙泉务村，是辽金以烧白瓷为主的瓷窑⑧。北京城辽金地层中发现龙泉务窑白瓷标本比较多。从这些标本看，辽白瓷的质量明显优于金白瓷、辽、金龙泉务窑所烧白瓷并非都质量粗糙，也有精良之作。

1. 辽代龙泉务窑白釉印花鱼莲纹碗标本

这是一件龙泉务窑烧造的精品。其圈足旋削规整，内底印二鲤鱼戏莲纹，鱼儿鲜活，莲花盛开。内底心可见5个细小支钉，由此推断此碗为支钉迭烧。此印花碗之胎釉非常洁白，印花图案异常清晰，显示出了辽代龙泉务窑较高的烧造水平。

2. 辽代龙泉务窑透光白瓷标本

此标本是注碗的口沿部分，胎釉洁白，迎光而视可透见手指。瓷胎断面有明显玻璃光泽，这与其它辽代龙泉务窑白瓷的断口特征一致，只不过这件注碗的胎土淘洗得更纯，釉色更白而已。由此可见，辽代龙泉务窑匠师也可以把瓷器做得透明。

3. 辽代龙泉务窑刻划花白瓷标本

所见标本均在器外壁刻划花，所刻花纹既不像宋代耀州窑青瓷划花那么苍劲而繁密，又不像宋代定窑白瓷刻划那么流畅和柔弱纤细。辽代龙泉务窑刻划白瓷主要采用是蕉叶类装饰题材，图案线条不甚流畅。

辽为契丹人所建，在契丹语中，"辽"意为"铁"。契丹人勇敢刚毅、粗犷豪放。辽代龙泉务窑白瓷尽显契丹人的品格，粗率厚重，胎釉白而干苍。其烧成温度较高，胎体坚硬似铁，工艺上不讲究细节，不讲究修坯，在外观上给人的感受是：冷、硬、粗、厚。

辽代龙泉务窑白瓷不仅有刻划花者，也有印花者，且印花白瓷的品质很精。辽代龙泉务窑白瓷显示了契丹民族特有的品格，是对契丹民族个性的诠释。

综合上述对北京城出土邢、定、龙泉务窑白瓷标本的分析，不难看出其各自的成就。它们各自代表着相应的时代，并以自身诠释着当时社会制瓷、用瓷的风尚。这三个窑所生产的白瓷从工艺到胎釉特征等诸多方面，既有某些联系，又有所区别，它们在默默地向人们述说着北京城历史的变迁。

（作者：上海硅酸盐研究所研究员）

注　释

① 杨文山《邢窑"精细透光白瓷"的初步研究》，《文物春秋》1997 年增刊。

② 内丘县文物保管所《河北省内丘县邢窑调查简报》，《文物》1987 年第 9 期，第 1 – 10 页。

③ 李知宴《论邢窑瓷器的发展和分期》，《香港中文大学中国文化教育研究所学报》第 17 卷，1986 年。陆明华《邢窑"盈"字及定窑"易定"考》，《上海博物馆集刊》第四期，上海古籍出版社 1987 年版，第 257 – 262 页。

④ 同②。

⑤ 吕成龙《汝窑的性质及相关诸问题》，《中国古陶瓷研究》第七辑，紫禁城出版社 2001 年版，第 39 – 47 页。

⑥ 同⑤。

⑦ 《庄子注·卷四》，四库全书本。

⑧ 中国硅酸盐学会编《中国陶瓷史》，文物出版社 1982 年版。

浅议邢窑唐三彩[*]

浅议邢窑唐三彩[*]

贾成惠　　雷　勇　　冯松林　　冯向前

　　邢窑位于今河北内丘，是以生产精湛白瓷而闻名于世的古窑场之一，在《茶经》、《茶中杂咏·茶瓯诗》、《大唐六典》、《国史补》、《乐府杂录》、《长庆集》等历史文献中均有记载。邢窑品种的多样化，已在近 20 多年的文物普查和考古发掘中被证实，像邢窑烧制的透影白瓷，带"盈"、"翰林"款识的细白瓷和唐三彩，堪称邢窑的"三大绝技"，尤其是唐三彩釉陶的发现，为邢窑陶瓷苑中又添奇葩。正如中央美术学院陶瓷美术系教授、陶瓷专家叶喆民先生所说的："它在邢窑的出现，既填补了河北唐代陶瓷史的一段空白，也可证知邢窑品种的丰富多彩，以及当时人民生活中对三彩陶器的广泛需要情况。"[①]这一发现，的确令人欣喜。本文拟就邢窑唐三彩相关的问题谈一点认识。

一　关于邢窑唐三彩的出土地点

　　三彩釉陶的出现，是唐代鼎盛时期陶瓷手工业发展水平的一个重要标志，也是釉陶器的又一发展。因此，说唐三彩陶器的绚丽多彩以及窑工们的高超技巧都是我国艺术宝库中的珍品，一点也不过分。1985 年秋，在内丘县城拓宽中兴街建筑工程挖基槽时，首次发现三彩器物及残片。该地点位于县大礼堂以北，中兴街中部，距地表 1.5~2 米左右，范围不大，为一堆积层。当时县文物部门只做了局部清理，采集了一些三彩和素烧器物的标本及残片，窑具发现了有粘连浅褐釉痕的大小两种三叉形支具。在 1988~1991 年间河北省文物研究所于内丘做的选点试掘中，在礼堂北发现了模制的三彩人俑、马俑等[②]。2003 年春，为配合步行街工程，由河北省文物研究所会同邢台市文物管理处、内丘县文物保管所、临城县文物保管所联合进行了考古发掘，在礼堂北部及影院一带距地表 2 米以下出土了三彩执壶和大量素烧佛龛和佛像等，有几件素烧人物与河南巩义三彩窑址出土的一件"抱物者"坐像完全一致[③]。文物普查中，在北大丰窑址也偶尔发现过三彩残片[④]。

　　由此可见，邢窑唐三彩的出土范围大致在县大礼堂以北及北大丰窑址一带，出土器物标本主要有

---

* 《文物春秋》2006 年第 1 期

碗、罐、盘、镟、杯、执壶和模制人俑、马俑以及素烧器等。特别值得一提的是，在城区窑址首次发现了素烧印花纹饰佛背光残片和三彩菱形纹枕残片等。

二　关于邢窑唐三彩的工艺及特点

"进入隋唐以后，低温釉陶日益向唐三彩方面不断发展与演变。"⑤考古发掘资料表明，邢窑在隋代就出现了青釉和黄釉器，还有在胎体上施白色化妆土的习惯，意在追求完美，使釉色更加光亮。笔者认为邢窑的工匠们在当时可能有这样的设想，既然已因烧造白瓷闻名遐迩，为何不在三彩上再创辉煌呢？于是他们利用当地丰富的瓷土资源，借助烧制白瓷的成功经验，大胆尝试，终于成功烧制出了三彩釉陶。可以说邢窑唐三彩的出现，是邢窑在工艺创新上的又一次飞跃。

在对出土的各种器物标本及残片的胎质、胎色进行分析比较后发现，邢窑的白胎及粉白胎是用瓷土（坩子土）做原料且低温烧制的，所以对胎坯用土十分讲究，须经过对瓷土的淘洗、沉淀、揉炼等多道工序来完成。在器坯成型后，施白色化妆土入窑焙烧，施釉后再二次入窑低温烧成。由于釉料中加入了大量铅的氧化物作助熔剂以及含有铜、铁、钴、锰等元素的矿物釉料的着色剂，所以在窑炉里焙烧时，各种着色金属氧化物熔于铅釉中并向周围扩散和流动，多种颜色互相浸润，就形成了一种独特的艺术效果。

由于没有做大面积的发掘，且邢窑的三彩窑炉和作坊目前也尚未发现，所以对邢窑三彩烧造工艺和烧造技术的进一步研究受到了局限，但从内丘窑出土的大量素烧器、三彩器、印模和三叉形支具等足以说明，邢窑唐三彩是继河南巩义大、小黄冶村和陕西铜川黄堡窑之后，我国发现的又一处烧制三彩的窑口。从目前掌握的资料看，全国已发现的烧制唐三彩的窑址主要有陕西铜川黄堡窑、西安市西郊老机场（礼泉坊）、河南巩义黄冶窑和河北内丘邢窑这四处窑址⑥。

借助先进的中子活化技术可以了解三彩胎的化学组成及含量，现仅从以下几方面对三彩器做一分析。

1. 胎质、胎色

从胎质、胎色看，邢窑唐三彩的胎有白胎、浅红胎，还有白里泛灰的粗胎，且含有许多小颗粒。前者胎质较硬，密度高，叩之声音清脆；后者胎质松软，密度低。出现以上现象的主要原因是选用土质的不同。有资料显示，洛阳三彩是由瓷土烧成的白胎，而西安唐三彩则是用一般陶土烧成的红胎⑦。通过对邢窑三彩红胎的中子活化技术分析，邢窑唐三彩与其他窑相比：西安西郊老机场出土的红胎中钡、钴、铬、铯、铁、钠、铍的含量偏高，铈、铕、铪、镧、镥、钠、钐、钽、钍的含量偏低；河南黄冶窑唐三彩胎中的钪、铕、铁、镥、钠、钐、钍、铷含量偏低；陕西黄堡窑唐三彩胎中的铬、铯、铪、钽、铀含量偏高，而钡、钴的含量偏低（表一）。

2. 釉色

从釉色上分析，邢窑彩色釉陶可分为单色和复色两种，单色的通常称单彩或一彩，复色的则有多种颜色，带两种颜色的称二彩，有两种以上颜色的则称为三彩。单色多呈浅黄、浅褐和浅绿，如1993年在邢台市唐墓出土的黄釉独流壶和绿釉水盂等，均为单彩陶器⑧。复色多呈深绿、浅绿、翠绿、蓝、黄、白、褐、赭等多种色彩。除窑址出土的器物外，墓葬中也有三彩器出土，如1985年内丘出土的三彩镂，1993 年邢台市出土的三彩钵等。

表一　　　　　　　　　　　　　　　　邢窑唐三彩中子活化分析数据

样品编号	Na钠	K钾	Fe铁	Ba钡	La镧	Sm钐	U铀	Ce铈	Nd钕	Eu铕	Tb铽
	%			μg/g							
Xn1	0.201 ±0.004	1.84 ±0.20	1.42 ±0.02	478 ±21	119 ±2	12.6 ±0.1	5.20 ±0.25	180 ±2	84.70 ±2.96	±2.80 0.08	1.80 ±0.10
Xn2	0.237 ±0.004	1.86 ±0.21	1.84 ±0.03	442 ±29	114 ±2	12.1 ±0.1	4.74 ±0.26	175 ±2	78.10 ±2.89	±2.51 0.08	1.73 ±0.11
Xn3	0.214 ±0.004	1.72 ±0.23	1.67 ±0.03	399 ±30	147 ±2	16.2 ±0.2	5.28 ±0.29	228 ±2	104.00 ±3.22	±3.25 0.09	2.29 ±0.12
Xn4	0.204 ±0.004	1.52 ±0.19	1.78 ±0.02	369 ±29	133 ±2	14.6 ±0.2	5.56 ±0.27	205 ±2	91.20 ±3.10	±3.14 0.09	2.10 ±0.09
Xn5	0.281 ±0.005	1.97 ±0.20	1.97 ±0.03	501 ±29	98 ±1	10.6 ±0.1	4.28 ±0.25	152 ±2	66.90 ±2.88	±2.22 0.08	1.55 ±0.12
Xn6	0.143 ±0.004	1.70 ±0.24	1.58 ±0.02	350 ±29	138 ±2	14.9 ±0.2	5.38 ±0.28	217 ±2	89.90 ±1.89	2.99 0.09	2.00 ±0.08
Xn7	0.209 ±0.004	1.75 ±0.26	1.92 ±0.03	470 ±31	133 ±2	14.5 ±0.2	5.31 ±0.29	199 ±2	90.70 ±3.17	±3.00 0.09	2.11 ±0.09

样品编号	Yb镱	Lu镥	Hf铪	Ta钽	Th钍	Sc钪	Cr锶	Co钴	Rb铷	Cs铯
	μg/g									
Xn1	7.26 ±0.17	0.861 ±0.024	9.71 ±0.18	1.69 ±0.07	23.2 ±0.3	22.8 ±0.2	74.6 ±1.9	7.43 ±0.20	102 ±3	±7.96 0.21
Xn2	6.50 ±0.10	0.776 ±0.023	10.3 ±0.18	1.57 ±0.06	23.0 ±0.3	19.8 ±0.1	70.7 ±1.8	9.41 ±0.21	89.2 ±3.2	±6.68 0.16
Xn3	8.28 ±0.17	1.00 ±0.03	9.54 ±0.18	1.76 ±0.07	26.0 ±0.3	21.6 ±0.2	65.1 ±2.0	10.9 ±0.2	85.1 ±3.4	±7.26 0.22
Xn4	7.71 ±0.17	0.888 ±0.025	10.3 ±0.19	1.71 ±0.07	25.3 ±0.3	22.5 ±0.2	68.8 ±1.9	9.92 ±0.22	83.2 ±2.8	±7.00 0.17
Xn5	5.79 ±0.16	0.690 ±0.024	10.3 ±0.18	1.56 ±0.07	20.3 ±0.2	18.9 ±0.1	69.2 ±1.8	8.08 ±0.21	106 ±3	±6.86 0.21
Xn6	7.50 ±0.17	0.888 ±0.025	9.22 ±0.18	1.70 ±0.07	26.2 ±0.3	20.9 ±0.1	59.9 ±1.9	9.83 ±0.22	82.2 ±3.2	±7.21 0.21
Xn7	7.58 ±0.17	0.886 ±0.026	8.91 ±0.19	1.62 ±0.07	24.0 ±0.3	21.6 ±0.2	67.2 ±2.0	10.3 ±0.2	95.8 ±3.5	±7.58 0.22

巩义黄冶窑三彩的釉质具有乳浊感，而铜川黄堡窑的三彩釉则玻璃质感强；黄冶窑的三彩大量使用氧化钴做色料，不论器皿或陶塑小品，施蓝彩的较多[⑨]，可在黄堡窑三彩中则不见钴蓝。邢窑三彩釉料用氧化钴的也不多，但多呈深绿、翠绿和浅绿色，釉的呈色程度并不单一，有的釉色较厚，显得深沉，有的则用色较薄，但釉色较均匀，玻璃质感很强，釉下可见细小开片，大件器物也有流釉现象。

3. 器形

从器形上分析，邢窑三彩器在造型上深受细白瓷的影响，也出现了仿银器的艺术效果，如带耳环的小口杯、素烧器中的镂等。从出土的器物残片看，器形大致可分为人物、动物及日常生活器皿等几大类，主要器物有杯、盘、壶、钵、镶等，还出现了佛龛、罗汉俑等素烧器，有的还带有红、绿彩，不过大都为小件器物，重视实用观赏价值。而其他窑出土的随葬器，俑较多且多为大件。

4. 工艺

在制作工艺方面，与其他三彩相比，邢窑既有其他窑的共性，也有自己的个性。从胎的坚硬和松软程度看，在烧制中很可能有两种情况：一种是用温度较高的氧化焰焙烧的；另一种是用温度低的还原焰来焙烧的。在发掘中出土了不同类型的匣钵，同时在窑炉的火膛下都有柴灰黑屑痕迹，说明内丘三彩器也是用柴作燃料，用匣钵装烧的。其成型方法与邢白瓷一样，采用轮制、模制及手制等方法，同时用点、蘸、描、涂、擦流等施釉技巧进行装饰，通过擦釉，在器皿外表出现了曲条纹饰，采用点、擦相结合则产生了花瓣形纹饰，效果特别漂亮。施釉方法采用的是施半釉法，保持露胎状态，可以防止粘连，避免造成废品。

三 小 结

基于以上分析，可以说邢窑三彩品种多样，包罗万象，单从胎质、造型、釉色方面看，与其他窑相比也并不逊色。由于受发掘面积所限，只能做以下推测：仅从出土器物和窑具标本数量分析，邢窑烧制唐三彩的范围较小，没有形成规模和批量生产。究其原因，不外乎与两种因素有关。

1. 自然灾害所造成的窑炉塌陷和水淤现象。据《内丘县志·城池》记载："大和九年（835 年）洪水泛滥，河龁西北隅，乃东迁焉，今城之西垣即城东垣也。"所记水灾的时间正值中晚唐之交，洪水泛滥必将导致交通运输困难，窑炉可能由此被毁。

2. 政局动荡，战乱频仍。从"安史之乱"、"藩镇割据"直到唐朝灭亡，邢州一带几乎一直处于战乱的旋涡之中[10]，社会经济受到了极大的冲击，陶瓷生产自然也不例外。所以，在县域及周边地区唐墓出土的三彩釉器物很少，这也应是直接的原因。

总之，邢窑作为唐三彩的一个重要窑口，为国内外遗址、墓葬出土的唐三彩产地的归宿问题研究提供了一个重要的线索，同时也给学术界更进一步认识、了解河北内丘邢窑提出了一个新的研究课题。

（作者单位：内丘县文保所、中国科学院高能所）

注　释

① 叶喆民：《近卅年来邢定二窑研究记略》，载《中国古陶瓷研究会 1997 年会论文集》，第 1 页，《文物春秋》1997 年增刊。

② 王会民、张志忠：《邢窑调查试掘主要收获》，同上，第 8 页。

③⑨ 廖永民：《黄冶唐三彩窑址出土的陶瓷小品》，《文物》2003 年 11 期。

④ 内丘县文物保管所：《河北内丘邢窑遗址调查简报》，《文物》1987 年 9 期。

⑤⑦ 王维坤：《中国唐三彩与日本出土的唐三彩研究综述》，《考古》1992 年 12 期。

⑥ 雷勇、冯松林：《用中子活化技术分析唐三彩器产地》，《中国文物报》2004 年 3 月 12 日第 8 版。

⑧ 石从枝：《介绍三件唐代邢窑三彩器》，《文物春秋》2002 年 6 期。

⑩ 赵福寿：《邢台通史》下卷，第 14 章第 107 页。

唐代邢窑贡瓷"盈"字款研究[*]

支广正

上世纪 50 年代至本世纪初，刻有"盈"字款的白瓷器物在唐代遗址和墓葬中时有出土。"盈"字款白瓷的发现，为研究唐代贡瓷提供了重要的实物资料，故引起了考古文物和古陶瓷界的广泛关注。现就"盈"字款白瓷的出土、"盈"字款白瓷的产地、"盈"字含义和"盈"字款白瓷的入贡时间等尚存争议的问题，试作如下分析研究。

一 关于"盈"字款白瓷的出土

根据"盈"字款白瓷出土的时间，可以将其归纳为三个阶段：一是上世纪 50 至 70 年代邢窑遗址发现之前；二是上世纪 80 至 90 年代邢窑遗址发现之后；三是本世纪初。

上世纪 50 至 70 年代出土的数量不多，见于报道者只有 1957 年西安唐大明宫遗址出土的一件"盈"字款白瓷碗残片[①]和 1975 年河北易县北韩村唐墓出土的一件"盈"字款白瓷执壶[②]，此外还有上海博物馆收藏的一件"盈"字款白瓷盒[③]。

上世纪 80 至 90 年代出土的数量渐多，见于报道者 1980 年西安唐大明宫麟德殿遗址出土的一件"盈"字款白瓷碗[④]，1984 年西安唐大明宫遗址出土的一件"盈"字款白瓷碗[⑤]；1985 年西安唐西明寺遗址出土的一件"盈"字款白瓷碗[⑥]，1992 年西安唐青龙寺遗址出土的一件"盈"字款白瓷碗和一件白瓷执壶[⑦]，1994 年内蒙古赤峰市早期辽墓出土的一件"盈"字款白瓷大碗[⑧]，1997 年西安唐大明宫遗址出土的一件"翰林"、"盈"字双款白瓷罐[⑨]。尚未报道者有 1990 年河北宁晋县北河庄唐墓出土的一件"盈"字款白瓷碗和一件"盈"字款白瓷罐，1991 年河北隆尧旧城镇唐墓出土的一件"盈"字款白瓷罐。

本世纪初出土数量大增，见于报道者有 2002 年西安唐新昌坊遗址出土的五件"盈"字款白瓷执壶和四件白瓷盘[⑩]，2003 年邢台市邢钢东生活区唐墓出土的一件"盈"字款白瓷碗和一件白瓷盏托[⑪]。

---

[*]《文物春秋》2006 年第 5 期

尚未报道者有 2000 年河北内丘北大丰唐墓出土的一件"盈"字款白瓷罐和 2001 年出土的两件"盈"字款白瓷罐与一件白瓷碗。

以上所列出土的这些"盈"字款白瓷，从器物品种说，主要是碗、罐、盘、执壶，此外也有盒和盏托（图一）。从器物造型特点看，具有中唐后期至晚唐的时代风格，如碗多为唇沿、浅腹、璧足底，圆沿、浅腹、圈足底，或圆沿、浅腹、实足大平底；执壶多为撇口、颈流较长、丰肩、下腹修长、圈足底，或是撇口、颈流较长、丰肩、下腹修长、实足底。

从上可知，"盈"字款白瓷出土的主要地点有两个：一是邢台地区，一是安市区。为什么出现这种现象，笔者认为，此应与这种白瓷的来向和去向有关。

第一，"盈"字款白瓷的来向是唐时的邢州，它是邢州官府让邢窑烧造的贡瓷。按当时对贡瓷的要求很严，进贡前要经过层层筛选，筛选下来不能进贡的器物便流落在民间，由于邢州有死者生前所爱之物死后随葬的习俗，故流落在民间的这些贡瓷又被埋入了墓中。这种贡瓷所以在邢台地区的唐墓中常见出土，原因就在于此。

第二，"盈"字款白瓷的去向是进贡唐朝宫廷，宫廷所在地是都城长安。按"盈"字款白瓷是一种特殊的贡品，凡刻"盈"字的贡瓷入贡后在宫中不能通用，而是专供皇帝宴私或赏赐之用[12]。如今这种贡瓷所以在西安皇帝住所大明宫、僧侣住所西明寺和青龙寺以及官僚住所新昌坊等遗址中多见出土，原因也在于此。

第三，截至目前为止，"盈"字款白瓷在邢台地区和西安市区以外出土很少，见于报道者只有两件，一件是河北易县出土的"盈"字款白瓷执壶，一件是内蒙古赤峰出土的"盈"字款白瓷大碗。既然"盈"字款白瓷的来向是邢台，去向是西安，为什么又在河北中部和内蒙古东部出现？关于这一点，笔者认为，此应与这种贡瓷从邢州和长安向外流散有关。

二　关于"盈"字款白瓷的产地

1957 年西安大明宫遗址出土"盈"字款白瓷片后，首先引起争议的是其产地在何处，当时曾出现过两种有影响的意见：第一种认为这种白瓷可能是巩县窑的产品[13]，理由是唐文献中有"河南府"（洛阳）进贡白瓷的记载，而在已发现的唐时属于"河南府"的巩县窑窑址中已发现了白瓷；第二种认为可能是河北定窑的产品[14]，理由是在已发现的晚唐定窑遗址中也发现了白瓷，再加上定窑在五代、北宋之时又有刻款的习惯。

1957 年冯先铭先生曾去西安考察，对这两种意见不大同意。他认为唐文献中虽有河南府贡瓷的记载，但巩县窑白瓷的胎釉发土黄，与大明宫出土的"盈"字款白瓷的胎釉洁白不合，因此这种白瓷不像是巩县窑产品。至于定窑晚唐白瓷的胎釉倒是洁白的，与大明宫出土的白瓷很接近，但唐文献中并没有定瓷进贡的记载，因此也不可能是定窑产品。冯先生认为唯一有可能的是邢窑，理由是根据文献记载邢窑白瓷进贡，且其色类雪，此与大明宫出土的"盈"字款白瓷完全相合。但由于当时邢窑窑址尚未发现，因此感到"苦无窑证"[15]。

临城唐代邢窑遗址发现后，1989 年 12 月 13 日，冯先铭、欧志培两位先生在河北师大杨文山先生等的陪同下，对临城的岗头、祁村、西双井窑址进行了考察。考察中，冯先铭先生一再提醒杨文山先生在窑址中留心"盈"字款标本。其后在1981年4月15日～17日的"邢窑与邢瓷艺术鉴赏会"期间，冯先铭先生又提到了"盈"字款问题[16]。

根据冯先铭先生的提醒，杨文山先生与临城县参加窑址调查的调查者虽然在临城窑址中找到了一些"王"、"弘"字款的标本，但"盈"字款标本始终未见。直到1984～1985年，内丘县文物组在内丘境内进行普查时，才在城关窑址发现了大量的"盈"字款白瓷片[17]（图二），从而使冯先铭先生认为大明宫"盈"字款白瓷产地可能是邢窑的看法得到了证实。

按内丘邢窑遗址发现"盈"字款标本，有一个由少到多的过程。最早是1984年贾永禄先生在外贸局院内土坑中发现了一片；其后是1985年在原县委礼堂一带窑址中发现了十多片；到2003年，又在原县委礼堂一带窑址发现了20多片。

内丘邢窑遗址"盈"字款器物标本的大量出土，按理说"盈"字款贡瓷的产地问题已经得到了解决，但事实上并非如此。比如有些研究者因受定窑产地说的影响太深，所以对邢窑出土大量"盈"字款标本的事实不加理睬，在事过10年之后，仍然坚持其产地是定窑的看法，如1996年内蒙古文物考古研究所等单位在报道赤峰墓葬出土的"盈"字款白瓷大碗时，明确认定其产地是"定窑"[18]，就是一个典型的例子。

三　关于"盈"字的含义

在"盈"字款白瓷的产地问题解决之后，人们开始将"盈"字的含义转为主要话题。关于"盈"字含义的解释，研究者的分歧很大，归纳起来大体有以下四种：

第一种认为"盈"字形近"盌"字，"盌"即"碗"，因此碗刻"盈"字是"以字标物"。这种解释最早是1957年大明宫出土"盈"字款白瓷碗残片以后，由西安文物考古工作者提出的。1984年河北省邢窑研究组成员毕南海先生访问西安，在谈到"盈"字款的含义时，西安有些文博人员仍然坚持这种意见[19]。

第二种认为"盈"字可能是内丘窑址某一窑主的"字号"。这种解释最早是由河北省邢窑研究组的某些成员提出的。认为"盈"字作为"字号"，可能是"姓氏"用字，或"名"中用字，也可能是"吉祥"字，根据是临城窑址中发现了多种类似"字号"的字款，比如"王"、"楚"、"季"、"弘"等。这种解释出现后，曾受到内丘文物工作者的批驳[20]。

第三种认为"盈"字款是内丘邢窑"专为宫廷烧造贡瓷"的一种标志。这种解释最早是由内丘县某些文物工作者提出的。由于当时临城窑址发现了姓氏款标本，而内丘窑址中尚未发现，故他们认为"临城窑是民窑，不烧贡品，不受官府控制，所以窑主可以刻上姓氏作为商标"；而内丘窑因"专为宫廷"烧造贡瓷，"受官府控制"，不能刻姓氏。正是因为如此，故在内丘窑址中只发现了作为"贡品"标志的"盈"字款，而"没有发现姓氏刻铭"[21]。

第四种认为"盈"字是唐宫内"百宝大盈库"的一种标记。这种解释最早是上海博物馆陆明华先生提出的。他认为根据《旧唐书》和《新唐书》的记载，唐中期或者中晚期内府设有皇帝私库，名为"大盈库"或"百宝大盈库"，进贡白瓷上刻的"盈"字，应是"以百宝大盈库之'盈'字作为标记，专供天子享用的定烧器"[22]。

以上四种解释各有各的道理，但以哪种为是，笔者愿作如下认识：

第一种认为"盈"即"䀩"的解释是绝对不能立的。理由是"盈"、"䀩"二字虽然形似，但"盈"绝对不是"䀩"，含义更不是"以字标物"。如果说"䀩"上刻"盈"字是"䀩"即碗，那么刻在执壶、盒、罐的"盈"字又该如何解释？我想是无法回答的。

第二种将"盈"字解释为"字号"是一种推论，是根据临城窑址发现多种类似"字号"字款标本后的推论。按这种推论，充其量也只能说是"有可能"，但拿不出令人信服的实据来，因此这种带有推论性质的解释缺乏说服力。

第三种以"盈"字为贡瓷"标志"的解释太笼统，以内丘窑址只有作为贡品"标志"的"盈"字而无"姓氏刻铭"的说法太冒险。理由是一旦内丘发现了"姓氏刻铭"怎么办？果然，后来内丘出土了"和"字埙㉓，无疑使这种解释不攻自破。

第四种将"盈"字解释为"大盈库"标记，从文献记载上是有根据的，因此比较具有说服力，故研究者多从其说。2001年邢台市清风楼东侧南长街施工时，在土坑中出土了一批"大盈"款白瓷残片，无疑为"盈"字为"大盈库"标记的解释提供了有力的物证，从而使这个长期争议的问题得到了解决。

四 关于"盈"字款白瓷的入贡时间

关于"盈"字款白瓷的入贡时间，研究者在论述中有各种各样的说法，不过大都说得十分笼统。比如吕成龙先生的《"翰林"、"盈"字款白瓷研究》一文中说入贡的时间"在开元以后"㉔；陆明华先生在《邢窑"盈"字与定窑"易定"考》一文中说入贡的时间"在开元、天宝或此后不久"㉕。

笔者认为：邢窑白瓷的进贡时间应当明确两个，即首先应当明确邢窑白瓷的始贡时间，然后再进一步明确邢窑白瓷中"盈"字款白瓷的入贡时间。

关于邢窑白瓷的始贡时间，笔者认为可以大体定在盛唐时期，但必须指出：它不在盛唐前期的开元年间，而应在盛唐后期的天宝年间。关于这方面，杨文山先生在《关于邢窑的文献记载问题》㉖一文中有十分清楚的考述。如他肯定《唐六典》所记"河北道……厥贡：罗、绫、平绸、丝布、丝绸、凤翮……邢州瓷器"㉗中的"邢州瓷器"，不是开元十年至二十年《唐六典》成书时的原文，而是从元三十七年后至天宝二十七年前李林甫等人的陆续"加注"。杨文山先生认为"邢州瓷器"的"加注"时间，不是开元年间而是天宝年间，因此他认定"邢州瓷器"的始贡时间不是"开元"，而是"天宝"。理由有两个：一是唐李吉甫《元和郡县图志》中明记"开元贡：文石狮子、丝、布"㉘，不贡瓷器；二是《新唐书》中明记"邢州钜鹿郡，……天宝元年更名，土贡：丝布、磁器、刀、文石"㉙。

关于"盈"字款白瓷的入贡时间，笔者认为应当首先指出它不在邢窑白瓷的始贡之时，而应在其之后。至于后至何时，笔者认为既不盛唐后期，也不在中唐前期，而应在中唐后期至晚唐，大体说就是中唐与晚唐之际。理由如下：

第一，从碗器足底的时代风格说，初唐多实足，盛唐实足、璧足兼有，中唐与晚唐之际以璧足、圈足为主，但也兼有实足。按出土的"盈"字款碗器和窑址标本以璧足、圈足最多，但也有实足，此与中晚唐邢瓷碗足的时代风格正相吻合。

第二，从执壶的造型特征说，初唐多短颈短流垂腹实足平底；盛唐多短颈短流鼓腹实足平底；中唐与晚唐之际的颈部、流部和腹逐渐增长，底部除实足平底外又出现了类似圈足的凹底。而出土的"盈"字款执壶和窑址标本以颈长流长腹部修长居多，也有类似圈足的凹底，此与中唐和晚唐邢瓷执壶的器体造型特征也正吻合。

第三，从与器物共存的文字资料说，其入贡时间应在中唐与晚唐之际。如西安青龙寺出土的"盈"字款白瓷执壶，底部除"盈"字外，还有"大中十三年"墨书（图三）。按"大中"（847~860年）为宣宗年号，时间介于中唐至晚唐之间，故明朝学者分期时尝以"大中"为中唐、晚唐的分界线㉚。依此可知，青龙寺出土的这种"盈"字款白瓷执壶的存世时间，正处在中唐至晚唐之际。

第四，从与器物同出的墓志铭资料说，入贡时间也应在中唐与晚唐之际。如从出土"盈"字款白瓷执壶的易县北韩村唐墓中的墓志铭所记得知，墓主孙少矩生于宪宗元和八年（813年），疾终于懿宗咸通五年（864年）。按宣宗"大中"介于宪宗"元和"与懿宗"咸通"之间，如果以"大中"为中唐、晚唐的分界线，可知易县唐墓出土的这种"盈"字款白瓷执壶的存世时间，也正处于中唐至晚唐之际。

五　对有关"盈"字款两个疑难问题的探讨

通过众多学者的研究笔者认为有关"盈"字款白瓷的产地、"盈"字的含义及其入贡时间等有争议的问题已基本得到了解决，但仍有一些问题需要探讨。

第一，根据文献记载，唐朝进贡瓷器的窑口除邢窑外，还有越窑、耀州窑和巩县窑。如果说"盈"字是"大盈库"的标记，那么为什么在大明宫遗址同出的诸多贡瓷中，只发现邢窑贡瓷上刻"盈"字，而没有发现在越窑、耀州窑、巩县窑贡瓷上刻"盈"字。

关于这个问题，笔者认为可能与唐朝皇帝对邢窑贡瓷情有独钟有关。按李唐王朝的祖籍在今邢台市隆尧县的汪尹村，村北有唐高祖李渊三代祖光皇帝李天赐的启运陵和四代祖宣皇帝李熙的建初陵㉛。今陵墓封土虽已平没，但神道的华表、翁仲、石马、石狮子等尚存，唐玄宗开元十三年（725年）的《大唐帝陵光业寺大佛堂之碑》犹在。

按《大唐帝陵光业寺大佛堂之碑》记有"维王桑梓……"，可证李唐子孙对祖籍的眷恋。唐时邢窑白瓷驰名天下，进贡宫廷，李唐皇帝对于故乡这一特产必然情有独钟。正因如此，李唐皇帝才对邢窑的贡瓷特殊看待，要求刻一"盈"字入存大盈库，专供皇帝宴私和赏赐之用，所以在大盈库贡瓷中只有邢窑贡瓷刻"盈"字就不足为奇了。

第二，如前所述，2001年邢台市老城清风楼东侧南长街施工时发现了一批"大盈"款白瓷片，由于出土后流散于民间，因此出土数量不得而知。不过据临城县文管所张志忠先生获悉，目前已知至少有8片，其中除临城县文管所收藏两片外，其余均落于私人手中。

"大盈"款白瓷片的出土对"盈"字含义的研究十分重要，故引起了研究者的广泛关注。但出土地点不是内丘窑址，也不是唐代墓葬，而是邢台市老城内的清风楼附近，这种现象确实使人费解。为了弄清这个疑问，无疑也有探讨的必要。

　　笔者认为："大盈"款白瓷残片的出土地点所以在老城的清风楼附近，应与唐代负责邢瓷进贡的邢州官府对贡品的审查有关。按邢窑白瓷作为"邢州上贡"要求是十分严格的，首先是邢州官府必须根据宫廷的要求，指定制瓷水平最高的窑主专烧，烧成后先由窑主筛选，然后送交内丘县官府，经县府筛选后再送交邢州官府，最后再由州府审定奉贡入朝。按照常规，地方在贡物之上是不能随便刻字的，邢州贡瓷上所以刻上一个"盈"字，无疑是邢州官府奉行了上方的指示。按在唐代遗址和唐墓中发现的所有"盈"字贡瓷上都是刻一"盈"字，而没有发现刻有"大盈"的器物，可知工匠们将"盈"字刻成"大盈"违背了上方的指示，对此邢州官府处理的最好办法无疑就是销毁。

　　根据杨文山先生的研究，唐代邢州治城是"襄国县城"，位置包括今邢台市明清老城的南部和中部。唐时的城池为方城，明代所建清风楼的位置是唐城中心，其南有丁字形街，其北为邢州官署。"大盈"款瓷器残片之所以在今清风楼东侧附近的南长街发现，与当时邢州官署将"大盈"款瓷器销毁后的残片弃于官署附近正相吻合。

　　本文在撰写过程中，得到业师杨文山先生的具体指导，幸得张志忠先生珍藏"大盈"款标本照片见刊，在此一并表示感谢。

（作者单位：河北师范大学）

注　释

① 冯先铭：《近十年陶瓷考古主要收获与展望》，（台湾）《中华文物学会》1991 年刊。

② 河北省文物研究所：《河北易县北韩村唐墓》，《文物》1988 年 4 期。

③ 周丽丽：《唐代邢窑和上海博物馆藏邢瓷珍品》，《上海博物馆集刊》1982 年总 2 期。

④⑤⑲ 毕南海：《西北华东隋唐白瓷考察纪要》，《河北陶瓷》1988 年 3 期。

⑥ 中国社会科学院考古研究所等：《唐长安西明寺遗址发掘简报》，《考古》1990 年 1 期。

⑦ 祖存玲、王长启：《青龙寺遗址出土"盈"字款珍贵白瓷器》，《考古与文物》1997 年 6 期。⑧⑱ 内蒙古文物考古研究所等：《辽耶律羽之墓发掘简报》，《文物》1996 年 1 期。

⑨ 王长启：《西安市出土"翰林"、"盈"字款邢窑白瓷罐》，《文物》2002 年 4 期。

⑩ 尚民杰、程林泉：《西安南效新发现的唐长安新昌坊"盈"字款瓷器及相关问题》，《文物》2003 年 12 期。

⑪ 李恩玮：《邢台市邢钢东生活区唐墓发掘报告》，《文物春秋》2005 年 2 期。

⑫ 尚民杰、程林泉：《唐大盈库与琼林库》，《考古与文物》2004 年 6 期。

⑬⑮⑯ 冯先铭在 1981 年 4 月 15～17 日"邢窑与邢瓷艺术鉴赏会"期间的谈话记录。

⑭ 叶喆民：《近三十年来邢定二窑研究记略》，《文物春秋》1997 年增刊。

⑰ 内丘县文物保管所：《河北省内丘县邢窑调查简报》，《文物》1987 年 9 期。

⑳㉑ 贾永禄等：《谈邢窑》，《河北陶瓷》1991 年 2 期。

㉒㉕ 陆明华：《邢窑"盈"字与定窑"易定"考》，《上海博物馆集刊》总 4 期。

㉓ 贾永禄：《内丘发现唐二音瓷埙》，《文物春秋》1997 年 3 期。

㉔ 吕成龙：《"翰林"、"盈"字款白瓷研究》，《故宫博物院院刊》2002 年 5 期。

㉖ 杨文山：《关于邢窑的文献记载问题》，《中国历史博物馆馆刊》2000 年 2 期。

㉗ 《大唐六典》卷 3《尚书户部》，日本池学园事业部影印本，第 56～57 页。

㉘　李吉甫：《元和郡县图志》卷15《河东道四·邢州》，中华书局标点本，上册，第426页。

㉙　《新唐书》卷39《地理三》，中华书局标点本，第四册，第1013～1014页。

㉚　明·沈骐《诗体明辨序》将唐分为四期：高祖武德元年至玄宗先天元年为初唐；玄宗开元元年至代宗永泰元年为盛唐；代宗大历元年至文宗太和九年为中唐；文宗开成元年至昭宗天佑三年为晚唐。按此分期并非无异议，故后世有将"文宗开成与武宗会昌划入中唐，而以宣宗大中元年作为晚唐开始者"。

㉛　李兰珂：《隆尧唐陵〈光业寺碑〉与李唐祖籍》，《文物》1988年4期。

相关研究

482

专家座谈邢窑[*]

赵鸿声

为鉴定发现的唐代邢窑遗址，鉴赏和研究出土邢瓷的艺术风格，促进邢瓷的恢复生产，河北省邢台地区科委受省科委的委托，与中央工艺美术学院陶瓷系共同商定，邀请有关专家和有关部门的同志，于八一年四月二十五日至二十七日在邢台地区临城外召开了"邢窑与邢瓷艺术鉴赏会"。应邀参加这次会议的有：

傅振伦　中国历史博物馆研究员

冯先铭　北京故宫博物院副研究员

李辉柄　北京故宫博物院陈列部副主任

王莉英　北京故宫博物院

高　庄　中央工艺美术学院教授

尚爱松　中央工艺美术学院副教授

王舒冰　中央工艺美术学院陶瓷系书记

李继贤　文化部文学艺术研究院美术研究所

杨文山　河北师范大学历史系

应邀到会的还有轻工部工艺美术公司、人民日报、新华社等单位代表。省有关部门和地县一些负责同志参加了会议。

二十八年来，为找到邢窑进行了勤奋探索的杨文山同志作了题为《唐代邢窑遗址的发现和初步分析》的学术报告。

临城县邢瓷研制小组汇报了邢瓷恢复工作。与会同志实地考察了双井、祁村、澄底、岗头、南程村、山下和磁窑沟等地古窑遗址，鉴赏评价了出土的唐代白瓷和窑具存物，观看了复制的邢瓷样品，进行了讨论座谈。傅振伦、高庄、冯先铭、李辉柄、王莉英、尚爱松、王舒冰、李继贤等同志作了系统讲话。其他同志也都发了言。陶瓷专家叶喆民同志因公出差未能到会，做了书面补充发言。（见本期

*《河北陶瓷》1982 年第 1 期

《邢窑刍议》一文）

以下是其中几位同志发言的摘录。

傅振伦：

邢窑是我国历史上北方白瓷系统有名的代表。国内畅销，国外驰名。可是，窑址在哪里这个谜，一直未能揭开，陈万里多次寻找过它。直到去年，才有了邢窑的线索。临城县的同志和杨文山同志所作的考察工作十分突出。消息传来，疑为做梦。这一发现不仅对我国陶瓷界，甚至对国外的影响也是很大的。这不仅是临城的骄傲，也是我国的光荣。

中国制白瓷的历史渊远流长，隋朝时就做得很好了。《茶经》说的七个名窑是：寿、鼎、岳、耀、邢、越。有人说，邢窑素白无纹饰。我们看到邢瓷也有压纹，这是我们从前不知道的。南程村如果再探下去，也可能发现唐的瓷片。瓷窑沟的窑神庙，继续挖，可能就是说的内丘邢窑。工作还应深入。贾村、山下村群众积极献出藏品，临城瓷土、煤炭资源丰富。我相信有考古、工业各方面同志配合，临城不可以做日用瓷，还可以做邢窑仿制品外销有助四化，前途广阔。

冯先铭：

来三次临城，都是为了了解邢窑。第一次是1976年，几十个窑址，有新有老，看了失望，邢窑未能发现。后来发现祁村窑址，非常高兴，以为真是邢窑，要看庐山真面。这次，肯定是邢窑遗址。可惜东西还少，标本不多，但印象深刻。一次比一次高兴。

现在把外地和国外研究邢窑谈谈，给大家作一了解。

唐代瓷器发展的一些特点。隋朝白瓷数量很少，西安隋墓、安阳隋墓都有白瓷，但窑址未发现。唐以后，白瓷出土成倍增加。唐代瓷器"南青北白"。广东、福建、浙江、湖南、四川、安徽都有青瓷窑。到目前为止，南方未发现唐代的白瓷窑。过去景德镇发现的白瓷定唐瓷定高了。玉璧底具有时代特点。白瓷一个没发现，都是五代特征的。最近，杭州的吴越王钱缪光化三年的唐末期三十件白瓷都是薄胎，刻有"官"和"新官"字。南方不排除有白瓷，哪儿烧的不能肯定，跟湖南长沙晚唐墓出土物接近。河南的巩县郏县密县安阳也发现过较多。定窑可提到晚唐，曾派官收税。山西也发现唐白瓷窑，如平定（太行山西麓，东麓就是定窑）比定瓷白。浑源窑七几年去过一次，以前已发现窑址。地图上有青瓷窑、古瓷窑的地名。这个占瓷窑经过查考，就是唐代的。交城窑烧白瓷，太原南面，没"玉璧"，但发现胎骨。陕西铜川耀州窑，邠（音宾）县从冲走的水缸里发现白瓷。第三次去又见了白瓷。北方也烧青瓷，少。铜川耀州有青瓷壶、玉璧碗。调查窑址不了解全貌不能一次下结论。广安门外发现大批龙凤纹耀州瓷器。烧黑瓷北方较多，黄瓷就是青瓷氧化。安徽寿州出黄瓷。《茶经》有寿州瓷黄之说，是正确的。有时褐黄色。结论留有余地好些。

这次看到实物，可见国内出土的几处白瓷是邢窑。广州五三年发现的姚潭大中十二年墓葬，圈足敛口碗，福建出土五花瓣碗也是邢窑的。杨文山老师送故宫的邢台出土玉璧底中间有釉，是临城特有的。小唇口也是邢窑较多的。细瓷西安出土较多，可见宫廷官僚用的多。机关用的看到三个罐子，口颈短、下平、釉白。陕西见过两个，有"翰林"二字，是官府定烧瓷器。还一个用着的也是"翰林"。大明宫是唐代宫殿。有个碗底有"盈"字，内容费解。从以上四省出土能看出国内大体流通情况。

邢定关系，邢早于定，过去已定了。根据文献，陆羽《茶经》是 761—762 年上元写的，是最早记载邢窑的书。文人喝茶品茶品色品瓷，对邢有偏见。文献说邢窑象雪白，一点不算夸张。雍正景德镇瓷达到白度 70，最高。邢也不会太低，估计接近。定窑唐代白瓷，玉璧，唇口的断面是空的。故宫传世定窑碗（不是科学发掘）可以看出邢影响定。北宋后，定影响了邢。南程村放弃了单烧，换加垫圈覆烧，提高产量四、五倍。印花是北宋中期发展起来的，定窑大量使用，影响山西、河南，邢也受了影响。不会是南程村影响定，因为南程村是金代的。已有金代年号的陶范。英国存有大定年号陶范。有的陶范花纹能对得上，这是证据之一。北方金墓也有墓志证明是金的。南宋也是金时期的，南京山土了好多，是北方金代烧的。这是其二。最近写了一本定窑的，分了六个时期。山下窑的印花，可以说是金的，从现在的研究成果看，可以打保票。另外，还看出南程村外黑里白的也是覆烧。定窑、河南都有。

谈谈对邢窑的新的认识。过去只认为白如雪。故宫雪白的就认为是邢窑的。唐至金约六百年历史，既烧细瓷也烧粗瓷，邢窑也不例外，也大量烧造民用粗瓷。所说"天下无贵贱通用之"更好理解了。细瓷宫廷用，白瓷也有民用的。同时有粗瓷、黑瓷，理解比较全面了。现在各地都很重视窑址，也在搞陶瓷史。

下面谈谈外国研究中国瓷器的情况。老牌资本主义国家掠去中国瓷器很多。如果把中国文物撤出来，他们那些博物馆就得垮台。英国在五十年代曾经夸口："研究中国瓷要到伦敦。"他们那里宋五大名窑、明清瓷器，收藏很多。他们发表过《中国青瓷窑》，写文章、出图录。有几十年的研究历史。火维德爵士把瓷器送给伦敦大学，经常配合教学用。我七三年去那里，他们正在教定窑。还有仿品，还有专搞明青花的。研究方法与我们的不同，也引用中国文献，有时候给他们理解错了。咱们发现的窑址报告，发表一个，他对号一个。过去他们自己研究，现在利用我们的研究成果断代断窑口。

日本也类似，有专研究磁州窑的，有研究金瓷辽瓷的。如小山富士夫，专研究磁州窑。定窑也研究。这人已经死了。老师怎么说，学生也象老师一样说，错了也不越雷池一步。把中国瓷定为日本国宝，是小山定的，别人明知不对，都不敢否。抗战八年间，日本人从洛阳唐墓以及磁州窑等处搞去好多陶瓷。洛阳三彩现在咱们不如他的多。美国有个波普，研究中国青花定为元代以后。瑞典有个近七十岁的古斯塔夫，研究唐宋白瓷，六十年代写过邢窑与定窑。此书错很多。有各地的，有后来的，都认为是宋定窑的。小山富士夫依靠铁甲车四二年去过一次定窑。英国有一对年纪较轻的夫妇，写过目录，发表过文章。文章千篇一律。他们对《茶经》、《国史补》、《乐府杂录》的研究，也是隔靴搔痒。真正的还得咱们自己研究。东西都在咱们地下。要向海外宣传，目前不适合他们来，也没开放。咱们也得再搞清楚。

日本对此很重视。1965 年去日本一次，去年去英国一次，都是拿窑址标本去的，几个博物馆都来对。离开实物，很难对此说得清楚。

尚爱松：

邢瓷既然是"天下无贵贱通用之，唐代南方的文化经济一般又都不如北方邢窑白瓷的重要性和使用应当超过南方南窑与邢窑的比较，我非常同意以上同见。陆羽说邢不如越。他有士大夫偏爱。刚劲简远是魏晋南北朝和唐代的风格，是唐代艺术的有机组成部分。正大光明，健康饱满。现在有个倾向不好，追求繁琐、浮华。

高　庄：

不是"贵贱通用之"，是粗细皆产之。白瓷仅仅占百分之一。生产任何东西都是为了人的需要。那百分之一的白瓷，穷人用不起。好的白的精细的瓷器，人家拿走了，老百姓用的粗瓷，白瓷也是假的，涂了化妆土的。

仿制不能停留在唐的基础上，在不能照样画葫芦地搬和仿。昨天看了仿的，与老的比还有不足。在造型上，不象原来熟练和胸有成竹。现在做的，该平不平，线条该长的不长。仿古，古不是都好，要一分为二。仿最高标准，不好的要改，改了还不好要创。（王舒冰：高庄先生讲的是"摹、改、创"三个字。）不能停滞地、机械地照搬。象蚕吐丝，还那么粗，持续不断向前走，不达目的不罢休。要艰苦奋斗，才符合今天的要求。窑址看到了，初步发现。不准挖，不准拣，用小刀剜也不行，用推土机可以。看到痛心。

邢瓷造型最重要的是有浑厚气魄，饱满，有大国度精神形象。我爱硬，柔中有刚，刚中有柔。硬在脚上，柔在嘴上。

宋的器型，口硬脚也硬。今天的长，该短后了。象（临城）普利宝塔，胖。我们在造型上，缺少比例上的变化，该长不长，该短不短，该硬不硬，该柔不柔。玉璧底有一定的规律性，是与中心有一定比例，当然也不是卡尺量出来的。

造型不是为硬而硬，而是为用。造型要符合泥性要求，保证烧成不变形的要求。线条处理上收了又放，就活了，直了就死。（这时高庄同志拿着一个耳罐残片给大家看）耳子做法，先捏上头，反过来再捏牢下头，上部形成一个圆弯，很实用，这么处理不仅有力，还生动。艺人不是从主观出发，是从实际出发。罐子的装饰泥条，按成水波纹状；给人们以丰富的艺术想象。水会变成汽和云，又可以转化为雨为水……装饰得好极了，有力，生动，巧妙，部位适当，值得学习，好！造型不但站得起来，还要向人们表示感情。有些装饰不好的，反起到破坏作用。

李辉柄：

讲五点。

一　邢窑在中国陶瓷发展中的地位

我国陶瓷有悠久历史和光荣传统。郭老说，中国陶瓷发展的历史就是我们中华民族的历史。很对。瓷是我国发明，到唐代对世界影响很大。唐取得越窑青瓷和邢窑白瓷的这样大的成就。我国以青瓷为最早，青瓷贯穿于我们整个历史。白瓷从青瓷发展而来。邢窑不愧是唐代白瓷最好的。类银、类雪，评价很高。从陶瓷艺术和工艺的发展看，无论如何，白瓷要比青瓷高很多，是个很大的突破。隋以前青瓷为主导，唐以后白瓷迅速发展起来。代表了中国瓷器发展的方向。一青一白，并驾齐驱，白瓷为彩瓷的发展奠定了基础。

二　国内外学者对邢窑的看法

第一种看法是，邢窑发现前，时时刻刻希望邢窑能被发现。对于邢窑，文献有详细记载，墓中有出土，邢窑的存在是不该被怀疑的。但有人不理直气壮，窑址没发现，因之有人怀疑它的存在。第二种是认为邢窑存在无疑。唐的许多白瓷都微微带黄,这种白的瓷别的窑没有,等待邢窑的发现。第三种,处于肯定与否定之间。未发表前,应当慎重。所以今天的会议很重要,是邢窑研究的转折点,实在抑制不住心情的激动。

三　我对现场调查后的意见

我认为窑址是邢窑无疑。1. 器物和文献记载相符,白。2. 时代也和记载相符,初唐,761、762年。3. 烧瓷技术比所有唐窑都高。玉璧底难得,说明成品率相当高。盒子扣起来烧高档白瓷,占有最优等的火位。高老说白瓷占百分之一,我是同意的。我们拉坯技术赶不上古人。

怀疑的在于地点,不在内丘不在邢台,而在赵州。但磁窑沟东西划分为内丘和临城两县。同意临城的邢窑,但不要否认内丘。就是内丘发现了邢窑,也不是说临城不是邢窑。对已发现的邢窑我坚信不移。考古发掘后,还可能有许多可能被证明是邢窑。

四　对邢窑的分析

《茶经》还记了六大青瓷窑,越、鼎、寿、耀等。时间都较早,东晋、至少隋。到唐时,文人都用它喝茶。有岳州窑,没长沙窑。为啥没提?可能没收入,可能建窑晚。为什么提邢?邢的出现完全有可能还早。还要看今后的发现。现在这里没看到隋代东西,这想法还有待今后工作。隋墓出土的白瓷究竟是哪里的?(杨文山:邢台三义庙出土隋白瓷,射兽出土的白瓷还要研究)唐和后来宋金的拉在一块不一定好。

五　对恢复邢瓷生产的意见

恢复是好事。磁州窑五几年恢复的,定窑已在恢复。邢窑晚,也恢复了,很高兴。发现了窑,恢复就名正言顺。可造福人民,为四化出力。提几点意见:

1. 取得省文物部门同意,对邢窑进行一次挖掘。哪怕小规模的挖掘也是应该的。发掘的目的,搞清问题,加以保护。保护遗产,也为生产。将来人家参观瓷厂,还要看看窑址,就会有更多的人买咱们的瓷器,参观旅游。

2. 恢复邢窑不是容易的事。物质上、技术上实事求是,不要摊子太大。现在有一定基础,一开始就做出这些成绩是可喜的。原料、成形、烧成、色泽,还存在一些问题要解决。

3. 应该征求各方面意见和争取他们的合作。中央工艺美院在恢复古窑上是有经验的,创新上也有经验。磁州窑,他们就出了力。

4. 仿要下功夫,要逼真,也要为考虑人民使用而创新。粗细兼有。

王莉英:

发现邢窑是震动中外的大事。我从参加工作老师讲第一课陶瓷,就对邢窑产生深刻印象。可见来此心情的激动。

临城和内丘交界,是无疑问的古窑址群,是站得住脚的。杨老师多次采集的标本是与文献及出土、传世品相一致的。具有同样时代风格,这是个水平相当高的窑址。类银类雪,釉色温润。造型相当丰富,成形技术很高。花口碗标志了水平的高超。唐代调音律用瓷,见到瓷片是可信的。过去见到的都是碗,还有执壶,现在看到碗的品种也很多,马镫壶是否当时西安与胡人、波斯人交易的高档品?也有"天下通用之"。马镫壶有了刻花,还丰富了我的认识。我看不是"邢不如越",比越还高。从汉公元35年烧出青瓷到唐，经过长期发展的历史，才有了"千峰翠色"的水平。

邢窑定窑的关系。邢早期影响了定，定继承邢后又不影响邢。临城印花不如定精致，是否邢一直影响定呢？临城印花是金代的。定州缂丝影响定瓷，不可能先影响邢然后再影响定。

李继贤：

李肇指出内丘提供了线索。我把内丘县志都看了。在康熙三十年本上，临城提到了磁窑沟。说明早就有了磁窑沟，而且属临城。磁窑沟离临城二十里。而离内丘十里。李肇说的就指这里。我对磁窑沟抱很大希望，唐压在地下很有可能。昨天去了十来分钟，我还拣到青瓷片、蓝钧瓷片。临城烧过钧瓷也有可能。

邢越的陆羽三论，一、二是有些道理的，其三是嗜茶者的偏见，不足为取。

王舒冰：

作为两次来临城的陶瓷艺术爱好者，很高兴，这会开得很好。肯定了这里是邢窑窑址之一。岗头、祁村、双井等处的遗存物，具有唐代邢瓷的典型风格。过去一家一户小窑。毕竟还是手工业。但大量堆积的窑具残存物说明当时烧造瓷器的规模之大是惊人的，这在临城县的广大地都是俯拾皆是的。否则，不可能"天下无贵贱通用之"了。还证明邢瓷既有细瓷专供宫廷和上层人物使用，又有大量的大路货供普通劳动人民使用的粗瓷生产；所以，在全国甚至国外享有盛誉。山下就发现有古窑址六处之多，从地表出土物看，当为宋元及其以后朝代所烧造，和东西磁窑沟出土存物一样，尽管还找不到唐代存物，但这并不说明山下和磁窑沟、南程村等地以后就肯定找不出邢窑。关于《国史补》邢瓷产内丘之说，目前没有理由去推翻它，须进一步进行发掘。岗头、双井、祁村窑址有典型意义。从窑址灰烬、窑具、瓷片等都可确认为邢窑古窑址无疑。还有一件事实值得思考，唐代白瓷决非自唐代骤然开始就有如此高的工艺烧造技术，而是要有一个逐步发展的较长过程。附近隋墓出土白瓷器和北齐墓葬出土白瓷这些事实值得我们很好的探讨和研究。这决不是说隋和北齐白瓷一定是由邢窑所产，但我认为并不排除其可能性。

我国唐代大约有五千万人口，一千万户。对陶瓷的需要量很大。邢瓷有粗有细，自能天下通用。

《金史》把这里叫泜河流域，产铁、铜。《资治通鉴》也有"贡瓷""产铜铁"的记载。说明邢窑制瓷不仅是自唐始，而且在此后的历代都有生产。这就要求对内丘、临城地质地貌加以普查，对窑址加强保护。这次拿到大家面前的一些器物，对我们是种艺术享受。其造型、装饰和瓷质、釉色等，艺术水平很高，丰富饱满，单纯简练，便于生产和使用。邢瓷烧造工艺的精密也达到相当的高度，执壶、鸟食罐、瓷马，造型多样化，认为"邢白瓷单调"的观点，将被初步发掘出土物的这一历史事实所否定，为邢瓷造型装饰方法的研究提供了新的实物资料。邢瓷类雪类银为主，同时也有黑釉、绛釉、青釉。马镫壶装饰棱线是堆雕的，凹的是刻上去的。这对定窑刻划花肯定有直接影响，因而对我来说，有了新的认识。骑马俑马鬃和镫都有刀痕。所以我认为邢瓷考察研究工作刚刚是个开始。杨文山同志、临城县的同志、各工业部门配合，真是天时、地利、人和。

王舒冰同志还就邢瓷的仿制继承、支援协作等问题谈了具体意见。

邢窑是我们中华民族宝贵的文化遗产。大家深感邢窑的发现不是偶然的，各路专家能有机会到古窑现场一齐考察，一道进行邢窑研究，这本身就是大好形势的反映。同志们认为邢窑的恢复有深远意义，也是国民经济发展的需要，建议把邢窑遗址的全面发掘和保护工作做好，进一步搞好邢瓷研究和恢复工作。

（作者：《河北陶瓷》主编）

定窑的历史以及与邢窑的关系*

李辉柄

定窑在唐代后期受邢窑的影响烧制白瓷,制瓷生产经过五代、北宋的发展,定窑遂成为北方最著名的瓷窑。在邢窑窑址未发现以前,对邢瓷的研究主要是依据文献记载,因此往往把一些出土的定窑产品误定为邢窑产品。在邢窑窑址发现以后,又因为还未能对邢窑窑址进行科学的发掘,而对定窑尽管进行了多次调查,但在认识上还存在着一些问题,尤其是对它的早期产品及其特征缺乏应有的了解。因此,在这种情况下,对定窑烧瓷的历史以及与邢窑的关系进行探讨,是十分必要的。

一、定窑的性质与"官"字款的涵义

在宋代的瓷器中,历来有所谓柴、汝、官、哥、定或汝、官、哥、定、均"五大名窑"之称,又有"官窑"与"民窑"之分。前者是明清两代文人评价宋代瓷器的一种称谓,后者是从宋代瓷窑的性质来划分的。两者尽管不同,但有着不可分割的联系。因为"五大名窑"除了定窑以外,都属于"官窑"性质。

北宋时期,规模较大的手工业生产,大多集中在官营和私营的手工业作坊,朝廷皇室所需的器物都在朝廷专设的手工业作坊中制造,瓷器也由官办瓷窑生产。这种官办瓷窑一般称为"官窑"。"官窑"的前身多是"民窑",在"民窑"的基础上集中优秀工匠,不惜工本地为宫廷烧造瓷器。据宋·陆游《老学庵笔记》记述,"故都时定器不入禁中,惟用汝器,以定器有芒也",证明定窑在北宋时代,曾为宫廷烧过瓷器,后因有芒而为汝窑所代替。被宫廷看中并令其烧造贡瓷的瓷窑,在北方除了定窑以外,还有耀州窑,这些瓷窑由于不是直接为宫廷控制,与宫廷专设的"官窑"有着严格的区别。由于定窑一度被宫廷看中过,它的生产与宫廷有着一定的关系,如有的定窑瓷器上有"奉华"、"聚秀"等题款,这都是北宋宫殿的名字,说明这些瓷器是当时定窑向皇宫进贡之物。因而定窑虽然属于"民窑"性质,但仍然列为"五大名窑"之一。

---

* 《故宫博物院院刊》1983 年第 3 期

近年来考古工作者发现了一些带"官"字和"新官"字款的定窑瓷器，在定窑窑址中也采集到"官"字款的标本，从而证实了定窑烧造过带"官"字款的瓷器。"官"字的涵义以及是否与宫廷有关等问题，曾引起了学者们的重视。"官"字款瓷器出土范围较广，不仅在辽宁、北京、河北、湖南、浙江等地均有出土，而且在埃及的古代遗址中也有发现。这些瓷器一般制作精工，胎质细薄，器形以盘、碗为最多，釉色洁白，有的白中闪青（青白瓷），不带装饰。由于这类瓷器大多数出于晚唐、五代至北宋早期的墓葬与塔基之中，因此它们应是定窑的早期产品，也即远在定窑为宫廷烧造贡瓷以前的产品。故宫博物院旧藏的定窑印花瓷器以盘居多，口沿无釉（芒口），系覆烧而成。釉色白中闪黄，与《坦斋笔衡》中"定州白瓷有芒不堪用"的记载相符。虽然这些定窑瓷器不是出于"官窑"，然而已成为宫中专用之物。就这类贡瓷而言，器底均不刻划"官"字。因此，上述出土的带"官"字的定窑白瓷，从时间上来说，是在为宫廷烧制贡瓷之前，尽管器底刻划有"官"字，但定窑当时并非"官窑"，况且瓷器出土范围很广，甚至作为商品远销到了国外，也证明定窑是从事商品生产的"民窑"。另外，带"官"字款瓷器，多与净瓶、香炉等器皿同出于塔基之中，可见这些器皿是根据需要专门定烧的。所以，"官"字的涵义并不是"官"窑的意思，而很可能是从事商品生产的定窑，在瓷器上刻划"官"字，以之作为封建贵族加工定货和对外出口的一种标记。

二、定窑发展的三个阶段

定窑是北方最著名的白瓷窑之一，在中国陶瓷史上占有重要地位。考古工作者对定窑遗址曾进行过多次调查与重点发掘，得知它创始于唐而终于元，烧瓷历史长达六、七百年之久。然而过去对定窑瓷器的分期，多偏重于用墓葬年代来编年排比，而对烧窑遗址的规模、烧造的工艺、造瓷的原料以及烧窑所用的燃料等方面的资料则不够重视。一般讲，对烧窑遗址的调查，往往能找到一些遗物资料，可作为实物对比，以划分墓葬出土物的窑口问题。具有确凿年代的墓葬的发掘，其中出土的瓷器，也为鉴定窑址的时代提供了科学依据。两者的相互印证是研究工作者划分瓷器的窑口与鉴定烧窑时代的一个基本方法。这里从定窑遗址调查和发掘的资料出发，谈谈定窑白瓷生产发展的三个阶段：

晚唐至五代（780—960 年）为第一阶段。这一阶段定窑以烧白瓷或白中闪青的青白瓷为主。瓷器的制作精工，造型优美，胎色洁白细腻，瓷化程度相当高，具有一定的透明性。器形有碗、盘、盏托、壶等。碗口均凸起一道边沿，底为玉璧形，与邢窑碗相同。有的碗口翻卷，形成一条状如凸出的口唇，有的较宽，有的较窄，由于在成形时是将碗口翻折过来粘合的，所以往往留有大小不同的孔。这类碗有玉璧形底和宽圈足两种。盘的胎质较薄，口作葵瓣形，圈足。盏托的口沿分葵瓣口与花口两种，制作均比较精细。壶上有兽形柄，丰肩，平底。从这些器物的造型特征来看，均具有晚唐至五代时期的风格。从它们纯白或白中闪青的釉色来看，应当是在还原焰中烧成的。考古工作者在定窑遗址的发掘中，发现了五代时期的瓷窑一座，从而得到了实证。窑的结构是由烟囱、窑床和火坑三部分组成的。坑内没有炉箅痕迹，坑底还存留有少量木炭屑堆积，附近没有发现煤渣，可见烧窑用的燃料是柴而不是煤[①]。柴是烧还原焰最理想的燃料，由于柴的火力软而火焰长，不仅使窑内空气易于排除，而且窑外的空气没有进入的余地，因此证明它是一座还原窑。发掘资料表明，定窑白瓷在第一阶段是在还原焰中烧成的，釉色白或白中闪青，是定窑早期产品的重要特征。

　　北宋至金哀宗天兴三年（960—1234 年）为第二阶段。这一阶段的重要标志是从烧制白中闪青（青白瓷）的釉色，向烧制白中泛黄的釉色方向发展。瓷器数量增多，烧瓷范围不断扩大，瓷器的造型十分丰富，并兴起刻、划花纹装饰。为了满足当时社会对瓷器的大量需要，窑工们多生产盘、碗之类的器皿，并采用印花的方法。当时，覆烧方法的创造成功，是烧窑技术的一大革新。采用覆烧法以及大量运用装饰花纹，是这一阶段定窑烧瓷的重要特征。由于定窑大量生产瓷器，而烧窑用的木柴逐渐枯竭，则不得不用煤（北方多煤）来代替。从柴窑变煤窑又是一大变化。但煤与柴不同，煤的火力强而火焰短，不仅窑内空气不能完全排除，而且窑外的空气容易进入，致使窑内产生氧化作用（自然氧化性质），因此器物的釉色就从白中闪青变为白中泛黄了。窑工们创造性地在这种白中泛黄的瓷地上，装饰以刻、划花或印花纹饰，收到了良好的艺术效果，这就是定窑瓷器独特风格形成的原因。

　　金哀宗天兴三年至元至正二十八年（1234—1368 年）为第三阶段。这一阶段定窑瓷器的质量远不如以前，数量也大为减少，器形以盘、碗为主。器物质地粗糙，一般不作装饰，基本上失去了原来定窑瓷器的风格。至于生产上采用叠烧法，也是定窑衰败的一种表现。从第一阶段的匣钵仰烧到第二阶段的支圈覆烧，无疑对定窑的生产发展起了重大作用。然而用覆烧法尽管能成倍地提高产量，但采用此法的缺点是器物口沿无釉，特别是大量耗损制瓷原料。在烧窑过程中，为了不使瓷坯与窑具收缩率不一而影响瓷器质量，所以支圈组合窑具用的原料与瓷坯用的原料相同。这样烧窑一次窑具耗损的原料，要大于瓷器本身所用原料的约三至四倍。如按定窑在第二阶段的二百多年间采用覆烧法计算，则瓷土耗损量之大就可想而知了。现在遗址范围内堆积如山的窑具，就是制瓷原料大量耗损的真实反映。因此，到了第三阶段，就不得不改用叠烧法，瓷器质量也就显得粗糙了。

　　综上所述，定窑白瓷在晚唐、五代时期，是在还原焰中烧成的，因此釉色是白中闪青。北宋以后，由于烧窑燃料的改变，器物主要是在氧化焰中烧成，致使釉色白中泛黄，再在器物上装饰以刻、划或印花纹饰，就形成了定窑的独特风格。后来，随着优质原料的大量耗损，叠烧法的兴起，定窑瓷器也就失去了原来的风格特色。

三、邢、定二窑的关系及其区别

　　我国瓷器发展到了唐代，出现了以越窑为代表的南方青瓷和以邢窑为代表的北方白瓷，故有"南青"与"北白"之称。邢窑白瓷在唐·陆羽《茶经》中就有"类银"、"类雪"的评语。在李肇《国史补》中更有"内丘白瓷瓯，端溪紫石砚，天下无贵贱通用之"的记载，可见邢窑白瓷在唐代已经扬名于天下了。唐代邢窑以祁村窑的制品为最精，并具有典型邢窑白瓷的特征[②]。白瓷制作精致规整，胎的洁白度很高，釉质很细，表面釉光莹润等远远胜过其它窑瓷，所以陆羽形容它白如雪是有道理的。

　　定窑不见于唐人记载，也未发现早于唐代的遗物，因而定窑烧白瓷的时代要晚于邢窑。从定窑烧制器物的特征来看，大体与邢窑相同，在拉坯成形以及烧窑技术上，定窑虽然也比较精工，但还不如邢窑。由于两窑在地理位置上相处很近，所以相互学习与互相竞争是很自然的。例如两窑烧制的玉壁形底碗，质量基本相同，说明定窑仿邢窑是完全可能的。随着定窑生产的发展以及邢窑的逐渐衰落，出现了陶瓷发展史上"定盛而邢衰"的局面。

　　晚唐至五代时期，定窑白瓷大量生产，在数量上远远超过邢窑。因此，墓葬中出土的这一时期的白瓷，有些曾经被认为是邢窑的产品，实际可能是定窑的产品。在许多国家和地区的古代遗址中，白瓷往往与越窑青瓷和长沙窑瓷器同时出土，这不仅表明这些遗址的时代相当于中国晚唐以后，而且在出土的白瓷中，既有邢窑，又有定窑，根据"定盛而邢衰"的情况观察，在时代越晚的遗址出土的白瓷中，定窑制品可能会越多。

邢窑与定窑究竟如何区分？笔者曾在《文物》一九八一年第九期《唐代邢窑窑址考察与初步探讨》一文中作过一些对比，但当时由于对定窑早期产品还缺乏认识，如文中提到"定窑底中心无釉，质坚而不甚白，釉色微黄"等说法，均带有一些片面性。为了弄清两窑的异同之点，还是以两窑产量最大、最具代表性的玉璧形底碗为例，进行排比研究。俗称的玉璧形底碗，系浅式碗，敞口，碗壁直斜，底足矮而形似玉璧。邢、定二窑所产的玉璧形底碗，造型基本相同，釉色均白中闪青，这是它们的共同特征，也是定窑竭力仿效邢窑的结果。它们的区别主要有如下几点：

第一，在造型上虽然它们都是浅式，敞口，底为玉璧形，但定窑碗的口沿变化多端，有的凸起一道大小不同的边沿，有的在形成时将口边翻折过来再粘合，形成一种俗称唇口的宽边，因而中间有空隙，随着卷边的宽窄往往留有大小不同的圆孔。邢窑口沿常只凸起一道较细的边沿，没有将口翻折过来的作法，因而邢窑不见有宽边和留孔的现象。

第二，定窑碗内壁加工精细光滑，外壁往往留有明显的轮旋刀痕，抚摸时有高低不平之感。邢窑内外壁均加工精致，表面平滑，不留轮旋痕迹。

第三，定窑施釉有碗内外施满釉，底中心也施釉的，有碗外壁施满釉、底中心不施釉的；还有碗外壁施半截釉，近底处无釉的三种。邢瓷均施满釉，底中心也施釉。

第四，定窑施釉不如邢窑均匀，尤其是碗外壁釉面往往高低不平或有所谓"泪痕"现象。

第五，定窑碗底中心施釉薄而不均，并往往在中心部位有漏釉现象。邢窑施釉厚而均匀，没有漏釉痕迹。

邢窑产品无论是在成形、加工、施釉、烧窑等工艺过程中，均一丝不苟，器形规整、釉色光润等与文献记载的"类银"、"类雪"相吻合。定窑制品虽然也比较精细，但与邢窑制品相比，不免有些逊色。

四、定窑的覆烧与叠烧年代

对定窑瓷器的研究，过去由于受历史文献的局限和考古资料的缺乏，往往把覆烧印花瓷器定在北宋早期或宋徽宗时期。因对真正代表北宋早期或中期的器物缺乏认识，特别是长期以来以靖康之变作为定窑的时代下限，因此流传着"金代无定窑"的说法。

近些年来，由于一些具有北宋早期纪年的墓和塔基中，出土了不少的定窑瓷器，这样北宋早期定窑的面目开始揭示了出来，对覆烧印花瓷器的断代问题也提供了旁证。河北定县的静志和净众两塔，出土的定瓷达一百五十余件，其中有盘、碗、碟、杯、托子、瓶、罐和盒子等日常生活用具，还有净瓶、炉、海螺等器物。它们不仅数量多，质量好，而且有科学的年代依据。静志塔出土平底盘两件，盘里中心部位用细线条划出蝶纹，纹饰布局与五代至北宋早期越窑瓷器的对蝶纹饰如出一辙。两件盘子的底部均有墨书铭文，一书"太平兴国二年五月廿二日施主男弟子吴成训更施钱叁拾文足陌供养舍利"；一书"太平兴国二年五月廿二日施主男弟子吴成训钱叁拾足陌供养舍利"（977 年）。净众塔也出土刻有"至道元年四月日弟子于岩记"字铭的盖罐一件（995 年）。因此得知这两座塔所出定窑瓷器的相对烧制时间。净瓶出土比较多，瓶均有流，有的流上有盖，可以看出还保留着唐代铜净瓶的遗风。从这些出土定窑瓷器看，已兴起了刻划花装饰并追求浮雕效果。主要刻莲花瓣纹，有一层、二层、三层不等，有的莲瓣还划刻轮廓线和花筋。这批北宋早期的定瓷，没有印花装饰，烧造方法还是匣钵仰烧。

北宋中期的定窑瓷器，在北京丰台王泽墓③、北京丰台辽墓④、北京府右街辽墓⑤，以及江苏镇江宋章岷墓⑥中，均出土了不少。与上述北宋早期器物相比，有一定的区别。辽重熙廿二年（1053 年）的王泽墓出土的碗、盘，口沿均作葵瓣式，壶的腹如瓜形，扁条状执柄，壶流弯曲，胎体较薄，整个壶给人以秀美轻巧之感。北京丰台辽墓出土的瓜棱壶，在形制上多仿造金银器皿。北宋中期的定窑瓷器。在装饰上浮雕莲瓣纹明显减少，而多在平面地上刻划花纹，线条较前熟练，流利自然，纹饰题材除莲瓣纹外，开始出现各种花卉，以萱草纹比较常见。从盘、碗器物的口沿有釉来看，覆烧方法还未采用，印花装饰尚未流行。这时期器物尽管与北宋早期有着某些差别，然而它们在器形、花纹装饰以及烧造方法上具有许多共同的特征。北京丰台王泽墓出土的净瓶，其造形与顺义辽开泰二年（1013 年）净光塔出土的净瓶几乎完全相同，装饰多采用刻划花，烧造方法也均采用匣钵仰烧。

瓷器的生产是随着社会需要而发展的，宋代社会对瓷器的需要概括起来有如下三个方面：一是朝廷皇室所需用的高级瓷器；一是各大都市的封建贵族与广大城乡民众所需要的日用瓷器；一是海外贸易用瓷。北宋后期，定窑既要为宫廷烧制贡瓷，又要为民间生产日用瓷器，为满足当时大量的需要，窑工们从各个方面想方设法提高产量，印花装饰的出现和大量采用，就是为适应这种需要而发明创造出来的。印出的花纹不仅精致、准确、整齐，而且印花比用刀刻、划花纹快得多，手续简便，大大加快了生产速度。但是印花只能在一定范围之内使用，主要是用在盘、碗器里，器外和其它各种器物仍然采用刻、划花的方法。因此，印花出现以后，刻、划花仍继续采用，并且达到了更为成熟的地步。印花的装饰方法，不仅起到装饰器物的作用，而且还能起到器物成型的辅助作用。这就节省了成型与加工的时间（包括装饰在内），大大提高了制坯的数量。制坯速度加快后，必然要增加窑炉或改进装烧方法来提高产量。从目前所看到的定窑遗址范围如此之大，可以设想定窑当时是采取了增加窑炉的办法。由于窑炉不断增加，烧瓷范围随之扩大，生产上不免又出现许多新问题，如离原料、燃料的产地太远，水源不便以及交通运输困难等等，所以改进装烧方法以提高产量是势在必行的。采用支圈窑具覆烧方法比使用匣钵节省窑位空间，如果用同样的时间和同样的燃料，产量可以提高四至五倍。这就是覆烧方法发明的原因。覆烧方法的兴起与印花装饰法有着不可分割的联系，凡采用印花装饰的盘、碗之类的器皿，绝大多数都是芒口。因此定窑覆烧法与印花装饰均兴盛于北宋后期。

考古资料还证明，北方地区金代墓以及江南地区南宋墓均出土有定窑瓷器，说明当时的定窑瓷器不仅行销北方地区，而且销往江南各地。北京通县发掘的两座金代墓，出土了洗、盘、碗、碟、瓶等定窑瓷器二十六件。一号墓是石宗壁墓，根据墓志为金大定十七年（1177 年）墓，二号墓主似为石宗壁家属，石椁形制与一号墓同，所出瓷器与一号墓瓷器的时代大体相同⑦。这批定窑瓷器多采用刻划花装饰，纹饰有莲花荷叶与萱草纹，其中也有素面无纹饰的。辽宁朝阳金大定二十四年（1184 年）壁画墓⑧也出土定窑瓷碟两件，碟心装饰以划花萱草纹。安徽凤台"连城"遗址发现一批南宋瓷器，其中有定窑瓷盘五件，两件印花，一件划花，印花为飞凤牡丹纹饰，盘沿印回纹一周。黑龙江绥滨金代墓中出土瓷器⑨，也以定窑为最多，常见的纹饰有萱草纹和荷花纹，尤其是江苏江浦章氏南宋墓出土的定窑瓷器更为重要⑩，根据墓志为南宋庆元五年（1199 年）墓，出土定瓷盘一件，碗三件。盘印鸳鸯莲花，中心印双鱼纹。两件碗印缠枝莲、水鸟，碗中心也印有双鱼纹，另一件印缠枝莲双凤纹饰。盘、碗口边均印回纹一周。这些金代墓与南宋墓出土的定窑盘、碗、碟，口沿都无釉。江苏江浦章氏墓出土的瓷器口沿均镶有银口。这些器物均采用覆烧方法烧成的。

覆烧印花瓷器是定窑产品中的主流，不论在质量上或在数量上都是前所未有的，它是定窑鼎盛时期的产物。定窑覆烧法与印花装饰的出现，对南北瓷窑影响深远。尽管这种覆烧法存在着一定的缺陷，但为了增加产量，还是被南北各地瓷窑广泛采用。

"金代无定窑"之说，是以靖康之变为时代下限的。定窑的生产虽因靖康之变遭到很大破坏，但是并没有彻底毁灭，上述金代和南宋墓出土的定窑瓷器就是证明。然而从靖康之变后，到金世宗大定元年以前的三十来年中，可能因战争等原因，定窑的生产处于中断荒废的状态，所以这一时期的考古发掘中未发现定窑瓷器。金大定时期的定窑瓷器则不断被发现，证明定窑在这时期得到了恢复与发展。金代定窑从原料，制坯，加工到烧窑等技术，可以说是基本上延续宋制，印花、覆烧技术大量采用，在纹饰题材上常用莲花荷叶、缠枝莲花、萱草、飞凤、鸳鸯、双鱼等纹饰。这时期由于优质原料的大量耗损，除一部分优质产品继续采用传统制法外，一部分采用砂圈叠烧法。这种方法是器坯施釉入窑焙烧以前，在盘碗的内底先刮出一圈釉面，使其露胎以防器物叠烧时粘结，然后将瓷坯一个个叠起来入窑烧制，这种方法一般称为"叠烧"。"叠烧"始于金代，不仅产量高，而且不用什么窑具，与覆烧法相比，既节省人力又节省原料，从而大大降低了成本。覆烧法是定窑的一个创新，也是定窑瓷器发展的标志，它既求数量，也求质量。与此相反，叠烧法是定窑衰败下来的一种表现，它只求数量不求质量。到了元代覆烧法不再被采用而为叠烧法所代替，因而这一时期定窑瓷器无论在质地上还是装饰上都远不如以前，基本上失去了原来的风格。

定窑在唐、五代时期，采用匣钵仰烧法，瓷器是在还原焰中烧成，釉色白或白中闪青（青白瓷），成为定窑白瓷的特征。唐代后期，定窑因受邢窑的影响，在瓷器的造型与釉色上与邢窑有许多共同之处。五代时期，定窑瓷器出现了少量的刻划花装饰。真正形成所谓定窑瓷器独特风格是从北宋时期开始的。北宋初期定窑烧造变还原焰为氧化焰，瓷器釉色白或白中泛黄，并运用刻划花装饰。北宋后期，定窑变匣钵仰烧为大量采用支圈组合窑具覆烧，瓷器上的印花装饰也相应地发展起来。金代大定以前，定窑基本上延续宋制。此后特别是到了元代，由于社会动荡与战争频繁等原因，制瓷业向南转移，制瓷工匠也纷纷南去，加以定窑的优质原料经过数百年、特别是覆烧法的采用而大量耗损，不得不改用叠烧法，生产粗制品，著名的定窑从此就衰败下来。

（作者单位：故宫博物院）

注　释

①　河北省文化局文物工作队：《河北曲阳涧磁村定窑遗址调查与试掘》，《考古》1965 年第 8 期。
②　李辉柄：《唐代邢窑窑址考察与初步探讨》，《文物》1981 年第 8 期。

③④⑤　北京市文物管理处：《近年来北京发现的几座辽墓》,《考古》1972 年第 3 期。

⑥　镇江市博物馆：《镇江市南郊北宋章岷墓》,《文物》1977 年第 3 期。

⑦　北京市文物管理处：《北京市通县金代墓葬发掘简报》,《文物》1977 年第 11 期。

⑧　辽宁省博物馆：《辽宁朝阳金代壁画墓》,《考古》1962 年第 4 期。

⑨　黑龙江省文物考古工作队：《黑龙江绥滨中兴古城和金代墓群》,《文物》1977 年第 4 期。

⑩　南京市博物馆：《江浦黄悦岭南宋张同之夫妇墓》,《文物》1973 年第 4 期。

临城邢窑故址[*]

路易·艾黎

邢窑产品是华北一带最早的白瓷。过去在北京琉璃厂我经常能买到一件这样的产品，这些都是农民发掘出来，带到北京出售的。五十年代中，琉璃厂并没有多少买主，一些开裂的外边有土，整件的东西价钱也很少。作者去邢台时也经常问及邢窑窑址。但无法获得任何确切的回答。1981 年一些陶瓷专家在邢台西北的临城县境内，太行山陡坡下的丘陵地带，找到三个邢窑窑址的位置。据说纪元 618～718 年间的唐代早期，这些窑比较兴旺；产品送往长安官府，并随丝绸之路以及往南通过长江出海进行对外贸易。

1981 年 12 月底在一个宁静的晴朗的冬天，我们来到临城这个有十五万人的小城市。从那里得知邢窑址的具体位置是在岗头、祁村和双井。在双井我们所见到的窑都坐落在曾经是一个水溪的旁边。这些在唐窑下面厚厚的一层木灰，可以在岸边挖出来。部分窑墙已被挖出，其中有许多瓷片；看起来当时这一带，包括太行山的土坡地，很显然都为森林所覆盖，因而燃料供应充足。森林砍伐完以后，燃料发生问题，迫使这些窑停产。也有可能这些窑的停产与八世纪中叶安禄山的叛变相关，但似乎可以肯定从那以后这里再也没有生产过瓷器。宋时，这个小溪还有些水，陶工们曾回来进行生产，烧窑则改用煤作为燃料。当时生产厚胎陶器，施绿釉，在较低的温度下烧成。这些产品显然是供应当地百姓的。唐时，白瓷是在 1300±20℃ 左右烧成，供应出口贸易。

祁村的生产规模似乎较大，那里有两条小溪汇合成河，便于产品运输。村外仍可见到一个石砌的驳岸。由于森林无休止地被砍伐，这里的小溪与河道早已干涸，一些水道早为黄土所淹没变成了耕地，在这一片田地上，可以见到瓷片在阳光中闪灼。有些唐代产品的碎片十分细致，而大一些的碎片敲击时发出清脆的音响。那里生产的瓷有两种釉面，一种为纯白无光釉面。另一种为光泽好的釉面略带蓝色。在岗头挖成一个八尺深的坑通往一个很大的烧窑废品堆；从那里出土了一些好的标本，准备在县陈列馆里展出。

在唐墓中可以找到相当多的邢窑产品，这些产品与在邢窑故址找到的完全一致。有一件出土的碎

* 《瓷国游历记》，中国轻工业出版社，1983 年

片是仿制朝圣者带在身边的那种皮水囊的瓷瓶。这个仿制品的每一个细节都相当清楚，如高起来的缝隙上的针迹也很明显。在唐代地质层中采到的一件瓷片却引起了人们的疑虑。这件东西是典型的唐代水壶或酒壶上的壶嘴，胎呈灰色而不象是高岭土烧成的那种白色，釉面为有裂纹的青瓷釉。这显然说明唐时本地生产的厚胎陶器是采用比较容易得到的粘土制成而不是高岭土。这里的一些碎片都比宋时用低温烧成的产品结实。收集碎瓷片是一种乐趣，在闲空时可将它们敲碎进行研究。

　　据说对邢窑尚须作进一步的的研究。宋时或者是由于辽、金入侵，或

　　　　　被抛掷在田头的黄土岸上
　　　　　于是，有人来寻找邢窑故址，
　　　　　在三个农村的丘陵上，
　　　　　挖掘出多品种的瓷片
　　　　　和遗存的残壁窑墙。

　　　　　在我们挖掘遗址的远方，
　　　　　淡蓝色的暮霭笼罩着耸立的太行山，
　　　　　骡车驴车在乡村的道路上奔驰，
　　　　　小拖拉机也混在当中来往；
　　　　　还有那红脸蛋的儿童，
　　　　　嬉戏、欢闹、彼此滚在一起，
　　　　　充满着亲切富有生机希望。

　　　　　我们在归来的路上，
　　　　　捧着古陶工制的瓷器残样，
　　　　　不免千思万想，……
　　　　　啊，十四个世纪前的灿烂文化，
　　　　　永远值得后人的赞赏！
　　　　　当地的领导人语重情长，
　　　　　历史赋予的任务，
　　　　　要保管好古窑址，
　　　　　让它复生，放出新的光芒。

略谈河北"三大名窑"*

李辉柄

河北省自古以来就是我国重要产瓷区之一，邢窑、定窑、磁州窑被誉为河北"三大名窑"。唐代越窑之青与邢窑之白，代表了唐代"南青"，"北白"两大瓷窑系统并向着各自的方向发展。南方的越窑青瓷后为浙江的龙泉窑所代替，北方的邢窑白瓷也为河北另一白瓷窑——定窑所代替。

邢窑白瓷以"洁白如雪"而著称于世，唐代诗人对它就留下了不少赞美的诗句。邢窑白瓷的发展标志着我国瓷器进入了由青瓷发展到白瓷的新阶段。定窑在唐代后期，受邢窑的影响烧制白瓷，经过五代、北宋的发展，成为北方最有名的瓷窑。由于它的不断创新，对各地瓷窑产生了较大影响，也曾一度为宫廷烧制贡瓷。磁州窑的兴起要晚于邢、定二窑，白地黑花釉下彩瓷的烧成是它的主要成就。磁州窑的造型新颖生动，纹饰风趣引人，深受人们喜爱，成为北方民窑的代表。

建国以来的考古新成就，大大促进了中国陶瓷史的研究。邢窑遗址的发现，解决了长期以来在陶瓷研究者中存在的邢窑是否存在、文献记载是否可靠等问题。对于近年来考古发掘出土的邢窑白瓷，也从此找到了它们的归宿。

在中国古文献中有关瓷器的记载是很丰富的，唐代陆羽《茶经》与李肇《国史补》，对邢窑瓷器的基本特征以及它的产地都有所论及。《国史补》中的"内丘白瓷瓯"指明了它的产地；《茶经》中的"邢瓷类银"、"邢瓷类雪"表明了它的特征；《茶经》成书于唐肃宗年间（公元761—762年），当为邢窑白瓷兴盛时代。关于它的产地问题，考古工作者在内丘境内并未发现邢瓷的遗迹，现在所谓邢窑的发现是在临城境内的祁村、双井村一带，其中以祁村窑烧制的白瓷与《茶经》的"类银"、"类雪"相吻合，具有典型的邢窑白瓷的特征。经考查证明，这就是文献记载的邢窑。因而邢窑窑址既不在邢台，又不在内丘，而是在与内丘交界的临城县[1]。关于邢窑创烧白瓷的时代，鉴于在北方发掘的西安西郊隋大业四年李静训墓、西安郭家滩等隋墓都出土过不少白瓷，因而推测这些隋墓中出土的白瓷可能与邢窑有关，但在祁村、双井村一带的窑址中，并未找到早于唐代的遗物[2]。1982年5月，在内丘与临城交界处的贾村发现了一处隋、唐时期的青瓷和白瓷窑[3]。烧制的深腹、直壁、平底白瓷碗与北方隋

---

* 《考古与文物》1984 年第 3 期

墓中出土的白瓷碗相同，从而使上述问题得到了解决。隋代白瓷在唐代邢窑范围内发现，证明在邢窑白瓷尚未出现以前，白瓷在这一地区已经发展起来。贾村隋代白瓷窑的发现，不仅填补了隋代白瓷窑的空白，而且对了解北方唐代邢窑白瓷的发展过程，提供了重要资料。

在邢窑分布的内丘、临城交界地区，发现了金代以后或元代的窑址多处，烧制器物与祁村邢窑并无渊源关系。祁村窑白瓷在唐代后期衰落，继之而起的曲阳定窑，受邢窑的影响而烧制白瓷。北宋后期又大量烧制带印花装饰的白瓷，邢窑分布地区受其影响并重新建立了许多新窑，烧制印花白瓷，其中以南程村烧制的印花白瓷在纹饰风格和烧造方法上均与定窑相一致。这说明邢窑的衰落与定窑的发展密切相关。

定窑为宋代"五大名窑"之一。宋代瓷窑中历来有所谓柴、汝、官、哥、定或汝、官、哥、定、钧"五大名窑"之称。"五大名窑"，除定窑以外，都属于"官窑"性质。据宋叶寘《坦斋笔衡》的"本朝以定州白磁有芒不堪用，遂命汝州烧青窑器，故河北唐、邓、耀州悉有之，汝窑为魁"的记载，证明定窑在北宋时代曾为宫廷烧造过瓷器，后因有芒不堪用，而为汝窑所代替。然而定窑在历史上只是烧过贡瓷，并没有被宫廷控制，也未能建立起"官窑"。除了宫廷定烧的带宫廷色彩的龙凤纹饰的瓷器严格加以控制外，其余大量生产盘、碗之类的民间用瓷，因此尽管把它列入"五大名窑"之内，但它仍然属于"民窑"性质。定窑之所以能够得到充分的发展，也是与这种民窑性质直接相关的。

对定窑瓷器的研究，过去由于受历史文献的局限和考古资料的缺乏，一方面对唐墓中出土的定窑白瓷误认为邢窑产品，把它的覆烧印花瓷器定在北宋早期，至少也定在徽宗时期，另一方面对真正代表北宋早期或中期的器物又缺乏认识，特别是长期以来以靖康之变为定窑的时代下限，因此流传着一种"金代无定窑"之说等等。覆烧印花瓷器是定窑产品中的主流，不论是在质量上或者是在数量上都是前所未有的，所以说它是定窑鼎盛时期的产物。近些年来由于北宋早期纪年墓和塔基出土了不少的定窑瓷器，揭示出了它的早期面目，对覆烧印花瓷器的断代也提供了旁证。河北定县的静志和净众两塔出土的定窑瓷器就达一百五十余件，有盘、碗、碟、杯、托子、瓶、罐和盒子等日常生活用品，净瓶出土也比较多[④]。从这些出土定窑瓷器看，当时已兴起刻划花装饰并追求浮雕效果。主要刻莲花瓣纹，有一层、二层、三层不等，有的莲瓣划刻轮廓线及花筋。印花装饰没有出现，在烧造方法上还是匣钵仰烧。北宋中期的定窑瓷器在北京丰台王泽墓[⑤]、北京丰台辽墓[⑥]、北京府右街辽墓[⑦]以及江苏镇江章岷墓中[⑧]均有出土，与上述北宋早期器物相比有一定的区别。盘、碗多采用葵瓣口，壶腹如瓜形，扁条状执柄，壶流弯曲，在形制上多仿金银器皿。装饰上的浮雕莲花瓣纹明显减少，多在平面地上刻划花纹，线条较前熟练，流利自然，纹饰题材除莲瓣纹外，开始出现各种花卉，以萱草纹比较常见。从盘、碗器物的口沿有釉上看，覆烧方法也还未采用，印花装饰仍未出现。

瓷器的生产是随着社会的需要而发展的，北宋后期对瓷器的需要概括起来有如下三个方面：一是朝廷皇室所需要的高级瓷器，一是各大都市的封建贵族与广大城乡民众所需要的日用瓷器，一是海外贸易用瓷。北宋后期，定窑一方面要为宫廷烧制贡瓷，一方面也要为民间生产日用瓷器。为了满足社会上的大量需求，就需要努力提高产量，印花装饰的出现和普遍采用，就是为适应这种需要而发明创造出来的。但是印花只能在一定范围内使用，主要是用在盘、碗的器里，而盘、碗器的外部和其他瓷器，还是采用刻、划花方法，因此印花出现以后，刻、划花仍然被采用，而且达到了更为成熟的地步。印花的方法，除装饰外，还能起到器物成形的辅助作用，这样就节省了成形与加工的时间（包括装饰在内），大大提高了制坯的数量。在制坯这一环节解决之后，增加窑炉或改进装烧方法就成为提高产量的重要方面。定窑范围之大，可以看出窑炉的不断增加，而随着烧瓷范围的扩大，又给生产带来许多问题，如原料、燃料产地太远，水源不便以及交通运输困难等等，因此还必须改进装烧方法，充分利用窑炉空间来提高产量。覆烧方法的创造成功是装烧方法上的一个重要革新，它较之匣钵仰烧法，在同样的条件下可以提高四至五倍的工效。覆烧方法的兴起与印花装饰法有着不可分割的联系，凡采用印花装饰的盘、碗之类的器物，绝大多数都为芒口（口沿无釉），说明它们都是用支圈覆烧方法烧制而成的。定窑覆烧与印花装饰方法，就是在北宋后期兴盛起来的。定窑覆烧与印花装饰的出现，对南北各地瓷窑产生了深远的影响而被广泛采用。然而这种方法有一个最大的缺陷，就是烧制的器物口沿无釉（芒口），也正因为它有芒不堪用，所以宫廷改用汝器。

"金代无定窑"之说，是以靖康之变为根据的，北京通县发掘的两座金代墓⑨，辽宁朝阳金大定二十四年壁画墓⑩，黑龙江绥滨金代墓⑪，江苏江浦章氏南宋墓⑫都出土了定窑瓷器，说明当时的定窑瓷器不仅行销北方地区，而且并没有受到地区的限制也销到江南各地。出土的定窑盘、碗、碟，口沿均无釉，尤其是江苏江浦章氏墓出土的瓷器，均包有银口，可以肯定它们是采用覆烧方法烧成的。

通过以上金代和南宋墓出土的定窑瓷器，证明定窑并非因靖康之变而彻底毁灭，所以"金代无定窑"的立论就不能成立了。然而从靖康之变之后到金世宗大定元年以前（公元1161年）的定窑瓷器未被发现，这一事实证明在这三十年内可能由于战争等原因，北方地区陶瓷生产遭到破坏，定窑的生产也同样处于中断、荒废的状态。金大定以后的定窑瓷器的不断发现是定窑在这一时期得以恢复发展的一个重要标志。金代定窑从原料、制坯、加工到烧窑技术，可以说是基本上延续宋制，印花覆烧大量采用，在纹饰题材上常用莲花荷叶、缠枝莲花、萱草、飞凤、鸳鸯、双鱼等纹饰。到了元代根据不同需要，覆烧方法逐渐不被采用了，又大量采用粗制的砂粒支垫或刮釉一圈的叠烧方法，在质地与装饰上远不如以前，基本上失去了原来定窑的风格。

磁州窑是北方民间著名的瓷窑，由于它的技艺成就而影响到其他各地瓷窑，形成了一个范围广大的"磁州窑系"。磁州窑是一种烧瓷品种多、富于创造性的综合性瓷窑，它与定窑、耀州窑单一烧印、刻花的白瓷与青瓷不同，又与钧窑的"窑变釉"有别。在它的作品当中，以釉下彩技法烧造出来的白地黑花瓷器为其代表。磁州窑的白地黑花瓷器的大量烧制，是我国瓷器从用刀在胎坯上刻、划花的"胎装饰"转变到用笔画花的"彩装饰"的一个重要标志。磁州窑彩绘装饰的特点，一个是在釉下，利用氧化金属原料，先在素坯上画出花纹，然后上釉烧成，既色泽鲜艳又永不褪色；再一个特点就是把中国传统的水墨画的笔墨技巧运用到瓷器的装饰上，收到了近似水墨画的艺术效果。瓷州窑之所以能够成为宋代民间瓷器的代表，在于它具有浓郁的民间生活气息，瓷器的造型适合民间需要，纹饰题材也多来源于民间。

"民窑"来之于民，用之于民，"官窑"来之于民而服务于宫廷。北宋后期，官窑、汝窑是纯属"官窑"性质。定窑与耀州窑也均被宫廷看中，烧造过贡瓷。磁州窑从来不为宫廷所重视，所以它的生产活动不受宫廷的任何束缚而得到充分发展。过去对宋代瓷器的研究，总是言必称"官窑"，民间瓷器却一向不为人们所重视。建国以来，由于对磁州窑的调查和发掘，加深了对它的认识。对它的艺术成就——白地黑花瓷器的大量烧制，给予了高度的评价。它的许多作品具有浓郁的民间生活气息，是宋代民间艺术的一个重要组成部分。

北宋"磁州窑"的产量相当大，但是墓葬出土的"磁州窑"瓷器建国以来尚未发现。就迄今发掘和清理的北宋墓葬而言，出土的瓷器有北方的定窑和耀州窑产品，也有南方的景德镇窑产品，唯独磁州窑瓷器尚未发现。与此相反，在金、元时期的墓葬和遗址中，磁州窑瓷器的出土数量占有相当大的比例。根据河北省文物工作队对观台窑址的发掘（磁州窑），推论它的时代上限不会超过宋元丰年间（公元1078—1085年），下限为元代⑬。在传世的磁州窑遗物中，甘肃省博物馆藏题有"明道元年巧月造青山道人醉笔于沙阳"十六字的"张家造"长方形枕一件。明道为仁宗年号，这是带纪年铭最早的一件。因之"磁州窑"的创烧年代要比明道元年（1032年）为早是可以肯定的。此枕的尺寸稍短，从它的形制上看时代也较早。"张家造"款与磁州窑东艾口遗址出土的标记款不同，可以看出早晚的区别⑭⑮。在磁州窑遗址中，普遍发现书写"王"字和"马"字的瓷碗，类似的瓷碗，在元大都遗址中也有发现，证明磁州窑的时代，下限为元代无疑。

"民窑"的产品由于销路较好，于是许多窑都进行烧制。白地黑花瓷器是磁州窑匠师们的创造，由于受到市场欢迎，又广泛地影响到邻近的瓷窑，形成了北方民间瓷窑的主流。受它影响而烧制白地黑花瓷器的瓷窑很多，主要有河南的修武当阳峪窑，鹤壁集窑以及禹县的扒村窑。当阳峪窑在烧白地黑花的同时，又创造了加刻、划花的方法，更突出了它的装饰效果。这项技术磁州窑不仅加以吸收，而且又加以改进，从而创造了具有磁州窑特点的新器物。磁州观台窑址出土的绘黑花加划花的标本与日本京都国立博物馆收藏的梅瓶相同，说明它是磁州窑的产品。禹县扒村窑烧白地黑花瓷器受磁州窑的影响，但又具备自己的风格。它的造型常见的有梅瓶、大盆，纹饰题材以莲花瓣纹、水藻纹、游鱼纹居多，但画得比较潦草，布局也很琐屑，经常在一件器物上画得满满的，给人以繁琐杂乱的感觉。鹤壁集窑烧制的一种折沿大盆，常以釉下彩白地黑花为装饰，其内容多绘莲花、水草、双鱼、鸟、鹅、兔纹等。烧制磁州窑风格的瓷器除了河南各窑外，山西的介休窑也是其中重要的一个。烧制的白釉釉下黑彩加划花品种，纹饰多画折枝叶纹，呈褐色，有的呈黑褐色与桔红色，在技法上与磁州窑相似。江西的吉州窑也烧白地黑花瓷器，常见的纹饰有卷枝纹、回纹、莲花、荷叶、海水纹等。另外还有釉下黑地白花的作法，也较成功。磁州窑集中了北方地区各瓷窑的烧瓷技术，是北方民间瓷窑综合性的表现，因而磁州窑不愧为北方民间瓷窑的代表。

邢窑、定窑、磁州窑这河北"三大名窑"，它们在中国陶瓷发展史的地位和作用，是值得我们加以重视的。

（作者单位：故宫博物院）

注　释

① 河北临城邢瓷研制一组：《唐代邢窑遗址调查报告》，《文物》1981年9期。
② 李辉炳：《唐代邢窑遗址考察与初步探讨》，《文物》1981年9期。
③ 根据临城二轻局张书泰同志反映的情况和带来隋代窑址出土物的照片。
④ 定县博物馆：《河北定县发现两座宋代塔基》，《文物》1972年8期。
⑤⑥⑦ 北京市文物管理处：《近年来北京发现的几座辽墓》，《考古》1972年3期。
⑧ 镇江市博物馆：《镇江市郊北宋章岷墓》，《文物》1977年3期。
⑨ 北京市文物管理处：《北京市通县金代墓葬发掘简报》，《文物》1977年11期。

⑩　辽宁省博物馆:《辽宁朝阳金代壁画墓》,《考古》1962 年 4 期。

⑪　黑龙江省文物考古工作队:《黑龙江畔绥滨中兴古城和金代墓群》。

⑫　南京市博物馆:《江浦黄悦岭南宋张同云夫妇墓》,《文物》1973 年 4 期。

⑬　河北省文化局文物工作队:《观台窑址发掘报告》,《文物》1959 年 6 期。

⑭　中国硅酸盐学会编:《中国陶瓷史》241 页,文物出版社,1982 年版。

邢台历史上的一颗明珠*
——唐代邢窑白瓷述略

沈善建　张予甲

作为一个邢台人，对家乡历史上蜚声中外的邢窑白瓷不甚了了，不能不说是一大憾事。所以，本文想就笔者视野所及，对邢窑白瓷作个概略的叙述。

一

我们常说的陶瓷，本是陶器和瓷器的统称，实际上两者在原料、烧成温度以及器物的质地等方面都是有区别的。陶器的出现已有八、九千年的历史，其起源还可以追溯到更早的阶段。它的发明并不专属某一地区的古代居民，而是史前文化中一个普遍发生的现象。瓷器则是我国古代劳动人民的一个伟大发明。

早在三千五百多年前的商周时期，我国就出现了以铁元素为着色剂的青釉为特征的原始瓷器。因此，青瓷是我国也是世界上最早的硬质瓷器，它到东汉时期已达到成熟阶段。我国白瓷始烧于南北朝时期，隋代又有了很大进步。"但是，白瓷的真正成熟还要到唐代邢窑白瓷的出现"[1]。

隋唐以前，我国瓷器的发展一直是青瓷占主导地位。到了唐代，青瓷又在南方得到空前发展，并出现了"越窑"[2]这样的优秀代表，与此同时，白瓷也在北方大量出现并迅速发展起来，其中以邢窑白瓷最为突出。它和南方越窑相比，釉色一青一白各有千秋，工艺成就不相上下，代表了当时南方和北方制瓷业的最高成就，在我国陶瓷发展史上留下"南青北白"的美谈。

青瓷和白瓷的根本区别，在于原料中含铁量的不同，烧制釉色洁白的瓷器，不但原料不如青瓷易得，烧造工艺也比青瓷复杂困难。邢窑白瓷的出现，表明制瓷工人已经能有效地控制原料中的含铁量，在烧造过程中克服了铁的呈色干扰，这无疑是一个重大突破。

"胎质细洁、釉色白润"是邢窑白瓷最突出的特点，唐朝人陆羽在《茶经》书中曾用"类银"、"类雪"来描述邢瓷。据有关资料提供的数据，清雍正景德镇窑白瓷的白度为70度，一般认为是古瓷

*《邢台文史资料》三，1987年10月

中最高的。邢窑比雍正镇窑要早近千年，而邢窑白瓷的白度大约也在 70 度以上。就白度而言，已见其难能可贵。

晚唐著名诗人皮日休在《茶瓯》一诗中曾用"月魂"、"云魄"来赞美邢瓷和越瓷③。从他的诗中我们可以看出，邢瓷器胎造型非常规矩周正，胎体十分细薄轻盈。从有关资料对邢瓷出土实物的剖析看其器胎的规范质量的确达到了完美的程度，表面组织十分严密，釉面薄而均匀，与胎体结合的十分紧密，说明邢瓷在器胎成型、胎质组织以及胎釉的结构关系等方面都是相当成熟的。

在唐朝人段安节所著《乐府杂录》中有这样一段有趣的记载：唐大中年间（公元 847—859 年）有位乐师郭道源，"用越瓯、邢瓯十二，施加减水，以筋击之、其音妙于方响"。"方响"是古代的一种打击乐器。邢瓷瓯能发出金属乐器那样清脆动听的声音说明其胎体致密度很高，而且已充分烧结，瓷化完全。从出土实物看，这段记载决非无稽之谈。

从上所述足以看出，邢窑白瓷器物相当精美，具有独特的工艺特点，尤其其胎质之坚细洁白，釉光之晶莹润泽，不但堪称唐代白瓷之冠，甚至可以"比之近代白瓷而无逊色"①。

在唐代，邢窑白瓷曾经是销路甚广、风靡一时的名瓷，唐人李肇在《国史补》中称它是"天下无贵贱通用之"。一种瓷器能够通行天下，这在古籍记载中是不多见的。更值得称道的是，我国瓷器从唐代开始出销海外，而在当时对外输出的瓷器中，邢窑白瓷即是主要产品之一，曾远销到埃及、伊拉克、伊朗、斯里兰卡、巴基斯坦、印度、日本等国，被当地人视为工艺珍品，对世界人民的物质文化生活产生了很大影响。一种产品能否占领最广大的市场，关键在于它能否适应不同消费者的不同需要和有无满足这种供应的能力。就目前的发现看，邢窑品种繁多，粗细兼备，细瓷供于达官贵人，粗瓷用于黎民百姓。这自能适应不同阶层、不同身份的人们的不同需求。而从已发现的邢窑残存物堆积层看，当年的烧造规模之大是惊人的，这自然又具备了供应全国、出销海外的生产能力。

由上可见，邢窑白瓷在工艺技术、烧造规模以及销售市场等方面都取得了惊人的成就，因而使它产生了巨大的影响。它不但见诸古籍文献，在现代史学家的论著中也多有提到它的，而国内外研究我国古陶瓷和陶瓷史的论著，更是凡讲唐代瓷器无不论及邢瓷，可见其影响已远远超出了时间和地域的界限。

二

在邢窑的历史上，它以唐代最为兴盛，经过五代，到宋代已鲜为人知了。关于邢窑衰落原因的研究，目前仍还不甚深入，笔者所能见到的意见大体是：邢窑白瓷光素无纹，难以长期维系消费者的喜爱；宋代以后邢窑制品愈加粗率，与后来居上的定窑、磁州窑相比更见逊色，终至于被人们遗忘。

笔者认为，这似乎只是问题的一个方面。从记载邢窑的古籍文献来看，在唐末五代之交人们对邢、越两窑还是同样看重的。历五代到宋，越窑非但没有衰落，而且还有许多进步，邢窑则已被人们完全遗忘了，一般来说，事物的衰亡应有一个逐渐演变的过程。邢、越相比，邢窑的这个演变过程竟显得十分短促。联系其"宋代以后制品愈加粗率"的事实，似乎不完全是竞争中的"不进则退"，而象是一种自身的"向后转"。

我国古代陶瓷发展缓慢，极重要的一个原因是在人类文化还很不发达的社会条件下，工艺的延续或进步往往主要依赖于生产有直接的经验传递和积累。因而，由于战争之类的社会因素，很可能造成工艺的停滞、中断，甚至重温已经走过来的进步过程。有鉴于此，我们就不能不联系邢窑所处的社会背景特别是古邢台的历史沉浮来研究邢窑的衰落原因了。

邢台属于仰韶文化分布地区，自古就是"依山凭险"的交通要冲和"地腴民丰"的"形胜之国"。正由于如此，又使她成为历代豪强竞相侵掠的对象和兵家的必争之地。当历史演进到唐末五代时，自公元889年李克用和朱温争夺邢州开始，到公元949年郭威进至邢州止，北方五国无不染指邢地，使这块地方出现了史书所说"兵无虚岁，地为战场，民不能稼"的空前惨状。更值得注意的是北方的辽也加入了对邢州的侵掠。《辽史·萧阿古只传》载："天赞（公元922~926年）初，与王郁略地燕、赵，破瓷窑镇"。这个"瓷窑镇"究系何地？笔者尚不得而知。但今宁晋、柏乡、临城及隆尧之一部当时确属赵地。公元944年，辽又入侵后晋，前锋抵邢州，次年大兵入邢，所到之处杀掠殆尽，此后邢地即成为辽与后晋交兵之地。公元947年，后汉进攻辽将镇守的邢州，辽援兵再次大掠邢州。据史书记载，五代时北方的混战死伤人命动辄以十数万、数十万计，抢掠财物往往伴随着屠城灭村。而当时的辽还处在奴隶制向封建制过渡阶段，奴隶主集团不但掠夺财物，还掠夺人口，辽的手工业主要是由战争中俘获的汉人和渤海人发展起来的。由上不难想见，五代时邢州连年不断的战乱，必然带来邢窑工匠的大批死亡、逃散，被掠至辽也是极可能的。在这种情况下，哪还谈得上什么工艺的延续和进步呢？

因此，我们仍可得出这样一个结论：五代时邢州一带战乱的社会局面，是导致邢窑烧造工艺停滞、倒退，制品日渐粗劣、蜕变，终致于被"开除"了名窑"窑籍"的起主导作用的原因，至少也是一个不容忽视的重要原因。

三

邢窑是我国陶瓷史上驰名古今、享誉中外的一处名窑。但由于历史原因，邢窑窑址长期湮没无闻，又使它成为中外学者都极为关注的一个疑团。为了解开"邢窑之谜"，我国古陶瓷专家和研究工作者付出了长期的艰辛劳动。八十年代初，终于在邢台地区临城县境内探寻到多处唐窑遗址和大量的瓷片堆积层。经专家们分析鉴定，这些古窑址中的器物"无论在制造工艺上，还是在艺术风格上，都具有的鲜明的唐朝时代的特征"，一致认为这里"无疑是唐代邢州窑群遗址之一部"。[⑤]这一发现，轰动了中外古陶瓷界。新华社在报道这一消息的电讯中说："这些发现解开了长期以来中外学者关注的'邢窑之谜'"，"填补了我国陶瓷史上一页空白，对研究唐代邢瓷的艺术风格，工艺成果和恢复邢瓷的生产，进一步发展我国陶瓷工业有重要意义。"

据古籍记载，邢瓷产于内丘。多年来我国古陶瓷专家和研究者曾在内丘东瓷窑沟一带进行了大量的考察研究。发现这里晚期窑器及残片之多几乎俯拾即是，其邻近的贾村一带还发现了较早的青瓷和白瓷片。另外，当地还有着极为便利的交通条件特别是丰富的陶瓷原料资源，并存有已被就地采用了的瓷土矿床残迹。所遗憾的是至今尚未发现确切的唐代窑址遗存，仅以上述地表发现来印证文献记载尚嫌事实不足。因此，邢窑的主体究竟在哪里？邢窑群分布范围究竟有多大？目前还是一个悬而未决的问题。

　　这里还有一个值得我们引起注意的事实是，我国古代制瓷业大都是靠近原料产地建窑烧造的。而邢台地区内的沙河、邢台、内丘、临城四县西部，均有大量的陶瓷原料蕴藏，其贮量之丰，品种之多，都很惊人，至今仍为不少陶瓷生产厂家所采用。这无疑是发展制瓷业得天独厚的优越条件。而在邢台民间至今还口头流传着许多关于古瓷窑的材料。其中最为盛传的除内丘瓷窑沟外，还有沙河的赵窑、高窑和邢台的东窑、西窑，实地考察这几处均有窑址遗存[6]。至于其烧造情况如何？与邢窑是何关系？其历史联系如何？还有待于我们去进一步考察和研究。但以上情况足以使我们得到这样一个印象，在古邢台的大地上，制瓷业几乎遍地开花，又有唐代邢窑白瓷这样举世瞩目的辉煌成就，把古邢台称为"瓷器之乡"当是不过分的。

　　我们的家乡有着发展陶瓷生产的优越条件。邢窑白瓷是祖先留给我们的宝贵历史遗产。邢窑的兴衰可以给我们提供许多值得借鉴的历史经验和教训。因此，对邢窑进行多学科、多方位的研究，也是我们邢台人民义不容辞的历史责任和义务。

注　释

① 中国硅酸盐学会：《中国陶瓷史》182 页。
② 越窑在今浙江余姚县境内，因是春秋战国时的越国故地而得名。
③ 皮日休《茶瓯》诗："邢客和越人，皆能造瓷器。圆似月魂堕，轻如云魄起。枣花似旋眼，苹沫香粘齿。松下时一看，支以补如此"见《全唐诗》。
④ 叶哲民：《邢窑刍议》，见《河北陶瓷》1982 第 1 期。
⑤ 见《邢窑与邢瓷艺术鉴赏会纪要》。
⑥ 见杨文山《唐代邢窑白瓷的初步探讨》，《河北陶瓷》1980 年 4 期。

西北华东五省市隋唐白瓷考察纪实[*]
（一）（二）（三）

毕南海

序　言

为进一步了解国内馆藏隋唐白瓷，探求唐代长安都城及洛阳陪都所出白瓷器物的数量及特征，进而考证邢窑白瓷当时的流传范围，搜集必要的图样、文字资料，搞好邢窑白瓷的研究和仿制作，我们河北省邢窑研究组继 1984 年 1 月对省内及北京文博部门考察后。于同年 5 月又对太原、西安、咸阳、洛阳、郑州、南京、扬州、镇江、上海等地进行考察。

先后有路宝宇，毕南海，陈胜一，张志忠，李振岐五人分两批，历时 41 天，经过山西、陕西、河南、江苏、上海等五省市（重点考察了西安、洛阳、扬州）的详细考察，搜集了一批隋唐白瓷的图片、文字资料，了解了一些有关邢瓷流传范围的情况。下面着重五个地方分别介绍：

一　西安馆藏及出土白瓷器物的调查

西安是一座历史悠久的名城，解放后出土了许多文物，我们此次考察的重点是隋唐白瓷。先后到陕西省博物馆、西安市园林文物局仓库，《西安史迹文物展》、陕西省考古研究所、唐代大明宫遗址、乾陵博物馆等地，对唐代古都长安所出土的白瓷器物及残片进行了调查。

（一）陕西省博物馆陈列白瓷器物简介
我们先后七次进入陕西省博物馆参观。对隋唐白瓷及青瓷器物进行了拍照、绘图、文字记述。
隋代
1. 唾盂：盘口，细颈，鼓腹，撇足，平底。釉面灰白，釉下有化妆土，胎体厚重。造型庄重朴实。见（图 1）

---

* 《河北陶瓷》1988 年第 3 期、1988 年第 4 期、1989 年第 1 期

2. 四系罐：直口，溜肩。口外粘有双泥条系四个。腹部丰满，有弦纹多条，足外撇、平底。胎体厚，彩呈黄绿色，光泽尚好。见（图2）

唐代

1. 唾盂：高103mm，口径140mm，腹径122mm。上方斗笠碗状，下面形如一个小罐，是供人们捧在手中吐痰用的。口部外撇，束腰，鼓腹，矮足，平底，釉黄白，不甚光亮，器外旋削痕迹明显。见（图3）

2. 三足瓜形罐：该器高100mm，腹径140mm。直口，鼓腹，呈六瓣瓜形，平底，底部外粘有三足。釉面青白，不甚光亮。见（图4）

3. 白瓷盖罐：该器较大，高约255mm，腹部宽约204mm，底足宽78mm。盖钮呈桃形，压盖式。器口外撇，短颈，溜肩，鼓腹，下体内收，平底。该器形体简洁明了，盖子制作精致。短颈提神，益于盛装，有气势。器体下部内收，秀气。该器釉面光润微闪青，质地坚实。具备邢窑白瓷器物的形制及外观特征。见（图5）

4. 白瓷盖坛：该坛造型修长挺拔。通高380mm，腹径204mm，底颈154mm。盖子悬于器口，不能盖严，不知是否有意这样。该器为灯草口，短颈，肩部饱满，下部挺拔，微内收，有一矮足。釉面光亮，白中闪黄，有冰裂纹。该器英俊秀丽，为它处所未见。见（图6）

5. 刻花白瓷盖罐：该器高135mm，口径为111mm，底径94mm。上部为柿柄钮压盖，敞口，鼓腹，撇足，通体刻有花饰，花饰图样优美，用刀有力，刻纹较深，图样为菊花纹，与定县塔基出土净瓶刻花纹如出一辙。该罐施有化妆土，釉白中泛灰，光泽不甚好。但造型秀美，通体刻花，虽然口部残缺，仍是一件难得的器物。该器似应为北宋年间所产。见（图7）

陕西省博物馆陈列的白瓷，只是该馆藏品的极小部份，但它足已反映出大唐年间，各瓷窑竞相烧造、纷纷进贡长安的盛况。这几件器物虽不能证实都是邢窑产品，但其中的白瓷盖罐从外观形制上看，确是邢器无疑。

我们决定仿制其中的三件：盖罐，盖坛，刻花盖罐。第一件选用精细原料仿制，后两件选用粗料仿制。

（二）《西安史迹文物展》观后

我们曾四次到西安西门城楼参观由市文化局举办的《西安史迹文物展》。展品从原始社会到清代都有。是西安当地一部较为系统的通史陈列。展品多为本地出土或征集来的。该馆陈列的唐代白瓷有：

1. 马蹬壶：高约205mm，腹部宽约150mm，底径84mm，呈扁圆形。上端有提梁，左边有一直口，右边有一柱相对称。器身上窄下宽，上体扁平，下体浑圆，足外撇，平底。器身前后均有堆花、戳印回纹、划花等多种装饰。其布局疏密有致，纹样风格稚拙淳厚。器口下部堆有高浮雕花饰，异常精美。整个器身花饰多而不乱，浑然一体，令人赞叹。该壶胎釉较灰，釉面无光泽，近底处无釉，但仍是一件不可多得的唐代白瓷珍品。见（图8）

2. 白瓷坛：共二式

Ⅰ式：体高343mm，腹径293mm，足径130mm。翻口，短颈，溜肩，鼓腹，下体内收，平底。该器体积较大，是盛装液体的器物，釉面白中闪黄，有冰裂纹，半釉。该坛造型用线洗练，给人一种凝重威严的感觉。见（图9）

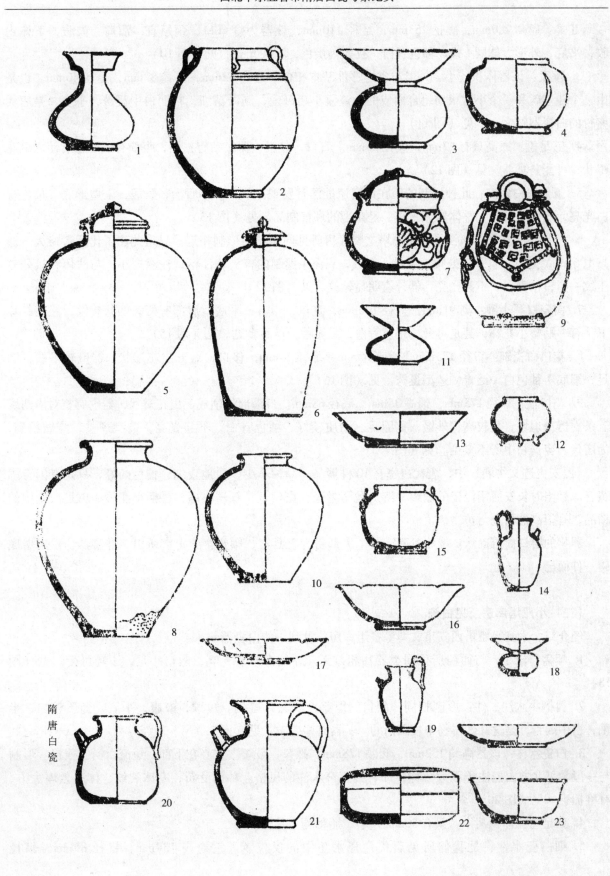

隋唐白瓷

Ⅱ式：通高 280mm，腹径 253mm，足径 110mm，该器为灯草口，颈短直，溜肩，鼓腹，下体内收，平底，外形大体同Ⅰ式。釉色青白，犹如鸭蛋色，不甚光亮。见（图 10）

3. 唾盂：该器体积较小，外形与省博那件基本相似。通高 62mm，口径 82mm，足径 40mm。也是由一个斗笠碗和一个小盂状物组合而成的。该盂小巧可爱，制做精细，釉面白中泛黄，平底，是唐代盛行的白瓷器物之一。见（图 11）

4. 三足盂：通高只有 47mm，腹径 65mm。直口，鼓腹，器底粘有三足，腹部有三处压痕使之呈花瓣状。可能是冥器。见（图 12）

5. 玉璧底白瓷碗：此种形制的碗在邢窑遗址已有发现。侈口，小唇沿，浅腹，玉璧形底。釉色青白光亮，底内心有釉，整体修做工整，是典型的邢窑制品。见（图 13）

6. 兽柄白瓷注子：该注子同小雁塔文物库房所见同类器物形制相近。只是此注子比后者略大。通高 106mm，撇口，直颈，鼓腹，撇足，平底，双泥条捏制的兽头状注柄，注嘴短小，与注体粘接处有压纹一圈，釉青白，不甚光亮，器外有明显轮纹。见（图 14）

7. 白瓷双耳小罐：高 91mm，直径 100mm，直口，丰肩，平底，肩部有两条凹状旋纹，撇足，耳下粘有一贴塑小花饰，甚是可爱。釉色青白，足无釉，世不多见。见（图 15）

8. 花口白瓷碗：口径 173mm，通高 63mm，足径 74mm，侈口，做五出花瓣状，器壁较平缓，撇足，圈底。釉色白中泛青，造型挺秀。见（图 16）

9. 花口盘：口径 175mm，通高 35mm，底径 68mm。口沿部份削成五出花瓣状，器内有相对应凸线五条。器壁坦坡，足较高，外撇，宽圈足。胎质较好，釉色青白，不甚光亮，造型规整，修做精到，为唐代白瓷器物中所不多见。见（图 17）

《西安史迹文物展》中，唐代白瓷有 10 件展品，品种不少，质地较细，釉色尚好，只是有闪青闪黄者。是当时长安所用白瓷的缩影。特别是马蹬壶、花口盘、双耳小罐，兽柄小注等，更是白瓷中的精品，有很高的研究与仿制价值。

器物的窑口尚难确认。概略判断，其中大部份为巩县窑、耀州窑、定窑所出，邢窑器物仅玉璧底碗一件而已。

（三）小雁塔库房所见白瓷

经介绍，来到小雁塔西安市文博筹备组库房。见到一些白瓷器物。

1. 唾盂：较小，与西门所见同类器物相差无几，釉面不甚光亮，敞口小足，小巧可爱。见（图 18）

2. 兽柄小水注二件：形制相同，翻口、短流、双泥条兽柄。短颈，鼓腹，平底。瓷质较白，半釉，白中闪青，是这几件器物中较细白的。一器有些残破。见（图 19）

3. 白瓷水注：该器高约 132mm，腹颈 128mm，翻口，鼓腹。重心在下部，短流，柄已残损。形制与一般常见北方白瓷注子不太一样，却有铜官窑水注的风格。釉面泛黄，有冰裂纹，体态敦厚大方，有稚拙感。见（图 20）

4. 三足盂：体积甚小，只有 50mm 左右，胎釉均不甚佳。

5. 细白瓷水注：是我们所见唐代白瓷水注中的佼佼者。它通高 134mm，口径 82mm，腹径

115mm，底足 64mm。敞口外翻，短直流，双泥条耳。形制有别于其它注子，重心偏上，精巧可爱。胎体极细，釉色白中微泛青，体外有少许气泡。从外观及胎釉色泽分析可基本断定为邢窑产品。见（图 21）

小雁塔文物库房，管理甚严，我们只凭记忆勾出草图，然后互相对照修改而成。最后见到的那件白瓷水注甚佳，是仿制的绝好样品。

（四）唐代大明宫遗址考察

大明宫是唐朝建的皇宫，坐落在长安城的东北角。当年有含元殿、含光殿、麟德殿等建筑。水榭凉亭，雕廊画柱，气宇昂轩。唐末黄巢起义后，诸侯割据，混战烧杀，致使经营了三百多年的长安城，顿成一片瓦砾。

在含元殿西北是麟德殿遗址，目前正在修复。这里是当时皇家接待和宴请外宾的地方。我们在周围田里捡到一些具有明显邢窑特征的细白瓷片，也有玉璧底心不满釉、外形修做不甚工整的定窑白瓷片。主要是碗器，这与麟德殿当年作为宴请宾客的场所是相一致的。麟德殿保管所院内出土了大批细白瓷片。一块玉璧底残片，底内心有釉，刻有一"盈"字，修做工整，釉微黄，有冰裂纹，宽玉璧底，平坦，是罕见的邢瓷典型样品。

紧挨麟德殿西边，已发掘出翰林院遗址，出土的细白瓷标本有，盏托、碗、罐等残片，从外形及胎釉来看，与邢窑遗址出土器物相一致。

麟德殿正北约五华里的三清殿遗址，残存一座高约 30 多米的大土堆。在土堆的西北角下，我们捡到大罐的残片，是口沿部分，釉面微黄，润泽，有细碎冰裂纹，形制有明显的唐代器物特征。

在大明宫遗址范围内，我们还发现有卷边唇口碗残片，白瓷唾盂残片，有的胎质粗灰，有的釉下施化妆土，釉色泛青泛黄者均有之，这些瓷片的窑口未考证。

（五）陕西考古所收藏瓷片一览

5 月 21 日，我们在中科院陕西考古所的标本室里见到了最近从大明宫麟德殿、翰林院遗址出土的瓷器残片，并参观了唐城出土文物陈列室。

在白瓷片中，主要是一些胎质粗灰、有化妆土，釉白闪黄，并有冰裂纹的盘碗类残片。也有一些较典型的邢窑器物残片，如白瓷盏托片，玉璧底碗片等。我们还在一块玉璧底残片底心发现了"盈"字款，与前文所述带有"盈"字款的标本字体不太一样。这个"盈"字为半个，字体刚劲有力。胎质精致细白，釉色微闪青，内底有釉，微下鼓，修做极工细，非常精美。

器物多是西安城唐代西市及青龙寺等遗址出土。有一件白瓷划花粉盒盖，其造型独特，有别于常见式样。它的顶部饰有莲瓣及六角形图案，这是迄今为止我们发现的最优美的唐代白瓷装饰纹样。从这件盒盖残器的胎质及釉色来看，它有极大的可能是唐代邢窑产品，所以我们把它也列入了准备仿制的清单。见（图 22）

邢白瓷中已发现有"翰林""盈""王"等铭文，只是尚未发现年款。这里陈列的白瓷，有粗白瓷，有细白瓷，有发青的，有闪黄。有施化妆土的，有胎体直接施釉的。有光素的，有装饰简单纹样的。有的瓷片具有典型的邢定二窑特征。

（六）唐乾陵博物馆巡礼

唐乾陵博物馆坐落在唐高宗李治的女儿永泰公主墓旁，里面主要陈列有从章怀太子墓、懿德太子墓、永泰公主墓出土的大量文物。有镇墓兽、唐三彩陶俑和一些瓷器等。在永泰公主墓道旁的耳室里，陈列有唐三彩陶俑、瓷灯、白瓷碗，均残破，已修复。唐代皇亲墓中已有白瓷陪葬，可以肯定盛唐时期邢瓷已进贡皇亲国戚使用。见（图23）

在西安，我们一共见到隋唐白瓷27件，其中隋代白瓷2件，唐代白瓷25件。其中可仿制器物9件。它们是：

《西安史迹文物展》的马蹬壶，兽柄水注、花口盘、双耳小罐；陕西省博物馆的白瓷盖罐、白瓷盖坛、白瓷刻花罐；小雁塔西安园林文物仓库的白瓷水注；陕西省考古研究所的白瓷划花盒。

二　洛阳市馆藏及出土文物调研

洛阳在历史上曾是九朝古都，唐代做过陪都，有众多的古迹，有众多的文物出土。洛阳的唐三彩和牡丹是非常有名的，它们曾经声噪一时，名扬海内外。但是作为一座历史名城，它有精美的唐代白瓷吗？我们带着极大兴趣来到洛阳调研。

（一）洛阳博物馆纪略

5月29日，我们来到洛阳博物馆参观学习。由于场地所限，这里只展出原始社会到唐代的有关展品。

唐代展品数量较多的是三彩器，有三彩镇墓兽、三彩马、骆驼、三彩武士俑及仕女俑，盘、罐等，也有一些白瓷器物。多是质地较粗的制品，外形质朴粗犷，有气魄，风格与其它博物馆所见同期器物基本一致。这里共陈列有白瓷净瓶一件，白瓷盖罐三件，白瓷坛一件，白瓷双螭樽一件，白瓷盖瓶一件，分述如下：

1. 白瓷净瓶：高207mm，最大腹径106mm，口部纤细，颈修长，腹部丰满，底足外扬。造型上下比例分割适当，下半部略高于上半部。整体外部修做光洁，釉色明亮略闪黄，下体无釉，平底。腹侧上端粘有一流。该器出土于市郊关林，是唐白瓷优秀作品，此类器物一般多是铜制的，瓷制的笔者只是在故宫见过一件。北宋年间，定窑多有各种形制的白瓷净瓶出产。见（图24）

2. 白瓷盖罐：高240mm，腹径204mm。体态雄健安逸，外轮廓线简洁明了，盖钮小巧生动，扣盖，边沿部分已残。口部外翻，丰肩，鼓腹，下体内收，平底。器质坚白，釉色白中泛黄，不甚光亮，外表有明显的旋削痕，气势宏大，具唐代瓷器风格。见（图25）

3. 双耳白瓷盖罐：通高207mm，腹径203mm，器盖式样新颖，为扣碗式。罐口外翻，短颈，罐体饱满，重心偏上，下体渐内收，足外扬，平底。口部已残破，可见到其胎质疏松，但较白，釉稀薄泛黄，不甚光亮，半釉。该罐肩部装有双耳，是陶工们用手工将泥片捏制后，内掏一洞，粘附于罐体两侧而成，甚是巧妙，使该器增加了灵动感。见（图26）

4. 双螭樽：该樽与其它同类器物大致一样，盘口，细颈，双螭柄，鼓腹，下体渐内收，立底。高

374mm，腹径198mm，底径101mm。胎质较粗，施半釉，釉面不光亮，呈灰黄色，聚釉处闪青。下体残破，粘修，外壁有轮旋痕迹。造型高宽比例较好，接近黄金率。外形古朴端庄，线形有节奏感、韵律感，是唐代典型器物。见（图27）

5. 白瓷大罐：体积宏大，实不多见，是一件盛装液体的器皿。器口较小，可减少液体外溢，腹部饱满利于多盛装，底小可使其外观秀丽和便于搬动。高372mm，腹径345mm，底径138mm，灯草口，比较厚，与整个形体相协调。颈较短，与罐体雄浑的风格相统一。该罐吸收了彩陶罐的造型风格，只是颈部略短些，下部略丰满些。肩部以上施有一层化妆土，施釉露足，釉色白中泛黄，有细冰裂纹。造型雄浑古朴，是具有大唐风度的佳品。见（图28）

6. 白瓷盖罐：该罐形制与前者相差无几，只是盖子比前面的大，盖钮也不太一样。高264mm，腹径226mm，底径125mm。撇口短颈，丰肩，鼓腹，下体内收，近底处外扬。半釉，釉面极薄，白中闪黄，也是一种盛装液体的器物。见（图29）

7. 橄榄形盖罐：通体呈橄榄形，盖钮为桃形，压盖式。高324mm，腹径204mm，足径86mm，该瓶口治外翻，细颈，溜肩，腹部略鼓，下体内收，平底。造型细高而不娇弱，翻口下面是一段微内收的曲线，接下去是外鼓的饱满弧线，底渐内收。整个造型线条刚柔相济，曲直变化微妙，给人以美的享受。胎质较粗，半釉，闪青，有冰裂纹，器外有明显的轮旋痕迹。见（图30）

在洛阳博物馆我们一共见到了7件白瓷器物，多数是罐类，有一件净瓶一件双螭樽。明显具备唐代雄浑气势。胎釉较粗，都不是细白瓷，均有冰裂纹。

这些白瓷窑口，目前尚很难确定。仅就洛阳的地理位置推想，这几件白瓷有大部分应是巩县窑烧制的。其中的净瓶、盖罐、橄榄形盖瓶的造型是比较独特的，有仿制的价值。

（二）洛阳市文管会仓库窥宝

6月4日，我们在洛阳市文物考古工作队领导陪同下，来到洛阳市文管会文物仓库考察隋唐白瓷。

在两米多高的木架上，摆满了数千件瓷器，其中有大量隋唐粗白瓷。也有一些宋代青瓷、花釉器及金元黑瓷，真是目不暇接。

我们从中挑选出7件有明显邢窑特征的器物。其中有白瓷坛一个，茶盏托两件，粉盒两件。还有晚唐时期的花口钵，五代时期的卷边大唇口碗，北宋时期的印花茶盏托，花口碗等。还见到一件宋代介休窑的白瓷碗，主要特征是器底粘有五个小支钉。

这里存放的瓷器，较多的是罐类、碗类、注类，也有一部分双龙柄樽、灯台与盒类，琳琅满目，美不胜收。下面着重介绍几件较好的白瓷：

1. 白瓷坛：这是库存所有白瓷中最精细的一件，也是迄今发现的有代表性的邢瓷中较大的一件。高213mm，口径97mm，腹径188mm，底径86mm，唇口，浑圆厚重，短颈微外撇，丰肩鼓腹，下体渐内收，平底。满釉，素白闪青，釉面光润，熠熠生辉。造型也有别于我们常见的其它罐类，它线条饱满而不痈肿，体态端庄而不板滞，充满勃勃生机，胎质细腻，釉色青白，真是难得一见的邢白瓷珍品。见（图31）

2. 白瓷盏托二式：

Ⅰ式：花口白瓷盏托：做工极规整，口径146mm，高32mm，底径66mm，口治处削有四瓣，器内壁做四条凸线，与四个削口相对。外壁平直，腰际有一转折，下部是一丰满的弧线，底足外沿削有一刀，这恰是邢窑器物的特点。该盏托宽圈足，底心有釉，器内有一圈凸起，修做工整，内底有一小转折下凹，在内心形成一个圆，这恰好是放盏的地方，盏放在托内，底足刚好放在圆心内，非常平稳。该器釉色青白，口沿处线角转折明确，内外施釉均匀，形制规整，无丝毫变形，令人赞叹。见（图32）

Ⅱ式：略小于Ⅰ式，无花口，釉色稍灰，但规整度不逊前者。

3. 白瓷玉璧底碗二式：

Ⅰ式：白瓷大碗：比一般所见邢瓷碗要大些，特别是口与底的比差要大一些，其形制与一般常见邢碗类似。侈口，唇沿，碗内坦坡，至底处内收，碗壁与足相连处，有明显的刀削痕迹，玉璧底，底心有釉，胎釉极佳，青白光亮，确是邢窑产品无疑。

Ⅱ式：此碗与邢窑遗址发现的此类器物残件极为相似，形制及规格均无差别。

4. 粉盒二式：

Ⅰ式：残，但仍可明显看出它是唐代白瓷，直径104mm，高约51mm，扣盖，做工精致，盖子与盒体吻合。造型多用直线或微弧线，釉色中白泛青，平底无釉，是一件小巧玲珑的邢白瓷器。见（图33）

Ⅱ式：造型，胎质，釉色均于Ⅰ式盒相近，只是体积小一些，故不赘述。

除了这几件具有典型邢窑特点的白瓷外，还绘制了其它白瓷器物，虽然胎质，釉色均不如前者，造型却是较为罕见。

5. 单龙柄壶：残器，残高285mm，腹径145mm，底径74mm。龙柄残缺，但仍可看到口部及腹部断裂后残存的痕迹。口沿部分是用手工捏制而成的象一个鸭头状的流。接下去是一段细颈，上有三道凸起的弦纹，往下逐渐外鼓，并有疏密相间的弦纹七道，往下还有一道弦纹，比其它的弦纹宽一些，恰好在龙柄壶的肩部，在该器的腹部也有这样一道凸起的弦纹。腹部往下外形急剧内收，近底处有一折皱，足较高，有30mm，外撇，上有三条凹纹。平底，微做内凹。见（图34）

该龙柄壶的造型，线条转折有急有缓，急则势不可挡，缓如涓涓细流。整个形体的颈部，腹部及足部，均有一系列的凹凸弦纹，为该器增添了变化与装饰趣味，特别是颈部的三条凸弦纹。增加了横向与竖向的对比，使本来细弱的颈部增强了力量。它的底足虽窄小，但并不使人感到头重脚轻，原因是近底处向外撇了许多，所以显得安稳了。

该壶的主要特征是弦纹较多，器表光挺，并排的数条凸起弦纹，间距一致，令人无可挑剔。说明了其制做工艺非常精致。胎釉较粗，釉面青灰，有大面积的剥落。残留的釉面有细碎的破裂纹，施釉不至足。

该壶是我们以见到出土唐代白瓷中造型较为新颖的一种，是我们此行较大的收获。

6. 白瓷唾盂：洛阳当地出土的与常见同类器物基本相似，只是下半部盂状形体不同一般，风格独特。一般的唾盂下部均做成小罐状，肩部丰满，圆圆的。而这个唾盂的下部为一个溜肩小罐，重心下移。这是陶工们有意识地使其与上面相连的碗形器口相呼应，真是匠心独具，别有风采。釉面白中见黄，有细碎冰裂纹。见（图35）

在洛阳我们一共逗留了9天，对市博物馆陈列的文物进行了拍照，并将唐代白瓷逐一绘图，并做了简要的文字记录。在洛阳文管会仓库，我们将所挑出的邢窑白瓷器物及其它唐代白瓷器物以及北宋

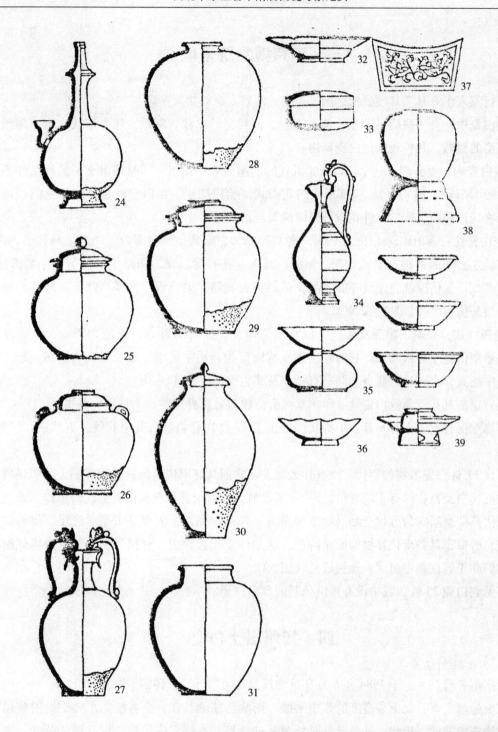

定窑的几件白瓷器物都画了图，由于文物制度所限，未能对它们拍照。经过初步选订，我们准备对盏托、罐、大碗三件细瓷，单龙柄壶、唾盂这两件粗白瓷进行仿制。

在此期间我们共见到唐代白瓷器物约 15 件，其中初步选定可供仿制的有 8 件，可以说收获是空前的。在这里我们所见到的具有邢窑白瓷特点的器物数量之多、质量之精是前所未有的。这充分说明了洛阳做为唐代陪都曾大量订购和使用过邢瓷。

三 南京博物院采风

我们一行三人于 6 月 7 日凌晨抵达南京。当天便到南京博物院参观。

陈列的白瓷中，有一些唐三彩瓶、罐、陶俑，铜官窑的水注，罐等。还有宋代定窑、耀州窑、湖田窑、龙泉窑的瓷器。几件较好的白瓷器物有：

1. 花口白瓷碗：据介绍，这个花口碗是五代时期南唐墓中出土，同时还出土了另外几件不同的白瓷器物。口径 155mm，高 41mm，口部呈八曲花瓣式。胎白质坚，釉白中泛黄，这与我们在定窑遗址所见同类器物残片相同，所以这件花口白瓷碗应属定器。见（图 36）

2. 刻花白瓷枕：高 104mm，长 181mm，宽 112mm，它陈列在宋代部分，外观呈马鞍形，两边高，中间凹。前后左右四面各刻有婴儿戏花，奔鹿、鸳鸯、花卉等纹饰。图形生动有趣，刻划刀法熟练。枕面上刻有席纹，是仿凉枕竹编纹样的制品。该器釉面灰暗，微泛青，光泽尚好，从外观形制及图案纹饰来分析当是仿定之作。见（图 37）

3. 白瓷瓶：残，只剩下腹部及底座，口及颈部均无。残高 318mm，腹径 210mm，从残存部分来看，该瓶的造型仍是十分精彩的。它的外轮廓线饱满挺秀，柔中见刚。瓶身与底座连在一起，较为新颖。釉色白中泛黄，有开片，瓶身一侧刻有年款及其它铭文。见（图 38）

这里还有定窑刻花萱草纹白瓷盆、印花双鸭游鱼纹盘等多件器物，不是唐代器物。

南京博物院保管部于 6 月 8 日上午给我们提出了 17 件白瓷器物。其中 6 件是五代的，另外 11 件是北宋的。

关于宋代 11 件白瓷器物的年代，没有什么疑义，它们具有宋代白瓷制品外观形态的明显特征。但对其它 6 件五代白瓷器物却有不同看法。因 50 年代前国内尚未进行发掘白瓷窑址的工作，光凭这些器物出土于五代墓葬就断定为五代产品尚缺乏说服力。几件白瓷碗，大都是玉璧形底足，质地粗灰，釉色白中泛灰，唇口，具备唐代器物的明显特征。这几件五代器物中，有相当一部分应为唐代所产，只是后人将它们葬于五代墓中罢了。器物请见（图 39）

在南京见到白瓷 25 件，其中没有可供仿制的邢窑白瓷。

四 扬州出土白瓷

我们考察组一行三人，于 1984 年 6 月 9 日到扬州市考察邢瓷流传的情况。

扬州在南运河之畔，北面是富庶的苏中平原，南临浩荡的长江，自古便是水陆交通的重镇，也是十分繁华的物资集散地。唐代，这里已是对外贸易的港埠，有许多中国物产的丝绸、茶叶、瓷器便是从扬州装船转道长江运到国外的。过去也曾听说扬州出土过大量白瓷，这次我们便抱着极大的希望，但愿得到丰硕的成果。

（一）扬州唐衙城文管所觅珍

唐代衙城遗址坐落在扬州市西北郊约五公里的土坡上。据史料记载，当年此地是唐代扬州城政治、经济、文化中心，整个扬州城最繁华的地段就在此周围。后来随着衙城的废灭，街市逐渐南迁，到了目前所处的位置。

如今在原来衙城遗址观音山上还矗立着一座殿宇，唐衙城文管所以及华东文物培训中心就设在里面。这里还辟有唐代文物陈列，主要展有扬州及附近地区出土的唐代三彩，陶俑、石刻，以及铜官窑、越窑等窑场出产的瓷器。展品数量虽然不多，但品种尚丰富，其中共有四件白瓷器物。

1. 白瓷盒：该盒的比例比一般常见同类器物要略高一些。通高 92mm，直径 113mm，底径 61mm。胎细质坚，釉色白中闪青，润泽透亮，器盖与下体对口处无釉，该器底足修做较粗，器口相对处不严密。似应是定窑所产。见（图 40）

2. 花口白瓷碗：该碗为六瓣花口，口径 120mm，高 39mm。器口花瓣形状系轮制拉坯以后用工具轻微内压而成。底足为玉环底，修做较细，特别是器外壁与底足连接处，有用刀削成的内凹痕迹，底内心有釉。该器釉面较灰暗，有许多细微擦痕，当是由于多年使用，摩擦所造成的。见（图 41）

3. 卷边唇口白瓷碗：高 48mm，口径 142mm。卷边大唇沿，玉环底，器外施釉不致足。该碗釉色白中闪黄，修做较好，似是定器。见《图 42》。

4. 卷边唇口弦纹碗：该碗略小于前者，口径 140mm，高 45mm，卷边大唇沿，器外壁有明显的三道弦纹，碗壁较平直，底足较小，半釉，釉色极白微泛青，且光亮生辉。这种形制的碗器笔者以前尚未见过，窑口尚难判定，但从形制看，其价值还是较高的。见（图 43）

除了这几件完整的白瓷器物外，文管所里还藏有大量瓷片，所涉及的窑口较多，主要是供文物培训中心教学使用。

这里保管的瓷片，大多是学员们从扬州城建工程中捡回的，还有一些是各地文管部门的同志捐赠的。我们见到其中也有叶喆民先生捐献的一块临汝窑片和一块耀州窑片。这里所陈列的瓷片都贴有标签，注有年代，何地出土或何人捐赠。他们搜集的实物标本较多，主要有定窑、邢窑、巩县窑、德化窑等地的残器或残片。定窑瓷片种类不少，早期的有唐代花口盘，五代的大碗（玉环底，底内心无釉）。还有宋代的刻萱草纹盘、印双凤纹盘等。邢窑的瓷片有，玉璧底碗、盏托等。还有一块玉璧底素胎研钵残片，器内划有网纹。（此类瓷片在邢窑遗址常有发现，但究竟什么原因要将素胎运到这么远的地方，还是一个谜）。

关于邢窑细白瓷与定窑早期同类产品的主要区别，当地的同志非常感兴趣，我也尽自己的所知一一奉告。定窑早期细白瓷，质坚，釉色白中微透青。到唐末及五代初，胎质稍逊之、釉厚，呈青白色，也有一部分白中闪青，这是由于烧成气氛的差别造成的。从装饰上来看，定窑早期产品无花饰，唐末及五代时期出现了点彩，捏口等胎体装饰。五代时出现了划花，后来又产生了刻花。北宋初期，定窑的装饰手法逐渐丰富起来，到北宋中期又发展了印花装饰工艺，与刻花、剔花等手法并存，共同发展了多年。金代时，定窑的印花装饰仍十分繁盛。

于关定窑刻花器物的年代差别问题，有人认为刻花纹饰靠近器口边缘的为早期，靠近器内心的为晚期。笔者以为上述说法证据不足，有待商榷。

邢窑早期器物胎体厚重，釉色多为黄绿杂色。但也有一些施化妆土着透明釉的白瓷出产。隋末已出现了细白瓷的萌芽。到盛唐时更有大批类银、类雪的细白瓷问世，它们胎质细腻、釉色光润，个别器物上已有戳印及刻花装饰，陶范印花装饰技法也有尝试性运用。晚唐时精细原料消耗贻尽，所产器物质地逐渐粗灰，釉色也由白中闪青转到灰黄，但光亮如常。

在扬州衙城文管所保存的残片中，还有一部分唐代巩县窑的产品。其中最重要的是一块唐代白瓷青花残片，它将把已知的我国青花瓷生产的年代向前推进数百年。还有一些注子残片及罐子残片，它们的外观特点是，胎厚，质地比邢定二窑同期产品要粗，釉色多白中闪黄，聚釉处呈青绿色，有细小冰裂纹。

他们保存的德化窑瓷片标本，胎质坚细，釉色粉白，呈猪油状，无明显颜色倾向，釉面光滑透亮，主要是一些盘碗器皿的残片。

从上述所见瓷片标本外观分析，定窑制品初期为正烧，器底无釉，唇口，平底。细瓷有玉璧底、圈底。口沿有小唇沿，折边唇沿，花口等多种。底部修做不工整，多留有乱刀痕。器底内心多无釉，有釉者且不均匀，这与其施釉方法有关。从器表釉水的附着来看，应当是轮釉、浸釉并举。器底之釉是另外抹上去的，所以不太均匀。到北宋年间，定窑改变了其传统的装烧方法，变单件正烧为多种套装覆烧，装物均为芒口。为了减小下压力，防止变形，器底均窄小，满釉，做直立状，更显得器物秀美，充满灵动之感。

邢窑细白瓷器物，均为小唇沿。器底为玉璧或玉环形，修做极细，器底心有釉，光洁如镜，在这方面定窑制品远远不如。到晚唐时，邢窑也出现了卷边唇沿，釉色白中泛青灰，修做远不如盛唐规整。金代以后，邢窑受定窑影响，也采用了套装覆烧法，只是胎釉比定窑相差甚远。

巩县窑器物多为大件产品，细部修做尚好，玉璧底、玉环底均有。

德化窑产品，芒口芒底均有，底足窄小，有垫渣，外壁光滑如新。

在其它众多的瓷片中，较多的是龙泉窑产的。有瓶、碗、罐等多种形制，质量优劣不等。也有耀州窑，湖田窑、临汝窑，钧窑、铜官窑出产的器物残片，以及三彩陶片等。

总之，华东文物培训中心搜集了大量的各个窑口的瓷片标本。

（二）扬州市博物馆揽胜

我们在扬州市考察时，6月12日上午看到了一批馆藏和出土的唐代白瓷。这些器物及瓷片，是由保管组夏梅珍同志从仓库提出来的，共有完整器物5件，残碎瓷片一批。（是该馆同志从扬州市政工程中出土的大量瓷片中选捡出来的）

这些白瓷器物及瓷片，胎质都比较好，釉色白中泛青的占主流，基本上都是北方唐代瓷窑产品。下面分别加以介绍：

1. 白瓷盂：该器是在扬州湾头砖瓦厂出土的，高91mm，口径178mm，足径101mm，器口为卷边唇沿，上口内敛，鼓腹，下体内收，较为丰满，圈足外撇，底心无釉，有残渣沾于上。该器外形端庄大方，卷边唇沿是唐代北方白瓷的典型特征，该盂的下半部犹如一个碗器，与上半部巧妙地结合起来。这让我们想起唐代另一种器物——唾盂，它不也是由斗笠碗与小盂结合而成的吗？看来，古人创造新的造型，也常用两种器物叠置在一起的方法，使之成为实用美观的形体。这为我们今天创造和设计新的器型提供了有益的启示。

该盂胎体较薄，内外施釉，白而光洁，微透青色，器外壁有轮制旋痕及釉泪痕，底足修做也不甚规整，底足挖做也与众不同。一般器足多修成V形，而该器足却向里倾斜。该盂器内底还有一圈凹痕。

从外观形态来看，该器造型及釉色颇似邢窑产品，但从底足修做不精和釉面不匀来看，又似晚唐定窑所产，这也正是多年来古陶瓷界所论邢定难分之点。但笔者宁可认定它是定窑所产。见（图44）

2. 白瓷碗，共二式：

Ⅰ式：卷边小唇沿，碗壁坦坡，足外撇，玉璧底，底心无釉，胎质坚实、釉色泛青，器底修做不好，粘有少许垫渣。共两件。

Ⅱ式：与Ⅰ式比较，唇沿外翻较大，器体较小，釉青白，宽圈足。

以上三件碗器虽然胎质较坚细，形制较规整，釉子白中泛青、透亮，具备了邢器的一般特征。但仔细分析，可以察觉出它与邢器的根本区别。

邢器釉面均匀，外壁光洁，无明显轮旋痕迹，底足修做尤其规整，底心较浅，器壁断面较薄。以上三件碗器，底足不规整，断面较厚，器底内心深，釉子还原成份较重，聚釉处呈青绿色，所以笔者认为它们均应是定窑所产。见（图45）。

3. 花口钵：该器已残，少了一块边口。高60mm，口径123mm，腹径120mm，足径57mm。敛口，鼓腹，足外扬，圈足，底心无釉，胎白质坚，釉色光润透明。这是除邢窑遗址外所发现的较好的同类器物，当是邢窑所产。见（图46）

4. 白瓷玉璧底碗片：该器虽已残破，却可一眼看出它与邢窑遗址出土碗器非常一致。小唇沿，玉璧底，质坚细，釉甜白，底内心有釉，修做精细，虽大部残件，却不失当年风采。见（图47）

5. 白瓷注子：该注子已残，主要是注柄缺损，器底也有少许残缺，但其造型英俊洒脱，高211mm，腹径120mm，足径82mm。直口外翻，长颈，丰肩，细流，柄残，下体渐收，足高外撇，圈足，底心无釉，修做也不工整。胎质尚坚，釉白中泛少许青灰。该注子也是扬州本地出土，应属定器。（见图48）

6. 白瓷小瓶，已残，却不失其小巧玲珑的神采，它只有枣大，残高仅34mm，现只存有中间一段。细颈，溜肩，鼓腹，足应外撇，口部形状尚不可知。但此器制做精细，小中见大。肩部留存部分单柄痕，可见原来整器之妙了。见（图49）

在我们所见的瓷片中，还有几块胎质尚粗、有化妆土的盘碗残片，有的还有五瓣花口。

扬州之行，历时四天，我们见到了一大批具有典型邢窑器物特征的细白瓷和普通白瓷。这些瓷器大多是唐代所产，也有个别器物是宋代定窑所产。从仿制的意义来看，扬州出土的八件完整器物中可以选出白瓷盂、白瓷弦纹碗，白瓷小瓶三件有仿制价值的样品。但主要精力应放在白瓷盂上。

扬州是千年古城，地下埋藏的文物确实是十分丰富的。当我们从市中心街头走过，便可从花圃中捡到几块古代白瓷片，有碗沿，也有盘底，可见其数量之多。我们要整理好这些资料，逐一进行分析，找出规律性的东西来。虽然邢定两窑早期的瓷片尚难十分准确的区分，但我们相信，只要努力，总会找出它们之间的细微差别来。

五 镇江博物馆掠影

6月12日下午，我们考察组一行人乘汽车来到镇江，利用等车的短短两个小时，到镇江博物馆参观。

这里举办的镇江文物陈列，是在其馆藏二万余件文物中精选出来的，一共有三百多件。其中有彩陶、青铜器、原始青瓷、白瓷、唐三彩、陶俑、丝织品，花瓷等众多品种，我们着重唐宋时期的瓷器进行了拍照，并部分地进行了测绘制图。现着重介绍如下：

1. 贴花罐：上口已残，（据笔者从残存的部分分析，该器上部还应有较长的部分，但如果是那样，就不能叫罐了）。残器腹部丰满，器外饰有贴塑图案，非常精美。该器底足外撇，色泽灰白透黄，虽已残破，但仍不失楚楚风姿。

2. 唾盂：盘口、短颈、鼓腹，平底。高134mm，腹径193mm，足径152mm。该器造型规矩，线角转折清晰，直线与弧线交替运用，刚柔相济。它的盘口硕大，利于进物，颈细又不易洒出，腹大便于多盛装，大平底又使器物安稳，真是面面俱到。隋代陶工的精湛技艺表现得淋漓尽致，令人钦佩。见（图50）

该器胎体厚重，釉色发青，聚釉处有冰裂纹，色泽光亮，此型为笔者所未见。

3. 唾盂：该器通高120mm，口径206mm，腹径108mm，底径76mm，它比唐代常见唾盂要大一些。釉色青绿，有细碎开片。（见图51）

该馆陈列的唐代器物不少，多是三彩瓶罐，也有越窑青瓷，北方白瓷仅有一件玉璧底碗。它与邢窑遗址出土的碗器完全一致，只是釉面发暗，无光泽。前面已有类似图例。

该馆展出的宋代瓷器较多，有影青瓷、白瓷，龙泉青瓷等。这里我们着重介绍一下定窑的几件白瓷器物。

4. 白瓷瓶：高370mm，腹径212mm，足径1014mm。它为盘口，短颈，溜肩，鼓腹，下体渐收，圈底，整个瓶身呈中间粗两头小的橄榄形，较为新颖。该器通体光素无纹饰，釉面白中泛黄，极为光润，属定器中的上品。见（图52）。

5. 白瓷粉盒：高43mm，最大直径110mm，它的形制与前面诸章中所述唐代粉盒大不一样。它的侧面一直向内收，近底处又一个急剧的转折，形成了上大下小的梯形，这样便显得该盒比前者清秀。如果说唐代器物雍容华贵，那么宋代器物则可谓清雅娟秀了。该盒盖顶刻有团龙纹，边缘刻有云纹。其刻工极为熟练，刀法流畅飘逸，纹样舒展大方，布局严谨，也属定器中的杰作。见（图53）

6. 柿红釉瓶：柿红釉瓶一对，是定窑罕见的珍品，虽已残破，经粘合而成，也非常难得。通高228mm，腹径162mm，足径80mm，平口、丰肩、细颈、鼓腹，底足内收，造型极为洗练。它的胎质坚细，釉面呈紫红色，不甚光亮，是定窑所产器物中少有的颜色釉制品。苏东坡"定州花瓷琢红玉"的诗句中的实物算是找到了归宿。见（图54）

7. 仕女瓷枕二件：一件已残，另一件尚完整，它们的形式均是一女子安卧榻上，手托头部的姿态。她们面目俊秀，长裙微垂，身上有一荷叶状枕面。该枕白中透黄，光润如玉，乃定器人物瓷枕中为数不多的几件佳品之一。见（图55）

镇江博物馆陈列的展品中，还有宋代几件影青瓷酒具，其造型非常精美。见（图56）还有磁州窑所产的四系罐一件。与陶瓷、史中"仁和馆"铭文的一器相同，见（图57）。还有元代的青花瓷，颜色釉器。明清的瓷器制品也不少，有德化白瓷觚、珐琅彩花瓶、郎窑红花瓶，象耳方瓶、蓝釉大海碗等多件精美器物。

镇江博物馆陈列的展品中，瓷器制品的确不少，我们见到比较突出的就是宋代的几件定器，无论从造型、釉色还是装饰上来讲，均是上乘之作。

六　几点体会与收获

历时 40 余天历尽艰辛的考察结束了，收获巨大，尽管在南京、郑州未能达到预期目的。但总的来说，我们搞到一批前所未能掌握的宝贵资料。一共见到了隋唐及宋代白瓷器物 50 余件，还有大批瓷片。初步精选出 20 件可供仿制。我们丰富了对我国古陶瓷的认识，澄清了某些模糊观念，增强了研究仿制邢窑白瓷的信心。有以下几点体会：

（一）邢窑白瓷流传广

在此次考察之前，曾前去北京及河北省内各文博部门进行了调研，也曾去广东、江西，湖南，浙江、上海等地进行查访。连问我们此次行动，一共到了京、晋、陕、冀、豫、粤、赣、浙、苏、湘、沪 11 个省市。我们亲眼见到有邢窑器物及瓷片的就有京、陕、豫、湘、浙、苏、沪七省市，占所到省市的一半还多。在北京故宫博物院就藏有邢瓷多件，经过一千多年还有邢窑产品存世是非常不容易的。西安与洛阳都曾是唐朝都城，我们在那里也都见到了多件完整的邢窑白瓷器物和众多的瓷片，这足以说明当时邢窑白瓷已经进贡京城的事实。扬州、镇江在当时都是重要的商港，在那里出土有大量邢瓷器物及瓷片，足以证实当年邢瓷器物经由扬州、镇江出口海外的历史。国外就曾有多篇关于泰国、伊朗、印度等国出土唐代邢窑白瓷的报道，大英博物馆至今还有邢窑白瓷制品陈列。

（二）邢窑白瓷制品产量多

邢窑白瓷产量之多、销量之大，也是我们未曾认识到的。单是我们此次考察见到的完整邢瓷就有 20 多件。在西安、扬州两地见到的瓷片更是多得惊人，单是大明宫遗址出土唐白瓷片就有一百多件，里面有许多是邢窑白瓷残片。扬州市的建筑工地也有大量邢白瓷片出土。第二是品种多，我们此次发现邢瓷的新品种有十多个，丰富了我们所知邢瓷的品种数量。三是看到的有铭文，有纹样装饰的邢瓷多了，例如西安大明宫出土的"盈"字款玉璧底碗片，陕西省博物馆陈列的"翰林"款盖罐，陕西省考古研究所收藏的划花粉盒盖、"西安史迹文物展"陈列的堆塑，戳印皮囊壶等。这些进一步证明了邢窑白瓷产量之大，品种之多、销售之广，与历史记载相吻合。

（三）邢窑白瓷制品制作精

此行所见大多是制作精细的佳品，其中有白瓷盖罐，白瓷盒、白瓷盂、白瓷坛等。一是工艺制作技艺精湛、器物形制规整，器壁光挺。二是用料精到，器物胎质细腻，釉色薄厚均匀、光润洁白。三是烧造精良，器物无变形、釉色一致，可见当时邢窑对火焰气氛的控制，已经达到了相当成熟的程度。古云邢器"类银、类雪"："圆如月魂堕，轻如云魄起"是言之有物的。

（四）邢窑白瓷制品外观美

如果用邢窑白瓷标本与同时期定窑，巩县窑的同类瓷片相比较，就可以看到邢窑制瓷技艺的独到之处。邢窑陶工继承了前人千百年来的制瓷经验，吸收了当时各类姐妹艺术中的营养，把盛唐的时代风貌表现在其艺术思想之中，烧制出大量精美的瓷器制品。如白瓷皮囊壶，造型雄浑纯朴，周身饰有戳印，贴塑等纹样。刻花白瓷盒，盖顶饰有美丽的莲瓣和六角图形。单柄弦纹壶，器形变化巧妙，全器运用了多条弦纹，将其身装饰一新。碗器的口沿、底足削做精致，所有这些器物的形制及其装饰手法，既是工艺制做的成就，又是邢器美的体现。这些瓷器是实用品，又是艺术品，每一道弦纹，每一个耳、系、钮、柄、流，都给邢器增添了美的感染，美的力量。

（五）此次考察增强了对邢窑的认识

通过此次考察，增强了我们对邢窑历史地位的了解与认识。据实物标本分析，邢窑始烧于北朝晚期。在内丘县城关周围地区及临城县陈刘庄、贾村等地，就曾发现有北齐，隋代窑址堆积物多处，并有一些窑具及杂釉器、白瓷器出土，这为邢窑的起始年代提供了有力证据。目前，虽然还不能完全断定在外地所见北朝、隋代器物均是邢窑所产，但北京故宫博物院陶瓷馆陈列的隋代白瓷杯，无论从外观形制上还是胎釉颜色，均与邢窑遗址出土同类器物标本相一致，可以确切地肯定它们是邢窑早期制品无疑。

唐代邢窑的生产规模，比隋代又有了新的发展，制瓷技艺也有了很大的提高。据目前已知的情况，邢窑遗址的范围，南到内丘县的冯唐，北到临城县的双井，西到内丘县的西邱，东到隆尧县的双碑。是一个以内丘县城为中心，散布数百平方公里的大型窑场。经文物工作者试掘得知，主要白瓷精品生产地为内丘城关、西邱、及临城县祁村、双井等地。具有这些窑址出土瓷片特征的器物，又从我们考察的单位得到了印证。这种互为比较，互为印证的机会，为我们正确地鉴别邢器的真伪，提高仿制品的价值，提供了有利的条件。

邢窑在连续数百年的烧造历史中，不但建立了规模宏大的窑场，为宫廷提供御用贡瓷，为海外提供外销瓷，为社会提供生活用瓷。并且建立了一支人数众多的制瓷队伍，他们虽是三五成群，以小集体为单位，但从现在已发现的唐代烧瓷窑炉残体来看，当时的窑容量可达盘碗器数百件之多。这么大的制坯量，远不是几个陶工所能胜任的，因那时仍采用手工成形，日产量是很有限的。据已知唐代邢窑的烧造规模来分析，当年窑业最发达时，绵延南北的数十里窑场，单是制坯、烧瓷的专业陶工，也要有一两千人之多。

邢窑的繁盛在一定范围内推动了其它行业的发展，伴随它周围要有一大批相应的服务性行业，如运输业、旅店业、商业、饮食业等。特别是宋代以后，邢窑改为烧煤，又开辟了采矿业。所以邢窑的建立，带动了当地一大批工商业。在相当程度上，邢窑繁荣了当时社会的经济，推动了商品流通，丰富了人民生活，促进了我国同海外的物质文化交流。

（六）邢窑的制瓷成就影响了其它窑场，开拓了一代瓷风

在我国陶瓷发展史上，邢窑具有十分重要的地位，在长期的烧造实践中，创造和形成了自己独特的艺术风格，并极大地影响了其它兄弟窑场的发展。定窑就是吸收了邢窑的制瓷经验后发展起来的。邢窑不仅以它雄浑饱满的造型、精湛细工的制瓷技艺、洁白莹润的胎釉而著称，并且出现了纹样装饰，主要有印花、刻花、贴塑等。这对以后定窑划花、刻花、印花的发展无疑起到了重要的启蒙作用。

（七） 此次考察为邢窑研究和仿制提供了依据

我们到各地见到了为数众多的邢窑白瓷器物。这样就为我们的研究和仿制工作提供了充分的依据和可靠的保证。这些陈列的样品，我们在条件允许的情况下，都照了像，画了图。当时不让画的，后来也据回忆进行了补画。这样便充实了我们所掌握的邢瓷资料。通过对手中资料的反复筛选，决定将18种邢窑白瓷器物和唐代优秀白瓷器物，列入仿制范围。它们是：

①白瓷水注（西安园林文物局仓库）

②白瓷罐（洛阳文管会仓库）

③白瓷盂（扬州博物馆）

④白瓷罐（陕西省博物馆）

⑤白瓷盏托（洛阳博物馆）

⑥唾盂（洛阳文管会仓库）

⑦双鱼瓶（河北省博物馆）

⑧白瓷划花盒（陕西省考古研究所）

⑨高足杯（邢台地区文管所）

⑩"盈"字款粉盒（上海博物馆）

⑪单柄壶（洛阳文管会仓库）

⑫白瓷绿彩三系瓶（保定地区文管所）

⑬白瓷净瓶（洛阳博物馆）

⑭白瓷皮囊壶（临城县邢窑遗址出土）

⑮玉璧底碗（临城县邢窑遗址出土）

⑯玉环底碗（临城县邢窑遗址出土）

⑰平底碗（临城县唐墓出土）

⑱花口碗（临城县邢窑遗址出土）

（八） 此次考察深化了邢窑研究的理论

▲. 我们在西安、扬州两地都见到了大批唐代白瓷片，单从形制上判定，均应属于邢窑。可是它们之间的釉色却各有不同，白中内青、闪黄者均有。那么，只能按以前公认的白中闪青的细白瓷属邢瓷，而闪黄的就不是了吗？笔者认为这样划分不妥。首先应该从器物外形及制做工艺这些方面来区别唐白瓷器物的窑口归属。只有这个方法是最具有说服力的。因为除了邢窑遗址（包括内丘及临城）以外，定窑、巩县窑、耀州窑等唐代白瓷窑场遗址，尚未能找到工艺制作上有邢器这么精致的标本。而单从胎质、釉色上相比较，巩、定等窑也可找到不亚于、甚至胜其一筹的瓷片标本。所以还是当以形制区分器物窑口为好，标本无论是白中闪青闪黄，只要是形制符合邢瓷标准，便可认定。特别是，近年来从内丘邢窑遗址发现有底心刻有"盈"字款的碗器残片，它本身的颜色并不是白中闪青，而恰恰是白中闪灰黄。

唐代邢窑虽然有着卓越的制瓷成就，但单就烧瓷技术而言，也不可能十分完备。每窑所烧的气氛也不可能完全一样。如果有了少许变化，前后两窑所出的产品色泽即有了区别。而且邢窑烧造细白瓷器物至少延续了百多年。前后时期烧瓷手法及窑具都不甚一样，我们怎可单一的说邢窑的概念就是白中闪青呢。我们要善于利用以上所探讨的邢白瓷烧造中气氛变化给邢器外貌带来的特征，从细微的变化中找出规律来，借以划分出唐代出产邢白瓷制品的前后时期来。

▲. 此次考察，我们看到大量出土的白瓷片标本中，还有相当一部分较粗的白瓷片。但也不完全一样。其中既有灰胎，施化妆土后再施白釉的。又有粗白胎，施化妆土后再罩透明釉的。还有的胎质虽细，但釉色并不十分白的，诸多不同。这里面有一部分白瓷片可以归口于巩县窑或定窑，也有的甚至会是目前尚未找到的大邑窑产品。但是难道邢窑就没有较粗的白瓷输入内地或销往南方吗？

据我们所知，在邢窑遗址出土的白瓷残片中，细白片瓷仅占四分之一，另外大部分均为粗白瓷片。这就是说，由于原料及烧成条件的限制，邢窑当时产量最大的还是一般民用的粗白瓷。那么，它们除了当地人们使用，又都销到哪去了呢？我们又怎样将在外地见到的粗白瓷标本与邢窑当地的瓷片相对照，相比较呢？这项工作比起上面谈到的细白瓷的问题就难了许多。这还不仅仅是粗白瓷产量大，主要是由于这些制品做工粗糙，各窑口的制做基本相同，很难加以区分。这有待于人们今后的研究。

致　　谢

河北省邢窑研究组的三批外地考察，前后历时两个多月的隋唐白瓷调研工作终于结束了。这是在我们所到之处的同志们、朋友们的真诚帮助下取得的，没有他们的关心和无私支持我们将寸步难行。让我们记住他们的名字吧：太原的水既生，西安的赵书明、何建武、王汉珍、马得志，洛阳的朱江、张剑、吴占元，南京的宋伯胤，扬州的朱戢、顾风、夏梅珍、李万才、徐良玉等同志。在此特向他们致以诚挚的谢意。

我们研究组的顾问冯先铭研究员、刘可栋总工程师都为此次考察工作做了重要的指导。在此向他们表示衷心的感谢。

（注）河北省"邢州窑恢复研究"项目历时七年，已于1987年1月结束，并已通过省级鉴定。

（作者单位：河北省唐山市陶瓷研究所）

隋唐邢窑遗址考察访问实录[*]

王舒冰

邢州古窑，历史悠久，源远流长。根据考古材料和文献记载，邢窑始业于北朝时代，经过隋代的发展，到唐朝已达到了兴盛阶段。依陆羽《茶经》记，唐朝北方邢窑所烧造的白瓷与南方越窑所烧造的青瓷，可以相互媲美，成为我国南北的两大制瓷中心。大约在三十年代，越窑遗址首先为陈万里先生所发现，其后发现范围逐渐扩大，越窑的生产状况也就逐渐为人所知。但邢窑的遗址在哪里，虽然经过人们的多方查找，却始终未能发现，因此"邢窑窑址在何处？"遂成了人们的不解之谜。1980 年至 1982 年，邢窑窑址首先在临城境内发现，初步揭开了"邢窑之谜"。1984 年至 1986 年，邢窑窑址又陆续在内丘境内发现，至此为中外学者所关注的"邢窑之谜"得以全部揭晓。

在临城和内丘境内发现邢窑遗址的过程中，笔者曾前后三次进行了访问和考察，随手撰写了一些实录，现将其中三则，抄录如下。

令人鼓舞的访问——邢州归来

对于唐代邢窑故址的考察，发掘、落实，一直是中外学者所异常关心的问题；也是我国陶瓷史学界研究工作中的一项具有十分重要意义的课题。因为，这个问题迄今还是一个空白。

据李肇《国史补》中记载，邢窑的窑址应在内丘境内。因此，多少年来，中外专家们都来内丘考察、了解过；但都没有能得出个确切的结论。不过因在内丘、临城交界的瓷窑沟村地表发现了瓷片，故一般瓷史专家及研究工作者都认为，瓷窑沟可能是唐代邢窑故址，是唐代白瓷的产地，可是在这里所发现的瓷片只有宋、金，元时期的，唐代的苗子始终没有找到。

现在河北师大历史系任教的杨文山同志从一九五二年起，曾在邢台市一中、五中工作，因讲历史课讲到唐代物产有邢窑产白瓷的内容，因而对邢窑引起了极大的关注和兴趣；于是，他多次对沙河、邢台、内丘、临城等几个县的京汉路西侧的太行山麓之广大地域进行过实地调查。对沙河的赵窑、高

* 《邢台历史文化论丛》，河北人民出版社，1990 年 12 月

窑，邢台东川口一带的东窑、西窑和小窑，以及内丘、临城交界的东西瓷窑沟等古窑址，进行过广泛的考查。那些地方的情况，他几乎是了如指掌（1977 年，叶喆民、冯先铭二位专家在彭城几位专业工作者陪同下，也来临城几处古窑址做过调查）。1980 年 8 月，他又在当地干部的陪同协助下，对临城境内的南程村、解村、泜河北岸、澄底、岗头等五处古窑遗址，进行了一次有意义的普查，获得了大量的瓷片标本。仅就表层出土的资料分析，初步确定所产白瓷器物其上限可以提到唐代中晚期。

消息传来，令人鼓舞，感到万分振奋，心潮起伏，久久不能平静。

具有唐代邢窑白瓷器物特征的实物标本，展现在我们面前；古窑址的确定就不那么像大海捞针一样的困难了。我作为一个河北人，感到无比的自豪。河北，不但有唐代名窑邢窑，而且，还有稍后的定窑、磁州窑。今天，在党和政府的领导下，邢窑又要获得新生并开放出光彩夺目的鲜花了。已经恢复生产的定窑，已在国内外市场闯出一条新路，为国内外的专家和用户所称道；磁州窑在五十年代就已获得了新生，在传统的基础上创新，为我国的建设事业做出了巨大的贡献。除此，唐山是个崭新的，对建设事业发挥了重要作用的大瓷区，而别具特色；宣化新瓷区也在逐渐形成，将愈加发挥出重要作用；据保定地区经委负责同志讲，保定西部接近山区的易、满、完、徐等广大地区也有大量瓷土蕴藏，而且也有煤；倘使保定地区也逐渐建起一个新的瓷区，那就更其值得欢欣鼓舞了。另外，集体所有制的县、社、队办的小陶瓷厂，几乎遍地开花。

1980 年 10 月末，我有幸随瓷史专家傅振伦、叶喆民两位先生到邢台地区临城对唐代邢窑古窑址进行调查和学习。同时，杨文山同志也赶来作陪，更觉欢畅。

11 月 1 日，即我们到达临城县的第二天，首先到离城七华里的岗头之泜北渠两岸（主要是北岸）调查，发现有古窑址和柴灰遗迹，岗头村沿公路发现有约三米的方窑壁，场上还有圆窑烧红的痕迹，远处瓷片成堆，白花花的一片，俯拾皆是。在泜北渠北岸百米范围里，不但发现了玉璧底、大唇沿白瓷碗残片；叶喆民还在那里发现了平底器物的残片。较之杨文山同志判断为"晚唐遗物"，又向前推进了一步，上限可以更加提前；和射兽村唐墓出土白瓷碗，执壶等遗物相吻合。

澄底距岗头约一二里许，沥青公路两侧土岗南侧，发现古窑址残壁，附近小唇沿白瓷碗器残片很多；还有黑瓷、青瓷残片。在开辟这条公路时，曾毁掉一座完整的圆形窑，可惜连个极简略的图样也未留下来，只留下了一点口头传说和印象。

午饭后到城西南六里之遥的南程村，这里有个耐火材料厂，也试制套五盆。这里西南山坡有大量瓷片和窑具残存物，堆积量之大，覆盖之广，令人吃惊。除白瓷片小唇沿或覆烧、叠烧足部无釉碗器残片外，还有罐、坛、盘等器物及黑釉、酱釉、青瓷、黑釉加刻花、印纹残片存物。在耐火材料厂稍东下边离村二、三百米处，发现一座类似岗头公路边发现的长方型古窑一座；靠近村边，又发现古窑址数座。更可喜的是一位老乡打水井，深下两丈多时发现白瓷碗数个；可见此处古窑址已为村落所覆盖，证实了南程村乃由北面迁来此处，古时叫"大碗窑"。这里衰落后，传窑工流落到观台镇，可以推断其年代要早于观台镇之磁州窑。南程村西南坡上尚有一座青石佛像，佛前供桌乃是明代崇祯十一年北程村人捐献施舍的，还记载了管工、石匠名字，被人称之大佛寺，早已毁，其年代当早于明末叶。在地边小道旁还发现半段千佛碑正中一较大佛像，下为排列整齐的群佛像，个个栩栩如生，年代不详。

11 月 2 日上午到有名的西瓷窑沟访问，这个村有两座石拱桥，证明当年这里的百泉河、千泉河水很大，现在仅有微微津出的一点点水。西磁窑沟有两个队属内丘县管，村支书吕春生介绍说，沿坡往西北上在一个沟前发现古窑址三处，在上场地上群众说为垫场挖毁了一座较完整的窑址。地表到处是小唇沿残片，还有不少黑瓷片，个别青瓷片。沿坡往南下走，这里裸露的瓷土，任凭风吹雨冲。据说南坡含铝量少，产瓷白而细；北坡则发红或者白中带红血丝，这真是大自然的赐予。

越过河滩，北坡有一溜旧窑址，也有白瓷片发现。但大量的还是黑釉器物残片和窑具，还发现一块刻有马姓的匣钵残件，再东点一座土坡上镶嵌着无数匣钵。北坡有称为"尧舜庙"的旧址，庙已毁，碑已断；我疑为"窑神庙"。老乡讲每烧窑前都在此庙祭神，祷告烧窑成功；更为这里可能是窑神庙找到了传说中的根据。传尧封唐，望都有尧母坟，新旧《唐书》和《魏书》等均有记载。又据说原碑文为记述李姓、林姓两家窑主因纠纷诉诸官府的结果的。这里地表存物，似晚于派北渠之岗头和南程村，目前所见多为宋、金、元代器物残片，而小唇沿白瓷器物残片及窑具之多，似可再进行向下发掘，以证实其断代的确切时间。

回城路上，又到贾村（过去叫瓷窑沟）看大缸厂，这里生产大缸和水利用的缸管，供不应求。成形已半机械化，烧成工艺已建成一条隧道窑，此地原料多，又有煤，大有潜力可挖，以发挥优势。这个厂已配备几个人搞邢白瓷的恢复、试制，并已初见成效，值得欣慰；祝愿他们获得新的成就。

临城，唐属赵州，自隋、唐武德四年，内丘也属赵州，在贞观初和武德五年属邢州，而邢之土贡中有瓷器。

临城本房子（汉时），属常山郡，《史记》：房子今赵州县。天宝元年更名为临城，天祐二年更名曰房子。这在新旧《唐书》中均有记载。而临城之东北角台地上确有一座方塔，砖砌并有无数雕像的九级浮屠，极类西安的雁塔，但矮些；南门石拱门楣上刻有四字，"宝塔"二字尚可辨认。

内丘，原为中丘，前汉属中山国，后汉、晋属赵国（见《魏书》卷二四七二页，《后汉书》卷十二志二、三四三七页）。

邢州本汉之襄国县，秦属巨鹿郡，在今平乡之地；项羽改襄国。班志襄国属赵国，赵王歇都襄国，即龙冈。元氏，汉属常山郡，晋属赵国。赵公子元之封邑故曰元氏。常山治所，（汉）在今元氏县南，唐邢、赵二州皆汉巨鹿郡地（见《资治通鉴》三〇六页、一〇四页、一二三四页）郡址今邢州之平乡城，尧时大鹿之地，禹为大陆之野，秦灭赵置巨鹿郡（《资治通鉴》卷二二八一页）。柏人属赵国，唐为邢州尧山县（《资治通鉴》卷六二八一二页，卷七三一一八页），宋开宝五年改昭庆为隆平，熙宁六年隆平县改为隆平镇，入临城县（资治通鉴》卷十四七一九页）。

《金史》卷二地理志六〇三页，河北路辖六十一县，真定府土产有瓷器、铜铁。内丘，临城均属真定府，境内有派水。概为派水两岸比较集中之古窑所产之瓷器了。

东西柏畅村发现有汉代陶器，传四王城在东柏畅。解村有古窑址，残片及窑具也有大量堆积，临城西四、五十华里之官都，闻也有古窑址。1980年12月8日临城来人送来从祁村东南古窑址新发现的瓷质白细、釉晶莹柔润如玉的平底执壶一件和满施釉的玉璧底（宽）碗器等器物遗物若干件，应视为最有代表性的早唐器物。离祁村不远的西双井村也发现古窑址。和文献记载之派水两岸的贡瓷地基本相符。临城射兽唐墓出土白瓷碗一件，执壶两件；邢台西郊孔村（1960年）发现两座唐墓，西南郊后楼子发现一座唐墓，均各出土白瓷碗一件，执壶两件；1959年邢台西郊三义庙村西发现一座墓葬群，上至战国，下至明清，其中八座唐墓，每座均有白瓷碗一个，通体施釉，其中一个碗底刻有一个"朴"字，可视为朴姓匠人所制。

据目前初步勘察，从内丘、临城两县交界的瓷窑沟起至临城县境内的竹壁村，顺太行山麓南北五十华里、东西十余里之广大地带，均有很厚质地优良的瓷土蕴藏。还有大量储煤（优质煤的记录），可谓得天独厚了（制瓷，水、火、土缺一不可）。邢州临城人民立志发挥这个天赐的优势，恢复和发展邢瓷艺术，为四化做出新贡献的愿望，是可以计日功成的，关键是决心和措施。配备以精干的技术力量，不断实践。积累经验，在传统的基础上创新，着眼于现代化的需要，会闯出一条新路的。

1980 年 11 月上旬记

事后，又接佳讯，言说在岗头以北的祁村，双井等地，又发现了新的唐代窑址，出土了大量的盛唐乃至初唐时期的遗物，更是令人鼓舞。日后如有机会，但求二次赴邢。

补 记

振奋人心的消息——内丘邢窑问世

《河北陶瓷》1984 年 1 期《何处是邢窑》发表后，在 1985 年 12 月初，河北省轻工厅和省硅酸盐学会组织了一次考察邢窑的活动。对内丘县城关左近发掘出土的古窑址及瓷片、窑具等进行了鉴定。这是在《河北陶瓷》1986 年 1 期上读到了《邢邢窑中心在内丘》一文所了解到的振奋人心的消息。内丘邢窑与邢瓷艺术鉴赏有重大意义。早在 1981 年 4 月邢窑与邢瓷艺术鉴赏会上，我们曾说临城已发现的唐代古窑址及其存物证明它是唐代邢窑产地之一，还要继续在内丘县境内查找古窑址。

据《内丘县文物志》记："内丘县境内，南起七里河北岸，北至磁窑沟，西起杨庄东，东至京广铁路沿线，方圆十八华里，如史村，城关、白家庄、洞上，南大丰、北大丰、中丰、北岭、南岭、新城、永固、四里屯、南双流、北双流、西丘、五郭、磁窑沟等十七处发现了古瓷片、窑具和古窑址，分布之广，规模之大，是与史书记载完全吻合的。鉴赏出土器物、瓷片、窑具，证实南北朝、隋、唐、宋、元皆有之。内丘地处山区，丘陵、平原，水陆交通方便，柴草丰富，有着多种质地优良的瓷土资源，有利发展陶瓷生产。可见，古人认定邢窑在内丘是正确的，否认这一事实是毫无根据的。""邢窑白瓷主要器形有碗、盘、杯、盒、马袋壶、注壶、坛，还有像马俑一类的工艺品，别具一格。"

中丰洞古窑址出土有北魏白瓷佛龛一座，还有隋代青瓷小盘；北双流古窑址出土有北齐彩瓷雕塑瓷人灯具和猴玩具各一件，还有一件隋黄釉长颈瓶。

西关古窑址出土有北齐青瓷施化妆土四系罐；隋青瓷高足盘、双耳壶、三系罐、碗；初唐细白瓷高足杯、折腰碗、杯；盛唐小圈足碗、细白瓷玉璧底碗。

礼堂北古窑址出土有隋青瓷钵、青黄釉瓷小口印花扁壶、白瓷炉、黑瓷炉、青黄釉长颈瓷瓶；初唐青瓷钵；盛唐青瓷高足杯、黑釉，青瓷碗、细白瓷玉璧底碗，白瓷刻印花菱形小碟残件、小碗残件、玉璧底盖有钮盒、青瓷盘口长颈鼓腹瓶、白瓷执壶、细白瓷碗、高足杯盘多件、青瓷钵、黑釉釜、敛口撇口玉璧底碗若干，青瓷双耳罐、三彩器一组有罐、钵和小杯、小罐；器型多，瓷种多，极为丰富。

由此可以归纳以下几点：

（一）内丘白瓷瓯确有出处，印证了唐李肇《国史补》记载的可靠性；以及陆羽、皮日休等唐人关于邢瓷的赞誉的客观性。

（二）仅就四处古窑址的出土物不仅可见初唐盛唐器物，而且有隋器和北齐、北魏遗存物，一些窑址的历史可以而且应该前提。

（三）内丘邢窑古窑址出土的瓷片证明，邢窑除生产白瓷外，还生产青瓷、黑釉瓷、黄釉瓷和三彩瓷；产细瓷也产粗瓷，器型品种多，除釉色装饰外，还有刻印花卉装饰和瓷塑艺术，和临城古窑址出土物近似而更加丰富。

（四）内丘邢窑古窑址出土物证明，邢窑是北方生产三彩器物故乡之一，使唐代邢窑增添了光彩；这是继巩县窑、耀州窑所发现烧造唐三彩的第三个产地而具有历史意义和研究价值。

（五）内丘邢窑古窑址出土物证明，不仅存在模印刻划装饰工艺，瓷塑雕刻艺术尤为突出；和临城古窑址所发现的瓷皮囊壶、骑马俑，马俑艺术相类，只是其器物的历史稍早于临城。

（六）内丘邢窑古窑址出土物证明，这里发现了十多片带"盈"字底款的白瓷片，和唐大明宫遗址以及邢台唐墓出土瓷片中有"盈"字底款邢窑白瓷碗残片一致，从而佐证了史书记载有邢州贡瓷之说的可靠性。

（七）李肇《国史补》记载"内丘白瓷瓯天下无贵贱通用之"，这说明邢窑的生产规模很大，产量很多；因此，邢窑必然包括临城已发现的唐代（还有隋代）诸窑址在内。甚或包括沙河以北、赞皇以南京广铁路线以西之许多窑口在内。

（八）正如程在廉工程师所说："据对这一地区地质构造条件分析和预测，在邢台以北、赞皇以南、京广路西侧的广大范围内，随着考古发掘工作的深入，将会发现更多古瓷窑遗址"。倘使在内丘境内大小二十八片古窑遗址都有所新的发现，那将更加丰富我们对唐代邢窑遗址及其陶瓷艺术的认识。

（九）唐代邢窑遗址及其存物的发现，首先从临城的几处古窑址的考察开始，连同杨文山同志在此之前自 1952 年以来的七次踏察及对邢白瓷的探讨；至近几年来在内丘各地考察和发现邢窑遗址的成果，都是历史考古、工程技术科研、矿产地质部门有识之士通力合作的结晶。

（十）邢窑中心在内丘，已为史书记载和今已问世的古窑址及其存物所证实。但是提出在唐代或唐以前的北魏、北齐和隋代，在邢州已经存在一个综合生产、品类繁多、制瓷工艺技术具有一定水平和相当规模的邢窑体系的设想，也是符合逻辑的。

临城邢窑遗址在七十年代末和八十年代初较早地被发现。1980 年 8 月发现了临城境内七处古窑遗址，并获得了具有晚唐风格的白瓷器物和窑具和岗头唐代古窑遗址；1980 年 10 月又在祁村、双井发现了三处唐代窑址，获得了大量盛唐乃至初唐的实物标本。至此，为中外瓷史研究者所注目的唐代邢窑初露端倪和揭开了它的"庐山真面目"。如果没有工业部门在陶瓷事业上开创新局面的愿望和计划的推动，临城邢窑遗址不知还要沉睡多少年，这一点切不可忘记。

1986 年 5 月 25 日记

重返邢台，再访临城

1986 年 5 月，21 年后我又重返邢台第二故乡，最大的收获是登上清风楼看了邢台地区的出土文物；特别是历代陶瓷文物的陈列给我以极大的艺术享受，深感欣慰。

这里陈列有战国时期的灰陶刻划纹罐，西汉的青瓷博山炉、青瓷盆、青瓷鼎、彩绘陶长颈灰胎壶（邢台北关桥西出土），东汉青瓷壶、仓、井、灶、隋岗头邢窑出土青瓷钵式盆、青瓷施化妆土双系罐、白瓷施化妆土平底钵（临城陈刘庄隋墓出土），晚唐白瓷执壶、青瓷双系罐（临城产），五代深腹宽圈足碗、白瓷灯碗、浅腹宽圈足碗（临城岗头窑出土），还有宋白瓷童子钓鱼瓷枕等陶瓷艺术品。

据杨文山同志在邢窑鉴赏会议上讲，1958 年修筑京广复线时，在邢台三义庙西侧发现了古墓群，上自春秋战国下至元明清各代都有，出土了完整器物百件以上，当时杨文山等同志在邢台一中曾搞了一次"古陶瓷陈列"，对学生进行历史唯物主义及历史知识的教育。陈列的陶瓷有周代的陶豆、汉代的陶罐、北朝的青瓷盘口壶、隋代的粗白瓷杯、唐代的细白瓷玉璧底碗和宋金的代的白瓷碗、白瓷盂、白瓷钵、白瓷盘、白瓷壶等。此次访问内丘、临城归来，又到石家庄河北师大拜访了杨文山同志，他送我临城陈刘庄隋墓出土的青瓷双耳罐（施化妆土）和白瓷平底钵（施化妆土）器物照片。并且在他的书架上看到一件类似晋代的器系盘口青瓷壶和一件胎灰黄绿釉模印纹十二生肖长颈青瓷壶（汉代器物，1976 年 5、6 月间一学生家长在邢台挖土所发现，有大理石硃砂书写的墓志铭）。另外还有一件隋双龙瓶；胎灰白施化妆土青釉呈灰白色，此器出土于隋墓，有"大隋大业四年五月丙寅"砖墓志铭（1977 年邢台曹演庄村西青年路东侧出土），同的还出土了两件平底碗。隋时的白瓷，工艺已很工整细致；尤其唐代白瓷碗带有"盈"字底款者。杨文山同志对保护文物，特别对邢窑遗址的探察和对邢瓷艺术的研究，做出了贡献，这是值得学习的。

此次访问考察，我是由邢台先到达内丘，再到临城的。首先在临城文物所看出土文物：这里有古城出土的战国灰陶瓦排水管道，有陈列刘庄隋古窑址出土的青瓷碗（平底外釉石到底）、白瓷碗、白瓷小盂、白瓷平底粗瓷碗和白瓷小碗（施化妆土）。其青瓷双系罐和白瓷平底钵，与现存邢台清风楼文物陈列室的器物相同。另外还有水南寺唐墓出土了成组的唐彩绘俑，有三四十公分高的唐马、骆驼和近一米高的武士俑以及成组的侍者俑、舞乐俑，件件制作工艺严谨，刻划细腻，栩栩如生；还有两件为瓷碗，肯定为本地窑场所出。

随后在文物所张志忠陪同下，又到了离县城十多里的祁村古窑址两次踏察。沿小铁路基北侧发现一个灰渣土坑，过去从未试掘过；在附近水渠边、地堰边以及麦田里，曾拾到青瓷双系罐残件口部单系一件；还有三角支钉、工字形支架若干；还有唇沿玉环底白中泛青瓷片、黄绿釉厚胎罐器残件；还有浅腹胎质细白施釉后呈纯白或青白色碗、盂残件、厚胎白瓷钵残件；还有粗瓷胎施黑中闪绿釉盆盖残件若干。回忆 1981 年 4 月开鉴赏会曾来此地堰下边试掘出土隋白瓷平底敛口钵和另两件典型唐代白瓷器，后被故宫博物院冯先铭等带回北京的事实；这里不但范围大，而且品种齐全，有白瓷、青瓷、黄釉瓷、黑釉瓷，有粗瓷也有细白瓷。所以肯定这里是唐代邢窑故址之一。现在看到这里存在隋器的事实，其制瓷的历史似可以前提。

临城陈刘庄有隋墓出土，又于 1982 年砖厂用土发现了隋代古窑址若干个；这是我这次重返临城参观学习的又一个重点。

陈刘庄距县城十二华里，在县城的东南，距贾村三五里地，距界庄仅一二里许，过界庄即为内丘辖地。陈刘庄古窑址就在贾村第一陶瓷厂（缸瓦窑）后身的几条沟里，陈刘庄实为一个陈庄一个刘庄的合称。这里古时曾有千佛寺遗址，目前寺已毁，仅存石碑二方，石像数块，在一块斜横于岸边的石碑上有明万历八年四月重修碑记，说明嘉靖丙申曾重修此寺，碑曰："临之城东南贾村境接内丘之冲；有地一隅，绵延平旷，溪涧环于左右，松柏绕于后，先堡墒于四围，石槛列于大门之外，梵宇棱层，禅至比密，诚古刹胜概也。两邑迎送往来，恒借停骖，前此代天子巡者……唐柳先生自西域来传道于此。……"有千佛碑极类南程村已断成三截三千佛碑（文献记载北齐有临城千佛寺千佛碑之说，尚待考查）。

陈刘庄古窑地不下五六处之多，有的已为老百姓做了家养猪牛栏圈之用；有的已为砖厂用土所毁；有的被农田水渠冲刷裸露红烧土窑壁；有的已为村民回填种麦。即使如此；在灰层和窑址附近还是拾到了不少青瓷平底缸、盘、碗、盆、盂、盒和窑具三角支钉等器。瓷种计有青瓷、青釉泛黄瓷、黄釉瓷、灰白釉瓷、白瓷、黄绿釉瓷等；器物还有小件碗、盂、盒、盘、钵之属。我拾到大件隋器残件，只带了较小的几块残瓷片，如一件青瓷大盆口部残件、一件青瓷钵口部残件、一件大青瓷罐平底残件、一件施化妆土内白外青瓷平底罐残件、青瓷钵、青瓷盂口部残件、细白瓷碗口部残件；还有小圈足白瓷酒杯半个和一件小葫芦瓶带耳残件，以及三角支钉若干。张志忠拾到莲瓣白瓷片一件，似为印坯成型工艺遗物，还有一件纯细白瓷盒颈残件，质地柔润如玉，洁白无瑕；据杨文山同志讲：在陈刘庄还曾发现烧制白瓷用的套高体匣缸和置于窑炉沙基之上中空橄榄式加底座半球式烧成工艺用的窑具，概为烧纯细白瓷所用，过去很少发现隋代的这种窑具，所以很值得研究。

1980年8月临城县工业部门邀杨文山同志参加了在境内磁窑沟、山下、解村、南程村、射兽、澄底、岗头、祁村、东双井、西双井等地的考察，前后发现了十七处古窑址。是年8月10日，在岗头第一次发现一座唐代古窑址，并发现了唐白瓷器物和窑具；接着在10月在祁村和东西双井又发现了三处唐代古窑址，收集了大量瓷片、窑具，第一次后拣到"类银""类雪"的典型细白瓷器物和瓷片；1981年3月上旬，在祁村古窑址及渣土层试掘了一米宽、二米长的探方获得了大量实物标本；检到了玉环底细白瓷碗、玉环底细白瓷碗、细白瓷执壶、细白瓷皮囊马蹬壶、瓷骑马俑、瓷马俑等具有唐代典型风格的白瓷艺术品。这年4月在临城第一次召开了"邢窑邢瓷艺术鉴赏会"；鉴赏会上专家们的精辟发言使邢窑及邢瓷艺术的研究工作向前推进了一大步。到了1982年在陈刘庄发现了隋窑，又在此处发掘出土完整隋器和唐器多件，它的发现不但使临城又增加一处综合性古窑址，而且把临城瓷业生产史提前了一个朝代。倘使对磁窑沟、南程村、澄底、射兽、解村，以下诸古窑址再做考古发掘，可能还会有较宋金元更早的古窑址及存物问世。所以我认为应将临城境内古窑址的调查研究工作，再向前推进一步。

这次重返临城收获很大，主要有以下几点：

（一）自临城邢窑邢瓷艺术鉴赏会以来，省、地、县有关部门调整了试制机构和地址，加快了试制工作；这是历史考古、工程技术、工艺美术联合起来进行综合实验的场所。将会发挥出众志成城的作用，对邢瓷艺术的研究试制工作向前推进一步，可期望计日功成。

（二）二轻系统采取和航天部门横向联合，利于邢白瓷艺术条件准备生产工业用瓷；这将是邢瓷艺术在新形势下开拓新途径产生新生命力的可贵尝试。

（三）临城水南寺唐墓出土众多彩绘俑，反证了祁村邢窑产白瓷俑的可靠性；同时向我们提出了在临城古窑址中查找唐代彩绘俑和三彩俑器物出处的任务。

（四）临城出土战国灰陶瓦水管道器、刻划纹罐器，一定是临城本地窑口所产器物：因此，查找古窑址及其出处很有必要。传东西柏畅为西汉四王城故址，曾出土有陶器等文物；似应做次历史考古调查，以发现新的古窑址。

（五）临城镇内有北齐墓葬遗址，陈刘庄有北齐（暂定）千佛寺、千佛碑，古城遗址曾出土战国陶水管道，都是历史悠久可寻的踪迹；因此烧造这些遗址所需的砖瓦、陶瓷器物的窑场定不会太远，拟或就在本县境内，有待查找和发现。

（六）李肇《国史补》记载："内丘白瓷瓯、端溪砚，天下无贵贱通用之。"恐为泛指邢州整个地区诸窑所形成的邢窑系，当然包括临城诸窑在内；否则"天下通用"根本供不应求。根据地理及历史沿革和内丘与临城相毗邻如此紧密，临城诸古窑址就是"邢窑"的一部分。即使无"盈"字底款器物出土，在内丘带"盈"字底款器物也不可能是所有古窑都产；因之，要看瓷质、造型和釉色的实质。不应以前人的每句话作为不可逾越的圣经，如端溪砚自古至今也不曾为"天下无贵贱"通用过。这就是说"盈"字底款器物只是邢窑贡品之一，决不可能一切邢器都带"盈"字款，关键在邢窑器物的质量及风格。

（七）唐代白瓷艺术乃有史至唐的高峰，而唐代白瓷又主要指邢窑白瓷；其实在唐代产白瓷的窑口除了邢州，还有巩县、密县、浑源、大邑、婺源、平定、介休、交城、河津、乡宁等窑口。杜工部《又于韦处乞大邑瓷碗》诗中形容道："大邑烧瓷轻且坚，叩如哀玉锦城传。君家白碗胜霜雪，急送茅斋也可怜。"轻且坚是讲器物质量，叩如哀玉是讲音响效果和瓷化程度高，胜霜雪是讲白度；对邢瓷也适用。唐人段安节在《乐府杂录》中讲述唐大中年间；（公元847—859年）乐师郭道源："用越瓯、邢瓯十二，旋加减水；以筋击之，其声妙于方响"。也是讲的音响效果，没有较高的烧结度没有纯真的内在质量不可能出此美妙的音乐效果。陆羽在其《茶经》中说"……或以邢州处越州上……邢瓷类银……邢瓷类雪……"（陆羽，肃宗上元为公元761—762年著），讲的也是外观效果的白度。唐人皮日休《茶瓯》诗中道："邢客与越人，皆能造磁器。圆似月魂堕，轻如云魄起。枣花势旋眼，蘋沫香沾齿。……"陆龟蒙在《茶瓯》诗中写道："昔人谢坯埏，徒为妍词饰。岂如珪璧姿，又有烟岚色。光参筠席上，韵雅金罍侧。直使于阗君，徒未未尝试。"都是讲的邢瓷内在质量、音响效果和外观美感的赞词。内丘和临城邢窑遗物都有如此效果，且有唐墓出土存物可资佐证；所以要一视同仁，同等评价，才不为人所乘，而有利于我们的建设。

（八）临城邢窑的历史目前可上溯到隋了。陈刘庄古窑址出土了北朝的器物，内丘古邢窑也出土了北魏北齐存物，这都将对中国陶瓷史填补了空白；对河北陶瓷史将有直接上溯古人类文化史的依据。磁山文化、仰韶文化（邯郸及正定均已发现多处）龙山文化（邯郸地区也有发现）以及夏商周诸代遗址在邢台地区还有缺环，值得注意。

（九）临城邢窑除出土骑马俑、马俑这些瓷塑玩具外，还出土了白瓷皮囊马蹬壶这类中原地区极为少见的器型，而且有刻划纹饰；鉴赏会上冯先铭曾引证过西安曾出土唐代铜器或金银器中有过这种类似北方少数民族马上用具皮囊马蹬壶，我1985年9月曾去内蒙赤峰地区参观学习，在赤峰和喀喇沁右翼旗文物陈列中都曾见到唐人由中原带到该地的银质鎏金鸡冠壶。再举一例，则是黑龙江省文物陈列中曾在原始陶器中有过仿桦树皮和仿皮革缝制的马上用具皮囊壶器型。两晋曾有鸡头壶器型颇为流行，内丘礼堂北古窑址曾出土有小口扁壶，器为印花施青黄釉的隋器；也可佐证并非只有邀金才有此独创。另外从临城祁村古窑址出土纯白瓷器物胎质致密、烧结度高、釉色柔润晶莹如玉和令时出土的细瓷坛、短流执壶、玉环底玉璧底碗的规整造型、严谨的成型工艺、内在质量和外观效果毫无二致。

（十）把考察邢窑遗址和研究邢瓷艺术的原料燃料构成、制作工艺工程技术、成型装饰工艺美术、历史考古和经济管理工业布局的工作结合起来，通力合作，团结一致，为开创邢台地区陶瓷工业乃至河北陶瓷工业新局面，为把"古陶瓷学是一门交叉科学"的研究工作在邢窑和邢瓷艺术的基地上开创新局面的时机已经到来，取得更大成就是历史的必然。

（作者单位：中央工艺美术学院）

河北内丘出土"翰林"款白瓷[*]

贾永禄

1987年春,内丘县集上塞村农民挖烧砖窑时,出土唐邢白瓷5件。其中一件"翰林"款白瓷罐,现介绍如下。

图一 铭文摹本

罐为直口,圆唇,短颈,上腹圆鼓,下腹较瘦,平底,底部阴刻"翰林"字样。口径10、底径8.5、通高24.5厘米(图一)。

白瓷罐胎质细腻洁白,器内外满釉,釉色莹润,具有典型的唐代邢白瓷特点。"翰林"款白瓷是邢窑的贡品,此类瓷器在目前的发掘材料和文献中尚属鲜见。因而,这件白瓷罐的发现,对于研究邢窑瓷器的款铭种类和"翰林"款瓷器的烧制年代,具有十分重要的参考价值。

(作者单位:河北省内丘县文保所)

* 《考古》1991年第5期

论邢台的瓷土资源与历史利用[*]

程在廉

邢台西依太行，东接平原，在区域地质构造位置上正处于华北地台内山西台背斜与河淮台向斜之间的过渡地带。在数十亿年漫长的地质演化发展过程中，沉积建造比较完整，构造岩浆活动频繁区域变质作用多期，具有比较优越的成矿条件，因而矿产资源种类较多，储量也比较丰富。除了著名的煤、铁、石灰岩、石膏等矿产之外，瓷土资源也具有一定的优势，瓷土探明储量位居全省第一，为邢台陶瓷工业进一步发展奠定了比较雄厚的物质基础。

"瓷土"是商品名称，实际上是指能用来烧制陶瓷的各种粘土矿。邢台的粘土矿种类较多，但与南方的风化型矿床不同，而具有典型的北方特点，均产出于石炭二叠纪沉积含煤地层之中。南起沙河市，经邢台、内丘、北到临城的北部，都有瓷土产出（见附图《邢台瓷土资源分布示意图》）。在地质构造上大致沿石炭二叠纪含煤向斜的边缘分布。按其含矿层位，粘土矿物组成和制瓷性能基本上可分为以下几种：

（一）灰色硬质含水铝石的高岭石粘土岩。又名高铝粘土或"碱石"。以含 Al_2O_3 量较高（30 —40%）为特征。耐火度一般大于 $1700℃$。矿石矿物组成以高岭石为主，含少量水铝石，质硬、性脆、断口贝壳状。此种粘土常赋存于中石炭系本溪组地层的最下部，层位比较稳定，在沙河的北掌和马庄、邢台煤矿、临城的南程村及西牟一带均有产出。尤以沙河的马庄已探明的储量最多，达一千万吨以上，但因水文地质条件十分复杂，近期不可能开发利用。目前只有乡镇集体矿山企业或个体采矿在各矿点零星采掘。此种粘土在陶瓷工业中多用来制造粗瓷（大缸等）和匣钵，或用作窑炉的砌砖（耐火砖）等。化学分析结果见表一。

（二）灰白色、白色半软质高岭石粘土又名"白矸土"、"灰矸土"等。主要矿物组成为高岭石，有时含少量水云母。其含 Al_2O_3 量一般为 25—30%，含 Fe_2O_3 量在1%左右，耐火度在 $1580℃$ 以上。矿石质软，呈页岩状构造，断口参差。加工成坯泥的可塑性中等。它赋存于中石炭系本溪组的中下部，即位于硬质粘土之上，层位也较稳定，分布也比较广泛。尤其在邢台以北山露较多，从内丘的北大丰

---

* 《邢台历史经济论丛》，中国人事出版社，1994 年

起，向北经西邵明、磁窑沟，到临城的陈刘庄、澄底、南程村，直到北面竹壁、西牟及赞皇南部的白家窑、邢郭梁一带，都有此层白矸土产出，但以西邵明一带较为集中，探明的储量达 250 万吨。通过对古邢窑的恢复研究，发现以下两点值得人们注意：一是邢窑体系中各窑场的分布基本上与这种白矸土（半软质高岭石粘土）的分布范围一致；二是典型唐代邢窑瓷制品胎的化学组成（见表八）基本上与这种白矸土的化学组成一致。由此推断，唐代邢瓷的主要原料是这一带的白矸土。北大丰、西邵明是距唐代邢窑中心窑场最近的瓷土原料产地。邢窑之所以能起于北朝、盛于隋唐，延至宋金，驰名天下，当与此地的瓷土原料的开发有关。化学分析结果见表二。

（三）淡红色或紫红色软质高岭石粘土。又名"红砂石"、"祁村土"。呈紫红色团块状或层状，具假砂状结构，含油黑色条纹及炭质，质地松软，组成矿物以高岭石为主，含少量多水高岭石。化学组成中，含 Al_2O_3 在 35% 以上，含 Fe_2O_3 和 TiO_2 都低，属优质的瓷用粘土，矿层赋存于下二叠系山西组的上部相当 1 号煤（"小煤"）的层位中，主矿层约距 2 号煤（"大煤"）顶板 7 — 11 米。矿体呈似层状，山"红砂石"高岭石粘土团块与薄层紫木节粘土及灰紫半软质粘土岩组成，也即是混合型的矿石。产地以临城祁村为代表，曾做过钻探取样工作。矿体深埋在地表 100 米以下，开采条件差，而且，矿层较薄，稳定性差，且分三单层，每单层厚仅 0.2—0.4 米，且以紫木节粘土为主，因此，目前开发利用的可能性不大，更不是古代邢窑所用的主要原料。此种粘土的形成与含煤粘土层位在地表浅部的风化淋滤作用有关。化学分析结果见表三。

（四）紫色富含碳质的软质高岭石粘土。因其形如朽木，故又称之为"紫木节"。这种粘土一般赋存于煤层的风化带中，属煤层夹矸或顶底板的风化残余粘土。含矿层位较多，且分布较广。位于中上石炭系本溪组顶部或太原组下部煤层风化带中的紫木节粘土，有内丘西邵明、临城陈刘庄（火石岗）、西牟等矿点；位于下二叠纪山西组中上部，相当"小煤"层位的紫木节粘土仅发现于临城祁村、石固一带。

紫木节粘土一般呈紫色或檀香木色，疏松土块状，或具有微挠曲薄层理的朽木构造，结构细腻并有滑感。组成矿物主要为高岭石和水云母，此外还含有少量石英、碳酸盐、金红石、榍石、长石及褐铁矿等。矿物组成较复杂，常含有大量炭质或有机质，组成矿石中大量的油泥黑色斑纹，此类粘土的化学组成特点是含 Al_2O_3 量较高，一般为 30—35%，含 Fe_2O_3 量变化大，烧火量一般在 15% 以上泥料的可塑性高，一般作为烧制日用细瓷时的配料，以增加坯料的可塑性和提高成形性能。在古代可能在烧制宫廷用的邢瓷时少量开发利用过，因为在西邵明、陈刘庄等地白矸土（半软质高岭石粘土）的顶板往往有薄层（厚 0.2—0.4 米）的紫木节粘土伴生，在开采白矸土时可以一并采出。化学分析结果见表四。

（五）黑色或深灰色的煤夹石粘土。此类粘土实际上是可采煤层中的夹矸。又名"高岭石泥岩夹矸"在国际上有一个通用的名称叫做"Tonstein"。当它具有一定厚度时，在采煤过程中才能综合回收利用，作为优质的陶瓷原料。如山西的"大同土"，就属此类煤夹石粘土，已畅销全国。在邢台煤矿中的 2 号煤（"大煤"）和清河煤矿中的 4 号煤（"山青"）的煤层均有此种煤夹石粘土产出。此种瓷土一般呈棕灰或黑色，质地粗松，粉砂质结构，微层状构造，煅烧后呈洁白色，组成矿物以高岭石为主。但矿层埋藏深度大，且单层很薄，一般不足半米，如邢台煤矿"大煤"含煤夹石粘土 1—2 层，上层厚 0.5—1 米，下层厚只有 0.1 米，4—1 号煤（"山青"煤）含夹石 1 层，清河煤矿 4 号煤（"山青"）煤夹石厚仅 0.05～0.1 米，都难以单独采出，只能在煤矿开采时注意人工选出，综合回收为宜。

从目前情况看，此两处煤夹石粘土都没有开发利用。化学分析结果见表四。

（六）由绢云母或水云母组成的粘土。又名章村瓷土（"章村土"），为邢台所特有的瓷土矿床类型。主要分布于沙河的章村和三王村一带，沙河的白错、北掌、侯庄、金子等处也有产出。此类瓷土的含矿层位大致相当于下二叠系下石盒子组的中上部，但因矿物组成不同而细分为四种类型，即：绢云母粘土板岩（章村）、含水云母绢云母粘土岩（三王村）、含绢云母水云母粘土岩（白错）水云母粘土（北掌）等。现以章村瓷土矿为例说明如下。

章村瓷土矿层赋存于下二叠系下石盒子组第一段的顶部及第二段的下部的中细粒长石石英砂岩和粉砂质粘土板岩之中。呈多层产出，但以第一段顶部的尘矿层为最好，层位稳定，厚度 1.47—5.45 米之间，一般厚 3—4 米。矿石呈蛋青色或腊黄色，具变余泥质结构，块状构造，局部见有鲕状、豆状及花斑状构造，主要由绢云母组成，约占 95% 以上，其次为长石，并含锆英石、钛磁铁矿、榍石、磷灰石、金红色等微量副矿物。矿石质地致密、细腻，具滑感、性脆、断口参差或呈贝壳状。因受轻变质作用而局部粘板岩化，同时也有钠长石化现象，局部矿物组成或以涓云母及钠长石为主。章村之东的三王村矿区的瓷土受变质程度较轻，矿石含水云母较多。经研究，章村瓷土矿属沉积改造矿床。其原岩应是富含铝、钾的沉积粘土岩。章村之西的白错粘土矿的赋存层位与章村相同，但属于沉积蚀变风化型矿床，矿石中残留有粘板岩的碎屑及结核，属于水云母质粘土。主要由绢云母—水云组成（占 75% 以上）颗粒较细，但含石英较多。

章村瓷土矿属绢云母粘土，其化学组成比较理想，含铝量高，一般 Al_2O_3 在 25—35 之间，最高可达 37%；含铁量低 Fe_2O_3，小于 1% 含钛量也低 TiO_2 小于 1%；各种成份变化比较稳定，煅烧后白度高。尤其是含钾量比较高，一般含 K_2O 在 3—8% 之间，完全可以取代陶瓷配料中的钾长石。但从工艺性能来看，它属低塑性，干燥收缩率小的脊性粘土，结合性能及坯体的抗折强度差，且因熔剂物质钾、钠含量特高，导致耐火度低，烧结范围窄。与其它粘土混用时，由于烧结温度不一致，而容易造成产品起跑。所以它一般不宜做为主粘土，而大量用于坯中，常作为配料使用，掺用量一般在 6 - 10%。

章村及三王村瓷土矿已探明的储量近 800 万吨，附近白错、北掌、金子等处还有一定潜力。乡镇集体采矿每年 7 万吨左右，除向陶瓷厂提供作配料外，还正在组织加工成石粉，作为制铜版纸的填料。

由于邢台以北、内丘，临城一带的地质构造特征和成矿条件与沙河一带和似，故在这些地方找到类似的瓷土矿床也是很可能的。化学分析结果见表五。

（七）紫砂陶土。宜兴紫砂陶器，在国内外久负盛名，但可制造紫砂器的原料，在太行山东麓也有广泛分布。如邢台市西北 20 公里的南会附近，就有紫砂陶土产出。

该陶土矿赋存于下寒武系馒头组地层中，矿石为紫红色的页岩，碎屑状结构。主要矿物成份为高岭石、水云母、含石英、方解石、磁铁矿、褐铁矿及少量钾长石等，断面粗糙，风化后成碎片状。据邢台陶瓷厂试验，由于此处紫砂陶土质地较粗，故可塑性差，可塑指数为 11.5 干燥收缩率为 4.41%，抗折强度为 12.50 公斤/平方厘米。且含 Al_2O_3 量偏低，仅 13 - 15%，而宜兴紫砂土的含 Al_2O_3 量高达 25%，为了提高坯料的可塑性，需在原料配方中掺入 30% 左右的叶腊石软粘土（赞皇）、以改进坯料的成形性能，可以制成各种形状的日用紫砂陶器、将饰用紫砂工艺品及建筑用紫砂陶墙地砖，在邢台一带这种类型的砂紫陶土矿不但分布广泛，而且层位稳定，有比较好的开发利用前景。化学分析结果见表六。

通过上述事实，得出以下几点认识：

（一）邢台一带有比较丰富的瓷土资源，分布较广泛，瓷土种类也比较多，与之配套的原料如石英，长石等也在邢台，内丘两县西部分布普遍，质量较好（详见表七）加上煤炭及水源充足等有利条件，为在邢台发展日用陶瓷和建筑陶瓷工业，追赶唐山和邯郸两地，建成强大的陶瓷生产基地奠定了基础。

（二）邢台的瓷土虽然矿点多，分布广，有多种类型，也探明了一定的储量，但在大部分矿层深埋地下，可供露天开采的矿产地并不多。从矿石质量来看，大部分以半软质高岭石粘土（"白矸土"）等中档瓷土为主，因含铁，钛量偏高，只宜于生产中档的日用瓷器（包括炻器）和建筑陶瓷、卫生陶瓷等，而适合生产高档细瓷的资土，如"红砂石"等优质瓷土，因深埋地下，矿层厚度太薄，或受断层破坏和地下水的威胁而难以开发利用。

（三）邢台一带的瓷土矿床虽然分布广泛，但经过正规地质勘查工作的矿产地却不多。已提交较为准确的储量报告的产地，如章村、三王村、马庄、西郝明，南程村等处，仅占产地总数量的四分之一左右，大部分瓷土产地尚未进行地质勘查工作，这对邢台为发展陶瓷工业要对陶瓷原料的开发利用进行总体规划有一定影响。

而且目前邢台一带瓷土矿的开采，以乡镇集体办矿和个体采矿为主，以土法手工方式开采，盲目性大，缺乏技术指导，管理不善，乱采滥挖现象时有发生，造成资源受损失，矿山受破坏的情况比较普遍，如目前采矿回收率普遍达不到40%，综合回收利用程度很差；最严重的是临城的南程村矿山，基本上已遭破坏，无法进行恢复。因此，在瓷土矿的开发中要加强管理，坚持统一规划、合理布局、科学开采、综合利用，注意保护和节约使用资源的方针。

（四）要设法充分发挥本地的资源和能源优势，抓紧技术改造，把邢台的陶瓷工业推向新的高度。目前邢台的陶瓷工业虽已有一定的基础，但产品以中低档为主，品种比较单调，就本地区所产瓷土性质而言，大量生产炻器餐具和釉面砖是最合适的。其所用原料基本上都可以就地取材，可以大大降低成本。而关键在于贯彻深化改革的方针，放宽视野，抓紧技术改造，发展新技术，开拓新产品。要适应客观市场形势的要求，及时更新产品的花色品种，适当地提高产品的质量，适量地降低产品的价格，适度地保持市场占有率，力求在市场竞争中取得主动权。不但要加强企业内部的经营管理，还应在邢台尽早成立一个统一的陶瓷工业发展战略和技术发展的研究机构，做好规划，树立依靠科学进步，加入国际经济大循环的指导思想，争取早日把邢台建成一个有自己特色的，配套完整的，并在全省有重要影响的陶瓷工业基地。

（五）最后提一下，古邢州曾是我国历史上隋唐时期的北方"瓷都"，当时邢窑所产的白瓷制品曾畅销国内外，达到"天下无贵贱，通用之"的境地，邢窑体系的创建和发展，以及风格的形成，当然与窑场所处的地质构造环境、瓷土矿床的分布特征和瓷土矿石的性质有密切的关系，晚唐五代时邢窑的衰落固然与战乱有关，但还与开采条件变差，矿石质量降低，原料供应困难等因素有关。近十年来，对邢窑的恢复研究已取得了显著的成果，应继续保持势头，设法把邢窑真正地恢复起来，重新把邢台建成有影响的陶瓷基地，是很有必要的。

据笔者所知，邢台的陶瓷工业和冶铁、炼铜工业在历史土都有过一段光辉的历程。两者都是把矿物原料装进窑炉以火炼烧，在工艺上都具有"以火攻石"的共性。它们之间在历史发展中如何起着"相辅相成"的作用，也是值得历史考古学家们进一步探索的问题。

表一　　　　　　　　　　　　　硬质含水铝石的高岭石粘土化学分析结果

产地及样品名称	化学组成（%）										说明
	SiO$_2$	Al$_2$O$_2$	Fe$_2$O$_3$	TiO$_2$	CaO	MgO	K$_2$O	Na$_2$O		灼减	
沙河市北掌硬质粘土		31.09 ~ 71.31	1.03 ~ 2.83	0.6 ~ 1						6.8 ~ 14.11	含铝土矿包体
沙河市马庄硬质粘土	49.77	34.01	1.96	1.77	0.50					9.55	"碱石"耐火度1700℃
邢台煤矿硬质粘土	41.76 ~ 44.1	37.1 ~ 37.5	0.14 ~ 0.37		0.4 ~ 0.49	0.16 ~ 0.95			SO$_3$1.99 ~ 2.75	14.2 ~ 14.75	钻孔资料
临城县澄底硬质粘土		Al$_2$O$_3$ + TiO$_2$ 42.32	1.51		0.36					14.45	耐火度1580℃
临城县南程村硬质粘土		43.37	1.56		CaO + MgO 0.53					14.17	耐火度1750℃
临城县西牟村硬质粘土	11 ~ 63	37 ~ 67	0.72 ~ 7.5	1 ~ 3	0.13 ~ 0.62	0.21 ~ 0.72			SO$_3$0.01 ~ 0.48		含铝土矿包体

引自有关矿山地质勘查资料。

表二　　　　　　　　　　　　半软质高岭石粘土化学分析结果

产地及样品名称	化学组成（%）											说明
	SiO$_2$	Al$_2$O$_3$	Fe$_2$O$_3$	TiO$_2$	CaO	MgO	K$_2$O	Na$_2$O	FeO	P$_2$O$_5$	灼减	
内丘县西邵明半软质粘土	57.14	26.89	1.14	1.20	0.64	0.52	1.44	0.08	0.23	0.11	10.38	"白矸土"
○内丘磁窑沟半软质粘土	49.98	30.31	0.84	1.04	0.59	0.19	0.02	0.07			12.36	"白矸土"
临城县陈刘庄半软质粘土	53.45	30.62	0.60	1.88	0.41	0.29	0.77	0.09	0.09	0.09	11.58	"白矸土"
★临城县陈刘庄半软质粘土	59.01	34.47	0.90	1.87	0.81	0.35	0.85	0.36				"灰矸土"熟料
★临城县竹壁半软质粘土	56.76	29.89	0.34	0.27	1.01	0.97	—	—			10.38	"白矸土"
★赞皇县白家窑半软质粘土	57.25	29.10	0.36	0.71	0.23	0.27	0.55	0.23			10.64	"白矸土"

带★的为邯郸陶瓷研究所测试资料，带○的为中国科学院电光技术研究所陶瓷研究室测定
其他为河北省地矿局岩矿测试中心测试。

表三　　　　　　　　　　　　　　　**软质高岭石粘土化学分析结果**

产地及样品名称	化学组成（%）											说明
	SiO_2	Al_2O_3	Fe_2O_3	TiO_2	CaO	MgO	K_2O	Na_2O	FeO	P_2O_5	灼减	
★临城县祁村软质粘土	48.52	36.04	0.28	0.29	0.22	0.16	0.29	0.14			13.98	"红砂石""祁村土"手选样
★临城县祁村软质粘土（熟科）	54.69	38.76	0.44	0.64	0.11	0.20	—	—			4.88	"红砂石"祁村土
★临城县祁村软质粘土（熟科）	72.54	24.18	0.74	0.51	0.11	0.52	0.60	0.29				"灰砂石"
内丘县西邵明含碳软质粘土	45.37	31.47	2.27	1.40	1.10	0.58	1.16	0.18	0.32	0.37	15.82	"紫木节"
临城县陈刘庄含碳软质粘土	44.21	35.84	2.05	073	0.78	0.29	0.39	0.10	0.32		15.29	"紫木节"
★临城县祁村含碳软质粘土	46.78 ~ 49.03	30.34 ~ 35.36	0.30 ~ 0.70	0.70 ~ 1.06	0.34 ~ 1.63	0.08 ~ 0.85	0.26 ~ 0.52	0.12 ~ 0.14			13.77 ~ 17.70	"紫木节"
★临城县石固含碳软质粘土	44.31	36.97	0.51	0.99	0.50	0.12	—	—			15.27	"紫木节"
临城县西牟村含碳软质粘	57.98	25.54	1.37	0.07								"紫木节"

带★的为邯郸陶瓷研究所测试，其他省地矿局岩测试中心测试

表四　　　　　　　　　　　　　　　**煤夹石高岭石粘土化学分析结果**

产地及样品名称	化学组成（%）									说明
	SiO_2	Al_2O_3	Fe_2O_3	TiO_2	CaO	MgO	K_2O	Na_2O	灼减	
邢台煤矿2号煤夹石	70.75	16.67	0.64	0.74	0.22	0.81				"大煤"夹矸
邢台煤矿1号煤夹石	56.16	25.95	0.95	0.63	0.11	0.89				"一座煤"底板
清河煤矿4号煤夹石	47.19	34.5	0.74	0.47	0.45	1.6				"野青煤"夹矸

引自有关矿质勘查资料。

表五　　　　　　　　　　　　　**绢云母粘土、水云母粘土化学分析结果**

产地及样品名称	化学组成（%）										说明
	SiO_2	Al_2O_3	Fe_2O_3	TiO_2	CaO	MgO	K_2O	Na_2O		灼减	
沙河市章村硬质粘土	46.10	36.65	0.44	0.70	0.23	0.20	8.30	1.33	SO_3 0.031	5.91	绢云母粘板岩"章村土"主矿层
沙河市章村硬质粘土	59.18	25.47	0.89	0.97	0.63	0.59	4.99	3.81	SO_3 0.033	3.55	"章村土"I级品

续表

产地及样品名称	化学组成（%）											说明
	SiO₂	Al₂O₃	Fe₂O₃	TiO₂	CaO	MgO	K₂O	Na₂O			灼减	
沙河市章村石粉厂产品	46.65	36.65	0.29	0.55	0.56						5.50	1984年5月下旬加工后的"章村土"
沙河市三王村半软粘土	48.48	37.33	0.75	0.84								水云母绢云母粘土
沙河市三王村南坑1层粘土	63.08	24.46	0.14	0.56	0.22	1.01	3.50	3.50			2.62	水云母粘板岩
沙河市三王村南坑1层	47.28 ~ 51.87	36.12 ~ 38.56	0.23 ~ 0.83	0.10 ~ 0.43	0.67 ~ 1.79	0.00 ~ 0.48	0.30 ~ 1.70	0.60 ~ 7.20			3.83 ~ 6.52	强纳长石化水云母粘板层
沙河市三王村沟底粘土	63.12	26.13	0.12	0.35	0.33	0.56	4.00	1.60			3.82	绢云母水云母粘土
沙河市白错半软质粘土	66.66	25.76	0.74	0.68	0.22	0.44	6.66	0.90			3.92	粉状含绢云母水云母粘土
沙河市白错半软质粘土	60.07	26.40	0.70	0.35	0.17	0.56	6.40	0.96			4.11	块状含绢云母水云母粘土
沙河市北掌半软质粘土	62.59	24.26	0.42	0.4	0.79	0.56	2.05	0.11			7.19	灰色水云母粘土
沙河市候庄半软质粘土	57.16	30.18	0.55	0.83	0.28	0.56					5.41	蛋青色水云母粘土
沙河市朱金子半软质粘土	57.38	30.44	0.92	0.55	0.22	0.16					8.19	灰白色水云母粘土
沙河市南金子半软质粘土	58.47	30.04	0.60	0.84	0.56	0.16					7.78	灰白色水云母粘土

引自有关矿山地质勘查资料。

表六　　　　　　　　　　　　　　紫砂陶土化学分析结果

产地及样品名称	化学组成（%）											说明
	SiO₂	Al₂O₃	Fe₂O₃	TiO₂	CaO	MgO	K₂O	Na₂O			灼减	
邢台紫砂陶土	50.39	13.48	7.04	0.82	9.47	1.36	4.47	0.21			12.18	下寒武统馒头组紫色页岩
邢台紫砂坯料	53.43	15.55	6.96	0.77	7.35	1.54	3.77	0.16			11.07	
邢台紫砂陶器	59.56	20.32	7.75	0.86	3.19	1.73	4.20	0.67			—	陶胎
赞皇县叶腊石软质粘土	49.11	25.01	6.5	0.58	1.14	0.34	3.62	0.14			12.67	邢台紫砂陶配料
江苏省宜兴紫砂土	52.99	25.01	6.56	1.00	1.14	0.34	2.05	0.08			10.38	

引自邯郸陶瓷研究所测试资料。

表七 长石、石英等陶瓷辅助原料化学分析结果

产地及样品名称	化学组成（%）										灼减	说明
	SiO$_2$	Al$_2$O$_3$	Fe$_2$O$_3$	TiO$_2$	CaO	MgO	K$_2$O	Na$_2$O				
★邢台长石	67.08	17.09	0.15	0.01	0.28	–	11.03	2.40			0.24	
邢台路家庄长石	64.02 ~ 64.12	16.47 ~ 18.62	0.20 ~ 0.30	0.06 ~ 0.08	0.20 ~ 0.34	0.02 ~ 0.08	12.9 ~ 13.5	1.8 ~ 2.35			0.15 ~ 0.25	三条伟晶岩脉长 1500 米厚 2 - 5 米
邢台西河口长石	64.43	18.13	0.16	0.06	0.33	0.22	14.15	1.88			0.25	伟晶岩脉，规模小
内丘县神头长石	64.14 ~ 66.70	18.54 ~ 18.96	0.13 ~ 0.4	0.01 ~ 0.03	0.67 ~ 0.17	0.08 ~ 0.9	11.00 ~ 12.4	2.60 ~ 3.50			0.14 ~ 0.25	伟晶岩脉，长 400 米，厚 5 - 10 米
★邢台石英	98.04	0.10	0.07	0.01	0.18	—	—	—			0.12	石英脉
内丘县神头石英	98.79	0.39	0.16	—	0.56	0.80	0.05	0.20			0.80	石英脉，长 50 - 200 米，厚 2 - 4 米
临城县官都硅石	96.54 ~ 98.02	0.60 ~ 1.28	0.26 ~ 0.52		0.14							石英岩
邢台南北会石英砂岩	95.85	2.03	0.20	—	0.10	0.09	1.04	0.11			0.47	石英砂岩
★临城县水南寺釉土	53.76	18.30	1.26	0.46	3.59	6.13	4.65	0.08			10.80	绿色或灰绿色团块状软质粘土

带★为邯郸陶瓷研究所测试资料，其他为有关矿山的地质勘查资料。

表八 邢瓷标本胎的化学组成

产地及样品名称	化学组成（%）											说明
	SiO$_2$	Al$_2$O$_3$	Fe$_2$O$_3$	TiO$_2$	CaO	MgO	K$_2$O	Na$_2$O	MnO	P$_2$O$_5$	总量	
*内丘北关隋代青瓷碗	67.50	26.70	1.50	1.10	0.41	0.47	1.90	0.28	0.01	0.09	99.96	编号 NSQ
*内丘北关隋代粗白瓷碗	68.20	25.90	1.70	1.00	0.37	0.55	1.90	0.31	0.01	0.09	100.03	NSB - 1
*内丘北关唐代白瓷粉盒	68.20	27.00	0.57	0.34	0.78	1.50	0.91	0.91	0.02	0.07	100.10	NTB
*临城陈刘庄唐代白瓷圈足碗	69.90	25.10	0.57	0.24	0.90	1.60	0.91	0.88	0.01	0.07	100.18	LTB - 1
**临城祁村唐代细白瓷碗	61.37	35.02	0.17	0.57	0.38	0.54	0.85	0.54	1.01		100.45	LTB - 3
*临城双井唐代细白瓷玉壁底碗	62.15	33.51	0.46	0.44	0.15	0.74	0.91	0.58	1.13		100.07	LTB - 4

续表

产地及样品名称	化学组成（%）											说明
	SiO₂	Al₂O₃	Fe₂O₃	TiO₂	CaO	MgO	K₂O	Na₂O	MnO	P₂O₅	总量	
＊临城澄底五代粗白瓷碗	63.06	25.00	1.30	0.66	4.30	3.30	1.90	0.41	0.04	0.15	100.12	LWB－1
○内丘瓷窑沟宗代白瓷碗	62.22	29.33	1.22	1.85	1.85	1.69	1.20	0.78			100.14	
○内丘瓷窑沟金代白瓷碗	61.98	30.33	1.84	1.04	1.99	1.49	1.50	0.43			100.18	
△内丘礼堂西侧唐三彩腹足	59.95	27.06	Fe₂O₃ 1.89 FeO 0.60	0.88	1.33	1.79	1.85	0.29	0.03	0.09	灼减 4.03	素胎 8803943

带＊的由上海硅酸盐研究所测定，带△的由笔者取样河北省地矿局容矿测试中心测试

带＊＊的由建筑材料科学研究院测定，带○的由中国科学院光电技术研究所陶瓷研究室测定

（作者：河北省地质矿产局勘查处处长、高级工程师）

参考文献

① 程在廉：《何处是邢窑》，《河北陶瓷》1984 年第 1 期。

② 河北省邢窑研究组：《邢窑工艺技术研究》1986 年 12 月。

③ 河北省地质矿产局：《河北省部分非金属矿产资源》1990 年 3 月。

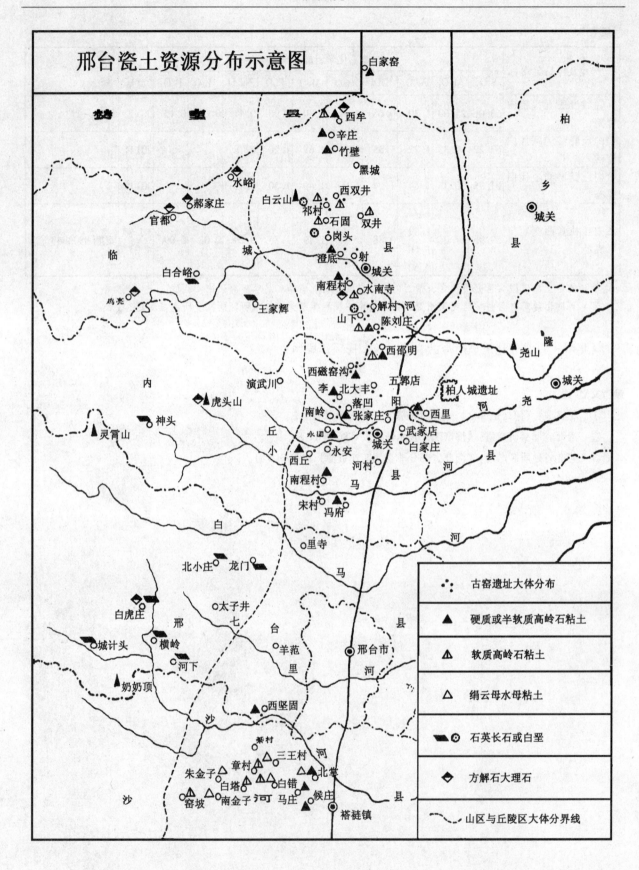

邢台瓷土资源分布示意图

| | 古窑遗址大体分布 |
| 硬质或半软质高岭石粘土 |
| 软质高岭石粘土 |
| 绢云母水母粘土 |
| 石英长石或白垩 |
| 方解石大理石 |
| 山区与丘陵区大体分界线 |

唐代邢州的手工业和商业
——邢州的制瓷业[*]

孙继民

    唐代邢州的制瓷业，是邢州生产规模最大和在全国最有影响的手工业。二十世纪八十年代以前，尽管人们从文献材料知道邢州是唐代北方的制瓷业中心，但邢州窑窑址一直是一个悬而未解的谜。二十世纪八十年代初期，随着在临城、内丘境内相继发现唐代邢窑遗址，所谓"邢窑之谜"被揭开了，邢州窑的研究越来越受到学界的重视，对邢窑遗址的分布、器物、艺术风格等各个方面的研究也不断深入，邢州窑已成为古陶瓷史研究的一个重要课题。有关邢州窑的考古发掘及研究情况，已有不少学者进行了富有成果的研究，[①]在此笔者不拟重复，只想就有关文献资料再作一些分析。

    第一，邢窑瓷器是唐代瓷器贡品中最主要也可能是最多的一种。进入唐代以后，中国的陶瓷工艺及其产品达到了一个相当高的水平，陶瓷生产的区域分布也较以前大为广泛，而且创制出了不少陶瓷艺术精品，因此陶瓷也开始作为贡品进入皇室宫廷。根据现有文献，作为皇室宫廷的贡瓷，除了不定期的如豫章郡"名瓷"之外，[②]还有定期进贡的"代表了北方瓷业和南方瓷业最高成就"[③]的邢窑白瓷和越窑青瓷以及河南府白瓷。在这些定期的贡瓷中，又以邢瓷上贡时间持续最久，数量可能也是最多的。根据笔者寡见，记载唐代贡品瓷的资料共有三处：第一处：《唐六典》卷三户部郎中员外郎条记有各地的贡赋种类，其中河北道的土贡有"邢州，瓷器"、"邢州，丝布"；河南道有"河南府，瓷器"。第二处：《新唐书·地理志》邢州条载土贡有"丝布、磁器、刀、文石"。同书越州条土贡有"宝花花绫等罗……瓷器、纸、笔"。第三处：《元和郡县图志》河南府条："开元贡，白瓷器，绫"。

    第一条资料的时间据该条自注是开元二十五年（737年）。[④]第二条所记土贡的时间，没有直接的文字资料可证，但据有关内容可以推知是在唐代宗永泰元年（765年）之后。[⑤]第三条所列是追记开元时期的土贡种类，时间应与第一条资料相同。由此可见，开元时期定期进贡瓷器的地方只有邢州和河南府，永泰元年（765年）以后定期进贡的便是邢州和越州，邢州贡瓷时间持续最久，河南府贡瓷不及邢州延续之久，越州贡瓷不及邢州之早。既然邢州贡瓷持续时间最久，其数量也应是最多。[⑥]

    此外还有一条反映唐代邢州贡瓷的文献材料，即广为人知的唐代段安节《乐府杂录》的《方响

---

[*] 本文选自孙继民《唐代邢州的手工业和商业》一文，《邢台历史经济论丛》，中国人事出版社，1994年11月

篇》（《四库全书》本）：

武宗朝郭道源，后为凤翔府天兴寺丞，充太常寺调音律官，亦善击瓯，率以邢瓯、越瓯共十二支，旋加减水于其中，以筋击之，（其音妙于方响。）咸通中有黑鳏洞，晓音律，亦为鼓吹署丞，充调音律官，善于击瓯。击瓯，盖出于击缶。

太常寺下属的鼓吹署，是唐朝廷主管音乐的机关，调音律官就是主管调试宫廷乐器的乐官，郭道源和黑鳏洞，既为宫廷乐官，其击瓯所用之邢瓯、越瓯必是宫廷器物，而这些器物又一定是通过进贡获得的。这条材料起码告诉我们，邢州贡瓷的瓷瓯除作一般器物之外，还可以用作乐器。"其音妙于方响"，说明邢瓷瓷质优良，代表了邢瓷工艺的最高水平。

第二，邢瓷的销售区域相当广泛。提起邢瓷的销售，人们最熟知的便是李肇《唐国史补》中的一句话。其实，那句话只是《唐国史补》卷下《货贿通用物》篇的一句话，为了更确切地理解，有必要将全篇录文如下：[⑦]

凡货贿之物侈于用者，不可胜纪，丝布为衣，麻布为囊，毡帽为盖；革皮为带，内丘白瓷瓯，端溪紫石砚，天下无贵贱通用之。

李肇认为唐代日用之物非常之多，举不胜举，因此只列了丝布衣、麻布袋、毡帽、皮带、内丘白瓷瓯、端溪紫石砚，认为这些东西不论是贵族官僚还是平民百姓，都在日常生活中广泛使用。这里有一点值得注意，就是在这些"不可胜纪"的日常用品之中，作者特意将内丘白瓷瓯同丝布衣、麻布袋、毡帽等一起列举，作为当时日用品中最重要的"货贿之物"。这说明开元年间以后邢瓷已成为当时人们最主要的生活用品之一。[⑧]既反映了邢窑生产规模之大，也反映了邢瓷销售范围的广泛，用一句现代语概括，就是邢瓷的市场占有率相当高。薛能《夏日青龙寺寻僧》有诗句称："凉风盈夏扇，蜀茗半邢瓯"。[⑮]反映了邢瓷销往今四川一带的情况，[⑯]足证邢瓷的销售区域相当广泛。

第三，关于邢瓷、越瓷优劣的争论。众所周知，唐代陆羽《茶经》就已经记载了当时人们关于邢瓷和越瓷优劣高下的争论。不过以往人们多是引用其中若干只言片语，难免偏颇之感，今将《四库全书》本陆羽《茶经》卷中之四《茶之品·碗》全文抄下：

碗，越州上，鼎州次，婺州次，岳州次，寿州、洪州次，或者以邢州处越州上，殊为不然。若邢瓷类银，越瓷类玉，邢不如越一也：若邢瓷类雪，则越瓷类冰，邢不如越二也；邢瓷白而茶色丹，越瓷青而茶色绿，邢不如越三也。杜毓《荈赋》所谓器陶择栋，出自东瓯。瓯，越也。瓯，越州上口唇不卷，底卷而浅，受半开已下。越州瓷、岳瓷皆青，青则益茶，茶作白红之色，邢州瓷白茶色红，寿州瓷黄茶色紫，苏州瓷褐茶色黑，皆不宜茶。

从这条材料可见，唐代就有人主张邢瓷优于越瓷，陆羽则主张越瓷高于邢瓷。由于陆羽是为了阐发自己的见解才述及这场争论的，也由于《茶经》是中国最早、影响最大的茶著，他的观点对后世影响极大。其实陆羽的品评有很大的局限性。首先，陆羽是从茶具对茶水色泽的影响这一角度评价诸州瓷器的。他认为"邢瓷白而茶色丹，越瓷青而茶色绿"，"越州瓷、岳瓷皆青，青则益茶，茶作白红之色"，而邢州、寿州、洪州诸瓷呈白色或黄色、褐色，茶色呈红色或紫色、黑色，因此"皆不宜茶"。显然他的评价结果只适用瓷器作为茶具时的高下之分。其次，陆羽对邢瓷和越瓷的比较参数并不完全对应。一般来说，比较的方法是将两个不同事物的某一相同或类似的方面进行对比，但陆羽并非完全如此。他的比较是从三个方面进行的，他认为邢瓷"类银"、类雪"、"瓷白"，越瓷"类玉"、"类冰"，"瓷青"。所谓"类银"、"类雪"、"瓷白"都突出了邢瓷的颜色——白，表明他的评价主要着眼于邢瓷的颜色。所谓"类玉"、"类冰"、"瓷青"却并非都是从越瓷的颜色着眼。因为玉石有青色，称"类玉"于理尚通，但如果说越瓷"类冰"，则无论如何无法同越瓷的本色——青色相联系。二者的比较参数不完全对应，这不能不影响到其评价结果的准确性。再次，陆羽主观上有扬越抑邢的倾向。陆羽对瓷茶碗优劣的排列顺序是越州、鼎州、婺州、岳州、寿州、洪州，将当时有人认为处于越瓷之上的邢瓷完全排斥于名次之外。如果说他这样排列完全是基于茶具对茶水色泽影响这一角度，那倒无可厚非，但他又说"寿州瓷黄茶色紫，洪州瓷褐茶色黑"，认为与"邢州瓷白茶色红"一样"皆不宜茶"。纵使邢瓷比不上"青则益茶"的越州、鼎州、婺州、岳州诸青瓷，但总不应屈居同是"不宜茶"的寿州瓷和洪州瓷之下，因为邢瓷毕竟还是当时的名瓷与贡瓷。总而言之，陆羽对邢瓷、越瓷优劣的评价有很大的局限性。即使作为茶具而言，当时也有人将邢瓷与越瓷相提并论。皮日休《茶瓯》诗就说："邢客与越人，皆能造兹器，[10]圆似月魂堕，轻如云魄起"。[11]这起码也代表了当时一部分人的看法。应该说邢瓷与越瓷都是唐代制瓷业产品中齐名并称而各有特色的名贵瓷。[12]

（作者：河北省社会科学院历史研究所研究员）

注 释

① 有关邢窑的研究有：中国硅酸盐学会主编的《中国陶瓷史》一书及杨文山《隋代邢窑遗址的发现和初步分析》（《文物》，1984 年 12 期）、《唐代邢窑白瓷的初步探讨》（《河北师大学报》1980 年 2 期）、《唐代邢窑遗址的发现和初步分析》（《河北学刊》1982 年 3 期），陈万里《邢越二窑及皇窑》（《文物参考资料》1953 年 9 期），傅振伦《唐代邢窑》（《史学月刊》1981 年 4 期），冯先铭《谈邢窑有关诸问题》（《故宫博物院院刊》1981 年 4 期），叶喆民《邢窑刍议》（《文物》1981 年 9 期），李辉炳《唐代邢窑窑址考察与初步探讨》（《文物》1981 年 9 期），河北临城邢瓷研制小组《唐代邢窑遗址调查报告》（《文物》1981 年 9 期），王舒冰《隋唐邢窑遗址考察实录》（《邢台历史文化论丛》第 355 页）等。

② 《旧唐书》卷 105《韦坚传》称其组织的贡物有"豫章郡船，即名瓷"等。

③ 中国硅酸盐学会《中国陶瓷史》第 181 页。

④ 据注："旧额贡赋，多非土物，或本处不产，而外处市买，或当土所宜，缘无额进止。开元二十五年敕令中书门下对朝集使随便条革，以为定准，故备存焉"。知各地土贡种类系开元二十五年（737 年）统一厘定。

⑤ 据《元和郡县图志》磁州条，磁州置于永泰元年，（765 午）而《新唐书·地理志》惠州（即磁州）条称土贡有纱、磁石。故知《新唐书》所列土贡项目的时间应在永泰元年以后。

⑥ 唐代土贡是每年都有，《通典》卷六《食货》即称："天下诸郡每年常贡"。

⑦ 根据《四库全书》本。

⑧ 《唐国史补》所述是开元年间以后的见闻，故知邢瓷广泛使用在开元以后。

⑨ 见《全唐诗》卷 560。

⑩ 《全唐诗》卷 558 有薛能传，称其"福徙西蜀，奏以自副，咸通中摄嘉州刺史"。这首诗即应作于入蜀时期。

⑪ "兹器"之"兹"即"磁"，通"瓷"字，"瓷"字亦有作"甆"字者。

⑫ 见《全唐诗》卷 611。

⑬ 对陆羽的观点，陶瓷史学界多有不同意见，本文不过是稍为多作了些分析而已。

邢台的煤炭资源开发历史和发展取向
——宋元邢州制瓷业对采煤业发展的影响*

李达三

宋代是我国制瓷业的鼎盛时期。以生产细白瓷著称的邢窑，是全国 30 几处产瓷中心之一。当时邢州人民利用当地煤产丰富的有利条件，就近采掘瓷土，在临城、内丘一带建立了许多瓷窑。有关邢窑用煤作燃料的文字记载虽未发现，但是在宋元时期的邢窑遗址中，大量煤渣遗存却提供了有力佐证。解放后，在临城县的射兽村北，县城西的泜河北岸，南程村村北、解村村北、山下村村东和陈刘村西南等地，有九处宋金瓷窑遗址中发现了煤渣遗存。有的煤渣被粘连在火膛壁（耐火材料）上，有的煤渣被清出后堆放在杂物坑内。在内丘县的西磁窑沟村南、北双流村南和城关西南（现在的猪市）等地发现的四处宋金瓷窑遗址中，也有煤渣遗存（见《内丘西磁窑沟宋元窑址煤渣遗存》）。

此外，在元代的邢州瓷窑遗址中，发现过更多的煤渣遗存。临城县的岗头村北、陈刘村西南和内丘县境内的西磁窑沟村东北的元代瓷窑遗址中，除了煤渣遗存外，还发现了具有元代特征的黑釉瓷碗，瓷盘和鸡腿壶等[1]。

从宋元两代邢窑较为普遍的用煤烧瓷情况分析，它的发展同境内冶铁铸铁情况一样，大大加速着邢州采煤业的发展。元朝时期，邢窑白瓷生产虽渐趋衰落，失去了宋金时期的优势地位，然而由于仍能维持黑瓷生产，特别是境内冶铁铸铁业的继续发展，用煤量未见明显减少，因而邢州的煤业生产依然保持着北宋时期的兴旺势头。

（作者：河北师范大学历史系副教授）

注　释

[1]　据河北师大杨文山先生考证。

---

　*　本文选自李达三《邢台的煤炭资源开发历史和发展取向》一文，《邢台历史经济论丛》，中国人事出版社，1994年11月

《茶经·四之器》质疑
——兼论瓯窑、越窑、邢窑及相互关系[*]

蔡乃武

　　《茶经》是茶学与茶文化研究的经典著作，在今天依然闪烁着迷人的风采。同时由于茶与瓷骨肉般不可分割的关系，《茶经》又成为古瓷研究十分珍贵的文献资料。《茶经·四之器》曰："盌（或作碗），越州上，鼎州次，婺州次，岳州次（或作岳州上），寿州、洪州次。或者以邢州处越州上，殊为不然。若邢瓷类银，越瓷类玉，邢不如越，一也；若邢瓷类雪，则越瓷类冰，邢不如越，二也；邢瓷白，而茶色丹，越瓷青，而茶色绿，邢不如越，三也。晋·杜毓《荈赋》所谓'器泽陶拣，出自东瓯'，瓯，越也。瓯（与碗义近？），越州上，口唇不卷，底卷而浅，受半升已下（或作半斤之下）。越州瓷、岳瓷皆青，青则益茶，茶作白红（疑为绿字之误？）之色。邢州瓷白，茶色红。寿州瓷黄，茶色紫。洪州瓷褐，茶色黑。悉不宜茶"。这段文字述评了当时各地所产茶碗及其优劣，表达了作者鲜明的崇青贬白、抑邢扬越的审美观，从而成为历来治陶瓷史学者考察有唐一代瓷器生产的圭臬。

　　自三十年代以来，几代古陶瓷学者进行了大量卓有成效的野外调查和发掘工作，为全面科学地揭示中国古代的陶瓷生产提供了实物依据，亦为我们今天讨论《茶经》这段记载的得失奠定了考古学基础。本着认真负责的精神，笔者不揣粗陋，在此把有关问题提出来，求教于各位专家学者。

　　首先，转引《荈赋》文字，与原文有误。《茶经》为追述晋代茶事，有三处引用了《荈赋》有关文字。除"器泽陶拣，出自东瓯"外，尚有"晋舍人杜毓《荈赋》云'酌之以匏'"（见《茶经·四之器·瓢》）及"《荈赋》所谓'水之岷方之注，挹彼清流'"（见《茶经·五之煮·其水》）。

　　虽然，《荈赋》原版在历史上早已散失，不过在早于《茶经》成书一百多年的隋《北堂书钞》、唐《艺文类聚》以及晚于《茶经》上千年的清《御定历代赋汇》，《全上古三代秦汉三国两晋南北朝文》等大型类书中，对《荈赋》均有辑录，使我们在今天能够看到《荈赋》全篇。我们若以《艺文类聚》所辑为蓝本去对照《茶经》引文，发现作者杜毓系杜育之误。而"器泽陶拣，出自东瓯"应为"器泽陶简，出自东隅"。八个字错了二个，自然解释迥异。东隅是一般方位词，可以泛指整个浙江。而器泽陶简则可解释为精美亮泽的器皿（瓷器、漆器之类）和简朴素雅的瓷器（亦可称陶器），其所指亦较宽泛，与《荈赋》全篇之行文风格一致。而按《茶经》引文，东瓯实指，即今浙江温州一带，加以简

---

* 《文物春秋》1997 年增刊

作拣，为后世的书斋治陶者进一步附会晋代瓷业埋下了伏笔。查清·朱琰《陶说》及兰浦《景德镇陶录》等书籍，已改"泽"为"择"，从而确定为"器择陶拣，出自东瓯"，即东瓯的产瓷器为晋代茶具上选的意思。他们还援引晋·潘岳《笙赋》"披黄苞以授甘，倾缥瓷以酌酃"句，对晋瓷作深入的阐释。于是乎，三十年代以来的许多学者，更是揉杂两赋，演绎出"东瓯缥瓷"的牵强结论，堪谓"当时黯暗犹承误，末俗纷纭更乱真"。

显然，弄出个"东瓯缥瓷"来，《茶经》是始作俑者。东瓯窑成为中国历史上第一个有文献记载的名窑，自然也引起了注重实证的考古学工作者的特别关注。五十年代以来，浙江的考古工作者在温州一带进行了广泛深入的调查和发掘工作。诚然，在温州行政辖区内发现了大量窑址，不仅有东汉晚期的窑址，亦有六朝及唐宋元时期的窑址，但是迄今没有发现一处属于西晋时期的窑址。而属于东晋时期的窑址，位于永嘉楠溪江下游东岸乡夏甓山，器物釉色，青中泛黄，质量平平，不仅与"东瓯缥瓷"之谓时代不合，特征也相左。而值得注意的是，魏晋时期浙江上虞曹娥江中上游一带的青瓷业却非常繁盛，堪为当时中国青瓷业的中心，而据各地纪年墓的出土资料，也印证了窑址调查的结论。浙江及江苏南京等地出土的个别青瓷文物上往往刻有魏晋纪年及"会稽上虞造"等铭文，其中浙江省博物馆收藏的一件堆塑纹谷仓罐，在龟趺圭身牌上刻"元康元年八月二日会稽上虞造"字样，而这件器物出土于所谓东瓯窑腹地的温州平阳鳌江。这就告诉我们，魏晋时期，是上虞窑所产青瓷享有很高的声誉并拥有广阔的市场，而东瓯之地的瓷器生产却很黯淡，不得不仰仗上虞等地的产品。可见，"器泽陶简，出自东隅"是对上虞窑为代表的浙江制瓷业的概括和肯定。

其次，其七州产瓷及其优劣述评，亦与考古事实有出入。

无疑，越窑是中国古代烧造历史最久、影响最大的青瓷窑，《茶经》之"越州上"更使越窑饮誉中外、风骚古今。据有关文献记载和多家研究成果，陆羽生于唐开元廿一年（733 年），卒于唐贞元二十年（804）或以后。《茶经》成书于唐上元二年（761 年）以前。从《茶经·四之器》之风炉一有"圣唐灭胡明年铸"铭文看，广德二年（764 年）以后作过一次修改，有可能在大历八年（773 年）以后又作了一些增删而最后定稿。那么，在《茶经》最后完成时甚或在陆羽生前，越州窑所产青瓷究竟如何呢？考古事实表明，越窑（我们不妨把考察范围扩大到整个浙江）在中唐以前生产很是凋弊沉寂，不仅规模不大，产品质量也不高，与"类冰"、"类玉"的境界相差很远。查成书于贞元十七年（801 年）的《通典》和成书于元和八年（813 年）的《元和郡县图志》，均记载河南府土贡瓷器，却没有提及越州瓷。据众多的遗址和墓葬资料，唐代越窑形成很大生产规模并在质量上达到类冰类玉的程度是在九世纪中叶以后的晚唐。这时的产品，不仅釉色上若"千峰翠色"，造型上亦达到了"圆似月魂堕，轻如云魄起"般的灵巧优美，故而与北方邢窑形成南北抗衡的格局，所谓"邢客与越人，皆能造瓷器"。稽考这些对越窑的赞美诗篇，也是在九世纪以后的晚唐才出现的。象浙江临安水邱氏墓、宁波和义路遗址及法门寺地宫等地出土的越窑青瓷即为其杰出代表。

还有，唐代浙江制瓷业无论是生产规模、产品质量和信誉，以今慈溪市上林湖为最。而上林湖在唐代属明州，这在青瓷文物上亦有确凿的佐证。如先后出土于上林湖的唐咸通七年（866 年）、光启三年（887 年）、光化三年（900 年）等罐形墓志，均有"明州慈溪县上林乡石仁里"之铭文。其中光启三年墓志上还有"殡于当保贡窑之北山"的铭文，说明上林湖还是生产进贡用瓷品贡窑所在地。

至于名列第二的鼎州窑，据《旧唐书》、《新唐书》有关志表的记载，鼎州仅在唐天授至大足年间

（690—701 年）和天祐三年（906 年）以后建置过，即是说在陆羽生活的年代根本没有鼎州。而考古工作者在尊重《茶经》的前提下，曾为寻找鼎州窑作了不少的努力，甚或以陕西铜川耀州窑为"鼎州窑"，结果都是徒劳，婺州窑名列第三。其实唐代婺州所产青瓷质量并不高，多数很粗糙，属一般的民间用瓷。岳州窑在湖南境内，窑址在今湖南湘阴铁罐嘴。而据考古事实，唐代湖南境内的最大窑场在长沙瓦渣坪，即著名的长沙窑（也称铜官窑）。长沙窑不仅烧制优质青瓷，更以精美的釉下彩绘和印花技法独步瓷坛，彪炳千秋。我们即使退一步，把长沙窑归入岳州窑系，因为瓦渣坪与铁罐嘴相距仅十余里，那么，岳州窑青瓷非但明显优于婺州窑，而且实不亚于越州窑。寿州窑在皖北淮南上窑镇，或称淮南窑。由于烧成气氛的不同，形成青、黄两种釉色的产品，亦有少量的黑釉瓷。隋及唐中期最兴盛，唐晚期即衰落。洪州窑即江西丰城窑，生产以唐代为盛，产品以青瓷为主，只是个别器物的釉呈黄褐色或酱色。

邢窑在河北省内丘境内。记载唐开元至贞元间（713—804 年）的唐·李肇《国史补》说："内丘白瓷瓯，端溪紫石砚，天下无贵贱通用之。"据八十年代以来的考古调查，邢窑白瓷生产以中唐时为最鼎盛，与上述记载吻合。葬于唐光化三年（900 年）及天复元年（901 年）的浙江临安吴越国王钱镠之父钱宽及母水邱氏的墓葬，在出土越窑青瓷的同时，出土许多精美的邢窑白瓷，不仅在口沿和底足镶嵌金扣银扣，而且往往在外底阴刻"官"、"新官"字样。上述资料说明，邢窑白瓷有唐一代一直受到平民百姓乃至官宦皇室的珍视，越窑青瓷则直到九世纪中叶起才显露头角，与邢窑分庭抗礼。五代北宋越窑获得持续发展，享誉瓷坛，邢窑却被定窑所取代。而在陆羽生活的时候，越窑根本无法与邢窑相提并论。

《茶经》出现上述失误，笔者以为有两种可能：一是陆羽在撰写《茶经》时，由于当时条件所限，所见不丰，或有主观臆断。按《新唐书·陆羽传》及《全唐文·陆文学自传》的记载，陆羽从上元初到上元辛丑岁（760—761 年）不到一年的时间里，先后完成了《四悲诗》、《天之未明赋》、《君臣契》、《源解》、《江表四姓谱》、《南北人物志》、《吴兴历官记》、《湖州刺史记》、《占梦》及《茶经》等专著文章。而当时陆羽年仅 28 岁，从时间和阅历两方面来分析都是很难想象的。一是后人托陆羽及其《茶经》的盛名而肆意增删篡改所造成。从茶史和陶瓷史的角度看，晚唐五代以后，随着饮茶之风日炽，浙江以越窑为杰出代表的青瓷生产更趋繁盛，播誉海内外。而陆羽以隐逸之士著《茶经》，不仅在生前死后赢得清名，亦给嗜茶好瓷者以伪托捏造的便利。有关陆羽生平事迹，在唐人著述中就不很清楚，甚至有彼此矛盾的地方。封演《封氏闻见录》及李肇《国史补》等都提到了陆羽性嗜茶、擅茶术，而未提及《茶经》及卷数。又如陆羽替李季卿煮茶事，《封氏闻见录》和张又新《煎茶水记》均有记述，具体情节却不同。而北宋以后的《新唐书》及《全唐文》中却言之凿凿地做起了关于陆羽的篇章。我们再查阅北宋陈师道为《茶经》作的序文，开篇即指出："陆羽《茶经》家传一卷，毕氏、王氏书三卷，张氏书四卷，内外书十有一卷。其文繁简不同。王、毕氏书繁杂，意其旧文；张氏书简明，与家书合，而多脱误；家书近古，可考正自七之事，其下亡。乃合三书以成之，录为二篇藏于家。"这就很清楚，《茶经》自陆羽至陈师道，已掺杂了许多新的内容，《茶经》之最后完成，当在北宋，自然伪托了许多五代北宋的史实于其中。

（作者单位：浙江省博物馆）

参考文献：

1. 《古今茶事》，胡山源编，上海书店出版（1985年）。

2. 《〈茶经〉述评》，吴觉民主编，农业出版社出版（1987年）。

3. 《中国陶瓷史》，冯先铭主编，文物出版社出版（1979年）。

4. 《中国古陶瓷研究）专辑（Ⅰ、Ⅱ、Ⅲ），古陶瓷研究会编，紫禁城出版社出版。

5. 《湖南陶瓷》，周世荣编著，紫禁城出版社出版（1988年）。

6. 《农业考古·中国茶文化专号》，陈文华主编。

7. 《茶博览》，阮法耕主编。

8. 《婺州古瓷》，贡昌著，紫禁城出版社（1988年）。

谈辽耶律羽之墓出土的几件瓷器[*]

彭善国

内蒙古赤峰市阿鲁科尔沁旗耶律羽之墓的发现，是近年辽考古的又一重大收获[①]。耶律羽之生于唐大顺元年（890 年），卒于辽会同四年（941 年），翌年归葬故里。耶律羽之墓出土的金属器、丝织品和陶瓷器是研究辽初物质文化的重要材料。据简报，该墓共出土白瓷八件，青瓷三件，酱（褐）釉瓷四件，绿釉瓷一件。现仅就其中的几件谈谈自己的看法。

青瓷中有一件盖罐（图一：1），肩部四系两錾，器盖也有对称穿孔小錾，釉色浅青泛绿，圈足内外都施釉。简报认为是当地烧造的青瓷产品，我们认为似可商榷。

李文信先生五十年代末曾根据当时的材料指出，辽土发现的青瓷应该都是来自中原的[②]。后来考古发掘表明，辽本土的瓷窑也曾烧制青瓷。北京龙泉务窑出土过数量很少的碗、盘残片[③]，密云小水峪、房山磁家务窑辽代也烧造青瓷器[④]，但器形主要是碗，没有发现这类器形较大的双耳四系罐的报道。而同类造型的盖罐在苏州七子山五代墓出土过一件[⑤]（图一：2），该墓与钱氏吴越国有直接关系。我们认为耶律羽之墓出土的盖罐有可能是越窑系瓷窑的产品。

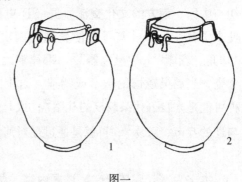

图一

青瓷中的两件碗，青釉光洁莹润，圈足内外皆施釉，与宁波唐墓[⑥]、奈曼旗辽陈国公主墓[⑦]出土的青瓷碗接近，也应属越窑系瓷窑的产品。房山磁家务窑烧造的具有晚唐风格的青瓷碗[⑧]，胎质粗劣，器外挂半釉，其质量远不能与耶律羽之墓出土的青瓷碗相媲美。

白瓷中的皮囊式鸡冠壶（图二：1），是纪年辽墓中所出较早的一件。西安唐墓、扬州市文化宫唐代建筑遗址都出土过类似的皮囊式壶[⑨]。河北临城祁村窑曾出土过一件白瓷皮囊式鸡冠壶[⑩]（图二：2），上部扁，中有提梁，下部饱满，平底，左右两侧有线纹缝合痕，其造型特征与耶律羽之墓所出者相同。我们认为耶律羽之墓所出者有可能是邢窑的产品。

* 《文物春秋》1998 年第 1 期

白瓷中的"盈"字款碗（图三：1），胎釉细匀，底正中刻行书"盈"字。简报定为是定窑产品，我们认为不确。带"盈"字款的碗底残片在唐长安大明宫遗址出土过[11]，内丘邢窑调查采集到"盈"字款的细白瓷片甚多[12]（图三：2），而定窑遗址及明确的定器中均未见有"盈"字款者。所以耶律羽之墓的这件碗，应是邢窑产品。推而论之，上面论及的鸡冠壶产自邢窑的可能性也就更大了。李文信先生曾认为辽的外来瓷器中有少数唐五代的邢州器[13]，辽宁阜新海力板辽早期墓葬出土的白瓷注壶、盘托和高足杯，简报作者认为极有可能是邢窑白瓷[14]。耶律羽之墓出土的"盈"字款碗，明确了辽初的墓葬中有邢窑的产品。

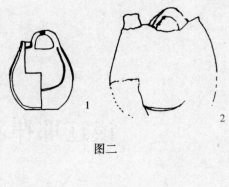

图二

图三

白瓷中的盘口穿带瓶（图四：1），是辽早期常见的器物。此类器物有带"官"款者[15]，有白釉绿彩者[16]。内蒙古和林格尔土城子 M₃（晚唐—五代）曾出土过类似的酱褐釉划花瓶[17]。推其渊源，这种瓶似与铜川唐代黄堡窑址出土的盘口双鱼穿带瓶有某种关系[18]（图四：2）。耶律羽之墓所出的这件瓶，造型优美，釉面晶莹，圈足内底亦施釉，其窑口尚难断定。

耶律羽之墓出土的以上几件瓷器，进一步说明了辽初与中原、南方的文化交流。据《辽史》记载，吴越遣使来贡凡十一次，契丹遣使吴越凡四次[19]；吴越曾入贡"犀角、珊瑚"[20]，"献宝器"[21]。耶律羽之墓出土的越窑系青瓷，当属吴越国的贡奉或赠遗。出土的邢窑白瓷，一种可能是来自五代某政权的礼赠[22]；或是来自后唐、后晋与辽的互市、贩易[23]，再就是通过辽对河北地区的掳掠获致[24]。

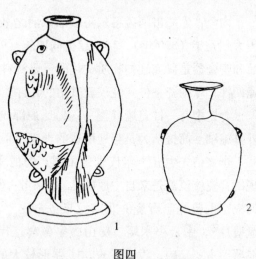

图四

本文为《辽陶瓷研究》课题内容，课题承吉林大学笹川良一优秀青年教育基金资助。

（作者单位：吉林大学考古系）

注　释

①　内蒙古文物考古研究所等：《辽耶律羽之墓发掘简报》，《文物》1996 年 1 期。

②⑬　李文信：《辽瓷简述》，《文物参考资料》1958 年 2 期。

③　鲁琪：《北京门头沟区龙泉务发现辽代瓷窑》，《文物》1978 年 5 期。

④⑧　文物编辑委员会编：《中国古代窑址调查发掘报告集》，文物出版社，1984 年。

⑤　苏州市文管会、吴县文管：《苏州七子山五代墓发掘简报》，《文物》1981 年 2 期。

⑥ 林士民：《浙江宁波市出土一批唐代瓷器》，《文物》1976 年 7 期。

⑦ 内蒙古文物考古研究所、哲里木盟博物馆：《辽陈国公主墓》，文物出版社 1993 年。

⑨ 中国社会科学院考古研究所：《江苏扬州市文化宫唐代建筑基址发掘简报》，《考古》1994 年 5 期。

⑩ 河北临城邢瓷研制小组：《唐代邢窑窑址考察与初步探讨》，《文物》1981 年 9 期。

⑪ 李辉柄：《略谈中国瓷器考古的主要收获》，《故宫博物院院刊》1989 年 4 期。

⑫ 内丘县文物保管所：《河北省内丘县邢窑调查简报》，《文物》1987 年 9 期。

⑭ 李宇峰：《阜新海力板辽墓》，《辽海文物学刊》1991 年 1 期。

⑮ 中国硅酸盐学会：《中国陶瓷史》第 321 页，文物出版社 1982 年。

⑯ 见辽宁省博物馆编：《辽瓷选集》图版 40，文物出版社 1962 午。

⑰ 内蒙古自治区文物工作队：《和林格尔县土城子古墓发掘简介》，《文物》1961 年 9 期。

⑱ 陕西省考古研究所：《唐代黄堡窑址》下册，彩版九：1、2。文物出版社 1992 年。

⑲ 参陈述：《契丹社会经济史稿》，三联书店 1963 年。

⑳ 《辽史·太祖下》。

㉑ 《辽史·太宗上》。

㉒ 如宋·王明清《探麈录》前录卷三载："韩似夫与先子言'顷使金国，见虏主所系犀带……'，虏主云：'此石晋少主献耶律氏者，唐世所宝日月带也'。又命取磁盆一枚示似又云：'此亦石主所献，中有画双鲤鱼存焉。水满则跳跃如生，覆之无它矣'……"（中华书局 1961 年点校本）。

㉓ 参注⑲引书第四篇。

㉔ 参《辽史·太宗上》及《辽史·萧阿古只传》。

隋丰宁公主与驸马韦国照合葬墓
出土的珍贵瓷器*

戴应新

隋丰宁公主和驸马韦国照合葬墓在长安县少陵原上，为斜坡墓道穹顶土洞式。1990年配合基本建设由笔者主持发掘。

该合葬墓早年虽然遭盗扰破坏。尸骨零散，但由于墓主身份高贵，随葬物丰富，仍能清理出各种陶器、瓷器、金器、铜镜、墓志等文物百余件。由于该墓有其明确纪年，文物又极为珍稀，可作为断代辨疑的标准器物。鉴此，本文特择其中精美瓷器作一介绍，以供鉴藏家和博物学者欣赏参照。

依据两方墓志记载，该墓男主人韦国照系北周名将郧国公韦孝宽之嫡孙，袭封郡公，唐武德六年（623年）卒，年五十二岁。贞观八年（634年）葬于万年县洪固乡福闰里。公主杨静徽，隋文帝的孙女，开皇十七年（597年）封丰宁邑公主，同年嫁国照。大业六年（610年）病逝，春秋二十有八。后随夫合葬一穴。

该墓出土的各类瓷器，质地上乘，造型奇特，设计巧妙，工艺极为精湛，其中有的属国宝级珍品：

青釉四系罐　平沿方唇短直口，四系粘贴于罐口与肩之间。系为二瓣重合状，各饰以圆形乳钉一个。体圆长，平底假圈足。肩施二道凸弦纹，腹下部有一道粗弦纹，皆堆塑粘贴而成。从口沿至下腹挂青釉，有黑黄色斑点，釉色莹润，上厚下薄，有流动痕迹，至下腹而止，圈足与底无釉，露出灰白色瓷胎。瓷胎厚实，古朴雄浑。高21.5厘米，口径10厘米，底径11厘米。

青瓷砚模型　圆形，中央凸起，口内有凹槽一周作砚池。腹下有乳头状12足，腰际施凸棱纹一周。通体施青白色釉，底外无釉。器小，殆为明器或模型。径5.6厘米，高1.5厘米。

绿釉印莲瓣蟠龙博山炉　由底座、蟠龙立柱炉身和炉盖三件一组上下叠砌组合而成。底座作豆形，侈口，浅盘，底平，下有倒喇叭形圈足，其着地部分足壁加厚。高7.1厘米，口径21厘米，足径15厘米。炉身为两条互相纠缠人立的苍龙，擎托一个仰莲形香钵，龙头下屈外转，用后脑并举一爪托住钵底，另一爪下屈撑于腰际，肌肉暴突，作努力状，似不堪重压者。双龙躯体肥硕。相互缠绕若麻花，后肢与尾部稍舒成一圆形基座。香钵敞口，有12莲瓣，中脊微突，口径13厘米，高18.1厘米，足径

* 《收藏》1999年第6期

10 厘米。博山形顶盖中央有塔式把，蘑菇形钮，下为两层印花瓣若山峦，呈莲花纹，各瓣上模印有云气祥云花纹。盖近把处有三个圆形透孔，可使钵中燃烧的香木烟气散溢，高 11 厘米、子口直径 10 厘米。

该博山炉气魄壮伟，构思精奇，设计异常巧妙，充分表现了艺匠丰富的想象与创造力。通体表面遍施绿釉，惟豆形底座的盘面中央放炉身处成空白不施釉，其露胎处的大小恰与炉身基座相等。露出的这部分白色瓷胎表面略显涩糙，这样可避免二者粘连或滑脱。博山形炉盖口沿及其下的香钵口部内沿亦不施釉，二者套接便不至于滑落。美观实用，独具匠心。通高 36 厘米，漂亮完美，璀璨夺目，实为不可多得的瑰宝。

香港徐氏艺术博物馆有一同型博山炉，编号 S21。器略小，高 31 厘米。博山盖莲花瓣上下有三重[1]，断为隋代是正确的。美国某博物馆也藏有一件，失盖，存豆形底座和蟠龙立柱与香钵，定名为烛台。博山形顶盖对了解该器的功能与用途至关重要，有着"画龙点睛"的作用，缺失顶盖的这种器物被当做烛台是不足为奇的。

绿釉笼形熏炉　圆顶，中央一圆孔，径 7.6 厘米。弧肩以下渐凸至腹部直下呈桶状，平底内凹。从顶至底浑然一体。肩及上腹部有凹弦纹二周，其间透雕窗棂式长条形镂孔和涡轮式镂孔各二个，两两相对，距离相等。窗棂式各有长条形镂孔 5 个，涡轮式孔各 6 叶，叶片分叉并有弧形曲度，其中央的孔窍若中轴然，给人以迎风转动之感。通施嫩绿色釉，有流动感，镂孔以下器壁上釉质较薄，颜色稍淡泛黄。底外不施釉，露出灰白色瓷胎，底面有若干个同心旋转痕迹。通高 21.5 厘米，底径 19.6 厘米，壁厚 0.4 厘米。

该熏炉出土时，器腹中积存的香木灰逾 10 厘米厚，因而可证其为香薰炉。

长安隋李静训墓出过一同型青瓷器，高 7.6 厘米[2]。咸阳尉迟运和贺拔氏合葬墓出土过一件白瓷的，高和底径均为 6.2 厘米[3]。两报告都定其名为盒。器体与底相连，上腹部有透雕镂孔，显然是香薰炉。

绿釉深腹罐　厚唇外卷，短颈，鼓肩，肩以下渐内收，至下腹成直壁。腹较深，底部微外侈，平底。造型敦厚大方，从口内至器底施绿釉，釉色绿中泛黄，有鲜活流动、生机勃勃的效果。底外不施釉，白色瓷胎较纯净。通高 21 厘米，口径 5.4 厘米，肩径 13.6 厘米，底径 10.8 厘米。

白瓷长颈瓶　侈口外翻呈喇叭状，长颈作亚腰形，其长度占体高的 40%。深腹长圆形，最大径在下腹部，给人以稳重感。短圈足微外侈。口内及通体施白釉，先在瓷胎上施白衣，后挂釉，釉质光洁透明有玻璃和象牙般的质感，有细密均匀的小开片，火候甚高。颈肩连接处饰一周弦纹，是处积釉稍厚些，微泛绿色。底外有多重同心圆痕。

该瓶清素典雅，端庄周正，有绰约多姿幽静冷艳之美，工艺精湛，胎质细腻纯净，釉色高贵，堪为邢窑白瓷极品。高 24.8 厘米，口径 7 厘米，腹最大径 12.4 厘米，底径 6 厘米，壁厚 0.4 厘米（图六）。

北京中国历史博物馆藏有一件同型白瓷长颈瓶，器稍矮，口沿外折而厚，腹较短圆鼓，亦有疏朗的细片纹[4]。河南范粹墓（北齐武平六年，575 年）出土一件白瓷绿彩长颈瓶，最大径在上腹部[5]，均不如本长颈瓶清瘦秀雅和美观。

唐李肇《国史补》记开元至贞元（713—804 年）间邢窑白瓷天下通用，"内丘白瓷瓯，端溪紫石砚，天下无贵贱通用之"。邢窑白瓷因其品质优良，生产规模不断扩大，成本降低，遂为各阶层人士接受和喜爱，以至于风行天下，非常普及了。但本墓的这种白长颈瓶，精美绝伦，莹润可爱，胎质坚密，叩之作金石声，极为珍稀，代表了当时（唐贞观八年即公元 634 年）白瓷烧制上所达到的最高工艺水平。西安、洛阳发掘隋唐墓葬百千座，迄今见于报告者惟此一件而已。

至于绿釉薰炉两件和绿釉深腹罐，不仅器形硕大，造型亦奇特新颖，不落俗套，典雅高贵，釉色鲜嫩活泼，胎釉结合紧密，没有剥落现象，工艺老到成熟。这诸多方面无不反映出至少在初唐之世，彩瓷器的塑工技巧和制造技术已有相当高的造诣，令人耳目一新。学者们一致认为单色彩瓷比绚丽多彩的唐三彩早出，这批有明确年代的绿釉瓷器的发现，为三彩瓷的发展历史提供了新的资料。

人们可从上述各件瓷器，判断出相同或相近器物的年代，而其完美典雅的造型与鲜活明快的釉质、选择精细的瓷土和臻于极致的制作技巧，使赝品货相形见绌，黯然失色，从而暴露出仿冒伪劣的本来而目。这对净化我国古玩市场是大有裨益的。

（作者单位：陕西省考古研究所）

注　释

① 徐氏艺术博物馆《陶瓷篇》1 新石器时代至辽代。1993 年国际书号 962—7504—03—3，图 84。
② 《唐长安城郊隋唐墓》，文物出版社 1980 年，159（160）。图版 16.2。
③ 《中国北周珍贵文物》陕西美术出版社 1993 年西安版第 99P，图 195，图版二二四。
④ 《中国美术全集》陶瓷（中）图版五〇。
⑤ 同④陶瓷（上）图版二三二。又《文物》1972 年 1 期《河南安阳北齐范粹墓发掘简报》，图三三。

河北瓷窑考古的几个问题*
——中国考古学跨世纪的回顾与前瞻

孟繁峰　王会民　张春长

在河北，能够与人类的发祥、新石器的开端、燕赵、中山文化以及万里长城这些举世公认的伟大民族文化遗产相媲美的，当属古代瓷窑重要而丰富的遗存。在我国陶瓷史上代表隋唐北方白瓷的邢窑、列为北宋五大名窑之首的定窑、以白地黑花艺术影响了南北一大批窑场的宋金磁州窑的考古调查发掘工作，进入80年代以来都取得了突破性进展。同时，自80年代末，河北考古工作者又发现了第四处重要窑口——井陉窑，引起了古陶瓷界的关注，有力地推动了邢、定关系及河北与山西等我国北方重要窑场发展关系的深入探讨。面对即将来临的新世纪，本文即通过对河北瓷窑考古发现与研究的总结，针对存在问题试图提出进一步工作的设想。

一　窑址调查与发掘

（一）邢窑

80年代以前，考古工作者所知的邢窑只是一些"内丘白瓷瓯"、"邢瓯"、"邢人"、"类银"、"类雪"一类的词汇，至于它的真正产地、范围、产品以及发展进程等很少被人提及。50年代初考古学家陈万里曾到内丘实地考察[1]，未能发现邢窑。杨文山等人50至70年代曾多次考察内丘、沙河、邢台等地[2]，最终得出的结论和陈万里一样。1980年初，临城县陶瓷厂成立了"恢复邢瓷技术小组"，为了获取仿制标本，"小组"派专人进行了古瓷窑址的调查。到80年底，临城境内共查出古瓷窑址17处，包括：祁村、岗头、澄底、山下、解村、射兽、南程村、磁窑沟等[3]。次年春，在临城县召开了由中央、省、地、县和新闻部门参加的"邢窑与邢瓷艺术鉴赏会"，这标志着邢窑与邢瓷的研究进入了一个崭新的时期。1982年至1984年底，内丘县文化馆贾中敏等人在内丘县境内共查出邢窑遗址20余处[4]。至此，邢窑之谜真正解开。

1987年，以河北省文物研究所为主组成的"邢窑考古队"对内丘、临城境内的古瓷窑址进行了复

* 《1999年西陵国际学术研讨会文集》，科学出版社，2000年

查。到 1991 年底，共调查核实邢窑遗址 20 余处，包括 1988 年河北省文物局派河流域考古队发现的临城代家庄遗址[5]和 1989 年邢台市文物管理所发现的邢台西坚固遗址[6]。西坚固遗址的发现，不仅把人们的目光引出了内丘、临城县，也为寻找早期的邢窑遗址打下了基础。1997 年，邢台市文物管理处又在邢台市区内基建中发现了一处内涵丰富的邢窑窑址[7]。邢窑考古队还在调查的基础上试掘了内丘城关和临城祁村两处窑址。内丘城关试掘分别位于今西关北、礼堂、电影公司，共计布方 9 个，试掘面积 185 平方米，出土灰坑 13 座。遗物以隋及初唐为主，特别是隋代灰坑中出土的薄胎透影细白瓷非常引人注目[8]。祁村窑址试掘布方 6 个，面积约 200 平方米，出土灰坑 39 座，晚唐五代窑炉 4 座。遗物以中唐、晚唐、五代为主。两处窑址的试掘为邢窑的粗略分期断代及对邢窑不同时期遗迹遗物的认识、了解提供了可能。

（二）定窑

20 世纪 30 年代，叶麟趾先生考察肯定了定窑在曲阳之说[9]。此后，中外古陶瓷学者多次对遗址进行考古调查。50 年代故宫博物院三次派人到曲阳县调查，证实曲阳县灵山镇的涧磁村及东西燕川村为北宋定窑遗址[10]。1960～1962 年，河北省文物工作队对涧磁村定窑遗址进行试掘，开探方 12 个，揭露面积 420 平方米，发现遗址地层包含晚唐五代、北宋时期的文化堆积，清理晚唐灰坑 5 座，五代窑炉 1 座，北宋残墙两堵和瓷泥槽 2 处，获得上自晚唐、下迄金元遗物 251 件[11]。70 年代以来，地县文物部门又对窑址作过多次实地调查。1985～1987 年河北省文物研究所定窑考古队在北镇、涧磁区和燕川、野北区共选取 7 个地点发掘，揭露面积 1859 平方米。发现有窑炉、碾槽、料场、水井、沟、灶、灰坑等遗迹和大量瓷器、窑具及钱币、铜、铁、石、骨器具[12]。这次发掘证实定窑创烧于唐、衰废于金元时代的结论大体可信，同时出土一些重要遗物如白釉卧女枕、"尚药局"瓷盒。有些瓷片款识"龙"、"花"、"李小翁"等尚属首次发现。许多窑具、模具、瓷塑玩具等也都具有重要的研究价值。另外燕川、野北区窑址的首次发掘，对定窑遗址分布的广度有了新认识，而且此区出土的遗迹、遗物与北镇、涧磁区有着继承和发展关系，加深了对晚期定窑瓷器和瓷业的认识。

（三）磁州窑

磁州窑的调查始于 20 世纪 20 年代。解放以后，故宫博物院、社会科学院考古研究所、河北省文物工作队、磁县文物保管所等单位多次对磁州窑址进行过调查和配合基本建设的发掘。进入 80 年代以来，见诸报道的共有三次调查、两次发掘。1985 年邯郸地县进行的文物普查中，对 14 处古窑址进行了普查、复查[13]。1987 年社会科学院考古研究所邺城队和磁县文物保管所对磁县境内的古瓷窑址进行了调查[14]。1987 年北京大学考古系和邯郸地区文管所在对观台窑址进行发掘的同时，组队对观兵台窑址做了调查，并据遗物与观台窑之对比得出观兵台窑址烧制时期大约从北宋中期到元代末期[15]。对观台窑址进行了发掘，计开探方、探沟 12 个，发掘面积 480 平方米。发现并清理了宋金元时期的窑炉遗迹 10 座，大型石碾槽 1 座，同时还发掘出土了房屋、作坊、灰坑、墓葬等遗迹，并伴出了大量的瓷器和窑具、模具和其他标本[16]。这些都对比较全面地认识、了解观台窑在不同历史时期的瓷器烧制技术、器物装饰、器型特征等提供了丰富的资料。1988 年邯郸地县文物部门配合基建，清理了彭城镇二里沟砖厂的元代窑址[17]。

（四）井陉窑

隋至元代以烧白瓷为主的瓷窑。1989 年 10 月河北省文物复查队开始发现，至 1997 年 8 月陆续于今井陉县城（微水镇）西北 25 公里的北陉村到县城西南 15 公里的梅庄约 160 平方公里范围内的绵河、甘陶河、冶河及其支流的小作河、黑水河等沿岸坡地确认了城关（天长镇）、河东坡、东窑岭、梅庄、南秀林、冯家沟（矿区）、北陉、南陉、南防口等九处窑址。这些窑址处于太行腹地的山区，其分布与井陉煤田的范围恰相重合，瓷土（矸子）、釉土及燃料皆是就地取材。另一方面，傍水的坡台地势，交通相对便利，宜于陶瓷作坊生产，也宜于人们生活，特别是山地择居较丘陵、平原可选择性小得多，所以窑场废弃后，大多成为村落，致使这一窑场的保存形态基本为建筑覆压型。由于文献上缺乏具体地点的记载[18]，实地也没有如定窑那样小丘似的多座瓷片堆积等显著易寻的目标，因此也就成为井陉窑发现晚的一个客观原因，并且也对考古调查发掘、窑址的保护带来了诸多的困难和问题。期间，仅有 1993 年、1998 年两次为配合基本建设而作的小面积发掘。前者发掘 90 平方米，后者也只有 300 平方米，以致该窑的全部内涵无法在短时间内全部得到揭露，虽然新发现不断，但其创烧时间以及分期等问题至今仍未能完全得到解决，调查、发掘报告亦尚未发表。现仅就已知材料，对之加以简要说明，并谈谈初步的认识。

已发现的遗迹：

经调查发掘，已发现的遗迹有矸子井、澄浆池、作坊、窑炉、灰坑等。其中 1998 年清理发掘的河东坡窑址遗迹时代明确、结构较为完整。

晚唐窑炉以 Y7 保存较为完整，由火膛、窑床、烟囱三部分组成，形体小，总长度不过 3.5 米，宽仅 1.7 米，保留有 1.2 米高，以匣钵片砌筑的窑壁。与五代以后的瓷窑相比，结构上保留了不少马蹄形窑的早期形态。因用柴做燃料而前端火膛不设炉栅（条）外，两侧窑壁笔直并不外弧，特别是窑床后端与烟囱间不设隔墙，一对方形烟囱与窑床直通，没有砌置通烟孔（即烟道），窑床上摆放的匣钵一直摆放到烟囱的周侧。虽扩大了有限的窑床面积，但控温难度大，保温性能差[19]。调查发现的宋、金时代的窑炉一般与其他窑场常见的馒头窑结构上基本相同，大型窑炉的炉条有直径超过 20 厘米者。1998 年在河东坡发掘的 Y3 异于常形，仅由相切的两个正圆形灰室、窑室两部分构成，窑门设在相接的切线部位，窑室内径仅 1.5 米，窑床与火膛合为一体，烟囱（已不存）大约设在窑顶上方。依其结构和伴出物我们认为它是专门的熔釉窑[20]。

发掘的澄浆池和作坊，时代皆为金。澄浆池以砖石砌置，方形，直径 2.1 ~ 2.3 米，深 1.1 ~ 1.3 米，成串组合。作坊发掘 1 处，清理两间，皆由方砖铺地，以石块和匣钵砌墙，其中的小间堆放青灰色的坯泥，大间尚摆放有加盖的小缸两口，似为上釉的场所[21]。

已知的遗物：

隋代。直至目前，井陉窑隋代遗物发现甚少。1993 年春，天长镇邮电支局新建工作楼挖掘地下柱槽，我们现场采集到在距地表 6 米深以下挖出的三叉形支钉和粘有垫条的承烧用盘柱，形状同邢窑已发现的隋代同类窑具相同，从而证实井陉窑隋代已经开烧。另在历年动土工程中收集到白瓷尖唇深腹实足碗、尖唇浅腹厚平底盘、高足盘等少量器物。深腹碗碗心积釉呈浅绿色，留有三个支钉痕。高足盘中有黑釉器，亦施半釉。这些器物与隋代的邢瓷无甚区别。规整周正，明显不是始烧阶段的粗拙形态。因此，我们在确认井陉窑隋代烧瓷的同时还有两点说明：一是未将它的创烧时间确定在隋，认为有还要早的可能；二是它与邢瓷关系紧密，在烧制白瓷方面依据现有资料来看，应与之有着相同的烧制史。

中唐。在各窑址至今尚未发现唐前期的遗物。1997 年夏在南防口村窑址出土了一组完整的白瓷器物，有碗、盏托、镂炉、盆等。其中碗形尖唇敞口浅腹，皆为实足底，胎薄质细，釉色光润。盏托托口只微微隆起，与该窑晚唐五代初期形式的托子托圈已成高筒状明显有着时代早晚的区别。

晚唐五代，此阶段窑址已遍布整个窑场，特别如南秀林、南北陉三处窑址均只见此期遗物，采集与发掘所获标本均很丰富，有碗、托盏、盘、碟、钵、盂、注子、瓶、壶、盒、罐、盆、枕、熏炉等。白瓷制品达 90%，另外尚有黑釉、青黄釉及三彩制品。

碗的形式繁多，有尖唇、方唇、圆唇、唇口之分。花口器（碗、盘、钵、盂等）亦大量增加。碗底除个别实足外，玉璧底、宽圈足（玉环底）、圈足皆见。高档白瓷的胎质与釉色毫不逊色于邢窑的精品，1993 年在发掘中还获得了一件带"官"字刻款的白瓷盘片。装饰手法贴塑与点彩十分突出，其次为刻划。代表器物如莲花熏，熏碗周壁贴塑三层立体花瓣，瓣尖耸出口部，成为一朵盛开的白莲。白釉双鱼四系背壶，则是贴塑与刻划兼施的一件精品[22]。大型白瓷塔式罐所施黑褐釉点彩，由肩、腹、托座不同部位，分层点绘团花、花树、花穗和乳头，一器而成花团锦簇的效果，华丽的风格与长沙窑的拙朴迥异，可称北方白瓷点彩装饰的代表作。

三彩器主要以绿、棕、黄三色为主，绿单彩亦多见；不见红彩、蓝彩和白彩。施釉方法与艺术效果均与河南、陕西乃至内丘等窑有明显的不同，浸上淡绿底色，再浇以不同的重彩，因之井陉三彩别具特色。

北宋。发现遗物较少，主要有碗、盘、瓶、罐、执壶、枕等。为此窑独有的器物为刻"天威军官瓶"款的酱釉酒瓶，所见皆入窑前刻划[23]，字体有正书亦有行草，瓶高 40～60 厘米左右，小口凹底，无纹饰，有的肩部有一周刮釉露胎的宽圈带。在装烧方面除一器一钵外，仍采用叠烧法，但似乎不再使用支钉而改用支珠，碗的里心多留有 3～5 粒遗痕或粘结的珠粒。

金代。由采集和发掘所获标本来看，金代是井陉窑的后段鼎盛期，品种与器形有极大的丰富，折腰盘、碗成了大宗产品。在釉色方面虽仍以白瓷为主，黑釉、酱釉器比例成倍增加，又见绿釉、黄釉、天青釉器。在成功的烧制兔毫盏、油滴釉碗、盘的同时，还产出十分精美的黑釉菱花斑盏。在装饰技法上除保留了划花、刻花、剔花、点彩外，生产外范印花器的同时，大约是受定窑影响，出现了大量内模印花产品，图案的种类初步统计达二三十种以上，除同见于定窑者外，花卉类如纯叶纹，荔枝纹、莲瓣加缨络纹；景物类如开光湖石园景；人物类如池上仙人图等都是首次面世的纹样。其中，河东坡窑址 1996 年一次出土完整的印花模子 12 件，图案各异，精美程度比之定窑模子毫不逊色[24]。表明闻名于定窑的印花装饰，到金代曾大盛于井陉窑。不独如此，特别应提到的是同属于印花类的戳印技法的创用，使井陉窑印花装饰脱出定窑的规范，而独树一帜。这主要表现在枕面的装饰上，最具代表的鹿纹枕，所见有卧鹿、立鹿、奔鹿，并有单鹿、对鹿、三鹿的不同，此外还有奔牛、卧牛、蝶花、花叶、仙女等不同的画面。这些图案无论主题还是陪衬、边饰均由大小不同的印板戳印而成，独特的艺术风格，无论定窑或是磁州窑均不能包容。

文献曾提到的"金花器"，在 1998 年夏的发掘中亦发现两种。其一为白瓷盘，盘面用金粉绘饰莲花；另一件为白瓷小碗，碗口（芒口）涂金，效果比定窑的金扣器则更显自然、轻灵、绚丽。二者均是井瓷中的描金器。

点彩多见于碗罐类，技法与唐、五代一脉相承，主要有花朵、旋花、串叶、三叶等。此外，亦见少量白地黑绘划花，白地褐绘划花、黑剔花及白地划花瓷片，似是仿磁州窑的作品，但胎质和风格显有不同，极易区别。

在装烧技法上，在覆烧法之前即见器心砂圈的出现，至少到金代前期已呈盛行态势，这里的中、低档碗、盘、缸、盆等一般里心均有砂圈。当印花覆烧器大量生产时亦未被取代，其至大型印花器亦采用这种砂圈叠烧式生产。这种装烧形式虽使产品的美观方面大打折扣，但省去了支钉、支珠、垫圈等支烧窑具，增产的幅度高于覆烧法，影响了当时也传承于后世。

元代。虽仍以烧制白瓷为主，所见产品不分粗细均呈豆青色。黑釉、褐釉出现后来居上的趋势。至明清井陉窑场终以生产粗胎黑褐釉缸、坛、瓶为主。故到元代以烧制白瓷为主的井陉窑已进入衰落期，主要有鉴于此我们暂把井陉窑的下限定在元代。

（五）其他窑址

1. 隆化鲍家营

窑址位于河北省隆化县鲍家营村㉕。1980 年河北省文物管理处调查发现。发掘探沟 4 条，揭露面积 100 多平方米，清理 3 座窑炉，出土部分窑具和瓷器。窑炉结构大体分火膛、窑床、烟囱三部分，以柴为燃料。窑具有窑柱、支钉、垫圈等，推测装烧方法有覆烧、砂圈叠烧、支钉叠烧、支圈叠烧等多种。瓷器种类有碗、钵、盘、罐、瓶等。胎体质粗含砂，呈灰白、黄白、灰青、灰黄等色。釉色有灰白、灰青、灰黄、酱、黑等色，上釉前多数施化妆土。器物多施双面釉。釉面混浊、光泽度差、有细小开片。碗多有芒，有的有砂圈。纹饰多为釉下彩绘，有花朵、花卉、树叶和动物形象，文字有"风华雪月"、"青风绿口"等。遗物造型特征、纹饰等系元代作风，又具有浓厚的地方特色，发掘的 3 座古窑应是元代的地方窑。窑址地面还可拣到辽金时期的瓷片，较元代为晚的瓷片少见，因而窑场上限可能早到辽金，下限可能到元代晚期。

2. 宽城县缸窑沟辽金窑址

1976～1977 年承德地区文物普查中发现。第一窑址在东窑庄东，面积为 150 平方米，文化层深度 4 米。第二处窑址坐落在东窑沟的东山根，面积为 100 平方米，文化层深度 3.5 米。两个窑址相距 150 米左右。窑址暴露着大量的褐釉、豆绿釉瓷片，器形有碗、鸡腿瓶、缸等，时代属于辽金㉖。

二 目前研究的状况

（一）邢窑

国内外学者对邢窑的研究始于 50 年代初期，但直到邢窑被发现前的几十年时间里，有关邢窑的研究文章很少，仅有的几篇文章也多是依据文献把传世或馆藏的唐代白瓷做了一些描述和归纳，自然不免把大部分唐代白瓷皆归入邢窑。1980 年在临城县发现邢窑遗址并召开了"邢窑与邢瓷艺术鉴赏会"后，有关邢窑与邢瓷的研究普遍展开。随着内丘、邢台窑址的相继发现，人们对邢窑的认识和了解也在逐步深入。归纳起来，主要集中在以下几个方面：关于邢窑产地。一种意见是内丘、临城、隆尧、邢台等县境内的古瓷窑址[27]；一种意见认为在内丘、临城、邢台三县发现的五代以前的瓷窑遗址都应属邢窑遗址[28]；另一种看法则认为邢窑以州而名，邢窑在内丘，只有内丘窑才是真正的邢窑，而临城等古瓷窑应属邢窑系之列[29]。对"盈"字款的认识、理解。有人认为"盈"是为宫廷定烧的贡品[30]；或认为是唐代百宝大盈库定烧，取"盈"字作标记，以供天子享用的定烧器[31]，有人认为"盈"为产品标记，取之圆满之意，寄托一种吉祥和祝福[32]。邢窑产品分期断代的研究。依据内丘、临城两县调查所获标本，大多数学者认为邢窑应始烧于北朝，历经隋、唐、五代、宋，到元走向衰亡；有人以白瓷为主线，认为邢窑白瓷的烧造经历了北朝的创始、隋代的发展、唐代的鼎盛、五代的衰败四个时期[33]；有人则把内丘窑址分为北朝、隋、初唐、中唐、晚唐五代五个时期[34]，还有人把邢窑遗址由北朝到五代分为六期。关于细白瓷的研究。通过对隋代"透影细白瓷"的测试研究，大多学者认为，邢窑隋代"透影细白瓷"的烧制成功，主要是因为胎、釉中低含铁量和高氧化钾所致，说明邢窑窑工在隋代已经掌握了长石、石英类矿物的粉碎方法和高温熔融下的物理性能。张志忠等进一步指出，邢窑的薄胎细瓷已基本上达到了欧洲"硬质瓷"的标准，把薄胎细瓷的起源提前了近10个世纪[35]。杨文山等人则认为，邢窑精细白瓷从硬度性能来看，属"软质瓷"，虽然晶莹透彻，洁白美观，但抗污耐磨性能较差[36]。

另外，一些研究者还对采集的大量窑具标本进行了研究，对不同时期不同种类的窑具进行了装烧方法的初步研究[37]。"谈邢窑"一文中也有对邢窑装烧技法的部分总结与描述。"邢窑研究组"还初次对一些瓷器和原料标本进行了化学组成分析、物理、光学性能测定和显微结构的观察等，发表了研究报告[38]。"邢窑研究组"美术组还完成了"邢窑造型装饰研究"[39]的报告，最先把邢窑器物从整体造型、质地、釉色、比例、对比变化等方面进行了美的观察与概括。冯先铭先生通过对邢窑及邻近诸窑的考察，很早就注意到邢窑的发展特别是白瓷对邻近诸窑如定窑、平定窑等有很大影响。不仅如此，定窑在金以后又反过来影响邢窑，之间存在着相互影响的关系[40]。李辉柄先生则更详细的以邢定二窑的玉璧底碗为例进行了造型、做工、胎、釉等方面的对比研究，提出了二窑既关系密切又存在区别的事实[41]。王会民等人则通过邢窑的全面调查和局部试掘，发表了"邢窑调查、试掘的主要收获"，除了把邢窑遗址由北朝到五代分为六期，分别总结了每一期的器形、窑具种类和特点，还指出，隋代透影细白瓷的产生并非偶然，可能与当时的政治有着某些联系。作者还断言，约在中唐，邢窑在碗一类的器物上使用过大量的不同于传统意义上的"覆烧"技法[42]。

（二）定窑

1. 始烧年代与分期

关于始烧年代一般认为始于唐代后期；也有人认为应在唐代早期[43]；还有的学者认为始烧于中唐[44]。

关于分期，大致有六种观点：

（1）分为三期：晚唐、五代、北宋[45]。

（2）分为三期：早期为晚唐五代时期，中期为北宋时期，晚期为金元时期[46]。

（3）分为四期：初创时期（唐高祖至唐代宗，618～779年），发展时期（晚唐至五代，780～960

年）。"独特风格"形成时期（北宋至金哀宗，960～1234年），衰败时期（金哀宗至元代，1234～1368年）[47]。

（4）分为六期，将唐五代定瓷和宋金定瓷各分为三期，前者为唐代早期、唐代中后期和晚唐五代，后者为北宋时期、金代和金末元初[48]。

（5）分为六期，唐代中期、晚唐五代、北宋早中期、北宋晚期、金代、元代[49]。

（6）按朝代分为唐、五代、北宋、金、元五期，北宋时期中再行细分为早中晚三期[50]。

2. 窑炉结构与原料

五代时期，窑室平面呈马蹄形，由烟囱、窑床、火膛三部分组成，火膛内未见炉箅，窑床与烟囱间没有隔墙[51]。同宋代的馒头窑相比，在结构上并无很大差别。宋代窑炉窑床与烟囱间有隔墙[52]。

普遍认为，烧瓷燃料五代时期用柴，是还原焰窑，北宋时期改为烧煤，窑室气氛变为氧化，这是定窑白瓷釉色从白中闪青变为白中闪黄的主要原因[53]。叶喆民先生认为定窑历来煤柴并用[54]。还有人认为定窑唐至五代时期一直烧氧化焰，北宋早期或中期烧过一段时间的还原焰，或弱还原焰[55]。

3. 装烧工艺

研究表明定窑先后采用五种方法：三叉形支钉垫烧法、匣钵正烧法、支圈仰烧法、支圈覆烧叠置法和叠烧法[56]，存在歧义之处有两点，一是三叉支钉支烧法是否仅限于唐代早期及其时是否使用匣钵；二是有关覆烧法的年代，林洪先生曾认为早在北宋初年定窑就大量采用覆烧法[57]，现在流行的观点是定窑创用覆烧法的时间似在北宋中期，覆烧法兴盛于北宋后期。

4. 定瓷基本特征

一般认为，唐代产品以黄、绿、青三彩等釉为主，有少量白瓷，已有盘、碗、罐、盒、壶、枕、瓶等器类，晚唐玉璧底白瓷碗为典型产品，此时定瓷多造型厚重且光素无纹。五代以后则以白瓷为主，兼烧黑、绿釉器，器型逐渐变化，以唇口碗为多，装饰出现少量划花。北宋以白瓷为主，兼烧黑釉、酱釉和绿釉，即著名的"黑定"、"紫定"和"绿定"。器类丰富，增加一些像生器物，如海螺、泅龟、人物及动物雕塑等。孩儿枕、刻花净瓶、印花云龙纹盘是定窑的代表作品。白瓷胎土细腻，釉色润泽白中闪黄，碗盘类因"挂烧"、"覆烧"出现芒口。装饰以刻花、划花、印花为代表，题材有花卉、禽鸟、游鱼、动物、婴戏等。有在口部镶金、银、铜钿的装饰，其用意一是表明使用者身份尊贵或显示豪华，再是弥补漏釉欠缺。定瓷还有金彩名品。还曾发现有"兔毫"或"油滴"现象的黑瓷片。金代定窑延续宋制，印花成为主要装饰手法，常见以凸线界出若干画面的做法，砂圈叠烧法采用后，定瓷逐渐衰败。

5. 定瓷供销

（1）宫廷所用贡瓷。已发现的定窑器题铭"尚食局"、"尚药局"、"奉华"、"风华"、"慈福"、"聚秀"、"禁苑"、"德寿"等，说明定器中有一部分是专供宫廷使用的。

（2）官府、贵族及民间日用瓷。《中国陶瓷史》1997年235页载：流散到国外的一件定窑盘，盘心印阴文"定州公用"楷书四字，此器或定州官衙所用；还提到窑址采集品中有刻"五王府"铭文的，应是某五王府所定烧之器。定窑中也有质量粗糙的产品，说明也为民间烧造。

（3）外销瓷。与"丝绸之路"相关的许多国家和地区的古代遗址中，都发现不少定器。入宋以后，外销瓷器的生产逐渐从内地转向沿海，定窑从此退出外销的历史舞台[58]。

6. 定窑题款

定窑瓷器带题款的有 15 种，大都与宫廷有关，其中数量最多的是带"官"款的[59]。定瓷题款大多为刻字，也有印字与写字。

"官"字题款器物大多出于五代末到北宋前期墓葬中，除"官"字外，还有刻"新官"二字的。关于"官"与"新官"款的相对年代，有人认为"新官"是相对于旧"官"而言，后者早于前者[60]，另一种意见是二者同时生产，为什么有"官"与"新官"之分还有待研究[61]。烧造年代一般认为从晚唐到北宋早期均有烧造。关于其窑口，过去有两种意见，全属辽官窑或皆归定窑。现在有代表性意见是：

（1）除湖南出土的"官"款白瓷盒似为湖南生产的以外，浙江、辽宁和湖南等地出土的"官"、"新官"款白瓷器均应为定窑的产品[62]。

（2）"官"、"新官"款白瓷产地除定窑和辽官窑外，还应考虑其他产地，钱宽墓出之器有较大可能来自湖南地区[63]。另外还有人认为钱宽夫妇墓中带"官""新官"款的瓷器可能是浙江所产[64]。关于"官"字涵义，有人认为此类器物属宫廷指定烧制品[65]，有人认为是作为官府或封建贵族定货和对外出口的一种标记[66]。

7. 定窑系

陶瓷界一般认为，定窑以白瓷驰名，其造型、装饰、烧造方法为各地瓷窑所仿效。宋代烧造定窑风格白瓷的窑址，尚有河北邢窑、北京龙泉务窑、山西平定、盂县、阳城、介休、长治、太原、榆次、河津、交城、霍县以及四川彭县等窑，形成定窑系。江南地区受定窑影响的有景德镇、吉安等窑。采用覆烧方法烧青白瓷的瓷窑，在浙江、福建、湖南和湖北等省都有发现[67]。

在邢窑、定窑、磁州窑的比较研究[68]，辽宋白瓷鉴别研究[69]，宋金时期仿定器的窑口鉴别[70]等方面都取得一定进展。有人从文化背景的影响及定窑对铜镜艺术、丝织、刺绣、绘画和书法的借鉴方面对定窑装饰风格的形成进行探讨[71]。还有人对定瓷所用原料进行研究与实验[72]。

（三）磁州窑

磁州窑的研究始于 20 世纪 20 年代，国内外学者针对一些传世磁器和巨鹿故城出土的磁州窑器发表了一些论文和著录，掀起了磁州窑研究的第一次高潮。新中国成立后，随着磁州窑调查发掘资料的增多，人们对磁州窑的认识也在逐渐加深，研究面逐步扩大。进入 80 年代以来，国内又一次掀起了磁州窑研究的热潮。1981 年，在美国印第安那州举行了"磁州窑国际学术讨论会"，并将美、日、英、加四国收藏的磁州窑精品在美国举行了专题性的巡回展出，出版了图录。1985 年，"中国磁州窑研究会"成立，并在彭城召开了第一届学术讨论会，编印了内部论文集。1988 年又在彭城召开了第二届年会，磁州窑的研究不断走向广泛和深入。

《中国陶瓷史》把磁州窑描述成我国北方最大的民窑体系，有关专家学者从器类的介绍、窑址的考察到与其他窑口关系的对比研究，从器物的造型艺术特色到文化现象的研究，方方面面，特别是它独具特色和丰富多彩的造型装饰艺术更为研究者所偏重。《中国陶瓷史》把烧瓷品种最为丰富的观台窑总结为 12 种。李知宴先生在《漫谈磁州窑的艺术特色》[73]以及魏之瑜先生在《磁州窑艺术初探》[74]等文中皆对磁州窑的造型装饰从起源、工艺、美学、创意以及从当时政治和人们生活的各方面都做了概括和分析。刘志国先生仅金代磁州窑的装饰就分了 14 种[75]。但这些研究主要是对调查和传世品的总结和概括，而缺乏正式发掘所特有的地层关系和对应的时代特征。《观台磁州窑址》[76]正是对这种研究缺憾的补充。该报告详尽描述了 1987 年观台窑发掘的地层、遗迹、遗物的关系与特征，进行了较细致的分期、分段及相关问题包括每期、段特征的讨论。报告中分观台窑为四期七段，对应的烧造时限从五代末北宋初到元末明初，由此总结出观台窑的发展历经了"初创"、"发展"、"繁荣"、"衰亡"四个时期。不仅如此，报告中还对部分标本胎、釉、化妆土的化学成分和显微结构进行分析，通过对标本的 X 荧光分析法测定对其制造工艺进行了探讨等。这些都为磁州窑的研究增添了新内容，可以说是磁州窑研究的里程碑。另外马忠理先生在磁州窑历次调查、发掘的基础上，总结出磁州窑的装饰品种为58 种，并对每种装饰的流行时代做了探讨，使人们对磁州窑的装饰品种及时代有了更新的认识[77]。

（四）井陉窑

由于井陉窑发现较晚，调查发掘资料尚未公布，有关研究文章很少。我们权且把对井陉窑的初步认识归纳如下。

1. 井陉窑就是"东窑"

46 年前陈万里先生曾撰文提出"在唐的时代，平定、平阳、霍州均烧白器。平定窑又俗称'西窑'，是否对于邢窑之在河北为东而言，亦是一个问题"[78]。由于那时没有发现井陉窑，根据地理位置，老先生提出邢窑是否"东窑"的疑问，现在可以给予明确的解答了。依目前发现的井陉窑最西部的城关镇与河东坡窑址，二者西至平定窑的柏井窑址有驿道直通，恰仅一驿之距[79]，来往不费一日之时，非常便捷。平定窑在西，井陉窑在东，而井陉窑的河东窑址与东窑岭窑址间相隔一岭称"东窑岭"。可见井陉窑确曾俗称"东窑"，无论相对于地理位置，还是地名，均可肯定"东窑"就是井陉窑。东、西窑俗称的意义恐怕并不仅仅限于地理位置和地名称谓，以笔者所见，平定窑晚唐五代到金的制品无论胎质、釉色、品类、器形多与井陉窑别无二致。若以产品来看，二者似可合为一个窑口。实际上无论平定窑，还是霍窑、介休窑等山西白瓷，与其说受邢定影响，实际来看，还是应与井陉窑有更紧密的关系。

2. 井陉窑的特点

釉色方面，井陉窑白瓷就目前所见，除元代以外无论哪个阶段都发现一些高精度的制品，胎质坚细，釉色莹润光洁，如"官"字款器等，用类雪标准衡量亦不过分。然而占更大量的中档、甚至一些高档产品如前段的双鱼穿带背壶，后段的印花盘、碗等，胎质灰白釉色闪青，更多的普通品则釉色泛青，少见泛青黄者。

装饰方面。从所获标本来看，一般的装饰技法几乎都曾在井陉窑得到采用，代表其自身特色的，或谓之形成自己特点的技法，我们初步认为有两种：一是自唐即有突出表现的点彩，全用褐彩，图案尽为花朵、花穗或花束类，规整、大方、华丽。这种装饰不仅自身得到长期保持，也影响到定窑或磁州窑产品上出现同类装饰。二是戳印划花。这是在印花技法的基础上形成的，代表器物戳印划花枕不见于其他窑口，一些著作中将之误认为定器或磁州窑器[80]现得纠正。

装烧工艺方面。砂圈叠烧法一般认为"出现于金代，流行于元代北方地区"[81]。依据井陉窑的发掘情况看，宋代即出现此类盘、盆，到金代前期即已成为大宗产品。因此如同定窑在北宋创覆烧法，井陉窑约在宋代创造了砂圈叠烧法。

三　今后研究的取向

（一）进一步调查与发掘

1. 调查的方向与重点

河北省境内古瓷窑址特别是邢窑、定窑、磁州窑等名窑历史上都进行过多次调查，每次调查可以说都有新发现与收获。但总的说来，原来的调查铺开的面较窄，专题性不强，大多是在已有信息的基础上进行的小规模调查，有的则是在已知前提上的复查，也有大规模文物复查中的偶尔发现。现已知的四大窑的位置，均居于太行山东麓及山前丘陵平原地带，而河北西北部、东北部、东部、东南部等广大区域内的古瓷窑址近乎空白。而在这些区域内古遗址、墓葬中曾出土过数量可观的瓷器及残片，特别是景县、河间、任丘、吴桥、青县，石家庄的平山、赞皇等地皆出土过早期瓷器，景县封氏墓群出土的青瓷莲花尊更为世所珍重。但遗憾的是都找不到窑口或窑系归属。张家口宣化、唐山迁安等地出土的精美辽代瓷器则更需寻找烧瓷窑口。因此作为瓷窑考古专题，我们认为很有必要继续进行调查工作：首先是已知古瓷窑址也就是邢窑、定窑、磁州窑、井陉窑、隆化窑及相邻区域内的补充调查；再就是广大区域内特别是西北部、东北部、东部、东南部未知古瓷窑址的调查。

2. 白瓷创烧问题

北齐范粹墓白瓷的出土使得白瓷在中国土地上出现的时间至少提前到距今1400多年前，同时范粹墓白瓷的烧制地点和白瓷的创烧也成为学者们讨论的一个热点。根据现有资料，河北境内邢窑、井陉窑皆至少在隋代已生产白瓷器，特别是邢窑隋代高级透影细白瓷的发现更使人们看到烧制白瓷技术的成熟和在河北境内寻找到更早期烧制白瓷窑口的可能。因此继续调查和发掘，特别是邢窑、井陉窑及其附近区域的调查和发掘将有助于这一问题的早日解决。同时调查发掘还要尽可能地解决河北境内瓷器的始烧时间问题。在藁城台西商代遗址内和邢台葛庄等地都发掘出土了原始瓷器或残片，虽然目前还不能证明这些原始瓷器就是本地产品，但这些资料表明至少在商周时期，河北地区的古人们已开始使用原始瓷器，并已可能亲自烧制原始瓷器。

3. 各窑址缺环

（1）邢窑宋瓷。虽然前述观点中有人认为邢窑五代以后衰落，但作为邢窑区域内的瓷器烧造则至少延续到元代。在已调查试掘的资料中，除了北宋，从隋至元皆可找到相对应的比较丰富的遗址或地层。虽曾有人在射兽等窑址残存中拣到过零星的宋代瓷片，但作为宋史有明确记载的贡瓷来说是远远不够的。因此继续调查与发掘，寻找邢窑宋代窑址或地层堆积和瓷器，不仅可以印证历史，而且通过邢窑宋瓷和定窑宋瓷的对比研究，或可能改变一些传统的观念。

（2）定窑创烧。前述观点中对定窑创烧时间的看法颇不一致，或认为初唐，或认为中唐，或认为晚唐五代。究其原因，一方面是人们对定瓷早期产品的认识各不相同，另一方面恐怕还是对早期产品的揭示不够。一般观点认为定窑早期受到邢窑较大影响，其产品也基本相同。因此在揭示、寻找定窑早期产品的同时，继续调查发掘定窑同时期窑址和地层将有助于定窑创烧时间问题的解决。

（3）井陉窑唐早期窑址。在已发现的资料中，河北境内唐代早期的资料不多，特别是窑炉和有纪年的瓷器更是鲜见，同时这也给窑址内唐早期瓷器的断代带来了一些困难。目前所知，井陉窑瓷器烧造由隋至元，与邢窑区域内的瓷器烧造时间差不多，单独不见唐早期产品。即使已试掘出唐早期堆积层的邢窑，其遗物也不丰富，人们对这一时期的窑炉、窑具、瓷器的面貌也还不甚了解，因此寻找井陉窑唐早期窑址很有必要，这不仅有助于人们对井陉窑整体面貌的认识和了解，同时也会对河北瓷窑考古的综合研究有所帮助。

（二）建立邢、定、井三窑窑口的界定标准

唐、五代时期，邢、定白瓷产品造型多相同或相近，胎质、釉色也颇多相同相近之处。因为定窑的创烧晚于邢窑，研究者多认为这是受邢窑影响所致。现在又发现了井陉窑，不仅唐、五代白瓷的特征与之雷同，且隋代的标本尽管发现很少，但除未见极精细的透影白瓷外，外观也与邢瓷制品极其相似。

再说宋代，定窑崛起为五大名窑之首。前期，定州塔基所出精美白瓷有的带有"官"、"新官"刻款。后期覆烧法及印花产品大盛，同时"尚食局"、"尚药局"等刻款器物在窑址发现。但同期包括金代，邢、井二窑也在烧造。

窑口如上所述，但近代以来，各地出土唐、五代精美白瓷，只要够得上"类银"、"类雪"的标准，一律判归邢窑。后者则无一例外地指作定器，只有那些中、低档产品才被视作"土定"。

实地来看，唐、五代时期，井陉窑与定窑不乏精美如同邢窑的产品。宋金则更有商榷的余地，见于《宋史·地理志》记"信德府（邢州）贡白瓷盏"，中山府（即定州）所出贡品中却无瓷器。同样《金史·地理志》中"真定府（辖井陉）产瓷器"，中山府却不记有瓷器产出。越来越多的发现证实，金代井陉瓷确实具备了赶超定瓷的水平。而即便宋、金时期定窑也有大量的中、低档"土定"产品。还应指出的是，以白中闪黄概括宋定白釉特征，似乎和井、邢有所区别，但实际所见，同期定瓷亦不乏闪青、泛青者。而邢窑晚唐五代已见大量闪黄、泛黄产品。

如此，唐代各地，特别是井陉、曲阳附近出土的精细白瓷是邢窑产品，还是当地窑产品？同样宋金时期，各地所出精美的白瓷或白瓷印花产品，特别是井陉、邢台附近所出者，是定窑产品，还是当地窑产品？

再把问题的范围扩大一些，"定窑系"还包括了山西平定、阳城、介休、霍县，四川彭城诸窑，而介休、霍县窑同时还归入了"磁州窑系"。如此，还有没有这些窑的自身特点？这么广阔地域内的窑口都纳入同一窑系，是否尽可涵盖其实际？如妥当，为何一窑又属于两系？当具体到某件标本来看，又怎样准确界定它的窑口？以上问题即需深入思考，也是实际操作上无法回避、亟需解决的问题。

作为需要解决的诸课题之一，我们拟集合邢、定、井、磁四窑相同时代（阶段）有代表性的高、中、低档典型标本加以综合的分析、化验、检测，就其异同在各方面做出科学鉴定的基础上，求得可实际操作的界定标准。

中国陶瓷的历史是我国古代灿烂文化的重要组成部分，也是人类物质文化史上一个重要的研究对象。它不仅在考古断代分期方面具有重要价值，而且其工艺、造型、装饰等各方面的研究成果对现代陶瓷生产也具有重要意义。综上，河北是古陶瓷大省，陶瓷考古是河北考古的一大项重要内容，在陶瓷研究方面具有不可比拟的有利条件。但是，目前我省陶瓷考古相对滞后，调查发掘没有详细明确的计划，基本处于无序状态，资料的整理不及时，研究不充分、成果不多，现在又有上述重大的项目和亟需解决的课题，因此需要在调查发掘和综合研究方面进行大量扎实的工作。鉴于历史的经验，河北考古部门应该从河北陶瓷大省的实际情况出发，成立专门的陶瓷考古小组，提出和落实具体可行的详细工作规划，进行连续系统的工作，申请专项资金，一是用于保障继续调查发掘和综合研究的启动和运转，二是用于整理现有的以及新发现的资料，出版报告、图录和论文。同时应吸引各大专院校和研究机构共同对河北诸窑进行深入研究，以使我省的陶瓷研究水平不断有新的突破，及时发表与出版有关的成果。

（作者单位：河北省文物研究所）

注　释

① 陈万里：《邢、越二窑及定窑》，《文物参考资料》1953 年 9 期。

② 杨文山：《唐代邢窑遗址的发现和初步分析》，《河北学刊》1982 年 2 期。

③ 河北临城邢瓷研制小组：《唐代邢窑遗址调查报告》，《文物》1981 年 9 期。

④ 内丘县文物保管所：《河北省内丘县邢窑调查简报》，《文物》1987 年 9 期。

⑤ 高建强等：《泜河流域考古调查简报》，《文物春秋》1992 年 1 期。

⑥ 王会民、樊书海、张志忠：《邢窑问题新议》，《河北省考古文集》，东方出版社，1998 年。

⑦ 资料未发，部分标本见于河北省博物馆 1997 年中国古陶瓷研究会陶瓷特展。

⑧ 张志忠、王会民：《邢窑隋代透影白瓷》，《文物春秋》1997 年增刊。

⑨ 叶麟趾：《古今中外陶瓷汇编》，北平文奎堂书庄，1934 年刊行。

⑩ 陈万里：《调查平原、河北二省古代窑址报告》，《文物参考资料》1952 年 1 期。冯先铭：《三十年来我国陶瓷考古的收获》，《故宫博物院院刊》1980 年 1 期。

⑪ 河北省文化局文物工作队：《河北曲阳县涧磁村定窑遗址调查与试掘》，《考古》1965 年 8 期。

⑫ 刘世枢：《曲阳县唐、宋定窑遗址》，《中国考古学年鉴（1986）》，文物出版社，1988 年；又《曲阳县定窑遗址发掘》，《中国考古学年鉴（1987）》，文物出版社，1988 年。

⑬ 1985 年调查的磁州窑址资料正在整理中。

⑭ 1987 年社科院考古所邺城队和磁县文保所进行了磁县的窑址调查，资料尚待整理发表。

⑮ 秦大树：《河北省磁县观兵台古瓷窑遗址调查》，《文物》1990 年 4 期。

⑯ 北京大学考古系、河北省文物研究所：《河北省磁县观台磁州窑遗址发掘简报》，《文物》1990 年 4 期。

⑰ 1988 年配合基建清理了彭城镇东南的二里沟砖厂工地，出土元代"内府"瓶、碗、盘、鱼藻盆等。资料在整理中。

⑱ 《乾隆正定府志》卷十二《物产》："正定府产瓷器，缸坛之属也，明时充贡出井陉"。《雍正井陉县志》卷三《物产志·货类》："磁器、瓦器、砂器"。又，《金史·地理志》卷二十五《河北西路》记："真定府产瓷器"。等都没有明确、具体的地点。

⑲ 参见《中国文物报》1998 年 11 月 18 日头版《井陉窑发掘获重大成果》一文所配发的 Y7 图片。

⑳ 经仔细的工作，在 Y3 窑室周围未发现烟囱痕迹。另在 Y3 灰室底部及窑床上灰碴层内发现试管型小型钳锅。

㉑ 见《井陉窑发掘获重大成果》一文配发的作坊图片。

㉒ 河北省文物管理处：《河北省出土文物选集》，190 页 335 器，文物出版社，1980 年。

㉓ 河北省文物研究所：《河北省考古文集》图版廿九《南海山北墓区出土器物》第 5 器，东方出版社，1998 年。

㉔ 孟繁峰、杜桃洛：《井陉窑遗址出土金代印花模子》，《文物春秋》1997 年增刊。

㉕ 河北省文物研究所:《隆化鲍家营古窑址发掘》,《河北省考古文集》,东方出版社,1998 年。

㉖ 承德地区行政公署文化局编印:《承德地区文物普查报告》,1978 年 10 月。

㉗ 河北师范大学杨文山:《关于邢窑产地问题》,《河北陶瓷》1992 年 2 期。

㉘ 同⑥。

㉙㉚ 贾永禄、贾忠敏、李振奇:《谈邢窑》,《河北陶瓷》1991 年 2 期。

㉛ 陆明华:《邢窑"盈"字及定窑"易定"考》,《上海博物馆集刊》1987 年 9 期。

㉜ 同⑥。

㉝ 同㉙。

㉞ 同④。

㉟ 同⑧。

㊱ 杨文山:《邢窑精细透光白瓷的初步研究》,《文物春秋》1997 年增刊。

㊲ 毕南海、张志忠:《邢窑装烧方法的研究》,《河北陶瓷》1989 年 2 期。

㊳ 河北省邢窑研究组:《邢窑工艺技术研究》,《河北陶瓷》1987 年 2 期。

㊴ 河北省邢窑研究组:《邢窑造型装饰研究》,《河北陶瓷》1987 年 2 期。

㊵ 冯先铭:《谈邢窑有关问题》,《故宫博物院院刊》1981 年 4 期。

㊶ 李辉柄:《定窑的历史以及与邢窑的关系》,《故宫博物院院刊》1983 年 3 期。

㊷ 王会民、张志忠:《邢窑调查试掘主要收获》,《文物春秋》1997 年增刊。

㊸ 穆青:《早期定瓷初探》,《文物春秋》1995 年 3 期。

㊹ 张金茹:《定窑瓷器分期初探》,《文物春秋》1995 年 3 期。

㊺ 同⑪。

㊻ 冯先铭:《曲阳定窑址》,《中国大百科全书·考古学》,中国大百科全书出版社,1986 年。

㊼ 李辉柄、毕南海:《论定窑烧瓷工艺的发展与历史分期》,《考古》1987 年 12 期。

㊽ 刘毅:《定瓷基本特征和仿定瓷的窑口鉴别》,《文物季刊》1998 年 4 期。

㊾ 同㊹。

㊿ 冯先铭:《定窑》,《中国陶瓷·定窑》,上海人民美术出版社,1983 年。

51 同⑪。

52 同⑫。

53 李国桢、郭演仪:《历代定窑白瓷的研究》,《硅酸盐学报》1983 年 3 期。

54 叶喆民:《近三十年来邢定二窑研究记略》,《文物春秋》1997 年增刊。

55 陈文增:《宋代定窑文化品位确立之艺术借鉴》,《文物春秋》1997 年增刊。

56 同㊼。

57 同⑪。

58 同㊼。

59 中国硅酸盐学会编:《中国陶瓷史》,文物出版社,1997 年。

60 冯永谦:《叶茂台辽墓出土的陶瓷器》,《文物》1975 年 12 期。

61 冯先铭:《有关临安钱宽墓出土"官"、"新官"款白瓷问题》,《文物》1979 年 12 期。

62 李辉柄:《关于"官"、"新官"款白瓷产地问题的探讨》,《文物》1984 年 12 期。

63 同61。

64 明堂山考古队:《临安县唐水邱氏墓发掘报告》,《浙江省文物考古所学刊》1981 年。

㉕ 杨根：《宋代的八大窑系》，《北京大学百年国学文粹·考古卷》，北京大学出版社，1998 年。

㉖ 同㊹。

㉗ 参见㊻、㊾。

㉘ 叶喆民：《近三十年来邢定二窑研究记略》：毕南海《邢定二窑的关系及制品考》，《文物春秋》1997 年增刊。

㉙ 李红军：《辽代白瓷与北宋定窑白瓷的鉴别研究》，《文物春秋》1997 年增刊。

㉚ 同㊽。

㉛ 同㊺。

㉜ 蔺占献：《定窑坯釉的研究与仿制》，《文物春秋》1997 年增刊。

㉝ 李知宴：《漫谈磁州窑的艺术特色》，《中国古陶瓷研究》第二辑，紫禁城出版社，1988 年。

㉞ 魏之瑜：《磁州窑艺术初探》，《磁州窑研究论文集》，邯郸陶瓷公司，第一册。

㉟ 刘志国：《磁州窑研究综述》，《河北陶瓷》1984 年 2 期。

㊱ 北京大学考古学系、河北省文物研究所、邯郸地区文物保管所：《观台磁州窑址》，文物出版社，1997 年。

㊲ 马忠理：《磁州窑的装饰品种及其流行时代》，《文物春秋》1997 年增刊。

㊳ 同①。

㊴ 井陉窑城关镇窑址所在地，见于《宋史·地理志》，自熙宁八年县治迁此，后一直设有驿站。平定窑窑址所在的柏井，为柏井驿站所在地，二驿为真定府至太原府驿路的相邻驿站。

㊵ 周淑兰、胡美生：《中国古陶瓷艺术精粹》，中州古籍出版社，1992 年，其中 99~101，103 页"宋定窑划花奔鹿枕、卧鹿、对鹿、奔牛枕"，第 199 页"宋定窑戳印花枕"等即为井陉窑特产的戳印花枕。同样器物，见于李秀珍、张慧：《河北省博物馆馆藏古代陶瓷枕概述》1992 年 1 期，将之判定为宋磁州窑枕。

㊶ 见《中国古陶瓷图典》七《成型工艺·涩圈》，文物出版社，1998 年。

试析扬州出土的唐代白瓷[*]

池 军 薛炳宏

　　唐代是我国古陶瓷史上一个重要的繁荣时期。在传统青瓷基础上崛起的北方白瓷发展日臻成熟，白瓷窑场遍布我国北方的黄淮海流域。以唐代邢窑（唐代隶属邢州）为代表烧制的似银类雪、质量优良的白瓷最负盛名，也深受当今海内外人们的敬仰与关注。本文拟以扬州城遗址及郊区唐墓出土的唐代白瓷作粗略探析，求教于方家同仁。

一

　　扬州在历史上没有生产瓷器的记载，但在其古城下发现了数量相当可观的古陶瓷器，犹如一个地下的古陶瓷博物馆。北方白瓷在唐代地层内屡有出土，质量优，数量亦相当大。如1990～1991年，由中国社会科学院考古研究所、南京博物院与扬州市文化局联合组成的考古队，对市总工会工地配合基建进行了考古发掘，发掘面积400平方米，在中晚唐地层内出土了19417片瓷器（标本），其中唐代白瓷（主要为邢、定窑）占8.9%，超过了唐代越窑占6.2%的数量。这一数据既反映出唐代白瓷产品数量之大、影响之深远，同时也可以印证迅速发展的北方白瓷已同传统南方青瓷一样天下无贵贱皆通用的历史事实。

　　近年来，随着考古事业不断发展，扬州城及其邻近地区发掘出土了一定数量的白瓷。发掘地点主要有市区四望亭东侧塑料六厂工地、东风砖瓦厂唐墓清理、市文化宫唐代建筑基址发掘、市新华中学内唐代排水沟清理、市西北郊薛庄唐墓清理以及今年铁佛寺西侧发掘等。经过发掘北方白瓷的窑品粗略地可分为河北邢窑、定窑、陕西黄堡镇窑以及河南巩县窑等。下面以发掘的地层关系为依据，对上述地点出土的白瓷作简略介绍。

　　1. 市区四望亭东侧塑料工厂工地出土的中唐白瓷。白瓷数量达20～30件之多，器型分为钵盂、钵、瓶等。钵盂敛口、圆鼓腹，小平底略内凹。仅外壁挂釉不及底，釉下敷白化妆土。近口沿有凹弦

---

* 《扬州博物馆建馆五十周年纪念文集》，《东方文化》杂志社，2001年增刊1

纹，内壁有拉坯成形之轮旋痕。钵盂高 14、口径 14.8、底径 9 厘米，胎厚度为 6 厘米。钵卷口外翻，深腹，饼足内凹，足墙较高。内外壁挂釉不至底，内壁有拉坯成形之轮旋痕，通器施化妆土，少量器物釉有脱落现象。钵高 11.3、口径 20.6、腹径 17.8、底径 9.8、足墙高 1.2、胎厚 0.5～0.9 厘米。瓶口部残缺，束颈，鼓腹，近底部急收，饼足较平。外壁施釉不及底，施釉前敷白色化妆土，肩部残留一系。瓶残高 14.3、腹径 12.3、底径 7.5、足墙高 0.85 厘米。以上为邢窑产品。

2. 铁佛寺西侧考古工地初唐地层内出土一件白瓷为足辟雍砚。砚圆形、直口，砚面内凹，基本于砚池底平，砚池环绕砚面。外壁饰凸棱一周，多足（均残）。胎质洁白细腻，仅砚池及外壁施白釉，砚面露胎。为邢窑产品。

3. 市东北砖瓦厂唐墓内出土一件白瓷执壶。壶为喇叭状敞口，高颈，溜肩，鼓腹，饼形足。肩部置双股环形把，相对处置圆形短流。胎色洁白，修器规整，内、外壁施白釉，足面露胎。壶高 17.3、口径 7.5、底径 7.8 厘米。为邢窑产品。

4. 市文化宫工地唐代建筑基址出土的白瓷较多，择其典型器物按窑口介绍。

邢窑　器形为碗、盘、钵、（盏）托等。

碗　分二式。Ⅰ式敞口，外凸圆唇沿，浅斜腹，玉璧形足。胎洁白细腻、白釉厚处泛青。足底部露胎，底心刷釉。高 4.2、口径 14.5 厘米（图一：1）。Ⅱ式敞口，浅弧腹，玉璧形足。高 4.8、口径 15 厘米（图一：3）。Ⅲ式敞口外侈，浅腹，玉璧形足，高 2.8、口径 10.5 厘米（图一：8）。

盘　分二式。Ⅰ式敞口，斜腹，宽圈足，挖足过肩，胎洁白致密、口沿五处凹进，并有模印出筋纹与之相对。高 3.2、口径 18 厘米（图一：5）。Ⅱ式敞口，折腹，圈足，挖足过肩。折腹下有两道弦纹。高 4、口径 20.8、底径 8.2 厘米（图一：11）。

（盏）托子　坦口，折腹，浅圈足。口沿 5 处凹进，与盘面 5 道模印出筋相对应。高 2.3、口径 14.4、底径 6 厘米（图一：7）。

钵　敛口，外凸宽唇沿，弧腹，圈足，斜削足。施白釉，腹壁较薄，迎光透亮。高 8.5、口径 14、底径 8.7 厘米（图二：10）。

定窑　器形为碗、盘、执壶、罐等。

碗　分三式。Ⅰ式与邢窑Ⅰ式碗基本相同，大小相若。Ⅱ式敞口微侈，弧腹，宽圈足（或称环形足）。口沿凹进 5 处并有对称出筋痕。高 8.2、口径 18、底径 7 厘米（图一：2）。Ⅲ式敞口，折腹，圈足外撇。口沿 5 处凹进。高 3.8、口径 18、底径 8 厘米（图一：9）。

盘　分三式。Ⅰ式敞口侈沿，浅弧腹，窄圈足，外撇。口沿 5 处凹进。高 3.2、口径 16.4、底径 8.2 厘米（图一：6）。Ⅱ式敞口，折腹，圈足，足端斜削一刀。高 3.9、口径 14、底径 6.9 厘米（图一：4）。Ⅲ式委角方盘，敞口，斜腹，近底端急内收，窄圈足。内底为模印卷云纹与柿蒂纹。釉色呈牙白，器表面有模印时压出的凹凸痕。口沿对径 12.4、高 2.6 厘米（图一：10）。

执壶　喇叭口，溜肩，鼓腹，饼足，短流，3 股白瓷泥条弯曲成执把，其中 1 股在把上端捏成结带纹。外壁施釉至底，内壁仅口颈部施釉，釉色滋润，光亮。高 20.9、口径 8、底径 8.3 厘米（图二：13）。

罐　直口，外凸唇沿，溜肩，鼓腹、卧足底。釉面略闪灰白色，通体施釉，足面刮釉胎。高 26.2、口径 8.5、底径 9 厘米（图二：14）。

盒底　子口，直壁，近底弧状急收，平凹底。外壁施半截釉。高 4、口径 6.4、底径 3.8 厘米（图

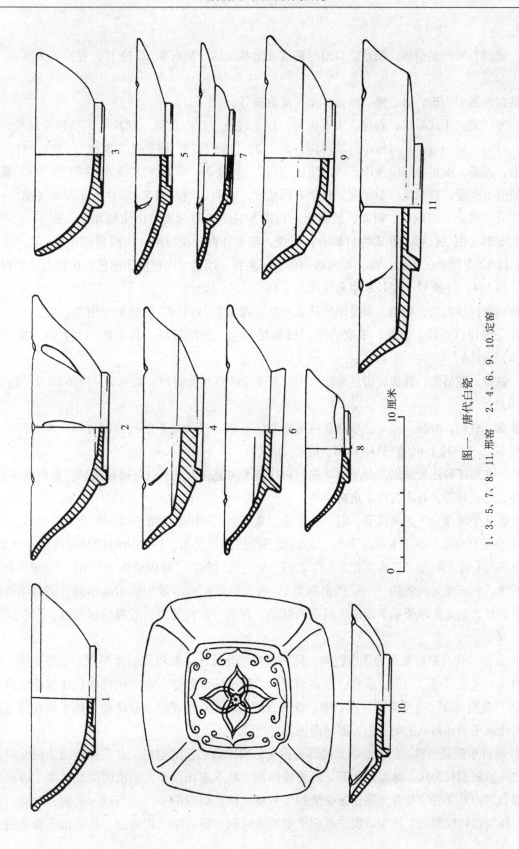

图一 唐代白瓷

1、3、5、7、8、11.邢窑 2、4、6、9、10.定窑

二：12）。

钵　敛口，外凸宽沿唇，圈足。口沿捏褶成波浪状花口。高6.9、口径11、底径5.2厘米（图二：11）。

巩县窑　器形为碗、盘、钵、唾壶、盒、皮囊壶等。

碗　分三式。Ⅰ式敞口，斜腹，玉璧形足，挖足较浅。牙白色釉，除足面无釉外皆施釉。釉下施化妆土，口沿5处凹进，并与模印出筋对应，高3.2、口径14.4、底径7.2厘米（图二：5）。Ⅱ式敞口外侈沿，弧腹，圈足。外壁压印5道出筋痕。高7、口径23、底径12.8厘米（图二：7）。Ⅲ式敞口外侈，斜壁下折腹，矮圈足。胎厚重，腹部有凹弦纹，高7、口径16.5、底径9.3厘米（图二：6）。

盘　分三式。Ⅰ式敞口，斜腹，浅圈足。口沿5处凹，与内腹模印出筋相对。高3、口径13.5、底径5.8厘米（图二：4）。Ⅱ式敞口侈沿，折腹，圈足外撇。花口沿，内腹模印出筋，高4.7、口径21.5、底径12.5厘米（图二：9）。Ⅲ式敞口侈沿、斜腹、圈足、内壁模印出筋、内壁点钴蓝青料，称唐青花。高3.4、口径17、底径8厘米（图二：1）。

盒盖　直口、折肩、平顶。肩模印凹状瓜楞状。高3.5、口径17.5厘米（图二：3）。

唾盂　敞口，束腰，鼓腹，平底内凹，白釉泛灰色，胎壁较厚。高5.8、口径10、腹7.3厘米（图二：2）。

钵　敛口，宽唇沿，弧腹，饼足内凹。内碗有3个圆点状支钉痕。高6.2、口径20.2、底18厘米（图二：8）

皮囊壶　直口，鼓腹，圈足，顶部置弓形提梁，在腹部模仿皮革制品缝制皮条、皮扣等凸起的缝合痕。高22.6、口径1.6、腹部径15.6、底径11厘米。

另外，在郊区薛庄唐墓以及新华中学内的唐代排水沟遗迹出土了白瓷褐彩玩具，如白瓷褐彩牛车、人物、鸟、兔、马等，基本为晚唐定窑产品。

从上述几个地点出土的唐代邢、定、巩县窑白瓷产品，可以综合概括以下几个方面。

1. 定窑是在邢窑基础上发展起来的，它们有明确的继承关系，中晚唐时期两窑白瓷产品的造型、胎釉基本相同，在某些细部略有变化。如Ⅰ式碗，皆为敞口唇沿，碗腹壁作45°斜出，玉璧形底。但邢窑做工精细，在玉璧足内施釉（一说二次削足）。执壶的壶把两窑做法也不尽相同。邢窑用两根泥条粘成弓形弧状，而定窑执壶把下段用3根泥条粘结，在把中部将其中一股捏结成带纹，不仅实用而且美观。

2. 巩县窑、密县窑白瓷多为牙白色釉，釉下普遍施化妆土。器物的胎体厚重，如Ⅲ式碗、钵、唾盂等器物由口向底渐厚，与邢、定窑白瓷差别较大。值得注意的是，在文化宫唐代建筑基址内发现了10多片唐青花瓷标本，造型有碗、盘、罐、枕等，纹饰多为点梅花纹、卷草纹、椰枣树纹等。这批唐青花瓷无论从造型还是从胎釉分析皆属河南巩县窑产品。

3. 开明桥东侧原塑料六厂工地出土的邢窑白瓷，属中唐之前的地层，亦是扬州出土白瓷时代较早的地点之一。器形仅为钵、钵盂及瓶等。器物施白釉，釉下施化妆土，胎质因烧成温度不够而略显疏松，器物的内外部分均粘有间隔瓷器叠烧的垫砂痕。钵盂的口沿平，甚至低于肩部，与唐三彩之钵盂类似。瓶类器物腹部向下较为墩实，有别于中晚唐时期丰满的橄榄状造型，显示出中唐之前的器物特征。

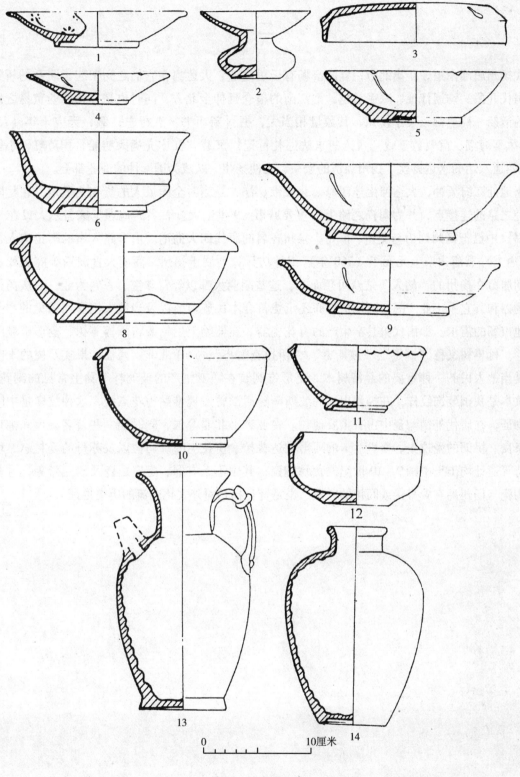

图二　唐代白瓷

1～9. 巩县窑　10. 邢窑　11～14. 定窑

二

　　唐代扬州属淮南道，距离北方白瓷的窑场有千里之遥，大运河在它们之间架起了联系的桥梁。大运河，隋代开凿，沟通江淮，联系吴越，把江南的粮仓延伸至北方，同时也是一条商业贸易之路。这些运输的漕船、商船都云集于扬州，其数量相当大，据《新唐书·五行志》载，天宝十年（751 年）"广陵大风驾海潮，沉船数千艘"。《入唐求法巡礼行记》又载"江中充满大舫船，积芦缸，小船不可胜记。"四通八达的水运铸就了扬州经济的繁荣，也使扬州一跃成为国际性的商业都会。

　　扬州地处江海要冲，大运河南连江海，北接淮、汴，是当时全国最大的货物集散地，它是陆上和海上陶瓷之路的连接点，并为陶瓷之路上的重要城市。9 世纪大食著名的地理学家考尔大贝在《道程和郡国书》中已把扬州列为与交州、广州、泉州齐名的唐代四大商港。由海路入唐的阿拉伯人往来频繁，《旧唐书》载唐肃宗上元元年（760 年）田神功兵计列展于扬州，商胡大食波斯等商旅死者数千人，唐朝居留在扬州的"胡人"之众可想而知。这些胡商大都以经营珠宝、香料为业，并从扬州贩回陶瓷、铜器和其它手工业产品。阿拉伯胡商还定烧符合本民族习俗以及当地人们喜闻乐见的产品，以适应当地市场的需求。如唐代巩县窑生产的青花瓷器，在器物上用钴蓝料画椰枣树、菱形锥刺纹及梅花点纹等。椰枣树又称"椰枣"、"波斯枣"、"伊拉克蜜枣"，产于北非、西亚，果实及树的干叶均有用途，是当地人民的一种重要的经济树木。菱形锥刺纹在西亚生产的玻璃杯等器上常见的刻花纹饰。梅花点纹本是我国装饰纹样，在扬州出土的波斯陶罐肩部曾发现堆贴梅花点纹，这种纹样是中阿文化交流的物证，在唐代外销陶瓷中占有重要地位。在亚洲、北非等国家同时期一些著名城市和港口，如日本的奈良、伊朗的爱拉夫、斯里兰卡的阿努拉达普拉、伊拉克的萨马拉以及苏丹的爱扎尔、埃及的福斯塔特等遗址均出土中国 9～10 世纪的贸易陶瓷，其中不乏有邢、定窑白瓷及唐三彩等，这些出土的中国陶瓷与扬州港有着直接或间接的联系，也是昔日扬州对外文化交流的历史见证。

唐代邢窑三彩器*

石从枝

　　唐三彩以其造型丰富多彩，釉色艳丽清新，早已闻名于世。从广义上说唐三彩是唐代彩色釉陶的总称，既包括单色釉陶器，也包括多色釉陶器，除了用黄、绿、白三种颜色外，还有蓝、赭、紫、黑等色。

　　在唐代，有较多唐三彩陶器制作窑场，主要分布于北方地区，从现有的考古资料看，确定唐三彩烧造窑场在河南、陕西、四川及河北等省，其中河北的窑场就是指在当时以烧造白瓷闻名的邢窑。

　　在内丘和临城，有着唐代著名的邢窑白瓷窑场，但人们对当地烧造的唐三彩器了解很少。在内丘城关附近制瓷窑场中，已发现了烧造的三彩釉陶制品，从采集的作品看，有盘、杯、罐、钵、盂、壶等。这些器物与当地白瓷、黑瓷和其它瓷器烧成于同一作坊，从成型工艺到造型特征都与瓷器一致。单色釉中有绿釉、黄釉、酱色釉等，三彩色彩偏重，主要色调有黄、浅褐、红褐、酱色和淡绿。从各方面情况看，当地的唐三彩可能是盛唐时代烧制的。

　　邢窑的三彩釉陶器，不仅釉色美观，而且制造工艺也颇为精致。黄釉独流壶，高7厘米，器内壁施全釉，外壁挂半釉，无釉处露出白衣。绿釉水盂，高4.6厘米，通体施翠绿釉。三彩钵，高12.2厘米，器外相间施黄绿白三色釉，器内及外底无釉。三彩钵施釉的工艺采用点、涂相结合的技巧。在烧制过程中充分利用铅釉流动的特点，使釉彩在器物的表面互相浸润、流淌，形成了形状各异的图案。同时在釉里还可见到一种无色的极细小的纹片，这些纹片不仅均匀，而且与胎体分离，这正是唐三彩釉具有的特征。

　　三件器物所用胎土淘洗得非常精细，杂质少，性能柔粘，又因烧制温度较高，胎骨坚硬而洁白，器壁厚薄均匀，形体规整，堪称邢窑之精品。

　　（作者单位：河北省邢台市文物管理处）

＊《中国文物报》2002 年 5 月 8 日

河北古瓷窑与唐三彩[*]

申献友

一 旧话重提——中国唐三彩的起源

唐三彩起源于汉代的铅釉陶，这已为陶瓷界形成共识。釉陶是汉代陶瓷业中的一项新发明，开始出现于西汉中期，东汉开始流行，因为主要流行于黄河流域，故有学者称之为"北方釉陶"[①]。关于釉陶的出现，日本学术界至今仍有学者持"中国的铅釉是从西方输入进来"的观点[②]，国内学者对此持否定的态度，正像王健华女士说的那样："波斯的釉陶与中国的釉陶几乎是同时期的，它们在相距15000公里的两个不同的地区各自独立地发展着[③]。笔者赞同此观点，因为就地取材是陶瓷生产遵循的最基本的规律，在交通欠发达的汉代，引进15000公里外的异域釉料，实不可取。当然，在交通发达以后，国与国之间的物物交流是完全可能的，例如，元代和明永乐、宣德时期从西域引进钴料，就是一个很好的说明，当时的陆路交通和航海水平的提高，都为海外贸易提供了可能。贸易的发展，交通只是一个条件，它更多的是受政治、经济、文化、风俗习惯等因素的影响。关于釉料的引进问题，我们可另做分析。

北朝时期，陕西、山西、河北、河南等地的北朝墓葬中出土了一批低温釉制品，它在胎料的选择、烧制工艺及装饰方面，都拉近了与唐三彩的距离。例如，在河南安阳北齐范粹墓出土器物中，白釉三系罐和长颈瓶，其釉上便施有绿彩，有的器物在白釉上施绿釉的同时，还加饰黄色釉彩[④]。河南濮阳北齐李云墓中，出土了两件肩部加施绿釉的米黄釉四系罐[⑤]。河北平山北齐崔昂墓出土一件绿釉盘。绿色釉彩晶莹润泽，在北朝制品中较为少见[⑥]。通过对实物进行认真的观察分析，笔者认为，北朝时的铅釉制品有这样几个特点。

1. 注重胎料的选择，开始使用高岭土（或瓷土）做胎。以代替汉代釉陶普遍使用的粘土，由于胎

---

[*]《中国古陶瓷研究》，紫禁城出版社，2002 年

料的粗细、温度的高低及地域性差别等因素，此时的胎体有白、灰白、白中闪红、白中闪黄等多元性特征。

2. 汉代的釉陶是单色釉，釉层厚，此时的釉制品多是黄白相间、或绿白相间，釉层薄，它和汉代釉陶在外观上的最大区别是釉的颜色十分鲜艳。由于釉层薄，加之烧制温度略高，故釉的流动性强于汉代釉陶，有的从器物的肩部直流底部。

3. 能熟练的掌握并有意识的使用氧化焰烧制技术。

唐墓出土三彩器，古已有之，但它引起有关人士的注意，始于1899年洛阳唐墓一批唐三彩器的出土[⑦]，由于窑址不详，时称"洛阳三彩"。1957年，冯先铭先生对巩县小黄冶村、铁匠炉村及白河乡三处古窑址的考古调查，揭开了唐三彩器的研究序幕。1972到1982年间，河南省文物工作队、故宫博物院又先后数次对大、小黄冶等地进行了考古调查和发掘，并出土了大量的唐三彩器[⑧]。巩县窑的"三彩地位"得以确立。与此同时，唐代墓葬出土的三彩器也与日俱增。例如，1972年陕西省博物馆等单位在陕西乾陵懿德太子和章怀太子墓中便发掘出大量的三彩器，其数量之多，质量之美，甚为罕见[⑨]。窑址和墓葬资料的丰富，掀起了唐三彩器的研究热潮，李知宴在《精湛的艺术瑰宝》一文中，从胎、釉、工艺、品种等方面，将传统的汉代低温釉陶与唐三彩作了概括性的对比分析，勾画出了唐三彩面貌的基本轮廓[⑩]。

当人们还在对西安出土的大量唐三彩器的窑址归属问题深感困惑时，1985年，陕西考古所传来喜讯，黄堡镇发现唐三彩窑炉[⑪]。与此同时，河北的邢窑也发现了唐三彩[⑫]。陶瓷界震惊了，从此，唐三彩器的研究已不再局限于勾画轮廓，而且向纵深方向发展，《论唐三彩的制作工艺》和《唐三彩的研究》等科技性研究论文相继发表[⑬]。李知宴先生主编的《中国陶瓷·唐三彩》一书的出版，标志着我国唐三彩器的研究取得阶段性成果[⑭]。

二　烧制唐三彩的河北古瓷窑

1980年，"临城县邢瓷研究小组"对内丘、临城两县交界处和临城县的古窑址进行了普查，并在临城境内发现了邢窑窑址[⑮]。当时有学者怀疑文献对邢窑的记载，认为临城是邢窑窑址之所在。为解决这一悬谜，1984年，内丘县文化馆对内丘境内的古窑址进行了普查，发现北朝至宋、金、元不同时期的窑址28处，它不仅证实了《国史补》"内丘白瓷瓯"的记载，而且也找到了邢瓷的主烧场。1985年，他们在内丘城关的"西关窑区"、"中丰洞窑区"及城北端的蜂窝煤厂一带，都发现了唐三彩堆积层，据考古报道，邢窑三彩釉陶"胎质细腻，呈白色或淡红色，因三彩的釉烧温度低于素烧温度，不易变形，因此采集到的带釉标本少，素烧残器多。釉质莹润，流动性强，釉层有极细的开片，器物釉色可分为三种，第一种施单色淡黄釉，第二种施单色深咖啡釉，第三种为赭黄、深绿、褐红、白等色釉，釉层凝厚，色调从淡到浓，融合绚丽[⑯]。读此报告有种意犹未尽之感，为了对邢窑唐三彩器有一个较为全面的认识，最近，我赶赴内丘、临城、邢台等地，承蒙当地文物保管部门的帮助，窑址出土的三彩器残片和部分唐墓出土的邢窑三彩器得以过目，经笔者初步分析，其概有这样几个特征：

1. 与同期的白瓷一样，均以当地瓷土做胎，胎质瓷化程度偏高，有的几乎与瓷器相类，少部分瓷化程度略低，类似陶胎。

2. 胎色有粉白、白中闪黄、白中微闪红之别，其原因除跟烧制温度不同有关外，其胎体的含铁量不同，是主要原因。据笔者观察，胎体偏黄、偏红者，其瓷化程度明显低于胎色粉白者。胎体上，有的施化妆土，有的不施化妆土。

3. 窑址采集到的标本多是素烧残片，带釉的标本很少，故以此可以推知，邢窑唐三彩器大多是两次烧成，就唐墓出土的器物看，此观点是成立的，因为大多数三彩器极少看到有变形的现象，工艺可与同期的白瓷相媲美。

4. 釉彩系低温烧成，釉色有黄釉、绿釉、白釉、褐釉及由于受釉层厚薄和温度高低不同等因素影响而形成的不同呈色的中间色釉，邢窑窑址采集的三彩标本中不见蓝色釉彩，这也是我们以往把带蓝色釉彩的唐三彩器归于其它窑口烧制的原因。但据邢台、内丘、临城等地唐墓出土的唐三彩器，可以肯定，邢窑三彩器的釉色也包含有蓝彩，例如，邢台出土的三彩罐，它是典型的邢窑三彩器，而罐的一侧便带有一块蓝色釉斑。

5. 釉层薄厚不一，厚者流动性差，薄者流动性略强，施彩相对规整，以黄、绿、白相间的点状图案最具特色。釉面普遍有细碎的开片，这是唐三彩器的普遍现象，也是我们鉴别唐三彩器真伪的主要依据之一。

6. 据素烧残片标本推知，邢窑唐三彩器的器型多是杯、盘、罐、炉、盂、碗等小型生活用具或明器，人物俑、动物俑等随葬品相对少见。

7. 装饰技法简单，主要有沾、涂抹、点和勾画等技法。

定窑发现于 20 世纪 60 年代初，由于当时发掘面积小，故不能反映定窑生产的真实面貌，1985 年河北省文物研究所又一次对北镇村和涧磁村进行了考古发掘，资料表明："定窑瓷业早在唐代即已相当发达，早期定窑既有釉下彩器，也有黑釉器、紫定器和绿釉、三彩器片"[17]。由于窑址出土的三彩器残片数量少，故凭此有限的资料很难对定窑唐三彩的烧制有一个真实的评价。令人高兴的是，1997 年涧磁村窑址附近一晚唐、五代时期的墓葬，出土定窑制品 30 余件，其中便有两件精美的唐三彩器，一件是三彩凤首壶，一件是三彩塔式罐，出土时已经残破，后经修复基本恢复原貌，国内诸多专家、学者看后都断定它当为定窑制品。当然，仅从这有限的标本资料是无法了解定窑唐三彩器制作的全貌的，但它毕竟给我们提供了有价值的研究线索，据此，笔者对定窑唐三彩器试作以下推测：

1. 胎色洁白，胎质松软，不够坚硬。因胎白，故胎上不见施化妆土，与邢窑三彩器相比，胎体略显轻薄。

2. 釉色淡雅，见有黄、绿、白等三种色调，以绿釉居多，黄、白起点缀作用，与其后的宋三彩相类。

3. 从窑址资料看，其烧制方法和邢窑一样，也是唐三彩器多采用的二次烧成技法，不过，从墓葬出土的器物看，它有一次烧制而成的痕迹。对此，还有待更多的考古资料证实。

4. 器物以大件器为主，不见或少见小件器物。三彩器的用途主要是随葬用的明器，因为，当时的白瓷已逐渐走向成熟，故使用低温三彩器做生活器皿的可能性很小，从全国范围来看，晚唐时期，唐三彩的明器功能也已经相对弱化，这一时期唐墓出土的三彩器已无法和盛唐、中唐时相比。对定窑而言，晚唐五代时期，定窑的烧制水平已十分成熟（有学者称这一时期是定窑的鼎盛期），故三彩器的烧制尽管数量小，但十分精致，造型的饱满，工艺的讲究，都可与当时的白瓷相媲美。

　　井陉窑发现于1989年，调查资料表明，井陉窑除烧白釉、黑釉、黄釉、绿釉等单色釉器外，也烧造三彩器，窑址便发掘出了三彩器残片[18]。另据孟繁峰先生讲，他在井陉境内探寻到了专门烧造三彩器的窑炉，由于种种原因，暂时还不得科学发掘，如果有朝一日试掘成功，将无疑是研究河北唐三彩器的又一重大突破，我们将拭目以待。关于井陉窑唐三彩器的特征，我们在后边将结合墓葬资料综合论之。

　　河北诸窑都烧造唐三彩器，笔者认为，这不是偶然现象，其有着内在的必然性。烧造三彩器，一需要技术，二需要原料，两者只要具备，便能成功。就河北而言，笔者将其原因概括为三个方面，一是有雄厚的制瓷技术，邢窑、贾壁窑从北朝就开始烧制瓷器，其中邢窑至唐代已成为北方白瓷的代表，与南方青瓷角逐，并形成我国"南青北白"的瓷业格局，晚唐虽然开始走向衰落，但定窑、井陉窑已渐成熟。二是有悠久的烧制釉陶历史。我们知道，唐三彩的历史渊源可以追溯到汉代的铅釉陶器，而河北在汉代就已经能够熟练的烧造釉陶制品，铅釉陶在河北汉墓中多有出土，河北省博物馆便藏有多件绿釉、黄釉陶器，其中绿釉陶猪和绿釉厨夫俑当为不可多得的珍品。北朝时，单色釉器的烧制已有很大进步，例如，北齐平山崔昂墓出土的绿釉平底盘，其胎上所施绿釉青翠莹润，堪与河南范粹墓出土的白釉绿彩瓶相媲美。唐代，单色釉的烧制技术已十分成熟，这都为唐三彩的烧制奠定了技术基础。三是河北境内有丰富的色釉原料。我们知道，黄色的呈色剂是氧化铁，绿色的呈色剂是氧化铜，而蓝色呈色剂是氧化钴，铁矿在我国南北都有丰富的储藏，不必多言。铜矿在河北藏量也相当丰富，河北地矿局高级工程师程再廉先生在内丘、临城考察时，不仅发现了多处铜矿藏，而且在矿藏的附近还发现了宋人开挖铜矿井的痕迹。《中国陶瓷史》也载："河南、河北两省相邻，而且铜矿开采在我国历史悠久，用铜矿装饰绿釉陶器，在汉代即已盛行"[19]。至于河北是否有钴土矿，长期不为人知。据程再廉先生讲，钴土矿在内丘、临城的西部地区分布相当普遍，李震唐先生在《我国热液型钴矿床的发现》一文中称："有地质资料报道在我国河北某地发现含钴量较高的硫化物矿床，地处古火山口及其向下延伸的火颈中，同时有镍或黄铜伴生，在含铜少的钴矿石中。钴与铜的比例为2：1至5：1左右。"[20]笔者不知道"某地"是否是指内丘、临城，但其在河北境内是不争的事实。河北有制瓷技术，有色釉原料，故烧制唐三彩器也就不难为人所理解。

　　综上所述，我们似乎可以这样认为，唐三彩器不应是河南、河北、陕西的特产，只要条件具备，任何地方都有烧制唐三彩的可能，故笔者同意王健华女士的看法："唐三彩是哪些地方生产的，据陶瓷界和考古工作者综合分析。认为陕西、河南、河北、山西、湖南、四川等地都有相当规模的窑址遗存，只是目前被考古工作者发现的并不多"[21]。所以，唐三彩的研究不能仅仅局限于河南、陕西或者河北，对此，我们应该有一个清醒的认识。

三　墓葬出土的河北唐三彩器物标本

　　河北唐墓出土有一定数量的唐三彩器，但公开发表的资料几乎不见，省博物馆、文研所及地方文物保护部门都有收藏，有的散存于私人收藏者手里，笔者所见不少，现将部分器物标本列举如下：

　　三彩三足鍑　口径14.5、高14.5厘米，石家庄赵陵铺唐墓出土，现藏河北省博物馆。侈口、短颈、圆腹、平底，下承三兽蹄形三足，胎色白中微闪黄，胎质坚硬细腻，有瓷质感，胎体厚重，胎上不见施化妆土。器内满施浅黄色釉，外施黄、绿、白三色釉，且施釉不到底，釉面欠光润，釉流动性差。黄、绿、白三色各尽其妙，给人以淡雅之感。由于讲究修胎，手摸器下腹露胎处，非常光润细腻有瓷质釉面的感觉，这与同时期的邢窑白釉瓷有异曲同工之妙。讲究修胎是邢窑制瓷工艺的一个重要特征，尤其是对器足的处理，更是无可挑剔，我们在鉴别定窑与邢窑的细白瓷时，往往把对器足处理工整与否看作是一个重要的依据。此外，笔者发现，此炉的内底和口沿部都留有明显的三支钉痕迹，这在同时期的白釉瓷中不多见。此类器在内丘邢窑窑址中曾有出土。

　　三彩三足鐎　口径 12.1 厘米，邢台唐墓出土，现藏河北省博物馆，此器与上述三足鐎大同小异，也是邢窑中期常见的器形，敛口、溜肩、圆腹、小平底，下承三兽蹄形足，胎色白中微闪黄，因素烧温度低，胎质粗松，不够坚硬，胎上施有白色化妆土。器内露胎，外施黄、绿、白色釉彩，肩部施绿釉，上点缀黄白相间的朵花状釉彩，下腹部施大片的黄色釉。有学者认为唐三彩这种不规则施彩工艺借鉴了当时丝绸织物上的蜡染技法。

　　三彩兔形枕　长 12.1、宽 8、高 7.3 厘米，安新县唐墓出土，现藏河北省博物馆。兔呈趴卧状，两目炯炯有神，两耳向后平伸，兔背上承椭圆形枕面，造型甚为独特，兔形枕在别的窑口也有出土，但造型各异。此枕胎质坚硬致密，是完整意义上的瓷胎，也是笔者所见瓷化程度极高的唐三彩器，胎色洁白，胎上不见施化妆土。器通体施釉，底端露胎。枕面是先用尖状工具刻划莲花一朵，然后再于莲瓣上施以不同色釉，褐黄、墨绿、深蓝、淡绿等不同釉彩，构成了莲花的总体色泽。莲花的周围涂以蓝色，枕面与兔背相交处，雕有莲花瓣，上施绿彩。1997 年，中国古陶瓷年会在河北召开期间，此枕曾展出，与会有的代表认为此枕不是邢窑产品，其主要原因是邢窑窑址没有发现带蓝彩的唐三彩器，以往我们也往往把施有蓝彩的唐三彩器归之于巩县窑或铜川黄堡镇窑。其实，邢窑三彩器也有蓝彩，例如，内丘出土的三彩盂，蓝彩成了其主色调。也有代表认为，邢窑主要生产盘、罐、碗、炉等生活用具或明器，邢窑调查简报也没有提及三彩人物俑和动物俑的出土。其实，邢窑唐三彩俑在邢台和内丘唐墓都有出土，只是数量少，而且资料没有公开发表。另据杨文山先生讲，邢窑窑址曾出土猫、羊、狗等小件三彩俑，不过多是残片，无法复原，所以报告没有提及。

　　三彩武士俑　高 39.2 厘米，河北省博物馆藏。俑作站立状，头带盔帽，双目怒睁，左手抚腰，右臂弯曲于胸前，右手紧攥，作持武器状。胎质粗，不够坚硬，胎上不见施化妆土，其先在胎体上施一层透明釉，然后再根据需要于上身涂点黄、绿色釉彩，下身没有施釉彩，近底处露胎，由于没有施化妆土，而且也没有施白色釉，故黄、绿之间的白色光泽不足，成了黄白色，不似我们常见的邢窑唐三彩器中的那种洁白色釉，此跟工艺有关，仍当为邢窑制品。

　　三彩罐　口径 10.08、高 16.41 厘米，1958 年邢台西郊孔村一唐墓出土。侈口、短颈、圆腹、平底，胎质坚硬致密，胎色洁白，胎上不见施化妆土，外施半釉。其烧制工艺是两次烧成，高温烧成素胎后，先在胎上施一层透明釉，然后再于其上施彩，口部涂桔黄色釉，腹部先点涂桔黄、白色釉，然后在黄、白色釉彩的空隙间勾画绿彩，色泽淡雅凝重，罐的一侧涂有一块蓝色釉斑，甚为珍贵，是典型的邢窑唐三彩器。与此罐同墓出土的还有一件白釉玉璧底碗和开元通宝一枚。

　　1993 年，内丘县城东修高速公路时，发掘了一唐代墓葬，墓中出土邢窑唐三彩器 6 件，同时还出土有一件白釉玉璧底碗，现列举如下：

　　三彩小罐　高 4.4、口径 2.5 厘米，折沿、鼓腹、平底，胎质坚硬致密，胎色洁白，内露胎，外施半釉。其工艺是先在素烧的胎体上施一层透明釉，然后再于其上点涂绿、白色釉，最后用桔黄色釉彩勾画。釉层厚，流动性差，釉面滋润，上伴有细碎的开片。

三彩盂　高5.9、口径2.7厘米，敛口、鼓圆腹、平底。胎体同上，也是两次烧成，其先烧成的素胎上施一层蓝釉，然后在蓝釉上局部涂点白色釉，最后在白釉上轻点桔黄色釉彩。釉层厚，流动性差，釉面滋润。

三彩四系罐　口径1.4、高3.5厘米，直颈、溜肩，肩以下渐收，平底。胎同上，其先是在素烧的胎体上施一层白釉，然后再涂点黄、绿色釉彩，釉层厚，流动性差。此罐的突出特点是工艺讲究，别看器小，但制作十分规整，从拉坯、修胎到施彩，都十分到位，与同时期的邢窑白釉器制作相类，这也是邢窑唐三彩器的一大特点。

三彩杯　口径3.5、高5.9厘米，唇沿、深腹、平底，胎体同上。其施彩也是先在素烧的胎体上施一层白釉，然后再于其上涂抹绿、桔黄色釉，内满釉，外施釉不到底，由于釉层薄，故釉的流动性略强，但没有巩县窑那种不同色釉相互交融的浓艳感，这种杯在巩县窑和黄堡窑都有烧制，有的是和三彩平底盘一起成套出土，当为明器。

三彩女俑　高24.2厘米。俑做站立状，鬟发垂髻，面部丰满，笑容可掬，双手笼于宽袖内，拱于胸前。面部不见施任何色釉，上着绿、白相间的圆领对襟花衫，右肩披一彩巾，上不规则的涂点蓝彩，下穿黄褐色曳地长裙，裙带飘然下垂，确有"裙带生风"之感，色泽浓而不艳。三彩俑虽然在邢窑窑址中曾出土有素烧残片，但完整器不见，故十分珍贵。这种闪耀着盛唐风貌的女三彩俑，在河南、陕西两地多有出土，而且大都器型高大，色泽浓艳，姿态多样，与此邢窑女俑风格明显不同。李知宴先生在《论唐三彩雕塑艺术》一文中称："初步统计，作站立形式的女俑有十四种之多"，实际上恐怕还要多于此数。

三彩镇墓兽　高25厘米，人面兽身，作蹲坐状，双目怒睁，高鼻，宽嘴，两大耳向两边展开，肩背处有翅膀，形象凶猛。胎体同上，其施彩也是先在素烧的胎体上施一层白釉，然后再涂点黄、白色釉彩，其空隙处用桔黄色勾画。釉层厚，釉质流动性差。

笔者通过对这同墓出土的六件唐三彩器认真的观察、分析，发现其有这样几个比较突出的特点。

1. 胎体略薄，胎质坚硬致密，胎色洁白，不施化妆土，扣之声音清脆，已十分接近瓷胎。

2. 胎釉结合紧密，这跟烧制温度略高有关，没有发现一点脱釉现象。

3. 器为二次烧成，在施釉方法上，先是在素胎上施一层透明底釉，然后再根据图案需要涂、点不同色釉。

4. 釉层厚，釉质流动性差，釉面普遍伴有开片现象。釉色浓而不艳，给人以淡雅之感。

5. 镇墓兽、女俑和盂都施有蓝色釉彩，蓝彩在邢窑唐三彩制品中不多见，故研究价值很高。

6. 制作工艺讲究，尤其是修胎工艺，与同时期的邢窑白瓷有异曲同工之妙。

三彩凤首壶　通高52.5厘米。曲阳县涧磁村一晚唐五代时期的墓葬出土，现藏河北省博物馆，是定窑唐三彩器中不可多得的珍品。器为花口、细长颈、椭圆形腹、喇叭状高足，颈部凸饰弦纹两道，颈肩结合部和腹部各饰凹弦纹三道，这种工艺特征在定窑同时期的白釉瓷中十分常见，故地方特色非常明显。肩部立一蛇形柄，蛇作回首状，蛇嘴紧衔壶口，其双目圆睁，炯炯有神，蛇的尾端与壶肩相接处，模贴有三朵圆形菊瓣，甚为别致。胎质粗松，不够坚硬，胎色洁白，上不施化妆土。其制作工艺是先在坯体上用尖状工具刻划弦纹、席纹或斜方格纹，然后于其上施绿、黄、白等色釉彩，最后入窑烧成。绿色构成了此三彩器的主色调，这也是定窑唐三彩器区别于其它窑口的主要特征之一。

三彩塔式罐　通高67厘米，与上述凤首壶同墓出土，现藏河北省博物馆，器由罐盖、罐身和器座三部分组成，各部分间均可分合，盖钮作宝珠状，下有一承盘，承盘与盖帽之间贴有六个捏塑小人，小人均作胡人形象。罐为圆口、短颈、上丰下敛形圆腹。罐的肩部等距离模贴三翩翩起舞的女子，也有学者称之为飞天，罐身也刻划有席纹，器座分上下两层，上层作盘状，直接承托罐身，下层为喇叭状高足，上下层之间有一个三面开有小孔的圆形炉，炉上堆贴六个捏塑而成的小动物，其中三个是小兔，兔作趴卧状，神态可掬，另外三个，发掘时就没有找到，不过据其残留的痕迹分析，当为龟。其施釉方法及色釉特征，与上述凤首壶完全一致，是一件珍贵的定窑唐三彩器。

三彩罐　口径9、高28厘米，石家庄赵陵铺唐墓出土。现藏河北省博物馆，圆口、直颈、溜肩、上腹鼓、下腹渐收、圈足。胎质粗，不够坚致，胎上不见施化妆土，其工艺是先在胎体上施一层稀薄的淡绿釉。然后再于其上不规则的泼点黄、绿色釉，釉色浓淡相宜，黄分浅黄、褐黄两种色调，聚釉处几乎成了黑褐色。绿分墨绿、淡绿和翠绿，釉的流动性比常见的邢窑三彩器要强，其色彩的变化虽然多，但没有浓艳华丽之感，结合窑址资料分析，此罐当为井陉窑制品。

三彩罐，两件，分别出土于正定县三里屯、郭家庄，罐高28.5、口径11、底径11.8厘米，现藏正定县文物保管所。器为直口、溜肩、腹鼓下渐收。两件器物造型几乎完全一致，其不同之处是施釉工序不一样，一件是先在素胎上施一层淡淡的绿釉，然后在于其上泼、点黄绿釉。另一件是先在素胎上施一层淡黄釉，然后再泼黄、绿釉。黄、绿及其形成的中间色，构成了井陉窑唐三彩器的主色调，有学者把这种泼墨式上釉方法，看成是井陉窑唐三彩器的一个重要工艺特征。

此外，石家庄市博物馆藏有一件井陉窑唐三彩塔式罐，其罐身和上述两件井陉窑三彩罐几乎完全一致，据此可知，前两件三彩罐是三彩塔式罐的组成部分，这不难理解，因为当时的塔式罐都是分烧后组合而成。

四　河北唐三彩的发展及历史制品区别

作为一种特殊的陶瓷工艺，唐三彩始烧于何时，如何发展，文献没有明确的记载，目前的研究也仅仅局限于依据考古资料对其进行科学、合理的推测，赵青云先生在《河南陶瓷史》一书中称"关于唐三彩的烧制，有纪年的唐墓出土标本说明，早于高宗的唐墓还没有出土三彩器[22]，这就初步界定了唐三彩的创烧时间"。

陕西麟德元年（664年）的郑仁泰墓出土的一件蓝彩罐，其生产工艺与尔后的唐三彩工艺十分接近[23]，富平上元二年（675年）的李凤墓出土一件三彩双联盘，两端作圆形，器内和边缘施绿、蓝、黄三种色泽的回纹，同时还出土了两件底部带有四个马蹄形柱的长方形三彩榻[24]，这是目前唐墓出土的两批最早的实物资料，大家习惯称之为从低温铅釉到唐三彩的过渡性产品。

另据《旧唐书·舆服志》："武德、贞观之时，富人骑马者，依齐、隋旧制，多着幂罗（面罩）"，"永徽之后皆用帷帽"，"开元初从驾宫人骑马者皆着胡帽，靓妆露面，无复障蔽，士庶之家又相效仿，帷帽之制绝不行用，俄又露髻驰骋，或者着丈夫衣服靴衫，而尊卑内外斯一贯矣。"唐三彩人物俑的塑造都有明确的社会背景，它是当时社会生活的真实写照，从公开出版和发表的文物资料来看，唐三彩人物俑也大都是反映盛唐或盛唐以后的人物风貌，此从一个侧面，也证实了初唐还没有烧造唐三彩器的事实。从盛唐初期墓葬出土的唐三彩分析，当时唐三彩器的工艺已经相当成熟，不似初期的产品，但事实上，唐三彩烧制一开始就有一个较高的起点，究其原因有二：一是胎釉原料丰富，胎料就是当地烧瓷所用的瓷土。二是当时的制瓷业水平已经十分成熟，唐代，我国南北瓷业都进入了全盛的发展时期，"南青北白"瓷业格局的形成，是当时瓷业发展的真实写照。

就河北唐三彩来看，其出土数量少，而且还没有发现出土唐三彩的纪年墓，对其烧制历史的探讨，也只能依据墓葬、窑址和文献资料进行对比研究，目前发现的不论是墓葬资料，还是窑址资料，只能是对当时陶瓷业的一个侧面反映，基于这种状况，笔者试对河北唐三彩的历史发展作以下分析，以供专家、学者参考。

1. 虽然邢窑、定窑、井陉窑都烧制唐三彩器，但邢窑的主流地位是不容置疑的，即河北出土的唐三彩器多是邢窑的制品。

2. 邢窑烧制唐三彩应始于盛唐中后期，其原因有二：首先，从理论上讲，它应该晚于唐三彩的发源地巩县窑或铜川窑，唐三彩是厚葬的产物，以三彩做随葬品的风俗的流行，一般要经过从上层贵族到下层庶民，从京城向周边辐射的过程，正如《旧唐书·舆服志》所载："王公百官，竟为厚葬，偶人像马，雕饰如生，徒以炫耀路人，本不因心致礼，更相扇慕，破产倾资，风俗流行，遂下兼士庶。"但是，唐三彩的烧制从唐代洛阳、西安东西两都，传到河北境内，不应经过太长的时间，一是两地相对较近，一是传入的是品种，而不是原料和工艺，河北当时已具有雄厚的制瓷实力，很快便能仿烧成功。

3. 邢窑唐三彩器，既具有盛唐风貌，又具中唐特征，例如，上述三彩女俑，其风姿绰约，是典型的盛唐时期的"肥美人"，内丘唐墓出土的三彩盂的造型与懿德太子李重润墓出土的绞胎盂的造型、大小几乎完全一致。河北省博物馆收藏的三彩炉在邢窑窑址中也出土有同类造型的白釉器，在邢窑的分期断代研究中，它属于中唐时期的白釉制品[⑤]。此外，在出土唐三彩器的墓葬中，往往葬有白釉玉璧底碗，例如，邢窑三彩罐与白釉玉璧底碗便出土于同一唐代墓葬，而玉璧底碗是邢窑盛唐后期和中唐时期常见的器型，时代特征很明显。三彩镇墓兽常出土于唐代墓葬中，其作用是惊驱疫病，保护主人的灵魂，李知宴先生在《论唐三彩的雕塑艺术》一文中说："唐三彩陶镇墓兽的形态很多，早期造型简单，晚期形态凶猛复杂，肩、背有翅膀和火焰"[⑥]，可见，上述出土的三彩镇墓兽当为中晚期制品。

4. 定窑始烧于初唐（也有学者认为定窑的创烧要早于隋唐），至晚唐时才开始日渐成熟，并逐渐取代邢窑的地位，故其唐三彩器的烧制最早不应超过中唐，从目前有限的三彩器标本看，多是晚唐五代时期的产品，例如，三彩塔式罐和三彩凤首壶就出土于涧磁村晚唐五代时期的墓葬，同墓出土的白釉花瓣口盏托、宽圈足碗和塔式罐等，都是晚唐、五代时期定窑的典型器。

5. 从井陉窑三彩器与定窑的相似性分析，它们应是同一个时期的产品，省内的专家学者也普遍认可井陉窑唐三彩器多是晚唐时期的制品。天祐年间一官墓出土的三彩罐，当是井陉窑唐三彩器的一件精品（见《耿宝昌先生谈井陉窑》，载《河北省考古文集二》）。

河北的邢窑、定窑、井陉窑都烧制唐三彩器，由于地域的接近性，其胎釉、工艺都有或多或少的共性，我们很难将其截然区别开来，不过，笔者经过多次的对比分析，发现其有这样几个不同的特点。

1. 邢窑唐三彩器的胎体普遍坚硬致密，有的接近瓷胎，胎色有白、白中闪黄和白中微闪红之别。定窑唐三彩器的胎体大多松软，不够坚致，而且胎体较邢窑器也略薄，但胎色洁白是其一重要特点，邢窑和井陉窑器都无法和它相比。井陉窑唐三彩器，从目前出土器物看，胎质粗糙，有坚硬和松软两种，而胎色多白中闪黄或白中闪红，不及定窑胎色洁白。由于定窑胎体洁白细腻，故胎上不见施化妆土，而邢窑、井陉窑的粗胎器，都有施化妆土的现象。

2. 邢窑三彩器的釉色有黄、绿、蓝、白等色，而定窑、井陉窑至今还没有发现蓝色釉彩。从呈色效果的总体风格上看，不论是邢窑、定窑，还是井陉窑，其呈色大都淡雅，没有浓艳之感，不同之处是邢窑唐三彩以黄、绿、白、蓝相间的均匀分布居多，而且所施釉彩凝厚滋润，有些器物，以蓝色釉彩为主，但在出土器物中所占比例很小。定窑制品，虽然其釉色也有黄、绿、白等色，但绿色构成了其色彩的主基调，只是在器物的局部或涂或抹或点黄、黄褐、白等色彩，定窑三彩器也不见蓝彩。井陉窑唐三彩器的釉色，有这样两个突出特点，一是釉彩仅见有黄、绿、褐三色，不见白彩和蓝彩。二是施釉方法独特，其先在胎体上施一层淡淡的绿彩或黄彩，然后再于其上点和泼黄、绿、褐等色釉，釉层普遍薄，釉的流动性明显的强于邢窑和定窑唐三彩器，釉自上而下，垂然下流，宽处似瀑布，窄处又象泪痕，地域特色非常明显，虽然不同釉色也相互交融，但没有河南制品那种浓艳的效果，仍给人以淡雅之感，这也是河北唐三彩器的普遍特征。

3. 邢窑三彩器以小件器居多，器形有杯、盘、碗、盂、罐、炉、人物俑和动物俑等，从用途上讲，既有生活用具，也有明器和小件玩具。定窑、井径窑唐三彩器以大件器居多，例如塔式罐、凤首壶等，其用途主要是做随葬用的明器。

4. 从工艺上讲，邢窑唐三彩器讲究修胎，即使是小件器，也非常规整。邢窑三彩器多是两次烧成，胎体上有的施化妆土，有的不施化妆土。不施化妆土者，胎质普遍坚硬，色细白，施化妆土者，胎体则略显粗糙；定窑也多是二次烧成，由于其胎体洁白细腻，故不见施有化妆土的痕迹，定窑修胎虽然不及邢窑，但其注重胎装饰的工艺技法，却为其它两窑所望尘莫及，它不仅常在胎体上刻、划弦纹、席纹或斜方格纹，有时还模贴人物纹或动物纹；井陉窑则不太注重修胎，胎上有的施化妆土，有的不施化妆土，也不太讲究胎装饰。邢窑唐三彩器以半釉器居多，施满釉的器物相对少见，而定窑、井陉窑的唐三彩器则多施满釉，施半釉的器物不多见。从造型上看，同样是三彩塔式罐，井陉窑制作明显的流于粗糙，罐体趋于修长，没有定窑制品那种丰满、华贵之感。

五　河南、陕西、河北唐三彩的地域性差别

唐三彩作为一种艺术品，它不是孤立存在的，它是一个时代的产物，它的制作又因地而异，具有相对的独立性和不同地域特色。长期以来，由于河南、陕西两地出土的墓葬和窑址资料较为丰富，故诸学者对其研究较为深入，也进行了多方面的对比研究，尽管邢窑的唐三彩器出土数量也不少，但公开发表的资料却不多，故人们对其知之甚少。

关于河南、陕西两地唐三彩器的区别，诸专家、学者都发表了自己的看法，概括起来，其代表性的观点有：

"由于洛阳出土的唐三彩主要出土于武则天时期到中宗时期的墓葬之中，这表明，洛阳唐三彩是伴随着武则天而来，是在西安唐三彩的影响下而发展起来的，由此，洛阳唐三彩在造型、装饰、釉色诸方面与西安唐三彩有许多共同点，然而在发展过程中，洛阳又形成了自己的特点，在胎质上，洛阳唐三彩是由瓷土烧成的白胎，而西安唐三彩则是用陶土烧成的红胎；在装饰方面，洛阳的三彩器皿花纹艳丽繁缛，多见几何形、点彩和垂带状纹，而西安的则比较清淡素雅；在种类上，洛阳唐三彩器不及西安唐三彩丰富；在造型上，洛阳唐三彩女俑趋于秀丽飘逸，而西安出土的唐三彩女俑则比较圆润丰满，另外，洛阳巩县发现三彩玩具，在西安至今未见发现"[27]。"就目前出土的器物看，巩县的器胎比黄堡的不仅白，而且致密；巩县三彩的釉质具有乳浊感，而黄堡的三彩釉玻璃质感强；巩县的三彩大量使用氧化钴做色料，在黄堡的三彩中不见钴蓝，从出土极个别的蓝彩看，似以氧化铜做色料；从时代上看，巩县三彩初唐就有出现，盛唐发展成熟，中唐以后衰退，而黄堡出土的三彩器不见初唐产品，虽有盛唐器物，但以中晚唐的器物为多"[28]。

阎存良在《唐三彩》一书中称："河南烧制的唐三彩器胎质较为洁白细腻，火候略高，胎质坚硬，釉料色泽瑰丽，浸润流淌自然，蓝色较丰富。陕西铜川黄堡窑烧制的唐三彩，胎色白中闪红，胎质较粗松，不及河南三彩胎质坚硬细腻，釉色不鲜艳，各釉色之间的交织线比较明显，造型古拙"[29]。

王健华女士在《唐三彩鉴赏与收藏》一书中指出："现在出土的唐三彩器中，巩县窑的胎质最好，平滑细腻，硬度极高，决不会用手指甲划出痕印来，胎色白中闪浅灰，或是白中泛粉红，造型规整，修坯十分讲究，可以说是唐三彩中最精致的一种。陕西黄堡生产的唐三彩胎质也很坚硬，但从外表看坯体表面修整不如巩县的光洁，胎色白中闪红褐色的居多，胎泥中有细小的颗粒，有些产品的底部有短小的'窑缝'现象，修胎略为草率"[30]。

以上观点，有的相同，有的相近，有的甚至相反，它不仅给我们研究唐三彩提供了线索，也给我们提出了问题，诚然，用语言表达将各地三彩器的细微区别都讲清楚，是不可能的，也是不现实的，因为三彩器的整体效果除受胎、釉选料等因素外，还跟窑温、工艺及釉彩的厚薄都有关系，同一窑炉的产品，因摆放位置不同，其烧制效果也不一样。尽管如此，经过对比分析，我们仍能领略其不同的地域特征。综合以上资料，笔者拟对邢窑、巩县窑和黄堡窑唐三彩器的区别，谈一谈自己的一点体会，希望它能起到抛砖引玉的作用。

1. 胎

随着科学技术的发展，将无损科技测试与传统目鉴方法结合起来，无疑是古陶瓷鉴定发展的一大趋势，故数据库的建立是一项重要的基础性工作。传统的科技测试多局限于常量元素分析，而现代科技的发展，为微量元素的成功测试奠定了基础，例如复旦大学应用离子束物理教育部重点实验室便从事这项工作多年。

古陶瓷的烧制尽管受时尚、技术、原料等客观条件影响而变化万千，但就地取材是其遵循的最基本的原则，故不同地方的产品，其胎料和釉料的化学元素组成是不完全一致的，当然，有的地方非常接近。西安、洛阳两地唐三彩器的化学元素组成，上海硅酸盐研究所早在二十世纪80年代就进行过测试。90年代初，上海硅酸盐研究所、河北地矿局先后对邢窑唐三彩器的化学组成进行了常量元素测试[31]。数据表明，邢窑唐三彩器的化学元素组成与陕西、河南两地十分接近，其细微的区别是河北三彩胎体含镁量略高，为1.56%或1.79%，而河南、陕西两地则仅为0.39%或0.40%。胎质的坚硬度跟

AL_2O_3 的含量和烧制温度有关，AL_2O_3 的含量越高，就为提高烧制温度奠定了基础，烧制温度越高，胎质也就越坚硬。如果 AL_2O_3 含量低，温度提高到一定程度，胎体就容易变形。数据表明，河南、陕西两地唐三彩器的 AL_2O_3，含量在 26~27% 左右，而河北邢窑则在 32% 左右。我们从各地出土的唐三彩资料分析，也大致反映了这样一个事实，就总体而言，河北邢窑唐三彩器的瓷化程度最高，其有的制品坚硬如瓷，河南次之，陕西瓷化程度较低。就胎色而言，邢窑、巩县窑以胎色清白居多，也有的白中闪土黄，而陕西黄堡窑的胎色以白中微闪红色居多。这只是一个普遍现象，我们在实际鉴定工作中还要具体问题，具体分析，因为黄堡窑也有胎色洁白的三彩制品，邢窑也有烧制温度低的土黄胎三彩器物，故判别其窑口时，还应对其进行综合分析。

2. 釉

唐三彩的基本釉色是黄、绿、蓝、白、褐等色，以及由此而又繁衍出介乎于纯色之间的中间色，其主要呈色剂为铜、铁、钴、锰等，故不同元素含量的多少，直接影响釉的呈色效果。"河南巩县窑的三彩制品多用白、黄的浅色打底，然后以绿、赫等色补衬，或组成图案，整个色调明朗、活泼，对比鲜艳醒目，最能体现大唐盛世的繁荣富丽的气息。而黄堡窑则多以褐色为主基调，再补以黄、绿等色釉，色调深沉含蓄，有很多器物上不见白色的对比色调配制，相比较而言，用蓝色也较少"[②]。邢窑三彩器则是先在胎体上施一层透明釉，然后再补以黄、褐、白等色，色泽淡雅，布局相对规整，黄、绿、白等色各得其所，各尽其妙，一般而言，绿彩的面积相对多一点，但又不象定窑唐三彩那样，绿彩构成了器物的主色调，釉色相互交融渗透现象少。除以上区别外，还应从总体上把握其特征，河南、陕西两地唐三彩的釉色光泽强，而邢窑制品的光泽相对较差；前者釉质流动性强，不同釉色相互交融，给人以浓艳华丽之感，后者流动性差，不同色釉交融性差，布局相对规整，这跟釉料的含铅量有关，河南、陕西釉料中的含铅量有的高达 49.77% 和 59.51%，而河北邢窑唐三彩的含铅量多在 40% 左右，含铅量越多，釉的流动性也就越强。此外，蓝色釉彩在巩县窑、邢窑和黄堡窑唐三彩中都有发现，它不应该成为区别唐三彩器物窑口的依据。巩县窑、黄堡窑产品的上釉方法，明显的要多于邢窑，故其釉色显得艳丽而又富于变化。

3. 造型

由于巩县窑、黄堡窑地处唐代东西两都的所在地，直接为宫廷和上层贵族烧造唐三彩器，所以，不仅烧制工艺十分讲究，而且器物造型也丰富多彩，李知宴先生在有关文章中曾将其分为生活用具、文房用具、室内用具、模型类、镇墓兽类、人物形象类、动物禽鸟类等多种造型[③]。其中人物俑、镇墓兽形象高大宏伟，集中体现了大唐帝国兼收并蓄、文化宽容的艺术魅力。而邢窑的唐三彩器的使用对象主要是地方官员和部分富裕的民间百姓，故其烧制以小件器物居多，人物俑、镇墓兽虽然也有发现，但其数量少，而且造型矮小，根本无法与高大宏伟的巩县窑和黄堡窑制品相比美，这也是我们从造型上区别唐三彩地域差别的重要特征之一。

（作者单位：河北省博物馆）

注　释

① 王仲殊：《汉代陶瓷器》，《中国大百科全书·考古学》，中国大百科全书出版社，1986 年。

② 加腾卓男：《三彩の道》，日本学生社，1989 年。

③ 王健华：《唐三彩鉴赏与收藏》，吉林科学技术出版社，1996 年。

④ 河南省博物馆：《河南安阳北齐范粹墓发掘简报》，《文物》1972 年第 1 期。

⑤ 周到：《河南濮阳北齐李云墓出土的瓷器和墓志》，《考古》1964 年第 9 期。

⑥ 河北省博物馆：《河北省平山北齐崔昂墓调查报告》，《文物》1973 年第 11 期。

⑦ 梅健鹰、李英武：《唐三彩》，《文物》1979 年第 2 期。

⑧ 冯先铭：《河南巩县古窑址调查纪要》，《文物》1959 年第 3 期。

⑨ 陕西省博物馆：《唐章怀太子墓发掘简报》；《唐懿德太子墓发掘简报》，《文物》1972 年第 7 期。

⑩ 李知宴：《精湛的艺术瑰宝～唐三彩》，《考古与文物》1980 年创刊号。

⑪ 陕西省考古研究所铜川工作站：《铜川黄堡发现唐三彩作坊和窑炉》，《文物》1987 年第 3 期。

⑫ 内丘县文物保管所：《河北省内丘县邢窑调查简报》，《文物》1987 年第 9 期。

⑬ 李知宴、张福康：《论唐三彩的制作工艺》；李国桢等：《唐三彩的研究》，科学出版社，1987 年。

⑭ 李知宴：《中国陶瓷唐三彩》，上海人民美术出版社，1993 年。

⑮ 河北临城邢瓷研究小组：《唐代邢窑遗址调查报告》，《文物》1981 年第 9 期。

⑯ 内丘县文物保管所：《河北省内丘县邢窑调查简报》，《文物》1987 年第 9 期。

⑰ 刘世枢：《曲阳县唐宋定窑遗址》，《中国考古学年鉴》1986 年。

⑱ 孟繁峰：《井陉窑金代印花模子的相关问题》，《文物春秋》1997 年增刊。

⑲ 中国硅酸盐学会：《中国陶瓷史》，文物出版社，1982 年。

⑳ 李震唐：《我国热液型钴矿床的发现》，《中国地质》1963 年第 9 期。

㉑ 王健华：《唐三彩鉴赏与收藏》，吉林科学技术出版社，1996 年。

㉒ 赵青云：《河南陶瓷史》，紫禁城出版社，1993 年。

㉓ 陕西省博物馆唐墓发掘组等：《唐郑仁泰墓发掘简报》，《文物》1972 年第 7 期。

㉔ 富平县文化馆：《唐李凤墓发掘简报》，《考古》1977 年第 5 期。

㉕ 同⑫。

㉖ 李知宴：《论唐三彩的雕塑艺术》，《河北陶瓷》1983 年第 4 期。

㉗ 洛阳文物工作队编：《洛阳出土文物集粹》，朝华出版社，1990 年。

㉘ 禚振西：《耀州窑唐五代陶瓷概论》，《考古与文物》1988 年第 5、6 期。

㉙ 阎存良：《唐三彩》，三秦出版社，2001 年。

㉚ 同㉑。

㉛ 杨文山：《邢窑唐三彩的初步研究》，待刊稿。

㉜ 同㉑。

㉝ 同㉖。

古往今来话白瓷*

——浅析隋唐白瓷的工艺与发展

刘 虹

在中国陶瓷文化发展的历史长河中，闻名于世的白瓷是陶瓷文化中重要的一支。白瓷历史悠久，有冰清玉洁之象，素肌玉骨之感。自古以来不仅受到宫廷将相、文人雅士的青睐，也受到寻常百姓的珍视与喜爱。在中国古代，陶瓷与人的生前死后关系密切，其造型举凡存储、餐饮、陈设、文玩、乐器、明器无所不包。白瓷在陶瓷领域占有重要的地位，有了白瓷，才有青花、釉里红、斗彩、五彩、粉彩等彩绘陶瓷。时人看重釉色的粹美，"千峰翠色"、"冰清玉洁"、"胜霜雪"既是人们心目中的理想，又是对现实器物的礼赞，浸透了古人对生活的热爱。

1 白瓷的历史悠久

早在商代已有了原始的素烧瓷器，也就是早期的硬制白陶，被称为白瓷的始祖。当时的白陶工艺水平还不是很高，烧制温度较低，因此表面粗糙。后来到东汉时期烧制出釉色浅青泛白的瓷器，应是白瓷的萌芽状态。历史上称之为"陶瓷时代"的魏晋南北朝时期由于陶瓷的大发展，在河南河北地区烧制青瓷的基础上，通过减少瓷原料中的含铅量，改良装烧温度和气氛等技术，先在北方地区成功地烧制成了白釉瓷器。虽然白中泛青，但与青瓷已迥然有别了。釉色细腻光滑。滋润似玉，呈半透明色，极富美感。到了隋唐时期，随着经济、政治的鼎盛发展，工艺美术领域占有重要地位的陶瓷也飞速发展，唐代具有代表性的白瓷瓷窑，是与越窑齐名的邢窑。邢窑的地点据文献记载在河北境内，但至今尚未发现主要遗址。邢窑由初唐开始生产白瓷，到中唐流行并普及全国。邢窑产品当时是新兴白瓷的典范。

2 装饰工艺与造型的发展分析

隋代虽然短促，但发展生产的政策，为长期战乱动荡的手工业、农业生产创造了安定和平的社会环境。白釉瓷器烧制成功的基本条件，要求洁白的陶胎和纯净透明的釉色。就其制作工艺来说，先在胎上涂以护胎釉，即化妆土，胎质厚而细洁，瓷质坚硬。器内满釉，外釉大多施釉仅及腹部，下部与外底露胎，釉往往不到足。白瓷的品种丰富，有壶、瓶、尊、罐、盂、砚、盅、碗、杯、博山炉、烛台、文官俑、武士俑、镇墓兽、骆驼俑以及围棋盘模型等近20个品种，器形设计素雅大方，不施纹

* 《中国陶瓷》2003 年第 1 期

饰。瓶多广口短颈，壶为短嘴，器底多为壁形的宽圆圈，被称为"玉壁底"。

白色是自然界中五原色之一（青黄赤黑白），人的视觉感觉对白云、白花、白雪、白石已司空见惯。《诗经》中的"麻衣如雪"，形容寻常百姓身上的未经染色的衣裳。其实古人在衣着方面并不忌白。隋唐时《唐六典》记载天子冠白纱帽、着白裙襦白袜，听讼视朝。乐府有赞美白纻"质如青云色如银"的《白纻舞曲》。

隋代白瓷洁白如雪，釉白而微闪黄或淡青。除仅施白釉，光素无纹者，也经过刻画、压印、堆塑、雕贴、点彩等工艺，饰凸凹弦纹，卷草、联珠、莲花、兽面等花纹。受同时代艺术风格的影响，白瓷的造型、装饰均与同时代的青釉瓷相似。有些壶罐盘碗连尺寸、器形、纹饰都完全一样，仅釉色的差异。如隋代的白瓷双系鸡首壶。与青瓷的装饰极为相像，盘口细颈，颈部饰突弦纹两周，肩部丰满，自肩以下腹壁逐渐内收，足部外侈，底为平底。肩部向前伸出一鸡首，脖颈饰羽毛纹。肩的后部向上伸出一龙形把手，张口衔住壶的盘口。壶的肩部左右各饰一双瓣重合形的系，下作一圆饼饰。腹部及肩与颈交接处饰弦纹。陶胎为白色，施白釉近底部，底无釉。器身有细小的冰裂纹。此外，隋代白瓷中有的造型极为独特，象白瓷凤把双联壶就是一例，瓶体造型极为完整，也是盘口、平底、长颈，每个瓶的肩部有一小圆洞，双联瓶的下腹部露胎，胎呈白色，釉色均匀，有漏釉及开片纹，一对凤把上端连于瓶口，下端连于上腹，造型极其优美典雅。整个造型与装饰具有隋代风格。可见，隋唐时期白瓷已基本烧制成熟，具素肌玉骨之象的白釉瓷器，受到广泛的珍视、喜爱。从大量的墓葬文物中，可以看到手工制瓷业的成就。隋代烧制白釉瓷器技术的提高。为唐代著名的邢窑、定窑白瓷生产打下了坚实基础。也为"南青北白"制瓷格局的出现，创造了条件。

唐代白瓷的装饰与釉色在前代的基础上又有了更大的进步与发展。出土于河南的白瓷长颈瓶是唐代白瓷中的精品，其造型圆口长预束腰，器身施白色釉，白中泛青，釉厚处呈淡青色，釉色莹润光洁，表面有细小开片纹。器底为无釉胎，胎色洁白胎质坚硬，此瓶造型简练精美，代表了唐代的艺术风格。唐代的碗碟等白瓷工艺品更显特色，出土的各式"官"字款碟、碗造型各异，器形小巧精美，有的造型如几片玉兰花瓣静静的置于一处，胎薄质细，坚硬细密，内外施满釉，色泽细腻盈润，洁净如玉。高雅素洁的造型与釉色表现出古代工匠的高超造诣。除了瓶、壶、碗、碟等日常使用的器皿，白瓷广泛使用于生活的各个领域，如出土于河南陕县的白瓷灯台，台柱细长束腰，上层为碗式灯盘，盘中有一圆筒灯盏，柱下连接凸雕覆莲瓣形圆圈座，柱上装饰瓦楞纹既美观又便于把握，釉色洁白润泽，釉厚处呈浅绿色，器形别致新颖且整体比例匀称，实为唐代陶瓷制品中的精品。

3 唐代白瓷的新极品——扣金白釉瓷器

在浙江钱氏家族墓中出有一批品种各异的带有"官"与"新官"字款的精美白瓷。它们应该是晚唐和五代时期白瓷生产中最高技艺的代表作品。通体釉色乳白，光亮滋润，外壁有聚釉现象。胎体精薄细密，器形多为成套组合。还有浙江临安县出土的杯、壶等器皿，刻纹精细流畅，器物的口沿、圈足、把手等的边缘镶扣金边，外底刻"新官"两字。釉色胎色均洁白滋润，器壁底极薄，呈半透明状。以扣金白釉瓜棱形执壶为例，此壶为束颈瓜棱形腹，肩部有瓜棱形短流，盖、钮、沿、壶口、流等处均镶金边，柄上留有银环，柄和盖之间当时应有银链相连。

此壶造型丰满，精美独到，制作考究，是唐代扣金白瓷中最有特色的作品之一。

4 佛教及外来文化对白瓷的影响

佛教自汉代传入中国后，五百多年间经历了复杂曲折的过程。在汉至魏晋时期，先是依附道术（方术），后又依附于玄学。东晋以后广为传播，并和中国传统的文化发生矛盾和冲突。在矛盾和冲突中推进中国思想文化的发展，隋唐以后为中国文化所吸收，成为中国化的佛教。因此广泛影响于工艺美术领域，在陶瓷艺术上亦有所表现。隋代的白瓷印花双系扁瓶体扁呈杏叶状，腹两面纹饰相同，倒心形内饰联珠纹一周，内为一兽面，口角两端各衔一忍冬叶。器表施白釉，有较粗的冰裂纹。

此瓶造型新颖别致，从装饰纹样看可能受佛教及外来文化的影响。

隋唐时期中外文化交流蓬勃发展，长安城是中外文化交流的重要舞台。从唐长安城通往中亚和欧洲的丝绸之路，从广州驶向波斯湾的海上丝绸之路，从登州（今蓬莱）、扬州、明州（今宁波）到日本的遣唐使航线，像五彩缤纷的彩带，将唐长安城和欧、亚、非国家和地区紧紧连在一起，蓬勃发展的中外文化交流与陶瓷的发表提供了广大的空间，当时中亚和西亚商人经由"丝绸之路"到长安，常在马背上带有装水的皮囊马蹬壶，以备路远口渴饮水用，白瓷马蹬壶就是仿其烧制。

隋唐两代是中国古代历史的鼎盛时期，高度发展的文化具有继承性、兼容性和世界性，在许多领域中，在当时世界居领先地位、通过东西闻名的大动脉——丝绸之路，以丝绸、陶瓷为代表的隋唐文化传播异域，绚丽多彩的陶瓷文化对中国乃至世界古代文化的发展，产生了及其广泛而深远的影响。

（作者单位：辽宁省大连外国语学院国际艺术系）

参考文献

①　《中国陶瓷全集》——隋唐卷。

②　《中国艺术设计史》——辽宁美术出版社。

③　《Arts of Asia》——Volume 32 Number 5.

唐大盈库与琼林库*

尚民杰　程林泉

唐"大盈库"与"琼林库"都属皇家私库，在文献记载中虽有提及，但仍有一些基本的问题不甚明了，本文将文献记载与考古资料相结合，就一些相关的问题作以探讨。

一　考古发现中与"大盈库"相关的文物

在历年的考古发现中与"大盈库"直接有关的文物是带"盈"字款的白瓷器，这些发现主要有：

1. 在河北内丘城关邢窑遗址中发现的 20 多件刻"盈"字款的碗底标本。1957 年冯先铭先生在西安唐代大明宫遗址发现过邢窑"盈"字款碗残片[①]。

2.1975 年河北易县北韩村唐孙少矩墓出土"盈"字款白瓷注子一件，孙少矩葬于咸通五年[②]。

3.1985 年西明寺遗址出土带"盈"字款的白瓷碗标本[③]。

4.1992 年西安唐青龙寺遗址出土带"盈"字款的白瓷碗和执壶残器，执壶上有"大中十三年"（859 年）墨书题款[④]。

5.2002 年 3 月，在西安唐新昌坊（青龙寺所在之坊）范围内发现带有"盈"字款的白瓷执壶五件、带有"盈"字款的白瓷盘四件[⑤]。

6. 上海博物馆藏有"盈"字款白瓷盒一件[⑥]。

7. 西安市文物保护考古所藏有大明宫遗址出土的"盈"字款白瓷罐一件，上面同时刻有"翰林"字样[⑦]。

8. 山西长治市博物馆藏有"盈"字款白瓷枕一件[⑧]。

上述带"盈"字款的瓷器有这样几个共同的特点：第一，它们都是白瓷；第二，"盈"字款均刻于器物的底部；第三，就其造型特征来看，大约均属于唐代中晚期。由于在河北邢窑遗址也出土了一批带"盈"字款的瓷器标本，因此研究者普遍认为带"盈"字款的白瓷是邢窑的产品。

就目前已知的情况而言，尚未发现与琼林库直接相关的文物。

---

* 《考古与文物》2004 年第 6 期

二 文献记载中的"大盈库"与"琼林库"

1. 大盈库的设置时间当在天宝（742—755 年）初年

《旧唐书·食货上》卷四十八云："王鉷进计，奋身自为户口色邑使，征剥财货，每岁进钱百亿，宝货称是。云非正额租庸，便入百宝大盈库，以供人主宴私赏赐之用，玄宗日益眷之，数年间亦为御使大夫、京兆尹，带二十余使。"因大盈库之名不见于玄宗以前的文献记载，所以，此条记载说明，大盈库至少在玄宗时已有，很可能设置于王鉷出任"户口色邑使"之后。

《旧唐书·王鉷传》卷一百五云：天宝四载（745 年）"加勾当户口色邑使，又迁御史中丞，兼充京畿采访使。五载，又为京畿关内道黜陟使，又充关内采访使"。"玄宗在位多载，妃御承恩多赏赐，不欲频于左右藏取之，鉷探旨意，岁进钱宝百万亿，便贮于内库，以资主恩锡赏。鉷云，此是常年额外物，非征税物。玄宗以为鉷有富国之术，利于王用，益厚待之。丁嫡母忧，起复旧职使如故。七载，又加检察内作事，迁户部侍郎，仍兼御史中丞，赐紫金鱼袋。"由此段记载可知，大盈库也称"内库"，其置库时间当在天宝四年至六年（745—747 年）。

《旧唐书·陆贽传》卷一百三十九云："琼林、大盈。自古悉无其制，传诸耆旧之说，皆云创自开元。贵臣贪权，饰巧求媚，乃言：'郡邑供赋所用，盖各区分：赋税当委于有司，以给经用；贡献宜归于天子，以奉私求'。玄宗悦之，新是二库。"依此条记载，玄宗时不仅设置了大盈库，而且，还设置了性质相同的琼林库。但大盈库的设置时间似当在天宝年间，不在开元年间。虽然我们尚不能肯定琼林库的设置时间，但至少在德宗以前琼林库就已存在。

大盈库与琼林库的位置至今不明。由文献记载可知，大盈库与"左藏库"关系密切，有"左藏大盈库"之称。《新唐书·安禄山传》卷二二五上云："禄山未至长安，士人皆逃入山谷，东西络绎二百里，宫嫔散匿行哭，将相第家委宝货不赀，群不呈争取之，累日不能尽。又剽左藏大盈库，百司币藏竭，乃火其余。"《新唐书·霍光远传》卷一四一在述及玄宗逃离长安时云："乘舆一出，都人乱，火左藏大盈库，争辇财珍，至乘驴入宫殿者。"这些记载既说明大盈库与左藏库有着密切的关系，同时，还预示了一种可能，即大盈库就是左藏库中的一个独立的库。

唐宫中府库有左藏、右藏之分，有隶于太府寺下的左、右藏署司之，其具体职掌可由新、旧《唐书》知之。说大盈库与左藏库有密切关系，还有一条文献可参。唐李德裕《次柳氏旧闻》云："玄宗西幸，车驾将至延英门，杨国忠请游左藏库而去，上从也，望见千余人持火炬以俟，上驻跸曰：'何用此为'？国忠对曰：'请焚库积，无为盗守'。上敛容曰：'盗至若不得此，当厚敛于人，不如与之，无重困吾赤子也'。命撤炬而行。闻者毕感激流涕，迭相谓曰：'吾君爱人，如此，福未艾也'。"将这条记述与前面引述的"剽左藏大盈库"一事相印证，可知玄宗当时去的"左藏库"就是"左藏大盈库"。据当时的情形推之，这个"库"当距延英殿不远，所以说，"大盈库"在大明宫中的可能性较大。

2. 玄宗以后的大盈库

经过"安史之乱"，大盈库已被洗劫一空，并遭火焚之灾。其后，肃宗于至德元年（756 年）即位，至德二年才回到长安。肃宗在位总共只有七年，假设肃宗要重建大盈库，也当是在至德之后的"乾元"（758—759 年）或"上元"（760—761 年）年间。《旧唐书·杨炎传》卷一百一十八云："初，国家旧制，天下财富纳于左藏库，而太府四时以数闻，尚书比部覆其出入，上下相辖，无失遗。及第五琦为度支盐铁使，京师多豪将，求取无节，琦不能禁，乃悉以租赋进入大盈内库，以中人主之意。天子以取给为便，故不复出，是以天下公赋为人君私藏，有司不得窥其多少，国用不能计其赢宿殆二十年矣。中官以冗名持薄书，领其事者三百人，皆奉给其间，连结根固不可动"。"诏曰：'凡财赋皆归左藏库，一用旧式，每岁于数中量进三五十万入大盈库，而度支先以其全数闻'。炎以片言移人主意，议者以为难，中外称之"。第五琦本人先后在玄宗、肃宗、代宗三朝为官，据《旧唐书·第五琦传》卷一百二十三所载，其于玄宗幸蜀后就开始掌管国家财政，肃宗时又铸"乾元重宝"等钱，并推行"榷盐法"；代宗时"改京兆尹。车驾克复，专判度支兼诸道铸钱、盐铁转运、常平等使。累封扶风郡公，又加京兆尹，改户部侍郎判度支，前后领财赋十余年。鱼朝恩伏诛，琦坐与欸狎，出为处州刺史"。据《宦官传》可知，鱼朝恩卒于代宗大历五年（770年），第五琦掌管国家财政当在此前，也就是说，以第五琦本人的经历推之，肃宗时很可能又重建了大盈库。

代宗时肯定有大盈库，此点从杨炎的一番话中已可知之。另外，《新唐书·食货志》卷五十五云："大历元年（766年）敛天下青苗钱，得钱四百九十万缗，输大盈库"，更是当时有大盈库的确证。

德宗即位初年，接受了杨炎的建议，将国家财赋归于左藏库，但却依然保留了大盈库，只是"每岁于数中量进三五十万入大盈"而已。德宗时大盈库的情况如何呢？《旧唐书·姚令言传》卷一百二十七云："建中四年（783年），李希烈叛"，"十月，诏令言率本镇兵五万赴援。泾师离镇，多携子弟而来，望至京师以获厚赏，及师上路，一无所赐。时诏京兆尹王翃犒军士，唯食菜啖而已，军士覆而不顾，皆愤怒，扬言：'吾辈弃父母妻子，将死于难，而食不得饱，安能以草命捍白刃耶！国家琼林、大盈宝货堆积，不取以自活，何往耶'！行次浐水，乃返戈，大呼鼓噪而还"。"上恐，令内库出缯缭二十车驰赐之。军声浩浩，令言不能戢"，"是日，德宗仓猝出幸，贼纵入府库辇运，极力而止"。《奉天录》卷二云："初，泚自号其宅为'潜龙宫'，移琼林库宝货以实之"。

3. 关于琼林库

琼林库之名大约始于德宗时。在德宗即位之初，杨炎进言废除内库时，也只提到大盈库，未提及琼林库之名。《姚令言传》说明，长安当时已有琼林库。德宗至奉天后，又欲设置大盈、琼林二库，《旧唐书·陆贽传》卷一百三十九云："初，德宗仓惶出幸，府藏委弃，凝冽之际，士众多寒，服御之外，无尺缣丈帛，及贼泚解围，诸藩供奉继至，乃于奉天行在贮贡物于廊下，仍题曰琼林大盈二库名。"这件事引起了陆贽的直谏。据目前所见的资料分析，琼林之名似不见于德宗之前，因此，我们推测，琼林库很可能设置于德宗初年。

德宗虽经奉天之难，但仍未革除内库之弊，相反，还将这一制度发扬光大。《旧唐书·裴延龄传》卷一百三十五云："贞元八年（792年），班宏卒，以延龄守本官，权领度支。自揣不通殖货之务，乃多设钩距，召度支老吏与谋，以求恩顾。乃奏云：'天下每年出入钱物，新陈相因，常不减六七千万贯，唯有一库，差舛散失，莫可知之。请于左藏库中分置别库：欠、负、耗、剩等库及季库、月库纳诸色钱物'。上皆从之。且欲多张名目以惑上听，其实钱物更无增加，唯虚废薄书、人力耳。"裴延龄的做法遭到了陆贽的强烈反对，谏云："国家府库，出纳有常，延龄险猾售奸，诡谲求媚，遂于左藏之内，分建六库之名，意在别贮赢余，以奉人主私欲。"但陆贽的建议非但没有被德宗接受，反而因此遭受贬官之祸。从《裴延龄传》可知，德宗时期大盈、琼林二库所藏，初在长安者，已毁于出幸奉天时；在奉天重新积蓄者，又毁失于战乱。至贞元八年（792 年），裴延龄于左藏库中分置六库，虽未提及大盈、琼林之名，但六库的性质显然与之相同。或者可以认为，当时停用了大盈、琼林库名，改作六库，以掩人耳目。据文献记载，德宗时进奉之风兴盛，"宫市"扰民更甚，目的即是搜刮财物，所以，有理由相信，当时内库所积一定不少。

德宗以后，文献在记述皇帝私库时，多以"内藏""内库"称之。如《旧唐书·李绛传》卷一六四云："宪宗曰：'户部比有进献，至卿独无，何也'？绛曰：'将户部钱纳入内藏，是用物以结私恩'"。

皇帝之私藏又曰"中藏"。《旧唐书·职官志》卷四四·内侍省内府局条云："内府令掌中藏宝货给纳名数，丞为之二。凡朝会，五品以上赐绢帛金银器于殿廷者，并供给之。诸将有功，并蕃酋辞还，亦如之"。同书《宦官传》也云："内府局主中藏给纳"，也就是说，皇帝的私库是由宦官负责管理的。

应当指出的是，作为皇帝私库的内库，虽然在玄宗时有了"大盈库"之名，以后有了"琼林库"之名，但内库的设置并不始于玄宗。《旧唐书·五行志》卷三七云："则天时，建昌王武攸宁置内库长五百步，二百余间，别贮财物以求媚，一夕为天灾所燔，玩好并尽"。此条记载说明，内库的设置至少在武则天时已有之，而且，规模不小。涉及到内库规模的记载还有《唐会要》卷五十四："（元和）七年（812 年），琼林库使奏，巧儿旧挟名救外，别定一千三百四十六人，请宣下州府为定额，特免差役。时给事中薛荐诚以为，此奸人窜名以避征徭，不可许"。此事见《薛荐诚传》。此条记载言明当时内库管理所用人数，虽有虚报，但也足以说明内库的规模之大。另外，此条记载说明，宪宗时有琼林库。

唐以宦官充任内库的管理者，对库藏的具体管理形式当与左藏库相仿。《旧唐书·卷四四·职官志》左藏署条云："左藏令掌邦国库藏，丞为之二。凡天下赋调，先于输场间其合尺度觔两者，卿及御使监阅，然后纳于藏库，皆题以州县年月，所以别粗良，辨新旧。凡出给，先勘木契，然后录其名数，请人姓名，署印送监门，乃听出。若外给者，以墨印印之。凡藏院内，禁人燃火，及无故入院者。昼则外四面常持仗为之防守，夜则击柝，而分更以巡警之。"唐虽以宦官掌管内库，但"大盈库"和"琼林库"作为内库的特殊名称，在文献记载中并不常见。

三　唐墓志中有关"大盈库"与"琼林库"的资料

由墓志资料可知，曾任过大盈库使的有：

程希诠在代宗大历（766—779 年）时曾任大盈库副使⑨。

仇士良于文宗太和七年（833 年）转大盈库领染坊使⑩。

张叔遵于宣宗时"转授大盈库"⑪。

刘遵礼于宣宗大中五年（851 年）"改大盈库使，宫闱局令"⑫。

似先义逸于武宗会昌（841—846 年）时，曾任大盈库使⑬。

田师巽于懿宗时曾任"大盈库内□□"⑭。

从以上六人的墓志来看，除张叔遵、田师巽所任的不是"使"或"副使"外，其余四人均为使或副使级官员。张叔遵和田师巽当时都为掖庭局宫教博士，品级较低。程希诠由内给事（从五品下）为大盈库副使；仇士良则以内侍知省事（从四品上）转为大盈库领染坊；似先义逸由内给事（从五品下）拜大盈库使；刘遵礼先任内仆局令（正八品下），改大盈库使后又任宫闱局令（从七品下），是任大盈库使诸人中品级较低的。

结合文献记载和墓志资料可知，大盈库之名在玄宗、代宗、德宗、文宗、武宗、宣宗、懿宗时期均有之。

据墓志资料可知，与琼林库有关的人有：

许遂忠于文宗大和二年（828 年）任琼林库使[15]。

似先义逸于敬宗宝历（825—826 年）初年，曾任琼林库使[16]；又于武宗时任大盈库使。

马元谋于文宗大和（827—835 年）时任"琼林使"[17]。

武周礼于懿宗时任"如京、琼林两司判官"[18]。

结合文献记载和墓志资料可知，琼林库之名至少在德宗、宪宗、敬宗、文宗、懿宗时有之。

似先义逸墓志中的一段话与武宗灭佛事有关。志文云："未几，拜大盈库使。请废佛寺一所，新币舍五百间，上益嘉之，欲以内常侍酬之"。据志文可知，似氏任大盈库使当在会昌三年（843 年）之后，武宗灭佛事发生在会昌四年七月，似先义逸请废佛寺一事，当发生在灭佛期间，由于当时他任大盈库使，所以"新币舍五百间"当属大盈库。

四　尚未解决的几个问题

将文物资料与文献相结合来认识"大盈库"与"琼林库"，虽然使我们对这两个皇家内库的认识在文献记载的基础上有了一定的深入，但是仍有几个基本的问题没有得到解决。

第一，"大盈库"与"琼林库"所在地点的问题。这里又包含这样几个子问题，一是"大盈库"与"琼林库"是否在同地点？二是如果是在同一地点，位于何处？不在同一地点，分别位于何处？就目前掌握的资料而言，我们只能推测"大盈库"在大明宫中的可能性较大，对于"琼林库"的位置尚无明确线索。

第二，"大盈库"与"琼林库"很可能在某些时期是交叉存在的，即有时只有"大盈库"而没有"琼林库"；有时则只有"琼林库"而没有"大盈库"；有时则两库并存。就我们目前掌握的资料而言，尚不能比较准确的从时间上界定上述情况。

第三，就目前所掌握的资料而言，可以肯定"大盈库"与"琼林库"属皇家私库的性质，所贮藏的物资除用于皇帝对臣僚的赏赐外，有时也用于国家在紧急情况下的支出。但是我们对皇家内库的许多具体并不了解。由文献记载可知，中晚唐时进奉之风盛行，能够盛行的原因之一很可能与内库的设置有关。

（作者：陕西省西安市文物保护考古研究所副研究员）

注　释

① 冯先铭：《近十年陶瓷考古主要收获与展望》，（台湾）《中华文物学会》1991 年刊。

② 河北省文物研究所：《河北易县北韩村唐墓)，《文物》1988 年第 4 期。

③ 中国社会科学院考古研究所西安唐城工作队：《唐长安西明寺遗址发掘简报》，《考古》，1990 年，第一期。

④ 翟春玲、王长启：《青龙寺遗址出土"盈"字款珍贵白瓷器》，《考古与文物）1997 年第 6 期。

⑤ 待刊。

⑥ 周丽丽：《唐代邢窑和上海博物馆藏邢瓷珍品》，《上海博物馆集刊》，1982 年，总 2 期，建馆三十五周年特辑。

⑦ 王长启：《西安市出土"翰林"、"盈"字款邢窑白瓷罐》，《文物》2002 年 4 期。

⑧ 《"盈"字款邢窑白瓷枕》、《中国文物报》2003 年 3 月 12 日《收藏鉴赏周刊》。

⑨ 陕西省古籍整理办公室编：《全唐文补遗》，第六辑，第 96 页，《唐故元从朝议大夫行内给事大盈库副使广平郡开国男赐紫金鱼袋程公（希诠）墓志铭》，三秦出版社，1999 年。

⑩ 董诰等编：《全唐文》，第七九〇卷，《内侍省监楚国公仇士良神道碑》，上海古籍出版社，1990 年。

⑪ 陕西省古籍整理办公室编：《全唐文补遗》，第三辑，第 271 页，《大唐故朝请郎内侍省掖庭局宫教博士上柱国清河张公（叔遵）墓志铭》，三秦出版社，1996 年。

⑫ 同⑩，卷七四七，《唐故内庄宅使银青光禄大夫内侍省内侍员外置同正员上柱国彭城县开国子食邑五百户赐紫金鱼袋赠左监门卫大将军刘公（遵礼）墓志铭》。

⑬⑯ 陕西省古籍整理办公室编：《全唐文补遗》，第七辑，第 125 页，《唐故银青光禄大夫行内侍省内常侍员外置同正员兼掖庭局令致仕上柱国汝南郡开国公食邑二千户赐紫金鱼袋似先府君（义逸）墓志铭》，三秦出版社，2000 年。

⑭ 同⑪，第 244 页，《唐故田府君夫人清河郡张氏墓志铭》。

⑮ 同⑪，第 194 页，《唐故内坊典内银青光禄大夫行内侍省内侍上柱国高阳郡开国公食邑二千户许公（遂忠）墓志铭》。

⑰ 同⑩，卷七百一十，《唐故开府仪同三司行右领军卫上将军致士上柱国扶风马公（存亮）神道碑》。

⑱ 陕西省古籍整理办公室编：《全唐文补遗》，第二辑，第 69 页，《大唐故上党郡夫人樊氏墓志铭》，三秦出版社，1995 年。

中国白瓷研究中若干问题的讨论[*]

汪庆正

2002 年 10 月 30 - 31 日在上海博物馆举行了一次关于中国古代白瓷的国际学术研讨会，收到论文 50 余篇，观摩了来自中国各地区以及德国、英国、法国各单位收藏的器物和标本，甚至包括了近几年在印度尼西亚海域 9 世纪沉船"黑石号"发现的器物和标本。会议对中国古代白瓷的某些领域进行了探讨，现归纳为下列几个主要方面。

一 中国古代白瓷的性质

以高岭土为胎土的白陶，在罗家角、大汶口及马家窑等新石器时代遗址均已经出现，但高温烧成的白瓷则要晚得多。白瓷当然是在青瓷烧造的基础上发展而来的，中国何时出现白瓷，目前还没有一个定论，这要取决于对"白瓷"定义的界定。王昌燧、凌雪等《色度学在古白瓷研究中得应用初探》一文对白瓷定义的判定作了探讨，但目前在陶瓷界对"白瓷"仍只是一个约定俗成的用词，我们还没有一个十分现代科学的命名。也就是说，要白到什么程度才算"白瓷"。例如北齐范粹墓出土的 7 件白瓷[①]，按理说，应该看作是中国目前发现的最早的白瓷，但由于其釉色略略泛黄，因此也有人认为并不能算作真正的白瓷。

在普遍意义上说，白瓷应该是在白胎上施以透明釉后高温烧成的瓷器。白瓷的白色，是胎土的颜色，而并不是施以白色釉。在白色胎土上施的透明釉，如果并不太纯净，或含的氧化物略微多了一点，釉的颜色就会稍稍偏青或偏黄。我们说只是稍稍的偏青、偏黄，那仍然应该属于白瓷。景德镇宋、元时代的青白瓷，其胎土是洁白的、但釉色已并不只是稍稍的偏青，而是明显地泛青。我们似乎已不视其为白瓷，而称其为青白瓷。但新安海底沉船发现的元代青白瓷碗上却有当时人的墨书，称其为"上色白瓯"[②]，说明元代人视青白瓷为白瓷。这就带出了至少两个问题，其一是宋张择端《清明上河图》及宋吴自牧《梦粱录》所涉及的"青白瓷铺"，应该理解为"青白瓷"的专卖店呢，还是出售"青

---

* 《中国古代白瓷国际学术研讨会论文集》，上海书画出版社，2005 年

瓷"和"白瓷"的瓷器店？其二，景德镇北宋时期创烧的青白瓷，似乎应该看作是为仿烧定窑白瓷而制作的，只是在烧造过程中出现了这种类似碧玉的青白色瓷，并普遍受人青睐而作为固定的瓷色。周丽丽《关于南方青白瓷即白瓷的探究》明确肯定青白瓷就是白瓷，毕宗陶《宋代定窑白瓷和青白瓷的比较研究》一文也将青白瓷归属白瓷范畴。李辉柄《白瓷的出现及其发展》提出了从科学定义上看青白瓷应属白瓷品种。

当然，除了上述正宗的白瓷外，也有一类，在并非白净的胎土上施一层白色泥浆（俗称"化妆土"），再施透明釉，烧成后也视为白瓷。这是以低质量的原料，来代替高质量的洁白料，从而可以降低成本。从晚唐起河北、河南很多瓷窑以及宋代的山西介休窑等等，都有无化妆土的细白瓷和施化妆土的粗白瓷同时出土。秦大树《早期白瓷的发展轨迹》对此作了较详尽的叙述。

白瓷除了上述的白胎施透明釉和化妆土施透明釉以外，在隋代也出现了釉呈乳浊状的白色瓷。这类呈乳浊状的釉的形成，可能主要是因为烧成温度偏低，釉内存在小颗粒而出现的现象。上海博物馆文物保护与考古科学实验室的何文权、何熊樱菲曾对这类釉呈乳浊状的隋代白瓷进行了科学测试，并未找到如中东9世纪仿中国白瓷而出现的白釉中所含的氧化锡呈色剂。秦大树《早期白瓷的发展轨迹》一文中提到定窑釉"略施失透的白色釉的精细白瓷"。所谓的白色釉现象尚待进一步探索。

二 隋唐以前的早期白瓷

周世荣《浅谈湖南出土的白瓷》介绍了长沙东汉墓葬出土的"白瓷"，对这批釉色稍稍偏黄而胎色偏灰白的东汉瓷器是否应算白瓷，到会的学者也有不同的看法。但就我个人观点，这类瓷器至少可算作原始白瓷。上海博物馆在1976年改建历代陶瓷陈列时，就曾向湖南省博物馆商借东汉瓷豆，作为"原始白瓷"陈列展出。

从何权文、熊樱菲测定的湖南省博物馆的几件东汉原始白瓷数据看，器物胎中所含氧化铝的量比北方瓷器低，而氧化铁含量同样也并不太高（表1、表2）。

这类东汉原始白瓷，产地究竟在何处？在这个时期，湖南湘阴窑是否有这类产品，须待进一步发觉证实。其次，为什么东汉以后，在南朝的墓葬中未再发现这类胎土较白的制品，还是我们并没有注意到这类器物呢？

在中国南方地区，公元2世纪以后一直到公元10世纪，将近八百年间不见有白瓷的轨迹。但在北方，北齐武平六年（575）范粹墓出土的白瓷，可以被看成目前公认最早的白瓷。当然，它的出现也有一个发展过程。李纪贤《我国白瓷首先诞生于北方的一些思考》一文，提醒大家早于范粹墓的河北吴桥东魏武定二年（544）墓及河北平山北齐天统二年（566）崔昂墓，均出土有胎质极细且偏白的瓷器。

表1　　　　　　　　　　　东汉原始白瓷胎成分分析表　　（%）

名称	Na_2O	MgO	Al_2O_3	SiO_2	K_2O	CaO	TiO_2	MnO	Fe_2O_3
东汉罐	0.42	0.43	24.51	69.57	1.50	0.27	1.14	0.08	1.81
东汉碗	1.43	0.46	16.15	75.80	3.70	0.25	1.32	0.00	1.04

续表

名称	Na$_2$O	MgO	Al$_2$O$_3$	SiO$_2$	K$_2$O	CaO	TiO$_2$	MnO	Fe$_2$O$_3$
东汉碗	1.19	0.45	15.05	76.34	4.16	0.28	1.43	0.00	1.16
东汉豆	0.91	0.92	22.27	71.71	1.65	0.23	1.61	0.00	0.96

表2　　　　　　　　　　　　东汉原始白瓷釉成分分析表　　（%）

名称	Na$_2$O	MgO	Al$_2$O$_3$	SiO$_2$	K$_2$O	CaO	TiO$_2$	MnO	Fe$_2$O$_3$	P$_2$O$_5$	PbO
东汉罐	1.10	0.80	7.69	37.45	0.59	0.47	0.33	0.02	0.82	0.02	50.70
东汉豆（釉薄处）	6.14	1.72	14.71	68.06	4.49	2.71	0.89	0.10	1.18	0.00	0.00
东汉豆（釉厚处）	6.80	2.52	15.16	62.81	4.37	5.67	0.98	0.26	1.40	0.03	0.00
东汉碗	2.62	0.61	12.01	72.98	9.25	0.39	0.96	0.01	1.15	0.01	0.00
东汉碗	2.73	0.57	11.81	73.57	9.04	0.36	0.82	0.01	1.07	0.01	0.00

　　范粹墓出土白瓷的产地，是多少年来为陶瓷界关心的问题。杨爱玲《关于安阳隋张盛墓和北齐范粹墓出土白瓷产地问题的研究》一文，力图证实范粹墓白瓷应为安阳相州窑所烧。王莉英、冯小琦、陈润民《从故宫博物院藏品谈早期白瓷》一文，则提出了内丘窑当是北朝早期白瓷的重要产地之一的观点。当然这都还有待作进一步的证实。

三　隋唐五代的白瓷

　　李辉柄《白瓷的出现及其发展》、李知宴《隋唐五代白瓷的分期研究》和蓑丰《白瓷的产生和发展》等文，都对隋唐五代以及宋金的白瓷产生作了比较条理化的叙述。

　　如果说，北朝的白瓷，从其透明釉的洁净程度和胎色的白度讲还处于早期白瓷的阶段，那么隋代白瓷则可以说完全达到了成熟。

　　值得探索的是，隋代生产白瓷的窑址，除了相州窑、邢窑有可能性之外，巩义窑是否也是值得我们注意的地点？王保仁《巩县窑白瓷》一文即作了提示。

　　前文已经提到，隋代墓葬中出土过釉呈乳浊状的白瓷，何文权、熊樱菲分析了上海博物馆所藏隋乳浊釉白瓷小扁壶，其胎质中所含 CaO 达 75.43%。这是超出常规的，一般最高不超过10%。这类釉呈乳浊状的隋白瓷，在河南省的墓葬中亦屡有发现，如果能进行更多的测试，拥有较多的数据，或许可以促使我们对隋白瓷的进一步研究。

　　唐、五代白瓷，特别是邢窑、定窑和巩县窑，在王会民、马冬青、张志忠《邢窑装饰初探》，吕成龙《唐代邢窑"翰林"、"盈"字款白瓷罐刍议》，孙新民《巩义窑唐代白瓷的初步探讨》等文都作了比较详细的阐述。唐代白瓷生产的地域已经扩大，而历史上著名的四川大邑窑至今未能发现。陆明华《白瓷相关问题探讨》一文明确提出了大邑窑是否存在还是一个疑点，因此他认为不必刻意渲染。

唐代南方地区有否白瓷生产？长期来陶瓷界着眼于长沙地区唐墓中出土的白瓷，究竟是南方地区所产还是仍属北方的制品。这次会议期间，由何文权、熊樱菲作的科学测定，说明这类白瓷胎中含有的氧化铝都在25%以上，应该仍属北方地区的制品。此外，我们一直因为日本仁和寺原藏"唐本草"有"白瓷屑、平无毒……广州良，余皆不如"的记载，探索唐代广州产白瓷的可能性。然而，由于日本仁和寺原藏的什么版本，我们并没有看到，而目前国内所存"本草"类书籍最早的本子是宋代唐慎微《经史证类备急本草》一书。此书于北宋大观二年（1108）经医官艾晟等重修，改名为《经史证类大观本草》。政和六年（1116）又经医官曹孝忠重加校订，更名为《政和新修证类备用本草》。后，平阳张存惠将寇宗奭的《本草衍义》增订入书，改名为《重修政和证类备用本草》。张氏于金泰和四年（1204）刻于晦明轩，世称"金刻本"，是传世此书的最佳刻本。人民卫生出版社于1957年据北京图书馆所藏张氏晦明轩原本出版了影印本。其"白瓷瓦屑"条的原文如下："白瓷瓦屑，平无毒，主妇人带下白崩……定州者良，余皆不如……经验后方（治鼻衄久不止，定州白瓷细捣研为末，每抄一剜耳许，入鼻立止）。"[③]《四库全书》本的《证类本草》卷五关于"白瓷瓦屑"条的内容，同样提"定州"而不见"广州"。《证类本草》一书元明清以来历代都有翻刻本，很可能误"定"为"广"，并以讹传讹，引出了陶瓷界不必要的推测。至此，我们只能根据目前已有的出土和传世资料，推断南方地区还没有发现过唐代白瓷的产地。

这次会议论文，对于五代时期北方、南方白瓷的生产都作了有益的探讨。张东《白瓷若干问题的工艺学思考》一文着重提出了从陶瓷学的角度，中国南、北的分界线不应以长江为界，而是以秦岭—淮河为界的观点。从已有关于五代白瓷的科学测试报告看，凡在秦岭—淮河以北的窑址，白瓷胎土所含的氧化铝都在25%以上。而在此以南的安徽泾县繁昌、江西景德镇的制品，其胎土氧化铝的含量都在25%以下，多数更在20%以下。张浦生、霍华《五代十国的杨吴与南唐白瓷刍议》，杜劲甫《晚唐、五代南方白瓷研究初步报告》，王丹丹、袁南征《安徽省博物馆藏出土五代北宋白瓷器探讨》等文，都从各个角度来探索在景德镇以外地区，特别是安徽地区的五代白瓷。当然，对于宣州窑的五代白瓷生产也还有待今后的科学发掘来证实。

北方地区的五代白瓷，学者们更多的注意力集中在定窑。申献友、李建丽《谈晚唐五代定窑白瓷》以及前引有关的论文，都强调了晚唐五代定窑制品的高质量。当然，我们过去特别看重北宋定窑的地位是完全正确的，但的确也在一定程度上忽视了晚唐五代定窑的重要性。由于晚唐五代定窑是以还原焰气氛烧成，比起宋、金氧化焰气氛烧成的制品，釉面显得更白纯，而没有宋、金时代所特有的泛黄色的泪痕，而且在造型方面更富于素净雅致的格调。

学者们在探索五代定窑时，还着重讨论了金、银、铜扣和"官"、"新官"款的问题。

关于金、银、铜扣，原来认为是为弥补定窑覆烧所产生芒口缺陷的说法，因早于覆烧工艺的五代金、银扣定器的出现，而被否定了。上引申献友、李建丽文和江松《关于水邱氏墓金银扣白瓷的一些看法》以及其他一些学者的文章，都阐述了这方面的看法。

"官"字款的讨论，已经是多年的学术问题了。此次会议，蓝春秀《浅谈临安水邱氏墓出土的晚唐白瓷器》以及前引多位学者的文章，均涉及"官"、"新官"款的问题。

《旧五代史·食货志》："晋天福二年，诏：禁一切铜器，其铜镜今后官铸造，于东京置场货卖，许人收买，于诸处同贩去。"[④]说明五代晋铜镜的铸造为官府所垄断。江苏连云港五代墓出土的铜镜，有"官"、"都省铜坊匠人倪成"的镜铭⑤。"都省"是五代晋尚书省所辖的丞司，铜坊是其所属的制铜手工业作坊。安徽合肥保大十一年（953）墓出土的铜镜有"官"、"都省铜坊匠人房宗"的镜铭⑥。由于"官"字款在定窑、越窑、耀州窑等多种窑口的标本上出现，瓷器上的"官"字款和铜镜上的"官"字不一样，并不代表特定的"官窑"似乎在学术界已成为共识。但如何解释"官"和"新官"，恐怕仍是一个值得继续探讨的问题。

我在 1990 年《上海博物馆集刊》第五期中曾提出"官"字款的瓷器，当是政府甄官署定烧的器物，以备供应宫廷所用，也是负责供应凡有臣下丧葬时所赐的陪葬明器⑦。至于"新官"所指为何，尚有待进一步探索。

四　宋金的白瓷

这次研讨会总的趋向似乎以早期和隋唐白瓷的讨论为重点，但对宋、辽、金、元的南、北方白瓷也有很多学者涉及。如孟耀虎《介休窑白瓷品质》，胡志刚《对北京出土邢、定、龙泉务窑白瓷的几点认识》，李仲谋《上海博物馆藏宋金定窑白瓷及相关问题》，赵冰《五代宋元时期吉州窑仿定窑白瓷生产管窥》等等。而胡云法、金志伟《定窑白瓷铭文与南宋宫廷用瓷之我见》一文，首次展示了一批我们过去所未曾寓目的定窑刻铭。其中给我们印象最深的是一批有关后妃刻铭的标本，有"婉仪位"、"才人位"、"乔位"等等。过去由于上海博物馆收集到的定瓷标本中有一片仅存"位"字，"位"上有残字一半，我曾推断是"高位"的吉祥语⑧，而"乔位"标本的出现，纠正了我过去的误释。

南宋朝廷的建立，形成了长期南北对峙的局面，南方地区宫廷和民间高层仕人所用的白瓷，除了通过榷场贸易所获得的以外，必然也有南方所产的瓷器。宋周辉《清波杂志》："辉出疆时，见虏中所用定器，色莹净可爱。近用乃宿、泗近处所出，非真也。"⑨南宋人说有宿、泗窑的仿定器，那当然是事实，但目前我们还无法判别现存的传世品。宿、泗窑的问题，仍是我们今后值得进一步研究的课题。

五　关于白瓷输出及其对中东制陶业的影响

中国白瓷的输出，也是这次会议涉及较多的议题，弓场纪知《埃及福斯塔特遗迹出土的晚唐至宋代白瓷》、佐佐木达夫、佐佐木花江《对亚巴斯王朝白浊釉陶器产生影响的中国白瓷碗》、龟井明德《北宋早期景德镇窑白瓷的外销》以及何翠媚、班臣《泰国发现的 9 世纪中国北方白瓷》、延斯·克勒格尔《1911—1913 年萨马拉出土的中国白瓷》等文，都探讨了中国白瓷输出各个方面的问题。而何、班的文章则更是使国内学术界首次比较详细地得知 9 世纪定窑和巩县窑白瓷在泰国出土的情况，文中提出了一些值得探讨的问题，其中某些疑问已在本次讨论的有关文章中可以得到答案。结合陈克伦《唐代"黑石号"沉船出土白瓷初步研究》一文，以及开会期间观摩的"黑石号"沉船和萨马拉遗址出土的白瓷标本，完全可以证实唐代巩县窑白瓷和邢、定窑白瓷一样，也是远销中东的出口瓷。

唐代邢、定和巩县窑白瓷远销中东，对伊斯兰世界的制陶业产生了不可估量的影响，首先是促使中东的陶工模仿中国白瓷而生产白色陶器。由于在中东没有高质量的白色胎土，因而出现了以氧化锡作为呈色剂的白色锡釉陶。在这种不透明的白色锡釉陶上，仿照中国长沙窑、巩县窑的彩绘装饰，出现了黄、绿彩的彩绘陶和蓝彩的青花器。9 世纪"黑石号"沉船唐青花的出现和河南巩义黄冶窑址最近发现的唐青花标本[⑩]，完全可以推断是巩县窑的唐青花促使了中东青花陶器的发展。上引日本弓场纪知一文提出了福斯塔特遗迹发现的拉斯特彩标本，可能是在中国加彩烧制而成的观点，这是一个国内学者们过去从未接触到的问题。

霍华、蒋素华、赵伟《南京博物院五代白瓷资料三则》，柯玫瑰《英国维多利亚和阿博特博物院藏中国早期白瓷》、苏玫瑰《福尔克藏品中的中国早期白瓷》、雅尔·万斯维克《瑞典乌尔里瑟港远东博物馆所藏中国北方早期白瓷》、马熙乐《牛津大学阿什莫林博物馆藏北宋白瓷》、埃娃·施特勒伯《得累斯顿奥古斯都大帝藏品中的德化瓷器和宜兴紫砂器》、成耆仁《朝鲜白瓷与官窑陶政》、杭侃《河北定州两塔基出土净瓶的几个问题》等文，分别就重要的收藏作专题的介绍，有的还从海外带来标本展示，为与会学者提供了难得的观摩机会，有的学者则就某一专题展开了讨论。

这次会议，朱清时、张福康、范黛华等以及上引的各位国内外科学家，从科学测定入手来探索白瓷的化学、物理基理，并就不同的地域的产品元素成分进行比较研究，改变了上海博物馆过去组织的哥窑、越窑秘色瓷讨论会只就人文科学进行探讨的局面，促使了古陶瓷研究领域中人文科学与自然科学的进一步融合。

（说明：本书《图版》部分名称尊重论文作者意见，与有关论文的图版名称略有不同。）

（作者单位：上海博物馆）

注　释

①　河南省博物馆《河南安阳北齐范粹墓发掘简报》，《文物》1972 年第 1 期，第 47 – 57 页。

②　韩国文化公报部、文化财管理局《新安海底遗物》，1981 年版，图版 294。

③　宋唐慎微《重修政和经史证类备用本草》卷五玉石部下品，人民卫生出版社 1957 年版。

④　《旧五代史·食货志》，中华书局版，第 1949 页。

⑤　南京博物院、连云港市博物馆《江苏连云港市清理四座五代、北宋墓葬》，《考古》1987 年第 1 期，第 55 页。

⑥　葛介屏《安徽合肥发现南唐墓》，《考古通讯》1958 年第 7 期，第 56 页。

⑦　汪庆正《记上海博物馆所藏带铭定瓷》、《上海博物馆集刊》第五期，上海古籍出版社 1990 年版，第 122 页。

⑧　同⑦，第 124 页。

⑨　宋周辉《清波杂志》卷中，明稗海本。

⑩　《巩义黄冶窑发现唐代青花瓷产地、找到烧制唐三彩窑炉》，《中国文物报》2003 年 2 月 26 日，第 1 版，有关巩义窑发现唐青花的报道。

白瓷的产生和发展*

蓑 丰

北朝时期从青瓷演变而来的高温陶瓷生产技术为邢窑等地生产白瓷奠定了基础。

早在公元前3000年中国就有了白陶，在新石器时代的山东大汶口文化遗址已出土了白陶三足容器。白陶是指低于1000℃烧造的胎体含高岭土的陶器。

精细白陶在二里头文化时期已经出现，但直到商朝迁殷后技术才完全成熟。这些精陶上装饰着类似于青铜器和牙雕上的纹饰，如雷纹和兽面纹。安阳殷墟出土的一件白陶烧造温度高于1000℃，胎体原料也接近高岭土。据说因为白色象征着公正，所以商代统治者非常喜爱白陶，但这以后白陶就在中国陶瓷发展史上消失了。

商代白陶与上釉白瓷的产生并没有直接的联系，但是中国北方白色黏土的早期使用值得我们注意。

目前，最早用提纯原料制作的白瓷始于北朝时期。安阳范粹墓中出土了一件白釉绿斑瓷器，范粹死于北齐武平六年（575）。

崔昂（566–588）墓中也出土了白釉或釉色闪黄的瓷器。一些早期白瓷用的是铅釉。北齐都城附近窑口生产的淡绿色青瓷上有的施有白色化妆土，有的干脆用白色黏土作胎体，从而造成了隋朝高温白瓷的产生。隋开皇十五年（595）张盛墓中就出土了4件武士俑和2只镇墓，其中两件武士俑高70厘米，俑身施铁黑色透明釉。

隋大业四年（608）时白瓷广为流行。李静训墓（608）中出土的一件鸡首壶已不是介于白釉和偏青釉的过渡产品，而是纯白瓷。在西安隋大业六年（610）姬威墓中曾出土一件白胎白瓷奁。

在唐朝四百年的历史中，高温白瓷一枝独秀，并且飞速发展。唐朝白瓷的烧造主要集中在河北的邢窑和定窑。这个时期丰富的白瓷器形表明白瓷需求大大增长，白色胎体的发展也为唐三彩的产生创造了条件。

在唐朝的文献中常可读到"邢窑"一词。例如，8世纪李肇的《国史补》就提到了当时著名的内丘邢窑白瓷。陆羽的《茶经》中也把邢瓷列为细瓷的一种。

---

* 《中国古代白瓷国际学术研讨会论文集》，上海书画出版社，2005年

1980 年夏，在内丘的北部、河北省临城县东北的西双井，发现了唐代邢窑遗址。1984 年，在内丘又发现了另外 28 处窑址，年代分属北朝、隋、唐和五代。内丘邢窑遗址的发现为揭示中国邢窑白瓷的起源提供了大量重要的资料。内丘邢窑各窑口生产的白瓷，既有上了化妆土的粗瓷，也有细白瓷，但后者比较少见。

唐朝后期，人们广泛使用白瓷，产品不仅供应全国，还大量出口海外，包括日本、埃及的福斯塔特和伊拉克的萨马拉等。

五代时邢窑产量下降，河北内丘北部曲阳县烧造的定窑白瓷却开始日益著名。定窑产品被公认为中国最好的白瓷。

早期定窑白瓷的烧造始于唐代晚期，釉色偏青。这个时期的标本十分罕见，许多器形与邢窑产品非常相似。定窑白瓷的独特风格在五代时就已经形成，胎体薄，圈足取代了玉璧底。公元 957 年，即五代后周显德四年，在五子山院和尚舍利塔前树立了一块石碑，记载了朝廷当时在曲阳县征收窑税，为我们提供了早期定窑白瓷在 10 世纪就已烧造的证据。

北宋时候，定窑进入了全盛时期。定州两座塔基出土的白瓷器物揭示了 10 世纪晚期的定窑器形及其精细程度。静志寺塔基和净众院塔基发掘于 1969 年，分别建造于 977 年和 995 年。两座塔基中出土了定窑白瓷和其他一些珍宝。静志寺塔基中有一件净瓶，管状颈，刻花莲瓣纹。10 世纪晚期的定窑在纹饰上受越窑的影响，这种影响一直延续到 11 世纪早期。

虽然关于 11 世纪早期定窑白瓷的断代资料很少，但我们知道定窑生产一直受到北宋朝廷的扶持。许多定窑器上刻有"官"字，说明它们是官用瓷器。《吴越备史》上记载，980 年有 2000 件金装定器进贡给朝廷。11 世纪中期，定窑纹饰从刻花转变为薄胎上的划花。

堪萨斯的纳尔逊·阿特金斯博物馆收藏有一件划花折枝牡丹纹盘。定窑白瓷上另外一些主题纹饰通常为荷塘鸭子或云龙纹。划花图案比较优雅，通常见于盘、碗、酒瓶和花瓶，有些尺寸很大。

定窑白瓷成熟于北宋晚期，即 12 世纪早期。明代曹昭在《格古要论》中认为，定窑的兴盛时代是北宋的政和、宣和年间（1111－1125）。北宋王朝的最后几十年里，定窑产量达到了顶峰。在女真族建立的金朝，不仅没有中断定窑的生产，而且还革新了相关工艺以便更有效的满足市场需求。印模的使用增加了白瓷的产量，规范了白瓷的造型和花纹，从而在不同器物的器表忠实地再现同一种划花图案。这个时期的耀州窑也采用相似的印花工艺。

曲阳县的考古发掘报告记载，虽然元朝时候定窑还有生产，但其典型器已经消失。

随着定窑白瓷的日渐闻名，许多窑口开始仿造定窑产品，如北方的磁州窑，山西的平定、阳城和介休等窑口。还有霍州窑。曹昭《格物要论》中将霍州窑的仿品称为"新定器"，因为霍窑始于金代、盛于元朝，甚至在彭县的彭城窑和四川省的磁峰镇都有定窑风格的白瓷产品。

结　论

白色陶瓷容器最早出现于中国北方，白瓷的生产工艺形成于隋代并一直发展至宋朝。定窑白瓷的烧造以煤为燃料。

1125 年，女真族入侵北宋，宋都城由开封迁往杭州，建立了南宋王朝。南宋的建立使江西、福建和广东涌现了一大批窑口，其中景德镇在南方白瓷生产中起了主导作用，它生产的白瓷釉色偏青，主要针对海外市场，且大量产品从南方港口出口到东南亚和日本。南方白瓷业在南宋时期得到了长足的发展，其巨额利润成为政府财政的主要来源。

（作者单位：日本大阪市立美术馆）

白瓷的出现及其发展[*]

李辉柄

白瓷的出现与发展，在中国陶瓷发展史上占有极为重要的地位。白瓷不仅要晚于青瓷，而且是在烧制青瓷的基础上产生出来的。它和青瓷一样经过了由低级向高级发展的过程。如果说青瓷是由原始青瓷、早期青瓷发展到青瓷的话，那么白瓷在发展的初期，也同样经历了一个早期白瓷的发展阶段[①]。白瓷的出现与发展，改变了中国瓷器以青瓷为主导的发展方向，同时也为彩瓷的出现打下了基础。

一 白瓷的出现

论及白瓷，首先要提到的还是青瓷。研究者一般将青瓷划分为南方青瓷与北方青瓷两大类。因南、北方在自然条件方面的不同，烧制技术上的差异，使得它们在胎釉特征上均有较大区别。白瓷是从青瓷发展而来的，没有青瓷的发展，也就不会有白瓷的出现；然而青瓷的发展主要是在南方，北方虽然也有青瓷，但它们的发展不仅要晚于南方，而且在质量上也不如南方。考古资料证明，白瓷不是首先在青瓷发达的南方出现，而是产生与发展于北方地区。分析其原因是多方面的，归纳起来主要有两条：一是社会原因；二是烧造技术与工艺方面的原因。在探讨社会原因时，有的学者认为，"自周秦以来就有以纯素的白色表示悲哀，并以白色作哀服色的文化传统，由此又产生了一种对纯素的白色的禁忌心理。这种禁忌心理不会利于白瓷的早日出现"[②]。如果这种分析可以作为解释根据的话，那么南方有这种禁忌心理，北方难道就不存在了吗？在古代社会，纯素白色的东西（生活用具）是很多的，如白色的玉器，不仅没有产生禁忌心理，反而佩带玉器（包括白玉在内）在古代社会生活中成为财富和权势的象征。为什么偏偏对白瓷产生这种禁忌心理而阻碍白色瓷器的早日出现呢？如果提及社会原因，恐怕应该看到，青瓷在南方发展具有悠久的历史和优良的传统，因而青瓷在社会上产生了极大的影响，并成为人们生活中不可缺少的用具。人们生活习惯和传统风俗，在一段相当长的时期中是不易改变的。从古代文献和一些著名文人诗句中，就可以了解到古人对青瓷釉色的歌咏。唐人陆羽在他的《茶经》

---

[*] 《中国古代白瓷国际学术研讨会论文集》，上海书画出版社，2005 年

中褒越窑青瓷，贬邢窑白瓷，就说明了这一点。陆羽贬邢窑白瓷是从饮茶的角度出发的，绝对不存在什么禁忌心理。

魏晋南北朝时期，社会长期处于分裂割据的局面。自西晋至北朝统一中国北部（291－439），北方陶瓷生产处于停顿状态。据考古资料证明，中原地区在魏末晋初的墓葬里，几乎没有发现瓷器。北魏迁都洛阳以后，墓中瓷器出土的数量才逐渐多起来，北齐时期更迅速增加。这反映了青瓷在北方发展的一个缩影。因此与南方不同，白瓷在北方出现以前，人们还没有形成使用青瓷的习惯，又加上白瓷的优越性大于青瓷，也就容易为北方人士所接受是很自然的。在烧制工艺与技术方面，一般讲北方不如南方。南方青瓷与北方青瓷尽管都属于青瓷系统，但在造型、胎釉、纹饰方面均有所不同，北方青瓷的胎质不如南方致密，颗粒较粗、含砂子和杂质较多，孔隙度大，釉玻璃质高，透明度强，流动性也大，釉色往往青中泛黄。这些特征的形成与制瓷原料、窑炉结构以及烧窑所用的燃料等，都有着直接的关系。为了提高青瓷的质量，弥补上述不足，常常在胎上先施一层白色的化妆土，然后罩釉入窑烧制。这样做的目的固然是为了解决胎体不够致密，提高青瓷的呈色效果而采取的一种措施。然而由于它的釉为玻璃质，把它罩在施过化妆土的瓷地上，就烧成一种既非青瓷又非白瓷，并较多地接近于白瓷的器物来了，这就是早期白瓷的开始。如果再把釉中的含铁质减低的话，无疑就烧制成功白瓷。因为我国的早期瓷器全属于青釉系统，所谓青瓷，一般指器表施有青色釉的瓷器。青瓷色调的产生，主要是胎釉中含有一定数量的氧化铁，经过还原焰烧制而成的。白瓷和青瓷唯一的区别仅在于原料中含铁量的不同，其他一切工序并无差异。可想而知，白瓷的出现是人们在烧制青瓷的过程中，有意识地减少胎釉中含铁量的结果。

从北魏晚期到隋代，其中北齐是青瓷最发达的时期。正由于北齐制瓷技术水平的迅速提高，白瓷在这个时期出现就有了可能。考古工作者在河南安阳发掘北齐武平六年（575）范粹墓时，就出土了一些白瓷，无论从胎、釉的白度，烧成的硬度，还是吸水率看，均与青瓷不同而比较近于白瓷[③]。但由于它们的釉色仍呈乳浊状的淡青色，仅釉薄处呈乳白色，可见白釉的含铁量还偏高，烧成火候也偏低，所以还没有完全排除胎釉中氧化铁呈色的干扰。从外观上看，似乎是既不同于青瓷又有别于白瓷的一种初期阶段的产物。范粹墓出土的白瓷，虽然不怎么成熟，但它是目前发现的有可靠纪年的早期白瓷，对研究与探讨我国白瓷的起源问题具有重要意义。

白瓷虽在北朝时期已开始出现，但真正烧制成功应当是在隋代。1959年，中国科学院考古所安阳发掘队，在河南安阳发掘了隋开皇十五年（595）张盛墓，发现了一批白瓷[④]。这批白瓷虽然还带有若干青瓷的特征，但较之范粹墓出土的白瓷要好得多，胎釉中含铁量较前减少，烧成温度有所提高，施釉技术也有改进，从而增强了器物的白度与坚硬度。瓷器造型较前大为丰富，可以看出在器物成形方面有明显的提高。晚于张盛墓的西安郊区隋大业四年（608）李静训墓出土的瓷器中，有青瓷也有白瓷[⑤]。白瓷胎洁白，釉面光润，胎釉已经完全看不到白中闪黄或白中泛青的痕迹，毫无疑义地应称作白瓷。这批白瓷中，尤以龙柄双系瓶和龙柄鸡首壶为最精。龙柄双系瓶的造型奇特，制作精致。龙柄鸡首壶虽是魏晋南北朝以来青瓷的传统器形，但却换上了"白色的新装"。西安郭家滩隋墓出土的白瓷瓶[⑥]，姬威墓出土的白瓷盖罐[⑦]，更是隋代白瓷的成功佳作。如果以北齐武平六年（575）范粹墓出土的早期白瓷为起始，到隋大业四年（608）李静训墓为止，仅仅经历了短短三十余年的时间，白瓷就迅速地烧制成功了。隋代白瓷烧制成功为唐代白瓷进一步发展奠定了良好的基础。

1982 年 5 月，继唐代邢窑窑址发现以后，又在内丘与临城交界贾村，发现了白瓷窑址一处，既有灰白色胎上施化妆土的白瓷，也有洁白瓷胎上不施化妆土的非常精致的白瓷。烧制的碗均为深腹、直壁、平底，与北方隋墓中出土的白瓷碗相同[⑧]。近年来，考古工作者根据李肇《国史补》中"内丘白瓷瓯……"的记载，在内丘城关又发现了隋唐时代的窑址多处。内丘隋代白瓷窑烧制的器物与临城贾村窑相类似，唐代白瓷也与祁村窑白瓷基本相同，可以看出它们属于同一个瓷窑系统。俗称唐代玉璧形底白瓷碗，两窑在造型、釉色特征上也完全一样。根据目前发现的资料来看，内丘白瓷碗的底部中心多刻一个"盈"字（"盈"字的"乃"部中间写成两横一竖），这类白瓷碗均十分精细，具有典型的邢窑器物的特征。不带字的一般不如"盈"字碗精致。内丘唐代白瓷窑的发现，进一步证实了《国史补》有关邢窑的记载是正确的。这种带"盈"字器物见到的不很多，上海博物馆收藏有一件底部刻划"盈"字的白瓷盖盒，"盈"字的写法与内丘窑相同。在唐大明宫遗址发掘中，也曾出土过"盈"字白瓷碗，可以证明它们应是内丘邢窑的制品无疑。近年来，古都西安出土了很多唐代白瓷，其中有不少属质量精美的邢窑白瓷，特别是唐代大明宫遗址出土的一件邢窑白瓷罐，外底同时刻有"翰林"和"盈"字双款。虽然在邢窑遗址中尚未发现属"翰林"款的残片，但这足以证明过去出土刻有"翰林"两字的白瓷，也应属内丘邢窑的产品[⑨]。

隋代白瓷窑址在唐代邢窑范围内发现，证明在唐代邢窑白瓷尚未出现以前，白瓷在这一地区已经发展起来。临城贾村与内丘隋代白瓷窑址的发现，不仅填补了隋代白瓷窑的空白，证明隋代成功烧制出白瓷，而且也解决了部分出土白瓷的窑口问题。

如果把隋代作为白瓷烧成期的话，那么从唐代开始就应进入了它的发展时期。隋代白瓷突破了传统青瓷的格调，为唐代白瓷的发展奠定了良好的基础。唐代白瓷较之隋代又向前迈进了一大步，改变了以青瓷为主导的发展方向。尽管在我国长江以南地区迄今尚未发现唐代烧制白瓷的窑址，然而北方邢窑白瓷不仅在当时已成为风靡一时的"天下无贵贱通用之"的名瓷，而且在河北、河南、山西、陕西等广大地区，都陆续出现了烧制白瓷的瓷窑。白瓷生产在北方已经成为普遍的现象，标志着我国瓷器进入了青瓷、白瓷并肩齐名的新阶段。在北方白瓷大发展的同时，尽管在某种程度上影响了南方，但南方青瓷的生产仍然占据着主导地位，所以就形成了陶瓷史上"南青北白"的局面。应当肯定，唐代瓷器生产的成就与邢窑的出现，以及北方白瓷的发展有着密切关系。

邢窑在隋代已烧白瓷，并达到了较高的水平，唐代邢窑白瓷的生产得到了更高度的发展。因此邢窑是北方最先烧成白瓷，并将它们提高到"白如雪"的高度发展水平的重要瓷窑。邢窑白瓷采用优质原料，制作精细，造型规整，胎质坚硬，釉色洁白，与《茶经》的记载相吻合。邢窑遗址出土的玉璧底白瓷碗，也与邢台唐墓出土的邢窑白瓷碗，在造型、胎釉、特征上相同。邢窑白瓷真不愧为北方白瓷的代表。

定窑是北方最著名的白瓷窑之一，在中国陶瓷史上占有重要地位。定窑在唐代后期受邢窑的影响烧制白瓷，经过五代、北宋的发展，逐步成为北方最著名的白瓷窑。考古工作者对定窑进行了多次调查和重点发掘，证明它烧瓷并非始于宋代，只是它的独特风格的形成是在北宋时期。定窑白瓷釉中含有铁和钛，在还原气氛中烧成，釉色纯白或白中闪青；在氧化气氛中烧成，釉色就白中泛黄。唐五代时期的定窑由于是以木柴为燃料，并在还原气氛中烧成的，因此它的白度很高，且具有一定的透明性。这一点，不仅因考古工作在发掘定窑时，发现了五代时期烧还原焰柴窑一座而得到证实，而且科学工作者对唐、五代定窑白瓷进行实验分析结果也证明：唐后期及五代的定窑白瓷是用还原焰烧成，北宋和金代的白瓷是用氧化焰烧成，故白瓷的呈色有明显的差别⑩。

定窑不见于唐人的记载，在遗址中也未发现早于唐代的遗物，因此邢窑早于定窑。由于两窑在地理位置上相距不远，邢窑的匠师们，在邢窑逐渐衰落的时候去定窑从事瓷器生产是可能的。唐、五代，定窑正处于兴旺发达时期，因此在该时期墓葬出土的白瓷中，定窑制品可能要占多数。

唐代北方白瓷窑，除了著名的邢窑与定窑，还有一些瓷窑如河南的巩县窑、密县窑，山西的平定窑与浑源窑等，也得到了不同程度的发展。巩县窑白瓷在质量上虽不如邢窑好，釉色纯白或白中微微泛黄者居多，但在唐长安城的西市遗址及唐大明宫遗址出土的白瓷中，有巩县窑的产品，这与开元时期河南向长安进贡白瓷的文献记载相符。密县窑白瓷胎质较巩县窑的产品为粗，因此广泛使用化妆土，化妆土洁白细腻，釉也显得白润。山西平定柏井村由于距河北较近，与临城邢窑和曲阳定窑成犄角之势，它所生产的玉璧形底白瓷碗，与临城、曲阳发现的基本一致，但质量不及邢、定二窑。山西浑源窑则除了白釉碗，还生产一种外施黑酱釉、里施白釉的玉璧形底碗，别具一格。

五代时期，白瓷的生产仍以北方地区为主。上述唐代白瓷窑，大多继续烧造，其中规模最大的仍然是曲阳的定窑。由于瓷器与人们生活的关系更为紧密，所以瓷器的造型多为日常生活用器。五代定窑瓷器的釉色与前期没有什么变化，仍以纯白或白中闪青者居多；在造型上，晚唐时期仿邢窑的玉璧形底碗已经消失了，而受金银器皿的影响，结合瓷器的特点创造出来的许多新器形，成为五代定窑的主流，因此较唐代更为丰富，制作更精致，一般均胎薄体轻。五代定窑窑址出土的白瓷器皿虽然只有碗、盘、灯、碟、盆、罐、瓶、枕和各种玩具等，然而每器类的式样繁多，如碗的式样竟达近十种之多。

建国以来，唐代墓葬各地发掘甚多，出土白瓷也极为丰富，五代墓与唐墓相比当然不算很多，然而发掘了一些纪年墓，特别是南唐与吴越国墓葬的发掘具有重要价值，出土白瓷也颇引人注目。由于唐五代白瓷的窑址发现得不多，同时对已发现窑址的调查研究也还不够仔细，所以很多地区出土的白瓷，还无法确定它们的窑口。如西安市东郊韩森寨唐乾封二年（667）段伯阳墓出土的白瓷⑪，江苏省连云港五代吴大和五年（993）⑫与五代南唐保大四年（946）墓出土的白瓷⑬。在辽宁、河北、湖南、浙江等地晚唐五代墓中出土的"官"、"新官"款白瓷，更是颇多争议，至今还未解决的一个重要问题。

在探讨上述唐代墓葬出土白瓷以及"官"、"新官"款白瓷的产地时，有的学者往往是从出土地点出发，如对各地出土的"官"、"新官"款白瓷，就认为它们之间是有区别的，绝不是一个窑的产品，在北方除了定窑还有辽代官窑，在南方除了湖南，还有可能产自浙江地区；有的学者则是从烧窑遗址出发，就认为这类"官"、"新官"款白瓷是同一个类型的，只不过因为出土地区不同，在时代上又有早晚的差别，虽然它们在造型、胎质、釉色方面存在着一些差异，但都是产自河北曲阳定窑。一般讲，对窑址的调查与发掘，是解决墓葬出土物的产地问题的唯一依据；墓葬的发掘，特别是具有确凿年代墓葬的发掘，是解决窑址时代的科学根据。两者相互印证是陶瓷研究者解决鉴定时代与断定窑口的一个基本方法。在南方出土"官"、"新官"款白瓷最多的湖南、浙江地区，一方面均未找到烧制白瓷的窑址，另一方面这些出土白瓷又与河北曲阳定窑的早期产品的特征相一致。带"官"、"新官"款的白瓷在定窑遗址中也曾出过不少，可见这些白瓷尽管出土自湖南或浙江，现在看来有较大可能是定窑的产品。在北方的河北、辽宁的辽墓中，这类白瓷也出土比较多。早期辽墓出土的"官"、"新官"款白瓷的特征，与湖南、浙江出土晚唐白瓷基本相似，稍晚一些的辽墓出土的"官"、"新官"款白瓷也与河北定县北宋早期五号塔塔基出土定窑瓷器的特征相吻合。看来北方出土的也应该是定窑产品。因为在北方除了定窑出土过带"官"、"新官"款白瓷，其他瓷窑尚未发现带"官"字款的白瓷。在质量上，也只有定窑白瓷能够与这些地区出土的"官"字器相称⑭。

唐五代墓出土的"官"、"新官"款白瓷产地问题的解决，不仅找到了同时出土的虽然不带字而造型、胎釉完全相同的白瓷的归宿，而且也为研究其他同时代墓出土白瓷的产地问题提供了有力的旁证。江苏省连云港吴大和五年墓、安徽合肥西郊南唐保大四年墓均属于五代时期，出土白瓷与湖南、浙江等地的唐五代墓出土的"官"、"新官"款白瓷有许多共同之处。吴大和五年墓出土的葵瓣口盘、茨叶碟等的造型、釉色均与湖南晚唐墓出土的花瓣口盘、茨叶碟相同。南唐保大四年墓出土的白瓷短流壶与浙江临安钱宽墓出土的定窑小壶相比，流与柄均相似。另一件洗的葵瓣口和底足的制法也具有定窑风格。尤其是高足杯，腹部用外模印成类似柳条编的纹饰，高足与浙江临安钱宽墓出土的海棠式高足杯的做法也一样。因此两墓出土的白瓷，至少其中一部分有较大可能也产自曲阳的定窑。

三　青白瓷与白瓷

唐代瓷器的发展是以南方越窑青瓷与北方邢窑白瓷两大瓷窑体系为轴心的。"南青北白"成为唐代瓷器发展的主要特征。全国南北各地瓷窑烧制的青瓷，无论在造型、釉色、装饰等方面都与越窑青瓷相关。白瓷自然是仿邢窑制品。因此"仿越仿邢"是晚唐五代时期瓷器发展的又一特征。景德镇在当时也不例外，既烧青瓷又烧白瓷。青瓷的色调虽然偏灰，但与浙江越窑青瓷有着一定的关系，白瓷的釉色纯正洁白，与北方邢窑的瓷釉相似。这时期景德镇瓷器还没有生产出具备自身特色的新品种。但是应当看到，景德镇烧制白瓷不仅突破了当时"南青北白"的生产格局，还为以后青白瓷的出现奠定了良好的基础。景德镇的白瓷优于青瓷，因而白瓷生产逐渐占了上风，为当时人们所喜爱，景德镇优越的自然条件得到了发挥和利用，因而青瓷在北宋以后就消失了，白瓷则迅速地发展起来。这种青、白兼烧的窑址已发现三处：一是胜梅亭窑（又称杨梅亭窑），二是石虎湾窑，三是黄泥头窑。三处烧制器物的造型、釉色均基本相同，因系叠烧，器里均留有一圈细长形的支钉痕。白瓷以胜梅亭出土的最为丰富，器物主要有盘、碗、壶、盆、水盂等，而以盘和碗为主。三处窑址的时代均属五代，出土器物的造型与五代墓出土者相同。

北宋初期，江西瓷器生产正处在从青瓷向白瓷转化的发展时期。景德镇为求发展，走上了"弃仿创新"的道路，烧制出了冰清玉洁、明净莹彻的青白瓷器，这类瓷器因其釉色介于青白之间而得名。它是以一种含铁量与白瓷基本相当或略高却又大大低于青瓷的瓷石（细精石）制胎的瓷器。它既可与南方的传统青瓷竞奇，又可与北方先发展起来的白瓷媲美，青中有白、白中泛青为其特点，成为具有景德镇独特风格的瓷器新品种。严格地讲，因它的含铁量均在1%左右，又是在还原焰中烧成的，尽管研究者在习惯上称之为"青白瓷"，但从科学定义上看，它应当属于白瓷的范畴。元代在此基础上开始采用瓷石加高岭土（二元配方）制胎，烧造出了乳白釉、甜白釉等白瓷，为彩瓷的出现创造了条件，打好了基础。所谓彩瓷是指在白瓷上加各种色彩的瓷器。彩瓷的出现与发展标志着我国白瓷进入了高度发展的阶段，以景德镇为代表的江西瓷器生产步入了一个空前兴盛、出类拔萃的新时期。因而景德镇获得了"天下咸称景德镇"之声誉。

四 白瓷的外销

瓷器在唐代已成为人们日常生活用具，虽然社会上层人士还部分使用着金、银、铜、玉质器皿，但逐渐为瓷器所代替。唐人陆羽《茶经》中的"邢磁类银"、"越磁类玉"的提法，表明唐人已把白瓷比作银器，把青瓷比作玉器了。唐代后期瓷器的造型仿金银器皿，也同这种交替的趋势。

唐初国威强盛，经济繁荣，中外交往和通商频繁。唐代的瓷器生产不仅供应国内，而且远销海外。瓷器也作为商品远销到世界各国，最初是沿着"丝绸之路"运到中亚和西亚，随着唐代海上交通的畅通，中国造船业的发展以及航海技术的提高，瓷器的输出就从陆路转移到了海路。朝鲜、日本和东南亚、西亚、波斯湾沿岸以及阿拉伯半岛等许多国家和地区，均发现与出土了不少中国唐代瓷器，其中白瓷的数量也占有一定的比例。在埃及的福斯塔特遗址中，也发现有大量中国唐代青瓷与白瓷[15]。出土的白瓷与河北曲阳定窑窑址出土者相同，因此它们应是定窑的产品无疑。根据上述这些国家出土的瓷器分析，以公元9世纪以后晚唐时期的产品居多。晚唐时白瓷的生产以定窑产品的质量最精，产量也最大。邢窑白瓷已经逐渐为定窑所代替了。因此，这时期出口的白瓷应当以定窑白瓷为最多。在国外一些古代遗址中出土的白瓷，曾经有不少被划定为邢窑，这些白瓷可能大部分还是应该属于定窑产品。如上述许多国家出土的一种口沿翻折过来粘合的定窑白瓷碗，就是明显的例证。这种碗的口沿从其断面上看，（随着唇口的宽窄的不同）往往留下大小不等的圆孔。这应当是定窑特有的工艺，而邢窑还没有发现此种做法的。无论是沿着海上"丝绸之路"到达的西亚，还是海上东西洋航路所及之处，都发现了我国唐代的白瓷。入宋以后，江西景德镇的青白瓷与浙江龙泉窑青瓷一起组成了当时外销瓷器的大宗商品。沿海地区的瓷窑产品多仿烧龙泉窑青瓷与江西景德镇的青白瓷出口。正是这些不朽的瓷器，记录了古代中国与世界各国人民友好往来的历史。

（作者单位：故宫博物院）

注　释

① "早期白瓷"一般是指五代以前的白瓷。

② 沈寯《中国古陶瓷发展鸟瞰》，《中国陶瓷》1982年第7期（增刊）。

③ 河南省博物馆《河南安阳北齐范粹墓发掘简报》，《文物》1972年第1期，第47-57页。

④ 考古研究所安阳发掘队《安阳隋张盛墓发掘记》，《考古》1959年第10期，第541-545页。

⑤ 唐金裕《西安西郊隋李静训墓发掘简报》，《考古》1959年第9期，第471-472页。

⑥ 陕西省文物管理委员会《西安郭家滩隋墓清理简报》，《文物参考资料》1957年第8期，第65-66页。

⑦ 陕西省文物管理委员会《西安郭家滩隋姬威墓清理简报》，《文物参考资料》1959年第8期，第4-7页。

⑧ 李辉柄《略谈河北"三大名窑"》，《考古与文物》1984年第3期，第87-90页。

⑨ 王长启《西安市出土"翰林"、"盈"字款邢窑白瓷罐》，《文物》2002年第4期，第83-84页。

⑩ 李辉柄《定窑的历史以及与邢窑的关系》，《故宫博物院院刊》1983年第3期，第70-77页。

⑪ 陕西省文物管理委员会《介绍几件陕西出土的唐代青瓷器》,《文物》1960年第4期, 第48页。

⑫ 《江苏省出土文物选集》, 文物出版社1963年版。

⑬ 石谷风、马人权《合肥西郊南唐墓清理简报》,《文物参考资料》1985年第3期, 第65—66页。

⑭ 李辉柄《关于"官""新官"款白瓷产地问题的探讨》,《文物》1984年第12期, 第58—63页。

⑮ 三上次男《陶磁の东西交流》, 出光美术馆1984年版。

我国白瓷首先诞生于北方的一些思考[*]

李纪贤

　　东汉末年以后中原一带在军阀混战之下，人民流离失所，农业凋敝，手工业尤为衰落。曹丕称帝后，连年用兵，社会矛盾重重，陶瓷手工业也不可能得到发展。西晋灭吴，短暂的统一形成了新的暂时平衡，在晋武大帝太康年间曾出现过一度安定升平的局面，但以司马氏为首的统治集团，因其残酷、阴险、掠夺的本质，在武帝死后不久，即爆发了"八王之乱"和"永嘉之乱"，互相残杀给广大人民带来深重灾难，所以整个西晋时期，北方生产基本上陷于停滞状态，在制瓷领域中，中原和北方地区迄今未发现一起烧造青瓷的窑址，而且西晋墓中也很少发现有用青瓷来陪葬的。洛阳西晋元康九年（299）徐美人墓为一座大型砖室墓①，墓主人徐义是贾充两位女儿的奶娘，贾充曾为司马氏篡夺帝位立过汗马功劳，其长女南风乃晋惠室的皇后，次女是散骑常侍韩寿之妻。徐义深得皇后的宠幸，并在永平元年的宫闱之变中有功于贾后，故元康元年拜为美人。就是这样一位地位显贵的上层人物，其墓内也未见有青瓷陪葬（此墓未被盗掘）。青瓷在洛阳的晋墓中虽偶有出土②，但也只是为数极少的几件，且在西晋青瓷中属小件类器皿。可见西晋时，青瓷在中原的上层社会中尚未得到普及。西晋灭亡之后，中原成了群雄逐鹿的战场，五胡十六国互相砍杀争夺，大大小小的政权匆匆忙忙地轮替登场，使北方的社会经济遭受更为严重的破坏。

　　一直到北魏统一黄河流域后，特别是孝文帝迁洛，推行汉化措施，锐意进行各项改革，北方地区的经济才开始得到恢复和发展。北朝采煤业之发达，可以从文献获知："屈茨北二百里有山，夜则火光，书日但烟。人取此山石炭，冶此山铁，恒充三十六国用。"③古人所说石炭即现代人所指的煤，郦道元在《水经注》中不止一次地记述了它在北朝地区的分布。拓跋珪统一北方后，北朝的制瓷业也逐渐兴起。在北方煤既能用来炼铁，也可以被用于瓷业生产。一些学者认为："自宋代以来，北方馒头窑大部分用煤矿作燃料。"④就郦道元所记述的，笔者认为中原地区在北朝时已采用煤作燃料来烧造瓷器。煤用于制瓷手工业，为北方地区陶瓷生产提供了更多的燃料。自北魏迁洛阳之后，在学习、吸收南方制瓷经验的基础上，北朝也烧制出自成一格的青瓷。至北齐时，白釉瓷器更是首先在北方诞生。北朝

---

* 《中国古代白瓷国际学术研讨会论文集》，上海书画出版社，2005 年

制瓷手工业的发展有着极为重要的意义：我国瓷器就是从这个时期开始形成南北两大瓷系，互相影响、互相促进，齐头并进地向前发展。

在陶瓷发展的过程中，白瓷的诞生标志着陶瓷技术又出现一个新的飞跃。在中国陶瓷发展史上，白瓷的问世无疑又树立一个新的里程碑。但回顾历史，我国白瓷的出现是大大晚于青釉瓷器的。白瓷的诞生之所以晚于青瓷，其原因是烧造白瓷较之青瓷来得困难，它的烧成需要较高的技术手段。一件瓷器给人以强烈的艺术感染力，除了造型、装饰因素，必然是通过那种玻璃质的釉的覆盖才能达到完美的境地。那种覆盖于瓷器表面的釉层，不仅可以加固胎骨的强度以抵抗酸碱的腐蚀，并且使粗糙的坯体变得光滑。瓷器正是依靠这一玻璃质的薄层，产生了一定的艺术魅力，瓷釉因此也取得了独立的美学价值。但瓷釉与纹饰不同，它具有色彩的装饰意义，这是因为这种玻璃质的物质自其产生以后，就带着颜色来到自然界。不过就其本质而言，釉又是一种无色的透明体，它所呈现的各种不同颜色，乃其原料和胎料含有各种不同的呈色金属所起的作用。我国最早出现的瓷器——商代原始青瓷，便是釉料和胎料中含有铁质，其含量在百分之一以上，致使烧成的瓷釉呈现青色。据中国科学院上海硅酸盐研究所对东汉青瓷标本的测定，其胎、釉料中铁含量分别为 1.56－2.23%、1.60－2.04%。在自然界中，这种含铁量较高的制瓷原料分布较广，也比较容易获得，因此在我国陶瓷发展史上有很长一段时间，一直是由青瓷独据瓷坛。其原因系与铁为地球上最多、也最容易获得的一种呈色金属分不开的。胎与釉料是氧化铁的含量越多，色也就越重，而只有将胎与釉料中氧化铁的成分控制在百分之一以下，才能烧制成白釉瓷器。

那么中国的白瓷起源于何时，首先在何地烧成？这个问题尚不能最后定论。就已发表的资料：河北省内丘县（当时属邢州）的邢窑，是我国现知最早烧造白瓷的一座窑场[⑤]。窑址中第一期出土的白釉瓷片，即碗、杯、盘、钵等残片标本，从造型特点来判断当属北朝晚期，但没有发现可靠的纪年实物以资说明。上世纪 70 年代初河南安阳北齐武平六年（575）范粹墓中出土的 7 件白釉器物，则是有明确纪年的最早实例[⑥]。这批器物的胎料经过淘炼，胎土中铁的含量已作了有效的控制，虽瓷胎没有上化妆土，但胎体比较细白，无杂色的斑点。其次，它们还具有这样的特点：釉层薄，也较滋润，釉色就色度而言并不洁白，呈乳白色，但釉层薄而均匀则保证了器物外观的一定白度。从器物的品种来分类，这批白瓷的形制比较多样，有碗、杯、长颈瓶、三系和四系罐，造型与同时期北方纪年墓中出土的青瓷大致相同，特别是三系罐与河北平山北齐天统二年（566）崔昂墓中出土的青釉莲瓣罐形制比较接近[⑦]。同一个墓中出土的这批实物，形制不是单一的一个品种，而且出现如此多样丰富的造型，完成可以排除工艺烧成过程中出现的偶然现象。诚然，我们也不能忽视这些白瓷仍存在着普遍泛青的现象，有些厚釉之处更是微呈青色，无论是胎和釉的白度、烧成的硬度和吸水率等都不能用现代白瓷的标准来衡量，就是与隋代还带有若干青瓷特征的河南安阳隋开皇十五年（595）张盛墓出土的白瓷相比[⑧]，也是有一定差距的。这批白瓷对于排除氧化铁呈色干扰、除铁技术之掌握只能说尚处于起步阶段，在工艺上还不够成熟，是白瓷发展进程中的一种早期产品。但是，这批有可靠纪年的白瓷，标志着中国陶瓷史上于北齐时期，北方的制瓷匠虽没有现代化学分析的条件，却已有意识地使用了含铁量较低的胎料和釉料来烧制白釉瓷器。

在此得指出，笔者也注意到在北朝的东魏和北齐墓中出土了一些白胎青瓷。最早见于河北吴桥东魏武定二年（544）墓出土的 1 件长颈四耳罐和 4 件碗[⑨]，前者的釉色为淡青色，胎为灰白色；4 件碗有黄绿、灰绿釉两种，但胎色皆灰白。此外，上面提到的北齐天统二年崔昂墓出土的14件瓷器，其中一件豆青釉盘口壶为灰胎，而两件瓷碗的胎质皆"洁白而细"。上述两墓出土的这类白胎青瓷，说明这样一个问题：早在范粹墓出土白瓷以前，北朝的制瓷匠师至晚在东魏时期已认识到铁的呈色作用，并在生产实践中用含铁量较低的胎料来烧制青瓷。白胎青瓷不仅提高了胎的白度和美化了瓷釉，更为重要的是为白瓷的出现奠定了基础。中国白瓷的诞生过程正是这样循序渐进地首先在胎料除铁技术取得一定经验的前提下，进而扩展到瓷釉之中。从中我们也可以看出，白瓷是在青瓷基础上一步一步地发展起来的，而我国白瓷的诞生乃是在北朝时完成了青瓷向白瓷的过渡。

由此看来，前人认为唐代形成的"南青北白"的瓷业布局，在南北朝已开其端倪。对这种瓷业布局的形成，以往只是从现象上提出问题，而没有将这样一种布局放到我国历史发展的大背景中去，诸如文化传统、审美趣味、社会心理、民族习俗和宗教信仰等诸种社会因素下去考察。白釉瓷器首先在我国北方烧制成功，是形成这种瓷业布局的另一重要关键。在中国陶瓷发展史上，白釉瓷器不是首先诞生于具有悠久制瓷传统的南方，而是最先出现在当时制瓷工艺相对落后的北方，应该说这是值得研究中国陶瓷史的专家学者们思考的问题。固然，从制瓷原料这个角度来考虑，我国的北方较之南方有其一定的优越因素：北方用于制瓷的原料所含铁的成分要低于江南。由于制瓷原料中含铁量的差异，北方地区的制瓷匠师从原料中排除铁质、解决氧化铁的呈色干扰相对比较容易，因而北方地区制瓷匠师首先烧制成功白瓷，有其优越的自然条件。但这也只能说是其中一个客观有利的地理因素。它还反映出问题的本质和主导的一面。假如将视野扩大到社会功能的广阔领域和审美功能的角度上去考虑问题，就不难发现，釉色之美在陶瓷艺术中占有一定的重要地位。一种新的釉色出现，固然是工艺生产发展的结果，但某一个民族、某一个地区的人们喜好什么颜色、进而研究和发展什么颜色，则是不同生态环境下所形成的风俗习尚、色彩观念、审美趣味、欣赏习惯以及宗教信仰等等在起着一定的制约作用。首先笔者认同，在不同自然生态环境下，人们对色彩所产生的审美崇尚也有所不同。我国的南方地区，可以说四季长青，生活在这种自然环境下的人们当然比较喜欢绿色，所以浙江创烧的青瓷，其瓷釉的色泽体现着江南地区山明水秀的自然氛围。而北方地区，冬季严寒，积雪覆盖着茫茫大地，无限辽阔的白色世界，使北方地区的广大人民和少数民族对白色往往产生一种特殊的美感。假如从不同的自然环境来探索白瓷首先诞生于北方，这也有其一定的道理。但如果从瓷器釉色的象征意义上去深入探索，笔者认为"南青北白"的这种瓷业布局，在一定程度上反映了我国南北朝时期南方和北方对峙时不同文化影响的残留，就会发现它与当时北方地区的宗教信仰有着密切的关系。

北方地区特别是黄河流域，自西晋以来阶级矛盾尤其是民族矛盾空前激烈，而外来的佛教自西汉末年传入我国以后，受压迫、受蹂躏的各族广大群众为求得精神上的慰藉，加深了对佛教的信仰。而上层的统治阶级，特别是鲜卑族拓跋部贵族集团，在结束十六国时期的分裂割据，建立北魏王朝统治的过程中，各国之间互相残杀、混乱作战的现实，使他们清醒地认识到在精神上迫切需要求助于佛教神学，来作为思想统治的支柱。因而北魏王朝的统治者大力提倡佛教，他们于各地兴建许多佛寺。据《洛阳伽蓝记》所载，迁洛后，京师的寺庙多达43座，其中不少是由皇室、显贵、阉官出资舍宅而建，有的佛寺甚至由皇帝亲自所立。如当时城南的报德寺由孝文帝所立，城南的景明寺和城西的永明寺由宣武帝所立。此外，在山西大同的云冈、京师的龙门和河南巩县的寺湾村[⑩]，更是耗费大量人力、财力来开窟造像。唐长孺先生在《北朝的弥勒信仰及其衰落》[⑪]一文中，从石窟造像类别的的显著变化，指出了北魏时所盛行的弥勒信仰,自皇帝、显贵到上层僧尼都曾经造了许多弥勒像。正是由于上层统治阶层的提倡,这就必然影响到下层的广大群众,故此自北魏开始,弥勒信仰在北方广泛流行于民间。作为一种宗教,往往表现出对某一种颜色的追求和崇尚。弥勒信仰则表现为:"'服素色、持白伞白幡。'这种对白色的尊尚是弥勒信仰的特征。"自北魏到隋朝末年,北方地区爆发了好多次利用弥勒信仰来反抗封建的统治和民族的压迫。唐先生进一步指出:从文献所载,每次起义都表现出尚白的宗教信仰。至于白色在弥勒信仰中究属象征什么寓意,还有待进一步的研究和探讨,但弥勒信仰于北朝时在北方地区的社会影响,以及白色在弥勒信仰中的特殊意义,都是不容置疑的。由此,这种颜色崇尚必定要影响全社会,从而也诱发人们在制瓷领域中积极探索创烧出一种新的釉色的美丽制品。就这个意义来说,白瓷首先诞生在北朝时期的北方地区,也是非常自然的事了。

北朝时白瓷的诞生,是我国陶瓷发展史上的一件大事。它不但丰富了瓷器的色釉品种,为日后各种彩瓷的出现创造了条件,也启始了我国瓷器向不同品色方面所作的创新和追求,从而促成了中国瓷器在此基础上得以产生与青瓷不同的艺术风格。自北齐始,我国瓷器分为青、白两大瓷系并驾齐驱地向前发展,而这种发展乃北朝时新的审美风尚所造就的一种新的眼光和结果。唐代陶瓷艺术殿堂中河北内丘所生产的"类银"、"类雪"的邢窑白瓷,正是北朝白瓷在一个新的文化层次上的升华。

(作者单位:中国艺术研究院美术研究所)

注　释

① 河南省文化局文物工作队第二队《洛阳晋墓的发掘》,《考古学报》1957 年第 1 期,第 169 - 185 页。

② 同①。

③ 郦道元《水经注·河水二》,王国维《水经注校》,上海人民出版社 1984 年版,第 40 页。

④ 刘振群《窑炉的改进和我国古陶瓷发展的关系》,中国硅酸盐学会编《中国古陶瓷论文集》,文物出版社 1982 年版。

⑤ 内丘县文物保管所《河北省内丘县邢窑调查简报》,《文物》1987 年第 9 期,第 1 - 10 页。

⑥ 河南省博物馆《河南安阳北齐范粹墓发掘简报》,《文物》1972 年第 1 期,第 47 - 57 页。

⑦ 河北省博物馆、河北省文物管理处《河北平山北齐崔昂墓调查报告》,《文物》1973 年第 11 期,第 27 - 33 页。

⑧ 考古研究所安阳发掘队《安阳隋张盛墓发掘记》,《考古》1959 年第 10 期,第 471 - 472 页。

⑨ 张平一《河北吴桥县发现东魏墓》,《考古通讯》1956 年第 6 期,第 42 - 43 页。

⑩ 王子云《中国雕塑艺术史》:"根据保存于第 3 窟后壁的《北魏孝文帝希玄寺碑》有'昔孝文帝发迹金山……云飞巩洛,爱止斯地,创建伽蓝'等句,又存明、清两代重修石窟寺碑,有'后魏景明间凿石为佛窟,刻千佛石像,世无能识其数者'的记载,都可视为巩县石窟的创始。"人民美术出版社 1988 年版,第 148 页。

⑪ 唐长孺《魏晋南北朝史论拾遗》,中华书局 1983 年版,第 200 页。

早期白瓷的发展轨迹[*]

秦大树

　　白瓷的创制、发展与成熟是中国古代成熟瓷器创烧以来最重要的一项技术革命和进步。标志着人们对釉内呈色物质有了认识并能有效控制。白瓷的创制、发展又对世界文化和其他地区制瓷业的发展产生了重要影响。在欧洲，瓷器（Porcelain）一词首先出现于意大利，指的就是具有光洁的白釉和白色致密胎体的器物，至今欧美人仍倾向于将瓷器界定为有白色并略具透明性胎体的白瓷[①]。从这个意义上讲，中国白瓷的创制，才是欧美人所说真正瓷器的起源。

　　考古材料证明，白瓷从产生、成熟到繁盛，经历了几个阶段：白瓷约产生于北朝后期，隋代时已在技术上成熟，生产出了呈色稳定、洁白无瑕的瓷器。到了宋代，制瓷业的一项主要成就是白瓷生产的完全成熟。表现为白瓷正式分野为两支系统，即以定窑为代表的白釉瓷器，特点是胎质细白，施略失透的白色釉；以磁州窑为代表的白釉瓷器，特点是胎质较粗，胎色粗深，在胎上施白色化妆土，再罩以透明无色的釉。这两种白釉瓷器成熟的标志是各自根据自身的特点，发展了富有特色的装饰，充分体现这两种白瓷不同于其他釉色瓷器的独特之处。追寻早期白瓷发展的轨迹，是中国古陶瓷研究中的重要课题。

　　白瓷起源于青瓷，这是不争的事实。因为白瓷是在成熟青瓷烧成数百年后才产生的。然而，白瓷在北方地区率先产生，而未创制于南方的老牌瓷器产区。这应与北方特定的生产条件和原料条件有关，是北方地区在改善青瓷质量的过程中逐渐创制出来的。

　　中国古代从东汉晚期制造出成熟的瓷器，在相当长的时间里以生产青瓷和黑瓷为主，制瓷的工艺技术也是从南方向北方传播和扩展的。至迟在北魏迁洛以后，北方地区开始生产青瓷器[②]。约在北朝晚期的北齐王朝，制瓷业开始在北方地区扩展开来，考古工作已发现了一些此期的烧瓷窑址。如山东淄博寨里窑址[③]，枣庄中陈郝窑址[④]以及河北邢窑遗址都发现了这个时期的遗存[⑤]。河南安阳一带的相州窑曾开展过考古发掘，将窑址的朝代定为隋代[⑥]，迄今尚无可靠的考古工作证明这里有北朝时期的窑址，但一些考古发现表明，这里的窑业亦可上溯到北朝晚期。如香港徐展堂收藏一件模制青瓷扁壶，

---

* 《中国古代白瓷国际学术研讨会论文集》，上海书画出版社，2005 年

时代应为北齐时期⑦，同样的器物在安阳的窑址中也有发现，表明徐氏所藏的这件应是相州窑产品。也有学者认为，安阳北齐武平六年（575）范粹墓出土的瓷器⑧和濮阳北齐武平七年（576）李云墓出土的瓷器⑨均为安阳地区的产品，因而相州窑的时代应为北齐时期⑩。这些窑场大体形成了三个北方早期瓷器的生产中心，即山东淄博到枣庄一带的中心，河北内丘、临城一带的中心和河南安阳一带的中心。这三个中心中，山东的中心大体是由于交通的原因受到南方地区的影响，对北方瓷业发展影响不大。最应引起人们注意的是河南安阳的中心，此中心还包括河北磁县的早期窑址，这里地近东魏、北齐的统治中心邺城，是此时制瓷业发展最活跃的地区。

由于北方地区的制瓷原料普遍比南方地区要粗劣，加之制作工艺落后，因此最初的青瓷显得胎质粗厚，釉层薄而不匀。在早期遗址和窑址中发现的材料都有这种现象⑪。在生产实践中，北方的窑工采用了多种方法来改善瓷器的质量，使北方的青瓷质量迅速提高，到北朝晚期，已能烧制出胎色灰白、釉色浅淡、光洁明亮的质量较高的青瓷器。

北方地区在改善青瓷质量的过程中，大体上是采用了三种不同的方法：

第一，在部分地区，由于制坯原料较粗，在器物胎体上可以见到黑斑，又因为烧成温度不高，胎体的吸水率较高，气孔吸收釉水，使得釉面呈现厚薄不匀的斑块状。为此，采用了二次施釉的办法，使釉面变得均匀光亮。这种方法以山东淄博寨里窑为代表。枣庄中陈郝窑也采取了这种方法⑫。

第二，依靠改善制坯原料的精度。这一方面是通过选择优质的原料，主要是软质黏土，通过特别的配制，进而淘洗、充分的提炼、陈腐，从而使胎质均匀细腻，胎色灰白。同时，改良了釉的配方，使釉具有较高的硅铝比，降低釉中的铁含量，最终制出了呈浅淡青绿色并有较强玻璃质感的青瓷。这种方法以河南安阳洹水（今安阳河）之滨的相州窑、河北磁县贾壁窑和邯郸市的临水窑为代表，河南巩县窑也有类似的产品。

对位于河南安阳市区的相州窑窑址开展的工作很少，仅在城市进行大规模现代化建设以前的早年发掘过⑬，窑址现在被压在城市建筑之下，进一步开展发掘更是困难。不过，中国社会科学院考古研究所安阳工作站发掘了多座隋代的墓葬，其中出土了大量精美的青瓷器和白瓷器⑭，这些器物无疑是当地生产的。由于隋代的生产水平已相当高，窑业显然开始于北朝时期，窑址材料也支持此观点⑮。这些隋墓出土的器物中有相当部门是采用这种方法。胎质细密，呈色浅淡，釉色青绿透明，十分精美。如小屯南地73M6中出土的一套六盏托盘，胎呈浅灰色，不施化妆土；釉色呈青灰色，釉层很薄，布满小块开片，光洁匀净⑯，体现了安阳地区早期青瓷的制作水平。河北磁县贾壁窑，紧邻安阳相州窑，该窑1959年曾进行过调查⑰，但当时认为是隋代窑址，并将胎中带黑斑点、呈青褐色釉作为该窑的特征。经过进一步调查，发现贾壁窑有粗、细两类产品，时代可早到北朝。精细产品的水平基本与安阳窑水平相同⑱。与贾壁窑址相距不远的河北邯郸峰峰矿区的临水窑是另一处早期窑址，窑址在上世纪70年代被发现，并由《邯郸陶瓷史》编写组进行了调查，认为此窑的时代可早到北齐时期⑲。2002年临水镇三工区为配合基本建设项目，对窑址进行了较大面积的发掘，出土了大批从隋唐到金元时期的文物⑳。从出土器物看，隋唐时期的青瓷，可分为施化妆土和不施化妆土两类。如1987年在临水镇出土的一件隋代青瓷小碗，就是不施化妆土的典型例证，制作精良，是北方地区隋代青瓷的精品。巩县窑以唐代为盛烧时期，但调查中也发现了其生产早到隋代或更早的迹象。早期巩县窑有精、粗两类产品，其中的精细器物也以浅淡的胎色和半透明的釉色为特点㉑。

　　第三，在青瓷的胎、釉之间加施一层化妆土。这是北方地区在改善青瓷过程中取得的一项重要成就。事实上，化妆土在南方地区早已使用，西晋时期在浙江婺州窑就已开始使用化妆土，东晋时上虞、德清等窑也开始使用。到了南朝时使用区域进一步扩大，浙江以外的湖南、四川等地也相继采用。但南方地区化妆土的制作方法，是将质量较好的瓷土经过提炼淘洗加工后，用水调和成泥浆，然后施于器物胎体表面。施用化妆土的目的是为了改善较粗的器物胎体表面。然而，对瓷土的提炼淘洗加工本身就是具有去铁的作用，使化妆土的呈色浅淡。同时，施用化妆土的器物表面变得光洁，使施釉更加匀净，因而施用的结果也改善了釉的呈色效果[22]。北方地区使用化妆土一开始就与南方地区不同，表现在原料的选择上不似南方只是使用较精细的胎料使器物表面变的较平滑，而是专门选用含铝量高、含铁极少或不含铁的原料，使器物表面变得平滑的同时，还可以明显改善胎色，使较粗的原料也可以制出精细的产品[23]。同时，北方地区早期青瓷使用化妆土的一个重要特点是施用的化妆土极薄，有时使人难以辨认。如 2002 年邯郸临水窑出土的一件隋代青瓷托盘，从底部看，其使用了很薄的白色化妆土。有学者认为，北方地区使用化妆土始于隋代，然而 1975 年在河北磁县发掘的北齐武平七年（576）左丞相文昭王高润墓中出土了 2 件瓷碗，口部施用了化妆土[24]，表明北齐时北方地区就已开始使用化妆土。目前发现的北齐时期的青瓷窑址中，有河北邯郸市峰峰矿区的临水窑[25]和内丘邢窑[26]使用了化妆土，化妆土上施透明度较强的淡青黄色釉，因而器表施化妆土的部分釉色略呈黄白色。相州窑至迟在隋代也已使用化装土来提高质量。小屯南地 73M18 隋墓中出土了 4 件青瓷四系罐，釉色匀净，呈青绿色稍泛黄，但明显可见胎体较粗疏并发黄，其中一件腹部垂流下来纯白色的化妆土，正因为化妆土的使用，才使器物的釉色浅淡明快。

　　以上三种方法都达到了改进北方青瓷的作用，使北方青瓷在较短的时间里质量有了迅速提高。河北景县封氏墓群中北齐天统元年（565）封子绘及祖氏墓中出土的青瓷莲花尊[27]、河南濮阳北齐武平七年李云墓出土的青瓷罐[28]、河北平山北齐天统元年崔昂墓中发现的青瓷器[29]以及高润墓中出土的青瓷器，都已具有相当高的水平，釉层厚薄均匀，釉色以青黄和青绿色为多，许多器物釉层较厚，与胎体附着牢固并有较强的玻璃质感。表明到北齐至隋代时，北方地区的青瓷制作水平已达到较高的水准。窑址调查的情况表明，尽管这一时期许多窑场中的主要产品仍是较粗劣的青瓷器，但也可以生产部分精细青瓷，如山东淄博寨里窑、枣庄中陈郝窑和河北磁县贾壁窑等；同时，也有一些窑场，总体的生产水平已到达了较高的水准，如河南安阳相州窑和巩县窑等。

　　北方地区的青瓷得到改善的同时，白瓷也随之创制了。目前发现的最早的白瓷器是河南安阳北齐武六年范粹墓出土的 9 件瓷器。这批早期白瓷具有明显的特点：胎料经过淘洗，比较细白，没有施化妆土；釉层薄而滋润，呈乳白色，但仍普遍泛青黄色，有些釉厚的地方呈青色，具有明显的初创特点[30]。目前发现的生产白瓷的北朝时期窑址有河北内丘的西关窑区、中丰洞窑区和临城的陈留庄，这一时期的邢窑主要生产粗白瓷，而这些粗白瓷又分为胎质粗、胎色灰白和胎质较细、胎色白中泛黄但施化妆土这两类[31]。这表明，在白瓷生产之初，生产者就把改良青瓷的方法吸收过来。由于施二遍釉的方法并不能使瓷器变白，因此，白瓷的生产采用了改良青瓷的后二种方法：一种是努力在胎釉原料中去除铁、钛等着色成分，使胎体变白，釉变得浅淡而透明，加上北方地区馒头窑易在窑炉内形成氧化气氛，因此，就使白瓷脱离青瓷而独立出来。这种方法有北方窑户形制易在窑炉内形成氧化气氛的有利条件，又有改善青瓷过程中所积累的经验，因而，其形成具有水到渠成之势。另一种是在较粗且颜色不纯的胎体上加施白色化妆土，然后再施以呈极浅淡青色透明釉，也制成了不同于青瓷的白瓷器。为改善青瓷而采用的白色化妆土和新创造的无色透明釉，是白瓷创烧的技术关键。同样，它也是在改善青瓷的基础上发展完善起来的。由此可见，白瓷的创制，从一开始就沿着两条路线发展，而以前一种方法占主要地位。随着白瓷的成熟、发展，两者的分野也日益明显。

隋代的白瓷，比北齐时有了很大的进步，已基本达到了成熟。1959 年河南安阳发掘的隋开皇十五年（595）张盛墓中出土了一批白瓷器，这批白瓷器已接近标准的白瓷，胎、釉的质量比范粹墓出土的白瓷要好得多。瓷质细腻，施釉洁白匀净。部分白瓷使用了白色化妆土，出土的三件白瓷俑上还在发、眉、须和服饰的部分地方加施了黑彩⑫。张盛墓的白瓷器应是安阳地区的产品，小屯南地 73M18 出土二件白瓷深腹碗，釉色白中略泛青灰色调。与张盛墓的白瓷相似，亦可作为佐证。晚于张盛墓十余年的西安郊区隋大业四年（608）李静训墓中也出土了一批白瓷器。这些器物的胎质较白，釉面光润，已经不易看到白中闪黄或白中泛青的现象，是相当成熟的白瓷器。这批白瓷均不施化妆土。其中的双龙柄双联瓶和白瓷龙柄鸡头壶，无论从造型或胎釉工艺看，均为隋代瓷器中的上乘之作。这些器物出土于京城附近的贵族墓葬中，无疑是供宫廷使用的白瓷精品⑬。1954 年陕西西安郭家滩姬威墓中出土一件白瓷奁，是隋代白瓷的代表作。这件器物尽管胎质坚实白细，但在器表仍施用了洁白的化妆土，然后施一层无色的透明釉，使釉面呈色十分稳定，匀净光润⑭。1982 年河北曲阳县出土的一件白瓷盘口瓶，与大业八年（612）尉仁弘墓志伴出。此器白灰色胎，施化妆土，透明釉，釉色白净光润，是隋后期的白瓷精品⑮。从以上几批出土的白瓷看，在成熟的白瓷中，既有改善胎、釉，使其变得洁白纯净的，也有加施白色化妆土，使其脱离青瓷的。但在高档的精细产品中，主要采用的是前一种方法。

在已开展的对古窑址的考古工作中，目前只发现河北内丘邢窑在隋代烧制白瓷，也就是从这一时期起，邢窑开始生产细白瓷。这种细白瓷选用优质瓷土精制，胎质坚实细腻，胎色纯正洁白，极少数微闪黄。器形规整，很少有生烧现象。釉质细润，透明度很强。由于胎体白净，釉色显得纯白光亮⑯。另外，近年来开展的考古工作和研究，发现隋代邢窑还生产一种比通常所说的细白瓷更精美的"精细透光白瓷"。其光润程度、胎的薄度、透影性和瓷化程度等均为邢窑唐代的细白瓷器望尘莫及，创造了近乎神话般的奇迹⑰。这种透影白瓷的各种特性，表明其必然与统治阶层的某些特殊需求相关。因此尽管其生产的时间很短暂，但在确立白瓷在瓷器生产中的位置和在统治者心目中的地位方面，无疑是有重要意义的。因此，精细的白瓷成为日后在文献中一再提到的邢窑白瓷的杰出代表。邢窑的细白瓷和透影白瓷均为通过改进胎、釉原料的质量所达到，没有使用化妆土，正式确立了以这种方式制作细瓷的方向，也使化妆土白瓷和精细白瓷开始向不同功能方面分化。即使它们在同一窑中并存，也被用于制作不同用途的器物。事实上，邢窑从此以后的产品一直是细白瓷和加施化妆土的粗白瓷并存，而且粗白瓷的数量相当多。然而，作为邢窑的代表器物并用于贡御的应是细白瓷。

唐代北方地区制瓷业在北朝和隋代的基础上得到了较大的发展，其中又以白瓷的发展最为明显，河南、河北、陕西都有窑场烧造，与同期南方的诸多青瓷窑场相呼应，形成了"南青北白"的格局。从白瓷本身的发展情况看，出现了两种趋势：

第一，较多的普通白瓷以施以化妆土来增加白度，提高质量。大多数窑场均把这种方法作为一种比较简便的，并能够制出白瓷的方法。在河南地区的窑场中，大多数的白瓷产品都施化妆土来增加白度。只有少数精品，由于采用高质量的坯料，因而不施用化妆土[38]。而生产这种高档精品的窑场往往也同时生产施化妆土的粗白瓷，如河南巩县窑[39]和河北内丘邢窑，这两个窑均以不施化妆土的精细白瓷作为贡御的产品[40]。

在生产化妆土白瓷的窑场中，有两种情况：

1. 有些窑场在开始生产白瓷时，以生产易于制成的粗白瓷为主，当技术成熟并找了精良的原料后，就开始生产精细的、不施化妆土的白瓷。如河北曲阳定窑，约从初唐时开始生产粗白瓷，胎质粗松厚重，含有大量杂质。以河北曲阳县 1974 年出土的一件白瓷执壶为例，胎质颇粗，施用化妆土，釉色白中泛青，是早期定瓷的典型代表[41]。到了唐代中期，定窑白瓷的质量已有明显提高，经过淘洗处理的胎体中杂质大大减少，但由于原料中含铁量较高，胎色多为浅灰或灰白色，仍需使用化妆土来提高白度。到晚唐五代时，定窑已大量生产高质量的白瓷，胎质坚致细密，釉色纯白，不施化妆土[42]。如河北曲阳涧磁村晚唐墓中出土的白瓷茶碾，釉色洁白莹润，釉层较厚，但已不施化妆土[43]。

2. 另有一些窑场，生产的白瓷均施用化妆土，因为这些窑场或把白瓷作为一般性的产品，或产品始终面对下层民众，没有向精细的方向发展。如陕西铜川黄堡窑，从唐代第二期，也即盛唐时期开始生产化妆土白瓷，但最终是以生产精美的青瓷作为主要特征，而白瓷只是一类辅助的产品[44]。晚唐时期在河南、河北一带兴起的一些窑场，始终以化妆土白瓷为主要产品，如鹤壁集窑[45]、密县西关窑[46]、登封曲河窑[47]、鲁山段店窑等等[48]。因为这些窑的产品主要是供周围地区的一般民众使用的。

第二，不使用化妆土的白瓷已彻底摆脱了从青瓷发展而来的形态，成为以化妆土白瓷为基础的精细白瓷。范粹墓和张盛墓中出土的白瓷大多数不施化妆土，但可以明显地看到白中闪青、白中泛黄的现象，即从青瓷通过去铁工艺向白瓷发展的过渡形态。有学者认为，这两墓中出土的白瓷都是邢窑的产品[49]。窑址调查也证明早期邢窑的粗白瓷中，有一些是不施化妆土的从青瓷发展而来的粗器[50]。入唐以后，尤其是盛唐以后，邢窑白瓷质量明显提高。粗白瓷均施白色化妆土，尽管这时粗白瓷的质量比早期有了明显的提高，但与细白瓷相比，差距已拉大。这时邢窑细白瓷质量已相当高，有些产品"胎釉莹白无与伦比，光润如玉，皎洁似雪，即使与现代骨灰瓷相比也毫无逊色"[51]。在邢窑遗址中还发现带"盈"字款或"翰林"款的白瓷制品，"翰林"款与西安地区开元二十四年（736）墓中出土的白瓷罐底部刻款相同[52]，"盈"字款则与西安唐大明宫遗址中出土的残片相同[53]。表明这种细白瓷是用于贡御的。这种细白瓷也应就是陆羽《茶经》中所赞誉的"类银"、"类雪"的邢窑白瓷[54]。与邢窑相同的还有河北曲阳定窑，尽管定窑始终生产施化妆土的粗白瓷，但自从晚唐时期开始生产细白瓷以后，就以细白瓷为主要特点，并在细白瓷上发展了刻、划、印等装饰，成为宋代用于贡御的名窑。

综上所述，从邢窑到定窑，精细白瓷不断发展，胎质细腻，胎体变薄，釉色白净。从唐代开始，邢窑在白瓷的胎体上施加装饰，有戳印、刻划、贴塑和印花等技法[55]。这时期带装饰的器物很少，有明显的初创性。邢窑衰落后，定窑进一步发展光大了这些装饰，刻花、划花和印花成为定窑精品白瓷的典型特征，这些装饰应用的普及，成为宋代白瓷生产的一个主要的传统[56]。

我们可以看到，不施化妆土的白瓷经历了一个转变的过程，即早期脱胎于改良青瓷的手段，通过对胎、釉原料的精选和去铁工艺而成为白瓷。也有学者认为，白瓷的产生本身就是在烧制青瓷时由于窑炉出现氧化气氛而形成的[57]。随着工艺技术的提高，制成的白瓷也日益精美。当白瓷完全成熟后，一般的白瓷已可以通过在胎体上加施白色化妆土而比较容易地制成。这时，不施化妆土开始转为生产胎质细薄、釉色纯白的高档精白瓷的手段，并逐渐发展了胎体装饰[58]，形成了以邢窑、定窑为代表的精白瓷制造传统。

以上我们论述了白瓷从北朝到唐代的发展情况，目的是说明，白瓷从创制之始就分成了两种制作方式，到唐代成为不施化妆土的精细白瓷和施化妆土的较粗白瓷的两种制造传统。前一种传统形成了唐宋时期以邢窑、定窑为代表的标志着北方白瓷最高制造水平的窑场。而施化妆土的白瓷，在初期曾为白瓷的创制和成熟做出了重大贡献，但到了唐代，尤其是初唐到中唐时期，它成为细白瓷的一种补充和伴生产品。在邢窑，与代表性产品精细白瓷共存，成为一种制造白瓷的简便方法；在定窑，它是精细白瓷出现前的初期产品，是初创时期工艺技术不成熟的产物，一旦精细白瓷产生，这类粗白瓷也成为了定窑代表性器物的补充产品。

然而从晚唐开始，各地出现了一大批生产白瓷的窑场，均以化妆土白瓷作为主流产品，并开始在器物上加施绿彩、酱彩和划花装饰，突破了单色的装饰效果[59]。划花工艺在化妆土白瓷上使人们初步认识到胎色与化妆土的反差[60]。在其启发下，磁州窑以这层白色化妆土为依托发展了各种釉面装饰，如剔花和釉下彩绘等。这些装饰的一个重要特点是利用化妆土的纯白色与较深胎的反差，或白色化妆土与黑彩的强烈对比，构成了明快、鲜明的特色。这种以化妆土白瓷为主要产品，利用化妆土与胎色的反差来进行装饰，在釉上或釉下施加彩斑或彩绘，就构成了宋元时期磁州窑的主要特征。磁州窑在其创烧伊始就有较高的生产水平，能够生产一些在当时堪称一流的精品，这是与北方地区制瓷业长期发展而积累的经验分不开的。

要之，从北方白瓷的产生、发展与成熟过程，我们可以清楚地看出：第一，定窑类型和磁州类型的器物，都有可以追溯到白瓷产生之初甚至早期北方青瓷的发展渊源，因此它们在宋代的蓬勃兴起和发展绝非偶然，而是有着深厚的工艺技术基础的。第二，磁州窑类型产品之不同于早期的化妆土白瓷，其典型标志就是在化妆土白瓷成熟发展的基础上利用化妆土而开创的丰富多彩的装饰；定窑则充分利用了其纯白薄俏的特色，进一步发展了刻、划、印等单色装饰，形成了一种典雅纤丽的风格。第三，定窑在北宋时期的快速发展和成熟，是由于有邢窑数百年生产细白瓷的工艺基础。同样，当磁州窑创烧之时，化妆土白瓷的生产在北方也已十分雄厚的基础和长期生产的经验，使磁州窑一开始就可以在较高水平上发展。这里，我们有必要提及的一点是，在陕西铜川黄堡窑址，至少在唐代第三期，即中唐时期已开始采用化妆土来装饰，如所谓的"青釉白彩"，就是在青釉下用白色化妆土绘画的装饰方法。而且，黄堡窑的白瓷也一直是施化妆土的[61]。在这一点上，黄堡窑曾一度领先，并有可能为化妆土白瓷的代表窑场。然而，进入五代、北宋以后，耀州窑却发展成了一个以刻花青瓷为主要特征的窑场，白瓷基本上绝烧[62]。因而，磁州窑成了化妆土白瓷生产的典型代表，并以白化妆土为基础，发展了丰富多彩的装饰，不断地创新，成为北方地区民间窑场的典型代表。

（作者单位：北京大学考古系）

注　释

① Julie Emerson（朱莉叶·艾莫森）, Jennifer Chen（陈洁）, Mimi Gradner Gates（倪密）, Porcelain Storice – From China to Europe（《瓷器的故事——从中国到欧洲》）, Seattle Art Museum, 2000, Seattle and London，p. 15 – 23. 西方在形容陶瓷器时有一个总称 ceramic，在此概念之下，还有表示同类器物的三个词：earthenwar, stoneware, porcelain，可分别直译为陶器、炻器（或半陶瓷器）和瓷器。本书名为《瓷器的故事》（Porcelain Story），作者对瓷器作了特别的界定，其中最重要的是使用白色，玻璃化程度较高，一定透明性的胎体。在这一概念下，作者将邢窑、定窑甚至其他一些早期的唐代白瓷称为瓷器（porcelain），此外还有青白瓷及以后的青花瓷，而将其他有较深色的器物，如龙泉青瓷、高丽青瓷以及磁州窑、耀州窑的器物，均称为 stoneware，并在多处特别强调这些概念的区别。

② 关于北方地区烧制青瓷器的时间起始于北魏后期，并无可靠的窑址和墓葬材料可资证明，有学者对北魏墓葬中出土的青瓷器进行研究，认为均来自于南方。见郭学雷、张小兰《北朝纪年墓出土瓷器研究》，《文物季刊》1997 年第 1 期，第 85 – 95 页。因此北方青瓷的生产应晚至东魏以后。然而北魏洛阳城市场中出土的黑釉和青釉碗，表明北方地区瓷器的生产应该可以早到北魏迁洛以后，正因为其质量较差，所以才未在贵族的墓葬中发现。见中国社会科学院考古研究所洛阳汉魏城队《北魏洛阳城内出土的瓷器与釉陶器》，《考古》1991 年第 12 期，第 1090 – 1095 页。

③ 山东淄博陶瓷史编写组等《山东淄博寨里北青瓷窑址调查纪要》，《中国古代窑址调查发掘报告集》，文物出版社 1984 年版。

④ 山东大学历史系考古专业、枣庄市博物馆《山东枣庄中陈郝瓷窑址》，《考古学报》1989 年第 3 期，第 363 – 387 页。

⑤ 河北省文物研究所曾对邢窑遗址进行系统的调查和铲探，并于 1988 – 1991 年间对内丘城关和临城祁村窑址进行了发掘，使得对邢窑的分期及各期的面貌有了更为翔实可靠的依据。参见王会民、张志忠《邢窑调查试掘主要收获》，《文物春秋》1997 年增刊《中国古陶瓷研究会 1997 年年会论文集》。其中在邢台县西坚固、内丘县城关和临城县祁村等遗址发现了最早的遗存，时代为北朝后期，产品均为青瓷器。

⑥ 河南省博物馆、安阳地区文化局《河南安阳隋代窑址的试掘》，《文物》1997 年第 2 期。

⑦ 《徐氏艺术馆》，徐展堂艺术馆 1990 年版，图七。

⑧ 河南省博物馆《河南安阳北齐范粹墓发掘简报》，《文物》1972 年第 1 期，第 47 – 57 页。

⑨ 周到《河南濮阳北齐李云墓出土的瓷器和墓志》，《考古》1964 年第 9 期，第 482 – 484 页。

⑩ 张增午《隋代相州窑青瓷》，《河南文物考古论集（二）》，中州古籍出版社 2000 年版，第 306 – 311 页。

⑪ 早期遗址中发现的材料主要是指北魏洛阳城中出土的青瓷器，同②。窑址的材料主要指山东淄博寨里窑、枣庄中陈郝窑和邢窑的早期青瓷，同③、④、⑤。

⑫ 华石《中国陶瓷》，文物出版社 1985 年版。

⑬ 同⑥。

⑭ 中国社会科学院考古研究所安阳工作站《安阳隋墓发掘报告》，《考古学报》1981 年第 3 期。另外还有相当数量的隋墓未刊布资料，但部分出土器物在中国社会科学院考古研究所安阳工作站陈列室中展出。

⑮ 1970 年代的发掘将洹水之滨的相州窑的时代定在隋代，但简报刊布后未进一步整理，发掘资料已经交河南博物院。2002 年上海博物馆举行的"中国古代白瓷国际学术研讨会"上，河南博物院杨爱玲女士发言表示，近期对当年的出土材料进行整理，发现一些器物时代应属北朝。会后笔者前往河南博物院参观，承杨爱玲女士惠示这批材料，笔者赞同她的观点。参见本书杨爱玲文。

⑯ 此墓葬材料未发表，承中国社会科学院考古所安阳工作站站长唐吉根先生惠示。

⑰ 冯先铭《河北磁县贾壁村隋代青瓷窑址初探》，《考古》1959 年第 10 期。

⑱ 见《邯郸陶瓷史》编写组《贾壁青瓷窑制瓷工艺的初步分析》，载邯郸市陶瓷工业公司编《磁州窑研究论文集（一）》，1985 年版。

⑲ 对临水窑的调查由邯郸市峰峰矿区文保所会同《邯郸陶瓷史》编写组及邯郸陶瓷公司部分文物爱好者进行的，正式报告未发表，简单的情况作为附录刊于《邯郸陶瓷史》编写组《贾壁青瓷窑制瓷工艺的初步分析》一文中，见⑱。作者认为，高润墓中出土的两件青瓷碗就是临水窑的产品，表明临水窑的时代始于北齐。

⑳ 参见《临水磁州窑遗址》，载庞洪奇主编《中国磁州窑》，华夏报仁经济学院，2003 年。另见庞洪奇《临水磁州窑初探》，2003（北京）中国磁州窑文化发展战略研讨会论文。

㉑ 关于贾壁窑，1959 年曾进行过调查，见冯先铭《河北磁县贾壁（壁）村隋青瓷窑址初探》，《考古》1959 年第 10 期，第 546－548 页。但当时认为窑址为隋代窑址，并把胎中带黑斑点、呈青褐色釉作为该窑的特征。经过进一步调查，发现贾壁窑有粗、细两类产品，时代可早到北朝。精细产品的水平基本与安阳窑水平相同。见《邯郸陶瓷史》编写组《贾壁青瓷窑制瓷工艺的初步分析》，邯郸市陶瓷工业公司编《磁州窑研究论文集（一）》，1985 年版。

㉒ 秦大树《石与火的艺术——中国古代瓷器》，四川教育出版社 1996 年版。

㉓ 智雁《隋代瓷器的发展》，《文物》1977 年第 2 期，第 57－62 页。

㉔ 磁县文化馆《河北磁县北齐高润墓》，《考古》1979 年第 3 期，第 235－243 页。

㉕ 同⑲。

㉖ 内丘县文物保管所《河北省内丘县邢窑调查简报》，《文物》1987 年第 9 期，第 1－10 页。根据河北省文物研究所的调查与试掘，这时期烧瓷的窑址有邢台县西坚固、内丘县城关和临城祁村等窑址，见⑤。

㉗ 张季《河北景县封氏墓群调查记》，《考古通讯》1957 年第 3 期，第 28－36 页。中国硅酸盐学会编《中国陶瓷史》，第四章第三节，文物出版社 1982 年版。

㉘ 同⑨。

㉙ 河北省博物馆、河北省文物管理处《河北平山北齐崔昂墓调查报告》，《文物》1973 年第 11 期，第 27－33 页。

㉚ 河南省博物馆《河南安阳北齐范粹墓发掘简报》，《文物》1972 年第 1 期，第 47－57 页。李知宴《谈范粹墓出土的瓷器》，《考古》1972 年第 5 期，第 53－55 页。

㉛ 《河北省内丘县邢窑调查简报》，同㉖。贾永禄、贾忠敏、李振奇《谈邢窑》，《河北陶瓷》1991 年第 2 期。河北省邢窑研究组《邢窑遗址的发现经过及其分布》，《河北陶瓷》1988 年第 2 期。然而，河北省文物研究所对邢窑遗址进行调查试掘后并未报道发现了北朝时期的白瓷，而将白瓷生产推后到隋代，见《邢窑调查发掘主要收获》，同⑤。事实上，范粹墓中的白瓷器还很不成熟，具有强烈的过渡形态，以至于发掘者并不认为其为白瓷器，而且有迹象表明范粹墓的白瓷器很有可能是在今安阳一带的古相州窑生产的。因为在河北省邯郸市又发现了朝代略早于范粹墓中出土白釉瓷片（资料待刊）。从几座墓的分布区域来看，更加偏向于相州。因此我们对于邢窑的白瓷生产可以从以下两方面看待：第一，邢窑的白瓷生产即便早不到北齐，也是北方地区最早白瓷生产地区之一，代表了白瓷初创时期的发展过程；第二，相州和邢州都是北朝到隋时期北方地区制瓷业最发达的区域，两窑的发展水平相近，技术上很可能有较多的交流。因此，在材料不够完整时两者可以互补。

㉜ 考古研究所安阳发掘队《安阳隋张盛墓发掘记》，《考古》1959 年第 10 期，第 541－545 页。

㉝ 唐金裕《西安西郊隋李静训墓发掘简报》，《考古》1959 年第 9 期，第 471－472 页。

㉞ 陕西省文物管理委员会《西安郭家滩唐墓清理简报》，《考古通讯》1956 年第 6 期。

㉟ 薛增福《河北曲阳发现隋代墓志及瓷器》，《文物》1984 年第 2 期，第 16 页。此器虽出土于曲阳，但器物的各种特征颇似邢窑产品。

㊱ 同㉛。

㊲ 《邢窑调查试掘主要收获》，同⑤；杨文山《邢窑"精细透光白瓷"的初步研究》；张治中、张会民《邢窑隋代透影白瓷》，并载于《文物春秋》1997 年增刊。

㊳ 赵青云《河南陶瓷史》，紫禁城出版社 1993 年版，第五章第二节。

㊴ 冯先铭《河南巩县古窑址调查纪要》，《文物》1959 年第 3 期，第 56 – 58 页。《河南陶瓷史》，同㊳。

㊵ 关于邢窑贡御，见《新唐书·地理志三》："邢州巨鹿郡……土贡、丝布、磁器、刀、文石……"（中华书局排印本）。在西安唐大明宫遗址麟德殿保管所院内曾出土大批细白瓷片，并出土"盈"字款白瓷器，另外在翰林院遗址、三清殿遗址中也都发现了唐代邢窑的细白瓷（见毕南海《西北华东五省市隋唐折瓷考察纪实（一）》，《河北陶瓷》1988 年第 3 期），这说明邢窑用于贡御的是细白瓷。关于巩县窑贡白瓷，见唐李吉甫《元和郡县志》卷五"河南进贡赋"条："开元中河南贡白瓷"（中华书局排印本）。鉴于巩县窑产品绝大部分是化妆白瓷，只有少量的细白瓷，推测其用于贡御的也应是细白瓷。

㊶ 穆青《定瓷艺术》，河北教育出版社 2002 年版，图版 49。

㊷ 穆青《早期定瓷初探》，《文物研究》第 10 期，黄山书社 1995 年版，第 87 – 101 页。

㊸ 同㊶，图版 52。

㊹ 陕西省考古研究所《唐代黄堡窑址》，文物出版社 1992 年版。

㊺ 河南省文化局文物工作队《河南省鹤壁集瓷窑遗址发掘简报》，《文物》1964 年第 8 期，第 1 – 12 页。

㊻ 郑州市文物工作队、密县文管所《河南密县西关瓷窑遗址发掘简报》，《考古》1995 年第 6 期，第 543 – 560 页。

㊼ 河南省文化局文物工作队《河南省密县、登封唐宋窑址调查简报》，《文物》1964 年第 2 期，第 54 – 62 页。冯先铭《河南密县、登封唐宋古窑址调查》，《文物》1964 年第 3 期，第 47 – 55 页。

㊽ 李辉柄、李知宴《河南鲁山段店窑》，《文物》1980 年第 5 期，第 52 – 60 页。赵青云、王典章《鲁山段店窑的新发现》，《华夏考古》1988 年第 1 期。

㊾ 李知宴《内丘邢窑的重大发现》，《河北陶瓷》1987 年第 4 期。

㊿ 同㉛。

51 叶喆民《邢窑三议》，《河北陶瓷》1986 年第 4 期，第 33 – 36 页。

52 转引自《内丘邢窑的重大发现》，同㊾。另见河北邢窑研究组《邢窑造型饰研究》、《河北陶瓷》1987 年第 2 期，"翰林"款白瓷罐现藏陕西省博物馆。

53 同㊵。

54 陆羽《茶经》载："碗，越州上，鼎州次，婺州次，丘州次，寿州、洪州次。或者以邢州处越州上，殊为不然。若邢瓷类银，越瓷类玉，邢不如越一也。若邢瓷类雪，则越瓷类冰，邢不如越二也……"（百川学海本）。有许多学者认为这段文字中所说"类银"的确是指粗白瓷，"类雪"的则是指细白瓷。而事实上这段文字给人们理解和想像的空间是相当大的。用两种比喻来指代粗、细白瓷未必准确。似应理解为从不同的角度来指代邢窑的精品瓷器更为合理。

55 见《邢窑造型装饰研究》，同52。

56 冯先铭《中国陶瓷·定窑》，上海人民美术出版社 1983 年版。

57 赵宏《北朝、隋代白瓷考》，《陶瓷研究》1995 年第 2 期。

58 水既生先生在论及山西古代陶瓷装饰技法时，将装饰分为坯胎装饰、釉面装饰和彩绘装饰几种，刻、划、印等技法属坯胎装饰，这种分类十分可取。见水既生《山西古代陶瓷装饰技法及其应用》，《河北陶瓷》1980 年第 4 期。

㊾ 晚唐时期新兴起的一批以白化妆土瓷为主要产品的窑场，大都采用了这两种釉上彩斑装饰，也有部分窑场采用了划花装饰。见㊹-㊽。

⑩ 由于燃料、窑炉结构等诸多因素，晚唐至宋初的白瓷器大多胎色较深，因此当划花装饰划透白色化妆土，往往使纹饰十分醒目。见秦大树《简论观台窑的兴衰史》，《文物春秋》1997 年增刊《中国古陶瓷研究会 1997 年年会论文集》。

⑪ 同㊹。

⑫ 陕西省考古研究所《五代黄堡窑址》，文物出版社 1997 年版。陕西省考古研究所、耀州窑博物馆《宋代耀州窑址》，文物出版社 1998 年版。

隋唐五代白瓷的分期研究*

李知宴

在 1972 年故宫博物院举办的全国出土文物展上，展出了河南安阳北齐武平六年（575）范粹墓出土的文物，其中几件白胎、白釉瓷器引起笔者的注意。本人当时写了一篇文章《谈范粹墓出土的白瓷》，发表在《考古》1972 年第 5 期上。文章指出，范粹墓出土的瓷器中有我国最早的白瓷，并探讨了白瓷生产的工艺原理和早期白瓷的特点。韩国《东亚日报》1989 年 9 月 6 日报道，韩国清州博物馆举办中国瓷器特别展，第一次展出世界上最早的白瓷灯。这件白瓷灯是公州武宁王墓出土的。武宁王墓建于公元 529 年，相当于北魏永安二年。日本小学馆《世界陶瓷全集》卷 10 刊登了韩国收藏的最早的中国白瓷。以后在河北邢台窑、内丘邢窑窑址都发现有北朝后期的白瓷标本。这些都是最早出现的白瓷实物资料。根据文献记载，我国白瓷可能在西晋就已生产。《笙赋》注引吕忱《字林》说，"瓷，白瓷长颈"，"颈"就是"躲"字，《玉篇》指出："躲，身也。"吕忱为西晋人，如果记载确实可靠的话。西晋时已经有白瓷长颈瓶了[①]。这些都是中国白瓷出现时期的资料，资料零散，白瓷数量极少，在社会生活中的作用很小。隋唐五代是白瓷发展的重要时期。因为它是继秦汉以后又一个大统一的伟大时代，中国历史上出现第二个文化高潮。这时与社会生活密切的陶瓷工艺也得到飞速发展。白瓷虽然在北朝后期出现时间不长，但很受欢迎，很快融入社会生活中去，尤其在北方发展，其速度令人惊奇，到公元 8 世纪时，南方的青瓷、北方的白瓷把大唐盛世的社会打扮的多姿多彩。本文将根据资料的积累，对隋唐五代白瓷的发展演变作一分期研究，不妥之处请各位学者批评指正。

一 白瓷窑址的发现情况

邢台窑，1996 年在河北省石家庄召开中国古陶瓷学术会议，会后在邢台市文物部门同志的陪同下，到邢台参观新发现的窑址。窑址在邢台市的一个施工工地上，揭开了相当大的面积，暴露了许多瓷片和窑具，有的残破器物和窑具粘在一起。由于不是考古科学发掘，受建筑施工的局限，没有看到

* 《中国古代白瓷国际学术研讨会论文集》，上海书画出版社，2005 年

窑炉，但窑渣、支钉、垫饼、烧得很结实得废弃物到处都是。瓷物品种主要是白瓷和青瓷，白瓷占的比重很大。时代是北朝晚期到隋代，隋朝器物很多。隋代器物有：深腹杯，口沿较薄，略微向外张侈，腹体深而直，成筒形，底小而厚，下安圆饼形足，足边沿尖细；侈口碗，口外侈，腹体浅，底部较宽，下安圆饼形实足；四耳罐，胎体粗厚，安桥形耳或双泥条半圆形耳；还有杯口瓶等。窑具主要是圆形垫饼，上面加砂堆，再安放坯件。大量使用三叉支钉，三根粗壮支条每根之间成 120 度角，支条前端有一尖锐支钉，由它来承托坯件。器物烧成后将支钉打掉，在器底会留下支钉痕迹。圆筒形支具，上端用刀切成齿状，承托坯件，由于承受能力比三叉支钉大，一般用来烧较大器物。白瓷胎体坚硬粗厚，所谓白胎基本上是含细砂的浅灰胎。胎体上施洁白化妆土，再施白釉，白度不高，玻璃质很强。

邢窑，全部窑场分两部分，一部分在临城，一部分在内丘。1980 年在临城和内丘交界处，属于临城的瓷窑沟内发现 4 处烧制唐代风格的白瓷片和窑具[②]。在临城境内泜河、泜北渠两岸的祁村、岗头村等地发现 17 处窑址，品质优秀的白瓷片和唐代文献记载邢窑白瓷特征相符。其后在临城南北长 25 公里、东西宽 4 公里范围继续有新发现，共 20 多处[③]。时代可以到隋代的窑址有贾村、祁村等处。唐代白瓷风格突出的窑址是岗头、澄底、祁村等。这些发现为研究邢窑提供了宝贵的资料。临城属赵州，与文献记载邢窑属邢州的情况不符，很多问题尚需进一步研究。1984 年内丘境内发现白瓷窑址，南起冯唐村，北至瓷窑沟，西起西丘村，东至京广铁路两侧，在 120 平方公里的范围内发现 28 处窑址。在古老的内丘城周围的西关、南关发现密集的瓷窑群，大量的是精细白瓷，有的残片上发现刻"盈"字款，在老校场等地窑址出土精美的唐三彩标本。在临城的陈刘庄，东大沟古河道东西长 1000 米、南北宽 250 米的范围内，发现 23 处生产白瓷、青瓷、青黄釉瓷、黑瓷、酱紫釉瓷的窑址[④]。以后不断有新的发现。这样，临城虽然在唐代行政区划上属赵州，但其窑群和内丘群连成一片。邢窑是一个分布范围很大的窑群，可分为三大片、即临城窑群、内丘窑群、陈刘庄窑群。在唐代只有浙江越窑的规模能和它相比[⑤]。

曲阳窑，在河北省曲阳县涧磁村，北镇，东、西燕川村一带。20 世纪 20 年代叶麟趾先生最早发现窑址[⑥]。1941 年日本人小山富士夫对窑址进行了调查。新中国成立后，陈万里先生等故宫博物院陶瓷组人员又进行了多次调查[⑦]，1960—1962 年和 1985—1987 年，河北省文物考古部门也进行了多次发掘，取得了丰富资料[⑧]。1990 年以后在北镇窑址下层发现唐代白瓷。瓶罐类器物底部有圆形饼足，碗、盘、杯类器物有玉璧形足，玉环形足。有一种侈口碗，碗口沿中心是空的，像人的嘴唇一样，这样的结构在邢窑白瓷碗种比较常见，可以确定为唐代中晚期产品。河北考古工作者在窑址下层和附近居民处征集到隋至初唐的黄釉，青黄釉执壶，圆管状流特别短，壶体拍印出席纹，有的器物在流下端的肩部和上腹部位印有剪纸贴花图案[⑨]。这就找到了定窑生产的上限，即唐中期开始学习邢窑工艺生产白瓷，五代时发展很快，生产出"官"、"新官"铭款的白瓷器[⑩]。河北地区白瓷生产范围在扩大。

巩县窑，在河南省巩县城南白冶河流域的小黄冶、铁匠炉、白河乡、电灌站等地，生产白瓷、三彩釉陶、青瓷、黑瓷等产品[⑪]。1982 年在河南巩县召开中国古陶瓷科学讨论会时，巩县文管所的傅永魁报告在窑址附近发现一个窑藏，出土很多白瓷。他展示了一件白胎侈口杯，胎体细，白釉泛灰，透光度特别好。在杯里放上水，从外面可以看到水的影子。巩县白瓷生产最兴盛的时代是盛唐，器物种类有杯、盘、碗、钵、盆、瓶、执壶、罐等，最具特色的是白瓷双耳罐。巩县瓷厂的陈迹先生展示一件白瓷双耳罐，双耳塑成两只老鼠，尖嘴鼓眼，用力将头伸向罐口内。这样的白瓷在胎、釉、制作工艺和装饰方面都有相当水平。

荥阳窑，荥阳窑距郑州很近，重要窑址有两处。一处是崔庙乡的翟沟窑。1978 年笔者到河南调查窑址，在郑州看到调查该窑时采集的标本，有隋代青瓷，隋到初唐的白瓷，盛唐时期一种器物里壁施白釉、外壁施黑釉。该窑工艺水平相当高，器物种类比较多⑫。另一处是茹固窑，在荥阳东北 12 公里的广武乡茹固村北端，生产白瓷，还有青瓷、黑瓷、青黄釉瓷、褐黑釉瓷、三彩釉陶等。白瓷有盘口细颈瓶、执壶、研磨瓷钵等。造型结构突出的特点是，底足有圆饼形的、玉璧形的⑬。

密县西关窑，在河南密县西关一带，1961 年发现，笔者在 1978 年前往调查。唐代生产白瓷、青瓷、青黄釉瓷、黑瓷和低温釉陶等品种，宋代继续发展，也是一处重要窑址。唐代白瓷有碗、盘、碟、执壶、杯、盖盒等。碗类为侈口碗，唇沿比较厚实，玉璧形足。执壶类器物作得很精巧，口沿向外张侈，唇沿圆润，口颈成喇叭形，有的颈比较短，有的颈比较高，壶柄有的是两根泥条拼在一起弯曲而成，上端和口沿平齐，下端贴在颈的末端，有的贴有肩部。壶流成圆管形，上端瘦下端肥，又短又小。另一类执壶形体较大，柄是扁条形。这两种壶的造型差异是时代的产物。前一种是中唐产品，后一种是晚唐到五代的产品。西关窑白瓷，部分胎体质地与巩县窑相类，但在加工制作上比巩县窑精细。巩县窑白瓷白度不高，有的发灰呈浅灰白色，有的发黄，施釉不够均匀，釉层薄，有的釉层有剥落现象。密县白瓷有的又细又白，有的釉色发黄，有的白中显红，例如珍珠地划花枕一类晚唐作品釉层闪红，可能与珍珠地在胎上做成以后，再撒一层细细的红色粉末有关。密县白瓷的釉玻璃质较强，施得比巩县窑厚。工匠采取三种方法提高白瓷质量，使其独具风格。第一，化妆土的使用，使白瓷洁白雅致。第二，在一些器物的局部，如执壶流的下端或柄的末端随意贴抹一些绿釉彩汁，在窑中高温焙烧时任其流淌，青翠明亮的绿彩和洁白的釉层形成鲜明对比。第三，学习金银器的錾花工艺，在釉下做出与金银器上鱼子纹相似的珍珠地划花，对装饰花纹起到良好的烘托作用。

登封曲河窑，这是宋代一处大窑场。晚唐开始生产，产品中有白瓷⑭。笔者在该窑调查时，发现有白瓷珍珠地划花瓷片，宋代特征很明显。有人说还有五代的产品。

平定窑，在山西北部平定县柏井村，地理位置与邢窑相近，可能受邢窑工艺影响，如玉璧形碗足。工艺水平相对较低，时代应为中晚唐。

河津窑，在山西河津县，作坊不大，在一个砖瓦厂附近，修建砖瓦厂时遭到破坏。生产白瓷有玉璧底碗、颈部较长的执壶。其胎体较粗，釉层薄而发黄，釉层剥落的现象较多。时代为晚唐五代。

浑源窑，在山西浑源县城南 18 公里处，窑址规模不大，生产白瓷，同时生产黑瓷、黑褐釉瓷。其中白瓷占相当数量，主要是饮食用具。仅碗类就有大碗、中碗和小碗之分，有的碗腹坦而浅，口沿薄而外翻，有的敛口，有的为小平底碗。胎体都比较粗，施了化妆土的则显得比较细。釉色泛黄，不施化妆土的釉色为青灰色。有的碗里壁施白釉，外壁施黑釉。圈足较高的碗时代较晚，可能已进入辽代。

山西铜川黄堡窑，就是宋代著名的耀州窑的前身。早在 1978 年调查耀州窑时就在一些断崖地层发现了唐代的白瓷作品。以后考古发掘中又发现有白瓷浅腹碗、深腹碗、敛口碗、葵花碗、凸楞碗、唇口碗、侈口平底碗、葵口平底盘、敛口盘、六方形盘、敛口水盂、盏托、浅体盏、浅体杯、平底盒、深腹盒、深腹钵、花口钵、直口翻沿罐、双耳罐、花口执壶、侈口执壶、葫芦形瓶等⑮。

南方地区生产白瓷的窑址，有景德镇的黄泥头、杨梅亭、石虎湾等窑。在刘新园先生处看到他采集的黄泥头窑白瓷和青瓷。在制作工艺方面，其白瓷学习邢窑，青瓷学习越窑，采用叠烧法，碗心多粘有支钉痕。经测试，景德镇晚唐五代白瓷白度达到 70 度。20 世纪 80 年代调查湖田窑时，在望石坞等地发现相当于五代的白瓷窑址，主要产品是一些规格不大的碗类，碗底为玉环底。

安徽宣州白瓷窑。张勇、李广宁在《宣州白瓷发现与探索》一文中，介绍了宣州白瓷窑址发现的经过。1996 年 4 月下旬，他们在调查古窑址时，在县城北约 20 公里的群山中，于晏公镇琴溪河上游发现一面积 10 万平方米的古窑址，大约 5 万平方米范围主要生产青瓷，另外 5 万平方米范围生产青瓷和青白瓷。第四次调查时，在窑址很深的底层发现了不同于上层的白瓷，采集了标本。白胎细腻，白釉品质相当温润，白中泛青，有一部分略微泛黄，即米白色。同窑址生产有青瓷，唐代特征清楚，表明该窑上限可到唐，五代时期比较兴盛⑯。它与北方白瓷不同的是胎体比较松软，白釉的色调也完全不同，有一种特殊的光泽。足比较浅，足沿外撇，是用斜刀削出的，不像越窑青瓷杯足弧度那么大，那么有力。器物有葵口碗、出筋碗、直腹碗、葵花盘、罐、瓶等。

现在已经发现的隋唐五代白瓷窑址情况就是这些。一定还有白瓷窑址没有发现，或发现了但资料尚未公布。例如郑州平原隋唐五代瓷器生产比较发达，规模大小不等的窑址不少。郑州市文物工作队的张松林说，翟沟附近许多村庄都有这一时期的窑址，茹固村向北 5 公里广武山榆树沟有唐代瓷窑，其中部分生产白瓷，水平有高有低⑰。有一些白瓷器至今尚弄不清其窑口，如中国国家博物馆收藏河南陕县刘家渠出土的白瓷灯台、白瓷瓶，工艺水平极高，以前都认为只有邢窑才能生产出如此高水平的白瓷作品。但仔细观察，这两件作品胎体比较干涩，没有邢窑白瓷胎体细密润泽，白釉也比邢窑白瓷玻璃质强，因此对这样的作品还需要仔细研究。杜甫的诗《又于韦处乞大邑瓷碗》写道："大邑烧瓷轻且坚，扣如哀玉锦城传。君家白碗胜霜雪，急送茅斋也可怜。"杜甫肯定看到他诗中描写的白碗，或许瓷窑没有发现，又或许他看到的白碗根本就不是大邑当地生产的，因为大邑至今没有发现生产高品质白瓷碗的瓷窑。唐代李勣在《新修本草》中也还记有："白瓷屑，平无毒，广州良，余皆不如。"广州至今尚未发现唐代白瓷窑址，所以相关考古工作还需进一步深入开展。

二　有关白瓷器物的各类资料

双龙柄双身瓶，天津市文物商店征集到一件。盘口细颈，肩部以下塑两个瓶体连结在一起。由口沿至肩部塑两条龙柄，强健的龙攀曲而上，龙头探入口内，用嘴咬住盘沿。瓶颈下两侧各安一小系，颈部饰粗弦纹数周，小平底，底心微内凹。白胎泛黄，很坚硬，胎面施化妆土。白釉白度较高，玻璃质强，施釉不满，中腹以下至底露胎，积釉较厚处泛青色。底部刻铭文"此传瓶，有□"⑱，可见此类瓶称传瓶。在陕西西安隋大业四年（608）李静训墓出土一件白瓷传瓶，与此瓶完全一样，现在珍藏中国国家博物馆⑲。河北邢台曹演庄隋大业四年墓出土一件白瓷盘口双龙瓶，瓶是单身的，总体结构与传瓶一致⑳。双龙瓶在唐前期出土较多，有的器形大，有的称为双龙尊。

双耳扁瓶，隋李静训墓出土一件。口小，唇沿向外张侈，颈短细、斜肩，腹体成杏仁形扁体，肩上有双耳，耳孔很小，足比较高，足沿外侈。腹体压印连珠纹、宝相花、花下端是张嘴露齿的兽头。

长颈瓶，西安东郊郭家滩隋大业七年（611）田德元墓出土一件。小口。口沿外翻，腹体圆鼓而修长，底足较高㉑。

盖罐，西安隋大业六年（610）出土，墓主人是姬威㉒。直口圆唇，短颈，肩部略微向外鼓出，直筒形腹。从比例上看腹体又宽又深，平底，底部较宽。盖为直口，盖面成缓坡状向上鼓出，到顶部突然高出一点，使盖面和盖顶成二层台，上安宝顶钮。

僧帽形罐，也是姬威墓出土。口外侈，圆唇，从口沿往下逐渐收束，腹中部收进成一束腰，然后向下逐渐张侈，平底。腹部上端和下端饰两组粗弦纹。罐盖的边沿向上翻起，再从里面隆起形成盖顶，上安宝顶钮，整个罐子像一顶僧帽。僧帽形罐，有的品质很高，白釉滋润，表现出隋代白瓷工艺的长足发展，但也有一些作品比较粗，釉色发黄，外观效果不够精美。

双耳罐，小口圆唇，口沿向外翻，颈很短，肩部高耸，腹体圆鼓饱满，平底，圆饼形足比较高。上腹部饰一条粗大弦纹，使形体破除单调感而显得有变化。这类精巧小罐在故宫博物院曾展出过一件，收藏家手中也有珍藏。

深腹杯，内丘北双流、临城贾村、邢台县窑址均有出土。日本收集有成套作品，杯和盘一起，盘中放5个深腹杯，平底盘厚重拙实，下安3个环形足。白釉泛灰。口沿釉层釉剥落现象[22]。

鸡首壶，西安隋李静训墓出土一件。高26.5厘米，口沿外侈作深杯形，细长颈，颈中部饰一组弦纹，肩和上腹圆鼓，中下腹逐渐向内收缩，底足略向外撇。肩的一端鸡头正张嘴啼叫，另一侧口略微外侈，直壁较浅，平底，下承以喇叭形足，盘体比较宽大，胎体厚重拙实。白胎，白度不高。施玻璃质较强的白釉，聚釉处泛绿色。

博山炉。在高足盘的盘心，竖立一个秀美而强劲有力的熏钵，熏钵饰有三道粗弦纹，钵呈圜底，周壁粘贴两层宽肥莲瓣。盖面高高隆起，尖形顶，粘贴两层莲瓣，每个莲瓣都压印出花纹，下面是连珠纹，中央是宝石纹，上面是卷枝纹，顶端是宝珠钮。日本小学馆《世界陶瓷全集》卷11《隋唐篇》刊载一件。日本大和文化馆也收藏一件，盘体更加宽大，盘下的足比较矮。盘上的中心立柱上盘绕两条龙，龙的前肢托住熏钵，下肢抓住盘底，龙头微下垂。熏钵下宽下窄，钵盖上尖下宽，密密贴着三层莲瓣，每个莲瓣都压出宝石纹，连珠纹、卷枝曲线纹等，上安宝顶钮[24]。

白瓷黑彩陶俑，在安阳张盛墓有出土。白胎白釉，用黑彩点画人的发冠、眼睛、眉毛、宝剑、衣鞋等处。有人物和镇墓兽。

贴花高足钵，陕西西安乾封二年（667）段伯阳墓出土。高23厘米，敛口，腹体深，腹壁外鼓，线条很富弹性，下承以喇叭形高足，口沿阴弦纹三周，口沿以下是贴花。一类是椭圆形宝石纹，周围是连珠纹，表示宝石镶嵌珍珠。另一类是方块纹，中心是莲花，周围也是连珠纹，两者相向排列。

白瓷碗，洛阳唐睿宗贵妃豆庐氏墓出土一件。口沿直，唇薄，腹壁弧度不大，平底。足较宽而浅，足心略向上凹[25]。

四耳罐，乾封二年段伯阳墓出土有这类罐。颈比隋代四耳罐长，肩和上腹圆鼓，下腹修长，陕西省礼泉县唐张士贵墓出土一件，与它一样[26]。洛阳龙门唐安菩墓出土一件，但时代稍晚，造型上颈部加长，四耳略放下一点[27]。

人形尊，乾封二年段伯阳墓出土一件。尊口做成张侈的荷叶形，与之相接的是一种举头张望的幼童，幼童抱着荷叶，荷叶是尊口，幼童的肚腹就是盛酒浆的尊腹。

小口瓶，陕西富平虢庄王李凤墓出土一件。杯口，圆唇，斜肩，腹部逐渐鼓出，平底，底足为圆饼形[28]。

盘口细颈瓶。盘口，颈部很细，肩腹特别鼓，比较长，像罐的腹体，平底[29]。

敛口瓶。口部做成一个敛口弧壁小水盂,细头,斜肩,下腹特别鼓出,平底,圆饼形足㊿。

白瓷壶,陕西乾县昭陵(唐太宗陵)陪葬的郑仁泰墓出土2件白瓷壶,5件白瓷罐,1件白瓷蓝彩盖钮㉛。

刻"翰林"款白瓷罐。质量高,气魄宏大,代表大唐盛世的气派。口略外侈,圆唇,颈比较短,肩部丰满,上腹圆鼓,下腹修长,平底。胎体洁白致密,内外壁满施白釉,莹润洁白。底部以劲健的刀锋刻出"翰林"二字。这类罐在西安地区开元时期的墓葬中有出土。例如笔者在整理西安唐墓时,博物馆展出一件刻"翰林"款白瓷罐就是开元十八年(740)唐墓出土的,大明宫遗址也有出土。内丘上寨村出土一件底部阴刻"翰林"铭款白瓷罐,在造型上最大腹径下移至腹体中部㉜。西安市文物保护考古所收藏一件精细白瓷罐,底部中心偏左部位刻"翰林",中心偏右上方刻"盈"字款㉝。"翰林"款主要刻在罐类器物上,而"盈"字款则款在钵、执壶、盒、碗、罐等类器物上。中国社会科学院考古研究所西安唐城工作队在发掘西安唐西明寺遗址时发现带"盈"字款的白瓷碗㉞。1992年发掘西安青龙寺遗址时曾发现带"盈"字款的白瓷碗和执壶㉟。上海博物馆珍藏有刻"盈"字款白瓷盒。河北临城中晚唐墓出土一件精致白瓷塔形罐。

白瓷碗。河南郑州郭庄唐李晊墓出土晚唐白瓷碗㊱。郑州化工厂唐贞元三年(787)墓出土瓷碗,内施白釉,外施黑褐釉,属典型盛唐风格。这样的碗在西安天宝十年(751)史思礼墓也有出土。

唾盂。山东大学汽油库发现一座唐墓,其中出土一件白瓷唾盂,盘口,口沿外侈,圆唇,短颈,肩腹圆鼓,底部较厚,是削边足㊲。

据《论邢窑瓷器的发展和分期》一文统计,邢窑出土盛唐白瓷有圆饼足碗、玉璧足碗、刻"盈"款碗、折腰深腹宽体碗、葵口出筋碗、荷口平底碗,平底三足盘、平底盘、执壶、皮囊壶、凤首壶、各类罐,狮子、犬、象等。日本小学馆《世界陶磁全集》卷11刊载盛唐白瓷有长颈瓶、军持、槽形流人头壶、三龙柄壶、无柄罐形壶、碾槽等㊳。

晚唐五代墓葬出土白瓷情况有:临城中羊泉唐墓玉璧足碗,临城大中十年(856)刘府君墓出土敞口式大碗、唇口玉璧底碗、临城咸通十年(869)赵天水墓出土矮圈足撇口式大碗㊴,西安李文贞墓出土白瓷唇口碗㊵,河北易县北韩村唐孙少矩墓出土花口折腹碗㊶、"盈"字款执壶,浙江临安光化三年(900)钱宽墓出土底刻"官"、"新官"款葵口碗、花口碗,临安晚唐天复元年(901)水邱氏墓(水邱氏,吴越王钱镠之母,钱宽夫人)出土白瓷连托把杯等,水邱氏墓出土把杯口沿外翻、矮圈足,胎壁很细很薄,釉色洁白细润,杯一侧有如意形压手和环形柄,柄上浮雕龙凤,圈足包金扣,底刻"新官"二字。碗托为盘口,浅腹,盘中有高出2厘米的托座,下有外撇圈足,盘口、托座口沿和圈足镶银扣,刻"新官"二字。船形高足杯,高6.3厘米,杯体用海棠曲线做成船形,下承以喇叭形足,底刻"官"字铭款。白瓷瓜体执壶,通高15.5厘米,多口,口沿外翻,圆唇,束颈,颈特别短,肩和腹体作瓜体形(八瓣),平底,底部较宽,肩部的流也做成八棱形,扁条形柄,盖作平面圆形,流、口、盖均镶金银扣,柄上有银链相连,底部刻"官"字铭款㊷。经多次观察分析,应该是定窑产品。河南偃师唐元和九年(814)郑绍方墓出土带宝顶盖白瓷罐2件,口沿比较薄,肩和上腹圆鼓,平底,底心微向上凹。唐咸通十年(869)李桡墓出土4件白瓷盖罐,小口折肩,腹体较瘦长,平底,盖面隆起。偃师崔凝墓出土白瓷执壶,多口,颈部拉长,丰肩,腹体由上至下逐渐变瘦,流细长上翘,柄在颈的中部开始,下至壶的肩部㊸。《论邢窑的发展和分期》一文,收集邢窑晚唐五代白瓷器时有深腹碗、葵口碗、高足杯、盏托、执壶、花口钵、刻"盈"字款碗等[44]。

三 隋唐五代白瓷发展的阶段性现象

根据对白瓷窑址和白瓷器的发现情况看，隋唐五代时期白瓷发展有明显的阶段性：

（一）第一阶段

白瓷窑址的分布，有河北东南部的邢台、内丘、临城，河南西北部的荥阳、巩县。这一带最早生产白瓷，有的瓷窑可以早到北朝后期，隋到初唐的工艺水平有相应提高。

隋朝一些达官显贵的大墓中出土的白瓷主要是这些窑场生产的。最有代表性的器物有：双龙柄双身瓶、双龙柄单身瓶、盖罐、僧帽形罐、双耳扁瓶、浅杯口长颈瓶、双耳盖罐、深腹小底杯、唇沿宽体碗、五杯盘、鸡首壶、高足盘、博山炉、双龙缠柱托钵博山炉、白瓷黑彩俑等。

这些地方大多数土属中砂性黏土，作窑炉和生产瓷器的辅助条件很好，与瓷器生产的下脚料搭配作各种窑具也很合适。这一带广泛出北方的坩子土，即次生高岭土，水源丰富，柴草茂密，具备瓷器生产的优良条件。此时这一地区瓷器生产的普遍特点是窑址发现不多，窑场作坊规模不大，生产品种多样化，工艺上能充分利用瓷土质地条件。所有瓷窑都生产青瓷、青黄釉瓷、褐黑釉瓷、酱釉瓷、白瓷等。各类产品中白瓷并没有特殊表现，数量和品种都不多。很多现象表明，此时的白瓷尚未摆脱青瓷的影响。从墓葬出土情况看，只有皇族、大贵族、官僚墓葬中有白瓷出土，一般文化遗址中几乎看不到，白瓷在社会上应用并不多。

（二）第二阶段

从窑址发现看，仍然主要集中河北西部的内丘、临城，河南西北部的巩县。这些地方发展起规模巨大的窑场，且在制瓷作坊中白瓷占突出的地位。内丘白瓷作坊主要集中在内丘古城南部和西部，重要窑址有现今的广播站、城关镇大院、食品局、北窑台地、老校场、礼堂北、财税局、服务楼、收购站等地。临城窑群有贾村、澄底、岗头、祁村、西双井、东双井等地。为满足社会各个方面需要，既生产粗白瓷，也生产细白瓷。刻"翰林"、"盈"字款白瓷的出现，表明白瓷和最高统治集团，特别宫廷生活的联系密切。作陈设用的双龙瓶，供佛用的善事佛龛、大象、狮子，学习契丹人的皮囊壶，低足砚、辟雍砚等器类的大量生产说明白瓷在社会上引起人们高度重视。墓葬、窑藏和文化遗址出土的白瓷增多，工艺技术影响到全国许多瓷窑。

（三）第三阶段

在资料收集和进行排比时，发现这时期墓葬（包括皇室王侯大墓、达官显贵墓葬和一般中小型墓葬）、窑葬、文化遗址中出土瓷器比较少。不仅白瓷少，连青瓷、褐酱釉瓷、黑瓷都少。这种情况笔者早年整理西安地区一批隋唐墓葬出土陶瓷时，就有感觉，但没有深入认识，在隋唐陶瓷分期时顺手就将其划入盛唐时期，但事实上此时已经进入另外一个时期。

（四）第四阶段

白瓷生产蓬勃发展，工艺水平进一步提高，精细白瓷做的很是精巧，墓葬、城市文化遗址、出海港口遗址出土白瓷大大增多。在邢窑的内丘遗址，作坊不但在城周密度增大，而且发展到离城周较远的河村、张庄、南关、瓷窑沟等地。临城的岗头、澄底等扩大范围。在射兽等地发现新的窑址。在邢窑群北连的曲阳县涧磁村、北镇等地学习邢窑工艺，生产出优秀白瓷。在河南的巩县继续生产白瓷，密县、登封、当阳峪和山西的平定、河津、浑源，陕西的铜川黄堡等地的白瓷窑址继续生产，工艺也有所提高。长江以南地区，在江西景德镇、安徽泾县等地也发现生产白瓷的窑址。

第二阶段生产的许多优秀白瓷，在这个时期继续生产，只是由于时代变迁和工艺提高而发生变化。刻"盈"字款白瓷、玉璧底的器物继续生产，葵口碗、荷口碗、葵口出筋碗、菱口平底盘、碟、高足碗、执壶、长颈瓶、盖罐、花口钵，各种规格的盏托、把杯、唾盂、塔形罐等风格新颖的器物得到发展，白瓷生产进入一个新的阶段。

四　隋唐五代白瓷分期及各期的特点

隋唐五代白瓷可分为四期：

第一期，隋至唐太宗（581—649），共68年。地处黄河以北，太行山东麓，黄河冲积平原与丘陵交会之所。白瓷的特点：

1. 从窑址情况看，白瓷只是这些作坊诸多产品中的一种，生产的数量和品种都不多。白瓷是青瓷工艺提高的产物，这一期白瓷的制作工艺尚不成熟，很多方面表现出与青瓷有联系。有的白胎器物施白釉就是白瓷，施青釉就是青瓷或青黄釉瓷。白瓷生产中心尚未形成，"南青北白"局面也未出现。

2. 白瓷胎体普遍较粗，原料加工工艺不成熟。烧成的器物胎体厚重有余，但对白釉的衬托作用不佳，所以大多数白瓷胎体上都要施白色化妆土。精细薄胎器物很少，像巩县窖藏中出土的透影白瓷杯，尽管胎体很薄，但白度不高，有些发灰，数量也极少。

3. 釉质不够细，配料时颗粒就比较粗，白度不高，都是一览无遗的玻璃釉。有的泛青灰，有的泛黄，尤其积釉的地方呈青绿色。施釉都不是满施，罐类、瓶类只在里壁施薄薄的一层釉，外壁釉层较厚，露胎部位较多。

4. 开始用黑彩装饰白瓷，河南安阳隋张盛墓出土白瓷官吏俑，用黑彩描绘发冠、眉眼、胡须、袍袖、鞋和剑鞘。这是白瓷高温釉下彩的创新之举，也是此时白瓷工艺的一大特色。

5. 各种白瓷器物都厚重拙实，很多器物借鉴了西亚中东地区金、银、铜器的优秀工艺，善于使用硬朗挺拔的线条来构图，艺术形象粗犷豪放，风格新颖，充满异国风情。

本期白瓷呈现这些特点的背景，是社会从军阀混战、割据分裂走向统一，经济由破败衰落逐渐复兴。隋朝墓葬出土白瓷较丰富，白瓷的快速发展就是这种形势下的产物。唐继隋而立，尤其是唐太宗充实完善了隋文帝提倡的一系列政策，解放奴婢、佃客、部曲、节制徭役、实行均田、租庸调和府兵制，于是经济在恢复，文化教育在开展，手工业逐渐走向复兴。白瓷也在隋代基础上缓慢地发展。但唐高祖、唐太宗时期墓葬和文化遗址出土白瓷不多，其工艺特征和隋代的也很难区分，因此它们是同一个时期的产物。

第二期，唐高宗至唐玄宗时期（650—755），共 105 年。白瓷得到长足的发展，其发展特点表现在以下几个方面：

1. "南青北白"局面的形成。从窑址调查发现的资料看，白瓷原料的开发更加广泛，如邢窑等一些大的窑场，已经开发出一种加工并不费劲的优质瓷土，使精细的白瓷在器形和品种上大为增加。前一期的粗厚白瓷继续生产，质量提高，数量也有所增加，青瓷生产所占比例下降。从出土瓷器看，白瓷比例增加，令人惊叹的精美白瓷大量出现，并广泛应用在饮食、储藏、盛物、陈设、医药、文房、祭祖、侍神、供人游乐（鸟食罐）等各个方面。就目前获得的资料，尚未发现此时南方的白瓷窑址，也就是说南方白瓷生产作坊尚未建立起来。与以浙江越窑为首的青瓷相对应，白瓷是北方瓷窑的主要产品，因此人们就称为"南青北白"。当然并不是说北方不产青瓷，只是说盛唐时期北方白瓷和南方青瓷同样重要。

2. 工艺技巧迅速提高，无论粗白瓷还是细白瓷，质量都有很大的提高。从墓葬出土的白瓷不再像第一期那样难以区分粗白瓷和细白瓷，因为所有白瓷都粗壮雄放，胎体厚实，胎体颗粒也比较粗，白度不高，而是粗白瓷、细白瓷泾渭分明。两者制作工艺都明显提高，线条运用十分娴熟，但区别明显。不仅邢窑生产细白瓷，巩县窑也有生产。李家冶先生等《河南巩县隋唐时期白瓷的研究》一文对巩县白瓷进行了科学测试，并对巩县白瓷和邢窑白瓷进行了对比分析，指出巩县白瓷胎料中含 Al_2O_3 非常高，而邢窑白瓷胎中 Al_2O_3 也非常高，两者相近。巩县白瓷含 R_2O（$K_2O + Na_2O$）比邢窑白瓷高很多，达到 7.35%，所以在 1300℃ 高温中获得基本烧结，调查采集的标本中没有看到生烧的现象。含 Fe_2O_3 比较低，因此与邢窑白瓷一样有较高的外观白度[65]。粗白瓷采用较粗的原料制成，以适应一般士庶之家的需求，所以李肇在《国史补》上说"天下无贵贱通用之"。虽然说的是邢窑，但对其他工艺技术提高的白瓷窑场也是适用的。以邢窑细白瓷为代表，这类作品瓷土品质优良，加工细腻，胎料中几乎看不到任何杂质、断裂和孔隙，有柔和的丝绸光泽，由于淘练和陈腐到家，有良好的可塑性，在高温烧成把握极佳的情况下没有任何歪扭变形现象，笔者在博物馆工作中接触这个时期的唐代白瓷，对这一点体会很深刻。所谓细白瓷主要体现在一个"细"字上。碗、盘、钵、盆类器物是手拉成形的，瓶、罐、壶等类结构复杂的器物主要是用辘轳手拉成形，也采用分段拉坯，然后粘接的办法成形，有的部件用手捏，或雕塑成形，有的用陶范挤压成形，有的用陶模成形，有的一件作品用几种手段结合起来制作，但都做得规矩精巧，一丝不苟。每件器物从中心轴线看，每个部分距离均匀，各个部位厚薄有致。成形后的修饰不露刀痕，从器物底部只能看到细密的轮旋纹，有韵律感。施釉以后连轮旋纹都看不见了。邢窑白瓷体现出的这个"精"字，也代表了这一时期的水平。

3. 釉料的调配相当细腻，色调的把握与胎体颜色很协调，表现出一种柔和纯正、温润含蓄的观感美。此时的细白瓷基本不用化妆土，将白釉直接施在胎体上，白釉是玻璃质的，对胎体及釉质本身的颜色反映很敏感，稍微有一点杂质，白瓷效果就会受到影响。一般都用上化妆土的办法来提高，不用化妆土就说明胎釉的选料、配制、烧成都有很大提高，白瓷艺术水平达到一个新的境界。

4. 在唐朝，人们越来越讲究美食，已经有为人称道的厨艺高手，自然也要有与之相配的考究美器，开元时期白瓷就作为精美用具而进贡宫廷。《元和郡县图志》卷五"河南道贡赋"条："开元贡，白瓷器，绫、赋、绢、帛。管县二十六……巩……密。"《通典·食货六赋税下》："河南府贡瓷器十五事。"《大唐六典》卷三："河南道……厥贡，紬、絁、文绫……瓷石之器。注……河南府瓷器。"《新唐书·地理志》也记载开元为府，土贡埏埴盎缶。邢窑白瓷上刻"盈"字和"翰林"款的，可能是定烧的，也可能是上贡的，主要是这个时期的产品。

5. 白瓷主要生产地区在北方，由于丝绸之路的畅通，与中亚、西亚、北非等地区经济文化交往密切。白瓷工艺受这些地区金银器、铜器的影响，在第一期主要学习其造型、花纹和粗犷雄放的线形结构，而在这一期就学习唐人喜欢的风格作品，制作得精巧玲珑、细腻高雅，这种风格就是大唐盛世的风格。这个时期白瓷成就的获得不是偶然的。唐朝立国以后，以唐太宗、魏征为首的统治集团，代表社会进步势力，制定一系列政策，在推动政治清明、社会安宁和休养生息，打击东西突厥侵扰、维护国家统一方面发挥了重要作用。从唐高宗开始，社会逐渐走向兴旺，农业复兴，城市经济、商业、手工业发展，丝绸之路空前活跃，东南沿海航海事业逐渐开展，唐朝与300多个国家和地区保持经济往来。杜甫在《忆昔二首》中写道："忆昔开元全盛日，小邑犹藏万家室。稻米流脂粟米白，公私仓廪俱丰实。九州道路无豺虎，远行不劳吉日出，齐纨鲁缟车班班，男耕女桑不相失。"这就是大唐盛世，为白瓷成就的取得奠定了坚实的基础。

第三期，唐肃宗至唐宪宗（756—820），共64年。白瓷生产的地理范围没有扩大。

从窑址调查，很难划分出这个时期的白瓷资料，从墓葬看，白瓷出土很少。器物有罐、碗、执壶、高足杯、盘、唾盂等。制作技术和艺术风格沿袭第二期，没有多少提高。安史之乱余波尚未消除，安禄山、史思明的部下掀起一场又一场的恶战，战场主要在白瓷生产的区域。从唐肃宗开始，皇帝多昏庸无道，贪得无厌，千方百计地搜刮钱财和珍奇宝货，放入自己的私库，其中最有名的就是琼林库和大盈库，白居易在《重赋》诗中就加以痛斥："夺我身上暖，买尔眼前恩。送入琼林库，岁久化为尘。"高级白瓷也是掠夺对象，其中刻"盈"字款白瓷就是专为宫廷制作的。中央政府的腐败导致边疆少数民族武装集团叛乱，如吐蕃、吐谷浑、党贡等不断起兵叛变，对唐王朝攻城掠地，战争残酷而激烈。黄河流域的经济，包括手工业遭到极大的破坏。白瓷生产自然就减少了。

第四期，从唐穆宗到五代十国（821—960），共139年，这一期白瓷的特点表现在：

1. 刻"盈"字款的白瓷继续生产。

2. 发现南方白瓷窑址，有些窑场生产的作品已相当精细，"南青北白"的局面已经突破，全国各地瓷器品种的一致性明显增加。北方地区河北曲阳窑工艺逐渐成熟，生产出带"官"字和"新官"字款的精细白瓷；白瓷的生产范围比前三期扩大许多。

3. 白瓷生产向精细方向发展。以前那种粗壮雄放的风格完全让位于精巧雅致的风格。器物的造型结构方面，南方越窑青瓷的精雅品格，白瓷都能制作出来。所以唐朝诗人将白瓷与青瓷一起加以歌颂，皮日休《茶中杂咏·茶瓯》写道"邢人与越窑，皆能造瓷器。圆似月魂堕，轻如云魄起。"白瓷学习中亚、西亚地区陶器、金银器、铜器等优秀工艺并有许多创新，如金银锤揲錾花工艺极为精细，线条细得像发丝，体现出唐人的气派和艺术口味，外来文化的"胡味"越来越少。造型结构注重线形结构的优美修长，如瓶罐类器物的最大弧度往上提，肩和上腹线条夸张而富有弹性，中下腹修长，曲线富于变化，碗、盘、杯、盏托类器物底部较小，玉璧底、玉环底，圈足加高，不但造型优美，而且适应人们居室生活中桌、椅、板凳出现以来生活方式变化的要求，新的创造、新的艺术品味极其鲜明。

4. 白瓷胎体更加洁白精细，烧结更佳，以往胎体略厚的器物有生烧现象，此时已没有，敲击时都能发出清越的声音。《乐府杂录》记载用邢窑白瓷碗和越窑青瓷碗，排列起来加或减水以玉筋（筷）敲击，可以演奏出美妙的乐章，其音妙言影^⑥。白瓷基本不施化妆土。釉面均匀纯净，几乎没有剥釉的现象。

5. 白瓷在社会生活中的使用更加广泛。不仅宫廷，贵族和官僚之家喜用白瓷，就连庶民阶层也用白瓷。这个时期的平民小墓出土白瓷是很突出的现象，如在河北晋县、易县，河南郑州、巩县北窑湾，陕西西安郊区一些晚唐时期小墓出土有白瓷。例如河北晋县唐墓是一座小型砖砌单室墓，小得仅能容纳一副棺材，没有墓志，但出土高质量的精细白瓷执壶和碗，与之配套还有石碾和碾槽。如此小型的墓葬竟然出土优质白瓷，足以说明当时白瓷应用面宽广的程度^⑰。

唐宪宗以后的几个皇帝，比起之前几位皇帝比较有所作为，采取措施维护唐朝统一，组织力量与武装割据势力的斗争比较坚决，也收到了一定效果。藩镇割据势力由削弱到消失。国家出现相对统一的局面。唐王朝的腐败由接连不断的藩镇战争改为宦官、朝官、朋党之间的明争暗斗。社会相对平静，农业、手工业、商业都有所恢复和发展，尤其南方经济发展比较快。两税法的实行起了良好的作用。南北物资流通活动跃起来，海外贸易、陶瓷之路的海上航道取代北方丝绸之路而空前活跃。沿海港口城市如扬州、广州等，都发现了白瓷。东南亚、东北亚、南亚和非洲东北部，发现晚唐五代时期的白瓷不少。这些因素对白瓷工艺的提高都起到了推动作用。

隋唐五代白瓷是这个重要时代的历史载体，其发展历程在一定的侧面反映出隋唐五代历史的变化，反映出陶瓷工艺的发展与跳动的时代脉搏是合拍的。

（作者单位：中国国家博物馆）

注　释

① 李知宴《中国陶瓷文化史》，（台湾）文津出版社 1996 年版。

② 根据河北省内丘县文化馆贾中敏同志提供的情况，瓷窑沟一半归临城管，另一半归内丘县管。

③ 《河北内丘邢窑座谈纪要》1985 年 12 月 9 日。冯先铭《谈邢窑有关诸问题》，《故宫博物院院刊》1981 年第 4 期，第 49 – 55 页。李知宴《关于邢窑瓷器的发展》，《三上次男博士喜寿论文集》。

④ 杨文山《隋代邢窑遗址的发现和初步分析》，《文物》1984 年第 12 期，第 51 – 57 页。

⑤ 李知宴《论邢窑瓷器的发展和分期》，《香港中文大学中国文化研究所学报》1986 年号。

⑥ 叶麟趾《古今中外陶瓷录编》，1934 年印。

⑦ 陈万里《调查平原、河北二省古代窑址报告》，《文物参考资料》1952 年第 1 期，第 56 – 62 页。陈万里《邢越二窑及定窑》，《文物参考资料》1953 年第 9 期，第 91 – 106 页。

⑧ 河北省文化局文物工作队《河北曲阳县涧磁村定窑遗址调查与试掘》，《考古》1965 年第 8 期，第 394 – 412 页。

⑨ 穆青《早期定瓷初探》，《中国古陶瓷研究会 95 年会论文集》。

⑩ 同②。

⑪ 冯先铭《河南巩县古瓷窑址调查纪要》，《文物》1959 年第 3 期，第 56 – 58 页。

⑫ 张松林《荥阳翟沟瓷窑遗址调查简报》，《中原文物》1984 年第 4 期，第 17 – 22 页。

⑬ 郑州市文物工作队《河南荥阳茹菌发现唐代瓷窑址》，《考古》1991 年第 7 期，第 664 – 666 页。

⑭ 河南省文化局文物工作队《河南密县、登封唐宋窑址调查简报》,《文物》1964 年第 2 期, 第 54 - 62 页。《文物考古工作三十年 (1949—1979)》, 文物出版社。

⑮ 陕西省考古研究所《唐代黄堡窑址》文物出版社 1992 年出版。

⑯ 刊《中国古陶瓷研究》第五辑, 紫禁城出版社 1997 年出版。

⑰ 同⑫。

⑱ 张秉午、李先登《天津发现的隋代白瓷和元明青花》,《文物》1977 年第 1 期, 第 92 - 93 页。

⑲ 唐金裕《西安西郊隋李静训墓发掘简报》,《考古》1959 年第 9 期, 第 471 - 472 页。

⑳ 同⑤。

㉑ 陕西省文物管理委员会《西安郭家滩隋墓清理简报》,《文物参考资料》1957 年第 8 期, 第 65 - 66 页。

㉒ 陕西省文物管理委员会《西安郭家滩隋姬威墓清理简报》,《文物》1959 年第 8 期, 第 4 - 7 页。

㉓ 日本小学馆《世界陶磁全集》图版 22、23、24。

㉔ 同㉓。

㉕ 洛阳市文物工作队《唐睿宗贵妃豆卢氏墓发掘简报》,《文物》1995 年第 8 期, 第 37 - 51 页。

㉖ 陕西省文管会、昭陵文管所《陕西礼泉张士贵墓》,《考古》1978 年第 3 期, 第 168 - 178 页。

㉗ 洛阳市文物工作队《洛阳龙门唐安菩夫妇墓》,《中原文物》1982 年第 3 期, 第 21 - 26 页。

㉘ 富平县文化馆等《唐李凤墓发掘简报》,《考古》1977 年第 5 期, 第 313 - 326 页。

㉙ 郑州市文物工作队《郑州地区发现的几座唐墓》,《文物》1995 年第 5 期, 第 23 - 39 页。

㉚ 河南省文物考古研究所等《巩义市北窑湾汉晋唐五代墓葬》,《考古学报》1996 年第 3 期, 第 361 - 397 页。

㉛ 陕西省博物馆、礼泉县文教局唐墓发掘组《唐郑仁泰墓发掘简报》,《文物》1972 年第 7 期, 第 33 - 44 页。

㉜ 贾永禄《河北内丘出土"翰林"款白瓷》,《考古》1991 年第 5 期, 第 416 页。

㉝ 王长启《西安市出土"翰林"、"盈"字款邢窑白瓷罐》,《文物》2002 年第 4 期, 第 83 - 84 页。

㉞ 中国社会科学院考古研究所西安唐城工作队《唐长安西明寺遗址发掘简报》,《考古》1990 年第 1 期, 第 45 - 55 页。

㉟ 翟春玲、王长启《青龙寺遗址出土"盈"字款珍贵白瓷器》,《考古与文物》1997 年第 6 期, 第 6 - 12 页。

㊱ 郑州市文物工作队《郑州郭庄唐代李晊墓清理简报》,《中原文物》1988 年第 1 期, 第 30 - 33 页。

㊲ 宋百川等《山东大学基建工地出土古代陶瓷器》,《山东大学文科论文集刊》1980 年第 2 期。

㊳ 日本小学馆《世界陶磁全集》卷 11《隋唐篇》图版 109、110、111、28、300。

㊴ 李振奇、史云征、李兰珂《河北临城七座唐墓》,《文物》1990 年第 5 期, 第 21 - 27 页。

㊵ 陈国英《西安市东郊三座唐墓清理记》,《考古与文物》1981 年第 2 期, 第 25 - 31 页。

㊶ 河北省文物研究所《河北易县北韩村唐墓》,《文物》1988 年第 4 期, 第 66 - 70 页。

㊷ 《中国文物精华 1995》, 文物出版社版。

㊸ 中国社会科学院考古研究所河南第二工作队《河南偃师杏园村的六座纪年唐墓》,《考古》1986 年第 5 期, 第 429 - 457 页。

㊹ 同⑤, 图 28。

㊺ 李家治、张志刚、邓泽群、陈士萍、周雪琴《河南县隋唐白瓷的研究》, 中国科学院上海硅酸盐研究所》编《中国古陶瓷研究》, 科学出版社 1987 年版。

㊻ 段安节《乐府杂录·方响》:"武宗朝, 郭道源为凤翔府大兴县丞, 充太常寺调音律官, 善击瓯, 率以越瓯、邢瓯共十二双, 旋加减水于其中, 以箸击之, 其音妙于方响。"

㊼ 石家庄地区文物研究所《河北晋县唐墓》,《考古》1985 年第 2 期, 第 149 - 151 页。

青瓷、白瓷、黄釉瓷
——试论河北北朝至隋代瓷器的发展演变*

穆　青

　　河北是我国古代北方重要的陶瓷生产基地，位于河北南部邯郸、邢台一带的窑场，至少在东魏时期已经能够烧造精美的青瓷。到了隋代，邢台境内的窑场迅速发展，瓷器品种除了青瓷，还烧制出成熟的白瓷、黄釉瓷和黑釉瓷。隋代白瓷的成熟，为唐代邢窑的大发展奠定了坚实基础，河北制瓷业也从此进入了空前繁荣的全盛时期。本文拟就河北早期青瓷与白瓷、黄釉瓷之间的关系，对河北北朝至隋代瓷器的发展演变作一些初步探讨。

一　青　瓷

　　河北是北方最早烧制高温瓷器的省份之一，大约从北朝后期开始，邯郸、邢台一带陆续出现了烧造青瓷的窑场。从地理环境看，该地区地处中原腹地，位于邯郸临漳县境内的邺城是东魏、北齐两朝的国都，同时也是当时北方政治、经济、文化最为发达的地区。邺城西部不远就是横亘南北的太行山脉，太行山矿产资源丰富，太行东麓以及山前丘陵地带煤矿尤多，北方烧瓷所用的瓷土也大多伴生于古生代及中生代沉积含煤地层内。优越的地理环境和丰富的矿产资源，使该地区率先成为北方的制瓷中心，其范围大致从河南安阳到河北邢台，沿太行东麓由南向北一线排开，散布在富产煤炭、水源充沛的山前丘陵地带。

　　中国北方烧造瓷器的历史较晚，从墓葬出土资料看，北魏墓中出土的随葬品基本上都是陶器，从东魏起瓷器才逐渐增多，因此北方创烧瓷器的时间大约应在北魏后期。北方瓷器在造型、工艺等方面明显受南方青瓷影响，但由于南方与北方所用瓷土、釉料以及窑炉形制不同，两者在胎釉方而差异较大。北方青瓷按胎质大致可以分为粗胎和细胎两类。以东魏、北齐墓葬中最为常见的青瓷碗为例，粗胎者一般胎体较厚，胎色青灰，从断面看结构粗松，有较多的胎物颗粒。在焙烧过程中，聚集在颗粒

---

*《中国古代白瓷国际学术研讨会论文集》，上海书画出版社，2005 年

表面的铁分子常常形成黑色斑点，透过釉层显现出来。这类粗胎青瓷的釉色较深，多为青褐色或深绿色，呈色不够稳定。釉层与细胎瓷比相对较厚，透明性强，高温下易垂流，经常出现严重的流釉现象。细胎者胎体坚致细腻，一股口部较薄，底部渐厚，胎体多呈较浅的灰白或黄白色，断面没有明显的颗粒。釉层薄而光亮，透明性强，釉面大多为黄绿色，有细密的开片纹，基本不见流釉现象。

目前，河北省发现的北朝窑址有磁县的贾壁窑①、峰峰的临水窑②、邢台的西坚固窑，在邢窑内丘西关窑区和临城陈刘庄窑区④也发现了具有北朝风格的青瓷残片。此外，与河北相邻的河南安阳相州窑，也是一处北朝至隋代的重要窑址。

贾壁窑位于磁县西北部山区，临水窑位于峰峰市区。两窑间的直线距离仅有12公里左右。这两处窑址都未经科学发掘，从窑址采集的标本看，产品均为青瓷，器物造型主要以碗类为主，在贾壁窑还发现了高足盘、敛口钵、多足砚等器物的残片。贾壁窑烧制的青瓷碗粗精皆有，"粗胎料用于制造粗劣的碗钵器具，细胎料则专为生产精细产品。看来，当时贾壁的陶工，因产品精粗的不同，在用料及加工方面都有严格的控制"⑤。从器形上看，粗胎的器腹较浅、口径及足径较大；细胎的器腹较深，口径及足径较小。临水窑主要以粗胎为主，碗类造型与贾壁窑相似，其"最突出的特点是部分产品在口部施用化妆土"⑥。在采集的碗、钵类标本中，口部施化妆土的约占一半以上。西坚固窑位于邢台县龙华乡西坚固村，产品也以碗类为主，胎、釉、造型与贾壁窑、临水窑同类器物相似。内丘西关和临城陈刘庄两处窑区是隋唐时期邢窑的中心窑场，在窑址调查时也发现了少量具有北朝风格的青瓷标本，其厚胎、流釉、开片等特征与临水窑、西坚固窑相似，但胎质相对比较精细。此外，毗临河北的安阳相州窑，也有与贾壁窑、临水窑风格相近的器物。相州窑与磁县相距仅三十余公里，其地质环境和瓷土矿的赋存条件都与河北南部的窑场相同，如果不计行政疆界的话，豫北的安阳和冀南的邯郸、邢台应当同属一个大的窑区。

河北各地东魏、北齐墓葬的随葬品中，大多都有青瓷碗出土，如赞皇东魏兴和二年（540）李希宗墓⑦，景县东魏武定五年（547）高长命墓⑧，磁县北齐天保四年（553）元士良墓⑨，平山北齐天统二年（566）崔昂墓⑩，磁县北齐武平二年（571）元始宗墓⑪、黄骅北齐武平二年（571）常文贵墓⑫，磁县北齐武平七年（576）高润墓⑬等。东魏李希宗墓出土的细胎青瓷碗，造型规整，器足处理干净利索、棱角分明，釉色青黄，薄而均匀，釉面布满细密的开片纹。北齐元士良墓与元始宗墓出土的细胎青瓷碗除了造型略有变化，釉质、釉色以及胎质都和李希宗墓出土的青瓷碗基本相同。与贾壁窑出土的同类标本相比，大多数特征都基本吻合。从工艺角度看，这些精美的青瓷已经相当成熟，因此该窑的创始时间应当早于东魏。黄骅常文贵墓、磁县高润墓以及峰峰出土的粗胎青瓷碗造型基本一致，但胎质及釉色有较明显的差异，应当是临水、西坚固、内丘西关三处窑场的产品。其中高润墓出土的青瓷碗中有两件口部施有化妆土，造型也与临水窑的极为相似，基本上可以肯定是临水窑产品。据此推断，贾壁窑的创烧时间大约应在北魏晚期，临水窑、西坚固窑以及内丘西关和临城陈刘庄两处窑区，创烧时间似应略晚于贾壁窑，大约在东魏至北齐时期。

河北的制瓷业与南方相比虽然起步较晚，但在借鉴南方烧瓷经验的基础上发展很快，从北魏后期到北齐短短几十年中，已经形成了一定的产业规模，特别是优质瓷土的开发利用和成形工艺的成熟，标志着河北青瓷已经基本成熟。但是，北方特有的薄而透明的釉料无论施于深色胎体还是施于浅色胎体，都无法烧出南方青瓷那种清幽翠绿的色调。景县封氏墓群出土的青瓷覆仰莲花尊就整体工艺而言已经达到了相当高的水平，但在釉质、釉色方面仍然明显逊于南方。可以说青瓷在北方的发展一开始就遇到了难以逾越的障碍。

在烧造青瓷或改进青瓷釉色的尝试中，当含铁量偏低的青釉施在较白的胎体上时，往往会呈现一种白中泛青的颜色，这种浅淡的色调与传统青瓷大相径庭，却与白瓷非常接近。内丘西关出土的一件深腹碗，其浅淡的釉色似乎已经很难划入青瓷行列，从某种意义上讲，这种介乎于青白之间的瓷器，正是青瓷向白瓷转变的过渡产品。有些学者将其称之为"早期白瓷"或"原始白瓷"。

二　白　瓷

白瓷是由青瓷演变而来这一观点在学术界早已成为共识，但是由于在演变过程中有一个介于青白之间的过渡，因此界定这类瓷器的属性，首先要给"白瓷"下一个定义。目前，国内衡量白瓷一般有两个基本条件，一是胎体白，二是釉色纯净透明[14]。国外则把胎、釉的白度作为衡量标准[15]。以上标准对于现代瓷器而言没有什么问题，但是对于古代白瓷似乎就不适用了。

中国古代白瓷的主要产区在北方，而北方产瓷区的瓷土资源状况十分复杂，同一窑区内贮存不同品质瓷土的情况比比皆是。以邢窑所在的邢台地区为例，蕴藏量大且易于开采的是一种当地称作"白矸土"的瓷土，白矸土属于半软质高岭土——水云母黏土岩，在邢台境内分布十分广泛。"北起赞皇的白家窑、南北焦村，经临城县的牟村、辛庄、竹璧、祁村、石固、岗头、水南寺、南程村、澄底、陈刘庄西山、磁窑沟，直至内丘县的邵明、永固、西丘村止，在长达三十多公里的范围内断续分布。其中白家窑、辛庄、陈刘庄西山、邵明、永固等地埋藏较浅，可采量大，推断为历代邢窑制瓷的主要原料。"[16]白矸土中铁的含量相对较高，用这种原料烧出的瓷器胎体多为青灰色或浅灰色，必须采用加施化妆土的方法来提高白度。而用于烧造高档白瓷的红砂石、紫木节等优质瓷土不仅蕴藏量少，开采难度也相对较大。因此，即便在鼎盛时期的唐代，邢窑细胎白瓷的产量与粗胎白瓷相比仍是少数。此外，宋元时期河北、河南、山西境内的磁州窑场基本上都是采用"粗粮细作"（粗胎加化妆土）的方式生产白瓷，如果以"胎体白"、"釉色纯净透明"或者"胎、釉的白度"为标准来衡量的话，隋唐以来北方窑场生产的粗胎白瓷几乎都不合格。有鉴于此，对于古代白瓷而言，应当采用一种符合历史实际情况的标准。

北方白瓷从隋代起就形成了"粗胎"和"细胎"两大系列，粗胎白瓷在数量上占绝对多数，胎体颜色因含铁量和窑内气氛的不同，呈现灰、浅灰、灰白、黄白等多种色调。细胎白瓷的胎体虽然大多数颜色较白，但其中也有泛灰、泛黄者。因此，"胎体白"或"胎体白度"这一衡量现代白瓷的标准显然并不适合古代白瓷。以釉色来划分瓷器品种一直是一种最简单、最实用的方法，对于中国古代瓷器来说，无论胎质如何或是否使用化妆土，只要是在高温中一次烧成且釉面呈白色，就可以视为白瓷。实际上目前我国古陶瓷学者对白瓷的界定，也是以釉面颜色作为主要依据。

在青瓷向白瓷演变的过渡时期，釉面由青转白的过程大体经历了两个阶段。第一阶段属于自然形成的。窑工在烧造青瓷或改良青瓷釉色时，将色调较浅的青釉施在了较白的胎体上，从而呈现出介于青白之间的釉色。这类瓷器虽然色调上更接近于白瓷，但窑工当时的目的（主观意图）是烧青瓷而非烧白瓷。因此严格地讲，这类产品的属性仍然应当是青瓷。可是如果换个角度看，这种"另类青瓷"

实际上已经具备了向白瓷转变的倾向，色调也与传统青瓷有着明显的差别，因此可以视其为"早期白瓷"（或称"原始白瓷"）。第二阶段属于人为形成的。当窑工从烧造青瓷或改良青瓷釉色的经验中受到启发，开始有意采用降低釉中含铁量、提高胎体白度等措施烧造瓷器时，其目的已经是烧白瓷而非烧青瓷。这类产品无论白度如何，它的属性都应当是"白瓷"。

综上所述，笔者认为，烧青瓷时无意中出现的釉色偏白的瓷器，可以看作是白瓷的原始阶段或称"早期白瓷"、"原始白瓷"；当人们有意识地烧造白瓷时，真正的"白瓷"才正式出现。

依靠釉色来区分青瓷与成熟的白瓷显然没有什么问题，但如何界定早期白瓷与真正白瓷之间的分野就没有那么简单了。因为"白中泛青"这种色调并不仅仅限于早期白瓷，直到隋唐时期，北方白瓷（主要是指粗胎白瓷）中仍然时常能够见到这种介于青白之间的釉色。因此，区分早期白瓷与白瓷除了要看釉面颜色，还要看它的生产数量。早期白瓷不是窑工有意烧造的，它的出现带有一定的偶然性，所以数量不会很多；而白瓷作为一个新品种投入批量生产后，虽然初期釉面呈色仍然不够稳定，但其数量远远超过了早期白瓷。

根据目前河北出土的资料，北朝墓葬中没有发现早期白瓷，几处北朝窑址中也仅内丘西关窑区内出土过少量具有北朝风格的早期白瓷标本[⑰]。但是到了隋代，无论墓葬还是窑址都有数量可观的白瓷出土，白瓷的质量也相对稳定。由此推断，河北的早期白瓷应当萌发于北齐，至隋代白瓷已经完全成熟。

隋代是河北陶瓷发展史上承前启后的重要阶段，白瓷在这一时期得到了长足的发展。从窑址分布看，随着白瓷的发展，中心窑区逐渐向北移至邢台境内。位于邢台市区的邢窑[⑱]，内丘的西关、中丰洞，临城的陈刘庄成为这一时期的主要窑场，而上述窑场也正是后来唐代邢窑的主要窑场。此外，在距邢窑北部约100公里左右的井陉县，也发现了烧造青瓷和白瓷的窑场[⑲]。这些窑场生产的白瓷虽然粗精不一，但工艺已经相当成熟。

河北出土的隋代白瓷中，绝大多数都在胎体表面施一层白色化妆土。例如邢台、内丘、隆尧、石家庄、景县、黄骅等地出土的白瓷深腹碗，都是在较深的胎体上先罩一层白色化妆土，然后再施一层薄薄的透明釉。根据胎质的粗细以及胎色的深浅，化妆土的厚薄也不一样，一般粗胎及胎色较深者略厚，细胎及胎色浅淡者较薄。除了碗类，隋代白瓷的造型日趋丰富，常见器形除了敛口钵、高足盘、四系罐等日常生活用品外，还有装饰性颇强的长颈瓶、双龙柄盘口瓶以及满身堆贴豪华装饰的龙柄贴花盘口瓶。

隋代白瓷的釉色还不够稳定，施化妆土的粗胎白瓷多数呈略微偏灰的白色，也有偏青和接近纯白的。不施化妆土的细胎白瓷由于胎色大多白中泛黄，釉色往往呈浅淡的黄绿色，这类白釉的透明度高，釉面多有细密的开片纹。不少白瓷的器身，仍然能够看到由青变白的痕迹。由此可见，隋代白瓷虽然已经完成了由青瓷向白瓷的过渡，但以提高白瓷质量为目的的工艺改革始终没有间断。根据本地瓷土的特性，邢窑窑区生产的白瓷逐渐形成了粗胎（施化妆土）和细胎（不施化妆土）两大系列。此外，在内丘西关一处隋代白瓷窑址中还发现了胎体洁白轻薄、透影性极强的高档精细透影白瓷[⑳]。这一重要发现，证明邢窑早在隋代就已经掌握了烧造高档精白瓷的工艺技术。对瓷土的选择、加工也积累了充分的经验。这无疑为唐代邢窑成为一代白瓷名窑奠定了坚实的基础。

三　黄釉瓷

如果说白瓷是由青瓷派生出来的话，黄釉瓷则是青瓷本身发展和改进的结果。白瓷出现以后，随着化妆土的普遍使用产量迅速提高，传统青瓷的发展空间越来越小。为了适应北方胎、釉原料以及烧造工艺等方面的特性，青瓷在不断的改革中釉层逐渐加厚，颜色基调也由绿转黄，这种变化大约在隋代中后期基本完成[21]。

其实，北方青瓷从诞生之日起，釉色就一直有偏黄的趋势。无论李希宗墓、元士良墓出土的青瓷。还是磁县贾壁、内丘西关等早期窑址出土的青瓷标本，其釉面大多都在青绿之中带有深浅不等的黄色。至于釉色偏黄的原因，则主要与北方高铝瓷土的特性以及窑炉形制有关。

北方瓷土中铝的含量普遍偏高，赞皇、临城一带蕴藏颇丰的白矸土，三氧化二铝的含量一般在30%左右，临城出产的红砂石和紫木节，含铝量更是高达32—37%[22]。过高的含铝量导致烧成温度的提高，通常要在1300℃以上的高温中才能烧成。

北方烧瓷所用的窑炉是一种名为馒头窑的半倒焰窑。这种窑炉的特点是升温和降温较慢，保温性好，容易控制升温速度，依靠后壁夹墙竖烟道强大的抽力可以烧出较高的温度。从总体性能来看，馒头窑是比较适应北方瓷土特性的。但是，馒头窑由于构造上的原因更适合于烧氧化焰，这对于需要在强还原气氛中烧成的青瓷来说无疑是一大缺陷。

用馒头窑烧青瓷时，釉中的铁成分往往不能全部还原为氧化亚铁（绿色），其中一部分与窑内游离氧结合后就形成了三氧化二铁（黄色）。聪明的北方窑工利用馒头窑善烧氧化焰这一特性，扬长避短，合理调整釉料配方，终于在青瓷的基础上成功地烧造出色调鲜艳的黄釉瓷。

黄釉瓷自隋代成熟之后很快在北方普遍流行，至初唐已经基本上取代了传统青瓷的地地位。但是，随着白瓷工艺技术的不断提高和黑釉瓷的崛起，黄釉瓷所占份额愈来愈少，至唐代晚期已经逐渐消亡。

从模仿南方青瓷到北方白瓷的诞生，在短短几十年中北方制瓷业发生了天翻地覆的变化。这种变化充分体现了"物竞天择，适者生存"的法则，同时也为白瓷为什么会首先出现于北方作出了合理解释。

（作者单位：河北省文物局）

注　释

① 冯先铭《河北磁县贾壁村隋青瓷窑址初探》，《考古》1959 年第 10 期，第 546—548 页。

② 临水窑位于峰峰市区内，距贾壁窑仅十余公里。此窑未经科学发掘，但从采集的标本看，与北齐墓葬出土的器物风格一致，应当是一处北朝后期的窑址。

③ 西坚固窑位于邢台县龙华乡西坚固村，上世纪 80 年代以来，邢台市文管处以及河北省文物研究所曾多次对此窑址进行调查。从采集的标本看，器物品种比较单一，绝大多数为青瓷深腹碗，器物造型与临水窑相似，应当是一处北朝后期的窑址。

④ 内丘文物保管所《河北省内丘县邢窑调查简报》，《文物》1987 年第 9 期，第 1—10 页。杨文山《隋代邢窑遗址的发现和初步分析》，《文物》1984 年第 12 期，第 51—57 页。

⑤ 邯郸陶瓷史编写组《贾壁青瓷制瓷工艺的初步分析》，孔令德主编《磁州文化》。新华出版社 2002 年版。

⑥ 同⑤。

⑦ 石家庄地区革委会文化局文物发掘组《河北赞皇东魏李希宗墓》,《考古》1977 年第 6 期,第 382—390 页。

⑧ 河北省文管处《河北景县北魏高氏墓发掘简报》,《文物》1979 年第 3 期,第 17—25 页。

⑨ 孔令德主编《磁州文化》,新华出版社 2002 年版。

⑩ 河北省博物馆、河北省文物管理处《河北平山北齐崔昂墓调查报告》,《文物》1973 年第 11 期,第 27—33 页。

⑪ 同⑨。

⑫ 沧州地区文化局王敏之《黄骅县北齐常文贵墓清理简报》,《文物》1984 年第 9 期,第 39—42 页。

⑬ 磁县文化馆《河北磁县北齐高润墓》,《考古》1979 年第 3 期,第 235—243 页。

⑭ 冯先铭主编《中国古陶瓷图典》,文物出版社 1998 年版。

⑮ 叶喆民《中国古陶瓷科学浅说》,轻工业出版社 1982 年版。

⑯ 河北省邢窑研究组《邢窑工艺技术研究》,《河北陶瓷》1987 年第 2 期。

⑰ 内丘县文物保管所《河北省内丘县邢窑调查简报》,《文物》1987 年第 9 期,第 1—10 页。

⑱ 1977 年 6 月,邢台市顺德路第一医院北侧挖土施工时,发现了一处古窑址。出土了大量白瓷、黑瓷和黄釉瓷残片,同时出土的窑具有蘑菇状窑柱、三角形支钉、齿状支钉、环形垫片等。从出土标本看,瓷器的造型规整,种类齐全,除了碗、盘、钵、瓶、罐等日常生活用瓷,还有黑釉瓷瓦等建筑构件。器物造型具有典型的隋代特征,是一处重要的隋代窑址。

⑲ 1989 年。河北省文物研究所孟繁峰同志在对井陉县的文物普查工作进行复查时,于井陉县天长镇东关、河东坡、东窑岭三处发现了颇具规模的古代瓷窑遗址,在随后几年的调查中又不断有新的窑址发现。根据目前调查与局部试掘的结果看,井陉窑是位于邢窑与定窑之间的一处大型窑场,已经发现的 9 处窑区中有两处面积超过 10 万平方米,最小的也有 1 万平方米。从出土的标本看,井陉窑创烧时间大约在隋代,于东关窑区曾出土过隋代青瓷和白瓷以及蘑菇状窑具。井陉窑唐代已经能够生产精美的白瓷,金代达到历史顶峰,主要生产定窑风格的白瓷,其中一些精细产品很难与定窑区别。

⑳ 张志忠、王会民《邢窑隋代透影白瓷》,《文物春秋》1997 年增刊。

㉑ 在邯郸、邢台、沧州、衡水等地出土的隋代青瓷中,有的仍保持薄而青绿的色调,有的已经开始向黄色转变。刑台窑大约盛烧于隋代中期至初唐,窑址出土的瓷器中已经不见青瓷的踪迹,代之以颜色鲜艳明亮的黄釉瓷。

㉒ 同⑯。

唐代"黑石号"沉船出土白瓷初步研究[*]

陈克伦

一

1998 年，当地渔民在印度尼西亚苏门答腊岛和婆罗洲之间的勿里洞岛（Belitang Island）丹戎潘丹（Tanjung Pandan）港北部海域的海底发现大量陶瓷等遗物，在勘查中发现一些木船构件，由此确认是一艘沉船，并初步推测该船可能因撞上西北 150 米处黑色大礁石而沉没。在国外的一些报道中，沉船被称为"黑石号"（Batu Hitan）[①]或"勿里洞沉船"（Blitang Wreck）[②]。

持有印度尼西亚政府颁发的考察和发掘执照的德国"海底探索"公司闻讯以后，对沉船遗址进行了定位，并于 1998 年 9 月和 10 月开始了海底遗址的发掘工作。东北季风来临期间发掘工作暂停，1999 年 4 月恢复。经过约一年的时间，水下考古工作基本完成。

发掘者发现沉船船体的主要部分被淹埋在货物之下，其结构十分清楚：船身内外的船板用编扎的方法连接，没有木榫和铁钉等痕迹；船首微微向后倾斜，向身内有一与船身编扎在一起的贯通横梁，舱底板可以拆卸，有内龙骨和纵桁等等。从这些结构特点看，发掘者认为这是一艘迄今为止发现最早的阿拉伯或印度沉船，后来对船身所用木材种类进行的鉴定亦证明了这一点[③]。

从"黑石号"沉船遗骸中打捞上来的遗物十分丰富，数量也极为惊人，基本上都是中国唐代的文物。其中 90% 以上是瓷器，其他还有金银器、铜镜、银锭、漆器等，总数约 6 万多件。

瓷器中以长沙窑彩绘青瓷最多，其他还有越窑青瓷、白瓷、绿彩瓷器，广东青瓷和 3 件青花瓷器。

沉船中的两件遗物为判断沉船的年代提供了依据：一件为八卦四神铜镜，在镜背的外侧铸有呈环形排列的楷书"唐乾元元年戊戌十一月二十九日于扬州扬子江心百炼造成"；另一件是长沙窑阿拉伯文碗，其背面刻有"宝历二年七月十六日"等字样，乾元元年为公元 758 年，宝历二年为公元 826 年，

* 《中国古代白瓷国际学术研讨会论文集》，上海书画出版社，2005 年

由此可以初步判断，该船在中国装货的年代应距此不远。

二

"黑石号"沉船中的白瓷约有 300 件，器形比较单纯，主要有杯、杯托、碗、执壶、罐、穿带壶等。

杯大致可以分为两类：一类是无柄的敛口杯，一类是单柄的撇口杯。

敛口杯的基本造型为：敛口、弧壁、深腹，下承较宽的浅圈足、足底平切。有的圈足外侧稍稍外撇，有的腹部有弦纹。从其口径与腹深的比例，可以分为两种，一种腹部较浅，口径约 1.5 倍于腹深；另一种的腹部较深，口径约为腹深的 1.3 倍。沉船中还有一类酱釉敛口杯，其造型与白瓷杯一样。

撇口杯有两种式样，一种为束腰形，其造型为侈口、束腰、折腹，有较宽的浅圈足，口径约 2 倍于器腹的深度，柄呈双复圆环形，上有叶芽形的指垫，与圆环形成"6"字形，有的腹部有弦纹，同出的还有绿釉的束腰形撇口杯；另一种为垂腹形，其造型为侈口、束颈、垂腹，下承较浅的玉璧形足，柄的样式与束腰形的相同，唯其腹部较深，口径约为腹深的 1.3 倍。

敛口杯虽然在国内唐代考古遗存中比较罕见，但可以在隋代白瓷深腹杯中找到其祖形。撇口杯特别是束腰形撇口杯在国内的考古实践中确有发现，如江苏徐州奎山唐墓出土的白瓷柄杯[④]和 1957 年河南陕县湖滨区出土的白瓷圈柄杯[⑤]均是。1979 年在江西丰城出土的一件洪洲窑酱釉把杯的造型也如出一辙[⑥]。与国内出土的束腰杯比较，沉船中的口径略大一些、腹部略浅一些，总之器物显得矮一些。撇口杯是仿金银器的造型，1970 西安何家村唐代窖藏出土的掐丝团花金杯[⑦]和 1963 年西安沙坡村出土的素面银杯[⑧]的造型，就与国内出土的束腰杯一致。若再进行溯源的话，其造型还可以追溯到西方的影响，有学者认为这类杯是仿粟特金银器的样式而称其为"粟特式"[⑨]，因为在中国出土的唐代金银器中就有一部分是来自于中亚地区的粟特（今塔吉克斯坦和乌兹别克斯坦境内），一部分可能是中国工匠的仿制品，亦可能是粟特工匠在中国的制品。沉船中的金杯也应属于粟特式器物。

杯托呈盘形，盘沿宽且平坦，浅腹，盘心凹入以承杯体，盘口作四瓣花口，花瓣之间有一道或三道凸的"出筋"，下有较宽的浅圈足。近年在河北临城发现了与之造型完全一样的白瓷杯托。之与器形相仿的金银器有：1957 年西安和平门唐代窖藏出土的 6 件鎏金银茶托[⑩]、1958 年陕西省耀县背阴村出土的唐代鎏金银茶托[⑪]，均为五瓣单层莲花形。

碗可以分为两类，一类花口瓶，一类直口碗。花口碗为侈口、浅腹、斜弧壁，较宽的浅圈足或玉璧底；均作四瓣花口，碗内壁有凸起的"出筋"；有的口沿外卷。直口碗为直口、弧腹、浅圈足。

执壶作敞口、短颈、鼓腹、敛足、平底，肩部一侧有管状短流，另一侧有双复柄与口部或颈部相连。此类造型的执壶为唐代常见，1974 年北京昌平出土的白釉壶[⑫]和 1958 年河南陕县出土的白瓷执壶[⑬]，就与沉船中的执壶相似。

穿带壶的造型为圆形，与传统的穿带背壶略作扁体有异，口部膨出如杯，细颈、斜肩，腹下部隆起，下接圈足。肩部两侧有用于穿带的扁形方系，系下腹部各有两条细凸棱，与之对应的圈足两侧有扁方孔，以用于穿带。

　　罐的口部较小，口唇外卷，肩部圆弧，腹鼓出，下腹收敛，下承小平底。河北临城出土唐代白釉罐中有造型的十分近似者。

　　除执壶和罐为平底外，其他器形均有圈足，圈足一般较浅。碗多为玉璧形底；杯少量为玉璧底，大部分为较宽的玉环形圈足；杯托则都为玉环形圈足。

　　从胎、釉及制作工艺上看，这些白瓷可以分为两种类型：一种是精白瓷，胎质细白，釉质润泽，器壁较薄，造型规整；另一种制作较为粗糙，胎质较粗松，器壁较厚，釉质较浊，胎、釉通常施白瓷化妆土。由于这类白瓷釉的质地的原因，打捞起来时釉层大都已经剥落。

三

　　从中国陶瓷发展的历史来判断，这些唐代白瓷应该基本上都是中国北方窑口的产品，但是它们是否都是一个窑口的产口，抑或产地不止一处？

　　如果从造型上看，杯、杯托并不是传统唐代白瓷中所常见，更接近于当时的金银器造型；花口碗虽然与唐代的造型一致，但依然无法确定它产自邢窑或者曲阳窑；其他如执壶、罐等也是如此。

　　如果从胎、釉及制作工艺上来区别，尚无确凿的证据可证明同出的精白瓷和粗白瓷是同一窑口或不同窑口的产品。因为根据窑址调查情况来看，当时北方一些窑场既生产精白瓷，也生产施化妆土的粗白瓷。

　　笔者有机会得到 2 件"黑石号"沉船中的白瓷标本：一件是胎薄釉润的精白瓷，一件是施有化妆土的粗白瓷，由于釉层已被海砂侵蚀殆尽，表面即是化妆土。

　　通过 QuanX 型能量色散 X 荧光光谱仪（能谱仪）对两件标本的胎、釉及化妆土成分进行分析[14]，结果见表 1。

　　笔者又利用相同仪器对 8 件邢窑标本、12 件曲阳窑标本和 4 件巩县窑标本的胎、釉成分进行数据测试，并计算出其胎、釉数值范围和平均值，分别见表 2、表 3 和表 4。

表1　　　　　　　　　　"黑石号"白瓷标本胎、釉、化妆土成分分析表（%）

样品来源	编号和部位	Na$_2$O	MgO	Al$_2$O$_3$	SiO$_2$	K$_2$O	CaO	TiO$_2$	MnO	Fe$_2$O$_3$
黑石号	精1－胎	0.79	0.70	30.96	64.89	0.68	1.20	0.26	0.02	0.45
黑石号	粗1－胎	0.43	0.40	30.95	63.55	1.76	0.74	1.12	0.00	1.02
黑石号	精1－釉	1.61	2.94	15.73	69.16	0.81	8.41	0.07	0.11	0.72
黑石号	粗1－化妆土	0.95	0.54	31.95	52.33	1.25	11.14	1.01	0.005	0.69

表2　　　　　　　　　　邢窑胎、釉数值范围和平均值　　　（%）

样品来源	编号	Na$_2$O	MgO	Al$_2$O$_3$	SiO$_2$	K$_2$O	CaO	TiO$_2$	MnO	Fe2O$_3$
邢窑胎数值范围	1－5,01－03	0.50－1.53	0.58－0.97	27.09－34.62	60.48－65.94	0.44－2.14	0.68－2.92	0.41－1.11	0.00－0.03	0.44－2.00

续表

样品来源	编号	Na$_2$O	MgO	Al$_2$O$_3$	SiO$_2$	K$_2$O	CaO	TiO$_2$	MnO	Fe$_2$O$_3$
邢窑胎平均值	1-5, 01-03	0.85	0.71	30.61	63.37	1.13	1.17	0.68	0.014	0.97
邢窑釉数值范围	1-5, 01-03	0.48-1.52	1.76-5.60	14.65-18.69	57.58-71.39	0.35-2.23	5.16-19.60	0.05-0.45	0.02-0.17	0.57-1.19
邢窑釉平均值	1-5, 01-03	0.79	2.79	16.52	67.64	1.08	9.33	0.16	0.089	0.86

表3　　　　　　　　　　　曲阳窑胎、釉数值范围和平均值　　　　（%）

样品来源	编号	Na$_2$O	MgO	Al$_2$O$_3$	SiO$_2$	K$_2$O	CaO	TiO$_2$	MnO	Fe$_2$O$_3$
曲阳窑胎数值范围	01-03	0.33-1.19	0.48-1.00	26.92-35.54	58.71-66.46	0.91-2.04	0.72-2.68	0.44-1.24	0.002-0.090	0.42-2.10
曲阳窑胎平均值	01-03	0.765	0.762	31.00	62.845	1.47	1.52	0.865	0.0314	0.961
曲阳窑釉数值范围	01-10, 12.13	0.45-1.57	2.25-4.04	15.76-21.14	61.59-70.19	0.89-2.24	4.16-14.62	0.05-0.19	0.03-0.13	0.44-1.73
曲阳窑釉平均值	1-5, 01-03	0.85	2.99	18.28	67.10	1.61	7.52	0.11	0.08	0.874

表4　　　　　　　　　　　巩县窑胎、釉数值范围和平均值　　　　（%）

样品来源	编号	Na$_2$O	MgO	Al$_2$O$_3$	SiO$_2$	K$_2$O	CaO	TiO$_2$	MnO	Fe$_2$O$_3$
巩县窑胎数值范围	01-04	0.43-0.92	0.39-0.49	27.20-31.31	63.63-67.46	1.78-2.27	0.39-0.49	1.12-1.30	0.002	0.57-1.07
巩县窑胎平均值	01-04	0.59	0.44	29.08	65.63	2.04	0.42	1.21	0.002	0.84
巩县窑胎数值范围	01-04	0.65-0.92	1.22-2.04	13.08-16.67	64.50-69.50	2.14-3.01	9.10-15.36	0.10-0.21	0.07-0.17	0.69-1.18
巩县窑胎平均值	01-04	0.75	1.58	14.67	66.76	2.56	12.33	0.16	0.11	0.86

在对所有数据进行分析后，可以发现如下特点：

1. 邢窑和曲阳窑无论是胎还是釉，各项指标都非常接近，至少从常量元素上很难对两者进行区分；

2. 巩县窑与邢窑、曲阳窑在钠、镁、钾、钙、钛和锰等元素方面存在明显的差别，足以区分产地；

3. 从标本胎的氧化铝含量较高看，"黑石号"白瓷标本无疑都属于北方的产品；

4. "黑石号"沉船中精白瓷标本的胎、釉成分与邢窑、曲阳窑标本存在较多的相似性；

5. "黑石号"沉船中粗白瓷标本胎的成分与邢窑、曲阳窑标本差别较大，而与巩县窑标本比较接近，特别是钠、镁、钾、钙、钛和锰等元素。

由于所得到的"黑石号"白瓷标本十分有限，因此以上只是初步分析。尽管目前对于"黑石号"沉船精白瓷的确切产地是临城抑或曲阳，尚未能最后确定，但是通过以上分析，至少可以知道当时外销的白瓷既是河北的产品，也有河南的产品。

四

"黑石号"是目前所见满载中国古代文物的沉船中最早的一艘，这批文物的重要文化价值在于：作为目前所见最早的公元 9 世纪中国与海外交流的实物见证，它在中外交通史、贸易史和中外文化交流史方面，都具有极其重要的研究价值。也是研究中国和中东贸易史最重要的一批实物例证。

"黑石号"沉船中瓷器品种十分丰富，其来源也十分广泛，包括了湖南、浙江、河北、河南、广东等地窑场的产品，这与宋、元以后中国外销瓷产品大多集中于沿海几处窑场有很大的区别。它从一个侧面反映了唐代中国瓷器出口的多样性，以及当时国际市场对于中国瓷器需求处于尚未成熟的初级阶段；同时也为我们整体研究唐代的制瓷手工业和当时陶瓷产品的流通途径，提供了极其重要的实物资料。

（作者单位：上海博物馆）

注　释

① 谢明良《记黑石号（Batu Hitam）沉船中的中国陶瓷器》，《美术史研究集刊》（台湾）第 13 期（2002 年）。

② Michael Flecker，"A ninth－century AD Arab or Indian shipwreck in Indonesia：first evidence for direct trade with China" World Archaeology Vol. 32（3）：335－354。

③ 同②。澳大利亚的 Jugo Illic 博士对采自沉船构件的木材样品进行了辨认，确认的木材品种包括花梨木、柚木、缅茄属木材和柏属木材等，其中花梨木产自非洲和南亚，柚木产自印度、缅甸、泰国等地。缅茄木槿出产于非洲。而这些木材皆非中国所产。

④ 徐州博物馆收藏。转引自《中国陶瓷全集》第五卷"隋唐"图版一四八，上海人民美术出版社 2000 年版，第 147 页。

⑤ 中国国家博物馆收藏。转引自《中国陶瓷全集》第五卷"隋唐"图版一七九，上海人民美术出版社 2000 年版，第 168 页。

⑥ 江西省博物馆收藏。转引自《中国陶瓷全集》第五卷"隋唐"图版一七八，上海人民美术出版社 2000 年版，第 168 页。

⑦ 陕西省历史博物馆收藏。陕西省博物馆等《西安南效何家村发现唐代窖藏文物》，《文物》1972 年第 1 期，第 30－42 页。

⑧ 西安市文物管理委员会《西安市东南效沙坡村出土一批唐代银器》，《文物》1964 年第 6 期，第 30－32 页。

⑨ 齐东方《唐代金银器研究》，中国社会科学出版社 1999 年版。

⑩ 马得志《唐代长安城平康坊出土的鎏金茶托子》，《考古》1959 年第 12 期，第 679－681 页。

⑪ 陕西省博物馆《陕西省耀县柳林背阴村出土一批唐代银器》，《文物》1966 年第 1 期，第 46－49 页。

⑫ 首都博物馆收藏。转引自《中国陶瓷全集》第五卷"隋唐"图版一五七，上海人民美术出版社 2000 年版，第 152 页。

⑬ 中国国家博物馆收藏。转引自《中国陶瓷全集》第五卷"隋唐"图版一七七，上海人民美术出版社 2000 年版，第 167 页。

⑭ 数据测试工作由上海博物馆文物保护和考古科学实验室何文权博士和熊樱菲同志进行，在此表示谢意。

埃及福斯塔特遗迹出土的晚唐至宋代白瓷[*]

弓场纪知

一 前 言

埃及开罗市南郊的福斯塔特遗迹自 20 世纪初受到人们重视以来，先后有埃及本国、法国、英国、美国、日本的陶瓷研究者及考古学者进行过调查，这里是了解中世纪伊斯兰世界与中国之间进行陶瓷贸易的重要遗迹。从公元 641 年福斯塔特作为伊斯兰远征军营造的军事据点开始起步，慢慢充实加强了作为都市的机能。直到公元 1168 年被十字军侵占为止，这里作为阿拉伯世界的商业、工业都市，发展得十分繁荣。十字军之后，福斯塔特作为都市的机能又开始逐渐复苏，但是 14 世纪中叶流行的黑死病带来了致命的打击，使其变为废墟。此后，政治、商业中心转向开罗，而这里则成了开罗处理垃圾的地方，并一直延续到现在。

出光美术馆从 1964 年开始组团调查福斯塔特遗迹，当时在小山富士夫、三上次男的领导下，从数十万的陶瓷碎片中挑选出了唐代至清代的产品。1994 年开始，日本和埃及政府考古厅共同合作着手编辑福斯塔特遗迹出土文物的综合目录。其中，中国陶瓷部分由长谷部乐尔、手冢直树和笔者负责整理。为此，笔者于 1998 - 2001 年参加了调查，现仅就遗迹出土的晚唐至宋代白瓷作一概述。

二 福斯塔特遗迹出土的唐至五代白瓷

迄今为止的调查确认了此遗迹出土唐代至清代的陶瓷碎片共一万二千七百余块。这些全都是碎片，不能粘接起来。内有长沙窑 8 片，越窑青瓷 941 片，白瓷 2069 片，白瓷挂拉斯特彩的 72 片，耀州窑青瓷 25 片，磁州窑 6 片，龙泉窑 2394 片，元青花 294 片，明青花 1419 片，清青花及五彩 5408 片，越

---

[*] 《中国古代白瓷国际学术研讨会论文集》，上海书画出版社，2005 年

南、泰国、缅甸陶瓷片 91 片。总体来看，明清的青花及五彩占了一半以上。

白瓷占总数的 11%，分别为唐、五代、宋、元、明各时代的。其中唐、五代的白瓷 139 片，器形以碗盘为主，几乎见不到瓶罐类器物。唐代白瓷中有玉璧底、圈足底两种，口部则有卷口及花口的形式。其中卷口碗数量最多，玉璧底碗的残片有 10 余件，和青瓷玉璧底碗的数量相近。这种现象表明，同越窑青瓷一样，在 9 世纪被运往福斯塔特的中国陶瓷数量甚为稀少。尽管数量少，白瓷的质量却很精良，还有一刻"官"字款的残片。此类早期白瓷在伊拉克的萨马拉遗迹也有发现，可以想见在 9 世纪后期，越窑、邢窑、长沙窑的产品已经远销到伊朗、伊拉克和埃及等地。口沿外卷凸出一圈的白瓷在福斯塔特遗迹出土了 70 余片，生产年代当在唐末至五代，质量比玉璧底白瓷略差，此类白瓷在萨马拉遗迹尚未发现。

上述的唐及五代白瓷可分为典型的邢窑产品和邢窑系产品两大类。数量上以邢窑系产品为多。而其产地是在邢窑周边还是在江南地区，这一个问题不能轻易下结论。但考虑到江苏、浙江等地区出土了不少唐之五代白瓷，所以在当地某处存在过烧造邢窑系白瓷的可能性也很大。

三　福斯塔特遗迹出土的宋代白瓷

从遗迹出土的宋代陶瓷有越窑青瓷、耀州窑青瓷、景德镇窑白瓷、广东窑系白瓷、龙泉窑青瓷以及磁州窑陶器。可判断为北宋时期的有越窑、耀州窑和广东窑系的产品。进入南宋，大部分是龙泉窑青瓷，景德镇窑白瓷则少一些。

北宋前期至中期的越窑青瓷很多，多用刻花手法，941 篇越窑青瓷中有七成以上是北宋的。白瓷中广东窑系的产品较多。釉色呈灰青、灰白等色调，圈足底内无釉。胎土没有唐代白瓷精良，和景德镇窑白瓷也不同。器形以碗、盘等类为主流，也有少量执壶、瓶、香炉、盒子等。广东窑系的白瓷可分为施加纹饰和无纹饰的两类。第一类作品有施莲花纹的，包括浅浮雕式外凸的和凹刻的两种。定窑白瓷带莲瓣纹的由河北省定州静志寺塔基（977—991）和辽陈国公主墓（1018）的出土器物。越窑青瓷中刻连瓣纹的见有苏州虎丘塔出土的青瓷杯托（961）。可见这是流行于 10 世纪下半叶至 11 世纪上半叶的器物表面装饰。福斯塔特遗迹出土的广东窑系白瓷也是当时 11 世纪上半叶的作品，包括广东省的广州西村窑、潮州笔架山窑。广东窑系白瓷在菲律宾、印度尼西亚、斯里兰卡也多又出土，福斯塔特的出土物可看作是当时贸易中的一环。第二类无纹饰白瓷的质地相对较粗，器形以大盘等为主，圈足，周边及内部无釉。施釉方法与第一类相同，产地也应在广东一带，但也有产自福建的可能。在数量上比第一类略少。

第一类的莲瓣纹白瓷中有 72 片以拉斯特彩彩绘植物纹、圈线纹等。施拉斯特彩是伊斯兰亚巴斯时代、法蒂玛时代陶器上的常用技法、但是福斯塔特遗迹发现的拉斯特彩瓷片不同于初期的伊斯兰陶器，有可能是在中国加彩烧制而成的。

景德镇窑白瓷集中在北宋后期至南宋阶段，有刻花及无纹饰的两种。釉色呈现景德镇窑特有的青白色，和广东窑系白瓷有明显的不同。在景德镇，白瓷生产开始于 11 世纪下半叶。出土于日本、朝鲜半岛及东南亚的景德镇窑白瓷为北宋后期至南宋的产品，福斯塔特遗迹的出土品应看作是这一时期的。还有其他极少量的福建省德化窑白瓷。

四 小 结

　　福斯塔特遗迹出土白瓷以唐代后期的邢窑白瓷为始，北宋中期的广东窑系白瓷相继，随后是北宋后期至南宋的景德镇窑白瓷。初期的邢窑白瓷数量稀少，在北宋前期则是越窑青瓷占了主流，与此同时，广东窑系白瓷也有大量发现。此类白瓷在日本及朝鲜半岛出土不多，主要市场在东南亚、印度洋世界和伊斯兰世界。在此时生产的白瓷以施拉斯特彩的作品颇引人注目、期待在中国也发现这类实物资料。出土的景德镇窑白瓷集中在北宋后期至南宋阶段，当时的主流是龙泉窑青瓷。景德镇窑产品开始占统治地位是在元代，青花瓷器全盛的 14 世纪以后。

（金立言译）
（作者单位：日本京都橘女子大学）

浅谈临安水邱氏墓出土的晚唐白瓷器*

蓝春秀

1980年在浙江省临安市发现并清理了五代吴越国国王钱镠母亲墓——水邱氏墓，墓内出土了一批金银扣白瓷器。同时出土的还有越窑青瓷器、金银器、铜器等。券顶砖室墓内尚有天文图、彩绘壁画等珍贵文物。这是浙江省已发现的保存最完整的，出土文物最丰富的晚唐墓葬。

墓中出土的白瓷共17件。器形有碗、盘、杯、盏托、执壶、水注。大多数器物的口沿、足沿都镶金银扣，外底部署"官"与"新官"款。这批白瓷现收藏于临安市文物馆。

一 水邱氏墓出土白瓷介绍

（一）碗 2件 分二式

I式 "新官"款敞口斜腹矮圈足碗。通体施白釉，白釉闪黄，釉质柔和滋润。胎白色，胎质细腻坚致，瓷化度高。胎体轻薄，透光性好，器形规整。外壁近底处有一道阴线弦纹。器物外部有旋轮痕，即"刷纹"。口沿和圈足均镶银扣。外底部阴刻"新官"款。口径17.2厘米，底径6.6厘米，高5.3厘米。整体器形显得轻巧精美。

II式 五瓣葵花口大碗。口径22.2厘米，底径8.6厘米，高9.9厘米。其口沿等距低凹成五瓣葵花口，敞口圆唇，斜直腹壁收成45度斜角，矮圈足较宽厚。施白釉泛黄色，釉层均匀、滋润，器内壁施满釉，器外壁釉不及底。胎体厚重，较粗松。胎色白，略现黄色。口沿与足圈镶银扣，器外部有"刷纹"，整体造型显得大而厚重。

（二）盘 9件 分二式

I式 "新官"款十二瓣菱花口直唇坦腹斜壁微弧矮圈足盘。共8件。通体施白釉，略泛黄，釉面滋润，光滑柔和。胎白色，胎质细腻坚致，瓷化度高，器壁厚仅2毫米。仔细看，其外部近底处的釉面下有细砂粒，用手摸可明显触及，并可见"刷纹"，还可见到凹凸不平现象。口沿与足沿均镶银扣。

* 《中国古代白瓷国际学术研讨会论文集》，上海书画出版社，2005年

外底部都阴刻"新官"款。口沿凹成不等距二弧一尖相间排列的十二瓣菱花口。8件盘大小尺寸不一，口径 15.1－15.6 厘米，底径 5.6－6.6 厘米，高 2.8－3.5 厘米。个别器形有点不规则，不甚圆。总的来说，制作精致轻巧，美观大方。

Ⅱ式　"官"款十瓣菱花口直唇坦腹斜壁微弧矮圈足盘。通体施白釉，略泛黄，但釉色比"新官"盘稍白些，釉面润泽，光滑柔和。胎白色，细致坚致，瓷化度高。胎厚 2 毫米，外表面可见到"刷纹"和不平整现象，也可见釉面下的细砂粒，手摸可触及。口、足饰银扣。外底阴刻"官"字款，口沿等距低凹形成十瓣大小均匀呈现弧形花瓣的菱花口。口径 14.4 厘米，底径 5.8 厘米，高 3.2 厘米。制作精美轻巧，美观大方，尺寸略比"新官"款盘小些。

（三）杯　2件　分二式

Ⅰ式　"官"款海棠杯。模制，腰形，弧腹，对称两腹各压制出一"U"形，宽约 1.5 厘米，呈内凹外凸，使整个器口成对称的大小不一的四对花瓣，成为八曲海棠花口，口沿微敛。杯体呈喇叭型，高圈足。外底阴刻"官"字款。釉色与"官"款花口盘相似，釉面也同样润泽光滑而柔和，通体施釉。胎色洁白，胎质细腻坚致。胎体薄，厚仅 2 毫米。口径 7.9×16.1 厘米，底径 5.7×6.4 厘米，高 6.4 厘米，圈足高 2.6 厘米。制作极其精美，但仔细观看，器外部也呈凹凸不平整状。

Ⅱ式　"新官"款云龙把杯。直口圆唇外侈，直弧圆腹，矮圈足。器身一侧置有模印云龙把手，执手为夔龙形，龙头顶部为模印卷云纹，把手置于口沿至下腹部间，高于口沿。胎洁白细腻坚致。釉色乳白、滋润光滑柔和，满釉。口沿和足沿饰鎏金银扣。外底阴刻"新官"款。口径 8.2 厘米，底径 4.1 厘米，高 4 厘米。壁厚仅 1.8 毫米，透光性很强，轻巧别致。

（四）盏托　1件

"新官"款盘口圆唇内卷浅腹高圈足盏托。盘身中有一高出盘面的托座，呈圆柱体，座面略下凹，座高 1.7 厘米，口径 5.6 厘米，盏托通高 4.1 厘米，口径 16.6 厘米，底径 9.5 厘米。高圈足外撇，外底阴刻"新官"款。款识旁有一口径 0.4 厘米，深 2 厘米的小圆洞。通体施白釉，釉面润泽光滑而柔和。胎洁白细腻坚致。器体薄，透明光亮。口沿、足沿饰金扣，非常精致。

（五）执壶　2件

"官"款瓜形执壶。无颈，浅盘口，宽沿圆唇，溜肩深腹，短平流，平底。器身用八条内压直线，使器身外部成八个小弧面而呈瓜形。最大径在下腹部近底处。近口处肩部有三道阴弦纹。肩一侧置一八棱短流，流长 3.6 厘米，整个流包鎏金银扣。流底部壶面贴有 1 厘米宽的金曲花边。流高于口沿，与流对称的另一侧置一扁形执手，执手中间有一条凸棱。执手置于肩部至腹中部，与口相平。口部有盖，盖顶中心有一包金圆柱形小钮，钮底的盖面上饰一圈贴金花边。盖内部中心有一较长的空圆柱形子口，伸进器口内，使盖与器身更密合。盖与执手间有一条金链连接，起固定壶盖的作用。器及盖的内部与外底部均无釉。外底部无釉处光滑，其他无釉处则很粗糙。白釉偏黄，釉层滋润，有灰蓝色阴影。胎白而细腻，外底浅刻"官"字款。口径 4.2 厘米，底径 5.8 厘米，高 15.7 厘米，最大腹径 10 厘米，执手宽 1.7 厘米，精致美丽。

另一件瓜形壶，器形同前一件基本相同。缺盖（盖丢失）。短流为六棱形。外底无款。通高 13.7 厘米，口径 4.5 厘米，底径 6 厘米，流长 4.2 厘米。流低于口沿，执手高于口沿。

两件执壶外表部都能看到"刷纹"。

（六）注壶　1件

无款敛口圆肩球腹短流低圈足小注壶。口沿处有一道凸弦纹。内外施满釉，釉白泛黄，滋润光滑。胎色白，胎质细腻坚致，器壁薄，胎体轻。口沿下一侧置一短柱形流，流低于口沿。另一侧置扁形执手，执手中心处有一条凸棱，执手置于口沿与腹中上部，高出口沿。器外表有明显的"刷纹"，外底部有一鸡心点。口径4.9厘米，底径3.9厘米，高6.8厘米，器形小巧玲珑。

二　对这些白瓷的几点看法

（一）根据与白瓷器同墓出土的一方石灰质墓志记载："子□今镇海镇东两军□□□……，□□九月四日薨于浙西府。"又《十国春秋》记载："……水邱氏，武肃王母也……天复元年九月薨，葬于锦南乡。"《吴越钱氏志》记载："宽字洪道……娶夫人河南水邱氏，封河南太君……以天复元年九月初四日薨于杭州大都督府。"《吴越备史》记载："唐乾宁五年敕移镇海军于杭州为治，光化二年升杭州为都督府，梁开平二年升杭州为大都督府，是为吴越西府。"又据《钱氏家乘》载："王父宽与夫人水邱氏合葬衣锦南乡清风里之南源。"又1978年发掘了距水邱墓六米处一座并列墓，据该墓墓碑记载是水邱氏丈夫钱宽墓。这些文献资料和考古实物充分说明，这批白瓷是出土于五代吴越国国王钱镠母亲——水邱氏的墓内，水邱氏死于唐天复元年（901）九月。那么这批白瓷器产于晚唐公元901年前。

（二）将这些白瓷器与同墓出土的越窑青瓷器相比较，有许多不同点。如出土白瓷器17件，除3件无款识，其余均署"官"或"新官"款；除个别器物的口沿，足沿无金或银扣，其余大多数均饰金或银扣。而同墓出土的越窑青瓷25件，只有1件青瓷坛的肩部阴刻一"东"字款，其余均无款识，并全无金银扣。再看同墓出土的青瓷与白瓷葵口碗，工艺则迥然不同。青瓷葵口碗，器口作五等距内凹成葵口状，每凹口下内壁有一条隆形棱，外壁则相应内凹成沟状，深腹微弧，圈足较高，施满釉，燠层较厚。白瓷葵口碗，器口也作五等距内凹成葵瓣，器内外无凹凸，深腹成45度斜收，矮圈足，釉不及底，口沿与足沿饰银扣。这是同一墓出土的青瓷花口碗与白瓷花口碗相对比。再将该墓出土的白瓷器与同时期同器形的越窑青瓷器相比，如水邱氏墓出土白瓷瓜形执壶，为无颈小口宽沿平底无足有盖有金扣，而宁波市文管会收藏的越窑青瓷瓜形执壶，却是长颈盘口圈足无盖无金扣；水邱氏墓的白瓷海棠杯口沿处不用低凹形成花瓣，而用模印使器身内凹外凸形成海棠花形，而浙江省博物馆收藏的越窑青瓷海棠杯，则是口沿低凹成四瓣海棠花形。白瓷海棠杯制作极精美而青瓷海棠杯则简单粗糙。

总之，这批白瓷器器形丰富多样，风格鲜明，均为素面。在工艺方面，几条垂直的划线，几处低凹、简单的压印，使光素的器面产生节奏感，制作简便，质朴大方，又显得轻盈别致，妩媚华贵，具有新的时代特征。而同墓出土的越窑青瓷器则用釉下褐彩装饰，器形显得浑圆饱满，雍容端庄。这是继钱宽墓之后又一次证明了晚唐时期的白瓷器已改变了唐代瓷器浑圆厚重的风格，代之以精巧优美的新风格。

这批白瓷与同墓出土的越窑青瓷器的胎色也不相同，青瓷胎色灰白，胎体厚重，施白色化妆土；白瓷胎色白，胎体极薄而且很轻。

　　无论是器形、工艺、装饰、胎釉都存在差异，可见这批白瓷不是浙江的产品，更不会是越窑的产品。

　　（三）同墓出土的"官"、"新官"款白瓷器，其胎色、胎质、胎壁厚度、釉色都大致相同，而且在器表都能见到"刷纹"，釉面下均可见到手能触及的砂粒，口、足沿均饰金银扣，署款均在外底部，并且是直接在釉面上阴刻。从这些现象来看，"官"与"新官"款器应是出于同一窑的产品，但在时间上有先后。根据同茔不同穴的钱宽墓出土的 19 件白瓷器来看，其中有 17 件刻"官"款，1 件刻"新官"款。水邱氏墓出土的 17 件白瓷器，其中 3 件刻"官"款，11 件刻"新官"款。钱宽死于唐乾宁二年（895），水邱氏死于唐天复元年（901），钱宽比水邱氏早去世六年。钱宽墓陪葬的白瓷器基本上是刻"官"款的，水邱氏墓陪葬白瓷器则多是"新官"款的。又从水邱氏出土的白瓷器与越窑青瓷器看来，应该是她生前的饮具和用具。出土的白瓷中有壶、杯、盘、注子、盏托，青瓷中却没有这些器具而是熏炉、酒罍、油灯、粉盒、油盒、碗、小罐、坛。青、白瓷器组合起来正好是一套完整的日常生活用具。白瓷的一件执壶与注壶都缺盖，应是日常生活中打碎或其他原因而失去了。如果是专为陪葬而制，那就不会少两只盖了。从这些现象看，"官"款白瓷器应略早于"新官"款的。另外，又据同墓出土的菱口盘来看，"官"款和"新官"款的花口形状不一样，"官"款盘口沿等距下凹呈十瓣花瓣形，花瓣均呈弧形；而"新官"款盘口沿不等距下凹，呈二弧一尖十二瓣花瓣相间排列。"新官"款盘比"官"款盘显得更精美，可见是在"官"款盘的基础上得到了进一步改进。再说，同时同窑烧制两种带官款铭（官、新官）器是没有必要的。"官"款与"新官"款白瓷器虽同一墓出土，但不等同于同一时间生产。

　　（四）这些白瓷器是否钱镠进贡唐皇朝方物后，唐皇帝回赐给钱镠的礼物呢？根据《十国春秋》、《钱氏家剩》记载：钱镠是唐天复二年（902）被唐封为越王的，封王后于"吴越天宝二年（909），钱镠首次以纪君武为进奉使向后梁进贡"。钱镠给中原朝廷的进奉时间与其母去世的时间相差太远，并且进贡时间晚于其母的入葬时间。所以水邱氏墓陪葬的器物不是中原皇帝赐物，而是当时吴越国宫廷王族的普通生活用具。

　　（五）水邱氏墓白瓷器与定窑、邢窑器有某些共同特点，但不完全相同。与定窑相比，共同点有胎色白，胎质细腻，分量轻，釉白中闪黄，有"刷纹"，且定窑也出现于中晚唐；但定窑器有泪痕、唇口、玉璧底，这些在水邱氏墓白瓷器上均未见到。与邢窑相比，它们的圈足外缘都有切削斜棱一道，但邢窑器份量重于水邱氏墓白瓷器，圈足厚而低平，水邱氏墓瓷器的圈足则薄而低平。

　　临安晚唐除了水邱氏墓出土过白瓷，还有钱宽墓也出土过白瓷。这些白瓷究竟产于何窑，是邢窑还是定窑，都有待于进一步考证。

　　（作者单位：浙江省临安市文物馆）

从故宫博物院藏品谈早期白瓷[*]

王莉英　冯小琦　陈润民

明清两代华美似锦的彩瓷，无疑是古代制瓷工艺技术发展到巅峰的升华结晶。这辉煌成果的取得，其功绩当首推工匠烧制出白瓷。纯然一色的白瓷，看上去平平淡淡的，远不如彩瓷富有动人的魅力。孰不知如没有这种纯净的白瓷，岂能出现色彩斑斓的彩瓷。不论是釉下青花、釉里红，还是釉上五彩、粉彩、珐琅彩，那或鲜明或粉润的色彩，只有以白瓷相衬，才能充分地显示其特点和奥妙。白瓷是多种色彩展现姿色的天地，是彩瓷之本。

白瓷，顾名思义是一种白色的瓷器，准确的界定，当是胎料中铁含量低于1%，胎色白，质坚硬，釉料内铁含量低于1%，为无色透明釉，施在白胎上呈现白色，且釉质光润。白瓷的出现，不仅标志着制瓷工匠对胎、釉原料性能的深层认识与掌握，更有价值的是为此后制瓷工艺的飞跃奠定了基础，为彩、釉瓷品的迭出开拓了新的园地。

白瓷的烧成历经了漫长的历史时期，自商周以来的原始瓷到东汉时期的瓷器及至成长时期的两晋瓷器，都是以一种近似古铜色泽的青釉装饰，世称青瓷。青瓷与白瓷之间的特征与差别，表现为前者胎色较重，呈青色，后者胎色洁白，釉色白净。中国科学院上海硅酸盐研究所对东汉、三国、两晋的青瓷标本进行科学测定，其结果表明，东汉至两晋时的制瓷原料都含一定量铁钛成分。胎料中的铁、钛含量分别为 $1.56-2.23\%$、0.85% 上下，致使瓷胎呈淡灰色，釉料中的铁、钛含量分别为 $1.60-2.04\%$，$0.49-0.73\%$，经还原焰烧成后便呈现各种深浅不同的青釉色调。这就清楚地表明，"青瓷"外貌特征的形成主要取决于胎、釉化学组成中较高的铁钛含量和烧成时的窑室气氛。在长久以来形成的重青铜制品的时代风尚中，青瓷展露出犹如青铜制品那般古朴、庄重、典雅的美，从而在江南地区盛烧不衰。东汉至六朝时期，江南地区的制瓷业始终保持着以青釉系统为主流的生产特色。

北魏孝文帝迁都洛阳以后，实行汉化政策，在新的历史条件下，青瓷生产工艺传入北方，促使远远落后于江南地区瓷业生产的北方瓷业一跃而起。首先是青瓷问世，并在烧制青瓷的基础上，改进选料工艺，提高技术水平，从而导致了早期白瓷的出现，使我国古代制瓷业发展到崭新的历史阶段。

---

[*]《中国古代白瓷国际学术研讨会论文集》，上海书画出版社，2005 年

据考古发掘资料提供，在河北、山西发现的十余座东魏、北齐墓，出土了数十件青瓷器。这些青瓷的胎质呈土黄色、浅红色和白色。白色胎的出现极为重要。它表明，北朝时北方工匠开始选用含量铁较低的原料制坯，以提高胎色的白度，利于青釉呈色纯正。白胎青瓷的烧制，不仅标志着北方制瓷工艺在原料选配方面较南方青瓷工艺有长足进步，更重要的是，它为早期白瓷烧造成功准备了技术条件。1975 年发掘的河北磁县北齐皇族高润墓（北齐武平七年，576 年）出土有 4 件青瓷碗，其中 2 件坯面上施一层含铁量低的白色化妆土，以改善器表色调及光滑度。化妆土的使用，当首推两晋时婺州（今属浙江）窑，然而北朝窑工并未停留在用化妆土改变坯面白度的工艺上，而是把这种技术推向降低并控制胎、釉原料的含铁量，烧出一种不同于青瓷但又依稀可见青色痕迹的瓷器，这就是最早出现于北朝晚期的白瓷。在制瓷工艺技术上完成了青瓷向白瓷的过渡。河南安阳北齐武平六年（575）范粹墓出土的白瓷器，当是北朝早期的白瓷表征器。

范粹墓出土的白瓷三系罐、四系罐、长颈瓶和碗、杯等器的造型均与北朝青瓷相同，它们的胎质较白，其中 2 件碗胎色纯白，无杂色斑点，釉层薄而滋润，乳白色釉泛青，有些积釉处呈青色。上述特点表明，这批早期白瓷的原料经过筛选淘洗，比较细腻，胎、釉中的铁含量普遍降低，已基本具备了白瓷的条件。但是，这批白瓷的胎釉白度尚未达到成熟白瓷的标准，从个别器物胎体呈现的淡黄色和普遍泛青的乳白釉上都表现出胎釉中还存在着氧化铁呈色的干扰，表明对原料的筛选淘洗尚欠精细。应该承认范粹墓出土的白瓷器，白瓷的特征突出，但仍然保留着一些青瓷的痕迹。这恰恰表明早期白瓷是由青瓷发展而来的。尽管范粹墓出土的白瓷还未成熟，但它们毕竟是目前发现的有纪年可考时代最早的白瓷，而后出现了隋唐白瓷的成熟和发展，导致了中国瓷业生产的大改观。

传世文物、考古发掘与墓葬出土的早期白瓷，揭示了古代白瓷的特质，即细白瓷与粗白瓷并存。它们构成了中国古代尤其是隋唐早期白瓷的历史特色。

故宫博物院收藏的隋唐早期白瓷，就含细白瓷、粗白瓷两种。细白瓷的胎色洁白，胎质坚细，釉色白净，釉质光润，偶见有在白胎上施细白薄层化妆土者，修坯精细规则。粗白瓷的胎色灰、土灰、土白，有杂质点，胎质坚粗，施白色化妆土，釉色白中闪黄或闪灰，釉面多具细碎片纹，釉质欠匀润，修坯草率。

故宫博物院收藏的细白瓷有隋代白釉罐、白釉杯等。白釉罐高 19.2 厘米，口径 9.7 厘米，足径 15.2 厘米。造型为隋代所特有，罐广口，唇外卷，溜肩，筒形长腹，施釉至近足部。釉面洁白光润有细碎片纹。其胎釉、造型与陕西隋姬威墓出土的白釉罐相类。胎釉较白，罐体近底处一圈不施釉的工艺被唐代内丘邢窑继承使用。隋代白釉杯，敞口，口沿胎很薄，腹部较高，圆柄形实足内凹，足边斜削，里心积釉，玻璃质感强，釉面开有细碎纹片。同类型的杯还有稍粗者，大小数种，足有大小高矮之分。有的杯心有三个支烧痕，与河北内丘隋代窑址出土的白瓷杯相类。唐代白釉器物有罐、瓶、净瓶、皮囊壶、唾壶、水盂、玉璧底碗等。白釉罐，高 15.8 厘米，口径 7.3 厘米，足径 8.1 厘米。口微出唇，束颈，肩腹浑圆饱满，胎色白，通体施白釉，釉色洁白如雪，釉面莹润光亮，平底无釉。白釉瓶，高 14.4 厘米，口径 6 厘米，足径 7.2 厘米。瓶口外撇，束颈，长圆腹，平底。肩部饰二组五道弦纹，胎色白，通体施白釉，釉面光润洁白。皮囊壶，高 12.5 厘米，口径 2.2 厘米，足径 12.5 厘米。壶体上扁下圆形，上端一侧有小流，流直口，根部饰二道弦纹间连珠纹，另一侧饰鸡冠样装饰，顶端中间为一提梁。腹部两面及中间各饰凸弦纹一道，系模仿皮囊缝合的痕迹。胎色白，通体施白釉，釉洁白光润，底平无釉，上刻"徐六师记"。玉璧底碗，高4.7厘米，口径15.6厘米，足径6.7厘米。碗壁呈45度斜出，小唇口，内外施满釉，釉色白中闪青。露胎处洁白，玉璧形足旋削十分规整。白釉子母狮，高10.8厘米，底径6.3厘米，母狮昂首，双眼凸起，长须卷发，前腿直，后腿屈，坐立于方台之上。狮前腿下卧一幼狮。双狮的眼、颈、腿及方台上均点以褐彩。胎色较白。白釉刻花鸭形水注，高7.3厘米，长13.2厘米，口径7.4×5.6厘米。水注为鸭形，卧状，以鸭首为流，背上有海棠式花口，两侧有浮雕间刻划纹的翅膀。水注腹部内底有一小龟，龟身下有孔通向鸭嘴为流。水注的流、口沿、翅膀点以黑彩。胎色较白。白釉罐、白釉瓶、"徐六师记"铭白釉皮囊壶等，这些器物的胎、釉特征与河北内丘、祁村邢窑遗址出土的细白瓷别无两样，当属邢窑制品。唐白釉葵瓣口环足碗，高4.1厘米，口径11.5厘米，足径4.9厘米。花瓣口，弧形腹壁，圈足。内外施白釉，外圈足有露胎处，胎色洁白。白釉唇口碗，高3.6厘米，口径12.5厘米，足径4.8厘米。同类形的碗有宽唇口与窄唇口两种，此碗唇口较宽，胎质坚硬而稍厚，色白，玉璧形足，釉白润光洁。玉璧底碗，高3.6厘米，口径12.5厘米，足径5.2厘米。碗式较浅，窄圆唇，玉璧足矮浅宽大，胎色白，足心有釉，釉光亮洁白。白釉圈足盒，高6.9厘米，口径9.8厘米，足径5.4厘米。盒圆形，子母口，直壁，盖微隆起，盒近底部内折，圈足。此盒烧成温度较高，质地坚硬，盒盖施釉至近口沿处，盒底部里口为素胎，胎色较白，以下满釉。白釉钵，高7.9厘米，口径11厘米，足径5.5厘米。口内收，腹壁较高，圆柄形实足。内外施白釉，外釉至近足部，露胎处可看出胎色较白，釉白中微泛黄，有细小开片。白釉水丞，高3.4厘米，口径2.5厘米，足径3.8厘米。器虽小，但胎质坚硬且白，可见胎上的旋削痕，釉施至近足部，器里不施釉。足为柄形实足，足边斜削。白釉渣斗，高8.5厘米，口径11厘米，足径6.2厘米。器物上部似一玉璧底碗形，中腰内束，下腹渐广，至足内收，圈足，足边斜削。釉施至近足部1厘米处，底心无釉。胎色较白。白釉缸，高8.3厘米，口径11.3厘米，足径5.5厘米。直口，圈足，腹壁有旋痕，足边斜削，胎色坚白，外釉施至圈足，釉白而致密。以上各式碗、盒、钵、水丞、缸等器的胎釉特征与河北曲阳县定窑遗址出土同类器相一致，当为定窑所烧。

粗白瓷相对于细白瓷而言，胎釉较粗，有的胎较厚重，胎上多施化妆土，釉白中泛黄，修坯工艺有粗有细。白釉玉璧底碗，胎较厚，弧形腹壁，玉璧足，施化妆土于近足处，内外施釉，外口沿有垂釉。白釉弦纹匜，高8.5厘米，流及口长19.3厘米，足径9.2厘米。器口外撇，一侧有流，腹部凸起弦纹一道，平切圈足，刀锋犀利。足底有旋痕。胎色灰白，釉质密而开片。白釉净瓶，高17.5厘米，口径1.4厘米，足径7.7厘米。瓶长颈，圆腹，喇叭形圈足，一侧有流。细砂底，胎色白中泛灰。通体施釉，釉较薄，釉色泛黄，有细小开片。白釉双龙耳瓶，高26厘米，口径5.4厘米，足径7.6厘米。瓶盘口，长颈，长圆腹，平底。双龙衔住瓶口，尾部与肩相连。胎色灰白，施釉至腹部。此类瓶有大小数种，造型各异。以上器物当为河南巩义窑（巩县窑）的产品。

上述细白瓷，不仅胎色洁白，胎质坚细，釉色釉质洁白光润，且造型匀称端庄典雅，工艺规范，标志着其制坯在选料、淘洗、陈腐配制工艺方面的高度改善及成形技艺的娴熟，釉色釉质从隋代内丘窑白瓷的色白光润片纹细碎，到唐代邢窑、定窑白瓷改变为釉色洁白釉质莹润致密，一展中国白瓷经北朝时期创烧后到隋代已完全脱离了北朝白瓷闪现出的胎、釉中受氧化铁呈色的干扰，白瓷烧制工艺已臻成熟，唐代白瓷的选料、淘洗、提炼、陈腐、配釉、施釉、成形、烧制工艺技术精进，进入早期白瓷的鼎盛期。

　　科学工作者对隋代内丘窑精白瓷、唐代邢窑细白瓷、定窑细白瓷诸器进行胎釉化学组成测定，化验数据显示：（1）隋代内丘窑精白瓷胎、釉中的铁含量均低，胎中三氧化二铁含量为0.34%，釉中三氧化二铁含量为0.4%，因而胎釉极洁白光润，透光度强、工艺技术已达较高水平。但此类精白瓷数量不多。（2）唐代邢窑细白瓷胎中三氧化二铁含量在0.6－0.75%之间，釉中三氧化二铁含量在0.15－0.88%之间，明显低于1%，致使白瓷胎质洁白细腻，釉质色白匀润致密。（3）唐代定窑细白瓷胎中三氧化二铁含量偏低为0.69－0.93%，但因含有较多的CaO、MgO熔剂成分，因而胎体色白致密，釉中三氧化二铁含量为0.52－0.72%，以钙、镁为熔剂。"这种镁－灰釉有利于形成薄层釉"，因而唐代邢窑白瓷的釉质色白薄而光亮，但欠匀润。

　　测试数据表明，从隋代内丘窑精白瓷到唐代邢窑、定窑细白瓷，这些早期白瓷的烧制都选用了含铁量低的黏土做原料，白瓷釉料中不仅含铁量低，其釉的配方从高石灰釉改进为低灰釉，偶见有石灰碱釉及碱－石灰釉。定窑工匠又成功地配制出镁－灰釉，这进而表明，隋唐早期白瓷工艺技术已不断进步与成熟。

　　古代白瓷的烧成，进步与成熟，标志着以青瓷为先导的古代制瓷工艺，自北朝至隋唐在选料、成形、配釉、施釉、烧窑等工艺技术的不断提高、改进和完善，出现制瓷工艺的再次飞跃，使中国古代制瓷工艺进入新的阶段。其价值重大，意义深远。

　　故宫博物院收藏的隋唐早期白瓷基本上为北方地区窑业所烧，尚不见南方窑制品。中国最早的白瓷亦最先出现在北方少数民族统治下的北齐墓葬，却不是出现在制瓷业颇为发达、窑业史悠久的南方。纵然说湖南长沙东汉墓中出土过几件胎质灰白、釉层薄匀的似疑为原始白瓷的灰釉器，但仅此一见，并未得到发展。大约停顿六百年后，直到唐代中期湖南才复有白瓷出现。对这种现象如何解释呢？北方白瓷早于南方出现并得到发展，并非是南方制瓷业技术条件不足所致。究其原因，应当与北方地区蕴藏的高铝低硅、铁、钛含量低的黏土原料直接关联；不容置疑亦应与南、北地区长期形成的社会习俗，人们对色彩欣赏的习惯与禁忌心理有直接关系。江南地区山青水秀、四季长青的生活环境，形成了人们崇尚青色的欣赏习惯，青瓷就成为人们喜爱的生活用品，长久以来青瓷垄断着南方瓷业生产，与此不无关系。从殷商时期的白陶，到汉代彩绘陶上的白色陶衣，都闪现出北方地区人们在追寻一种以白色为美的情趣，这也当与长期生活在多雪的自然生态环境的北方民族，产生对白色的特殊美感和崇尚意识密切相关。北魏孝文帝迁都洛阳促进了民族融合，佛教信仰的大力提倡，"尚白"的习俗越发广泛、强烈，导致了那追寻已久以白色为美的制品，在迅速发展的北方瓷业中率先出现。

　　考古发掘资料揭示最早的白瓷制品稀有，仅供上层社会使用，此说已被河南安阳北齐武平六年（575）骠骑大将军范粹墓出土白瓷所证实。此后，隋代的细白瓷亦为彼时的权贵豪族所拥有，河南安阳隋开皇十五年（595）张盛墓，陕西西安隋大业四年（608）李静训墓、西安郭家滩隋大业六年（610）墓、郭家滩姬威墓都出土了精美的白瓷。入唐以后白瓷盛烧，"内丘白瓷瓯，天下无贵贱通用之"，此记载表明时至唐代，白瓷已被社会各阶层普遍使用。精细白瓷是属皇室、权贵专用，西安大明宫遗址出土的邢窑"盈"字款白瓷碗残器、"翰林"和"盈"字双款白瓷罐等，都是邢窑白瓷中之上品。那些施白色化妆土的粗白瓷则是大众用品。唐代白瓷用品的普及，推动了白瓷生产的大发展，河北、河南、陕西、山西等地区，都出现了不少烧制的白瓷的瓷窑，白瓷生产在北方地区成为制瓷业的主流，形成了古代瓷业生产"南青北白"的时代格局。

　　故宫博物院收藏的隋唐早期白瓷大部分为河北邢窑、定窑，河南巩县窑所烧，亦有目前尚无法说清产地的产品，还有待于窑址考古发掘新资料的印证。最早的北朝白瓷已见墓葬出土物，但其产地尚不可知，研究者有说河南安阳相州窑可能是北朝白瓷的产地。近年河北邢台市内丘西关窑址发掘出土的隋代白瓷中不仅出土化妆粗白瓷，尚有令人惊奇叫绝的精细品，胎质洁白，厚 1 - 4 毫米，釉白润透光能达到现代瓷标准的精致的白瓷碗残器，造型特点与隋青瓷碗相类。内丘西关窑发现的隋代细白瓷，标志着此时期白瓷的烧制技术已臻成熟，内丘邢窑当在隋以前就开始了白瓷的制作。这一推论是否有存在的可能，且从该窑址发现的北齐青瓷残器的工艺特点分析：内丘白瓷瓯名扬天下，是唐代的事情，事实上早在北朝时期内丘窑已开始了青瓷的烧制。内丘西关窑出土的北朝青瓷碗，胎质粗，胎上施白化妆土，显然是为了遮盖粗糙的坯面使之光滑变白而施加的。化妆土的使用，说明了北朝时内丘窑工已知晓经过淘洗的含铁量低的原料，烧成后呈现白色，并将这一认识付之于对胎、釉原料的筛选、配制的反复实践中，可能就在北朝晚期烧出了早期白瓷。如果说，在内丘西关与临城陈刘庄窑址发现的北朝化妆土粗白瓷碗残器不是孤例，又能被墓葬出土物所印证，就更加说明了盛名于世的内丘白瓷，历经了由北朝时的化妆土青瓷逐渐过渡到早期白瓷以至成熟的发生发展阶段。据此，我们认为，内丘邢窑很可能在北朝晚期已创烧出白瓷，当是北朝白瓷的产地之一。

（作者单位：故宫博物院）

参考文献

① 李国桢、郭演义《历代定窑白瓷的研究》，中国科学院上海硅酸盐研究所编《中国古陶瓷研究》，科学出版社 1987 年版，第 141 - 148 页。

② 李家治、张志刚等《河南巩县隋唐时期白瓷的研究》，中国科学院上海硅酸盐研究所编《中国古陶瓷研究》，科学出版社 1987 年版，第 136 - 140 页。

③ 上海硅酸盐研究所《隋代白瓷的研究》。

④ 王莉英《关于白瓷的起源及产地》，中国古陶瓷学会编《中国古陶瓷研究》1987 年创刊号，第 44 - 45 页。

英国维多利亚和阿伯特博物院
藏中国早期白瓷[*]

柯玫瑰

新石器时代晚期，位于现今山东省的大汶口文化及龙山文化，已开始制造少量白陶。新石器时代的白陶采用了高岭土，有别于制造其他陶器的原料。高岭土通常得自中国北方的黄土层下。新石器时代白陶、商代白陶、隋唐白釉炻器、唐三彩以及隋唐高温白瓷如邢窑，皆使用当地高岭土。

以维多利亚和阿伯特博物院藏品为例，说明最早期白陶的出现与真正瓷器诞生之间的关系，图例分别为：新石器时代的三足簋，一件釉色鲜艳、器身极白的唐三彩，唐代巩县窑白釉炻器，邢窑与早期定窑白瓷，以及冯先铭先生认为可能是产自安徽窑场的唐代白瓷狮。

本次研讨会的主题是早期白瓷。中文的"瓷"，基本上包含英语中所谓的"stoneware（炻器）"和"porcelanin（瓷器）"。本文将探讨自新石器时代至唐朝期间，中国北方从低温白陶至高温白瓷的发展过程，范围包括陶器、炻器及瓷器，并举维多利亚和阿伯特博物院藏品为图例。虽然最早的白陶是低温烧造，但它们胎体中已经含有了高岭土成分，因此与以后出现的高温瓷器有一定的关系。

新石器时代晚期，即公元前 4000 年，位于现今山东省的大汶口文化就已有少量白陶烧造。公元前 3000 年，龙山文化的工匠使用快轮制作精细有棱的器形。图 1 和图 2 所示的是本馆收藏的一件米色胎陶簋，属低温陶。虽历经 4000 多年，但只有些微破损，说明这件簋制作的很坚固。此类新石器时代白陶与当时的其他陶器相比，使用了完全不同的原料。后者包括使用化妆土的仰韶文化陶器和龙山文化磨光黑陶。关于前者，我们分析了山东省城子崖出土的一件同时代的白陶，发现它居然含有高岭土，这种高岭土通常埋藏于中国北方的黄土层下，二千多年来北方的所有白陶和白瓷都使用这种土，它们分别是：新石器时代白陶、商代白陶、隋唐白釉炻器、唐三彩以及包括邢窑在内的隋唐白瓷。

侯家庄出土了一些精美的商代白陶。这些陶器的胎体为白色或浅米色，上面的刻花图案与商代青铜器上的纹饰相似。通过对安阳地区出土的碎陶片所作测试，发现它们的烧造温度介于 950－1175℃之间，已接近炻器的烧造温度。商代白陶虽然不施釉，但经过打磨后有一种汉白玉似的光泽，而且与新石器时代白陶一样也使用高岭土。本馆未收藏商代白陶，但上海博物馆藏有几件。

---

[*]《中国古代白瓷国际学术研讨会论文集》，上海书画出版社，2005 年

　　奇怪的是，这些精美的早期白陶突然间断烧了，直到两千年以后中国北方才重新使用高岭土制作陶瓷器。从墓葬和窑口中出土的器物，证实了直到公元 5 世纪晚期高温白釉器才开始在中国北方生产。这一时期最早的例子出土于河北省的北魏墓葬中，但没有发现相关窑口。在河南省的安阳则发现了一些窑址。巩县窑烧造白瓷始于北齐，碳十四测定该窑址火膛中的残留木炭年代为公元 575 年。这一地区的容器类器物烧造始于隋朝，在唐朝得到长足发展，开元时（713－756）曾向朝廷贡奉白瓷。1957年，冯先铭和李辉柄两位学者调查巩县窑时发现了 3 个窑址，分别为小黄冶、白河乡和规模最大的铁匠炉村。根据发掘的碎片，我们得知这三个窑址的主要产品是白瓷，前两个小窑址还生产三彩。巩县地区的三彩窑口除了生产白瓷，还供应洛阳大量的铅釉陪葬器。对巩县三彩进行化学分析，发现它们所使用的原料与当地的高温白瓷原料相同，因此低温铅釉陶、白釉炻器和白瓷三者之间存在着密不可分的联系。

　　这种联系可以从本馆收藏的一件盖罐上看出来（图3）。这件三彩盖罐胎体致密，胎色洁白，未施化妆土，黄色条纹和绿色铅釉图案在白地衬托下显得熠熠生辉。图4所示的是一件高33.5厘米的大扁壶。这种器形，尤其从侧面看（图5），不是自然的陶瓷器造型，而是借鉴了皮制扁壶的风格。唐朝时，从中亚和西亚经丝绸之路运来长安的货物颇受人喜爱，这种喜爱造成了当时各个装饰艺术门类或多或少都受到了西域各国和游牧民族文化的影响，图示的扁壶就是这种文化交流的结果。

　　图6的龙首执壶也是一件中东风格的仿品，原形可能为金属器。当时更为常见的器形是长颈双龙柄瓶。图6的这件只有一个龙首和流，胎色灰白，胎质坚硬，施米黄色釉。唐代早期白釉炻器釉面往往过烧，釉层光亮，并有开片，而胎体呈粉白色。部分几乎就是瓷胎，但釉还是比胎骨易熔。当然，在刚出窑的时候，这些高温白釉炻器的釉色是纯白的，看上去更像白瓷。只是由于埋藏过久，其釉色已发生改变且容易剥落。

　　许多唐代陶瓷器都借鉴银器器形，白釉炻器和白瓷因为颜色接近而特别适合来模仿这种贵金属。图7和图8所示属典型的中国银器风格，在颈部为模仿金属的接口而装饰的两道凸起的弦纹，胎骨和釉色与图6的扁壶相似。

　　随着陶瓷原料的净化和窑温的升高，渐渐出现了高温白瓷。唐朝早期的白瓷主要烧造于河南和河北，与巩县窑产品的成分相近，但铁和钛的氧化物含量更低，因此成分就更加洁白，有时胎骨甚至呈半透明。中国北方的天然瓷土是烧成后呈色洁白的次生高岭土，为北方白釉炻器原料的近亲。这两种原料存在着一种延续关系，使得我们很难判断白釉炻器何时结束而白瓷又何时开始。比如图9所示的小高足杯，其胎骨坚硬而洁白，但釉面却有细微的开片，并不完全与胎体相一致。这件高足杯与同时代的越窑瓷器和银器陈列在一起，显示出细瓷与贵金属器皿之间的密切关系。

　　世界上第一种真正的瓷器烧造于河北省的邢窑。邢窑产品在其他地方被大规模仿造，仿品质量参差不齐。从瓷土成分上看，邢窑烧成后比巩县窑更加洁白，也更加难熔。这种难熔是因为当地原料中缺乏一种天然的矿物助熔剂，造成了邢窑的烧造温度必须达到 1360℃，这一温度在当时是工艺上一大飞跃，而且在以后的中国陶瓷生产中也很少被超越。这项成就非同寻常，因为当时然主要使用木材，而非其他。

　　图10所示的是银器风格的白瓷盖盒。盒身上部模仿银器而精心地进行过修饰，然后在口沿内侧仔细地上了一圈釉，在盒身与盒盖结合的口沿外侧并未上釉，但盒身的其他部分为满釉。其胎骨坚致洁

白，施灰白色釉，为邢窑的典型器。

图 11 和图 12 所示的唾壶胎骨坚致洁白，釉色也十分纯净，直径约 16 厘米，属邢窑类型。值得注意的是，它最初在叙利亚被购得。由于唐朝白瓷工艺精良，不仅被皇家使用，也为国内百姓所喜爱，同时还出口海外。早在 9 世纪早期朝鲜光州 Bangsan – dong 窑生产白瓷之前，中国已经垄断了白瓷生产约二百多年。由于朝鲜并不出口白瓷，使中国的瓷器商人能够随心所欲地把生意做到东亚、东南亚、中东和北非等地。

图 13 和图 14 为两件典型的出口白瓷，相似但不雷同。右面的盘子也来自叙利亚，口沿为在坯胎尚未干透时手工修坯成花口，底部露胎，高足，为典型的银器风格。左面的盘子足部相对较矮且上釉，通体施象牙白色釉，釉色与定窑相似，内底釉下有一手写的铭文，可能暗示着盘子的归属。

早期白瓷中有一件狮子塑像非常出众，如图 15 和图 16 所示，可能是香炉盖上的一部分。模制，四肢刻划入微，头上的卷毛似乎是做好后再贴上去的。虽然该器胎体坚硬洁白，但有人推测它不是河北而是湖北的窑口生产的。

早期定窑的窑址位于河北邢窑以北 100 公里处，在风格上与邢窑有许多共同之处。如图 17 和图 18 中左面那件狮柄小酒壶就是典型的邢窑风格，烧造于 9 – 10 世纪，即唐末或五代初。旁边的那件较大尺寸的执壶是宋代定窑风格，白釉闪黄。两件执壶都模仿了银器造型。图 19 和图 20 则是一件定窑少见的产品：四足小水盂。器身有模印弦纹，胎骨洁白，象牙白釉色，有泪痕，底部刻有潦草的"建中年造"四字，即公元 1101 年。

综上所述，到五代时为止，邢窑结束了其黄金时代。定窑后来居上，在北宋和金代发展至顶峰，元朝以后逐渐衰败。

（作者单位：英国维多利亚和阿伯特博物院）

大英博物馆所藏明代以前的白瓷[*]

霍吉淑

  大英博物馆自 1753 年成立之日起就开始收藏中国的早期白瓷，至今已有 250 年。其中一部分白瓷收藏于清王朝灭亡前，而另一些是 20 世纪收藏家的捐献或遗赠。伦敦的东方陶瓷学会捐赠了大部分器物，近年来也有人陆续捐赠了一些。大英博物馆的藏品以其范围广、重视收藏有确切纪年和铭文的器物而著称。大英博物馆早期白瓷在烧造年代和窑口分布上呈现出多样性，涵盖了商代至元代晚期，窑口遍及中国南北各地。本文只针对收藏的部分白瓷作简要论述。

  中国的白瓷陶烧造早于景德镇瓷器几千年。新石器时代的中国东部的工匠们已经熟悉如何选择黏土、加工黏土和采用模印技术。青铜时代最著名的白陶是不施釉的低温纯白釉，用次生高岭土制成，时间约在公元前 13 至 11 世纪。大英博物馆没有这一时期的完整器，但却有出土于河南安阳殷墟的白陶碎片。这些碎片上个世纪 40 年代被东方陶瓷学会会员收藏，以泥条盘筑法成形，胎色为白垩色，低温烧造，繁复的花纹近似于商代青铜礼器和食器、丝织品和汉白玉雕塑上的表面纹饰。

  6、7 世纪时，中国北方的窑口，如河南的巩县和密县，开始生产胎体致密的上淡黄色釉的白瓷，有的还使用了白色化妆土，烧造温度比商代白陶要高得多，达 1350℃。如该馆收藏的一件装饰有贴花佛像和八吉祥纹，米色釉、绿斑的高足碗，是巩县窑的典型器。虽然隋代只存在了二十余年，但它统一了中国，一些隋代白瓷的质量与唐代的高温白瓷十分相似。大英博物馆收藏了 6 件隋代白瓷器，最近捐赠的隋代白釉铃形罐，釉色薄而透明，颈部积釉呈淡绿色，罐内壁也施有釉，底露胎且略有弧度。8、9 世纪时，河北、河南、山西和安徽等地都曾烧造过白瓷。

  唐代早期的双柄瓶釉色偏黄，釉面有细碎开片。这种釉通常与胎体结合不紧密，容易剥落，露出油灰色胎体。瓶颈部装饰凸弦纹，上附龙形双柄，龙口衔着瓶的颈部。这类器形来自中亚，而非中国传统的造型。由于采用蘸釉的方法，釉面并未遮盖全部器身，而是垂挂到瓶腹的中下部，因而下部为露胎。其中一件收藏于 1910 年，另一件于 1912 年入藏，有修补痕迹。有趣的是，后补的那块碎片虽然弧度与瓶体弧度接近，但年代要晚和多，而且是瓷碗碎片。大英博物馆还收藏了时代约为 7 世纪的

  [*]《中国古代白瓷国际学术研讨会论文集》，上海书画出版社，2005 年

一批盖罐，与上述双龙柄瓶的胎体相同，釉色也为米色，它们通常是用来随葬的。

白瓷有时仿造一些不适合陪葬的物品，如人物俑，或仿制比较昂贵的材料制成的物品，如玻璃器和金银器。唐代的佛教供器往往是精致的银器，白瓷仿品则要便宜得多。唐朝颁发了许多法令禁止使用金银器陪葬，从而进一步促进了白瓷的生产。如收藏的一件唐代白釉供器，为一头装饰华丽的大象，象北上站着两只狮子和两个丑陋的人，共同支撑着一个小碗。也许这个小碗是油灯，用来装灯油和灯心的；但也可能是盛放某种供品的容器。这件器物的制作使用了一系列的印模，有釉，烧成温度较低。一件唐代白釉角杯与之相反，是高温烧造，很像银器。角杯多立面的造型和串珠纹装饰说明仿照了外国银器，很可能是大夏风格。

除了温度相对较低的随葬用器，唐代还烧造高温白瓷。唐代最精美的白瓷出产于河北内丘的邢窑。继承邢窑传统并进而发扬光大的是产于河北曲阳涧磁村和燕川村的定窑。由于地理位置优越，定窑的生产从 8 世纪早期直到 14 世纪中期一直保持在相对稳定的水平上。大英博物馆收藏了唐代到元代一批精美的定窑和仿定窑白瓷。其中的日用器包括碗、盆、盘、杯、盏托、唾壶、罐、执壶、壶、瓶、盒、枕和玩具。早期的定窑白瓷受邢窑影响很大，两者较难区分。范冬青认为有些特征还是可以区分这两大窑口的，比如：定窑底部有工具划痕而邢窑则无；邢窑釉面比较均匀，较不易形成泪痕，而定窑因含较高的氧化锰和较低的氧化铝，情况恰恰相反；定窑胎体上有旋纹，而邢窑则没有。然而，两类白瓷还是非常相似的。唐代这类白瓷碗通常为玉璧底，厚卷口。大英博物馆藏有几件底部带"官"字款的白瓷器，包括一个盘子和一件小罐。那些制作精美的罐、碗、瓶和当地生活的其他物品一起，曾作为贡品进奉给唐代朝廷。

白瓷盘、碗、茶杯和罐远销海外，到达非洲、近东和东南亚。中国的唐代白瓷在波斯湾附近如西拉拂和伊拉克的萨马拉都有所发现，甚至在埃及的福斯塔特也有（其出土资料由弓场纪知整理出片）资料。唐代白瓷还向东出口到朝鲜和日本。由于瓷土非常细腻、色泽纯白，胎体和釉面之间不需要加涂化妆土。定窑的瓷土来自当地的灵山，质量好，使用前很少需要筛洗。大英博物馆收藏了一大批福斯塔特、萨马拉及其他非洲和近东遗址出土的白瓷碎片，还有埃及和伊拉克的白瓷仿品。这些仿品胎体比中国白瓷粗糙，颜色较黄，且胎釉结合不紧密。

中国佛教原本由印度传入，以后逐渐兴盛。它在中国的广泛传播，不仅为当时中国带来了一种新的哲学思想，也由此产生了一整套全新的礼仪用器。这些佛教器具通常为印度风格，如塔式罐和装饰着莲花或莲花瓣等印度题材图案的净瓶。考古资料表明，定窑器曾在唐、辽和北宋时期取代佛教仪式中的金银器供应寺院。收藏的白釉佛前用器包括一个瓷枕、盘、罐、执壶和佛塔模型，它们的功能尚不明了。上世纪 20 年代东方陶瓷学会的会员收藏了这套佛前用器。白瓷在寺院中既有普通器形又有供器。静志寺和其他宗教场所的考古发掘表明此类白瓷器在当时的使用地位相当高。

大英博物馆的白瓷藏品种类繁多，包括各种模制的白瓷人物俑，造型包括童子骑马、卧婴、抱鹅童子和文吏俑等。这些人物高度都不到 4 厘米，年代为北宋。工匠还将刻有阴文图案的印模压印在尚未干透的碗壁上留下花纹。由于印模可以重复使用，大大提高了 12、13 世纪定窑图案的装饰效率。而另外一些图案，如刻花莲瓣纹，则是在印花后再加上去的。大英博物馆收藏的这些印模内侧都刻有年款。一件定窑较大尺寸的盘模上面刻有"大定己酉岁（1189）戊子月末旬五日东张造"，而那只碗的印模上则刻有"泰和三年造（1203）"款文。

一件金代定窑大瓷碗内壁底部刻有鱼波纹，四周装饰着刻花莲瓣纹。整个碗无扣边，釉色为典型的定窑象牙白，外壁有泪痕。底部上釉，铁杂质使釉面呈棕色斑点。外壁也刻有莲瓣纹。大英博物馆还藏有一件 11 – 12 世纪高质量的瓶定窑白釉瓶，由此不难理解为何宋人将定窑列为五大名窑之一。该馆收藏的一件白釉葫芦式执壶装饰着划花莲瓣纹，也是 11 – 12 世纪的定窑产品。一件瓷枕与上海博物馆所藏的一件相似，枕面装饰有卷草纹，底座模制成一座房屋，门开着，门内站着一个男子和一位妇人，妇人手中抱着孩子。此枕底部部分露胎。

大英博物馆的白瓷藏品呈现了明显的时间脉络和窑口的多样性，其中不乏年款确切和具备文字资料的瓷器，为我们研究其功能和所有人提供了重要信息。比如一件金代霍州窑白釉盘，盘底部分露胎，上面刻着"至元八年造公用"。盘子内侧的底部有一鱼和花朵的组织图案，比较特别，因为通常情况下为鱼和水波纹或水草纹相组合。胎体非常粗糙，呈灰白色，是典型的元代霍州窑。

还有一件盖碗，盖子的内侧口沿上有一圈按逆时针方向书写的墨书，读作"史良母陈氏大定二年二月十四日身亡记"，意思是"记载史良的母亲陈氏死于大定二年（1162）二月十四日"。在盖碗的圈足内侧也刻着"史良母陈氏"。盖碗胎体粗糙，呈灰白色。而绝大多数器物刻铭一般为顺时针方向。

大英博物馆也收藏了一大批磁州窑器物，其中几件留有文字。这件磁州窑枕头上书"家国永安"，意为"家庭和国家永远安宁"。瓷枕的两侧还写着"……赵家枕永记"，并在右侧上有"熙宁四年（1071）三月十九日书"几个字。另一件磁州窑罐部分上釉，为米色开片纹，并装饰有写意的铁褐色花纹，肩部也有铁褐色花卉图案。然而胎体粗糙，呈灰白色，上面刻着"大德七年三月初十日×置到油瓶××记"，意思是"某某人记录了他在大德七年（1303）三月初十日买到了这个罐子"。

除了有确切纪年的器物，大英博物馆还收藏着一些独特的器形，一件小型白瓷执壶塑成一个驭龙的人。此人右手握着一只龙角，左手掰开龙的下颌形成执壶的流。执壶为米色釉，但平底露胎，年代为辽，可能产于辽宁、内蒙古或河北的一个窑口。辽代白釉牡丹纹扁壶，壶身两面都装饰有刻花牡丹纹，底部无釉，露出非常粗糙的砖红色胎。辽代最好的白瓷器产于河北的龙泉务村和内蒙古的上京。辽代的高温白瓷更接近于唐代白瓷，而不是同时期的北宋白瓷。有些辽白瓷与定窑器在某些方面非常相像，因此我们推测河北的制瓷工匠在唐代灭亡后曾迁移到内蒙古继续从事瓷业生产。而龙泉务村在位置上与定窑各窑口很接近，因而两地的产品有时很难区分。如大英博物馆收藏的一件辽代盘口花瓶。还有一些辽代白瓷器造型非常新颖，如大英博物馆所藏的美人鱼形执壶等。

大英博物馆还收藏了近千件福建德化窑白瓷，其中主要是明清两朝的器物，但也有宋元时期产于德化和安溪的作品。这些色泽纯白的德化产品包括碗、盒、瓶和执壶，其中许多出口东南亚国家。另外还收藏了一件江西景德镇生产的白瓷盘，年代为 14 世纪上半叶，即元代晚期。其器形模仿了漆器和银器的造型，釉色也与这一著名窑口当时所烧造的青花和釉里红瓷器十分接近。

大英博物馆的早期东方白瓷主要陈列在何鸿卿东方古物陈列室，以中国历史的先后顺序排列，并以专柜展示中国的瓷器贸易和制瓷工艺。还有一些中国白瓷陈列在其他展厅，如阿迪斯伊斯兰艺术陈列室，通过对伊拉克白瓷仿品和中国原形的比较，表明一千多年前中国与近东地区庞大的贸易关系网。中国白瓷还在欧洲各个陈列室中出现，与后来出现的欧洲瓷器作比较以说明中国是瓷器的发源地。最后，2003 年在大英博物馆的国王图书馆有一个中国白瓷陈列，旨在介绍这方面的历史背景和知识。如果您想要对大英博物馆设施了解更多，请查阅网站：www.thebritishmuseum.ac.uk。

（作者单位：英国大英博物馆）

福尔克藏品中的中国早期白瓷[*]

苏玫瑰

　　迈伦·福尔克夫妇是 20 世纪美国亚洲艺术品著名的收藏家，他们不仅收罗了大批艺术品，同时在美国发起组织了许多推广亚洲艺术的社团机构。1949 年，他们在纽约的中国研究所创建了中国屋陈列室。1945 年，创办了学术期刊《中国艺术档案》。他们还赞助一些艺术机构，如亚洲协会、纽约大都会博物馆和布鲁克林博物馆。他们鼓励年轻学者，欢迎学生和全世界专家研究他们的收藏。福尔克夫妇把收藏的部分精品留给家人和各个博物馆，而 2001 年在秋季在纽约拍卖了绝大部分藏品，希望新一代收藏家可以像他们当初那样从中体会到收藏中国艺术品的乐趣。

　　早在孩童时期，迈伦·福尔克和波林·福尔克就已经接触了中国艺术，成年后他们购买了一些中国文物。然而，直到 1937 年他们访问中国以后，才想到要成为"收藏家"。从他们发出的信件、明信片、照片和黑白底片上，我们不难看出他们的这次访问很愉快，以及对中国艺术和文化产生的浓厚兴起。50 年以后，他们再次以极大的热情访问中国，当时我在上海博物馆 1989 年举办的暂得楼陶瓷馆开幕式上遇上了他们，并有幸与他们一同参加了上海博物馆组织的景德镇之行。那次旅行福尔克夫妇过得很高兴，旁人可以很明显地感受到他们对中国瓷器的痴迷。

　　对福尔克夫妇来说，他们购得的东亚品是对其学者型收藏方法和他们对亚洲艺术痴迷的一种检验，特别是中国陶瓷。虽然他们的藏品中包含了一些精美的中国青铜器和玉器，但只有陶瓷才是他们的收藏重点。他们购买了不少的清代瓷器，绝大部分藏品为唐、宋、元和明代瓷器，其中宋元部分包括了不少有趣而罕见的作品，包括各种白瓷。本文即对这些早期白瓷进行考察。

　　我们应当注意到其中大部分白瓷收藏于近年重大考古发现之前。当福尔克夫妇购买这些瓷器时，西方几乎没有人深刻了解中国瓷器，而且美国人几乎不懂得欣赏宋元单色釉瓷。在这样的背景下，福尔克夫妇选择了如此种类丰富的早期白瓷实属意义非凡。他们收藏的白瓷包括南北方各地窑口生产的容器和俑像。当福尔克夫妇购买它们的时候，美国收藏家应该尚未接触到相应的对比资料，有趣的是其中一些藏品现在可以在中国各个窑口和墓葬的考古发掘资料中找到同类器物。上海博物馆举办的中

* 《中国古代白瓷国际学术研讨会论文集》，上海书画出版社，2005 年

国古代白瓷讨论国际学术研讨会上展示的研究成果，使我们得以有必要再次考虑福尔克收藏的一些瓷器与某些窑口的关系。

本文试图以近年来考古和艺术史研究的背景，考察福尔克白瓷精品的多样性。

对于像福尔克夫妇那样着迷于陶瓷烧造技术发展的收藏家来说，他们的收藏品包含了几件早期高温白瓷是正常的。1949 年他们购进了一件大杯，自那以后中国北方的考古发掘揭示了这类瓷器的许多信息，而当时美国对这方面的资料却掌握得较少。当欧洲的陶瓷工匠在 18 世纪前还不能成功制作瓷器时，最近的考古资料表明，中国河北内丘的邢窑在隋朝已经能够烧造光洁、细腻、透明的白瓷，比欧洲早了 1100—1200 年。为了烧造时在相对较低的窑温下达到一定的透明度，这种白瓷胎体中加入了正长石。然而大部分的隋朝高温白瓷都不透明，也有一些和这件杯一样胎体细腻、造型优雅、颜色洁白。河北邢窑和河南巩县窑都生产这种精细白瓷，它们被认为"近乎瓷器"。

该杯尺寸特别大，在同类瓷器中并不多见。邢窑也出土了几件类似的杯，时代为隋代；美茵堂也收藏了 4 件杯，但带着托盘；大英博物馆收藏的一件要小些；波士顿艺术博物馆和东京国立博物馆各收藏了一对尺寸略小的杯；吉美博物馆也藏有一件。上海博物馆在这次研讨会举办的特展中，也有一件与福尔克藏品相似的大杯。西安市文物保护考古所的王长启先生在研讨会上宣读其论文时，也介绍了类似的一件。

福尔克夫妇藏品中有一件唐代的白瓷盖罐，这个白瓷罐制作规整，盖面略鼓，上有宝珠形盖钮。这种器形通常见于三彩陶器，但在黑釉瓷器中也有，高温白瓷中则比较少见。这件白瓷罐为米黄色胎，施有白瓷化妆土和透明釉，无任何装饰图案。福尔克夫妇收藏了一批无任何花纹的早期白瓷碗和盘子，其中包括所谓的"萨马拉碗"。因为在现在的伊拉克萨马拉发现了这种类型的白瓷碗而得名。萨马拉位于底格里斯河沿岸，在公元 836—892 年间曾是这个地区的首都。延斯·克勒格尔在他的研讨会论文中提到在两处哈里发王宫发现了中国白瓷。在王宫附近发现的中国陶瓷器涉及唐三彩、绿釉瓷器、褐釉瓷器、邢窑白瓷和青瓷，包括与五代白瓷萨马拉碗相似的白瓷碗。这些白瓷碗都为卷口和玉璧底的。研讨会展示的瓷片表明烧造这种类型的白瓷碗的窑口要比我们原先设想的多得多，不仅定窑和邢窑生产，巩县、浑源和耀州的窑口以及印度尼西亚"黑石号"沉船上都有所发现。日本金泽大学佐佐木达夫先生在他的论文中提到在阿里也发现这种碗。王长启先生还介绍了西安出土的一只碗。

福尔克夫妇还收藏了一件与这只碗同时期的花口盏托。这件盏托器形独特，盏口是另外加上去的，口沿有五个内卷的花口。1957 年，安阳一座五代墓出土了一件类似的白瓷盏托，只不过每片花瓣之间还有一条出筋，从口沿一直延伸到盖底。卡尔·申佩的收藏中有一件类似的。斯德哥尔摩远东古物馆的赫尔纳藏品中也有一件，而且也有出筋。

黑泽伯教授曾介绍过一件白瓷盏托，与福尔克那件一样，也没有出筋，只有花口，他断代为 10 世纪。在同书中，他还比对了陕西西安和平门外出土的一件唐代鎏金银盏托，也有同样的花口。有趣的是，河北曲阳文管所收藏了这样一件定窑盏托，只不过底座是加高的，年代推定为五代。本次研讨会展出了河北邢窑的一件盏托，上面装饰有五根出筋。

福尔克夫妇收藏了一批 10 世纪的无花纹装饰的白瓷碗，其中一件莲瓣碗胎质细腻。另两件大小相同的白瓷碗，胎体较薄，圈足稍微外撇，碗口边缘为手工刻成，其中一件碗口呈五葵瓣形，另一件为四莲瓣形。由于这些花瓣造型必须在拉坯后胎体半干时用小刀手工刻制而成，要成功地刻出莲瓣的尖端和曲线需要熟练的技术，所以福尔克藏品中的莲瓣形白瓷碗并不多见。这些莲瓣碗碗口有多个瓣尖，而且胎体较薄，因此非常易碎。福尔克收藏的这件白瓷碗品相完好，而中爪哇穆里亚山上出土的一件和雅加达布萨博物馆收藏的一件则四个莲瓣尖端都已损坏。卡尔·申佩藏品和东京展出的那两件保存状况较好。此次研讨会特展中有三件类似的白瓷碗，一件为上海博物馆收藏，一件为 1952 年出土于长沙颜家岭、现属湖南省博物馆，另一件出土于浙江临安水邱氏墓。上海博物馆和临安的白瓷碗都刻有"新官"款。还有一件私人收藏的较小的白瓷碗也在研讨会时展出，属安徽繁昌窑。

目前，各大机构还保存着一些葵瓣形碗，其中一件藏于大维德基金会，一件现藏台北故宫博物院，还有一件在南京博物院。1978 年在河北曲阳县出土了一件造型类似的碗的残片。这些白瓷碗有可能是五代时定窑生产的。曲阳出土和大维德基金会所藏的都刻着"新官"二字，台北故宫博物院的那件只有一个"官"字，而南京的和福尔克的都没有款识。

这个时期开始流行的花瓣形器在福尔克夫妇的收藏品中也有所体现，包括一件精美的五瓣形白瓷盘。此次研讨会上展出了两件白瓷盘，一件 1985 年出土于陕西火烧壁，尺寸略大，年代为唐代，底部刻有"官"字，现藏于西安市文物保护研究所；另一件为安徽合肥姜氏墓出土，五代时烧造。大维德基金会也收藏了一件，刻有"新官"二字，尺寸略大。

浙江临安的钱宽墓和水邱氏墓出土了一些相似的五瓣形白瓷盘，年代在公元 900 年和 901 年。这些瓷盘和其他晚唐、五代遗址中出土的瓷器都刻有"官"或"新官"字样。定窑也出土了一些五代时期的五瓣形带"新官"二字的白瓷盘。

福尔克夫妇还收藏了几件有趣的尺寸较小、造型简洁的 10 世纪白瓷器。其中一件为高足盖盒，这种精美的瓷盒无论从优雅的高足还是盒身的花瓣，都显示出其造型受到了唐代银器的影响。盒盖和盒身边缘的芒口表明当初可能还要镶上银扣边。在盒盖上有两只面对面的蝴蝶图案，用了凸起的细轮廓线进行勾勒。

此次研讨会也展出了一件类似的白瓷盒，1958 年出土于湖南长沙砚瓦池的一座墓葬中。高足呈喇叭形，盒的造型为四葵瓣，而不像福尔克藏品那样是四莲瓣形，因此整体形成几乎为正方形。盒底铭刻着"官"字，年代为晚唐，现藏于湖南省博物馆。陆明华先生和杜劲甫先生分别在研讨会论文中谈到此类高足瓷盒。

故宫博物院也收藏有一件四莲瓣形白瓷盒，胎质略为粗糙。这件白瓷盒圈足较矮，中央有个"武"字，为五代产品。这件作品虽然与湖南长沙有关，但绝对不同于该省的青釉瓷器。比对上述两件瓷盒，我们发现它们都与长沙有关，表明至少这类白瓷盒中有一些是湖南生产的。

福尔克夫妇热衷于收藏器形独特的器物，其中有一件是早期的鸭形水注，外形像鸭子，鸭子内部却有一只模制的小甲鱼。乍一看，以鸭子与甲鱼作为造型主题颇为奇怪，但这是一只具有谐音意义的礼物。从鸭子和甲鱼中各取一个字的谐音，合成"佳雅"二字，意为"美好优雅"。

故宫博物院收藏的一件水注，与福尔克藏品在大小、造型（包括里面的小乌龟）方面都一模一样。大英博物馆也收藏了这么一件。这些水注可能是定窑生产的，在动物的眼睛上用了流动性较强的铁褐色釉，这种做法也见于其他几件定窑俑，而其他窑口则使用比较黏稠的褐色颜料。

福尔克夫妇收藏了一批经典的北宋和金代白瓷器，其中一件北宋早期定窑瓷碗的外壁熟练地刻着花瓣图案，碗底带"官"字款。这只碗，无论是大小、造型还是图案，都与 1969 年河北定州静志寺塔墓出土的那只碗非常相似。静志寺建造于公元 977 年，塔基出土的那些物件都是善男信女供奉的财物，其中包括金银器等贵金属和细白瓷，静志寺的定窑瓷器与福尔克瓷碗外形相同，外壁上的划花为重叠的花瓣纹，与五代越窑细瓷的图案一样，每片花瓣的中下方都有一根花筋。10 世纪早期，越窑细瓷为人们所钟爱，因此其他窑口吸收其风格也就不足为奇了。静志寺瓷碗在底部也有"官"字款，考察两只碗的相似之处，我们推测福尔克收藏的那只为 10 世纪晚期定窑产品。

福尔克夫妇收藏有一件极为精美的定窑划花大碗。中国宫廷非常喜欢这一类型的定窑大碗，故宫博物院就藏有一件六瓣花口大碗，上面的划花莲纹与福尔克那件相同。故宫博物院出版物中提到这件大碗是清宫藏品。台北故宫博物院也藏有一件六瓣花口划花牡丹纹大碗。两个故宫博物院收藏的白瓷碗都有镶口，而福尔克大碗原来也有镶口。

与大碗相对的一种器形是定窑弧壁划花小碗。这只小碗几乎呈半球，碗内壁装饰有折枝莲纹，矮足，因覆烧而芒口。上海博物馆藏有与之大小、纹饰一模一样的一件，但内部用红釉写着排列均匀的"长寿酒"三字。

福尔克夫妇还藏有一件十分稀有的定窑印花盘，花纹很有趣。它的内壁装饰着一圈印花花瓣，而盘底中央则为花园景致，花园的栏杆柱子上头露出荷花花尖，栏杆前的空地似乎平整得很干净，栏杆后有植物、小草、蕉叶和大块假山。

定窑白瓷盘上单向排列的印花图案在 13 世纪开始流行，多采用植物图案，描绘园景的却很少。大维德基金会收藏的一件折沿盘就描绘了一幅园景图，两个男童在水边与群鹅戏耍，身后是栏杆、假山、鲜花和灌木丛。台北故宫博物院也藏有相同的一件。这两件盘子的画面都没有透视感，栏杆只是在画面中央出现水平的一段。福尔克收藏的那件却值得注意，它不仅描绘了完整的栏杆，从右边起横穿画面中央，还试图通过把各段栏杆斜角排列而营造出透视感，因上它是 13 世纪陶瓷画家试图表现透视风景的一个重要例子。

福尔克夫妇钟爱小摆设，下面例举四件。第一件是定窑童子像，这个男童呈坐姿，右脚向上，左脚下垂，左膝上有一铜鼓，右手持一鼓槌，头上扎两个圆髻。河北定县曾出土一批北宋和金代的小型人像，其中有一件像福尔克收藏的这件，手持琴，而另一件则怀抱着一个孩子。金代的一座人像手中拿着两只葫芦，另一件则骑着凤凰。玛丽·特雷吉尔曾谈到斯德哥尔摩 Ostasiaitiska 博物馆收藏了一件这种类型的陪葬俑，有可能出于还原的目的。

福尔克夫妇还藏有一件小型青白釉注子温碗。大尺寸的注子温碗在许多地方都出土过，小型的却很少，这种稀有性正是福尔克夫妇所追求的。然而他们藏品中最多的还是小瓷盒，其中一件青白釉瓷盒造型为一个石榴，江西景德镇的一座宋代墓葬曾出土类似的一件。B·于伦斯韦德曾出版过一件卡尔·申佩收藏的石榴形瓷盒，造型、大小均与福尔克的相同。苏黎世美茵堂收藏的一件年代为北宋。福尔克夫妇还收藏了其他水果造型的小瓷盒。三果形瓷盒造型见于 10 世纪的越窑瓷器和宋代多个窑口的白瓷。美茵堂也藏有类似于福尔克的三果形瓷盒。大英博物馆还藏有多件花纹更加精美的白釉三果形瓷盒，静乐轩亦有。1972 年，广东潮州笔架山出土了一件图案比较精美的三果形瓷盒。

福尔克的大部分藏品是定窑和景德镇各窑口的产品，但也有些其他窑口的瓷器，如一件宋代刻花深腹碗。米黄色胎，除了足部和内壁中央露胎，其他部分都上了化妆土和透明釉。外壁刻有浅浅的花瓣图案，直达碗口。1963 年河南省鹤壁的鹤壁集出土了一件造型相同、尺寸略大的瓷碗，外壁装饰有同样的划花莲瓣图案。本次研讨会展出了一块山西介休出土的类似器形瓷片。福尔克藏品中甚至有两件耀州窑半透明的月白釉瓷碗。这种类型的碗通常圆口，釉色淡青而半透明。陕西铜川耀州窑博物馆收藏了一件类似的瓷碗，胎质和釉色都与之相似；1992 年还发表了一件铜川耀州窑出土的类似瓷碗，为金代产品，施月白釉。

　　宋金元时期生产了大量磁州窑风格的白瓷，在福尔克藏品中也有所反映。这种香炉可能从金属器皿演变而来。虽然目前我们尚未发现这种金属器皿，韩国却保存了一些类似青铜器。在两幅宋画中也有这类器物：一幅描绘了在供桌上放着一个带镂空炉盖的金属香炉，供桌位于佛的宝座前；另一幅描绘了一队外国使节，其中一人手持装饰有缠枝纹的金色器皿。这两幅画都说明了此类金属器皿用作香炉，因此相似器形的瓷器也有此功能，虽然有些器的大小暗示了油灯的功能。

　　1970 年，北京辽驸马墓出土了一件器形类似但尺寸略小的白瓷容器，台阶式足，年代为 1053 年。河北磁县观台亦出土了此类器物，通常有台阶式足和较窄的口沿。山西发表了两件略小的类似瓷器。这些情况表明北宋时期磁州窑系很可能生产了这类器物。本文谈到的另一件磁州窑类型的器形是瓜棱瓶。这瓜棱瓶通常为花口，足上有棱，多见于中国南方景德镇的青白瓷。福尔克夫妇的这件瓜棱瓶胎呈灰色，上涂白色化妆土和透明釉，在中国北方磁州窑系的产品中非常罕见。

　　福尔克夫妇收藏了种类繁多的青白瓷，包括碗、盘、盒、瓶、罐等，本文将只谈几件独特的青白瓷。第一件是两件粮仓模型中的一件。古人向来认为，稻米满仓是生活富裕、有保障的表现，因此在古代中国，陶瓷的粮仓模型通常作为陪葬品放在死者墓穴中，以陪伴他们在另一个世界去。汉代的墓葬中通常放一些没有上釉或上了铅釉的陶质粮仓模型，结构较简单，基本上为圆柱形，仓顶显示出为瓦顶的迹象。而福尔克收藏的这件宋代青白瓷粮仓结构较复杂，在门的上面刻有"五登仓"三个字，意思是希望五次收成存放在粮仓里以备将来之需。但有趣的是，门廊从下往上被分成六段，每段依次标上了数字，我们推测也许墓主人在死后希望把另一年的收成也储存进他的粮仓。

　　福尔克的粮仓模型做工精细，可能是为当时某个显贵而定做的。1986 年，江西南昌一座南宋墓葬中也出土了类似一件青白瓷模型，但结构简单，尺寸也略小，房顶部分和福尔克藏品一样，都有一个花蕊形尖项，屋脊和瓦顶等细节也相同。四川一个南宋遗址中出土了一件更为简单、尺寸更小的青白瓷粮仓，现藏于成都市博物馆。这件粮仓模型不仅简化了屋顶，而且门也缺失了。1978 年，另一件简化了的粮仓模型出土于崇仁县，它的门是关闭的，年代为 1251 年，现藏于江西省博物馆。卡尔·申佩藏品中还有一件更为简单的粮仓。

　　福尔克收藏的一件青白瓷盖罂，外壁无釉，其上的模制动物很有特色，呈现出南宋时期江西景德镇某些无釉陪葬器的特征。波斯顿艺术博物馆收藏了一件类似盖罂，顶部是模制的四灵。1964 年，景德镇一座墓葬出土的一件精致的盖罂上也有这种动物，年代为 1173 年，现藏于景德镇陶瓷博物馆。与福尔克的相同，这两件都没上釉。

　　福尔克夫妇收藏的青白瓷碗中有一件装饰着有趣的划花图案。这只碗胎质细腻，釉色漂亮，其图案由三部分折枝花纹组成。在碗或盘的内壁装饰折枝花纹和团花是宋代景德镇陶瓷装饰图案的一种。故宫博物院收藏了两件瓷器，一为斗笠碗，内壁装饰有三朵折枝花；另一件为六葵瓣口盘，外壁装饰有三个鸟形团花。福尔克这件的图案很值得注意，其内壁装饰的是一束束扎着飘带的莲花，这种装饰图案在 15 世纪早期成为青花瓷器上的流行图案，但在宋代瓷器上极少见。大维德基金会收藏的一件

12—13 世纪的耀州窑印花青瓷盘上也有三束这样的莲花，旁边同时写有"三把莲"三字。福尔克收藏的另一件印花青白瓷盘上也有这种图案。这件典型的青白瓷盘展示了印花开光围绕着盘底中央花朵图案的装饰手法，六开光中分别有一个玉壶春瓶或梅瓶，盘口沿内侧有一圈回纹，且为覆烧芒口。

福尔克藏品中还有一件瓷像，近年来广为人知。它是一尊模制的面带微笑的道士像。宋代景德镇烧造的佛像和道教神像传世很少，目前中国收藏并已经发表的三尊都是观世音菩萨像，因此这种道士像更加罕见。1964 年，北京丰台金代塔基出土了一尊坐姿观音像，现藏于首都博物馆。观音像为素烧，与福尔克那件一样，只在袖口施有青白釉，而素烧区域还残留着某些彩绘颜色。1978 年，江苏常州出土的一件宋代观音像与首都博物馆那尊略有不同，在观音的外衣和岩石形宝座上都施了青白釉（这一点与福尔克那件相似），年代为南宋。第三件观音像现藏于上海博物馆，在无釉露胎部分仍然保存着彩绘的痕迹，并刻有南宋淳祐十一年（1251）的年款。

福尔克夫妇还收藏了各种元代瓷器，包括景德镇和其他窑口的白瓷。一件代表景德镇风格的元代枢府釉玉壶春瓶，造型匀称优雅，颇为典型。这种瓶腹部下垂，由下往上逐渐变细直至颈部，瓶口像喇叭，因此侧面呈 S 形。玉壶春瓶的釉色为枢府釉，是元代青白釉的变种。枢府釉没有青白釉那么透明，釉质不似玻璃而更像丝绸。

这件玉壶春瓶的划花图案呈水平宽带排列，这样的宽带常见于釉里红瓷器，有时青花瓷器上的排列更为复杂。我们把这件白瓷玉壶春瓶与江西高安出土的一件釉里红瓶进行比较，就可以看出区别。高安釉里红瓶的三道图案之间以阴刻双线间隔，靠近颈部的区域通常装饰重叠的蕉叶纹，主要装饰带位于颈部下方直达瓶腹最宽处，以花卉图案为主；而福尔克的玉壶春瓶却装饰有三爪飞龙，瓶腹最宽处到足部的区域不装饰任何图案，有时则有花瓣形图案。中国国家博物馆就收藏了这么一件龙纹瓶，尺寸略大。

1968 年，克利夫兰博物馆举办的"蒙古人统治下的中国艺术"展览中展出了三件这种类型的花瓶，当时称它们为青白瓷。一件为福尔克夫妇收藏，一件龙纹瓶来自皇家安大略博物馆，还有一件印花瓶来自布里斯托尔市美术馆。这些玉壶春瓶不令为中国人所喜爱，在东亚其他地区也深受欢迎。我们在 1323 年于韩国新安沉没的驶往日本的商船上就发现，船上的货物包括一些枢府釉或青白釉的玉壶春瓶。

本文最后讨论的两件东西不属于白瓷主流。一件是吉州窑瓷盒。虽然江西南部的吉州窑以生产褐色绘花瓷器而闻名，但元代时也烧造一些独特的白瓷。这些白瓷产品为灰白色胎，而其他吉州窑的产品则为暗黄色胎。一些白瓷采用印花，而其他一些则像福尔克那件采用剔花。卡尔·申佩藏品也有一件尺寸略小的此类瓷盒。

福尔克瓷盒上的剔花工艺在吉州窑的黑釉和白釉器上都有使用，而且通常为同一种图案——枝梅花。在那些穹顶形盒盖的白瓷盒上，这种梅花图案上还有一弯新月。制作这种图案，首先要在厚纸上剪出花纹，然后把剪纸轻轻贴在器物的表面，再在纸上上釉，趁釉尚未干透的时候，揭下剪纸，使附在纸上的那层釉也被揭了下来。在黑釉瓷器上，揭去厚纸的地方就是露胎，与其他地方的黑釉形成对比。在白瓷上，这种效果更加淡雅，灰色的无光花纹与光亮的白釉部分相得益彰。这种淡雅的效果还可通过后期润饰来凸显；在黑釉瓷的单色露胎部分再用黑色化妆土画上花纹，白瓷上则再用细细的针尖在露胎部分划花。

　　最后一件是元代的白釉浅盘，与宋代的定窑有关。该盘胎骨薄，胎呈灰色上涂白色化妆土和象牙白釉。圈足修坯干脆，上有支钉痕，足底内部还有四个更加细小的支钉痕。山西陈村霍州窑出土的瓷片上也有类似的胎骨、化妆土和釉质。1980年，伦敦展出的一块霍州窑瓷杯底部瓷片上有五个清晰的支钉痕，同时展出的另一块编号为470的瓷盘残片特征与福尔克那件相似，足部也很干净利落，可见两个支钉痕。霍州窑烧造瓷器始于金代，元代进入鼎盛时期，福尔克的浅盘就是那个时候生产的。

　　1388年曹昭的《格古要论》曾提到霍州窑。曹照记录了元代一个名叫彭君宝的金匠是仿造定窑的高手，他制作的折腰瓷器使之赢得了"彭窑"的盛名。曹照说，虽然彭窑的仿品在胎骨上与定窑一样细腻，但它的胎色却不好看，而且釉色不如定窑润泽，也容易破碎。因此，彭窑不如定窑价值高。曹照嘲讽那些把霍州窑叫作"新定器"的古董商，更看不起那些高价购买霍州窑瓷器的顾客，这一点令六个世纪之后的福尔克夫妇感到好笑不已。

　　（作者单位：佳士得拍卖行亚洲艺术部）

泰国发现的9世纪中国北方白瓷*

何翠媚　班　臣

一　概　述

1988—1990年间，作者与泰国考古司研究处合作，对泰国南部地区进行考古发掘。这次发掘的综合报告已在其他刊物上发表，本文是作者首次就发掘出的中国白瓷展开的论述。

作者先考察了泰国南部相关的考古遗址，而后对半岛西海岸的郭各考和林门波两地进行了试掘。我们认为这两个地方是9世纪时重要的远距离海上贸易港口，半岛上没有其他沿海或内陆的城市像它们那样遗留了如此多的进口货物。郭各考在9世纪上半叶作为港口的时间要短些，而林门波有可能比它长几十年。林门波在1988年已经被Thepchai发掘过，极有可能在11世纪再度短暂兴旺，但不会再像9世纪时那样作为一个国际贸易港重新辉煌。

郭各考和林门波一定是古代中国至伊拉克海上航线的交易点，商船沿着印度洋把丝绸和陶瓷运到这里，交换西亚的玻璃器皿、陶器和食品，再运往东亚和东南亚。由于水陆两方面与内地交通方便，这两处地方很可能是当时海上运输的中转站。河道交通与陆路交通至今仍是泰国通行的运输方式。本文考察对象为两地出土的类型几乎相同的进口瓷器，在种类和比例上，郭各考发掘的东亚玻璃器和陶器相对较多，而林门波则多些中国瓷器。这个情况与我们发现的事实相符：当时中国货物在林门波进行分类和筛选，所以留下了许多次品；同样，破碎的西亚器皿也在郭各考被丢弃。

发掘结果表明，当时的中国出口瓷可至少分为十大类，每一类代表一个烧造地区中无数窑口生产的产品。这十大类是：

（1）湖南长沙窑；

（2）浙江越窑；

---

* 《中国古代白瓷国际学术研讨会论文集》，上海书画出版社，2005年

（3）河北定窑；

（4）河南巩县窑；

（5）广东北部的梅县窑；

（6）广东中部、珠江三角洲西部的古劳窑；

（7）广东西南雷州半岛的阳江窑；

（8）广东西部西江地区的封开窑；

（9）广东中部和西南部不同窑口生产的广东沿岸青瓷；

（10）窑口不明的白釉绿斑瓷器，可能来自河南。

我们熟悉前三类出口瓷，它们在中国和海外的遗址中曾被多次发现，其中最重要的一个遗址是伊朗的西拉拂，那里出版的《中国瓷片目录（分期一）》中的瓷片与上述两个泰国遗址所出的非常相似。其他七类出口瓷却不太出名，其中一些也可以在西拉拂和东南亚的遗址中找到。上面罗列的这十大种类似乎构成了一个出口瓷组合，是中国出口到许多"南海"各地瓷器的标准配置。这十大类中至少有三类在下面的每个地方都有发现，它们是：西拉拂、斯里兰卡的曼泰，巨港、郭各考和林门波。然而，上述几处出土的瓷器类别和年代有时会被搞错，比如在西拉拂和东南亚，西亚许多遗址中都发现了广东沿岸青瓷，却常常被误认为越窑青瓷。

二　两类中国出口白瓷

郭各考和林门波发现了三类上釉白瓷，其中一类是中东的低温锡釉白瓷，其器形与中国瓷器近似。另外两类为中国白瓷，分别是定窑和较不著名的巩县窑。巩县窑的白瓷生产是在其停止烧造的著名的三彩器近一百年后开始的。

1. 定窑

泰国南部遗址出土的定窑白瓷与巩县窑的粗白瓷不同，其胎体薄而坚致，原料细腻，不使用化妆土，为典型的定窑器形，釉面与胎体结合紧密。器形上更接近晚唐风格，而不是五代和宋代的风格。那种唐以后瓷器的典型特征，如模制贴花，在两地出土瓷片中均未看到。

有些专家坚持认为林门波和郭各考出土的部分或全部瓷器是邢窑产品。我们认为，很难认定海外出土的9世纪中国出口白瓷是定窑还是邢窑，因为大多数学者都知道，晚唐时期的曲阳定窑与内丘邢窑一样活跃。这两个窑系都在河北，只相距100公里，产品在质量和器形上都非常相似。那些对此存有疑问但考察过两地窑口的学者知道，许多曲阳地区的白瓷产品与内丘的一样胎体薄而细密。可能因为竞争的需要，两在窑系都采用相同的器形，所以我们认为，要将定窑和邢窑分开不仅困难，而且在目前唐朝瓷器的研究状况下也有误导嫌疑。将来，当实验室可以分析到足够多的曲阳、内丘和海外细白瓷标本的时候，我们才能确认邢、定两窑确实在9世纪时出口海外，但现在还为时尚早。所以我们认为，最好把所有在郭各考和林门波发现的高质量白瓷称作定窑器。

郭各考和林门波发掘出土的定窑器形有大小不一的罐、带流容器、盘、杯、盏托、盖子、盒子和八个种类的碗。除了碗，其他品种都很少见。最常见的碗为玉璧底，卷口上有一圈珠边，口径为15—16厘米。下文将谈到的几件巩县窑白瓷，器形明显受到定窑风格的影响，但又不完全相同。巩县白瓷几乎没有玉璧底和珠边，而定窑中也没有巩县窑常见的 S 形壁弧度的白瓷碗。

我们可以理解普通器形如定窑白瓷碗出口到泰国南部，但惊讶于盏托和盖盒的发现。特别是盏托，它的使用与特定的文化背景相关，唐朝时被用来垫在茶盏或酒盏下作台座。虽然郭各考和林门波出土的一些定窑小碗正好与这些盏托相配，我们还是对喝茶习俗传播到中国以外如此远的地方感到惊讶。因此，我们推测喝茶人就是移居当地的中国人。在西亚很远的西拉拂也发现了盏托，但是没有证据表明早在当时就有中国旅行家到达过伊朗。

2. 巩县窑白瓷

在这次发掘中还出土了成百上千件巩县窑瓷片，包括 14 种器形，如碗、盖子、盘、罐和唾壶。碗和罐是普通器形，但唾壶不是。与定窑盏托一样，唾壶也是特殊文化背景下使用的器物，非常适合唐代中国人的生活方式。它们的发现表明，中国人作为少数民族实际生活在泰国南部的这两个地方。

由于许多专家和野外工作者对巩县窑白瓷不太熟悉，有必要在这介绍一下。

首先，我们要说明本文以下所指的巩县白瓷为哪一类。唐朝时候河南有许多生产白瓷的窑口，巩县白瓷通常被用来与定窑、邢窑白瓷相比较。

本文不讨论与定窑风格接近的巩县细白瓷，而集中论述巩县地区一些窑口生产的有化妆土的高温粗白瓷。这种粗白瓷的胎体厚于定、邢两窑。与定窑的瓷胎不同，郭各考和林门波出土巩县白瓷的胎实际上偏黄或偏灰，其釉色虽与定窑乳白色相似，却是覆盖在一层细腻的白色化妆土上的。与定窑相比，其釉面通常开裂，与胎体结合不紧密，由此造成了出土的巩县白瓷釉面部分或全部剥落，露出白色化妆层。而且，由于老化和灰尘，釉色常常由白变灰、变绿。但是巩县白瓷却极易辨认，它们坚固耐用，碎片比任何 9 世纪的白瓷都要大，且能够完整显示器壁的弧度。这一特点在中等尺寸的碗上特别明显，它们的器壁通常呈 S 形弧度，矮圈足，口径在 22—24 厘米。这类白瓷碗普遍出现在 9 世纪东南亚的遗址中。这些遗址中同时还出土了其他种类的中国瓷器。

在我们以前发表的文章中，将这种粗白瓷称作"北方白瓷"。第一个认为泰国出土的粗白瓷确实来自巩县的是已故的冯先铭教授，他给我们看了一件巩县出土的标本，无论从器形、胎骨和釉色，特征都与郭各考出土的第一种 S 形器壁弧度的瓷碗一模一样。我们还注意到，扬州发现的唐代青花碗碎片在器形上与泰国的碎片惊人的相似，只除了后者没有青花图案。有趣的是，西亚生产的锡白釉陶器也采用了与郭各考和林门波瓷片相似的器形，也许是因为西亚人对巩县白瓷碗喜爱到足以仿造它们的程度吧。

问题是我们如何确认泰国南部发现的这些瓷片确实来自巩县，而不是唐朝中国北方其他的白瓷窑系，诸如河北的定县、邢县和观台，河南的鹤壁、密县和郏县，以及山西、陕西和安徽的其他窑系。我们有幸得到了山崎一雄及其助手的帮助，能够通过分析胎体中的微量元素，来比对泰国瓷片和巩县窑出土的同时期标本。这种分析，使用的是中子活化技术，测试对象为 4 块郭各考出土的瓷片、3 块巩县窑不同窑址产品的表面取样（来自小黄冶和铁匠炉村）、3 块定县瓷片、1 块邢县瓷片、1 块鹤壁瓷片，以及 1 片观台瓷片。

山崎的分析结果如图 20 所示，表明郭各考和巩县的标本比其他任何窑口的白瓷都要接近。它们如此相似，使得我们认为，郭各考白瓷很有可能就是巩县白瓷，不是产于小黄冶就是来自铁匠炉村。

上述结论的意义在于三个方面。首先，这是我们第一次证实巩县窑产品参与了 9—10 世纪中国的出口贸易。虽然巩县生产的大量三彩器也曾出口包括日本在内的海外市场，但是三彩器的主要出口时间要比巩县白瓷早了近一百年。其次，郭各考和林门波的考古资料第一次揭示了存在着一种以前不知道的中国出口瓷器。最后，巩县白瓷由于在中国的考古发现较少，并没有像三彩器那样被仔细研究过。它们在泰国的出土将鼓励学者们对这方面做认真细致的研究。

泰国发现的巩县白瓷一定先被运往一个中国的港口城市，然后与其他几种瓷器一起装船，共同出口东南亚。这个港口很可能是扬州。在扬州的考古发掘中找到了许多巩县窑白瓷标本，与郭各考出土的一模一样。考古发掘表明，作为湖南和广东以外的一个城市，扬州同时也进行大量的长沙窑和西亚瓷器贸易。这些长沙窑瓷器的器形与我们在东南亚各个遗址发现的种类都一样，那些遗址分别是：郭各考、林门波、会安，越南的古劳屿、武端、巨港，印尼的普兰巴南和爪哇海域上"黑石号"沉船。巩县白瓷、长沙窑和各类定窑器在扬州的发现，表明扬州是当时各种出口瓷器在正式运往海外之前的一个集散地。

三 在出口贸易大背景下讨论白瓷的意义

从 9 世纪开始，中国瓷器开始稳定地向西方出口，最远到达非洲。当时的海外市场，除了青睐丝绸，还喜欢中国瓷器。瓷器的大量出口并不是国家政策引导市场的结果，因此在缺乏政府帮助的情况下，来自全国各地众多窑口共同自发参与国际贸易的做法简直算得上一个奇迹。我们虽然没有准确的数据资料来说明当时瓷器贸易机制形成的详细情况，但可以设想其中起主要作用的中国和外国的商人。在过去的几十年里，中国陶瓷的考古发掘突飞猛进，使得专家们能够更加准确地判断货物的来源，而对中国和海外遗址的考察使我们能够填补对这种贸易机制认识的一些空白。

现有观点认为，广州、宁波和扬州是晚唐时候中国最重要的对外贸易中心。这三个地方都拥有大量的外国侨民，前两地还与海外港口有直接联系。所有三个地方在按比例配置不同种类出口瓷器方面起到了重要作用。

就与林门波和郭各考的交易额而言，广州在三个地方中最为活跃。林门波出土的中国瓷器有一半以上都在广东生产，其窑口不仅在珠江三角洲，在西南端的雷州半岛也有，还有广东、广西边界上靠近西江的开封，以及广东东北部的梅县。广西沿岸一带生产青釉粗瓷的窑口一定也参与了对外贸易。这些窑口的瓷器频繁见于海外遗址中，因此它们可能是从同一个港口一起运往海外的。那个港口是广州吗？我们认为很有可能。据文献记载，广州在晚唐时候的对外贸易非常活跃。

郭各考和林门波考古资料还表明，梅县和雷州半岛出产的瓷器也参与了出口贸易。雷州是否有可能为另一个海外商人的停留点，尤其是商人们不愿意到广州去的时候？当广州的贸易由于社会、政治问题而受到阻碍的时候，合浦和汕头也许会临时取代雷州和梅县的地位。

当时宁波主要出口越窑瓷器。许多越窑瓷器产于上林湖及其周边窑口，主要出口日本和东南亚、中东。虽然在宁波也发现了长沙窑瓷器，但数量不多，北方白瓷则更稀少。

上文提到的扬州位于大运河和长江汇流处，在当时一定被用作中国北方和中部地区瓷器的集结地。东南亚出土的巩县白瓷、定窑瓷器和长沙窑瓷器，极可能是在扬州装运的。但由于我们不知道扬州是否参与东南亚贸易，所以很难说那些商船是从扬州直接开往海外呢，还是又被转运到中国的另外一个港口。如果这个转运港确实存在，那么很可能就是宁波。

除了泰国，巩县窑瓷器还到过海外其他地方。我们曾见过与泰国出土瓷器同一时期的，出土于南亚和东南亚其他几个大型贸易港的瓷片，认为巩县白瓷是 9 世纪时中国定期出口海外瓷器中常见的一种。

四　提出问题

郭各考和林门波发掘的白瓷向研究人员提出了进一步挑战。下面是以后的研究需要解答的几个问题：

（1）定窑和邢窑是否在 9 世纪上半叶都出口海外？要回答这个问题，可以从分析两个窑口出土的标本和海外出土瓷片中的微量元素入手，我们有兴趣对此作深入研究。

（2）科学实验告诉我们，泰国南部出土的巩县白瓷似乎产于小黄冶和铁匠炉村，这两个窑口是否生产了郭各考和林门波发现的所有巩县白瓷器形？还有哪些器形没有出口？巩县有没有其他窑口生产类似白瓷？

（3）巩县的出口白瓷与扬州发现的青花瓷有无关系？

（4）巩县白瓷是否主要出口海外？除了扬州，中国还有哪些地方发现了巩县白瓷？

（5）哪些贸易路线把定县、邢县和巩县与扬州相连接？商人们只使用大运河吗？有没有从北方各窑口通往东南亚的其他路线，比如：经湖南和广东，或由海路直接从一个北方港口到广东或是南海？

（6）中国北方有没有其他窑口也生产郭各考和林门波出土的带化妆土的粗白瓷？

（7）有没有文献资料提到西亚人学中国人的习俗而使用盏托和唾壶？

（作者单位：美国芝加哥田野博物馆）

瑞典乌而里瑟港远东博物馆所藏
中国北方早期白瓷[*]

雅尔·万斯维克

　　2002 年秋季正好是古斯塔夫·林德伯格完成手稿《邢窑和定窑》50 周年，该文于 1953 年在《斯德哥尔摩远东古物馆第 25 期简报》上发表。林德伯格博士和他的朋友卡尔·申佩博士一直致力于收藏中国早期白瓷，他们两人的藏品为林德伯格博士当时在缺乏第一手考古资料的情况下得出上述文章的结论提供了依据。除了结论，林德伯格还提出了几个有令人有价值的假设。后来 B·于伦斯韦德和扬·维尔金两位教授继续了他的研究，这两人在唐宋瓷器研究方面颇有造诣。遗憾的是，林德伯格的藏品散落于国际市场，但 6 年前著名的申佩藏品被一家瑞典私人公司（Weland 集团）完整购得，并被带往瑞典乌尔里瑟港远东博物馆作首次展出。本文只简单介绍申佩藏品中的一部分以飨读者，稍后不久，埃里克·恩格尔就要在我馆新出版的图录中详细介绍申佩藏品。

　　申佩藏品包括了中国南北两地的白瓷，但本文只涉及北方白瓷，年代限定在公元 580—1200 年之间，虽然不包括新的研究成果，但将讨论上个世纪 20—40 年代瑞典收藏家感兴趣的东西。

　　公元 2 世纪，消失了 1500 多年的白瓷生产重新在淮河以北的河南、河北地区掀起了中兴浪潮。所谓白瓷，就是具有白色胎骨、烧造温度介于 1200—1350℃之间的瓷器。隋朝，河南、河北的几个窑口都能够生产高质量的白瓷，其中以河南的最出名，有巩县、密现和安阳诸窑；河北的则有观台、临城县和曲阳县诸窑，所有这些地方都位于太行山一线。当然，陕西、山西、安徽和湖南也生产白瓷。所有这些白瓷产地都具备三个共同特征：丰富的瓷土、大量的燃料资源和与中心地区良好的交通，再加上隋、唐、宋三朝工匠们的聪明才智，使得当时的白瓷生产成为一个繁荣的产业。

　　河南各窑口生产的白瓷长久以来都是随葬品，为了让这些瓷器更美观，工匠们在瓷器上涂了层化妆土，使之看上去更白、更光滑。

　　而河北制瓷的天然条件还要好些：次生的高岭土中铁和钛的含量较低，因此烧造出来的胎体更加洁白。由于改进了窑炉结构，烧造温度提高了，使得胎体玻化更完全、更结实，成品呈半透明状，敲击时回声悠长。在唐代灭亡前，窑炉的还原气氛使釉色偏青、偏蓝。10 世纪时，河北各大窑口必须以

---

　　[*]《中国古代白瓷国际学术研讨会论文集》，上海书画出版社，2005 年

煤炭取代因砍伐大片森林而短缺的木材作燃料，造成了窑温升高和窑炉内的氧化气氛，因而成品瓷器釉色泛黄。

河北、河南地区生产的最早的隋唐白瓷外形简洁，在使用过程中通常替代珍贵的金银器，其中一些还受到佛教风格的影响。唐朝时白瓷声名鹊起，人们十分喜爱用它们作茶具，使范围也日渐广泛。由于唐朝对外贸易的增长，大批瓷器销往日本、朝鲜和西方各国，甚至到达埃及，从而促进了中国制瓷业的改革。

1. 隋代白瓷杯

高 8.6 厘米，藏品编号 285。

高 6.6 厘米，藏器编号 228。

申佩藏品中时代最早的白瓷就是这两件杯，撇足，胎体接近白色，淡青色开片釉直至杯壁下部三分之一处，为隋朝典型器。在冷却过程中，由于釉面收缩率大于胎体，造成了缩釉而开裂。泛绿的釉色说明烧造时为还原气氛。白色的胎骨上有些铁杂质黑点，这是巩县窑的特征。

2. 隋唐时期白瓷净瓶

高 20.4 厘米，藏品编号 236 号。

隋唐时期生产的白瓷造型常常受国内外金银器（特别是银器）风格的影响，这件白瓷净瓶就是一例。该净瓶高 20.4 厘米，圆腹、杯形流、细长颈，颈上部有一圆盘。这种造型源于佛教仪式中和 7 世纪晚期印度传入的金属器皿造型。胎骨细腻洁白，米黄色釉，有细微开片。

3. 隋唐时期白瓷盖罐

高 15.7 厘米，藏品编号 240。

小型盖罐，梨形腹，由下往上至颈部略细，杯形口，此器形源于佛教用具。白色瓷胎偏粉红色，上罩白中闪黄的透明釉，有开片，外撇实足露胎。两件均可能为河南烧造。

申佩藏品中大部分瓷器为河北生产，其中一些来自河北南部的内丘和临城地区。著名的邢窑瓷器，质量与唐代的贡品不相上下，共有 100 件左右。其烧造温度达 1300－1350℃，胎骨洁白、玻化完全，由于胎体中铁和钛元素的含量较低，大部分情况下的釉色为冷色调。胎上多无旋纹，釉面常有开片。具体例子如下：

4. 唐代白瓷碗

高 6.7 厘米，藏品编号 316。

这件仿汉代青铜器的白瓷碗胎骨洁白致密，灰黄色开片釉，属河北邢窑类型。

5. 唐代中期白瓷碗

直径 12.5 厘米，藏品编号 326、325。

源于萨珊王朝的银器造型，这些瓷碗为五瓣形或六瓣形。圈足高而直，为四瓣形。灰白色胎，外罩柔和的淡青色釉。本馆收藏的一件釉面有泪痕，为定窑特征，而其四瓣形足沿却是临城地区邢窑的特色。申佩藏品中还一件类似器形的银碗。

6. 唐代白瓷执壶

高 22 厘米，藏器编号 286。

这件执壶造型规整，釉面光洁，釉色微黄，含钙、镁两种元素，并略微氧化。喇叭口，三股带形柄，圆锥形短流。虽然釉色没有完全还原，但这种器形和无旋纹的光洁胎骨表明该壶产自临城地区的窑口，属邢窑类型。

7. 五代白瓷盒

直径 9 厘米，藏品编号 345。

这件瓷盒，下承三足，灰白色穹顶形盒盖，盒身洁白。盖面上为一圈镂空棕叶饰，围绕中央的"卍"字纹。该器形可能模仿金银器，高质量的胎骨说明产于临城地区。邢窑产品中此类繁复的装饰花纹非常少见。

8. 唐代白瓷狮子

高 29 厘米，藏品编号 255。

白瓷中少见动物俑和立体俑，且大部分尺寸较小，但本馆藏有一些较大的物件。这件白瓷狮子，造型生动有力，卷鬃毛，坐在岩石上，可能产于河北。狮身中空，灰白色胎，涂化妆土，釉色淡青。狮形俑通常为镇墓兽。

9. 唐—五代白瓷香炉

高 18 厘米，藏品编号 346。

这件香炉由两部分构成，外形为坐在莲花宝座上的一只狮子，黄灰色胎质，象牙白色釉。香炉内壁露胎，属邢窑类型。文殊菩萨的坐骑就是狮子，因此这件狮形香炉很适合在佛教仪式中使用。

10. 五代白瓷走狮形俑

长 18.2 厘米，藏品编号 357。

这件走狮形瓷俑有可能用作枕头，在狮身上雕塑出鞍布，下有貌似岩石的底座，整件作品仿造汉白玉材质。胎灰白色，施乳浊状灰白釉。属邢窑类型，可能产自河北。

唐代灭亡后，契丹建立了辽国（916—1125），于 10 世纪上半叶入侵河北的大部分地区，契丹人的白瓷产品受汉族的喜好和技术影响很大，其釉色和胎骨与北宋（960—1127）定窑非常相似，但器形更接近唐代瓷器，图案也通常与同时代的宋代瓷品截然不同，还保留着游牧民族的特点。

11. 辽代白瓷方形平底盘

高 11 厘米，藏品编号 390。

这件方形平底盘胎骨细腻，釉色灰白，印花图案清晰，包括一双鸭子、缠枝牡丹纹和蝴蝶，是辽代的典型器。

12. 辽代白瓷执壶

高 11 厘米，藏器编号 386。

梨形执壶，带把手，上有贴花棕叶纹。盖子固定，不可移动，仅在肩部有一个注水孔。釉色灰黄，与定窑相似。胎骨灰白、致密。产自内蒙古。

13. 唐代晚期白瓷瓶

高 23.9 厘米，藏器编号 388。

这种椭圆形四棱瓶非常罕见，四环形系、细颈、折沿、撇足。胎质纯净，釉色灰黄，足部露胎。这种造型是契丹游牧民族的风格，属定窑。

10 世纪时，定州曲阳县成为白瓷的著名产地，所制白瓷进贡朝廷。当时在烧造技术和生产技术上发生了一系列的变化。煤炭取代木柴作燃料始于 10 世纪，以后形成定规，从而通过窑炉内的不完全氧化（甚至有意识的除氧）改变了成品瓷器的釉色，使之呈现出定窑暖色调的象牙白光泽。模范开始被用来调整碗和盘子的尺寸，使之与匣钵内的支圈及垫圈类型相配。这些支圈和垫圈在覆烧中使用，以提高单位面积的产量和燃料的利用率，从而节省原料、减少窑渣。这一时期的图案种类更加丰富，通常有刻花、划花和篦纹。生产流程的组合和产品品种的稀少提高了产品利润。12 世纪起，工匠们开始使用印模，将花纹压印到碗和盘的内壁，并成为定规。图案的种类发生了变化，生产了许多新的主题纹饰，这些纹饰常常来源于刺绣和金属器皿上的图案。印模的生产成本虽然昂贵，但却因为可以反复使用而降低了瓷器生产成本。

14. 五代—北宋白瓷盘

直径 14.1 厘米，藏品编号 355。

这件定窑葵瓣盘内外壁均饰以划花花瓣和花茎，盘底中央为五瓣形花朵，属早期划花器。

15. 北宋白瓷高足杯

高 10 厘米，藏品编号 399。

早期宋瓷大部分没有花纹，或花纹稀疏，如这件高足杯。它口沿外侈，有喇叭形空心高足。杯内有五个支钉痕，旋纹清晰可见，胎色洁白，象牙白釉。镶金属扣边有可能只是为了美观，因为这只高足杯似乎为正烧。此件高足杯为定窑典型器，可能产于涧磁村。

16. 北宋"尚药局"铭白瓷杯

高 4.6 厘米，藏品编号 398。

这件小杯为直壁，灰白胎、灰黄釉，覆烧，有铜扣边。在接近底部的区域装饰着浮雕花纹，估计不是印花就是刻花。外壁刻有"尚药局"三个字，说明这件小碗是为皇家医药局定烧的。尚药局是唐宋时期专门为朝廷供应日用品的四大局之一。

17. 北宋白瓷佛像

高 19.2 厘米。

这尊佛像表现了正在八角莲花座上坐禅的释迦牟尼，造型优美，非常罕见。灰白色胎，灰黄色半透明釉，是曲阳定窑的典型特征。

定窑刻花瓷器可能是 11 世纪最著名的品种。用小刀刻花能使主题纹饰更加生动，因为沉积在刻花线条内的釉色可以加深图案轮廓。申佩藏品中有些碗和盘可以说明这一点。

18. 北宋白瓷碗

直径 22.8 厘米。

这件六瓣花口碗弧壁、小直足，碗底中央有一螭龙，内壁环绕一周刻花缠枝牡丹纹和两朵花。胎色灰白，釉色灰黄、光滑细腻，外壁有泪痕。镶有铜扣边，但由于足为露胎，似乎为正烧。属定窑风格，产于曲阳地区。

19. 北宋白瓷碟

直径 30 厘米，藏品编号 412。

这是一件尺寸较大的碟子，口沿较厚，碟子中央装饰着刻花和划花的三爪飞龙戏珠图。胎骨致密，象牙白釉，在外壁和碟底有典型的泪痕。足端斜切一刀，覆烧，芒口稍厚。

20. 北宋白瓷折腰盘

直径 21.5 厘米，藏品编号 415。

这件折腰盘的圈足小而直，盘底中央以刻花和划花装饰鸳鸯图案，鸳鸯在水中入徜徉，水边还点缀有杂草和簇形花朵，线条流畅而有力。铜扣遮盖了芒口。这件盘子是高质量的曲阳定窑产品。

21. 北宋—金代白瓷平底盘

直径 26.5 厘米，藏品编号 455。

这件平底盘的风格受金银器的影响，卷口、覆烧，内壁刻缠枝牡丹纹，口沿装饰卷草纹，铜扣边。施半透明象牙白釉，胎骨致密。属曲阳定窑的产品。

22. 北宋—金代白瓷盘

直径 20.7 厘米，藏品编号 458。

上文提到，印花技术可以使白瓷生产规范化并节约成本，使器物上的图案更加繁密，也使器形种类变得稀少。这件平底、弧壁的瓷盘花纹清晰细腻，盘底装饰有两只相对的孔雀在云中飞翔，内壁上饰一圈簇形花朵和莲纹。施半透明象牙白釉、胎骨致密。

河南、河北的陶瓷行业对于全中国的瓷器技术和审美观念具有很大影响。尤其是江西景德镇，虽然那里瓷土原料的化学成分与定窑不同，却是当时仿制定窑风格瓷器最繁荣的产地。当然申佩藏品中还有一些其他窑口的白瓷产品，我们在以后出版的图录中将把它们呈现给大家。

（作者单位：瑞典乌尔里瑟港远东博物馆）

唐代白瓷仿金银器的初步研究*

于文荣

唐代初期,太宗李世民常以"亡隋为戒",在位二十余年中,能任人唯贤、大力推行均田制,租庸调法和府兵制,并加强对地方官吏的考核等一系列强国富民政策,使社会安定,人民安居乐业,经济得到发展。陶瓷生产作为一种手工业,在唐代得到了较大的发展。在北方,除了继续烧造青、黑黄釉瓷,白瓷作为后起之秀的新品种得到迅速发展,特别是盛唐以后,烧造白瓷窑口数量呈明显上升趋势,增长速度超过南方烧造青瓷地区。本文拟在研究唐代白瓷发展的基础上着重谈谈唐代白瓷在造型设计、花纹装饰方面仿金银铜器的问题,不妥之处敬请指正。

一 唐代白瓷发展概况

唐代初期白瓷烧制已成熟。此时虽未发现有关白瓷的文献记载,但从发表的古瓷窑址调查材料看,早期烧造白瓷的窑址多集中在今河北省邢台、内丘、临城及河南省巩县等地。笔者曾对唐代北方地区89座出土白瓷唐墓进行初步统计[①],早期粗白瓷占大多数,器形有罐、壶、盂等,与隋代白瓷相近似,有一脉相承的延续关系。此时细白瓷数量极少。从唐墓出土白瓷数量看,早期随葬数量较少,大多为1—2件,罐或龙柄盘口壶或盂,没有形成一定的器物组合形式,这与早期经济低迷,正处于恢复阶段有关。窑址调查情况也证实这一点,邢台、内丘和临城一些窑口生产规模不大,文化堆积较薄,因此众多因素决定此时器物造型不可能产生明显的新的突破。

唐代中期,随着社会稳定,经济得到空前的发展,北方烧造白瓷窑口数量明显增多。除了文献记载内丘邢窑和巩县窑,经正式调查、试掘的还有河北曲阳窑、河南安阳窑、密县西关窑、山西平定窑,陕西铜川耀州窑等。此时白瓷品种增多,碗、盘、罐、盂之外还有注子、盒、杯、瓶等。白瓷质量明显提高,细白瓷数量增多。从瓷业生产规模看,基本形成生产白瓷器的不同窑系,白瓷产量明显增多,窑址文化堆积变厚,初步呈"南青北白"的生产局面。此时关于白瓷文献记载已有不少,仅邢窑就有

---

* 《中国古代白瓷国际学术研讨会论文集》,上海书画出版社,2005 年

6 处[②]。因这一时期年代跨度大，考古发掘有明确纪年的墓不多，白瓷随葬数量和随葬器物组合还有待进一步鉴别和仔细研究。

唐代晚期是白瓷得到长足发展时期，生产白瓷的窑口有增无减。北方白瓷生产继续扩大，胎质釉色得到进一步改善，细白瓷产量急剧增多。特别是晚唐之际在皖南繁晶昌等地也开始生产白瓷器[③]，"南青北白"的生产局面被打破。

唐代晚期北方白瓷制作工艺已十分讲究，胎料选择严格，表现在胎料中铁元素含量控制在 1% 以下，从根本上增强胎体的白度。釉药的配制上同样降低氧化铁的含量，缩小助熔剂中氧化钙的含量，形成钙镁助熔剂，改变釉药品质，使白瓷釉质滋润皎洁，不见冰裂纹片。从北方晚唐墓中随葬白瓷数量看明显增多，一般中小型墓中几乎都有白瓷器随葬，数量 3－7 件不等。如河南陕县刘家渠 34 号墓为一般土坑墓，出土白瓷 5 件[④]，质量均很高。唐代晚期墓中随葬品多为实用器，并且形成碗、罐、注子、盒、盂、砚、瓶等新的器物组合形式。此时白瓷种类明显增多，上述器形外，还出现很多新器形，如凤首壶、带柄花口壶、花口碗盘、委角方盘、海棠花式圈足长杯、净瓶、博山炉、弦纹匜等一批仿金银铜器的白瓷器。这些精美白瓷别具一格，代表了唐代制瓷工艺的成熟与技艺的精湛，值得深入研究。

二　白瓷仿金银铜器

陶瓷器仿金银器始于何时，有待仔细研究。但是，唐代以前开始出现的三彩釉陶已有不少仿金银器品种，如三彩凤首壶、三兽足盘、方盘、腹部突棱碗等。随着唐三彩的逐步衰落以及中西文化日益增进和西亚地区金银器不断传入，瓷器仿金银器逐渐变多起来。瓷器仿金银器中以白瓷最为出类拔萃，器物造型大约有十余种。根据考古资料对比如下：

1. 凤首壶（瓶）。是公元 5 世纪西亚地区广泛使用的银质容器，因来自西方故泛称胡瓶。其造型像只凤鸟，腹部呈卵状，高圈足，单柄。通常腹部锤碟出连珠纹或海石榴、忍冬、藤蔓、人物、鸟、兽等纹样。大约在南北朝时传入我国，如宁夏固原北周李贤墓出土鎏金银胡瓶，据专家考证是从西方传入的手工艺制品[⑤]。完整的白瓷凤首壶，1997 年在河北涧磁村出土有一件[⑥]，花口、细长颈、卵形腹、喇叭形高圈足，壶盖呈大眼、尖喙、凤头形，盖与壶流吻合成凤嘴，造型生动。通体施白釉，釉色白中泛青，滋润柔和，是唐代定窑生产的极品。据考古资料得知，河北临城中阳泉一唐墓出土白瓷凤首壶盖，形状与河北曲阳涧磁村出土凤首壶盖近似[⑦]。类似的白瓷凤首壶在日本东京国立博物馆中也有收藏[⑧]。

与凤首壶大同小异的单柄花口银壶在我国辽宁李家营子一号墓曾有出土[⑨]，口部俯视呈鸟头形，有鸭嘴形流，束颈、卵形腹、喇叭形高圈足，足缘有一周连珠纹，单柄上端与口沿相接处立一人首。此壶在西亚较为流行，具有典型波斯萨珊王朝风格。类似白瓷单柄花口壶在山西太原石庄头村曾出土一件。相同的白瓷单柄花口壶在日本五岛美术馆也有收藏。此三件壶形态相似，只不过银壶是从西亚传入，两件白釉瓷壶则是唐代北方制瓷工匠精心设计烧造而成。

2. 盒子。是由西亚传入唐朝的一种器皿，用于装药物或化妆粉，由盒盖、盒身两部分组成。唐代金银盒子款式多，花纹繁缛漂亮[⑩]。如西安何家村唐代窖藏出土石榴纹银盒、鸳鸯纹银盒；河南偃师出土的素面银盒，盖微微隆起，底呈小平面，子母口相接，与之相似的白瓷盒在河南陕县湖滨区晚唐墓由出土，盖顶印四瓣花一朵，花心与瓣尖点褐彩，釉色白中泛青。此外，法门寺地宫出土的双狮纹银盒，呈花瓣形，腹直，下部折收，圈足。盖面中间饰双狮纹，其周围有小连珠纹一周，盖边缘饰大连珠纹一周。类似白瓷花瓣形盒在长沙晚唐墓中有出土，只是盖中间双狮纹被盛开的莲花取代⑪。另外锦江市博物馆收藏丁卯桥唐代窖藏出土鹦鹉纹银盒，盖隆起，盒身略深，腹直近下部折收，圈足。与之相似的白瓷盒在河南陕县湖滨区晚唐墓曾出土。除上所述，唐代白瓷盒还有菱形平底盒、高圈足方形盒、葵花形平底盒等⑫。

3. 白瓷仿金银器。以碗、盘、碟类发现最多。1957 年河南陕县湖滨区唐墓与西安何家村唐代窖藏出土一种银碗，侈口、曲腹、平底、圈足，腹中间有一凸棱，造型朴拙典雅。与之相似的白瓷碗在陕西乾县永泰公主墓及河南巩义孝西村唐墓均有出土⑬。1987 年河北内丘文保所在调查邢窑遗址时也发现有相同的白瓷碗残片⑭。此类白瓷碗与银碗口径高矮相差无几，说明唐代白瓷仿银器相当规范。

五曲银碗又称葵瓣口碗，是唐代西亚地区较为流行的器皿。山西繁峙县唐墓出土五曲银碗，口作五瓣花形，口沿外侈，缺口内凹出脊，弧腹平底（有的有圈足）。类似白瓷碗在西安火烧壁晚唐窖藏与扬州唐城遗址⑮及晚唐定窑遗址均有发现⑯。此种瓷碗沿用时间较长，五代时定窑仍在生产。

盘或碟是人们日常生活的器皿。考古出土银盘较多，有圆口平底、葵花平底（或带三、四足）、葵瓣口平底（或带三足）、海棠花式盘等。与之相似的白瓷圆口、菱花口、葵瓣口、海棠花式及不规则花口盘，在唐代均有发现。如故宫博物院藏白瓷三足圆口盘，轮廓简洁，造型朴素。西安火烧壁唐代窖藏出土"官"字款菱花白瓷盘，胎薄釉润，造型轻盈高雅。相同的白瓷盘残片在晚唐定窑遗址也有出土⑰。另外浙江钱宽墓与西安火烧壁窖藏都出土有五组十瓣口白瓷盘，同样的银盘尚未发现，但它应是晚唐制瓷工匠在模仿金银器皿制作的基础上自由创造出来的新器皿。

海棠花式银盘出现稍晚，江苏丹徒丁卯桥与山西繁峙都出土此类盘。类似白釉磁盘在浙江钱宽墓中曾有出土，四角内委，口沿弯曲，线条流畅，造型精美清秀，釉色莹润，可谓白瓷中的精品。内丘邢窑晚唐地层也出土有相似白瓷盘残片⑱。

4. 杯。作为一种饮具，杯与人们日常生活有着极为密切的关系。唐代金银杯大致可分为三类：高足杯、矮圈足环柄杯、花口圈足长杯。三种杯造型截然不同，风格各异。其中高足杯传入时间略早，隋代李静训墓就出土有直壁深腹高足银杯。矮圈足环柄杯和花口圈足长杯则在唐代传入我国。

高足杯，由杯身、柄两部分组成。杯身可分为深腹直壁或浅腹弧壁两类，柄较高，有的中部起凸棱一周。西安何家村出土素面深腹直壁银杯，杯口外侈，腹壁直且深，柄高，中部有凸棱。与之相似的完整白瓷杯在日本大和文华馆有收藏。另外西安何家村窖藏与洛阳伊川唐墓都出土有浅腹弧壁高足杯，考古工作者在唐代邢窑遗址已采集到相似的白瓷杯残片。此类白瓷杯不同于南北朝时中国传统喇叭形圈足杯，其造型设计明显采纳银杯特征，外观线条棱角分明，别具一格。

矮圈足环柄杯，杯身分为八棱形和圆形两种。西安唐墓出土矮圈足圆环柄银杯，敞口、收腹、近足部折棱然后急收圈底、矮圈足，腹一侧有环柄造型端庄规整。与之相似的矮圈足环柄白瓷杯在河南陕县刘家庄与江苏奎山唐墓中都有出土，圆口外侈、口沿下内收至底部折棱、圈底、矮圈足，环柄如双银丝弯卷而成，活泼生动。其器壁很薄，轻盈精巧，是唐代白瓷器仿金银器中的佳品。

西安何家村唐代窖藏出土一件罐形素面环柄银杯，直口、唇微外侈、鼓腹，最大腹径在中部，圈底、矮圈足，腹一侧有环柄。西安唐墓曾出土近似白瓷罐形环柄杯，口直、圆唇、弧腹，最大腹径靠下，矮圈足微外撇，腹一侧粘双条卷圈环柄，因其最大腹径偏下，造型朴拙稳重。类似白瓷杯，故宫博物院也有珍藏。

另外，西安唐墓出土有碗式单柄杯，敞口、弧腹、圜底、圈足小且外撇，环柄上饰兽面指垫，环柄外侧饰联珠纹，精美高雅。类似的白瓷杯在浙江临安水邱氏墓曾有出土，尤其是环柄上部指垫与银杯指垫大同小异，生动精致。

花口圈足长杯，也称多曲花瓣碗，是西亚萨珊王朝常见银器，唐代传入中国。该长杯椭圆形花瓣口，腹曲呈四或八瓣，圜底，圈足，造型典雅优美。类似长杯在陕西西安何家村、耀县柳林背阴村、河南洛阳伊川唐齐国太夫人墓、山西大同北魏城址均有出土。白瓷花口圈足长杯，在浙江临安钱宽墓、水邱氏墓及河北曲阳涧磁村晚唐墓均有出土。其足略高外撇，较多地保持金银器制品的风格[19]。日本开成五年（840）崔防墓曾出土四瓣花口白瓷长杯，圈足矮，更接受于花口碗[20]。

5. 匜。银匜也是唐代达官显贵们日用盥具之一。如西安何家村唐代窖藏出土的错金银匜，造型美观，花纹绚丽，是不可多的金花银器。类似白瓷匜在故宫博物院也有收藏，侈口、弧腹、腹部中间有一凸棱，流呈半圆形，开于口沿部。

唐代白瓷除了仿金银器，还有一定数量仿铜制品，如净瓶、长颈瓶、灯炉等。

1. 陕西高陵唐墓出土白瓷净瓶，小口、细长颈，上部有一笠状顶，溜肩、鼓腹、假圈足平底，肩腹处有一敞口束颈式短流。该瓶造型新颖，是寺庙进行佛事活动时使用的一种器皿。1983 年洛阳神会和尚身塔塔基出土的铜净瓶，与此瓶极其相似。同样的白瓷净瓶在扬州唐城文保所、上海博物馆、故宫博物院、日本 BSN 新潟美术馆均有收藏。

2. 河南陕县刘家渠唐墓出土白瓷长颈瓶，直口、平沿、长颈、阔肩、鼓腹、圈足外撇，釉色洁白。该瓶造型端庄古朴，与河北景县封氏墓出土的长颈铜瓶甚是相似。类似的白瓷长净瓶，考古工作者在河北内丘邢窑遗址也已发现[21]。

3. 博山炉是汉魏时极为流行的一种铜熏炉，由盖、身、足三部分组成。炉盖通常镂空呈群山叠嶂状，象征海上仙山，炉身多为钵状，足为高柄圈足。白瓷博山炉发现较少，日本大和文华馆收藏一件，炉盖系由若干佛背光叠成，每个背光间有空隙，宝珠顶，炉身由双层仰莲瓣合成，炉柄成双龙缠绕立于圈足盘上。造型新奇生动，别有一番神韵，是白瓷仿青铜器中的上乘之作。

4. 甗是中国古代一种炊具，由甑、鬲共同组成。商周时期，人们多用青铜甗代替陶甗。1997 年河北曲阳涧磁村晚唐墓出土白瓷甗[22]，釉色莹润洁白，体积不大，小巧玲珑，为随葬明器。白瓷甗过去不曾见过，其出土再次证明唐代白瓷应用范围之广泛。

不仅如此，唐代白瓷还有许多创新品种，如白釉塔式罐（是具有印度文化风格和宗教色彩的器物）、白瓷狮（中国不产狮子）、白瓷蟠龙灯、白瓷扁壶及各类动物、人物、玩具等，其造型均精巧别致、生动活泼，表现出唐代白瓷制作技艺的娴熟与高超。

三　花纹装饰仿金银器

唐代白瓷素面居多，有花纹装饰的较少。从已发现的白瓷装饰看，仿金银器花纹装饰比例略多，如西安段伯阳墓出土白瓷高足钵，腹上贴交错宝相花连珠纹及宝石花连珠纹，腹下部及足贴仰、覆莲瓣纹。宝相花、连珠纹是西亚波斯金银器上常用的花纹。唐代制瓷工匠将这些花纹制成印模贴在高足钵腹壁上，不仅使瓷钵具有强烈浅浮雕感，而且庄重华丽。

1991 年陕西西安热电厂基建工地出土一件白瓷扁壶，椭圆形小口、颈略长、斜肩、扁腹略鼓、圈足，两腹有对称倒垂莲纹，纹饰疏密得体，潇洒流畅[23]。该类扁壶出土较多，均有纹饰，且较复杂，既有人物狮子纹[24]，也有缠枝葡萄纹[25]。总之，无论其造型是花纹内容以及刻划风格，均具有西亚波斯文化内涵。

首都博物馆藏白瓷双耳罐，双耳直立、高出口沿，耳中间有孔可穿系，双耳粘接方法即是模仿西安何家村出土银锅、银壶双耳被铆钉固定的样子，在其耳根部及四周饰有明显凸起的铆钉纹样，醒目逼真，给人以结实牢固和安全感，是白瓷装饰仿金银器的典范。

另外，河南省文物研究所曾在密县关窑唐代遗址发现刻花白瓷枕残片，其上刻花纹之外，地上戳满小圆圈纹[26]。此种小圆圈纹与西安何家村唐代窖藏出土银羽觞外壁布满圆圈纹相同，俗称珍珠地纹，是西亚银器上常用纹饰之一。唐代密县西关窑首次成功地将银器上的花纹以变通的手法移植到白瓷器上，使白瓷器更加纯朴美丽。我馆李文杰先生对密县西关窑进行考古调查时，也曾拣到五代珍珠地刻花白瓷钵残片，再次说明珍珠地刻花装饰觉得百姓的喜爱，直到宋金时代，北方仍用此种装饰美化白瓷器，并且形成一种独特的时代风格，也为今天陶瓷考古判定时代留下了重要依据。

唐代白瓷在造型和装饰方面仿金银器的做法，不仅为唐代瓷业制作开拓了新思路，也为宋代瓷业繁荣奠定了坚实基础。

四 唐代白瓷仿金银器成功的原因

（一）与唐代金银器迅速发展密切相关。金银是稀少的贵重金属，在我国商代已经使用。北京平谷刘家河商代墓葬出土有金耳饰、臂钏[27]等。将金银制成器皿，唐以前的文献不见记载。据考古资料可知，湖北随县战国曾侯乙墓曾出土金盖鼎，通高 11 厘米，重达 2156 克，器壁略厚。因黄金性能稳定，有韧性，容易锤碟成形，若器皿的器壁薄则易磕碰变形，所以西亚一带多以银为器，用金鎏之，外观亦富丽堂皇。在我国出土的魏晋前的银质容器屈指可数，之后的在新疆、青海、甘肃、宁夏、山西、广东等省先后出土十余件银质杯、壶、碗、盘等，据专家考证，大多数为舶来品。

唐贞观之治后，随着经济繁荣，国力增强，中西文化交流频繁，西亚银器不断传入，中国金银器制造业作为独立手工业得到极大的发展。朝廷少府监中尚署设金银作坊院，专门为宫廷制作银器，地方上则在江浙一带有金银作坊，为达官垄断。唐代金银器得到发展，主要表现在器形多样化，如杯、碗、盘、碟、壶、罐、瓶、盒、锅、茶托、盏子、盏、碾子、棺、塔等，涉及到生活的各个方面，而且金银器制作精巧，有的鎏金或贴金花，外观耀眼华丽。除了实用价值还具有很高的观赏价值，颇受皇帝和达官贵族的青睐，拥有金银器已成为他们追求奢华生活的标志。盛唐以后，随着金银器社会作用的提高越发显得弥足珍贵。

（二）唐代金银器迅速发展与唐代进奉之风有着直接关系。进奉又称进献或贡奉，是中央和地方高级官吏献给皇帝额外的贡献，所献物品入内库供皇帝私人使用。据文献记载，进奉物品有金银、钱帛、器服、珍玩、骏马等，其中金银所占比例最大㉒。根据《旧唐书》、《新唐书》载，地方官吏进奉金银器事例在唐高宗，武则天时已有，但早期较少，记载亦不多。盛唐时随着经济发展社会财富积累增多，皇帝追求享乐的欲望越加膨胀，加之贵臣贪权、饰巧求媚，促使进奉之风蔓延开来，而且愈演愈烈。

首先表现为贡奉名目繁多，出现了"四节进奉"和以"助军"、"助赏"、"贺礼"等名义进奉。《资治通鉴》卷二五六载："代宗之世，每元日（正月初一）、冬至、端午、生日，州府于（於）常赋（賦）之外，竞（競）为贡献（貢獻），贡献（貢獻）多者则（則）悦之。"德宗时出现有"日进（進）"、"月进（進）"。昭宗时出现"旬进（進）"，而且进奉数字十分惊人，"乾宁（寧）元年威胜节（勝節）度使董昌'旬进（進）'金万（萬）两、银（銀）五千铤"㉙。

其次，在贡奉金银器的数量上呈现逐步上升的趋势。仅从《旧唐书》、《新唐书》精粗略统计："代宗大历（曆）二年汴宋等八州节度使……献金银五十床，同年六月剑南节度使……献金银五十床""宪宗元和十四年……韩弘献……银器二百七十件……""文宗太和元年……王播进大小银碗三千四百枚，二年五月诸道进内府金花银器，四年尚书左丞王起进银壶瓶百枚。"㉚

另外，从出土金银器和相关文献记载看，代宗前贡奉以金银铤为主，银器皿很少，德宗始进奉银器皿，逐步增多。从陕西金银器窖藏墓葬一览表可得到证明㉛，天宝十年杨国忠献狮纹银盘1件，同出的银铤就有4种。德宗时宣州刺使刘赞献鎏金银器6件，御史大夫上柱国裴肃献金花银盘。宣宗大中四年耀县柳林背阴村出土银碗、曲口长杯、碟、三足罐等银器共计19件。懿宗时陕西蓝田杨家沟出土银碗、盘、盒、箸、匙等。上述银器当然只是唐代出土用于进奉银器中的极小部分，大部分进奉银器尚未发现或仍流传在世。

其三，重臣相互攀比竞为贡奉，助长了贡奉之风。据记载，"德宗真元十一年，江西都关练观察使齐映……自以为相无大过，当复用，乃多进献及为金银器以希旨。先是以禁中银瓶，大者高五尺余，及李兼为江西观察使，又献高六尺者；是年德宗降诞日及端午，映献高八尺余者"㉜。至此重臣进奉争宠的目的一目了然。也正是因为这些权贵们献媚争宠，竞为贡奉，大搞腐败，最终断送了大唐王朝。

其四，进奉之风愈演愈烈的根源与皇帝的贪婪、追求享受分不开。像唐敬宗刚刚继位，七月令浙西观察使李德裕进银盝子妆具20件，八月淮南节度使王播进宣索银妆奁2件，十月淮南、淮西又进宣索银妆奁3件㉝。皇室贵族在日常生活中大量使用金银器，说明了金银器在上层社会生活中占有极为重要的地位。另外，皇帝还将金银器作为赐品赏给功臣或作为礼品赠给外国使节和边远少数民族政权，以示皇恩，赏赐之风的兴盛对进奉之风无疑起到推波助澜的作用。总之，正是由于进奉之风猖獗才促使金银器得到长足的发展。金银器漂亮的外观，优美的造型，极高的观赏与实用价值，都给人们留下了深刻的印象和渴求的欲望。

盛唐时期以邢窑为中心的白瓷生产蒸蒸日上，白瓷质地精良、工艺精湛、釉色洁白润泽，器物品种多样，造型规整，精巧漂亮。正像唐代诗人皮日休《茶中杂咏·茶瓯诗》所载"邢客与越人，皆能造瓷器。圆似月魂堕，轻如云魄起。……"茶圣陆羽《茶经》中"若邢瓷类银、越瓷类玉……若邢瓷类雪，越瓷类冰"乐师段安节《乐府杂录·方乡》"率以邢瓯、越瓯共十二只，旋加减灭水于其中，以筋击之，其音妙于方响也"。这些唐代名人，从不同角度真实地记录了邢窑白瓷质优物美，具有很高的实用价值。考古工作者在发掘唐大明宫遗址时，发现刻有"翰林"、"盈"字款白瓷器，这些有款白瓷的出现与《唐六典·尚书户部》载："河北道，古幽、冀二州……邢州（贡）瓷器"相吻合，它们是唐代邢窑专门为宫廷烧造的贡器。邢窑制品精美，工艺炉火纯青，无可挑剔，因此得到朝廷的喜爱。另据李肇《国史补》载："内丘白瓷瓯，端溪紫石砚，天下无贵贱通用之。"阐明唐代中晚期邢窑白瓷作为商品在全国流通，天下不分贵贱通用之，反映其生产规模之大、产量之高、产品之全面，雅俗皆有，这是当时其他窑口无法相比的。

唐代晚期以生产白瓷闻名遐迩的邢窑、定窑、巩县窑、密县西关窑、登封窑及耀州窑等窑口均地处中原一带，该处一直是中华民族政治、经济、文化的中心，得天独厚的地理位置与环境造成了这一带人民见多识广，乐于接受新事物。表现在制瓷工艺方面，敢于创新，造型设计不墨守陈规，善于吸取采纳包括金银器在内的其他工艺的造型和装饰内容，并结合自身特征，使之完美结合，创造出高雅素洁、品质精美的仿金银器，又不完全同于金银器而独具风格的白瓷品种，使唐代白瓷自成体系、颇具魄力。唐代白瓷器作为地方向朝廷进贡，受到皇帝的喜爱，自然对百姓影响很大。盛唐以来赞美白瓷的诗句不少，可见白瓷已广为人们接受。此时尽管金银器在上层社会被广泛使用，但在民间使用金银器却是可望而不可及的事。为了满足愿望、实现渴求，制瓷工匠努力提高白瓷质量，使之胎体轻薄、釉色光润，犹如银器一般富有特色。因此，以瓷器代替金银器不失为最佳选择，更何况瓷器是泥土烧造而成，成本低廉，易于清洗，使用效果不亚于金银器。

还有，据张德谦《瓶花谱》载："古无瓷瓶，皆以铜为之，至唐始尚窑器。"古代陈设用的铜瓶，到了唐代改用瓷瓶。其原因暂且不论，瓷器能代替铜器，又何尝不能代替金银器呢？所以白瓷仿金银器一经出现，立即被广泛采用，显示出极大的生命力，直到宋代，白瓷在造型、装饰方面仿金银器之风仍然不减。

（作者单位：中国国家博物馆）

注　释

① 于文荣《浅析唐代北方制瓷工艺成就》，《中国历史博物馆馆刊》2000 年第 2 期。

② 杨文山《关于邢窑的文献记载问题》，《中国历史博物馆馆刊》2000 年第 2 期。

③ 胡悦谦《安徽江南地区的繁昌窑》，《东南文化》1994 年增刊。

④ 同①。

⑤ 宁夏回族自治区博物馆、宁夏固原博物馆《宁夏固原北周李贤夫妇墓发掘简报》，《文物》1985 年第 11 期，第 1－20 页。

⑥ 申献友、李建丽《谈晚唐五代定窑白瓷》，见本书。

⑦ 李振奇、史云征、李兰珂《河北临城七座唐墓》，《文物》1990 年第 5 期，第 21－27 页。

⑧ 日本小学馆《世界陶磁全集》。

⑨ 敖汉旗文化馆《敖汉旗李家营子出土的金银品》，《考古》1978 年第 2 期，第 117－118 页。

⑩ 齐东方《唐代金银器研究》，中国社会科学出版社 1999 年版，第 79－86 页。

⑪ 高至喜《长沙出土唐五代白瓷的研究》，《文物》1984 年第 1 期，第 84－93 页。

⑫ 同⑪。

⑬ 郑州市文物考古研究所、巩义市文物保护管理所《河南省巩义市效西村唐墓发掘简报》，《文物》1998 年第 11

期，第 37－50 页。

⑭ 内丘县文物保管所《河北省内丘县邢窑调查简报》，《文物》1987 年第 9 期，第 1－10 页。

⑮ 扬州博物馆、扬州文物商店《扬州古陶瓷》，文物出版社 1996 版。

⑯ 河北省文化局文物工作队《河北曲阳县涧磁村定窑遗址调查与试掘》，《考古》1965 年第 8 期，第 394－412 页。

⑰ 同⑯。

⑱ 同⑭。

⑲ 同⑥。

⑳ 同⑩。

㉑ 同⑭。

㉒ 同⑯。

㉓ 西安文物管理处《西安西郊热电厂基建工地隋唐墓清理简报》，《考古与文物》1991 年第 4 期。

㉔ 山西太原市玉门沟出土，山西省博物馆藏。

㉕ 中国历史博物馆藏。

㉖ 赵青云《河南陶瓷史》，紫禁城出版社 1993 年版。

㉗ 北京市文物管理处《北京市平谷县发现商代墓葬》，《文物》1977 年第 11 期，第 1－8 页。

㉘ 卢兆荫《从考古发现看唐代的金银"进奉"之风》，《考古》1983 年第 2 期，第 173－179 页。

㉙ 同㉘。

㉚ 同㉘。

㉛ 韩伟《中华国宝·陕西珍贵文物集成·金银器卷》，陕西人民教育出版社 1998 年版。

㉜ 同㉘。

㉝ 《册府元龟·帝王部·纳贡献》，中华书局 1960 年版。

邢窑白瓷　盛唐经典[*]

钱汉东

唐代揭开了中国古代最为灿烂夺目的历史篇章。在三百多年的分裂和内战中，北方形成的粗犷、豪放的激情，与南方发展得精致、委婉的情思，到唐代巧妙合流。唐王朝对外开疆拓土军威四震，国内则相对的安定和统一，中外贸易交通发达，"丝绸之路"不只是引进"胡商"会集，而且带进了异国文化，"胡酒"、"胡姬"、"胡乐"等无所畏惧无所顾忌地引进和吸取。无所束缚无所留恋地创造和革新，这是"盛唐之音"的社会氛围和思想基础。代表唐代北方白瓷最高成就的邢窑就是在这样的文化背景中发展起来。

邢窑遗址位于河北省内丘、临城、邢台等三地。因窑场当时属邢州而得名。现共发现遗址 24 处，总面积 200 多万平方米。8 月上旬，我怀着兴奋之情去考察了唐代著名的邢窑遗址，这是我寻访中华名窑计划中的最后一站。

"南青北白"争奇斗妍

邢台的历史文化有 3500 年之久。祖乙迁邢、邢侯立国、石勒建都，邢台也因此被誉为"三朝古都"。此地属于燕赵故地，《史记·货殖列传》云：赵国男子"相聚游戏，悲歌慷慨"。邢台具有深厚的历史底蕴，鲜活的文化传统，杰出的历史名人：中医医圣扁鹊、唐代天文学家一行、初唐千古诤臣魏征、唐朝贤相宋璟、珠算法的创造者郭伯玉、黄巾起义的领导者张角、打虎英雄武松以及传奇人物张果老等。大科学家郭守敬也诞生在这块古老的土地上，成为众多先贤中的一个卓越代表。

郭守敬是我国元代杰出的科学家，在天文、水利、数学、测绘及仪器仪表制造等方面成就卓著，有 17 项发明创造遥遥领先于当时的世界水平。数百年来，人们采用各种形式表达对这位伟大科学家的敬仰和纪念。1970 年国际天文学组织将月球背面的一座环形山命名为"郭守敬山"，1977 年又将太阳系里一颗小行星命名为"郭守敬星"，上海浦东张江科技园区还有条"郭守敬路"。

唐代国家高度统一，商贸极度繁荣，使得铜钱不敷应用，为聚铜制钱，朝廷诏谕天下，禁止用铜

---

[*]《寻访中华名窑》，上海古籍出版社，2005 年

铸造生活用品。民间百姓是无力购置金、银、漆器等昂贵器皿的。于是百姓所使用的铜器，逐渐为瓷器所替代。张德谦《瓶花谱》云："古无瓷瓶，皆以铜为之，至唐始尚瓷器。"瓷器使用越来越广泛，成为主要的日常生活用具。饮茶广为风行，考究的瓷艺茶具制作慢慢流行开来，这大大促进了瓷器发展，唐武德四年（公元621年），唐高祖下诏"制器进御"，还派官员督造邢窑瓷品，瓷器生产日趋扩大，销行全国。白瓷产品的出现，改变了中国一向以青瓷为主的局面，结束了自魏晋以来青瓷一统天下的局面，而且形成规模，使得邢窑与越窑平分秋色，形成了"南青北白"、争奇斗妍的两大体系，为唐以后白瓷的发展和彩瓷的崛起奠定了基础。

　　邢窑是我国北方最早烧制白瓷的窑场。同行的国家文物出境鉴定河北站副站长穆青告诉我："邢窑创制于北朝，衰于五代，终于元代。烧制时间为九百多年，在隋代已烧制出具有高透影性能的细白瓷，这是一个重要的突破。邢窑炉中发现烧瓷器的窑炉比烧陶器的要少，烧陶的年代要早于烧瓷的年代，这一发现也改变'瓷陶不混烧'的传统观点。邢窑胎质细腻、釉色洁白、光润晶莹、气孔率低，影透性强，与现代高级细白瓷的胎质、釉色相比毫不逊色，这种现象在我国古代陶瓷史上是绝无仅有的特例，具有很高的科学研究价值和文化价值。"

　　邢窑遗址还有唐三彩窑炉，它成为我国第三处烧制唐三彩的遗址。先民使用高岭土大量生产高硬度白陶俑等随葬品。这同我在河南巩义市看到的唐三彩遗址出土的陶器略有区别，说明邢窑产品的多样性，它为研究我国古代丧葬文化提供了更为丰富的内容。

邢窑遗址不见遗存

　　邢窑在1996年被命名为全国重点文物保护单位。但邢窑遗址地面几乎没有一处可以见到的遗存，见证盛唐气象的邢窑白瓷遗址，在我眼前竟是破败与空白，让我颇感吃惊。邢台市中心旧城区改造商务综合楼时，偶然发现的隋唐时期的邢窑遗址，仅作了抢救性发掘便被高楼永久地埋在地下。唐人李肇《国史补》写道："内丘白瓷瓯、端溪紫石砚，天下无贵贱通用之。"我们驱车到内丘，在县文管所附近的街面楼房下面全都是邢窑遗址，面对熙熙攘攘人群，热闹的街道，我的心无比的苍凉和沉重。我无法保持平静的怀旧心绪却又无可奈何。当地经济发展相对缓慢，财政拮据，文物部门已煞费苦心，作了极大努力，但没有能力去保护它，只好顺其自然了。

　　邢窑窑址上世纪八十年代初在内丘等地先后发现，这不仅证明唐人李肇记载的可靠，而且认定邢窑产地的主要方位也十分准确。据当年参加发掘的同志介绍，邢窑遗址群位于内丘县城旧城墙附近，遗址南北长50余米，东西宽约10米，已发现十多个窑，呈一字排开。在隋代邢窑遗址里，器物中的一部分白瓷做工精细，种类丰富，但粗白瓷仍占绝大多数，还有青瓷、黄釉瓷，黑釉瓷很少见。绝大多数器物的胎体上施有白色化妆土，釉层仍较厚，流釉、积釉、开片等现象也常见。内丘老唐城遗址发现了大批带"盈"字款的瓷碗、瓷盘及碎片，这一发现为陕西长安大明宫遗址所出"盈"字款器物与上海博物馆所藏"盈"字款白瓷盒的窑口找到了产地。这里还出土少数带"官"字款的瓷碗、瓷盘及碎片，高档次的印花、刻花透影的白瓷。邢窑遗址发现的带"官"字款的瓷器，纠正了以前学术界一直认为宋代定窑是"官"字款白瓷发源地的谬说。

　　我们又去临城考察邢窑遗址。在临城境内的南起瓷窑沟、北至祁村、双井一线长达二十五华里的地带，发现了 12 处古窑遗址，而且是属于唐代的遗址区。我们见到的两处遗址都在荒野里，竖立保护碑加以标明。时值盛夏，骄阳似火。草木茂密，经过长长一段泥路，来到了邢窑祁村遗址，地里长着棉花、玉米、高粱等农作物，我们怕踩坏庄稼，没有深入里面。在道边偶然发现唐代邢窑白瓷片，农田地面高低不平。透露出是当年发掘后又回填的痕迹。我想靠拢石碑，裤子差点被一种带刺的灌木划破。这里曾发掘出四座窑炉，平面近似马蹄形，由火膛、窑床和双烟囱组成，曾出土了大量中唐时期的精细白瓷。窑炉烧制时间看来较长，时间跨度至少包括了中唐、晚唐和五代时期。产品较为丰富，有执壶、粉盒、盏托、小盂、漏斗、研磨器和一些小型瓷塑等。器物的胎体、釉色皆比前期薄，碗类器具腹变浅，出现多撇沿或小唇沿，还有唐代典型的玉璧形底足。

文物库房见唐瓷瓦

邢台市文物处的库房为老式公房，门禁森严。市文物处同志十分热情，拿出所有库存的精品，让我上手仔细鉴赏当年窑址和近年墓葬出土的文物。邢台市为了有效保护国家重点文物，他们采取集中保管，分头负责的办法。就是说把县里经国家定过级的文物统统放在市文物处保存，钥匙分别交给县文管所所长掌管。为让我看到这批文物，一下子来了临城县文管所所长张志忠、内丘县文管所所长贾成惠及柏乡县文管所所长史云征等三位先生。让我颇感不安。

工作人员轻轻抬出一件件贴着封条的文物箱子，搬到靠窗的光线充足的写字台上，拿出器物展示：高大的塔式罐、精细的执壶、肥壮的皮囊壶，还有莲花盏碗、绿釉彩杯……面对这一件件珍贵的国家一级文物，零距离与唐人说着悄悄话，心里荡漾着陶醉之情。邢窑可谓庄重大方，光润如玉，皎洁似雪。它以白胜霜雪的洁净色调和朴素大方的典雅风范见长，体现了唐人重清白无瑕、朴实无华的高尚情操，同盛唐博大恢宏的气魄如出一辙。

在文物库房里还有大量黄釉瓷碗、执壶和黑釉净瓶、碗具等，整整齐齐陈列在玻璃柜子里，这出乎我的意外。说到黄釉瓷，我们自然会联想到寿州窑，那里以盛产黄釉瓷而享有盛名。我看到邢窑黄釉瓷的质量应在寿州窑之上，器物胎体比寿州窑更加细腻紧密，烧制的温度也许要更高一点。我到寿州窑遗址实地考察过，对此是有比较的。也许雍容华贵邢窑白瓷的盛名掩盖了邢窑黄釉瓷的光彩，历史上这样的事情是屡见不鲜的。有一件残器十分有趣，在大白瓷碗里套装小黄釉碗，显然窑工为提高烧制的单位容积度而使用的一种烧制工艺。

在文物处库房里，意外发观隋唐时期黑釉瓦板、瓦筒等残件，是在市中心旧城区改造商务综合楼时偶然发现的，实属罕见。隋唐时期瓷板瓦长 34.5 厘米、宽 25 厘米、厚度 1.5 厘米，稍带弧型，上宽下略窄，瓷胎细腻坚实，釉面莹润光洁，敲击声音清脆，烧制温度应在 1300℃ 左右。这种高规格的瓷瓦不是一般人家用的，也不是一般的达官贵人用的，在我看来至少应是王侯将相的用品。因为北方制瓷历史并不长，那时的瓷器算是比较金贵的，要烧制体积较大器物尚有一定的难度，要大规模烧制几乎是不可能的事情。我为写《寻访中华名窑》一书已经遍访全国各地名窑遗址，隋唐时期已生产瓷瓦还第一次听说，也从未听说过那时有瓷瓦生产的说法，它为研究隋唐建筑历史，提供了宝贵的实物。为此，我颇感兴奋，回沪后立即写了新闻，题为《邢台出土隋唐黑釉瓷瓦——文物专家认为国内尚属首次发现》（刊于《文汇报》2005 年 8 月 5 日）。如果长安等地隋唐宫殿遗址里发现这种黑釉瓷瓦，那就更有意思了。

茶圣陆羽盛赞邢窑

　　邢窑是我国著名陶瓷发展史上名烁古今，蜚声中外的重要窑场，以烧制白瓷而闻名于世。唐代陆羽所著《茶经》中称"邢瓷类银，越瓷类玉；邢瓷类雪，越瓷类冰；邢瓷白而茶色丹，越瓷青而茶色绿。"邢窑胎质坚细洁白，造型凝重大方，雅而不俗，千百年来深受百姓的喜爱，从邢窑的实物来看，陆羽用"类雪类银"的比喻非常恰当，令人心服。

　　唐代诗人皮日休《茶瓯诗》写道："邢窑与越人，皆能造瓷器。圆似月魂坠，轻如云魄起。"诗人把邢窑与越窑相提并论，表达了他的审美理念。唐代士大夫文人中，有些人品茶也喜爱用白瓷茶具，大书法家颜真卿在饶州做官时，与朋友多人品茶作诗，选用的是白瓷茶具。诗人白居易也喜欢使用白瓷茶具，还在他写的诗中倍加赞誉。诗圣杜甫在诗中表达了他在四川客居时得到大邑白瓷如匹敌至宝的心情。

　　古阿拉伯人苏林曼在《日记》中写道："中国人用白瓷土烧造白瓷，从外面能够看到里面的液体。"这位阿拉伯商人的日记写于唐宣宗大中五年（851 年）。可见邢窑的规模之大。影响深远。叶佶民教授于 1982 年曾见到该窑地出土的两件唐代白瓷杯，胎体轻薄，具有很好的透影性。从制瓷技术的角度来说是划时代的，它打破了宋代"影青"始有透影性的传统观念。

　　我国白瓷最早出现于北朝，北齐武平六年（575 年）范粹墓出土的 10 件白瓷，胎质白色，釉色乳浊淡青，釉薄处呈乳白色，是尚不成熟的白瓷。隋大业四年（公元 608 年）的李静训墓出土了一批白瓷器，胎质洁白，釉面光润，其中的龙柄双边瓶和白瓷龙柄鸡头壶最为金贵。邢窑白瓷，作为传世品尚未见到，但作为出土文物，在全国各地唐代遗址中不断发现。唐代陶瓷业，技术上取得了多项重要成果，整个制瓷业技术的改进，陶瓷的产量和质量都有很大提高。邢窑在实践中不断改革创新，白瓷所用主要原料为含铁量较低的石英、长石，配制合理，同时创造匣钵烧法，为精美白瓷的烧制成功起到关键作用，让邢窑白瓷的盛唐风采传遍神州大地。

　　邢窑饱受战乱和优质原料枯竭影响趋向衰落。据《资治通鉴》记载：唐末至五代 60 多年间，由于藩镇割据，战争频繁，仅邢州一带就发生战祸 28 起。战祸使得这个地区生灵涂炭，大批劳力被迫服役或流离失所，严重地阻碍了生产力的发展。从客观条件来看，地层严重断裂分割。优质瓷土数量有限，好的瓷土找不到，采不出，只好使用次等瓷料。于是只能再使用化妆土来弥补缺陷。加上技术工艺落后，到宋代时，深受邢窑影响的北邻定窑和南邻磁州窑凭借当地资源条件的优势相继崛起，后来居上，真是三十年河东，三十年河西！金元时期虽有少数邢窑恢复生产，但已不可同日而语，仅模仿定窑、磁州窑产品而已。历史终将盛极一时的邢窑抛向了漫漫的汪洋之中。

　　邢窑白瓷是雄心勃勃、气象万千的大唐盛世的见证。它给中国乃至世界陶瓷发展带来划时代的变革，与南方越窑的青瓷相媲美，把瓷器工艺成就推向一个新的高峰。白瓷为以后的青花、五彩等精细瓷器的出现，提供了广阔的发展空间。邢窑白瓷、越窑青瓷和艳丽的唐三彩构建了华夏文明史中最为精彩的亮点。它们的完美互补，恰巧是"从心所欲不逾矩"的大唐世界的绝妙写真。

2005 年 8 月 8 日

（作者单位：新民晚报）

北方白瓷的代表——邢窑[*]

叶喆民

  关于白瓷的烧制成功目前多认为是在隋代，且已找到窑址——"邢窑"。然而过去文献只提到唐代的内丘邢窑白瓷，[①]而且传世和出土器物在国内外也偶有所见，但窑址则长期未能寻见。20 世纪 50 年代陈万里先生曾去河北内丘磁窑沟一带寻觅，虽未找到而发其嚆矢。[②]20 世纪 70 年代著者也曾到河北临城南程村、射兽村一带考察，仅获得宋、金时期仿定白瓷，只得败兴而返。[③]

  1980 年，河北临城轻工局人员在著者提供的线索和通力合作下继续到祁村、双井一带考察，终于发现了唐代白瓷残片及窑址，所出精品堪当"类雪"、"类银"的美誉。著者也曾著文发表同时展览于海外。[④]因而多有人认为此处即是邢窑的主要产地，甚至因此而否定唐人李肇所谓"内丘白瓷瓯"[⑤]的说法。当时著者即在论文中提出："其上限有可能早到隋代"，"如文献所说内丘磁窑沟，恐仍是邢窑的主要遗址，是否内丘邢窑的古窑址，由于地貌的变迁已被埋没也未可知"等不同见解，[⑥]并在临城靠近内丘县境的贾村发现一些隋代白瓷残片。[⑦]1984 年河北内丘文化馆果然又在内丘老唐城及磁窑沟一带发现了 17 处隋唐窑址，既有大量的隋代白瓷、青瓷（有的青瓷碗可以上溯至北朝，但仍未找到其窑址），又有精美多样的唐代白瓷与唐三彩陶器，甚至还有一些透影的白瓷残器。[⑧]（图一）其中有在碗、盘底部刻"盈"字款的白瓷片和一件"翰林"款的白瓷罐，也为前些年长安大明宫遗址所出同类残片和陕西省博物馆藏品找到了答案。此外，在西安还出土过三件"翰林"款的邢窑白瓷罐，可能也是内丘专为翰林院供应的定烧之物。1987 年内丘县集上寨村，又出土了 5 件邢窑白瓷器，其中一件白瓷罐通高 24.5 厘米，口径 10 厘米，底径 8.5 厘米，也刻有"翰林"款，更为此增添了有力的旁证。[⑨]尤其是许多唐三彩残器的出现，填补了河北唐代陶瓷的一段空白，既说明邢窑品种之丰富多彩，更可证知当时三彩陶瓷流行范围之广泛。

  综观临城、内丘两地窑址所出邢窑隋唐陶瓷器和残片，多为壶、碗、盘、罐、盆，钵、枕之类的日用器皿，以及小型雕塑如骑马俑、白瓷狮、鸟食罐等，而内丘白瓷造型尤富于变化。所见如碗有直口深腹腕、撇口缩腰碗；杯有唇口硕腹把杯、直口深腹大杯、花口敛腹腹把杯；瓶有蒜头口细颈瓶、

---

  * 《中国陶瓷史》第七章第二节一，生活·读书·新知三联书店，2006 年 1 月

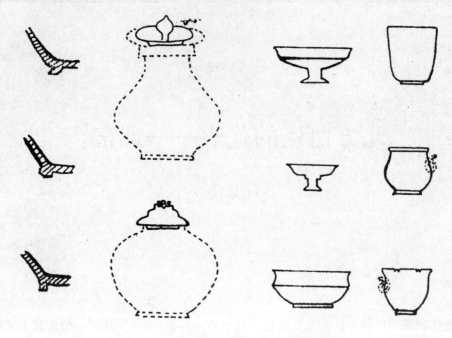

图一　内丘邢窑窑址出土白瓷造型复原图

撇口长颈圆腹瓶；盘有大小高足或梯形足之分；罐有丰腹、敛腹之别以及花纽丰肩盖罐和盘口唾盂等。其中以高足白瓷盘与花口敛腹把杯、花纽丰肩盖罐更为别致优美。这些器形与历来所见其他隋唐窑址产品大同小异，而且精粗俱备。因其品质优劣、价格高低之不同，足以想像李肇《国史补》所谓"天下无贵贱通用之"的评语是恰如其分的。

邢窑瓷器的装饰多朴素无纹，仅有少数划花贴花之物。虽然比同时享名于世的越窑青瓷之多有纹饰而似乎略有逊色，但是就其时代风尚与烧制技术来说，白瓷的烧成条件显然要求比青瓷更高。隋代成熟的白瓷始见于邢窑，而唐代邢窑又以其白胜霜雪的洁净色调和朴素大方的典雅作风见长，体现了人们重视清白无瑕、朴实无华的高尚情操。

过去中外文献谈及白瓷使用化妆土者，一般多认为是从邢窑开始，实际上根据著者四次赴窑址对比的结果并不尽然，而是因其时间先后、烧制地点、瓷土质量乃至工艺粗精之不同而互异的。如临城的岗头、澄底一带，所出玉璧形底足（即前面引文所谓"宽圈足"）的中、晚唐白瓷器，其胎质粗灰多施加化妆土。因白土之厚薄有无，而使釉而呈闪黄、闪灰的白色，有的恰似所谓类银的银白色。至于祁村、双井所出白瓷精品，则因胎质细白未见有化妆迹象。其白度较诸近代白瓷而无逊色，堪称类雪。故此进一步体会到陆羽《茶经》将邢瓷比拟为雪与银的用词十分真切，令人心服。

20 年前北京某科研部门曾对故宫博物院传世的隋代白瓷藏品与著者自山西浑源县古磁窑窑址所得唐代白瓷做过检测，得知前者白度为 60.5 度，后者白度为 61.8 度。以后又请邯郸陶瓷研究所对临城出土唐代白瓷做过测试，肯定其白度不低于 70 度。不久上海硅酸盐研究所也对邢瓷做了成分化验，其中铁（Fe_2O_3）与钛（TiO_2）的总含量约为 1%，含量之低仅次于明、清时期，以莹白如玉著称的德化白瓷，比同时期的定窑及巩县窑白瓷均低，并确认其白度已超过 70 度，约相当于清初时期的白瓷水平。其白瓷胎中所含铝（Al_2O_3）为 28.52%（厚胎）~35.12%（薄胎），硅（SiO_2）为 67.64%（厚胎）~59.98%（薄胎），因此要求烧成温度很高。现将最近测定的邢窑白瓷烧成温度与其他物理性质列表如下：

表 7－3　　　　　　　　　　　　　　唐代邢窑白瓷烧成温度与其他的物理性质

编号	品名与产地	烧成温度（±20℃）	气孔率（%）	吸水率（%）	体积密度（g/cm³）	享达白度 胎	享达白度 釉	硬度（xy/mm²）
HN－1	临城祁村盛唐细白瓷	1370	17.78	0.40				
HN－5	临城陈刘庄盛唐细白瓷	1340	0.81	0.35		73.37	66.28	
YN－12	临城陈刘庄盛唐细白瓷	1360	3.26	1.43	2.28			
△－1	临城祁村盛唐细白瓷	1350		4.31			65.0	613
△－2	临城祁村盛唐细白瓷			0.24		78.00	64.5	597
NTB－2	内丘西关初唐细白瓷	1230	11.76	5.35	2.20			
NTB－3	内丘西关初唐细白瓷	>1310	3.01	1.34	2.25			
NTB－5	内丘西关初唐细白瓷					74.08	69.00	
NTB－11	内丘西关晚唐细白瓷	>1310	2.79	1.22	2.29			

（△为河北省邢窑研究组测定，其他为上海硅酸盐研究所测定。）

　　目前虽已初步对邢窑遗址进行了正式发掘，但未能见其正式报告和更多的遗物。仅就地面所见两县各窑使用的窑具看，大同小异，主要是简式匣钵与漏斗式匣钵。内丘窑匣钵呈直口，而临城窑匣钵则为浅唇口而略有弧度，有的还在外面挂些粗灰釉或划一"×"形符辆，与其中某些白瓷精品底足所划记号相符。从废弃的窑具与器皿粘连情况证知，细瓷白碗是单件装在漏斗式匣钵内正烧而成，粗瓷碗则用垫饼叠放入筒形匣钵内而烧成。两窑所用的支烧工具，内丘出土有三角形及花形（三角、四角、五角）支钉等数种，而临城所出则只见三角垫饼或支钉。这些差别是同当地所烧陶洗品种及造型样式相一致的。[⑩]

　　据考古发掘证明，隋唐时期北方窑炉属于或近似半倒焰式的馒头型窑。这种窑的烧成温度一般可达1300℃左右，能烧还原焰，而且容易控制升降温的速度。例如河北曲阳（定窑）的晚唐五代窑的结构是：窑床平面长2.2米，宽2.6米，近乎正方形，而且前高后低呈10°的坡度。火膛（燃烧室）竟达1.6米深，烟囱也很宽大，仍用柴作燃料，烧成温度相当高。[⑪]（图二）虽然临城邢窑已无窑可考，但当年曾在其附近发现柴木灰与窑具并存，澄底村并且仍然保存一处窑炉遗迹，大体同曲阳定窑的尺寸大小相近。它的烧成温度根据对出土邢瓷的测试约在1300±20℃。正是由于具备了上述各项优越条件，它才能在划时代的白瓷中名列前茅、流芳千古。

　　文献中对于邢瓷的记述是比较具体的，除唐人陆羽《茶经》中有"邢瓷类银"、"邢瓷类雪"形容其釉色外，皮日休《茶瓯》诗更为生动地描写用邢、越两窑瓷碗饮茶的风趣与制作工艺之精美[⑫]：

　　　　邢客与越人，皆能造兹器。
　　　　圆似月魂堕，轻如云魄起。

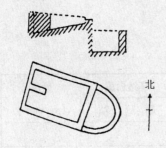

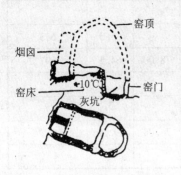

北

图二　五代时期定窑的窑炉残体

（图中标注：窑顶、烟囱、窑床、灰坑、窑门、10℃）

枣花势旋眼，苹沫香沾齿。

松下时一看，支公亦如此。

他以"圆"似月魄形容邢瓷的制作规整，以"轻"如云魄比喻邢瓷的胎体轻薄。而更能形容其透影程度有如"蚌珠"、"琉璃"以及白如"霜"、"雪"的如元稹《饮致用神麹酒三十韵》[13]，其中有云：

七月调神麹，三春酿绿醽。

雕镌荆玉盏，烘透内丘瓶。

试滴盘中露，疑添案上萤。

满尊凝止水，祝地落繁星。

翻陌琼液浊，唯闻石髓馨。

冰壶通角簟，金镜澈云屏。

雪映烟光薄，霜涵雾色冷。

蚌珠悬皎晶，桂魄倒瀯溟。

昼洒蝉将饮，宵挥鹤误聆。

琉璃惊太白，钟乳讶微青。

讵敢辞濡首，并怜可鉴形。

……

此外，关于邢窑透影白瓷的发现，不仅证实了早在公元851年（唐大中五年）阿拉伯贸易队商苏林曼（Suleinman）曾见过唐代透影白瓷笔记的真实性（原话说"中国人持有白色黏土制作的碗，它像玻璃一样，可以看见里面盛的液体"[14]），而且为20年前河南巩县窖藏出土的两件透影白瓷杯找到一处制作地点。但是对于这种瓷器的烧制年代，最近有的文章认为"可以断定确为隋代产品无疑"，根据是"从内丘西关北遗址东北侧灰坑中共存器物看，都是典型的隋代器物"。但是并未发表此种透影白瓷器形图或照片，只是形容说"薄的一种主要为杯，尖唇，深腹，宽圈足，口部微向外撇"。该文作者更在另一文中说明"内丘城关遗址至少包含了隋、唐早期、早期或晚期的遗存"[15]，而且肯定"邢窑隋代薄胎器的厚度不足1毫米，已达到了半脱胎的地步。这一发现将我国薄胎细白瓷的创烧时间提前了近十个世纪"，最近据发掘报道又说"窑炉的年代约不晚于唐代早期……其废弃年代约中唐至晚唐"[16]，云云。由于著者一向认为灰坑之物不足为凭，更不相信妄断臆测之谈，因此暂仍将此种在邢、定两窑亲见的唐代大量透影白瓷放在此处加以叙述。根据二十多年前与著者同去考察临城邢窑窑址的河北师范大学杨文山教授近年的邢窑"精细透光白洗小结"，所述要点大致如下：

第一，从出土标本的胎色上看，透光白烧有两个品类：一为如同"脂油白蜡"，一为如同"乳色玻璃"或"磨砂玻璃"。

第二，从数量上看，透光白瓷绝对不是"窑工无意中烧成的"，而是有意烧造的，并掌握了配料技术，形成了小批量生产。

第三，从器形大小看，透光白瓷绝对不能说"只能生产小件，不能生产大件"。实际上有小件也有大件。

第四，从胎质和釉质上看，透光白瓷属于"高钾（K_2O）高钠（Na_2O）"胎，釉属于"富钾釉"或"亚富钾釉"。

第五，从硬度性能看，这种透光白瓷属于"软质瓷"，虽然晶莹透彻、洁白美观，但抗污抗磨性能较差。

对于精细透光白瓷的烧成温度，经试验烧制结果测知，其"最佳烧成温度"是1230℃～1250℃之间。其硬度分别为维氏545～558，[17]文内还提到几件鼓腹贴花壶残片，果然如作者所形容那样"遮光而视，不论液体或物体亦均能透影可见"，虽时代未确定，但足以说明当时精工制作的历史水平。

从史料和遗址来看，内丘不但历史悠久，而且城址屡有变迁。据文献记载："唐文宗大和九年（835年）河龁西北隅，乃东迁焉。今城西北垣即旧城东垣也。"目前内丘县城西关一带，尚保存古城城墙一段长约35米，通称"老唐城"，当是唐内丘城的东垣。上述西关窑址以及"盈"字款白瓷底片，多在这一带发现，或者由于当时上等白瓷窑集中于县城附近之故。根据文化馆多年前调查的结果，在内丘境内南起七里河北岸，北至磁窑沟，西迄相庄以东，东到白家庄一带，约18公里范围内已发现17处窑址。而临城境内在20公里地城内，也已发现有17处古窑址，可见两地规模不相上下，足以相提并论。

内丘地处太行山麓，矿藏之富不亚于临城。与瓷相关的瓷土遍布方圆10公里之地，煤、柴、石英、云母、长石无不具备，与临城十分相似，都是邢窑得天独厚之处。至于两地在历史上的关系，虽然据《新唐书》"地理三"记载说："临城'属赵州赵郡'"，而"内丘则'属邢州钜鹿郡'"，但在注内则有"武德四年（621年）隶赵州，五年来归"的记录，可见两县在同一大行政区内时分时合。而且宋司马光在《资治通鉴》内曾经指出"唐邢、赵二州皆汉钜鹿郡地"。在《金史》中也有过邢、赵同属于一路的记载。[18]至今当地人们仍传说，与内丘按壤的临城县贾村、西磁窑沟等地，过去均曾属于内丘，而且仍保持着赴内丘赶集的传统习惯。（图三）

20年前著者考察内丘邢窑时，曾在县文化馆看到大量出土的唐三彩人俑、马俑、碗、罐残器及印模，形态逼真、花纹精美。尤其是胎质缜密，釉光莹润，绿色有和嫩柳新荷，黄色好似珀蜜蜡。而且仅有绿、黄、赭三色，未见蓝色，更未见到黑彩、金彩之物。这一点与河南巩县所出唐三彩有所不同，却与陕西耀州窑唐三彩十分近似。联想国外古遗址所出邢窑白瓷，是否也应考虑到唐三彩中或有邢窑产品？似可再做进一步的探讨。[19]

总之，无论是文献记载还是出土实物，都以内丘邢窑历史较早，而且从微观上看隋、唐时期白瓷制品，其胎釉洁白，造型丰美，少数还具有透影性，与其他窑相比可谓之尤胜一筹，似应视为唐代邢窑的主要产地。而临城邢窑白瓷则"是邢窑的一部分，至少也是邢窑正统或亲支近派"。[20]这一看法至今似已得到证实。然而，如果从宏观的立场看来，在内丘邢窑虽有大量的隋代清瓷、白瓷发现，并且唐代制品丰富多彩，却未见以后有模仿定窑、磁州窑和钧窑产品（只见过当地出土数量有限的宋、金时期完整器物，而且窑址未见残片）。相反地临城邢窑则除唐代白瓷为其正宗外，倘有隋、唐、宋、元时期的青瓷、黑瓷、印花白瓷、白地绘黑花以及钧釉等瓷器。甚至在窑址附近还发现有清代制品，并

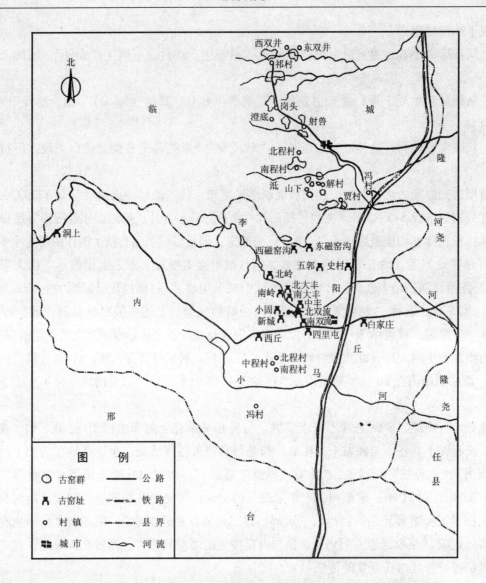

图三　邢窑遗址分布示意图

有文献记载。[21]两者相比则临城窑的延续时间较长，前后算来品种也不在少数。这方面又非内丘窑所能望其项背。换言之，内丘窑似乎是昙花一现，由于故步自封或其他原因，以致后来一蹶不振。加以地处丘陵地带，窑址往往被流土埋没而不易发现，或许是它之所以没没无闻而长期难得寻觅的另一种原因。

注　释

① 唐李肇：《唐国史补》，《四库全书》子部"小说家类"；又《说郛》卷七五。

② 陈万里：《调查平原、河北二省古代窑址报告》，《文物参考资料》1952 年 1 期；陈万里：《邢越二窑及定窑》，《文物参考资料》1953 年 9 期。

③ 叶喆民：《频访河北三大名窑——驰誉中外的早期白瓷代表"邢窑"》《中国文物报·收藏鉴赏周刊》2001 年 8 月 29 日。

④ 日本出光美术馆：《近年发现の窑址出土中国陶磁展》图片 334－336 号，1982 年。

⑤ 唐李肇：《唐国史补》，《四库全书》子部"小说家类"；又《说郛》卷七五。

⑥ 叶喆民：《邢窑刍议》，《文物》1981 年 9 期。

⑦ 叶喆民：《再论邢窑》，《中国陶瓷》1982 年 7 期；《中国陶瓷研究》，科学出版社，1987 年。

⑧ 叶喆民：《唐代北方白瓷与邢窑》，日本贸易陶磁研究会编《贸易陶磁研究》1987 年 7 期。

⑨ 贾永禄：《河北内丘出土"翰林"款白瓷》，《考古》1991 年 5 期。

⑩ 参见叶喆民：《唐代北方白瓷与邢窑》，日本贸易陶磁研究会编《贸易陶磁研究》1987 年 7 期。

⑪ 河北省文物工作队：《河北曲阳县涧磁村定窑遗址调查与试掘》，《考古》1965 年 8 期。

⑫ 《全唐诗目》第九函第九期。兹，音慈。（见《中华大字典》）

⑬ 《全唐诗目》第九函第八期。

⑭ 叶喆民：《中国古陶瓷科学浅说·古陶瓷的烧成与分类》，轻工业出版社，1960 年初版，1982 年再版修订。

⑮ 王会民、张志忠：《邢窑隋代透影白瓷》及《邢窑调查试掘主要收获》，《文物春秋》1997 年增刊，总 38 期。

⑯ 王会民、樊书海：《邢窑遗址考古发掘有重要发现》，《中国文物报》2003 年 10 月 29 日。

⑰ 杨文山：《邢窑"精细透光白瓷"的初步研究》，《文物春秋》1997 年增刊，总 38 期。

⑱ 《金史·地理志》："河比西路县六十一，内丘（属邢州）……临城（属沃州）。"

⑲ 叶喆民：《唐代北方白瓷与邢窑》，日本贸易陶磁研究会编《贸易陶磁研究》1987 年 7 期。

⑳ 叶喆民：《邢窑刍议》，《文物》1981 年 9 期。

㉑ 叶麟趾：《古今中外陶瓷汇编·清朝瓷器·临城》："临城窑，在今河北省临城县贾村镇，胎釉粗劣，有黄色及黑褐色者。"文奎堂印行，1934 年。

㉒ 叶喆民：《定窑透影白瓷及其他》，《故宫博物院院刊》1996 年 3 期。

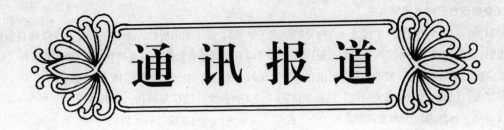

通讯报道

"邢窑之谜"初步揭晓*

新华社

新华社石家庄十一月十八日电 我国陶瓷史上一直探讨着的"邢窑之谜",已初步揭晓。今年八月间,在河北省邢台地区临城境内发现的唐代邢州白瓷窑址,经陶瓷史研究者现场考查鉴定,证明是唐代晚期的邢窑遗址。

盛唐时代,陶瓷手工业空前发展。当时北方的邢州(今河北省邢台地区)白瓷,南方的越州(今浙江省绍兴地区)青瓷,同时驰誉中外。我国历史上较为著名的古代瓷窑,都已陆续发现,唯有唐代邢窑遗址长期湮没无闻。今年八月间,邢台地区临城县第二轻工业局和河北师范大学历史系有关研究人员到邢台地区进行普查,先后发现了八处古代瓷窑遗址,获得大量瓷器标本。并终于在岗头村附近发现了第一座唐代邢窑遗址,第一次找到邢窑烧造的白瓷碗片和白瓷壶片。这些器物和该县兽射村唐墓中出土的具有唐朝风格的白瓷器物完全相同。经专家们鉴定确认为唐代邢窑遗址。这一发现,为邢窑研究提供了新的资料。

---

* 《河北日报》1980 年 11 月 20 日

河北临城探寻到新的唐代瓷窑遗址
揭开了中外学者关注的"邢窑之谜"*

新华社

新华社石家庄五月一日电 河北省临城县最近在祁村、双井一带又探寻到新的唐代窑址和大量的瓷片堆积层，其中有在盛唐时期作为贡品的细白瓷片。这是继去年八月在这个县的岗头村首次发现晚唐邢窑遗址后的又一次发现。这些发现解开了长期来为中外学者关注的"邢窑之谜"。

我国唐代邢州细白瓷器，素以质地坚实、釉色光洁、造型规整美观享名中外，曾远销埃及、伊拉克、伊朗、巴基斯坦、斯里兰卡、日本等国。但窑址长期湮没无闻，无法取得可靠的器物标本，以致邢窑的胎质、釉色、造型、纹饰以及烧造工艺特点，一直得不到确切的资料。因此寻找邢窑遗址，成为我国陶瓷专家和研究工作者长期探讨的重要课题之一。去年八月，先后在内丘和临城一带，发现长达二十五华里的古窑址和烧瓷原料。在瓷窑沟、解村、岗头等地发现晚唐、五代、宋、金、元五个时代的七处古窑遗址和古窑炉的残迹。唐代邢瓷窑址刚刚露一点头立即引起瓷器专家的重视。

自去冬至今年三月间，终于在临城县的祁村、双井一带，又探寻到新的唐代窑址和大量窑具、瓷片堆积层。其中有烧造细瓷的漏斗状匣钵和细瓷器物，虽多已残破，但可看出主要器形，有碗、盘、盏托、高足杯、盒、马袋壶、注壶等，还有些骑马俑一类的小雕塑。值得注意的是：这些细瓷器物，不但造型精致细腻、光泽柔润，而且有的器物上还有模压纹饰和刻画花饰。

一些瓷器专家和史学研究者结合对唐墓出土器物和窑址现场的考察，认为祁村等地的窑址，就是唐代邢窑遗址；窑址中出土的白瓷器物，就是著名的唐代邢瓷实物。这一发现，填补了我国陶瓷史上的一页空白，对研究唐代邢瓷的艺术风格、工艺成果和恢复邢瓷的生产，进一步发展我国陶瓷工业有重要意义。

---

*《光明日报》1981 年 5 月 2 日

临城探寻到新的唐代瓷器窑址

——出土的白瓷器物就是著名的唐代邢瓷[*]

新华社

据新华社石家庄 5 月 1 日电 河北省临城县最近在祁村、双井一带又探寻到新的唐代窑址和大量的瓷片堆积层，其中有在盛唐时期作为贡品的细白瓷片。这是继去年 8 月在这个县的岗头村首次发现晚唐邢窑遗址后的又一次发现。这些发现解开了长期来为中外学者关注的"邢窑之谜"。

我国唐代邢州细白瓷器，素以质地坚实、釉色光洁、造型规整美观享名中外。自去冬至今年 3 月间，终于在临城县的祁村、双井一带，又探寻到新的唐代窑址和大量窑具、瓷片堆积层。一些专家认为，祁村等地的窑址，就是唐代邢窑遗址；窑址中出土的白瓷器物，就是著名的唐代邢瓷实物。

* 《人民日报》1981 年 5 月 3 日

唐代邢窑之谜的解开[*]

陈则平

  早在一千多年前，中国唐代向以邢州所产的白瓷闻名于北方。但由于邢窑遗址一直没有找到，得不到可靠的实物标本，无法进一步研讨邢瓷的造型、胎质、釉色等生产技术和工艺特点。近百年来，为了寻找邢窑遗址，研究陶瓷的科学工作者曾在河北省的邢台、内丘等周围各县多次进行探查，但毫无结果。唐代邢窑在何处，成了中外学者的不解之谜。

  随着八十年代的来临，这个谜被揭开了。解谜人是杨文山。杨文山不是研究陶瓷的专家，乃是河北省师范大学历史系的讲师。他对工作有一股难能可贵的钻劲。早在一九五二年他在邢台第一中学教历史时，为拿不出邢瓷的实物标本而感到遗憾，于是，他下决心要从邢窑里获取标本。为此，他开始寻找邢窑故址。二十多年来，为了寻找邢窑，他翻阅了大量有关文献资料和有关县的县志，探查了许多县的故窑址。他的工作得到了河北省、邢台专区和临城县有关部门的大力支持。经过廿八个春秋的探查，他终于在河北省临城县的岗头、祁村、双井等地找到了唐代民间邢窑故址，获得了大量邢白瓷器的储存物。这一重大发现，解决了研究邢窑和邢瓷的各种疑问。中国许多陶瓷专家闻讯赶赴现场，多次考查，核实邢窑遗址。

  在临城县邢窑故址进行考证，尤其对于年逾古稀的老专家来说，是一件很辛苦的事。这里道路坎坷不平，但他们抱着科学的求实精神，不顾年迈体衰，一个窑一个窑进行考证和采集。人们看到，临城的岗头、祁村、双井等地，地上的残存瓷片和断坡处的残瓷片堆积层，举目可见，古窑址遗迹众多，皆为民窑。据专家们鉴定，其中大量的古窑址在从地表存物发掘出来的瓷片，主要是宋、金、元代的，以宋代为最多，而邢瓷数量不多。邢瓷中以粗瓷器为多。计有各种粗、细瓷碗、粗、细瓷执壶、坛、盏托、瓷雕骑马俑和小马、漏斗状匣钵、桶状匣钵和窑具等。这些出土的白瓷器物，特别是细瓷器物，其造型规整，精致细腻，胎质坚实，釉色洁白，光泽柔润，与史书上关于邢瓷的描写"类银如雪"，完全吻合。例如出土的碗器，不论时代风格还是造型特征，与邢台市郊区唐墓中出土的白瓷碗，毫无二致。

---

 [*] 香港《文汇报》1981 年 5 月 6 日

邢窑、邢瓷的发现，使几位陶瓷老专家欣喜万分。早在去年十一月，当中国历史博物馆的老陶瓷专家、七十五岁的傅振伦在北京得到由邢窑出土的"类银如雪"的唐代邢瓷实物时，高兴得击掌叫绝。北京故宫博物院的陶瓷专家冯先铭闻讯后，曾两次赶赴临城县；在北京中央工艺美术学院工作的王舒冰闻讯后，也频扣临城县门，同时，他还在北京组织了高庄、尚爱松等专家及其他有关人员到临城参加邢窑与邢瓷的艺术鉴赏会。这些天，临城人民看到，老专家们不顾疲劳，白天与河北省、邢台地区及临城县的科研人员一起，对邢窑遗址进行考查，晚上他们又一起研讨如何保护遗址，向文物有关部门建议进一步勘探与发掘，并切磋邢瓷技艺和为仿制邢瓷拟订周详的计划。

（作者：中新社记者）

内丘临城发现唐代邢瓷产地[*]

新华社

　　河北省文物工作者最近在内丘、临城两县陆续发现唐朝著名的邢瓷烧窑遗址四十多处，出土大量器物、窑具和瓷器碎片。

---

* 《人民日报》1986 年 10 月 25 日

邢窑瓷器研究仿制成功*

赵鸿声

　　邢窑是我国唐代著名的瓷窑，是北方瓷系的发祥地。邢窑因地处邢州而得名。邢窑白瓷是我国早期白瓷最优秀的代表，在灿烂的中华陶瓷史上占有重要席位，影响后世和世界。古文献对邢窑瓷器曾有许多记述和评价。它与南方越窑齐名。偏爱越窑青瓷的唐人陆羽，客观上也承认当时社会有"邢州处越州上"的论点。但是几百年来，邢窑已不生产，窑址亦被历史所湮没。直到近年，邢窑之谜才被研究人员揭开。

　　1980年8月至1982年，河北师大杨文山会同临城县邢瓷研制组首先在临城境内发现了邢窑遗址。1983年正式成立了以临城县经委和唐山陶瓷研究所为承担单位，由刘可拣高工负责技术指导的河北省邢窑研究组。1984至1986年，陆续做了大量工作。在地方各级政府和工业部门指导下，在文物系统，地质矿产部门和院校工作的同志热情支持配合下，研究人员运用考古、地质勘查、工程技术、工艺美术、科学测试等各种研究手段，对邢窑遗址、古代生产工艺，器物造型及艺术风格等，进行了认真全面系统的考察和综合研究，对邢窑分布的位置划出了比较清晰的轮廓，在内丘县境内发现了邢窑窑址和一批有价值的实物。特别在内丘发现的高透明度细白瓷，具有很高的学术研究价值，这种细白瓷的质地，与现代高级细白瓷的胎质釉色相比毫无逊色。今年1月15日在石家庄市结束的河北省邢窑恢复研究鉴定会上，经轻工业部李国桢、故宫博物院李辉柄、王莉英、杨静荣、中国历史博物馆李如宴、中国美术研究所李纪贤、广东轻工学校胡守真，河北省地矿局程在廉等十多位专家逐件评审鉴定，认为有的仿品已经接近唐代邢窑瓷器的艺术水平。

　　人们高兴地看到，河北省近年在古窑的恢复研究工作中，虽然较各地起步要晚，但是取得的成果是可喜可贺的。邢窑研究的价值在于，它不仅仅是继河北省磁州窑、定窑研究之后补上了对千古之谜的邢窑研究的空白，而且它也和定窑的研究那样，是在高水平的研究起点上取得的新成果。例如，在邢窑研究中，在从事研究的工程技术队伍里注入了新的血液，有了地质矿产工作者参加，对于现有的研究方法来说，他们是从另一个全新的领域投入研究的。地质工作者得出一个看法：一部古陶瓷发展

* 《河北陶瓷》1987年第2期

史，实质上就是一部人类对粘土等陶瓷原料矿产资源认识开发利用的历史。地质工作者在邢窑研究中，通过现场踏勘，用区域地质构造的理论和方法，分析古邢窑所处的地质条件，把不同年代的地质条件看成是邢窑赖以产生和发展并决定其沉浮的载体，从而为古邢窑遗址推测出南北约 50 公里，东西约 6 公里的窑群范围。并且证明，运用地质学的理论和方法，不仅可以帮助预测古窑大体位置，原料产地、原料加工，胎质釉色，甚至还可解释烧成，造型装饰等工艺，并已就此取得了令人注目的进展。

　　陶瓷考古起初主要是历史学家、考古学家、美术家和陶瓷鉴赏家研究的领地。由于科学技术界的介入，极大地丰富了它的内涵，扩展了它的研究领域，由过去只着重外观鉴别和观感描述，进而深入到对它的实体以及微观结构机理等本质现象的探究，终于导致自然科学和社会科学兼容的一门新型的交叉学科——古陶瓷学的诞生。邢窑研究也为此作出了新的贡献。

类银类雪的邢窑*

钱汉东

唐三彩代表了盛唐气象，可圈可点颇多，但那不是生活的用品。当时人们日常生活使用最广泛的要算邢窑白瓷了。

中国瓷器发展到唐代形成了"南青北白"的格局。"南青"是指越窑青瓷，"北白"是指邢窑白瓷。陆羽在《茶经》里描写邢窑"类银类雪"。唐李肇《国史补》云："内丘白瓷瓯，端溪紫石砚，天下无贵贱通用之。"可见规模之大，影响之远。它还是当时的贡品之一。史传邢瓷产于河北省内丘，当时属邢州，但窑址至 1985 年在内丘县城关地区改建时才被发现，烧制白瓷，有玉璧形底，碗底中心刻一"盈"字。内丘邢窑遗址的发现，证实李肇记载无误。

我国是世界上最早烧造白色器物的国家，从河南安阳殷商遗址中，出土了青铜器具，白色盘子和高脚杯等白陶。白陶古人多用于祭祀活动。唐代贵族豪门、文人雅士受佛教影响，更是偏爱高洁的白瓷，并留下众多脍炙人口诗文。这同古人的审美理念有关，白色，人们自然会与高贵素洁联系起来。白为金，象征财富；黑为水，是克水的。古代砖木结构的寺庙、宫殿建筑一般都用黑瓦，表示克水防水。邢窑除以白色见长外，它朴素少饰，造型独具风格，以简洁爽利的器形见长，自然成天趣。其特点为圈足厚而底平，有的足底外像有一道切割的斜棱。

笔者每次走进上海博物馆古陶瓷陈列室，总要在那件唐邢窑白釉"盈"盒前驻足观赏，其乐无穷。这是件典型的官窑器。它高 7.2 厘米，口径 15.7 厘米，形呈扁圆状，颜色为乳白色，盖沿、胫部都有斜角，可以自然开合，底刻"盈"字，并有三个小支钉痕。胎质细腻致密，极其坚硬，看得出当时瓷化程度已经很高了，叩之应有金石声。据《乐府杂记》云乐师郭道原"以越瓯、邢瓯十二，施加减水，以筋击之，其音妙于方响。"瓷器能发金属般的铿锵之声，产生类似古代青铜乐器的音响效果，表明在胎陶炼造火候等工艺技术有了较大的突破。邢瓷为增加烧成后的白度，往往在一部分较粗的瓷上选施化妆土，到了中晚唐时白瓷已采用高质量的坯料，而减少和不用化妆土加工瓷胎了，不少白瓷精品大都胎体薄、釉色光洁纯净。

---

* 《新民晚报》2002 年 2 月 25 日

茶圣陆羽眼里邢器不如越瓷，他认为："邢瓷类银，越瓷类玉，邢不如越一也；若邢瓷类雪，越瓷类冰，邢不如越二也；邢瓷白而茶色丹，越瓷青而茶色绿，邢不如越三也。"我认为茶圣从品茶的效果来分析确有一定道理。越瓷从色彩上更接近玉，而人们把玉比作修身的标准和情操道德高尚的化身，这反映士大夫文人的美学情趣，是可以理解的。越窑与邢器优劣在我看来并不重要，陆羽只不过是比较而言，他们的地位只是伯仲之间罢了。

邢瓷还远销海外，在伊拉克、埃及、巴勒斯坦、日本以及东南亚各国都有邢窑白瓷出土。值得一提的是邢瓷是邢瓷为宋五大名窑之一的定窑产生发展奠定了厚实的基础。

"盈"字款邢窑白瓷枕[*]

崔利民

长治市博物馆收藏着一件从市郊唐墓出土的唐代"盈"字款邢窑白瓷枕。枕高7.7、长15.2、宽11.2厘米，重910克。枕体长方形、施白釉。枕面略弧，枕边抹角。腹下收、平底无釉瓷枕釉色洁白，胎体细腻坚实。枕底中部阴刻"盈"字款，字体规整，笔画清晰流畅。器表有长期使用而留下的痕迹。"盈"字款的邢窑白瓷，以碗最为多见，另有壶、盒、罐等。考古工作者曾在河北内丘城关邢窑遗址中发现二十多件刻"盈"字款的碗底标本。1992年西安青龙寺遗址曾出土"盈"字款的邢窑白釉碗和执壶残器。上海博物馆收藏有一件刻"盈"字款邢窑白釉碗盒。西安唐代大明宫遗址出土一件同时刻有"盈"与"翰林"字款的邢窑白瓷罐。而刻"盈"字款的邢窑白瓷枕却十分少见。

刻"盈"字款的邢窑白瓷，一般认为与唐宫廷的"大盈库"有关。大盈库在《新唐书》与《旧唐书》中均有记载。唐玄宗、唐肃宗时称之为"百宝大盈库"。大盈库是唐朝宫廷的储藏机构，是皇宫内最大的储存金银财物的仓库。此库内财物仅供皇帝使用与支配，属皇帝个人的仓库。因此这件"盈"字款邢窑白瓷枕应属唐代皇家之物。

另据明朝屠隆《考槃余事》记载："旧窑枕、长五寸者可用，长一尺者谓之尸枕，乃古墓中物"。此枕长不及一尺，且器物多有使用者留下的痕迹，由此断定此枕应为生活用枕而非尸枕。总之，此件"盈"字款邢窑白瓷枕为进一步研究唐代邢窑的生产情况提供了新的实物资料。

（作者单位：山西省长治市博物馆）

---

* 《中国文物报》2003 年 3 月 12 日

内丘发现邢窑窑群[*]

本报讯（记者高志顺 实习生王旭波）近日，内丘县县城原旧城墙东侧的礼堂旧址发现了邢窑窑群，并首次出土"官"字款瓷器，填补了我国白瓷史研究的空白。

该窑群南北长 50 余米，东西宽约 10 米，一字排列着十余个窑，窑群有两个窑被初步确定为瓷窑，其余为陶窑，窑群周围是否还有其它窑，需要进一步确定。截至目前，此次出土的文物种类有：陶器（陶碗、陶盘、陶瓶、陶壶、陶马、陶俑）、瓷器（大批带"盈"字款瓷碗、瓷盘及碎片，少数带"官"字款瓷碗、瓷盘及碎片，高档次的印花、刻花透影的白瓷）。其中，带"官"字款瓷器，印花、刻花透影的白瓷，在邢窑遗址为首次发现。

"官"字款瓷器，在邢窑历史上并无记载，学术界一直认为定窑才是"官"字款白瓷的发源地。据现场考古专家介绍，它的发现再次证明，享誉海内外的宋代定窑贡品源于邢窑，而"官"字款白瓷也很有可能是从邢窑发展起来的。

[*]《河北日报》2003 年 7 月 29 日

最早"官"字款瓷器出土*

据新华社石家庄8月4日电 （记者王文化）我国最早的白瓷窑址——邢窑考古近日有新发现。河北省内丘县发现邢窑窑群遗址，并首次出土"官"字款瓷器。窑群遗址南北长50余米，东西宽约10米，已发现10多个窑呈一字排开，填补了我国白瓷史研究的一项空白。邢窑是隋唐时期我国北方白瓷的代表，也是我国最早的白瓷窑址。白瓷的发明结束了商代以来青瓷为主的局面，并为后来花瓷特别是彩瓷生产创造了条件。

---

* 《人民日报》2003年8月5日

邢窑遗址考古发掘有重要发现[*]

王会民 樊书海

为配合河北内丘县旧城改造建设步行街工程，河北省文物局委托河北省文物研究所会同当地文物部门，经3—4月份的考古勘探，经上报国家文物局，于5—8月份对该工程所涉的国保单位——邢窑遗址进行了重点考古发掘，取得了丰硕成果。

步行街位于内丘县旧城西部，其南、北、东、西分别是胜利路、解放路、礼堂街、中兴街。建设范围南北长380、东西宽40余米。

此次发掘，根据勘探情况在建设范围内划分了西南、中西、东北和东南四个发掘区，发掘面积1224平方米。其中东北区、东南区的遗存最为丰富。

这一带的遗迹高度集中，灰坑、窖穴，遍布各个探方，窑炉发现在东南区。

灰坑是出土最多的遗迹，4个区中共清理175座。分圆形、椭圆形、不规则形和长方形4种。大小在1米左右—5米之间，深在0.4—5米以上。灰坑中部分是窖穴，而更多的则是古人在此生活或烧窑取土所形成。以H32为代表的灰坑出土有较多的素烧佛龛、佛像、武士俑、模型明器等。共存有薄胎白瓷和黄釉深腹碗残件，时代为初唐至隋。以H97为代表的灰坑内堆积有大量的瓷片和几近完整的瓷器。以H104为代表的灰坑规模较大，长5米以上，也出土有较多的瓷器及窑具，其中瓷器有多片"盈"和"官"字款器底残片。

窑炉共发掘10座，从所在深度看大致分上下两层。下层共6座，编号为Y1、Y4，Y5、Y6、Y8，Y9，保存较好，完全可以看出窑炉的整体面貌。该层窑炉可分为3组，每一组中的窑炉都紧密相连，其中Y1为一组。Y1是所发现窑炉中面积最小的一座。本组窑炉仅此一座，但从其它窑的组合情况看，在其东或南面还应有同一组的其它窑炉存在，只是受限于发掘面积没有进一步扩方证实，Y4、Y5为一组，Y4的窑门在北，Y5的在东，为错向分布。Y6、Y8、Y9为一组，其中Y6、Y9为南北并列，窑门朝西。Y9的窑门朝东，与Y8东西相对。各窑的做法、结构基本相同：先从原生土地面向下挖出一个深1.5—3米的坑，然后在坑壁的一侧掏成窑炉。坑底即为窑前工作场，面积宽窄不一，有的仅为一个

* 《中国文物报》2003年10月29日

狭窄的夹道。坑的一侧有斜坡形通道以供上下。由于该层窑炉为成组分布，每组共用一工作场，烧窑时一个窑工可以同时照看2、3个窑，十分方便。

窑炉的窑门为拱形顶，进入窑门后即为窑室。窑室内有半圆形火膛和窑床。窑室的后墙底部是3或5个方形或拱形顶烟道与窑室相通，烟道后为烟囱。烟囱下部较大，上部收拢成方形口。窑顶有穹窿顶和平顶两种。

从Y5中残存有砖坯、Y8中有瓦砾堆积、窑炉附近地层中出土瓦坯的情况看，下层出土的窑炉主要是烧制砖瓦的，从其所在层位关系和填土中不晚于初唐遗物的情况看，窑炉的年代约不晚于唐代早期。

上层共4座，叠压在第2层下，编号为Y2、Y3、Y7、Y10，其中Y2、Y3南北紧密并列。窑皆被破坏严重，除Y10外仅存火膛。

Y10是本层窑炉中相对保存较好的一座，也仅存窑床的一部分和火膛。斜南北向，火膛在东南，通长约4.3、宽2.7米。火膛呈半月形，直壁、平底，最大宽0.85、深0.75米。火膛北壁残存有单行砌砖10余层。南壁有窄沟形出灰道。窑床南北长2.5、东西宽2.7米。

从窑炉结构和火膛烧结的情况看，该层窑炉应是烧制瓷器的窑炉，其废弃年代约中唐至晚唐。

作坊遗迹仅在小范围内发现，位于东南区T38的东南角，叠压在第5层下，共发现方形、圆形砖池各一座，两座砖池为斜南北向相接排列。

方形砖池壁用单行整或断砖侧立砌成，长0.6、宽0.34—0.38、深0.15米，生土底。填土为褐色；底部有0.03—0.05米厚的草木灰。

圆形砖池总深1.53米，上下由3个圆组成。上口砌两行平卧砖块，口径0.8米，向下0.17米内缩为第二圆形，直径0.5米，再向下0.33米偏南内缩为第三圆形，径0.3、深0.4米。

两座砖池的性质及用途尚待更多的资料辅助说明，但目前认为这种遗迹属于作坊的范畴应是无疑的。

东北和东南区中出土的隋唐时期的遗物十分丰富，完整和可复原的器物屡见不鲜。其中窑具有：用于架烧粗瓷的蘑菇形窑柱、喇叭形垫柱；用于烧制细瓷的盒形、盘形、盆形、漏斗形匣钵；用于间隔器物的三角形支钉和垫圈；用于密封匣钵的泥条等。器物有陶、石、骨、瓷、三彩等类别。陶器多灰陶和少量的红陶，有绳纹和素面两种。器形有板瓦、莲花瓦当、罐、盆、纺轮；石器类为捣釉的生产工具，有石碓、杵；骨器有针、镖形器；素烧器类有印花扁壶、印花模、井架、车轮、扑满、菩萨、罗汉、武士俑、文官俑及马、猴等动物和镇墓俑及佛龛。瓷器类有粗瓷、细瓷两大类。粗瓷釉色有白、黄、青、黑、酱色等。器型有罐、瓶、匣、盂、壶、盘、盒、碗、钵、提梁盘、鸟食罐、人面埙、多足砚、高足盘、动物俑、围棋子等；细瓷以白色为主；器形有罐、碗、盘、盆、执壶、鹦鹉杯等，个别细瓷上有印花、刻花、划花、贴花等装饰，有的器物有极强的透光性能，十分雅致。一些唐代的细白瓷碗、盒、罐类的器物底部或盖上，刻有"盈"、"官"、"翰林"字款，其中"官"字款在邢窑是首次发现。另在东北区采集到一件三彩执壶的残件，在邢窑遗址中也是首次发现。

佛龛、罗汉、菩萨塑像出土的数量很多，其同类器造型大体相同。佛龛为尖形顶，主体内容为一佛二菩萨，两侧为力士，上为飞天、兽头，底座上有护法狮子、顶熏炉力士、舞彩带童子等内容。佛有坐姿和盘腿两种造型。罗汉为盘腿坐姿。菩萨皆立姿，有背光。在H08中还出土了一件彩绘菩萨塑像和一件彩绘佛龛，彩绘由黑、红两种色彩组成。佛龛上佛身的一些突出部位还残存有金黄色。

这次发掘是邢窑考古历史上发掘面积最大、出土遗迹遗物最丰富、收获最大的一次。

东南区10座陶瓷窑炉的集中出土是邢窑发掘的首次，由此而知道了邢窑窑炉的分布、结构情况，从中看出了当时烧窑时的工作场景，同时也说明了陶、瓷窑炉共存一窑场的事实。

"官"字款的发现无疑是此次考古发掘的重要发现。此前，研究者多认为该时期的"官"字款是定窑、越窑等窑口的产品，此次出土的晚唐时期的"官"字款当足以改变研究者对"官"字款产地的认识。而且也会对"官"字款含意的解释有所帮助。

"盈"字款的出土也是此次发掘的收获之一。此次出土了数量较多的"盈"字款器物残片，器形有碗、盘、罐、执壶等。目前所知，"盈"字款为邢窑特有的字款，此次较多的出土证明了内丘西关步行街一带应是"盈"字款产品的主要生产地。

东北区出土的素烧佛龛和佛像等为邢窑发掘中的首次发现，而且数量大、种类多，尤其是少量的彩绘作品，是难得的艺术作品。邢窑窑工不仅烧制当时就誉满天下的白瓷器，而且也生产与当时人们日常生活密切相关的素烧器、三彩、彩绘、玩具等其它类器物。这些丰富多彩的各类器物共同组成了邢窑的内涵，同时也间接反映出当时商业流通、经济贸易和社会生活的繁荣景象。

（作者单位：河北省文物研究所）

编　后　记

在编著《千年邢窑》一书过程中，因附录中"邢窑参考资料目录"需要收集已发表出版的专题资料，以方便读者查阅，但由于其时间跨度大，出版刊物多，收集起来是相当困难的。好在邢台市文物管理处拍片时，李恩玮同志主动提供了其收集编排的30多篇邢窑专题论文目录，甚感欣慰。又在广泛收集资料的基础上，多次到国家图书馆、首都图书馆、北大图书馆、河北省文物研究所、文物出版社等单位查阅资料，并为此购买了大量图书刊物。经过半年的辛勤努力，一份集"发掘报告、邢窑论文、相关研究、通讯报道、有关著作"五部分二百余篇的"邢窑参考资料目录"终于完成了。

"邢窑参考资料目录"毕竟是一份为查阅服务的目录而已，名曰"查阅服务"，而实际上要使读者看到分散在各处的原文是不现实。因此，在《千年邢窑》成书过程中，即萌想了再编辑一部分邢窑研究文章的汇编资料书。经商洽，最终确定编辑出版一部《邢窑研究》文集，同《千年邢窑》一书形成图文并茂的整体，堪称姊妹篇。成书的目的很明确，就是为了促进邢窑学术研究的深入发展，推动研究新成果的出现，使研究水平提高到一个新阶段。两部书同时出版，不仅使读者能看到第一部邢窑专著，而且能看到建国以来邢窑文化研究的历史成果，进而从更为宏观的视野来审视邢窑文化。我们能为专家、学者、业界人士提供更多的研究资料和研究文献而感到欣慰。

此书的文章编排原则是从"邢窑参考资料目录"中挑选有代表性的114篇文章，分"发掘报告、研究论文、相关研究、通讯报道"四部分。编排按分类分别以原始发表的时间先后为序，内容文字一律不作改动，以尽力保持文章内容的原始性、真实性、历史性。由于收录的文章发表跨度达三四十年之久，对文章中的图片一律不再翻拍使用，对线图不清晰的重新描画，对发掘报告和相关研究文章中无关邢窑的内容给予减略，尚希作者见谅。

由于资料获取范围和时间有限，还有一些好文章未能及时找到入编，特别是国外和早期作品，也令编者惋惜和遗憾。

借本书出版之机，向所有为邢窑研究做出贡献的国内外专家学者、爱好者表示衷心的感谢，对收录文章的各位作者谨致谢忱，并奉送书谨作酬劳。同时对关心支持本书出版的有关领导表示敬意。尤其是北京大学考古文博学院考古系陶瓷研究所所长权奎山教授，不仅帮助寻找资料，而且亲自为本书作序。还有河北师范大学杨文山先生，以及为本书编辑做了大量具体工作的邢台市文物管理处李军同志，邢台市文联姚卫国同志，文物出版社段书安先生一并致以诚挚的谢意。

对编辑不当之处，以及出现的不应有错误和遗漏，请包涵指教。

2007 年 3 月